D1997510

DORN·BADER

PHYSIK

GYMNASIUM

BADEN-WÜRTTEMBERG

FÜR KLASSENSTUFE 7–10

1/2

Eigentum der Gemeinde Remseck a. N.
Gymnasium Remseck
Zur Benützung überlassen

Schuljahr	Name	Klasse
10/11	Jessica Fritz	7a
12/13	Ines Schmidt	7a
16/17	Lukas Vassiliadis	7d
19/20	Lukas Vassiliadis	10c
20/21	Sophia Metz	7d
21/22	Sophia Metz	8b
22/23	Sophia Metz	9b

Schroedel

DORN·BADER
PHYSIK
GYMNASIUM 7–10

Herausgegeben von
Prof. Dr. Franz Bader, Heinz-Werner Oberholz

Mitbegründet von
Prof. Friedrich Dorn †

Bearbeitet von
Prof. Dr. Franz Bader
Dr. Peter Drehmann
Dr. Erwin-Klaus Haberkant
Bernd Kretschmer
Heinz-Werner Oberholz
Dr. Wolfgang Philipp
Werner Wegner
Klaus Wieder

Dr. Helmut Bergold
Rolf Bürkert
Dietmar Fries
Dr. Friedemann Graubner
Günter Harsch
Walter Kasten
Peter Uhlig
Klaus Utpatel

© 2007 Bildungshaus Schulbuchverlage
Westermann Schroedel Diesterweg
Schöningh Winklers GmbH, Braunschweig
www.schroedel.de

Das Werk und seine Teile sind urheberrechtlich geschützt. Jede Nutzung in anderen als den gesetzlich zugelassenen Fällen bedarf der vorherigen schriftlichen Einwilligung des Verlages. Hinweis zu § 52a UrhG: Weder das Werk noch seine Teile dürfen ohne eine solche Einwilligung gescannt und in ein Netzwerk eingestellt werden. Dies gilt auch für Intranets von Schulen und sonstigen Bildungseinrichtungen.
Auf verschiedenen Seiten dieses Buches befinden sich Verweise (Links) auf Internet-Adressen.
Haftungshinweis: Trotz sorgfältiger inhaltlicher Kontrolle wird die Haftung für die Inhalte der externen Seiten ausgeschlossen. Für den Inhalt dieser externen Seiten sind ausschließlich deren Betreiber verantwortlich. Sollten Sie bei dem angegebenen Inhalt des Anbieters dieser Seite auf kostenpflichtige, illegale oder anstößige Inhalte treffen, so bedauern wir dies ausdrücklich und bitten Sie, uns umgehend per E-Mail davon in Kenntnis zu setzen, damit beim Nachdruck der Verweis gelöscht wird.

Druck A [1] / Jahr 2007

Alle Drucke der Serie A sind im Unterricht parallel verwendbar.

Redaktion: Dr. Andreas Hagedorn
Herstellung: Anne-Katrin Stemme, digital art service
Grafiken: Franz Josef Domke, Liselotte Lüddecke
new VISION!, Werner Wildermuth
Satz: Appl, Wemding
Druck: westermann druck GmbH, Braunschweig

ISBN 978-3-507-**86271**-5

INHALT

Bildquellenverzeichnis

Titelbild: Kugel (Dr. B. Brill, Hofgeismar) – 8.B 1: Mauritius, Mittenwald – 8 unten links: Astrofoto, Leichlingen – 9.A: Lübke & Wiedemann, Stuttgart – 9.B: action press, Hamburg – 10.B 2: Pfletschinger/Angermayer, Holzkirchen – 14.B 1: LEYBOLD GmbH, Köln – 16.B 1: action press, Hamburg – 16.B 3: LEYBOLD GmbH, Köln – 18.B 1a: C. Dani, I. Jeske, Silvestris, Kastl – 18.B 1b, 18.B 1c: Mauritius, Mittenwald – 20.B 1 links: dpa, Frankfurt/Main – 20.B 1 rechts: Mauritius, Mittenwald – 23.A: Astrofoto, Leichlingen – 23.B: ASTROCOM GmbH, Gräfelfing, München – 23.C, 26.B 1: Astrofoto, Leichlingen – 28.B 2: IFA, Taufkirchen – 33.B 6a: Mauritius, Mittenwald – 33.B 6c: Zefa, Düsseldorf – 39.B 4, 39.V2: SCHOTT Glas, Mainz – 39.B 5: Focus, Hamburg – 42.A: Bavaria, Gauting – 43.B 6: Focus, Hamburg – 46.B 1: AKG, Berlin – 46.B 2: Deutsches Museum, München – 47.B 9: U. Staiger, Stuttgart – 50.B 1a, d: G. Harsch, Schorndorf – 60.B 1 (6 F.): Dr. Jaenicke, Rodenberg – 60.V1a, 60.V1b, 60.B 2: K. Wieder, Karlsruhe – 64.B 1: Mauritius, Mittenwald – 70.A: Lichtbildarchiv, Dr. Keil, Neckargmünd – 70.B: Archenhold-Sternwarte, Berlin – 70.C: Spektrum d. Wissenschaft, Verlagsgesellschaft Heidelberg, Digest Astrophysik – 73.A, 74.A: Mauritius, Mittenwald – 74.B: Deutsches Museum, München – 74.B 3: Prof. Dr. Dr. J. Jerosch, Johanna-Etienne-Krankenhaus, Neuss – 77.A: action press, Hamburg – 78.B 2: Deutsche Bahn AG, Berlin – 82.B 1: M. Jäger, Verden – 82.B 2: U. zur Nieden, Hannover – 83.A4: Dr. B. Brill, Hofgeismar – 84.B 1: Deutsches Museum, München – 88.B 1: Astrofoto, Leichlingen – 98.B 1 (2 F.), 99.B 3 unten: Dr. E.-K. Haberkant, Heidelberg – 102.B 2: Zeiss AG, Wetzlar – 102.B 3: M. Simper, Hannover – 103.B 5: SKF GmbH, Schweinfurt – 105.B 3c: IFA, Taufkirchen – 112.B 1: Junghans Uhren GmbH, Schramberg – 112.B 2: Pressefoto Baumann, Ludwigsburg – 112.B 3: action press, Hamburg – 113.B 5: Mauritius, Mittenwald – 113.B 7: IFA, Taufkirchen – 113.B 8: action press, Hamburg – 114.B 1: Howaldtswerke Deutsche Werft AG, Kiel – 118.A12: Astrofoto, Leichlingen – 119.A, B: Maurer Söhne, München – 121.B 6 Foto: action press, Hamburg – 122.B 1: U. Tönnies, Hannover – 124.B 1: Howaldtswerke Deutsche Werft AG, Kiel – 126.B 2: Foto Burkhardt, Hann. Münden – 126.V1 (2 F.): BildArt Fotos, Volker Döring, Hohen Neuendorf – 129 rechts: Schoberer Rad Messtechnik, Jülich – 132.B 1: dpa, Frankfurt/Main – 132.B 3: Harzwasserwerke GmbH, Hildesheim – 133.B 4 links: Mauritius, Mittenwald – 133.B 5 rechts, 134.B 2: Dr. E.-K. Haberkant, Heidelberg – 135.B 3: Prof. W. Eisenmenger, Stuttgart – 135.B 5 oben, 135.B 6 (2 F.): World of Medicine AG, Berlin – 139.A: Mauritius, Mittenwald – 142.B 2: Carl Zeiss, Oberkochen – 143 Vertiefung rechts: Deutsches Museum München – 147 oben rechts: H. Behrens, Harpke – 147 unten rechts (Foto): H.-W. Oberholz, Everswinkel – 148.B 1c: Astrofoto, Leichlingen – 149.B 3a: O. Gremblewski-Strate, Laatzen – 150.B 1b: Mauritius, Mittenwald – 150.B 1c: Thorbecke Luftbild, argentofot-Bildarchiv – 150.V1, 151.V3: K. Wieder, Karlsruhe – 153.A: Schellhove GmbH, Greven – 156.B 2: SCHOTT Glas, Mainz – 156.B 3 (Foto): Maurer Söhne, München – 160.B 1: action press, Hamburg – 160.B 2 (Foto): Dr. B. Brill, Hofgeismar – 163B 1: K. Wieder, Karlsruhe – 165.B, C: Deutsches Museum, München – 177.A: OSRAM GmbH, München – 192.B 1: Demag GmbH, Düsseldorf – 199.B 3 unten: M. Simper, Hannover – 202.B 5: RWE AG, Essen – 205.V3: K. Wieder, Karlsruhe – 208 unten: Deutsches Museum, München – 212.B 2 (2 F.): Conrad Electronic, Hirschau – 212.A1: M. Simper, Hannover – 213.B 3, 219.B 1: K. Wieder, Karlsruhe – 224.A17: L. Müssing, Ronnenberg – 225 Hintergrund: M. Harvey/Wildlife, Hamburg – 225.A: NunnaUuni Oy – 225.B: Christian Kargl/Westend61 – 230.B 1a: Mauritius, Mittenwald – 230.B 2a: H.-W. Oberholz, Everswinkel – 230.B 2b: Phywe AG, Göttingen – 236.A: Silit GmbH, Riedlingen – 236.B: IFA-Bilderteam, Ottobrunn – 240.B 2: TopicMedia Service, Ottobrunn – 242 rechts: Reinhard-Tierfoto, Heiligkreuzsteinach – 243 oben rechts: Conrad Electronic, Hirschau – 243 unten rechts: Fabian, Hannover – 245.A: Neckarwerke, Stuttgart – 245.B: NORDEX, Bad Essen – 245.C: Creativ Collection, Freiburg – 246.B 1: IFA-Bilderteam, Ottobrunn – 246.V1, 250:B 1: K. Wieder, Karlsruhe – 254.B 1: Schott Glas, Mainz – 257.B 3: B. Kretschmer, Lörrach – 257.B 4: F. Küchenberg, Solingen – 258.B 2b: B. Kretschmer, Lörrach – 259.B 3: Deutsches Museum, München – 259 unten: Universität Hannover, Institut für Atom- und Molekülphysik – 261 unten : K. Wieder, Karlsruhe – 263.B 1: Astrofoto, Sörth – 264.B 1a: AKG, Berlin – 264.B 1b: Deutsches Museum, München – 266.B 1: W. Wildermuth, Dachau – 267.B 4: K. Wieder, Karlsruhe – 269.B 1: Siemens AG, KWU, Erlangen – 275.A2, 276.A6: K. Wieder, Karlsruhe – 277.Hintergrund: Fraunhofer IAF – 277.A + B: Intel – 277.C: Infineon Technologies AG, München – 278.B 1 Diode: ABB – 278.B 1 Lokomotive: Mann/DB AG – 278.B 1 Streichholz, Fahrraddynamo, Rücklicht, 278.V1, 280.B 1, 280.V1 links oben, 281.B 2, 282.V1 – V3, 283.B 1: Dr. E.-K. Haberkant, Heidelberg – 287 unten rechts: H.-W. Oberholz, Everswinkel – 288.A1, A6, A7, A 9: Dr. E.-K. Haberkant, Heidelberg – 289.A: IFA-Bilderteam, Ottobrunn – 290.B 1: action press, Hamburg – 292.V1: Gentner, Maier, Leibnitz, Bothe: „Atlas typischer Nebelkammerbilder“, Springer-Verlag, Berlin - Heidelberg - New York – 293.B 1 rechts: Praxis Schriftenreihe Physik, Bd. 33, S. 98 – 294.B 1: LD Didactic GmbH, Hürth – 295 oben: Deutsches Museum, München – 298.B 3: Gentner, Maier, Leibnitz, Bothe: „Atlas typischer Nebelkammerbilder“, Springer-Verlag, Berlin - Heidelberg - New York – 299.oben rechts: Dr. Reinbacher, Kempten – 301.oben links: Wolfgang Neeb, © Stern 29/92 – 302.B 2: IFA-Bilderteam, Ottobrunn – 302.B 3: Forschungszentrum, Karlsruhe – 303.B 4: Metzler Physik, 2. Auflage, Schroedel Verlag Braunschweig – 303.B 5: Medizinische Hochschule, Hannover – 304: dpa, Frankfurt – 305.B 2: Siemens AG, Erlangen – 305.B 3: Bundesamt für Strahlenschutz, Salzgitter – 306.links: Forschungszentrum, Karlsruhe – 306.B 1: Siemens AG, Erlangen – 307.B 3: Gentner, Maier, Leibnitz, Bothe: „Atlas typischer Nebelkammerbilder“, Springer-Verlag, Berlin - Heidelberg - New York – 309.B 3: dpa, Frankfurt – 315.A9: IFA-Bilderteam, Ottobrunn – 317: Köcher, Hannover – 318.B 3, 319.B 4: H.-W. Oberholz, Everswinkel – 328.V1: E.P. LEHMANN GmbH & Co. KG, Nürnberg – 333.B 5 links: H.-W. Oberholz, Everswinkel – 333.B 5 rechts: LD Didactic GmbH, Hürth – 337.1: Dr. E.-K. Haberkant, Heidelberg – 338.B 1: Volkswagen AG, Wolfsburg – 340.B 2: H.-W. Oberholz, Everswinkel – 343.V1: Phywe Systeme GmbH, Göttingen – 348.oben: Stiftung Warentest 4/97 – 348.B 1: ADAC, München – 349.B 2: Volkswagen AG, Wolfsburg – 350.B 1: Roth/Augenklick – 353.B 2a: Reinhold Hellmich/Okapia, Frankfurt – 354.B 1: Deutsches Museum, München – 354.B 2: Institut für Physik, Johannes-Gutenberg Universität, Mainz – 356.B 1: Dr. E. Kretschmann, Dr. P. Zacharias, Hamburg – 357.B 2: Heinrich Bauer, LASPIS KG, Auto Zeitung, Köln – 358.C: GES/Augenklick – 359.A: Continental AG, Hannover – 360.B: dpa, Frankfurt – 361.A5: dpa-Sportreport/picture-alliance, Frankfurt – 362.B 1, 363: Deutsches Museum, München – 367: Dr. E.-K. Haberkant, Heidelberg – 373.A12: P. Thompson/Helga Lade/picture-alliance, Frankfurt – 380.B 1: Canadair Aviation Service GmbH, Montreal/Bonn – 381.B 4: NASA – 384.B 1: dpa-Report/picture-alliance, Frankfurt – 385.B 4: ZB-Fotoreport/picture-alliance, Frankfurt – 386.B 1: Bohemian Nomad Picturemakers/Corbis, Düsseldorf – 388.rechts, 389.oben: Deutsches Museum, München – 389.unten: Bildarchiv Preußischer Kulturbesitz, Berlin – 390.rechts: laenderpress, Düsseldorf – 391.rechts: dpa, Frankfurt – 392.B 1: Bildarchiv Preußischer Kulturbesitz, Berlin – 392.B 2: NASA – 396.A9: Dr. E.-K. Haberkant, Heidelberg – 397 Hintergrund: Falck/Okapia/picture-alliance, Frankfurt – 397.A: Gareth Brown/Corbis, Düsseldorf – 397.B: Siemens AG, KWU, Erlangen – 398.B 1a: H.-W. Oberholz, Everswinkel – 402.B 1: aus „Die Technik“, Unipart-Verlag Stuttgart 1987/Preußischer Kulturbesitz und Ägyptisches Museum, Berlin – 402.B 3 oben: Deutsches Museum, München – 404.B 3: Phywe AG, Göttingen – 404.B 4: Deutsches Zentrum für Luft- und Raumfahrt, Köln – 405.V1: F. Graubner, Fernwald – 406.B 1: Volkswagen AG, Wolfsburg – 408.unten: Ludwig Windstoßer, Stuttgart – 409.B 1, 410.B 1: RWE Energie AG, Essen – 411.B 3: Siemens AG, KWU, Erlangen – 412.B 1: wir design GmbH, (E.ON Kernkraft), Braunschweig – 414.B 1: Bohemian Nomad Picturemakers/Corbis, Düsseldorf – 414.B 3a: Gareth Brown/Corbis, Düsseldorf – 418.B 4a: Ruhr-Universität Bochum – 419.B 7: Ponizak/Caro Fotoagentur, Berlin – 423.B 4: L. Müssing, Ronnenberg – 425.B 3: Frank Lukasseck/Mauritius, Mittenwald – 433.B 3: Harenberg Verlag, Dortmund – 433.B 4 oben: Schmidtke, Melsdorf – 433.B 4 unten: dpa, Frankfurt – 440.B 1: K. Wieder, Karlsruhe – 440.B 2: Alberto Garcia/Corbis, Düsseldorf – 444.B 3: IZE, Strom Basiswissen Nr. 113, S.1 – 444.B 4: Schmidtke, Melsdorf – 445.B 7: K. Wieder, Karlsruhe (besorgt) – 448.B 2: Flachglas Solartechnik (Pilkington), Köln – 448.B 3: K. Wieder, Karlsruhe (besorgt) – 449.B 5: Solar Wasserstoff - Bayern GmbH, München – 449.B 7: Max-Planck-Institut für Plasmaphysik, Garching – 450.B 1a: Schroedel-Archiv – 450.B 1b: IZE, Strom Basiswissen Nr. 119, 7/98, S.1 – 450.B 1c: Creativ Collection, Freiburg – 450.B 1d: Schroedel-Archiv – 450.B 1e: Flachglas Solartechnik (Pilkington), Köln – 454.A9: L. Müssing, Ronnenberg

übrige Fotos: Michael Fabian, Hans Tegen

Es war nicht in allen Fällen möglich, die Inhaber der Bildrechte ausfindig zu machen und um Abdruckgenehmigung zu bitten. Berechtigte Ansprüche werden selbstverständlich im Rahmen der üblichen Konditionen abgegolten.

Liebe Schülerin, lieber Schüler,

im neuen Fach Physik lernst du was Schall ist, also etwas über das Hören. Du erfährst auch viel über das Licht, wie Schatten entstehen und warum man mit dem Fotoapparat Bilder erzeugen kann. Du erfährst, wie der Regenbogen entsteht, wozu man Brillen braucht. Auch hörst du, was Energie ist und wie man mit ihr nutzbringend und zugleich sparsam umgehen kann. Vielleicht willst du mehr über die Geheimnisse der Elektrizität erfahren oder ganz einfach die Gangschaltung im Fahrrad verstehen.

Vor allem sollst du angeregt werden, dich selbstständig in der Natur umzusehen, diese zu erforschen, Fragen an sie zu stellen, ihre Antworten sorgfältig zu erfassen und zu verstehen.
Dazu helfen *Leitlinien.* Sie helfen dir in allen Bereichen der Physik, aber auch in anderen Naturwissenschaften wie Chemie und Biologie eigene Erfahrungen einzuordnen und die Natur besser zu verstehen.
Diese Leitlinien helfen also nicht nur im Physikunterricht; was du dabei lernst, soll dich auch in deinem künftigen Leben begleiten. Die Schule will dir ja nicht nur heutiges Wissen vermitteln. Sie will dir Kompetenzen mit auf den Weg geben, mit denen du auch später neues Wissen erwirbst und – insbesondere in der allgegenwärtigen Technik – nutzbringend anwendest. Im Folgenden führen wir einige Beispiele zu solchen Leitlinien an.

Wir wünschen dir viel Freude mit deinem neuen Physikbuch!

1. Leitlinie:
Was geschieht um uns herum? Wir beobachten.

Was lässt sich an tönenden Saiten beobachten? Wie bringt man sie zum Tönen?

Wie schwingt die Saite bei einem lauten, einem leisen, bei einem hohen und bei einem tiefen Ton?

Kennst du optische Täuschungen?
Wo liegt dein Spiegelbild, auf oder hinter dem Spiegel?

Wo und wann gibt es beim Rasensprengen Regenbogen?

2. Leitlinie:
Warum ist das so? Wir stellen Fragen an die Natur.

Warum kommt der Donner erst nach dem Blitz? Der Blitz ist kurz, der Donner rollt. Warum?

Warum gelangt Licht auch in Zimmer auf der Nordseite?

Warum steht ein Lochkamerabild auf dem Kopf? Wie entsteht das Spiegelbild? Warum ist dort links und rechts vertauscht?

Warum steht der Regenbogen, auf „der anderen Seite" wie die Sonne?

3. Leitlinie:
Wie groß, wie stark, wie viel? Wir messen und rechnen.

Wie kann man Tonhöhen messen, was kennzeichnet eine Oktave? Auf der Stimmgabel steht 440 Hz. Wie lange braucht eine Zinke für eine Hin- und Herbewegung?

Der Donner kommt 2 s nach dem Blitz? Wie weit war er entfernt?

Was kostet der Betrieb eines 2 kW-Heizofens in drei Stunden?

Wie misst man die Brennweite einer Linse?

4. Leitlinie:
Ist das immer so? Wir suchen Naturgesetze.

Ist der Schall immer gleich schnell? Gibt es eine bestimmte Schallgeschwindigkeit?

Welches Gesetz befolgt das Licht beim Schattenwurf, welches am Spiegel?

Welche Gesetze gelten für Licht, das schräg auf Wasser fällt?

5. Leitlinie:
Wie erforscht man die Natur? Wir planen Experimente.

Wie misst du im Freien die Schallgeschwindigkeit?

Was brauchst du dazu? Wie zuverlässig ist dein Ergebnis?

Du bist 1,6 m groß. Wie groß muss ein Wandspiegel mindestens sein, damit du dich darin in voller Länge siehst?

6. Leitlinie:
Wozu Physik? Wir nutzen Physik für unser Leben.

Wie schützt man sich vor Lärm?

Wie vermeidet man Energieverschwendung?

Wozu braucht man am Fahrrad eine Gangschaltung?

Warum sieht man manche Dinge mit Lupe, Fernrohr oder Mikroskop besser? Wozu sind Brillen gut?

V 1: Mit etwas Fantasie versetzen wir uns in das 16. Jahrhundert. Der Turm zu Pisa droht schon zu kippen, aber wir lassen uns nicht beirren, klettern bis zur höchsten Plattform – denn wir wollen es wissen: Fallen alle Körper gleich schnell oder nicht? Wir lassen zwei verschieden große und schwere Kugeln im gleichen Augenblick los. Sie kommen etwa zur selben Zeit unten an.

Vertiefung

Wichtige Begriffe drucken wir **fett** – und Physik halten wir für wichtig. Solche Begriffe findest du alphabetisch geordnet im Stichwortverzeichnis am Ende des Buches.

Interessantes

David R. SCOTT bewies auf dem Mond, was GALILEI schon vermutete: Ohne störende Luft fällt auch eine Feder so schnell wie eine schwere Metallkugel. Im Physiksaal kann man es nachahmen.

Daran können wir sehen: Naturgesetze sind überall gleich, sie sind *universell*.

B 1: Ein Gewitter mit Blitz und Donner

Einführung in die Physik

1. Liebe Schülerin, lieber Schüler,

du hältst ein Physikbuch in deinen Händen. **Physik** (➠ *Vertiefung*), das ist eine schon sehr alte Wissenschaft. Schon immer haben Menschen die Natur beobachtet und über sie nachgedacht. Als Grund für Blitz (➠ *Bild 1*) und Donner haben sie manchmal böse Dämonen erfunden, vor denen man Angst haben musste. Es gab aber auch Leute, die keine übernatürlichen, sondern natürliche Ursachen vermuteten und diesen nachgingen – die Wissenschaften entstanden. Die Beobachtungen wurden im Laufe der Zeit sehr umfangreich. Eine Person allein konnte das ganze Naturgeschehen nicht mehr überblicken – in *Biologie*, *Chemie* und *Physik* betrachten wir seitdem die Natur jeweils aus einem eigenen Blickwinkel.

Seit etwa Galileo GALILEI (1564–1642) befragt man die unbelebte Natur in der Physik gezielt mit Experimenten (z. B. ➠ *Versuch 1*). Als erfolgreich erwies sich auch, in Gedanken die Natur zu vereinfachen (➠ *Interessantes*). Vielfach hilft die *Mathematik* bei der Beschreibung. Sie zeigte sich allen mystischen Vorstellungen weit überlegen. All diese Methoden halfen bei der Erkenntnis: *Überall im Universum gelten dieselben Naturgesetze.*

Merksatz

Physik ist eine Naturwissenschaft. Mit ihrer Hilfe ist es leichter, die Natur zu verstehen.

Viel könnten wir noch *über* die Physik erzählen. Aber mit der Physik ist es ähnlich wie mit der Musik: Man muss sie betreiben, dann weiß man, was sie bedeutet. Fangen wir doch einfach an!

Um es dir leichter zu machen, haben wir alles Grundlegende in die breite ***Basisspalte*** *geschrieben. Mit diesem Pfeil ➠ weisen wir auf eine* ***Ergänzung*** *hin (oft in der Außenspalte), z. B.* einen *Versuch*, ein *Bild*, eine *Vertiefung* oder *Interessantes*.

Akustik nennt man auch
die Lehre vom *Schall*.
Was ist Schall? Wie entsteht Schall
und wie breitet er sich aus?
Wann hören wir den Schall?
Gibt es auch Schall,
den wir nicht hören können?
Lärm nennen wir Schall, den wir nicht hören wollen. Er ist oft sehr störend und kann gesundheitsschädlich sein.

Die Orgel – Königin der *Musikinstrumente* – erzeugt ihre Töne in verschieden langen Rohren – den Orgelpfeifen. Hören wir Musik, so können wir die beteiligten Instrumente voneinander unterscheiden.

Ein Synthesizer erzeugt elektrische *Schwingungen*. Wir können sie auf dem Bildschirm sichtbar machen.
Wann können wir sie *hören*?

All diese Themen werden uns im folgenden Kapitel beschäftigen.

B 1: Wann erzeugt die Stahlfeder einen Ton?

B 2: Schwebfliege

V 1: a) Wir spannen einen Stahlstreifen in einen Schraubstock (➠ *Bild 1*) und biegen das freie Ende zur Seite. Lassen wir es los, so vibriert es – der Streifen bewegt sich also schnell hin und her. **b)** Verkürzen wir den Streifen, so wird die Bewegung seines freien Endes schneller. Schwingt es schnell genug hin und her, so hören wir einen Ton. **c)** Wir können mit dem Streifen einen Brummton, aber auch einen hohen Ton erzeugen. Die Blattfeder führt in allen Fällen Schwingungen aus. Ein hoher Ton entsteht, wenn der Streifen sehr schnelle Vibrationen ausführt.

V 2: a) Unsere Stimmbänder vibrieren beim Sprechen. Das spüren wir, wenn wir zum Beispiel den Vokal i singen und dabei den Kehlkopf mit den Fingern berühren. **b)** Wir schlagen eine Stimmgabel an und nähern sie einem Kügelchen, das an einem Faden aufgehängt ist. Das Kügelchen wird heftig weggestoßen. **c)** Mit einem elektrischen Generator (einem so genannten *Tongenerator)* versetzen wir die Membran eines Lautsprechers in sehr langsame Schwingungen. Zunächst sehen wir, wie sich die Membran hin und her bewegt. Wir hören aber erst einen Ton, wenn wir sie etwas schneller schwingen lassen. Werden die Schwingungen noch schneller, so können wir sie nicht mehr mit dem Auge verfolgen. Wir spüren aber das Vibrieren der Membran, wenn wir sie mit dem Finger leicht berühren. Dafür hören wir den Ton jetzt sehr deutlich. Wenn wir die Schwingungen noch schneller machen, dann hören wir schließlich auch keinen Ton mehr.

Schallerreger

1. Wie entsteht Schall

Schmetterlinge fliegen geräuschlos, Bienen summen. Sind Bienen vielleicht musikalisch? Warum erzeugen sie einen Ton, Schmetterlinge aber nicht? Wir können eine Erklärung dafür finden, wenn wir einen Stahlstreifen (oder ein Lineal) festklemmen und sein Ende zur Seite auslenken (➠ *Versuch 1*). Wie die Flügel eines Insekts führt der Stahlstreifen **Schwingungen** aus. Schwingt der Streifen langsam, führt er also nur wenige Hin- und Herbewegungen in einer Sekunde aus, so ist kein Ton zu hören. Erst wenn er schnell genug schwingt, hören wir einen Ton.

Bei *Saiteninstrumenten* (Violine, Gitarre) werden die Saiten von einem mit Rosshaaren bespannten Bogen oder durch Anzupfen mit den Fingern zu Schwingungen angeregt. Die Violine hat kurze Saiten. Sie schwingen schnell – wir hören sehr hohe Töne. Dagegen sind die Saiten beim *Kontrabass* lang und dick. Sie schwingen langsam – wir hören einen sehr tiefen Ton.
Gelegentlich summen wir eine Melodie. Auch hier, beim *Singen* und *Sprechen*, sind es Schwingungen, die wir als Ton wahrnehmen (➠ *Versuch 2 a*).
Nicht immer erzeugen die Schwingungen einer Membran hörbaren Schall (➠ *Versuch 2 c*). Führt eine Membran sehr langsame Schwingungen aus, so sehen wir, wie sie schwingt, empfinden aber keinen Ton. Regen wir sie aber zu immer schnelleren Schwingungen an, so hören wir einen immer höher werdenden Ton. Schließlich verschwindet die Tonempfindung, obwohl die Membran weiter schwingt.

Der Ton, den wir hören, und die Schwingungen eines Schallerregers sind verschiedene Dinge. Schall besteht unabhängig davon, ob wir ihn als Ton wahrnehmen. Wir müssen unsere **subjektive Tonempfindung** von den sie auslösenden Schwingungen unterscheiden. Diese können auch Gehörlose beobachten und untersuchen. Man sagt, sie seien **objektiv**. Ihnen wenden wir uns im Folgenden zu.

Merksatz

Schall entsteht durch Schwingungen eines Schallerregers. Sind diese nicht zu langsam und nicht zu schnell, so können wir sie als Ton wahrnehmen.

2. Wie kann man Schwingungen beschreiben?

Der Bewegungsablauf eines **Fadenpendels** lässt sich bequem beobachten (➠ *Versuch 3*). Mit ihm wollen wir deshalb die Größen aufzeigen, mit denen man eine Schwingbewegung beschreibt.

Lenken wir die Kugel aus und lassen sie los, dann führt sie eine sich ständig wiederholende Hin- und Herbewegung aus.

- Eine solche Bewegung heißt **periodische Bewegung**.
- Eine vollständige Hin- und Herbewegung der Pendelkugel nennen wir eine **Periode**.
- Die Zeit, in der das Pendel eine Periode ausführt, heißt **Periodendauer *T***.
- Während jeder Hin- und Herbewegung schwingt die Pendelkugel zum selben Umkehrpunkt und hat dort ihre größte Auslenkung. Die Auslenkung von der Mittellage zum Umkehrpunkt nennen wir die **Amplitude** der Schwingung.

Wie schwingen die Flügel einer Biene im Vergleich zu denen eines Schmetterlings?

- Die *Periodendauer T* ist bei der Biene kleiner;
- die *Amplitude* ist beim Schmetterling größer.
- Die *Perioden* und die *Periodendauer* sind beim Schmetterling erkennbar; die Schwingungen verlaufen langsam.

Bei schnellen Schwingungen wie bei einer Stimmgabel ist die Periodendauer T schwer zu messen. Wir zählen stattdessen die Anzahl n der Perioden in einer bestimmten Zeit t. Dividieren wir die Anzahl durch die Zeit, so erhalten wir die **Frequenz f** der Schwingung: $f = \frac{n}{t}$.

Führt z.B. eine Stimmgabel 512 Perioden in 2 Sekunden aus, dann ist ihre Frequenz $f = 512/2\ \text{s} = 256 \cdot 1/\text{s}$. Man schreibt dafür auch 256 Hz (Hertz).

Und die Periodendauer? Das ist einfach: 256 Perioden in 1 s ($f = 256\ \frac{1}{\text{s}}$), also 1 Periode in 1/256 s ($T = 1/256$ s). Wir erkennen, dass die Periodendauer T der Kehrwert der Frequenz f ist: $T = \frac{1}{f}$.

Merksatz

Die Schwingung ist eine periodisch hin- und hergehende Bewegung. Eine **Periode** umfasst einen Hin- und einen Hergang. Die **Periodendauer *T*** ist die Zeit für eine Periode.

Die **Frequenz *f*** einer Schwingung ist der Quotient aus Zahl der Perioden und benötigter Zeit: $f = n/t$. Ihre Einheit ist 1 Hz = 1/s.

Für Periodendauer T und Frequenz f gilt: $\mathbf{T = 1/f; f = 1/T}$.

Die **Amplitude** ist die Weglänge von der Mittellage bis zur größten Auslenkung.

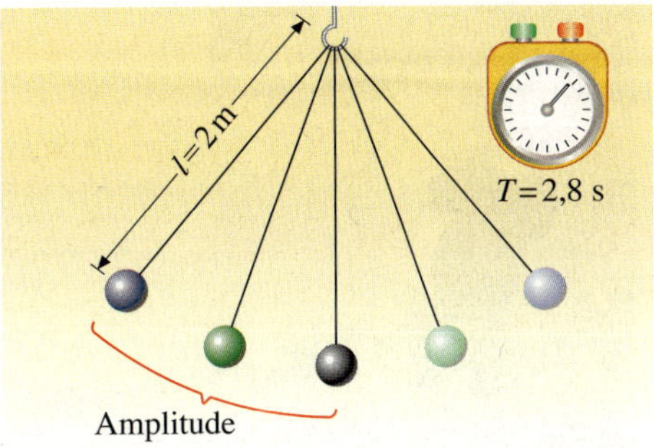

V3: a) Wir lenken ein Fadenpendel mit der Pendellänge $l = 2$ m um 40 cm aus und messen mit mehreren Stoppuhren die Zeit T für eine Periode. Die Messwerte liegen bei 2,8 s. **b)** Wir wiederholen den Versuch bei der halben Amplitude 20 cm. Die Periodendauer beträgt wieder $T = 2{,}8$ s. **c)** Wir wiederholen den Versuch bei kürzeren Pendellängen. Die Ergebnisse schreiben wir in eine Tabelle (➠ *Tabelle 1*, 2. Zeile). **d)** Zur Bestimmung der Frequenz eines Fadenpendels messen wir die Zeit t in der es $n = 10$ Perioden ausführt. Dann berechnen wir mit dem **Quotienten *n/t*** die Zahl der Perioden je Sekunde und tragen die Werte in die ➠ *Tabelle 1* (4. Zeile) ein.

Pendellänge l in m	1	0,5	0,25
Periodendauer T in s	2,0	1,4	1,0
Zeit t in s	20	14	10
Frequenz $f = n/t$ in Hz	0,5	0,7	1,0

T1: Pendellänge und Frequenz

Aufgaben

A1: Ein Fadenpendel braucht für 9 Perioden 12 Sekunden. Berechne die Periodendauer T. Wie groß ist die Zahl der Perioden in 1 s? Welche Frequenz hat das Pendel?

A2: Der Kammerton a' hat die Frequenz $f = 440$ Hz. Heute stimmt man Instrumente häufig mit der Frequenz 443 Hz. Berechne jeweils die Periodendauer T und vergleiche.

A3: Was muss man tun, wenn eine Pendeluhr zu schnell geht? Ändert sich ihr Zeittakt, wenn die Amplituden ihres Pendels immer kleiner werden? Wie muss man nach ➠ *Versuch 3* verfahren, damit das Pendel mit doppelter Frequenz schwingt?

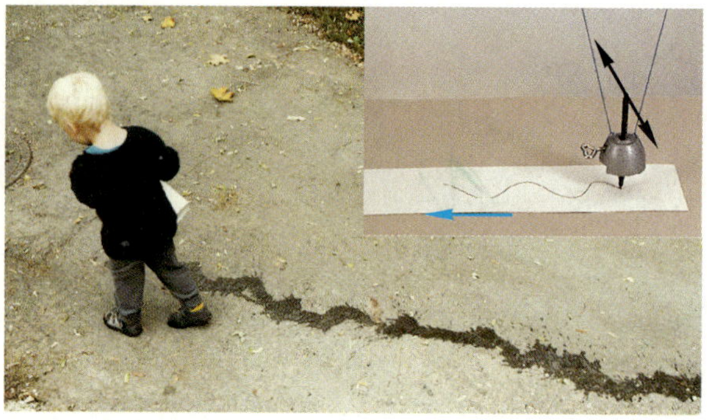

B1: Der Verlauf einer Schwingbewegung

B2: Spuren einer Stimmgabel

V1: Wir hängen ein schweres Metallstück an zwei Fäden auf und befestigen an ihm eine Schreibvorrichtung (➠ *Bild 1*). Diese besteht aus einem Folienschreiber und einem Rohr, in dem sich der Stift leicht bewegen lässt. Wir müssen darauf achten, dass der Stift nicht verkantet und während einer Schwingung den Kontakt mit der Folie nicht verliert.
a) Wir lenken das Pendel aus der Ruhelage aus und lassen es schwingen. Der Stift schreibt eine geradlinige Spur auf die Folie („*y*-Richtung"). **b)** Nun ziehen wir die Folie unter dem Stift gleichmäßig weg. Ruht das Pendel, so beschreibt der Stift eine geradlinige Spur in „*x*-Richtung". Schwingt das Pendel, so beschreibt der Stift eine Schlangenlinie.

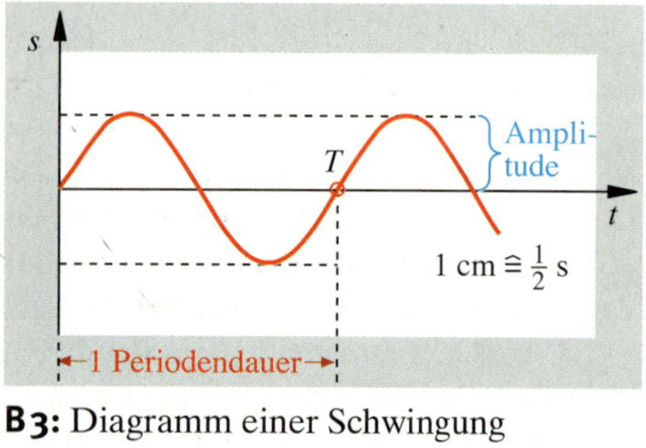

B3: Diagramm einer Schwingung

V2: An einer Stimmgabel ist eine Metallspitze befestigt. Wir schlagen die Gabel an und ziehen die Spitze leicht über eine berußte Platte. Sie schreibt eine Schlangenlinie (➠ *Bild 2*). Diese entsteht dadurch, dass die Spitze nach beiden Seiten ausschwingt und sich gleichzeitig in Längsrichtung über die Glasplatte bewegt. So können wir ihre Schwingung aufzeichnen.

Aufzeichnung von Schwingungen

1. Das Diagramm einer Schwingung

Wenn ein kleines Kind eine Gießkanne trägt und beim Gehen hin und her wackelt, dann hinterlässt der Wasserstrahl eine Schlangenlinie als Spur (➠ *Bild 1*). Sie verrät die Schwingbewegung der Gießkanne.
Befestigen wir an einem Pendelkörper einen Schreibstift (➠ *Versuch 1*), so schreibt er während der Bewegung eine geradlinige Spur auf eine Folie. Ihre Enden liegen an den Umkehrpunkten der Schwingung, ihre Mitte in der Ruhelage des Pendels. Wir erhalten die **Amplitude** der Schwingung, wenn wir die Entfernung der Umkehrpunkte von der Mitte messen. Ziehen wir die Folie gleichförmig unter dem schwingenden Pendel weg, so schreibt der Stift eine Schlangenlinie.
Die Schwingungen eines *Schallerregers* verlaufen ebenso wie die eines Pendels. Ziehen wir nämlich eine mit einem Schreibstift versehene Stimmgabel über eine berußte Glasplatte (➠ *Versuch 2*), so schreibt dieser ebenfalls eine solche Schlangenlinie. Wir können somit die Größen, die wir zur Beschreibung einer Pendelschwingung verwendet haben, auf Schallerreger übertragen.
Wir sehen in ➠ *Bild 2*, dass die Amplitude der Schwingung einer Stimmgabel abnimmt. Der von uns empfundene Ton wird dabei leiser, die Tonhöhe aber bleibt.
Um die **Periodendauer *T*** zu bestimmen, müssen wir wissen, wie schnell sich die Folie unter dem schwingenden Pendel bewegt. Wir lassen das Pendel schwingen und bewegen die Folie gleichförmig unter ihm weg. Mit einem zweiten, ruhenden Stift markieren wir im Sekundentakt an der Seitenlinie der vorbeilaufenden Folie eine Folge von Punkten. Ihr Abstand entspricht der Strecke, den die Folie in einer Sekunde zurücklegt („Sekundenstrecke"). Die Periodendauer *T* erhalten wir, indem wir den Abstand zweier Punkte mit größter Auslenkung (z. B. nach rechts) messen und durch die „Sekundenstrecke" teilen.
Den Verlauf einer Schwingung zeigt das **Diagramm** (➠ *Bild 3*). Wir können ihm die Periodendauer *T* und die Amplitude entnehmen.

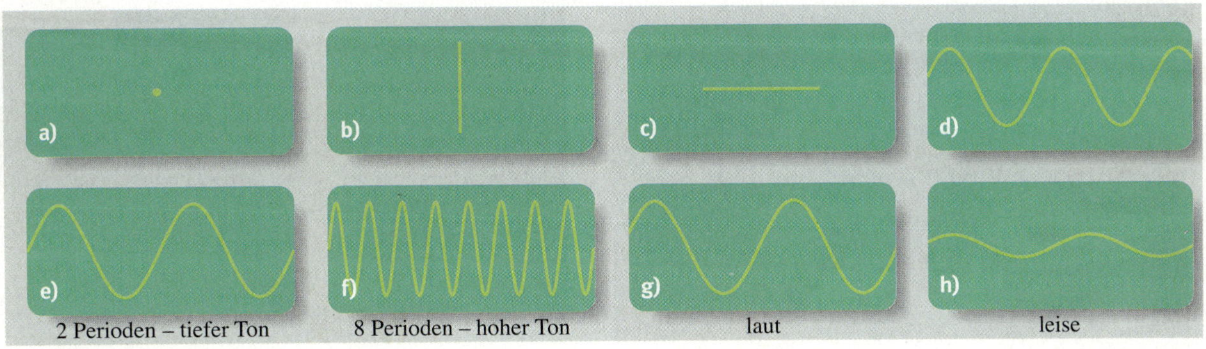

B 4: Schwingungen werden sichtbar

2. Wir zeichnen Schwingungen mit dem Oszilloskop auf

Die Schwingung eines *Fadenpendels* konnten wir im letzten Abschnitt relativ einfach aufzeichnen. Um aber *Schallschwingungen* genauer zu untersuchen, benutzen wir ein raffiniertes elektronisches Gerät. Mit einem so genannten **Oszilloskop** („Schwingungsseher") lassen sich Schallschwingungen auf bequeme Weise sichtbar machen. Als „Ohr" schließen wir ein Mikrofon an. Den Schall erzeugt ein Lautsprecher, der von einem *Tongenerator* elektrisch zum Schwingen angeregt wird:

- Solange kein Schall empfangen wird, schwingt die Mikrofonmembran nicht und wir sehen in der Mitte des Bildschirms des Oszilloskops einen Lichtpunkt (➠ *Bild 4a*).
- Erreicht Schall das Mikrofon, so sehen wir auf dem Bildschirm eine senkrechte Linie, deren Endpunkte symmetrisch zum Mittelpunkt liegen (➠ *Bild 4b*). Der Schall regt die Membran des Mikrofons zum Mitschwingen an. Je nach Stellung der Membran wird der Lichtpunkt auf dem Bildschirm nach oben bzw. unten abgelenkt. Dafür sorgt die *Elektronik* des Oszilloskops.
- Sie kann den Lichtpunkt auch von links nach rechts führen. Sobald er den rechten Bildschirmrand erreicht, springt er an den linken Bildrand zurück und beginnt erneut seinen Lauf. Das kann langsam erfolgen, aber auch sehr schnell, so dass wir nur noch eine waagerechte Linie erkennen (➠ *Bild 4c*).
- Schalten wir den Lautsprecher ein, so sehen wir auf dem Bildschirm eine Schlangenlinie (➠ *Bild 4d*). Sie rührt von der Bewegung der Membran her, die im Mikrofon vom Schall zu Schwingungen angeregt wird.
- Bei einem **tiefen Ton** erhalten wir in der Ablenkzeit weniger Perioden (➠ *Bild 4e*) als bei einem **hohen Ton** (➠ *Bild 4f*).
- Ein **lauter** Ton bewirkt, dass die Membran weit ausschwingt; bei einem **leisen** Ton ist die Amplitude klein (➠ *Bild 4g* und *Bild 4h*).

Merksatz

Mit zunehmender Frequenz der Schwingung steigt die **Tonhöhe**. Mit wachsender Amplitude nimmt die **Lautstärke** zu.

Aufgaben

A 1: a) Welche Periodendauer hat ein Ton mit der Frequenz 50 Hz? **b)** Zeichne in ein Diagramm zwei Perioden dieser Schwingung mit der Amplitude 2 cm. Wähle den Zeit-Maßstab so, dass der Periodendauer *T* auf der Zeitachse 4 cm entsprechen. **c)** Füge in das Diagramm b) vier Perioden eines Tons mit der Frequenz 100 Hz hinzu. **d)** Zeichne wie in b) das Bild für einen leisen Ton mit der Amplitude 0,5 cm und einen lauten Ton mit der Amplitude 1,5 cm.

A 2: Ein Oszilloskopschirm zeigt folgendes Schwingungsbild:

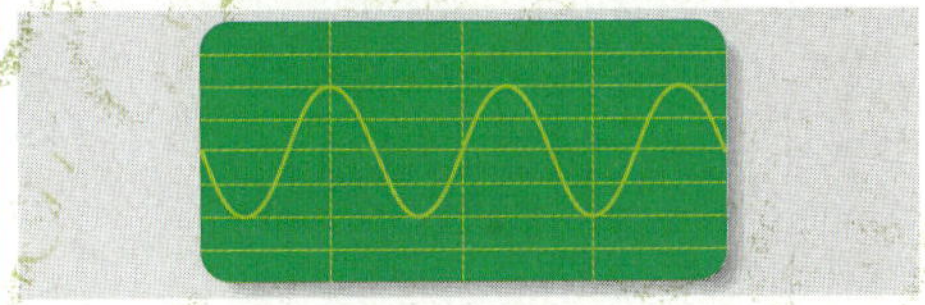

Der Elektronenstrahl im Oszilloskop überstreicht in 2 ms den Schirm. **a)** Ermittle aus dem Bild Periodendauer und Frequenz der Schwingung. **b)** Bei welcher Frequenz würde man auf diesem Oszilloskopschirm genau eine Periode sehen.

A 3: Du kennst den Zusammenhang zwischen Periodendauer und Frequenz. **a)** Ein Mitschüler hat in einer Tabelle für einige Periodendauern die zugehörige Frequenz angegeben. Stimmen die Werte? Gib in der 3. Zeile die richtigen Werte f_r an.

T in s	1,0	1,1	1,2	0,9	0,8
f in Hz	1,0	0,9	0,8	1,1	1,2
f_r in Hz					

b) Überlege, worin sein Fehler liegen könnte. Erläutere deinem Mitschüler seinen Fehler in einem kleinen „Brief".

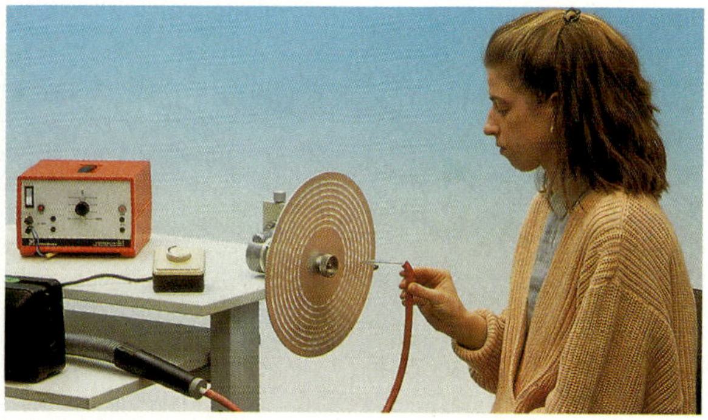

B1: Welche Tonleiter sollen wir spielen?

B2: Wir spielen eine C-Dur Tonleiter.

V1: a) Wir blasen die acht Lochreihen einer rotierenden Lochscheibe von innen nach außen an. Wir hören eine *Dur-Tonleiter.* Die innerste Lochreihe erzeugt den Grundton. **b)** Wir lassen die Lochscheibe schneller rotieren. Der Grundton wird höher. Wieder hören wir eine Dur-Tonleiter, also die gleichen *musikalischen Intervalle,* wie sie auch in der ➡ *Tabelle 1* angegeben sind.

n	Umdrehungen je Sekunde 10	15	Intervall	Frequenzverhältnis
24	240 Hz	360 Hz	Prime	1:1
27	270 Hz	405 Hz	Sekunde	9:8
30	300 Hz	450 Hz	Terz	5:4
32	320 Hz	480 Hz	Quarte	4:3
36	360 Hz	540 Hz	Quinte	3:2
40	400 Hz	600 Hz	Sexte	5:3
45	450 Hz	675 Hz	Septime	15:8
48	480 Hz	720 Hz	Oktave	2:1

T1: Die erste Spalte enthält die Anzahl *n* der Löcher einer Reihe. Die innerste Reihe hat 24, die zweite 27, …, die äußerste 48 Löcher. Die zweite Spalte enthält die Frequenzen der Töne bei 10, die dritte bei 15 Umdrehungen je Sekunde. Die letzte Spalte enthält das Frequenzverhältnis aus Frequenz und Grundfrequenz. In der vierten Spalte stehen die Bezeichnungen für das entsprechende musikalische Intervall.

Töne und Klänge

1. Die Tonleiter – immer die gleiche Melodie

Kannst du eine Tonleiter singen? Sie beginnt mit einem **Grundton** und klettert dann von Ton zu Ton in charakteristischen Stufen höher. Der Grundton kann hoch oder tief gewählt werden, die Melodie der Tonleiter ist immer dieselbe. Warum ist das so?

Um diese Frage zu beantworten, experimentieren wir mit einer **Lochscheibe** (➡ *Versuch 1*). Bei konstanter Drehfrequenz der Scheibe blasen wir einen Luftstrom durch eine der Lochreihen. Wir hören einen Ton gleichbleibender Höhe. Der Luftstrom der Düse wird abwechselnd von den Löchern durchgelassen und von der Scheibe unterbrochen. Dadurch bekommt die Luft hinter der Scheibe rasch aufeinanderfolgende, regelmäßige Stöße. Es ist, als ob ein Schallerreger durch seine Schwingungen auf die Luft periodisch einwirken würde.
Rotiert die Lochscheibe mit 10 Umdrehungen je Sekunde, dann wird der Luftstrom in der innersten Lochreihe $(10 \cdot 24)$-mal, also 240-mal, in einer Sekunde unterbrochen. Wir hören einen Ton mit der Frequenz 240 Hz. In der zweiten Lochreihe wird er $(10 \cdot 27)$-mal, also 270-mal, je Sekunde unterbrochen. Wir hören einen Ton mit der Frequenz 270 Hz. Die Frequenzen der weiteren Töne der Tonleiter können wir entsprechend berechnen (➡ *Tabelle 1*).

Rotiert die Scheibe mit 15 Umdrehungen je Sekunde, so erhöhen sich alle Frequenzen um denselben Faktor (➡ *Tabelle 1*). Der Grundton hat jetzt die Grundfrequenz $15 \cdot 24\ \text{Hz} = 360\ \text{Hz}$.

2. Musikalische Intervalle sind durch Zahlen gekennzeichnet

An der Lochscheibe haben verschieden hohe Tonleitern etwas gemeinsam. Sie werden mit denselben Lochreihen erzeugt. Daher ist für jeden Ton einer Tonleiter sein *Frequenzverhältnis* zum **Grundton** gleich, z. B.:
$270:240 = 405:360 = 27:24$ (➡ *Tabelle 1*).

Jeder Ton bildet mit dem Grundton ein **musikalisches Intervall**. Es ist durch ein bestimmtes *Frequenzverhältnis* gekennzeichnet. Die Namen der Intervalle sind von den lateinischen Ordnungszahlen abgeleitet und lauten der Reihe nach *Prime, Sekunde, Terz, Quarte, Quinte, Sexte, Septime und Oktave*. Die **Oktave** nimmt eine besondere Stellung ein. Sie bildet mit dem Grundton das besonders einfache Frequenzverhältnis 2:1 und hat somit die doppelte Frequenz.

Bestimmte Frequenzverhältnisse lassen sich *objektiv* durch kleine natürliche Zahlen beschreiben. Solche Intervalle empfinden wir *subjektiv* als Wohlklang. Diese **Konsonanz** spiegelt sich in den natürlichen Zahlen wieder, aus denen die Frequenzverhältnisse berechnet werden (➠ *Tabelle 1*). Die Quinte (3:2) und die Quarte (4:3) gehören dazu. Besonders harmonisch klingt der **Dreiklang** aus Prime, Terz und Quinte. Dagegen gelten Sekunde (9:8) und Septime (15:8) als **Dissonanzen**.

Merksatz

Ein **musikalisches Intervall** ist durch das Frequenzverhältnis der Töne gekennzeichnet. Die Oktave hört man beim Verdoppeln der Frequenz des Grundtons – zusammen mit diesem.

3. Der Klang bringt Farbe in das Instrument

Flöten und Violinen sind Schallerreger. Sie klingen aber unterschiedlich; jedes Instrument hat seine eigene **Klangfarbe**. Woran liegt das? Am *Oszilloskop* können wir den Grund dafür erkennen. Betrachten wir zunächst das Schwingungsbild einer Stimmgabel. Es besteht aus einer einfachen Schlangenlinie; sie klingt ja auch *eintönig*. Der Ton einer *Blockflöte* führt zu einem ähnlichen Schwingungsbild. Im Gegensatz dazu sehen wir beim Ton einer *Violine* eine Vielzahl kleiner Zacken (➠ *Versuch 2*). Wir vermuten, dass durch das Streichen mit dem Bogen auf der Saite viele weitere Schwingungen entstehen, die wir als kleine Zacken auf dem Bildschirm sehen. Sie haben eine wesentlich kleinere Amplitude und eine sehr viel kleinere Periodendauer, also hohe Frequenz. Diese **Obertöne** nehmen wir – wenn überhaupt – nur sehr leise wahr. Ihre Tonhöhe ist sehr viel höher als die des Grundtones einer Saite. Sie begleiten die Grundtöne eines Instrumentes und bestimmen dessen charakteristischen Klang.

4. Schall, den wir nicht hören können – Ultraschall

Mit einem Tongenerator bringen wir die Membran eines Lautsprechers zum Schwingen und beobachten das Schwingungsbild mit einem Oszilloskop. Erhöhen wir die Frequenz, so sehen wir, wie die Perioden „zusammenrücken"; die Periodendauer nimmt ab. Wir nehmen einen höheren Ton wahr. Oberhalb einer bestimmten Frequenz hören wir den Ton nicht mehr, sehen aber immer noch ein Schwingungsbild (➠ *Versuch 3*). Schall, der oberhalb der Hörgrenze von 20 kHz liegt, heißt **Ultraschall**.

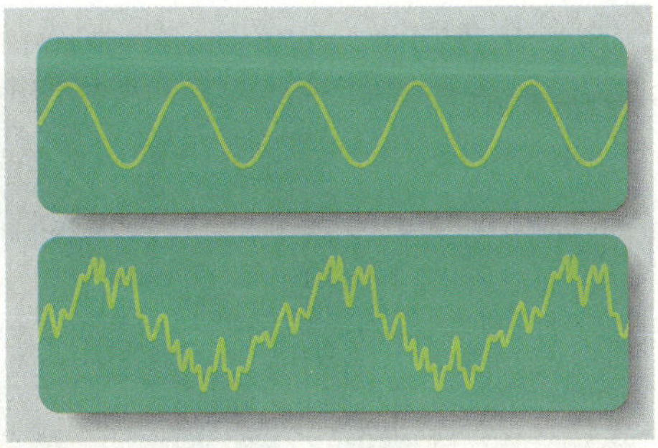

V2: Wir schließen ein Mikrofon an ein Oszilloskop an und beobachten das uns schon bekannte Schwingungsbild einer Stimmgabel. Dann bringen wir die Saite einer Violine zum Schwingen. Ihr Schwingungsbild zeigt viele kleine Zacken.

V3: Ein Tongenerator bringt die Membran eines Lautsprechers in so schnelle Schwingungen, dass wir keinen Ton mehr wahrnehmen. Am Oszilloskop beobachten wir das Schwingungsbild. Wir erniedrigen die Frequenz so lange, bis wir einen Ton hören. Auf diese Weise bestimmen wir unsere *obere Hörgrenze*.

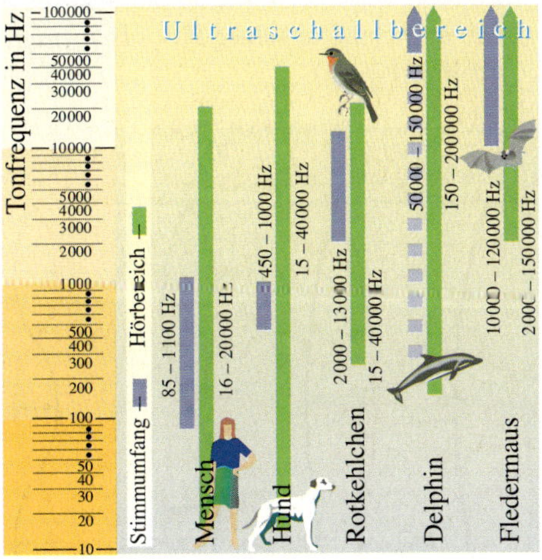

B3: Hörbereiche und Stimmbereiche

Aufgaben

A1: Schall ist physikalisch objektiv vorhanden oder nicht vorhanden. Seine Wahrnehmung als Ton hängt von uns ab, sie ist subjektiv. Mit welchen physikalischen Größen beschreiben und messen wir die Tonhöhe, die Lautstärke, konsonante und dissonante Klänge?

Interessantes

B1: Geigenvirtuosin

Saiteninstrumente

Eigenschwingungen und Resonanz

Wird die Saite einer Violine oder einer Gitarre mit einem Bogen oder mit dem Finger seitlich ausgelenkt, so schwingt sie in ihrer **Grundfrequenz**. Diese *Grundschwingung* verläuft so schnell, dass wir sie mit dem Auge nicht verfolgen können.

Statt einer Saite spannen wir einen Gummischlauch zwischen die Decke und den Boden des Zimmers. Lenken wir ihn zur Seite aus, so schwingt auch er wie eine Saite in seiner *Grundschwingung* mit seiner Grundfrequenz.

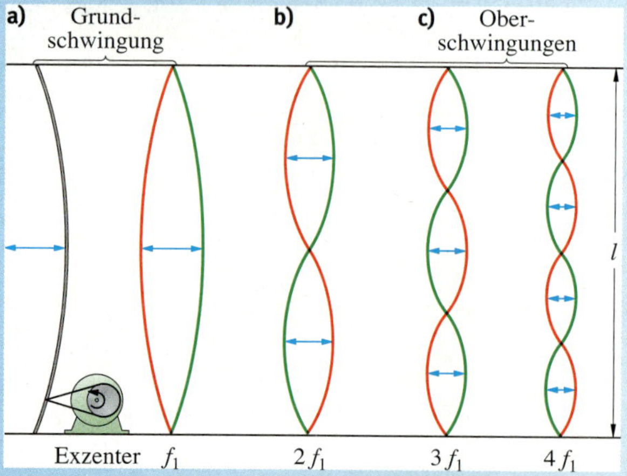

B2: Grund- und Oberschwingungen beim Schlauch

Was macht der Schlauch, wenn man ihn zu Schwingungen mit beliebiger Frequenz zwingt? Wir befestigen an seinem unteren Ende einen Exzenter, den wir mit einem Motor betreiben. Mit ihm bringen wir den Schlauch zum Schwingen. Bei sehr kleiner Drehfrequenz des Motors wackelt der Schlauch uneinheitlich hin und her. Erhöhen wir die Drehfrequenz bis zu der Grundfrequenz f_1 des Schlauchs, so beginnt er – wie eine Saite – mit großer Amplitude auf der vollen Länge zu schwingen (➡ *Bild 2a*), am stärksten in der Mitte. Zwischen seinen Enden sehen wir *einen* **Schwingungsbauch**. Der Schlauch schwingt jetzt in seiner Grundschwingung.
Nun erhöhen wir die Drehfrequenz weiter. Zunächst entsteht nur ein allgemeines Bewegungs-Wirrwarr. Bei der doppelten Frequenz $2f_1$ bildet sich auf dem Schlauch wieder ein stabiles Schwingungsbild. Wir erkennen in der Mitte der Saite einen festen Punkt in dem sich der Schlauch nicht bewegt. Zwischen diesem **Knoten** und den Enden des Schlauchs liegt jeweils ein Schwingungsbauch. Der Schlauch schwingt jetzt in seiner *ersten* **Oberschwingung** (➡ *Bild 2b*). Weitere *Eigenschwingungen* erhalten wir, wenn wir den Schlauch mit den passenden Eigenfrequenzen anregen (➡ *Bild 2c*). Dann liegt immer eine ganze Zahl von Schwingungsbäuchen auf dem Schlauch.
Führt ein Schlauch – von einem Exzenter angeregt – **erzwungene Schwingungen** aus, so tritt bei bestimmten Frequenzen, den **Eigenfrequenzen**, **Resonanz** ein. Bei diesen Eigenschwingungen sind die Amplituden besonders groß.

Eigenschwingungen bei Saiten

Gibt es auch bei einer Gitarre neben der Grundschwingung weitere Eigenschwingungen? Diese Frage beantworten wir mit einem **Monochord**. Es besteht nur aus einer Saite, die – wie bei einer Gitarre – durch zwei Stege begrenzt ist (➡ *Bild 3*). Zupfen wir sie an, so hören wir den Grundton der Saite. Berühren wir die Saite mit dem Finger leicht in ihrer Mitte, so wird die Grundschwingung abgedämpft. Die Saite schwingt aber weiter, denn wir hören nun deutlich die Oktave zum vorigen Grundton. Da die erste Oberschwingung in der Mitte der Saite einen Knoten hat, wird sie vom Finger nicht gedämpft und schwingt ungehindert weiter. Die erste Oberschwingung hat somit die doppelte Frequenz wie die Grundschwingung.

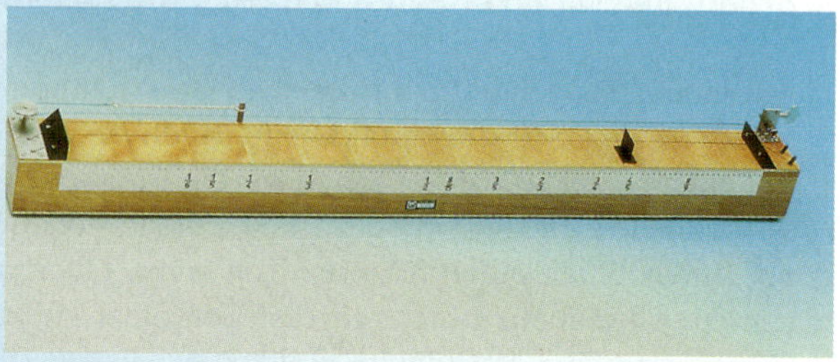

B3: Monochord

Interessantes

Einen weiteren Oberton der Saite finden wir, wenn wir die Saite bei einem Drittel ihrer Länge mit dem Finger dämpfen. Hier befindet sich ein Knoten der zweiten Oberschwingung. Wir hören sogar zwei Töne: Der eine entsteht durch das Saitenstück rechts, der andere durch das links vom Knoten. Dämpfen wir bei einem Viertel der Saitenlänge, so schwingt der nächste Oberton weiter. Wieder hören wir zwei Töne.

Berühren wir die Saite einer Violine leicht mit dem Finger an einem Knoten einer Oberschwingung, so bleiben auf beiden Teilen der Saite einige Oberschwingungen ungedämpft. Der Ton erhält dadurch eine besonders interessante Klangfarbe. Die Musiker nennen solche Töne *Flageolettöne*. Sobald der Finger die Saite auf das Griffbrett drückt, verschwindet diese Klangfarbe. Es erklingt nur noch der Ton, der durch die Länge der Saite zwischen dem Finger und dem Steg vorgegeben ist.

Bei einer Saite bestimmen die Eigenschwingungen den Grundton und die Obertöne. Sie bestehen gleichzeitig auf der Saite.

Klangfarbe kann man sichtbar machen

Musikinstrumente haben ihre typische Klangfarbe. Sie entsteht durch eine Vielzahl von *Obertönen,* die bei jedem Instrument verschieden sind. Wir können Klänge sichtbar machen, wenn wir ihre Schwingungen über ein Mikrofon einem *Oszilloskop* zuführen. Wir sehen auf dem Bildschirm das Schwingungsbild des jeweiligen Klangs.

Das Schwingungsbild einer Stimmgabel ist eine einfache Schlangenlinie (→ *Bild 4a*). Sie klingt entsprechend „eintönig". Dem Bild eines Flötentones (→ *Bild 4b*) entnehmen wir, dass eine Flöte kaum Oberschwingungen erzeugt. Das Bild ähnelt dem der Stimmgabel. Dagegen zeigt das Schwingungsbild des Tones eines Saiteninstrumentes (→ *Bild 4c*) eine Vielzahl kleiner Schlangenlinien und Zacken entlang der Grundlinie. Das weist auf eine Vielzahl von Oberschwingungen hin.

Wenn wir „Uuh" oder „Iiih" rufen, so geben wir unserer Stimme eine Klangfarbe, die eine Empfindung ausdrücken soll. Die Vokale unterscheiden sich deutlich in ihrem Schwingungsbild. Das Uuh klingt leer, das Schwingungsbild (→ *Bild 4d*) zeigt wenig Oberschwingungen. Das Iiih klingt scharf, sein Schwingungsbild zeigt viele Oberschwingungen (→ *Bild 4e*), noch deutlicher wird dies beim Zischen (→ *Bild 4f*).

Wie stimmt man ein Musikinstrument?

Beim Zusammenspiel in einem Orchester müssen die Instrumente *gestimmt* werden. Streichinstrumente werden nach dem *Kammerton* a' = 440 Hz gestimmt; d. h. eine der Saiten wird auf die Grundfrequenz 440 Hz eingestimmt. Dies geschieht durch Verändern der Saitenspannung.

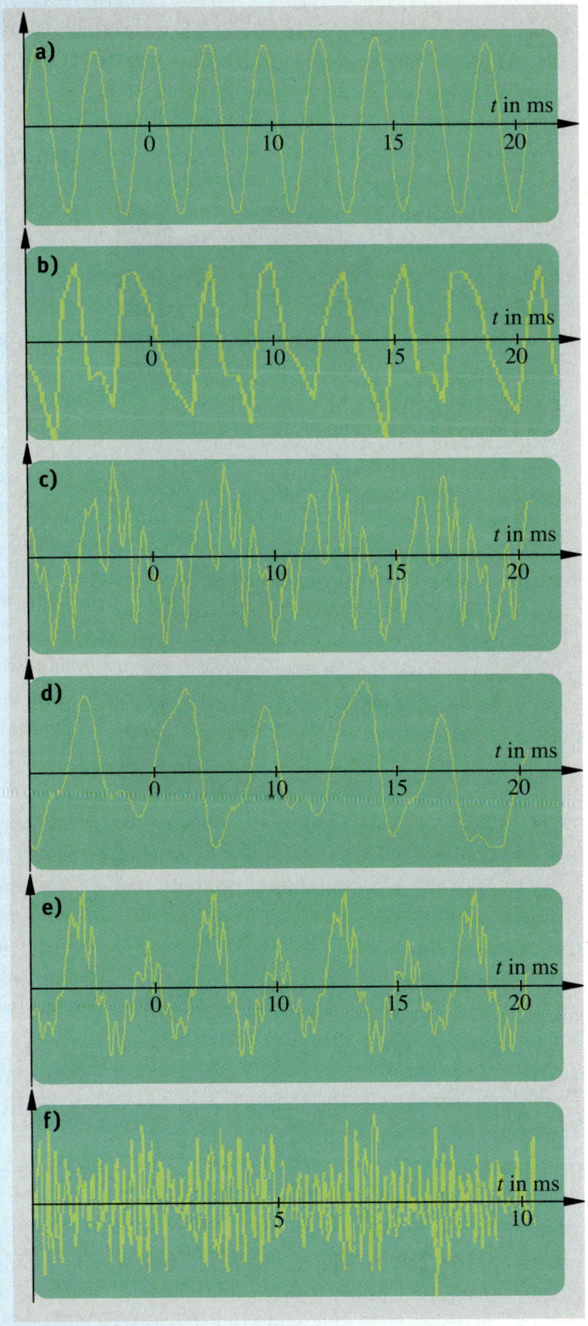

B 4: Oszillogramme von Klängen

B1: a) Stampfende Elefanten **b)** Singende Wale **c)** Klopfendes Herz wird abgehört

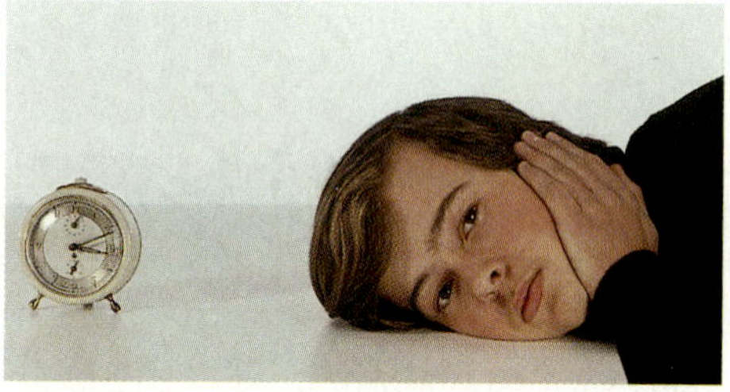

V1: Mit dem Ohr auf der Platte ist das leise Ticken der Uhr deutlich zu vernehmen. Auch mit einer Stativstange anstelle der Platte wird der Schall gut weitergeleitet.

V2: Das Ticken der Uhr wird durch das Wasser hindurch auf das Ohr übertragen. Mit anderen Flüssigkeiten gelingt es auch.

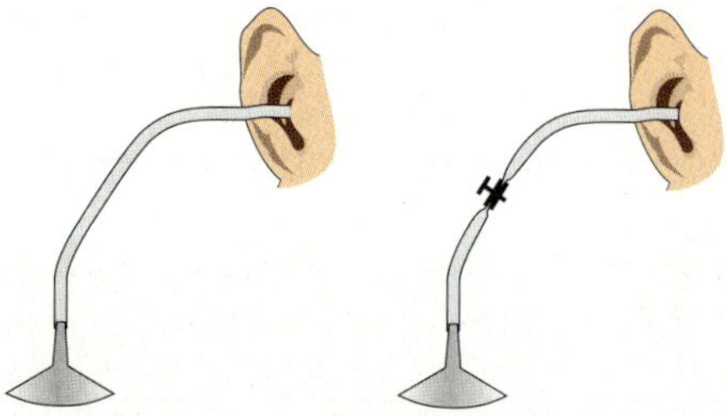

V3: Beim Stethoskop wird der Schall über eine große Trichterfläche aufgenommen und durch die Luft im Schlauch weitergeleitet. Klemmt man den Schlauch ab, hört man nichts mehr.

Die Ausbreitung des Schalls

1. Wo breitet sich Schall aus?

Bei Gefahr stampfen Elefanten (➡ *Bild 1 a*) kräftig auf den Boden. Die dadurch entstehenden Erschütterungen können Artgenossen noch bis zu 30 km weit über ihre Füße spüren und als Warnung richtig deuten. Wir selbst spüren Bodenschwingungen auch mit unseren Füßen, etwa wenn eine Rüttelmaschine das neu verlegte Pflaster in der Nähe feststampft. In beiden Fällen breiten sich die Schwingungen durch das feste Erdreich aus. Auch andere feste Stoffe leiten den Schall gut, dies zeigt ➡ *Versuch 1*.
Wäre zur Schallübertragung immer ein fester Stoff nötig, könnten Wale (➡ *Bild 1 b*) und Delphine über größere Entfernungen keinen Kontakt aufnehmen. Sie tun dies aber mit Lauten, die an Gesang erinnern, und geben so Informationen durch das Wasser an ihre Artgenossen weiter. Mit Mikrofonen unter Wasser hat man solche Laute nachgewiesen. Auch Wasser überträgt Schall. Du kannst dich im ➡ *Versuch 2* selbst davon überzeugen, ohne tauchen zu müssen.
Dass es einen Stoff zwischen Schallquelle und unserem Ohr geben muss, fällt uns im täglichen Leben gar nicht auf. Wir hören ja auch nicht mithilfe einer Tischplatte und selten auch unter Wasser. Zwischen unserem sprechenden Nachbarn und uns ist nur die Luft. Überträgt auch diese Schall? ➡ *Versuch 3* bestätigt es. Wenn die Schallübertragung schon über die „dünne" Luft gelingt, könnte man auf sie sogar ganz verzichten? Um dies zu klären, nehmen wir in ➡ *Versuch 4* die Luft zwischen Schallquelle und Empfänger einfach weg. Das Ergebnis ist eindeutig: Im leeren Raum kann sich Schall nicht ausbreiten!

2. Wie breitet sich der Schall aus?

Schlagen wir die Membran eines Tamburins kräftig an, so breitet sich ein Knall in der Luft aus. Trifft er auf eine zweite Membran, so wird diese ausgelenkt und stößt ein Kügelchen weg (➡ *Versuch 5*). Was geht bei dieser Schallausbreitung vor sich?

Wir können es uns denken: Wird die Membran eines Tamburins durch einen Schlag ausgelenkt, so stößt sie die angrenzende Luftschicht ein wenig von sich weg. Diese gibt etwas später den Stoß an die nächste Luftschicht weiter – am Ende wird die zweite Membran von der sie berührenden Luftschicht ausgelenkt. Sie stößt das kleine Kügelchen weg. Die erste und alle weiteren Luftschichten kehren zurück, sie werden nicht dauerhaft weggeblasen.

Wenn die Membran eines Lautsprechers *Schwingungen* ausführt, bewegt sie sich abwechselnd vor und zurück. Bewegt sie sich vor, so wird die angrenzende Luft wie beim Tamburin weggestoßen. Bewegt sie sich zurück, so füllt die angrenzende Luft den frei werdenden Raum. Bei dem ständigen Vor und Zurück der Membran schwingt auch die Luft mit und leitet so den Schall an unser Ohr weiter.

Ähnliches finden wir sichtbar in ➠ *Bild 2*. Bewegen wir ein Ende des *Drahtwurms* in Längsrichtung periodisch vor und zurück, so laufen abwechselnd Verdichtungen und Verdünnungen der Windungen durch den Drahtwurm.

3. La Ola – die Welle

Wenn die Fußballfans in Hochstimmung sind, lassen sie eine Begeisterungswelle durch die Ränge laufen. Irgendwo reißen Zuschauer die Arme hoch und stehen auf, ihre Nachbarn folgen ihrem Beispiel und schon beginnt eine **Welle** um das Stadion zu laufen. Bei diesem Auf und Ab der Arme bleibt jeder an seinem Platz, doch die *Welle läuft*.

Beim Schall ist es ähnlich: Die Luftteilchen werden vor und zurück bewegt. Sie geben ihre Vor- und Zurückbewegung an ihre benachbarten Teilchen weiter. Alle Teilchen schwingen dabei an ihrem Ort vor und zurück, aber die **Schallwelle** läuft davon.

Merksatz

Die Schallquelle erzeugt Schwingungen. Sie bewirken in Luft und in anderen elastischen Körpern eine **Schallwelle**. Alle von der Welle erfassten Teilchen führen dieselbe Schwingung aus. Je weiter ein Teilchen von der Schallquelle entfernt ist, desto später beginnt es mit dieser Schwingung.

V4: Wir stellen eine Klingel auf einem Schwamm unter eine Glasglocke. Wir hören ihren Klang. Pumpen wir die Luft ab, so ist der Klingelton nicht mehr zu hören.

V5: Ein Schlag – und das Pendel wird ausgelenkt.

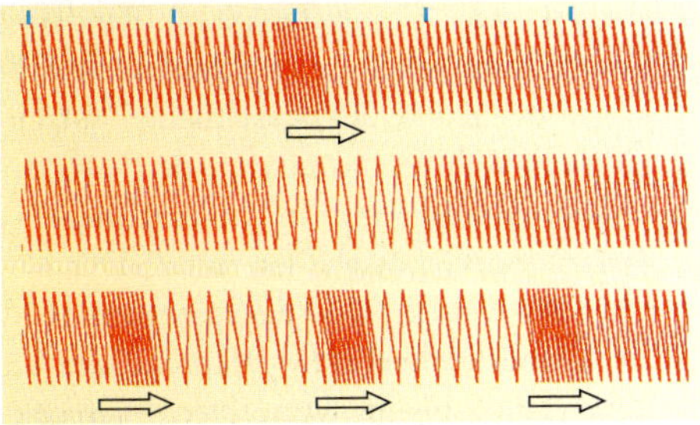

B2: Verdichtungen und Verdünnungen im Drahtwurm.

Interessantes

Das Echolot

Trifft Schall auf einen Körper, so wird er an diesem reflektiert. Kommt der Schall wieder an seinen Ausgangspunkt zurück, so sprechen wir von einem Echo. In Wasser braucht der Schall für 1500 m (750 m hin und 750 m zurück) eine Sekunde (in Luft schafft er in jeder Sekunde insgesamt nur 340 m). Aus der Laufzeit des Schalls vom Aussenden bis zum Eintreffen des Echos können wir so die Entfernung des reflektierenden Körpers bestimmen.

In der Schifffahrt wird das Echolot eingesetzt, um Meerestiefen zu bestimmen oder Fischschwärme zu orten. Man sendet Ultraschallsignale aus und misst deren Laufzeit – z. B. 1 s bei 750 m Tiefe.

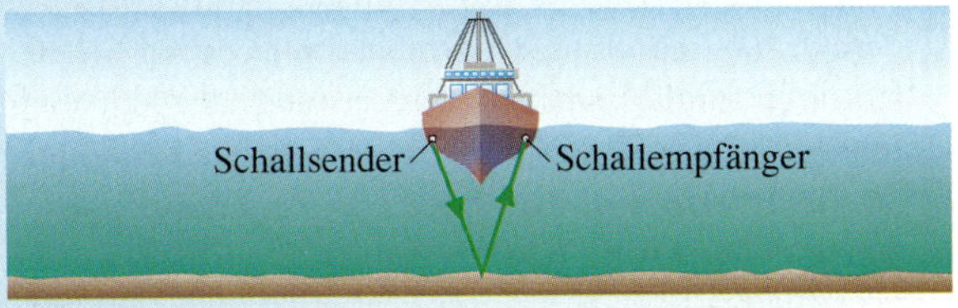

Interessantes

Lärm und Lärmschutz

Wenn Schall zu Lärm wird

Musik begleitet uns durch den Tag: beim Wecken, unterwegs im Auto, in der Disko, beim Träumen und Einschlafen. Gefällt sie uns nicht mehr, so können wir sie abschalten.

Aber eine Lebensweisheit besagt:

Musik wird störend oft empfunden, da sie mit Geräusch verbunden (Wilhelm BUSCH).

Laute Musik: Warnung vor Gehörschäden

STUTTGART (lsw). Diskokrach kann ohrenbetäubend sein. „Die Folge von zu lautem und zu langem Hören können taube Ohren, Ohrensausen und im schlimmsten Fall ein unumkehrbarer Hörschaden sein", warnte der Präsident des Landesgesundheitsamtes in Stuttgart. Schon jetzt nähmen Gehörschäden bei Kindern und Jugendlichen zu. Am heutigen Mittwoch findet bundesweit der „Tag für die Ruhe – gegen Lärm" statt.

Stundenlanges lautes Hören mit einem Walkman kann für das sensible Gehör ebenfalls zum Stress werden. Hörschäden entstünden auch durch Impulslärmquellen wie Computerspiele, Kinderpistolen oder Knallfrösche. Diese seien sogar noch risikoreicher, da wegen der Kürze die tatsächliche Lautstärke subjektiv gar nicht wahrgenommen werde.

Bei „Freizeitlärm in Innenräumen" beginne das Risiko von Gehörschäden mit 85 Dezibel, warnte der Chef des Amtes. „Und bei spätestens 100 Dezibel hört die Gemütlichkeit auf." Während der Lärmpegel am Arbeitsplatz bis ins letzte Detail geregelt sei, fehle es für Freizeiteinrichtungen an Grenzwerten. „In den Diskotheken erreicht der durchschnittliche Schallpegel zwischen 92 und 111 Dezibel." Die Befragung von 347 Berufsschülern habe ergeben, dass fast 60 Prozent regelmäßig Musik von 85 Dezibel und mehr hörten.

Das Sozialministerium sieht auch in dem zunehmenden Verkehrslärm ein gesundheitliches Risiko. Über zwei Drittel der Bevölkerung fühlten sich dadurch belästigt. Verschiedene Untersuchungen gäben Hinweise darauf, dass chronische Lärmbelastung neben Schlafstörungen und Minderung der Leistungsfähigkeit auch Herz- und Kreislauferkrankungen verursachen könne. So werde vermutet, dass bei ständigen Lärmbelastungen über 65 Dezibel das Herzinfarktrisiko ansteige.

B 1: Lärmquellen

Lautstärke	Auswirkungen
0 dB (A)	Hörschwelle menschliches Ohr
60 dB (A)	Stressreaktionen im Schlaf
90 dB (A)	Hörschäden bei längerem Einwirken
130 dB (A)	Schmerzgrenze menschliches Ohr
150 dB (A)	Irreparable Schäden am Innenohr in ca. 1 Sekunde

T 1: Schallpegel in dB (A)

Wie wird Schallstärke gemessen?

Mit „laut" und „leise" beschreiben wir die *subjektiv* empfundene Lautstärke einer Schallwahrnehmung. Als solche ist sie nicht messbar, wohl aber die je Sekunde auf eine bestimmte Fläche übertragene Energie (Schallintensität). Ihre Messwerte bei der Hörschwelle (hier wird Schall gerade noch wahrgenommen) und bei der Schmerzschwelle (hier löst Schall Schmerz aus), liegen weit auseinander. Sie unterscheiden sich um mehrere Zehnerpotenzen. Die *Dezibelskala* macht diese Messwerte mit einem mathematischen Kunstgriff überschaubarer (➠ *Tabelle 1*). Ihre Werte liegen zwischen 0 dB (A) und 150 dB (A).
Die Hörschwelle bekommt den Wert 0 dB (A). Der Schmerzschwelle wird der Wert 130 dB (A) zugeordnet. Erreicht der Schallpegel diesen Wert, so führt dies zu Schmerzen im Innenohr. Bei einer Überschreitung besteht die Gefahr bleibender Gehörschäden.

Jede Verdoppelung der Schallintensität führt zu einer Zunahme des Schallpegels um 3 dB (A). Hat also ein Motorrad einen Schallpegel von 80 dB (A), dann haben zwei gleiche Motorräder in gleicher Entfernung 83 dB (A).

Interessantes

Gefahr für das Ohr

Viele junge Menschen hören Musik über einen Kopfhörer. Das Musikerlebnis ist dabei besonders intensiv. Wie stark werden dabei die Ohren belastet? Vorsicht ist geboten: Es können Werte bis zu 110 dB (A) auftreten. Eine Statistik zeigt, dass ein nicht geringer Teil der Jugendlichen (etwa 25%) seinen Ohren zuviel zumutet und Hörschäden davonträgt.

Lärmschutz durch Schalldämpfung

Der **Straßenverkehr** ist die **Hauptursache** für Lärmbelästigung. Um den Verkehrslärm zu mindern, baut man Schallschutzwände entlang verkehrsreicher Straßen. Im Gegensatz zu Licht kann man sich vor Schall nicht durch eine Abschirmung schützen. Er umläuft die Wand an ihren Rändern, er geht sozusagen „um die Ecke herum". Um *Lärmminderung an der Quelle* zu erreichen, wurden die EG-Geräuschgrenzwerte 1996 für Pkw von 77 dB (A) auf 74 dB (A) gesenkt. Wie wir wissen, bedeutet die Abnahme um 3 dB (A), dass zwei Pkw der neuen Generation zusammen nur noch so laut sind wie ein alter Pkw allein. Leider wird durch die Zunahme der Anzahl und der Fahrleistung der Pkw die Lärmminderung wieder aufgehoben.
Auch bei *Flugzeugen* führten neue Grenzwerte zu einer wirksamen Lärmminderung. Leider heben andere Faktoren wie die Zunahme der Flugbewegungen diesen Fortschritt wieder auf. Eine Flugvermeidung in der Nacht und der Abbau von Kurzstreckenflügen wären der effektivste Lärmschutz.
Beim Umgang mit *Maschinen* werden Höchstwerte von etwa 80 dB (A) empfohlen. Das Tragen eines Gehörschutzes wird vorgeschrieben. Bei Büroarbeit liegen die empfohlenen Höchstwerte bei 50 dB (A) und bei überwiegend geistiger Tätigkeit bei 40 dB (A).

Lärmschutz durch Schalldämmung

Schallabsorbierende Wände mindern beim Hausbau die Schallausbreitung. *Trittschall* kann man durch schalldämmende Maßnahmen unterdrücken: Der Bodenestrich wird in eine Wanne aus schallschluckendem Material gelegt *(schwimmender Estrich)*. Ein durchgehender elastischer Dämmstoff verhindert eine Schallübertragung an die angrenzenden Räume. Er darf an keiner Stelle unterbrochen werden, sonst entstehen *Schallbrücken* und der gesamte Trittschallschutz geht verloren. Die Fundamente einer Maschine setzt man auf eine Korkschicht, die an keiner Stelle überbrückt werden darf.

Lärmbelästigung (1992–1994)	Anteil Belästigter (%)
Straßenverkehr	70
Flugverkehr	50
Schienenverkehr	21
Industrie	21
Nachbarn	22
Sportanlagen	7

T 2: Lärmbelästigungen

B 2: Lärmschutz: Trotz Schalldämpfer und Tempolimit erreicht der Schallpegel an manchen Orten die gesetzlich vorgeschriebene Höchstgrenze. Dann werden entlang den Straßen Wände errichtet, die den Schall reflektieren sollen. Eine Bepflanzung oder die Verwendung von schallschluckendem Material bringt eine zusätzliche Lärmminderung. Eine vollständige Lärmvermeidung ist aber in keinem Fall gegeben, da sich Schall auch „um die Ecke herum" ausbreitet.

B 3: Bereits bei der Planung eines Hauses muss Lärmverminderung berücksichtigt werden. Das erreicht man durch eine geschickte Verlegung der Wasserleitungen sowie durch Umhüllungen mit Steinwolle oder Styropor®. Zur Trittschalldämmung werden z. B. Styropor®-Platten auf dem Boden verlegt.

Das ist wichtig

1. Schallerreger

Musikinstrumente sind die geläufigsten Schallerreger. Sie erzeugen periodische Schwingungen, die wir als **Ton** oder **Klang** empfinden. Wir hören aber auch allerlei *Geräusche*, deren Ursprung nicht immer erkennbar ist; das *Knacken* eines Astes, das *Knistern* eines Papiers, das *Knirschen* der Zähne, das *Rascheln* des Laubes und das *Rauschen* des Meeres. Sie werden von den verschiedensten Schallerregern verursacht, die regelmäßige oder auch unregelmäßige Schwingungen mit wenigen Perioden ausführen. Bei einem *Knall* werden wenige Schwingungen mit sehr großer Amplitude erzeugt.

2. Schallempfänger

Unser *Ohr* ist ein natürlicher Schallempfänger. Es ermöglicht dem *Gehör*, eine Vielzahl von Klangmustern zu unterscheiden. Es hat aber auch eine Schwäche: nicht jede Schwingung wird als Ton aufgenommen. Dagegen registriert ein künstlicher Schallempfänger, ein *Mikrofon*, sowohl die langsamen als auch schnellen Schwingbewegungen. Im Gegensatz zum Ohr registriert ein Mikrofon Druckschwankungen unabhängig von deren Frequenz und Amplitude.

Schall sehr hoher Frequenz nennen wir **Ultraschall**. Er unterscheidet sich von Schall nur dadurch, dass ihn unser Ohr nicht hört. Schall ist in der Luft, solange er sich dort als regelmäßige oder unregelmäßige Druckschwankung ausbreitet.

3. Beschreibung von Schwingungen

Schwingungen sind **periodische** Bewegungen. Sie unterscheiden sich durch ihre **Amplitude** und ihre **Periodendauer** T. In der Akustik wird die **Tonhöhe** durch die **Frequenz** f gekennzeichnet. Sie gibt die Zahl der in einer Sekunde ausgeführten Perioden an. Zwischen der Periodendauer T und der Frequenz f besteht die Beziehung

$$f = \frac{1}{T}; \text{ in Einheiten: } \mathbf{1\,Hz} = \frac{1}{\mathbf{s}}.$$

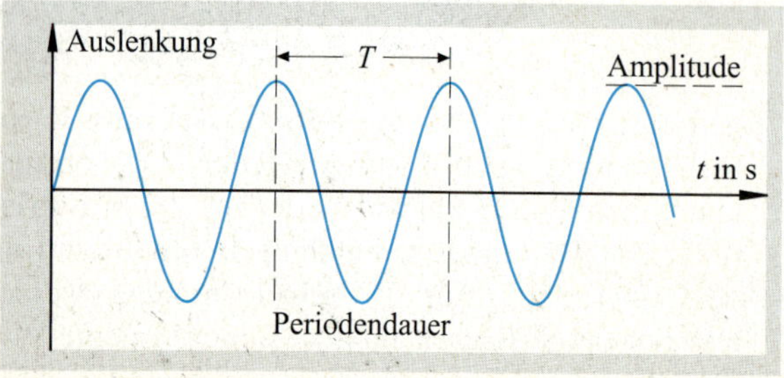

4. Töne und Klänge

Bei einer Tonleiter haben alle Töne ein festes **Frequenzverhältnis** zum Grundton. Nehmen wir mehrere Töne gleichzeitig wahr, so hören wir einen **Klang**. Musikinstrumente erzeugen niemals einen einzigen Ton, sondern immer einen Klang.

5. Eigenschwingungen und Resonanz

Eigenschwingungen sind Schwingungen, zu denen ein Körper besonders gut angeregt werden kann. Schlagen wir eine Stimmgabel an, so schwingt sie mit der ihr eigenen Frequenz, z. B. 440 Hz. Schlagen wir in ihrer Nähe eine zweite Stimmgabel mit derselben Frequenz 440 Hz an, so schwingt die erste Stimmgabel in ihrer **Eigenfrequenz** 440 Hz von selbst mit. Sie gerät in **Resonanz**.

6. Die Schallwelle

Eine Schallquelle erzeugt Schwingungen. Sie führen in Luft und elastischen Körpern zu einer Schallwelle. Dabei führen die von der Schallwelle erfassten Teilchen Schwingungen aus. Je weiter ein Teilchen von der Schallwelle entfernt ist, desto später beginnt es mit dieser Schwingung. Im luftleeren Raum gibt es keine Schallwelle.

7. Schall verursacht Lärm

Lärm macht krank. Zur Lärmverminderung werden Schallquellen durch Materialien wie Gummi, Schaumstoff, … abgeschirmt. Diese Materialien *absorbieren* den Schall (*Schalldämpfung*). *Gehörschutz* vermindert die Schallintensität am Ohr und schützt das Gehör so vor zu starkem Lärm.

Aufgaben

A1: a) Erläutere, was du beim unten dargestellten Schwingungsbild eines Tones hören würdest (subjektiv). **b)** Beschreibe das Schwingungsbild mit geeigneten physikalischen Größen (objektiv). **c)** Überlege und beschreibe einen zum Schwingungsbild passenden Versuch. **d)** Könntest du einen Ton doppelter Frequenz hören? Könnte ein Hund ihn hören? (➠ *Bild 3* im Abschnitt „Töne und Klänge")

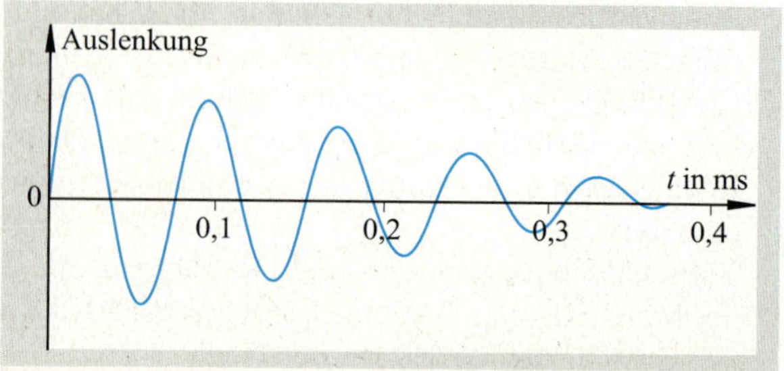

Sterne oder auch unsere Sonne erzeugen Licht. Wir sehen sie deshalb, weil ihr Licht unmittelbar in unser Auge trifft. Der Mond jedoch kann kein eigenes Licht aussenden. Wir sehen die helle Mondsichel dennoch, weil ein Teil des Sonnenlichts auf seine Oberfläche trifft und von dort in unser Auge gelangt. Den Rest der Mondscheibe sehen wir nur schwach. Das Licht, das von diesem Teil des Mondes in unser Auge trifft, hat einen noch weiteren Weg zurückgelegt. Es kommt ebenfalls von der Sonne, trifft auf die Erdkugel, wird von dort zum Mond gelenkt und gelangt schließlich von dort wieder zur Erde zurück in unser Auge.

Galileo GALILEI betrachtete bereits vor etwa 400 Jahren die Mondoberfläche mit einem Fernrohr. Mit einem solchen Gerät erreicht man, dass wir von weit entfernten Gegenständen, wie z. B. der Mondoberfläche, mehr Einzelheiten erkennen können. Wie das genau funktioniert, wirst du im folgenden Kapitel erfahren.

Wie entsteht ein Regenbogen und warum ist er überhaupt farbig? Neben vielen anderen werden wir auch diese Fragen auf den nächsten Seiten beantworten.

B1: Eine alltägliche Situation, die viel Physik enthält.

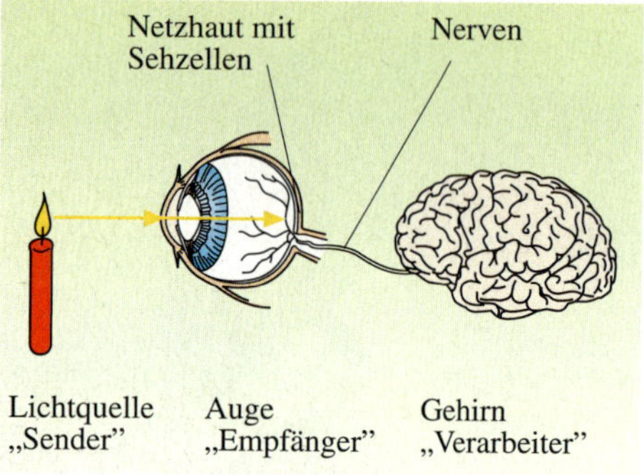

B2: Das Sehen ist ein mehrstufiger Vorgang.

B3: Gegenstände, die Licht aussenden

Lichtausbreitung

1. Was bedeutet „Sehen"

Sehen ist ein Vorgang, bei dem die Sehzellen in unserem Auge durch Licht gereizt werden. Dabei entstehen elektrische Signale, die von Nerven ins Gehirn geleitet werden (➠ *Bild 2*). Dort verarbeiten wir die Signale zu einer Bildvorstellung.

2. Wann sehen wir etwas?

Zum Sehen gehören immer ein „Sender", der Licht aussendet (auch Lichtquelle genannt), und ein Empfänger. Ein solcher Lichtsender ist z.B. die Sonne. Das Auge ist ein Beispiel für einen Empfänger. So wie die Sonne senden alle heißen Körper Licht aus (➠ *Bild 3a*). ➠ *Bild 3b* zeigt Lichtquellen, die sogar bei normaler Temperatur Licht erzeugen.

Zündest du in einem dunklen Raum ein Zündholz an, dann siehst du die Flamme, denn das Licht der Flamme fällt direkt in dein Auge. Du erkennst gleichzeitig auch die Gegenstände in diesem Raum. Sicher, sie waren vorher schon da, aber natürlich unsichtbar. Das brennende Zündhölzchen erschließt uns die „optische" Welt. Sein Licht breitet sich nach allen Richtungen aus. Die Gegenstände im Raum werden vom Zündholz beleuchtet und geben das empfangene Licht in alle möglichen Richtungen wieder ab, so als wären sie selbst Lichtquellen. Man sagt: Die beleuchteten Gegenstände **streuen** das Licht.

Merksatz

Man sieht die Gegenstände, die Licht aussenden und deren Licht vom Auge empfangen wird.

Entweder erzeugen die Gegenstände selbst Licht oder sie streuen das Licht, das von anderen Lichtquellen stammt.

Wir sehen also nur etwas, wenn das Licht *in* unser Auge fällt. Stellen wir uns ➠ *Bild 1* als reale Situation vor:

Die Glühlampe sehen wir, weil ihr Licht direkt in unser Auge fällt. Die rechte Gesichtsseite des Mädchens wird von der Leuchte direkt beleuchtet, das Licht dort gestreut. Es macht also einen Umweg, bevor es in unser Auge trifft. Das Licht, das von der linken Gesichtsseite in unser Auge fällt, hat einen noch längeren Umweg hinter sich: Von der Leuchte zuerst zur Wand, von dort zum Mädchen und dann erst in unser Auge. Da bei jeder Streuung Verluste entstehen, ist diese Gesichtsseite dunkler.

B 4: Lichtbündel werden sichtbar

3. Vom Lichtbündel zum Lichtstrahl

Eine Kerze strahlt das Licht nach allen Seiten aus, eine Taschenlampe dagegen nur in eine Richtung. Man spricht dann von einem **Lichtbündel**. Durch eine Blende (zum Beispiel einen Karton mit einem kleinen Loch) können wir das Lichtbündel stark einengen. Dann erzeugt die Taschenlampe an der Wand nur einen ganz kleinen Lichtfleck. Zu sehr feinen Lichtbündeln sagt man **Lichtstrahlen**, denn man kann geometrische Strahlen als *Denkmodell* für diese sehr feinen Lichtbündel verwenden.

Lichtbündel werden dadurch sichtbar gemacht, dass man in ihren Verlauf Kreidestaub, Wasserdampf oder Rauch bläst. An den Kreide-, Wasser- oder Rauchteilchen wird ein Teil des Lichts gestreut. Man sieht die beleuchteten Teilchen. Wir sehen dann auch, dass Lichtbündel geradlinig verlaufen (➠ *Bild 4*).

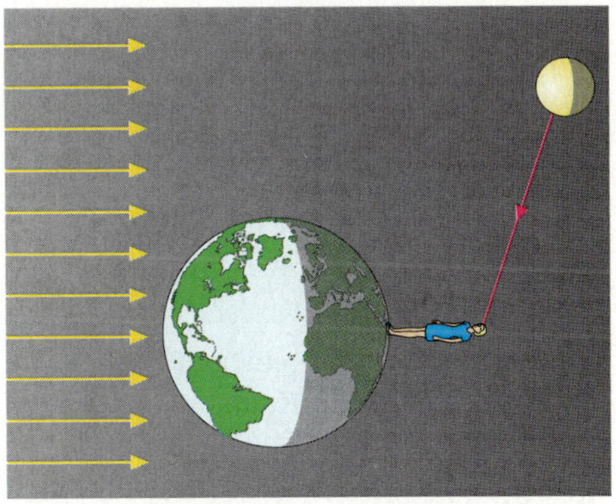

B 5: Der lichtdurchflutete Nachthimmel erscheint uns dunkel, nur der beleuchtete Mond ist sichtbar.

Schauen wir nachts in den wolkenlosen Himmel, dann erscheint er uns schwarz, obwohl doch die Sonne auch nachts leuchtet. Das Licht scheint an der Erde vorbei, es wird nicht gestreut, also gelangt es nicht in unser Auge (➠ *Bild 5*). Erst wenn der Mond als überdimensionales Staubteilchen in unser Blickfeld tritt, wissen wir, dass das Universum lichtdurchflutet ist. Auf der Tagseite der Erde wird das Licht schon an der Lufthülle gestreut, der Himmel erscheint uns hell.

Die Sterne, die wir am Himmelszelt sehen, leuchten selbst. Es sind Sonnen oder ganze Galaxien, also große Sonnenansammlungen. Doch sind sie so weit entfernt, dass sie uns nur als Pünktchen am Himmel erscheinen.

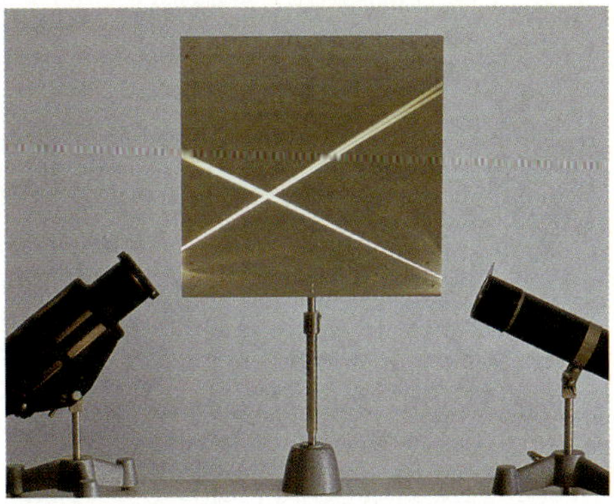

B 6: Lichtbündel stören sich gegenseitig nicht.

Im ➠ *Bild 6* kreuzen sich auf einem Schirm flache Lichtbündel aus zwei Experimentierleuchten. Der Verlauf wird dadurch sichtbar, dass sie an dem Schirm entlangstreifen. Die Lichtbündel durchdringen sich ungestört, anders als sich kreuzende Wasserstrahlen.

Merksatz

Die geradlinigen verlaufenden **Lichtstrahlen sind Denkmodelle** für sehr feine Lichtbündel. Diese durchdringen sich ungestört.

Aufgaben

A 1: Beim Blaulicht eines Polizeifahrzeugs rotiert um eine Glühlampe ein Spiegel, der das Licht bündelt. Warum sieht man das Blaulicht blinken, obwohl die Lampe doch immer leuchtet?

B1: Bilder einer totalen Sonnenfinsternis, aufgenommen im Abstand von 25 Minuten.

B2: Hinter dem Gegenstand befindet sich ein lichtfreier Raum.

B3: Kommt eine zweite Kerze hinzu, dann gibt es links und rechts neben dem dunklen Schatten etwas hellere Flächen, häufiger „Halbschatten" genannt.

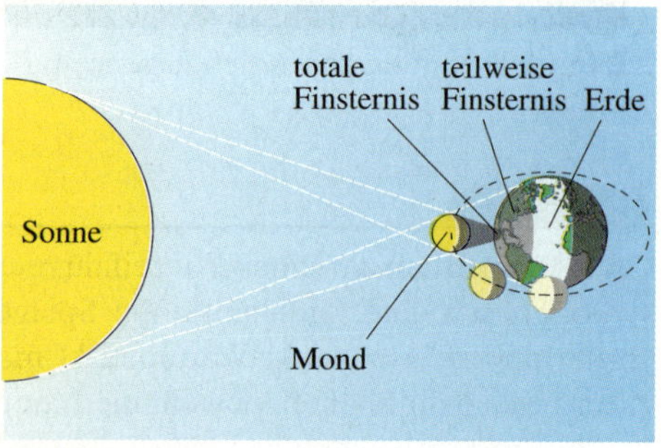

B4: So entsteht eine Sonnenfinsternis.

Licht und Schatten

1. Lichtfreier Raum

Bringt man vor eine Lichtquelle einen undurchsichtigen Gegenstand, dann ist der Raum dahinter dunkel, also lichtfrei. Dort sieht man Gegenstände nicht. Stellt man nach ➡ *Bild 2* hinter den Gegenstand ein großes weißes Blatt Papier, so zeigt es den Umriss des Gegenstands. Er stellt die Grenze zwischen beleuchteter und nicht beleuchteter Fläche dar. Umgangssprachlich nennt man den nicht beleuchteten Bereich den „Schatten" des Körpers.

Im ➡ *Bild 3* stehen zwei Kerzen nahe beisammen. Auch ihrem Licht verwehrt der undurchsichtige Gegenstand den Weg zum Papier. Dort sehen wir jetzt drei Zonen:
In den Kernbereich (K) kann weder das Licht der linken noch der rechten Kerze gelangen. Dort ist es völlig dunkel.
Rechts und links davon gibt es Bereiche, die das Licht nur jeweils einer Kerze trifft. Diesen Bereich nennt man „Teillichtbereich" (T) oder auch „Halbschatten".
Auf alle Stellen außerhalb dieser Bereiche fällt dagegen das Licht beider Kerzen (A). Dort ist es ganz hell.

2. Sonnenfinsternis

Das spektakulärste Schattenereignis ist die **totale Sonnenfinsternis** (➡ *Bild 1*). Dabei steht der Mond für bestimmte Erdregionen so, dass das Licht der Sonne diese Regionen nicht mehr erreicht. Eine solche Region wird verfinstert – nicht eigentlich die Sonne! Die Bewohner befinden sich im „Schatten" des Mondes. Dieser Schatten rast mit hoher Geschwindigkeit über die Erdoberfläche. Während der völligen Verdeckung der Sonne wird deren *Korona*, die lichtschwächer leuchtende Umgebung der Sonne, sichtbar (➡ *Bild 1*, mittlere Abbildung).
Weil der Schattenbereich nicht sehr groß ist, ist das ganze, großartige Naturschauspiel nach wenigen Minuten wieder vorbei.

Die letzte totale Sonnenfinsternis in Deutschland fand am 11.08. 1999 statt. Die nächste wird hier erst wieder am 17.04. 2135 zu beobachten sein.

3. Mondphasen

Der Mond zeigt sich in wechselnder Gestalt, einmal als runde Scheibe, dann wieder als schmale Sichel. Dies kann man anhand von *Bild 5* erklären. Dort sind acht verschiedene Standorte des Mondes eingezeichnet, die dieser während seines vier Wochen dauernden Umlaufs um die Erde einnimmt.
Die Sonne beleuchtet immer die ihr zugewandte Mondhälfte. Die andere ist unbeleuchtet. Je nach Position des Mondes sehen wir nur Teile dieser beleuchteten Seite. Der Mond erscheint uns also in seinen **Mondphasen**. Wir sehen …:
- bei Vollmond die beleuchtete Mondfläche ganz (1),
- bei Halbmond die Hälfte des beleuchteten Mondes (3), (7),
- bei Neumond sehen wir die beleuchtete Mondhälfte nicht (5).

Aber auch den nicht von der Sonne beleuchteten Teil kann man in klaren Nächten schwach erkennen. Von der Erde gelangt nämlich etwas Streulicht zum Mond und beleuchtet ihn ein wenig.

Warum gibt es eigentlich nicht bei jedem Neumond eine Sonnenfinsternis und bei jedem Vollmond eine Mondfinsternis? Die Ebene der Mondbahn ist gegenüber der Ebene der Erdbahn um ungefähr 5° geneigt. So gelingt es dem Mond nur selten, die Sonnenscheibe zu verdecken.
Es gibt zwar alle 29,5 Tage Vollmond, aber meistens steht die Erde nicht exakt auf der Verbindungslinie Mond-Sonne. Wäre dies der Fall, so träfe das Sonnenlicht den Mond nicht und wir hätten eine Mondfinsternis (*Bild 7*).

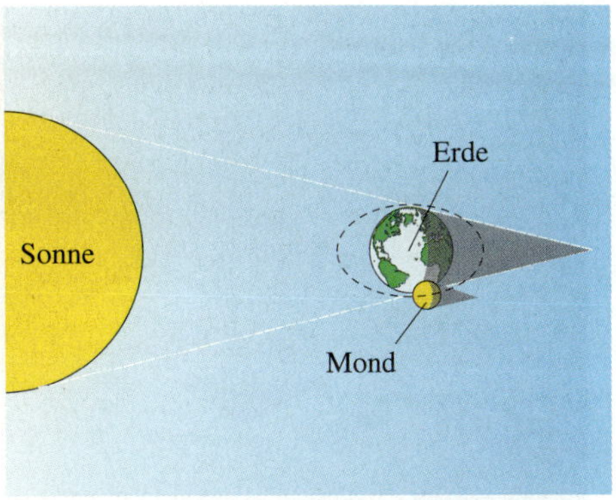

B6: Hinter Erde und Mond gibt es einen Schattenkegel.

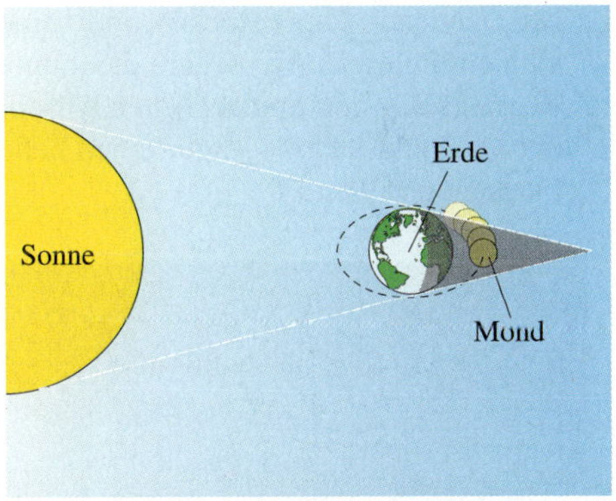

B7: So entsteht eine Mondfinsternis.

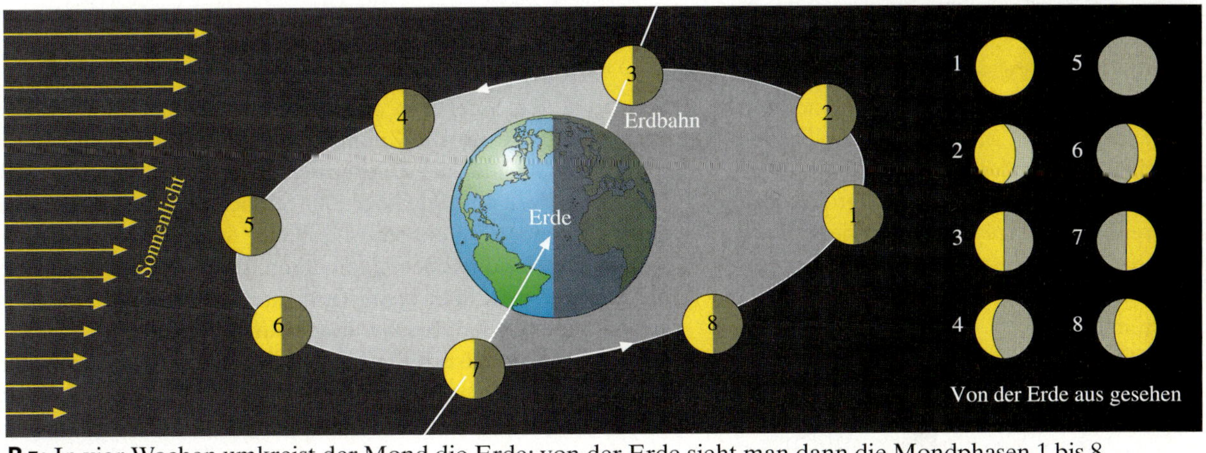

B5: In vier Wochen umkreist der Mond die Erde; von der Erde sieht man dann die Mondphasen 1 bis 8.

Aufgaben

A1: Beschreibe, wie sich Schatten und beleuchtete Flächen ändern, wenn man in *Bild 3* die Kerzen auseinanderzieht.

A2: Fußballspieler haben bei Flutlicht vier sternförmig angeordnete Teilschatten. Wie ist dies zu erklären?

A3: Warum kann eine Mondfinsternis nur bei Vollmond und eine Sonnenfinsternis nur bei Neumond stattfinden?

A4: Aus welcher Art von Verfinsterung kann man auf die Kugelgestalt der Erde schließen, aus einer Sonnen- oder einer Mondfinsternis?

V1: Das breite Lichtbündel einer Experimentierleuchte fällt schräg auf mehrere verschiedene Pappestücke und einen kleinen Spiegel. Wir sehen die bunten Pappestücke; den Spiegel sehen wir aber nur als dunkles Feld – dafür einen hellen Fleck an der Wand.

V2: Vor eine Glasscheibe wird eine brennende Kerze gestellt. Ihr Spiegelbild scheint hinter der Glasscheibe zu stehen. Nun nehmen wir eine gleichgroße, nicht brennende Kerze und stellen sie so hinter die Glasscheibe, dass von vorne der Eindruck entsteht, auch ihr Docht würde brennen.

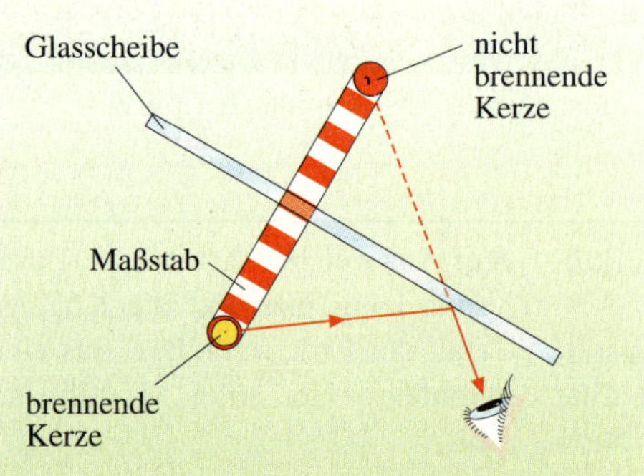

B1: Versuch 2 von oben betrachtet

B2: Ein Spiegelbild, das zahlreiche Touristen anlockt.

Reflexion am ebenen Spiegel

1. Glatte Flächen spiegeln

Die Erfahrung sagt uns, dass man sich nur in glatten Flächen spiegeln kann: In der Glasscheibe, im Badezimmerspiegel, in einer ruhigen Wasseroberfläche, in der polierten Lackoberfläche mancher Möbel oder von Autos. Man spiegelt sich jedoch nicht in rauen oder stumpfen Oberflächen.
Im ⇛ *Versuch 1* sind die Pappestücke deutlich zu erkennen, denn ihre Oberflächen sind rau und streuen das Licht nach allen Richtungen. Der Spiegel jedoch reflektiert das Licht nur in eine Richtung, deshalb erscheint an der Wand der helle Fleck.

2. Der Spiegel – Fenster zur Spiegelwelt

Schaue in den Spiegel in einem Zimmer. Du siehst dich, aber auch das ganze übrige Zimmer; die Gegenstände im Hintergrund, die Wände, die Decke, den Boden, wenn man so will: Die ganze Welt ist hinter der Spiegelfläche für das Auge nochmals vorhanden. Willst du allerdings deinem Gegenüber im Spiegel die Hand reichen, dann erkennst du: Die Spiegelwelt ist nur eine Sehwelt, aber keine Tastwelt. Wir schauen in die Spiegelwelt hinein, scheinbar wie durch ein Fenster in ein Haus. Unser Gehirn erzeugt uns diese Scheinwelt. Wir sind ja gewohnt, dass Lichtstrahlen gerade verlaufen. Deshalb glauben wir, sie kämen aus einem Raum hinter dem Spiegel. In Wirklichkeit kommen sie von vorn und werden an der Spiegeloberfläche geknickt. Trotzdem ist die Vorstellung einer Spiegelwelt, den Spiegel also als Fenster in eine zweite „gespiegelte" Welt aufzufassen, nützlich. Sie hilft uns, das Reflexionsgesetz zu finden und andere „Spiegelfragen" zu klären.

Unter günstigen Lichtverhältnissen erkennt man, dass sich Glasscheiben wie „richtige" Spiegel verhalten, mit dem Vorteil, dass man auch die Welt dahinter sieht. Deshalb verwenden wir jetzt eine normale Glasscheibe als Spiegel.

3. Die Gesetze des Spiegelns

Betrachten wir den Versuch 2 von oben (➡ *Bild 1*), dann sehen wir, dass die Kerzen achsensymmetrisch zur Glasscheibe angeordnet sein müssen. Nur so kann der Eindruck entstehen, die nicht brennende Kerze habe eine Flamme. Dieser Eindruck entsteht für jeden Beobachter vor der Scheibe, wenn diese nur groß genug ist. Achsensymmetrisch bedeutet: Ihr Abstand zur Scheibe ist jeweils gleich, ihre Verbindungslinie senkrecht zu ihr.

Merksatz

Das Spiegelbild erscheint senkrecht gegenüber der Spiegelebene und im gleichen Abstand vom Spiegel wie der reale Gegenstand.

Wir untersuchen jetzt den Verlauf eines Lichtstrahls. Dazu leuchten wir mit einer Taschenlampe so in einen Spiegel, dass das Lichtbündel in das Auge des Betrachters trifft. Dieser glaubt, dass er in das Licht der Lampe in der „Spiegelwelt" schaut (➡ *Bild 4*). In Wirklichkeit wird das Licht natürlich auf der Spiegeloberfläche reflektiert und fällt dann in sein Auge. Der ➡ *Versuch 3* zeigt uns, dass das Licht der Taschenlampe das Auge des Betrachters nur trifft, wenn die Lichtquelle, der Reflexionspunkt auf dem Spiegel und das Auge des Betrachters in einer Ebene liegen. In dieser so genannten **Reflexionsebene** liegen der hinlaufende und der reflektierte Lichtstrahl. Diese Ebene steht stets senkrecht auf der Spiegeloberfläche. Zeichnen wir die Taschenlampe achsensymmetrisch ein, dann erhalten wir folgende geometrischen Verhältnisse (➡ *Bild 3*):
Da die Punkte T', R und A auf einer Geraden und T' und T symmetrisch zum Spiegel liegen, sind die drei rot eingezeichneten Winkel gleich groß. Um das Reflexionsgesetz auch bei gekrümmten Flächen anwenden zu können, verwendet man das Lot (grün). Die beiden gelben Winkel neben dem Lot, **Einfallswinkel** (α) und **Reflexionswinkel** (β), sind dann ebenfalls gleich groß. Dies lässt sich in ➡ *Versuch 4* für jeden Winkel sehr genau bestätigen.

Merksatz

Reflexionsgesetz: Einfallender Lichtstrahl, Lot und reflektierter Lichtstrahl liegen in einer Ebene. Einfallswinkel und Reflexionswinkel sind gleich groß.

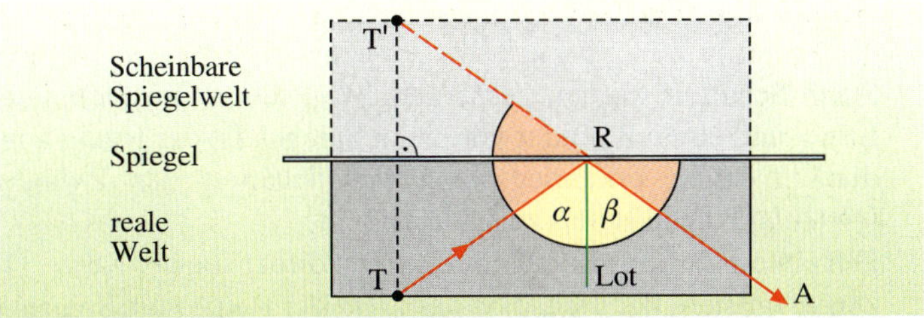

B3: Geometrische Verhältnisse bei der Reflexion am Spiegel

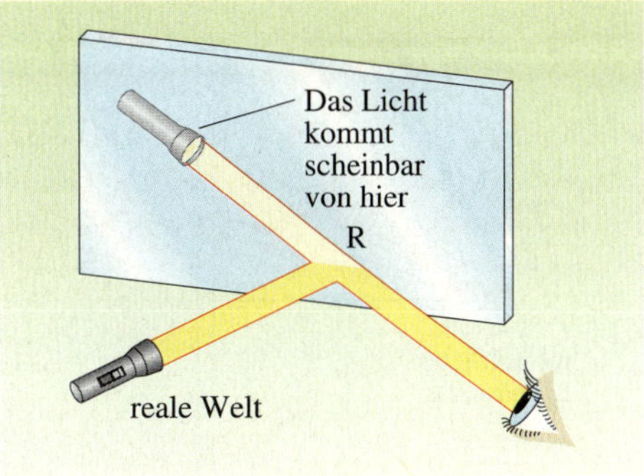

B4: Reale Welt – Spiegelwelt. So wird das Auge getäuscht.

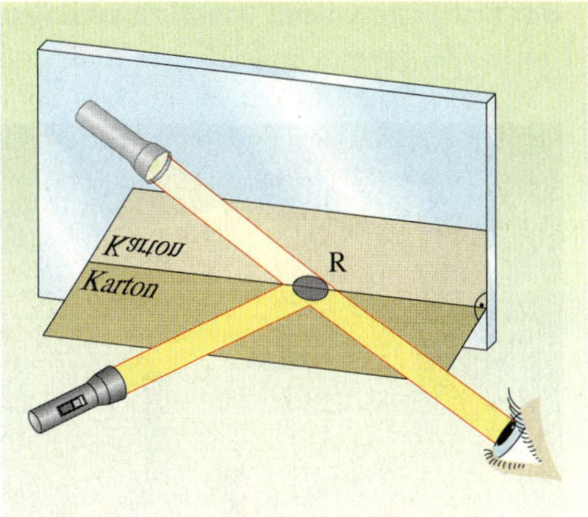

V3: Mit der Taschenlampe wird so in den Spiegel geleuchtet, dass das Bündel das Auge des Betrachters trifft. Mit Staub kann man die Stelle auf dem Spiegel sichtbar machen, an der das Lichtbündel reflektiert wird (R). Ein Helfer hält ein Stück Karton so in die Anordnung, dass die Lichtbündel streifend darauf sichtbar werden und sich deshalb nachzeichnen lassen.

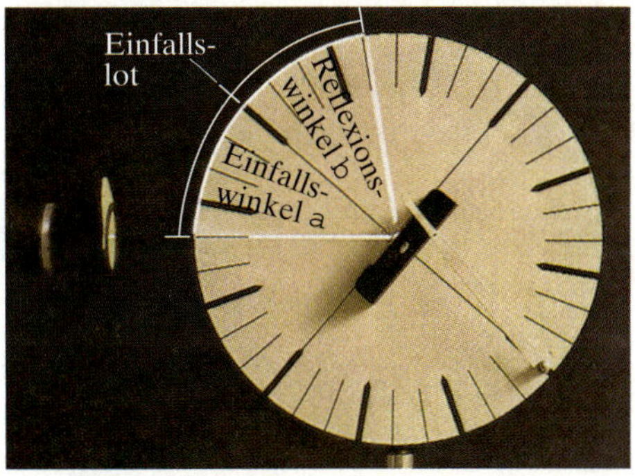

V4: Das Reflexionsgesetz lässt sich überprüfen, in dem man ein feines Lichtbündel einer Experimentierleuchte auf einen Spiegel fallen lässt und die Winkel misst.

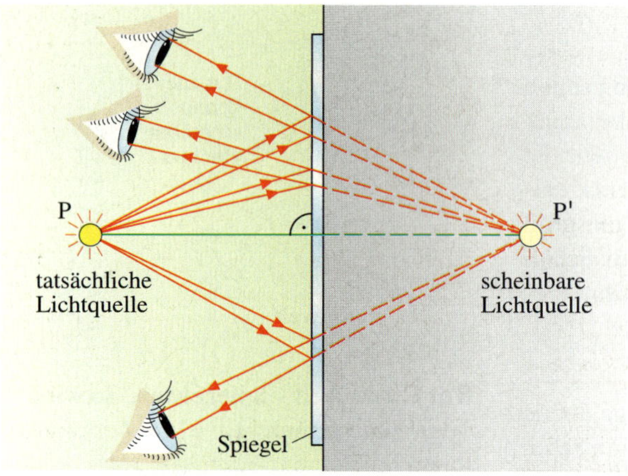

B 1: Das Licht scheint von P' zu kommen.

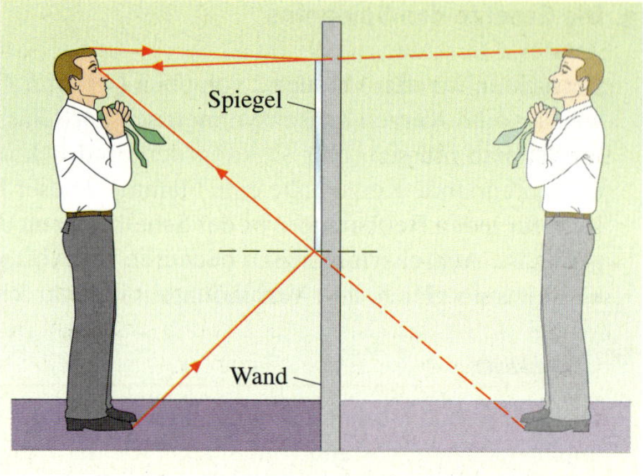

B 2: So muss man den Spiegel aufhängen.

B 3: Schatten aus der Spiegelwelt

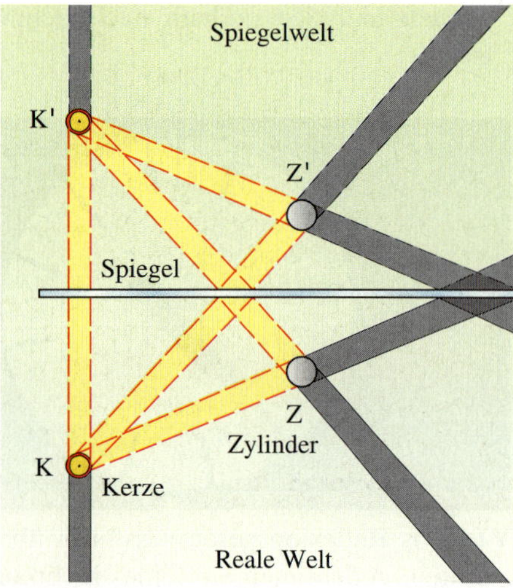

B 4: Konstruktion zu ➡ *Bild 3* in Draufsicht.

Spiegelbilder

1. Konstruktion mit Spiegelbildern

Wir wollen Spiegelbilder und den Verlauf von Lichtstrahlen konstruieren. Dazu verwenden wir die Tatsache, dass sich auf Grund des Reflexionsgesetzes die Lichtstrahlen einer Lichtquelle vor dem Spiegel so verhalten, als ob sie aus einer Lichtquelle hinter dem Spiegel stammten. Diese und die tatsächliche Lichtquelle liegen symmetrisch zum Spiegel (➡ *Bild 1*).

Ein Beispiel: Wie groß muss ein Spiegel mindestens sein, damit man sich dort in voller Größe sehen kann (➡ *Bild 2*)?
Zuerst zeichnen wir die Person und die Wand, an der der Spiegel hängt. Die „dahinter stehende" Person der Spiegelwelt konstruieren wir Punkt für Punkt. Jeder reale Punkt und sein Spiegelpunkt liegen symmetrisch zum Spiegel. (So kennen wir dies auch als Achsenspiegelung in der Mathematik).

Jetzt soll sich unsere Person in der Spiegelwelt betrachten. Die Lichtstrahlen müssen dazu von den Füßen und vom Scheitel ins Auge fallen können. Wir zeichnen die Verbindung von den Fußspitzen und dem Scheitel in der Spiegelwelt zum realen Auge. Aus den Schnittpunkten mit der Wand ergibt sich die Mindestspiegelgröße (in dieser Situation gerade die halbe Körpergröße). Die richtige Höhe liegt auch schon fest und der tatsächliche Verlauf der Lichtstrahlen lässt sich jetzt ebenfalls einzeichnen. (➡ *Bild 2*).

Auch Schatten werden gespiegelt. Wir stellen eine brennende Kerze und einen Zylinder vor einen Spiegel. Ist der Raum abgedunkelt, dann erkennen wir zwei Schatten des Zylinders (➡ *Bild 3*). Wie ist das zu erklären?
Der erste Schatten am Zylinder stammt direkt von der Kerze. Der zweite entsteht dadurch, dass das Licht der Kerze vom Spiegel so reflektiert wird, als ob es von der Kerze in der Spiegelwelt käme.

Alle Lichtpunkte haben ihre Spiegelpunkte in der Spiegelwelt. Deshalb findet auch jeder Schatten (fehlendes Licht) sein Gegenstück „hinter dem Spiegel" (➠ *Bild 4*).

2. Der Winkelspiegel

Zwei Spiegel werden im rechten Winkel zueinander aufgestellt (➠ *Bild 5*). Ein Lichtbündel trifft den ersten Spiegel und wird von diesem auf den zweiten reflektiert. Dieser reflektiert das Bündel ein zweites Mal. Das Experiment zeigt, dass das Lichtbündel immer in die gleiche Richtung zurückkehrt, aus der es gekommen ist. Wie lässt sich dies erklären?

a) Konstruktion des Lichtwegs (➠ *Bild 6*): Der von P kommende Lichtstrahl trifft in Punkt C auf den Spiegel. Mithilfe des Lots und des Reflexionsgesetzes (Einfallswinkel und Reflexionswinkel sind gleich groß) erhalten wir den weiteren Verlauf bis zur Stelle D, an der der Strahl auf den zweiten Spiegel trifft. Auch dort wird der weitere Verlauf wie schon an der Stelle C konstruiert. Der Lichtstrahl verlässt den Winkelspiegel in Richtung P'.

b) Wie lässt sich geometrisch der experimentelle Befund, dass einfallender und reflektierter Strahl parallel sind, begründen?
Den ersten Einfallswinkel bezeichnen wir mit α und markieren ihn mit roter Farbe. Der grün gekennzeichnete Winkel ist der Ergänzungswinkel zu α. Er hat also die Größe $(90° - \alpha)$.
Da das Dreieck CAD rechtwinklig ist, ist bei D wieder der Winkel α zu finden. Der Austrittswinkel hat damit die Größe $(90° - \alpha)$.
Da das zweite Lot parallel zum ersten Spiegel ist, sind also einfallender und reflektierter Strahl parallel.

B5: Das Licht einer Experimentierleuchte fällt auf einen Winkelspiegel.

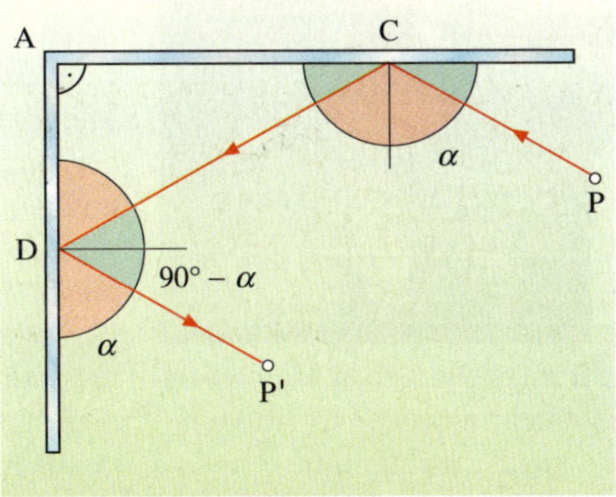

B6: Verlauf des Lichtstrahls beim Winkelspiegel

Aufgaben

A1: Du willst dich in einem Spiegel von Kopf bis Fuß betrachten. **a)** Wie groß muss der Spiegel mindestens sein? In welcher Höhe muss er hängen (Augenhöhe 10 cm geringer als Körperhöhe)? **b)** Ist die Spiegelgröße davon abhängig, wie weit du vor der Wand stehst, an der der Spiegel hängt? Fertige dazu eine maßstäbliche Zeichnung (1:20) an. Zeichne dich im Abstand von 1 m und von 2 m zur Wand ein. **c)** Kannst du dich im unverändert aufgehängten Spiegel auch dann noch ganz sehen, wenn du einen Kopfstand machst?

A2: In ➠ *Bild 3* sieht man an der Kerze einen Schatten, obwohl sie die einzige Lichtquelle ist. Wie ist dies zu erklären?

A3: Der Spiegel S soll so gedreht werden, dass Licht der Lampe L auf den Punkt P fällt.
Übertrage die Zeichnung ins Heft und bestimme den Winkel gegenüber der Horizontalen.

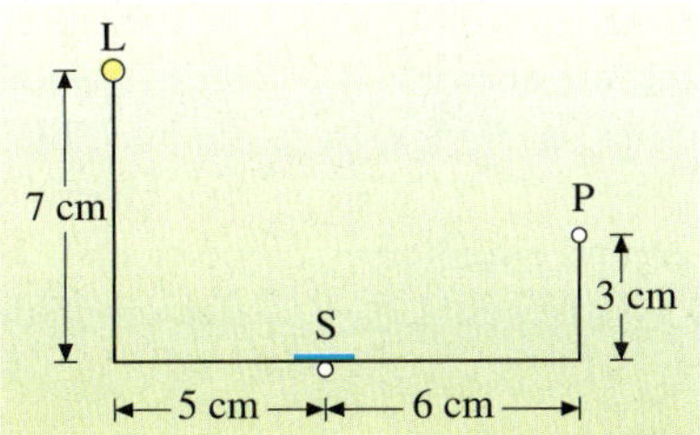

A4: Du möchtest in einem hohen Raum die Deckenhöhe ermitteln. Dir stehen dazu ein Spiegel und ein Maßstab zur Verfügung. Wie kannst du vorgehen?
Dokumentiere deine Überlegungen, den Rechenweg und das Ergebnis anhand einer Skizze. Vergleiche die Genauigkeit deines Ergebnisses mit der tatsächlichen Höhe.
Hilfe: Lege den Spiegel geeignet auf den Boden und wähle einen passenden Beobachtungsort.

A5: In einem Zimmer hängt eine Glühlampe. Auf dem Boden liegt ein Spiegel und erzeugt an Decke und Wand einen Lichtfleck. Übertrage die Zeichnung (Maßstab 3:1) in dein Heft und konstruiere die Lage und Größe des Spiegels so, dass der Lichtfleck entsteht.

Vertiefung

Gekrümmte Spiegel

A. Der Wölbspiegel

Reflexionen an gekrümmten Flächen üben eine Faszination aus. Anders als beim ebenen Spiegel sieht man bei nach außen gewölbten Spiegeln fast die ganze Welt, die den Betrachter umgibt. Zudem sieht sich der Betrachter selbst in oft amüsierend verzerrter Form, wie es der Gartenschmuck in *Bild 1* zeigt.

B1: Diesen Versuch kannst du auch mit einer Christbaumkugel durchführen.

Wie kommt ein solches Spiegelbild zustande? Um das herauszufinden, bringe einen nach außen gewölbten polierten Metallstreifen auf einer Scheibe an und untersuche, was passiert, wenn der Streifen von einem Lichtbündel getroffen wird. Um die einzelnen Vorgänge deutlich zu machen, verwende keine Kerze sondern eine Punktlicht-Lampe (oder die Sonne) und eine Blende mit mehreren Schlitzen. In *Bild 3* kannst du beobachten: Einige Strahlen laufen nach der Reflexion am Metallstreifen stark auseinander.

Kannst du auch hier, wie beim ebenen Spiegel eine Lichtquelle in der Spiegelwelt finden?

Um eine Antwort auf die Frage zu bekommen, greifen wir uns eine winzige Teilfläche der gewölbten Spiegelfläche heraus. Diese betrachten wir als winzigen *ebenen* Spiegel. Jetzt können wir hier das *Reflexionsgesetz* anwenden.
Es sagt, dass der Winkel zwischen Lot und einfallendem Lichtstrahl gleich dem Winkel zwischen Lot und reflektiertem Strahl ist. Der gewölbte Metallstreifen stellt ein Segment eines Kugelspiegels dar. Der Kugelspiegel habe den Mittelpunkt M.

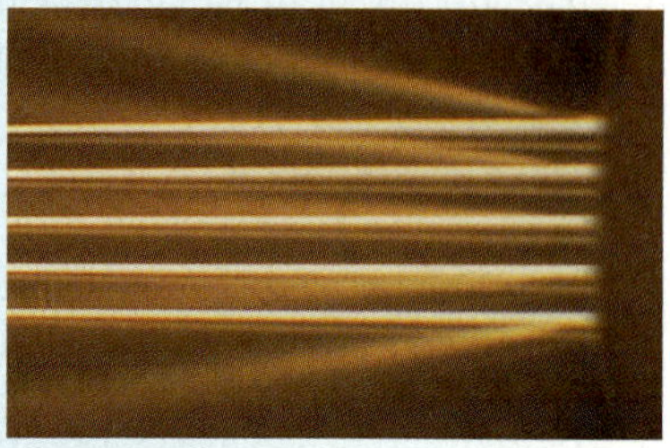

B3: Strahlengang beim Wölbspiegel

Das *Lot* (grün) auf die spiegelnde Oberfläche erhalten wir nun als Verbindungsgerade Mittelpunkt M – Spiegelelement S (*Bild 2a*).

In *Bild 2b* gehen von der Lichtquelle L zwei Lichtstrahlen aus. Sie fallen auf den Wölbspiegel und werden dort reflektiert. Verlängern wir die reflektierten Strahlen nach hinten, dann erhalten wir als Schnittpunkt einen Punkt unserer scheinbaren Lichtquelle in der Spiegelwelt.

In *Bild 2c* wurde dies mit zwei Punkten durchgeführt. Man erkennt, dass die Punkte in der Spiegelwelt viel enger zusammenliegen als in der Realität. Der Wölbspiegel wirkt also *verkleinernd.* Da alle Punkte zusammenrücken, sieht man in einem Wölbspiegel einen größeren Ausschnitt der Umgebung als bei einem gleich großen ebenen Spiegel.

Diesen Effekt nutzt man beispielsweise bei Rückspiegeln in Autos oder bei Verkehrsspiegeln an unübersichtlichen Kreuzungen aus. Dort will man sich mit einer kleinen Spiegelfläche einen möglichst großen Überblick über die Verkehrssituation verschaffen.
In Fabriken und Einzelhandelsmärkten findet man diese gewölbten Spiegel ebenfalls. Man verwendet sie auch hier immer dann, wenn man sich schnell einen Überblick verschaffen will: Arbeitet die Maschine richtig, kommt jemand um die Ecke oder macht sich ein Ladendieb an den Waren zu schaffen?

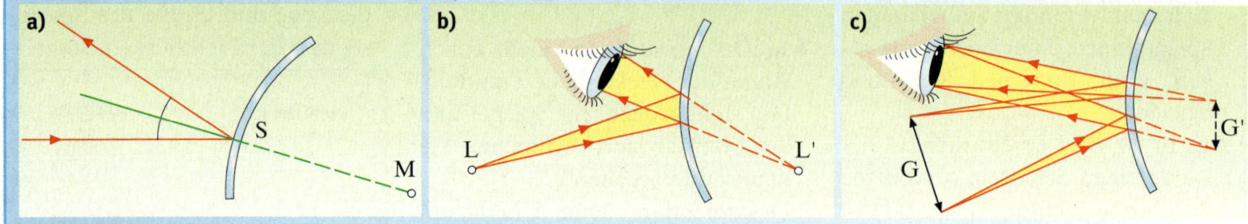

B2: Konstruktion der Spiegelwelt

Vertiefung

B. Der Hohlspiegel

Mit Hohlspiegeln kannst du die gleichen Versuche wie bei Wölbspiegeln durchführen. Auch die Konstruktion der Spiegelwelt erfolgt genauso.

Ist der Abstand zum Spiegel klein genug, dann liegt die Spiegelwelt hinter dem Spiegel, ihre Punkte aber weiter auseinander als in der Realität (*Bild 4*). Man sieht die Gegenstände vergrößert (z.B. im Kosmetik- oder Rasierspiegel).

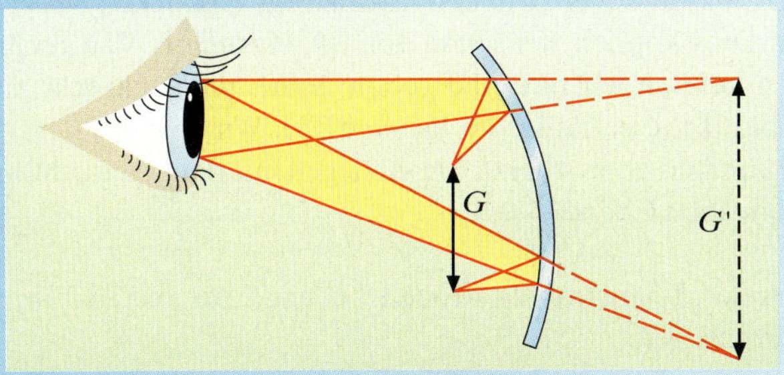

B4: Die Spiegelwelt beim Hohlspiegel

B5: Der Brennpunkt des Hohlspiegels

Fallen *parallele* Lichtbündel auf einen Hohlspiegel (*Bild 5*), kannst du beobachten, dass sich alle reflektierten Bündel fast genau in einem einzigen Punkt schneiden. Diesen Punkt nennt man den *Brennpunkt* des Hohlspiegels. Mit einem Hohlspiegel ist es also möglich, parallele Lichtbündel in einem Punkt zu vereinen. Diese Eigenschaft nutzt man z.B. beim Bau von Solaröfen (*Bild 6a*). Damit lässt sich die Energie, die von der Sonne auf den Spiegel fällt, auf einen kleinen Fleck konzentrieren. Es wird dort sehr heiß. Schon um 1870 hat Abel Pifre mit einer solchen Anordnung eine kleine Dampfmaschine betrieben (*Bild 6b*).

Aber auch für einfachere Anwendungen ist der Hohlspiegel geeignet. Schon bei einem Durchmesser von 1,5 m kann man mit einem solchen Spiegel kochen. In den Brennpunkt bringt man einen Kochtopf, sodass das Sonnenlicht auf diesen gebündelt wird (*Bild 6c*). Die Sonnenenergie wird konzentriert zugeführt, das Kochgut wird erhitzt.

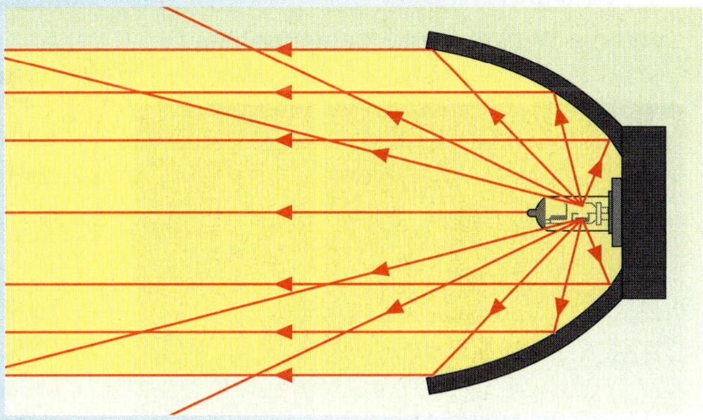

B7: Lichtverlauf beim Kfz-Scheinwerfer

Umgekehrt wird Licht, das aus dem Brennpunkt kommt, nach der Reflexion parallel. Dies nutzt man z.B. bei Autoscheinwerfern (*Bild 7*). In den Brennpunkt des Hohlspiegels bringt man die Wendel der Glühlampe. Das Licht ist nach der Reflexion fast parallel und kann die Straße sehr weit ausleuchten.

B6: a) Solarofen **b)** Solardampfmaschine von Pifre **c)** Solar-Kochgerät

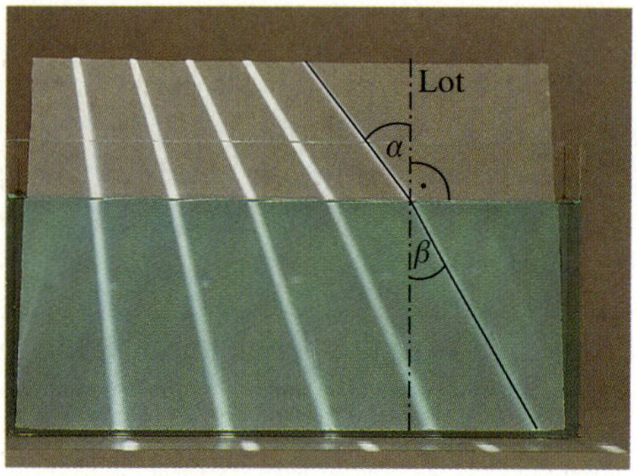

V1: Eine Experimentierleuchte und eine Blende mit mehreren parallelen Schlitzen erzeugen etliche Lichtbündel verschiedener Neigung. Sie dringen in eine mit Wasser gefüllte Wanne ein und haben an der Wasseroberfläche einen Knick. Wir sehen, wie die Bündel an der weißen Rückwand der Wasserwanne entlang streifen. Beim Bündel ganz rechts sind das Lot auf der Wasseroberfläche, die Lichtstrahlen und die Winkel α und β eingezeichnet.

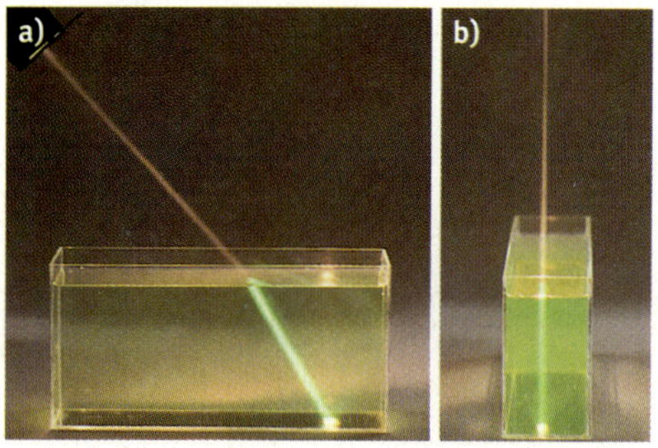

V2: Ein Lichtstrahl trifft auf eine Wasseroberfläche. Es wurde in der Luft mit Staub und im Wasser mit Fluoreszein sichtbar gemacht. **a)** Man sieht die Anordnung von vorn. Der Strahl hat einen Knick. **b)** Dreht man die Anordnung um 90°, dann kann man sie von rechts betrachten. Man sieht keinen Knick.

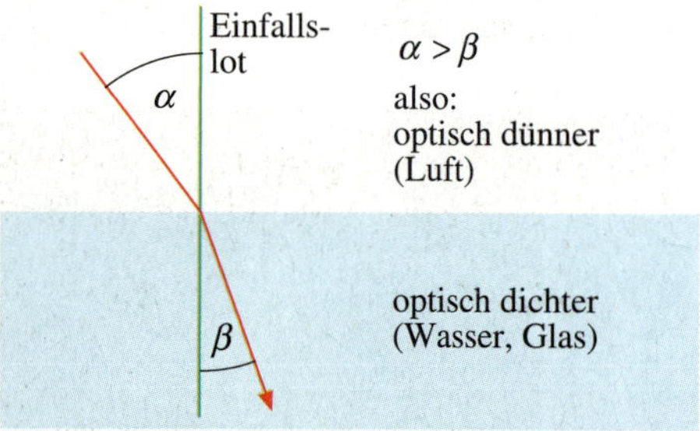

B1: So definiert man „optisch dicht" – „optisch dünn".

Brechung

1. Geknickte Lichtstrahlen

Im ➜ *Versuch 1* machen wir folgende Beobachtungen: Sowohl in Luft als auch in Wasser verlaufen die Lichtbündel jeweils geradlinig. Beim Übergang von Luft in Wasser bekommen die Lichtbündel einen Knick, es sei denn, sie treffen senkrecht auf die Wasseroberfläche.

Im ➜ *Versuch 2* wird nun ein einziges Lichtbündel untersucht. Weil es sehr fein ist, können wir auch von einem Lichtstrahl sprechen. Von vorne sehen wir den Lichtstrahl geknickt (➜ *Versuch 2a*). Dies kennen wir schon von ➜ *Versuch 1*. Von rechts gesehen erkennen wir nur eine gerade Linie, die senkrecht zur Wasseroberfläche verläuft (➜ *Versuch 2b*). Wir folgern:
Einfallender und gebrochener Strahl liegen mit dem (gedachten) Lot in derselben Ebene.

Mit unserem „Lichtstrahlen-Modell" können wir die Lichtbrechung formulieren:

Merksatz

Lichtstrahlen werden beim Übergang von Luft in Wasser gebrochen. Dabei liegen einfallender Strahl, Einfallslot und gebrochener Strahl in einer Ebene.

In ➜ *Versuch 1* bezeichnen wir den Winkel zwischen dem Einfallslot und dem in Luft verlaufenden Lichtstrahl mit α; den Winkel zwischen diesem Lot und dem Lichtstrahl im Wasser dagegen nennen wir β. Trifft der Lichtstrahl die Wasseroberfläche senkrecht, so wird er nicht gebrochen. Dies ist der Fall, wenn $\alpha = \beta = 0°$ ist.
Weiter beobachten wir, dass der Winkel β im Wasser stets kleiner als der Winkel α in Luft ist (wenn nicht $\alpha = \beta = 0°$ ist). Außerdem ist der Unterschied zwischen α und β umso größer, je flacher der Strahl auf die Grenzfläche der beiden Stoffe trifft.

Diese Eigenschaft findet man bei jedem Übergang von einem durchsichtigen Stoff in einen anderen durchsichtigen Stoff. Allerdings ist das Maß, in dem der einfallende Strahl beim Übergang von einem in den anderen Stoff gebrochen wird, von Stoffpaar zu Stoffpaar verschieden.

Der Stoff, in dem der Lichtstrahl mit dem Einfallslot den kleineren Winkel (β) bildet, nennt man das **optisch dichtere** Medium. Das Medium, in dem der Winkel (α) größer ist, ist im Vergleich mit dem anderen Stoff das **optisch dünnere** Medium (➜ *Bild 1*). Wasser und auch Glas sind demnach optisch dichter als Luft.
Man sagt: Ein Lichtstrahl wird beim Übergang vom dünneren ins dichtere Medium *zum Lot hin* gebrochen.

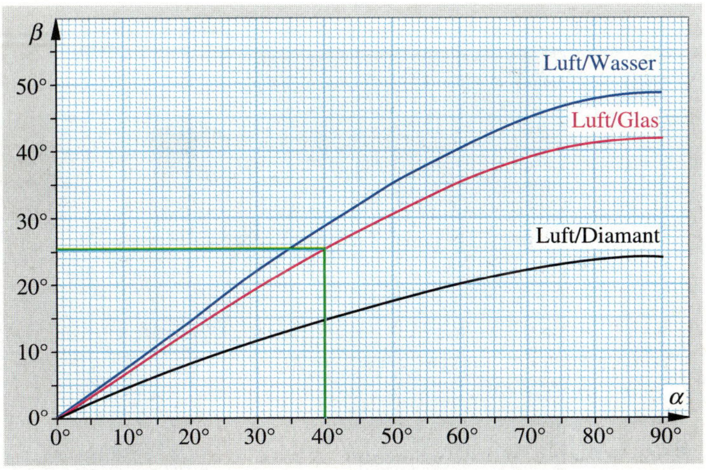

B 2: Zusammenhang zwischen α und β für verschiedene Stoffe. α wird immer in Luft gemessen.

Für die Lichtbrechung können wir jetzt die folgende Regel formulieren:

Merksatz

Der Lichtstrahl wird beim Übergang vom optisch dünneren ins optisch dichtere Medium zum Lot hin gebrochen.
Einfallender Strahl, Einfallslot und gebrochener Strahl liegen in einer Ebene.

2. Genauere Messung zur Brechung

Im ➠ *Versuch 3* wird der Übergang eines Lichtstrahls von Luft in ein Stück Glas untersucht. Wir lesen die Größe des Winkels zwischen einfallendem Strahl und Lot sowie des zugehörenden Winkels im optisch dichteren Medium ab. Damit erhalten wir die ➠ *Tabelle 1* beziehungsweise das Diagramm in ➠ *Bild 2*. Beispielsweise ist in der Abbildung des Versuchsgeräts $\alpha = 40°$, $\beta = 25{,}4°$.
Wir können hier den Zusammenhang von α und β leider nicht in eine Formel fassen. Deshalb benutzen wir die ➠ *Tabelle 1* oder das Diagramm (➠ *Bild 2*), um entsprechende Werte abzulesen.

3. Umkehrbarkeit des Lichtwegs

Wir wiederholen den Versuch, mit dem die Brechung von Licht beim Übergang in Glas gezeigt wird. Dabei halten wir aber am Ende einen Spiegel senkrecht in den Lichtstrahl. Das Licht wird dort reflektiert (➠ *Bild 3*). Um das einfallende und das reflektierte Licht unterscheiden zu können, verwenden wir diesmal weißes Licht und setzen vor den Spiegel ein rotes Farbfilter. Somit ist das von der Lampe ausgehende Licht weiß, das vom Spiegel reflektierte Licht rot. Der Versuch zeigt: Der Rückweg des oben am Glas austretenden Lichts deckt sich exakt mit dem Hinweg.

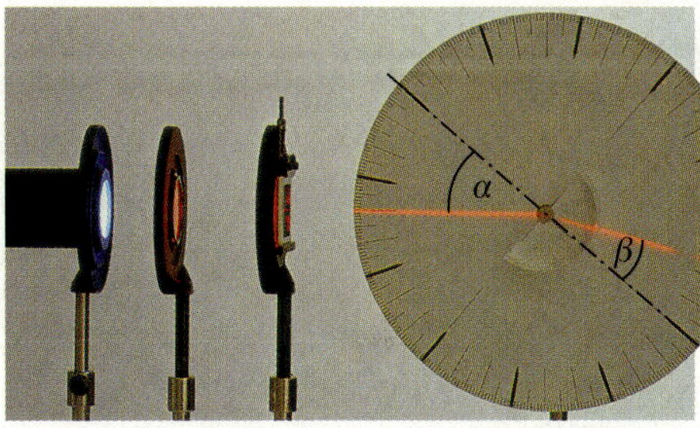

V 3: Auf der Scheibe mit Gradeinteilung ist ein Halbzylinder aus Glas angebracht. Eine Experimentierleuchte mit Schlitzblende und Farbglas erzeugt ein feines Lichtbündel, das die Mitte des ebenen Glaskörpers trifft. Wir beobachten, dass an der Eintrittsstelle ein Knick entsteht. Das Licht wird beim Übergang von Luft in Glas gebrochen. – An der runden Seite beobachten wir keinen Knick, denn hier sind der Lichtstrahl und die Oberfläche stets senkrecht zueinander. Deshalb kann man den Winkel β, der ja eigentlich innerhalb des Glases gemessen werden müsste, am Rand der Scheibe messen. Bei verschiedenen Stellungen der Scheibe lassen sich so α und β ablesen (➠ *Tabelle 1*).

Winkel α in	Winkel β in	
Luft	Glas	Wasser
0°	0°	0°
10°	6,6°	7,5°
20°	13,2°	14,9°
30°	19,5°	22,0°
40°	25,4°	28,8°
50°	30,7°	35,1°
60°	35,3°	40,5°
70°	38,8°	44,8°
80°	41,0°	47,6°
90°	41,8°	48,6°

T 1: Zusammenhang von α und β

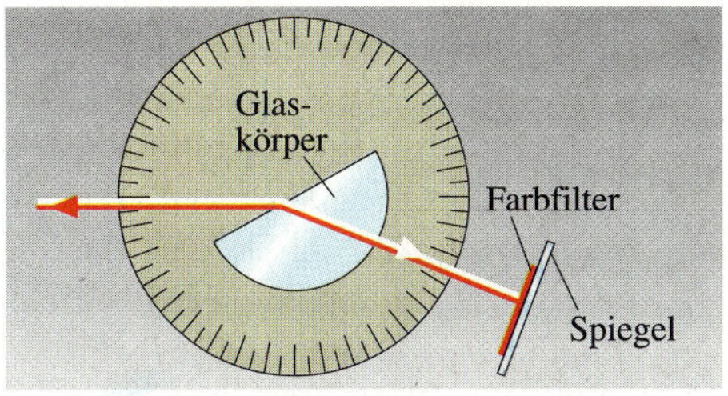

B 3: Umkehrbarkeit des Lichtwegs

Interessantes

A. Reflexion

Bei Versuchen zur Brechung beobachtet man außer dem gebrochenen auch reflektiertes Licht: Von jedem Lichtstrahl wird ein Teil an der Oberfläche wie an einem Spiegel nach dem Reflexionsgesetz reflektiert. Mit wachsendem Winkel α steigt die Helligkeit des gespiegelten Teils, die des gebrochenen Teil nimmt ab.

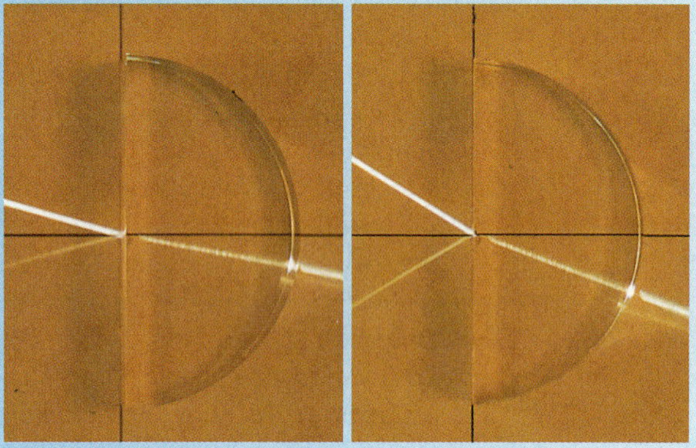

B. Optische Täuschungen

- Eine Münze liegt an der Stelle P im Wasser. Das Tageslicht wird von ihr nach allen Seiten gestreut. Ein Teil des gestreuten Lichts fällt nach der Brechung an der Grenzschicht Wasser-Luft ins Auge des Betrachters. Der kann jedoch nicht wahrnehmen, dass das Lichtbündel einen Knick macht. Er sieht die Münze an der Stelle P′, wo sie tatsächlich nicht liegt. Die Münze scheint samt Boden „angehoben“ zu sein.

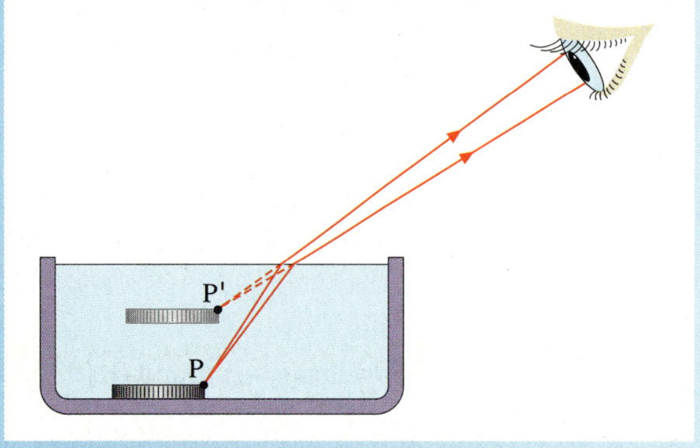

- Der Teil des Paddels, der sich unter Wasser befindet, erscheint uns gegenüber dem Teil oberhalb des Wassers abgeknickt. Wir lassen uns täuschen, denn wir gehen davon aus, dass sich das Licht überall geradlinig ausbreitet. Lichtstrahlen von Paddelstellen unter Wasser werden aber an der Wasseroberfläche gebrochen.

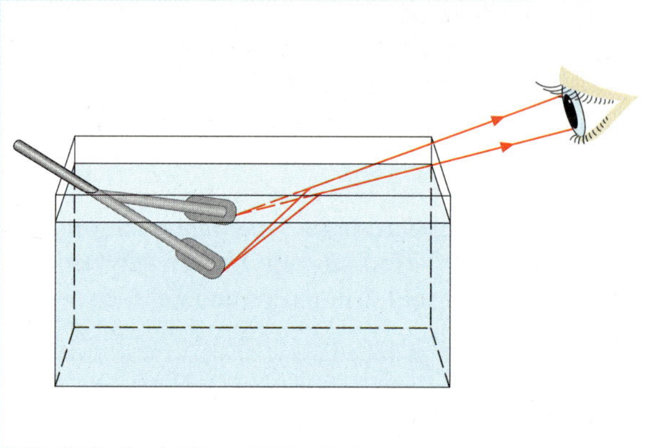

Die Situation des geknickten Paddels im Versuch und die geometrische Erklärung der Täuschung.

- Die Leiter hat gleiche Sprossenabstände. Trotzdem erscheinen die Sprossen, die unter Wasser sind, viel enger zu stehen.

Interessantes

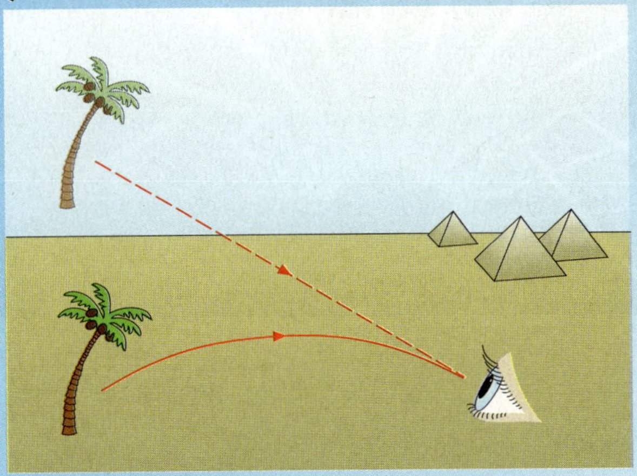

C. Fata Morgana oder warum schwebt die Palme am Himmel?

Die optische Dichte von Luft sinkt mit steigender Temperatur. In der Atmosphäre liegen Schichten unterschiedlicher Temperaturen und damit unterschiedlicher optischer Dichte übereinander. Bei einer *Fata Morgana* werden schräg in dieses Luftschichtenpaket einfallende Lichtstrahlen „umgebogen". Trifft der „umgebogene" Lichtstrahl in unser Auge, dann werden wir getäuscht, denn wir gehen durch unsere alltägliche Erfahrung von einer geradlinigen Lichtausbreitung aus. Wir sehen die Palme am Himmel schweben.

Die folgenden Voraussetzungen müssen für eine Fata Morgana allerdings erfüllt sein:

- Windstille, damit die Luftschichten unterschiedlicher Temperatur erhalten bleiben;
- die richtige Lage des Objekts und des Beobachters.

Wie kommt aber so ein „umgebogener" Lichtstrahl zustande? Wir denken uns verschiedene durchsichtige Stoffe brettartig übereinander gestapelt. Ihre optische Dichte nehme nach unten zu. Dann wird an jeder Grenzfläche der Lichtstrahl ein bisschen zum Lot hin gebrochen. Damit ergibt sich der in der Abbildung a) dargestellte Verlauf.
Wenn wir uns diese Schichten sehr dünn vorstellen, und die optische Dichte wieder von oben nach unten zunimmt, dann erhalten wir einen „gebogenen" Lichtstrahl b).

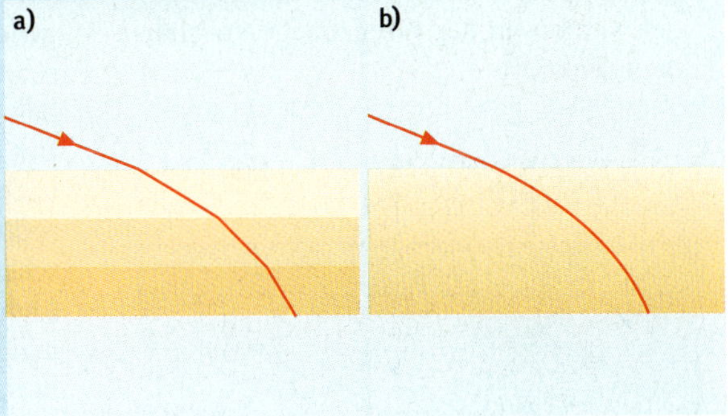

Aufgaben

A1: Warum können wir einen Glasstab oder eine Glasplatte in Luft oder in Wasser sehen, obwohl Glas durchsichtig ist?

A2: Um welchen Winkel wird ein Lichtstrahl abgelenkt, der unter 35° zum Lot von Luft in Wasser übergeht? (Benutze dazu das α-β-Diagramm.)

A3: Eine punktförmige Lichtquelle, von der nach allen Richtungen Lichtstrahlen ausgehen, ist 5 cm von der ebenen Oberfläche eines Glaskörpers entfernt. Der senkrecht zur Glasoberfläche verlaufende Strahl treffe die Oberfläche im Punkt P. Zeichne die von der Lichtquelle ausgehenden Lichtstrahlen, die 1,8 cm, 4,2 cm bzw. 6,0 cm vom Punkt P entfernt auf der Glasoberfläche ankommen. Wie laufen diese Lichtstrahlen nach der Brechung im Glas weiter?

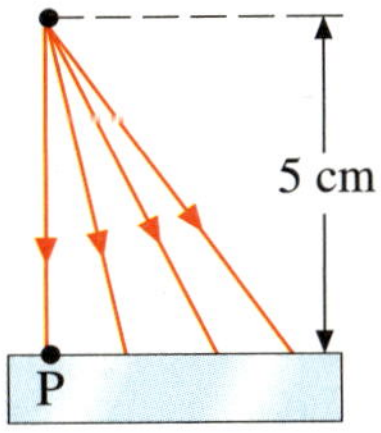

A4: Bei Naturvölkern, die mit Speeren Fische jagen, wirft der Fischer den Speer nach einem im Wasser erspähten Fisch nicht genau in Blickrichtung. Warum nicht? Erkläre anhand einer Skizze, wie er zielen muss.

A5: Ein Lichtstrahl wird durch Brechung um den Winkel δ aus seiner Richtung abgelenkt. Wie kann man den Ablenkwinkel δ berechnen? Stelle in einem Diagramm dar, wie der Ablenkwinkel δ vom Winkel α abhängt, unter dem ein Lichtstrahl aus der Luft auf Diamant fällt.

A6: Der Behälter im Bild ist mit Zuckerlösung gefüllt. Ihre Konzentration nimmt nach unten zu. Mit ihr wächst die optische Dichte. Warum ist das Lichtbündel gekrümmt?

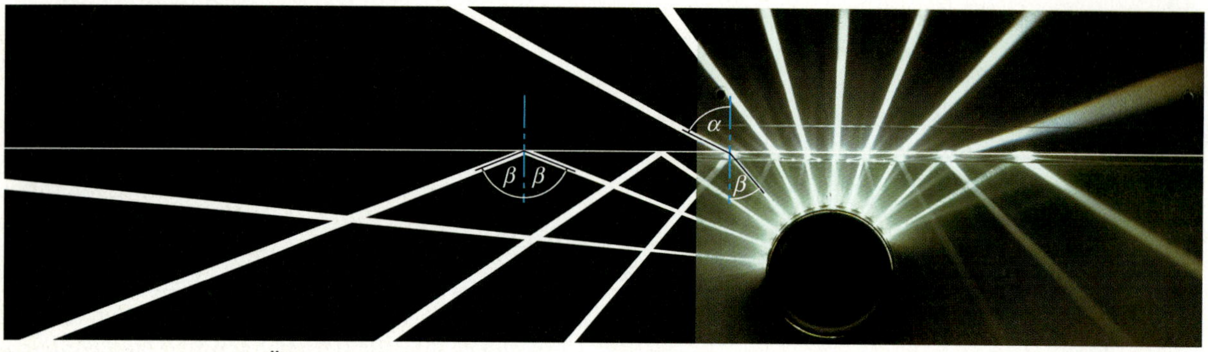

B1: Totalreflexion beim Übergang Wasser-Luft

V1: Eine Lichtquelle wird in das Innere eines mit Wasser gefüllten Glastroges gebracht (→ *Bild 1*). Durch zahlreiche Schlitze gehen schmale Lichtbündel nach verschiedenen Richtungen. Einige Bündel werden an der Grenzfläche vollständig reflektiert.

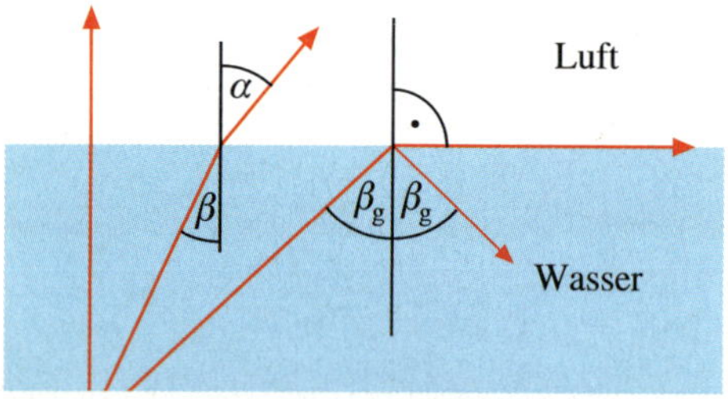

B2: $\alpha = 90°$ beim Grenzwinkel β_g

Vertiefung

Konstruktion des Strahlverlaufs

Wenn ein Lichtstrahl vom optisch dichteren ins optisch dünnere Medium tritt, dann wird er *vom Lot weg* gebrochen. Für die Zeichnung liest man die schon bekannte Tabelle einfach umgekehrt ab – sucht also zum vorgegebenen β den zugehörenden Wert von α. Ist β größer als der zu α = 90° gehörende Wert, dann gibt es nur noch Reflexion (nach dem Reflexionsgesetz).

α in Luft	β in Glas
…	…
40°	25,4°
50°	30,7°
60°	35,3°
…	…
90°	41,8°

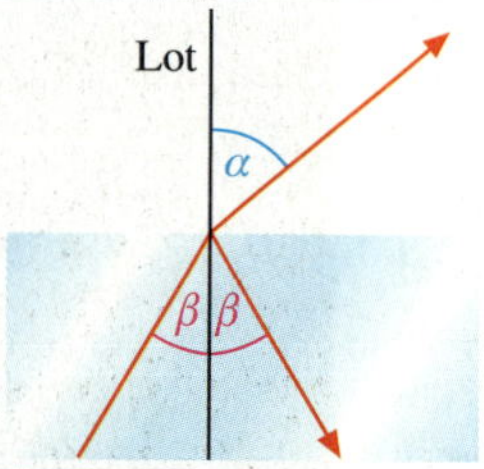

B3: Konstruktion der Lichtstrahlen

Totalreflexion

1. Gefangenes Licht

Im → *Versuch 1* mit der Lichtquelle im Wasser können wir folgende interessante Beobachtung machen: Der Lichtstrahl, der senkrecht auf die Oberfläche trifft, verlässt dort ungebrochen das Wasser. Links und rechts davon sind Lichtstrahlen, die vom Lot weg gebrochen werden. Ein Teil des Lichts wird jeweils nach dem Reflexionsgesetz an der Grenzfläche reflektiert. Der reflektierte Anteil wird umso heller, je größer der Winkel zwischen Strahl und Lot ist. Weiter außen beobachten wir sogar Lichtstrahlen, die das Wasser gar nicht mehr verlassen. Sie werden an der Oberfläche nach dem Reflexionsgesetz total reflektiert. Das sind die Lichtstrahlen, die unter einem großen Winkel auf die Oberfläche treffen. Wie groß muss dieser Winkel sein, damit die **Totalreflexion** einsetzt, der Strahl also nur noch reflektiert wird?

2. Grenzwinkel

Vergrößert man beim Übergang von Luft in Wasser den Winkel zwischen Strahl und Lot, so beträgt die obere Grenze für den Winkel α in Luft 90°. Der zugehörige Winkel β ist demnach der größte Winkel im dichteren Medium. Man nennt ihn den **Grenzwinkel β_g** (→ *Bild 2*). Wegen der Umkehrbarkeit des Lichtweges können wir die bisherige Tabelle auch in diesem Fall verwenden. Wir lesen ab: Bei $\alpha = 90°$ in Luft ist der Grenzwinkel in Wasser $\beta_g = 48{,}6°$. Trifft Licht auf die Grenzfläche zwischen einem optisch dichteren und einem dünneren Medium unter einem größeren Winkel als dem Grenzwinkel, so entsteht Totalreflexion.

Merksatz

Tritt ein Lichtstrahl vom optisch dichteren ins optisch dünnere Medium, dann wird er an der Grenzfläche gebrochen, teilweise auch reflektiert. Je weiter sich der Winkel β dem Grenzwinkel β_g nähert, desto mehr Licht wird reflektiert. Überschreitet β den Grenzwinkel β_g, dann wird nur noch reflektiert.

3. Lichtleiter

Im ➠ *Versuch 2* sieht man, dass das Licht nicht seitlich aus dem Plexiglasstab austritt, sondern den Windungen folgt und erst am andern Ende den Stab wieder verlässt. Der Stab hat einen kleinen Durchmesser. Seine seitlichen Begrenzungsflächen gegen die umgebende optisch dünnere Luft werden von allen Lichtstrahlen nur flach getroffen; es gibt *Totalreflexion*. Deshalb kann das Licht den Plexiglasstab seitlich nicht verlassen. Es wird von Wand zu Wand reflektiert, bis es fast senkrecht auf die Endflächen des Lichtleiters trifft.

Glasfaserkabel sind Bündel optisch gegeneinander getrennter haardünner Lichtleiter. Jede Faser überträgt einen anderen Punkt des Gegenstands (➠ *Bild 4*). Um „Bilder" übertragen zu können, müssen die Fasern sehr exakt geordnet sein. In der Medizin verwendet man beim so genannten **Endoskop** dünne Glasfaserkabel aus Tausenden von Lichtleitern, um damit in das Innere des menschlichen Körpers zu sehen.

Mit Glasfaserkabeln (➠ *Bild 5*) können auch Telefongespräche oder Daten übertragen werden: Elektrische Signale werden in Lichtsignale umgewandelt, durch das Glasfaserkabel geleitet und an dessen Ende wieder in elektrische Signale zurückverwandelt.

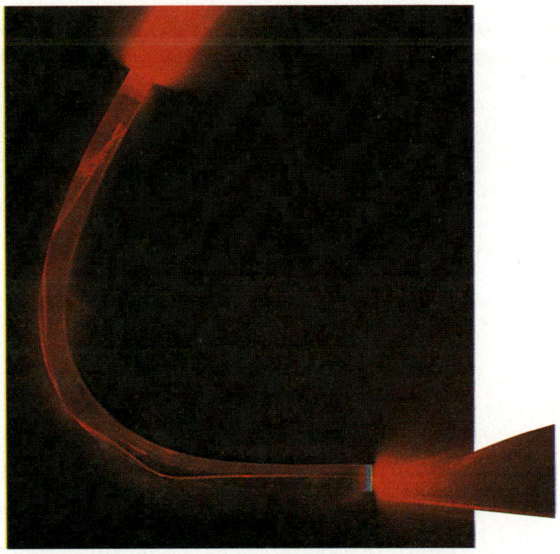

V 2: Licht aus einer Experimentierleuchte fällt auf ein Ende eines gebogenen Stabes aus Plexiglas. Das Licht tritt oben ein und unten rechts aus, jedoch nicht seitlich. (Das leichte Leuchten stammt von Kratzern und Unreinheiten der Oberfläche, an denen Licht gestreut wird).

B 4: Viele geordnete Glasfasern übertragen dieses Bild.

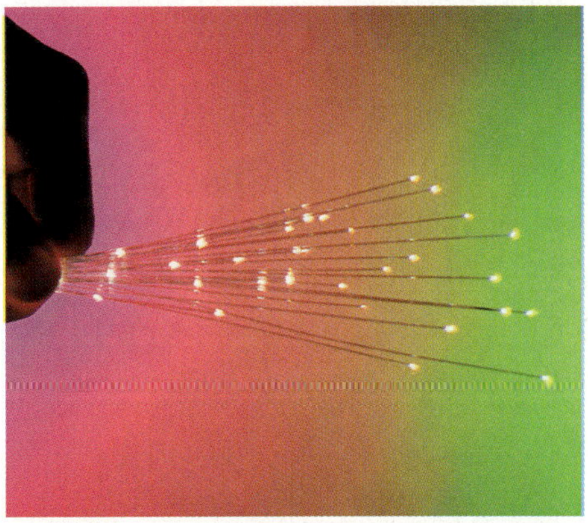

B 5: Glasfaserkabel übertragen Information

Aufgaben

A 1: Von dem Licht, das eine punktförmige Lichtquelle unter Wasser aussendet, kann nur ein bestimmter Teil durch die Wasseroberfläche treten. **a)** Zeige: Dieser Teil hat im Wasser die Form eines Kegels. **b)** Wie groß ist sein Öffnungswinkel?

A 2: Eine punktförmige Lichtquelle befindet sich 4 cm unter Wasser. Sie sendet nach allen Seiten Licht aus. Der senkrecht zur Wasseroberfläche verlaufende Strahl treffe diese in P. Zeichne von der Lichtquelle ausgehende Lichtbündel, die 2 cm, 4 cm und 6 cm von P entfernt auf die Wasseroberfläche treffen. Wie verlaufen diese Lichtbündel anschließend weiter?

A 3: Das Schnittbild eines Quaders aus Glas ist 8 cm lang und 4 cm hoch. Auf die Mitte der Seitenfläche fällt unter dem Winkel 50° zum Lot ein in der Schnittebene liegender Lichtstrahl. Konstruiere seinen weiteren Verlauf, bis ein Teil den Quader erstmals wieder verlässt.

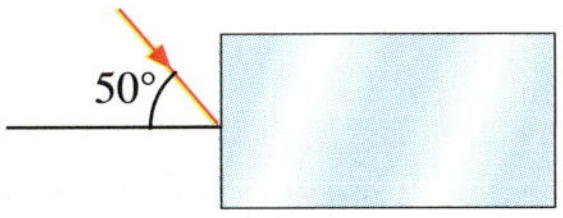

B1: Bei der Brechung weißen Lichts an einem Prisma entsteht ein leuchtendes farbiges Band.

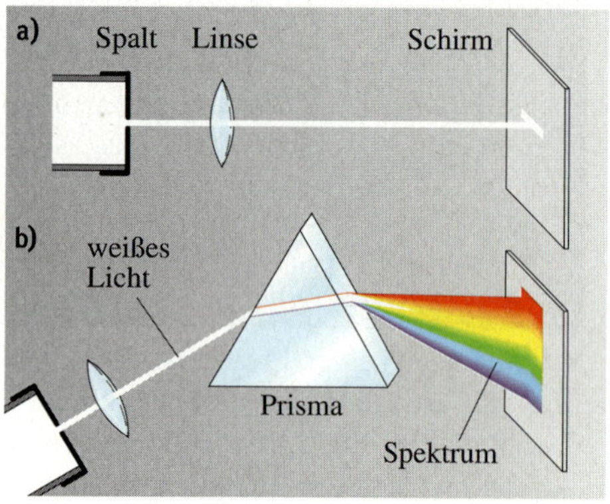

B2: Versuchsaufbau zur Erzeugung des Spektrums einer Glühlampe

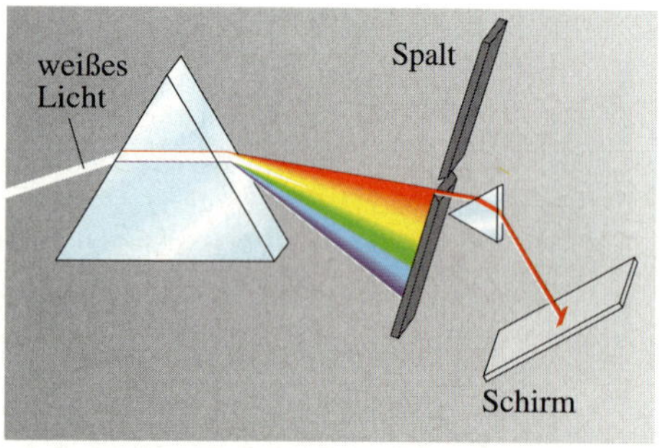

B3: Weitere Zerlegung gelingt nicht.

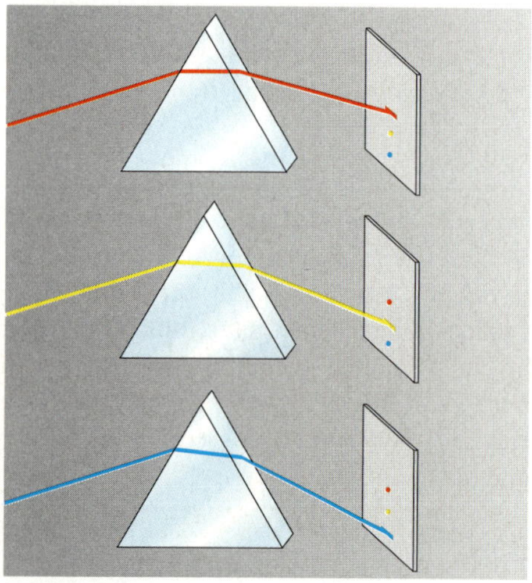

B4: Die Brechung – für jede Farbe anders.

Farbzerlegung

1. Das Spektrum

Du kennst vielleicht das farbige Funkeln eines Kristallleuchters oder das farbige Blitzen eines Brillanten. Wir wollen nun untersuchen, wie aus weißem Licht beim Durchgang durch Kristall, Brillanten oder auch Glas farbiges Licht wird.

Bisher haben wir Brechungsversuche mit einfarbigem Licht durchgeführt. Nun benutzen wir weißes Licht, also beispielsweise Sonnenlicht oder Licht einer Glühlampe. Wir erhalten eine scharfe Linie auf dem Schirm, wenn wir einen Spalt mit einer Linse kombinieren (wie in ➠ *Bild 2 a*).

Wir stellen in den Lichtweg ein Prisma (➠ *Bild 2 b*). Nun beobachten wir auf dem Schirm nicht mehr ein Bild des weißen Spalts, also eine weiße Linie, sondern ein in vielen Farben leuchtendes Band (➠ *Bild 1*). Dieses Band wird **Spektrum** genannt.

Lässt sich das farbige Licht noch weiter zerlegen? Dazu erweitern wir den Versuchsaufbau. Ein zweiter Spalt hinter dem Prisma lässt nur das rote Licht durch (➠ *Bild 3*). Das rote Licht fällt nun auf ein zweites Prisma. Auf dem Schirm dahinter entsteht kein neues Spektrum, sondern wieder eine rote Linie. Das rote Licht wird durch ein zweites Prisma in seiner Farbe also nicht verändert.
Nicht weiter zerlegbares Licht nennt man **spektralrein**.

2. Spektralfarben

Wird weißes Licht durch ein Prisma geschickt, so fächert es in viele Farben auf. Wir erklären uns dies dadurch, dass die Stärke der Brechung von der Farbe abhängt. Bei Versuchen mit einfarbigem Licht stellen wir fest, dass rotes Licht weniger stark gebrochen wird als gelbes oder gar blaues Licht (➠ *Bild 4*).

Alle Beobachtungen deuten darauf hin, dass diese Spektralfarben im von uns als weiß empfundenen Licht schon komplett enthalten sind. Wenn dieser Gedanke richtig ist, dann müsste eigentlich umgekehrt wieder weißes Licht entstehen, wenn man sämtliche farbigen Lichter des Spektrums mithilfe einer Sammellinse (wie du sie als Brennglas kennst) vereinigt. Genau dies bestätigt uns der ➠ *Versuch 1*.

Im Kapitel „Brechung“ haben wir eine Brechungstabelle verwendet. Da jede Farbe unterschiedlich gebrochen wird, muss die Tabelle genau genommen einen Hinweis darauf enthalten, für welche Farbe sie gilt. ➠ *Tabelle 1* zeigt die für verschiedene Spektralfarben unterschiedlichen Winkel β.

Merksatz

Im weiß erscheinenden Sonnenlicht sind alle farbigen Lichter enthalten. Lichtstrahlen verschiedener Farbe werden verschieden stark gebrochen. Deshalb entsteht bei der Brechung weißen Lichts ein farbiges **Spektrum**.
Licht, das sich nicht mehr in weitere Farben zerlegen lässt, nennt man **spektralrein**.

Damit lässt sich nun auch das am Anfang beschriebene farbige Funkeln eines Kristallleuchters erklären. Die Glasstücke am Leuchter sind so geschliffen, dass sie wie Prismen wirken. Sie zerlegen das Licht der Kerzen in farbige Lichter.

3. Verschiedene Lichtquellen – verschiedene Spektren

Die Farben des von Glühlicht erzeugten Spektrums gehen fließend ineinander über; man nennt es deshalb auch ein **kontinuierliches Spektrum**. Das menschliche Auge kann darin etwa 140 verschiedene Farbstufen unterscheiden. In einer groben Einteilung werden daraus sechs Spektralfarben besonders hervorgehoben: Rot-Orange-Gelb-Grün-Blau-Violett. Diese Farben finden wir auch ähnlich im Regenbogen. Seine Erscheinung beruht ebenfalls auf Brechung (und Reflexion; siehe ➠ *Interessantes* nächste Seite).

Lampen mit leuchtenden Gasen erzeugen kein kontinuierliches Spektrum. Das Spektrum von Natriumlampen der Straßenbeleuchtung besteht nur aus einer gelben Linie. Andere Lampen haben eine Vielzahl farbiger Linien. Man nennt solche Spektren deshalb **Linienspektren** (➠ *Bild 5 b*) Anhand der Zahl und der Lage dieser Linien kann man leuchtende Gase identifizieren. Dies wird **Spektralanalyse** genannt. **Laserlicht** zeigt nur eine Linie (➠ *Bild 6, 5 c*). Leuchtdioden liefern dagegen einen so schmalen Ausschnitt eines kontinuierlichen Spektrums, dass er als Linie erscheint.

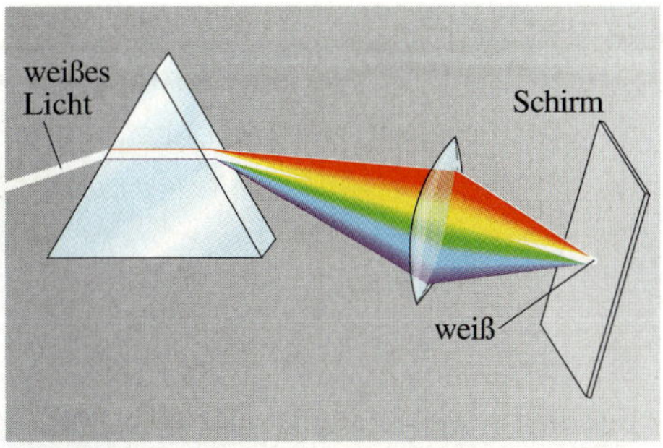

V 1: Die vom Prisma aufgespaltenen Spektralfarben werden durch eine Linse an einer Stelle des Schirms vereinigt.

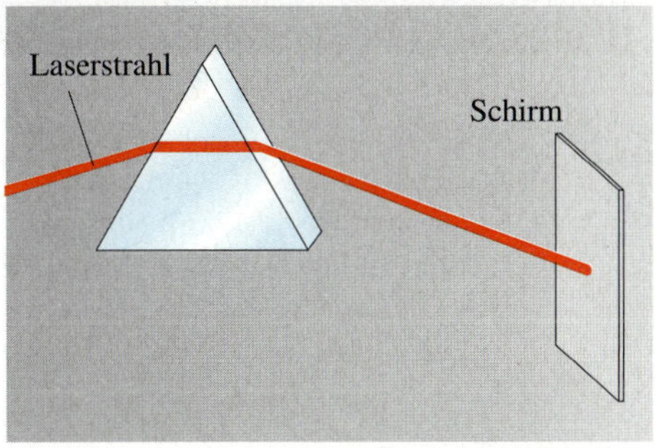

B 6: Der Laserstrahl wird nicht zerlegt.

α	β Blau-Violett	Gelb	Rot
0,0°	0,0°	0,0°	0,0°
10,0°	6,5°	6,6°	6,6°
20,0°	12,9°	13,0°	13,1°
30,0°	19,1°	19,2°	19,3°
40,0°	24,9°	25,1°	25,2°
50,0°	30,1°	30,3°	30,5°
60,0°	34,5°	34,8°	35,0°
70,0°	38,0°	38,3°	38,5°
80,0°	40,1°	40,5°	40,7°
90,0°	40,9°	41,2°	41,4°

T 1: Winkel β, abhängig von der Farbe, für den Übergang Luft-Glas.

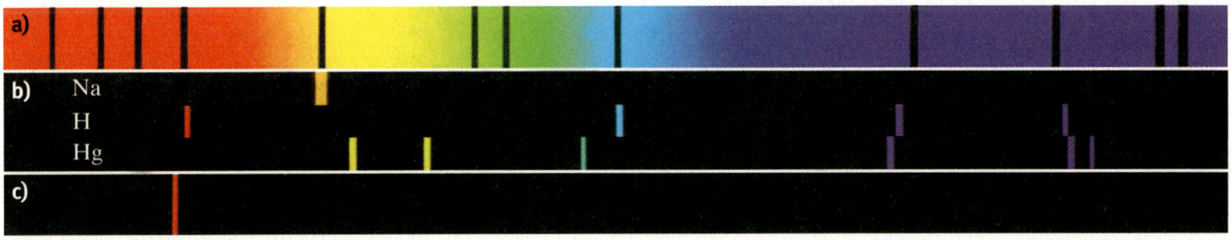

B 5: Verschiedene Spektren: **a)** Sonnenlicht, **b)** Linienspektren von Natriumdampf, Wasserstoff und Quecksilberdampf (von oben nach unten) und **c)** eines Lasers

Interessantes

A. Der Regenbogen

• Wo finden wir einen Regenbogen?

Der Regenbogen ist zu sehen, wenn wir auf eine Regenwand blicken und dabei die Sonne im Rücken haben. Da die Sonne zudem tief stehen soll, sehen wir Regenbögen morgens im Westen und abends im Osten. Besonders kräftig leuchten die Farben bei großen Regentropfen.

• Wie entsteht ein Regenbogen?

Sonnenlicht fällt auf viele Regentropfen. Einen bestimmten Lichtstrahl schauen wir uns genauer an (⇨ *Bild 1 a*). Er wird beim Übergang in den Tropfen gebrochen, an dessen Rückseite teilweise reflektiert und schließlich beim Verlassen des Tropfens nochmals gebrochen. Dabei wird der Strahl weißen Sonnenlichts in Spektralfarben zerlegt. Roter, grüner und blauer Strahl haben unterschiedliche Richtungen.

Eine Regenwand besteht aus vielen Tropfen. Bei jedem passiert dasselbe. Man sieht aber von jedem Tropfen nur eine Farbe (⇨ *Bild 1 b*).

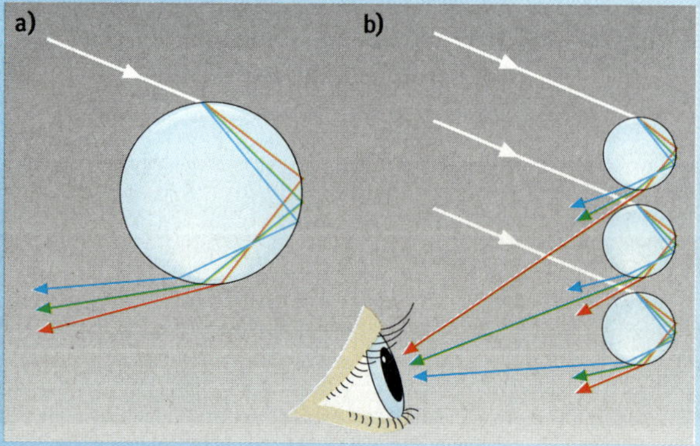

B1: Farbzerlegung am Regentropfen

In der Zeichnung fällt von weiter oben befindlichen Tropfen rotes, von tieferen Tropfen blaues Licht in das Auge des Beobachters.

Es wird aber noch etwas komplizierter, denn es fällt ja nicht nur ein Lichtstrahl auf jeden Tropfen. Weitere Strahlen treffen parallel zum ersten auf. Sie alle enthalten auch rotes Licht. Diese roten Strahlen verlassen den Tropfen in verschiedene Richtungen. Dabei wird aber eine Richtung bevorzugt: Im Winkel von 42,3° zu den einfallenden Stahlen treten besonders viele rote Lichtstrahlen aus – ein kräftiges Bündel roten Lichts (⇨ *Bild 2*). Das violette Licht tritt dagegen unter 40,7° konzentriert aus. So hat jede Farbe ihren eigenen Vorzugswinkel. Unter diesem Winkel findet sich aber auch noch etwas von den anderen Farben. So ist Regenbogenlicht nicht völlig spektralrein.

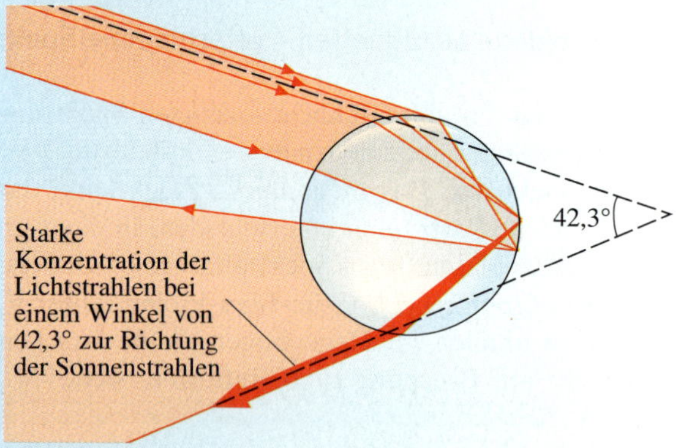

B2: Das rote Licht bevorzugt diese Richtung.

Das Auge des Beobachters treffen Lichtbündel aus unzählig vielen Regentröpfchen. Bündel einer bestimmten Farbe bilden denselben Winkel mit der Richtung der Sonnenstrahlen. Sie liegen also auf dem Mantel eines Kegels, dessen Spitze im Auge des Beobachters liegt. Jede Farbe bildet so einen eigenen Kreisbogen (⇨ *Bild 3*).

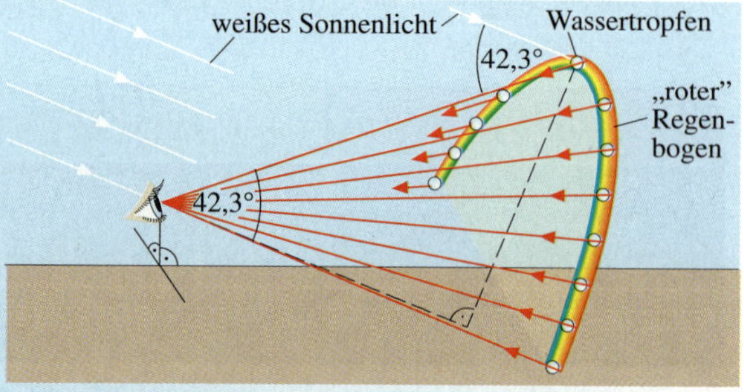

B3: Ein Regenbogen und der Betrachter

Interessantes

- Der Nebenregenbogen

Außer dem Hauptregenbogen kann man noch den lichtschwächeren **Nebenregenbogen** beobachten. Ein Teil des Lichts trifft nämlich jeden Tropfen auch so, dass es zweimal reflektiert wird (➠ *Bild 4*). Der Winkel zwischen Sonne, Tropfen und Beobachter beträgt in diesem Fall ungefähr 52°. Also fällt wegen des größeren Winkels nur das Licht aus höheren Tropfen in unser Auge als beim Hauptregenbogen.
Bei jeder Reflexion des Lichtbündels verlässt ein Teil des Lichts den Tropfen. So ist die Intensität des Nebenregenbogens deutlich geringer; oft ist er überhaupt nicht zu sehen.

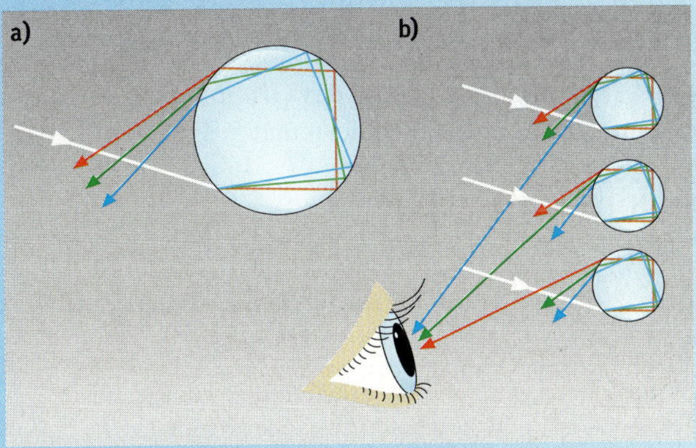

B 4: Entstehung des Nebenregenbogens

B. Unsichtbares Licht

Wir erzeugen mit einem Spalt und einem Prisma ein kontinuierliches Spektrum des Sonnenlichts und *sehen* die Farben Rot bis Violett. Sind das wirklich alle Farben des Spektrums oder gibt es da noch mehr?
Unser Auge täuscht uns ja manchmal. Deshalb untersuchen wir das Spektrum mit einem empfindlichen Sensor für Strahlungsstärke. Halten wir einen solchen Sensor vor den Schirm in das Spektrum, dann schlägt das angeschlossene Messinstrument aus.

Verschieben wir den Sensor nach links oder rechts über das Spektrum hinaus, so schlägt das Instrument überraschenderweise ebenfalls aus, unter Umständen sogar stärker als beim sichtbaren Bereich.

Decken wir den Spalt ab, dann geht der Ausschlag sofort zurück. Offensichtlich gibt es jenseits von Rot und Violett „Licht", das wir Menschen nicht *sehen* können. Manche Tiere können allerdings auch dieses „Licht" wahrnehmen. Man nennt das unsichtbare Licht, das jenseits von Rot nachzuweisen ist, **infrarotes Licht (IR).** Das jenseits von Violett nachweisbare „Licht" nennt man **ultraviolettes Licht (UV).** Während wir für dieses Licht technische Sensoren benötigen, können z.B. Bienen ultraviolettes, Grubenottern infrarotes Licht wahrnehmen.

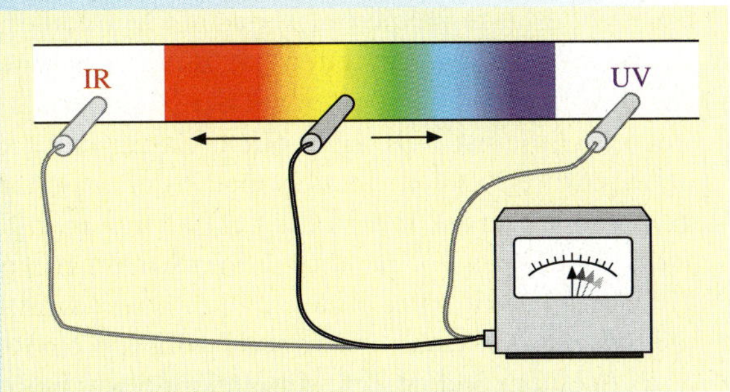

B 5: Nachweis des „unsichtbaren Lichts"

- Ultraviolettes Licht (UV)

Ultraviolettes Licht löst chemische und biologische Effekte aus. Es bräunt die Haut und fördert die Bildung des Vitamins D in unserem Körper. Aber zu starke Einwirkung ist schädlich: UV-Licht erzeugt dann Sonnenbrand und kann Hautkrebs auslösen.

Das von der Sonne ausgehende, sehr schädliche ultraviolette Licht wird zum großen Teil von der Lufthülle der Erde abgefangen. Dabei spielt das **Ozon** (O_3) in der äußeren Lufthülle eine ganz wichtige Rolle. Eine Verringerung des Ozons bedeutet, dass mehr ultraviolette Strahlung auf der Erde ankommt. Dies führt zu einem vermehrten Auftreten von Schädigungen.

- Infrarotes Licht (IR)

Während das ultraviolette Licht nur von sehr heißen Körpern abgestrahlt wird, senden alle Objekte selbst bei Zimmertemperatur **infrarotes Licht** aus. Dessen Intensität steigt mit der Temperatur. Spezielle Kameras wandeln diese Intensitäten in sichtbare Farben um. So kann man mit infrarotem Licht die Temperatur eines Körpers berührungslos messen (➠ *Bild 6*).

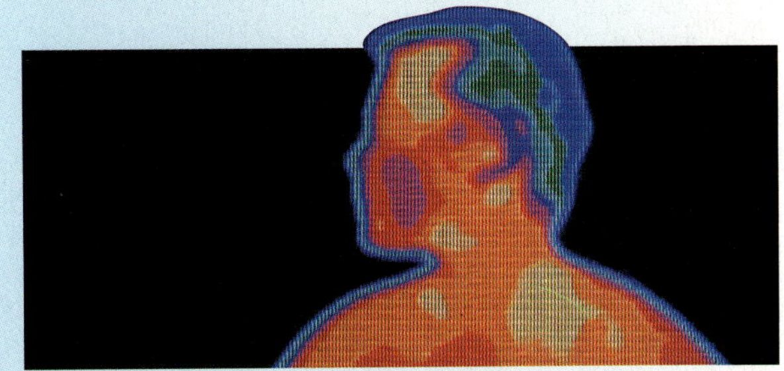

B 6: Thermographie-Bild eines Menschen

Methoden

Gruppenpuzzle

Beim Gruppenpuzzle ist die Klasse in **Stammgruppen** eingeteilt (➠ *Bild 1*, 1. Schritt, z. B. rote Gruppe). Jedes Mitglied einer Stammgruppe ist „Experte" für ein anderes Thema. In dieses arbeitet er sich ein und bespricht es in der **Expertengruppe** mit Mitschülern, die *dasselbe Thema* bearbeiten (➠ *Bild 1*, 2. Schritt); z. B. bearbeiten alle Experten mit der Nummer 1 das Thema 1. So lernst du im Team offene Fragen und Probleme zu lösen. Zudem überlegt man in der Expertengruppe, wie man das Thema als „Lehrer" unterrichtet. Jeder Experte muss nämlich seine Strammgruppe über sein Thema unterrichten (➠ *Bild 1*, 3. Schritt) und zwar so, dass es alle verstehen. So übst du, ein Referat zu halten und deinen Mitschülern etwas beizubringen. Zudem wirst du von Mitschülern über andere Themen unterrichtet und lernst ihnen zuzuhören.

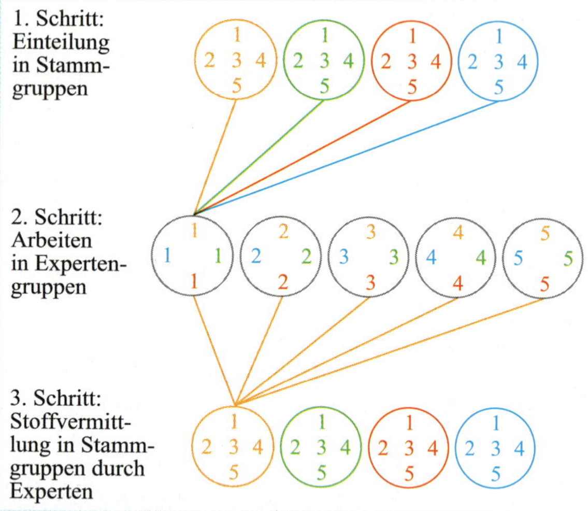

B 1: Organisationsschema des Gruppenpuzzles (für eine Klasse mit 20 Schülern und 5 Expertenthemen)

Gruppenpuzzle zum Thema „Optische Erscheinungen in der Natur und im Alltag"
(Zeitbedarf: ca. drei Unterrichtsstunden)

Nr.	Expertengruppe Thema	Hilfestellung für die Arbeit in der Expertengruppe	Ziele für alle Schülerinnen und Schüler der Klasse
1	**Mondphasen** (➠ *Seite 27, Ziff. 3*)	Wichtig ist ➠ *Bild 5, Seite 27*. Euch muss klar werden, warum von der Erde aus der Mond in der entsprechenden Gestalt gesehen wird.	Jeder sollte erklären können, wie die Mondphasen zustande kommen.
2	**Größe eines Spiegels** (➠ *Seite 30, Bild 2* mit *Ziff. 1, Absatz 1 bis 3*)	Das ➠ *Bild 2, Seite 30* müsst ihr mithilfe der Gesetze der Reflexion verstehen. Außerdem müsst ihr alle Fragen beantworten, die in ➠ *Aufgabe 1, Seite 31* gestellt sind.	Jeder sollte erklären können, wie groß ein Spiegel sein und in welcher Höhe er hängen muss, damit ein Mensch sich darin vollständig sehen kann. Zu erklären ist auch, dass die Spiegelgröße unabhängig davon ist, in welchem Abstand der Mensch vor dem Spiegel steht.
3	**Optische Täuschungen** (➠ *Seite 36, Ziff. B*)	Die beschriebenen Erscheinungen müsst ihr mit den Gesetzen der Brechung erklären. Die Erklärung für das Engerstehen der Leitersprossen müsst ihr selbst entwickeln.	Jeder sollte erklären können, warum in Wasser eine Münze angehoben und ein Paddel abgeknickt erscheint sowie Leitersprossen unter Wasser enger zu stehen scheinen.
4	**Fata Morgana** (➠ *Seite 37, Ziff. C*)	Mithilfe der Gesetze der Brechung müsst ihr euch erarbeiten, warum die Palme am Himmel schwebt.	Jeder sollte eine Fata Morgana erklären können.
5	**Regenbogen** (➠ *Seite 42, Ziff. A* ohne Nebenregenbogen)	Zunächst müsst ihr ➠ *Bild 1, Seite 42* mithilfe der Gesetze der Brechung und Totalreflexion verstehen. Aus dem Abschnitt „Es wird noch etwas komplizierter ..." übernehmt ihr nur die Mitteilung, unter welchen Winkeln die einzelnen Farben auftreten. Mit ➠ *Bild 3* macht ihr euch klar, wie es zu den Kreisbögen und der Farbfolge beim Hauptregenbogen kommt.	Jeder sollte wissen, unter welchen Bedingungen ein Regenbogen zu sehen ist und wie er prinzipiell zustande kommt.

Methoden

Einen kurzen Vortrag halten

A. Thema und Dauer des Vortrages

Eine denkbare Möglichkeit: Lehrer oder Lehrerin geben das Thema einschließlich erster Unterlagen vor.

Beispiel-Thema: Gehörschäden durch Lärm
Unterlagen: ➠ Seite 20/21 ohne Lärmschutz.
Dauer: 10 bis 15 Minuten

B. Vorbereiten des Vortrags

1) Du musst das Thema verstanden haben. Arbeite deshalb die Unterlagen zuerst durch. Mache dir Notizen und markiere die wichtigsten Aussagen. Frage jemanden, wenn du etwas nicht verstehst.

Im Beispiel: Die Dezibelskala solltest du dir vielleicht nochmals vom Lehrer erklären lassen.

2) Suche z. B. im Internet oder in einem Lexikon weitere Zusatzinformationen zu dem Thema.

Im Beispiel: Suche nach den Stärken von Schallquellen im Haushalt.

3) Suche nach Materialien, Geräten oder kleinen Versuchen, mit denen du das im Vortrag Gesagte unterstützen oder verdeutlichen kannst.

Im Beispiel: Vielleicht kann dir der Lehrer ein Schallmessgerät besorgen, mit dem du die Stärke verschiedener Quellen in dB (A) ausmessen kannst.

4) Überlege dir, welche Fakten deine Mitschüler nach deinem Vortrag wissen sollten.

Im Beispiel sind dies folgende Punkte:
- Lärm führt zu Gehörschäden.
- Beispiele für Lärmquellen, die zu Gehörschäden führen, sind regelmäßiger Diskolärm, Verkehrslärm, stundenlanges lautes Hören von Musik.
- Die Dezibelskala: Ab 90 dB (A) treten Hörschäden auf, bei 130 dB (A) liegt die Schmerzgrenze.
- Die Verdopplung der Schallintensität führt zu einer Zunahme des Schallpegels um 3 dB (A).
- Der Lärmpegel am Arbeitsplatz ist im Gegensatz zu Freizeiteinrichtungen gesetzlich geregelt.

5) Beginne deinen Vortrag mit einer Übersicht. Teile deinen Mitschülern mit, was du vermitteln willst.

Im Beispiel: Klar machen, dass Lärm gesundheitsschädlich ist. Es werden Beispiele von schädlichen Lärmquellen genannt und die Dezibelskala, mit der man Schallintensitäten vergleichen kann, erläutert.

6) Benenne anschließend die Voraussetzungen, um das Thema zu verstehen. Eventuell muss man diese kurz wiederholen.

7) Achte auf eine sinnvolle Gliederung.

Im Beispiel könnte sie wie folgt aussehen:
- Übersicht
- Abschnitt „Wenn Schall zum Lärm wird“
- Lärmquellen, die zu Hörschäden führen
- Dezibelskala
- Grenze der Hörschäden und Schmerzgrenze des menschlichen Ohres
- Verdopplung der Schallintensität
- Messung der Schallintensität einiger Quellen
- Zusammenfassung

8) Überlege, welche Medien (Folie, Powerpointpräsentation, Film, Arbeitsblatt) du einsetzen möchtest. Überlade Folien und Arbeitsblätter nicht mit Informationen. Halte sie überschaubar und kurz.

Im Beispiel solltest du eine Folie mit ➠ *Tabelle 1, Seite 20*, anfertigen und verwenden.

9) Kannst du kleine Experimente einbauen? Wenn ja, bitte unbedingt vor dem Vortrag ausprobieren!

Im Beispiel: Messung der Intensität verschiedener Schallquellen mit dem Schallmessgerät.

10) Fasse am Ende deines Vortrages das Wichtigste in zwei bis drei Sätzen zusammenfassen.

Im Beispiel: In meinem Vortrag habe ich schädliche Lärmquellen aufgezeichnet. Bei Schallintensitäten von 90 dB (A) und mehr treten bei längerem Einwirken Hörschäden auf.

11) Da der Vortrag frei gehalten werden sollte, musst du dir stichwortartige Notizen auf Karteikärtchen machen. Es empfiehlt sich, die Übersicht und die Zusammenfassung wörtlich zu notieren.

12) Während deines Vortrages musst du mit Fragen der Zuhörer rechnen. Zum Training halte einem Freund den Vortrag und bitte ihn Zwischenfragen zu stellen. Achte auch auf die benötigte Zeit. Benötigst du zulange, musst du kürzen.

C. Hinweise zum Halten des Vortrages

- Halte den Vortrag möglichst frei; verwende die Karteikärtchen sowie die eingeplanten Medien.
- Sprich deutlich, nicht zu schnell oder zu langsam.
- Versuche Stimmlage und Lautstärke zu variieren.
- Halte Blickkontakt zu allen Zuhörern.

B1: A. DÜRER zeigte 1525, wie man einen Gegenstand mit gespannten Fäden exakt abbildet.

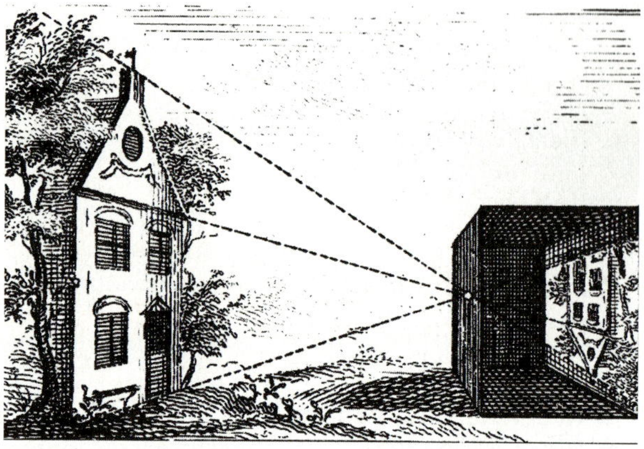

B2: Camera obscura; Pieter VAN MUSSCHENBROEK, Leyden, 1769

B3: Abbildung mit der Lochkamera

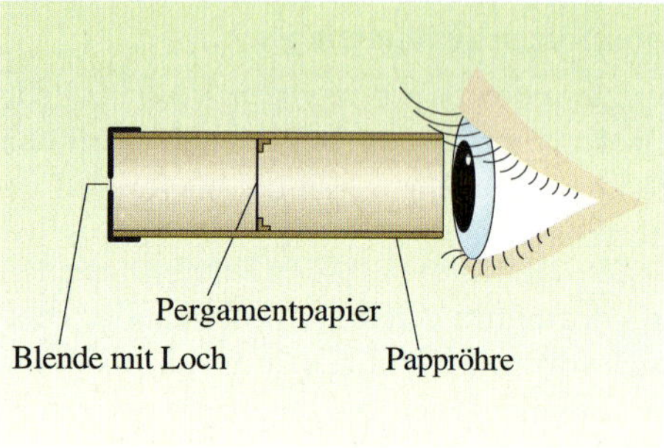

B4: Lochkamera aus Pappe

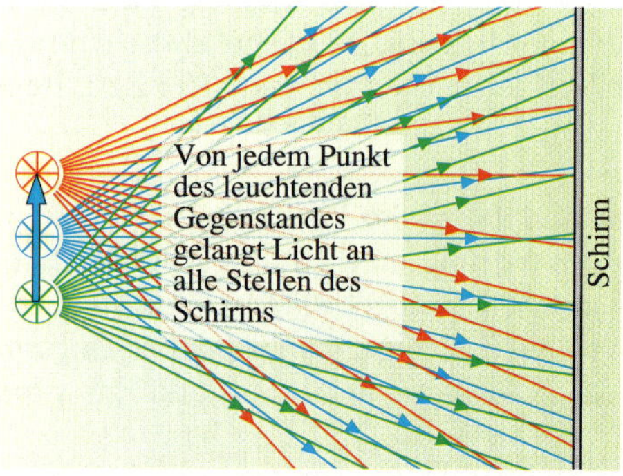

B5: So entsteht ein Durcheinander.

Optische Abbildungen

Bis zur Erfindung der Fotografie war die exakte Abbildung eines Gegenstands umständlich. A. DÜRER beschreibt dies 1525 (➠ *Bild 1*). Von der Wand wird zu einem Punkt des Gegenstands ein Faden gespannt. Im künftigen Bilderrahmen legt man die Lage dieses Fadens durch zwei quer gespannte Fäden fest. Dann entfernt man den ersten Faden und klappt das Zeichenpapier auf den Rahmen, um dort den Bildpunkt zu zeichnen.

1. Die Lochkamera

Schon IBN-AL-HAITHAM, arabischer Physiker (um 1000), kannte die „*Camera obscura*", die **Lochkamera**. Sie besteht aus nichts anderem als einem dunklen Raum mit einem winzigen Loch (➠ *Bild 3*).

Wir bauen sie mit einer Pappröhre, etwas Pergamentpapier und einem Stück schwarzen Karton nach (➠ *Bild 4*). Noch eindrucksvoller ist es, wenn man ein Zimmer mit einem Vorhang vor dem Fenster völlig verdunkelt und ein winziges Loch in den Vorhang macht. Anschließend stellt man hinter das kleine Loch einen Schirm aus durchscheinendem Material. Haben sich die Augen an die Dunkelheit gewöhnt, dann sieht man auf dem Schirm die Umgebung vor dem Fenster, in Farbe. Selbst Bewegungen sind zu sehen. Allerdings steht das Bild nicht nur auf dem Kopf, sondern es ist auch seitenverkehrt.

2. Vom Lichtfleck zum optischen Bild

Die Häuser und Bäume draußen im Freien streuen das auf sie fallende Sonnenlicht. Sie senden dieses Licht wieder aus. Wir stellen uns diese Körper aus vielen leuchtenden Punkten zusammengesetzt vor. Jeder Punkt sendet nach allen Seiten Licht aus. Dieses Licht trifft alle Stellen des Schirms (➠ *Bild 5*). Er erscheint gleichmäßig hell.

Stellen wir nun vor den Schirm die Blende mit einem feinen Loch, dann schafft dieses Ordnung (➠ *Bild 6*). Von jedem Gegenstandspunkt erreicht nämlich nur noch ein schmales Lichtbündel den Schirm. Dort entsteht ein Lichtfleck. Je kleiner das Loch in der Blende ist, desto kleiner ist der Lichtfleck. Auch von den anderen Gegenstandspunkten gehen Lichtbündel aus. Sie überkreuzen sich in der Blendenöffnung ungestört und erzeugen auf dem Schirm ebenfalls kleine Lichtflecke. Dabei rufen benachbarte Gegenstandspunkte auch benachbarte Lichtflecke hervor; es entsteht ein fast naturgetreues, um 180° gedrehtes Bild. Die Lichtflecke haben sich zu einem optischen Bild des Gegenstands zusammengefügt; diesen Vorgang nennt man eine **optische Abbildung**.

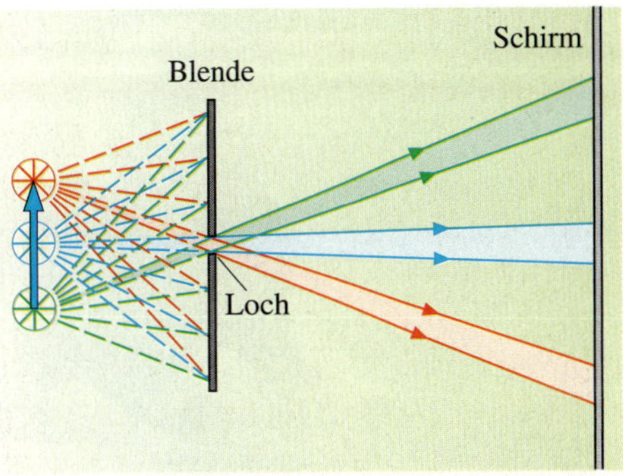

B 6: Einzelne Bündel werden ausgesondert.

3. Der Lichtstrahl als Modell des Lichtbündels

Ist das Loch der Lochblende genügend klein, so wird nur ein sehr feines Lichtbündel durchgelassen. Schon in vorherigen Abschnitten hatten wir solche sehr feinen Bündel Lichtstrahlen genannt, denn mit dem *Denkmodell* „Lichtstrahl" lassen sie sich gut beschreiben. Mit diesem Modell kann man dann die Gesetze der Geometrie auf die Optik anwenden. In der Geometrie beginnt ein *Strahl* in einem Punkt, ist unendlich lang und unendlich schmal.

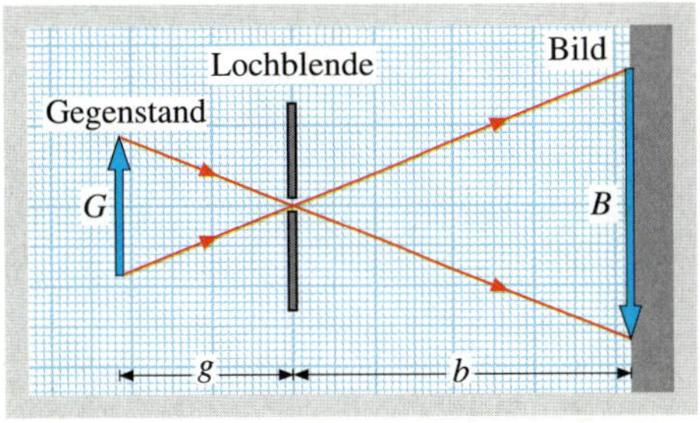

B 7: Bildkonstruktion mit Lichtstrahlen

Merksatz

Lichtstrahlen sind Denkmodelle für sehr feine Lichtbündel.

4. Der Abbildungsmaßstab

Wir konstruieren die Abbildung des Gegenstands mit Lichtstrahlen (➠ *Bild 7*). Dazu greifen wir zwei Punkte heraus, z. B. die Spitze und den Fuß des Pfeils. Von diesen Punkten aus zeichnen wir je einen Strahl durch die Öffnung der Lochkamera bis zum Schirm. Die folgenden Größen stehen fest und können gemessen werden:

- Höhe G des Gegenstands: **Gegenstandshöhe *G***
- Höhe B des Bildes: **Bildhöhe *B***
- Abstand g des Gegenstands von der Öffnung: **Gegenstandsweite *g***
- Abstand b des Bildes von der Öffnung: **Bildweite *b***.

Als **Abbildungsmaßstab *A*** bezeichnet man den Quotienten aus Bildhöhe und Gegenstandshöhe (B/G). Beim Nachmessen in der Zeichnung stellt man zudem fest, dass dieser Quotient immer gleich dem Quotienten aus Bildweite und Gegenstandsweite (b/g) ist.

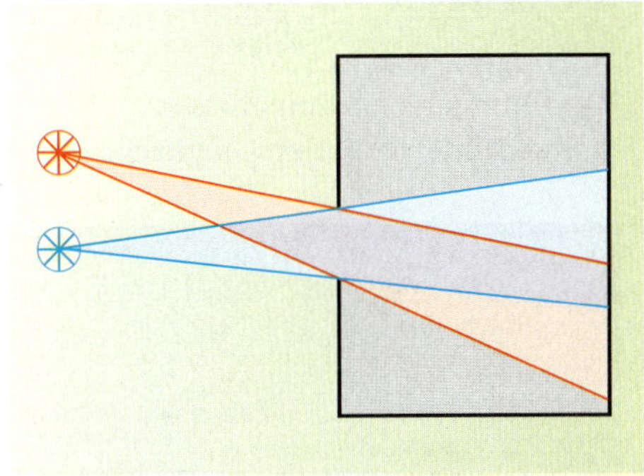
B 8: Je größer die Öffnung der Lochkamera ist, desto „dicker" sind die durchgelassenen Lichtbündel. Die Lichtflecke überlagern sich, das Bild wird unscharf.

Merksatz

Für Abbildungsmaßstab A, Bildhöhe B, Gegenstandshöhe G, Bildweite b und Gegenstandsweite g gilt:

$$A = \frac{B}{G} = \frac{b}{g}.$$

B 9: Dieses Foto wurde mit einer Lochkamera gemacht.

B 1: Wirkung eines Brennglases

B 2: Der Wassertropfen als (natürliche) Linse.

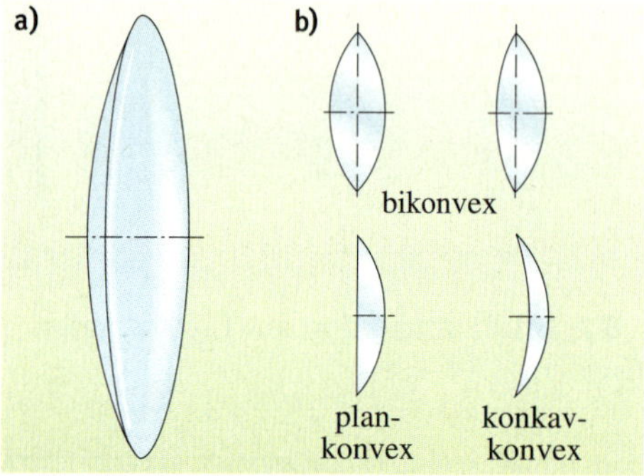

B 3: Formen von Sammellinsen:
---- Mittelebene; -·-·- optische Achse

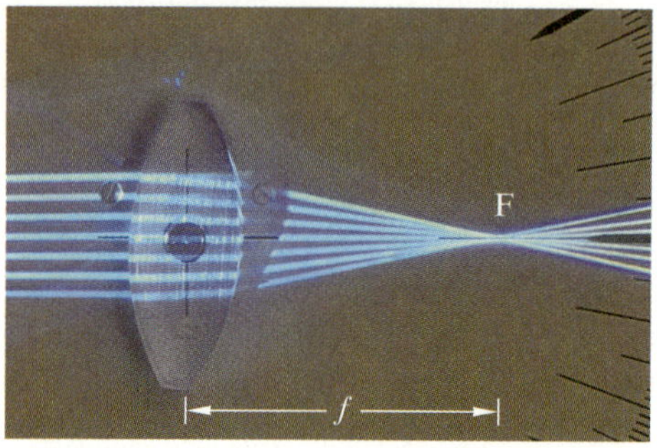

B 4: Hier sieht man den Brennpunkt.

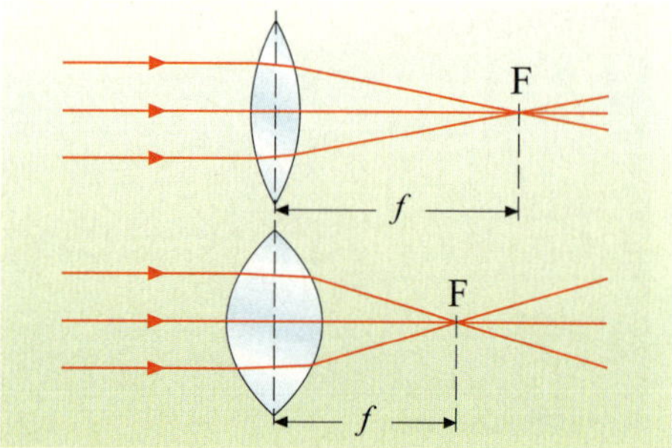

B 5: Stärker gekrümmte Linsen haben eine kleinere Brennweite.

Linsen

Hält man ein Brennglas geschickt in die Sonne, dann kann man damit ein Stück Papier entzünden (➡ *Bild 1*). Licht transportiert also Energie. Das Brennglas besteht aus Glas oder klarem Kunststoff und ist so hergestellt, dass die Begrenzungsflächen Teile von Kugeloberflächen sind (➡ *Bild 3 a*).
Brenngläser gehören zu den **Sammellinsen**. Den Sammellinsen ist gemeinsam, dass sie in der Mitte dicker als am Rand sind. Im ➡ *Bild 3 b* sind verschiedene Linsenformen dargestellt. Alle haben dieselben optischen Eigenschaften. Somit genügt es, wenn wir uns auf die Linsenform in ➡ *Bild 3 a* beschränken.
Eingezeichnet ist jeweils auch die **Mittelebene** und die darauf senkrecht stehende **optische Achse**.
Wassertropfen haben auf Grund ihrer Form ebenfalls linsenähnliche Eigenschaften (➡ *Bild 2*).

1. Eigenschaften von Linsen

Sammellinsen lenken durch Brechung alle zur Achse parallelen Lichtstrahlen ungefähr durch einen Punkt auf der anderen Seite der Linse. Dieser Punkt liegt auf der Achse und heißt **Brennpunkt**, denn beim Brennglas entzündet sich dort das Papier. Je weiter die Strahlen von der Achse entfernt sind, desto mehr weichen sie von dieser Regel ab. Die Regel, dass **achsenparallele Strahlen** nach der Brechung an der Linse durch den Brennpunkt gehen, gilt also nur für **achsennahe Strahlen**. Der Brennpunkt wird in Zeichnungen mit dem Buchstaben F (lat. focus: Feuerstätte) abgekürzt, sein Abstand von der Mitte der Linse heißt **Brennweite** f.

Je größer der Winkel in Luft, desto größer ist bei der Brechung der Winkel in Glas. Beide weichen umso stärker voneinander ab, je größer der Einfallswinkel ist. Dies kann man aus der bekannten Tabelle zur Lichtbrechung ablesen. Nimmt man eine dickere Linse gleichen Durchmessers, so treffen achsenferne Strahlen unter einem größeren Einfallswinkel auf das Glas. Stärkere Ablenkung ist die Folge (➡ *Bild 5*). Die Brennweite wird kleiner.

2. Konstruktion von Strahlengängen

Wir wollen Versuche mit Linsen durchführen oder optische Geräte beschreiben und erklären. Dabei wäre es mühsam, den Lichtweg durch die Linsen immer mit dem Prismenmodell zu konstruieren. Man hat das Modell folgendermaßen vereinfacht (➠ *Bild 6*):

Man zeichnet zunächst die **Mittelebene** der Linse und dazu senkrecht die **optische Achse** durch den Mittelpunkt der Linse. Die Lichtstrahlen werden nicht wie in der Wirklichkeit an den Grenzflächen gebrochen. Vereinfachend werden sie ungebrochen bis zur Mittelebene gezeichnet und dort nur einmal geknickt. Bei dünnen Linsen ist dies genau genug.

Setzen wir die Lichtquelle auf die rechte Seite der Linse (➠ *Bild 7*), dann erkennen wir: Jede Sammellinse hat zwei Brennpunkte F_1 und F_2, die symmetrisch zum Mittelpunkt auf der optischen Achse liegen.

3. Ausgezeichnete Strahlen

Die Brennpunkteigenschaft legt fest:

- **Achsenparallele Lichtstrahlen** gehen nach der Brechung durch den Brennpunkt F (➠ *Bild 8a*).
- **Brennpunktstrahlen** sind nach der Brechung achsenparallel (➠ *Bild 8b*). Wir wissen ja, dass achsenparallele Strahlen durch den Brennpunkt gehen. Da der Lichtweg umkehrbar ist, sind umgekehrt Brennpunktstrahlen nach der Brechung achsenparallel. Dies lässt sich am Versuch überprüfen, indem man eine Punktlichtlampe in den Brennpunkt einer Sammellinse bringt.
- Der **Mittelpunktstrahl**, der genau durch die Mitte der Linse geht, verlässt diese in der ursprünglichen Richtung (➠ *Bild 8c*). Die mittlere Zone der Sammellinse wirkt nämlich auf den Lichtstrahl wie eine planparallele Platte (➠ *Bild 9*). Bei dünnen Linsen kann man aber die geringfügige Parallelverschiebung vernachlässigen. Man kann deshalb sagen: Der Strahl durch den Mittelpunkt geht ungebrochen durch die dünne Sammellinse hindurch.

Diese drei ausgezeichneten Strahlen spielen später bei der Konstruktion von optischen Bildern eine wichtige Rolle.

Merksatz

Achsennahe und zugleich achsenparallele Lichtstrahlen werden an einer Sammellinse so gebrochen, dass sie die optische Achse im Brennpunkt auf der anderen Seite schneiden. Seine Entfernung von der Mittelebene bezeichnet man als die **Brennweite** der Linse.

Die drei **ausgezeichneten Strahlenverläufe** sind:

a) achsenparalleler Strahl → Brennpunktstrahl
b) Brennpunktstrahl → achsenparalleler Strahl
c) Mittelpunktstrahl bleibt Mittelpunktstrahl

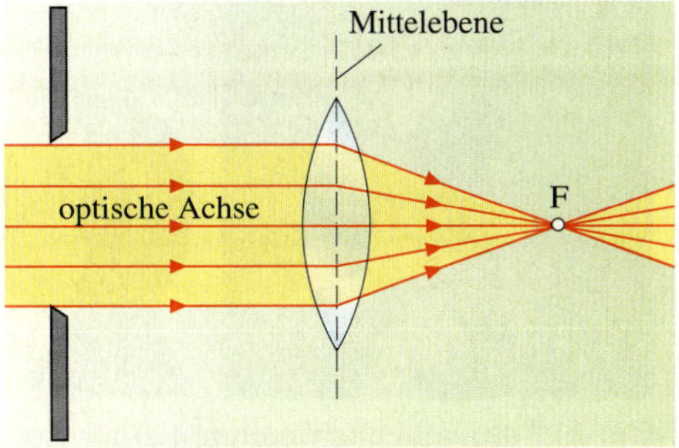

B 6: Vereinfachung der Konstruktion

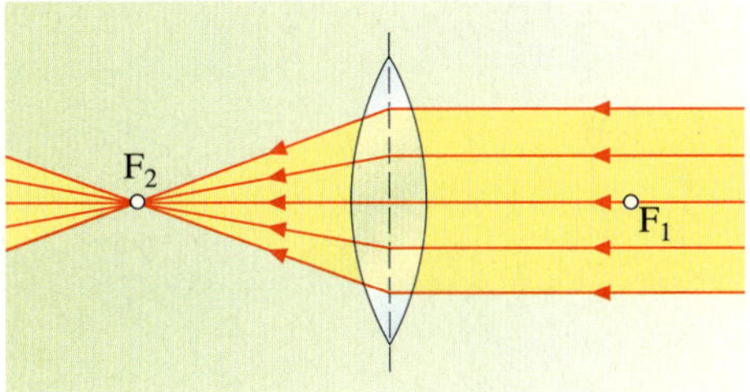

B 7: Jede Sammellinse hat zwei Brennpunkte.

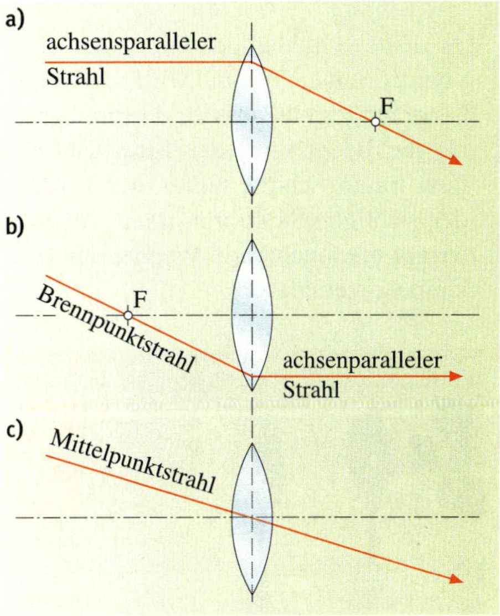

B 8: Ausgezeichnete Strahlen

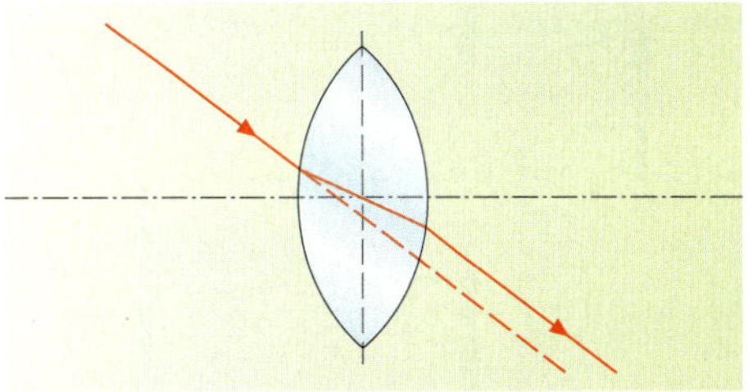

B 9: Mittelpunktstrahl durch eine dicke Linse

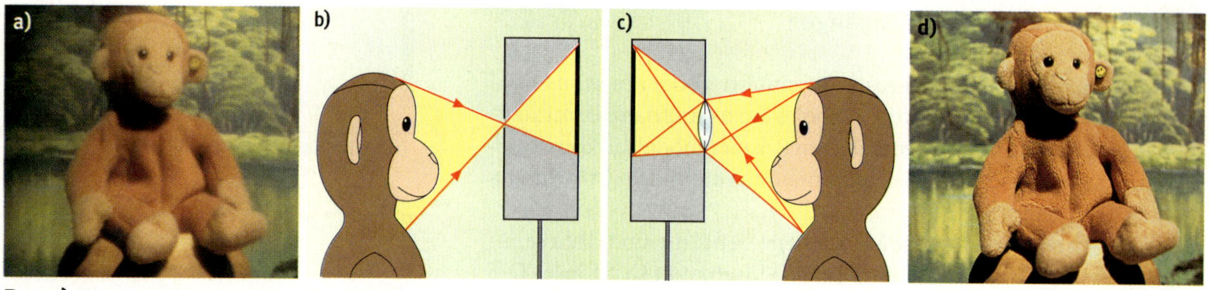

B1: a) Foto, aufgenommen mit einer Lochkamera, **b)** Querschnitt durch die Lochkamera, **c)** Querschnitt durch die Linsenkamera, **d)** Foto, aufgenommen mit einer Linsenkamera

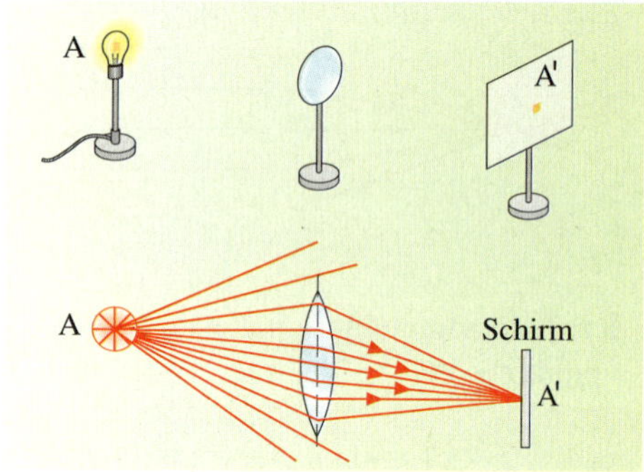

V1: Eine Glühlampe mit einer (fast) punktförmigen Wendel wird so vor einer Linse aufgestellt, dass ihr Abstand größer als die Brennweite der Linse ist. Stellt man einen Schirm hinter der Linse an der richtigen Stelle auf, dann sieht man darauf die leuchtende Wendel der Glühlampe abgebildet.

Abbildung mit Linsen

In ➠ *Bild 1 a, 1 d* wird gezeigt, dass die Abbildungseigenschaften von Loch- und Linsenkamera durchaus vergleichbar sind. Allerdings hat die Linsenkamera den großen Vorteil, dass durch die größere Öffnung sehr viel mehr Licht zur Verfügung steht (➠ *Bild 1 c*). Damit ist die Belichtungszeit deutlich kürzer. Das Bild ist außerdem bei richtiger Einstellung gestochen scharf.

1. Das Bild eines Punktes

Nach ➠ *Versuch 1* schneiden sich alle von einem Punkt A ausgehenden Lichtstrahlen, die durch die Linse gehen, hinter der Linse in einem Punkt A'. An dieser Stelle muss der Schirm stehen, damit A scharf abgebildet wird. Die maßstäbliche Zeichnung verdeutlicht, dass unter den Lichtstrahlen, die sich im Bildpunkt A' schneiden, auch die drei ausgezeichneten Strahlen sind.

2. Vom Punkt zum Bild

Auch eine ausgedehnte, leuchtende Eins (➠ *Bild 2*) wird durch die Linse auf den Schirm hell und scharf abgebildet. Das Bild steht auf dem Kopf und ist seitenverkehrt, wie bei der Lochkamera. Wie kommt diese optische Abbildung zustande? Jeden Punkt der Eins fassen wir als Punktlichtlampe auf. Diese sendet nach allen Seiten Licht aus (➠ *Bild 3*). Ein Teil dieses Lichts trifft die Linse und wird gebrochen. Es vereinigt sich hinter der Linse wieder zum entsprechenden Bildpunkt. Alle Bildpunkte zusammen liefern das Bild des Gegenstandes.

Zur Konstruktion greifen wir aus der Vielzahl von Lichtstrahlen stellvertretend nur die drei ausgezeichneten Strahlen heraus. Ihren Verlauf kennen wir gut und sie genügen uns, denn sie treffen sich im selben Punkt wie alle Strahlen (➠ *Versuch 1*).

Von einer fernen Turmspitze fallen die Lichtstrahlen nicht achsenparallel, sondern **schiefparallel** auf eine Sammellinse. Auch dann schneiden sich die Lichtstrahlen nach der Brechung in einem Punkt. Er liegt aber nicht auf der optischen Achse (➠ *Bild 5*).

B2: Abbildung der leuchtenden Eins

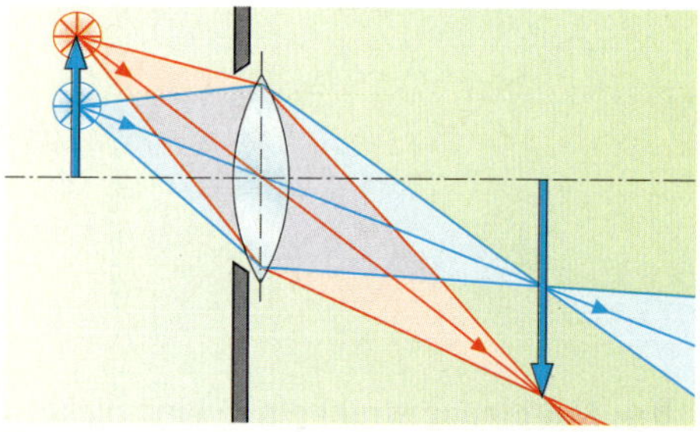

B3: Von jedem Punkt geht Licht aus.

Um diesen Punkt zu konstruieren, verwenden wir zwei der ausgezeichneten Strahlen: Den Mittelpunktstrahl und den Strahl durch den linken Brennpunkt. Unter welchem Winkel das schiefparallele Bündel auch einfällt, der Schnittpunkt liegt immer im Abstand der Brennweite *f* von der Mittelebene. Man nennt die Ebene, in der diese Schnittpunkte liegen, die **Brennebene**. Zu ihr gehört der Brennpunkt. Er hat ebenfalls den Abstand *f* von der Mittelebene. Da der Strahlengang umkehrbar ist, gilt: Von einem Punkt der Brennebene ausgehende Strahlen sind nach der Brechung schiefparallel.

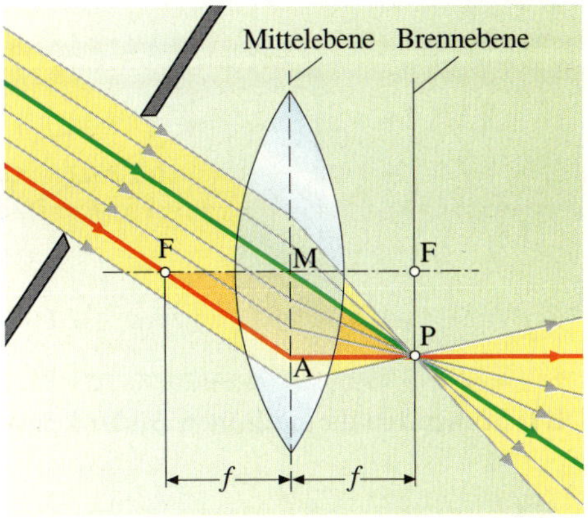

B 5: Schiefparallele Lichtbündel

Merksatz

Schiefparallele Lichtstrahlen werden an einer Sammellinse so gebrochen, dass sie sich in einem Punkt der Brennebene schneiden. Von einem Punkt der Brennebene ausgehende Strahlen sind nach der Brechung schiefparallel.

Fotografiert man einen hohen Turm mit einer Kamera, deren Linse 10 mm Durchmesser hat, dann wird klar, dass die Ausdehnung der Linse für die Abbildung von untergeordneter Bedeutung ist. Bei der Konstruktion zeichnet man deshalb nur die Mittelebene und die optische Achse. Die Linse selbst kann man andeuten oder ganz weglassen.

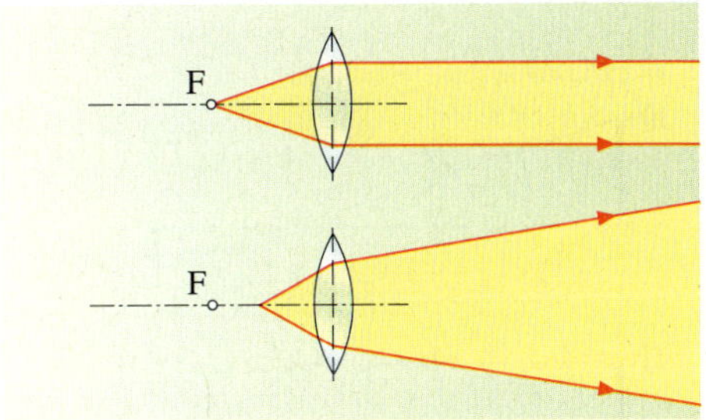

B 6: Paralleles und divergentes (auseinanderlaufendes) Lichtbündel

3. Größere und kleinere Bilder

Lage und Größe des Bildes hängen von der Gegenstandsweite *g* ab (➠ *Tabelle 1*). Steht der Gegenstand G sehr weit links von der Linse, so treffen die von jedem Gegenstandspunkt ausgehenden Lichtstrahlen praktisch parallel bei ihr ein. Das optische Bild liegt dann in der rechten Brennebene. Nähern wir den Gegenstand der Linse, so entfernt sich das Bild B von der Linse und wird dabei immer größer (➠ *Bild 4*). Ist der Gegenstand schließlich bis zur linken Brennebene vorgerückt, so sind die von seinen Punkten ausgehenden Lichtstrahlen nach der Brechung parallel. Rückt der Gegenstand noch weiter vor, dann sind die Lichtstrahlen divergent. In den beiden letzten Fällen kommt kein Bild auf dem Schirm zustande (➠ *Bild 6*).

Gegenstandsweite *g*	Bildweite *b*	Bild
sehr groß	$b \approx f$	stark verkleinert
$g > 2f$	$f < b < 2f$	verkleinert
$g = 2f$	$b = 2f$	gleich groß
$f < g < 2f$	$b > 2f$	vergrößert
$g \approx f$	sehr groß	stark vergrößert

T 1: Größenverhältnisse

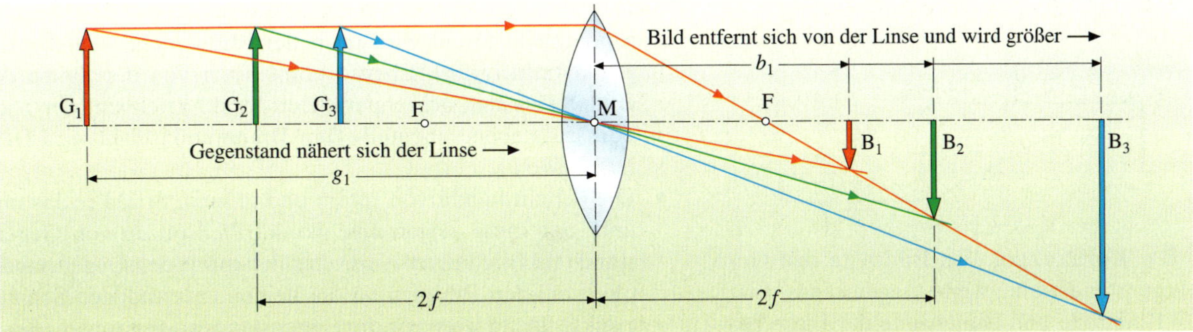

B 4: Konstruktion des optischen Bildes an der Sammellinse für verschiedene Gegenstandsweiten

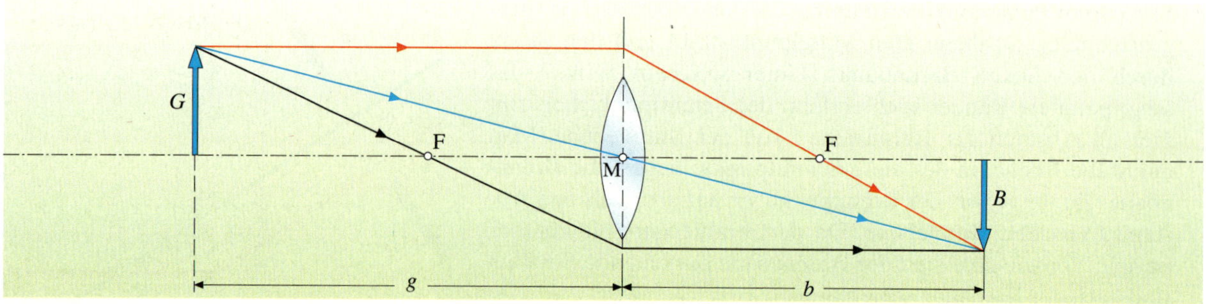

B 1: So werden die optischen Bilder konstruiert.

4. Konstruktion optischer Abbildungen mit Linsen

Vielfach ist es sinnvoll, ein optisches Experiment vor der Durchführung zu planen. Dazu klärt man zunächst folgende Fragen:
Wie muss man die Brennweite wählen?
Wo muss man den Gegenstand oder den Schirm aufstellen?

Zum Beispiel:
a) Der Abstand des Gegenstands vom Schirm sei 20 cm. Die Gegenstandshöhe sei 8 cm, die Bildhöhe soll 3 cm sein.
Wo muss ich den Standort der Sammellinse wählen und wie groß muss deren Brennweite sein?

- In einer maßstäblichen Abbildung zeichnen wir die optische Achse, den Gegenstandspfeil und den Bildpfeil ein (➠ *Bild 2 a*).
- Der Mittelpunktstrahl durch die Pfeilspitzen liefert die gesuchte Position der Linse (➠ *Bild 2 b*).
- Der achsenparallele Strahl der Gegenstandsspitze wird zum Brennpunktstrahl und liefert nicht nur den Brennpunkt F, sondern auch die gesuchte Brennweite *f* (➠ *Bild 2 c*).

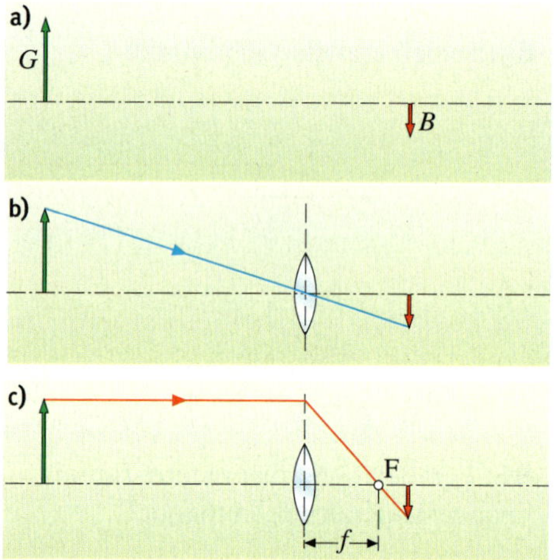

B 2: Wenn der Abstand von Gegenstand und Bild sowie die Gegenstands- und die Bildgröße bekannt sind, dann kann man auf die dargestellte Weise die Position der Linse und deren Brennweite konstruieren.

b) Die Gegenstandshöhe sei 8 cm. Der Gegenstand soll mit einer Sammellinse so abgebildet werden, dass das Bild 3 cm hoch wird. Die verfügbare Linse habe eine Brennweite von 5 cm.
Wo müssen der Gegenstand und der Schirm aufgestellt werden?

- Zunächst zeichnen wir wieder die optische Achse und die Mittelebene der Linse. In beliebigem Abstand dazu zeichnen wir den Gegenstandspfeil (grün) und den Bildpfeil (rot) ein (➠ *Bild 3 a*).
- Der von der Spitze des Gegenstandspfeils ausgehende achsenparallele Strahl wird nach der Mittelebene zum Brennpunktstrahl (grün). Ebenso können wir von der Spitze des Bildpfeils einen achsenparallelen Strahl zeichnen, der nach der Mittelebene ebenfalls zum Brennpunktstrahl wird (rot) (➠ *Bild 3 b*).
- Die Schnittpunkte von rotem und grünem Strahl rechts und links der Linse zeigen uns, wo die Pfeilspitzen von Gegenstand und Bild liegen. Nun verschieben wir den Gegenstandspfeil und den Bildpfeil an die beiden entstandenen Schnittpunkte. Dann lesen wir die Gegenstandsweite *g* und die Bildweite *b* einfach ab (➠ *Bild 3 c*).

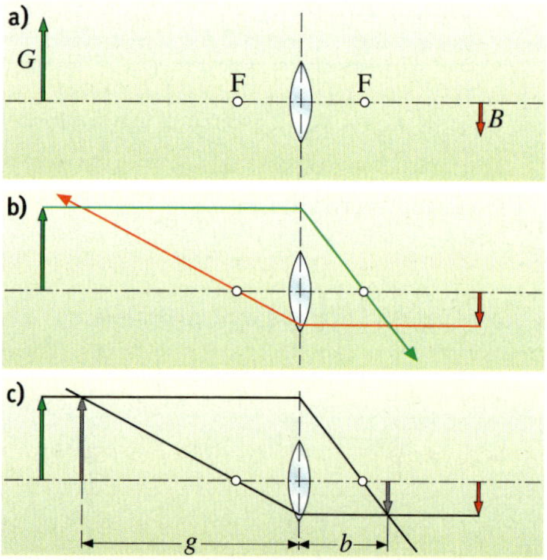

B 3: Konstruktion von Bildweite und Gegenstandsweite, wenn Gegenstands- und Bildgröße und Brennweite der Linse bekannt sind.

5. Abbildungsmaßstab bei Linsen

Zeichnen wir eine Linse und dazu die Gegenstandshöhe G, Gegenstandsweite g, Bildhöhe B und die Bildweite b ein, dann sieht die Zeichnung ähnlich wie bei der Lochkamera aus (➠ *Bild 4*).

Durch Abmessen in ➠ *Bild 1* finden wir, dass auch bei der Abbildung mit Linsen für den Abbildungsmaßstab A gilt:

$$A = \frac{B}{G} = \frac{b}{g}.$$

Die Bildweite (Entfernung des Schirms von der Linse) kann aber im Gegensatz zur Lochkamera nicht beliebig gewählt werden.

Merksatz

Auch bei der Abbildung mit Linsen gilt die von der Lochkamera bekannte Beziehung:

$$A = \frac{B}{G} = \frac{b}{g}.$$

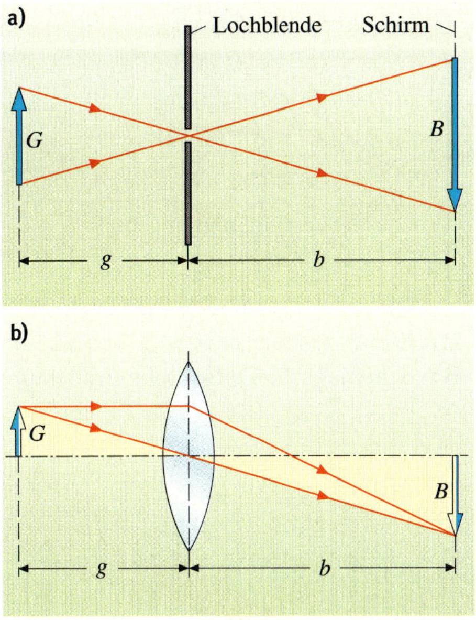

B4: a) Abbildung bei der Lochkamera **b)** Abbildung mit einer Linse: Beziehung zwischen B, G, b und g.

Vertiefung

Linsen kann man auch berechnen

Wir wissen schon vom Abbildungsmaßstab, dass bei Linsen gilt:

$$\frac{B}{G} = \frac{b}{g}$$

Außerdem stellen wir durch Nachmessen in der Zeichnung fest:

$$\frac{B}{G} = \frac{b-f}{f}.$$

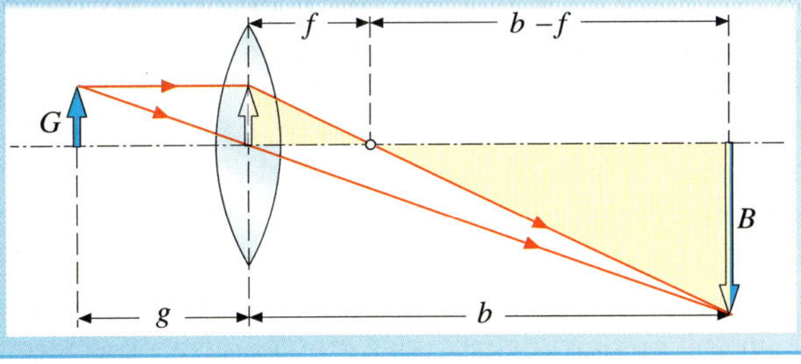

Führt man die beiden Gleichungen zusammen, dann erhält man eine Gleichung, die nur noch die Größen Gegenstandsweite g, Bildweite b und Brennweite f enthält:

$$\frac{b}{g} = \frac{b-f}{f}.$$

Da diese Gleichung sich schlecht merken lässt, zerlegt man den rechten Bruch in zwei Teilbrüche und dividiert die Gleichung durch b. Damit erhält man

$$\frac{1}{g} = \frac{1}{f} - \frac{1}{b} \quad \text{oder} \quad \frac{1}{g} + \frac{1}{b} = \frac{1}{f}.$$

Dies ist die so genannte *Linsengleichung*.
Sind zwei Größen gegeben, dann lässt sich damit die dritte Größe ausrechnen.

Aufgaben

A1: a) Erläutere anhand einer Skizze die Überlegungen, die zum Modell „Lichtstrahl" führten. **b)** Hat es Vorteile, Lichtstrahlen statt Lichtbündel bei der Konstruktion von Strahlengängen zu verwenden?

A2: Ein 4 cm hoher Gegenstand soll mit Linsen unterschiedlicher Brennweite $f = 2$ cm, 5 cm, 8 cm, 10 cm, oder 12 cm abgebildet werden. Die Gegenstandsweite beträgt jeweils 10 cm. Konstruiere, wenn möglich, den Aufstellungsort des Schirms und die Bildgröße.

A3: Ein 5 cm hoher Gegenstand soll auf einem 18 cm entfernten Schirm ein 7 cm großes Bild erzeugen. Konstruiere die Position der Linse, und lies die Gegenstandsweite, Bildweite und die Brennweite ab.

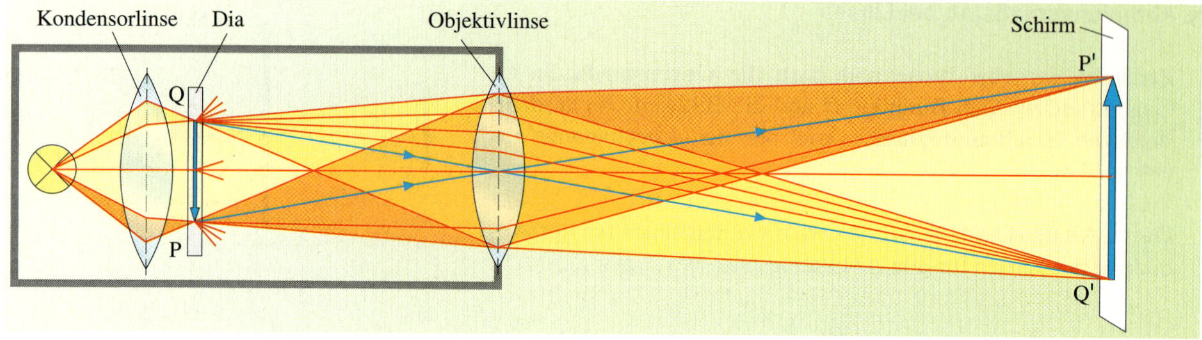

B 1: Schematische Darstellung des Diaprojektors

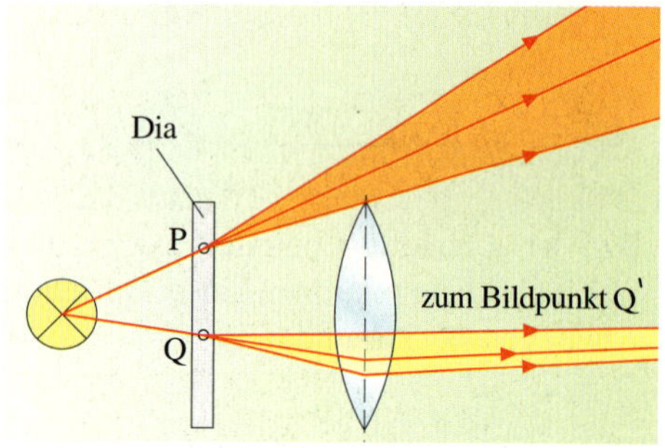

V 1: Wir bringen zwischen Lampe und Sammellinse ein Dia und stellen einen Schirm so auf, dass eine scharfe Abbildung entsteht. Leider ist auf dem Schirm nur ein kleiner Teil des Dias sichtbar.

V 2: Wir ändern Versuch 1 ab. Zwischen Lampe und Dia stellen wir eine weitere Sammellinse, den so genannten Kondensor, und zwar so, dass sie auf der bereits vorhandenen Linse das Bild der Lampe erzeugt (➠ *Bild 1*). Jetzt erhalten wir auf dem Schirm ein scharfes Bild des gesamten Dias.

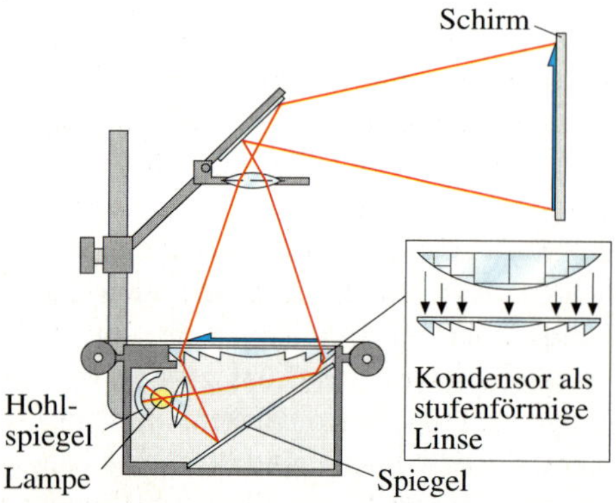

B 2: Tageslichtprojektor mit „ausgedünnter" Sammellinse

Projektor und Fotoapparat

1. Der Diaprojektor

Mithilfe von Sammellinsen kann man helle und scharfe Bilder von Gegenständen auf einem Schirm erzeugen. Bisher haben wir in den Versuchen selbst leuchtende Körper (etwa eine Kerze) oder gut beleuchtete Körper als Gegenstand benutzt. Wir wollen nun ein Dia projizieren. Die Abbildung eines nur mit einer Lampe beleuchteten Dias mit einer Sammellinse ist aber zunächst enttäuschend (➠ *Versuch 1*). Woher kommt der Misserfolg?

In ➠ *Versuch 1* breitet sich das Licht von der Lampe im Wesentlichen geradlinig aus. Folglich verfehlt der größte Teil des Lichtbündels, der das Dia durchdringt, die Sammellinse (*Objektivlinse* genannt).
In ➠ *Versuch 2* vermeiden wir dies. Eine zusätzliche Linse (*Kondensorlinse*) konzentriert nun alles Licht, welches das Dia durchsetzt hat, auf die Mitte der Objektivlinse; an ihr geht kein Licht mehr vorbei. Zwar streut jeder Diapunkt ein wenig Licht zur Seite in ein enges Lichtbündel. Wenn man aber „das Objektiv scharf stellt", dann bildet es alle Diapunkte auf dem Schirm wieder als Punkte ab. Dort erhalten wir ein scharfes Bild des ganzen Dias.

2. Der Tageslichtprojektor

Der Tageslichtprojektor hat die gleiche Aufgabe wie ein Diaprojektor. Doch soll er statt kleiner Dias große Folien projizieren. Um sie auszuleuchten, muss die Kondensorlinse ungefähr die Größe der Folie haben. Eine übliche Sammellinse diesen Ausmaßes wäre leider relativ dick und schwer. Durch einen einfachen technischen Kniff (➠ *Bild 2*) ist es möglich, eine leichte, dünne großflächige Linse herzustellen, mit den gleichen optischen Eigenschaften der ursprünglichen Linse. Man löst eine Glasplatte in ringförmige Zonen auf und gibt ihnen dieselbe Neigung, welche die Kondensorlinse an der gleichen Stelle haben müsste. Die dabei entstandenen Stufen stören kaum. Dass im Innern Glas entfällt, hat auf die Brechung keinen Einfluss.

3. Der Fotoapparat

Du kannst heute im Fotogeschäft unter einer ganzen Reihe von verschiedenen Modellen von Fotoapparaten auswählen. Das einfachste Modell – die uns bekannte *Lochkamera* – ist nicht dabei.

Warum benutzen wir zum Fotografieren keine Lochkamera?
➡ *Bild 3* zeigt noch einmal wie in der Lochkamera ein Bild entsteht. Auf dem Schirm überlappen sich viele kleine Lichtflecke (alle in Form des Loches) und setzen sich zum Bild zusammen. Da sie nicht punktförmig sind, wird das Bild unscharf. Je kleiner man das Loch macht, um so dunkler wird das Bild. Vergrößert man das Loch, so wird das Bild zwar heller, die entsprechenden Lichtflecke auf dem Schirm aber etwas größer, das Bild wird unschärfer.

Was ist am technischen **Fotoapparat** besser?
Dort gelangt das Licht durch eine Sammellinse (Objektivlinse genannt, da zum Objekt gerichtet) in das Innere. Da sie eine große Öffnung hat, ist das Bild viel heller; die Belichtungsdauer ist viel kürzer als bei der Lochkamera. Zudem bildet die Linse jeden Punkt der Gegenstandsebene in einen Punkt der zugehörigen Bildebene ab (➡ *Bild 4*). Bringt man dort den Film an, so entsteht ein scharfes Bild.
Zwei **Vorteile** hat der Fotoapparat gegenüber der Lochkamera:
- die Bilder sind hell,
- die Bilder sind scharf.

Nachteil: Man muss auf die gewünschte Entfernung scharf stellen.

Was sind die notwendigen Teile eines Fotoapparates?
Die wesentlichen **Bauteile** eines einfachen technischen Fotoapparates (➡ *Bild 5*) haben folgende Funktionen:
- die **Objektivlinse** (Sammellinse) erzeugt die Bilder;
- die **Blende** (kreisförmige Öffnung) begrenzt die Lichtmenge, die je Sekunde in den Fotoapparat gelangt;
- der **Film** (Schirm) fängt das Bild auf und speichert durch eine chemische Reaktion das Bild;
- der **Verschluss** lässt nur während des Fotografierens Licht auf den Film (beim Betätigen des Auslösers wird zwischen Film und Blende ein Art Vorhang mit schlitzförmiger Öffnung vorbeigezogen).
- das **Gehäuse** verhindert den seitlichen Lichteinfall auf den Film.

Seit der Erfindung des Fotoapparates im Jahre 1837 durch Louis Jacques DAGUERRE hat sich an diesem Prinzip nichts geändert. Die Weiterentwicklung bestand hauptsächlich in Verbesserungen der Linsenqualität und der Empfindlichkeit der Filme. Außerdem wurden die Fotoapparate im Laufe der Zeit sehr viel handlicher und bedienungsfreundlicher.
In **Digitalkameras** wird das Bild nicht mehr durch einen chemischen Prozess auf einem Film festgehalten. Vielmehr wird es in „Punkte“ zerlegt, **Pixel** genannt. Ihre Helligkeit speichert man elektronisch als Zahl.

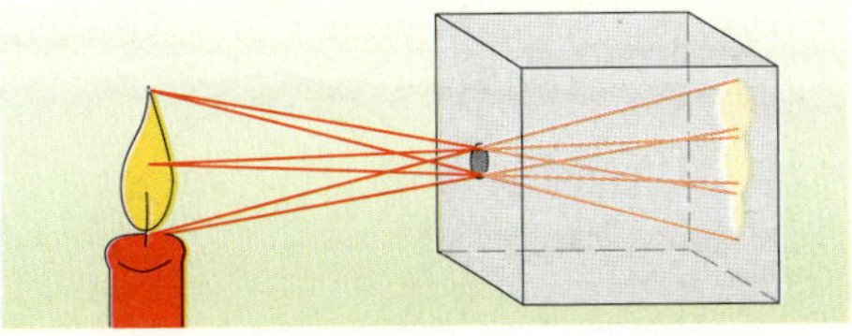

B 3: Bildentstehung in der Lochkamera

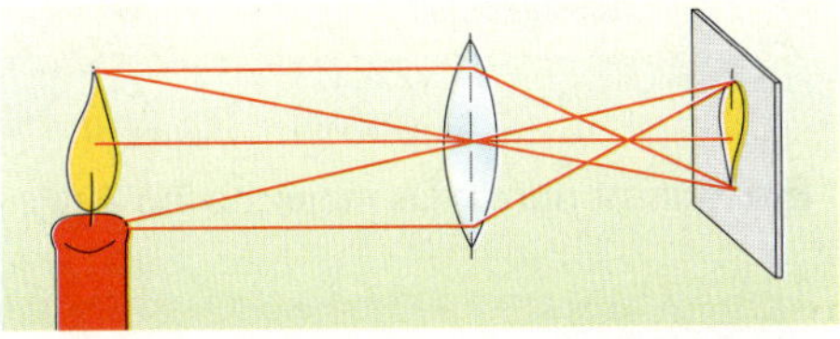

B 4: Bildentstehung bei der Sammellinse

B 5: Modell eines einfachen Fotoapparats

Aufgaben

A 1: a) Lisa will mit ihrem Diaprojektor auf einer Wand möglichst große Bilder erhalten. Wo muss sie den Projektor aufstellen?
b) Nun führt sie ihre Dias in einem Saal vor. Die Bilder sollen dort nicht größer werden als in ihrem Zimmer. Die Leinwand im Saal ist aber viel weiter vom Projektor entfernt als in ihrer Wohnung. Warum braucht Lisa einen Projektor mit einer anderen Objektivlinse? Müsste Sie auch an der Kondensorlinse etwas ändern?

A 2: Um scharfe Bilder zu erhalten, muss man bei manchen älteren Fotoapparaten die Entfernung des Gegenstandes von Hand einstellen, indem man den Abstand zwischen Objektivlinse und Film verändert. Jemand fotografiert zunächst einen Gegenstand in 3 m Entfernung und anschließend einen in 30 m Entfernung. Wie muss der Abstand Objektivlinse – Film verändert werden?

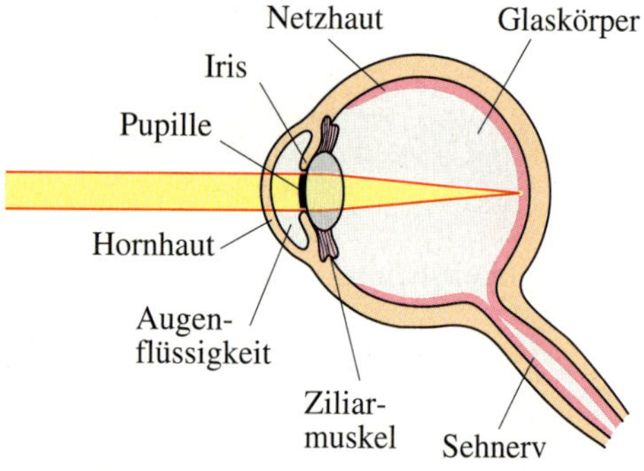

B1: Schnitt durch das menschliche Auge

Fotoapparat	Auge
Objektivlinse	Linse (in Verbindung mit Hornhaut, Augenflüssigkeit und Glaskörper)
Film	Netzhaut
Blendenöffnung	Pupille
Entfernungseinstellung	Akkommodation

T1: Vergleich Fotoapparat – Auge

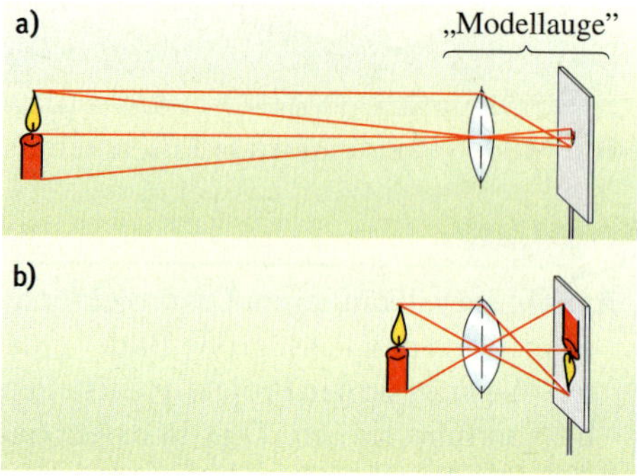

V1: Wir erläutern den Sehvorgang an einem „Modellauge": **a)** Eine Sammellinse der Brennweite 15 cm soll das optische System (Hornhaut, Augenflüssigkeit, Linse und Glaskörper) ersetzen, ein gewöhnlicher Schirm die Netzhaut. Eine Kerze wird in großer Entfernung (etwa 4 m) vor das Modellauge gestellt. Auf dem Schirm in der Brennebene erkennen wir ein scharfes Bild der Flamme: Unser Modellauge blickt entspannt in die Ferne. **b)** Wir schieben nun die Kerze bis auf 30 cm an die Linse heran, das Bild auf dem Schirm wird unscharf. Wir ersetzen die Sammellinse durch eine dickere mit der Brennweite 10 cm und erhalten wieder ein scharfes Bild, ohne den Schirm zu verschieben.

Das Auge

1. Die Optik des menschlichen Auges

Du kennst den Aufbau des menschlichen Auges aus dem Biologieunterricht. ➠ *Bild 1* zeigt die wichtigsten Bestandteile in vereinfachter Form. Aus physikalischer Sicht ist das Auge vergleichbar mit einem Fotoapparat (➠ *Tabelle 1*):

Das Licht durchdringt beim Eintritt ins Auge die *Hornhaut*, die *Augenflüssigkeit*, die *Linse* und den *Glaskörper*. Diese vier Bestandteile bilden das *optische System* des Auges. Sie wirken zusammen wie *eine* Objektivlinse:
Parallele Strahlen werden so gebrochen, dass sie sich rund 23 mm hinter der Hornhaut in einem Punkt treffen. Dort liegt die *Netzhaut*. Auf ihr entsteht so das optische Bild des Gegenstandes. Die Netzhaut enthält eine große Anzahl feinster, lichtempfindlicher Elemente. Über viele Verästelungen sind sie mit dem *Sehnerv* verbunden, der zum Gehirn führt.

Die *Iris* ist eine farbige Haut mit einer kreisrunden Öffnung: der *Pupille*. Die Öffnung kann mit einem Muskel verkleinert werden. Die Iris wirkt damit wie eine Blende. Das Gehirn steuert mit ihr die Lichtmenge, die in 1 s auf die Netzhaut fällt.

Bei einer Abbildung mit starren Linsen verändert sich die Bildweite mit der Gegenstandsweite. Rückt der betrachtete Gegenstand näher an das Auge, so müsste sich die Netzhaut weiter von der Augenlinse entfernen – das entspräche dem Fotoapparat.

Dies geht aber beim Auge nicht, denn der Abstand Linse – Netzhaut ist durch die Augengröße fest vorgegeben. In ➠ *Versuch 1 b* tauschen wir die Linse aus, um bei veränderter Gegenstandsweite wieder ein scharfes Bild zu erhalten. Beim richtigen Auge ist ein Linsentausch nicht möglich und auch nicht nötig. Die Augenlinse besteht nämlich aus einem elastischen Stoff. Sie will sich stets von selbst zusammenziehen. Dem wirken die Aufhängefasern entgegen, die sie flach ziehen, gesteuert vom *Ziliarmuskel*. Bei nahen Gegenständen erlaubt er der Linse, sich so zu wölben, also die Brennweite so zu ändern, dass auf der Netzhaut ein scharfes Bild entsteht. Bei weiter entfernten Gegenständen ist der Ziliarmuskel entspannt, die Linse flach. Die Brennweite ist größer, sodass das Bild auf der Netzhaut wieder scharf ist (➠ *Versuch 1 a*). Die Augenlinse ist eine Linse mit variabler Brennweite.
Dieser Anpassungsvorgang heißt **Akkommodation**. Er läuft, vom Gehirn gesteuert, aber unbewusst ab.

Das Auge kann nicht in jede beliebige Nähe akkommodieren. Bei einem Abstand zum Gegenstand von 10 cm, dem so genannten **Nahpunkt**, ist die Grenze erreicht. So nahe Gegenstände zu betrachten ist sehr anstrengend, man ermüdet dabei rasch. Ohne Anstrengung kann man Gegenstände in einer Entfernung von etwa 25 cm betrachten.

2. Wenn man näher 'ran geht, sieht man mehr

➠ *Versuch 2* zeigt, dass das Sehvermögen des menschlichen Auges Grenzen hat. Eine der Ursachen liegt im Aufbau der Netzhaut: Die Sehzellen sind auf ihr mosaikartig verteilt. Das Auge kann nicht mehr Bildpunkte verarbeiten als Sehzellen vom Bild getroffen werden. Zwei Gegenstandspunkte werden nur dann getrennt wahrgenommen, wenn ihre Bildpunkte auf Sehzellen fallen, zwischen denen eine andere liegt. Treffen zwei Lichtstrahlen unter einem Sehwinkel von weniger als $\frac{1}{60}$ Grad ins Auge, so erfüllen sie diese Bedingung nicht mehr. Man sagt: Das **Auflösungsvermögen** des Auges liegt bei einem Sehwinkel von $\frac{1}{60}$ Grad.

In ➠ *Bild 2* ist das optische Bild auf der Netzhaut konstruiert. Wir erkennen sofort, dass dieses Bild umso größer wird, je näher der Gegenstand ans Auge rückt. Beim richtigen Auge ist die Netzhaut zwar gekrümmt, doch am Prinzip der Abbildung ändert sich dadurch nichts. Ein größeres Netzhautbild bedeutet, dass mehr Sehzellen gereizt und so mehr Einzelheiten erkannt werden. Dabei wächst der **Sehwinkel** (im Bild α genannt), den die beiden Mittelpunktsstrahlen bilden, nach ➠ *Bild 2* mit der Größe des Bildes auf der Netzhaut.

V 2: Die beiden schwarzen Punkte sind eng nebeneinander gedruckt. Aus großer Entfernung (etwa 10 m) betrachtet gewinnst du den Eindruck, dass es sich auf dem Foto um lediglich einen einzigen schwarzen Fleck handelt.

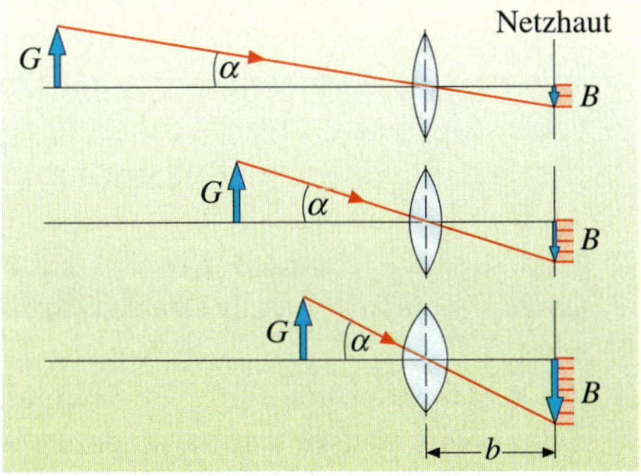

B 2: Sehwinkel und Netzhautbild

Merksatz

Je näher ein Gegenstand dem Auge rückt, desto größer werden der Sehwinkel und das Netzhautbild und desto größer erscheint dann auch der Gegenstand. Man erkennt dann mehr Einzelheiten.

3. Wozu braucht man eine Brille?

Die häufigsten Augenfehler sind **Kurzsichtigkeit** und **Übersichtigkeit**.

Beim *kurzsichtigen* Auge liegt die Netzhaut nicht in der Brennebene, sondern etwas dahinter. Auf der Netzhaut ist deshalb das Bild ferner Gegenstände unscharf. Nahe Gegenstände kann das Auge dagegen scharf sehen. ➠ *Bild 3 a* zeigt, wie eine Brille den Mangel beseitigt. Das parallele Lichtbündel, das von einem weit entfernten Gegenstand kommt, wird durch die Brille etwas aufgeweitet, sodass das Auge das Bündel hinter der eigentlichen Brennebene genau auf der Netzhaut bündelt. Brillengläser mit dieser Eigenschaft heißen *Zerstreuungslinsen*. Das vormals verschwommene Bild erscheint jetzt scharf.

Beim *Übersichtigen* liegt die Netzhaut vor der Brennebene. Der Ziliarmuskel muss also zum Blick in die Ferne bereits etwas angespannt werden, was ohne weiteres möglich ist. Bei nahen Gegenständen kann die Linse aber nicht genügend gewölbt werden, das Bild erscheint verschwommen. Abhilfe schafft eine Brille mit geeigneten Sammellinsen (➠ *Bild 3 b*); sie verkürzen insgesamt die Brennweite und unterstützen die Augenlinsen bei der Lichtbündelung.

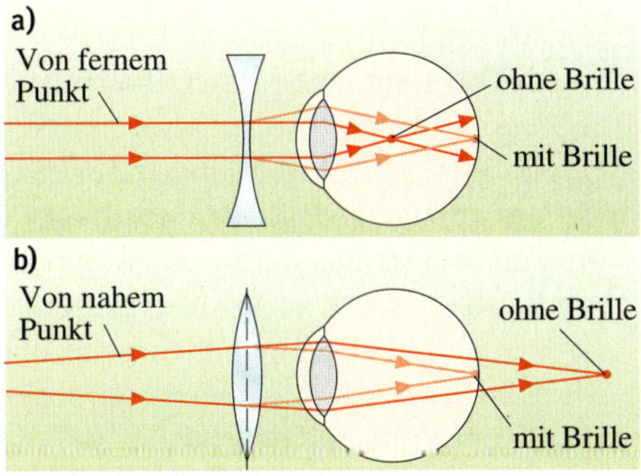

B 3: Kurzsichtiges und übersichtiges Auge

Aufgaben

A 1: Mit zunehmendem Alter verringert sich die Elastizität der Linse, der Nahpunkt entfernt sich. Welche Art von Brille hilft, nahe Gegenstände scharf zu sehen? Erkläre dies.

A 2: *Hausversuch:* **a)** Bestimme die Brennweite einer Lesebrille mithilfe des Sonnenlichts. Beschreibe dein Vorgehen und fertige eine Skizze an. **b)** Erfrage die Dioptrienzahl der Brille und vergleiche sie mit der von dir ermittelten Brennweite. (*Hinweis:* Die Dioptrienzahl ist der Kehrwert der Brennweite.)

Interessantes

Steht die Welt auf dem Kopf?

Dir ist sicher aufgefallen, dass die Netzhautbilder wie alle Bilder, die eine Sammellinse von weit entfernten Gegenständen erzeugt, auf dem Kopf stehen und seitenverkehrt sind. Trotzdem sehen wir die Welt doch „richtig". Ist also unsere Vorstellung der Bildentstehung im Auge falsch? Ist das Netzhautbild vielleicht doch seitenrichtig und aufrecht?

Das folgende kleine Selbstexperiment bestätigt unsere bisherige Vorstellung: Die Sehzellen der Netzhaut reagieren auf Lichteinfall oder auf Druck. Schließe beide Augen und versuche dabei auf die Nasenspitze zu sehen. Berühre nun mit dem Zeigefinger der rechten Hand von unten den äußersten Augenwinkel des geschlossenen rechten Auges. Du „siehst" dann helle Ringe – nicht aber an der Druckstelle rechts, sondern links.
Die rechts gereizten Sehzellen lösen also eine Empfindung aus, die wir auf der anderen Seite registrieren. Diese Seitenumkehr bewerkstelligt das Gehirn. Es bleibt also dabei: Die physikalischen Netzhautbilder sind seiten- und höhenverkehrt.

Das Gehirn sieht mehr als zwei Augen

In jedem unserer Augen wird ein Netzhautbild erzeugt. Wir „sehen" aber immer nur ein Bild. Das Gehirn empfängt die Bildinformationen von beiden Augen und verarbeitet sie zu einem Bild. Betrachten wir etwa einen Baum aus großer Entfernung (1 km) so empfangen beide Augen identische Bilder – das Gehirn hat eine leichte Aufgabe zu lösen. Betrachten wir jedoch einen Gegenstand, der nahe vor dem Auge ist, so ergibt sich ein größeres Problem:

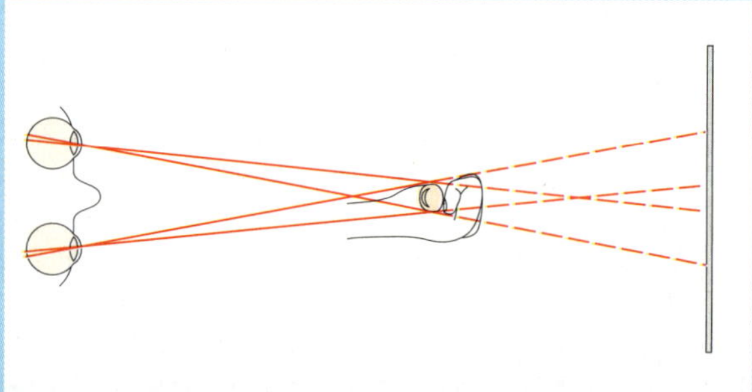

Betrachtest du den Daumen der ausgestreckten Hand zunächst nur mit dem linken Auge, und dann nur mit dem rechten Auge, so erscheint der Daumen vor dem Hintergrund zu springen. Jedes Auge betrachtet ja den Daumen aus einer etwas anderen Richtung.
Betrachtet man den Daumen nun mit beiden Augen, so versagt das Gehirn bei dem Versuch, von diesen zwei verschiedenen Netzhautbildern einen Gesamteindruck zu erzeugen. Fixierst du nämlich dabei den Hintergrund, so siehst du zwei Daumenbilder. Fixierst du allerdings den Daumen, so erkennst du zwei Hintergrundbilder.
Dies fällt im Alltag nicht auf. Betrachten wir nämlich nahe Gegenstände, dann interessiert uns der weit entfernte Hintergrund nicht und wir achten nicht auf das Doppelbild. Gleiches gilt, wenn wir etwa Landschaften betrachten und ein dünnes Hindernis dabei im Wege steht.
Bei diesem beidäugigen Sehen gelingt es dem Gehirn fast immer, einen **räumlichen Eindruck** zu erzeugen, der jedem der beiden Einzelbilder fehlt.

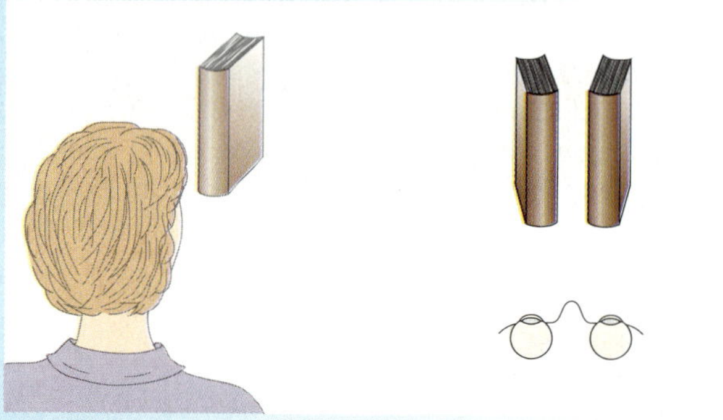

Betrachtest du ein Buch, das mit dem Rücken vor deiner Nase steht, aus 30 cm Entfernung, so siehst du mit dem linken Auge den hinteren Deckel und den Buchrücken, mit dem rechten Auge den Buchrücken und den vorderen Deckel. Betrachtest du nun das Buch mit beiden Augen gleichzeitig, so siehst du tatsächlich den Buchrücken und beide Deckel. Das Gehirn schafft es also, die beiden Netzhautbilder so zu überlagern, dass gleiche Informationen (Buchrücken) sich überlagern und unterschiedliche Informationen (linker und rechter Buchdeckel) sich ergänzen.

Diese Fähigkeit muss das Gehirn aber erst erlernen. Kleinkinder erkennen z. B. noch nicht einmal Gesichter. Erst die zunehmende Erfahrung lehrt es sie. Das beidäugige Bild führt zu dem Eindruck, das betrachtete Buch sei tatsächlich ein dreidimensionaler Gegenstand und nicht etwa nur ein zweidimensionales Foto. Das räumliche Sehen beruht also auf der Zweiäugigkeit und auf einer erlernten Gehirnleistung.

Eine Film- oder Fernsehkamera fotografiert nur mit einem Objektiv. Im Kino oder im Fernsehen kann man daher nicht unterscheiden, ob die Schauspieler z. B. in freier Natur oder nur vor einem gut gemalten Landschaftsbild spielen.

Interessantes

Entfernungsbestimmung ...

Die Größe des Netzhautbildes hängt von der Gegenstandsgröße und der Gegenstandsweite ab. Ist der *Sehwinkel* für zwei Objekte gleich groß, so sind auch die Netzhautbilder der beiden Gegenstände gleich groß.

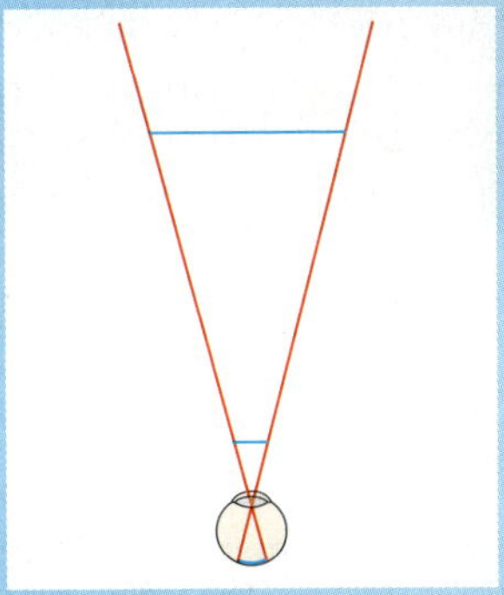

Die beiden Spielzeugautos erscheinen gleich groß. Die Gegenstandsweiten unterscheiden sich aber. Das Gehirn muss also aus Entfernung und Bildgröße auf die Gegenstandsgröße schließen.

... bei kleinen Gegenstandsweiten ...

Fixieren wir etwa einen Bleistift in einer Entfernung von 50 cm, so müssen sich beide Augen aus der Geradeaussicht drehen.

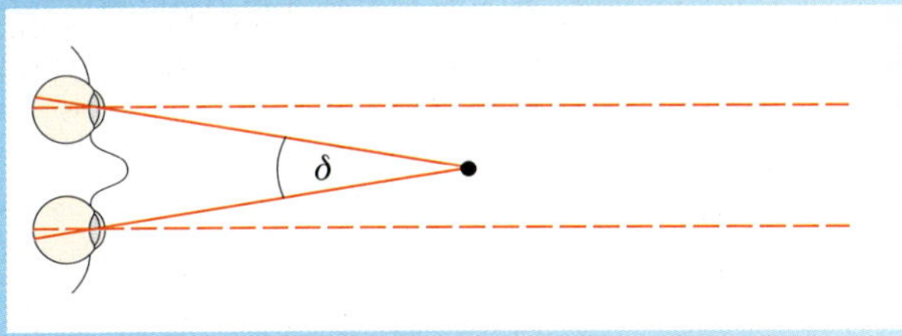

Der Winkel δ verkleinert sich mit zunehmender Gegenstandsweite. Außer der Größe des Netzhautbildes hat das Gehirn auch die Information über die Größe dieses Winkels. Vergrößern wir nun den Abstand zwischen Auge und Bleistift, so deuten wir die Ursache des verkleinerten Netzhautbildes sofort als Vergrößerung der Gegenstandsweite und nicht als eine Verkleinerung des Bleistifts.

Bei einer Entfernung über 3 m ist dieser Effekt so gering, dass das Gehirn die Veränderung des Winkels δ nicht mehr zur Entfernungsmessung verwerten kann.

... und bei großen Gegenstandsweiten

Entfernungsmessungen in der Landschaft gelingen dem Gehirn nur in Verbindung mit aus der Erfahrung gewonnen Größenvergleichen. So kennt jeder Autofahrer die Größe eines Personenwagens. Ein Auto des Gegenverkehrs, das ihm klein erscheint, ist demnach noch weit entfernt.

Aus der Bildgröße von Bäumen leitet man in der freien Landschaft ihre Entfernung ab. Umgekehrt zieht man aus der bekannten Entfernung Rückschlüsse etwa auf die unbekannte Höhe eines Turmes. Die Unterscheidung von Nah und Fern beruht also auf der Wechselbeziehung von bekannter Gegenstandsgröße und bekannter Entfernung.

Fehlt eine Bezugsgröße, so versagt unser Gehirn: Sonne und Mond erscheinen uns beide gleich groß, weil der Sehwinkel jeweils 0,5° beträgt. Sind auch beide in Wirklichkeit gleich groß? Ohne weitere Informationen können wir diese Frage nicht beantworten. Durch genaue Beobachtung über mehrere Jahrhunderte und mithilfe der Mathematik fand man heraus, dass die Sonne etwa 390-mal so weit von der Erde entfernt ist wie der Mond und dass sie damit auch einen etwa 390-mal so großen Durchmesser hat wie der Mond.

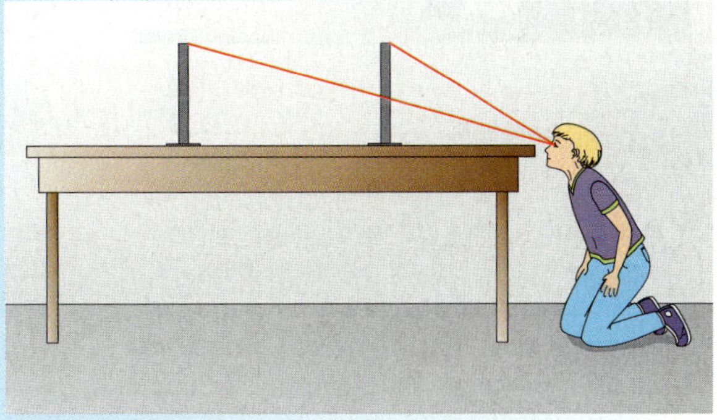

Du kniest so vor einem Tisch, dass du die Tischplatte selbst nicht mehr erkennen kannst. Betrachtest du nun zwei gleiche Stangen aus unterschiedlicher Entfernungen mit einem Auge, so hast du den subjektiven Eindruck, die hintere Stange sei objektiv kleiner und dünner als die vordere. Ursache dieser Fehleinschätzung ist die fehlende Information über die Entfernung.

Wenn der Vollmond bei Mondaufgang dicht über dem Horizont steht, erscheint er uns viel größer, als wenn er einige Stunden später hoch am nächtlichen Himmel steht. Der Mond selbst ist in dieser Zeit nicht wirklich kleiner geworden; auch hat er seine Entfernung zur Erde nicht merklich verändert. Es handelt sich um eine *optische Täuschung*.

Ähnliches kannst du feststellen, wenn du von einem hohen Gebäude aus auf die Straße schaust. Obwohl die Entfernung zu den Autos vielleicht nur 15 m beträgt, erscheinen sie uns viel kleiner als wenn wir sie von der Seite in gleicher Entfernung betrachten würden. Offenbar ist es uns angeboren, Entfernungen in vertikaler Richtung als zu groß wahrzunehmen.

B1: Lupe und Mikroskop erzeugen größere Netzhautbilder.

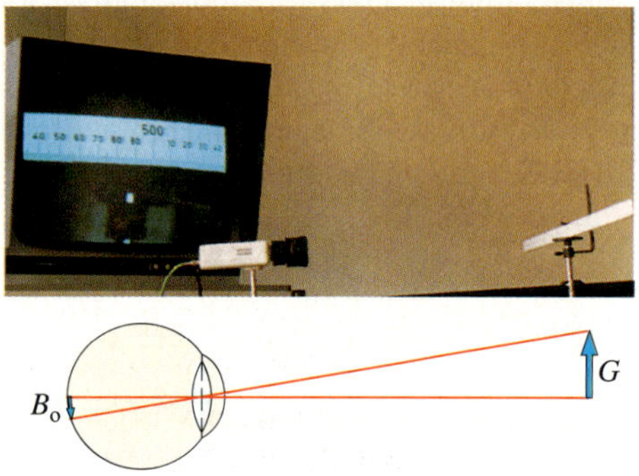

V1: a) Eine Videokamera dient als Modellauge. Wir nähern die Kamera dem Gegenstand (Lineal) bis auf 60 cm und stellen am Kameraobjektiv das Fernsehbild scharf. Auf dem Bildschirm erkennen wir das „Netzhautbild" des Lineals.

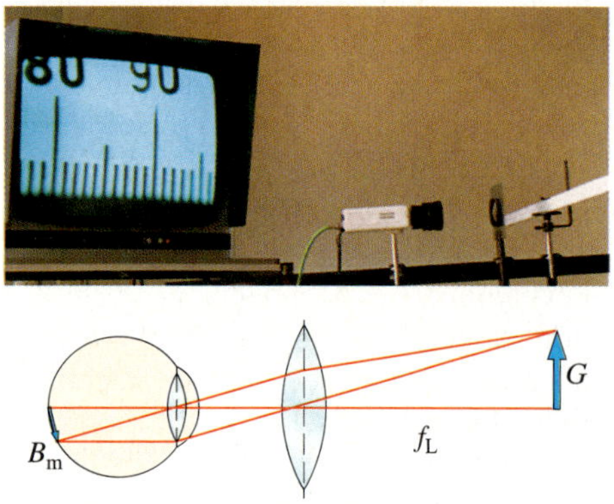

V1: b) Als Lupe stellen wir eine Sammellinse der Brennweite $f_L = 10$ cm direkt vor das Modellauge. Wir schieben nun das Lineal in die Brennebene der Lupe. Damit ein scharfes Bild entsteht, müssen wir an der Kamera das Objektiv auf „∞" stellen. Auf dem Bildschirm entsteht jetzt ein viel größeres „Netzhautbild" des Lineals als ohne Lupe.

Lupe, Mikroskop und Fernrohr

Willst du eine kleine Schrift etwa auf einer Briefmarke entziffern, so hältst du die Briefmarke möglichst nahe vor dein Auge. Wie du weißt, wird dadurch das Netzhautbild ziemlich groß. Es überdeckt jetzt mehr Sehzellen, sodass man mehr Einzelheiten der Briefmarke erkennt. Oft reicht diese Methode aber nicht aus.

1. Die Lupe

25 cm ist die kürzeste Entfernung, in der wir ohne Anstrengung einen Gegenstand über längere Zeit betrachten können. (Bei diesem Abstand muss das Auge nur schwach akkommodieren.) ➡ *Versuch 1 a* zeigt ein „Netzhautbild" des Lineals für unser Modellauge. Ein größeres Bild als bei einer Gegenstandsweite von 25 cm gelingt ohne Hilfe nicht. Mit einer **Lupe** aber können wir die Gegenstandweite weiter verringern und so ein größeres Netzhautbild erhalten (➡ *Versuch 1 b*). Dazu stellen wir jetzt den Gegenstand in die Brennebene der Lupe. Alle Lichtstrahlen, die dann vom Gegenstand ausgehen, verlaufen hinter der Lupe parallel. Ein solches paralleles Bündel trifft sonst nur von weit entfernten Objekten ins Auge. Dieses kann jetzt entspannt, ganz ohne Akkommmodation das Lineal betrachten.

Haben wir **o**hne Lupe in ➡ *Versuch 1 a* auf dem Bildschirm eine Bildhöhe $B_o = 2$ mm gemessen, so finden wir in ➡ *Versuch 1 b* **m**it Lupe $B_m = 12$ mm. Die **Vergrößerung** durch die Lupe ist also $V = B_m/B_o = 6$. Das Lineal erscheint also dem entspannten Modellauge mit Lupe 6-mal so hoch und 6-mal so breit wie ohne Lupe. Wir erkennen also 36-mal so viele Einzelheiten.

Merksatz

Liegt das Objekt in der Brennebene der Lupe mit $f_L < 25$ cm, so wird das Netzhautbild größer. Unter der **Vergrößerung *V*** durch ein optisches Instrument versteht man den Quotienten

$$V = \frac{\text{Höhe des Netzhautbildes mit Instrument}}{\text{Höhe des Netzhautbildes ohne Instrument}} = \frac{B_m}{B_o}$$

2. Das Mikroskop (Diaprojektor plus Lupe)

Die Vergrößerung durch Lupen ist höchstens 20. Um kleine Gegenstände noch stärker zu vergrößern, verwendet man Mikroskope. Damit erzielt man Vergrößerungen bis etwa 800.

Mit einem **Mikroskop** betrachtet man meist durchsichtige Objekte auf einer Glasplatte. Diese Objektträger erinnern an Dias. Wir wissen bereits, dass ein Diaprojektor vergrößert. Das optische Bild an der Leinwand ist viel größer als das Original. Betrachtet man dieses vergrößerte Bild zusätzlich durch eine Lupe, so erscheint es im Auge nochmals vergrößert. Nach diesem Prinzip der zweimaligen Vergrößerung arbeitet das Mikroskop.

In → *Versuch 2 a* setzen wir diese Überlegung um. Das vergrößerte Bild auf dem Schirm kennen wir bereits vom Diaprojektor. Entfernen wir den Schirm, so bleibt das Bild trotzdem erhalten. Es schwebt frei im Raum. Wie ist das möglich?
Die Sammellinse konzentriert die von den Objektpunkten ausgehenden Lichtbündel in Punkten eines *Zwischenbildes*. Ohne Schirm laufen diese Bündel geradlinig und ungeschwächt auseinander. Es ist so, als stünde in der Ebene des Zwischenbildes ein Gegenstand, von dem Licht ausgeht und in unser Auge (in die Kamera) trifft. Man kann dann das helle, *im Raum schwebende Zwischenbild* mit einer Lupe nochmals vergrößert betrachten (→ *Versuch 2 b*). Auf den Schirm in der Bildebene können wir verzichten. Dies bringt den Vorteil, dass das Lupenbild deutlicher und heller erscheint als mit Schirm.

→ *Bild 3* zeigt die uns bereits bekannten Bauteile des Diaprojektors: Lampe, Kondensor, Dia (Objekt auf Glas), *Objektivlinse* und das Bild (Zwischenbild). Die Lupe heißt beim Mikroskop *Okularlinse*. Das Gehäuse (*Tubus*) dient als Halter der Linsen und verhindert einen seitlichen Lichteinfall.
Um beim Mikroskop ein möglichst großes Zwischenbild zu erzeugen, wird das Objekt nur wenig außerhalb der Brennebene der Objektivlinse gebracht. Die Bildweite für das Zwischenbild ist dadurch recht groß.
Von der Lupe wissen wir: Stellen wir die Okularlinse so, dass das Zwischenbild in ihrer Brennebene liegt, dann wird die optimale Vergrößerung der Lupe erreicht. Außerdem erzeugt sie so parallele Lichtbündel, sodass der Betrachter mit entspanntem Auge beobachten kann. Ein Scharfstellen des Mikroskops ist erforderlich, damit das Zwischenbild immer am gleichen Platz im Tubus liegt. Der Abstand zwischen Objekt und Objektivlinse mit Tubus wird dazu mittels eines Schraubgewindes verändert.

Merksatz

Beim Mikroskop befindet sich das Objekt ein wenig außerhalb der Brennebene des Objektivs. Dieses erzeugt durch optische Abbildung ein vergrößertes Zwischenbild, das durch eine Lupe (Okular) betrachtet wird. Dabei wird es nochmals vergrößert.

V 2: a) Das Objekt (ein leuchtendes „F") wird 5,5 cm vor eine große Sammellinse mit f = 5 cm gestellt. 55 cm hinter der Linse befindet sich ein durchscheinender Schirm. Dort entsteht ein rund 10fach vergrößertes Bild. Entfernen wir den Schirm und setzen an seine Stelle einen Ring, so erkennen wir, dass das Bild frei im Ring schwebt. **b)** Hinter dem Ring wird eine Lupe im Abstand ihrer Brennweite aufgestellt. Schauen wir durch die Lupe, so sehen wir ein nochmals vergrößertes Bild.

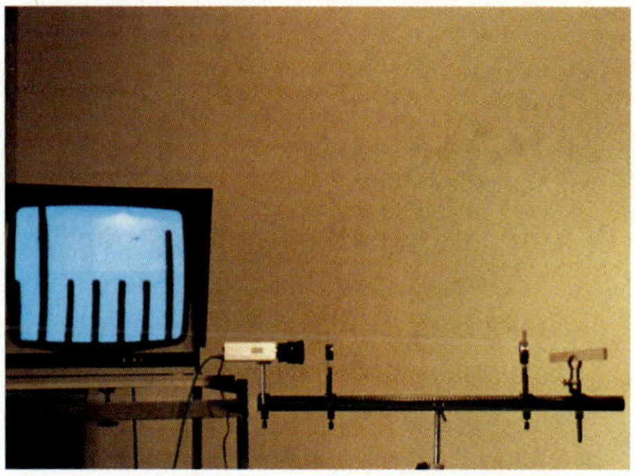

B 2: Mikroskopmodell mit Kamera

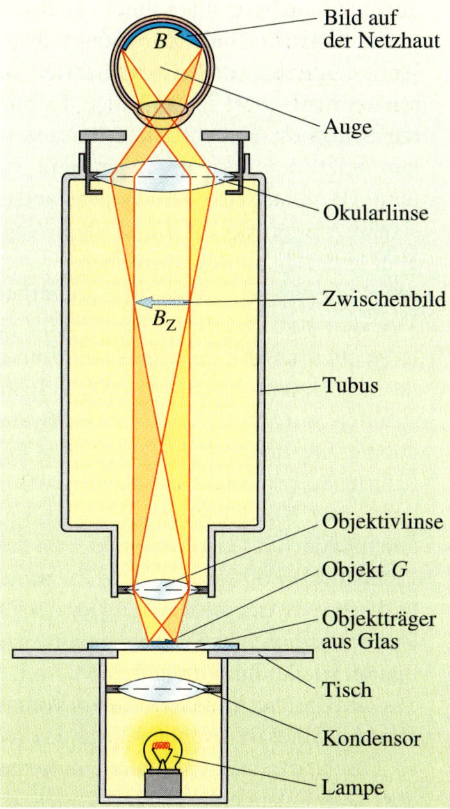

B 3: Strahlengang in einem Mikroskop

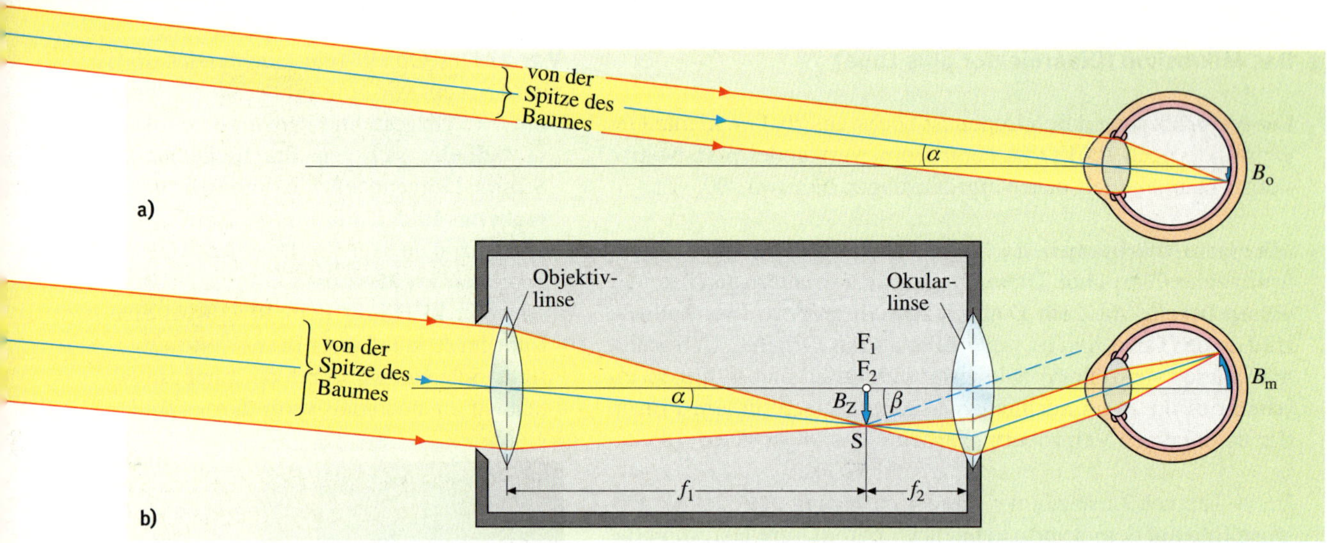

B1: Die von der Baumspitze ausgehenden Strahlen fallen **a)** unmittelbar, **b)** durch ein Fernrohr ins Auge

V1: In die Brennebene einer Sammellinse (f_1 = 100 cm) stellen wir einen durchscheinenden Schirm. Auf diesem Schirm erscheint nun das Bild eines fernen Gegenstandes (z.B. eines Baumes vor dem Fenster).
Nun bringen wir hinter den Schirm eine Sammellinse der Brennweite $f_2 = 10$ cm als Lupe und betrachten durch sie das optische Zwischenbild. Zur Scharfeinstellung regulieren wir den Abstand der Linsen nach. Es stört die milchige Trübung des Schirmes. Wir entfernen ihn und sehen jetzt den fernen Gegenstand viel deutlicher und heller. Der Gegenstand erscheint viel größer als mit bloßem Auge, aber leider auf dem Kopf stehend.
➡ *Bild 1b* zeigt den Strahlenverlauf: Von der weit entfernten Baumspitze gelangt ein praktisch paralleles Lichtbündel in das Objektiv. Schiefparallele Lichtstrahlen werden in der Objektiv-Brennebene, hier im Punkt S, fokussiert. Ohne Schirm läuft das Licht als gespreiztes Bündel weiter. Wieder ist es so, als sei S ein leuchtender Gegenstandspunkt, von dem Lichtstrahlen ausgingen. (Das Zwischenbild schwebt frei im Raum.) Das Okular formt aus dem von S kommenden Lichtbündel wieder ein Parallelbündel, weil es aus der Brennebene des Okulars kommt. Hintere Objektiv-Brennebene und vordere Okular-Brennebene fallen aufeinander. Das entspannte Auge bündelt das Licht dann wieder auf der Netzhaut.

3. Das astronomische Fernrohr (Fotoapparat plus Lupe)

Wir können die Einzelheiten eines Mondkraters nicht erkennen. Leider können wir ihn nicht näher ans Auge rücken. Ein **Fernrohr** ist ein Hilfsmittel, das uns von weit entfernten Gegenständen größere Netzhautbilder erzeugt. Dadurch werden mehr Sehzellen überdeckt, wir erkennen mehr Einzelheiten.

Mit dem Fotoapparat kann man Bilder von weit entfernten Gegenständen aufnehmen. Wenn das Bild des Gegenstands dann eine Größe von etwa 3 mm hat, sehen wir es in 25 cm Entfernung etwa genau so groß wie den Mond. Betrachtet man ein solches Foto mit der Lupe, dann wird das Netzhautbild viel größer – das kennen wir schon.

Das ist also die Grundidee des Fernrohres: Fotoapparat und Lupe werden hintereinander geschaltet (➡ *Versuch 1*). Das Zwischenbild muss dabei natürlich nicht wie bei einer richtigen Kamera chemisch oder elektronisch gespeichert werden, es wird vielmehr unvermittelt durch eine Lupe betrachtet. Wie beim Mikroskop, so verzichten wir auch hier wieder auf den durchscheinenden Schirm, weil das Zwischenbild im freien Raum entsteht und ohne Lichtverlust dort beobachtet werden kann.

➡ *Bild 1* verdeutlicht uns die Vergrößerung des Netzhautbildes. Der Verlauf der Lichtbündel im astronomischen Fernrohr erklärt auch, warum das Bild gegenüber der Betrachtung ohne Fernrohr auf dem Kopf steht; auch die Seiten sind vertauscht.

Merksatz

Prinzip des astronomischen Fernrohres: Eine Objektivlinse erzeugt von einem fernen Gegenstand ein Zwischenbild. Dieses wird durch die Okularlinse wie mit einer Lupe betrachtet.

4. Das Prismenfernglas

Bei astronomischen Beobachtungen stört es nicht, dass man die Objekte durch das Fernrohr umgekehrt und seitenvertauscht sieht. Für Erdbeobachtungen möchte man dagegen ein aufrechtes und seitenrichtiges Bild haben. Man erhält es, wenn man zwei Prismen zwischen die Objektivlinse und die Okularlinse des Fernrohres einbaut (➠ *Bild 2*); das eine vertauscht bei der Totalreflexion des Lichts an seinen Seitenflächen Rechts und Links, das andere Oben und Unten.
Außerdem wird der Strahlengang durch die vier Reflexionen „gefaltet“. Damit braucht der Strahlenverlauf weniger Platz. Ein stark vergrößerndes Fernglas wäre sonst wegen der großen Brennweite der Objektivlinse ziemlich lang und unhandlich.
Ferngläser bestehen meist aus zwei Fernrohren – für jedes Auge eines. Das hat den Vorteil, dass vom Gegenstand mehr Information aufgenommen wird. Durch die zweiäugige Betrachtung erscheinen die Gegenstände plastischer, wenn die Objektivlinsen weiter auseinander liegen als die Okularlinsen.

Zwischen den beiden Fernrohren (➠ *Bild 2*) befindet sich ein Rad zur Scharfeinstellung. Je kleiner der Abstand zum betrachteten Gegenstand ist, desto größer macht man den Abstand zwischen Objektiv- und Okularlinse.

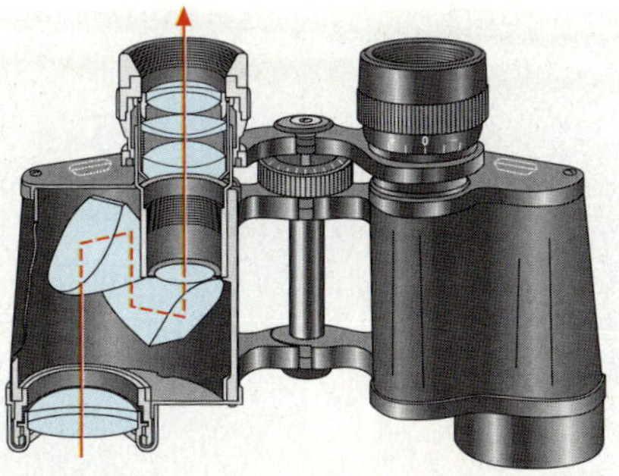

B 2: Schnitt durch ein Prismenfernglas

Aufgaben

A 1: Begründe: Die Länge des Fernrohrs beträgt $f_1 + f_2$ (Gegenstände weit entfernt).

A 2: Worin stimmen Mikroskop und Fernrohr überein, worin unterscheiden sie sich?

A 3: Das Zwischenbild der Sonne ist im Fernrohr so hell, dass man es keinesfalls direkt durch das Okular beobachten darf. Man projiziert es mit dem Okular als reelles Bild auf einen Schirm. Warum muss man das Okular etwas herausziehen?

Vertiefung

A. Vergrößerung durch das Fernrohr

In ➠ *Bild 1 b* erkennen wir mithilfe der Mittelpunktstrahlen: Je größer die Brennweite f_1 der Objektivlinse ist, desto größer wird das Zwischenbild. Wir wissen bereits, dass mit abnehmender Brennweite f_2 der Okularlinse die Vergrößerung der Lupe zunimmt. Um starke Vergrößerungen beim Fernrohr zu erzielen, wählt man also f_1 groß und f_2 klein.

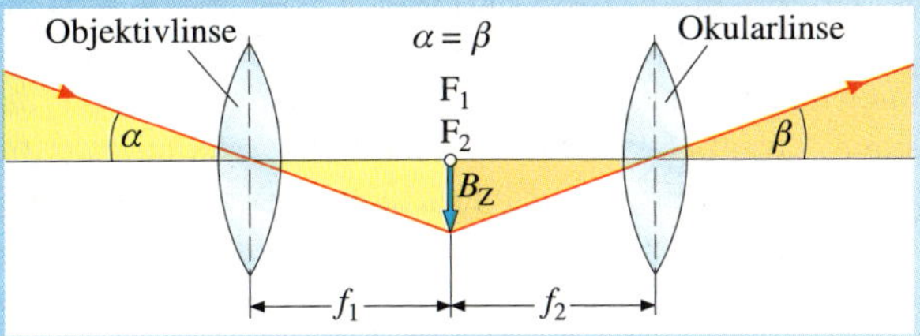

Wir können die Vergrößerung sogar berechnen:
Ist die Brennweite f_1 genauso groß wie die Brennweite f_2, so verlaufen die Mittelpunktstrahlen völlig symmetrisch. In diesem Fall vergrößert das Fernrohr den Sehwinkel α und damit auch das Netzhautbild nicht. Aus $f_1 = f_2$ folgt: $B_m = B_o$.

Verlängern wir nun – von diesem Sonderfall ausgehend – die Brennweite der Objektivlinse auf das n-fache, also $f_1 = n \cdot f_2$, so wird das Zwischenbild und damit auch das Netzhautbild gegenüber vorher n-mal so hoch: Aus $f_1/f_2 = n$ folgt: $B_m/B_o = n$ $(= V)$.
Damit gilt für die **Fernrohrvergrößerung:** $\boldsymbol{V = f_1/f_2}$.

B. Die Bildhelligkeit beim Fernrohr

Die Lichtmenge, die ins Auge trifft, wird durch die Pupillengröße bestimmt. Die Durchmesser der Objektivlinsen von Fernrohren sind deshalb so gewählt, dass das parallele Lichtbündel, das ins Auge trifft, mindestens so breit ist wie die Pupillenöffnung (➠ *Bild 1 b*). Beim Blick durchs Fernrohr gelangt zwar von jedem Punkt des Gegenstandes mehr Licht ins Auge als beim bloßen Auge. Aber die Lichtmenge wird jetzt auf eine größere Fläche der Netzhaut verteilt – das Bild bleibt gleich hell.

Jäger benutzen so genannte *Nachtgläser*. Weil sich der Pupillendurchmesser in der Dämmerung vergrößert hat, muss auch das Objektiv einen großen Durchmesser haben.

Auf deinem Fernrohr sind deshalb meist zwei Zahlen angegeben. Die Aufschrift „10 × 30“ besagt:
Die Vergrößerung ist 10fach und der Durchmesser der Objektivlinse beträgt 30 mm, geeignet für einen Pupillendurchmesser von 30 mm/10 = 3 mm.

B1: Farbige Lichter treffen aufeinander.

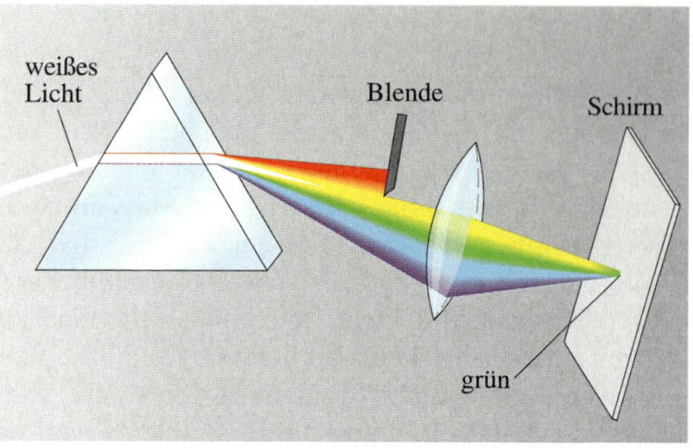

B2: Die Spektralfarben ohne Rot ergeben Grün.

V1: Wir erzeugen zunächst ein Spektrum mit dem Licht einer Glühlampe. Dann entfernen wir daraus die Spektralfarbe Rot mit einem schmalen Hindernis. Die übrigen farbigen Lichter fasst eine Linse zusammen (➠ *Bild 2*). Wir erkennen auf dem Schirm einen grünen Streifen.

V2: Entfernen wir nun statt der roten die grüne Spektralfarbe, so vereinigt sich der Rest zu einem roten Farbeindruck. Entfernen wir nur Orange, so sehen wir Blau.

V3: Wir stellen jetzt so viele Hindernisse auf, dass nur noch das rote und das grüne Licht auf die Sammellinse treffen. Auf dem Schirm sehen wir die Farbe Weiß, so als ob wir alle Spektralfarben vereinigt hätten.

B3: Paare von Komplementärfarben

Farbwahrnehmung

Wenn Musikgruppen auf der Bühne stehen, treffen manchmal zwei oder mehr farbige Scheinwerferlichter auf dem Boden an der gleichen Stelle auf. Dabei mischen sich die Farben. Wir wollen diese Erscheinungen jetzt näher untersuchen.

1. Farbige Lichter werden addiert

Du weißt, dass ein Prisma das Licht einer Glühlampe in ein Spektrum zerlegt. Wenn wir alle seine farbigen Lichter mit einer Linse auf eine Stelle vereinigen, empfinden wir sie als Weiß. Welchen Farbeindruck erhalten wir, wenn wir nur einen Teil der farbigen Lichter vereinigen?
Wenn wir in ➠ *Versuch 1* z.B. Rot entfernen, so vereinigt sich der Rest zu einem grünen Streifen. Das Fehlen von Rot erzeugt also einen grünen Farbeindruck. Blenden wir umgekehrt das grüne Licht aus (➠ *Versuch 2*), so sehen wir Rot. Auch Orange und Blau bilden ein solches Farbenpaar. Man nennt die auf diese Weise zugeordneten Farben **Komplementärfarben**. ➠ *Bild 3* zeigt eine Liste solcher Farbenpaare.

„Verhält sich das grüne Mischlicht eigentlich anders als das grüne Spektrallicht?“, fragt Marc staunend, als er zum erstenmal von dieser Naturerscheinung erfährt. Tanja schlägt daraufhin folgenden Versuch vor: „Man muss Grün und Rot addieren. Grünes Mischlicht addiert sich mit Rot zu Weiß. Das ist ja klar, weil wir dann alle Farben des Spektrums wieder vereinen. Was reines grünes Spektrallicht mit reinem Rot ergibt, muss ein Versuch zeigen.“
Das Ergebnis zeigt uns ➠ *Versuch 3:* Grünes Mischlicht und grünes Spektrallicht sind für uns bei der Farbaddition nicht unterscheidbar: Grün und Rot addieren sich stets zu Weiß.
Wiederholt man den Versuch mit anderen Komplementärfarben, so erhält man auch immer Weiß als Mischfarbe.

Merksatz

Zwei Komplementärfarben ergeben zusammen Weiß.

Bis jetzt haben wir recht mühevoll stets nur mit den farbigen Lichtern des Spektrums experimentiert. Im ➠ *Versuch 4* vereinigen wir beliebige farbige Lichter auf bequeme Art.

Aus ➠ *Versuch 4a* erkennen wir: Addieren wir zwei im Spektrum nahe beieinander liegende farbige Lichter, so empfinden wir die im Spektrum dazwischen liegende Farbe. Welcher Farbeindruck ergibt sich, wenn wir zwei im Spektrum weit entfernte Farben addieren?
Rot und Violett ergeben zusammen Purpur, eine Farbempfindung, die reine Spektralfarben nicht auslösen können. Nun ist der Übergang vom roten Ende des Spektrums zum violetten Ende über die Mischfarbe Purpur kontinuierlich möglich. Deshalb können wir die Spektralfarben zusammen mit Purpur in einem Kreis anordnen (➠ *Bild 4*). Dieser so genannte **Farbenkreis** verhilft uns zu einer einfachen Merkregel für die Addition farbiger Lichter:

Merksatz

Addiert man Lichter, deren Farben
- sich im Farbenkreis gegenüberliegen (es sind **Komplementärfarben**), so erhält man **Weiß**,
- im Farbenkreis näher beieinander liegen, so empfindet man eine dazwischen liegende Farbe.

Diese **Gesetze der additiven Farbmischung** sind unabhängig davon, ob man spektralreines Licht oder Mischlicht verwendet.

V 4: a) Wir stellen zwei Diaprojektoren mit vorgesetzten Farbfiltern auf und projizieren beide Lichtflecke auf einen weißen Schirm. Wenn wir rote und gelbe Filter benutzen, erkennen wir: Rot und Gelb addieren sich zu Orange. Mit anderen Filtern sehen wir z. B.: Orange und Hellgrün ergeben zusammen Gelb. **b)** Wir setzen einen Rot- und einen Violettfilter in die Diaprojektoren ein. Auf dem Schirm erhalten wir als Mischfarbe Purpur (kommt im Spektrum nicht vor). Je nachdem, ob man in der Addition das Rot oder das Violett intensiver macht, erhält man immer wieder andere Purpurtöne; man kann sie auf diese Weise kontinuierlich von reinem Rot in reines Violett übergehen lassen.

B 4: Farbenkreis

2. Farbenaddition auf dem Bildschirm

Betrachtest du mit einer Lupe mit starker Vergrößerung den Bildschirm eines Fernsehers, so stellst du fest, dass er aus lauter kleinen bunten Farbscheibchen besteht (➠ *Bild 5*). Stets sind drei Scheibchen in den Farben Rot, Grün und Blau eng beieinander angeordnet. Der gesamte Bildschirm ist mit diesen Dreierpacks bedeckt. (Der Bildschirm eines Computers ist genauso aufgebaut, jedoch sind die Farbscheibchen viel kleiner und enger zusammen und daher nicht so leicht mit der Lupe zu erkennen.)

In der Bildröhre werden drei Elektronenstrahlen so geführt, dass der erste stets auf die rot, der zweite auf die grün und der dritte auf die blau leuchtenden Scheibchen trifft. Ist der das Scheibchen treffende Elektronenstrahl stark, so leuchtet es hell in seiner Farbe auf. Wird das Scheibchen dagegen von einem schwachen Strahl getroffen, so bleibt es fast dunkel. Leuchten in einem Feld des Bildschirms nur Scheibchen einer Farbsorte hell auf, so erscheint das Feld einfarbig in dieser Farbe (➠ *Bild 6*).
Leuchten jedoch zwei Sorten z. B. die roten und die grünen Scheibchen in einem Bildschirmfleck hell auf, so gewinnen wir von diesem Fleck in größerem Abstand vom Bildschirm den Farbeindruck Gelb. Das rote und das grüne Licht der Scheibchen trifft auf denselben Netzhautbereich in unserem Auge und addiert sich zu dem neuen Farbeindruck.

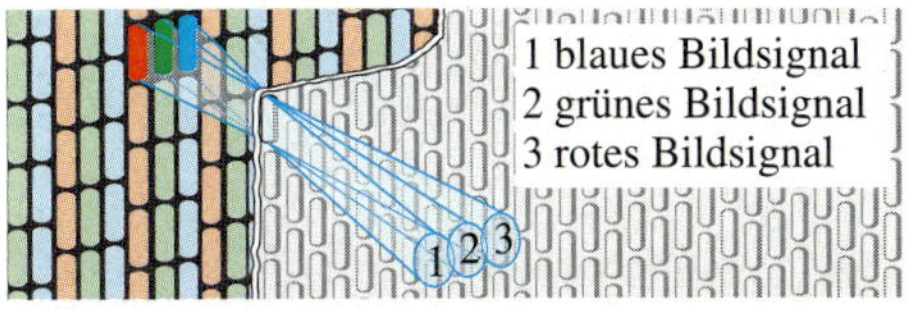

B 5: Farbscheibchen auf dem Bildschirm

B 6: Farbscheibchen und Farbeindruck

V 1: Mit einem Computerprogramm ist es möglich, auf einer bestimmten Bildschirmfläche unterschiedlich viele rote, blaue oder gelbe Scheibchen aufleuchten und die anderen unbeleuchtet zu lassen. Je nach vorgenommener Einstellung entsteht für uns ein einheitlicher Farbeindruck der Fläche (wir dürfen nur nicht zu nahe an den Monitor herangehen).
Überlagern sich zwei dieser einfarbigen Flächen, so addieren sie sich zu einem neuen Farbeindruck. Wir können aber auch drei farbige Flächen überlagern, d.h. drei farbige Lichter addieren. Je nach Helligkeit und Farbe der drei Farbkreise ergibt die Addition einen anderen Farbeindruck. Sind die drei Grundflächen rot, grün und blau, d.h. in der Überlagerungsfläche der drei Farbkreise leuchten alle Farbscheibchen des Bildschirms hell auf, entsteht dort der Eindruck Weiß.

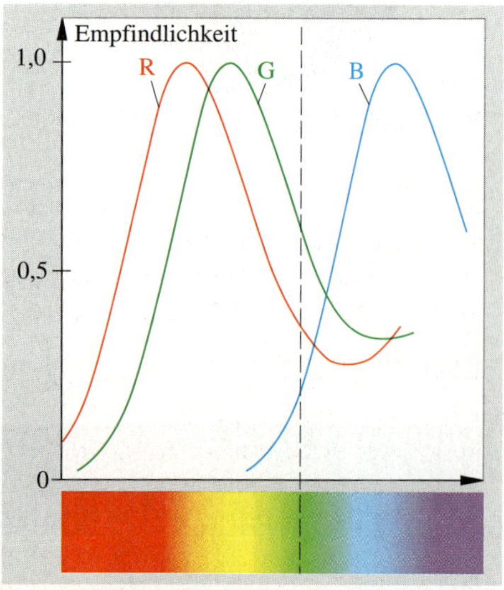

B 1: Farbempfindlichkeit der drei Zapfenarten

3. Drei Grundfarben reichen aus

Wir haben beim Aufbau des Bildschirms gesehen, dass dieser nur Scheibchen aus den Farben Rot, Grün und Blau enthält. Wie viele Farbeindrücke lassen sich damit erzeugen?
➠ *Versuch 1* und das Farbfernsehen zeigen uns, dass wir durch Addition der drei Farben Rot, Grün und Blau *alle* Lichter des Farbenkreises herstellen können. Auch die Farbeindrücke Weiß und Purpur lassen sich so erzeugen. Rot, Grün und Blau nennt man deswegen auch **Grundfarben**.

Merksatz

Durch Addieren der drei Grundfarben Rot, Grün und Blau lassen sich alle Lichter des Farbenkreises herstellen.

4. Warum genügen dem Auge die drei Grundfarben?

Das menschliche Auge schafft es, alleine im Spektrum über 150 unterschiedliche Farbtöne zu unterscheiden. Die Natur hat einen „sparsamen" Weg gefunden, dass wir all diese Farben unterscheiden können.
Auf der Netzhaut eines Auges befinden sich 125 Millionen Stäbchen und 7 Millionen Zapfen. Die Stäbchen sind etwas empfindlicher; sie reagieren aber nur auf Hell-Dunkel-Reize. Die Zapfen ermöglichen uns bei genügender Helligkeit das Farbsehen. Es gibt aber nur *drei verschiedene Arten* von Zapfen. Die erste Art (R) spricht nach ➠ *Bild 1* bevorzugt auf den roten Bereich an, aber auch auf andere Spektralbereiche, wenn auch schwächer. Diese R-Zapfen lösen im Gehirn eine für sie charakteristische R-Empfindung aus. Die zweite Zapfenart (G), die bevorzugt auf die grüne Mitte anspricht, löst eine G-Empfindung aus. Die 3. Art (B) ist für den blauen Teil des Spektrums zuständig.

In ➠ *Bild 1* ist im grünen Bereich eine Farbe besonders gekennzeichnet. Trifft Licht dieser Farbe auf die Netzhaut, so sprechen die R-Zapfen zu 37% an, G zu 61% und B nur zu 22%. Im Gehirn erzeugen diese drei Empfindungen zusammen den Farbeindruck „Grün". Bei jeder Farbempfindung steuern also drei Zapfenarten ihren Anteil bei. Diese **Dreifarbentheorie des Sehens** entspricht somit den Ergebnissen der Farbaddition. Diese findet also erst in unserem Sehapparat – einschließlich Gehirn – statt, nicht schon auf dem Bildschirm.
Der Farbeindruck Gelb kann z.B. durch Addition der zwei Grundfarben Grün und Rot erzeugt werden. Schauen wir in ➠ *Bild 1* nach: Die Spektralfarbe Gelb reizt nämlich die R- und G-Zapfen. Dunkelrot reizt nur die R-, Violett nur die B-Zapfen.

Merksatz

In der Netzhaut des menschlichen Auges sind drei Arten farbempfindlicher Zapfen. Sie reagieren bevorzugt auf Rot, Grün bzw. Blau. Sie lösen im Gehirn die Farbempfindung aus.

5. Filter subtrahieren Farben

Das Licht einer Verkehrsampel ist grün, einer anderen rot. Benutzt man verschiedene Lampen mit unterschiedlich farbigen Lichtern? In der Ampel befinden sich nur gewöhnliche Glühlampen. Sie strahlen weißes Licht – also alle farbigen Lichter – aus. Erzeugt die vorgesetzte Farbscheibe zusätzlich grünes Licht oder färbt sie gar alle Lichtstrahlen ein?
➜ *Versuch 2* liefert uns die Antwort. Die grüne Farbscheibe verschluckt fast alle Farben des weißen Glühlichts. Nur grünes Licht lässt sie hindurch. Grün ist deshalb das einzige Farblicht, das wir hinter der Farbscheibe noch sehen können. Es kommt schon aus der Glühlampe.
Manchmal lassen Farbfilter aber nicht nur Licht einer Spektralfarbe durch. Mehrere hindurchgelassene Farblichter addieren sich dann zu einer Mischfarbe, die dem Filter seine „Farbe" gibt.

Nimmt man aus dem weißen Licht einen Teil der Spektralfarben heraus, so erhält man als Rest eine Mischfarbe. Dieses Verfahren heißt **subtraktive Farbmischung**. Stellt man einen Farbfilter zwischen Lampe und Schirm, so erscheint auf dem Schirm stets die Mischfarbe der durchgelassenen Spektralfarben.
Was geschieht, wenn man weißes Licht nacheinander durch mehrere Farbfilter schickt?
➜ *Versuch 3* zeigt uns ein mögliches Ergebnis. Mithilfe von ➜ *Bild 2* können wir das Ergebnis verstehen: Der Gelbfilter verschluckt den von Blau bis Violett gehenden Teil des Spektrums; es erscheint in Durchsicht gelb. Ein zweiter Filter sperrt die Spektralfarben Rot bis Gelb. Er erscheint blau. Legen wir beide Filter übereinander auf den Tageslichtprojektor, so sehen wir die einzige durchgelassene Farbe auf dem weißen Schirm – nämlich Grün. Die zusätzliche rote Folie verschluckt auch noch diese Farbe.

Merksatz

Durchsichtige farbige Scheiben lassen nur bestimmte Spektralbereiche durch, während die übrigen gesperrt werden. Die Scheibe erscheint in der Mischfarbe der durchgelassenen Farben.

V 2: Wir erzeugen das Spektrum von weißem Glühlicht und bringen zwischen Lichtquelle und Prisma einen grünen Farbfilter: Vom Spektrum bleibt nur noch ein grüner Streifen übrig – genauso hell wie vorher im Spektrum.

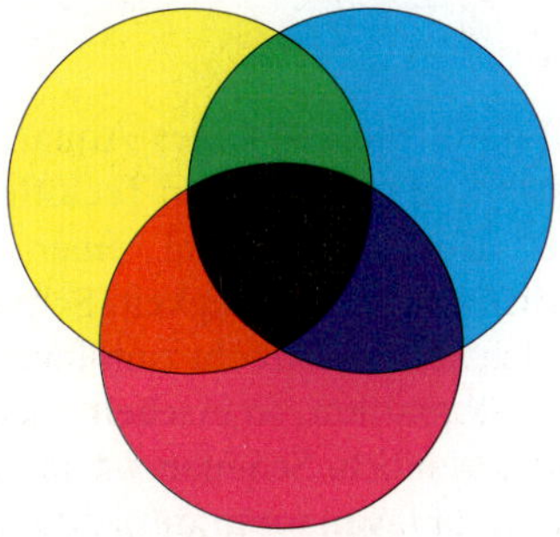

V 3: Wir legen nacheinander mehrere Farbfolien (farbige Filter) auf einen Tageslichtprojektor. Zunächst den Gelbfilter, dann den Blaufilter. Dort wo sich die Folien überlagern erscheint auf der Leinwand die Farbe Grün. Anschließend legen wir noch eine rote Folie dazu. An der Stelle, an der das Licht durch alle drei Farbfolien hindurch muss, ist es jetzt völlig dunkel geworden.

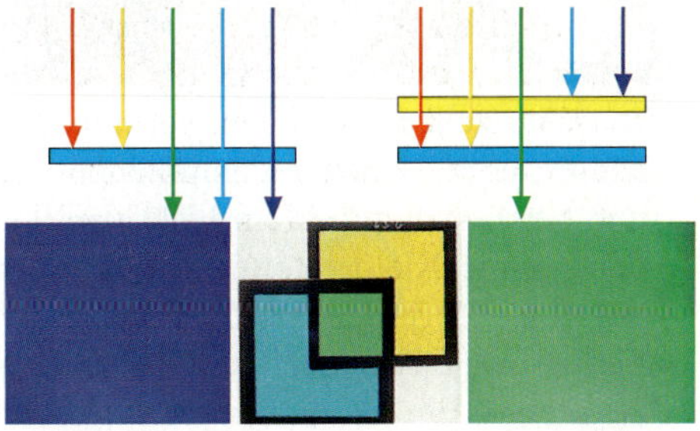

B 2: Weißes Licht durchdringt Farbfilter

Aufgaben

A 1: Mische farbige Lichter mithilfe des Farbenkreises: **a)** Blau mit Gelb **b)** Hellgrün mit Orange **c)** Violett, Rot und Grün.

A 2: **a)** Erkläre mit ➜ *Bild 1*, warum sich Rot und Grün zu Weiß addieren können. **b)** Erkläre mit ➜ *Bild 1*, warum sich Rot und Grün auch zu Gelb addieren können.

A 3: Entfernt man die Spektralfarbe Violett aus dem Spektrum und addiert die Restfarben, so erhält man Gelb. Erkläre mit ➜ *Bild 1*.

A 4: An einem Farbfernseher tritt plötzlich ein Fehler auf: Das weiße Hemd des Schauspielers wird blau und seine gelbe Nelke wird grün. Welchen Defekt vermutest du?

A 5: Erkläre mit der Dreifarbentheorie des Sehens, warum das Auge nicht nur aus drei Spektralfarben, sondern auch schon durch die Addition von nur zwei spektralreinen Komplementärfarben den Eindruck Weiß erhalten kann.

A 6: Wie prüft man, ob man durch ein Farbfilter eine spektralreine oder eine Mischfarbe sieht?

A 7: **a)** Begründe: Je mehr Farben additiv gemischt werden, desto heller wird der Farbeindruck. **b)** Begründe: Je mehr Farben subtraktiv gemischt werden, desto dunkler wird die Mischfarbe.

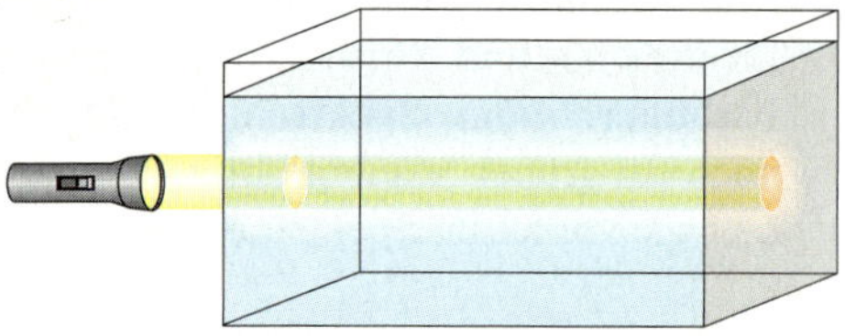

V1: Wir füllen ein kleines Aquarium mit Wasser und rühren einen Teelöffel Milch dazu. Ein Lichtbündel einer Lampe durchstrahlt die Flüssigkeit. Schauen wir von der Seite senkrecht zum Lichtbündel in das Aquarium, so erscheint das Lichtbündel bläulich. Schauen wir jedoch von vorn in das Aquarium durch die Flüssigkeit in die Lampe hinein, so erscheint das auf uns zukommende Licht rötlich.

V2: Wir stellen in einem verdunkelten Raum eine Natriumdampflampe auf und bestrahlen mit ihrem Licht verschiedene bunte Kleiderstoffe. Von den vorher bei Tageslicht wahrgenommenen Farben ist jetzt außer Gelb nichts mehr zu sehen! Ein Stoff, der im Tageslicht z.B. blau aussieht, erscheint uns jetzt schwarz.

1. Reflektiert eine Rose nur rote Anteile vom weißen Licht, so erscheint sie dunkelrot.
2. Verschluckt eine Rose nur Farben des grünen Bereichs, so erscheint sie hellrot.
3. Streut ein Papier von allen Farben des Spektrums 100 % bis 80 %, so erscheint es uns weiß bzw. hellgrau, bei 25 % dagegen dunkelgrau.
4. Verschluckt ein Körper alle Farben des Spektrums, so erscheint er uns schwarz.

T1: Beispiele für Körperfarben

6. Die rote Abendsonne

Beim Sonnenaufgang und beim Sonnenuntergang erscheint die Sonne meist rot bei Tag dagegen weiß. Du weißt jetzt schon so viel über Farben, dass du nach dem großdimensionalen Filter suchst.
In ➡ *Versuch 1* durchdringt weißes Licht auf kurzer Strecke verdünnte Milch. Die kleinen Schwebstoffe der Milch bilden Hindernisse für das Licht. Es wird an ihnen unregelmäßig nach allen Seiten gestreut. Allerdings werden offenbar Blauanteile des weißen Lichts stärker gestreut als Rotanteile. Licht, das nach dem langen Weg durch die Flüssigkeit übrig geblieben ist, addiert sich im Gehirn zu einem roten Farbeindruck.

Das Sonnenlicht durchdringt über sehr große Entfernungen die Atmosphäre der Erde. Dabei wird Licht an kleinsten Luftpartikeln in der Atmosphäre gestreut. Bei Sonnenauf- und Sonnenuntergang ist der Weg des Lichts durch die Atmosphäre viel länger als bei der hochstehenden Sonne am Tage. Morgens und abends erscheint die Sonne deshalb rot.

7. Die Farbe kommt immer vom Licht

„Ist die Hose blau oder dunkelgrau?“, fragt ein Kunde im Kaufhaus. Der Verkäufer nimmt die Hose und geht damit zum Fenster. Er sagt: „Bei dem Licht unserer Leuchtstofflampen erkennt man die Farben nicht so gut. Die Hose ist blau.“
Beeinflusst das Licht, bei dem wir einen Körper betrachten, wirklich die Farbe, unter der uns der Körper erscheint?

Farbfilter können mehrere Spektralfarben verschlucken, dafür lassen sie andere durch. Sie erscheinen dann in der Mischfarbe der durchgelassenen Farben. Undurchsichtige Körper verschlucken ebenfalls einige Spektralfarben, andere streuen sie. Diese Körper erscheinen dann in der Farbe, die durch additive Mischung des gestreuten Lichts entsteht.

Die Natriumdampflampe in ➡ *Versuch 2* erzeugt spektral reines Gelb. Der gelbe Kleiderstoff reflektiert das Gelb der Lampe – er erscheint gelb. Der blaue Stoff hingegen verschluckt gelbes Spektrallicht. Er kann beim Licht der Natriumdampflampe also nichts reflektieren, er erscheint schwarz.

Fällt dagegen weißes Licht (Licht der Sonne oder einer Glühlampe) auf ihn, so treffen alle Spektralfarben auf. Nur die gestreuten Farben gelangen ins Auge und reizen die Zapfen. Unser Gehirn „berechnet“ daraus die Mischfarbe (➡ *Tabelle 1*).

Merksatz

Jeden Körper sehen wir in einer bestimmten Farbe. Sie ist meistens eine Mischfarbe. Zu ihr tragen alle Spektralfarben bei, die auf den Körper fallen und von ihm gestreut werden.

Die Aussage des Verkäufers, „Die Hose *ist* blau", ist also falsch. Sie *erscheint* lediglich bei Tageslicht in dieser Farbe.

8. Auch beim Farbdruck wird gemischt

Farbige Bilder in Büchern werden mit farbiger Tinte gedruckt. Erstaunlicher Weise werden nur drei verschiedene Farbtinten benötigt. Vom Farbdrucker des Computers weißt du vielleicht, dass seine drei Farbpatronen die Farben Magenta (Purpurrot), Cyan (Blaugrün) und Gelb haben. Ein Farbstoff, der alle Rottöne verschluckt, erscheint in Cyan. Verschluckt der Stoff alle Blau- und Violettfarben, so streut er nur Gelb. In Magenta erscheint ein Farbstoff, der alle Farben im mittleren Bereich des Spektrums (Grün) verschluckt. Mischen wir diese drei Farbstoffe, so verschluckt die Mischung alle Spektralfarben – sie erscheint schwarz.

Um Farbtinte zu sparen, verwendet der Farbdrucker trotzdem auch noch schwarze Tinte. Wie im Buchdruck, werden bei diesem **Vierfarbendruck** nacheinander Rasterbilder des Gegenstandes in den Farben Magenta, Cyan, Gelb und in Schwarz gedruckt (➠ *Bild 1*). Dabei werden die verschiedenen Punkte teils nebeneinander und teils übereinander gedruckt. Übereinander gedruckte Farbpunkte erzeugen *subtraktive* Farbmischung, nebeneinander gedruckte rufen im Gehirn *additive* Farbmischung hervor.

9. Farben außerhalb des Farbenkreises

Dir ist sicherlich aufgefallen, dass das Spektrum und der Farbenkreis nur *satte* leuchtende Farben enthält. Es fehlen Braun und Rosa, die aus Rot abgeleitet werden. Um ein Papier braun zu färben, druckt man viele schwarze Punkte in die zunächst rote Papierfläche (➠ *Bild 2*). Durch dieses Abdunkeln von Rot ergeben sich Brauntöne bis hin zu Schwarz.
In ➠ *Bild 2* links wurde dagegen Rot durch viele weiße Punkte aufgehellt. Dabei entsteht Rosa bis hin zu reinem Weiß. In der Mitte des Dreiecks ist Rot teils mit Schwarz abgedunkelt und teils mit Weiß aufgehellt. Die Grundseite des Dreiecks zeigt, wie aus Weiß durch eine zunehmende Anzahl von schwarzen Punkten alle möglichen Grautöne entstehen. Durch Abdunkeln oder Aufhellen anderer Farben kann man weitere Farbeindrücke außerhalb des Farbenkreises erzeugen, wie z. B. Ocker.

10. Farbmischung im Malkasten

Wenn du gelben und blauen Farbstoff im Malkasten verrührst, entsteht ein Farbstoff in der Farbe Grün. Mischst du nun zwei Farbstoffe zusammen, so werden also mehr Farben verschluckt, weniger Spektralfarben werden gestreut. Du erhältst also das gleiche Ergebnis wie in den Versuchen mit den Farbfiltern. Auch hier handelt es sich tatsächlich um eine *subtraktive* Farbmischung. In der gelösten Farbe schwimmen kleine farbige Körnchen, die einige Spektralfarben schlucken und andere streuen. Farbstoffe erscheinen dann in der Mischfarbe des gestreuten Lichts.

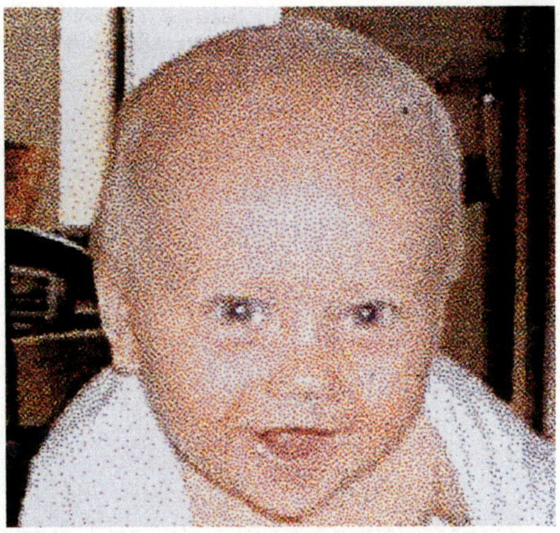

B 1: Rasterpunkte eines Vierfarbendrucks

B 2: Braun-, Rosa- und Grautöne

Aufgaben

A 1: Ist Lippenstift rot?

A 2: Welche Farbe zeigt ein bei Tageslicht gelbes Hemd, wenn es mit weißem Glühlicht, mit gelbem Licht, mit blauem Licht oder mit rotem Licht beschienen wird?

A 3: Auch vom Mond aus kann man einen Sonnenuntergang beobachten. Erscheint die Abendsonne dort auch rötlich?

A 4: 1976 ist die Raumsonde „Viking" auf dem Planeten Mars gelandet und hat von der Marsoberfläche Farbbilder zur Erde gesandt. Man hatte damals auf einem Schild der Raumsonde einige Spektralfarben aufgemalt und zusätzlich zur Landschaft mitfotografiert. Welchen Sinn hatte wohl diese Maßnahme? (Beachte: Die Atmosphäre des Planeten Mars hat eine andere chemische Zusammensetzung und eine andere Dichte als die Atmosphäre der Erde.)

Interessantes

Die Bedeutung der Optik für die Wissenschaften

Wir nehmen die meisten Informationen unserer Umwelt mithilfe der Augen auf. Sind die Gegenstände jedoch sehr klein oder sehr weit weg, so stoßen wir aufgrund des beschränkten Auflösungsvermögens unseres Auges an Grenzen. Mit der Lupe und erst recht mit dem Mikroskop kann der Mensch sich einen Einblick in den **Mikrokosmos** (Weltordnung im Kleinen) verschaffen.

Das *Mikroskop* wurde etwa um 1600 erfunden. Es wurde zu *dem* Forschungsinstrument der **Biologie**. Ganze Gattungen von Lebewesen konnten zum ersten Mal beobachtet und beschrieben werden.

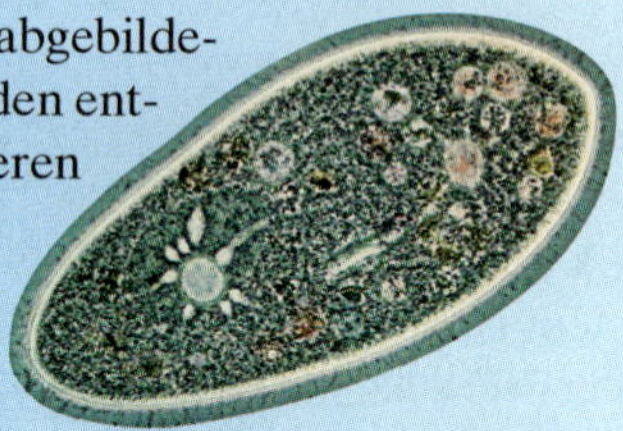

Kleinstlebewesen, wie die abgebildeten Pantoffeltierchen, wurden entdeckt. Aber auch bei größeren Lebewesen wurden viele Entdeckungen gemacht, so z. B. der Aufbau von tierischem Gewebe, oder auch die Struktur von Blättern und Stängeln von Pflanzen. Aus gemeinsamen Strukturen erkannte man auch Artenverwandtschaften und konnte so Klassifikationen ergänzen oder auch frühere Fehler korrigieren.

Auch die Bestandteile unseres Körpers wurden erst mithilfe des Mikroskops überhaupt deutlich. So konnte der zellare Aufbau des Körpers entdeckt und erforscht werden.

Großen Nutzen zog insbesondere auch die **Medizin** von diesen Erkenntnissen. Viele Krankheitserreger, z. B. Bakterien, konnten entdeckt werden. Eine wichtige Konsequenz daraus war eine Erziehung der Bevölkerung zur Hygiene. Die Notwendigkeit, sich öfter die Hände zu waschen, sich regelmäßig zu baden, oder sich die Zähne zu putzen, konnte nun wissenschaftlich begründet werden. Diese Hygienemaßnahmen führten zu einem starken Anstieg der Lebenserwartung. Die Identifizierung bestimmter Bakterien als Krankheitserreger führte dann auch zur Entwicklung von Impfstoffen. Der vielleicht bekannteste Bakteriologe war Robert KOCH, der u. a. 1882 den Tuberkulose-Erreger und 1884 den Cholera-Erreger entdeckt hat. In vielen Teilen der Welt konnten durch solche Entdeckungen Seuchen, Elend und Not gelindert werden.

Die Natur des Lichts beschränkt die Mikroskopvergrößerung auf etwa 800. Mithilfe des Wissens über Optik wurde im 20. Jahrhundert das Elektronenmikroskop entwickelt. Damit kann man bis in atomare Abstände der Mikrowelt sehen.

Fernrohre machen es möglich, dass Menschen einen Blick in den **Makrokosmos** (Weltordnung im Großen) werfen können.

Galileo GALILEI beobachtete ab 1609 mit seinem selbst gebauten Fernrohr den Sternenhimmel und entdeckte u. a. Mondberge, vier Jupitermonde, die Phasen der Venus und Sonnenflecken. Er hat damit einen riesigen Fortschritt für die **Astronomie** eingeleitet.

Fernrohre waren von diesem Zeitpunkt an *das* Beobachtungsinstrument für alle Himmelsforscher. Man wollte mit immer besseren Geräten immer weiter in das Weltall hinaus schauen. Dies erforderte immer größere Fernrohre, weil mit steigender Vergrößerung auch die Brennweite der Objektivlinse steigt. Außerdem muss der Durchmesser des Objektivs wegen der Bildhelligkeit mit anwachsen. Das Bild zeigt das größte bewegliche Linsenfernrohr der Welt (Brennweite 21 m). Es steht in der Archenhold-Sternwarte (Berlin).

Spiegelteleskope sind Fernrohre bei denen ein Hohlspiegel die Rolle der Objektivlinse übernimmt. Technisch bedingt lassen sich mit ihnen stärkere Vergrößerungen erzielen. Die dicke Atmosphäre der Erde begrenzt jedoch das Auflösungsvermögen aller irdischen Fernrohre. Durch die Luftunruhe ändert sich nämlich die Brechkraft der Atmosphäre längs des Lichtweges vom Stern zum Fernrohr. 1990 hat man das erste Weltraumteleskop (HUBBLE-Teleskop) in eine Umlaufbahn um die Erde geschossen. Oberhalb der dichten Erdatmosphäre wurden mit ihm Bilder von fernen Objekten aufgenommen von bis dahin nicht erreichter Schärfe.

Mithilfe von Fernrohren konnte man herausfinden, dass viele im Fernglas kleine, milchig aussehende Flecke, tatsächlich eine Ansammlung von Milliarden einzelner Sterne sind. Heute weiß man, dass es Milliarden solcher Sternsysteme gibt.

Schickt man das Licht eines Sterns durch ein Prisma, so kann man aus dem Linienspektrum ablesen, dass diese Sterne aus Elementen bestehen, die es auch auf der Erde gibt.

Das ist wichtig

1. Lichtstrahl, geradlinige Ausbreitung
Lichtbündel breiten sich geradlinig aus und durchdringen sich ungestört. Lichtstrahlen sind *Denkmodelle* für sehr feine Lichtbündel.

Reflexionsgesetz: Trifft ein Lichtstrahl auf eine spiegelnde Oberfläche, so wird der Lichtstrahl reflektiert. Dabei liegen einfallender Lichtstrahl, Lot und reflektierter Strahl in einer Ebene. Einfallswinkel und Reflexionswinkel sind gleich groß.

2. Die Brechung des Lichts
Trifft ein Lichtstrahl auf ein Medium mit anderer optischer Dichte, dann wird der Lichtstrahl gebrochen. Einfallender, gebrochener Strahl und Lot liegen in einer Ebene. Der Lichtstrahl wird beim Übergang vom optisch dünneren ins dichtere Medium zum Lot hin gebrochen. Zusätzlich tritt Reflexion auf.

3. Optische Abbildung
Bei der **Lochkamera** sondert eine kleine Öffnung aus dem Licht, das von einem Gegenstand ausgeht, enge Lichtbündel aus. Diese erzeugen auf einem Schirm Lichtflecke, die sich zu einem optischen Bild zusammenfügen.
Eine **Sammellinse** erzeugt aus dem Lichtbündel jedes Gegenstandspunktes in ganz bestimmter Bildweite jeweils einen Bildpunkt. Voraussetzung ist, dass sich die Gegenstandspunkte außerhalb der Brennweite der Linse befinden.

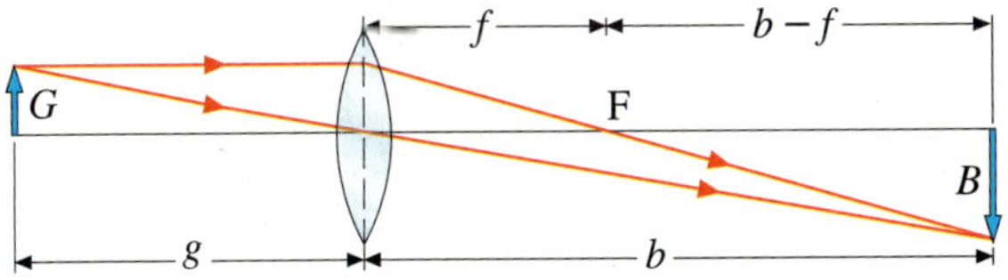

Zur Bildkonstruktion benutzt man den **Mittelpunktstrahl** (er geht ungebrochen durch die Linsenmitte) und den **achsenparallelen** Strahl (er geht nach der Brechung durch den Brennpunkt der Linse).
Für den **Abbildungsmaßstab** A bei Lochkamera und Linse gilt:

$$A = \frac{B}{G} = \frac{b}{g}.$$

Dabei ist B die **Bildhöhe,** G die **Gegenstandshöhe,** b die **Bildweite** und g die **Gegenstandsweite.**
Die Bilder der Sammellinse weit entfernter Gegenstände liegen in der Brennebene; rückt der Gegenstand zum Brennpunkt der Linse hin, so rückt das Bild von der Brennebene weg und wird größer.

Im technischen **Fotoapparat** wird das optische Bild unter Verwendung einer Sammellinse erzeugt. Es wird elektronisch oder chemisch gespeichert.

Das menschliche **Auge** ist physikalisch gesehen ähnlich aufgebaut wie ein Fotoapparat. Das optische Bild wird hier auf der Netzhaut von Sinneszellen aufgefangen. Nerven leiten die Informationen dann zum Gehirn.

4. Optische Instrumente
Unter der **Vergrößerung** V durch ein optisches Instrument versteht man den Quotienten

$$V = \frac{\text{Höhe des Netzhautbildes mit Instrument}}{\text{Höhe des Netzhautbildes ohne Instrument}}.$$

Eine Sammellinse, deren Brennweite kleiner als die **deutliche Sehweite** von 25 cm ist, wirkt als **Lupe.** Bringt man einen Gegenstand in ihre Brennebene, so erhält man mit entspanntem Auge ein vergrößertes Netzhautbild.

Die Objektivlinse des **Mikroskops** erzeugt ein vergrößertes Zwischenbild eines Gegenstandes, der sich etwa in der Brennweite des Objektivs befindet. Mit einer Lupe (Okularlinse) betrachtet man dieses Zwischenbild.
Beim **astronomischen Fernrohr** erzeugt die Objektivlinse (Brennweite f_1) von einem fernen Gegenstand ein Zwischenbild. Dieses wird durch die Okularlinse (Brennweite f_2) wie mit einer Lupe betrachtet. Die Vergrößerung ist $V = f_1/f_2$.

5. Farbwahrnehmung
Weißes Glühlicht oder Sonnenlicht wird bei der Brechung an einem Prisma in verschieden farbige Lichter des **Spektrums** zerlegt. Alle diese farbigen Lichter ergeben zusammengeführt wieder den Eindruck Weiß.
Treffen gleichzeitig einige verschieden farbige Lichter auf den gleichen Bereich unserer Netzhaut, so entsteht im Gehirn durch **Farbaddition** ein neuer Farbeindruck. Es genügen die drei **Grundfarben** Rot, Grün und Blau, um durch Addition alle Lichter des Farbenkreises herzustellen.

Nimmt man aus dem weißen Licht einen Teil der Spektralfarben heraus, so erhält man als Rest eine Mischfarbe. Dieses Verfahren heißt **subtraktive Farbmischung**. Die Oberflächen von Körpern verschlucken manche farbigen Lichter. Wir sehen sie im Licht der Farbe, die der Körper streut.

Aufgaben

A1: Leuchttürme senden ein Lichtbündel aus. Unter welchen Wetterbedingungen sieht man das Lichtbündel um das Laternenhaus kreisen, unter welchen sieht man nur ein Aufblinken des Lichtbündels?

A2: In der Nacht läuft eine Katze unter einer Straßenlaterne lang, die eine Leuchtstoffröhre enthält. Erkläre, warum die Katze keinen scharfen Schatten wirft.

A3: Steht man am Abend vor einer Schaufensterscheibe, dann sieht man in der Regel die Auslagen nur, wenn das Schaufenster beleuchtet ist. Ist es dagegen hinter dem Fenster dunkler als außen, dann sieht man nichts. Wie ist das zu erklären?

A4: Diamanten bringt man durch entsprechendes Schleifen dazu, in allen Farben zu funkeln. Erkläre dies. Erläutere, warum dies mit gewöhnlichem Glas nicht so gut gelingen kann.

A5: Schaut ein Taucher von unten an die (ruhige) Wasseroberfläche, dann sieht er einen hellen Kreis, und bei günstigen Bedingungen in diesem hellen Kreis die ganze Oberwasserwelt. Erkläre dies (Skizze!).

A6: Warum kann Totalreflexion nur beim Übergang vom optisch dichteren zum optisch dünneren Medium auftreten? Steht das nicht im Widerspruch zur Umkehrbarkeit des Lichtweges?

A7: Eine Linse bildet einen 50 cm entfernten Gegenstand so ab, dass er auf einem 25 cm entfernten Schirm scharf ist. In welcher Entfernung von der Mittelebene muss man ein Papier halten, sodass es von der Sonne entzündet werden kann.

A8: Wie ist es zu erklären, dass man mit einer großen Lupe sehr viel schneller ein Blatt Papier mit der Sonne entzünden kann, als mit einer kleinen?
(Hilfe: Die Brennweite spielt dabei keine Rolle.)

A9: Wenn ein stark kurzsichtiger Mensch eine kleine Schrift lesen möchte, nimmt er seine Brille ab und hält das Buch dicht vor die Augen. Erkläre, warum er sich dadurch eine Lupe erspart.

A10: *(Zur Linsengleichung)* Das Objektiv eines Diaprojektors für das Wohnzimmer (Bildweite 3 m) hat eine Brennweite von 90 mm. Verwendet man den Projektor in einem Klassenzimmer (Bildweite 9 m), dann wird das Bild viel größer. **a)** Berechne die Größe des projizierten Bildes (Dia 24 mm × 36 mm) in beiden Fällen. **b)** Welche Brennweite wäre für den Klassenzimmerprojektor angebracht, wenn das projizierte Bild so groß wie im Wohnzimmer sein soll? **c)** Was bedeutet dies für die Bildhelligkeit?

A11: Konstruiere in einer einzigen Zeichnung die optischen Bilder von 2 cm hohen Pfeilen, die in 9 cm, 8 cm und 4 cm Abstand vor einer Sammellinse der Brennweite 3 cm stehen. Bestimme jeweils die Bildhöhe und die Bildweite. Überprüfe jeweils den Abbildungsmaßstab.

A12: Henning will mit seiner Kamera einen Schmetterling (Flügelspannweite 3 cm) fotografieren. **a)** Wie groß ist das optische Bild auf dem Film höchstens, wenn bei seiner Kamera ($f = 25$ mm) die Mindestentfernung für scharfe Fotos bei 10 cm liegt? **b)** Der Schmetterling liegt in einem Schaukasten, sodass Henning die Kamera höchstens so nahe heranführen kann, dass zwischen Film und Schmetterling mindestens eine Entfernung von 16 cm bleibt. Welche Brennweite sollte die Objektivlinse haben, damit das Bild auf dem Film 1 cm groß ist?
(*Hinweis:* Bestimme zunächst durch Konstruktion die Lage der Linse.)

A13: Wie weit muss das Objektiv ($f = 10$ cm) einer Kamera verschoben werden, wenn es zunächst auf „∞", dann auf 0,25 m eingestellt wird? (Fertige eine Zeichnung im Maßstab 1:2)

A14: Florian betrachtet mit dem rechten Auge durch ein Mikroskop einen dünnen Draht. Gleichzeitig schaut er mit dem linken Auge auf einen Maßstab, der in 25 cm Entfernung quer zum Draht daneben liegt. Dabei stellt er fest, dass das Bild des Drahtes, das er im Mikroskop sieht, 30 mm des Maßstabes überdeckt. Wie stark vergrößert das Mikroskop, wenn die Dicke des Drahtes 0,05 mm beträgt?

A15: Ein Amateurastronom hat ein Fernrohr mit der Objektivbrennweite $f_1 = 2$ m. **a)** Das Zwischenbild der Vollmondscheibe hat einen Durchmesser von etwa 1,8 cm. Wie groß ist der Mond, wenn seine Entfernung von der Erde 380 000 km beträgt? **b)** Wie stark ist die Vergrößerung des Fernrohres, wenn die Okularlinse die Brennweite $f_2 = 30$ mm hat?

A16: Amelie hat ein neues Fernrohr. Sie betrachtet damit den Vollmond. Ihr Bruder will sie ärgern und klebt in die Mitte der Objektivlinse einen kleinen runden Papieraufkleber. Wie macht sich der Aufkleber bei der Mondbeobachtung bemerkbar?

A17: Bei einer Sammellinse ergibt sich bei rotem Licht eine andere Lage des Brennpunktes als bei blauem Licht. **a)** Begründe, warum dies so ist. **b)** Zu welchem Licht gehört die kleinere Brennweite?

A18: Erläutere Möglichkeiten, wie du ermitteln kannst, ob grünes Licht spektralrein ist oder nicht.

A19: Eine Sängerin auf der Bühne wird gleichzeitig mit einem grünen und einem roten Scheinwerfer angestrahlt. **a)** In welcher Farbe erscheint ihr weißes Kleid? **b)** Welche Farben haben ihre beiden Schatten auf dem hellen Bühnenboden?

A20: In welche Himmelsrichtung muss man blicken, wenn abends ein Regenbogen zu sehen ist?

Interessantes

Die Natur physikalisch betrachtet

„Physis" heißt Natur. Physik ist also die Lehre von der Natur. Solange es Menschen gibt, haben sie zwangsläufig die Natur in ihrem Lebensbereich betrachtet und nach Erklärungen der Erscheinungen in ihrer Umwelt gesucht. Oft wurden verborgene „Kräfte", unsichtbare Geister und Dämonen als Ursache unerklärlicher Vorgänge wie z.B. Blitz und Donner herangezogen.

Um 1600 entwickelte sich die moderne Arbeitsweise der Naturwissenschaften. Galileo GALILEI gab sich nicht mit Nachdenken über die Natur zufrieden. Wenn er meinte, eine Erklärung (Hypothese) für einen Vorgang gefunden zu haben, plante er ein Experiment, mit dem er diese testen konnte. Auch ihr macht es so im Physikunterricht. Und genauso arbeiten ausgebildete Physikerinnen und Physiker auf der ganzen Welt.

Was macht diese Vorgehensweise, diese physikalische „Methode" so stark? Genügt es nicht, dass jeder die Natur so beschreibt, wie er sie wahrnimmt?

Subjektive Wahrnehmung ...

Unsere Sinne sind die Brücken zur Außenwelt. Wir sehen, hören, riechen, schmecken und tasten. *Laut* und *leise*, *hell* und *dunkel*, aber auch *hoher Ton*, *tiefer Ton* und *grün*, *rot* beschreiben z.B. solche Empfindungen. Wir sind wahrnehmende Lebewesen, **Subjekte**. Subjektive Empfindungen sind großartige Leistungen des Zusammenspiels von Sinnesorganen und Gehirn. Dieses hatte hunderttausende von Jahren Zeit, uns solche eindrucksvollen Bilder von der Außenwelt zu ermöglichen.

Andere Lebewesen besitzen auf ihre Bedürfnisse angepasste Schnittstellen zur Außenwelt. Ein Beispiel: Eine Schlange sieht mit ihren Augen schlecht – erst recht in dunklen Höhlen. Sie hat aber zwischen Augen und Mund zusätzlich zwei *Lochkameras*, die „Grubenorgane". Ihr Hintergrund ist mit besonderen Sinneszellen ausgekleidet, mit denen sie die *Temperaturstrahlung* (Infrarotstrahlung) eines möglichen Beutetieres wahrnimmt. Dafür reichen sogar Temperaturunterschiede von wenigen tausendstel Grad aus. Im geeigneten Augenblick kann sie so ihr Beutetier packen und ihr Überleben sichern.

Ein weiteres Beispiel: Die Fledermaus kann mit ihren kleinen Augen im Dunkeln nicht viel sehen. Wichtig für sie ist es, bei Nacht im Fluge Insekten zu orten. Sie „bestrahlt" dazu die Umgebung mit (für uns unhörbarem) *Ultraschall*. Ein Hindernis wirft den Schall zurück. An diesem Echo erkennt die Fledermaus Ort und Größe des schmackhaften Insekts.

Subjektive Wahrnehmungen erzeugen also ein lebenswichtiges Abbild der Umwelt. Für diesen Zweck sind die Empfindungen der Lebewesen jeweils ausgezeichnet geeignet. Die lange Zeit des Überlebens beweist es. Zur gegenseitigen exakten Verständigung der Menschen über Gesetzmäßigkeiten der Natur reichen subjektive Eindrücke aber nicht aus. In der Wissenschaft brauchen wir eine von unseren Empfindungen oder gar den Empfindungen anderer Lebewesen unabhängige Methode zur Beschreibung der Natur, wir brauchen eine **objektive** Beschreibung.

... und objektive Messung

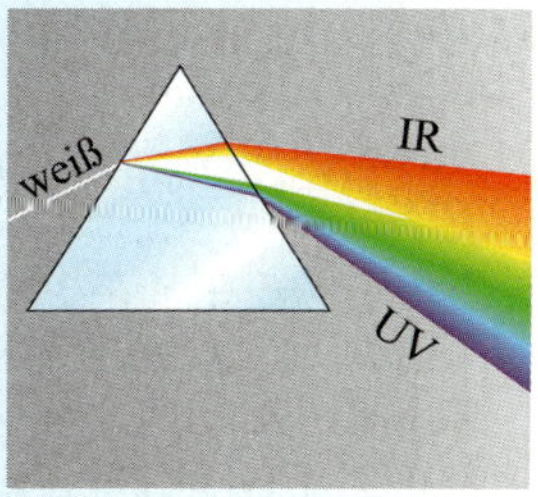

Ein physikalisches Experiment aus der Optik ermöglicht es, jedem intelligenten Wesen im Universum mitzuteilen, welche Lichtsorte wir beschreiben möchten. Dazu lassen wir ein Lichtbündel mit allen Lichtern einer hellen Lampe (Empfindung „weiß") durch ein bestimmtes Prisma laufen. Die verschiedenen *farbigen* Lichter werden jetzt zweimal gebrochen, jede Sorte unter einem anderen Winkel. Mit einer Fotozelle kann jeder die einzelnen Positionen dieses Spektrums abtasten und das Licht elektrisch nachweisen – auch unser Außerirdischer. Dem *Rot* z.B. ist ein bestimmter Ablenkungswinkel zugeordnet, dem *Blau* ein größerer. Selbst die Infrarot- (IR) und Ultraviolettstrahlen (UV) sind von den anderen getrennt. Die vorgefundenen Ablenkungswinkel sind **objektive** Messergebnisse. Objektive Messergebnisse ermöglichen auch die eindeutige Verständigung über akustische Phänomene.

Interessantes

Physik und Medizin

Blick in den Körper mit Licht

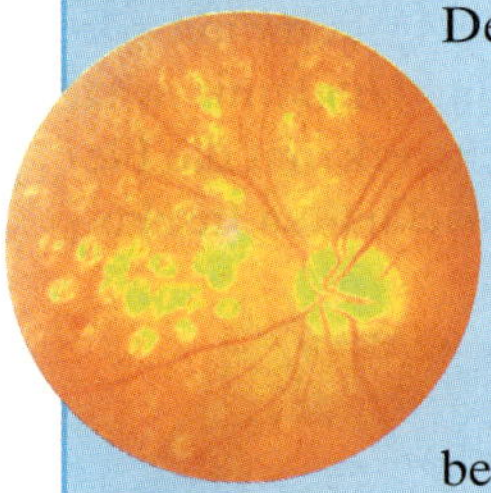

Der Augenhintergrund mit der Netzhaut ist für das Sehen von großer Bedeutung. Er verrät aber auch manche verborgene Krankheit, z. B. eine länger andauernde Diabetes. Die Netzhaut selbst kann ebenfalls in seltenen Fällen bedroht sein. Es ist also sehr wichtig, dass ein Arzt diese betrachten kann.

Schon 1850 entwickelte Hermann v. Helmholtz den **Augenspiegel**, mit dem er den Augenhintergrund beleuchten und das von dort gestreute Licht in sein eigenes Auge lenken konnte. Dieses einfache Instrument gibt es auch heute noch mit einigen Veränderungen in jeder augenärztlichen Praxis.

Der wesentliche Bestandteil des Augenspiegels ist eine Glasscheibe als halbdurchlässiger Spiegel. Sie wird zwischen das Auge des Patienten und das Auge des Arztes gehalten. Trifft ein Lichtstrahl auf diese Scheibe, so wird ein Teil des Lichts reflektiert und durch die Augenlinse des Patienten in sein Auge gelenkt. Der durchgehende Rest des Lichts ist ohne Bedeutung. Vom beleuchteten Netzhautpunkt N (➨ *Bild 1*) geht gestreutes Licht in alle Richtungen. Strahlen, die durch die Linse gehen, laufen nach der Brechung parallel auf den Spiegel zu. Ein Teil des Lichts wird gespiegelt und ist für die Untersuchung verloren. Der Rest aber läuft zur Augenlinse des Arztes und wird dort gebrochen. Auf seiner Netzhaut entsteht der Bildpunkt N', den der Arzt jetzt wahrnimmt. Für andere Netzhautstellen passiert das Gleiche: Der Arzt sieht die Netzhaut des Patienten.

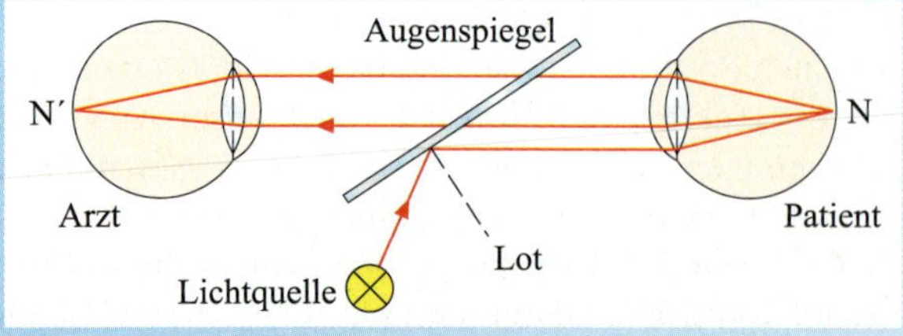

B1: Strahlengang bei der Untersuchung mit einem Augenspiegel. N und N' liegen jeweils in der Brennebene.

... mit Ultraschall

In ein Auge „hineinschauen" können wir, weil Licht aus dem anderen Auge in unser Auge gelangen kann. Um Informationen aus lichtundurchlässigen Teilen des Körpers zu bekommen, hat die Medizintechnik Delfine und Fledermäuse nachgeahmt. Beide orientieren sich mithilfe von Ultraschallsignalen, die sie in die Umgebung aussenden.

In der Medizin nimmt man einen Ultraschallkopf, der kurze Pulse mit z. B. 5 MHz direkt auf der Haut ausstrahlt. Der Schall wird an Muskelfasern, Sehnen und Knochen reflektiert und gelangt wieder in den Schallkopf. Dieser dient in den Sendepausen als Mikrofon. Je später nun ein Echo eintrifft, desto tiefer muss die reflektierende Stelle unter der Haut liegen (➨ *Bild 2, 3*). Ein Computer zeichnet daraus ein Bild.

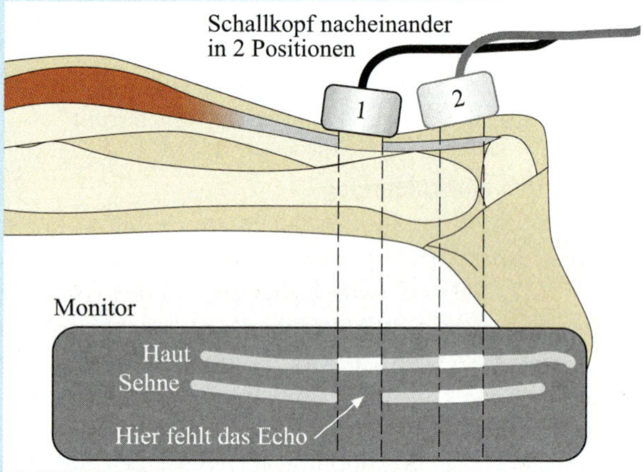

B2: Die nahe Haut liefert das Echo schnell, am oberen Bildschirmrand wird ein heller Fleck gezeichnet. Die Sehne liegt weiter weg, ihr Echo kommt später, der zugehörige helle Fleck wird weiter unten gezeichnet.

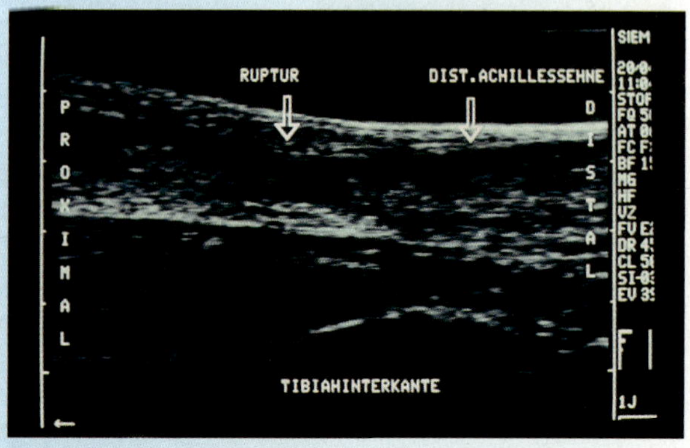

B3: Mithilfe von Ultraschall erkennt der Arzt, dass die Achillessehne gerissen ist (Ruptur = Riss).

Methoden

Mindmapping

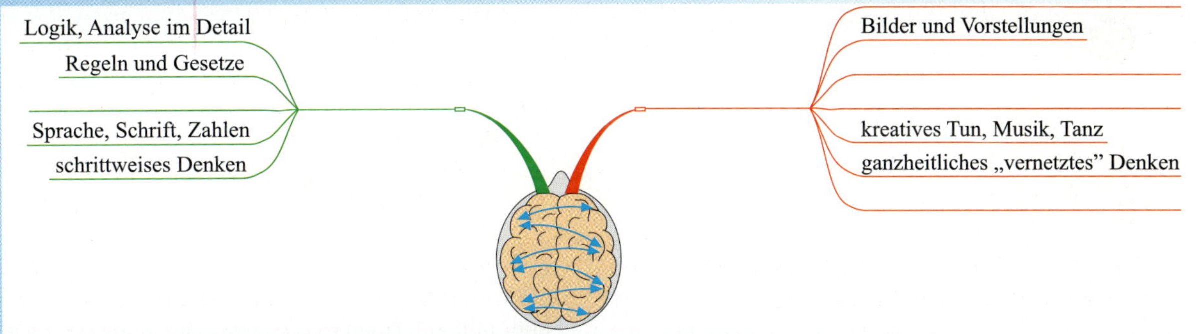

B1: Funktionen der linken und rechten Gehirnhälfte

Die beiden Hälften des Gehirns ...

Dem Bild eines Gehirns kann man es nicht ansehen, aber aus der Hirnforschung weiß man es genau:
Die linke und die rechte Gehirnhälfte erfüllen völlig unterschiedliche Aufgaben (➠ *Bild 1*).

... müssen beim Lernen einbezogen werden ...

Beim Lernen kommt es auf die Denkleistung des ganzen Gehirns an, beide Gehirnhälften sollen zusammenarbeiten und sich ergänzen. Deshalb müssen wir lernen, auch die rechte Gehirnhälfte zu fordern. Wenn wir Beziehungen zwischen Schlüsselwörtern räumlich darstellen, nutzen wir die besonderen Fähigkeiten der rechten Gehirnhälfte.

... werden beim Mindmapping gefordert.

Beim Mindmapping breitet man seine Gedanken wie eine Landschaft weiträumig aus. Man beginnt mit dem Hauptgedanken als Stichwort in der Mitte des Blattes und lässt die Gedanken ähnlich wie einen Baum organisch wachsen, und zwar

- ausgehend vom Stamm (dem Thema)
- über starke Äste (die wichtigsten Gedanken)
- bis hin zu den Zweigen und kleinen Zweiglein, die die Nebengedanken darstellen.

Das sieht für die linke Gehirnhälfte unordentlich aus, weil es keine Reihenfolge der Gedanken mehr gibt, es entspricht aber genau den Fähigkeiten der *rechten Gehirnhälfte.*

Auch *Farben* sind eine Angelegenheit der rechten Gehirnhälfte. Deshalb kannst du die einzelnen Stichwörter farblich hervorheben. Jede Farbe ist ein Erkennungszeichen für die rechte Gehirnhälfte, z.B: Rot für den Hauptgedanken, Gelb für Beweis und Information, Grün für die Aufforderung zu künftigem Tun. Die Wahl der Farben ist beliebig.

Die *linke Gehirnhälfte* kommt *ordnend* ins Spiel, wenn du die Äste sortierst und in eine bestimmte Anordnung bringst. Das Ergebnis ist eine Art Landkarte der Gedanken und der Gedankenführung (daher das englische Wort **„mind map"**).

Die linke Hälfte ist der logisch-denkende, die rechte Hälfte ist der kreative Teil deines Gehirns.

Einige der Vorzüge des Mindmappings sind in folgender Mindmap beispielhaft nochmals dargestellt.

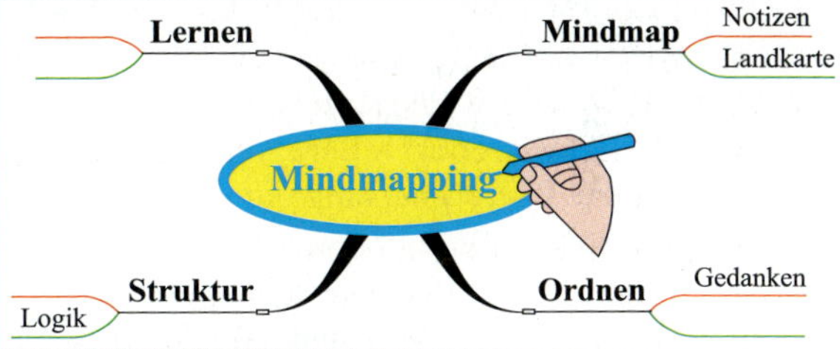

Tipps zum Erstellen einer Mindmap

- Eine Mindmap erfordert viel Platz. Verwende am besten ein DIN-A4- oder DIN-A3-Blatt.
- Fange in der Mitte des Blattes mit dem Stichwort für das Thema an. Entwerfe die Mindmap zunächst mit einem Bleistift. So kannst stets korrigieren.
- Verwende zur besseren Lesbarkeit nur große und kleine Druckbuchstaben.
- Die Gedanken werden zunächst an beliebiger Stelle um das im Mittelpunkt stehende Thema eingetragen, sodass nach und nach ein „Gedankenbaum" mit Ästen, Zweigen und Zweiglein entsteht.
- Für die Reihenfolge bei der Anordnung der Äste gibt es keine feste Regel. Oft ist es günstig, die Äste thematisch im Uhrzeigersinn anzuordnen.
- Ergänze oder ersetze Schlüsselwörter möglichst durch Bilder, Piktogramme oder Symbole.

Methoden

Strahlenoptik selbst entdecken

Um Zaunpfähle in einer Reihe so aufzustellen, dass sie „fluchten", benötigt man keine Hilfsmittel. Herr A „visiert" längs der Linie vom vorderen zum hinteren der schon eingesetzten Pfähle und weist seinen Helfer durch Handzeichen ein. Die Methode ist einleuchtend. Man denkt sich einen **Sehstrahl**, *vom Auge ausgehend* geradewegs zum hinteren Pfahl. Physikalisch erklären wir die Methode mit dem **Lichtstrahl**, der vom hinteren Pfosten *zum Auge führt.* In allen Bildern auf dieser Seite ist der blau gezeichnete Sehstrahl eine Gerade, der rot gezeichnete Lichtstrahl ist manchmal geknickt, weil er immer, auch bei Brechung, den realen Weg des Lichts von der Quelle zum Ziel zeigt.

Du kannst die Methode im Kleinen auf die Untersuchung von Lichtwegen anwenden. Du benötigst dazu Stecknadeln und eine Platte aus weichem Material (Kork oder Styropor®). Lege ein Blatt Zeichenpapier auf die Platte und fange an: Drei Stecknadeln a, b, c sollen von a aus gesehen genau hintereinander stehen. Mit dem Lineal kannst du das Ergebnis kontrollieren. Nun wird ein Spiegel dicht hinter die Stecknadel c gestellt. Von a aus gesehen ist der Spiegel Fenster zur Spiegelwelt, dort kannst du das Bild d' der Stecknadel d spazieren führen.

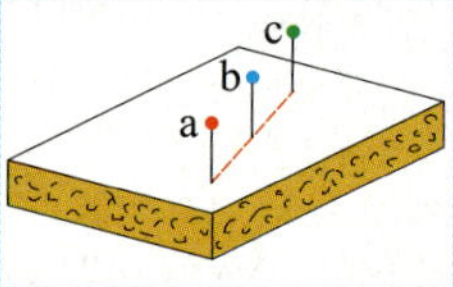

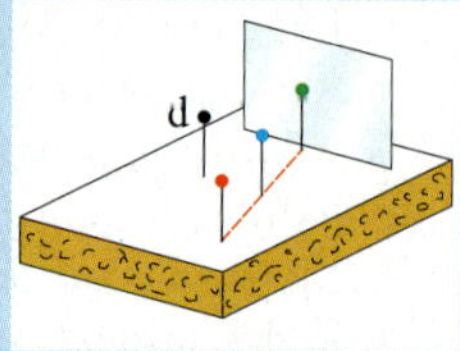

Wer so angefangen hat, wird *neugierig*: Wo muss d stehen, damit ihr Spiegelbild d' mit a, b und c fluchtet? Wie kann man in diesem Sinne passende Orte für d vorhersagen, einen, zwei, alle? Wer so weit gekommen ist, hat schon fast das **Reflexionsgesetz** für Spiegel entdeckt.

Um mit der Stecknadelmethode den **Weg des Lichts durch einen Plexiglasquader** zu erkunden, vervollständigt man auf seinem Zeichenpapier die Einstichstellen der Stecknadeln zu einem Bild der Lichtwege mit und ohne Quader – auch hier ist der Sehstrahl blau, der Lichtstrahl rot gezeichnet.

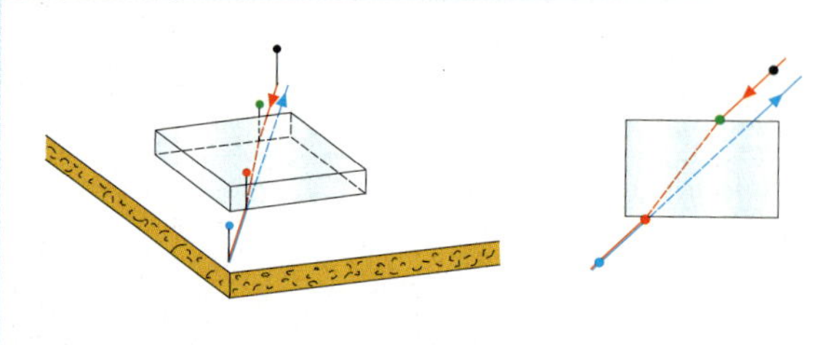

Forschen und entdecken heißt: Versuchsergebnisse auf Besonderes und Vorhersagbares „abklopfen". Hier fällt auf: Nach zweimaliger Brechung des Lichtweges ist es insgesamt zu einer **Parallelverschiebung** gekommen. Wieder drängen sich Fragen auf: Warum parallel? Woran liegt das? Um wie viel wird verschoben? Wovon hängt die Parallelverschiebung ab? Auch diese Fragen kann man planvoll untersuchen und klären. Du kannst theoretische Antworten finden oder experimentell eine Je-Desto-Aussage, bei sorgfältiger Messung auch eine Proportionalität.

Manchmal muss man beim Experimentieren durch geschicktes Vorgehen *einen* Effekt in den Vordergrund bringen: Wer das **Brechungsgesetz** in reiner Form darstellen will, möchte es nur mit einer Grenzfläche zu tun haben. Das passt eigentlich nicht zur Stecknadelmethode. Will man die Brechung nur beim Eintritt in den Plexiglaskörper untersuchen, so muss man die Brechung beim Austritt unterdrücken.

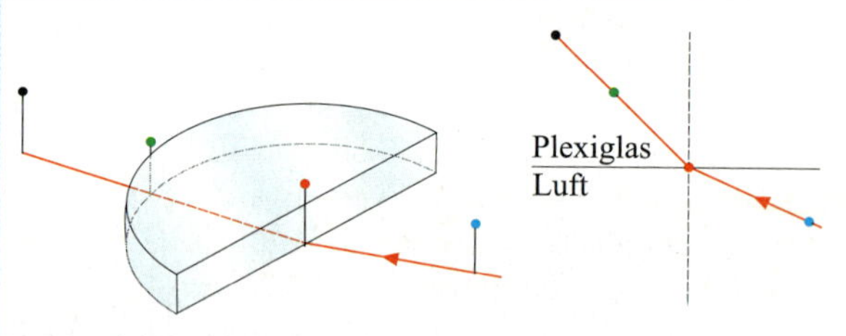

So geht der Trick: Der Probekörper hat halbkreisförmigen Umriss, eine Nadel steckt genau im Mittelpunkt dieses Halbkreises. Licht, das hier ankommt oder von hier ausgeht, trifft immer senkrecht auf den Umfang des Halbkreises. Dort findet dann garantiert keine Brechung statt. So konzentriert man die Untersuchung ganz auf die Brechung an der ebenen Grenzfläche.

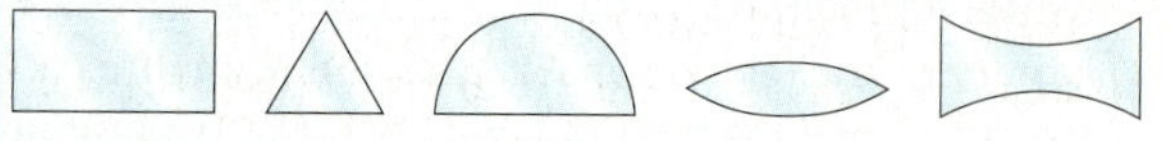

Plexiglaskörper in diesen Formen gibt es in vielen Schulen in der Sammlung für Schülerexperimente.

Beachvolleyballspielen erfordert vor allem Ausdauer, Kraft und Sprungvermögen. In diesem Kapitel geht es um *Kräfte*. Sie lassen sich an ihren Wirkungen erkennen. Schlägt eine Spielerin kraftvoll gegen den Ball, wird dieser schneller und/oder ändert seine Richtung. Die Spielerin spürt an der Hand eine *Gegenkraft* des Balles. Der Ball wird beim Schlag verformt.

Wenn eine Situation ein schnelles Vorlaufen erfordert, bietet der weiche Sand den Spielerinnen wenig Hilfe: Der Sand gibt nach, wenn man versucht sich kräftig abzustoßen. Die für einen Blitzstart wesentliche Gegenkraft bleibt klein.

Volleybälle müssen bestimmte Normen erfüllen: Der Umfang und die *Masse* oder die *Gewichtskraft* eines Wettkampfballes sind vorgeschrieben. Vom Zusammenhang zwischen Gewichtskraft und Masse ist in diesem Kapitel die Rede.

Genau über dem Netz kann der Ball von zwei Spielerinnen gleichzeitig geschlagen werden, es wirken dann also zwei Kräfte auf ihn ein. Was in solchen Fällen passiert, erfährst du auch auf den nächsten Seiten. Die Spielerinnen müssen aus eigener Kraft hochspringen, was im Laufe des Spieles immer anstrengender wird.

Haben wir im Alltag Lasten zu heben, so stehen uns gelegentlich Hilfen zur Verfügung, die Kräfte reduzieren. Solche Seilmaschinen werden im Folgenden erklärt.

B 1: Bild eines Zieleinlaufs

B 2: ICE

Bahnhof	Fahrweg in km	Fahrzeit in min
Stuttgart	–	–
Mannheim	107	39
Flughafen Frankfurt	77	31
Frankfurt	11	11
Kassel	193	81
Göttingen	44	18
Hannover	99	32

T 1: ICE 574 „Lessing" unterwegs von Stuttgart nach Hannover.

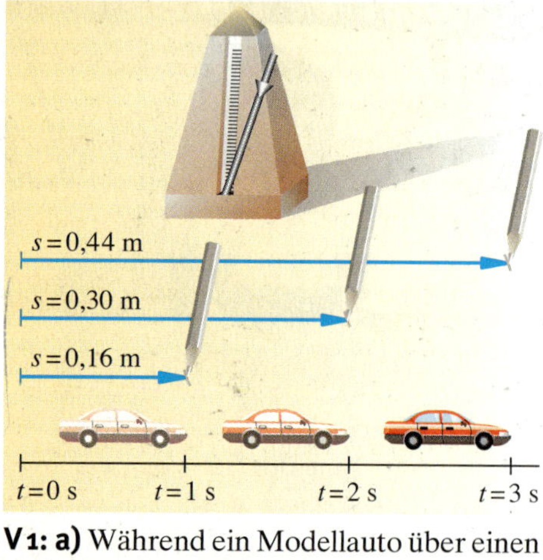

V 1: a) Während ein Modellauto über einen Tisch fährt, gibt ein Metronom Taktschläge in Sekundenabständen. Zu jedem Schlag wird der jeweilige Ort des Modellautos markiert. Das gelingt mit etwas Übung. **b)** Der Versuch wird wiederholt. Das Modellauto fährt dabei langsamer. Mithilfe der Ortsmarken bestimmen wir die zurückgelegten Wege.

Geschwindigkeit

1. Schnell, schneller, ...

Einen 100 m-Lauf hat gewonnen, wer zuerst im Ziel ankommt, d. h. wer für diesen vorgegebenen Weg die geringste Zeit braucht. In manchen Fällen ist ein Foto nötig, um Siegerin oder Sieger zu ermitteln. In ➠ *Bild 1* wurde der 100 m-Weg in 13,7 s vom Sieger zurückgelegt. Der Zweite benötigt 13,9 s. Das Bild zeigt den Lauf etwa 13,7 s nach dem Start. Also zeigt es, welchen Weg jeder Läufer in dieser Zeit zurückgelegt hat. Der Sieger hat in 13,7 s 100 m bewältigt. Der Zweite erreichte in dieser Zeit die Marke von 98,5 m; der Dritte 96,4 m.

Merksatz

Schneller ist, wer einen vorgegebenen Weg s in der kleineren Zeit t zurücklegt.
Schneller ist, wer in einer vorgegebenen Zeit t den längeren Weg s zurücklegt.

Der ICE 574 „Lessing" verkehrt zwischen Stuttgart und Hamburg. Die ➠ *Tabelle 1* gibt einen Überblick über Fahrwege und Fahrzeiten.
Die Frage, zwischen welchen Halteorten dieser ICE am schnellsten ist, lässt sich mit der Zeitangabe allein nicht beantworten, denn die Wege zwischen den Haltebahnhöfen sind unterschiedlich lang. Es sind z. B. 107 km von Stuttgart nach Mannheim und 99 km von Göttingen nach Hannover. Auch die einzelnen Fahrzeiten zwischen den Bahnhöfen sind unterschiedlich lang. Für die beiden ausgesuchten Wege braucht der ICE 39 Minuten bzw. 32 Minuten reine Fahrzeit. Die Merksätze reichen hier zur Beantwortung der Frage nicht aus.

2. Bewegung mit konstanter Geschwindigkeit

Beim ➠ *Versuch 1* wurde festgehalten, an welchen Orten sich das Modellauto in Sekundenabständen befand. Für die Auswertung bleibt der Abstand zwischen den ersten zwei Marken unberücksichtigt, da er die Anfahrphase widerspiegelt. Mit der zweiten Marke beginnt die Zeit- und Wegmessung. Die ➠ *Tabelle 2* (2. Zeile) zeigt, welche Wege in 1 s, 2 s, 3 s, ... zurückgelegt wurden: in einer Sekunde etwa 0,15 m. Wenn wir von Ungenauigkeiten beim Messen absehen, legt das Modellauto in jeder Sekunde gleich lange Wege zurück. Wir sagen: Das Modellauto bewegt sich **gleichförmig**.

Dann gilt zudem: In 2 s hat sich der Weg verdoppelt, in 3 s verdreifacht. Die Wege *s* sind den Zeiten *t* proportional. Dies bestätigen die grafische Darstellung der Messwerte in ➠ *Bild 3* (hellgrüne Ursprungsgerade) sowie die Berechnung der Quotienten *s*/*t* (➠ *Tabelle 2*, Zeile 3).

Merksatz

Gleichförmige Bewegungen sind an folgenden Merkmalen erkennbar:
- In der doppelten (dreifachen, ...) Zeit *t* wird der doppelte (dreifache, ...) Weg *s* zurückgelegt.
- Das *t*-*s*-Diagramm zeigt eine Ursprungsgerade.
- Die Quotienten zugeordneter Wertepaare (*t*, *s*) sind konstant.

Man sagt, ***s* und *t* sind proportional**.
Alle Merkmale sind gleichwertig; bei einer bestimmten Bewegung genügt es, ein Merkmal nachzuweisen.
(Sonderfall mit *s* = 0 m zur Zeit *t* = 0 s.)

Bei ➠ *Versuch 1 b* fährt das Modellauto im Vergleich zum ➠ *Versuch 1 a* in jeder Sekunde weniger weit; es fährt langsamer. Die Bewegung ist im Diagramm durch die dunkelgrüne Ursprungsgerade dargestellt (➠ *Bild 3*). Sie verläuft weniger steil als die hellgrüne Gerade, die zu Versuch 1 a gehört.

Die ➠ *Tabelle 2* zeigt, dass die Quotienten *s*/*t* zwar bei jeder dieser gleichförmigen Bewegung untereinander gleich sind, dass sich aber für jede Bewegung verschiedene Werte ergeben. Der Quotient *s*/*t* für das schnellere Modellauto ist größer. Der Quotient *s*/*t* gibt an, wie schnell das Auto ist. Man nennt ihn dessen Geschwindigkeit *v*.

Merksatz

Bei einer **gleichförmigen Bewegung** nennen wir den Quotienten aus dem zurückgelegten Weg *s* und der dazu benötigten Zeit *t* die **Geschwindigkeit *v***:

$$v = \frac{s}{t}.$$

Die Frage, zwischen welchen Halteorten der ICE „Lessing“ am schnellsten ist, lässt sich nun beantworten. Gehen wir vereinfachend von einer gleichförmigen Bewegung aus, so ermitteln wir für den Weg Göttingen – Hannover eine *mittlere* Geschwindigkeit v = 99 km/32 min = 3,09 km/min. Für den Weg Stuttgart – Mannheim ergibt sich so v = 107 km/39 min = 2,74 km/min.

Zeit *t* in s	0	1	2	3	4
Weg *s* in m	0	0,16	0,30	0,44	0,61
s/*t* in m/s	–	0,16	0,15	0,15	0,15
Weg *s* in m	0	0,09	0,20	0,32	0,39
s/*t* in m/s	–	0,09	0,10	0,11	0,10

T2: Messwerte zu ➠ *Versuch 1 a* und *1 b*.

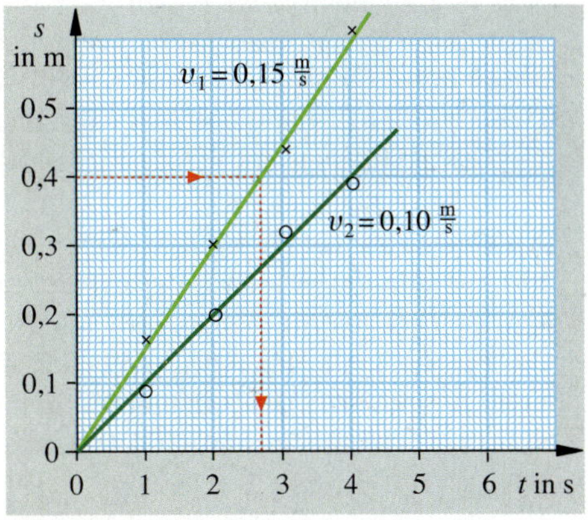

B3: Diagramm zu ➠ *Versuch 1*

Aufgaben

A1: a) Berechne für den ICE „Lessing“ (➠ *Tabelle 1*) die mittleren Geschwindigkeiten (in km/h) zwischen den Bahnhöfen und zwischen Stuttgart und Hannover. **b)** Beschreibe den tatsächlichen Bewegungsablauf des ICE zwischen zwei Halteorten. **c)** Zeichne ein *t*-*v*-Diagramm für die Fahrt von Stuttgart nach Hannover. **d)** Gib Gründe für die unterschiedlichen mittleren Geschwindigkeiten zwischen den Halteorten an. (Beschaffe die notwendigen Informationen aus geeigneten Quellen).

A2: In einem dritten Versuch mit dem Modellauto wird für den Quotienten *s*/*t* der Wert 0,25 m/s ermittelt. Übertrage das Diagramm ➠ *Bild 3* in dein Heft und zeichne die Gerade für diesen dritten Versuch hinein. Wo liegt diese Gerade?

A3: Bestimme die Geschwindigkeiten für die drei Läufer aus ➠ *Bild 1*. Vergleiche deren Geschwindigkeiten mit der des Weltrekordlers auf der 100 m-Strecke.

Vertiefung

Größen und Einheiten

Beim Berechnen der Geschwindigkeit des ICE mit $v = 99$ km/32 min = 3,09 km/min sind die Einheiten km und min nötig; mit der Angabe $v = 3{,}09$ kann man nichts anfangen. Im Gegensatz zur reinen Mathematik braucht man Einheiten. Der Weg s und die Zeit t sind **Größen**, sie bestehen aus **Zahlenwerten** (z. B. 99 bzw. 32) und **Einheiten** (hier: km bzw. min). Für den Quotienten aus s und t, den wir Geschwindigkeit v nennen, ergibt sich hier als Einheit der Quotient km/min.

Der Weg s und die Zeit t sind **Grundgrößen**; für sie sind **Grundeinheiten** Meter (m) und Sekunde (s) allgemein festgelegt. Die Geschwindigkeit v wird als **abgeleitete Größe** bezeichnet, weil sie aus zwei Grundgrößen (s und t) gebildet wird. Die Einheit der Geschwindigkeit ergibt sich deshalb als Quotient m/s.

Nun haben wir für die Einheit der Geschwindigkeit v mit m/s und km/min zwei verschiedene Möglichkeiten kennen gelernt. Vom Auto fahren kennen wir die Einheit km/h. Im Alltag sprechen wir unpräzise von „Tempo 30". Dies bedeutet 30 km/h. Wie rechnet man diese Angabe in m/s um? Dazu setzen wir nur:
1 km = 1000 m und 1 h = 3600 s.
Bei Tempo 30 hat ein Auto die Geschwindigkeit $v = 30\ \text{km/h} = 30 \cdot 1000\ \text{m}/3600\ \text{s} = 8{,}3\ \text{m/s}$.
Für den ICE mit $v = 3{,}09$ km/min gilt:
$v = 3{,}09 \cdot 1000\ \text{m}/60\ \text{s} = 51{,}5\ \text{m/s}$.

Ein Fußgänger, der „gut zu Fuß ist", legt in einer Sekunde 1,6 m zurück. Er hat also die Geschwindigkeit $v = 1{,}6$ m/s. Welche Geschwindigkeit hat der Fußgänger in km/h? Wir ersetzen 1 m durch 1/1000 km und 1 s durch 1/3600 h und erhalten:

$$v = 1{,}6\,\frac{\text{m}}{\text{s}} = \frac{1{,}6 \cdot \frac{1\ \text{km}}{1000}}{\frac{1\ \text{h}}{3600}} = \frac{1{,}6 \cdot 3600\ \text{km}}{1000\ \text{h}} = 5{,}76\,\frac{\text{km}}{\text{h}}.$$

Drei Musterrechnungen

Die Berechnung der Geschwindigkeit:

Ein Auto durchfährt den Weg $s = 200$ m in der Zeit $t = 5$ s gleichförmig.
Gegeben: $s = 200$ m; $t = 5$ s
Gesucht: v

$$v = \frac{s}{t} = \frac{200\ \text{m}}{5\ \text{s}} = \frac{40\ \text{m}}{1\ \text{s}} = \frac{40 \cdot (1/1000)\ \text{km}}{(1/3600)\ \text{h}}$$
$$= \frac{40 \cdot 3600\ \text{km}}{1000\ \text{h}} = 40 \cdot 3{,}6\,\frac{\text{km}}{\text{h}} = 144\,\frac{\text{km}}{\text{h}}$$

Die Berechnung des Weges:

Wie lang ist der Weg s, den eine Radfahrerin in der Zeit $t = 20$ min mit der konstanten Geschwindigkeit $v = 20$ km/h zurücklegt?
Gegeben: $t = 20$ min; $v = 20$ km/h
Gesucht: s
Zum Berechnen von s haben wir noch keine Gleichung. Wir können aber auf $v = s/t$ die Regeln der Algebra anwenden. Wir multiplizieren die Gleichung $v = s/t$ auf beiden Seiten mit t und erhalten die Gleichung $v \cdot t = s$. Als Rechnung ergibt sich:

$$s = v \cdot t = 20\ \text{km/h} \cdot \tfrac{1}{3}\ \text{h} = 6{,}67\ \text{km}.$$

Die Berechnung der Zeit:

Welche Zeit t braucht ein Flugzeug ($v = 600$ km/h) für den Weg $s = 1000$ km?
Gegeben: $s = 1000$ km; $v = 600$ km/h
Gesucht: t
Um t zu erhalten, dividieren wir die Gleichung $s = v \cdot t$ auf beiden Seiten durch v und erhalten die Gleichung $s/v = t$:

$$t = \frac{s}{v} = \frac{1000\ \text{km}}{600\ \frac{\text{km}}{\text{h}}} = \frac{1000}{600}\ \text{h} = 1{,}67\ \text{h} = 1\ \text{h}\ 40\ \text{min}.$$

Kopfhaar	1 cm/Monat	Schneeflocke	20 cm/s
Schnecke	2 mm/s	Regentropfen	9 m/s
Pferd	60 km/h	Lawine	100 km/h
Schwertfisch	110 km/h	Orkan	300 km/h
Gepard	120 km/h	Mond um Erde	1 km/s
Schwalbe	300 km/h	Erde um Sonne	30 km/s
Strafstoß	100 km/h	Schall in Luft	340 m/s
Tennisaufschlag	260 km/h	Schall in Wasser	1,5 km/s
ICE	410 km/h	Schall in Eisen	5,8 km/s
Flugzeug	900 km/h	Licht	300 000 km/s

T1: Geschwindigkeiten

Interessantes

A. Wir messen die Schallgeschwindigkeit

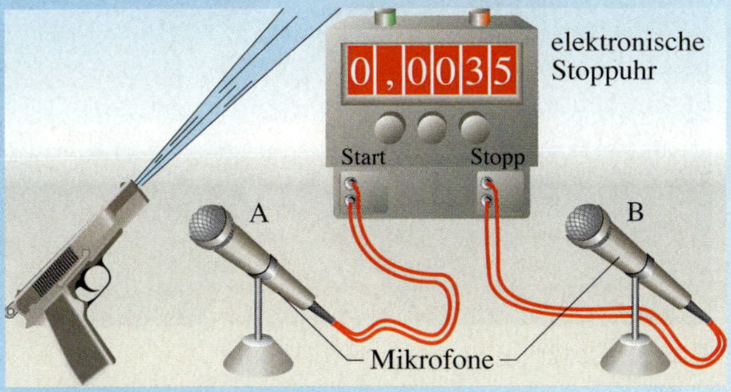

Das Bild zeigt einen Versuchsaufbau zur Messung der Schallgeschwindigkeit. Die verwendete elektronische Stoppuhr kann sehr kurze Zeiten messen (auf 0,1 ms genau). An die Stoppuhr sind zwei Mikrofone angeschlossen. Mit einer „Pistole" verursachen wir einen lauten Knall bei Mikrofon A. Damit starten wir die Uhr. Sie wird gestoppt, wenn der Schall das in seiner Laufrichtung aufgestellte Mikrofon B erreicht.

Wir stellen die Mikrofone in verschiedenen Entfernungen s auf und messen jeweils die Laufzeit t des Schalls. Die *Tabelle 2* gibt die Messwerte an:

s in m	0	0,40	0,80	1,20	1,60
t in s	0	0,0012	0,0023	0,0035	0,0047
v in m/s	–	333	348	343	340

T2: Schallgeschwindigkeit bei 20 °C Lufttemperatur

Wir erhalten für die Schallgeschwindigkeit $v = s/t \approx 340$ m/s. Da die benutzte Uhr nur bei vollen zehntausendstel Sekunden weiterschaltet, ist in der 2. Zeile die Ziffer in der letzten Stelle unsicher, sie kann um eine Einheit nach oben oder nach unten abweichen.
Die Schallgeschwindigkeit ist in verschiedenen Stoffen unterschiedlich groß. In Gasen ist sie am kleinsten, in festen Körpern am größten. *Tabelle 1* enthält einige Werte.

B. Messfehler; Messergebnisse sinnvoll angeben

In *Tabelle 2* ist die letzte Stelle der Längen s jeweils eine Null. Warum lässt man sie nicht weg?
Es ist doch 0,40 m = 0,4 m. Nun, die letzte Stelle hinter dem Komma deutet an, wie genau die Angabe ist. Der Maßstab hat vielleicht nur eine cm-Einteilung oder konnte nicht genau angelegt werden. Schätzt man diese Ungenauigkeit auf ±1 cm ein, so schreibt man besser $s = (0{,}40 \pm 0{,}01)$ m und gibt die Gründe der Schätzung an. So misst die Uhr nur auf ±0,0001 s genau, also ist $t = (0{,}0012 \pm 0{,}0001)$ s. Man nennt die Messunsicherheit kurz den geschätzten **absoluten Fehler** der Messung und schreibt dafür $\Delta s = 0{,}01$ m bzw. $\Delta t = 0{,}0001$ s. Gib im Zweifel besser einen etwas größeren Fehler an. Täusche keine übertriebene Genauigkeit vor.
Trotz gleicher absoluter Fehler sind die Messwerte für s nicht gleichwertig, ebenso wenig für t. Zur Bewertung gehört nämlich auch der Wert selbst.

So fällt $\Delta s = 0{,}01$ m bei $s = 0{,}40$ m mehr ins Gewicht als bei $s = 1{,}60$ m. Denn $\Delta s = 0{,}01$ m ist 2,5% von 0,40 m aber nur etwa 0,6% von 1,60 m. Ebenso ist $\Delta t = 0{,}0001$ s etwa 8% von 0,0012 s aber nur 2% von 0,0047 s. Zum Vergleich der Genauigkeit bildet man den so genannten **relativen Fehler** $\Delta s/s$ bzw. $\Delta t/t$ und gibt ihn in Prozent an. Dieser Quotient enthält keine Einheit mehr.
Wir verabreden folgende **vereinfachte Regel:**

- Der Fehler eines Produktes oder Quotienten ist gleich der Summe der relativen Fehler.
- Der Fehler einer Summe oder Differenz ist gleich der Summe der absoluten Fehler.

Welche Genauigkeit kommt dann $v = s/t = 340$ m/s zu? Wir addieren dazu vereinfacht die relativen Fehler und erhalten $\Delta v/v = 0{,}6\% + 2\% = 2{,}6\%$. Dann ist $\Delta v = 2{,}6\% \cdot v = 9$ m/s. Das Ergebnis lautet: $v = (340 \pm 9)$ m/s oder $v = 340$ m/s mit $\Delta v/v = 2{,}6\%$.

Aufgaben

A1: Ein Auto soll mit der konstanten Geschwindigkeit $v = 0{,}30$ m/s fahren. Berechne die Teilwege nach $t = 0$ s, 1 s, 2 s, 3 s, 4 s und zeichne ein t-s-Diagramm für diese Bewegung. Berechne den Weg s, den das Auto in 2,5 s zurücklegt, und die Zeit t, die es für 0,5 m braucht. Bestätige die Ergebnisse an Hand des Diagramms.

A2: Die Leitpfosten an der Autobahn haben einen Abstand von 50 m. Wie kannst du mit dieser Angabe die Anzeige des Tachometers bei 100 km/h überprüfen? Ist es zweckmäßig, als Weg 50 m zu wählen?

A3: Wie lange braucht das Licht von der Sonne zur Erde (150 Mio. km)? In der Astronomie werden Entfernungen in Lichtjahren angegeben; das ist der Weg, den das Licht in einem Jahr durchläuft. Wie lang ist er?

B1: Mit voller Kraft!

B2: Kraftwirkungen beim Kopfball

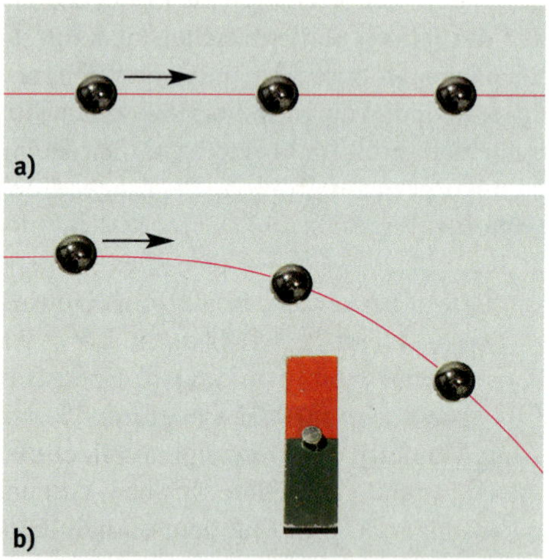

V1: a) Wir rollen eine Stahlkugel über eine Glasplatte. Die Bahn der Kugel ist geradlinig; die Kugel wird nicht beschleunigt. **b)** Nun legen wir zusätzlich einen Magneten auf die Glasplatte. Wenn die Kugel in die Nähe des Magneten kommt, wird sie beschleunigt oder verzögert. Die Kugel scheint einer Kreisbahn zu folgen.

Vertiefung

Eine Fähigkeit ist noch keine Kraft

Magnete haben die Fähigkeit, Eisen oder Stahl anzuziehen. Ist kein Eisen in der Nähe eines Magneten, so führt diese Fähigkeit zu keiner Kraft. Insbesondere dürfen wir *dem Magneten allein* noch keine Kraft zuordnen. Der Magnet kann sich z. B. nicht mit magnetischen Kräften von selbst in Bewegung setzen. Von einer Kraft können wir nur dann sprechen, wenn sie an einem Körper angreift und durch Kraftwirkungen erfahrbar wird.

Kräfte und ihre Messung

1. Kräfte ändern die Bewegung eines Körpers

Der Sportler in ➡ *Bild 1* wirft den Ball auf das Handballtor. Dabei spürt er die Anspannung seiner Muskeln. In der Sprache der Physik heißt das: *Der Spieler übt auf den Ball eine Kraft aus.* Die Zuschauer können die Muskelanspannung nur eingeschränkt beobachten. Sie sehen aber, wie stark und in welche Richtung der Ball beschleunigt wird. Dies sind *Wirkungen der Kraft*, die auch ein Zuschauer wahrnehmen kann.
Fliegt z. B. der Ball auf das Tor zu, ist es die Aufgabe des Torhüters, ihn zu „halten“. Dazu muss er den Ball mit einer großen Kraft abbremsen. Der Torhüter spürt die Kraft an den Händen oder am Körper. Wenn es dem Torwart gelingt, den Ball so abzulenken, dass dieser am Tor vorbeifliegt, hat er seine Aufgabe auch erfüllt. Um die Flugrichtung des Balls zu ändern, muss er ebenfalls eine Kraft auf ihn ausüben.

Wirkt eine Kraft auf den Ball, so wird dieser beschleunigt, abgebremst oder seine Flugrichtung wird verändert. Wir erkennen Kräfte daran, dass sie die *Bewegung* von Körpern *ändern.*

Die Stahlkugel aus ➡ *Versuch 1 a* rollt – einmal in Bewegung gesetzt – mit konstanter Geschwindigkeit über die Glasplatte; sie ändert ihre Bewegung nicht. Es wirkt parallel zur Glasplatte *keine* Kraft auf die Stahlkugel. Ein Magnet dagegen kann die Kugel beschleunigen bzw. verzögern; er kann auch ihre Bewegungsrichtung ändern (➡ *Versuch 1 b*). Er kann nämlich auf die Kugel eine Kraft ausüben. In jedem Fall wird die Bewegung der Kugel geändert. Die **Kraft** des Magneten auf die Stahlkugel ist die **Ursache** dafür.

2. Kräfte verformen Körper

Das ➡ *Bild 2* zeigt eine weitere Kraftwirkung: Der Kopf des Fußballspielers übt auf den Ball eine Kraft aus. Durch diese Kraft wird der Ball zunächst langsamer und dann wieder schneller.

Neben diesen Änderungen der Bewegung wird der Ball durch die Kraft verformt, wie das Foto eindrucksvoll zeigt. Mit den Händen können wir diese Verformung nachempfinden, indem wir den Ball etwas zusammendrücken. Jetzt wirken auf ihn zwei Kräfte in verschiedene Richtungen. Diesmal wird der Ball nur verformt und nicht beschleunigt.

Merksatz

Werden Körper verformt oder wird ihre Bewegung geändert, so greifen Kräfte an ihnen an.
Das Ändern der Bewegung eines Körpers bedeutet:
Der Körper wird durch die Kraft schneller, langsamer oder in eine Kurve gezwungen.

3. Das Prinzip der Kraftmessung

Wer misst, vergleicht eine Größe mit den Vielfachen einer Einheit. So kann die Länge eines Tisches z. B. mit 3 · 1 m (Einheit) bestimmt werden. Diese allgemeine Aussage über das Messen wollen wir nun auf die Situation zweier Mädchen übertragen, die „ihre Kräfte messen wollen“. Wie ermittelt man die Stärkere? Wievielmal so stark ist sie wie die andere?
Man könnte beim Schlagballweitwurf oder beim Kugelstoßen Kräfte vergleichen. Doch spielen dabei auch Geschicklichkeit und Übung eine Rolle. Also lassen wir die Schülerinnen nach ➠ *Bild 3* nacheinander an einem Expander ziehen. Ein Ende des Expanders ist an der Wandtafel sicher befestigt. Der Ort des rechten Griffes wird an der Tafel durch eine Kreidemarkierung festgehalten.
Wird der Expander von zwei Schülerinnen jeweils bis zur gleichen Marke verlängert, dann sagen wir, beide üben gleich große Kräfte aus. In der Sprache der Physik ist damit die *Maßgleichheit* für Kräfte festgelegt. Zum Messen brauchen wir aber auch noch eine *Einheit*. Wir legen als vorläufige Einheit die Kraft, die die Schülerin Ina ausübt, mit der Bezeichnung „1 Ina“ fest.
Was sollen aber „2 Ina“ sein? Jetzt brauchen wir Inas gleich starke Mitschülerin. Wir vereinbaren: Wenn beide am Expander in die gleiche Richtung ziehen, üben sie zusammen die Kraft „2 Ina“ aus. Drei Schülerinnen, die sich als gleich stark erwiesen haben, üben gemeinsam in gleicher Richtung die Kraft „3 Ina“ aus. Auf diese Weise erzeugen wir eine Kräfteskala. Wenn wir sie zusammen mit dem Expander aufbewahren, können wir später die Kraftmessungen weiterführen.
Die meisten Expander liefern eine ungleichmäßige Kräfteskala. Wir werden bald bessere Kraftmesser kennen lernen.

Merksatz

Zwei Kräfte, die denselben Körper gleich stark verformen, sind gleich groß.
Wenn Kräfte, die in einem Punkt eines Körpers angreifen, die gleiche Richtung haben, addieren sie sich.

B3: Expander als „Maßstab“ für Kräfte

Aufgaben

A1: a) Nenne alltägliche Vorgänge zu den Wirkungen einer Kraft. **b)** Stelle eine Liste mit alltagssprachlichen Begriffen zusammen, die jeweils das Wort „Kraft“ enthalten. **c)** Welcher dieser Begriffe verwendet „Kraft“ im physikalischen Sinne?

A2: Beschreibe anhand von ➠ *Bild 1* den Ablauf eines Wurfes. Berichte zunächst aus der Sicht des Werfers und dann aus der Sicht einer Zuschauerin. Der Ball kommt auf das Tor – der Torwart hält. Berichte aus seiner Sicht.

A3: Ein Boxer schlägt im Training viele Male auf einen schweren Sandsack. Beschreibe den Vorgang und verwende dabei die Begriffe aus dem oberen Merksatz.

A4: Das Bild zeigt einen Tennisball im Augenblick des Kontaktes mit den Schlägersaiten. Beschreibe den Vorgang. Welche Kräfte treten auf und was bewirken sie?

A5: Ein Fußballreporter ruft, ein Spieler habe den Ball gehalten, abgewehrt bzw. verlängert. Was hätte der Spieler tun müssen, wenn das wörtlich gemeint wäre? Beschreibe physikalisch den jeweiligen Vorgang und die Wirkung.

B1: Sir Isaac NEWTON, engl. Physiker

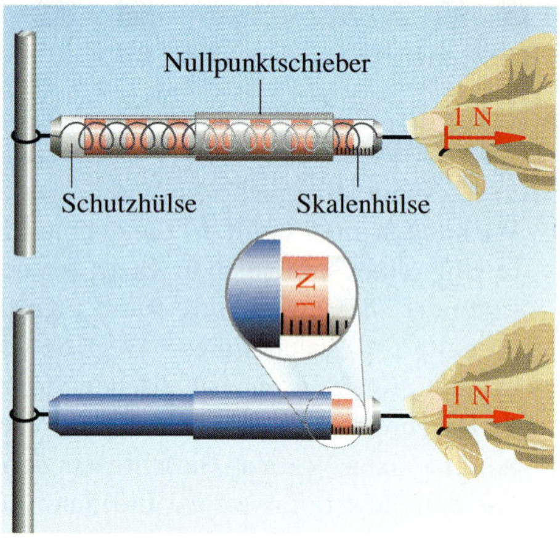

B2: Am Kraftmesser zieht rechts eine Hand mit der Kraft 1 Newton.

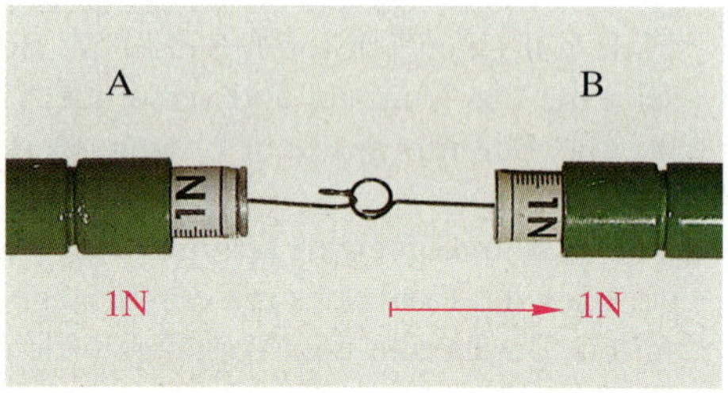

B3: Ein linker Partner hält Kraftmesser A nur fest, während ein rechter an Kraftmesser B mit der Kraft 1 N zieht.

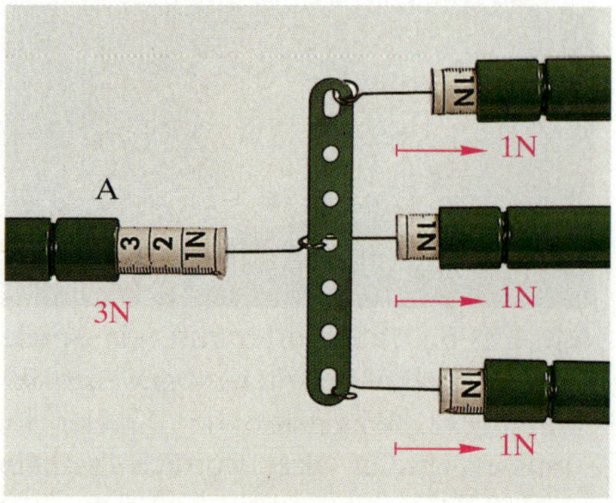

B4: Die Kräfte von je 1 N (rechts) addieren sich am linken Kraftmesser zu 3 N.

4. Kraftmesser und die Krafteinheit Newton

Kraftmesser sind kleine, aber präzise Expander. Sie enthalten nach ➠ *Bild 2* eine hochwertige Stahlfeder. Kraftmesser sind in der international vorgeschriebenen Krafteinheit, dem **Newton** (Abkürzung **N**) geeicht, zu Ehren des englischen Physikers Isaac NEWTON (➠ *Bild 1*), der wichtige Gesetze der Mechanik formuliert hat.

Merksatz

Die **Einheit der Kraft** ist **1 N** (**Newton**).

Unsere vorläufige Krafteinheit „1 Ina“ hatte ihren Sinn bei den prinzipiellen Überlegungen zur Kraftmessung. Regionale oder sogar individuelle Maßeinheiten sind hinderlich, deshalb gibt es weltweit einheitliche Maßeinheiten wie das Newton.

Der Kraftmesser in ➠ *Bild 2* besteht aus einer Schraubenfeder aus Stahldraht, einer Plastikhülse mit Skala und einer Schutzhülse. Das linke Ende der Feder ist mit der Schutzhülse verbunden, das rechte mit der Skalenhülse. Diese kann reibungsfrei aus der Schutzhülse gezogen werden. Wenn keine Kraft wirkt, stellen wir den Nullpunktschieber (dritte Hülse) auf den Skalenwert 0 N. Verlängert dann eine Kraft die Feder, so taucht ein Teilstrich mit 1 N auf. Verlängern wir die Feder bis zum Teilstrich 5, so üben wir eine Kraft von 5 N aus. Je nach Härte der Federn haben Kraftmesser verschiedene Messbereiche: empfindliche von 0 N bis 0,1 N oder von 0 N bis 1 N; robuste von 0 N bis 5 N usw.

5. Versuche mit Kraftmessern

➠ *Bild 3* zeigt, dass beide Kraftmesser die gleiche Kraft anzeigen, unabhängig davon, an welchem Ende man zieht. Kraftmesser messen also die Kraft, die sie erfahren, aber auch die, die sie auf einen anderen Körper ausüben. Betrachten wir den waagerechten Draht in ➠ *Bild 3* zwischen den Kraftmessern A und B. Er überträgt die Kraft 1 N von links nach rechts oder auch umgekehrt. Im Draht, also unterwegs, nimmt die Kraft weder zu noch ab, sie beträgt überall 1 N. Dieses gilt auch dann, wenn wir den Draht durch einen langen Faden, ein Gummiband oder mehrere Federn ersetzen.

➠ *Bild 4* zeigt rechts drei Kraftmesser, die parallel zueinander liegen. An jedem Kraftmesser wird mit 1 N nach rechts gezogen. Als „Resultat“ zeigt der linke Kraftmesser (A) die Kraft 3 N an. Die drei gleichgerichteten Kräfte von je 1 N haben sich zur der **resultierenden Kraft** 3 N addiert. Wenn die gleichgerichteten Kräfte unterschiedlich sind (z. B. 3 N, 7 N und 5 N) und wieder am gleichen Körper angreifen, dann addieren sie sich auch (hier: 15 N).

Merksatz

Wenn mehrere gleichgerichtete Kräfte am gleichen Körper angreifen, dann addieren sich ihre Beträge.

6. Kräfte sind Vektorgrößen

Die Wirkung einer Kraft ist mit ihrem Betrag und ihrer Richtung allein noch nicht eindeutig bestimmt. Stellen wir uns vor, dass eine bestimmte Kraft (Betrag und Richtung sind fest gewählt) auf eine geöffnete Tür wirkt. Greift die Kraft in der Nähe der Türangel an, so wird die Tür kaum gedreht. Greift sie aber in der Nähe des Griffes an, so bewegt sich die Tür leicht. Die Wirkung einer Kraft wird also von ihrem *Angriffspunkt* bestimmt.

Merksatz

Die Wirkung einer Kraft hängt ab:
- vom Angriffspunkt der Kraft,
- von der Richtung der Kraft,
- vom Betrag der Kraft.

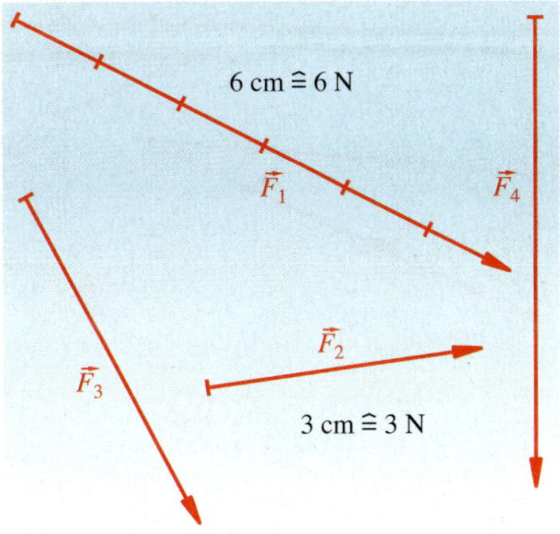

B 5: Kraftpfeile zeigen Richtung, Angriffspunkt und Betrag der Kraft an.

Kräfte stellen wir in physikalischen und technischen Zeichnungen symbolisch als **Pfeile** dar.
- Den Pfeil heften wir meist an den Punkt des Körpers, an dem die Kraft angreift, also an den Angriffspunkt.
- Die Spitze des Pfeils weist in die Kraftrichtung.
- Den Betrag der Kraft können wir durch die Länge des Pfeils kennzeichnen. Dazu vereinbaren wir für seine Länge einen Kräftemaßstab, z. B. 1 cm ≙ 1 N. Dann stellt in ➠ *Bild 5* ein 3 cm langer Pfeil eine Kraft vom Betrag $F = 3$ N dar.

Mit dem Buchstaben F kennzeichnen wir Kräfte (engl.: force = Kraft).
Physikalische Größen, die wir durch Pfeile darstellen können, denen also eine Richtung zukommt, nennen wir **Vektorgrößen**. Eine solche ist auch die *Geschwindigkeit*. Wir bezeichnen sie durch einen Pfeil über dem Buchstabensymbol: z. B. $\vec{F}$ oder $\vec{v}$. Sprechen wir nur vom Betrag, so schreiben wir den Buchstaben ohne Pfeil ($F = 30$ N, $v = 2$ m/s). Wenn man sagt, eine Kraft oder Geschwindigkeit sei doppelt so groß wie eine andere, so meint man, sie habe den doppelten Betrag (unabhängig von der Richtung).
Es gibt auch Größen, denen keine bestimmte Richtung zukommt, wie Volumen V und Zeit t. Wir nennen sie **skalare Größen**.

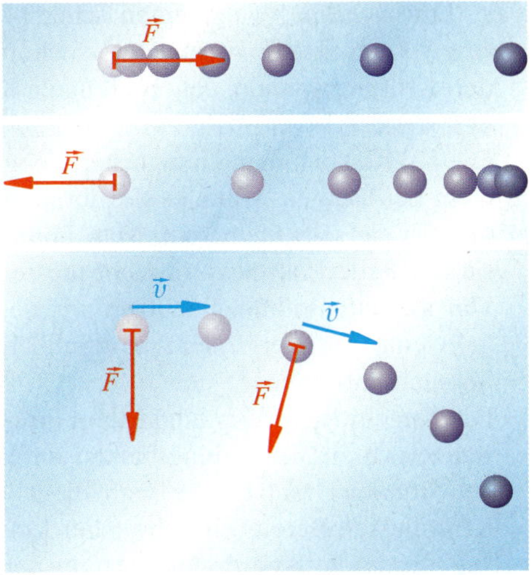

B 6: Bewegungen einer Kugel auf einer Glasplatte. Oben: Kraft in Bewegungsrichtung, Mitte: Kraft gegen die Bewegungsrichtung, Unten: Kraft senkrecht zur Bewegungsrichtung (Momentbilder in gleichen Zeitabständen).

Aufgaben

A 1: Denke dir vier Situationen aus, bei denen Kräfte wirken. Beantworte dazu folgende Fragen:
- Wer übt die Kraft aus?
- Wo greift die Kraft an?
- Wie lautet der Name der Kraft?
- Welche Kraftwirkung liegt vor?

A 2: Nimm einen Magneten zur Hand. Hat er für sich eine Kraft im Sinne der Physik? Was musst du tun, damit eine magnetische Kraft auftritt? Wie kannst du sie messen? Hängt sie nur vom Magneten ab?

A 3: In ➠ *Bild 6* sind Momentbilder einer Kugelbewegung dargestellt. Auf die Kugel wirkt eine Kraft. Sie ist durch die roten Pfeile in einigen Punkten dargestellt, die blauen Pfeile stehen für die momentane Bewegungsrichtung. Beschreibe die drei dargestellten Bewegungen, übertrage die Zeichnungen in dein Heft und ergänze sie durch weitere Kraft- und Bewegungspfeile.

A 4: Kann eine Kraft am gleichen Körper zwei verschiedene Wirkungen ausüben?

A 5: Max übt die Kraft 300 N aus. Wie könnte man sie mit 100 N-Kraftmessern nachmessen?

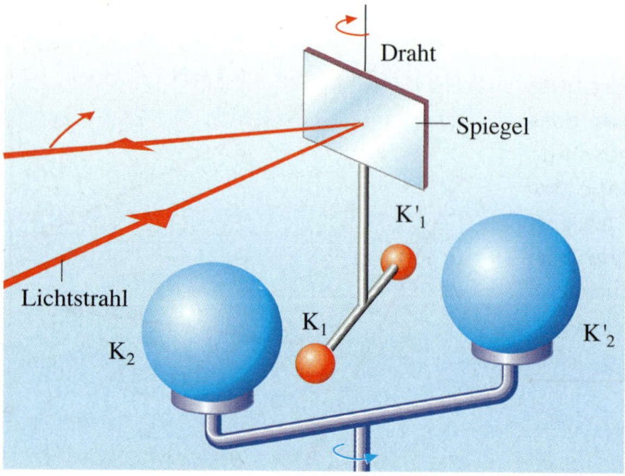

B1: Anziehungskräfte zwischen Kugeln

B2: Die Gewichtskraft zieht immer nach unten.

V1: Das ➡ *Bild 1* zeigt einen schematischen Versuchsaufbau zur Untersuchung der Kräfte zwischen den Bleikugeln K_1 und K_2.
Die Kräfte kann man im täglichen Leben nicht beobachten. Wenn es sie gibt, dann müssen sie sehr klein sein. Man könnte sie mit Federkraftmessern nicht messen. Um sie aufzuspüren, benutzen wir deshalb eine raffinierte, sehr empfindliche Versuchsanordnung.
Die Kugeln K_1 und K_1' hängen mit ihrem waagerechten Verbindungsbalken an einem dünnen Draht. Dieser Draht dient als Kraftmesser. Bereits ein schwacher Luftzug würde die Anordnung mitsamt dem Spiegel in Drehung versetzen. Deshalb ist diese Anordnung in einem geschlossenen Gehäuse untergebracht, das hier der Einfachheit halber nicht gezeichnet wurde.
Zunächst sei alles in Ruhe. Der am Spiegel reflektierte Lichtstrahl bewegt sich nicht. Nun drehen wir die beiden großen Kugeln K_2 und K_2' auf der blau gezeichneten Auflage außerhalb des Gehäuses. Dabei nähert sich K_2 der vorderen kleinen Kugeln K_1 von links. Kugel K_2' nähert sich der hinteren kleinen Kugel K_1' von rechts.
Wenn es richtig ist, dass sich diese Kugeln anziehen, dann kommt K_1 nach links und gleichzeitig K_1' nach rechts in Bewegung. Der Draht und der daran befestigte Spiegel drehen sich. Der am Spiegel reflektierte Lichtstrahl (rot) dreht sich mit. Dies geschieht tatsächlich, wenn auch sehr langsam.

Körper erfahren Gewichtskräfte

1. Was sind Gewichtskräfte?

Lassen wir einen Gegenstand los, so fällt er nach unten. Dabei wird er immer schneller. Der Gegenstand erfährt also eine nach unten wirkende Kraft. Man nennt sie **Gewichtskraft** oder auch **Schwerkraft**. An allen Orten der Erde fallen die Gegenstände zu Boden, deshalb sind in ➡ *Bild 2* die Pfeile für die Gewichtskräfte zur Erdmitte gezeichnet.
Aber nicht nur die Erde kann solche Kräfte ausüben. Astronauten erfuhren nämlich auch auf dem Mond eine Gewichtskraft, die allerdings viel kleiner war als auf der Erde. Also zieht auch der Mond Körper an. Er ist wie die Erde ein großer Materiebrocken. Wir fragen deshalb: Zieht vielleicht *jedes* Materiestück *jedes* andere an – wenn auch nur schwach?
Der ➡ *Versuch 1* gibt auf diese Frage eine Antwort: Zwischen den Kugeln bestehen Anziehungskräfte. Im Versuch sind die Kräfte sehr klein, die Anziehungskräfte sind bei der „riesigen Kugel“ Erde viel größer. Um magnetische Kräfte kann es sich nicht handeln, da auch unmagnetische Stoffe wie Blei, Wasser oder Holz Anziehungskräfte erfahren.

Merksatz

Beliebige Körper ziehen sich gegenseitig an.

Es ist also irreführend zu sagen, die Körper sind *schwer.* Jeder Körper erfährt nämlich eine Gewichtskraft erst von der Erde als Anziehungskraft. Diese kann also kein unveräußerlicher „Besitz“ eines Körpers sein. Hielten wir uns nämlich in einem Raumschiff weit weg von allen Himmelskörpern auf, so würden wir keine merkliche Gewichtskraft erfahren. Für sich allein haben Körper keine Gewichtskraft. Sie erfahren diese erst als Anziehungskraft, etwa von der Erde, dem Mond oder von anderen Himmelskörpern.

2. Ist die Gewichtskraft überall gleich?

Die Gewichtskraft zeigt nach ➠ *Bild 2* zur Erdmitte; sie hat also am Äquator eine ganz *andere Richtung* als an den Polen. Sind dann wenigstens die Beträge überall gleich? Wir wissen, dass die Erde keine exakte Kugel ist; die Pole liegen etwas näher am Erdmittelpunkt als der Äquator. Sehr genaue Kraftmesser zeigen, dass ein und derselbe Körper an den Polen eine etwas größere Gewichtskraft erfährt als bei uns. Unabhängig vom Material sind alle Körper an den Polen um 0,5% schwerer als am Äquator und um 0,25% schwerer als bei uns in Mitteleuropa.

Wenn ein Körper sich von der Erde entfernt, nimmt die Anziehungskraft auf ihn ab. Im doppelten Abstand vom Erdmittelpunkt, also in 6370 km Höhe über dem Boden, ist sie auf den vierten Teil gesunken, im dreifachen Abstand gar auf den neunten Teil.

Der Mond hat einen kleineren Radius und eine geringere Masse als die Erde. Er zieht alle Körper auf seiner Oberfläche nur mit dem 6. Teil der Gewichtskraft an, die sie auf der Erde erfahren würden (➠ *Bild 3*). Zieht also die Erde einen Körper mit $F = 6$ N an, so würde er an der Oberfläche des Mondes von diesem nur die Gewichtskraft 1 N erfahren. Deshalb konnten Raumfahrer auf dem Mond mit der gleichen Muskelkraft viel höher springen als bei uns. Dagegen ist auf dem größten Planeten des Sonnensystems, dem Jupiter, die Gewichtskraft, die ein Körper erfährt, 2,6-mal so groß wie bei uns.

Merksatz

Die Gewichtskraft, die auf einen Körper wirkt, hängt vom Ort ab. Dieses gilt für Betrag und Richtung.

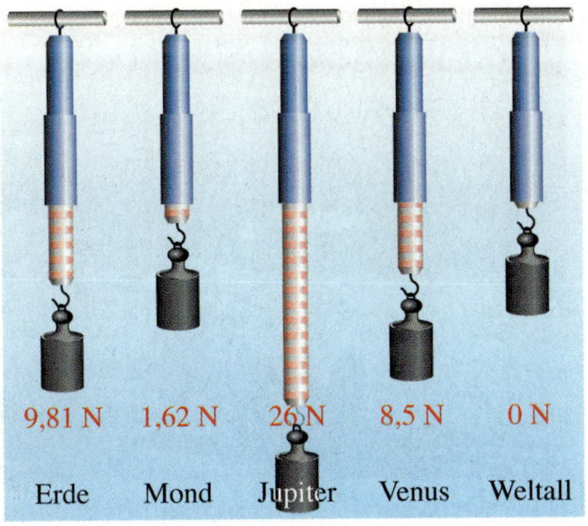

B3: Der Betrag der Gewichtskraft ein und desselben Körpers hängt vom Ort ab.

Kräfte auf die kleinen Kugeln in ➠ *Bild 1*	$1/10^9$ N
Gewichtskraft eines Normalbriefs	0,2 N
Gewichtskraft einer Schokoladentafel	1 N
Gewichtskraft von 1 l Wasser	10 N
Gewichtskraft eines Menschen	700 N
Zugkraft eines Pkw	5000 N
Zugkraft einer Lokomotive	15 000 N
Kraft der Erde auf den Mond	$2 \cdot 10^{20}$ N

T1: Verschiedene Kräfte

Aufgaben

A1: Nach ➠ *Bild 2* ist die Gewichtskraft von Körpern am Äquator anders gerichtet als an den Polen. Ein Weitgereister behauptet: „Überall, wo ich war, zeigte sie nach unten." Kläre den Widerspruch.

A2: Wir haben mit dem Expander waagerechte Zugkräfte der Größe „1 Ina", „2 Ina" usw. gemessen. Wie könnte man prüfen, ob 1 Ina auch die Gewichtskraft der Schülerin Ina ist, die diese von der Erde erfährt? Wäre sie überall gleich groß?

A3: Hänge an ein Gummiband einen Knetklumpen und markiere die Verlängerung. Deine private Krafteinheit heißt nun „1 Knet". Erzeuge die Kräfte 2 und 3 Knet. Muss dabei die Verlängerung des Bandes unbedingt doppelt bzw. dreifach sein? Wie bekommst du die Kraft 0,5 Knet? Wie bestimmt man, wie viel Newton einem „Knet" entsprechen?

A4: Ein Laborant misst mit einem Kraftmesser täglich die Gewichtskraft von weißen Mäusen. Eines Tages gibt er sie in cm statt in N an. Führe mit deinem Nachbarn über diese Idee eine Pro-und-Kontra-Diskussion. Protokolliere die verschiedenen Argumente.

A5: Wie müsste man beim Versuch nach ➠ *Bild 1* vorgehen, damit der reflektierte Lichtzeiger nach vorn und nicht nach hinten wandert?

A6: Ein zwischen zwei Kraftmessern gespannter Draht überträgt die Kraft 1 N von einem Kraftmesser zum anderen. Was ändert sich, wenn man den Draht durch eine Fadenschlinge aus zwei bzw. vier parallelen Fadenstücken ersetzt?

A7: Du möchtest mit einem Kraftmesser horizontal bzw. vertikal gerichtete Kräfte messen. Was musst du dabei beachten?

B 1: Astronaut J. IRVIN trägt auf dem Mond einen Tornister mit 84 kg Masse.

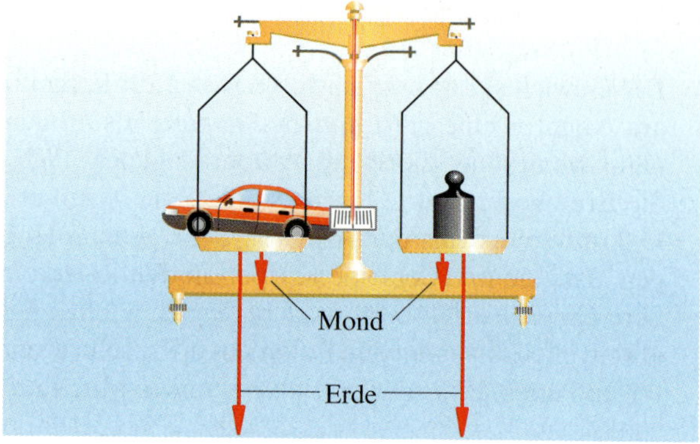

B 2: Die Balkenwaage zeigt auf der Erde wie auf dem Mond an, ob zwei Massen gleich sind.

V 1: Wir legen auf jede Schale einer Balkenwaage ein gleichartiges Spielzeugauto. Stehen beide Schalen in gleicher Höhe, so erfahren beide Autos die gleiche Gewichtskraft. Wir ersetzen ein Auto durch Wägestücke aus einem Wägesatz, sodass die Schalen wieder in gleicher Höhe stehen. Nun erfahren Auto und Wägestücke die gleiche Gewichtskraft. Dieser Vergleich ist viel genauer als bei der Benutzung von Federkraftmessern. Die tatsächliche Größe der Kräfte zeigt die Balkenwaage nicht an.

Vertiefung

Wägesätze

Ein Standardwägesatz enthält folgende Stücke: 500 g, 200 g, 200 g, 100 g, 50 g, 20 g, 20 g, 10 g, 5 g, 2 g, 2 g, 1 g.
Damit lassen sich alle Massen zwischen 1 g und 1110 g bestimmen, z. B.
768 g =
500 g + 200 g + 50 g + 10 g
+ 5 g + 2 g + 1 g.
Unterhalb der Grenze von einem Gramm gibt es auch Milligrammstücke.

Ein Wägesatz aus folgenden Stücken: 1 g, 2 g, 4 g, 8 g, 16 g, 32 g, 64 g, 128 g, 256 g, 512 g ermöglicht das Bestimmen von Massen bis 1023 g. Dieser Wägesatz umfasst zwar weniger Stücke, ist aber unpraktisch bei gebräuchlichen Massen:
100 g = 64 g + 32 g + 4 g bzw.
500 g =
256 g + 128 g+ 64 g + 32 g + 16 g + 4 g.

Körper haben Masse

1. Die Masse als „Besitz" eines Körpers

Eine Schokoladentafel (ohne Verpackung) erfährt auf der Erde die Gewichtskraft vom Betrag $G = 1$ N, auf dem Mond dagegen nur $\frac{1}{6}$ N. Dort zeigt ein Kraftmesser erst bei sechs Tafeln 1 N an. Daraus folgt nicht, dass ein Raumfahrer die sechsfache Menge an Schokolade braucht, um seinen Bedarf an Süßigkeiten zu erfüllen. Dass die Tafel Schokolade leichter geworden ist, liegt am Mond und nicht an der Schokolade.

Kaufleute benutzen keine Federkraftmesser, um ihre Warenmengen zu ermitteln, sondern Balken- oder Tafelwaagen, die ohne Federn auskommen (➠ *Bild 2*).
Worin liegt nun der Vorteil dieser Waagen gegenüber einem Federkraftmesser? Der ➠ *Versuch 1* legt nahe, dass Balkenwaagen genauere Ergebnisse liefern als Kraftmesser. Gehen wir nun aber in Gedanken auf den Mond. Dort belasten Warenmenge wie Wägestücke die Waagschalen je nur mit $\frac{1}{6}$ der Kraft (➠ *Bild 2*). Die Abnahme der Gewichtskraft wirkt sich allerdings auf beide Schalen gleich aus. Die Waagschalen sind auch auf dem Mond in gleicher Höhe, wenn sie es vorher auf der Erde waren. Balkenwaagen registrieren also Änderungen der Gewichtskraft durch Ortswechsel nicht; sie sind folglich *keine* Kraftmesser.

Balkenwaagen reagieren aber sehr empfindlich, wenn wir vom zu wiegenden Körper etwas wegnehmen oder etwas hinzufügen. Wir sagen, dabei ändere sich die Masse des Körpers. Deshalb schreiben wir zwei Körpern, die eine Waage zum Einspielen (Schalen in gleicher Höhe) bringen, die gleiche *Masse m* zu, selbst dann, wenn sie aus verschiedenen Stoffen bestehen (z. B. Spielzeugauto und Messing-Wägestücke). Mit Balkenwaagen werden also Massen *verglichen*.
An jedem Ort gilt: Körper gleicher Massen erfahren die gleiche Gewichtskraft.

Somit können wir mit Balkenwaagen
- Massen bestimmen,
- Gewichtskräfte $\vec{G}$ (Beträge G) aber nur vergleichen.

2. Die Einheit der Masse

Normale Schokoladentafeln tragen die Aufschrift 100 g. Mit 1 g oder 1 kg bezeichnen wir nämlich die **Einheit der Masse** m. Wie wir wissen, ist die Masse etwas anderes als die Kraft. Deshalb gibt es verschiedene Einheiten. **1 kg** ist die Masse eines bestimmten Normkörpers (aus Edelmetall), des so genannten *Urkilogramms*; es wird in Paris aufbewahrt. Zwei solche Körper erfahren am gleichen Ort die doppelte Gewichtskraft; sie haben die Masse 2 kg (➡ *Bild 3*).
Eine Balkenwaage spielt sich auf der Erde wie auf dem Mond ein, falls in der einen Schale eine Tafel Schokolade und in der anderen ein 100 g-Wägestück liegen. Beide haben unabhängig vom Ort die Masse 100 g. Die Angabe 100 g auf der Tafel bleibt bei der Reise auf den Mond gültig, nicht aber die Angabe $G = 1$ N. Die **Masse** kennzeichnet einen „Besitzstand" des Körpers, der im Gegensatz zur Gewichtskraft **nicht vom Ort abhängt**. Der Aufbewahrungsort für das Urkilogramm ist also beliebig.

Merksatz

Die Masse eines jeden Körpers bleibt beim Ortswechsel erhalten. Die Grundeinheit der Masse ist das Kilogramm (kg).
Körper, die am gleichen Ort die gleiche Gewichtskraft erfahren, haben die gleiche Masse. Erfährt ein Körper am selben Ort die n-fache Gewichtskraft wie ein anderer, so besitzt er überall die n-fache Masse.

Weitere Masseeinheiten sind:
1 kg = 1000 g; 1 g = 1000 mg (Milligramm); 1 t (Tonne) = 1000 kg.

3. Welche Gewichtskraft erfährt ein 1 kg-Stück?

Hängen wir einen Körper mit der Masse $m = 1$ kg an einen Kraftmesser, so zeigt dieser uns – wie überall in Mitteleuropa – die Gewichtskraft vom Betrag $G = 9{,}8$ N an. Also gehört die Gewichtskraft 1 N zur Masse $m = 1$ kg/9,8 = 102 g ≈ 0,1 kg. Das entspricht ziemlich genau einer Tafel Schokolade *mit* Verpackung.
Ein Grammstück erfährt in Mitteleuropa die Gewichtskraft 1 N/102 ≈ 0,01 N = 1 cN (**Zenti-Newton**).
Umgangssprachlich wird oft der Begriff „Gewicht" verwendet, wenn eigentlich die Masse gemeint ist. Wir sprechen z. B. vom Körper„gewicht" und geben es mit 45 kg an. Physikalisch korrekt wäre es, von der Körpermasse zu sprechen.

Merksatz

Ein Körper der Masse 1 kg erfährt in Mitteleuropa die Gewichtskraft vom Betrag 9,8 N ≈ 10 N.

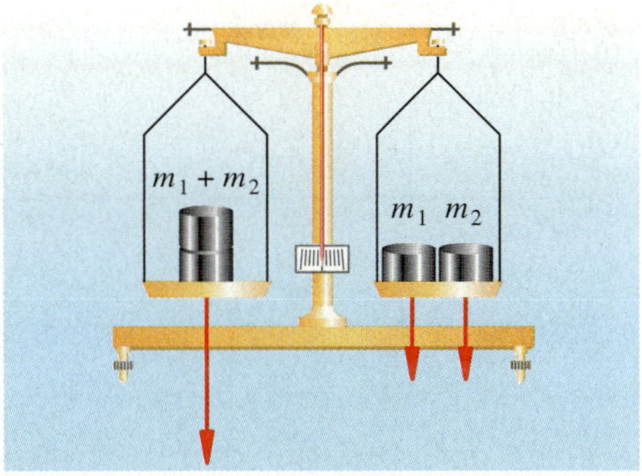

B3: Masse und Gewichtskraft

Aufgaben

A1: Man gab dem Urkilogramm so genau wie möglich die Masse von 1 l (1 dm³) Wasser (bei 4 °C). Prüfe diesen Zusammenhang – wenn möglich – zu Hause nach. Welche Masse hat 1 l Wasser auf dem Mond? Welche Gewichtskraft erfährt es dort?

A2: **a)** Kann man Massen auch mithilfe der Verlängerung von Federn vergleichen? Welche Einschränkung ist zu machen? **b)** Warum gibt man der Skala von Kraftmessern nicht die Einheit kg?

A3: **a)** Welche Masse m und welcher Betrag G der Gewichtskraft kommt dem Urkilogramm auf dem Mond zu? **b)** Tragen die Stücke unserer Wägesätze mit Recht die Aufschrift 1 kg und 1 g oder sollten sie durch 10 N und 1 cN ersetzt werden?

A4: Warum sagt man, Körper *haben* (besitzen) Masse und *erfahren* Gewichtskräfte?

A5: Das Urkilogramm wird in Paris aufbewahrt. Ist dies für seine Gültigkeit als Massenormal von Bedeutung?

A6: Anni benutzt einen alten Wägesatz, dessen kg-Stück mit einer Kruste überzogen ist. Damit wiegt sie Zucker ab und sagt, wegen der Kruste liege die Masse des Zuckers unter 1 kg. Susi widerspricht ihr. Diskutiere.

A7: **a)** Warum wird zusätzlich zum Begriff „Gewichtskraft" noch der Begriff „Masse" eingeführt? **b)** Warum werden in der Alltagssprache die Begriffe „Gewichtskraft" und „Masse" nur selten verwendet? Gibt es dafür Gründe?

Masse m in kg	Betrag G der Gewichtskraft in N	$g = \frac{G}{m}$ in $\frac{N}{kg}$
Auf der Erde		
1,000	9,80	9,8
0,500	4,90	9,8
0,300	2,94	9,8
0,200	1,96	9,8
0,102	1,00	9,8
Auf dem Mond		
1,00	1,60	1,6
0,50	0,80	1,6
0,30	0,50	1,7
0,20	0,32	1,6
0,10	0,16	1,6

T 1: Ortsfaktoren auf Erde und Mond

Mitteleuropa	9,81	Sonne	274
Äquator	9,78	Jupiter	26
Pole der Erde	9,83	Venus	8,5
Mond	1,6	Mars	3,7

T 2: Ortsfaktoren g in N/kg

Beispiel

Wenn deine Masse 60 kg beträgt, so erfährst du die Gewichtskraft
$G = m \cdot g = 60\ \text{kg} \cdot 9{,}8\ \text{N/kg} = 588\ \text{N}$
auf der Erde,
$G = m \cdot g = 60\ \text{kg} \cdot 1{,}6\ \text{N/kg} = 96\ \text{N}$
auf dem Mond und
$G = m \cdot g = 60\ \text{kg} \cdot 3{,}7\ \text{N/kg} = 222\ \text{N}$
auf dem Mars (theoretisch).

4. Wir berechnen die Gewichtskraft weltweit

➡ *Tabelle 1* zeigt den Betrag G der Gewichtskräfte von Wägestücken der Masse m auf Erde und Mond. Ein Stück mit der halben Masse erfährt am gleichen Ort auch nur die halbe Gewichtskraft.

Merksatz

Betrag G der Gewichtskraft und Masse m sind am gleichen Ort einander proportional.

Zwei Größen sind dann proportional, wenn ihre Quotienten konstant sind. In der dritten Spalte der ➡ *Tabelle 1* sind die Quotienten G/m errechnet. Diese Quotienten haben die Einheit N/kg. Die errechneten Quotienten sind tatsächlich für alle Messwertepaare gleich: Der Wert für die Erde beträgt 9,8 N/kg. Wir kürzen ab: $g = G/m = 9{,}8$ N/kg.

Die Einheit N/kg zeigt: Am Quotienten $g = G/m$ können wir insbesondere ablesen, wie groß die Gewichtskraft G (in N) ist, die ein Körper der Masse 1 kg erfährt. Der Quotient liefert bei uns 9,8 N je kg, und zwar unabhängig vom Körper, seinem Volumen und seinem Material.
Zwar sind die Gewichtskräfte auf dem Mond kleiner als auf der Erde, aber auch dort sind die Quotienten G/m für alle Körper konstant. Der Wert beträgt $g = 1{,}6$ N/kg. Ein Körper der Masse 1 kg erfährt auf dem Mond nur die Gewichtskraft 1,6 N.

Der Quotient $g = G/m$ hängt also vom Ort ab; wir nennen ihn **Ortsfaktor** g. Die ➡ *Tabelle 2* gibt Werte für mehrere Orte an. Das Wort „Faktor" zeigt eine weitere Bedeutung von g an:
Aus $G/m = g$ folgt nämlich $G = m \cdot g$.

Merksatz

Wir erhalten den Betrag G der Gewichtskraft eines Körpers an einem bestimmten Ort, wenn wir die nur vom Körper abhängige Masse m mit dem nur vom Ort abhängigen Ortsfaktor g multiplizieren: $\boldsymbol{G = m \cdot g}$.

All dies zeigt, dass Gewichtskraft und Masse zwei physikalische Größen sind, die wir streng voneinander unterscheiden müssen.

Vertiefung

Wie definiert man Größen?

Kräfte erkennt man daran, dass sie Körper verformen oder ihren Bewegungszustand ändern. Mit Kräften beschreiben wir also mechanische Einwirkungen auf Körper. Wenn wir einen Körper beleuchten, so wirken wir optisch auf ihn ein, nicht aber mechanisch; wir üben keine Kraft auf ihn aus, die ihn beschleunigen oder verformen würde.

Mit Balkenwaagen können wir weder die Helligkeit von Lampen noch die Größe von Flächen messen. Balkenwaagen und Wägesätze sind auf den Begriff Masse spezialisiert und grenzen diesen von anderen Größen – auch von Kräften – ab. Für „abgrenzen" sagen wir auch „definieren". Das Messverfahren mit Balkenwaage und Wägesatz definiert für uns den physikalischen Begriff Masse.

Aufgaben

A1: Jemand sagt: Fallende Steine besitzen ein Gewicht und werden deshalb beim Fallen von selbst schneller. Was sagst du dazu?

A2: a) Personenwaagen enthalten meist Federn (wie Kraftmesser). Trotzdem tragen sie die Maßbezeichnung kg. Unter welchen Voraussetzungen stimmt die Anzeige? **b)** Jemand steigt auf die Waage und stellt fest, dass er „Übergewicht" hat. Würde er auf dem Mond dasselbe Übergewicht feststellen? **c)** Warum schreibt der Gesetzgeber zum Kennzeichnen von Warenmengen das Kilogramm vor und nicht das mit Kraftmessern einfach zu messende Newton?

A3: Mit welchem Gerät wiegen wir Erbsen mit einer Gewichtskraft von 10 N ab? Bekäme man damit bei uns, an den Polen, am Äquator, auf dem Mond immer die gleiche Anzahl Erbsen? (Denke an die Gewichtskraft, die eine Erbse erfährt und betrachte ➡ *Bild 1*).

A4: Ein Kaufmann wiegt bei uns 100 g Erbsen mit der Balkenwaage ab. Müsste er am Nordpol weniger Erbsen auf die Waagschale legen ➡ *Bild 1*)?

A5: a) Kann man Gewichtskräfte auch mit der Balkenwaage vergleichen? Kann man mit ihrer Hilfe Gewichtskräfte in N angeben, wenn man den Ortsfaktor des Messortes kennt? **b)** Welche Gewichtskraft erfährt der Tornister von IRVIN auf dem Mond? Könnte man ihn auch auf dem Mars oder dem Jupiter tragen?

A6: Ein Körper hängt an einer Federwaage. Sie zeigt auf der Erde 9,81 N, dem Mond 1,62 N, auf Jupiter 26 N, der Venus 8,5 N und im Weltall 0 N. Wie groß ist seine Masse? Kann man sagen, ob er überall dieselbe Masse hat? Welches Problem tritt dabei im Weltall – weitab von allen Himmelskörpern – auf?

A7: Ein Körper hat die Masse 100,0 kg. Um wie viel Newton ändert sich die Gewichtskraft bei einer Reise vom Nordpol über Mitteleuropa bis hin zum Äquator?

A8: Auf der Venus erfährt ein Körper die Gewichtskraft 43 N. Welche Masse hat er? Stelle für dort eine Tabelle gemäß ➡ *Tabelle 1* auf. Welche Gewichtskräfte würdest du dort erfahren?

A9: Astronauten haben sich im Weltraum verirrt. Sie landen auf einem Planeten und bestimmen dort die Gewichtskraft eines Körpers der Masse 20 kg zu 74 N. Welche Messgeräte benutzen sie? Wie können sie mithilfe der Tabelle der Ortsfaktoren ihren Landeplatz bestimmen?

A10: Jemand kauft 100 g Schokolade und 13 N Erbsen und sagt, er habe nun insgesamt 600 g Lebensmittel. Auf welchem Planeten könnte dies gelten (➡ *Tabelle 2*)?

Merke: Eine Masse kann man zu einer Gewichtskraft genauso wenig addieren wie eine Strecke zu einer Zeit.

A11: Ein Stück Platin erfährt an den Polen die Gewichtskraft 10,00 N. Wie groß wäre sie am Äquator, wie groß in 6370 km Höhe, wie groß auf dem Mond bzw. dem Planeten Jupiter?

A12: Ein Forscher berichtet, er habe mit einer überaus empfindlichen Balkenwaage nachgewiesen, dass die Gewichtskraft eines Körpers auf dem Matterhorn geringer sei als im Tal. Was sagst du dazu (➡ *Bild 2 a*)?

A13: In einem Labor wurde die Gewichtskraft desselben Körpers über mehrere Monate hinweg sehr genau gemessen. Sie nahm im Winter ab, als man den Kohlenkeller darunter leerte. Begründe dies. Welche Art Messgerät wurde (➡ *Bild 2 b*) benutzt?

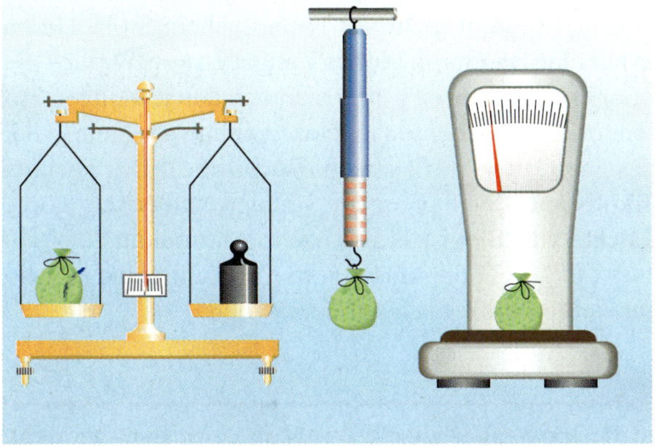

B1: zu A 3, A 4: Erbsenzählen am Äquator und an den Polen mit Waagen und Kraftmessern

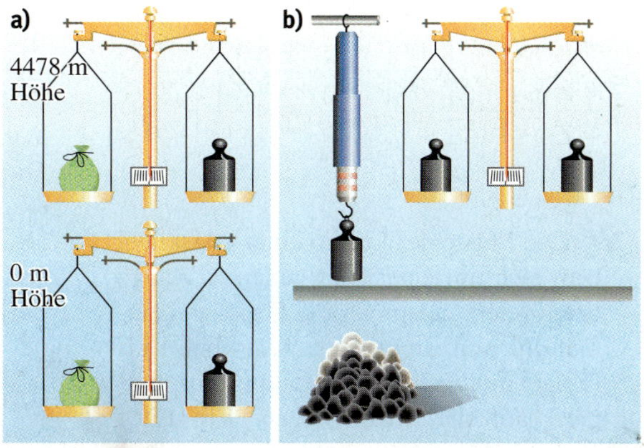

B2: a) Zu A 12: Spielt die Waage auch auf dem Berg ein? **b)** Zu A 13: Kohlen im Keller beeinflussen *G*.

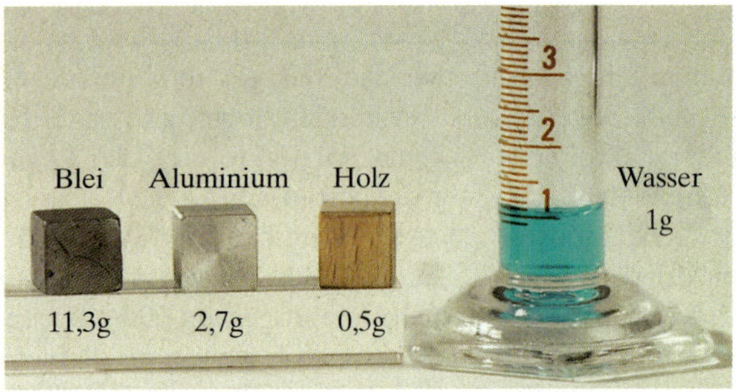

B1: Die Masse von 1 cm^3 verschiedener Stoffe

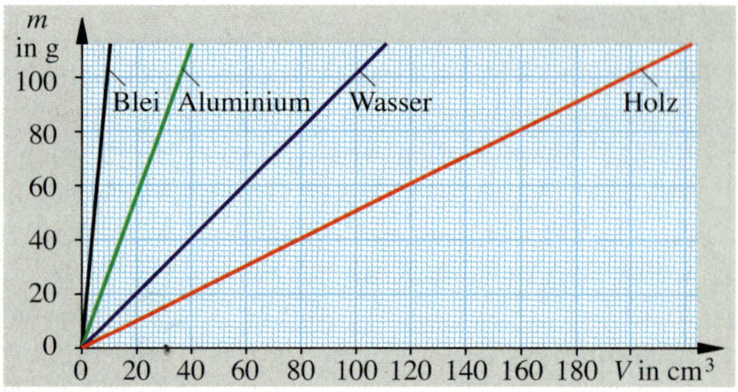

B2: Bei homogenen Stoffen ist *m* proportional zu *V*.

V1: Wir bestimmen die Masse von einigen Bleikügelchen mit einer Balkenwaage. Mithilfe eines Überlaufgefäßes können wir das Volumen der Kügelchen feststellen.

V2: Bestimme die Masse von 5 cm^3 Wasser (in g). Was fällt dir beim ermittelten Zahlenwert auf?

V3: Ermittle die Masse *m* und das Volumen *V* mehrerer Aluminiumstücke. Die ➠ *Tabelle 1* enthält mögliche Messwerte.

V in cm^3	10	20	30	40
m in g	27	54	80	110
m/V in g/cm^3	2,7	2,7	2,67	2,75

T1: Messwerte für *m*/*V* für Aluminium

V4: Wir bestimmen die Massen von Holzquadern. Ihr Volumen berechnen wir als das Produkt aus den drei Kantenlängen. Die Tabelle zeigt einige Messwerte.

V in cm^3	30	60	90	90	45
m in g	15	31	44	60	29
m/V in g/cm^3	0,5	0,52	0,49	0,67	0,64

V5: Die Masse der Luft in einer Glaskugel lässt sich mit einer sehr genauen Waage bestimmen, indem wir die Glaskugel einmal mit und ein weiteres Mal ohne Luft (Kugel mit einer Vakuumpumpe auspumpen) auf die Waage legen. Ein Liter (1 dm^3) der uns umgebenden Luft hat die Masse 1,29 g. Der Quotient *m*/*V* hat also den Wert 0,00129 $\frac{g}{cm^3}$.

Stoffe haben eine Dichte

1. Ist Blei schwerer als Aluminium?

Ein Bleikügelchen ist leichter als ein Aluminiumtopf. Trotzdem sagen wir, Blei ist schwerer als Aluminium. Das ist kein Widerspruch. Im ➠ *Bild 1* sind die Massen von 1 cm^3-Würfeln aus verschiedenen Stoffen angegeben. Danach beträgt die Masse eines solchen 1 cm^3-Würfels aus Blei 11,3 g, eines Würfels aus Aluminium aber nur 2,7 g.

In ➠ *Versuch 1* werden die Masse und das Volumen einiger Bleikügelchen bestimmt. Um die Masse von 1 cm^3 dieser Bleikügelchen zu ermitteln, müssen wir keinen neuen Versuch durchführen, uns genügt eine einfache Rechnung:

$$\frac{m}{V} = \frac{3{,}4\,\text{g}}{0{,}3\,\text{cm}^3} = 11{,}3\,\frac{\text{g}}{\text{cm}^3}.$$

Das Ergebnis zeigt: Die Masse von 1 cm^3 Blei ist 11,3 g.

Der Quotient *m*/*V* ist auch für die übrigen Stoffe sinnvoll (➠ *Versuche 2, 3* und *4*). ➠ *Versuch 3* zeigt, dass zum *n*-fachen Volumen *V* auch die *n*-fache Masse *m* gehört. Die entsprechenden Messpunkte liegen auf einer Ursprungsgeraden. Also gilt bei Körpern aus einheitlichem Stoff: **Die Masse *m* ist dem Volumen *V* proportional**.

Für Holz ist der Quotient *m*/*V* keine Konstante. Holz ist ein Naturprodukt, und besteht nicht aus einheitlichem Stoff. Deshalb kann man nur eine Bandbreite für *m*/*V* angeben (➠ *Versuch 4*).

Der Quotient *m*/*V* beschreibt offensichtlich den jeweiligen Stoff. Wir führen für den Quotienten als Bezeichnung $\varrho = \frac{m}{V}$ ein. ϱ heißt **Dichte** des Stoffes (ϱ (rho): griech. Buchstabe). Die Dichte ist eine **Stoffkonstante**. Sie hängt nicht von den Maßen des Körpers ab. Die Dichte von Blei ist 11,3 $\frac{g}{cm^3}$, von Aluminium 2,7 $\frac{g}{cm^3}$ und von Wasser 1,0 $\frac{g}{cm^3}$. Da die Masse vom Ort nicht abhängt, gelten die Dichtewerte überall, auch auf dem Mond.

Merksatz

Unter der **Dichte** ϱ eines Körpers verstehen wir den Quotienten aus der Masse *m* und dem Volumen *V*: $\varrho = \frac{m}{V}$.
Die Dichte kennzeichnet den Stoff eines Körpers.

Luft	≈ 0,0013	Glas, Marmor	≈ 2,5
Kork	≈ 0,2	Aluminium	2,70
Holz	0,3 – 1,1	Eisen	7,86
Benzin	0,70	Kupfer	8,93
Alkohol	0,79	Silber	10,5
Wasser	1,00	Quecksilber	13,55
Magnesium	1,74	Gold	19,3

T 2: Dichte in $\frac{\text{g}}{\text{cm}^3}$ bei 20 °C

2. Wozu können wir die Dichte benutzen?

Welcher Stoff ist das? Masse und Volumen von zwei ähnlich aussehenden Metallstücken betragen $m_1 = 120$ g; $V_1 = 44{,}5$ cm³ und $m_2 = 113$ g; $V_2 = 65$ cm³. Ihre Dichten sind also $\varrho_1 = m_1/V_1 = 2{,}70\,\frac{\text{g}}{\text{cm}^3}$ und $\varrho_2 = m_2/V_2 = 1{,}74\,\frac{\text{g}}{\text{cm}^3}$.
Nach ➡ *Tabelle 2* handelt es sich um die Metalle Aluminium und Magnesium.

Welche Masse liegt vor? Es sollen 2 m³ Sand transportiert werden. Ein Lkw mit 3 t (= 3000 kg) Nutzlast ist verfügbar. Reicht eine Fahrt aus? An einer kleinen Sandprobe wird die Sanddichte ermittelt: $\varrho = 1{,}7\,\frac{\text{kg}}{\text{dm}^3}$. Da 2 m³ = 2000 dm³ sind, beträgt die Sandmasse $m = \varrho \cdot V = 2000\ \text{dm}^3 \cdot 1{,}7\,\frac{\text{kg}}{\text{dm}^3} = 3400$ kg.
Eine Fahrt reicht also nicht.
Betrachten wir das gleiche Volumen ($V = 2$ m³) aus Styropor® ($\varrho = 0{,}017\,\frac{\text{kg}}{\text{dm}^3}$). Es hat nur die Masse
$m = 0{,}017\,\frac{\text{kg}}{\text{dm}^3} \cdot 2000\ \text{dm}^3 = 34$ kg.
Styropor® ist ein Schaumstoff und enthält viel Luft.
Ein Zimmer, dessen Grundfläche 40 m² und dessen Höhe 2,5 m beträgt, hat das Volumen $V = 100$ m³. Die Masse seiner Luft beträgt: $m = \varrho \cdot V = 0{,}0013\,\frac{\text{kg}}{\text{dm}^3} \cdot 100 \cdot 10^3\ \text{dm}^3 = 130$ kg.

Welches Volumen? Geht 1 kg Quecksilber mit der Dichte $\varrho = 13{,}6\,\frac{\text{g}}{\text{cm}^3}$ in ein 100 cm³-Becherglas? Sicherheitsbestimmungen verbieten ein Ausprobieren. Wir müssen rechnen und lösen die Gleichung $m = \varrho \cdot V$ nach V auf:
$V = m/\varrho = 1000\ \text{g}/(13{,}6\,\frac{\text{g}}{\text{cm}^3}) = 73{,}5\ \text{cm}^3$. Das Becherglas wäre groß genug.

Merksatz

Berechnung der Masse:	$m = \varrho \cdot V$
Berechnung des Volumens:	$V = \frac{m}{\varrho}$

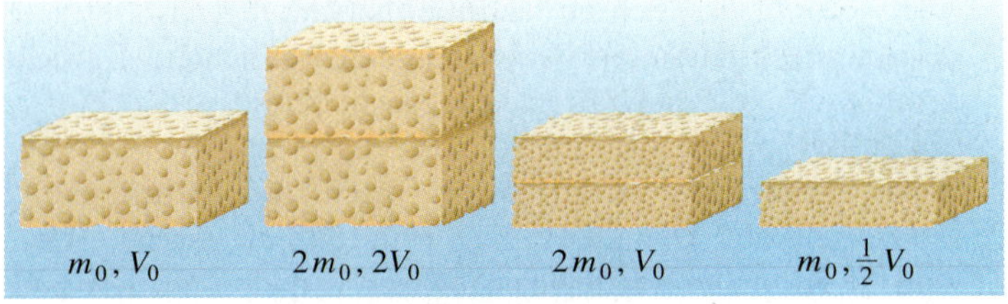

B 3: Dichte von „Tafelschwämmen"

Aufgaben

A 1: In ➡ *Versuch 4* gibt eine Tabelle die Masse und das Volumen verschiedener Holzstücke an. Trage die Messwerte entsprechend ➡ *Bild 2* auf. Handelt es sich hierbei stets um die gleiche Holzsorte?

A 2: a) Du willst in ➡ *Bild 2* die Massen ablesen, die jeweils zum Volumen 20 cm³ gehören. Zeichne ins *V*-*m*-Diagramm ein, wie du vorgehst. **b)** Ermittle die Volumina der verschiedenen Stoffe, die jeweils zur Masse 50 g (100 g) gehören. Zeichne ins *V*-*m*-Diagramm ein, wie du vorgehst.

A 3: a) Bestimme das Volumen von 54 g Aluminium zunächst nach ➡ *Bild 2* und dann durch Rechnung. **b)** Ermittle auf beide Arten die Masse von 30 cm³ Aluminium.

A 4: Berechne die Masse einer 8,0 mm dicken Schaufensterscheibe, die 4,00 m lang und 2,00 m hoch ist.

A 5: Schätze die Masse von 1 m³ Marmor ab und berechne sie anschließend. Welche Gewichtskraft erfährt der Block bei uns?

A 6: Welches Volumen hat 1 kg Spiritus (Alkohol)? Welches Volumen hat die Alkoholmenge, die gleich viel wiegt wie 1 l (dm³) Quecksilber?

A 7: Von zwei volumengleichen Körpern hat der eine die dreifache Masse. Zwei andere Körper haben die gleiche Masse, der eine hat jedoch das fünffache Volumen. Wie verhalten sich jeweils die Dichten beider Körper?

A 8: ➡ *Bild 3* zeigt modellhaft vier „Tafelschwämme". Vergleiche deren Dichten miteinander, indem du die Quotienten m/V bildest und die Ergebnisse miteinander vergleichst.

A 9: a) Welches Volumen hat eine Styropor®-Scheibe mit der Masse 100 g ($\varrho = 0{,}017\,\frac{\text{g}}{\text{cm}^3}$)? **b)** Styropor® besteht aus einem Stoff, der luftfrei die Dichte $1{,}7\,\frac{\text{g}}{\text{cm}^3}$ hat. Macht man ihn flüssig und mischt Luft in feinen Bläschen hinzu, so entsteht nach dem Erhärten der „Schaumstoff". Wie viel cm³ Luft enthält 1 cm³ Styropor®? Von der Masse der Luft sehe man ab.

A 10: Ermittle die Masse der Luft im Physiksaal. Erläutere, ob sie täglich gleich groß ist.

B 1: Tauziehen – Kräfte im Vergleich

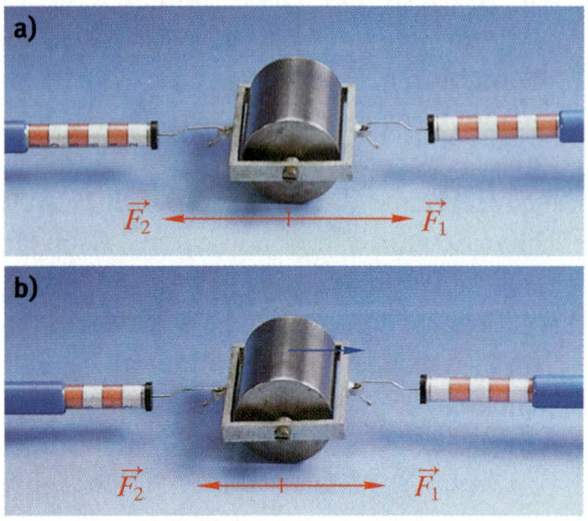

V 1: Wir ziehen an der ruhenden Walze mit Federkraftmessern in entgegengesetzte Richtungen. Zugleich messen wir die Beträge F_1 bzw. F_2 der beiden Kräfte. **a)** Wenn wir mit gleich großen Kräften ziehen, dann bleibt die Walze in Ruhe. **b)** Ziehen wir dagegen mit verschieden großen Kräften, so setzt sich die Walze in Bewegung – und zwar in Richtung der größeren der beiden Kräfte.

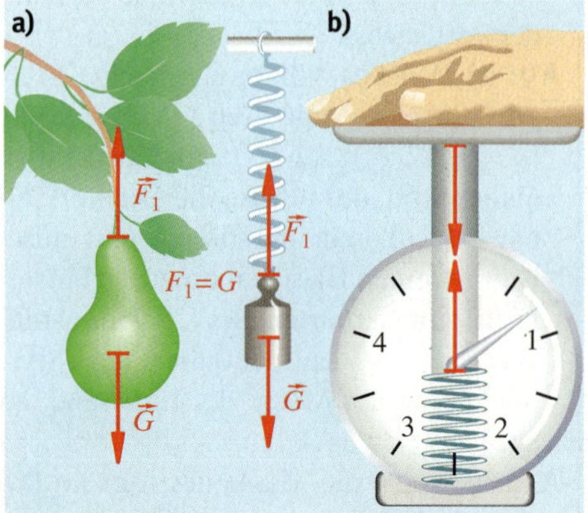

B 2: Kräftegleichgewicht an **a)** einem Zweig, **b)** einer Druckfeder

Kräftegleichgewicht

1. Kräfte wirken – und doch keine Bewegung

Beim Tauziehen kommt es auf die rote Marke in der Mitte an (➠ *Bild 1*): Jede Gruppe versucht mit großer Kraft, sie auf die eigene Seite zu ziehen. Wenn sich die Marke aber trotzdem nicht bewegt, was können wir dann folgern?

Mit ➠ *Versuch 1* untersuchen wir einen solchen Fall, indem wir die beteiligten Kräfte messen. Es zeigt sich: Bei kleinen wie bei großen Kräften bleibt die Walze in Ruhe, sofern folgende Bedingung erfüllt ist:
Die Beträge der entgegengesetzt gerichteten Kräfte sind gleich groß, d.h. es gilt: $F_1 = F_2$. Man sagt dann: Die beiden Kräfte befinden sich im **Kräftegleichgewicht**.

Wenn dagegen die Beträge dieser Kräfte nicht gleich, sondern verschieden groß sind, wenn also z.B. $F_1 > F_2$ gilt, so setzt sich die Walze in Bewegung – in Richtung der größeren Kraft. Dann sind die Kräfte nicht im Kräftegleichgewicht.
Bei einem Körper in Ruhe *kann* es sein, dass gar keine Kraft an ihm angreift. Es ist aber auch möglich, dass an dem Körper zwei Kräfte angreifen, die sich im Kräftegleichgewicht befinden.

Was gilt nun für eine Birne, die in Ruhe an einem Zweig hängt? An der Birne zieht die Gewichtskraft nach unten (➠ *Bild 2 a*). Der Zweig wurde dadurch *gekrümmt* – und aufgrund dieser Verformung bringt der Zweig eine Kraft nach oben auf. Je größer die Verformung ist, desto größer ist die Kraft des Zweiges – ganz ähnlich wie die Kraft einer Druckfeder. Der Zweig hat sich genau so weit verformt, dass sich die nach oben gerichtete Kraft (Betrag F_1) und die nach unten, also entgegengesetzt gerichtete Gewichtskraft (Betrag G) im Kräftegleichgewicht befinden: $G = F_1$.

Eine *gegengleiche* Kraft bringt auch die Druckfeder in ➠ *Bild 2 b* auf, wenn z.B. eine Hand auf sie drückt. Wieder sind die Kräfte im Kräftegleichgewicht. Je mehr sich diese Feder verkürzt, desto größer ist die Kraft, die an der Feder angreift.

2. Eine Kraft als Ersatz für zwei

Bild 3 a zeigt zwei Kinder, wie sie Kräfte auf einen Einkaufswagen ausüben: Der Wagen wird in Bewegung gesetzt. Also sind die Kräfte nicht im Kräftegleichgewicht. Die beiden Kräfte sind von *gleichem Betrag* und *gleicher Richtung*, sie sind also nicht gegengleich. Den Wagen kann sogar *ein* Kind allein genau so in Bewegung bringen. Dazu muss es jedoch die zwei Kräfte durch *eine* den beiden gleichwertige Kraft ersetzen, die so genannte **Ersatzkraft**, auch die **Resultierende** der Einzelkräfte genannt. Haben diese gleiche Richtung, so ist der Betrag der Ersatzkraft gleich der Summe der Einzelbeträge. Nur dann gilt mit $F_1 = F_2 = 30\ \text{N}$:

$$F_{\text{Ersatz}} = F_1 + F_2 = 30\ \text{N} + 30\ \text{N} = 60\ \text{N}.$$

In *Bild 3 b* üben die Kinder in entgegengesetzten Richtungen Kräfte aus. Der Wagen setzt sich auch diesmal in Bewegung. Es gibt also wieder kein Kräftegleichgewicht. Die eine Kraft ist größer als die andere ($F_1 > F_2$). Weiter gilt: Der Wagen setzt sich umso stärker in Bewegung, je größer der Unterschied zwischen den beiden Kräften, je größer also die Differenz $F_1 - F_2$ ist. Wenn die Kraftrichtungen entgegengesetzt sind, dann liefert diese Differenz der Einzelbeträge den Betrag der Ersatzkraft. Hier wäre es falsch, die Summe zu nehmen. Gemäß *Bild 3 b* erhalten wir:

$$F_{\text{Ersatz}} = F_1 - F_2 = 30\ \text{N} - 20\ \text{N} = 10\ \text{N}.$$

Auch in *Bild 3 c* wirken die Kräfte der beiden Kinder in entgegengesetzten Richtungen, nun aber mit gleichen Beträgen. Der Wagen bleibt in Ruhe stehen, die Kräfte befinden sich im Kräftegleichgewicht. Das Ergebnis ist so, als ob gar keine Kraft auf den Wagen wirken würde. Für die Ersatzkraft gilt nun:

$$F_{\text{Ersatz}} = F_1 - F_2 = 30\ \text{N} - 30\ \text{N} = 0\ \text{N}.$$

Merksatz

Die Kräfte an einem Körper lassen sich durch *eine* **Ersatzkraft** ersetzen (sie wird auch deren Resultierende genannt). Ist die **Ersatzkraft null**, so sind die Kräfte im Gleichgewicht. Ein ruhender Körper bleibt dann in Ruhe. Ist die **Ersatzkraft** an einem ruhenden Körper **ungleich null**, dann wird er in Bewegung gesetzt.

Statt zu sagen: „Die Kräfte sind im Kräftegleichgewicht“, ist es auch üblich zu sagen: „Die Kräfte heben sich *in ihrer Wirkung* auf“. Die Kräfte sind aber keineswegs verschwunden, sie sind weiterhin vorhanden. Wir erkennen sie manchmal daran, dass sie einen Körper *verformen* (*Bild 4*) oder *drehen* (*Bild 5*).

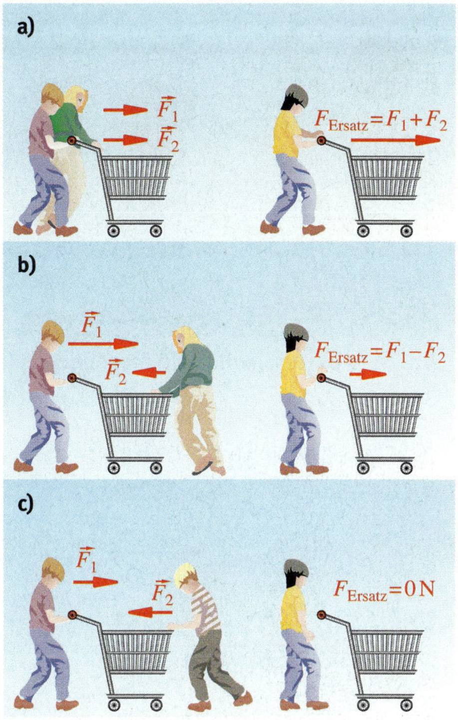

B3: Wie groß ist jeweils die Ersatzkraft?

B4: Verformung bei Kräftegleichgewicht

B5: Drehung bei Kräftegleichgewicht

Aufgaben

A1: Wie in *Bild 1* wirken vier Kräfte mit den Beträgen 410 N, 295 N, 315 N, 335 N nach rechts. Bei Kräftegleichgewicht sind drei Beträge der nach links wirkenden Kräfte bekannt: 295 N, 370 N, 365 N. Mit welchem Kraftbetrag zieht der achte Teilnehmer?

A2: Zwei gleich große Kräfte können einen Körper verformen. Gib Beispiele an, mit denen dies vorgeführt werden kann.

B1: Was unterscheidet die fliegenden Bälle?

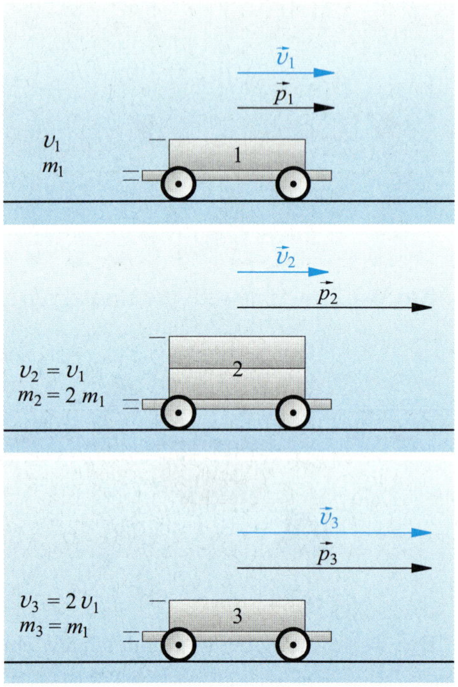

B2: Der gleich schnelle Wagen 2 hat die doppelte Masse, der gleich schwere Wagen 3 hat die doppelte Geschwindigkeit von Wagen 1. Die beiden Impulspfeile von Wagen 2 und 3 sind doppelt so lang wie der von Wagen 1.

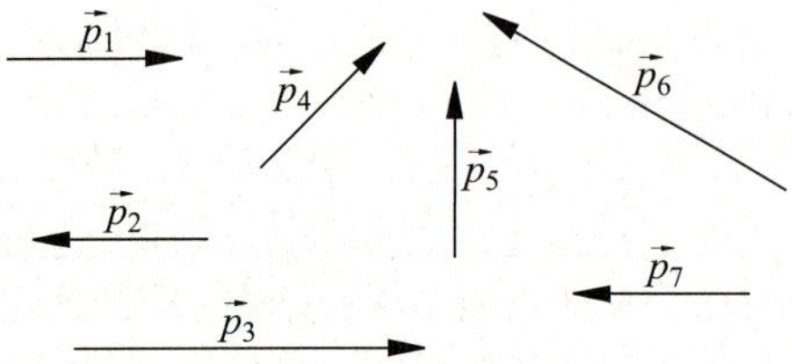

B3: Impulspfeile unterschiedlicher Beträge oder Richtungen

Bewegte Körper haben Impuls

Ein Medizinball großer Masse wurde mit viel Schwung abgeworfen (➠ *Bild 1, links*). Du weichst ihm aus, weil du seine Wucht fürchtest. Den gleich schnellen Handball fängst du jedoch, ohne ins Wanken zu geraten (➠ *Bild 1, Mitte*). Erst wenn er sehr viel schneller wäre als der Medizinball, hätte der Handball kleiner Masse genügend Wucht, um dich umzuwerfen. Geschwindigkeit *und* Masse kennzeichnen die Bewegung eines Körpers und deren mögliche Folgen. Was der leichtere Handball an Masse gegenüber dem Medizinball zu wenig hat, kann er durch eine größere Geschwindigkeit wettmachen.
Um diesen Sachverhalt zu beschreiben, benutzt man in der Physik nicht die Worte „Wucht" und „Schwung" der Umgangssprache. Man sagt vielmehr, ein Körper besitze dann viel **Impuls**, wenn seine Geschwindigkeit und seine Masse groß sind. Diesen neuen Begriff wollen wir nun kennzeichnen.

1. Die Größe Impuls vereint Masse und Geschwindigkeit

Wir beschreiben die Größe Impuls durch einen Pfeil, der wie der Geschwindigkeitsvektor $\vec{v}$ in Bewegungsrichtung zeigt und beschriften ihn mit $\vec{p}$. Seine Länge soll sowohl die Geschwindigkeit v als auch die Masse m des Körpers berücksichtigen. $\vec{p}$ ist – so wie auch $\vec{v}$ und $\vec{F}$ – eine *Vektorgröße*.

In ➠ *Bild 2* fahren Wagen 1 und 2 gleich schnell in dieselbe Richtung. Ihre Geschwindigkeitspfeile $\vec{v}_1$ und $\vec{v}_2$ stimmen also überein. Doch hat Wagen 2 die doppelte Masse. Physikerinnen und Physiker sagen, der Impuls $\vec{p}_2$ des Wagens 2 ist doppelt so groß wie der Impuls $\vec{p}_1$ des Wagens 1. Also zeichnen sie den Impulspfeil $\vec{p}_2$ von Wagen 2 doppelt so lang wie $\vec{p}_1$ von Wagen 1.

Wagen 1 habe die Masse 1 kg und fahre mit der Geschwindigkeit 1 m/s. Das sei unsere Impulseinheit. Dafür zeichnen wir wie bei der Geschwindigkeit einen Pfeil von z. B. 1 cm Länge. Diese Längeneinheit LE = 1 cm ist unser Impulsmaßstab. Wagen 2 fährt ebenfalls mit 1 m/s in dieselbe Richtung, hat aber die Masse 2 kg. Sein Impulspfeil ist 2 cm lang, das sind zwei Impulseinheiten.

Wagen 3 hat dieselbe Masse 1 kg wie Wagen 1, ist aber mit 2 m/s doppelt so schnell. Sein Impulspfeil bekommt deshalb 2 LE, das sind wieder zwei Impulseinheiten. Wagen 2 und 3 haben also gleich lange Impulspfeile $\vec{p}_2$ und $\vec{p}_3$, kurz gesagt: gleich große Impulse. Ihre Geschwindigkeiten wie auch ihre Massen sind jedoch verschieden. Die nur halb so große Geschwindigkeit wird bei Wagen 2 durch seine doppelt so große Masse wettgemacht.

Gleiche Impulse müssen sowohl in der Richtung als auch im Betrag übereinstimmen. Wenn nur ihre Beträge übereinstimmen, sagt man vereinfacht, sie seien gleich *groß*. In ➠ *Bild 3* haben z. B. die Impulspfeile $\vec{p}_1$ und $\vec{p}_4$ gleiche Beträge.

Merksatz

Ein bewegter Körper hat **Impuls**. Der Impuls $\vec{p}$ ist eine **Vektorgröße**. Er zeigt in dieselbe Richtung wie der Geschwindigkeitsvektor $\vec{v}$.
Je größer Geschwindigkeit und Masse des Körpers sind, umso größer ist auch der Betrag p seines Impulses.

Aufgaben

A1: Ein Pkw überholt einen anderen mit doppelter Geschwindigkeit. Können beide Fahrzeuge trotzdem einen gleich großen Impuls haben?

A2: **a)** Welche Impulspfeile in ➠ *Bild 3* haben gleiche Beträge? **b)** Welche beschreiben gleiche Impulse?

A3: Vergleiche den Impulspfeil eines 1 m/s schnellen 1 kg-Wagens mit dem Impuls eines **a)** 40 m/s schnellen Golfballs (40 g), **b)** 3,6 km/h schnellen Fußgängers (70 kg).

A4: Beim olympischen Biathlon verlässt das 2,5 g-Geschoss den Gewehrlauf etwa mit 300 m/s (fast Schallgeschwindigkeit). **a)** Schätze erst und bestimme dann die Länge des Impulspfeils (1 Impulseinheit = 1 cm). **b)** Wie schnell müsste ein 1 kg-Wagen mit gleich großem Impuls sein?

Beispiel

Wir vergleichen Impulse

Wer hat mehr Impuls: ein geworfener Medizinball oder ein scharf geschossener Fußball? Der Fußball hat eine Anfangsgeschwindigkeit von etwa 20 m/s, der Medizinball ist nur etwa 4 m/s schnell. Dieser hat aber mit 5 kg die 12,5fache Masse eines 0,4 kg schweren Fußballs. Wessen Impulspfeil ist länger?

Lösung:
Wir lösen die Aufgabe in drei Schritten am Wagenmodell. Zunächst bestimmen wir die Pfeillänge für den Fußball (➠ *Bild 4* oder ➠ *Tabelle 1*). Wir beginnen mit dem 1 m/s schnellen 1 kg-Wagen und zeichnen einen Pfeil von 1 LE. Bei der Geschwindigkeit 20 m/s erhält der 1 kg-Wagen einen Impulspfeil von 20 LE. Für einen 20 m/s schnellen aber leichteren 0,4 kg-Wagen hat der Impulspfeil 0,4 · 20 LE = 8 LE.
Der Fußball mit 0,4 kg Masse ist 20 m/s schnell. Sein Impulspfeil hat also 8 LE.

Nun zum Medizinball. Er ist 4-mal so schnell wie unser 1 m/s schneller 1 kg-Wagen. Außerdem hat er die 5fache Masse. Bei 4 m/s erhält der 1 kg-Wagen einen Impulspfeil der Länge 4 LE. Ein ebenso schneller 5 kg-Wagen hat einen Impulspfeil mit 5 · 4 LE = 20 LE.
Der Medizinball bekommt also einen Impulspfeil von 20 LE. Der Impuls des Medizinballs ist **mehr als doppelt so groß** wie der des scharf geschossenen Fußballs.

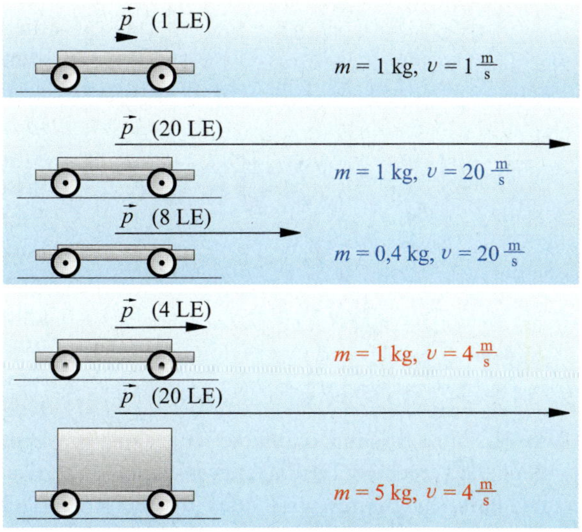

B4: In drei Schritten zum Impulspfeil des Fußballs (oben) und des Medizinballs (unten)

m	v	Länge des Impulspfeils
1 kg	1 m/s	1 LE
1 kg	20 m/s	20 LE
0,4 kg	20 m/s	8 LE
1 kg	1 m/s	1 LE
1 kg	4 m/s	4 LE
5 kg	4 m/s	20 LE

T1: Die drei Schritte aus ➠ *Bild 4* in Tabellenform

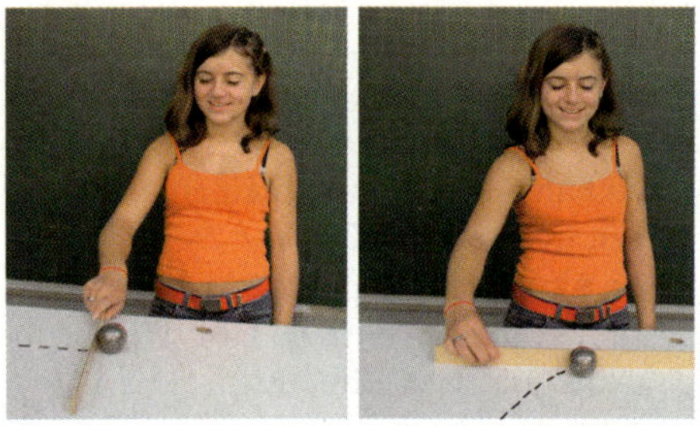

B 1: Lisa ändert den Impuls einer Kugel.

a)

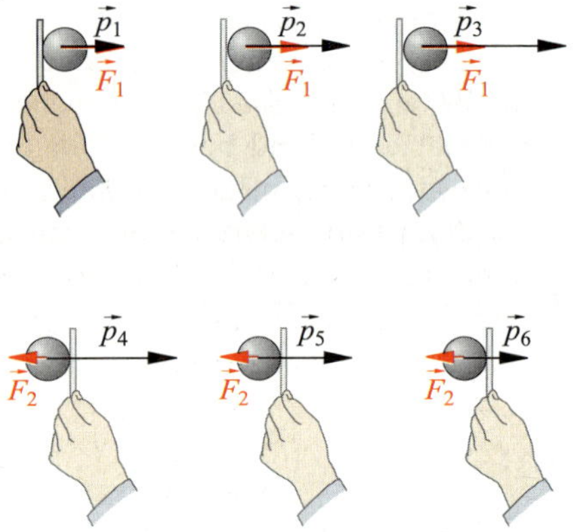

b)

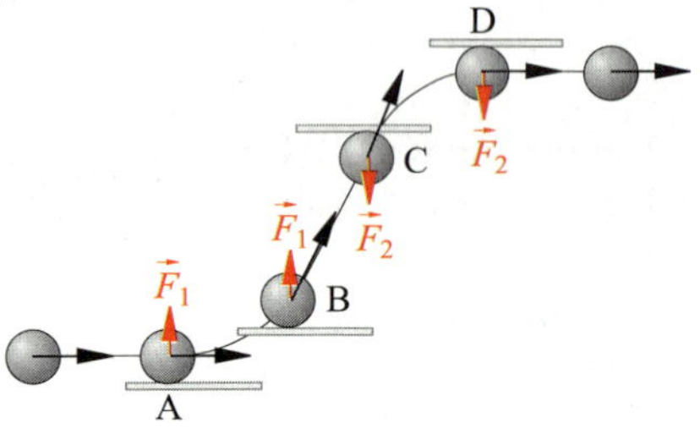

V 1: Was muss Lisa tun, damit die Kugel auf dem waagerechten Tisch **a)** zuerst schneller, dann langsamer wird oder **b)** auch ihre Richtung ändert? Betrachte die Kräfte (rote Pfeile) und die Impulse (schwarze Pfeile) und führe den Versuch nach Bild a) und b) aus.

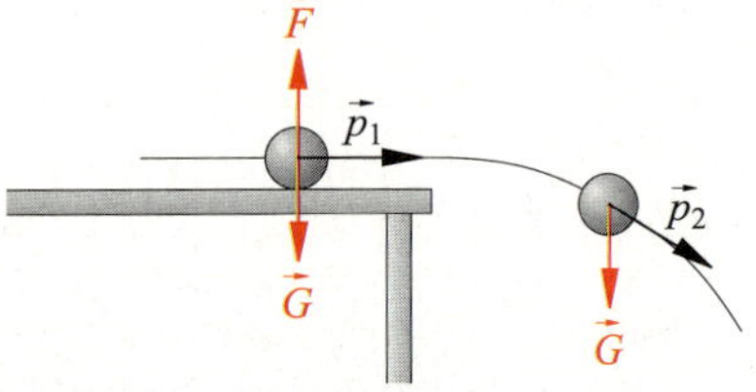

B 2: An der Tischkante endet das Kräftegleichgewicht an der Kugel.

2. Nur Kraft ändert den Impuls

Beim Spiel mit einem Ball wird dessen Impuls ständig geändert. Das geht nicht ohne Kraft. Der Betrag des Impulses wird dabei größer oder kleiner. Mit deiner Kraft kannst du ihm auch eine andere Flugrichtung geben, ohne dass er schneller oder langsamer wird. Meist änderst du jedoch beides, nämlich sowohl den Betrag als auch die Richtung des Impulses. Beobachte beim Spiel mit einer Kugel, wie sich der Impuls während der Einwirkung der Kraft verändert (➠ *Bild 1*).

a) In ➠ *Versuch 1 a* wird mit einem Lineal eine große Stahlkugel auf einem waagerechten, ebenen Tisch angeschoben. Die Kraft $\vec{F}_1$ behält dabei ihre Richtung bei. Die Kugel gewinnt Impuls. Dessen Pfeil zeigt jeweils genau in Richtung der Kraft $\vec{F}_1$. Seine Länge nimmt zu, umso mehr,

- je größer die Kraft ist und
- je länger diese Kraft wirkt.

Wird das Lineal entfernt, so rollt die Kugel auf dem waagerechten ebenen Tisch geradlinig weiter. Ihr Impulspfeil ändert sich dabei nicht. Die Kugel wird nun mit dem Lineal wieder abgebremst, ohne ihre Bewegungsrichtung zu ändern. Die Kraft $\vec{F}_2$ muss dazu entgegengesetzt zur Impulsrichtung wirken. Achte auf die Pfeile für Kraft und Impuls. Außerdem gilt: Je rascher wir die Kugel zum Stillstand bringen wollen, desto größer muss die Kraft sein.

b) In ➠ *Versuch 1 b* zwingt Lisa die Kugel auf eine Slalombahn. Von A an übt sie mit dem Lineal die Kraft $\vec{F}_1$ auf die Kugel aus, bis diese bei B ist. Der Impulspfeil ändert dabei ständig seine Richtung, da der Kraftpfeil nicht in Bewegungsrichtung zeigt. Außerdem wird die Kugel schneller, der Betrag des Impulses also größer. Bei B entfernt Lisa das Lineal und überlässt die Kugel sich selbst. Nun behält sie ihren Impuls nach Betrag und Richtung bei, auf sie wirkt keine Kraft mehr. Von C an übt Lisa die Kraft $\vec{F}_2$ entgegengesetzt zu $\vec{F}_1$ aus. Nach D schließlich hat die Kugel wieder den Impuls, den sie zu Beginn (vor A) hatte.

Entfernt man in ➠ *Versuch 1* an einer beliebigen Stelle das Lineal, so fehlt dessen Kraft und die Kugel behält von diesem Augenblick an ihren momentanen Impuls. Auch ihre Gewichtskraft ändert ihn nicht, denn die Tischplatte hält dieser das Gleichgewicht. Die Gesamtkraft auf die Kugel ist null. Rollt sie jedoch über die Kante des Tisches, so endet das Kräftegleichgewicht (➠ *Bild 2*). Die Erdanziehungskraft wirkt nun allein auf die Kugel. Sie ändert während des Falls ständig Richtung und Betrag des Impulses.

Würde sich die Kugel wie ein Raumschiff sehr weit von anderen Himmelskörpern entfernt durch das All bewegen, gäbe es so gut wie keine Kräfte auf die Kugel. Ihr Impuls bliebe lange erhalten.

Merksatz

Impulserhaltung eines Körpers: Ein Körper, an dem überhaupt keine Kraft angreift oder der sich im Kräftegleichgewicht befindet, behält seinen Impuls nach Betrag und Richtung bei.

3. Wo und wie erleben wir die Erhaltung des Impulses?

Wird ein Auto plötzlich abgebremst, so behalten die Insassen und die Ladung zunächst ihren Impuls bei. Sie bewegen sich mit gleicher Geschwindigkeit weiter. Ein Insasse erfährt erst dann eine Kraft in entgegengesetzter Richtung, wenn sich sein Sicherheitsgurt an ihm spannt. Dann erst wird er ohne Schaden zu nehmen abgebremst. In einer Kurve ändert zwar das Fahrzeug die Bewegungsrichtung – Insassen und Ladung dagegen nicht, solange keine Kraft auf sie wirkt (➠ *Bild 3, oben*).

Die Impulserhaltung eines Körpers scheint unserer täglichen Erfahrung sehr zu widersprechen. Denken wir nur an einen Wagen, den wir mit Kraft in Bewegung gesetzt haben. Wenn wir dann keine Kraft mehr auf ihn ausüben, wird er langsamer und kommt bald zur Ruhe. Wie lösen wir den Widerspruch auf?
Da der Wagen langsamer wird, muss es eine Kraft geben, die ihn abbremst. Hier entsteht diese Bremskraft durch Reibung in den Radlagern und durch die rollende Bewegung auf der Tischfläche. Die bremsende Kraft wirkt von außen auf den Wagen, so wie unsere Kraft beim Anschieben. Sie hat jedoch die entgegengesetzte Richtung.
Man kann diese Kräfte ausschalten, wenn man den Wagen auf einem Luftpolster gleiten lässt (➠ *Bild 3, unten*). Nun bremst nur noch die umgebende Luft – allerdings so wenig, dass man eine Änderung der Geschwindigkeit kaum erkennen kann.

B3: Kräftefreie Körper behalten ihren Impuls bei. Der Wagen im Bild unten gleitet fast reibungsfrei auf einem Luftkissen.

Interessantes

Von ARISTOTELES bis NEWTON

Vor etwa 2300 Jahren lehrte der griechische Philosoph ARISTOTELES, dass alle Körper, die in Bewegung gesetzt werden, anschließend *ganz von selbst* wieder zum Zustand der Ruhe streben. Diese Auffassung entspricht durchaus der alltäglichen Erfahrung. Denn Körper, die sich bewegen, ohne dass Reibung im Spiel ist, kommen ja in unserer Wahrnehmung nicht vor. Soll eine Bewegung in unserer Umgebung unverändert erhalten bleiben, braucht man dazu ständig eine Kraft. Sie gleicht die unvermeidlichen Reibungskräfte aus (Kräftegleichgewicht).
Erst NEWTON hat im Jahr 1686 für alle Körper das grundlegende physikalische Gesetz ausgesprochen: *Ein Körper verharrt im Zustand der Ruhe oder der gleichförmig geradlinigen Bewegung, wenn er nicht durch einwirkende Kräfte gezwungen wird, diesen Zustand zu ändern.*
Danach bewegt sich ein Körper mit konstanter Geschwindigkeit geradlinig in dieselbe Richtung weiter, sofern an ihm Kräftegleichgewicht herrscht oder überhaupt keine Kraft auf ihn wirkt. Kurz: *Der Impuls eines kräftefreien Körpers bleibt nach Betrag und Richtung erhalten.* Nur eine *Kraft* kann Betrag, Richtung oder beides ändern.
Die Bewegung eines Körpers mit unveränderter Geschwindigkeit und Richtung, also mit unverändertem Impuls, ist ebenso ein Normalzustand wie der Zustand der Ruhe. Ist der Impuls null, so bleibt er es, wenn keine resultierende Kraft wirkt.
Diese neue Denkweise leitete eine Revolution in der Naturbetrachtung ein. NEWTON gelangte schließlich zu der Erkenntnis, dass die Impulserhaltung eines Körpers sowohl auf der Erde wie auch im gesamten Weltraum Gültigkeit hat.

Aufgaben

A1: Suche Beispiele für Kräfte, die **a)** nur den Betrag **b)** nur die Richtung des Impulses ändern. Beschreibe die Bewegung. **c)** Jemand sagt, Impuls sei nur ein anderes Wort für Kraft. Diskutiere mit ihm.

A2: Beschreibe deine Impulsänderungen und die erlebten Kräfte bei einer Fahrt in einem Aufzug.

A3: Auf einem Wasserglas liegt eine Postkarte und darauf eine Münze. Ziehe die Karte erst langsam, dann schnell weg. Beschreibe deine Beobachtung. Erkläre.

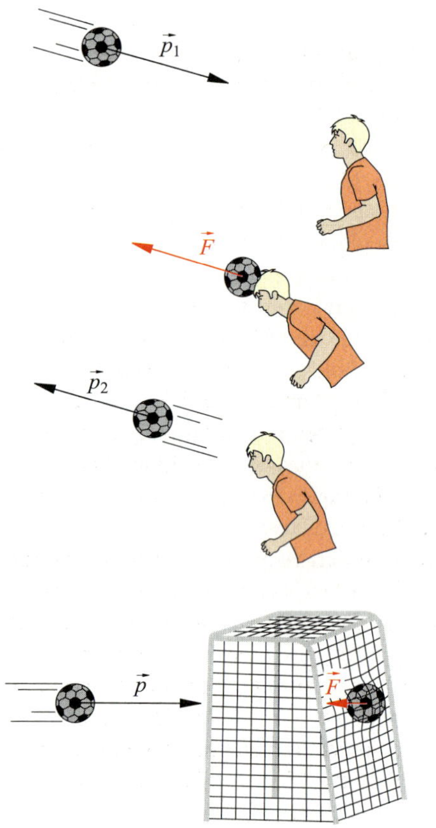

B1: Impulsänderungen durch große und kleine Kräfte bei **a)** kurzer und **b)** langer Einwirkzeit

B2: Wer tief in die Knie geht, gibt der Kraft Zeit und schont die Wirbelsäule.

4. Impulsänderungen – mal schnell, mal langsam

Wir erfahren täglich, dass bei Impulsänderungen neben der Kraft auch deren *Einwirkzeit* eine Rolle spielt. Betrachten wir einige Beispiele:

a) Beim Kopfball nach ➠ *Bild 1 a* ändert der Fußball seinen Impuls schlagartig. In wenigen hundertstel Sekunden wird der scharf geschossene Ball praktisch abgebremst – etwa diesen Moment zeigt das ➠ *Bild 1 a (Mitte)*. Er prallt sogar vom Kopf zurück in die Richtung, aus der er kam. Sein Impulspfeil schrumpfte also nicht nur auf die Länge null, sondern nimmt anschließend sogar wieder in umgekehrter Richtung zu. Dies geschieht in weniger als $^1/_{10}$ Sekunde. Entsprechend groß ist die Kraft, wie die starke Verformung des Balls zeigt.
Geht der Ball dagegen ins Tor, so gibt dessen Netz nach, der Ball wird kaum verformt (➠ *Bild 1 b*). Die Impulsänderung geschieht weniger abrupt. Entsprechend kleiner sind die Kräfte auf den Ball.

b) Wer von einer Mauer springt, geht beim Auftreffen auf den Boden weit in die Knie (➠ *Bild 2*). Dieses „Abfedern" verringert die bremsende Kraft und schont die Wirbelsäule. Je kleiner die Kraft ist, desto länger dauert das Abfedern. Mit durchgedrückten Knien darf man nicht auf den harten Boden springen, nur auf ein Trampolin. Ein Zirkusakrobat fällt „weich" in das Sicherheitsnetz, das seinen Impuls einigermaßen gemächlich verringert.

c) In ➠ *Bild 3* wird Gabi auf ihrem Fahrrad von Hans aus dem Stand angeschoben. Nach vier Sekunden hat Gabi samt Fahrrad den Impuls $\vec{p}_2$ erhalten. Hans lässt Gabi ein Stück geradeaus rollen. Der Impuls ändert in dieser Zeit weder seine Richtung noch seinen Betrag. Es fehlt dazu eine Kraft. Da die Bremsen nicht funktionieren, muss Hans das Rad schnell wieder zum Stillstand bringen. Er schafft es in nur zwei Sekunden, aber mit größerer Kraft als beim Anschieben.
Hans überlegt, ob diese Kraft nun *doppelt* so groß wie beim Anschieben war, denn er hat den Impuls in der *halben* Zeit wieder zu null gemacht. Darüber erfährst du mehr in der ➠ *Vertiefung*.

Merksatz

Große Kräfte ändern den Impuls eines Körpers schnell, kleine Kräfte ändern ihn langsam.

B3: Eine Kraft in Bewegungsrichtung erhöht den Impuls, in entgegengesetzte Richtung verringert sie ihn.

Vertiefung

A. Die Definition des Impulses in der Physik

Wir haben den Impuls eines Körpers durch einen Pfeil (Vektor) veranschaulicht. Er zeigt in die gleiche Richtung wie der Geschwindigkeitsvektor. Die Impulseinheit wird durch einen Wagen mit $m = 1$ kg und $v = 1$ m/s verkörpert. Wir zeichnen dafür einen Pfeil von 1 LE (z. B. 1 LE = 1 cm).

Auch Kraft und Geschwindigkeit sind Vektoren. Für ihre Beträge schreiben wir z. B. $F = 6$ N oder $v = 3$ m/s. Was schreiben wir für den Betrag p des Impulses? Welche Einheit erhält er?

Die Pfeillänge eines 2 kg schweren und 3 m/s schnellen Körpers berechnen wir in drei Schritten (Spalte 1 bis 3 der ➠ *Tabelle*):

Masse	Geschwindigkeit	Pfeillänge	Impuls
1 kg	1 m/s	1 LE	1 kg m/s
2 kg	1 m/s	2 LE	2 kg m/s
2 kg	3 m/s	6 LE	6 kg m/s

Das Ergebnis in Zeile 3 zeigt, dass nur die Zahlenwerte von Masse und Geschwindigkeit miteinander zu multiplizieren sind. Der Ergebnispfeil hat dann die Länge 2 · 3 LE = 6 LE.

Den Betrag p des Impulses berechnen wir ebenso. Wie bei anderen Größen setzt sich der Betrag aus *Zahlenwert* und *Einheit* zusammen. Als Zahlenwert wählen wir für das Beispiel aus der Tabelle das Produkt der Zahlenwerte von Masse und Geschwindigkeit, also 2 · 3 = 6. Als Einheit für den Impulsbetrag schreiben wir ebenfalls die Einheiten als Produkt (Spalte 3 der Tabelle). Demnach ist

$$p = m \cdot v = 2\text{ kg} \cdot 3\text{ m/s} = 2 \cdot 3\text{ kg m/s} = 6\text{ kg m/s}.$$

Dabei achten wir darauf, dass die Masse in kg und die Geschwindigkeit in m/s angegeben ist.

Definition: Der Impulsbetrag p eines Körpers ist das Produkt aus seiner Masse und seinem Geschwindigkeitsbetrag: $p = m \cdot v$. Seine Einheit ist 1 kg m/s.

B. Die Krafteinheit 1 N

Der 1 kg-Wagen wird aus der Ruhe durch die konstante Kraft 1 N in Bewegung gesetzt. Er erreicht nach einer Sekunde die Geschwindigkeit $v = 1$ m/s. Er hat dann den Impuls $p = 1$ kg m/s.

Wir merken uns: Die Kraft 1 N gibt dem 1 kg-Wagen in 1 s den Impuls 1 kg m/s.

Um dies zu zeigen, erzeugen wir die konstante Kraft 1 N durch eine viele Meter lange Gummischnur (➠ *Bild unten*). Es wird so weit gespannt, bis es mit der Kraft 1 N an dem Wagen in Fahrtrichtung zieht. Mit einem Kraftmesser prüfen wir, ob die Kraft auf der Strecke vom Start (oberes Bild) bis zum Stopp (Metallbügel schließt die Kontakte) der Uhr ausreichend konstant ist.

Wir starten die Uhr und geben gleichzeitig den Wagen frei. Die Uhr wird gestoppt, sobald der Metallbügel auf die zwei gebogenen Halter trifft und dort hängen bleibt. Damit befreit sich der Wagen vom Gummizug und fährt mit konstanter Geschwindigkeit weiter. Diese bestimmen wir mit Stoppuhr und Meterstab. Den richtigen Startpunkt wählen wir durch Probieren so, dass die Uhr vom Start bis zum Stopp 1 s anzeigt.

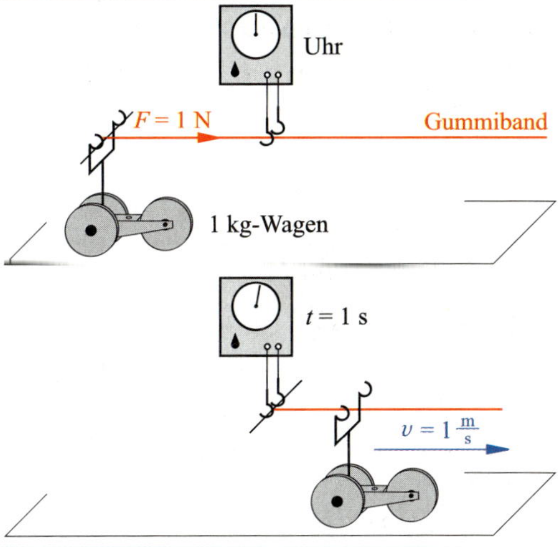

Aufgaben

A1: Warum darf man beim Abschleppen eines Wagens nur sehr langsam anfahren?

A2: Warum zerbricht ein Glas, wenn es auf einen Steinboden fällt, jedoch nicht beim Fall auf einen weichen Teppich?

A3: Gabi (40 kg) rollt auf dem 18 kg-Fahrrad mit 10 m/s. Wievielmal so lang ist jeweils der Impulspfeil von Gabi, dem Rad, von Gabi und Rad im Vergleich zum 1 m/s schnellen 1 kg-Wagen?

A4: (zur *Vertiefung*) Mit der Kraft $F = 2$ N (zwei Gummischnüre), erreicht der Wagen die Geschwindigkeit $v = 1$ m/s schon nach 0,5 s.
Übertrage dies auf die Überlegung von Hans zu ➠ *Bild 3*.

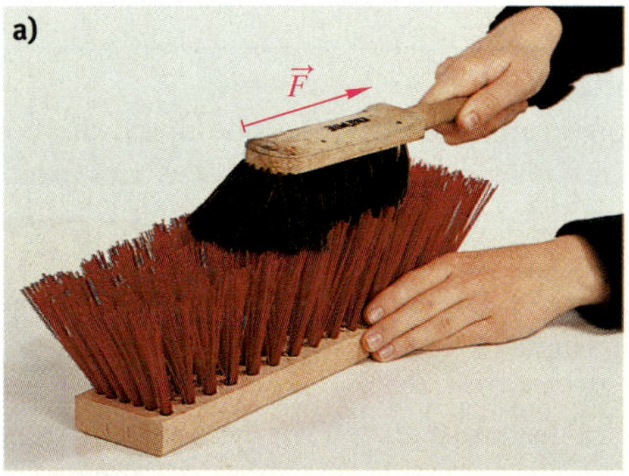

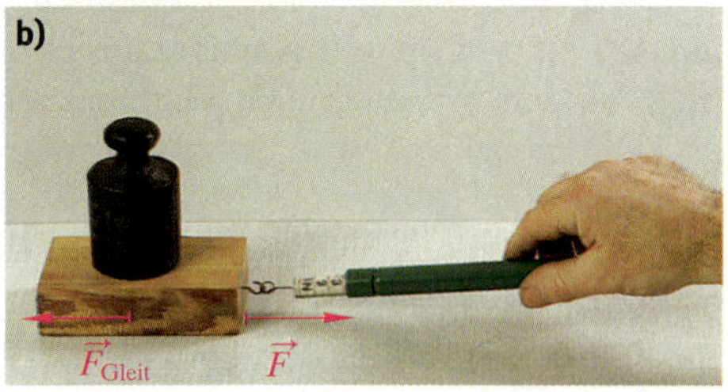

V 1: a) Wir legen zwei Bürsten aufeinander, ziehen die obere Bürste mit einer Kraft nach rechts und beobachten, wie sich die Borsten verbiegen. **b)** Wir messen die Gleitreibungskraft an einem Holzklotz mit einem Kraftmesser. Wir ändern die *Anpresskraft* durch verschiedene Auflagekörper und die *Art* der Gleitflächen, indem wir z. B. auch Filz oder Sandpapier verwenden.

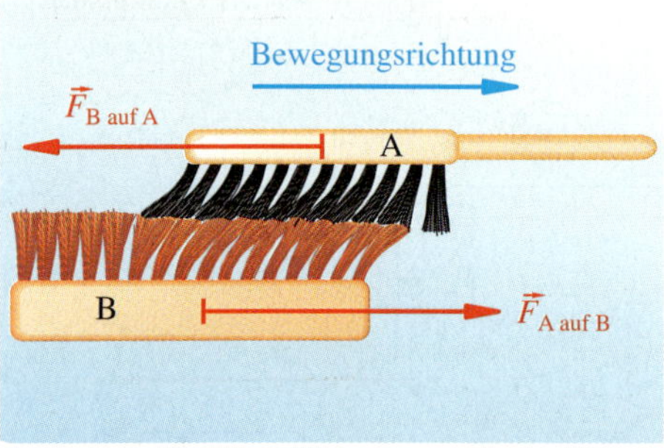

B 1: Kräfte bei der Gleitreibung

Reibungskräfte

1. Die Gleitreibungskraft bremst Bewegungen

Wenn man seine Hand fest auf einen Tisch oder auf einen Pappkarton presst und sie dabei wegzieht, dann spürt man eine bremsende Kraft. Um Genaueres über solche Reibungsvorgänge zu erfahren, führen wir den ➠ *Versuch 1* durch.

Die Verformungen, die wir in ➠ *Versuch 1 a* beobachten, verdeutlicht ➠ *Bild 1*: Die Bürsten wirken mit Kräften gegenseitig aufeinander. Die Borsten der oberen Bürste A biegen die der unteren Bürste B mit der Kraft $\vec{F}_{A\ auf\ B}$ nach rechts. Die Verbiegung von Bürste A zeigt aber auch, dass zugleich B mit der entgegengesetzt gerichteten Kraft $\vec{F}_{B\ auf\ A}$ zurückwirkt, also nach links. Dies wirkt der Gleitbewegung entgegen. Man spricht von **Gleitreibungskräften** $\vec{F}_{Gleit}$.

Die Oberflächen von Körpern, die z. B. aus Holz oder Metall bestehen, sind alle mehr oder weniger rau, auch wenn sie dem Augenschein nach glatt und eben aussehen. ➠ *Bild 2* zeigt ein Beispiel in starker Vergrößerung. Dass sich diese Unebenheiten der beiden Gleitflächen miteinander verzahnen, ist für die Gleitreibungskraft eine mögliche Erklärung. Für genauere Angaben braucht man erst präzise Forschungen zum Aufbau der Materie.

➠ *Versuch 1 b* zeigt uns: Die Gleitreibungskraft $\vec{F}_{Gleit}$ ist von Fall zu Fall unterschiedlich groß. Im Allgemeinen ist sie umso größer,
- je größer die Kraft ist, mit der die beiden Körper aneinander gepresst werden,
- je rauer die Gleitflächen sind.

Wenn wir schwere Getränkekisten im Keller weiterschieben wollen, ist die Reibung für uns sehr *nachteilig*. Überaus *nützlich* dagegen ist uns die Gleitreibung z. B. beim Bremsen. Dabei ist es auch wichtig, dass man sowohl sehr weiches als auch hartes Bremsen bewirken kann. Je kräftiger man beim Radfahren die Bremsklötze auf die Felge drückt, desto größer ist dort die Gleitreibungskraft und desto stärker wird dann das Rad abgebremst (➠ *Bild 3*). Für eine gute Bremswirkung muss die Felge sauber sein.

B 2: Metalloberfläche im Mikroskop

B 3: Die Felgenbremse gibt Sicherheit durch Gleitreibung.

2. Die Haftkraft hält die Körper fest

Damit das Abrutschen an einer Kletterstange nicht zu schnell geschieht, nutzen wir die Gleitreibungskraft. Wenn wir sehr kräftig zupacken, dann können wir die Abwärtsbewegung ganz verhindern, obwohl nach wie vor die Gewichtskraft an uns angreift. Über Kräfte, die bei Stillstand wirken können, gibt uns ➡ *Versuch 2* Auskunft. In diesem Versuch steigern wir die Kräfte langsam.
Bei kleiner Zugkraft zeigt sich eine **Haftkraft**. Die Kraft, mit der man gerade noch ziehen kann, bevor der Körper gleichförmig zu gleiten beginnt, ist so groß wie die *maximale* Haftkraft $\vec{F}_{\text{Haft}}$. Für viele Körper gilt: Solange ein Körper ruht, verzahnen sich die Unebenheiten der Oberflächen stärker als beim raschen Hinweggleiten. Die Haftkraft wird ähnlich der Gleitreibungskraft im Allgemeinen umso größer, je rauer die Oberflächen sind und je stärker die beiden Körper aufeinander gepresst werden.

Wenn Schleifen und Knoten schlecht geknüpft sind, dann lösen sie sich, sobald die Belastung zu groß wird. Die maximale Haftkraft ist dann zum Halten zu gering. Die Schlingen von gut geknüpften Knoten, z.B. von Seemannsknoten, pressen umso stärker aufeinander, je größer die Zugbelastung ist. Die Haftkraft nimmt bei diesen Knoten mit der Belastung zu: Sie halten gut.

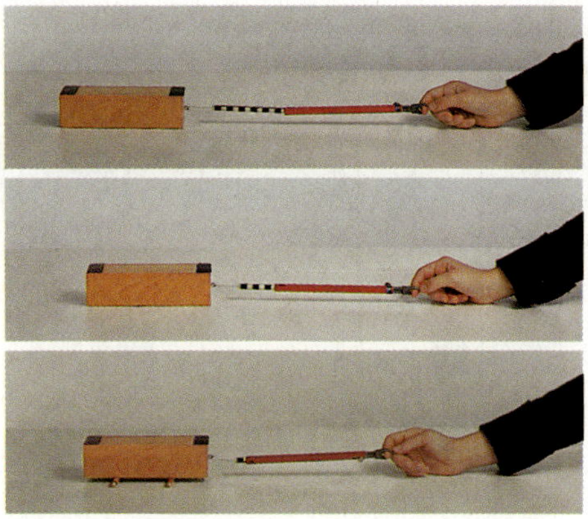

B4: Kräftevergleich: $F_{\text{Haft}} > F_{\text{Gleit}} > F_{\text{Roll}}$

V2: Wir versuchen, einen Klotz mit ganz allmählich zunehmender Kraft in Bewegung zu setzen (➡ *Bild 4a)*. Solange der Klotz noch in Ruhe ist, zeigt der Kraftmesser einen größeren Wert als nachher.

V3: Wir legen den Klotz auf runde Stäbe und ziehen ihn mit einem Kraftmesser weg (➡ *Bild 4c)*. Die Kraft ist extrem klein.

3. Die Rollreibungskraft ist besonders klein

➡ *Versuch 3* zeigt, dass eine Rollbewegung nur sehr wenig gehemmt wird – von der **Rollreibungskraft** $\vec{F}_{\text{Roll}}$. Die Unebenheiten der Oberflächen können sich nun ähnlich wie die Zähne von Zahnrädern aufeinander abwälzen. Das gilt ebenso für die Laufflächen bei Rädern. Setzt man ein Rad mit seiner Nabe auf den Zapfen der Achse, so tritt hier jedoch Gleitreibung auf. Auch die meisten Türscharniere bilden solche Gleitlager. Bei Fahrzeugrädern setzt man Rollen- oder *Kugellager* ein (➡ *Bild 5*). Dann wird auch an der Achse das Gleiten durch ein Abrollen ersetzt.

B5: Kugellager und Rollenlager

4. Schmieren verkleinert die Reibungskräfte

Befindet sich zwischen den festen Körpern eine Flüssigkeitsschicht, so wird die Reibungskraft zumeist ganz erheblich verringert. Achslager und Motorkolben in ihrem Zylinder werden deshalb geölt, und zugleich werden sie davor bewahrt, dass sich ihre Oberflächen aufrauen. – Beim Schlittschuhlaufen kann sich zwischen Kufen und Eis sehr schnell eine Wasserschicht bilden; darauf gleitet man fast reibungsfrei (➡ *Bild 6*).

B6: Wasserschmierung beim Schlittschuh

Aufgaben

A1: Ein Holzschrank wird nach und nach über unterschiedliche Fußböden geschoben. Beschreibe die zugehörigen Reibungskräfte.

A2: Teppiche auf einem glatten Untergrund benötigen zur Sicherheit geeignete Gleitschutzunterlagen. Erläutere dies physikalisch.

A3: Beschreibe Vor- und Nachteile der Reibung beim Laufen im Sand, im Gras, auf Asphalt, auf nassen Fliesen und auf Eis.

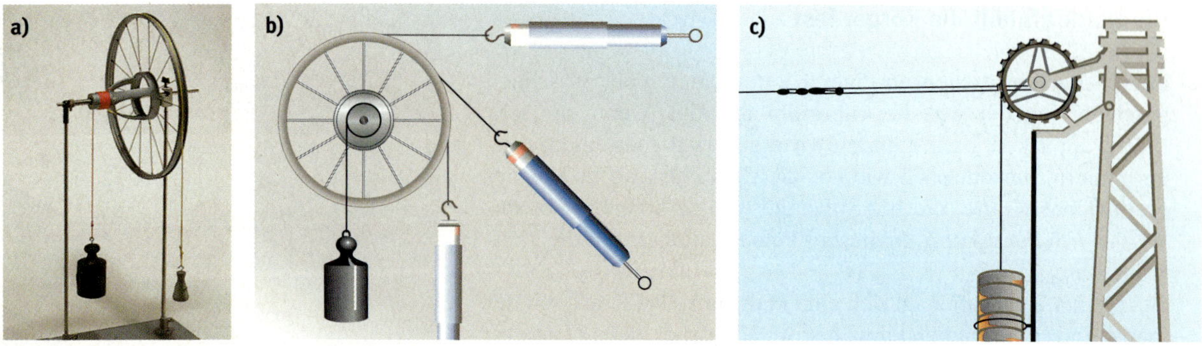

B 1: Das Wellrad: Eine Last wird mit der Seilwinde gehoben – ein Oberleitungsdraht der Bahn wird gestrafft.

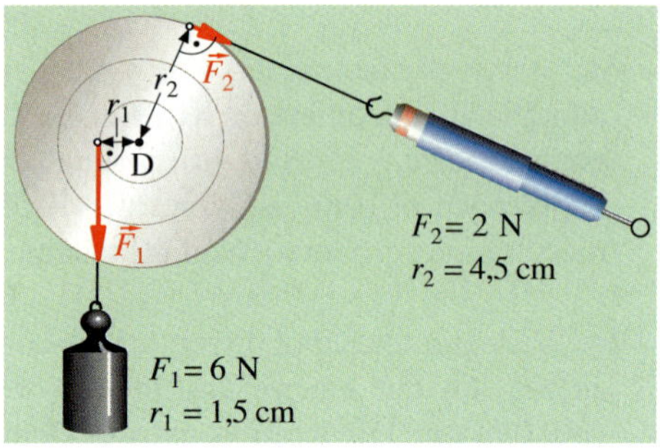

B 2: Größerer Radius r_2 – kleinere Kraft $\vec{F}_2$

V 1: Wie ➡ *Bild 2* zeigt, ist in der innersten der drei Rillen das Lastseil befestigt, der Radius beträgt r_1 = 1,5 cm. Links zieht tangential zu dieser Rille die Last (Masse m = 600 g) nach unten, und zwar mit der Gewichtskraft $\vec{F}_1$, deren Betrag F_1 = 6,0 N ist. Diese Kraft würde – allein – das Rad gegen den Uhrzeigersinn drehen.
a) An einem zweiten Seil setzen wir eine Zugkraft $\vec{F}_2$ ein, die auf das Rad im Uhrzeigersinn wirkt. Wenn das Seil in derselben Rille wie das Lastseil liegt ($r_2 = r_1$), dann ist die Kraft zum Halten des Rades so groß wie die Kraft am Lastseil: $F_2 = F_1$. **b)** Wenn das Zugseil in einer Rille mit größerem Radius r_2 liegt, dann ist der Betrag F_2 der Zugkraft kleiner (➡ *Tabelle 1*).

Radius r_2 in cm	Zugkraft F_2 in N	Produkt $F_2 \cdot r_2$ in Ncm
1,5	6,0	9,0
3,0	3,0	9,0
4,5	2,0	9,0

T 1: Es gilt stets: $F_1 \cdot r_1$ = 9,0 Ncm = $F_2 \cdot r_2$.

Wellrad und Hebel

1. Kräfte, die Räder drehen

➡ *Bild 1* zeigt eine Seilwinde im Modell. Nicht nur bei alten Brunnen findet man Seilwinden, sie werden auch in Kränen zum Heben von Lasten eingesetzt. Statt direkt am Seil zu ziehen, wickelt man es um eine drehbare Welle; daran ist ein großes Rad befestigt. Die Welle mit dem Rad – das so genannte **Wellrad** – wird mit einer am Umfang angreifenden Kraft in Bewegung gesetzt. Dazu genügt eine Kraft, die kleiner ist als die Last! In einem Kran ist das Rad zumeist als Zahnrad geformt, an dem der Motor – oft über mehrere Zahnräder – angreift. Wir erkunden den Zusammenhang der Kräfte mit ➡ *Versuch 1*. Dazu benutzen wir ein Rad mit insgesamt drei Rillen, so können wir mit verschiedenen Radien experimentieren.
Die Last am linken Seil hat eine Drehwirkung auf das Rad gegen den Uhrzeigersinn, die sich aber völlig ausgleichen lässt – durch die Drehwirkung einer Zugkraft im Uhrzeigersinn! Solange das Seil der Zugkraft in derselben Rille wie das Lastseil liegt, ist die zum Halten nötige Zugkraft ebenso groß wie die Kraft am Lastseil. Falls $r_2 = r_1$ ist, dann gilt auch $F_2 = F_1$. Auch wenn wir das Rad gleichmäßig drehen, ist die Zugkraft nicht größer als beim Halten, falls von Reibung abgesehen werden kann. – Die erforderliche Zugkraft ändert sich jedoch, wenn wir für ihr Seil eine Rille mit anderem Radius verwenden. Mit verschieden großer Kraft wird mit dem zugehörigen Radius stets dasselbe zuwege gebracht: Jedesmal gleicht die Kraft die entgegengesetzte Drehwirkung der Last aus; jede dieser Kräfte hat ein gleich großes *Drehvermögen*.

2. Das Drehmoment – ein nützliches Produkt

Das Drehvermögen der Zugkraft wird sowohl von ihrem Betrag F_2 als auch von dem zugehörigen Radius r_2 bestimmt. *Dieser Radius ist zugleich der Abstand des Seils von der Drehachse.* Das geradlinige Seilstück gibt die Linie an, längs der die Kraft wirkt. Sie wird die **Wirkungslinie** der Kraft genannt. Der Radius, also der Abstand der Drehachse von der Wirkungslinie, heißt der Kraftarm r der Kraft. Er ist rechtwinklig zur Kraft gerichtet.

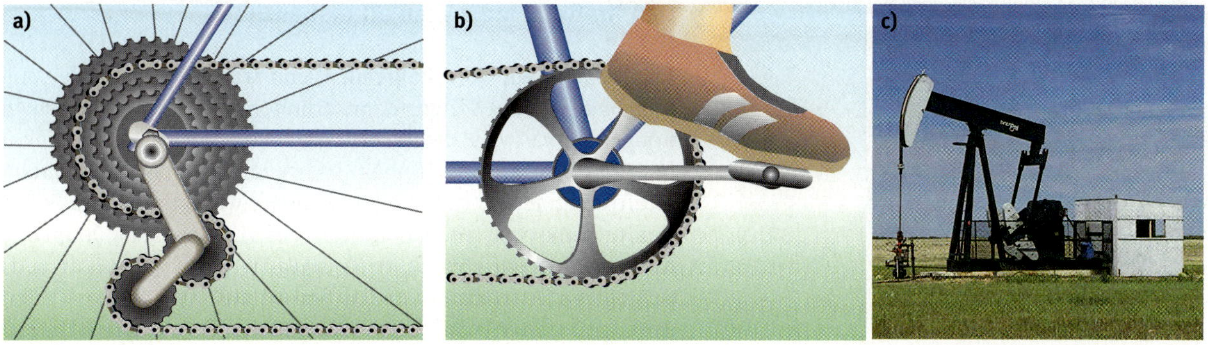

B3: Radfahrer „fahren Wellrad". – Tretkurbel und Erdölpumpe zeigen: Wellräder und Hebel sind eng verwandt.

Tabelle 1 zeigt: Alle Produkte $F_2 \cdot r_2$ aus F_2 und r_2 sind gleich groß, nämlich 9 Ncm. Das Produkt aus dem Betrag der Kraft und dem Kraftarm ist also geeignet, das Drehvermögen einer Kraft an einem Rad zu beschreiben. Dieses Produkt heißt das **Drehmoment *M*** der Kraft mit dem Betrag *F* und dem Kraftarm *r*; $M = F \cdot r$ („das Moment" – das Bewegende). Die bevorzugte **Einheit** des Drehmoments folgt aus dem Produkt: 1 N · 1 m = 1 Nm.

Merksatz

Der **Kraftarm *r*** einer Kraft, die an einem drehbaren Körper angreift, ist der Abstand der Drehachse von der **Wirkungslinie** der Kraft. Er bildet mit der Kraft einen rechten Winkel.
Das **Drehmoment *M*** einer Kraft ist das Produkt aus ihrem Betrag *F* und ihrem Kraftarm *r*:

$$M = F \cdot r.$$

Das Drehmoment beschreibt das Drehvermögen der Kraft mit dem Betrag *F*, die mit dem Kraftarm *r* wirkt.
Die **Einheit** des Drehmoments ist **1 Nm**.

Die Last mit $F_1 = 6$ N wirkt im *Versuch 1* stets mit demselben Kraftarm r_1. Die Last allein dreht das Rad gegen den Uhrzeigersinn. Ihr Drehvermögen kann also auch als Drehmoment angegeben werden: $M_1 = F_1 \cdot r_1 = 6{,}0\text{ N} \cdot 1{,}5\text{ cm} = 9{,}0\text{ Ncm}$. Es ist nach *Tabelle 1* ebenso groß wie das entgegengesetzte Drehmoment M_2, das die andere Kraft ($\vec{F}_2$) mit ihrem Kraftarm r_2 ausübt. – Falls jedoch die Drehmomente nicht gleich groß sind, dann setzt sich das Rad im Sinne des größeren Moments in Bewegung.

Merksatz

An **Wellrädern** gilt beim Halten wie beim gleichförmigen Heben einer Last: Das Drehmoment der Last wird durch ein gleich großes, entgegengesetztes Drehmoment der Kraft ausgeglichen.
Mit dem *n*-fachen Kraftarm ergibt der *n*-te Teil der Kraft ein gleich großes Drehmoment:

$$M = F \cdot r = (\tfrac{1}{n} \cdot F) \cdot (n \cdot r).$$

Interessantes

Drehmomente in der Technik

Bild 1c zeigt, wie Oberleitungen der Bahn straff gehalten werden: Dazu vergrößert man die Zugkraft mit einem Wellrad.

Bild 3a verdeutlicht: Die Kettenräder eines Fahrrades bilden zusammen mit dem Hinterrad ein Wellrad. Die „Übersetzung" der Kraft wird, z.B. für eine Bergfahrt, durch Umlegen der Kette auf ein Kettenrad mit anderem Radius verändert.

Bild 4 zeigt ein Messgerät für Drehmomente an einem Werkzeug: Schrauben müssen mit einem bestimmten Drehmoment festgedreht werden. Sind z.B. $M = 100$ Nm verlangt, dann braucht man an einem Griff mit $r = 0{,}40$ m eine Kraft mit $F = 250$ N, an einem verlängerten Griff mit $r = 1{,}25$ m nur $F = 80$ N.

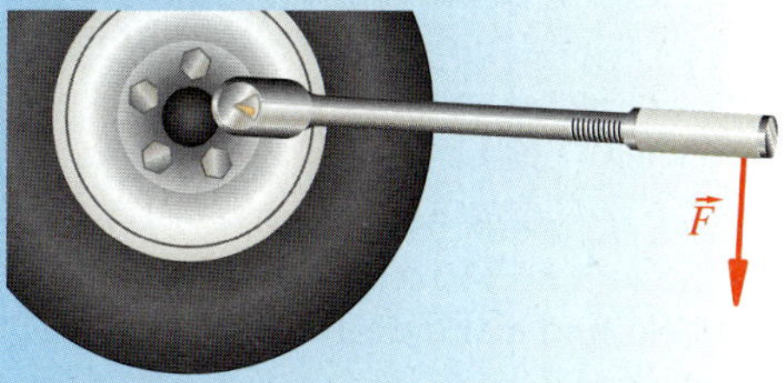

B4: Drehmomente werden gemessen.

Aufgaben

A1: Erfinde zu dem Drehmoment gemäß *Tabelle 1*: $M_2 = 9{,}0\text{ Ncm} = 0{,}090\text{ Nm}$ drei Wertepaare mit anderen Radien.

A2: *Bild 1b* zeigt zum Ausgleich der Drehmomente verschiedene Möglichkeiten. Worauf kommt es dabei an, worauf nicht?

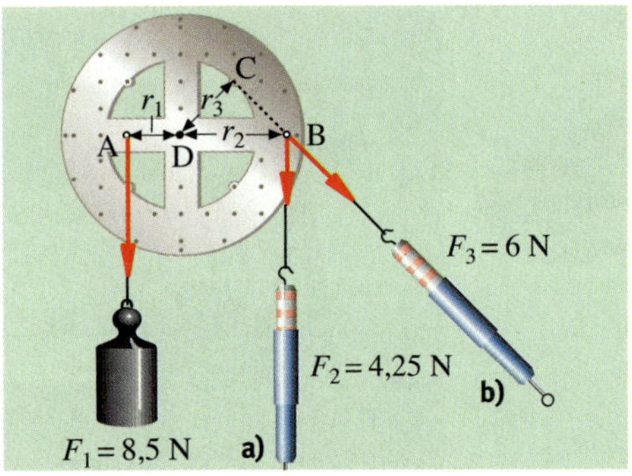

V1: An dem Rad zieht links am Stift A eine Kraft mit $F_1 = 8{,}5$ N nach unten. Das Seil verläuft dabei so, als käme es von einer Rille mit dem Radius DA $= r_1 = 6$ cm. Mit dem waagerechten Kraftarm DA erzeugt die Kraft das Drehmoment $M_1 = 51$ Ncm im Gegenzeigersinn. **a)** Zum Ausgleich liefert am Stift B die nur halb so große Kraft ($F_2 = 4{,}25$ N) mit dem doppelt so großen Kraftarm $r_2 = 12$ cm das Drehmoment im Uhrzeigersinn $M_2 = 51$ Ncm. **b)** Nun bringen wir den Kraftmesser nach rechts in die schräge Richtung. Sogleich beginnt das Rad eine Drehung gegen den Uhrzeiger. Um es in der alten Lage zu halten, brauchen wir jetzt eine größere Kraft mit $F_3 = 6{,}0$ N.

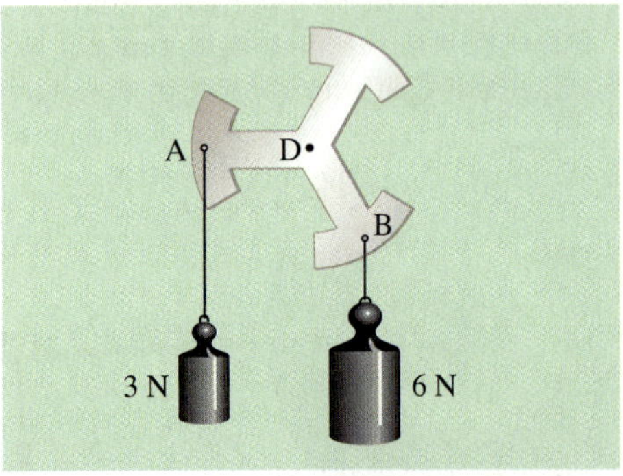

B1: Wo sind hier die Kraftarme?

3. Den Kraftarm muss man oft erst suchen

Das kennen wir vom Fahrrad: Wenn wir auf die Pedale senkrecht nach unten treten, dann erhalten wir die volle Drehwirkung nur bei etwa waagerechter, nach vorn gerichteter Pedalkurbel. Weist sie z.B. nach oben, so brauchen wir eine veränderte Kraftrichtung. Im ➠ *Versuch 1 a* lassen wir zunächst die beiden Kräfte senkrecht an den Stiften einer Radscheibe angreifen, dann bringen wir gemäß ➠ *Versuch 1 b* den Kraftmesser in die Schräglage: Jetzt richtet er das Seil so aus, als käme es (gestrichelt gezeichnet) von einem anderen Kreis mit dem kleineren Radius DC $= r_3$ her. Nun liegt ein Kraftarm in der Luft – die „Luftstrecke" DC! Ein Kraftarm muss nicht aus Material bestehen; messen können wir ihn trotzdem. Mit dem neuen Kraftarm DC $= r_3 = 8{,}5$ cm erhalten wir für die nun vergrößerte Kraft (Betrag $F_3 = 6{,}0$ N) das Drehmoment $M_3 = F_3 \cdot r_3 = 51$ Ncm. Es gleicht das Drehmoment $M_1 = 51$ Ncm aus. Zur Kontrolle können wir den Angriffspunkt der Kraft ($\vec{F}_3$) vom Stift B wegnehmen und ihn längs ihrer Wirkungslinie zurück zu einem Stift im Punkt C verlegen. Das Rad bleibt dann in Ruhe.

Wenn wir die Kraft $\vec{F}_1$ allein wirken lassen, dann dreht sie das Rad – es sei denn, ihre Wirkungslinie verläuft durch die Achse D. Dann ist der Kraftarm $r_1 = 0$ m, dabei verschwindet das Drehmoment völlig, wie groß die Kraft auch sei. Ihr Angriffspunkt liegt nun im „Totpunkt". Sie kann das Rad nicht drehen. – Bei der *Drei-Speichen-Scheibe* (➠ *Bild 1*) sind die Drehmomente ausgeglichen. Die Angriffspunkte der zwei *verschieden* großen Kräfte sind von der Drehachse *gleich* weit entfernt! – Nanu? – Die Strecke DB ist nämlich nicht der Kraftarm der größeren Kraft. Der Kraftarm ist der Abstand der Drehachse von der Wirkungslinie, also DC! Er ist waagerecht und *halb* so groß wie DB.

Merksatz

Der **Kraftarm** steht immer rechtwinklig zur Wirkungslinie der Kraft, er zeigt oft nicht zum Angriffspunkt der Kraft.
Das **Drehmoment** $M = F \cdot r$ einer Kraft bleibt gleich, wenn man ihren Angriffspunkt längs ihrer Wirkungslinie verschiebt. Der Kraftarm r ändert sich dabei nicht.
Wenn die Wirkungslinie einer Kraft durch die Drehachse verläuft, so ist der Kraftarm 0 m und daher das Drehmoment 0 Nm.

Vertiefung

Wie Drehmomente sich automatisch einstellen

Die Drehmomente der zwei Kräfte bei der Drei-Speichen-Scheibe in ➠ *Bild 1* haben sich selbsttätig ausgeglichen. In diese Lage dreht sich die Scheibe – wenn wir sie um einige Grad in beliebiger Richtung ausgelenkt haben – auch wieder zurück. Aber wieso? Bei einer Drehung um 5° wird der linke Kraftarm etwas kürzer – bei jeder Drehrichtung: War er anfangs 10,0 cm lang, so ist die neue Länge 9,95 cm.
Zugleich verändert sich der rechte Kraftarm von anfangs 5,0 cm auf 4,2 cm bzw. 5,7 cm je nach Drehrichtung (Werte zeichnerisch ermitteln). Mit den Beträgen $F_1 = 3$ N, $F_2 = 6$ N berechnen wir die jeweiligen Drehmomente für die Lagen B_{links} - $B_{Original}$ - B_{rechts}:
$M_1 = M_{gegen\ Uhrzeigersinn}$: **29,9** Ncm; 30,0 Ncm; 29,9 Ncm,
$M_2 = M_{im\ Uhrzeigersinn}$: 25,2 Ncm; 30,0 Ncm; **34,2** Ncm.
Bei jeder Auslenkung überwiegt also dasjenige Drehmoment, welches das Rad wieder zurücktreibt.

4. Der Hebel – Teilstück eines Wellrades

Bei der Erdölpumpe (➠ *Bild 3 c* zwei Seiten zuvor) dreht sich der Querbalken um eine Achse – hin und zurück. Man kann ihn sowohl als Hebel, aber auch als Wellrad ansehen. Auf der einen Seite, am „Pferdekopf", liegt das Lastseil in einer kreisförmigen Rille – anstelle eines vollen Kreises genügt hier jedoch ein Teilstück davon. Auf der anderen Seite zieht an einem Bolzen die Kraft des Motors. Ein Hebel ist häufig stabförmig, und die Kräfte greifen an ihm über Stifte, Haken oder Bohrungen an. Es ist hilfreich, sich einen Hebel in Gedanken zu einem Rad zu ergänzen.

5. Hebelgesetze sind Drehmomentgesetze

Mit ➠ *Versuch 2* überprüfen wir an einem Hebel für beide Seiten die Produkte aus Kraft und zugehörigem Kraftarm. Ein Kraftarm, also der Abstand zwischen Drehachse und Wirkungslinie der Kraft, steht immer rechtwinklig zur Kraft. Falls – wie bei diesem Versuch – die Kräfte senkrecht wirken, sind die Kraftarme also waagerecht. Solange dann der Hebel auch waagerecht liegt, sind die Kraftarme auf dem Hebel selbst zu finden. Bei kleinen Drehungen ändern sich die Kraftarme kaum. Die von uns gemessenen Wertepaare von Kraftarm und Kraft enthält ➠ *Tabelle 1*. Sie bestätigen das *Drehmomentengesetz* auch an Hebeln.

Merksatz

Hebel und Wellräder sind **Kraftwandler**. Zum Halten und zum gleichförmigen Heben einer Last gilt:
Eine Kraft vom Betrag F, die mit dem Kraftarm r wirkt, erzeugt ein Drehmoment M; es wird durch ein gleich großes, entgegengesetztes Drehmoment ausgeglichen. Mit n-fachem Kraftarm ergibt der n-te Teil der Kraft ein gleich großes Drehmoment:

$$\boldsymbol{M = F \cdot r = (\tfrac{1}{n} \cdot F) \cdot (n \cdot r)}.$$

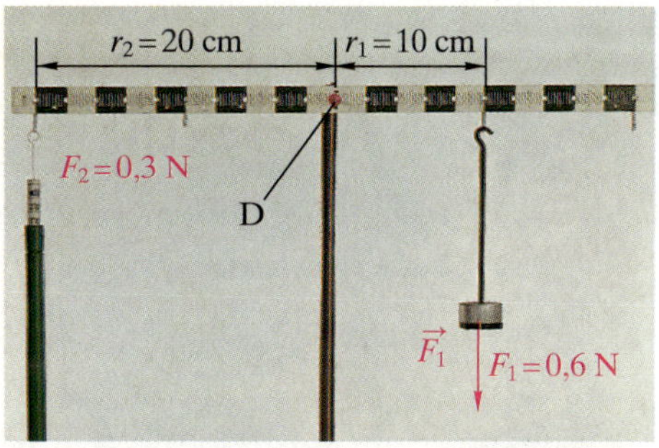

V 2: An dem Hebel erzeugt die Kraft $\vec{F}_1$ auf der rechten Seite mit ihrem Kraftarm $r_1 = 10$ cm ein Drehmoment im Uhrzeigersinn. Für dieses Drehmoment gilt: $M_1 = F_1 \cdot r_1 = 0{,}6\ \text{N} \cdot 10\ \text{cm} = 6\ \text{Ncm}$. Um es auszugleichen, schaffen wir links das nötige Drehmoment $M_2 = F_2 \cdot r_2$ gegen den Uhrzeigersinn. Dazu wählen wir unterschiedliche Kraftarme r_2 aus; der Kraftmesser gibt uns den Betrag F_2 der jeweils zugehörigen Kraft an (➠ *Tabelle 1*).

Kraftarm r_2	Kraftbetrag F_2	Drehmoment $M_2 = F_2 \cdot r_2$
4 cm	1,5 N	6,0 Ncm
6 cm	1,0 N	6,0 Ncm
10 cm	0,6 N	6,0 Ncm
12 cm	0,5 N	6,0 Ncm
20 cm	0,3 N	6,0 Ncm

T 1: Im ➠ *Versuch 2* ist rechts immer $M_1 = 6{,}0$ Ncm, also gilt: $M_1 = M_2$.

Aufgaben

A 1: Mit dem Ende einer 2,00 m langen Latte soll ein Schrank angehoben werden. Die Hebelwirkung soll die Kraft auf ein Viertel ihres Wertes herabsetzen; wo muss der Drehpunkt sein?

A 2: **a)** Zeichne ein r_2-F_2-Diagramm für Kraftarm r_2 und Kraftbetrag F_2 von ➠ *Tabelle 1*. Welcher Zusammenhang gilt für r_2 und F_2? **b)** Wie kannst du grafisch aus dem Diagramm zu jedem Wertepaar das zugehörige Drehmoment M_2 ermitteln?

A 3: Begründe und kommentiere: Wenn sich die Drehmomente aus gleichen, dann gilt die Verhältnisgleichung: $F_1 : F_2 = r_2 : r_1$.

A 4: Pia und Ria haben eine symmetrische Wippe ausbalanciert. Die eine sitzt 3,0 m, die andere 2,6 m von der Drehachse entfernt. Die leichtere Pia kennt ihre Masse: $m_{\text{Pia}} = 52$ kg. Die Masse von Ria lässt sich nun folgern. Die Lösung *kannst* du (mit Begründung!) ohne Berechnung der Gewichtskräfte finden.

A 5: Angenommen, beim Hebel in ➠ *Versuch 2* wird der Kraftmesser durch ein Wägestück mit $G = 0{,}3$ N ersetzt und der Hebel in eine 60°-Schräglage gebracht. Bestimme die veränderten Kraftarme durch Zeichnung, folgere die Drehmomente.

A 6: Skizziere eine Tür von oben, an deren Klinke eine Kraft **a)** rechtwinklig zur Tür, **b)** in Richtung der Tür, **c)** schräg zur Tür angreift. Erkläre die verschiedenen Wirkungen.

A 7: Ermittle zu ➠ *Versuch 1* Lage und Länge des Kraftarms für den Fall, dass der Kraftmesser zum Momentenausgleich im Punkt C angreift – aber waagerecht (statt unter 45°) zieht.

B1: Eine Holzlatte als einseitiger Hebel: Kraft und Last wirken auf derselben Seite

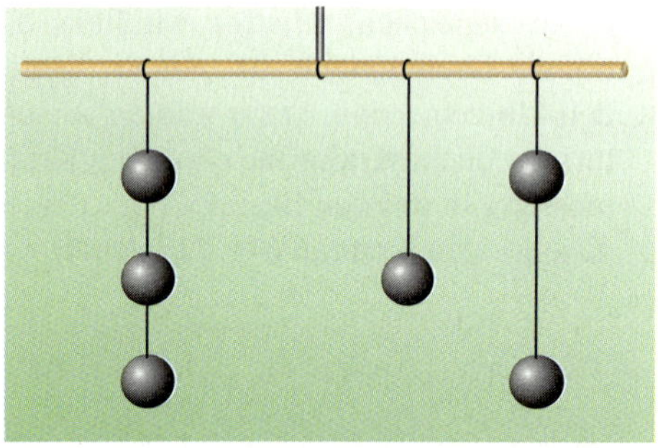

V1: Mit mehreren gleich großen Kugeln, deren Gewichtskraft je 0,3 N beträgt, soll ein Mobile gebaut werden. Obwohl die Dreiergruppe einen kleineren Kraftarm ($r_1 = 8$ cm) hat als die Zweiergruppe ($r_2 = 10$ cm), ist das Drehmoment gegen den Uhrzeigersinn größer; die Drehmomente sind noch nicht ausgeglichen. Mit dem Drehmoment der zusätzlichen Einzelkugel, deren Kraftarm $r_3 = 4$ cm beträgt, kommt der Momentenausgleich zustande.

6. Einseitige Hebel – vielseitiger Nutzen

Bild 1 zeigt, wie ein Kanaldeckel angehoben wird. Der Monteur benutzt dazu eine Latte als Hebel. Die Drehachse befindet sich hier am Ende des Hebels. – Last und Kraft greifen auf derselben Seite von der Achse an. Dieser Hebel ist also nicht mehr zweiseitig, er heißt daher **einseitiger Hebel**. Im Vergleich zum Wellrad sind nur die Drehachse und eine Speiche vorhanden. Die große Last des Deckels ergibt mit dem kleinen Kraftarm ein Drehmoment gegen den Uhrzeigersinn – es wird ausgeglichen von einem gleich großen Drehmoment im Uhrzeigersinn. Dazu wirkt der Monteur mit einem größeren Kraftarm, aber mit kleinerer Kraft – und die ist nach oben gerichtet. Weitere Beispiele für einseitige Hebel sind Schubkarre und Unterarm (*Bild 2*).

7. Darf's ein Drehmoment mehr sein?

In *Versuch 1* ergibt die Dreiergruppe der Kugeln mit ihrem Kraftarm das Drehmoment $M_1 = 7{,}2$ Ncm gegen den Uhrzeigersinn – die Zweiergruppe bringt dagegen trotz des größeren Kraftarms nur das Drehmoment $M_2 = 6{,}0$ Ncm im Uhrzeigersinn auf. Für den Drehmomentenausgleich fehlen also 1,2 Ncm im Uhrzeigersinn. Ein Drehmoment mit diesem Wert wird von einer einzelnen, gleich schweren Kugel aufgebracht, falls wir sie rechts mit dem Kraftarm $r_3 = 4$ cm zur Wirkung kommen lassen. Ob zusammen mit diesem dritten Drehmoment M_3 sich der Ausgleich auch wirklich einstellt, können wir aber *nicht voraussagen*. Denn wir haben eine Zusammensetzung von Drehmomenten mit gleichem Drehsinn noch nie untersucht. Aber der Versuch zeigt: Die Drehmomente mit gleichem Drehsinn dürfen wir wie Zahlen addieren: $M_2 + M_3 = M_1$. Weitere Versuche bestätigen dies.

Merksatz

Drehmomente mit gleichem Drehsinn werden wie Zahlen addiert. Ein Drehmoment kann aus einzelnen Drehmomenten zusammengesetzt sein.

Vertiefung

ARCHIMEDES dachte weiter

„Gib mir einen festen Punkt – und ich werde die Erde anheben." Dieser Ausspruch des ARCHIMEDES wurde uns überliefert. Der berühmte griechische Gelehrte – er lebte mehr als zweihundert Jahre vor Christus – brachte die Mechanik durch viele Entdeckungen weit voran. Ihn wegen seines Ausspruchs als überheblich anzusehen, wäre sicher unberechtigt. Wer will es ihm übelnehmen, wenn er – der zum Wellrad und zum Hebel das zugehörige Gesetz gefunden hat – in sehr drastischer Weise auf die Konsequenzen hinwies:
Denn mit dem Hebelgesetz wird es dem Menschen ermöglicht, seine von Natur aus begrenzten Kräfte beliebig vergrößert zur Wirkung zu bringen. In dem Verständnis der Antike konnte man so die Natur überlisten; Gebrauchsanweisung: Hebelgesetz!
ARCHIMEDES war von der Gültigkeit des Hebelgesetzes überzeugt. Was er aufgrund von vielen Beobachtungen feststellte, hat er in eine verallgemeinerte Form gebracht und schließlich auf ein Gedankenexperiment ausgedehnt. – Nach einer Legende wurde er von seinem König zu einer Probe seines Könnens aufgefordert. Es sollte genügen, den „festen Punkt" auf einem Schiffsbauplatz zu wählen und ein riesiges Schiff landauf zu ziehen. ARCHIMEDES schaffte es ganz allein – mit einer Seilwinde und Seilrollen.

8. Hebel als Werkzeuge – die Vorteile sind handgreiflich

Mit Hebeln kann man nicht nur heben. Beim Nüsseknacken z. B. spielt die Gewichtskraft keine Rolle. Hier wird eine große Kraft gegen die Zusammenhangskräfte der Teilchen in der Schale gebraucht. Dazu setzt man einen Nussknacker als *Kraftwandler* ein (➠ *Bild 3 a*). Die Kraft der Hand benutzt einen langen Kraftarm; sie ergibt eine vergrößerte Kraft an dem kurzen Kraftarm der Nuss. Das Umwandlungsverhältnis für die Kräfte folgt aus dem Verhältnis der Kraftarme.

Wie du aus ➠ *Bild 3 a* selbst feststellen kannst, beträgt bei diesem einseitigen Hebel das Verhältnis $\text{Kraftarm}_{\text{Hand}} : \text{Kraftarm}_{\text{Nuss}}$ etwa 5 : 1, das Kräfteverhältnis ist also entsprechend 1 : 5. Wenn die Nuss jedoch noch näher an der Achse angesetzt wird, dann wird der Vorteil sogar noch größer. – Die Kneifzange stellt einen zweiseitigen Hebel dar (➠ *Bild 3 b*). Bei ihr liegen die Angriffspunkte für das Werkstück bzw. für die Hand auf verschiedenen Seiten von der Drehachse. Die Hand wirkt mit fünffacher Kraft.

Werkzeuge sind je nach ihrem Anwendungszweck anders geformt. Besonders auffällig ist ein Vergleich zwischen einer Blechschere und einer Papierschere. Bei der Blechschere sind die Schneiden deutlich kürzer als die Handgriffe, bei der Papierschere ist es umgekehrt. Zum Blechschneiden braucht man eine große Kraft, also gibt man der Schere auf der Seite des Werkstücks einen kleineren Kraftarm als auf der Seite mit den Handgriffen. – Für den Vorteil einer *vergrößerten* Kraft nimmt man den damit verbundenen Nachteil in Kauf: Die Hand muss dann einen *längeren* Weg ausführen. Bei der Blechschere hat das zur Folge, dass dafür die jeweiligen Schnittlängen nur kurz sind. Bei der Papierschere dagegen kommt es nicht auf eine Vergrößerung der Kräfte an – lange Schneiden ergeben große Schnittlängen.

Für alle Kraftwandler – ob Wellrad, Schraubenschlüssel, Hebel, Flaschenzug – gilt: *Kraft* mal *Kraftweg* = *Last* mal *Lastweg*.

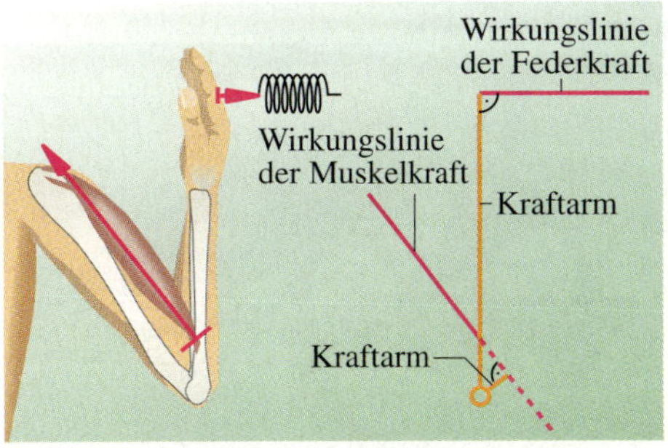

B 2: Angewinkelter Unterarm – Kraftarme

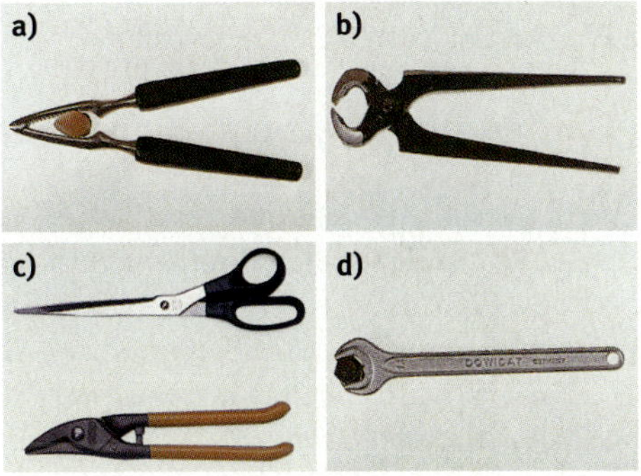

B 3: Werkzeuge als Kraftwandler

B 4: Mit Drehmomenten wird gelenkt.

Aufgaben

A 1: Zum Festhalten von Werkstücken benutzt jemand eine Pinzette bzw. eine Zange. Vergleiche die Werkzeuge hinsichtlich der Kraftarme und der Kraftumwandlung (Skizze).

A 2: Beim Schneiden eines Kartonstreifens mit einer langen Papierschere wird die Hand umso mehr angestrengt, je mehr sich die Handgriffe einander nähern. Erläutere die Zusammenhänge.

A 3: Zerbrich ein Streichholz in immer kürzere Stücke. Beobachte – berichte – begründe.

A 4: Paul sagt von dem Mobile in ➠ *Versuch 1*, es befinde sich „im Gleichgewicht" – und zwar, *weil* auf beiden Seiten gleich viele Gewichte hängen. Anna meint: „Nicht *weil*, sondern *obwohl*". Was sagst du?

A 5: ➠ *Bild 2* zeigt den Unterarm als Hebel. Schätze das Verhältnis der Kraftarme ab und folgere daraus das Verhältnis der Kraft des Beugemuskels zu der Kraft, mit der die Hand zieht. Begründe, warum diese Bauweise der Natur äußerst sinnvoll ist.

A 6: Die Radmutter an der Gabel eines Fahrrades wird durch einen Schraubenschlüssel (Kraftarm $r_1 = 12$ cm) von einer Kraft mit $F_1 = 45$ N festgezogen. Eine Flügelmutter, die insgesamt 6 cm breit ist, soll genauso fest sitzen. Mit welchen Kraftbeträgen F_2 und F_3 wird man dazu auf die beiden Flügelenden drücken?

A 7: Beim Lenken eines Autos sollen die Hände das Lenkrad stets außen und seitlich greifen. Das hat physikalische und biologische Gründe. Erläutere dies.

Interessantes

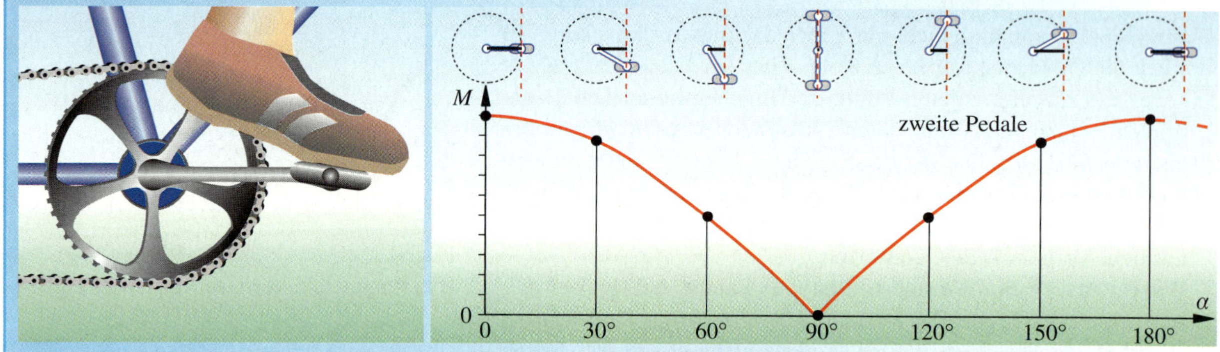

B1: An der Tretkurbel ändert sich das Drehmoment ständig – obwohl die Kraft mit $F = 100$ N stets gleich bleibt.

Fahrrad – Übersetzung – Gangschaltung

A. Die Kraft am Pedal und das Wechselspiel des Drehmoments

Beim Fahrrad werden verschiedene Zwischenstufen benutzt, um die antreibende Kraft weiterzugeben. Zunächst wird die *Abwärtsbewegung* des Fußes am Pedal in eine *Drehbewegung* der Tretkurbel umgewandelt. Ganz ähnlich ist es im Diesel- oder im Benzinmotor: Dort wird die Kraft des hin und her gleitenden Kolbens auf das Gelenk der Kurbelwelle übertragen; der Verbindungsstab ist die *Pleuelstange*.

Das Fahrradpedal erfährt von dem Fuß eine *senkrecht* nach unten gerichtete Kraft (von Ausnahmen abgesehen). An dem Angriffspunkt erzeugt diese Kraft ein Drehmoment $M = F \cdot r$. Weil sich dieser Angriffspunkt mit dem Pedal aber auf einem Kreis bewegt, bleibt der Kraftarm r nicht gleich: Der Abstand zwischen der senkrechten *Wirkungslinie* der Kraft und der Drehachse des Tretlagers hängt vom Drehwinkel α ab (➠ *Bild 1*).

Wir starten mit waagerechter Tretkurbel – sie liegt also rechtwinklig zur Kraft. Jetzt stimmt der Kraftarm r mit der Kurbellänge überein. Er hat seinen größtmöglichen Wert und folglich auch das Drehmoment M. Dies ist jedoch bei jedem Umlauf nur zweimal der Fall. Wenn der Winkel α um 30° davon abweicht, haben Kraftarm und Drehmoment nur noch 87% ihres Höchstwertes. Für $\alpha = 60°$ bleibt genau die Hälfte ihres Maximalwertes übrig. Danach verkleinern sich Kraftarm und Drehmoment noch weiter, sie werden sogar null (➠ *Bild 1*). – Verschwindet der Kraftarm, so kann die Kraft überhaupt nichts zu einer Drehung beitragen. Über einen solchen *Totpunkt* kommt ein Rad, das bereits in Bewegung ist, mithilfe der Trägheit hinweg. Wir können zwar mit unseren Beinmuskeln auch eine waagerechte Kraft aufbringen, aber die Rücktrittsbremse lässt sich nicht wirkungsvoll benutzen.

B. Die Fahrradübersetzung – die „Verkettung" von zwei Wellrädern

Beim Fahrrad sitzen auf derselben Drehachse die Tretkurbel und das mit ihr verbundene große Kettenrad (➠ *Bild 2*). Beide zusammen bilden also ein *Wellrad*. Ein Wellrad lässt das Drehmoment unverändert, aber es ist ein Kraftwandler. Wenn die Tretkurbel waagerecht liegt, ist ihr Kraftarm doppelt so groß wie der Radius des großen Kettenrades. Treten wir nun das Pedal z. B. mit der Kraft vom Betrag $F = 100$ N, so erfährt dadurch die Kette in ihrem oberen Teil die doppelt so große Kraft 200 N (➠ *Tabelle 1*). Dafür legt die Kette nur eine halb so große Weglänge zurück – z. B. nur 5 cm, wenn das Pedal um die Weglänge $s = 10$ cm getreten wird.

Die Kette reicht – so, wie ein Seil oder ein Riemen – die ihr übertragene Kraft vom Betrag $F = 200$ N und den Weg $s = 5$ cm unverändert vom vorderen Kettenrad weiter an das hintere Kettenrad, das einen kleineren Radius hat. Daher erzeugt die Kraft in der Kette bei diesem Rad ein verändertes, kleineres Drehmoment. *Der Kettentrieb ist also ein Drehmomentwandler.* Dieses kleinere Kettenrad bildet mit dem Hinterrad wieder ein Wellrad, und zwar mit dem Radienverhältnis 3 cm : 30 cm = 1 : 10. Also tritt am Reifen des Hinterrades nur noch die Kraft 200 N /10 = 20 N auf. Und: Bei 10 cm Pedalweg ergeben sich 50 cm Weglänge für das Fahrrad.

Die ➠ *Tabelle 1* zeigt für diese Übersetzung alle Übergänge in ihrem Zusammenhang: Zur Fortbewegung des Rades steht folglich insgesamt nur zweimal ein Zehntel, also ein Fünftel der Kraft zur Verfügung, mit der die Übertragungen anfingen. Andererseits ist die Weglänge des Rades $\frac{1}{2}$-mal zehnmal, also fünfmal so groß wie der Weg der Füße an den Pedalen.

Die Kraft wird mit dem Faktor $\frac{1}{n}$ verkleinert, dafür wird die Weglänge mit dem Faktor n vergrößert.

Interessantes

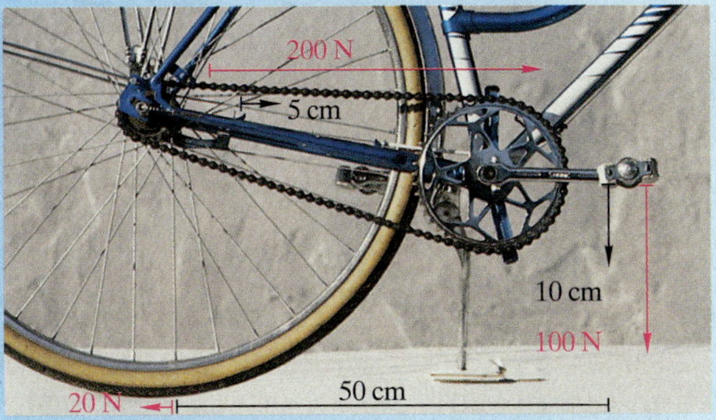

B2: Die Kraft am Pedal wird bei der Übertragung auf den Reifen verkleinert – ihr Weg vergrößert.

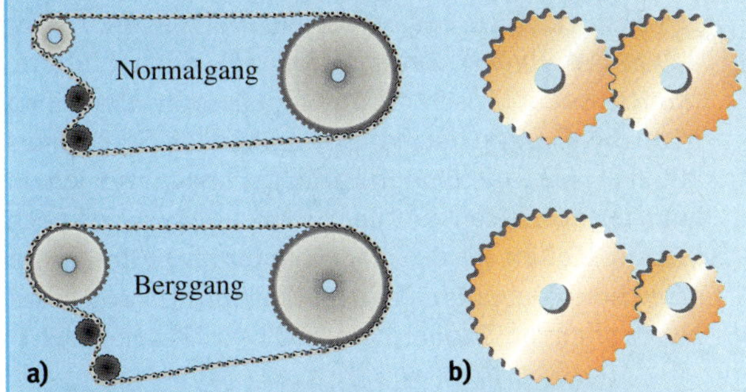

B3: Mit der Gangschaltung wird die Übersetzung gewechselt: **a)** Kettenschaltung **b)** Zahnradschaltung

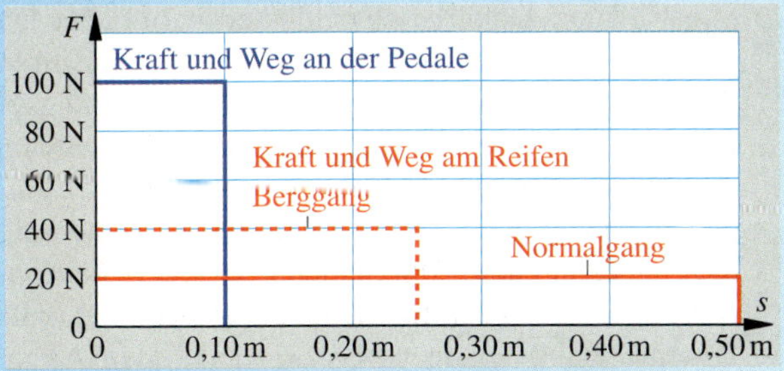

B4: Kraftbetrag *F* und Weg *s* an der Pedale und am Reifen im Vergleich – je nach Übersetzung

C. Die Gangschaltung – verschiedene Übersetzungen zur Auswahl

Wenn wir das Pedal um den Weg *s* weiter bewegen und wir dadurch mit dem Fahrrad um den Weg $n \cdot s$ voran kommen, so geschieht das in derselben Zeit. Wir folgern: Aus der *Geschwindigkeit* an der Pedale wird eine *n*-mal so große *Geschwindigkeit* des Fahrrades.

Beim Kettentrieb wird die Geschwindigkeit, mit der sich die Zähne des vorderen Kettenrades bewegen, unverändert auf die Zähne des hinteren Kettenrades weitergegeben. Wenn dessen Radius ein Drittel des vorderen beträgt, dann ist auch sein Umfang nur ein Drittel des vorderen. Folglich ist die Anzahl der Umdrehungen pro Zeit, also die *Drehfrequenz*, für beide Kettenräder verschieden: Unser Kettentrieb verdreifacht die Drehfrequenz, während er das Drehmoment auf ein Drittel verkleinert.

Der „Muskelmotor" unserer Beine funktioniert am besten, wenn er die Kurbelwelle mit einer nicht zu großen, aber auch nicht zu kleinen Drehfrequenz antreibt. Sehr ähnlich verhält sich ein Diesel- oder Benzinmotor: Je weiter er außerhalb eines bestimmten Drehfrequenzbereichs arbeiten müsste, umso schlechter würde er laufen, und umso schädlicher wäre es für ihn und ebenso für die Umwelt.

Wenn die Fahrt bergan führt, wünschen wir uns, dass wir mit unserer Kraft ein *größeres* Drehmoment erhalten, dafür sind wir bereit, dass sich – trotz gleicher Drehfrequenz der Tretkurbel – die Räder *langsamer* drehen. Wer eine Gangschaltung hat, der wechselt dann die Übersetzung. Dazu kann die Kette auf ein anderes Kettenrad versetzt werden. Bei einer Zahnradschaltung, die in der Hinterradnabe eingebaut ist, kann eine unterschiedliche Kombination von zwei Zahnrädern zwischengeschaltet werden (➠ *Bild 3*).

Die ➠ *Tabelle 1* zeigt zum Vergleich die Werte bei einer Übersetzung für Bergfahrt, ➠ *Bild 4* veranschaulicht die Kräfte und Wege in einem Diagramm.

Angriffspunkt der Kraft	Kraftarm *r*	Kraftbetrag *F*	Drehmoment *M*	Weglänge *s*	Maschinenart
Pedal	18 cm	100 N	1800 Ncm	10 cm	**Wellrad** (Kraftwandler) (Pedal – Kettenrad vorn)
Kettenrad (vorn)	9 cm	200 N	1800 Ncm	5 cm	**Kettentrieb** (Drehmomentwandler) (Kettenrad vorn – Kettenrad hinten)
Kettenrad (hinten)	3 cm **6 cm**	200 N **200 N**	600 Ncm **1200 Ncm**	5 cm **5 cm**	**Wellrad** (Kraftwandler) (Kettenrad hinten – Reifen)
Reifen (Straße)	30 cm **30 cm**	20 N **40 N**	600 Ncm **1200 Ncm**	50 cm **25 cm**	

T1: Zwischenstufen bei der Kraftübertragung. Fettgedruckte Werte: Übersetzung für Bergfahrt (Gangschaltung).

Interessantes

B1: Auf dem Zielfoto sind alle Laufzeiten ablesbar.

Sport und Physik

Kampf um Bruchteile von Sekunden

Von Laufwettkämpfen erhalten wir häufig eine Fernsehübertragung. Aber trotz des besten Kamerastandortes können wir oft nicht über die Reihenfolge der Läufer entscheiden. Eine eingeblendete Stoppuhr zeigt uns hundertstel Sekunden an. Wie viel Zentimeter muss ein Sprinter einem anderen voraus gewesen sein, der 0,01 Sekunden später die Ziellinie erreichte?

Das können wir abschätzen: Ein guter Sprinter läuft die 100 Meter in knapp 10 Sekunden, also ist sein zurückgelegter Weg für 1 s etwa 10 m; in 0,01 s ist er nur etwa 10 cm weiter! Da müssen dann Schiedsrichter das Zielfoto (➠ *Bild 1*) auswerten. Dabei lassen sie nicht den vorgebeugten Kopf, sondern den Oberkörper gelten. Das Zielfoto entsteht mit einer Spezialkamera, die mit den einlaufenden Sprintern zugleich Zeitmarken registriert.

Bei Schwimmwettkämpfen verlässt man sich dagegen auf eine Druckplatte in der Beckenwand, mit der jeder Schwimmer „seine" elektrische Uhr selbst abschaltet (➠ *Bild 2*). Es hat schon Sieger wegen einer tausendstel Sekunde gegeben. – Deren „Vorsprung"? – Weniger als 5 mm! Da fragt man sich, ob das Schwimmbecken auch millimetergenau gebaut war.

B2: Schwimmer schalten ihre Stoppuhr selber ab.

B3: Der Stab wird in vollem Lauf weitergegeben.

Was macht die Staffeln so schnell?

Bei Staffelläufen über 4-mal 100 Meter sind die Ergebnisse deutlich besser als bei Einzelläufen über 400 m (➠ *Bild 3*). Zwar werden bei einer Staffette immer wieder „frische" Läufer eingesetzt, aber wenn man die Gesamtzeit eines 4-mal-100 m-Staffellaufs auf die vier Teilnehmer zurückrechnet, also jedem ein Viertel der Zeit zuordnet, dann ergeben sich noch kürzere Zeiten, als dieselben Läufer im 100 m-Sprint erreichen! Dabei laufen zwei der Sprinter sogar auf Kurvenbahnen. Woher kommt dieser Widerspruch?

Betrachten wir es genauer:
Nur der Startläufer hat Bedingungen wie ein Einzelsprinter; die ersten Meter werden zum Beschleunigen bis zur Dauergeschwindigkeit gebraucht. Die anderen Läufer übernehmen den Stab nach ihrem Anlaufweg bereits mit voller Geschwindigkeit (➠ *Bild 4*). Wir müssen also unterscheiden zwischen Bewegungen mit zunehmender und solchen mit gleich bleibender Geschwindigkeit. ➠ *Bild 4* zeigt die verschiedenen Bewegungen in einer Zeichentrickfolge mit einem Zeitabstand von einer Sekunde. Beachte die Weglängen von drei Sekunden Anlauf gegenüber drei Sekunden mit maximaler Geschwindigkeit! In ➠ *Bild 6* ist derselbe Vorgang in Gestalt eines Zeit-Weg-Diagramms wiedergegeben.

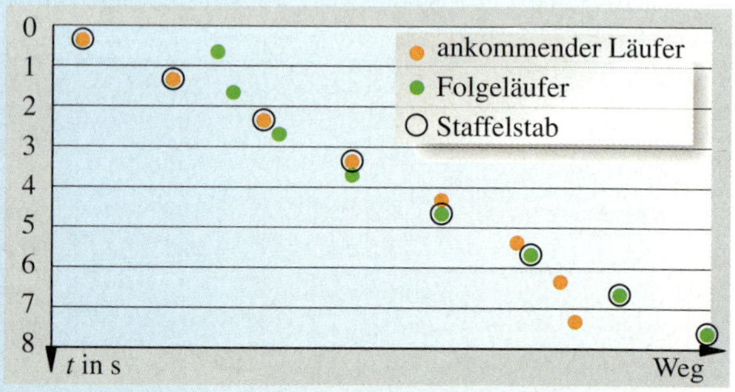

B4: So sieht der Stabwechsel im Zeichentrickfilm aus.

Interessantes

B5: Der Körperschwerpunkt liegt in Nähe der Latte.

B7: Warum ist die Außenbahn so unbeliebt?

Mit List geht's besser über die Latte

Im Hochsprung erreichen wir Menschen trotz aller Anstrengungen noch nicht einmal das Eineinhalbfache unserer eigenen Körperhöhe – Heuschrecken sind uns da weit überlegen!

Dabei müssen wir außerdem erst einen Anlauf nehmen, damit wir zusammen mit dem Absprung möglichst schnell sind und viel Schwung erhalten. Vor allem durch diesen Schwung können wir dann an Höhe gewinnen. Jedes Masseteilchen unseres Körpers ist mit einem kleinen Betrag daran beteiligt. Die gesamte Masse des Körpers können wir uns in seinem Schwerpunkt vereinigt denken.

Wie hoch dieser Schwerpunkt nun gelangt, das wird – außer von der Masse – von dem verfügbaren Schwung bestimmt. Sieger im Hochsprung wird jedoch nicht, wer nur für die größtmögliche Höhe seines Schwerpunktes sorgt. Bei gleicher Schwerpunktshöhe kann man in flacher statt in aufrechter Körperhaltung eine höhere Latte überspringen. Den größten Erfolg bringt aber eine gekrümmte Körperhaltung: Der Rücken wird dazu wie ein Kleiderbügel geformt, und dabei werden der Kopf sowie Arme und Beine rechtzeitig nach unten abgewinkelt, wie *Bild 5* es zeigt. Bestmarken erfordern nicht nur viel Energie, sondern auch Geschicklichkeit – also Übung.

Ungerechte Sportrekorde?

Damit die einzelnen Bahnen zum 400 m-Lauf in dem Oval innen wie außen gleiche Länge haben, starten die Läufer nicht nebeneinander, sondern entsprechend versetzt (*Bild 7*). Dennoch ist die Außenbahn unbeliebt: Dort kann man die Mitläufer nur schlecht beobachten. Daher werden die Bahnen zumeist ausgelost. – Wie es dagegen um die Gerechtigkeit z. B. für Teilnehmer geringer Körpergröße steht, danach fragt niemand. Dies gilt besonders krass beim Hochsprung. Für kleine Hochspringer ist es durchaus noch kein hinreichender Ausgleich, dass ihre „Hochsprungarbeit" in der Regel mit einer kleineren Masse erfolgt.

Beim Gewichtheben werden hingegen genau die Massen bewertet, die die Sportler „zur Hochstrecke" bringen, und diese Höhe ist bei kleinen Sportlern geringer. Aber ist denn ein Rekordwert aus Sydney mit einem aus Mexiko gleichwertig? Der Kraftaufwand wird vom Ortsfaktor mitbestimmt, und dieser wird *kleiner*, wenn man sich dem Äquator nähert und wenn die Höhe über dem Meeresspiegel zunimmt. In Sydney ist der Ortsfaktor (g) um rund 0,2% größer als in Mexiko, d. h. schon rund 399 kg in Sydney erfordern die gleiche Kraft ($F = m \cdot g$) wie erst 400 kg in Mexiko! In Helsinki kann man mit gleicher Kraft sogar nur 398 kg heben.

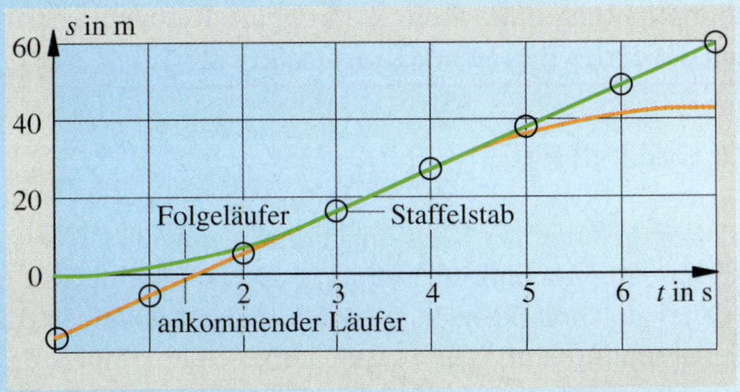

B6: So sieht ein Stabwechsel im t-s-Diagramm aus.

B8: Geschafft: Die Kraft ist groß genug.

B 1: Eine große Last hängt an vielen Seilen.

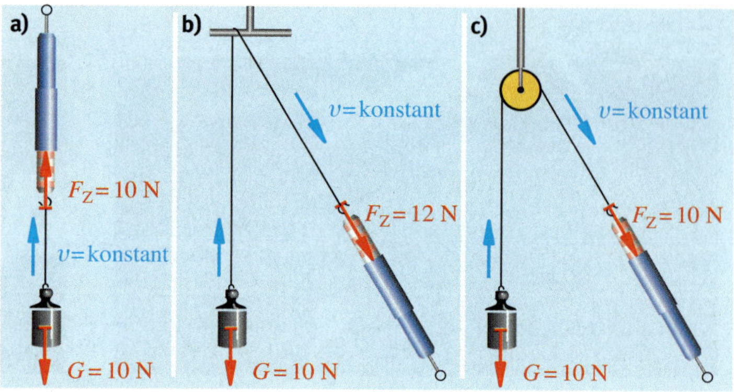

B 2: Eine Last wird mit einem Seil gehoben.

V 1: a) Wir ziehen einen Körper der Masse $m = 1$ kg an einem Seil gleichförmig nach oben (➠ *Bild 2 a)*. Der Kraftmesser zeigt den Betrag der Zugkraft $F_Z = G = 10$ N. **b)** Das Seil wird über einen Metallstab gelegt und abgewinkelt weitergeführt (➠ *Bild 2 b*). Wir müssen nun mit der größeren Zugkraft vom Betrag $F_Z = 12$ N ziehen. Der Unterschied kommt von der Reibungskraft: $F_{Reib} = 12\text{ N} - 10\text{ N} = 2$ N. **c)** Wir ersetzen den Stab durch eine Rolle (➠ *Bild 2 c)*. Die Zugkraft beträgt dann kaum mehr als $F_Z = 10$ N.

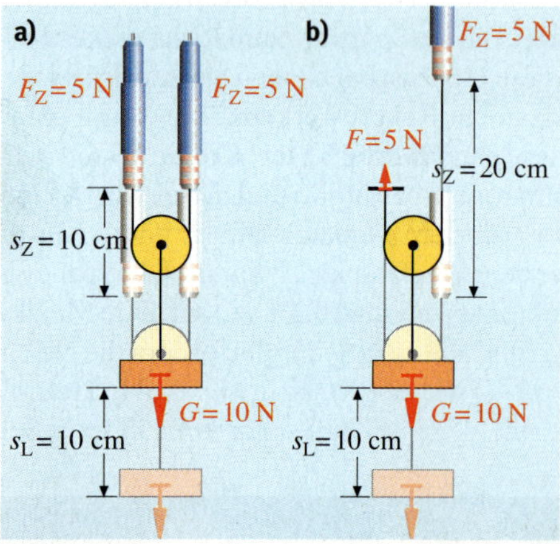

V 2 a: Wir hängen einen Klotz mithilfe von Rolle und Seil an zwei Federkraftmessern auf (➠ *Bild a*). Die Last, also Klotz und Rolle zusammen, erfährt eine Gewichtskraft vom Betrag $G = 10$ N. Jeder der beiden Kraftmesser zeigt eine Kraft $F_Z = 5$ N an. Wenn wir nun an jedem der beiden Seilenden zugleich längs des Kraftweges $s_Z = 10$ cm ziehen, dann wird auch die Last um $s_L = s_Z = 10$ cm gehoben.

Seilmaschinen

1. Eine Kraft wird umgelenkt

Seile und Rollen sind Hilfsmittel, mit denen sich viele Tätigkeiten erleichtern lassen – vor allem das Heben von Lasten: Anstelle der eigentlich erforderlichen Kräfte bringen Seile und Rollen „mit List" *veränderte* Kräfte zum Einsatz. Von dem altgriechischen Wort für List: „mechane" stammt unser Wort „Maschine".

Im ➠ *Versuch 1 a* haben wir mithilfe eines Seils den *Angriffspunkt* der Kraft verlagert – trotz unverändertem Betrag und unveränderter Richtung der Kraft ist das oft von Nutzen, z. B. bei tiefen Baugruben.
Im ➠ *Versuch 1 b* haben wir die *Richtung* der Kraft an einem Stab umgelenkt. Auch das ist oft hilfreich. Der Stab ergibt aber für uns zugleich eine Erschwernis: Die erforderliche Zugkraft wird größer. Die Ursache kennen wir: Zwischen Seil und Stab tritt zusätzlich eine entgegengerichtete Kraft auf, die Reibungskraft.

Im ➠ *Versuch 1 c* wird die Kraft mit einer Rolle umgelenkt. Dabei tritt nur eine kaum merkliche Reibungskraft auf. Solche Rollen werden **feste Rollen** genannt, wenn ihre Achsen **ortsfest** sind.

Merksatz

Mit **Seil** und **fester (d. h. ortsfester) Rolle** kann man eine Kraft in eine andere Richtung umlenken. Wenn keine Reibung auftritt, ändert sich dabei der Betrag der Kraft nicht.

2. Eine Kraft wird halbiert

Im ➠ *Versuch 2 a* hängt der Klotz an der Rolle, und die Last wird nun von *zwei* Seilabschnitten getragen. Die Gewichtskraft $\vec{G}$ teilt sich dabei gleichmäßig, d. h. je zur Hälfte auf die beiden tragenden Seilabschnitte auf. Läuft das Seil über eine reibungsfreie Rolle, so ist die Kraft im Seil überall gleich groß. Ein Anheben der beiden Seilenden ergibt ein gleich hohes Anheben der Last.

Mit ➠ *Versuch 2b* wandeln wir die bisherige Anordnung an einer Stelle ab. Das eine Seilende wird an einem Haken befestigt. Es zeigt sich: Zum Halten der Last oder zum Heben mit gleich bleibender Geschwindigkeit ist jetzt nur noch eine halb so große Kraft nötig. Das ist ein bedeutender *Vorteil.* Aber dafür müssen wir zugleich auch einen *Nachteil* in Kauf nehmen: Zum Heben der Last um einen Lastweg s_L ist es nun notwendig, einen doppelt so großen Weg $s_Z = 2 \cdot s_L$ für die Zugkraft aufzuwenden. Denn da der Haken das eine Seilende nur hält, aber nicht hebt, müssen wir auf der anderen Seite den Kraftweg seines Seilabschnitts mit übernehmen. – Macht der Nachteil nun den Vorteil wertlos? Nein, denn ohne Hilfsmittel könnten wir viele Hebevorgänge kaum oder gar nicht ausführen!

Während sich die Rolle dreht, hebt sich zugleich ihre Achse mit der Last; die Achse ist nun also nicht ortsfest. In solchen Fällen werden die Rollen daher **lose**, d. h. **ortsveränderliche Rollen** genannt. Das Ziehen wird zumeist noch bequemer, wenn eine zusätzliche ortsfeste Rolle die Zugkraft wie in ➠ *Bild 3* umlenkt.

Merksatz

Eine **lose Rolle** verteilt die Kraft $\vec{F}_L$ gleichmäßig auf zwei Seilabschnitte. In jedem Abschnitt gilt für den Betrag der Zugkraft $F_Z = \frac{1}{2} \cdot F_L$.
Ist ein Seilende fest, so wird der Weg s_Z der Zugkraft doppelt so groß wie der Lastweg s_L. Es gilt $s_Z = 2 \cdot s_L$.

3. Der Flaschenzug

Zu einem **Flaschenzug** gehört eine Gruppe von festen und eine Gruppe von losen Rollen. Die Rollen sind drehbar in Haltevorrichtungen gelagert, die *Flaschen* genannt werden. Der Name rührt von den früher üblichen, flaschenähnlichen Bauformen her.

In ➠ *Versuch 3* hängt die Last jetzt an vier Seilabschnitten. Folglich übt jeder Seilabschnitt nur eine Zugkraft mit $F_Z = \frac{1}{4} G$ nach oben aus. Die beiden oberen Rollen sind ortsfest und lenken die Seilkräfte um. Wie zu erwarten, zeigt sich:
Wenn alle Rollen nur eine verschwindend kleine Reibung haben, so müssen wir am freien Seilende nur mit der Zugkraft $F_Z = \frac{1}{4} G$ ziehen; für $G = 12$ N folgt $F_Z = 3$ N. Der Vorteil der verkleinerten Zugkraft beim Heben der Last muss aber auch hier mit einem Nachteil erkauft werden: Damit alle vier Seilabschnitte um den Lastweg s_L verkürzt werden, muss der Weg s_Z der Zugkraft nun viermal so groß sein.

Merksatz

Wenn ein Flaschenzug die Kraft $\vec{F}_L$ auf n tragende Seilabschnitte verteilt, so gilt:
- Die erforderliche Zugkraft hat den Betrag $F_Z = \frac{1}{n} \cdot F_L$;
- der erforderliche Kraftweg beträgt $s_Z = n \cdot s_L$.

V2b: Wir befestigen das linke Seilende an einem Haken (➠ *Bild b*). Er hält nun die Hälfte der Last. Daher müssen wir jetzt nur noch eine halb so große Zugkraft mit $F_Z = \frac{1}{2} G = 5$ N ausüben. Damit die Last um 10 cm angehoben wird, müssen wir am freien Ende 2 · 10 cm = 20 cm weit ziehen.

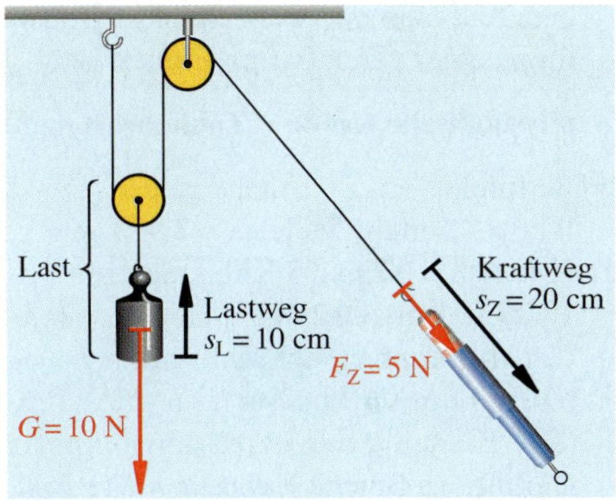

B3: Die lose Rolle halbiert die Kraft, und die feste Rolle ändert die Richtung.

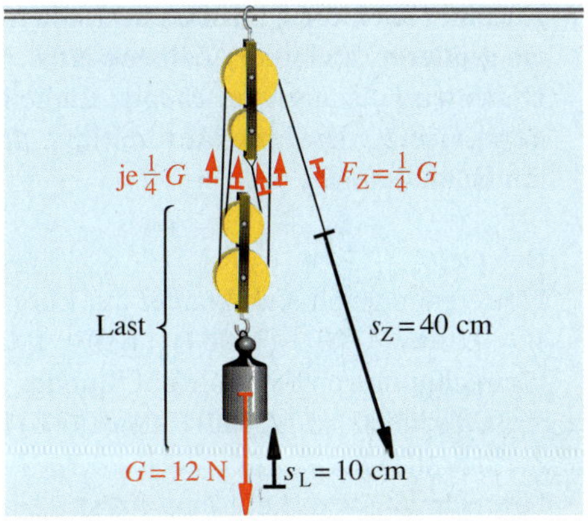

V3: Wir ziehen einen Klotz mit einem Flaschenzug um 10 cm hoch. Der Betrag der Gewichtskraft der gesamten Last ist 12 N. Wir messen die Zugkraft von etwa 3 N und den Weg der Zugkraft von 40 cm.

Aufgaben

A1: Katrin kann eine Kraft von 400 N aufbringen. Wie groß darf die Last sein, die sie damit an einer festen Rolle, an einer losen Rolle oder an dem Flaschenzug (➠ *Versuch 3*) hochziehen könnte?

A2: Eine Kiste wird mit einer losen Rolle hochgezogen. Der Betrag der Zugkraft ist 270 N. Welche Gewichtskraft hat der Kisteninhalt ($G_{Rolle} + G_{leere\ Kiste} = 130$ N)?

Das ist wichtig

1. Physikalische Größen und Einheiten

Jede physikalische Größe – z. B. der Weg s, das Volumen V, die Zeit t, die Geschwindigkeit v – bezeichnet ein **messbares physikalisches Merkmal**. Zum Beispiel kennzeichnet das Volumen eines Körpers seine Raumerfüllung. Um den Betrag einer Größe anzugeben, teilt man mit, wievielmal so groß sie im Verhältnis zu einer vereinbarten Einheit ist:

physikalische Größe = Zahlenwert mal **Einheit**.

Beispiele:
Weg = 2,5 mal 1 Meter; $s = 2{,}5 \cdot 1\ \text{m} = 2{,}5\ \text{m}$
Volumen = 0,2 mal 1 Kubikmeter;
$V = 0{,}2 \cdot 1\ \text{m}^3 = 0{,}2\ \text{m}^3$;
Geschwindigkeit = 15 mal 1 m/s;
$v = 15 \cdot 1\ \text{m/s} = 15\ \text{m/s}$
(Die Einheit 1 m/s ist zusammengesetzt gemäß der Definition: *Geschwindigkeit* = *Weg*/*Zeit*.)

Wenn bei der Angabe einer Größe von einer Einheit zu einer anderen Einheit gewechselt wird, so gilt:
Zu einer **kleineren (größeren) Einheit** gehört stets ein **größerer (kleinerer) Zahlenwert**.
Dabei wird die auszutauschende Einheit durch einen Term ersetzt, der ihren Wert mithilfe der gewünschten Einheit angibt.

Beispiele:
Umrechnung von Kubikmeter auf Liter:
$V = 0{,}01\ \mathbf{m^3} = 0{,}01 \cdot (\mathbf{1000\ l}) = (0{,}01 \cdot 1000)\ \text{l} = 10\ \text{l}$.
Umrechnung von Sekunde auf Stunde:
$t = 900\ \mathbf{s} = 900 \cdot (\mathbf{1\ h/3600}) = (900/3600)\ \text{h}$
$= \frac{1}{4}\ \text{h} = 0{,}25\ \text{h}$.
Umrechnung von (km/h) auf (m/s):
$v = 36\ \text{km/h} = 36 \cdot (1000\ \text{m})/(3600\ \text{s}) = 10\ \text{m/s}$.
Es ist nützlich, sich zu merken: **10 m/s = 36 km/h.**
(Die mittlere Geschwindigkeit eines Sprinters – 100 m in 10 s – ist etwa gleich der Mopedgeschwindigkeit.)

Durch Zusatzfaktoren können größere oder kleinere Einheiten gebildet werden:

Giga	G	Milliarde
Mega	M	Million
Kilo	k	Tausend
Zenti	c	Hundertstel
Milli	m	Tausendstel
Mikro	µ	Millionstel

Die im Folgenden aufgeführten Einheiten sind (von vielen möglichen) stets die *bevorzugten*.

2. Kraft

Symbol: $\vec{F}$ (Betrag: F); Einheit: 1 N (Newton);
Messgerät: Federkraftmesser (nutzt die Verformung)

Kräfte können …
- … Körper verformen *und/oder*
- … die Bewegung (den Impuls) der Körper ändern.

Es gibt verschiedene Kraftarten: z. B. Muskelkraft, Magnetkraft, Federkraft, Gewichtskraft, …

Zur vollständigen Angabe einer Kraft gehören ihr **Betrag** wie auch ihre **Richtung**. Oft ist außerdem ihr **Angriffspunkt** wichtig.

Größen mit Richtungseigenschaften heißen **Vektorgrößen** (z. B. Kraft) – im Gegensatz zu **Skalaren** (z. B. Volumen, Zeit).
Vektorgrößen lassen sich durch Pfeile darstellen, für Skalare genügt der Betrag, also Zahlenwert mal Einheit (z. B. $V = 3\ \text{m}^3$).

Auch die **Geschwindigkeit** ist eine Vektorgröße mit Betrag und Richtung.
Symbol: $\vec{v}$ (Betrag v); Einheit: $1\ \frac{\text{m}}{\text{s}}$

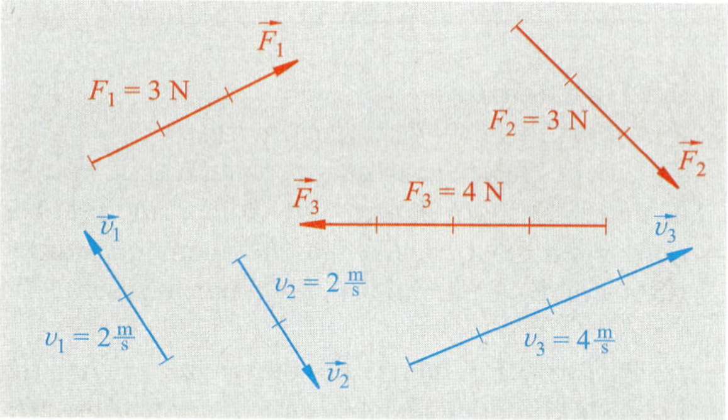

B 1: Kraft und Geschwindigkeit sind Vektorgrößen.

Die Gewichtskraft $\vec{G}$, die Körper auf der Erde oder auf anderen Himmelskörpern erfahren, rührt von deren Anziehungskraft. Sie hängt vom jeweiligen Ort ab und wird kleiner, wenn man sich vom Himmelskörper entfernt. Fernab von allen Himmelskörpern gibt es keine Gewichtskraft. Je größer der Abstand vom Erdmittelpunkt, desto kleiner ist die Gewichtskraft.

3. Masse

Symbol: m; Einheit: 1 kg (Kilogramm);
Messgerät: Balkenwaage und Wägesatz

Die Massen zweier Körper sind gleich, wenn beide am gleichen Ort eine gleich große Gewichtskraft erfahren.

4. Ortsfaktor
Symbol: g; Einheit: 1 N/kg;
Definition: $g = G/m$

Der Ortsfaktor g gibt den Zusammenhang zwischen der Gewichtskraft $\vec{G}$, die ein Körper an einem bestimmten Ort erfährt, und seiner Masse m als Quotient an. Der Ortsfaktor hängt nicht vom Körper ab; er ist an einem Ort für alle Körper gleich groß, für verschiedene Orte im Allgemeinen verschieden.
In **Mitteleuropa** gilt: $\boldsymbol{g = 9{,}8}$ **N/kg**. Dort erfährt jeder Körper der Masse 1 kg die Gewichtskraft $G = 9{,}8$ N.

5. Dichte
Symbol: ϱ; Einheit: 1 g/cm³ = 1 kg/dm³;
Definition: $\varrho = m/V$

Die Dichte ϱ eines Stoffes gibt den Zusammenhang von Masse m und Volumen V eines Körpers als Quotient an. Eisen hat die Dichte 7,9 g/cm³ bedeutet also: 1 cm³ Eisen hat die Masse 7,9 g.
Die Dichte ist unter normalen Bedingungen (➠ *Tabelle im Anhang*) für einen Stoff konstant. Verschiedene Stoffe haben im Allgemeinen verschiedene Dichten.
Unter Normalbedingungen gilt …
- … für Wasser: $\varrho = 1{,}00$ g/cm³ = 1,00 kg/dm³,
- … für Luft: $\varrho = 0{,}00129$ g/cm³ = 1,29 g/dm³.

6. Ersatzkraft und Kräftegleichgewicht
Mehrere am gleichen Körper angreifende Kräfte können durch eine **Ersatzkraft** $\vec{F}_{\text{Ersatz}}$ gleicher Wirkung ersetzt werden. Man nennt sie auch **Resultierende**. Für die Beträge von z. B. $\vec{F}_1$ und $\vec{F}_2$ gilt:
- bei gleicher Kraftrichtung: $F_{\text{Ersatz}} = F_1 + F_2$,
- bei entgegengesetzter Richtung: $F_{\text{Ersatz}} = F_1 - F_2$, für $F_1 > F_2$; dann zeigt $\vec{F}_{\text{Ersatz}}$ in Richtung von $\vec{F}_1$.
- Haben die entgegengesetzt gerichteten Kräfte $\vec{F}_1$ und $\vec{F}_2$ den gleichen Betrag, dann ist $F_{\text{Ersatz}} = F_1 - F_2 = 0$ N.
  Es besteht **Kräftegleichgewicht.** $\vec{F}_1$ und $\vec{F}_2$ sind nicht verschwunden; sie können den Körper verformen oder kurzzeitig drehen.

7. Impuls und Impulserhaltung
Der Impuls eines bewegten Körpers ist ein Vektor $\vec{p}$ in Richtung der Geschwindigkeit $\vec{v}$. Er ist proportional zum Betrag v der Geschwindigkeit und der Masse m.
Ein Körper, an dem keine Kraft angreift oder der sich im Kräftegleichgewicht befindet, behält seine Geschwindigkeit $\vec{v}$ und damit auch seinen Impuls $\vec{p}$ nach Betrag und Richtung bei. Ist er in Ruhe, so bleibt er in Ruhe. Dies ist der **Impulserhaltungssatz.**
Der Impuls $\vec{p}$ kann nur durch Kräfte geändert werden, die von außen auf den Körper wirken. Diese Kräfte ändern den Impuls sofort, ohne Verzögerung.

8. Hebel und **Wellrad** sind um eine Achse drehbar. Eine angreifende Kraft $\vec{F}$ kann sie in Drehung versetzen, wenn die Drehachse nicht auf der *Wirkungslinie* der Kraft liegt. Dann wäre der Kraftarm $r = 0$ m.
Der **Kraftarm** ist der Abstand der Drehachse von der Wirkungslinie der Kraft $\vec{F}$, steht also senkrecht zu $\vec{F}$.

Das **Drehmoment** M beschreibt die Drehwirkung der Kraft vom Betrag F mit Kraftarm r. Es gilt:

$$\boldsymbol{M = F \cdot r} \quad \text{mit der Einheit 1 Nm.}$$

An drehbar gelagerten Körpern besteht Gleichgewicht, wenn die Summe der Drehmomente im Uhrzeigersinn so groß ist wie deren Summe im Gegenzeigersinn.
Am n-fachen Kraftarm braucht man nur den n-ten Teil der Kraft, um Gleichgewicht zu halten.
Hebel und Wellräder sind **Kraftwandler**. Es gilt:

Kraft mal Kraftarm = Last mal Lastarm.

9. Seilmaschinen bestehen aus Rädern und Seilen (Ketten) und sind Kraftwandler, sie ändern Kräfte:
- *Feste* Rollen (Rollen mit ortsfester Achse) ändern nur die Richtung einer Seilkraft.
- *Bewegliche* Rollen (mit ortsveränderlicher Achse) können eine Last auf zwei tragende Seilstücke verteilen. Dann braucht man zum Halten nur die halbe Kraft. Beim Heben ist der Kraftweg doppelt so groß wie der Lastweg.
- An Flaschenzügen mit n tragenden Seilstücken braucht man zum Halten einer Last den n-ten Teil an Kraft. Beim Heben ist der Kraftweg n-fach.

Aufgaben

A1: In einem Gespräch über ein Auto werden die folgenden Merkmale genannt: Lang, schnell, alt, schön, geräumig, teuer, stark, schwer. Ordne ihnen – soweit möglich – physikalische Größen und geeignete Einheiten zu. Wieso ist das nicht für alle Merkmale möglich?

A2: Ute sagt von ihrem 3 km langen Schulweg, er betrage „10 Fahrradminuten". Ulf braucht mit 15 km/h die Zeit 11 min. Wessen Weg ist länger? Welche Voraussetzung gehört zu Utes Aussage?

A3: Gib für einen Marathonläufer, der für die Strecke (42 195 m) die Zeit 2 h 15 min benötigt, die mittlere Geschwindigkeit in km/h an. Vergleiche mit der Geschwindigkeit eines 100 m-Sprinters, der 10 s braucht.

A4: In der Seeschifffahrt wird 1 kn (Knoten) als Einheit der Geschwindigkeit benutzt: 1 kn = 1852 m/h. Leite die zugehörigen Umrechnungsgleichungen her: 1 kn = ??? m/s und 1 m/s = ??? kn.

A5: Für eine Fahrt zu einem Termin an einem anderen Ort plant jemand eine bestimmte Geschwindigkeit ein und fährt rechtzeitig los. Wegen eines Unwetters kann er jedoch die erste Hälfte des Weges nur mit halb so großer Geschwindigkeit durchfahren. Welche Chancen hat er nun, mit erhöhter Geschwindigkeit dennoch pünktlich zu sein? Bilde ein Beispiel und verallgemeinere.

A6: **a)** Das Schiffshebewerk Niederfinow (zwischen Berlin und Stettin) hat einen Trog mit 85 m Länge, 12 m Breite und 2,5 m Tiefe. Wie viel Tonnen Wasser (1 t = 1000 kg) werden (ohne Schiffe) in diesem Aufzug transportiert? Wie viel Tonnen wären es mehr, falls der Wasserstand auch nur um 5 cm überschritten würde? **b)** Nach Wetterbericht sind 60 l/m² Regen gefallen. Wie hoch steht das Wasser in einem frei stehenden, zunächst leeren Eimer? Hängt das Ergebnis vom Querschnitt des Eimers ab?

A7: Für den Küchengebrauch gibt es Messbecher, die z. B. bei der Bestimmung von 400 g Zucker eine Waage ersetzen. Erläutere, wie man so ein Messgerät für Volumina zu einem Messgerät für Massen umfunktionieren kann?

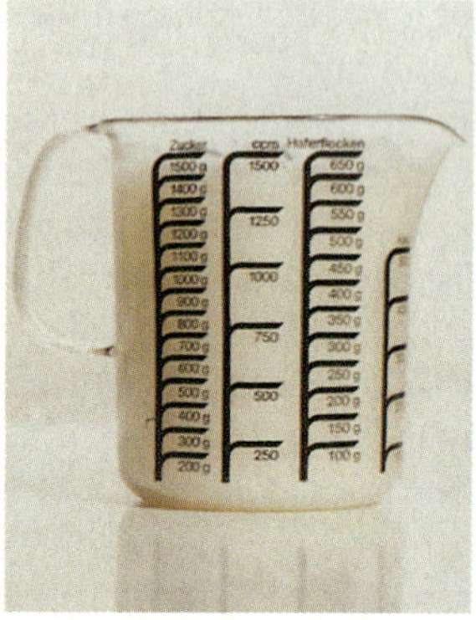

A8: **a)** Schätze ab, wie viele Salzkörner in einer quaderförmigen Handelspackung für 500 g Kochsalz sind. Erläutere, wie du vorgegangen bist. (*Hilfe:* Schätze ab, wie groß ein Salzkorn im Mittel ist.) **b)** Ermittle die Dichte von Kochsalz in einer Handelspackung. (Beschaffe dir die benötigten Daten aus einer geeigneten Quelle). **c)** Vergleiche die von dir ermittelte Dichte mit Daten aus dem Internet und mit dem Tabellenwert von $\varrho = 2{,}2\ \text{g/cm}^3$ für Kochsalzkristalle. Erläutere eventuelle Unterschiede.

A9: Die Dichte von frisch gefallenem Schnee beträgt 0,2 g/cm³. Wie groß ist die Masse einer 30 cm hohen Schneeschicht auf einem flachen Terrassendach von 20 m² Fläche? Wie stark wird es dadurch belastet?

A10: Welches Volumen hat ein Goldbarren der (Bleibarren) der Masse 1 kg? (Werte für die Dichte ➠ *Tabelle im Anhang*).

A11: Der Ortsfaktor an der Erdoberfläche hängt zwar vom Abstand zum Erdmittelpunkt ab, aber auch davon, ob sich unter dem Ort z. B. eine Höhle befindet oder z. B. ein Bleierzlager. Erläutere die Zusammenhänge.

A12: Für eine Station auf dem Mars (Ortsfaktor $g_{\text{Mars}} = 3{,}7$ N/kg) wird ein Kran projektiert. Er soll Bauteile heben, für die auf der Erde ein Stahlseil mit 24 Adern erforderlich ist. Wie viele solcher Adern muss das Seil auf dem Mars haben? Auf dem Mond genügen vier Adern. Wie groß ist demnach g_{Mond}?

A13: **a)** Bestimme zuhause die Dichte eines rohen Eies. Beschreibe dein Vorgehen. **b)** Ergibt sich für ein gekochtes Ei eine andere Dichte? **c)** Kannst du aus dem Wert der Dichte erkennen, ob ein bestimmter Stoff überwiegender Bestandteil eines Eies ist?

A14: Zehn-Cent- und Zwanzig-Cent-Münzen sehen äußerlich so aus, als seien sie aus dem gleichen Stoff. Plane ein Experiment, mit dem du diesen oberflächlichen Anschein überprüfen kannst. Führe das Experiment zuhause durch. Dokumentiere schriftlich Durchführung und Ergebnisse deines Experimentes. Vergleiche dein Ergebnis mit den Daten aus einer (Internet-)Recherche.

A15: Das s-v-Diagramm zeigt die Geschwindigkeit eines Rennwagens auf einem drei Kilometer langen ebenen Rundkurs während seiner zehnten Runde.

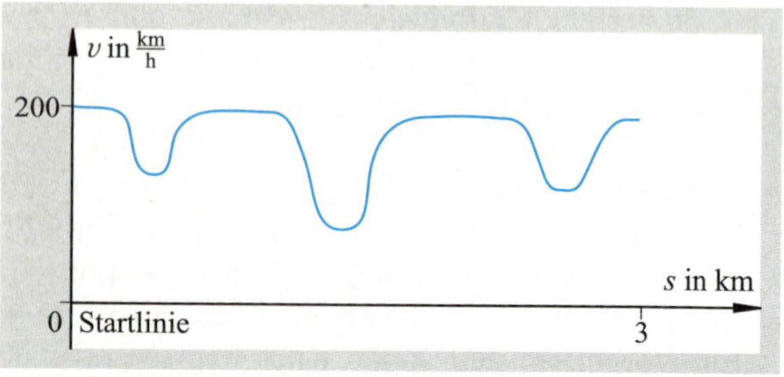

a) Wie groß ist etwa die Entfernung von der Startlinie bis zum Beginn des längsten geradlinigen Abschnitt der Rennstrecke? **b)** Skizziere einen möglichen Verlauf der Rennstrecke. Begründe den Verlauf.

„Amusement rides“ heißt die Überschrift der Internet-Seite, auf der ein Stahlbau-Unternehmen seinen Freifall-Tower anbietet. – Mit TÜV-Plakette und Garantie für Nervenkitzel.

Bitte Platz nehmen und anschnallen!

Mit Motorkraft und mäßiger Geschwindigkeit geht es in die Höhe. Dort beginnt der freie Fall. In zwei Etappen geht es hinunter, beschleunigt und gebremst. Höhe und Geschwindigkeit sind Merkmale für Höhenenergie und Bewegungsenergie. Wenn die zahlenden Gäste an der Spitze des Turmes angekommen sind, haben sie Höhenenergie. Ein Elektromotor hat sie geliefert; der Schausteller merkt es an der „Stromrechnung“.

Im freien Fall wird die Höhenenergie schnell zu Bewegungsenergie. Beim Zwischenstopp in halber Höhe sind die Fahrgäste die Bewegungsenergie schon wieder los. In den Bremsen ist sie zu innerer Energie gewandelt worden. Dort ist die Temperatur gestiegen. Die Energie-Übertragungskette Höhenenergie → Bewegungsenergie → innere Energie wiederholt sich noch einmal, dann ist der Spaß vorbei.

Zum Schluss bleibt die Erinnerung an einen aufregenden (und hoffentlich nicht zu teuren) „Hop“ und heiße Luft in der Umgebung der Bremsen.

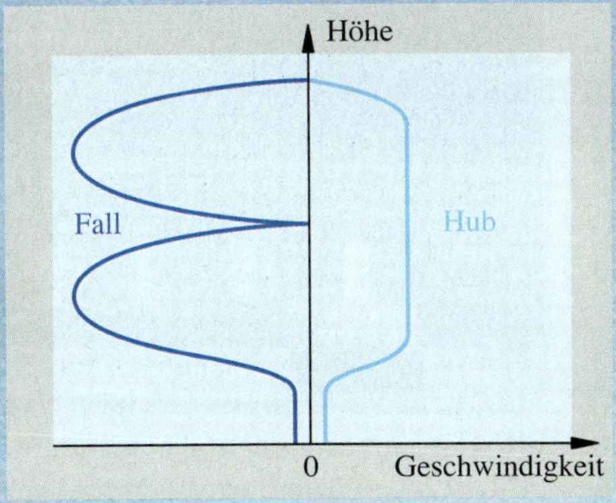

B1: Keines dieser Autos kommt ohne Energiezufuhr in Bewegung.

V1: a) Wir lassen den Schlitten A in ➠ *Bild 3*, von links kommend, gegen den ruhenden Schlitten B prallen. A hält an und B fährt weiter. Die Abstände im Stroboskopbild von B sind die gleichen wie bei A. Schlitten hat die Geschwindigkeit, die wir vor dem Stoß bei A beobachteten. **b)** Schlitten B stößt am Ende der Bahn auf eine dort befestigte Feder. Sie wird kurzzeitig gespannt. Dann fährt B zurück, genau so schnell wie er hingefahren ist.

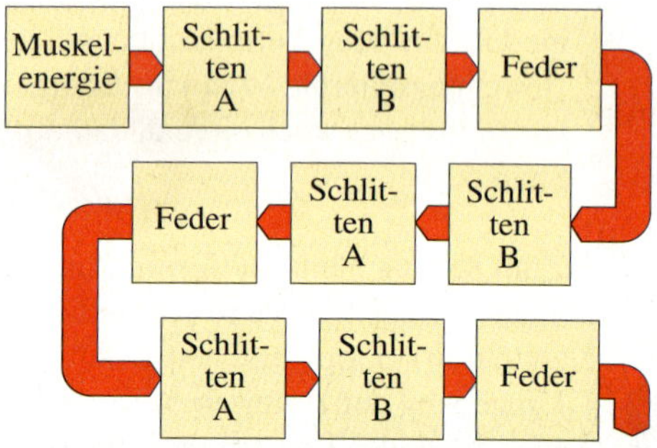

B2: Die Energie-Übertragungskette für die ➠ *Versuche 1 a, 1 b*. Ohne Reibung kein Ende.

FÜNF NEUE WINDRÄDER AUF DEM KRONSBERG

Ölvorräte sollen aufgestockt werden!
Erdgasvorräte sollen angelegt werden

Kanzler ruft zum Energie-Gipfel

S-Bahn-Fahrer in der Fahrsc
Auf dem Lehrplan: Energie schonende Fah

Trotz Schnee und Eis:
Energieversorgung ist gesichert.

Runter mit dem Spritverbrauc
Fünf Regeln für Sparfüchse

B4: Energie begegnet dem Zeitungsleser bei vielen Themen. Wer mitreden will, braucht Wissen über physikalische Grundlagen.

Verschiedene Energieformen

1. Bewegte Körper, gespannte Federn

Bevor sich die Spielzeugautos in ➠ *Bild 1* bewegen, muss man den Federmotor aufziehen oder eine Batterie anschließen. Man gibt dabei dem Auto einen Energievorrat. Bei der Feder ist es **Spannenergie**, bei der Batterie **elektrische Energie**. Gespannte Federn und Batterien liefern Energie. Ist das Auto in Bewegung, sagen wir: Es hat **Bewegungsenergie**. Was dies bedeutet, sehen wir besonders deutlich im ➠ *Versuch 1 a* mit der Luftkissenbahn. Einmal angestoßen, gleitet ein Schlitten mit konstanter Geschwindigkeit über die Bahn. *Dann* braucht man *keinerlei Kraft mehr*, um seine Bewegung zu erhalten, er gleitet ja *reibungsfrei*. Dem Schlitten wird durch den Anstoß mit der Hand Energie zugeführt, die er als Bewegungsenergie übernimmt und ohne Weiteres nicht wieder abgibt. Die konstante Geschwindigkeit sagt uns, dass die Bewegungsenergie sich nicht ändert.

Ist Energie etwa das Gleiche wie Kraft? Nein, der Versuch mit der Luftkissenbahn zeigt dies deutlich: Der Schlitten behält seine Bewegungsenergie, *obwohl* nach dem Anstoß keine Kraft mehr auf ihn wirkt. Auch auf deinem Fahrrad trittst du in die Pedalen und führst dir mittels der Kraft deiner Beine Bewegungsenergie zu. Hörst du auf zu treten, behältst du sie. Sie nimmt langsam ab, weil bei einem Fahrrad Reibungskräfte unvermeidlich sind.

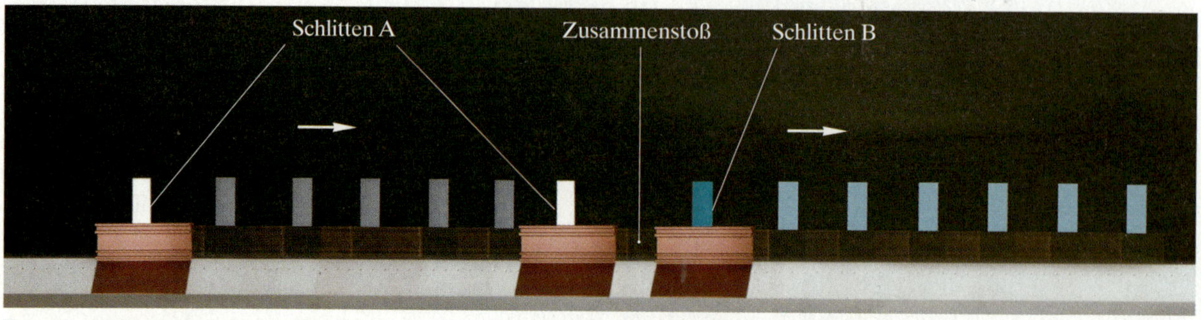

B3: Ein Luftstrom hebt die Schlitten von der Schiene. Nach kurzem Anschub gleiten sie reibungsfrei, die von Hand zugeführte Bewegungsenergie bleibt erhalten. Die konstanten Abstände im Stroboskopbild bestätigen dies.

In ➠ *Versuch 1 a* gibt der Schlitten A mit einem Stoß seine Bewegungsenergie an den Schlitten B weiter. Für kurze Zeit wirken zwei Kräfte. Schlitten A wird gestoppt, Schlitten B in Bewegung gesetzt.
Am Ende der Fahrbahn übernimmt in ➠ *Versuch 1 b* eine Feder die Energie des Schlittens als Spannenergie und gibt sie wieder zurück. Ganz kurz ist der Schlitten B in Ruhe – ohne Bewegungsenergie. Die *Energie-Übertragungskette* in ➠ *Bild 2* zeigt, wie es mit einer *zweiten Feder am Anfang der Bahn* weitergeht. Ohne Reibung kann man viele Wiederholungen beobachten.

2. Gehobene Körper haben Höhenenergie

Im ➠ *Versuch 2* setzt ein Wägestück über Faden und Rolle den Schlitten in Bewegung. Nur solange das Wägestück an Höhe verliert, wird der Schlitten schneller, seine Bewegungsenergie nimmt zu. Diese Energie kann nur vom Wägestück stammen; es liefert so lange Energie, wie es an Höhe verliert.
Wir sagen: Das Wägestück hat *Höhenlage-Energie*, kurz **Höhenenergie**. Die Höhenenergie eines Körpers nimmt ab, wenn er an Höhe verliert. Aber die Energie verschwindet dabei nicht. Im ➠ *Versuch 2* ist sie auf den Schlitten übertragen worden. Dazu war die Zugkraft des Fadens nötig. Wieder wird der Unterschied zwischen Kraft und Energie deutlich: Bei *konstanter* Kraft hat die Bewegungsenergie auf Kosten der Höhenenergie zugenommen.

Wo kam die Höhenenergie her? Jemand hob das Wägestück an und hängte es an den Faden. So gewann es an Höhe. Wer Energie hat (in den Muskeln), kann einem Körper nicht nur Bewegungsenergie, sondern auch Höhenenergie verschaffen.

3. Was kann mit Energie geschehen?

- *Energie kann übertragen werden*: Bei der Wippe im ➠ *Bild 5* hat der Vater Ulrike gerade auf den linken Sitz gehoben; er hat ihre Höhenenergie vergrößert. Jens, auf dem rechten Sitz unten, erfährt die gleiche Gewichtskraft wie Ulrike, hat aber weniger Höhenenergie. Er bekommt sie nach leichtem Abstoß: Während Jens an Höhe gewinnt, gibt Ulrike von ihrer Höhenenergie ab. In umgekehrter Richtung geht es weiter: Ulrike bekommt Höhenenergie, diesmal auf Kosten von Jens.
- *Energie kann die Form wandeln, ohne den Besitzer zu wechseln*: Der Skater in der Halfpipe hat beim Start nur Höhenenergie und im Tal nur Bewegungsenergie (➠ *Bild 6*). Unterwegs wächst seine Bewegungsenergie auf Kosten der Höhenenergie.

Merksatz

Energie gibt es in **verschiedenen Formen**:
Bewegte Körper haben **Bewegungsenergie**, verformte elastische Körper haben **Spannenergie**, gehobene Körper **Höhenenergie**.
Energie kann von einem Körper auf einen anderen **übertragen werden**. Energie kann ihre **Form wandeln**.

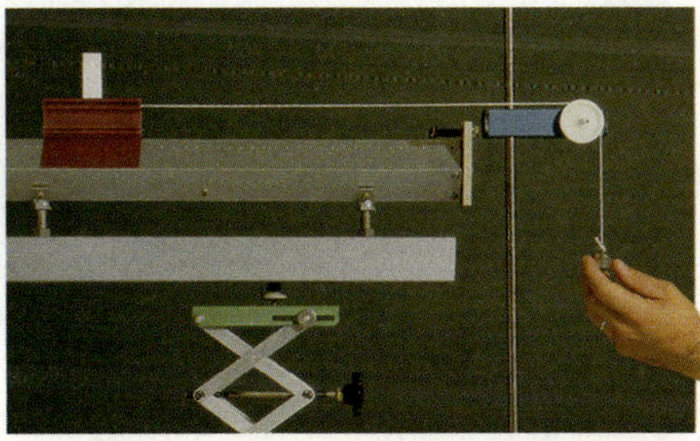

V 2: Das Wägestück wird mit der Hand gehoben und an den Faden gehängt. Wenn es losgelassen wird, setzt sich der Schlitten in Bewegung. Wenn das Wägestück den Tisch erreicht, hört der Antrieb auf, der Schlitten fährt weiter.

B 5: Die Wippe überträgt Höhenenergie, die mal dem einen Partner, mal dem anderen gehört. – Hin und her!

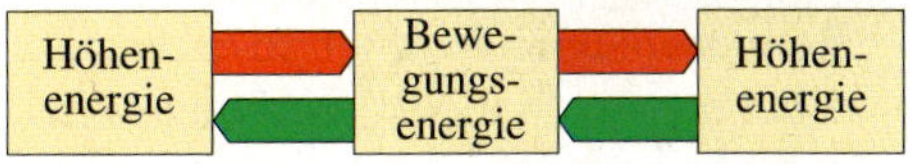

B 6: In der Halfpipe bleibt die Energie bei einem Besitzer, mal als Höhenenergie, mal als Bewegungsenergie und unterwegs teils teils! Die zu wandelnde Energie wird bereitgestellt, wenn der Skater sich in die Höhe des Startplatzes begibt.

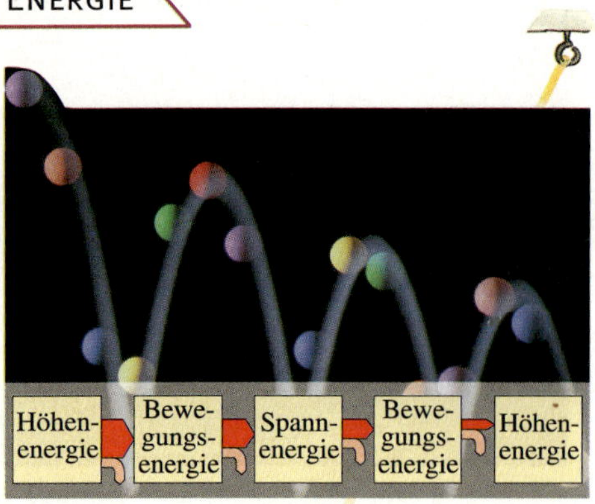

V1: Wir lassen eine elastische Kugel („Flummi") auf eine harte Unterlage fallen. Das Bild zeigt die Spur der Bewegung. Die Energie-Übertragungskette zeigt, wie aus Höhenenergie nacheinander Bewegungsenergie, Spannenergie (der verformten Kugel), Bewegungsenergie, Höhenenergie, ... wird. Die Höhe nimmt immer mehr ab, daher die dünne Abzweigung der Energie in die Umgebung.

V2: Die an einem langen Draht aufgehängte kiloschwere Kugel startet dicht an der Nasenspitze. Sie bewegt sich nach dem Loslassen nur sehr langsam. Die Reibung spielt also kaum eine Rolle. Irgendwann kehrt sie um. Wer traut sich stillzuhalten, wenn sie auf dem Rückweg näher kommt? Die Energiebetrachtung gibt Sicherheit: Auf dem Rückweg schafft es die Kugel genau bis zur Nasenspitze. Es sei denn, jemand hat ihr heimlich Energie zugeblasen.

Vertiefung

In der Mechanik betrachten wir Höhenenergie, Bewegungsenergie und Spannenergie. Außer diesen Formen kennen wir **chemische Energie**, die in Benzin, Dieselöl, Heizöl, in Pflanzen und in Kohle gespeichert ist. Seit Jahrmillionen wird **Sonnenenergie** von Pflanzen in chemische Energie umgewandelt. Auch haben heiße Körper mehr **innere Energie** als kalte.
Reibung ist in der Mechanik fast immer unvermeidlich. Dabei steigt die Temperatur der beteiligten Körper. Wir müssen also in der Mechanik auch immer die innere Energie in Rechnung stellen.

B1: Nervenkitzel mit Energieumwandlung

Energieerhaltung

1. Energieerhaltung bei Energieumwandlung

Wenn die Wagen in ➠ *Bild 1* im Freilauf bergab fahren, werden sie schneller. Ihre Bewegungsenergie nimmt zu, die Höhenenergie nimmt ab. Beides sorgt für den Nervenkitzel einer Achterbahn. In der Talsohle haben die Wagen größte Bewegungsenergie und kleinste Höhenenergie. Mit voller Fahrt geht es weiter, bergauf und ohne Hilfe; der Höhengewinn geschieht auf Kosten der Bewegungsenergie. Wenn die Bewegungsenergie „verbraucht" ist, muss der nächste Berg erklommen sein oder aber ein fremder Antrieb muss Energie zuführen.
Man kann Energie gut mit Geld vergleichen, mit verschiedenen Besitzern und verschiedenen Konten. Mancher Mensch hat mehrere Konten. Wenn er Geld nur zwischen den eigenen Konten überweist, wird er weder ärmer noch reicher (solange die Bank nichts abzweigt oder – als Zinsen – hinzutut), die Summe seiner Kontostände bleibt konstant.
Die in ➠ *Versuch 1* hüpfende Kugel hat drei Energiekonten: für Höhenenergie, für Bewegungsenergie und für Spannenergie (während sie beim Aufprall auf die harte Unterlage verformt wird). Immer wenn die Kugel am oberen Punkt ihrer Bahn umkehrt, sind die Konten für Bewegungsenergie und Spannenergie leer. Die **Gesamtenergie** der Kugel besteht nur noch aus Höhenenergie. Im Versuch fällt und steigt die Kugel viele Male. Nach jedem Durchlauf der Energie-Übertragungskette *Höhenenergie → Bewegungsenergie → Spannenergie → Bewegungsenergie → Höhenenergie* ist aber die maximale Höhe und damit die Gesamtenergie etwas kleiner geworden. Ob dies an der Luftreibung liegt?
Die Kugel von ➠ *Versuch 2* schwingt viele Male, ohne dass die Umkehrpunkte merklich an Höhe verlieren. Ihre Gesamtenergie nimmt nur ganz langsam ab. Im Idealfall, d. h. ohne Reibung, *bleibt die Gesamtenergie der schwingenden Kugel erhalten.*

Merksatz

Die **Gesamtenergie** eines Körpers kann auf verschiedene Energieformen verteilt sein. – Ohne Energieübertragung von oder zu anderen Körpern bleibt die Gesamtenergie des Körpers konstant.

2. Energieerhaltung bei Energieübertragung

Die Trampolinspringerin in ➠ *Bild 2* hat im höchsten Punkt ihrer Bahn keine Bewegungsenergie, aber maximale Höhenenergie. Beim anschließenden Fall wird Höhenenergie zu Bewegungsenergie. Im tiefsten Punkt der Bahn gibt es wieder einen Augenblick ohne Bewegung. Die verlorene Höhenenergie steckt dann in den nun stärker gespannten Federn *des Trampolins.* Beim Entspannen geben sie *der Springerin* die Energie zurück. Oben hat sie dann wieder nur Höhenenergie. Die Gesamtenergie besteht in diesem Fall aus den Teilenergien *der Springerin* und der Spannenergie in den Federn *des Trampolins.*
Auch Geld kann auf mehrere Konten verteilt sein, die *verschiedenen* Personen gehören – und wird in großen und kleinen Portionen zwischen den Konten verschoben. Wenn die Banken nichts abzweigen, bleibt die gesamte Geldmenge erhalten.
Die Trampolinspringerin würde von Mal zu Mal weniger Höhe erreichen, wenn sie sich nicht jedes Mal ein wenig abstoßen würde. Es liegt an der Reibung, dass sich ständig Energie in die Umgebung „verkrümelt" und durch die Springerin ersetzt werden muss. *Ohne Reibung* bliebe die Gesamtenergie, also die Summe aus Bewegungs-, Spann- und Höhenenergie immer konstant.

Merksatz

Sind bei Energieübertragung und -umwandlung *ohne* Reibung mehrere Körper beteiligt, so bleibt die Summe aus Bewegungs-, Spann- und Höhenenergie all dieser Körper erhalten.

3. Energieerhaltung auch bei Reibung

Der Schlitten in ➠ *Versuch 3* bleibt liegen, wo er zur Ruhe gekommen ist. Wo ist die Bewegungsenergie geblieben, mit der er sich auf dem Luftkissen noch ungebremst bewegt hat? Er bewegt sich nicht mehr, er hat keine Höhe gewonnen, und er wurde auch nicht verformt; es gibt auch keinen anderen Körper, der in Bewegung geraten, gehoben oder verformt worden wäre. Gilt auch hier die Energieerhaltung? Genauere Beobachtungen liefern einen Hinweis: Dort wo Schlitten und Fahrbahn ohne Luftkissen aneinander gerieben haben, ist die Temperatur der Materialien gestiegen – wie bei jeder Reibung.
In der Wärmelehre wirst du erfahren, dass mit der Temperatur eines Körpers seine **innere Energie** zunimmt (wie die Höhenenergie mit der Höhe). Die Bewegungsenergie des Schlittens ist nicht verloren gegangen; sie hat sich in das Innere der beteiligten Körper verkrochen. Anschließend fließt sie in die kältere Umgebung und erhöht deren Temperatur. Wenn Reibung im Spiel ist, gehört zur Energiebetrachtung ein Konto für die innere Energie.

Merksatz

Tritt Reibung auf, so gehört zur Energiesumme die innere Energie der beteiligten Körper und der Umgebung.

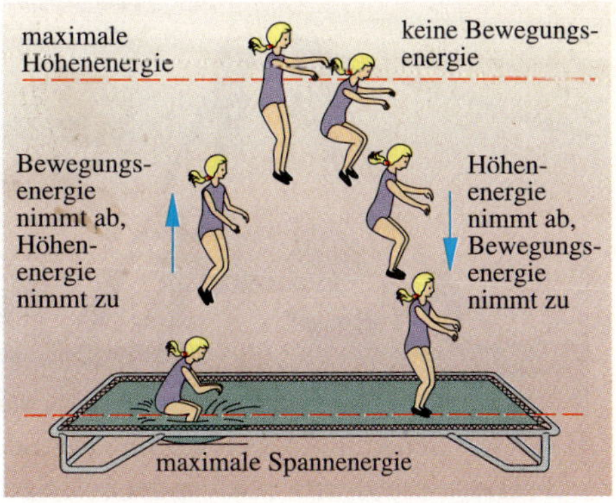

B 2: Auch beim Trampolinspringen findet ständig Energieumwandlung statt. Neben Höhen- und Bewegungsenergie der Springerin ist aber auch Spannenergie des Trampolins im Spiel.

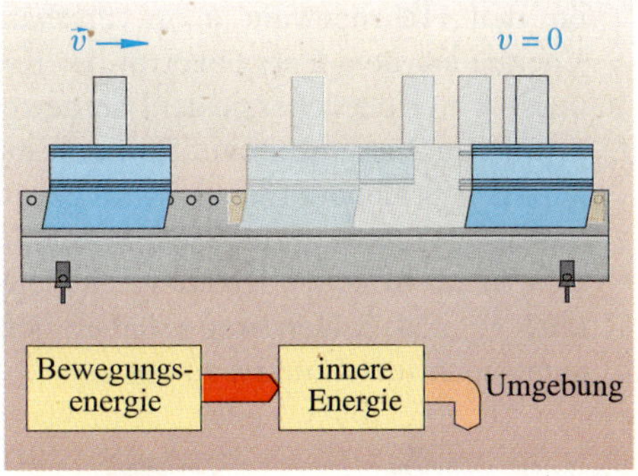

V 3: Auf den letzten 20 cm der Luftkissenfahrbahn sind die Luftaustrittslöcher mit Klebestreifen verschlossen. Ohne das Luftpolster tritt eine Reibungskraft auf, die den Schlitten bremst. Seine Geschwindigkeit nimmt schnell ab.

Aufgaben

A 1: Mit einem Tennisschläger wird ein „scharfer" Ball geschlagen. Welche Energieumwandlungen und welche Energieübertragungen finden dabei statt?

A 2: Beschreibe die Energieübertragungen, die beim Stabhochsprung mit flexiblem Stab auftreten.

A 3: Beschreibe die Energieerhaltung für einen „Flummi", den du so in die Höhe wirfst, dass er gerade eben bis zur Zimmerdecke kommt.

A 4: Wenn du mit dem Fahrrad einen Berg hinunterrollst, kannst du erreichen, dass dabei die Geschwindigkeit gleich bleibt. Wo bleibt die Höhenenergie?

B 1: Zwei Schwimmkräne beim Einbau der Bohrinselplattform „Schwedeneck-See". Die Schwimmkräne haben die hunderte von Tonnen schwere Last (Gewichtskraft $\vec{G}$) um einige Meter angehoben. Mit der nach oben gerichteten Hubkraft (Betrag $F_s = G$) haben die Kräne der Last längs des Weges s Energie zugeführt und ihr den Höhengewinn $h = s$ verschafft. Energie aus dem Energievorrat der Kräne ist so zu Höhenenergie der Last geworden. Beim Abtransport zur Baustelle ziehen die Schlepper die Schwimmkräne mit der gehobenen Last viele Seemeilen weit in horizontaler Richtung. Schleppkraft $\vec{F}_s$ und Schleppweg s haben jetzt nichts mehr mit $\vec{G}$ und h zu tun.

V 1: Ein kleiner Stoß genügt, und schon liefert Körper A durch Höhenverlust Energie. Körper B bekommt sie. Er könnte sie später wieder abgeben.

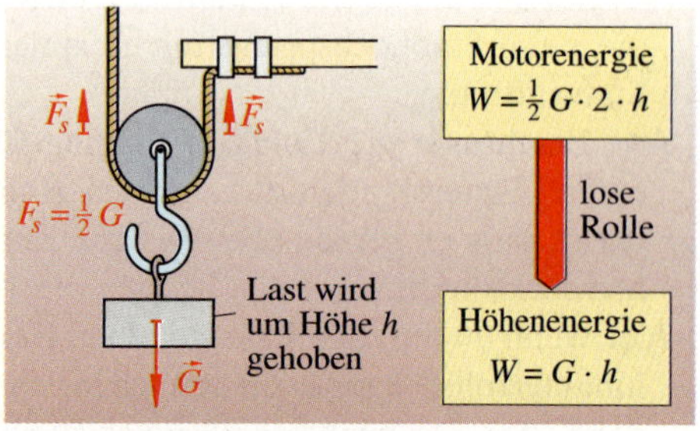

B 2: Energieübertragung mit einer losen Rolle – ohne Reibung

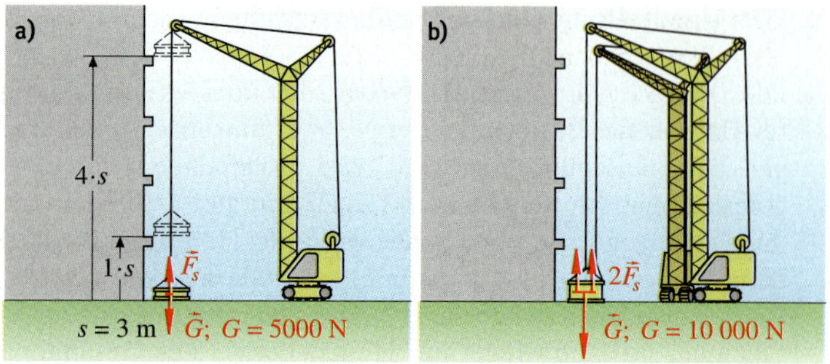

B 3: Kräne übertragen Energie und vergrößern die Höhenenergie **a)** einzeln, **b)** gemeinsam

Ein Maß für Energie

1. Energieübertragung beim Heben

Die Schwimmkräne im ➠ *Bild 1* arbeiten mit Dieselmotoren. Als Treibstoff wird Öl zugeführt, also Energie in chemischer Form. Diese Energie wird beim Heben auf die Last übertragen. Die verbrauchte Ölmenge ist für uns ein Maß für die *beim Heben übertragene Energie* und damit auch für die *Zunahme der Höhenenergie der Last.* Wir suchen Gleichungen, um diese Energiemengen zu berechnen.

- In ➠ *Bild 3a* hebt ein Kran allein eine Last in die erste Etage eines Hauses. Wir bezeichnen die dabei übertragene Energieportion mit W (von dem englischen Wort „work": Arbeit).
- Hebt nun der Kran die gleiche Last bis in die vierte Etage, dann ändert sich nichts an der Kraft, mit der die Last gehoben wird. Aber: Der Kran verbraucht für den vierfachen Weg die *vierfache* Menge Öl. **Die übertragene Energie ist also proportional zum Weg s.**
- In ➠ *Bild 3b* soll die *doppelte Last* in die erste Etage gehoben werden. Zwei Kräne sorgen gemeinsam für die *doppelte Hubkraft,* sie verbrauchen *zusammen* die *doppelte Menge* Öl. **Also ist die abgegebene Energie proportional zum Betrag F_s der längs des Weges s ausgeübten Kraft.** Es gilt $W \sim F_s$.
- Bei vierfachem Weg und doppelter Hubkraft wird viermal die doppelte, also die achtfache Energie geliefert: **Die Energie ist dem Produkt $F_s \cdot s$ proportional**: $W \sim F_s \cdot s$.

Statt das verbrauchte Öl abzumessen, verwenden wir künftig das Produkt $W = F_s \cdot s$ als Maß für die vom Kran gelieferte Energie.

Wir wissen jetzt, dass beim Heben einer Last die Energie $W = F_s \cdot s$ „unterwegs" ist. Wenn bei einer Banküberweisung 100 Euro den Besitzer wechseln, dann wissen wir, wie sich die Kontostände ändern (wenn die Bank keine Gebühren „abzweigt"). Für die *Energiebuchhaltung* muss das Gleiche gelten: Wir erwarten, dass die vom Kran aufgewendete Energie voll und ganz als Höhenenergie bei der Last ankommt.

Die beim Heben wirkende Kraft $\vec{F}_s$ und die Gewichtskraft $\vec{G}$ der Last haben gleiche Beträge: $F_s = G$. Der Hubweg s ist gleich dem Höhengewinn h. *Die Höhenenergie der Last nimmt also beim Heben um $W = G \cdot h$ zu.*
In ➠ *Versuch 1* gibt einer der Körper von seiner Höhenenergie ab, er hebt dabei den anderen und verschafft ihm Höhenenergie. Der Höhengewinn des Körpers B ist gleich dem Höhenverlust des Körpers A. Deshalb nimmt beim absinkenden Körper die Höhenenergie um den gleichen Betrag $W = G \cdot h$ ab.

2. Kraft längs eines Weges bedeutet Energieübertragung

Wenn die Schwimmkräne in ➠ *Bild 1* samt gehobener Last von Schleppern an einen anderen Ort geschleppt werden, wird wieder Öl verbraucht und Energie übertragen. Wegen der Reibung im Wasser müssen die Schlepper längs des ganzen Schleppweges s die Schleppkraft $\vec{F}_s$ aufbringen. Mit ähnlichen Überlegungen wie in *Ziff. 1* kommt man für die übertragene Energie zum gleichen Ergebnis: Die *mithilfe einer Kraft $\vec{F}_s$ längs eines Weges s gelieferte Energie* wird *immer* mit $W = F_s \cdot s$ berechnet. Man nennt sie auch **Arbeit**.
Die Einheit der mit $W = F_s \cdot s$ gemessenen Energieportion erhält man aus der Einheit 1 N für die Kraft und 1 m für den Weg:
1 N · 1 m = 1 Nm. Für diese aus Newton und Meter *zusammengesetzte Einheit* ist **Joule (J)** ein anderer Name: 1 J = 1 Nm.

Merksatz

Die mithilfe einer Kraft vom Betrag F_s längs des Weges s übertragene Energie beträgt

$$W = F_s \cdot s. \qquad (1)$$

Dabei ist $\vec{F}_s$ die Kraft, die längs der Wegstrecke s wirkt.

Hebt man einen Körper mit der Gewichtskraft vom Betrag G um die Höhe h, so steigt dessen Höhenenergie um

$$W = G \cdot h. \qquad (2)$$

Beim Absenken um h verringert sich die Höhenenergie um $W = G \cdot h$.
Einheit der Energie: 1 N · 1 m = 1 Nm = 1 J (Joule); 1 kJ = 1000 J.

3. Halbe Kraft aber doppelter Weg – gleiche Energie

Wir haben mit *Flaschenzügen* Kräfte vergrößert – etwa auch die Energie? Sind *Kraftverstärker* Energieerzeuger?
In ➠ *Bild 2* hängt der Haken an einer **losen Rolle**. Ein Ende des Seils ist am Ausleger befestigt, das andere wird vom Kranmotor gezogen. Die Gewichtskraft $\vec{G}$ ist auf zwei Seilstücke verteilt. Zum Heben der Last reicht also $F_s = \frac{1}{2} G$. Beide Seilstücke müssen aber je um die Hubhöhe h kürzer werden; der Kranmotor wickelt die Seilstrecke $s = 2\,h$ auf. $W = F_s \cdot s = \frac{1}{2} G \cdot 2\,h = G \cdot h$ ist die gelieferte Energie. Um diesen Wert wächst auch die Höhenenergie der Last. Die lose Rolle hat an der Energie nichts geändert.

Vertiefung

Energiebuchhaltung: Die Übertragung der Höhenenergie von einem Körper auf einen anderen (➠ *Versuch 1*) gleicht der Überweisung eines Geldbetrages von einem Bankkonto auf ein anderes: Wird nichts abgezweigt, geht nichts verloren. Überweist dir deine großzügige Patentante zum Geburtstag 50 € auf dein Taschengeldkonto, dann weiß sie, dass der Kontostand auf deinem Konto um 50 € wachsen wird. Sie kennt aber nicht den Kontostand. Bei der Höhenenergie eines Körpers geht es uns wie der Patentante: Wir können nur die Zunahme und die Abnahme berechnen, nicht die Höhenenergie selbst. – Trotzdem reden wir oft von *der Höhenenergie*. Dies dürfen wir nur tun, wenn wir vorher eine Höhe festgelegt haben, wo der Kontostand null sein soll. Zum Beispiel in der Höhe des Experimentiertisches im Physikraum. *Alle* Körper, die dort liegen, haben dann die Höhenenergie null.

Zum Halten braucht man keine Energie
Die Kräne in ➠ *Bild 3* können die angehobene Last tagelang halten. Die Hubvorrichtung ist an einer Sperrklinke eingerastet. Die Gewichtskraft der Last spannt das Seil. An der Höhenenergie ändert sich nichts.
Hältst du, *ohne Bewegung,* mit der Hand eine Last in konstanter Höhe, so lieferst du ihr keine Energie. Trotzdem strengt es dich an, deine Kräfte lassen nach. Muskeln haben nämlich keine „Sperrklinke“. In einem gespannten Muskel finden ständig Energieumwandlungen statt. Kontraktionswellen laufen hin und her. Der Mensch ermüdet. *Unser Körper verhält sich nicht wie eine Maschine.*

Aufgaben

A1: Berechne die gelieferte Energie, wenn die Kräne in ➠ *Bild 1* zusammen eine 600 t-Last 15 m hoch heben.

A2: Dein Herz pumpt jede Minute etwa 5 l Blut ($m \approx 5$ kg) durch deinen Körper. Es muss dabei so viel Energie liefern, als ob es das Blut 1 m hoch heben würde. Berechne die in einem Tag gelieferte Energie.

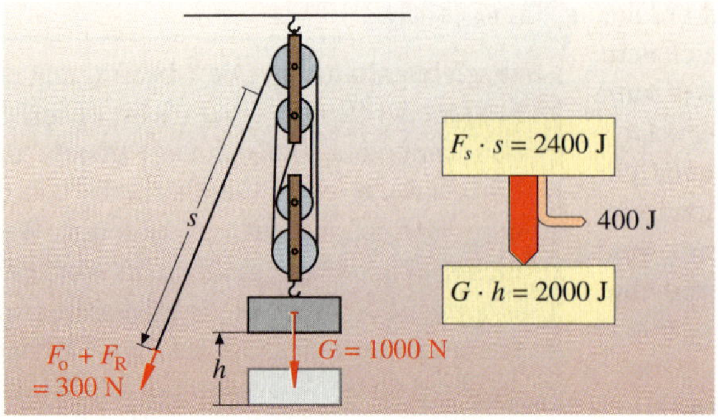

B 1: Ein Teil der Energie wird durch Reibung entwertet. Zu viel Reibung macht den Flaschenzug nutzlos.

B 2: Die Notfallspur ist die letzte Chance, nach der Gefällstrecke vor der Brücke zum Stehen zu kommen.

V 1: Wenn man gelernt hat, sich an der glatten Kletterstange Stück um Stück hoch zu arbeiten, kann man es auch genießen herunterzurutschen. Erst gewinnt man Höhe und bekommt Höhenenergie, dann verliert man Höhe und gibt die Energie wieder ab. Zwischen Händen, Füßen und Kletterstange geschieht alles zugleich: Energieübertragung, Energiewandlung und Energieentwertung. Wer nicht aufpasst, verbrennt sich.

V 2: Mit der Videokamera wird ein vertrauter Vorgang aufgezeichnet. Man wird sehen, wie Steffi nach dem Loslassen langsam „ausschaukelt“. Ohne Energiezufuhr geht es nicht mehr weiter. Es sei denn, man lässt den Videofilm rückwarts laufen.

Energieentwertung

1. Bei Reibung wird Energie abgezweigt

Eine Kiste mit 100 kg Masse (G = 1000 N) soll um h = 2 m gehoben werden. Wir berechnen die beim Heben zu liefernde Energie: $W = G \cdot h$ = 1000 N · 2 m = 2000 J. Um diesen Wert wird die Höhenenergie der Kiste vergrößert.
Die Hubkraft 1000 N ist etwas für Gewichtheber; weniger kräftige Leute nehmen wie im ➜ *Bild 1* einen Flaschenzug zu Hilfe. Bei zwei losen Rollen und vier tragenden Seilstücken würde man ohne Reibung am Seilende nur F_o = 1000 N/4 = 250 N benötigen. Für eine Hubhöhe von h = 2 m hat man 4 Seilstücke um je 2 m zu verkürzen. Man muss also längs des Weges 4 · 2 m ziehen.

- *Ohne Reibung* werden am Seil 250 N · 8 m = 2000 Nm = 2000 J übertragen, die Höhenenergie wächst um 2000 J.
- *Mit Reibung* ist der Weg der Gleiche: s = 8 m. Als Kraft ist jetzt aber $F_s = F_o + F_R$ = 300 N aufzubringen (➜ *Bild 1*). Dabei führt man dem Flaschenzug die Energie $W = F_s \cdot s$ = 300 N · 8 m = 2400 J zu. Die Höhenenergie der Kiste wird aber nur um 2000 J vergrößert.

Durch Reibung wird also die Energie $W_R = F_R \cdot s$ = 50 N · 8 m = 400 J abgezweigt. Sie fehlt auf dem Höhenenergie-Konto, weil sie als Wärme in die Umgebung geht. Kraftverstärkung mit losen Rollen ist ohne Verluste bei der Energieübertragung nicht zu haben.

2. Mit Reibung wird man Energie los

In ➜ *Versuch 1* klettert Lena an einer Kletterstange nach oben. Sie muss dazu längs des Weges von unten nach oben eine Kraft entsprechend ihrer Gewichtskraft aufwenden. Runter geht es einfacher: Lena lässt beim Hinunterrutschen ihre Höhenenergie zu Bewegungsenergie werden und regelt die Geschwindigkeit mit der Reibungskraft zwischen Händen, Füßen und Kletterstange. Lena spürt, dass die Temperatur der reibenden Flächen steigt. Dort wird Energie umgewandelt. Kommt Lena unten an, ist sie ihre Höhenenergie los und in der Sporthalle ist die Temperatur etwas gestiegen.

Bergab kontrolliert man die Geschwindigkeit eines Fahrzeugs mit der Bremse. Was auf dem Konto der Höhenenergie verschwindet, darf nicht auf dem Konto der Bewegungsenergie landen, sondern soll innere Energie der Umgebung werden. Die richtige Energieumwandlung schafft so Verkehrssicherheit! – Manchmal sieht man an Gefällstrecken Notausfahrten für Lkw (➡ *Bild 2*). Wenn die Bremsen versagen, kann der Fahrer sein Fahrzeug in einem Kiesbett zum Stehen bringen. Hier ist die Rollreibungskraft der Räder um ein Vielfaches größer als auf der normalen Fahrbahn, der Anhalteweg entsprechend kürzer.

3. Reibung bedeutet Energieentwertung

Bei der Schaukel in ➡ *Versuch 2* wird die Energie-Übertragungskette Höhenenergie → Bewegungsenergie → Höhenenergie → Bewegungsenergie → usw. viele Male durchlaufen. Die maximale Höhe nimmt dabei stetig ab, weil wegen der Reibung Energie in innere Energie der beteiligten Körper und der Umgebung gewandelt wird. So ist es bei allen Vorgängen in der Mechanik: Die für den Antrieb aufgewendete Energie landet spätestens beim Anhalten als innere Energie in der Umgebung. Es wäre schön, wenn man den so entstehenden Energievorrat anzapfen könnte. Leider geht das nicht ohne Weiteres. Oder kannst du dir vorstellen, dass die Schaukel sich von alleine in Bewegung setzt, sie Steffi von Mal zu Mal höher hinaus trägt und die Umgebung der Schaukel dabei kälter wird? An dem rückwärts vorgeführten Video zu ➡ *Versuch 2* erkennt jeder, wie naturwidrig solch ein Gedanke ist.
Die *Energieübertragung bei Vorgängen mit Reibung ist nicht umkehrbar,* die **Energie wird entwertet**. Innere Energie der Umgebung ist weniger wertvoll als Höhen- oder Bewegungsenergie.

Mit den wertvollen mechanischen und chemischen Energieformen kann man mehr anfangen als mit der in der Luft und im Wasser der Weltmeere gespeicherten inneren Energie. Die dort in ungeheuren Mengen vorhandenen Energievorrate nutzen uns nichts, weil sie sich nicht *von selbst* in wertvollere Formen umwandeln. So entsteht unser **Energieproblem**. Wenn wir Energie „verbrauchen", so vernichten wir sie nicht, wir übertragen sie in weniger wertvolle Formen. Wir lassen Vorgänge ablaufen, die man nicht zurückspulen kann. **Energiekrise** bedeutet einen drohenden Mangel an wertvoller Energie, **Energiesparen** ist der sorgfältige Umgang mit wertvoller Energie.
Im Alltag spielt *elektrische Energie* eine wichtige Rolle, weil sie sehr leicht in andere Energieformen umgewandelt werden kann.

Merksatz

Mechanische, chemische und elektrische Energie ist wertvoll, weil sie leicht in andere Energieformen umgewandelt werden kann. In der Mechanik ist Reibung bei Umwandlung und Übertragung von Energie unvermeidlich, immer fließt ein Teil der Energie in die Umgebung. Diese Energie ist für nützliche Anwendungen verloren, sie ist entwertet, aber nicht verschwunden.

Vertiefung

Wie sich die Energie verkrümelt

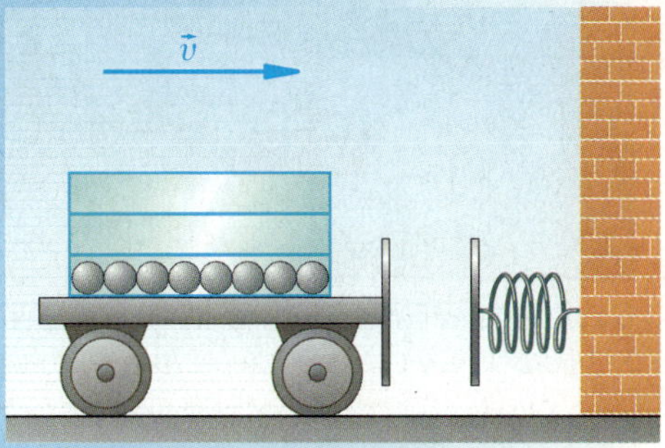

Auf einem leichten Wagen sind drei durchsichtige Schalen übereinander befestigt. Die zwei obersten sind leer, die unterste ganz mit Kugeln gefüllt, sodass diese sich nicht bewegen können. Stößt man den Wagen auf einer ebenen Unterlage an, ist er nach der Reflexion an der Wand mit Feder genau so schnell wie vorher. Seine Bewegungsenergie hat sich nicht verändert.
Verteilt man dagegen die Kugeln gleichmäßig auf die drei Schalen und stößt den Wagen wieder an, ist er nach der Reflexion viel langsamer als vorher. Wir sagen, seine Bewegungsenergie hat abgenommen. Dafür schwirren die Kugeln im Innern, in den Schalen, regellos herum, haben also einen Teil der Energie des Wagens übernommen.
Du wirst bald lernen, dass alle Körper aus kleinsten unsichtbaren Teilchen aufgebaut sind, die auch in festen Körpern Zitterbewegungen ausführen können. Tritt Reibung auf, wird diese Zitterbewegung stärker und die Teilchen erhalten mehr Energie. Die **innere Energie** der Körper wird größer.

Aufgaben

A 1: Beim Flaschenzug in ➡ *Bild 1* betrage die Reibungskraft 750 N. Zeichne das Energie-Übertragungsdiagramm.

A 2: Beschreibe für einen hüpfenden Flummi die Energieumwandlungen und -übertragungen ohne und mit Reibung. Erkennt man, ob eine Video-Aufzeichnung für diesen Vorgang rückwärts vorgeführt wird?

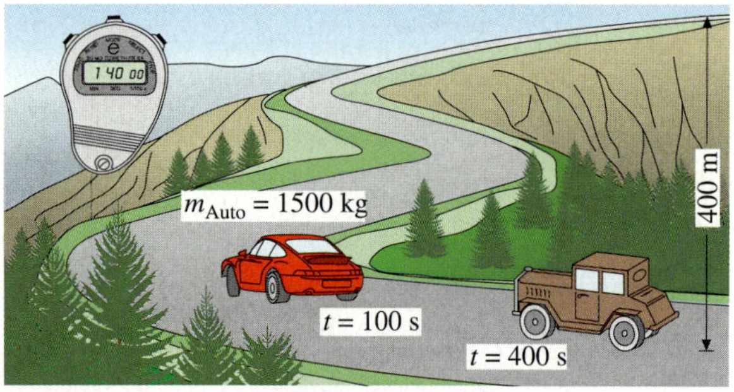

B1: Gleicher Energiezuwachs – verschiedene Zeiten

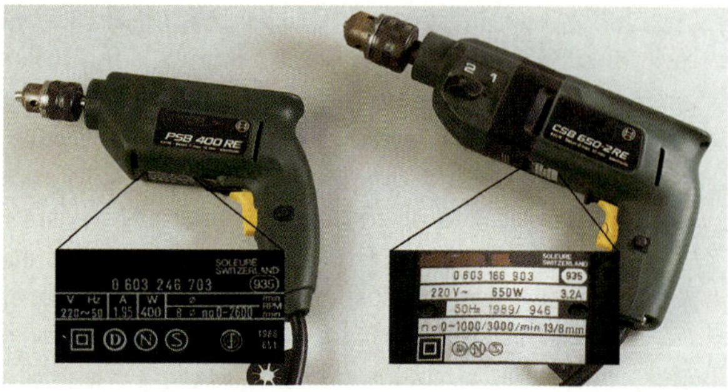

B2: Leistungsangaben: Wie viel Joule je Sekunde?

Taschenrechner	0,02 W
Fahrraddynamo	3 W
Haushaltsglühlampe	25–100 W
Mensch (dauernd)	80 W
kleiner Tauchsieder	300 W
Heizung einer Wohnung	20 kW
mittlerer Automotor	50 kW
Diesellokomotive	3 MW
ICE	8 MW
Dampfturbine	1000 MW

T1: Leistungen verschiedener Größenordnung; 1 MW (Megawatt) = 10^6 W. Für eine Glühlampe z.B. bedeutet 60 W: Sie nimmt je Sekunde 60 J elektrische Energie auf und gibt sie als Licht und Wärme (leider, zum größeren Teil) wieder ab.

Interessantes

Die Leistung von Automotoren wurde früher in PS („Pferdestärke") statt in kW angegeben. 1 PS war an der Leistung eines Pferdes orientiert („Hafermotor"); es gilt 1 PS ≈ 0,75 kW = 750 W.

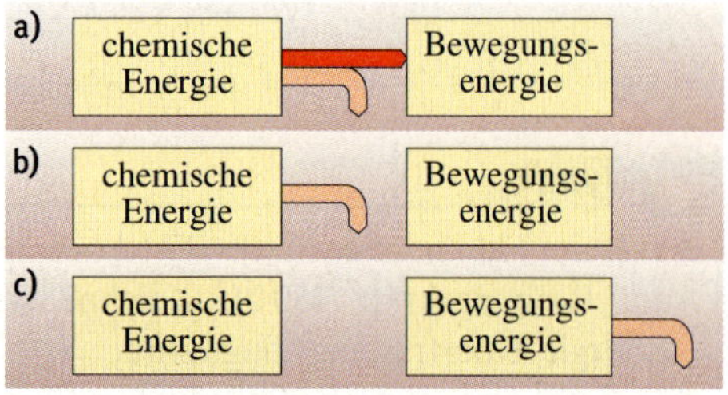

B3: Energieflussdiagramme für die Autofahrt. Gebogene Pfeile bedeuten Energieübertragung in die Umgebung: **a)** in der Beschleunigungsphase, **b)** bei freier Fahrt mit konstanter Geschwindigkeit, **c)** am Ende der Fahrt.

Leistung

1. Wie schnell wird Energie übertragen?

Ein Sportauto und ein Oldtimer mit gleicher Masse 1500 kg fahren die gleiche Bergstrecke und gewinnen beide 400 m Höhe (➠ *Bild 1*). Oben angekommen sagt der Fahrer des Oldtimers: „Unsere Autos haben beide die Höhenenergie 15000 N · 400 m = 6000 kJ bekommen. Die Motoren der Autos sind gleich stark!"

Darf man so folgern? Sicher nicht, denn es kommt auch darauf an, wie lange die beiden Wagen für ihre Bergfahrt brauchen. Das sportliche Auto schafft es in 100 s, das „Schnauferl" ist dagegen erst nach 400 s oben. Will man die beiden Motoren vergleichen, so fragt man besser nach der Energie, die sie jeweils in der gleichen Zeit liefern.
Teilt man zum Vergleich die umgesetzte Energie durch die dafür benötigte Zeit, so erhält man die *Schnelligkeit der Energieübertragung*. Diesen Quotienten W/t nennt man **Leistung** $\boldsymbol{P}$.

Merksatz

Der Quotient aus der übertragenen Energie W und der dazu benötigten Zeit t ist die **Leistung** $P = W/t$.
Die Einheit der Leistung ist 1 J/s = 1 W (Watt);
1000 W = 1 kW (Kilowatt).

Die Leistung des Sportwagens im obigen Beispiel ist $P = W/t$ = 6000000 J/100 s = 60000 J/s = 60000 W (Watt) = 60 kW (Kilowatt), die des Oldtimers P = 15000 J/s = 15 kW.

3. Leistung mal Zeit ist übertragene Energie

Oft kennt man die Leistung eines elektrischen Gerätes (➠ *Bild 2*) und möchte die Energie berechnen, die in einer bestimmten Zeit geliefert wird. Multipliziert man beide Seiten von $P = W/t$ mit t, so erhält man $W = P \cdot t$. Beträgt die Leistung z.B. 80 W und wird das Gerät 10 s lang betrieben, so ist die umgesetzte Energie $W = P \cdot t$ = 80 W · 10 s = 800 Ws.

Die in der Rechnung auftretende Einheit Ws (Wattsekunde) wird häufig statt der Einheit Joule benutzt:
1 Ws = 1 W · 1 s = 1 (J/s) · 1 s = 1 J.
In der Praxis misst man die Energie auch in Kilowattstunden:
1 kWh = 1000 W · 3600 s = 3600000 J.

Merksatz

Wattsekunde (Ws) und Kilowattstunde (kWh) sind praktische Einheiten für die Energie.
Es gilt: 1 Ws = 1 J und 1 kWh = 3600000 J.

Für eine Kilowattstunde elektrischer Energie bezahlt man etwa 0,15 € und bekommt dafür 1 Stunde lang in jeder Sekunde 1000 J „aus der Steckdose". Mit der Dauerleistung 100 W (Fahrrad fahren) hättest du 10 Stunden zu tun, ehe für 0,15 € Energie übertragen wäre! Die bequem und in großen Mengen verfügbare elektrische Energie verführt dazu, Energie verschwenderisch zu entwerten. Viele sagen deshalb, Energie sei zu billig.

3. Kilowatt auch beim Auto

Die Energie, die der Motor eines Autos umsetzt, hängt von der Menge des verbrauchten Benzins ab. Beim Fahren braucht man viel Leistung, gibt also viel Gas bei großer Geschwindigkeit und wenn man die Bewegungsenergie vergrößern will. Man nimmt Gas weg, wenn die gewünschte Reisegeschwindigkeit erreicht ist, wenn man nicht weiter beschleunigen will. Der Motor liefert dann nur noch die Energie, die durch Reibung an der Luft, in den Lagern und den Reifen in innere Energie gewandelt wird. Von dort geht sie von alleine – entwertet – in die kältere Umgebung (➠ *Bild 3*).
Bei einem Auto mit 50 kW nimmt man auf der Autobahn etwa 25 kW als Dauerleistung in Anspruch. Der Motor setzt damit Sekunde für Sekunde die Energie 25000 J um, in einer Stunde $W = P \cdot t$ = 25000 W · 3600 s = 90 MJ. Das Auto fährt dabei mit 6 l Benzin 100 km weit. 6 l Benzin liefern bei der Verbrennung aber die Energie 250 MJ. Wir sehen: Etwa zwei Drittel der mit dem Benzin gekauften Energie werden schon im Motor entwertet; sie erhöhen die Temperatur des Kühlwassers und schließlich die der Umgebung.
Die Umsetzung von Energie gelingt auch bei allen anderen Energiewandlern nie zu 100%. Um angeben zu können, wie gut ein Wandler „funktioniert", gibt es einen wichtigen Begriff, den **Wirkungsgrad** η. Er ist der Quotient aus **Nutzleistung** und **Eingangsleistung** der Maschine:

$$\eta = \frac{P_{\text{Nutz}}}{P_{\text{Ein}}}.$$

Der Wirkungsgrad η ist immer kleiner als 1. Er wird oft in Prozent angegeben, z. B.:

Benzinmotor:	η = 0,35 (oder 35%)
Elektromotor:	η = 0,95 (oder 95%)
Glühlampe (Lichterzeugung):	η = 0,05 (oder 5%)

Interessantes

Beim Bergwandern ist ein Höhengewinn von 300 m stündlich „eine gute Leistung". Rechnet man mit 750 N (m = 75 kg) für die Gewichtskraft, so erhält man
P = 750 N · 300 m/3600 s
$= \frac{750}{12}$ Nm/s ≈ 62 W.
Nur gut trainierte Leute halten dies stundenlang durch.

Beim Rad fahren kann mit dieser Tretkurbel die momentane Leistung bestimmt werden: Während der Fahrt werden die vom Sportler an den Pedalen ausgeübten Kräfte und deren Geschwindigkeit gemessen: Ein Computer berechnet mit $F \cdot v = F \cdot s/t = F_s \cdot s/t = W/t = P$ die momentan aufgebrachte Leistung und registriert für diesen und andere Messwerte Diagramme. Für einen trainierten Sportler hat man so eine Dauerleistung von 375 W bei einer (Fahr-)Geschwindigkeit von 45 km/h bestimmt. Die Herzfrequenz lag bei 165 Schlägen in der Minute.
Die Gangschaltung ermöglicht es, bei wechselnder Fahrgeschwindigkeit F und v am Pedal so einzustellen, dass P maximal wird.

Aufgaben

A1: Bestimme die Leistung, wenn stündlich 3,6 Mio. J (= 1 kWh) übertragen werden?
A2: Ein Löschfahrzeug kann pro Minute 1600 l Wasser ca. 75 m hoch pumpen. Wie groß ist die Leistung seiner Wasserpumpe?
A3: Eine Solaranlage mit 1 kW Spitzenleistung liefert bei uns pro Jahr eine Energie von ca. 850 kWh. Was kannst du folgern?
A4: In einem Mikrowellengerät mit der Leistung 700 W wird ein Tellergericht in 1,5 min erhitzt. Berechne die übertragene Energie in kWh und in Joule.

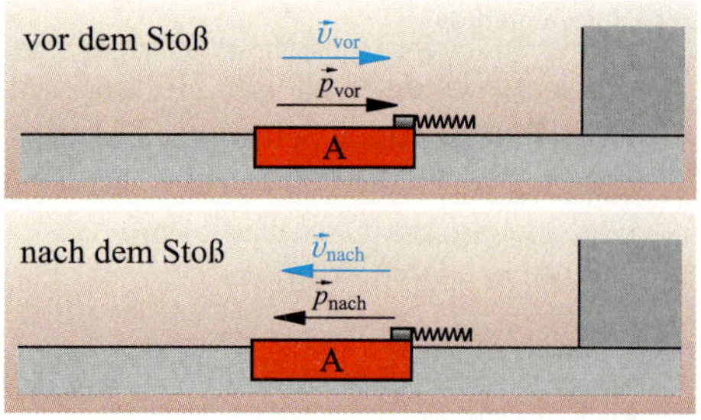

B1: Nach dem Stoß fährt der Schlitten gleich schnell zurück, mit gleicher Bewegungsenergie. Doch seinen Impulspfeil $\vec{p}$ hat die Federkraft um 180° gedreht.

B3: Der Energie kann man keine Richtung, keinen Vektorpfeil zuschreiben. Denn die mit Benzin eingekaufte Energie kostet gleich viel, ob man nach rechts oder nach links fährt. Die Impulspfeile $\vec{p}_1$ und $\vec{p}_2$ der beiden Autos sind aber entgegengesetzt gerichtet.

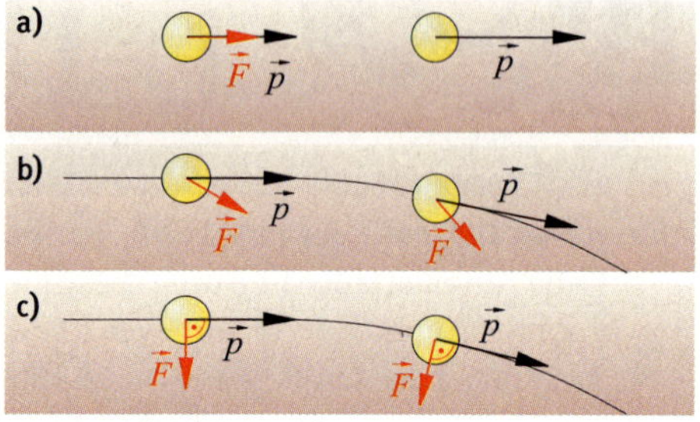

B2: a) Die Kraft $\vec{F}$ in Bewegungsrichtung macht den Ball schneller, erhöht seine Bewegungsenergie; der Impulspfeil $\vec{p}$ wird länger, behält aber die Richtung. **b)** $\vec{F}$ steht schräg zum Impulspfeil $\vec{p}$ und ändert dessen Richtung und Länge, auch die Energie. **c)** $\vec{F}$ steht stets senkrecht zu $\vec{p}$. Energie und Betrag von $\vec{p}$ bleiben gleich, nicht aber die Richtung von $\vec{p}$.

Vertiefung

Energie und Impuls auf getrennten Wegen

Beim Bremsen verliert ein Auto seine Bewegungsenergie. Sie ist aber nicht verschwunden, sondern verkrümelt sich vollständig als innere Energie in den reibenden Flächen und erhöht deren Temperatur.

Das bremsende Auto verliert auch seinen Impuls $\vec{p}$. Ihn erhält die Fahrbahn, also die Erde. Sie erfährt ja die Kraft $\vec{F}$ der bremsenden Reifen in Fahrtrichtung. Der Impuls des Autos verteilt sich über die ganze Erde. Diese wird aber wegen ihrer riesigen Masse nur unmerklich schneller. Anders als die Energie verkrümelt sich der Impuls nicht in den Reibflächen.

Was unterscheidet die Energie vom Impuls?

a) In der Tankstelle von ➡ *Bild 3* ruht Benzin mit viel Energie. Wird sie in Bewegungsenergie umgesetzt, so kostet es gleich viel, egal, ob das Auto gleich schnell nach rechts oder links fährt. Der Energie schreibt man keine Richtung zu. Wohin sollten „Energiepfeile" schon zeigen? Energie ist eine *skalare* Größe – wie Geld. Dagegen zeigen die Impulspfeile in Richtung der jeweiligen Geschwindigkeit $\vec{v}$.
In ➡ *Bild 1* stößt der nach rechts gleitende Schlitten mit seiner Feder auf den Klotz und prallt gleich schnell zurück. Der Impulspfeil $\vec{p}$ kehrt seine Richtung um, behält aber seine Länge. Auch die Bewegungsenergie bleibt. Einem Spielzeugauto muss die Batterie die gleiche elektrische Energie zuführen, ob es nach rechts oder links fährt; Energie kommt niemals eine Richtung zu.

Merksatz

Bei der **Vektorgröße** Impuls $\vec{p}$ muss man die Richtung beachten. Energie ist dagegen eine **skalare**, ungerichtete Größe.

b) In ➡ *Bild 2a* zeigt die Kraft $\vec{F}$ *genau in* Bewegungsrichtung. Der Ball wird schneller, er gewinnt Impuls und Bewegungsenergie; der Impulspfeil $\vec{p}$ wird länger, behält aber seine Richtung.
In ➡ *Bild 2b* steht die Kraft $\vec{F}$ *schräg* zur Bewegungsrichtung. Sie macht den Ball nicht nur schneller und erhöht seine Bewegungsenergie. Hier ändert der Impulspfeil $\vec{p}$ Länge *und* Richtung. Die schräg zu $\vec{p}$ stehende Kraft $\vec{F}$ zwingt den Ball in die Kurve.
In ➡ *Bild 2c* steht die Kraft $\vec{F}$ stets *senkrecht* (quer) zur Bewegungsrichtung. Als reine Querkraft macht sie den Ball weder schneller noch langsamer. Sie ändert die Bewegungsenergie nicht. In dieser Kurve ändert der Impulspfeil $\vec{p}$ nur die Richtung, nicht die Länge. Wir sehen also:

Merksatz

Kräfte ändern den Impulsvektor $\vec{p}$ von Körpern nach Betrag bzw. Richtung. Kräfte ändern aber nicht immer die Energie.

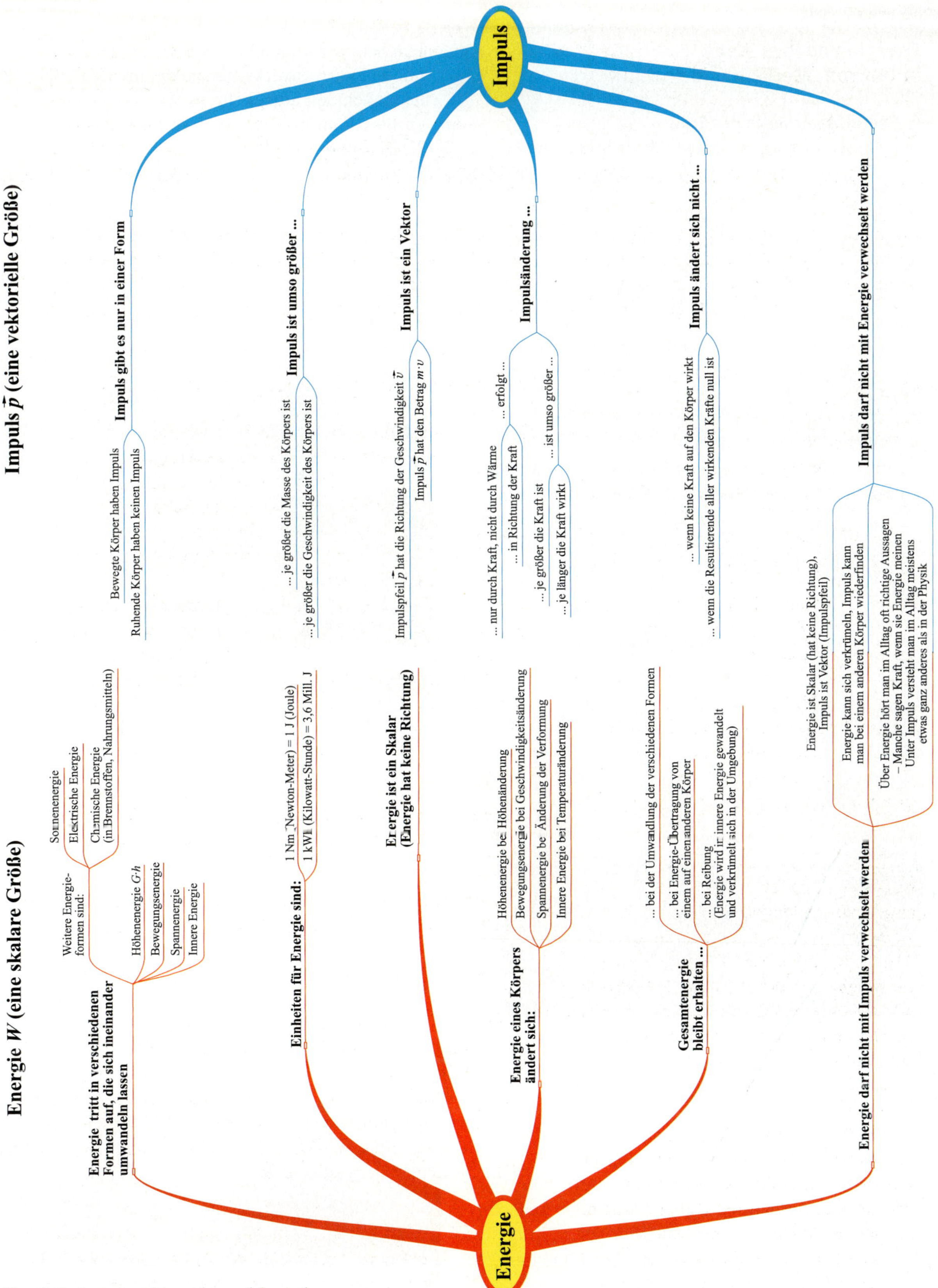

B 4: Mindmap zu Energie und Impuls

Interessantes

Energie und ihre Wege in Umwelt, Medizin und Technik

A. Energiespeicher in der Erde

Die großen Energievorräte Öl, Gas und Kohle unserer Erde bildeten sich vor langer Zeit in vielen Millionen Jahren. Pflanzen und Lebewesen speicherten die für ihr Wachstum unentbehrliche Sonnenenergie und konservierten sie teilweise in den für uns heute so wertvollen fossilen Energieträgern. Davon verbrauchen wir Menschen jeden Tag so viel, wie damals im Laufe von einigen 1000 Jahren entstand. Wir nutzen sie zum Heizen der Häuser, als Benzin für die Fahrt im Auto oder zur Erzeugung von Elektrizität.

B. Speicher für Höhenenergie

Schnee und Regen erneuern Gletscher und füllen Stauseen. In ihnen schlummert Höhenenergie des Wassers. In Flüssen nimmt diese dagegen auf dem Weg zum Meer ständig ab und wird durch Reibung im Flussbett weitgehend aufgezehrt. So schufen die gewaltigen Wassermassen des Colorado das Naturwunder des Grand Canyon. Das strömende Wasser zusammen mit Geröll schnitt sich tief in die Gesteinsschichten (➡ *Bild 1*).

B1: Höhenenergie des Colorado hinterlässt tiefe Spuren.

Wasserkraftwerke wandeln die Höhenenergie in wertvolle elektrische Energie, die durch Stromleitungen in unsere Wohnung gelangt. Das auf die Turbinenschaufeln eines Kraftwerks hinabstürzende Wasser gewinnt auf Kosten der Höhenenergie zunächst Bewegungsenergie. Diese wird ihm fast vollständig von den Turbinen entzogen und an die Generatoren zur Erzeugung elektrischer Energie übertragen.

Um Schwankungen im Energiebedarf oder den Ausfall eines Kraftwerks kurzzeitig auszugleichen, geht man auch den umgekehrten Weg. Norddeutschlands größtes Pumpspeicherwerk in Geesthacht speichert Höhenenergie, indem es Wasser aus der Elbe etwa 85 m hoch in ein 3,3 Millionen m^3 Wasser fassendes Wasserbecken pumpt. Dazu werden auch Wind- und Sonnenenergie eingesetzt (➡ *Bild 2*). Die gespeicherte Höhenenergie steht jederzeit zur Umwandlung in elektrische Energie bereit. Bei Bedarf lässt man es 85 m tief auf die Turbinen des Elektrizitätswerks am Elbufer fallen. Europas größtes Pumpspeicherwerk entsteht zur Zeit bei Goldisthal in Thüringen.

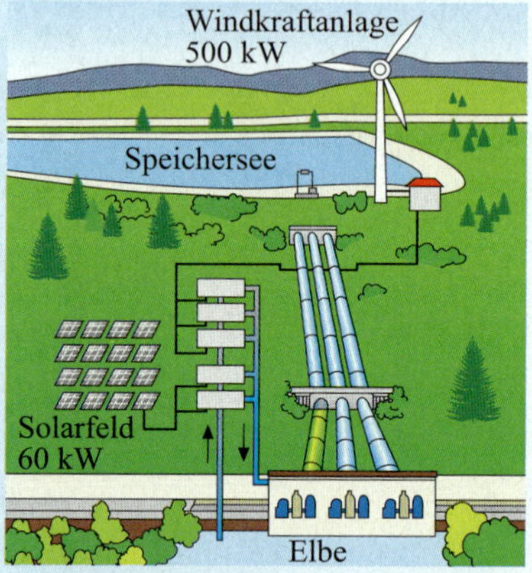

B2: Pumpspeicherwerk Geesthacht; auch Sonnenlicht und Wind verhelfen Wasser zur Höhenenergie.

C. Speicher für Bewegungsenergie

Ein Kernfusions-Experiment in Garching (München) benötigt für die Dauer von zehn Sekunden die Energie 140 MJ. So viel Energie kann man dem Stromnetz in der kurzen Zeit nicht entnehmen. Deshalb wird Energie in einem Schwungrad nach und nach „angesammelt" (➡ *Bild 3*). Ein Motor versetzt es dazu im Laufe von 25 Minuten zunehmend in Rotation bis in ihm 140 MJ als Bewegungsenergie (hier als Rotationsenergie) gespeichert sind. Dann wird der Motor als Generator geschaltet und die im Schwungrad gespeicherte Energie in nur zehn Sekunden wieder in die benötigte elektrische Energie umgewandelt.

B3: Schwungrad-Generator als Energiespeicher

Interessantes

D. Schall und Licht – Energie mit Information

Vom Fernseher gelangt Licht von Millionen farbig leuchtenden Bildpunkten in unser Auge. Wir sehen eine Sängerin und hören zugleich aus dem Lautsprecher ihre Stimme.

An die Rolle der Energie als Transportmittel für Information denkt man dabei natürlich nicht. Getragen von Energie gelangen „Bild und Ton" vom Sender (dem Bildschirm oder Lautsprecher) zum Empfänger (dem Auge oder Ohr). Wer blind oder taub ist, kann diese geringen Energiemengen selbst nicht bemerken. Doch Augen und Ohren sind für Licht und Schall hoch empfindliche Sensoren.
Sehr laute Diskomusik jedoch würde sogar ein Tauber warnehmen, wenn diese z. B. seinen Magen in Schwingung versetzt. Ebenso spürt ein Blinder das Licht der Sonne auf seiner Haut. Hier wird viel Energie transportiert.

E. Schall und Licht kodiert

Einen Ton kannst du mit den Begriffen Frequenz und Amplitude beschreiben; das Licht bis jetzt nur durch seine Farbe und Helligkeit. So wie bei Musik Töne unterschiedlicher Höhe und Lautstärke das Ohr erreichen, gelangt von einem bunten Bild Licht verschiedener Farben und Helligkeit in unser Auge.

Man kann Schall und Licht auch digital durch Ein- und Ausschalten kodieren. Mit dem von Samuel MORSE geschaffenen Morsealphabet wurden so im Jahre 1837 die ersten Texte übertragen.

F. Schall- und Lichtenergie gezielt gelenkt

Mit einem Spiegel lässt sich das auftreffende Licht in eine gewünschte Richtung lenken. In ➠ *Bild 4a* konzentriert ein Hohlspiegel das einfallende Licht auf dieselbe Stelle. Dort kann die gebündelte Lichtenergie sogar Stahl zum Schmelzen bringen.

Die Reflexion von Schall hast du sicher schon als Echo erlebt. Eine Satellitenschüssel sammelt die vom Satelliten eintreffenden Wellen in einen Punkt, zweckentfremdet aber auch Schall irdischer Quellen. Mit ihr kann man Tiergeräusche aus großer Entfernung noch gut hören (➠ *Bild 4b*).

Die Wände von Theater- oder Konzertbühnen sind nach Möglichkeit so geformt, dass sie den Schall gut ins Publikum reflektieren. Mit den zu einem Trichter geformten Händen am Mund versucht man Schall eine bevorzugte Richtung zu geben, ähnlich wie der Reflektor der Taschenlampe beim Licht.

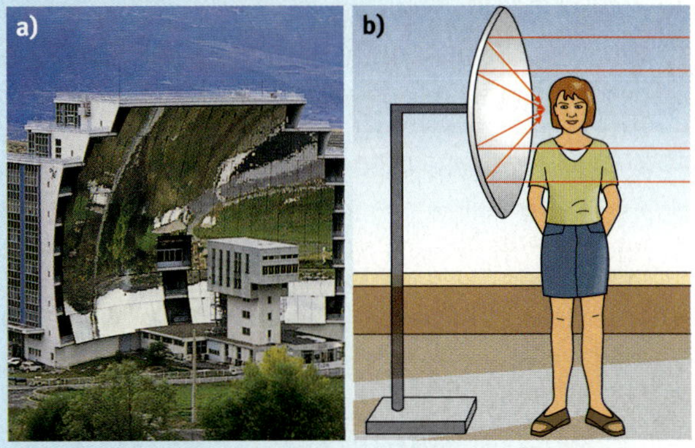

B4: Licht und Schall werden auf einen Punkt fokussiert.

G. Schall- und Lichtleiter

Kinder benutzen gerne leere Wasserschläuche als Rohrtelefone (➠ *Bild 5a*). Auf manchen Schiffen ruft der Kapitän noch heute durch ein (nur mit Luft gefülltes Rohr) seine Befehle in den Maschinenraum.

Die in einem Schlauch eingeschlossene Luft leitet den Schall besonders gut vom einen Ende zum anderen. Die Schallenergie kann nicht entweichen. Im Freien verteilt sich Schall in einem großen Raumbereich, nur wenig erreicht das Ohr.

Lichtleiter bestehen aus dünnen biegsamen Kunststoff- oder Glasfasern (➠ *Bild 5b*). Das an einem Ende der Faser eingestrahlte Licht wird in ihm nahezu verlustfrei viele Kilometer weit transportiert. Die Datenströme des Internet gelangen an vielen Schulen bereits durch Glasfasern, getragen vom Licht, zu den Computern in den Klassenräumen.

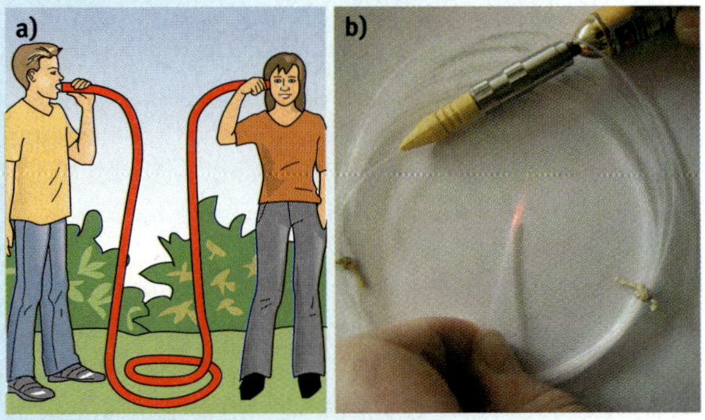

B5: a) Schall- und **b)** Lichtleiter (verwendet zur Zertrümmerung von Nierensteinen ➠ *Ziffer I*)

Interessantes

H. Mit „Blitz und Donner" gegen Nierensteine

Ein zuckender Blitz, ein peitschender Knall. Gewaltige Energie wird bei der elektrischen Entladung der Gewitterwolken frei und erhitzt schlagartig die den Blitz umgebende Luft, unüberhörbar am Knall. Die Scheiben vibrieren. Doch gehen sie meist nicht zu Bruch.
Durch elektrische Entladungen erzeugte Stoßwellen werden jedoch in der Medizin gezielt zur Zertrümmerung von Nieren- und Gallensteinen eingesetzt. Das erspart einen operativen Eingriff. Auf welchem Weg gelangt dabei die Energie gezielt an den Ort des Übels?

In der „Funkenpatrone" (➡ *Bild 1*) wird in kurzen zeitlichen Abständen eine kräftige elektrische Entladung erzeugt. Die so abgegebene Energie erhitzt schlagartig die Flüssigkeit um den Funken in der „Patrone". Deren plötzliche Ausdehnung lässt eine Stoßwelle entstehen. Diese wird vom Reflektor punktgenau auf die Nierensteine gebündelt.
Die Energie von 1000 bis 3000 Stoßwellen zertrümmert Stück um Stück einen Stein der Festigkeit von Gips und der Größe einer Haselnuss. Jede Stoßwelle transportiert auf den Stein die Energie von etwa 0,03 mJ. Das ist wenig, aber der Druck steigt schlagartig an und wirkt wie ein kleiner Hammerschlag auf den Stein.

Der Reflektor ist ein Teil eines Ellipsoids, in dessen einem Brennpunkt die Zündpatrone sitzt. Er wird so in Stellung gebracht, dass sich der Nierenstein im zweiten Brennpunkt befindet. Dessen Position wird mithilfe von Ultraschallwellen oder Röntgenstrahlung genau kontrolliert.

Auf dem Weg von der Zündpatrone zum Nierenstein verläuft die Stoßwelle praktisch nur in Flüssigkeiten, zunächst im Wasserkissen des Schallkopfs (➡ *Bild 2*) mit seinem Reflektor, dann durch Kontaktgel in den Körper auf den zuvor genau lokalisierten Stein. Ohne Kontaktgel würde der Schall weniger gut in den Körper übergehen, sondern zum Teil an der Grenzfläche des Schallkopfs reflektiert.

A1: Zeichne auf Papier mit der Fadenmethode eine Ellipse. Markiere die beiden Brennpunkte. Biege aus einem Blechstreifen einen ellipsenförmigen Bogen und stelle ihn in eine möglichst große flache Wasserschale. Lasse in den Brennpunkt Wassertropfen fallen und beobachte die Ausbreitung der Stoßwelle.

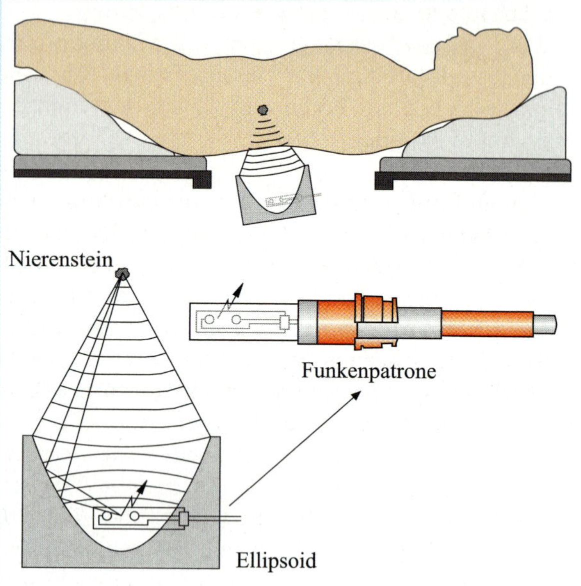

B1: Stoßwellenlithotripsie: Zertrümmern von Gallen- und Nierensteinen

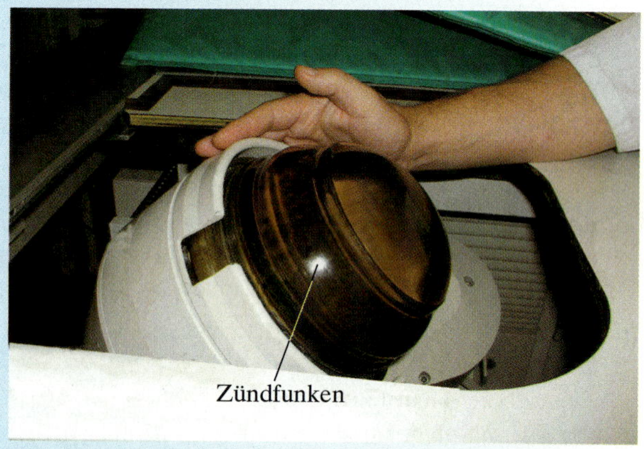

B2: Der Schallkopf wird durch eine Öffnung in der Liege von unten an den Patienten herangeführt.

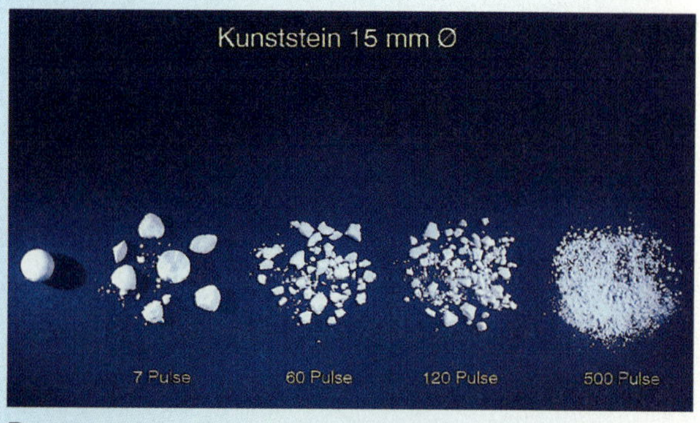

B3: Zertrümmerung eines Kunststeins mit unterschiedlicher Anzahl von Stoßwellen

Interessantes

I. Lichtenergie auf verschlungenen Wegen

Licht wird nicht nur zur Übertragung von Daten durch kilometerlange Lichtleiter geschickt. In ➡ *Bild 5* gelangen Lichtblitze eines Lasers durch eine dünne Glasfaser bis in die Niere. Dort treffen sie gezielt einen schmerzenden Nierenstein und zertrümmern ihn in kleine Bruchstücke (➡ *Bild 6*). Diese werden anschließend duch Harnleiter und Blase entfernt. Wie aber können Lichtblitze einen Nierenstein zerstören?

Die Energie des Lichtblitzes dringt konzentriert in die oberste Schicht des Steins ein und heizt diese explosionsartig innerhalb einer Millionstel Sekunde auf. Kleine Bruchstücke werden dort bereits abgesprengt. Gleichzeitig wird eine kräftige mechanische Schockwelle ausgelöst, die im Stein zunächst Risse erzeugt und ihn nach und nach zerbricht. Mit bis zu zehn Lichtblitzen pro Sekunde rückt der Arzt dem Stein zu Leibe. Haselnussgroße Steine können so in wenigen Minuten zertrümmert werden (➡ *Bild 4*). Die Energie des absorbierten Lichtblitzes beträgt zwar nur 120 mJ. Diese wird aber in der sehr kurzen Zeit von nur 1,2 µs auf einer Fläche von weniger als 0,1 mm^2 bis in eine Tiefe von etwa 0,1 mm wirksam.

Lichtblitze, die ungewünscht auf weiches Gewebe treffen, dringen in dieses wesentlich tiefer als in den Stein ein. Dadurch verteilt sich die Energie auf einen größeren Bereich. Die Temperaturerhöhung ist geringer und schädigt so das Gewebe nicht. Der Arzt führt jedoch den Lichtleiter mithilfe des Endoskops genau an den Stein heran und setzt ihn auf diesen auf. Durch das Endoskop beobachtet er den Fortgang der Zertrümmerung (➡ *Bild 6*).

A2: Wie groß ist die Leistung eines einzelnen auf den Stein treffenden Lichtblitzes, wie groß ist die mittlere Leistung bei zehn Blitzen pro Sekunde?

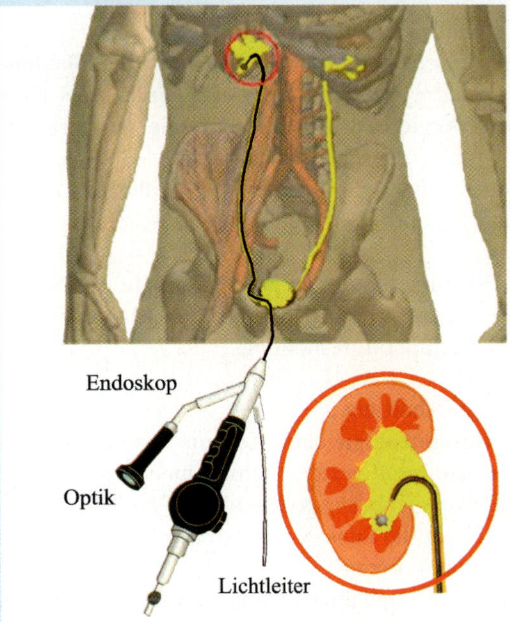

B5: Der Arzt sieht durch das Endoskop den Nierenstein. Der Lichtleiter wird durch eine Öffnung im Endoskop bis zum Stein geführt und auf diesen aufgesetzt.

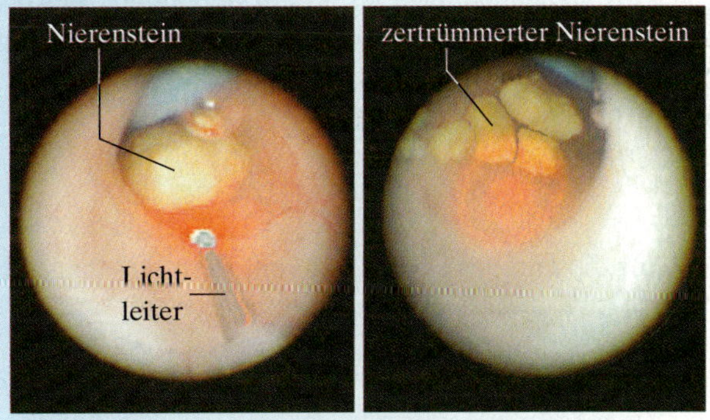

B6: Blick durch das Endoskop; der Stein (links) wurde durch Lichtblitze zertrümmert (rechts)

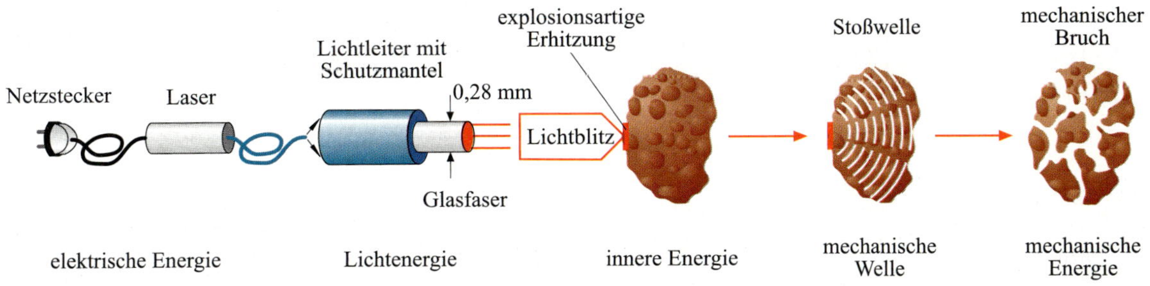

B4: Wege und Umwandlungen der Energie bei der Nierensteinzertrümmerung

Das ist wichtig

1. Mechanische Energieformen

Mechanische Energie begegnet uns als **Höhenenergie** (andere Bezeichnung: Lageenergie), als **Bewegungsenergie** oder als **Spannenergie**. Wir erkennen die Änderung der mechanischen Energie eines Körpers an Änderungen seiner Höhe, seiner Geschwindigkeit oder an seiner elastischen Verformung.

Bei **Reibung** nimmt die **innere Energie** der beteiligten Körper und der Umgebung zu. Man erkennt es an der Temperaturerhöhung.

2. Energieerhaltung

Die **Gesamtenergie** eines Körpers kann **auf mehrere Energieformen** verteilt sein. Ohne Reibung und ohne Energieübertragung von oder zu anderen Körpern bleibt die Summe aus den mechanischen Energieformen konstant.

Sind bei **Energieübertragung** und **Energieumwandlung** mehrere Körper beteiligt, so bleibt auch dann die Energiesumme erhalten.

3. Energiemenge

Eine mithilfe einer Kraft übertragene **Energiemenge** wird manchmal auch als Arbeit bezeichnet; deshalb werden für Energie und Arbeit gleiche Formelzeichen und gleiche Einheiten benutzt:

Symbol: W

Einheit: 1 J (Joule)
1 J = 1 Nm

Für die mithilfe einer Kraft vom Betrag F_s längs des Weges s übertragene Energiemenge W gilt

$$W = F_s \cdot s.$$

Bei mechanischen Vorgängen gilt:

- Kraft überträgt Energie nur mit Bewegung,
- Kräfte, die senkrecht zur Bewegung wirken, übertragen keine Energie.

Ändert sich die Höhe eines Körpers mit der Gewichtskraft $\vec{G}$ um die Höhe h, so ändert sich die Höhenenergie des Körpers um

$$W = G \cdot h = m \cdot g \cdot h.$$

Dabei ist g der Ortsfaktor.

4. Leistung

Oft ist nicht die übertragene Energiemenge von Interesse, sondern die Schnelligkeit, mit der dies geschieht.

Die **Leistung P** ist der Quotient aus der übertragenen Energie W und der dafür benötigten Zeit t.

Symbol: P

Definition: $P = \frac{W}{t}$

Einheit: 1 W (Watt); $1\ \text{W} = 1\ \frac{\text{J}}{\text{s}}$

5. Wattsekunden und Kilowattstunden

Wird die Energie W während der Zeit t mit der Leistung P übertragen, so gilt

$$W = P \cdot t.$$

Daraus folgt die **Energieeinheit Wattsekunde (Ws):**

$$1\ \text{J} = 1\ \text{W} \cdot 1\ \text{s} = 1\ \text{Ws}.$$

Wird die Leistung in kW (Kilowatt) und die Zeit in h (Stunden) gemessen, dann benutzt man für die Energie auch die Einheit 1 kWh **(Kilowattstunde)**.

$$1\ \text{kWh} = 1000\ \text{W} \cdot 3600\ \text{s} = 3\,600\,000\ \text{Ws} = 3\,600\,000\ \text{J}.$$

6. Energieentwertung

Mechanische, chemische und elektrische Energie sind wertvoll, weil sie sich in jede andere Energieform umwandeln lassen.

Bei Energieumwandlung und Energieübertragung in der Mechanik ist Reibung unvermeidlich, immer fließt ein Teil der Energie in die Umgebung und erhöht deren innere Energie. Dieser Teil ist für nützliche Energieanwendungen verloren, er ist entwertet aber nicht verschwunden.

7. Impuls und Energie

Alle Formen der **Energie** sind **skalare Größen**, ohne Richtung, auch die Bewegungsenergie.

Der **Impuls** $\vec{p}$ eines Körpers ist ein **Vektor** in Richtung des Geschwindigkeitsvektors $\vec{v}$.

Bewegt sich der Körper geradeaus, so macht ihn eine Kraft, die genau in Bewegungsrichtung wirkt, schneller und vergrößert die Bewegungsenergie. Der Impulspfeil wird länger, behält aber seine Richtung bei. Entgegengesetzt gerichtete Kräfte verkleinern Impuls*betrag* p und Bewegungsenergie.

Auf gekrümmter Bahn zeigt der Impulsvektor $\vec{p}$ stets in Richtung von $\vec{v}$, in Richtung des jeweiligen Bahnverlaufs.

Kräfte, die exakt quer dazu stehen, ändern nur die Richtung von und $\vec{v}$ und $\vec{p}$. Der Körper wird weder schneller noch langsamer; er behält seine Energie.

Schräg zur Bahn wirkende Kräfte ändern Richtung *und* Betrag des Impulsvektors $\vec{p}$, also auch die Energie.

Kennst du dich aus?

A1: An einem Zinken einer Stimmgabel wird ein Stift befestigt. Wird die Stimmgabel nun über eine berußte Glasplatte gezogen, so schreibt die Stimmgabel auf der Glasplatte eine Spur.

Untenstehende Abbildungen zeigen die Spuren verschiedener Stimmgabeln, die gleich schnell über die Glasplatte gezogen wurden.

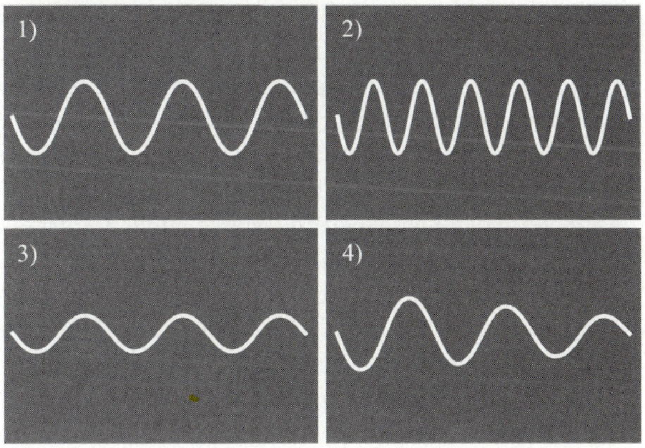

Wie unterscheiden sich die Schwingungsbilder bei der Wahrnehmung (dem Hören) und der physikalischen Beschreibung? Antworte jeweils mit einer Begründung.

a) Schwingungsbild 2 von Schwingungsbild 1
b) Schwingungsbild 3 von Schwingungsbild 1
c) Schwingungsbild 4 von Schwingungsbild 1.

A2: Eine Linse mit Brennweite 1 m bildet in ihrer Brennebene die Sonne als Kreis mit ca. 1 cm Durchmesser ab. Schätze mithilfe der Linsengleichung den Durchmesser der Sonne ab. Vergleiche dein Ergebnis mit dem Tabellenwert.

A3: Erläutere Unterschiede und Gemeinsamkeiten bei der Bildentstehung von Fotoapparat bzw. Lochkamera.

A4: Griechen stellten sich in der Antike vor, dass vom Auge Sehstrahlen ausgehen würden, die die Umgebung abtasten. Man sieht nach dieser Theorie einen Körper, wenn Sehstrahlen von ihm zurückgeworfen werden und ins Auge treffen. Führe zu dieser Theorie mit einem Mitschüler eine Pro- und Kontradiskussion durch. Dokumentiere Argumente und zugehörige Versuche.

A5: Die Lichtausbeute einer elektrischen Glühlampe ist relativ gering im Vergleich zu Energiesparlampen. Gib dafür Gründe an. (Hinweise findest du im Kapitel „Farbzerlegung" des Buches).

A6: a) Konstruiere die Bilder eines 2 cm hohen Pfeils, der in 9 cm, 8 cm, 6 cm, 5 cm und 4 cm Abstand vor einer Sammellinse der Brennweite 3 cm steht. **b)** Formuliere für Bildweite und Bildgröße Sätze wie z. B.: „Je kleiner die Gegenstandsweite ist, desto … ist die Bildweite (Bildgröße)". **c)** Was zeigt sich bei der Konstruktion für 2 cm Abstand von der Linse?

A7: *Hausversuch:* Bestimme den Nahpunkt deiner Augen und den deiner Familienangehörigen. Ist er für beide Augen gleich? Hängt er vom Alter ab?

A8: Erfinde zu nachfolgendem Diagramm von einem Schulweg eine passende Geschichte.

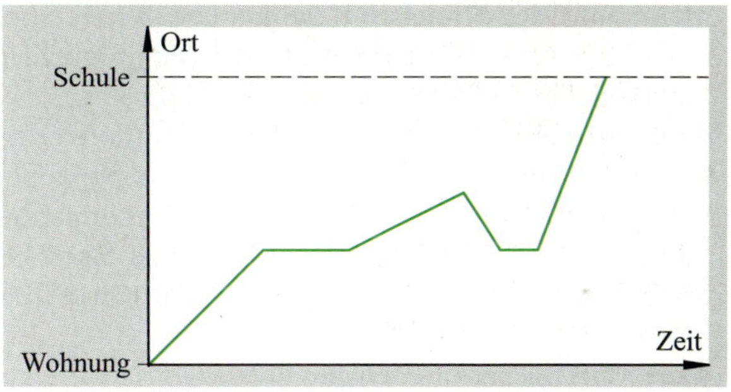

A9: Die Anwohner einer Wohnstraße wollen prüfen, ob die vorgeschriebene Höchstgeschwindigkeit von 30 km/h eingehalten wird. **a)** Überlege, wie sie vorgehen könnten. **b)** Welche Zeit würde gestoppt, wenn ein Fahrzeug auf einer 15 m langen Messstrecke gerade mit 30 km/h fahren würde?

A10: a) Welche Bedeutung hat im folgenden Diagramm die Größe *s* auf der vertikalen Achse?
b) Beschreibe die Bewegung des Fahrzeugs in den vier verschiedenen Zeitabschnitten qualitativ. Begründe jeweils. **c)** Ermittle jeweils die Geschwindigkeit in den ersten beiden Zeitabschnitten. **d)** Zeichne das *t*-*s*-Diagramm so, wie es der Kilometerzähler im Auto anzeigen würde.

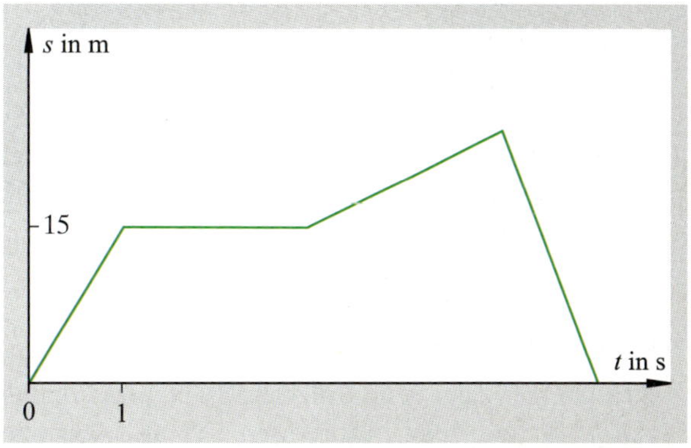

A11: Fasse alle deine Kenntnisse über die Trägheit von Körpern zusammen. Schreibe für jede Aussage eine Begründung bzw. ein Beispiel auf.

A12: Die Bahn eines Raumschiffes weit ab von allen Gestirnen sieht wie folgt aus.

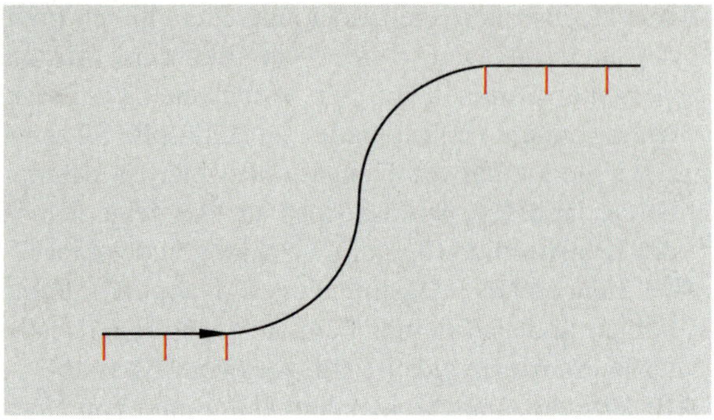

Überlege und begründe, ob im Verlauf der Bahn eine Kraft auf das Raumschiff wirkt. Die senkrechten Striche auf den geraden Stücken der Bahn sind Zeitmarken. Sie sind im Sekundenabstand gesetzt.

A13: Du interessierst dich dafür, welche mittlere Dichte dein Körper hat. Beschreibe, wie du vorgehen könntest und skizziere die zugehörigen Experimente. Kannst du aus der ermittelten Dichte auf einen bestimmten Stoff schließen, aus dem dein Körper besteht?

A14: Kennzeichnet die Dichte eine Eigenschaft eines Stoffes oder ist sie – wie z.B. die Gewichtskraft – ortsabhängig?

A15: **a)** Erläutere, welche anschauliche Vorstellung du mit dem physikalischen Begriff „Dichte" verbindest. **b)** Haben Formulierungen der Alltagssprache wie „die Dichte der Bäume im Wald" oder „die Zuschauer standen dicht am Straßenrand" etwas mit dem physikalischen Begriff „Dichte" zu tun?

A16: Im Cockpit eines Autos ist ein Becher befestigt, der mit Wasser gefüllt ist. Das Auto bewegt sich nach rechts. Die Wasseroberfläche stellt sich wie folgt ein:

a)

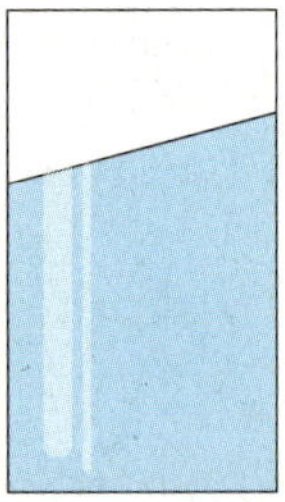

b)

Kannst du aus der obigen Darstellung auf mögliche Bewegungszustände des Autos rückschließen?

A17: In einem Aufzug ist an der Decke ein Kraftmesser befestigt. Daran hängt eine 1 kg-Kugel. Der Kraftmesser zeigt beim Stillstand 10 N, beim Anfahren 12 N und beim Abbremsen 8 N an. Fährt der Aufzug nach oben oder unten? Begründe.

A18: Du isst 150 g Naturjoghurt aus einem Becher mit der Aufschrift „enthält 303 kJ je 100 g". **a)** Berechne die Höhe, die du z.B. auf einen Berg hochsteigen müsstest, um nicht zuzunehmen. **b)** Überlege, ob die von dir berechnete Höhe realistisch ist. Wenn dies nicht der Fall sein sollte, gib dafür Gründe an.

A19: Der Aufzug eines Fernmeldeturms (Höhe 325 m) ist ausgefallen. Ein Arbeiter steigt mit Ausrüstung (Gesamtmasse 102 kg) eine senkrechte Leiter hinauf. Welche Zeit braucht er bis zur Spitze, falls er im Mittel eine Leistung von 60 W erbringt?

A20: **a)** Für 1 Euro-Cent erhält man aus dem elektrischen Netz angenähert die Energie 240000 J. Jemand verfügt über einen Bergsee mit einem 5 m hohen Wasserfall. Welchen Geldwert hat aufgrund der Höhenenergie jeder Kubikmeter Wasser (vorausgesetzt, er kann verlustlos genutzt werden)? **b)** Wie viel Wasser wäre pro Stunde für den Betrieb von zehn 100 W-Lampen nötig?

A21: Zeige durch Umformen dir bekannter Gleichungen, dass man die mechanische Leistung für konstante Geschwindigkeit v auch durch die Gleichung $P = F_s \cdot v$ berechnen kann ($\vec{F}_s$ ist die Kraft in Wegrichtung).

A22: Vergleiche die Begriffe „Masse" und „Gewichtskraft" anhand von zwei Mindmaps. Beachte dabei das Gemeinsame wie auch die Unterschiede beider.

A 23: **a)** Suche in einem Wörterbuch der deutschen Sprache die Worte „Kraft" und „Energie" und vergleiche. Dort findest du vielleicht: „Energie = Tatkraft" oder „Energie = Grundkraft aller Dinge" oder das Wort „krafterfüllt". Diskutiere dies unter physikalischen Gesichtspunkten. **b)** Erstelle zwei Mindmaps, um die physikalische Bedeutung von „Kraft" und „Energie" sowie deren Unterschiede klar herauszustellen. **c)** Stelle parallel dazu eine Mindmap für „Leistung" auf. Wo liegen die Unterschiede zu „Energie" und „Kraft"?

A 24: **a)** Suche in einem Wörterbuch den Begriff „Impuls" und vergleiche mit dessen physikalischer Bedeutung. Will man damit in der Physik den „Zustand" eines Körpers, wie er gerade besteht, beschreiben, oder aber den „Vorgang", mit dem man den Körper in diesen Zustand (aus der Ruhe heraus, etwa durch einen Stoß) gebracht hat? **b)** Wie hängt der Impulsvektor $\vec{p}$ mit dem Vektor $\vec{F}$ der Kraft zusammen, die ihn erzeugt oder verändert hat? Ist neben der Kraft noch eine weitere Größe für die Impulsänderung zuständig?

A25: Übertrage das zu Aufgabe 12 gehörige Bild in dein Heft. Zeichne an mehreren Orten die Pfeile für Impuls $\vec{p}$ und mutmaßliche Kraft $\vec{F}$ ein. Beachte dabei die Abstände der roten Marken. Ist $\vec{F}$ für die Aufrechterhaltung des jeweiligen Impulses zuständig oder nur für dessen Änderung? Welches Gesetz ist hier zu beachten?

Teilchenmodell und Druck

Der Begriff Atom stammt von Demokrit, einem griechischen Philosophen, der allein durch Nachdenken versuchte, eine Antwort auf die Frage zu finden, ob es *kleinste Teilchen* gibt. Noch heute ist dieses eine gewichtige Frage an die Grundlagen der Physik.
In diesem Kapitel wird ein einfaches Modell für Teilchen entwickelt, was in vielen Situationen eine befriedigende Erklärung liefert.

Flüssigkeiten und Gase in einem Gefäß lassen sich durch Kräfte auf einen Kolben in einen *Druckzustand* versetzen. Dieser Zustand lässt sich an jeder Begrenzungsfläche – auch im Inneren – als Kraft auf diese Fläche nachweisen.
Der *Schweredruck* in der Tiefe eines Meeres kann auf den *Kolbendruck* zurückgeführt werden, wenn die Wassersäule als Kolben angesehen wird.

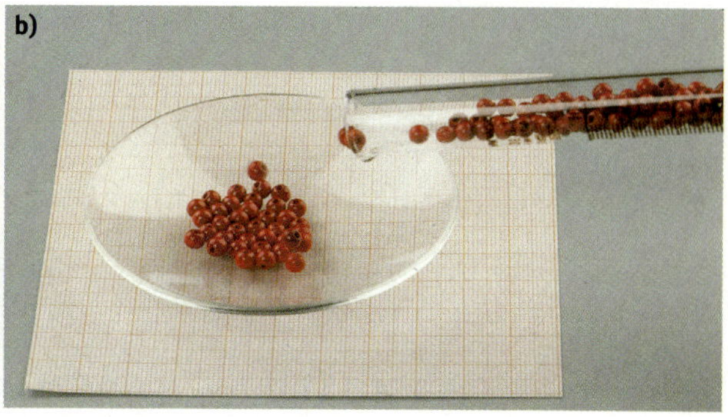

B1: a) Ein Öltropfen verteilt sich auf Wasser. **b)** Die Kügelchen fließen auf die Schale.

V1: *Ölfleckversuch:*

Wir füllen einen tiefen Teller bis zum Rand mit Wasser und stauben auf die Wasseroberfläche hauchdünn Bärlappsporen. Aus einer Bürette lassen wir einen Tropfen einer Ölsäure-Benzin-Lösung (1:1000) in den Teller fallen. Es bildet sich ein Ölfleck (das Benzin verdunstet), dessen Fläche wir bestimmen. Geben wir einen weiteren Tropfen hinzu, so verdoppelt sich die Fläche.

Wir ermitteln in einem weiteren Versuch mit der gleichen Bürette, welches Volumen ein einzelner Tropfen der Ölsäure-Benzin-Lösung hat. Wir lassen dazu 1 cm^3 der Lösung langsam aus der Bürette tropfen und zählen z. B. 60 Tropfen.

Ein Tropfen hat also das Volumen $\frac{1}{60}$ cm^3 und enthält die Ölmenge

$$V = \frac{1}{60}\,cm^3 \cdot \frac{1}{1000} = \frac{1}{60\,000}\,cm^3.$$

Im Versuch entsteht aus einem solchen Tropfen eine Ölschicht mit der Fläche $A = 160\,cm^2$. Die Dicke der Ölschicht erhalten wir mit der Gleichung $h = V/A$:

$$h = \frac{(1/60\,000)\,cm^3}{160\,cm^2} = \frac{1\,cm^3}{60\,000 \cdot 160\,cm^2}$$

$$h = 0{,}000\,000\,1\ cm.$$

Wir können annehmen, dass die Ölmoleküle wie Kügelchen nebeneinander liegen, da von der doppelten Menge auch die doppelte Fläche bedeckt wird.

Die Dicke der Ölschicht ist also gleich dem Durchmesser eines Moleküls. Der Durchmesser eines Ölmoleküls beträgt demzufolge etwa ein millionstel Millimeter.

Das Teilchenmodell

1. Eine Modellflüssigkeit

Geben wir einige Kochsalzkristalle in eine Suppe, so schmeckt die ganze Suppe salziger als vorher. Das Kochsalz muss sich also ganz fein in der Suppe verteilt haben. Wir können es schmecken, aber nicht sehen.

Die kleinsten Bestandteile („Teilchen") der Materie sind wegen ihrer geringen Größe unserer Anschauung entzogen. DEMOKRIT nannte sie Atome. Heute unterscheiden wir **Atome** und **Moleküle**. Vereinfacht stellen wir uns diese Teilchen als Kügelchen vor. Um unsere Vorstellung zu entwickeln, verwenden wir Kunststoffkügelchen, die wir in einen Messzylinder füllen (➠ *Bild 2*). So können wir deren Gesamtvolumen bestimmen. Einige dieser Kügelchen schütten wir auf eine flachgewölbte Schale (Uhrenglas, ➠ *Bild 1 b*). Leichtes Rütteln bewirkt, dass alle Kügelchen in einer Schicht nebeneinander liegen. So bilden sie ungefähr eine Kreisfläche, die wir messen können. Geben wir noch einmal so viele Kügelchen hinzu, so drängen sich diese zwischen die anderen, bis alle wieder in einer Schicht nebeneinander liegen. Aus Volumen und Kreisfläche lässt sich der Kügelchendurchmesser berechnen. Mit einer Schieblehre könnten wir das Ergebnis kontrollieren.

Die Kügelchen bilden eine **Modellflüssigkeit**: Sie lassen sich leicht gegeneinander verschieben, bilden in etwa eine waagerechte Oberfläche und weichen aus, wenn ein Gegenstand eintaucht.

2. Wie groß ist ein Ölmolekül?

Mit dem *Ölfleckversuch* können wir die Größe *realer* Moleküle abschätzen (➠ *Versuch 1*). Ein Tropfen einer Ölsäure-Benzin-Lösung in Wasser ergibt einen runden Fleck, dessen Fläche wir messen können (➠ *Bild 1 a*). Ein zusätzlicher zweiter Tropfen der Lösung ergibt einen Kreis mit der doppelten Fläche. Der Benzinanteil verdunstet und nur das Öl breitet sich auf der Wasseroberfläche aus; es schwimmt dort. Da jeder Tropfen (konstantes Volumen vorausgesetzt) nach dem Zerfließen eine gleich große Fläche bedeckt, können wir daraus schließen, dass die Ölmoleküle in einer Schicht nebeneinander liegen – wie die Kügelchen unserer Modellflüssigkeit. Eine einfache Abschätzung zeigt, dass ein Ölmolekül einen Durchmesser von etwa 10^{-9} m hat (➠ *Versuch 1*).

3. Die brownsche Bewegung – Hinweis auf kleinste Teilchen

Wir beobachten einen Tropfen Milch bei 1000facher Vergrößerung unter dem Mikroskop und sehen zahlreiche „Kügelchen". Sehen wir etwa Moleküle? Leider nein: Verdünnen wir nämlich die Milch mit Wasser, so wächst der Abstand dieser Kügelchen. Wassermoleküle haben sich dazwischen geschoben. Unter dem Mikroskop kann man diese nicht erkennen. Die sichtbaren Kügelchen sind Fetttröpfchen, die im Wasser schweben.

Der Versuch hält aber eine große Überraschung bereit: Die Fetttröpfchen zittern ständig und unregelmäßig hin und her. Der Engländer BROWN beobachtete die Erscheinung 1827 als Erster; man nennt sie nach ihm die **brownsche Bewegung**. Je kleiner die Fetttröpfchen sind, desto schneller zittern sie. Daraus folgern wir, dass sich die wesentlich kleineren Moleküle der Flüssigkeit in einer noch viel rascheren Zitterbewegung befinden – und das andauernd.
Eine Kaliumpermanganatlösung, die vorsichtig auf den Boden eines mit Wasser gefüllten Glases geleitet wird, verteilt sich im Laufe von Tagen ganz gleichmäßig darin (➠ *Versuch 2*).
Zunächst befindet sich die Lösung des Kaliumpermanganates am Boden des Glases. Aufgrund der ständigen Molekularbewegung kommt es zu einer Durchmischung von Wasser und Kaliumpermanganat. Der Versuch bestätigt also die brownsche Bewegung.

Eine Erklärung dieses Versuches mit der Modellflüssigkeit scheitert. Füllen wir die Kügelchen in ein Becherglas, so bleiben sie dort regungslos liegen. Die Molekularbewegung ließe sich wohl nur durch ständiges Schütteln darstellen.

Und noch etwas fehlt den Kügelchen im Becherglas: Echte Flüssigkeiten bilden Tropfen; zwischen Molekülen müssen also Anziehungskräfte bestehen, die jedoch die freie Verschiebbarkeit nicht beeinträchtigen. Um diesen Zusammenhalt der Moleküle auch im Modell zu berücksichtigen, haben wir ein Uhrenglas benutzt (➠ *Bild 1b*). Seine Wölbung sorgt dafür, dass die Kügelchen nach jedem Schütteln wieder zu einer lückenlosen „Flüssigkeit" zusammenlaufen.

Merksatz

Für die Moleküle einer **Flüssigkeit** gilt:
- Sie sind in ständiger und unregelmäßiger Zitterbewegung.
- Sie lassen sich leicht verschieben.
- Sie bilden eine waagerechte Oberfläche.
- Zwischen Molekülen wirken Anziehungskräfte.

Eine typische Molekülgröße ist ein millionstel Millimeter.

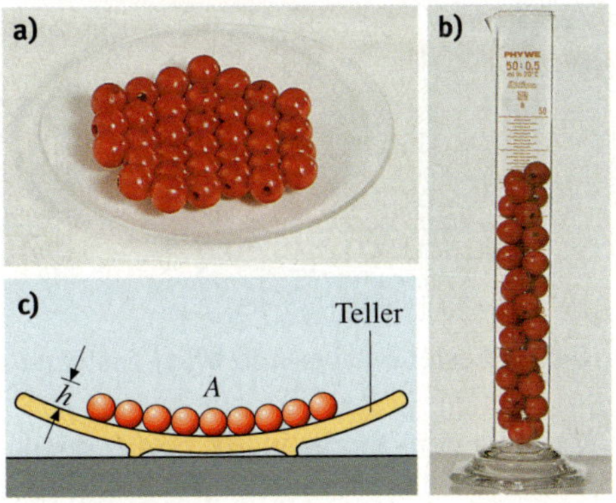

B 2: Modellflüssigkeit

V 2: Wir leiten eine Lösung des violetten Salzes Kaliumpermanganat vorsichtig auf den Boden eines mit Wasser gefüllten Glases. Obwohl das Wasser keinerlei Bewegung zeigt, färbt es sich im Laufe von Tagen von unten nach oben, bis es einheitlich violett ist. Wegen ihrer ständigen Bewegung schieben sich die Moleküle des Kaliumpermanganats zwischen die Wassermoleküle: Die Salzteilchen *diffundieren* in das zunächst farblose Wasser.

Aufgaben

A 1: Benenne einige Eigenschaften realer Flüssigkeiten und prüfe, ob die Modellflüssigkeit aus den Kunststoffkügelchen diese Eigenschaften auch besitzt.

A 2: Unter welchen Voraussetzungen können wir aus der Fläche eines Ölflecks und aus dem zugehörigen Tropfenvolumen den Durchmesser eines Ölmoleküls berechnen?

A 3: Was verstehen wir unter dem Teilchen*modell* und einer *Modell*eisenbahn. Benenne Gemeinsamkeiten, wo liegen Unterschiede. Wann ist ein *Modell* falsch?

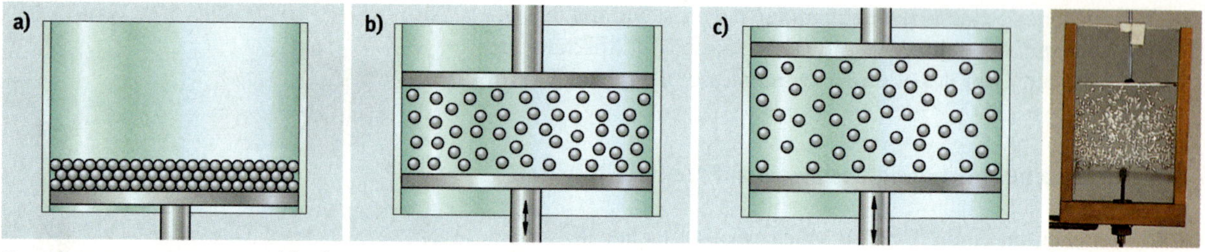

B 1: a) Fester Körper und **b)**, **c)** gasförmiger Zustand im Modell

V 1: Mit dem Gerät in → *Bild 1* können wir modellhaft feste und gasförmige Körper darstellen. Der Gefäßboden ist ein beweglicher Kolben, der von einem Motor auf und ab bewegt wird.
Bewegt sich der Motor kaum, bleiben die Glaskügelchen im Gefäß nahezu in Ruhe: Es liegt ein Festkörper vor.
Bewegt sich der Motor schneller, so fliegen die Kügelchen ungeordnet durcheinander: Nun wird ein Gas dargestellt.

V 2: Wir nehmen eine Glasspritze und schließen darin ein bestimmtes Luftvolumen ein. Wir erhöhen vorsichtig die Temperatur des Gases und sehen, dass sich der Kolben nach außen schiebt. Das Volumen des Gases hat sich also vergrößert.

V 3: Wir ziehen den Kolben einer Fahrradpumpe ganz heraus und verschließen mit dem Daumen die Öffnung der Pumpe. Jetzt lässt sich der Kolben nur mit großer Kraft hineinschieben. Nach dem Loslassen bewegt er sich zurück. Die Luft in der Pumpe lässt sich also zusammendrücken. Sie nimmt das ursprüngliche Volumen wieder ein, wenn die Kraft auf den Kolben nicht mehr wirkt.

B 2: In der Schneeflocke herrscht Ordnung.

4. Ein Modellgas

In → *Bild 1* rechts sehen wir ein Gefäß, in dem kleine Glaskügelchen ungeordnet umherfliegen. Der Gefäßboden ist als Kolben ausgebildet und wird von einem Motor schnell auf und ab bewegt. Dabei werden die Kügelchen hochgeschleudert, stoßen gegeneinander und prallen von den Wänden ab.

In → *Bild 1 b, c* erkennen wir den beweglichen Gefäßdeckel deutlicher. Durch den ständigen Aufprall der Kügelchen wird dieser Deckel angehoben und in einer bestimmten Höhe gehalten. Läuft der Motor schneller, bewegen sich auch die Kügelchen schneller und der Deckel wird weiter angehoben.

Durch die schnellere Bewegung des Gefäßbodens erhalten die Kügelchen eine höhere Bewegungsenergie. Wenn die Gesamtheit der Kügelchen eine höhere Bewegungsenergie besitzt, wird der Deckel weiter angehoben; das heißt, die Kügelchen beanspruchen für ihre Bewegung ein größeres Volumen. Ein reales Gas in einer Glasspritze verhält sich genauso (→ *Versuch 2*). Es schiebt einen Kolben nach außen und vergrößert so das Gasvolumen, wenn man die Temperatur erhöht. In Gasen nimmt die Bewegungsenergie beim Erhitzen zu. Die Glaskügelchen in dem Gefäß bilden also ein *Modellgas.*
Wenn wir den Gefäßdeckel mit der Hand nach unten drücken, verkleinern wir das Volumen des Modellgases. Geben wir den Deckel wieder frei, so hebt sich dieser wieder in die Ausgangshöhe. Luft in einer Fahrradpumpe verhält sich genauso (→ *Versuch 3*).

Merksatz

Moleküle eines Gases sind ständig in schneller Bewegung.
Sie haben so große Abstände, dass Anziehungskräfte zwischen ihnen keine Rolle spielen.

Durch Energiezufuhr werden die Moleküle schneller.

5. Ein Festkörpermodell

In → *Bild 1 a* liegen die Glaskügelchen nebeneinander, eine Bewegung ist zunächst nicht zu erkennen. Bei genauerer Betrachtung wäre eine leichte Bewegung festzustellen; einige Glaskügelchen drehen sich.

Ist Wasser zu Eis gefroren, verschieben sich die Moleküle nicht mehr, sondern sie haften fest aneinander. Die regelmäßige Form von Kristallen (➠ *Bild 2*) lässt vermuten, dass sich beim Kristallisieren die Moleküle ordnen und so eine feste Struktur bilden. Diesen Prozess können wir im ➠ *Versuch 4* beim Abkühlen des geschmolzenen Fixiersalzes beobachten.

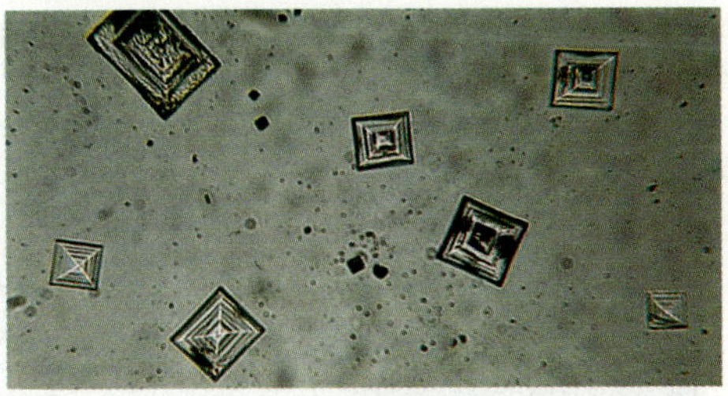

V4: Wir gießen geschmolzenes Fixiersalz auf eine kalte Glasplatte. Beim Abkühlen sehen wir regelmäßige Kristalle entstehen.

Merksatz

In Festkörpern haben die kleinsten Teilchen einen festen Platz, um den sie eine Zitterbewegung ausführen.

Vertiefung

Die Idee von den kleinsten Teilchen

Der Aufbau der Materie beschäftigte bereits ca. 500 Jahre vor unserer Zeitrechnung im antiken Griechenland die hellsten Köpfe dieser Zeit.

Die griechischen Philosophen DEMOKRIT (er lebte bis 360 v. Chr.) und ARISTOTELES (384–322 v. Chr.) kamen dabei zu völlig entgegengesetzten Antworten:

DEMOKRIT lehrte, alle Stoffe seien aus kleinsten Teilchen zusammengesetzt, er nannte sie Atome (griech. *atomos:* unteilbar).
ARISTOTELES dagegen behauptete, man könne Materie immer weiter teilen, ohne je auf kleinste Teilchen zu stoßen.
DEMOKRIT orientierte sich bei seiner Position an Stoffen, wie z.B. Sandstein, während ARISTOTELES sich auf das Wasser bezog.

In der Antike gab es keine Klärung dieser widersprüchlichen Positionen. Das lag unter Anderem daran, dass die Möglichkeit, ein Entscheidungsexperiment durchzuführen, der antiken Philosophie fremd war.
Über 2000 Jahre gab es in dieser Frage keinen Fortschritt, bis zu Beginn des 19. Jahrhunderts DALTON eine Atomvorstellung entwickelte.

DEMOKRIT

ARISTOTELES

Aufgaben

A1: Beschreibe mithilfe der modellhaften Vorstellung, die das Gerät aus ➠ *Bild 1* nahe legt, den Übergang von einem Festkörper zu einer Flüssigkeit bzw. von einer Flüssigkeit zu einem Gas. Gehe dabei auf die Bewegung des Stempels ein.

A2: Ein Gasgemisch besteht aus verschiedenen Gasen. Die enthaltenen Molekülarten können unterschiedliche Masse haben. Beschreibe die möglichen Beobachtungen in einem Modellgas aus zwei unterschiedlichen Molekülarten.

A3: Beschreibe anhand der Vorstellung von kleinsten Teilchen aus ➠ *Bild 3* die drei Zustandformen: fest – flüssig – gasförmig. Gehe dabei auf die Bewegungsmöglichkeiten ein.

B3: Fest – flüssig – gasförmig (Modellvorstellung)

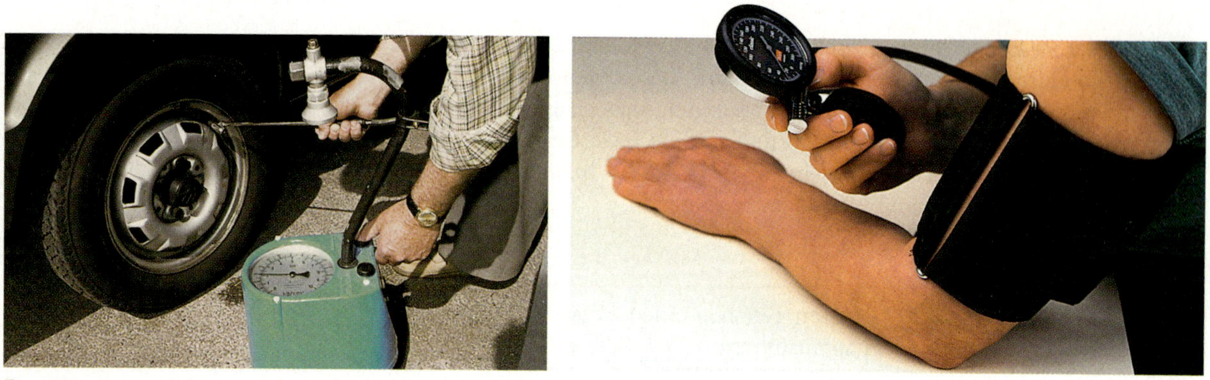

B1: Geräte zur Messung des Druckes heißen *Manometer.*

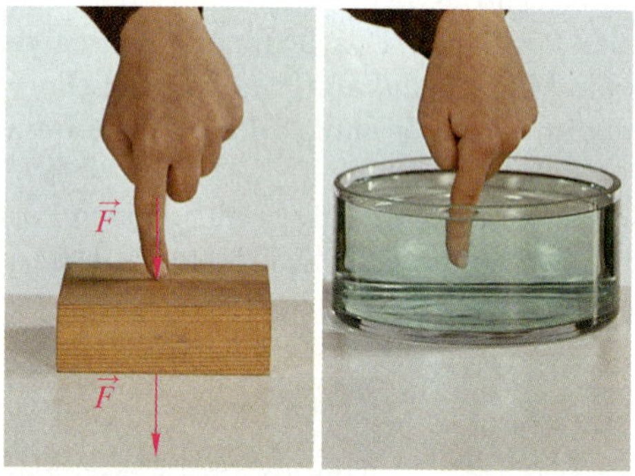

V1: Übe auf einen Holzklotz, einen Schaumstoffquader und auf eine Wasseroberfläche mit dem Finger eine Kraft aus. Der Versuch, auf eine Wasseroberfläche eine Kraft auszuüben, scheitert, weil das Wasser ausweicht: Man erfährt keine Gegenkraft.

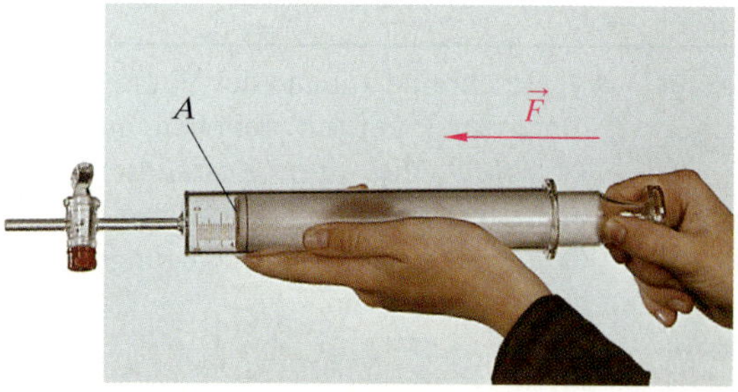

V2: Die Glasspritze ist mit Wasser gefüllt. Durch den Kolben kann man eine Kraft auf die eingeschlossene Wassermenge ausüben. Die Kraft $\vec{F}$ wirkt jetzt im Bereich der ganzen Kolbenfläche A auf das Wasser ein. Die Wirkung der Kraft bleibt gering. Das Wasser lässt sich nur minimal zusammendrücken. Ist der Zylinder mit Luft gefüllt, lässt sich jetzt der Kolben mit der gleichen Kraft viel weiter hineinschieben.

Der Kolbendruck

1. Druck in Alltagssituationen

Phänomene, die durch Druck verursacht werden, begegnen uns täglich. Schon das allmorgendliche Füllen des Zahnputzbechers mit Wasser sollte uns an den Druck in der Wasserleitung erinnern. Dieser wird besonders anschaulich bei dem Versuch, den Wasserhahn mit dem Finger zuzuhalten. Die Fahrradfahrt zur Schule wird leichter, wenn der Reifendruck stimmt. Mit hohem Blutdruck steigt das Risiko für Herz-Kreislauf-Erkrankungen.

Diese Beispiele beziehen sich auf den Druckbegriff der Physik, im Alltag jedoch verwenden wir diesen Begriff z. T. in ganz anderen Zusammenhängen: Druck als erlebte Form des Stresses, z. B. bei Klassenarbeiten, oder im Sinne von einengenden Vorschriften durch Eltern und Schule; Linoldruck als künstlerische Form, Buch- bzw. Zeitungsdruck stehen für einen ganz anderen Aspekt des Begriffes. Diese Aufzählung muss unvollständig bleiben.

Der Fahrradreifen und der Blutkreislauf der Menschen haben als Gemeinsamkeit einen abgeschlossenen Behälter, der mit einer Flüssigkeit oder einem Gas gefüllt ist. An solchen Beispielen wollen wir den physikalischen Druckbegriff zunächst erarbeiten. Dazu müssen wir vorab einige Einschränkungen vornehmen:

Die folgenden Überlegungen beziehen sich nur auf Flüssigkeiten und Gase, die in Ruhe sind oder sich nur sehr langsam bewegen. Die Widerstandskräfte, die z. B. eine schnelle Schwimmerin im Wasser spürt oder die bei schnellen Bewegungen in der Luft erfahrbar sind, interessieren uns augenblicklich nicht.

Manche Türen in öffentlichen Gebäuden tragen den auffordernden Schriftzug „Drücken“. Also drücken wir gegen die Tür, um sie zu öffnen. Diese Beschreibung ist physikalisch ungenau, denn wir üben eigentlich auf die Tür eine Kraft aus, die sie in Bewegung setzt. Was ist eigentlich der Unterschied zwischen Druck und Kraft? Dieser Frage wollen wir uns genauer widmen.

2. Druckzustand in Flüssigkeiten

Bei ➠ *Versuch 1* werden mit dem Finger auf verschiedene Körper Kräfte ausgeübt. Ein Holzklotz als fester Körper gibt die ausgeübte Kraft unmittelbar an seine Unterlage weiter. Verformungen sind nicht feststellbar. Eine Kraft auf den Schaumstoffkörper bewirkt eine Verformung. Eine Kraft auf eine Wasseroberfläche bewirkt dagegen wenig. Sogar Wasser in einer Glasspritze zeigt bei einer Kraft $\vec{F}$ auf die Kolbenfläche A kaum Wirkung (➠ *Versuch 2*), der Kolben bewegt sich nur wenig. Das Wasservolumen bleibt nahezu unverändert. Flüssigkeiten lassen sich bekanntlich (fast) nicht zusammendrücken. Hat denn die Kraft auf einen Kolben überhaupt keine Folgen?

Weitere Versuche geben auf diese Frage eine Auskunft. Der ➠ *Versuch 3* mit dem spritzenden Rundkolben zeigt, dass aufgrund der Kraft auf den Kolben vom Wasser Kräfte auf alle begrenzenden Wandflächen ausgeübt werden. Die Wände üben eine Gegenkraft auf die Wasserfläche aus. Wo diese Gegenkraft fehlt – an den Öffnungen –, fliegt das Wasser hinaus.

Aber nicht nur auf die Außenwände wirken solche Kräfte. Vielmehr wirkt auch im Inneren senkrecht zu jeder Fläche eine Kraft. Dies zeigt ➠ *Versuch 4* mit der luftgefüllten Gummiblase im Inneren eines wassergefüllten Rundkolbens.

Die Kraft auf den Kolben versetzt das Wasser in einen **Druckzustand**. Dieser sorgt dafür, dass auf jede Begrenzungsfläche und auf jede Fläche im Inneren eine Kraft wirkt. Diese steht immer senkrecht zur Fläche.

3. Das Teilchenmodell hilft weiter

Durch die Kraft des Kolbens wirkt auf alle inneren und äußeren Begrenzungsflächen eine Kraft, die vorher nicht da war. Um das zu verstehen, ziehen wir das Teilchenmodell für eine Flüssigkeit heran. Dazu stellen wir uns ein mit reibungsfreien kleinen Kugeln dicht gefülltes Gefäß vor. Die Kugeln stellen die leicht gegeneinander verschiebbaren Moleküle dar.

Das ➠ *Bild 2* veranschaulicht dies an einem noch etwas weiter vereinfachten Modell mit Münzen. Der rechte Kolben übt (auf die Münzen) eine Kraft nach links aus. Jede Münze versucht, sich zwischen andere zu schieben und sie zur Seite zu drängen. So setzt sich die Wirkung der Kolbenkraft in alle Richtungen durch die Modellflüssigkeit fort. Die drei anderen Kolben werden nach außen bewegt.

Durch die Kolbenkraft wird die Flüssigkeit in einen besonderen Zustand versetzt. Man sagt, es herrsche in ihr ein Druckzustand oder kurz ein **Druck**. Als Folge davon wirkt aufgrund der leichten Verschiebbarkeit der Moleküle auf *jede* Begrenzungsfläche eine Kraft.

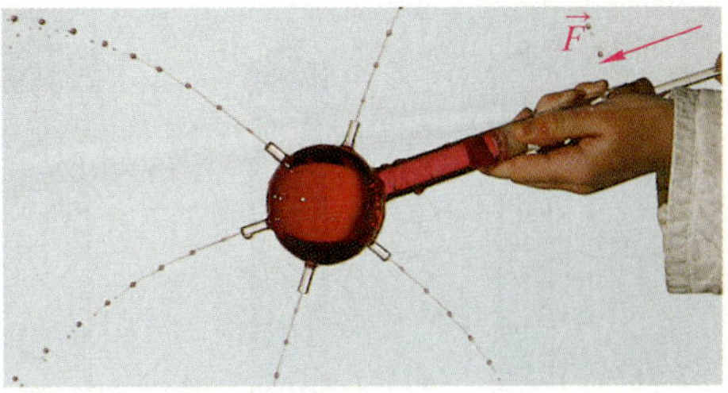

V3: Ein Rundkolben, der in der Wand mehrere Löcher hat, wird mit Wasser gefüllt. Übt man mit dem Kolben eine Kraft auf das Wasser aus, so spritzt es in alle Richtungen, sogar nach hinten. Wie lässt sich diese Beobachtung erklären? Durch die Kraft auf den Kolben übt das Wasser auf alle begrenzenden Wandflächen Kräfte aus. Wo die Wandflächen fehlen, spritzt das Wasser heraus.

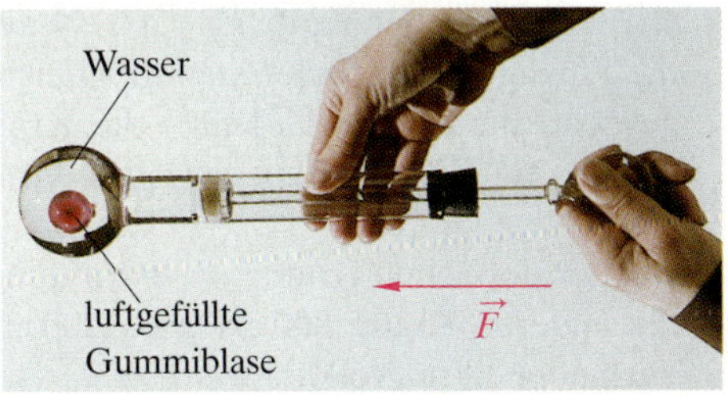

V4: Der Rundkolben enthält neben Wasser auch eine luftgefüllte Gummiblase. Nun wird der Kolben vorsichtig nach links geschoben. Die Luft in der Gummiblase wird zusammengedrückt. Die Gummiblase wird deshalb kleiner, bleibt aber rund. Dies zeigt, dass auf allen Seiten Kräfte entstanden sind, die jeweils senkrecht auf die Blasenhaut einwirken. Wiederholt man diesen Versuch mit einem luftgefüllten Rundkolben, so wird die Luftblase nur leicht zusammengedrückt.

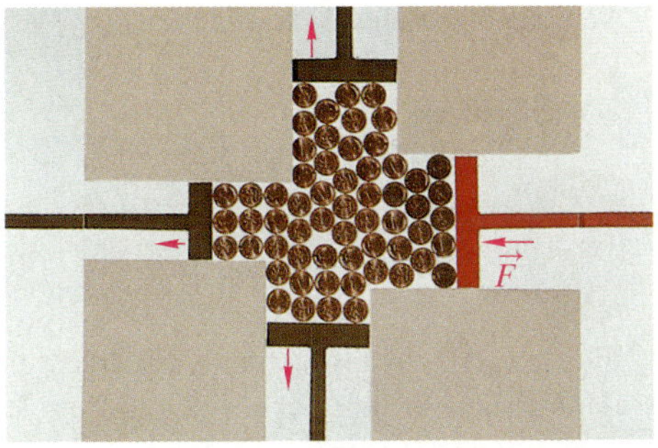

B2: Die Münzen drücken sich nach allen Seiten weg, wenn auf den rechten Kolben eine Kraft wirkt.

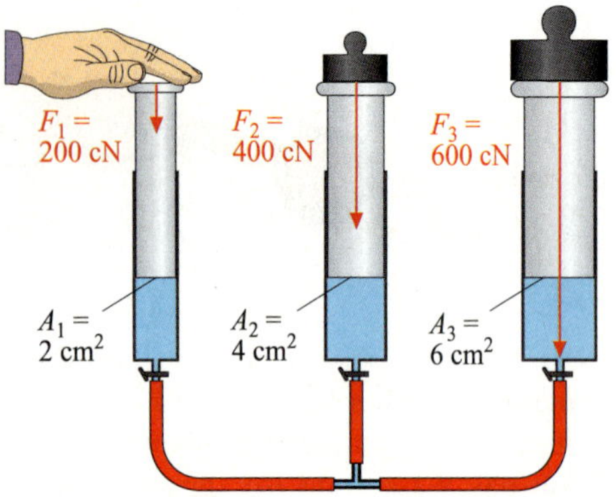

V1: Wird auf einen Kolben eine Kraft ausgeübt, so heben sich die anderen. Gleichgewicht herrscht erst, wenn auch die anderen Kolben mit passend großen Kräften auf die Flüssigkeit einwirken.

Drückt Kolben 1 mit der Querschnittsfläche 2 cm² mit der Kraft F_1 = 200 cN auf die Flüssigkeit, so findet man im Gleichgewicht am Kolben 2 (4 cm²) die Kraft 400 cN, am Kolben 3 (6 cm²) die Kraft 600 cN.

Bei der doppelten Kraft F_1 = 400 cN sind die anderen Kräfte 800 cN und 1200 cN auch doppelt so groß.

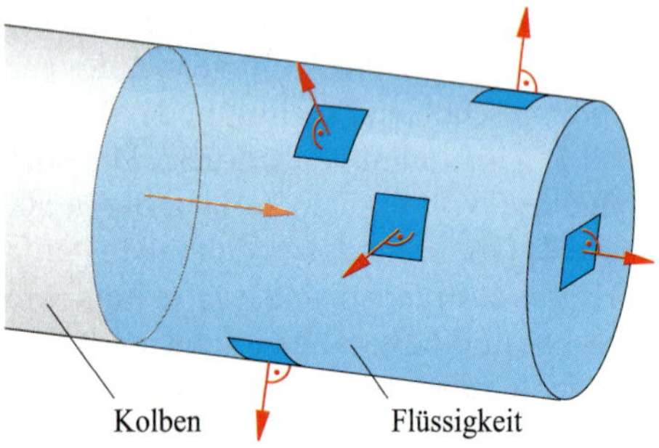

B1: Besteht Druck, so wirken auf die Wandflächen Kräfte ein. Diese stehen senkrecht auf den Wandflächen.

4. Der Druck und seine Messung

Im ➠ *Versuch 1* wird die Flüssigkeit durch die Kraft F_1 auf Kolben 1 unter Druck gesetzt. Dann wirkt sie selbst auf die Gefäßwände mit Kräften ein. Der Versuch lehrt uns zweierlei:

a) Wir beobachten: Am Kolben mit doppelter bzw. dreifacher Querschnittsfläche A wirkt die Flüssigkeit mit der doppelten, bzw. dreifachen Kraft F.

Wir schließen: Die auf die Fläche A wirkende Kraft F ist der Größe der Fläche A *proportional*. Der Quotient F/A ist also konstant.

b) Nun erhöht man die Kraft F_1 am Kolben 1, der den Druck erzeugt. Dann muss man bei den anderen Kolben die Kräfte entsprechend vergrößern, um Kräftegleichgewicht zu erzeugen. Der Quotient F/A wird dann größer, ist aber wieder bei allen Kolben gleich. Die Flüssigkeit steht nun unter einem größeren Druck; sie wirkt mit stärkeren Kräften auf die Gefäßwände.

Es ist daher sinnvoll, die physikalische Größe **Druck *p*** mit dem Quotienten aus F und A zu definieren:

$$p = F/A \quad \text{mit der Maßeinheit } 1\ \text{N/m}^2 = 1\ \text{Pa}.$$

Pa ist die Abkürzung für Pascal (Blaise PASCAL, franz. Physiker, 17. Jahrhundert). Hier bezeichnet p nicht den Impuls, sondern steht für den Druck (**p**ressure).

Merksatz

Wirkt eine Flüssigkeit (oder ein Gas) auf eine Wandfläche A mit der Kraft vom Betrag F, so sagen wir, es herrscht dort der Druck p. Für ihn gilt:

$$p = F/A \quad \text{mit der Einheit } 1\ \text{Pa} = 1\ \text{N/m}^2$$

Kennt man in einer Flüssigkeit oder in einem Gas den Druck p, so kann man die Kraft F auf eine bekannte Fläche A berechnen:

$$F = p \cdot A.$$

Der Druck 1 Pa ist ein kleiner Druck. Große Drücke, etwa im Autoreifen, gibt man in Bar an: **1 bar = 100 000 Pa.**

Interessantes

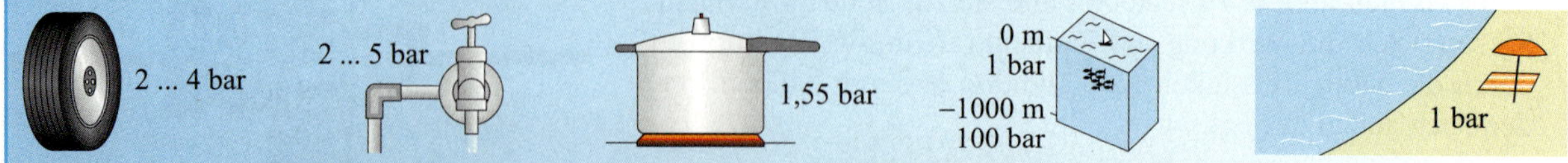

Die meisten **Manometer** (Druckmesser) geben den **Überdruck** gegenüber dem äußeren Luftdruck an. Zeigt der Luftdruckprüfer beim Autoreifen 2 bar an, bedeutet das: Im Reifen ist der Druck um 2 bar größer als der Luftdruck von ca. 1 bar in der Umgebung, der absolute Reifendruck beträgt also 3 bar. Unser Körper ist dem Luftdruck von etwa 1 bar ausgesetzt. Davon merken wir aber nichts, weil auch das Innere unseres Körpers (auch die Lunge) unter dem gleichen Druck steht.

Interessantes

A. Blutdruckmessung

„Der Blutdruck beträgt 140 zu 90." Was ist mit dieser Aussage gemeint?

In der medizinischen Praxis wird der Druck noch in mmHg (Millimeter Quecksilbersäule) gemessen. Es gilt: 1 mmHg = 133,322 Pa. Der Blutdruck wird nun durch die Werte 140 mmHg und 90 mmHg beschrieben.

Um die Bedeutung dieser beiden Werte zu verstehen, ist ein kleiner Ausflug in die Medizin erforderlich. Wenn sich die Herzkammern zusammenziehen und entleeren (*Systole*) wird das Blut durch den raschen Druckanstieg weitertransportiert. Es entsteht eine Art Druckwelle, die wir als Pulsschlag an vielen Körperstellen ertasten können.

Wenn der Herzmuskel sich entspannt (*Diastole*), strömt Blut in die Herzkammer nach.

Der Wert 140 mmHg bezeichnet den *systolischen* und 90 mmHg den *diastolischen* Wert des Blutdrucks (jeweils am Arm gemessen).

Medizinisches Personal verzichtet oft auf moderne elektronische Blutdruckmessgeräte und verwendet den Messapparat mit Gummimanschette und Quecksilbermanometer, der vom italienischen Kinderarzt Scipione RIVA-ROCCI (1863–1937) erfunden wurde.

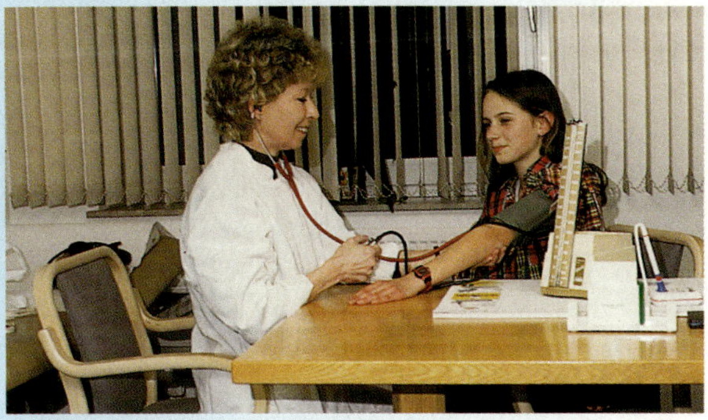

Wie wird der Blutdruck korrekt gemessen? Der Blutdruck sollte immer in Ruhe, z. B. nach längerem Sitzen, gemessen werden. Der Ellenbogen soll sich dabei in gleicher Höhe mit dem Herzen befinden. Die Armmanschette des Messgerätes wird einige Zentimeter oberhalb der Ellenbeuge um den Oberarm gelegt. Die Manschette wird zügig aufgepumpt bis zu einem Wert etwa 30 mmHg oberhalb des zu erwartenden systolischen Wertes. Durch die Arterie des Armes fließt nun kein Blut mehr. Ein Stethoskop wird in die Ellenbeuge gelegt und die Luft langsam abgelassen. Beim ersten hörbaren Pulsgeräusch wird der systolische Wert abgelesen, beim Verschwinden des Geräusches wird der diastolische Wert bestimmt. Dieser lässt insbesondere Rückschlüsse auf die Elastizität der Gefäße zu.

B. Überprüfung eines Druckmessgerätes

Das rechte Foto zeigt den Versuchsaufbau: Eine vertikal eingespannte Glasspritze mit einem Dreiwegehahn ist über einen Schlauch mit einem Differenzdruckmessgerät verbunden. Ohne Kolben zeigt das Messgerät 0,0 hPa an. Nun werden mit dem Kolben, auf dem sich ein Wägestückteller befindet, nach und nach 50 g-Wägestücke aufgelegt. Damit steigt F und die zugehörigen Druckwerte werden von der Anzeige abgelesen. Die Messwerte sind im F-p-Diagramm als Kreise dargestellt. Aus der Kolbenquerschnittsfläche A und den bekannten Kraftbeträgen F können wir nach der Definition $p = F/A$ die Druckwerte berechnen; das Ergebnis dieser Rechnungen (rote Linie im Diagramm) stimmt gut mit den Messwerten überein. Das Differenzdruckmessgerät ist somit ein geeignetes Instrument zur Druckbestimmung.

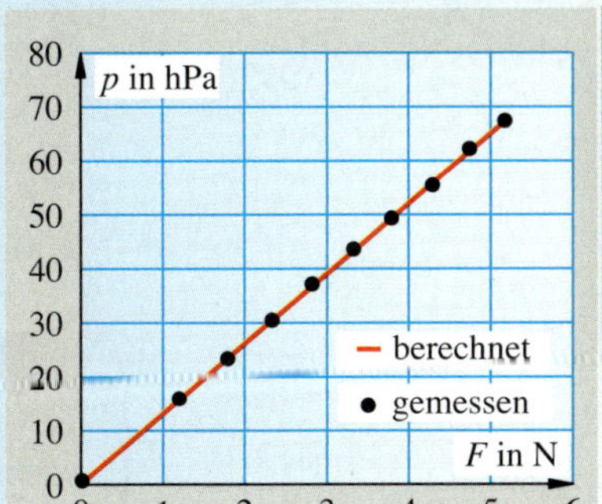

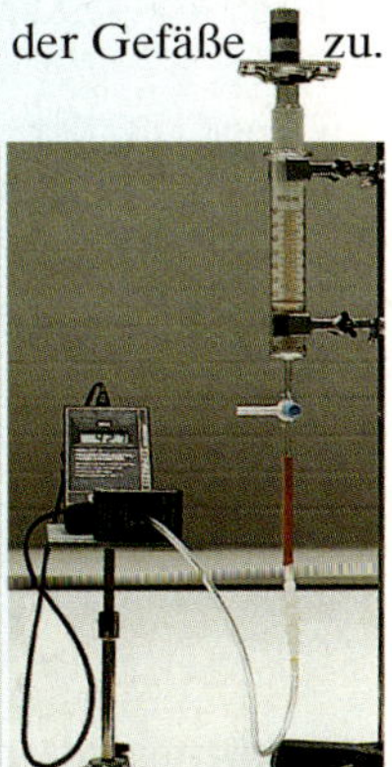

Aufgaben

A1: In einer Wasserleitung herrscht ein Druck von 3 bar. Welche Kraft braucht man, um die Öffnung eines Wasserhahns ($A = 1{,}4\ \text{cm}^2$) zuzuhalten?

A2: Die Scheibenbremsen eines Autos sollen mit $F = 10$ kN angepresst werden. Der Druck in der Bremsleitung erreicht 200 bar. Welche Fläche muss der Bremskolben haben?

A3: Erdgasleitungen werden mit einer Wandstärke von 2 cm für einen Betriebsdruck bis zu 170 bar ausgelegt. Welche Kraft wirkt in der Leitung auf eine Begrenzungsfläche von $2\ \text{cm}^2$?

A4: In ➠ *Versuch 1* sollen links 3 N statt 2 N wirken. Welcher Druck herrscht dann in der Flüssigkeit?

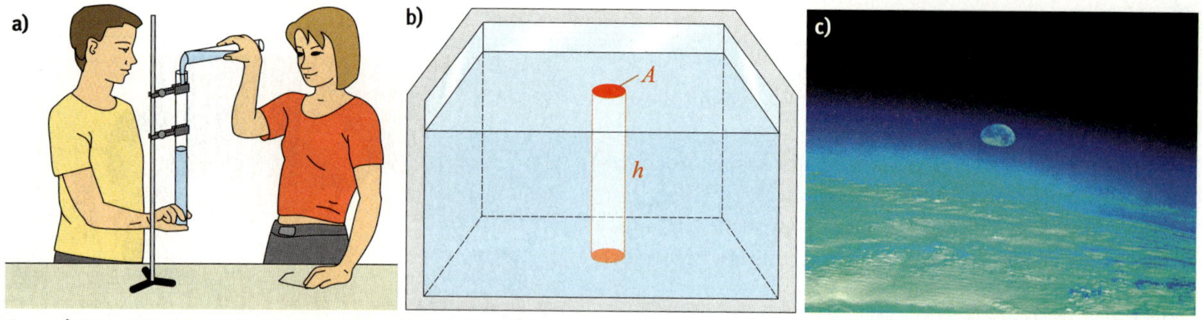

B 1: a) Das Wasser „drückt" auf den Daumen. **b)** Wassersäule als drückender Kolben **c)** Die Erde von oben

V 1: Ein Schüler dichtet mit seinem Daumen das vertikale Glasrohr in ➠ *Bild 1 a* ab. Es wird zur Hälfte mit Wasser gefüllt. Er spürt eine Kraft an seinem Daumen und schließt auf einen Druck – wie beim Zuhalten einer geöffneten Wasserleitung. Der Druck steigt, wenn das Rohr höher gefüllt wird. Warum nimmt der Druck mit der Höhe der Wassersäule zu?

Auf den Daumen wirkt die Gewichtskraft G der Wassersäule ein. Verdoppeln wir die Höhe der Säule, so verdoppelt sich deren Gewichtskraft G und damit die Kraft $F = G$ auf den Daumen.

Nach $p = F/A$ verdoppelt sich auch der Druck in der untersten Wasserschicht, denn die Fläche A bleibt konstant.

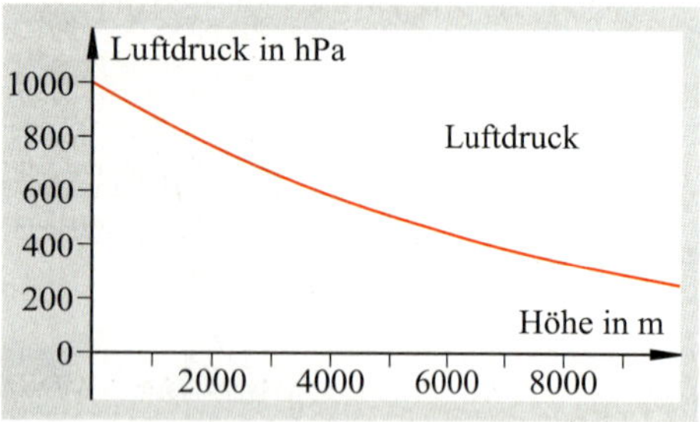

B 2: Der Luftdruck hängt von der Höhe ab.

Der Schweredruck im Wasser und im Luftmeer

1. Warum schmerzen beim Tauchen die Ohren?

Beim Tauchen spürst du eine Kraft am Trommelfell. Sie nimmt mit der Tiefe rasch zu. Zu Recht sagst du, dass du einen starken „Druck" spürst. So haben wir den Druck ja kennen gelernt: Auf jede Grenzfläche wirkt die Luft mit einer Kraft. Das Trommelfell ist eine solche Grenzfläche.

Da wir im Unterricht nicht tauchen können, führen wir ➠ *Versuch 1* durch. Er zeigt uns, dass der Druck mit der Höhe der Wassersäule zunimmt. Auch beim Tauchen übt eine Wassersäule eine Kraft auf das Trommelfell aus. Die Wassersäule wird höher, je tiefer man taucht. Aus ➠ *Versuch 1* können wir also schließen: Der Druck ist der Eintauchtiefe *proportional.*

In 5 m Tiefe ist der Druck des Wassers fünfmal so groß wie in 1 m Tiefe, also übt es auf dein Trommelfell die fünffache Kraft aus wie in 1 m Tiefe.

Der Druck in einer Flüssigkeit wird von deren eigener Gewichtskraft verursacht. Man nennt diesen Druck daher **Schweredruck.**

Merksatz

Im Wasser herrscht ein Schweredruck. Er wird von der Gewichtskraft des Wassers erzeugt.

Je größer die Tiefe, desto größer ist dieser Druck.

In 10 m Tiefe beträgt er 1 bar.

Interessantes

Bei Bergfahrten spürst du Druck in den Ohren

Der Druck der uns umgebenden Luft kommt auf ähnliche Weise wie in Wasser zustande: Wir leben nämlich am Boden eines „Luftmeeres" (➠ *Bild 1 c*). Die Luft über uns wird von der Erde angezogen, sie erfährt eine Gewichtskraft. Diese erzeugt den Luftdruck, den wir täglich messen können. Er beträgt in Meereshöhe etwa 1 bar und nimmt mit steigender Höhe ab (➠ *Bild 2*).

Je nach Wetterlage schwankt der Luftdruck etwas: Bei *Hochdruckwetter* ist der Himmel meist klar, bei *Tiefdruckwetter* ist er wolkenverhangen, es regnet oft. Der Luftdruck wird in *Hektopascal* (hPa) angegeben:

$$1\text{ hPa} = 100\text{ Pa} = \frac{1}{1000}\text{ bar.}$$

A 1: Du fährst auf einen Berg. Wölben sich dabei die Trommelfelle nach außen oder innen? Begründe!

Interessantes

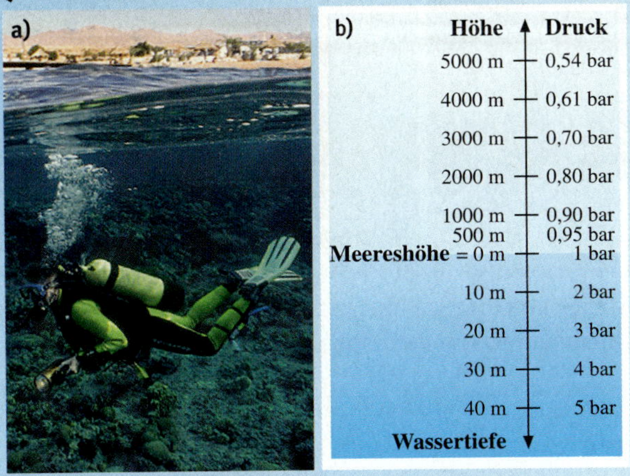

B3: a) Taucher mit Pressluftflasche **b)** Druck in verschiedenen Höhen und Tiefen

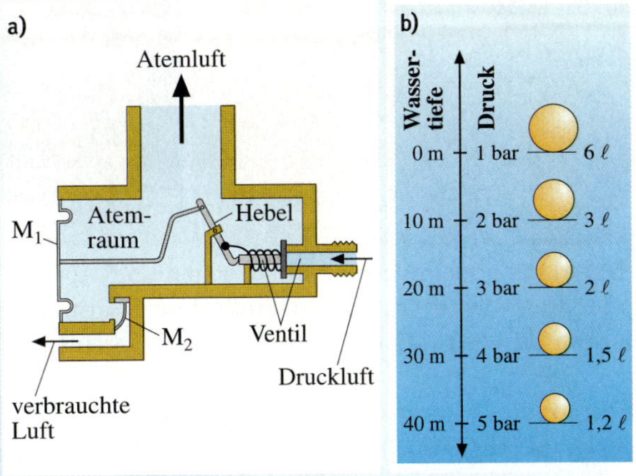

B 4: a): Schnittbild der 2. Stufe eines Lungenautomaten **b)** Änderung des Lungenvolumens mit der Tiefe

A. Vom Tauchen

Im Schwimmbad hast du sicher schon einmal die Erfahrung gemacht, dass beim Tauchen aus einem leichten Druckempfinden mit zunehmender Tiefe ein Schmerz im Ohr wurde. Das ist leicht erklärbar, denn der zusätzliche Schweredruck des Wassers steigt proportional mit der Tiefe. In 10 m Wassertiefe beträgt er ungefähr 10 N/cm^2 = 1 bar; in 20 m Wassertiefe 2 bar usw. Mit je 10 m Wassertiefe steigt der Schweredruck um 1 bar (➠ *Bild 3 b*).

Dem Tauchen ohne Hilfsmittel sind dadurch natürliche Grenzen gesetzt. Wenn der Schweredruck steigt, sind alle Körperhöhlen gefährdet, die Luft enthalten oder eine empfindliche Oberfläche besitzen. So wird z.B. die Lunge zusammengedrückt und in ihrer Funktion beeinträchtigt.

Tauchen in größeren Tiefen erfolgt deshalb nur mit Geräten und Hilfsmitteln: mit Pressluft, in Taucherglocken oder Tauchkugeln (➠ *Bild 3 a*). Zusätzlich müssen verschiedene die Gesundheit schützende Regeln beachtet werden. Taucher werden z.B. durch den dauernden Aufenthalt in Druckkammern auf den Einsatz in größeren Tiefen vorbereitet.

Gerättaucher führen ihre Atemluft in Flaschen unter Druck mit. Damit die Luft geatmet werden kann, muss der Druck auf den jeweils herrschenden Umgebungsdruck in der Tauchtiefe angepasst werden. Das geschieht in zwei Stufen:

In der 1. Stufe des Atemreglers wird der Pressflaschendruck auf einen einstellbaren Mitteldruck reduziert. Diese 1. Stufe ist vergleichbar mit dem Druckminderer an den Gasflaschen in der Chemie.

Der **Lungenautomat** (2. Stufe ➠ *Bild 4 a*) regelt den Mitteldruck auf den jeweilig herrschenden Umgebungsdruck herunter. Beim Einatmen entsteht im Atemraum Unterdruck gegenüber der Umgebung. Die Membran M_1 gibt dem Wasserdruck nach. Sie betätigt einen Hebel, der das Ventil öffnet. Luft strömt in den Atemraum. Das geschieht, solange Luft aus dem Atemraum in die Lungen strömt. Ist das Einatmen beendet, steigt der Druck im Atemraum, bis die Membran M_1 in ihre Ausgangsstellung zurückkehrt und das Ventil schließt. Beim Ausatmen entsteht Überdruck im Atemraum. Die Membran M_2 öffnet. Die verbrauchte Atemluft entweicht ins Wasser.

Beim Tauchen sorgt der erhöhte Druck der eingeatmeten Luft aus den Flaschen dafür, dass die Lunge nicht zusammengedrückt wird. ➠ *Bild 4 b* zeigt wie ein Lungenvolumen von 6 l mit zunehmender Tiefe verkleinert wird. Bei einem Volumen von etwa 1,5 l verliert die Lunge ihre Funktionsfähigkeit.

Das Auftauchen schon aus geringeren Tiefen erfolgt in Intervallen mit so genannten *Dekompressionszeiten*, damit sich der Körper an die geänderten Druckverhältnisse anpassen kann.

Durch zu schnelles Auftauchen kann in der Lunge ein Überdruck entstehen, der zunächst asthmaähnliche Atemprobleme bereitet und sogar zur Lungenembolie führen kann. Außerdem kann es zum Ausperlen von Gasen (Stickstoff) in Blut und Gewebe kommen – wir kennen diesen Vorgang vom Öffnen einer Mineralwasserflasche. Das Gas verursacht Schmerzen unter der Haut und an den Gelenken; in extremen Fällen wird das gesamte Nervensystem beeinträchtigt mit lebensbedrohenden Folgen.

B1: a) Bei hohem Verkehrsaufkommen ist die „Verkehrsstromstärke" groß. **b)** Zu Beginn der Pause ist die „Schülerstromstärke" am Schultor groß. **c)** Bei Konstanz ist die Stromstärke im See und im weiterführenden Fluss gleich, etwa 100 000 l/s. Doch ist die Strömungsgeschwindigkeit im engen Rhein viel größer als im weiten Bodensee.

V1: Nur wenn der Schweredruck an den Enden des Verbindungsrohres verschieden groß ist, strömt das Wasser.

B2: Zum Füllen der Badewanne (120 l) braucht man 10 Minuten. Die Stromstärke ist dabei 120 l/600 s = 0,2 l/s.

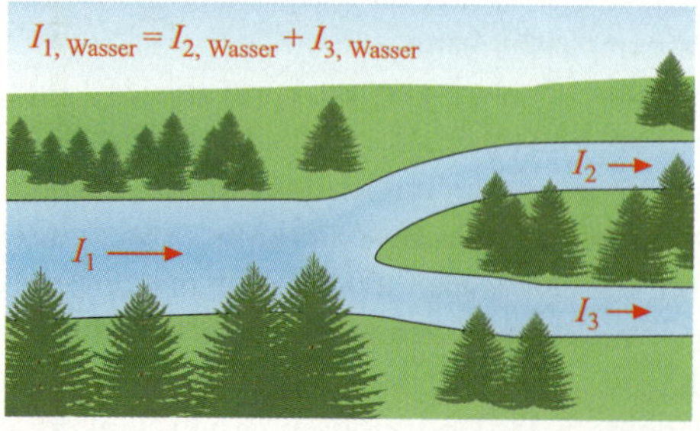

B3: Beim Verzweigen des Flusses ändert sich die Gesamtmenge des strömenden Wassers nicht.

Strömungen

1. Druckunterschiede bringen Wasser zum Strömen

Am Grund eines tiefen Brunnens ist der Wasserdruck groß, trotzdem ruht dort das Wasser. Das Gleiche gilt für Luft: Im Autoreifen herrscht großer Druck, trotzdem strömt in ihm die Luft nicht. In ➠ *Versuch 1* zeigt das Rädchen erst dann eine Strömung an, wenn die Zylinder verschieden hoch mit Wasser gefüllt sind. Dann ist der Schweredruck an beiden Enden des waagerechten Verbindungsrohres verschieden groß.
Öffnet man den Hahn einer Wasserleitung, so fließt Wasser. Der **Druckunterschied** zwischen Leitung (4 bar) und Umgebung (1 bar) ist die Ursache, der Antrieb für das Strömen. Das Gleiche gilt für die Luft im Reifen, wenn man das Ventil öffnet.

Merksatz

Flüssigkeiten und Gase strömen in waagerechten Leitungen von Orten hohen Drucks zu Orten niedrigeren Drucks.
Der Druckunterschied wirkt als *Antrieb* für die **Strömung.**

Die auf Wasser wirkende Schwerkraft kann aber auch Antrieb für das Strömen sein, z. B. bei einem bergab fließenden Bach.

2. Die Stromstärke

Im Verkehrsfunk wird starker Verkehr gemeldet. Wie könnte man die Stärke des Verkehrs genauer fassen? Jan zählt die Autos, die in der Zeit t unter ihm auf einer Spur durchfahren (➠ *Bild 1 a*). Zählt er z. B. 40 Autos in 5 Minuten, so sagt er, im Mittel fuhren 40/5 = 8 Autos je Minute. Also bildet er den Quotienten aus Autozahl n und der Messzeit t. Er erhält die

Verkehrsstromstärke = Anzahl der Autos/Zeit, kurz: $I = n/t$.

Auf zwei Fahrspuren zählt Jan in gleicher Zeit (bei gleicher Geschwindigkeit der Autos) zusammen etwa doppelt so viele Autos. Folglich ist dann die Verkehrsstromstärke doppelt so groß, obwohl die Geschwindigkeit der Autos gleich ist.

Bei strömendem Wasser kann man die einzelnen Wasserteilchen nicht sehen. Trotzdem kann man die Stromstärke des Wassers bestimmen. Man misst z. B. die Menge des Wassers, das in einer frei gewählten Zeit *t* aus einem Wasserhahn fließt:

Wasserstromstärke = Wasservolumen/Zeit in l/s.

Beim Füllen der Badewanne drehst du den Hahn voll auf, du sorgst dafür, dass möglichst viel Wasser pro Minute fließt, das heißt, dass die Wasserstromstärke groß ist (➠ *Bild 2*).
Du weißt aus Erfahrung, dass das Wasser eines Flusses an Engstellen schneller fließt als im breiten Flussbett. Trotzdem ist die Wasserstromstärke des Flusses an beiden Stellen gleich groß (➠ *Bild 1 c*). Verwechsle also nicht Stromstärke und Strömungsgeschwindigkeit!

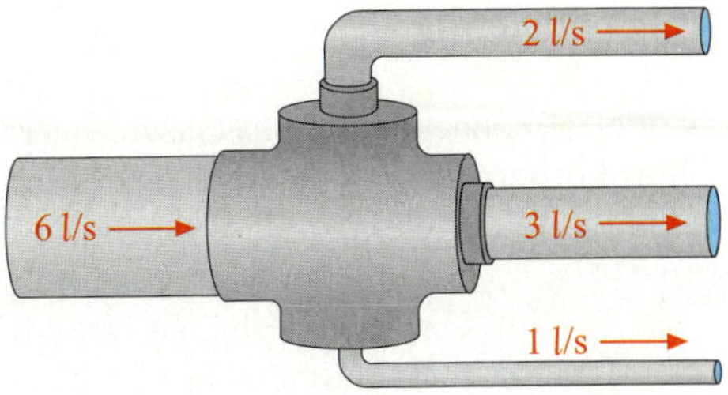

B4: Die Stromstärke im linken Rohr ist 6 l/s. Die Stromstärken des durch die anderen Rohre abfließenden Wassers betragen 2 l/s, 3 l/s und 1 l/s – zusammen also auch 6 l/s. In jeder Sekunde fließen auf den Knoten 6 l Wasser zu, insgesamt aber auch 6 l ab.

3. Stromverzweigungen

Im ➠ *Bild 3* verzweigt sich ein Wasserstrom. Da bei der Verzweigung kein Wasser verloren geht und kein Wasser dazu kommt, fließt genau soviel Wasser auf die Verzweigung zu wie von ihr weg. In der Physik nennt man solche Verzweigungen **Knoten.** Im Straßenverkehr nennt man solche Stellen Verkehrsknotenpunkte. In ➠ *Bild 4* fließt aus dem linken Rohr in jeder Sekunde so viel Wasser zur Verzweigung hin wie durch die anderen Rohre insgesamt abfließt. Es gilt die **Knotenregel:**

Merksatz

Die zu einem Knoten hin fließenden Ströme sind zusammen so stark wie die vom Knoten weg fließenden Ströme.

V2: Aus dem Wasserhahn ohne Schlauch spritzt das Wasser mit großer Geschwindigkeit heraus. Muss es einen langen Schlauch durchfließen, ist der Strahl deutlich schwächer, die Stromstärke kleiner.

4. Wovon hängt die Stromstärke ab?

- Je größer der Druck in einem Radreifen ist, desto lauter zischt es beim Öffnen des Ventils. ➠ *Versuch 1* zeigt, dass das Wasser umso schneller fließt, je größer der Druckunterschied zwischen den Enden des Verbindungsrohres ist.
- In ➠ *Versuch 2* erkennt man, dass der Schlauch das Strömen des Wassers verlangsamt. Er setzt der Strömung **Widerstand** entgegen. ➠ *Versuch 3* zeigt, wovon der Widerstand abhängt: Mit einem kurzen, dicken Trinkhalm ist der Becher schnell geleert. Bei einem langen, dicken Halm dauert es deutlich länger. Bei einem langem, dünnen Halm gibt der Schüler auf.

Diese Beispiele zeigen:

Merksatz

- Je größer der Druckunterschied (der Antrieb) bei einer Strömung ist, desto größer ist die Stromstärke.
- Eine Leitung setzt der Strömung von Flüssigkeiten und Gasen einen Widerstand entgegen:
  Je länger und je dünner die Leitung, desto größer der Widerstand, umso kleiner die Stromstärke.

V3: Je länger und dünner das Rohr, umso größer der Strömungswiderstand.

Aufgaben

A1: Die Brunnen eines Wasserwerks fördern maximal 400 l/s und 300 l/s. Damit werden eine Stadt (Bedarf 500 l/s) und ein Dorf (100 l/s) versorgt. Eine Neubausiedlung würde 80 l/s verbrauchen. Kann auch sie noch versorgt werden?

A2: Eine Badewanne (140 l) wird in 20 min gefüllt. Bereche die Wasserstromstärke.

Das ist wichtig

1. Viele Beobachtungen an Gasen, Flüssigkeiten und Festkörpern lassen sich durch das **Teilchenmodell** erklären: Die Moleküle eines **Gases** sind in ständiger schneller Bewegung. Bei Zusammenstößen verhalten sie sich wie (ideale) Tennisbälle. Da ihr mittlerer Abstand groß ist, lassen sich Gase komprimieren.

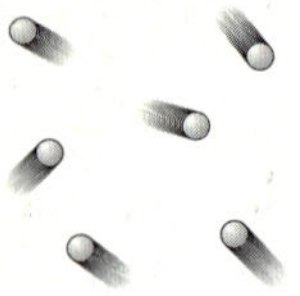

Die Moleküle einer **Flüssigkeit** sind so dicht gepackt, dass sie mit anziehenden Kräften aufeinander einwirken. Ihr mittlerer Abstand lässt sich kaum verkleinern – man kann Flüssigkeiten nicht zusammendrücken. Teilchen einer Flüssigkeit sind leicht gegeneinander verschiebbar, dadurch bildet eine Flüssigkeit eine waagerechte Oberfläche und passt sich der Gefäßform an.

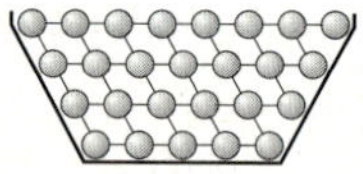

Die Moleküle von **Festkörpern** sind an ihren Ort gebunden. Sie führen um diesen Schwingungen aus.

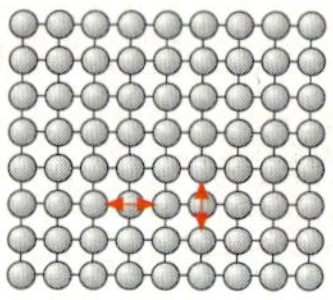

Durch den Ölfleckversuch erkannten wir: Der **Durchmesser eines Ölmoleküls** beträgt 1/1 000 000 mm.

2. Steht eine ruhende Flüssigkeit oder ein ruhendes Gas unter Druck, so gilt:
- Auf jede Begrenzungsfläche A wirkt eine Kraft F. Es gilt: $\boldsymbol{F \sim A}$
- Die Kraft steht senkrecht auf der Fläche.

3. Der **Druck** $\boldsymbol{p}$ ist definiert durch

$$p = F/A.$$

Einheiten des Drucks sind **1 Pa (Pascal)** und **1 bar.**
1 Pa = 1 N/m^2; 1 hPa = 100 Pa = 1 cN/cm^2
1 bar = 100 000 Pa = 10 N/cm^2.

4. In einer Flüssigkeit herrscht ein **Schweredruck.** Er nimmt mit der Tiefe zu. In Wasser wächst der Schweredruck je 10 m um 1 bar.

5. Druckunterschiede sind Ursache von **Strömungen.**

Wasserstromstärke I = Wassermenge/Zeit in l/s

- Je größer der **Druckunterschied** (Antrieb), umso größer die Stromstärke.
- Je kleiner der **Widerstand** der Leitung, umso größer die Stromstärke. – Je länger und je dünner die Leitung, umso größer ihr Widerstand.

Aufgaben

A1: Nimm eine Plastiktüte, erzeuge durch Aufblasen im Innern einen Überdruck und sauge dann alle Luft heraus. Beschreibe die Veränderungen der Plastikhaut als Grenze zwischen Innen und Außen. Erkläre die Veränderungen mit den Kräften an der Grenze.

A2: In einer Wasserleitung zeigt ein Manometer einen Druck von 5 bar an. Welche Kraft braucht man, um die Öffnung eines Wasserhahns (1,4 cm^2) zuzuhalten?

A3: *Für scharfe Denker:* In Wasser ist der Schweredruck der Eintauchtiefe proportional. Die Druckkurve (Druck in Abhängigkeit der Tiefe) ist also eine Gerade. Woran mag es liegen, dass die Druckkurve in Luft (siehe Abschnitt *Schweredruck*) gekrümmt ist?

A4: Füllt man in eines der miteinander verbundenen Gefäße Wasser, so strömt das Wasser so lange in die anderen, bis der Wasserspiegel überall gleich hoch ist.

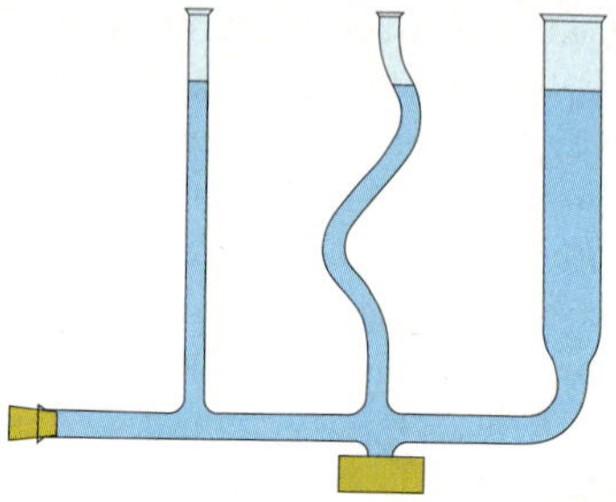

a) Erkläre die Beobachtung. **b)** Unser Wasserleitungssystem besteht im Prinzip auch aus verbundenen Rohren. In manchen Städten gibt es noch Wassertürme. Welche Funktion haben sie? Erkundige dich nach dem Aufbau des Wasserleitungssystems in deiner Stadt. Wie wird der nötige Druck hergestellt?

A5: In einem großen Autoreifen beträgt der Luftdruck 2 bar, in einem Fahrradreifen 4 bar. Beide Reifen werden mit einem Schlauch so verbunden, dass Luft strömen kann. In welche Richtung strömt die Luft?

A6: In Passau fließen Inn und Ilz in die Donau. Beim Jahrhunderthochwasser 2002 betrugen ihre Stromstärken: Donau 2 100 000 l/s, Inn 5 600 000 l/s, Ilz 310 000 l/s. Wie groß war die Wasserstromstärke der Donau unterhalb des Zusammenflusses?

A7: Warum gibt man die Stromstärke nicht in m/s an?

A8: In eine Ausfallstraße münden drei Einbahnstraßen. Die Tabelle zeigt das Verkehrsaufkommen:

Straße	1	2	3
Geschwindigkeit	30 km/h	50 km/h	60 km/h
Autos pro min	20	15	10

Mit wie vielen Fahrzeugen pro Minute ist auf der Ausfallstraße zu rechnen, wenn dort 80 km/h zugelassen sind? Braucht man zum Lösen alle Angaben?

Fauchend schießt die Flamme in die Ballonhülle. Mit offenen Sinnen können die Ballonfahrer dabei Einiges beobachten: Metallteile knacken, da sie sich mit zunehmender Temperatur ausdehnen. Die Flammengase strahlen heiß ins Gesicht. Der Ballon bläht sich auf, weil die Luft bei höherer Temperatur mehr Platz braucht, ein Teil der Luft quillt über, der nun leichtere Ballon steigt auf. Die heißere Luft hat mehr Energie als vorher.

Die Temperaturdifferenz zwischen der Luft innerhalb des Ballons und der Luft außen ist sehr hoch und die Ballonhülle ist sehr dünn. Deshalb fließt innere Energie des heißen Gases durch die Hülle unerwünscht schnell nach außen ab. Im Ballon zieht sich die Luft beim Abkühlen zusammen, von außen fließt kalte Luft nach. Der nun wieder schwerer gewordene Ballon sinkt.

Energie, die sich als innere Energie in die ungeordnete Teilchenbewegung der Umwelt „verkrümelt" hat, ist zwar nicht verschwunden, aber wir können sie nicht mehr nutzen. Sie ist für uns wertlos geworden.

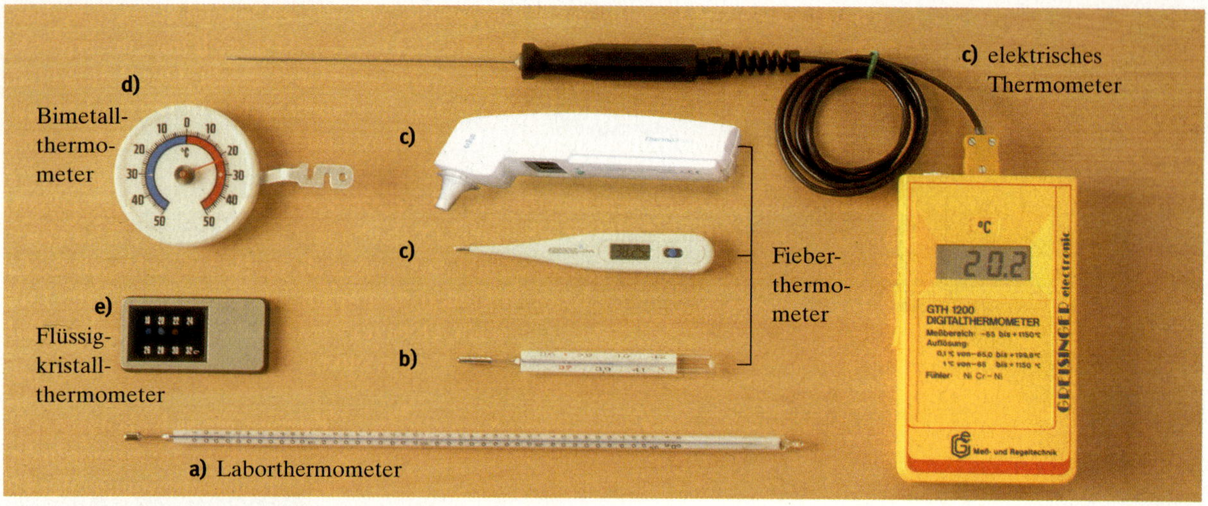

B1: Verschiedene Ausführungen von Thermometern

V1: Wir füllen einen Glaskolben mit Wasser. Dann verschließen wir den Glaskolben mit einem Stopfen mit Steigrohr und erhitzen ihn (z. B. mit einer Gasflamme).

Der Wasserspiegel im Rohr beginnt nach einiger Zeit zu steigen. Lassen wir dann das Wasser im Kolben abkühlen, so sinkt auch der Wasserspiegel im Rohr wieder. Damit haben wir ein Flüssigkeitsthermometer (noch ohne Skala) gebaut.

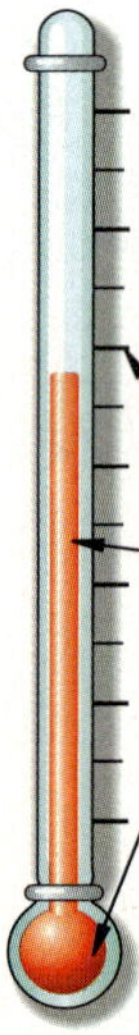

V2: Wir tauchen ein Flüssigkeitsthermometer, das noch keine Skala hat (➠ *Bild 2*), in ein Gefäß mit „Eiswasser" (Wasser mit zerkleinertem Eis) und rühren vorsichtig um. Die Flüssigkeitssäule sinkt. Ihre Kuppe bleibt schließlich an einem bestimmten Punkt stehen. Man nennt diesen so erhaltenen „Fixpunkt" den **Eispunkt** und schreibt ihm die Temperatur **0 °C** zu (sprich: null Grad Celsius). Anschließend tauchen wir das Gerät in siedendes Wasser. Die Flüssigkeitssäule stellt sich nun auf einen anderen Fixpunkt ein, den **Siedepunkt** des Wassers. Man schreibt ihm die Temperatur **100 °C** zu (bei normalem Druck von 1013 hPa).

Temperaturmessung

1. Thermometer

Sicher hast du vor dem Schwimmen schon einmal heiß geduscht. Nach dem Sprung ins Wasser hast du gefroren, obwohl deine Körpertemperatur schon höher als normal war. „Frieren" ist keine objektive Temperaturangabe. Es ist eine Empfindung als Folge eines Reizes aus der Umgebung, der den Körper veranlasst, wieder die richtige Temperatur einzuregeln.
Auch der „Schüttelfrost" ist kein objektives Anzeichen einer zu niedrigen Temperatur. Er ist der Trick der Natur, die zur Abwehr einer Infektion benötigte höhere Körpertemperatur zu erzielen.

Wollen wir die **Temperatur** eines Gegenstandes objektiv messen, benutzen wir in der Physik Messgeräte. Sie heißen **Thermometer** und sind unabhängig von den Empfindungen des Menschen.

Flüssigkeiten dehnen sich beim Erhitzen aus. In ➠ *Versuch 1* nutzen wir dies zum Bau eines einfachen Flüssigkeitsthermometers aus. Die Flüssigkeit befindet sich in einem dünnen Glasrohr. Dehnt sie sich aus, braucht sie mehr Platz und steigt deshalb in dem Glasrohr hoch. So zeigt die Flüssigkeit ihre eigene Temperatur an, die Temperatur des Thermometers.

Will man die Temperatur eines *anderen* Körpers bestimmen, so muss man das Thermometer in Kontakt mit diesem Körper bringen. Dann geht Energie von selbst vom heißeren zum kälteren Körper über, bis die Temperaturen sich angeglichen haben. Danach ändert sich die Höhe der Flüssigkeitssäule im Steigrohr nicht mehr. Das dauert beim Fiebermessen etwa drei Minuten. Die Thermometerflüssigkeit hat dann die gleiche Temperatur wie der Kranke. Die Flüssigkeit zeigt also auch dessen Temperatur an.

2. Wie gewinnt man eine Skala?

Der Abstand zwischen **Eispunkt 0 °C** und **Siedepunkt 100 °C** (➠ *Versuch 2*) wird nach einem Vorschlag von Anders CELSIUS (1701–1744) in hundert gleiche Teile, **Grade** genannt, eingeteilt. Damit können wir die **Temperatur** eines Körpers angeben. Unscharfe Begriffe wie „kalt" und „heiß" werden so durch exakte Zahlenwerte mit Einheit präzisiert. Wir sind heute damit vertraut und übersehen leicht, dass der Begriff „Temperatur" erst mit der Erfindung des Thermometers geschaffen worden ist. Vorher wäre z. B. die Angabe, dass die Körpertemperatur eines gesunden Menschen einen bestimmten Wert hat, nicht möglich gewesen.

Die an der **Celsius-Skala** gemessene Temperatur bezeichnen wir mit dem griechischen Buchstaben ϑ (sprich: Theta). Um auch tiefere Temperaturen als 0 °C messen zu können, setzt man die Celsius-Skala unter 0 °C fort und trägt dort negative Celsius-Grade (– 1 °C, – 2 °C usw.) ein. Für Temperaturen über 100 °C verlängert man die Celsius-Skala entsprechend über 100 °C hinaus (vgl. ➠ *Tabelle 1*). Man muss zwischen Temperaturpunkten ϑ_1 oder ϑ_2 (Angabe in °C) und Temperatur*differenzen* $\Delta\vartheta = \vartheta_2 - \vartheta_1$ unterscheiden. Die Differenzen geben wir in der **Einheit K (Kelvin)** an (nach dem englischen Physiker William LORD KELVIN; 1824–1907). Die neue Einheit hilft uns, Verwechslungen zu vermeiden. Steigt z. B. die Temperatur von $\vartheta_1 = -2\,°C$ auf $\vartheta_2 = +9\,°C$, so beträgt die Temperaturdifferenz $\Delta\vartheta = \vartheta_2 - \vartheta_1 = 11$ K (sprich: Delta Theta gleich Theta zwei minus Theta eins gleich elf Kelvin).

3. Thermometer für verschiedene Zwecke

Ein Thermometer an der Außenwand eines Hauses sollte Temperaturen zwischen – 50 °C und + 50 °C messen können (➠ *Bild 1 d*), innerhalb des Hauses genügt ein Messbereich von + 10 °C bis + 30 °C. Bei einem Fieberthermometer reicht sogar der Bereich von + 36 °C bis + 42 °C, aber dafür sollen noch Temperaturunterschiede von 0,1 K ablesbar sein. Beim früher gebräuchlichen Quecksilberthermometer (➠ *Bild 1 b*) ist deshalb der Innendurchmesser des Steigrohres sehr klein und gleichzeitig das Thermometergefäß an seinem unteren Ende groß. Schon eine geringe Temperaturerhöhung lässt dann die Flüssigkeitssäule erheblich steigen.

Nicht nur das Volumen, auch andere physikalische Größen hängen eindeutig von der Temperatur ab. Jede dieser Größen kann man zur Temperaturmessung benutzen (➠ *Interessantes*).

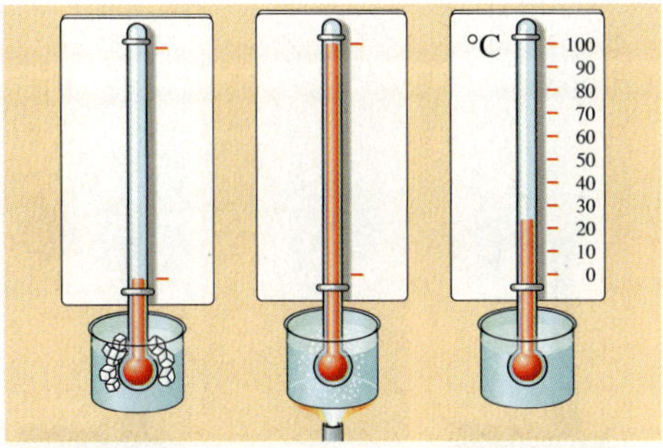

B 2: Wir stellen eine Thermometerskala her

Tiefste im Labor erzeugte Temperatur	– 273 °C
Tiefste Temperatur in der Antarktis	– 94 °C
Körpertemperatur des Menschen etwa	37 °C
Höchste Temperatur in Wüsten	59 °C
Temperatur einer Gasflamme etwa	1600 °C
Temperatur eines Glühlampendrahtes	2000 °C
Temperatur der Sonnenoberfläche ca.	6000 °C
Temperatur im Sonneninneren	10^8 °C

T 1: Einige bemerkenswerte Temperaturen

Interessantes

Thermometerarten

Flüssigkeitsthermometer sind einfach aufgebaut, jedoch leider nur in einem kleinen Temperaturbereich verwendbar. Quecksilber wird bei – 39 °C fest und siedet bei + 357 °C. Reiner Alkohol ist zwischen etwa – 70 °C und + 60 °C verwendbar.

In *elektrischen Thermometern* (➠ *Bild 1 c*) nutzt man die Temperaturabhängigkeit der elektrischen Eigenschaften, z. B. des Widerstands, vieler Leiter aus. Bei elektrischen Thermometern kann der Messfühler weit vom Anzeigegerät entfernt sein. Sie eignen sich gut als *Fernthermometer*. Die Messwerte können als elektrische Größen leicht vom Computer verarbeitet werden.

Aufgaben

A 1: Dein Bruder sagt, er traue dem Flüssigkeitsthermometer nicht mehr, es scheine falsch anzuzeigen. Wie kann man es prüfen?

A 2: Für welchen Zweck werden die in ➠ *Bild 1* gezeigten Thermometer benutzt? Welche Thermometer sind Flüssigkeitsthermometer? Bei welchen Thermometern ist eine Temperaturanzeige fern von der Messstelle möglich (➠ *Interessantes*)?

A 3: CELSIUS hatte anfangs den Eispunkt mit 100 °C, den Siedepunkt mit 0 °C bezeichnet. Diskutiere, ob die Empfindung „heißer" auch zwingend „höhere Temperatur" bedeutet.

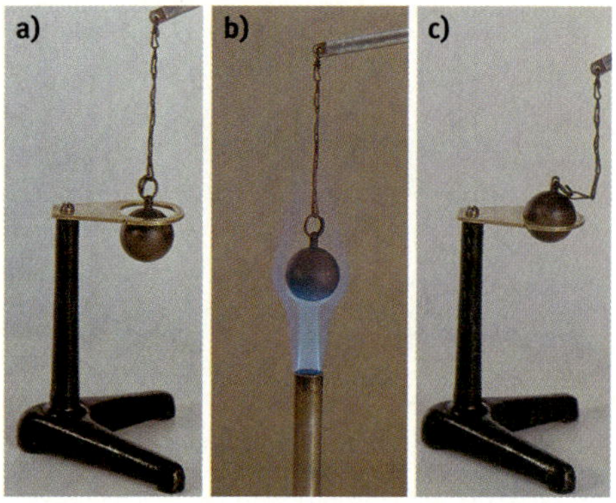

V1: Eine Messingkugel geht bei Zimmertemperatur nur knapp durch einen Messingring hindurch (*a*). Wenn sie zuvor mit einem Bunsenbrenner erhitzt worden ist (*b*), bleibt sie darin stecken (*c*). Offensichtlich hat sie sich ausgedehnt.

V2: Wir spannen ein Eisenrohr am linken Ende fest ein (➠ *Bild 3*). Das andere Ende liegt auf einem beweglichen Steg. Jede Längenänderung des Rohres kippt den Steg ein wenig um D und wird so von der Spitze eines langen Zeigers vergrößert angezeigt. Wir leiten nun Wasser durch das Rohr, zunächst kaltes und dann solches mit jeweils etwas höherer Temperatur. Jedesmal bestimmen wir die eintretende Längenzunahme.

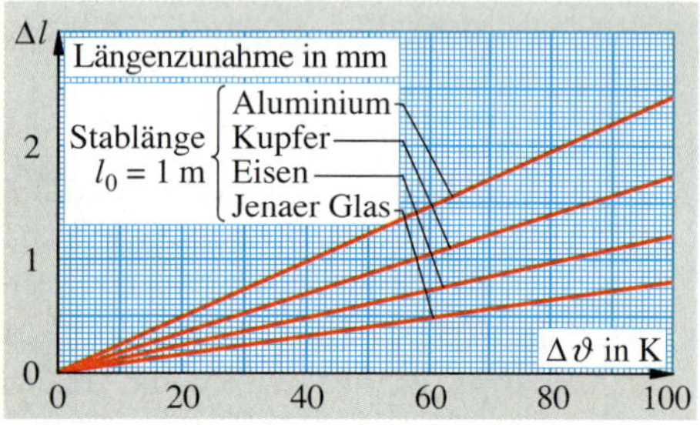

B1: Längenzunahme in Abhängigkeit von der Temperaturerhöhung

B2: Herstellung eines Hohlspiegels

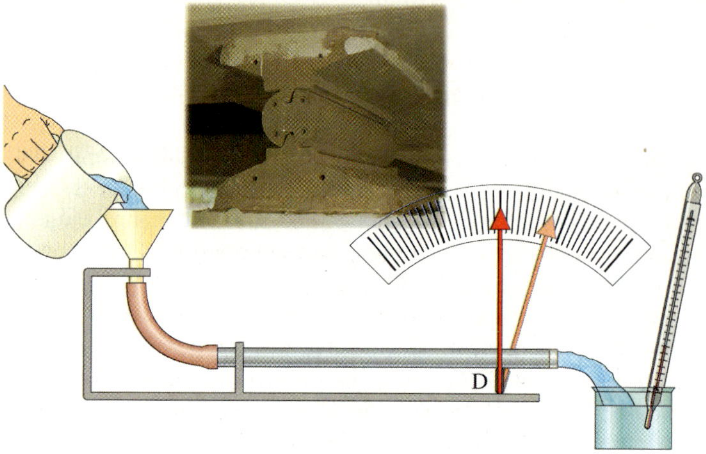

B3: So können wir die thermische Ausdehnung messen.

Die thermische Ausdehnung

1. Wie dehnen sich feste Körper aus?

Die *thermische* (durch Temperaturerhöhung bewirkte) Ausdehnung fester Körper hat in der Praxis große Bedeutung. Du weißt sicher, dass eine Brücke aus Stahl im Sommer länger ist als im Winter. Ingenieurinnen und Ingenieure müssen sogar berechnen können, wie groß diese Längendifferenz ist.

Um diese Frage schon *vor* dem Bau der Brücke beantworten zu können, untersucht man ein kleines Modell aus dem gleichen Material. In ➠ *Versuch 2* nehmen wir zur Vereinfachung ein Eisenrohr von 1,00 m Länge. Nacheinander leiten wir Wasser mit immer höherer Temperatur durch dieses Rohr und messen jedes Mal die Längenzunahme.

Tragen wir in einem Diagramm die Längenzunahme Δl über der Temperaturerhöhung $\Delta\vartheta$ auf, so erhalten wir eine *Ursprungsgerade* (➠ *Bild 1*). Für die thermische Ausdehnung gilt also $\Delta l \sim \Delta\vartheta$.

Für Rohre aus anderem Material ergeben sich ebenfalls Geraden, aber mit jeweils anderen Steigungen (➠ *Bild 1*). Eine größere Steigung bedeutet, dass bei gleicher Temperaturzunahme die Längenzunahme vergleichsweise stärker ist. Die thermische Ausdehnung hängt also auch vom Material ab.

Für einige Materialien findest du Werte in ➠ *Tabelle 1*. Für spezielle Anwendungen wurden Glaskeramiken entwickelt, die praktisch keine thermische Ausdehnung zeigen, z. B. Ceran® für Kochfelder von Küchenherden oder Zerodur® für die Herstellung der großen Spiegel astronomischer Teleskope (➠ *Bild 2*).

Merksatz

Im Allgemeinen dehnen sich feste Körper bei Temperaturerhöhung aus, bei Temperaturerniedrigung ziehen sie sich zusammen. Die Stärke der Ausdehnung hängt vom Material ab.

2. Versuch im Kleinen – Vorhersage fürs Große

Wird die thermische Ausdehnung eines Körpers behindert, können sehr große Kräfte auftreten. In ➠ *Versuch 3* wird dadurch ein fingerdicker Eisenbolzen zerbrochen. Im Großen kann durch solche Kräfte sogar eine Brücke zerstört werden! Dicke Eisenbahnschienen sind schon bei großer sommerlicher Hitze verbogen worden, als wären sie Spaghetti.

Es ist deshalb sehr wichtig, schon vor dem Bau großer Bauwerke vorhersagen zu können, mit welchen Ausdehnungen man rechnen muss. Eine solche Vorhersage wollen wir nun gemeinsam versuchen:

- ➠ *Tabelle 1* entnehmen wir:
  Ein 1 m langer Eisenstab dehnt sich bei einer Temperaturerhöhung von $\Delta\vartheta = 100$ K um 1,2 mm aus.
- Eine 80 m lange Brücke würde sich (wieder bei $\Delta\vartheta = 100$ K) dann 80-mal so stark, also um $80 \cdot 1{,}2$ mm $= 96$ mm, ausdehnen.
- In Mitteleuropa wird eine Brücke Temperaturschwankungen zwischen $\vartheta_1 = -20\,°C$ und $\vartheta_2 = +30\,°C$ ausgesetzt. Man muss also mit einer Temperaturdifferenz von nur $\Delta\vartheta = 50$ K rechnen und nicht mit 100 K.
  $\Delta\vartheta = 50$ K führt zu $96\text{ mm} \cdot 50\text{ K}/100\text{ K} = 48$ mm Verlängerung.

Bei der Konstruktion wird dies berücksichtigt. Ein Brückenende wird dazu auf stabilen Stahlrollen beweglich gelagert. Du kannst es im Hintergrund von ➠ *Bild 3* erkennen. In die Fahrbahn wird eine Dehnungsfuge eingelassen, damit sie nicht aufreißt.

3. Bimetallstreifen

Zwei Blechstreifen, z. B. aus Messing und Eisen, die man fest miteinander verschweißt oder vernietet hat, bilden einen so genannten Bimetallstreifen (➠ *Bild 4*). Beim Erhitzen biegt er sich zu der Seite, an der sich das Metall weniger ausdehnt. Versieht man das Ende des Bimetallstreifens mit einem Zeiger über einer Skala, erhält man ein *Bimetallthermometer.* Ist der Streifen lang genug, führt schon eine mäßige Temperaturänderung zu einer deutlichen Auslenkung des Zeigers. Wickelt man ihn zu einer Spirale, so passt er sogar in ein kleines Gehäuse.

Bringt man an einen Bimetallstreifen elektrische Kontakte an, so erhält man einen *Bimetallschalter.* Dieser kann beim Überschreiten einer bestimmten Temperatur automatisch Feueralarm auslösen. Aber nicht immer muss es so dramatisch sein. Im Bügeleisen schaltet er die Heizung aus, wenn eine bestimmte Temperatur überschritten wird. Kühlt sich das Bügeleisen danach ab, so schließt sich der Kontakt (man hört ein leises Klicken), und die Heizung arbeitet wieder. So wird der Bimetallschalter zu einem Regler, der als **Thermostat** die Temperatur des Bügeleisens nahezu konstant hält.

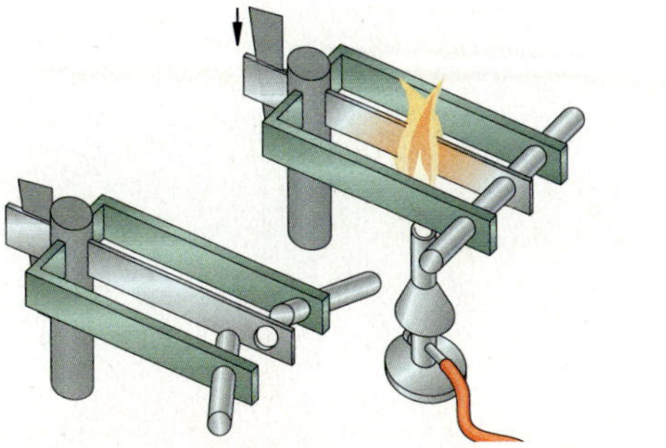

V3: In eine stabile Haltevorrichtung wird ein Eisenstab mit einer Querbohrung eingesetzt. Ein durch diese Bohrung geschobener gusseiserner Bolzen hält ein Ende des Stabes; ein Keil am anderen Ende spannt den Stab fest ein. Erhitzt man den Stab, so dehnt er sich aus. Man kann jetzt den Keil weiter hineintreiben. Kühlt sich der Stab wieder ab, so zieht er sich zusammen und zerbricht den Bolzen. (Vorsicht vor wegfliegenden Bruchstücken!)

Material	Dehnung Δl in mm	Material	Dehnung Δl in mm
Zink	2,6	Chrom	0,9
Alumin.	2,4	Jenaer Glas	0,8
Messing	1,9	Porzellan	0,3
Kupfer	1,7	Invarstahl	0,15
Eisen	1,2	Quarzglas	0,06
Beton	1,2	Glaskeramik	<0,01

T1: Ein Stab mit der Ausgangslänge $l_0 = 1$ m dehnt sich bei einer Temperaturerhöhung von 0 °C auf 100 °C um Δl aus.

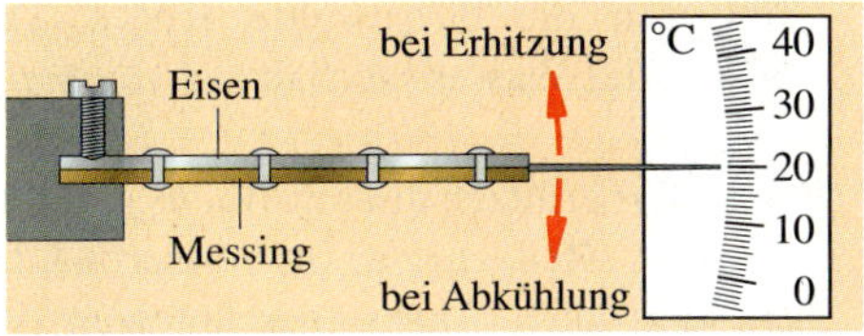

B4: Dieser Bimetallstreifen biegt sich bei Erhitzung nach oben, denn Messing dehnt sich stärker aus als Eisen.

Aufgaben

A1: Warum kann man Stahlbeton zum Hausbau benutzen (➠ *Tabelle 1*)?

A2: In ➠ *Versuch 1* fällt die steckengebliebene Kugel nach einiger Zeit wieder durch die Öffnung. Suche nach Gründen hierfür. Wie kannst du deine Vermutung testen?

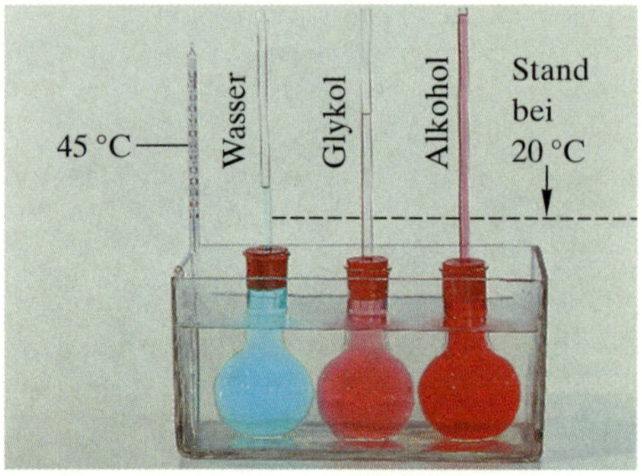

V1: Wir füllen einen Glaskolben mit *Wasser*, einen zweiten mit *Glykol* und einen dritten mit *Alkohol* (jeweils $V = 250\ \text{cm}^3$ und $\vartheta = 20\,°\text{C}$). Die drei Kolben versehen wir mit Steigrohren gleicher Weite und tauchen sie dann in Wasser von etwa 45 °C. Nach kurzer Zeit steigen die Flüssigkeitssäulen in allen drei Rohren beträchtlich. Sie erreichen schließlich verschiedene Höhen.

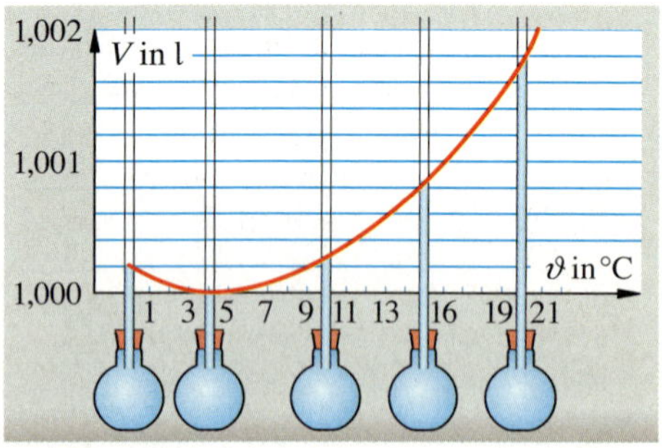

V2: Mithilfe eines sehr dünnen Steigrohres messen wir die Ausdehnung von Wasser im Bereich von 0 °C bis etwa 20 °C. Es ergibt sich die dargestellte Kurve. Die Dichte des Wassers verhält sich *anomal.*

V3: a) Wir erhitzen ein mit *Wachs* gefülltes Reagenzglas im Wasserbad, bis das Wachs geschmolzen ist. Dann lassen wir das Wachs abkühlen und erstarren. Dabei senkt sich die Oberfläche. **b)** Nun füllen wir *Wasser* in ein Reagenzglas und tauchen es dann in eine so genannte Kältemischung (eine Mischung aus Eis und Salz, mit der Temperaturen unter 0 °C erreicht werden). Das Wasser gefriert und bildet einen Eiszylinder. Er ist höher als die Wassersäule.

a)

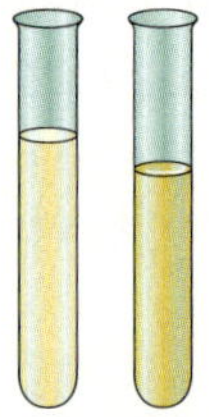

b)

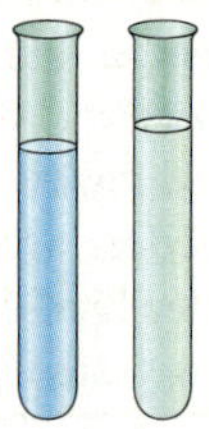

4. Wir untersuchen nun Flüssigkeiten genauer

Wir haben nachgewiesen, dass feste Körper sich bei einer Temperaturerhöhung ausdehnen. Wie stark die Ausdehnung ist, hängt neben der Temperaturdifferenz auch vom Material ab. Auch Flüssigkeiten benötigen mehr Platz, wenn die Temperatur steigt. Diese Eigenschaft haben wir ja schon früher ausgenutzt, um ein Thermometer zu bauen. (Die Teilchen tanzen bei hoher Temperatur eine Art „Teilchen-Rock'n-Roll“. Dazu brauchen sie mehr Platz als beim „Tango“ der tiefen Temperatur.) ➠ *Versuch 1* zeigt nun, dass sich auch verschiedene Flüssigkeiten beim Erhöhen der Temperatur unterschiedlich stark ausdehnen.

Merksatz

Verschiedene Flüssigkeiten dehnen sich bei gleicher Temperaturerhöhung unterschiedlich stark aus.

5. Wasser ist ein Außenseiter

Untersucht man, wie das Volumen von 1 kg Wasser von der Temperatur abhängt, so erhält man bei sehr genauen Messungen die Kurve aus ➠ *Versuch 2*. (Jede noch so kleine thermische Ausdehnung des Glasgefäßes würde das Ergebnis des Versuches verfälschen. Man nimmt deshalb einen Kolben aus „Nullausdehnungs“-Material.) Der Versuch zeigt, dass sich Wasser bei einer Temperaturerhöhung von 0 °C bis 4 °C zunächst zusammenzieht. Erst wenn man es über 4 °C erhitzt, dehnt es sich wieder aus. Dies ist im Vergleich zu anderen Stoffen ein ungewöhnliches Verhalten. Man nennt es die **Anomalie des Wassers** (anomal, regelwidrig). Wenn Wasser aber bei 4 °C das kleinste Volumen hat, dann ist seine Dicht ($\varrho = m/V$) bei dieser Temperatur am größten.

Merksatz

Wasser hat bei 4 °C seine größte Dichte.

Schau dir noch einmal die Messkurve in ➠ *Versuch 2* an: Beim Dichtemaximum ändert eine kleine Temperaturabweichung fast nichts an der Dichte des Wassers. Deshalb gab man 1799 dem Urkilogramm möglichst genau die Masse von $1\ \text{dm}^3$ Wasser bei 4 °C.

6. Warum schwimmt Eis?

Kühlt man eine Flüssigkeit immer mehr ab, so wird sie schließlich fest. Denke dabei z. B. an Kerzenwachs. Wachs zieht sich beim Erstarren zusammen (➠ *Versuch 3a*). Den meisten anderen Stoffen geht es genauso. Wasser dagegen verhält sich auch hier anomal, es dehnt sich beim Erstarren aus und zwar um etwa 9% seines Volumens bei 0 °C (➠ *Versuch 3b*). Eis hat folglich eine geringere Dichte als Wasser, deshalb geht es in Wasser nicht unter, sondern schwimmt wie ein Schiff. Der unter Wasser liegende Teil eines Eisbergs entspricht dabei etwa $\frac{9}{10}$ des Gesamtvolumens!

Interessantes

A. Die Anomalie im Teilchenbild

Eis besteht wie flüssiges Wasser aus H_2O-Molekülen. Diese lassen sich im Wasser gegeneinander verschieben, im Eis dagegen sitzen sie ziemlich fest, sie bilden ein geordnetes *Kristallgitter.* Dort nehmen sie einen größeren Abstand voneinander ein und beanspruchen deshalb mehr Platz als im flüssigen Zustand. Kleine, sperrige Eiskristallklümpchen („Cluster") bilden sich schon unterhalb etwa +9 °C. Je weiter die Temperatur sinkt, desto mehr Cluster bilden sich. Ihr größerer Raumbedarf wirkt dem abnehmenden Wasservolumen entgegen – und gewinnt schließlich.

Wenn das Eis schmilzt, wird diese sperrige Ordnung nach und nach wieder aufgegeben, und die Moleküle rücken dichter zusammen. (Wenn man einen Haufen dünner Zweige zerkleinert und dadurch ihre sperrige Anordnung zerstört, wird der von der Holzportion benötigte Raum ebenfalls geringer.) Erhöht man die Temperatur des Schmelzwassers, werden nach und nach auch die noch verbliebenen Molekülgruppen zerkleinert, sodass sich das Volumen noch etwas verringert. Oberhalb von 4 °C überwiegt die normale thermische Ausdehnung des flüssigen Wassers. Ab hier verhält sich das Wasser „normal".

B. Die Anomalie des Wassers in der Natur

a) Im Frühjahr und Sommer wird das Wasser eines Sees von oben her erwärmt, z.B. durch die wärmere Luft oder durch die Sonneneinstrahlung. Es bildet sich eine Temperaturschichtung, bei der die Temperatur von oben nach unten abnimmt, denn das Wasser mit der höchsten Temperatur hat die geringste Dichte und bildet deshalb die oberste Schicht.

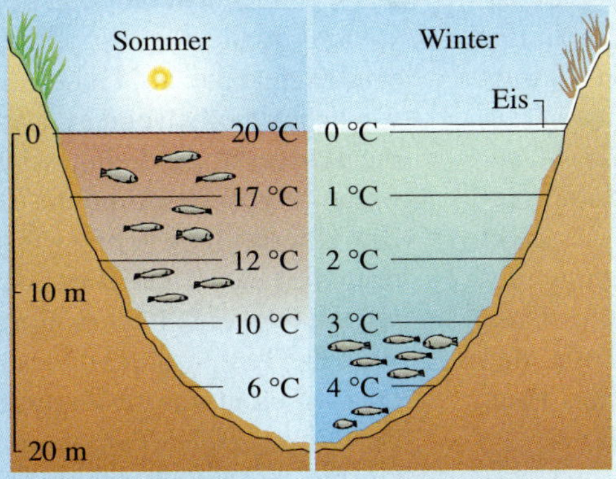

b) Im Herbst und Winter bildet sich eine andere Temperaturschichtung. Kühlt sich das Wasser an der Oberfläche ab, so nimmt zunächst seine Dichte zu; es sinkt nach unten. Dabei mischt es sich mit dem kälteren Wasser oder verdrängt dieses.

Die Umschichtung endet, wenn unten die Temperatur 4 °C erreicht ist. Wird das Oberflächenwasser noch kälter, so bleibt es oben, denn seine Dichte ist jetzt wieder kleiner als die in der darunterliegenden Schicht.

Stehende Süßwasserseen gefrieren deshalb stets von oben. In tieferen Schichten haben sie fast das ganze Jahr hindurch angenähert die Temperatur 4 °C. (In Salzwasser liegen andere Bedingungen vor.)

c) Bildet sich an der Oberfläche des Sees Eis, so schwimmt es wegen seiner geringeren Dichte. Eine geschlossene Eisdecke verzögert die Abkühlung tieferer Wasserschichten. Daher können dort Fische den Winter überstehen.

Aufgaben

A1: Warum ist Wasser als Thermometerflüssigkeit ungeeignet, um Temperaturen unter +9 °C zu bestimmen?

A2: Tauche ein zuvor erhitztes Thermometer in kaltes Wasser. Erkläre, weshalb der Flüssigkeitsfaden dabei zunächst etwas ansteigt.

A3: Eine Wasserportion (eine Wachsportion) wird von 90 °C auf 1 °C abgekühlt. Beschreibe, wie sich dabei die Teilchen verhalten.

A4: Spanne zwei dünne Glasrohre an einem Ende ein, sodass sie senkrecht parallel und dicht zusammen stehen. Halte dann in der Nähe der Befestigungsstelle eine Streichholzflamme dazwischen. Beobachte die freien Enden der Glasrohre und erkläre, weshalb sie ihren Abstand ändern.

A5: Begründe, weshalb man einen Kupferdraht nicht ohne Probleme in Glas einschmelzen kann.

A6: Jemand misst eine Strecke mit einem Stahllineal, das in der Sonne gelegen hat. Werden die Messwerte zu groß oder zu klein?

A7: Um wie viel verlängert sich ein 120 cm langer Kupferdraht, wenn seine Temperatur von 0 °C auf 40 °C steigt?

A8: Um wie viel ist der aus Eisen erbaute Eiffelturm (Höhe 300 m) an einem Sommertag bei +30 °C höher als im Winter bei −20 °C?

A9: Die Metalllegierung INVAR (65% Fe, 35% Ni) dehnt sich beim Erhitzen nicht aus. Warum ist dies für Pendeluhrbauer ebenso wichtig wie für Hersteller von Farbfernsehbildröhren? Suche im Internet nach Antworten.

B1: Eine glühende Bremsscheibe

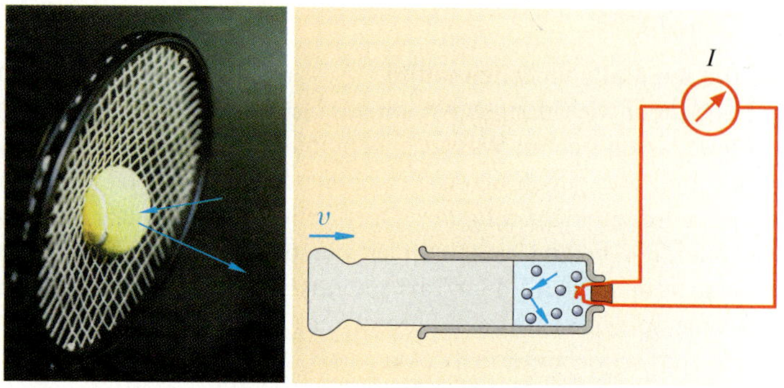

B2: Teilchen werden schneller gemacht – höhere Temperatur

V1: a) Wir setzen in die Öffnung einer Glasspritze ein elektrisches Thermometer, das mit einem so genannten Thermoelement Temperaturen sehr schnell messen kann. Pressen wir nun die Luft zusammen, so steigt sofort ihre Temperatur (➠ *Bild 2*). Beim Verschieben bewegt sich der Kolben den anprallenden Teilchen entgegen (wie ein Tennisschläger dem anfliegenden Ball). Die dabei mechanisch übertragene Energie verstärkt die *ungeordnete* Teilchenbewegung des komprimierten Gases und erhöht damit dessen Temperatur. **b)** Lassen wir den Kolben zurückweichen, so zeigt das Thermometer eine Temperaturabnahme.

V2: Wir füllen zwei Bechergläser gleicher Größe mit Wasser von 20 °C sowie von 80 °C. Dann geben wir in die Gläser jeweils ein Stück Würfelzucker. Im heißen Wasser zerfällt der Würfelzucker schnell, im kalten Wasser dagegen dauert es viel länger.
Wir erklären das so: Die Wasserteilchen sind bei hoher Temperatur viel schneller und damit energiereicher als bei niedriger Temperatur. Dadurch können sie bei ihren Stößen mit dem Zucker die Zuckermoleküle leichter von den festen Zuckerkörnern losschlagen.
Auch in festen Stoffen bewegen sich die einzelnen Teilchen. Sie führen um einen festen Platz herum winzige Schwingungen aus. Diese werden mit steigender Temperatur heftiger. Zum heftigeren Schwingen benötigen die Teilchen mehr Platz. Deshalb dehnen sich feste Körper bei Temperaturerhöhung aus.

Teilchenbewegung und Energiestrom

1. Temperatur und Teilchenbewegung

Nach dem Teilchenmodell bewegen sich die Teilchen eines Gases ständig in alle Richtungen. In dichter Folge und unregelmäßig prallen sie dabei auf Gefäßwände. Damit halten sie sogar den beweglichen Kolben einer Glasspritze in der Schwebe. Erhöhen wir die Temperatur des eingeschlossenen Gases, so wird der Kolben weiter angehoben. Sind die Teilchen schneller geworden?
Zur Überprüfung gehen wir nun einmal umgekehrt vor und machen die Gasteilchen durch Anstoßen schneller. Tatsächlich messen wir jetzt eine höhere Temperatur. Machen wir sie langsamer, sinkt die Temperatur wieder (➠ *Versuch 1*).
Dies bestätigt unsere Vorstellung, dass *Gas aus Teilchen besteht, die mit steigender Temperatur im Mittel schneller werden.* Diese Gasteilchen stoßen sich während ihres schnellen Fluges auch gegenseitig und bewegen sich völlig regellos in alle Richtungen.

Auch in Flüssigkeiten und festen Stoffen bewegen sich Teilchen ungeordnet. Dies haben wir bei unseren Überlegungen zum *Teilchenmodell* untersucht und in Flüssigkeiten an der *Diffusion* bestätigt. Und auch für Flüssigkeiten und feste Körper gilt, dass Teilchenbewegung und Temperatur eng zusammenhängen: Je höher die Temperatur, desto größer ist die mittlere Geschwindigkeit der Teilchen. ➠ *Versuch 2* bestätigt dies für eine Flüssigkeit.

Merksatz

Je höher die **Temperatur** eines Körpers ist, desto größer ist die **mittlere Geschwindigkeit** der einzelnen Teilchen bei ihrer ungeordneten Bewegung.

2. Ungeordnete Teilchenbewegung und innere Energie

Fahrende Autos haben Bewegungsenergie. Auch winzige Teilchen, die sich ungeordnet bewegen, haben Bewegungsenergie. Jedes einzelne Teilchen hat zwar wenig Energie, es sind aber sehr viele Teilchen. Insgesamt kann deshalb die Energie hoch sein.

Die Gesamtenergie aller Teilchen eines Körpers nennt man seine **innere Energie** (die „Gewimmel"-Energie heißt auch **thermische Energie**). Die doppelte Teilchenmenge (z.B. zweier Backsteine gleicher Temperatur) hat bei gleicher Temperatur die doppelte innere Energie. Die *mittlere Energie je Teilchen* ist jedoch gleich. Sie ist ein Maß für die Temperatur.
Will man die innere Energie erhöhen, so muss man den Teilchen von außen Energie zuführen, bei einem Gas z.B. durch Kompression, bei festen Körpern z.B. durch *Reibung.* Dabei rutscht ein Körper auf seiner Unterlage. Winzige Unebenheiten der Berührungsflächen verzahnen sich miteinander. Reißen sie sich los, geraten ihre Teilchen in stärkere Schwingungen. So „verkrümelt" sich die Bewegungsenergie der aneinander gleitenden Körper in ungeordnete Teilchenbewegung der Reibflächen und erhöht deren innere Energie. Wird dabei viel Energie umgesetzt, treten sehr hohe Temperaturen auf. Bremsen werden bei übermäßiger Beanspruchung glühend heiß (➠ *Bild 1*), sodass sie versagen können.

Merksatz

Die **innere Energie** eines Körpers ist die Summe der Energien all seiner Teilchen. Sie steigt mit der Temperatur.

3. Innere Energie kann strömen

Das kennst du: Man legt einen Silberlöffel in die heiße Suppe. Nach kurzer Zeit will man ihn wieder am Griff anfassen – doch jetzt ist auch dieses Ende des Löffels unangenehm heiß geworden. Es muss Energie von selbst aus der Suppe durch den Löffel bis zur Hand gewandert sein. Man spricht in einem solchen Fall von **Wärmeleitung**. Was passiert bei diesem unsichtbaren, von selbst ablaufenden Energietransport durch einen Metallstab?
Nach dem Teilchenmodell schwingen die Teilchen bei hoher Temperatur heftig (➠ *Bild 3, jeweils links*). Im noch kalten Teil des Metallstabes schwingen die Teilchen nur schwach. Sie erhalten aber von schnellen Nachbarn Energie und werden deshalb schneller. Auch in ihrem Bereich steigt nun die Temperatur. Der Vorgang setzt sich nach rechts weiter fort. Stets strömt dabei Energie *von schnellen Teilchen zu langsamen Teilchen, von höherer zu niedrigerer Temperatur, nie umgekehrt.* Je heftiger die Teilchen links im Vergleich zu denen auf der rechten Seite schwingen, desto mehr Energie wird je Sekunde von links nach rechts durchgereicht, desto größer ist die **Energiestromstärke** $I = W/t$. Deren Maßeinheit ist 1 J/s = 1 W (Watt). Die Temperaturdifferenz ist Ursache des inneren Energiestroms, ohne sie versiegt er (➠ *Bild 4*).

Merksatz

Innere Energie fließt von selbst von Heiß nach Kalt, von hoher zu niedriger Temperatur. Man spricht von **Wärmeleitung**.
Die **Energiestromstärke** ist der Quotient Energie/Zeit: $\boldsymbol{I = W/t}$.
Ihre Einheit ist 1 J/s = 1 Watt.

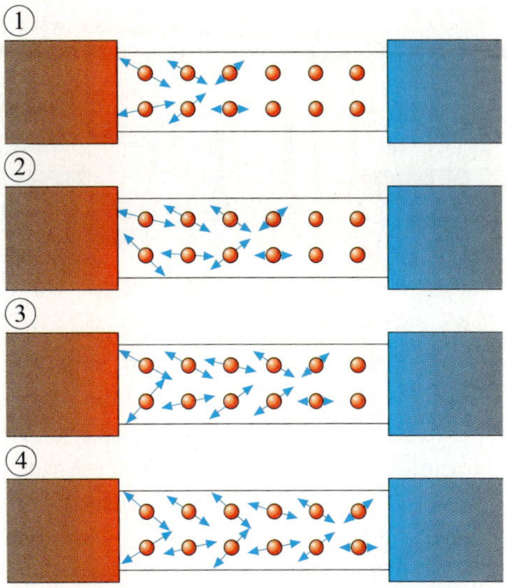

B3: Nach und nach wird Energie durch einen Metallstab von links (heißer Körper) nach rechts (kalter Körper) weitergeleitet. Zu Beginn ① schwingen die Teilchen auf der linken Seite stark. Sie reichen Energie an langsamere Nachbarteilchen weiter, diese, nun schneller geworden, an ihre rechten Nachbarn usw. ②, ③. Nach einiger Zeit wird die von links übernommene Energie nur noch durchgereicht ④. Dann kommt im kalten Körper rechts in jeder Sekunde genauso viel Energie an wie links vom heißen Körper hineingegeben wird.

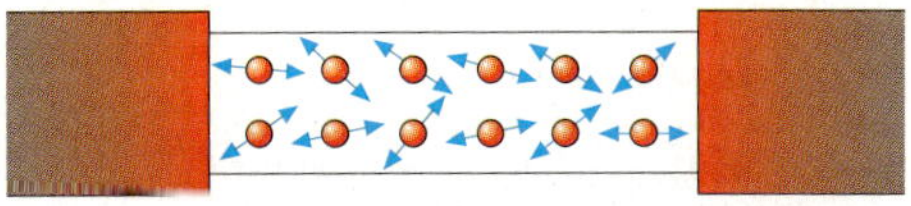

B4: Hier kann keine Energie fließen. Links und rechts sind die Teilchen im Mittel gleich schnell, Energie wird nicht weitergereicht. Ohne Temperaturunterschied fehlt die Ursache, der „Antrieb" für den inneren Energiestrom.

Aufgaben

A1: Presse deine Hände fest gegeneinander und reibe sie kräftig. Was spürst du? Wie kannst du den Vorgang erklären?

A2: Ein Schmied bearbeitete ein Hufeisen von normaler Temperatur mit dem Hammer bis es rot glühte. Erkläre dies.

A3: Nenne Beispiele für Energieströmung bei Temperaturdifferenzen. Wann enden diese jeweils?

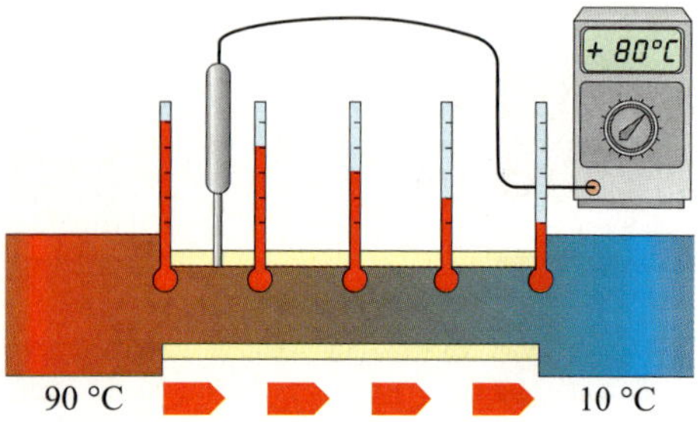

B 1: Die Temperatur nimmt längs des Energie führenden Stabes von links nach rechts kontinuierlich ab. Dies können wir durch eine Messung nachweisen oder einfach ertasten. In jedem Abschnitt sorgt eine kleine Temperaturdifferenz für die Energieströmung.
Wichtiger Unterschied zum Wasserstrom: Hier wird nur das Gewimmel der Teilchen als Energie weitergereicht, die Teilchen selbst bleiben an ihrem Ort.

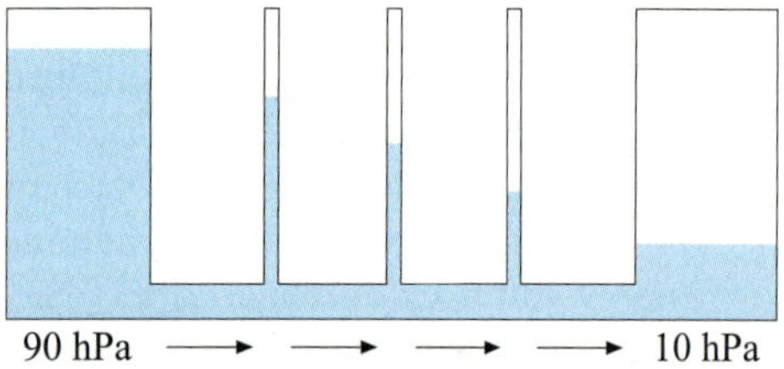

B 2: Der Druck nimmt längs des Wasser führenden Rohres vom hohen Druck zum tiefen Druck kontinuierlich ab.

4. Strömungen und Widerstand

Die Erfahrung zeigt: Je größer die Temperaturdifferenz zwischen den Stabenden ist, desto größer ist die Energiestromstärke. Beim Wasserstrom in waagerechten Rohren fanden wir Vergleichbares: Je größer die Druckdifferenz als „Antrieb" ist, desto größer ist die Wasserstromstärke. Gibt es noch weitere Gemeinsamkeiten?

Der Energiestrom in ➡ *Bild 1* ist überall gleich stark. Die Temperatur nimmt ab, macht aber nicht plötzlich an einer Stelle des Stabes einen Sprung von 90 °C auf 10 °C. Vielmehr nimmt sie gleichmäßig längs des Stabes von links nach rechts ab. In jedem der vier Längenabschnitte von z. B. 5 cm besteht deshalb eine kleine Temperaturdifferenz von 80 K/4 = 20 K. Diese reicht als Antrieb für den Energiestrom auf dieser kurzen Strecke aus. Beim kürzeren Stab braucht man für dieselbe Energiestromstärke also einen kleineren Antrieb. Der Stab hat einen kleineren Widerstand. Mit der gleichen Argumentation und ➡ *Bild 2* verstehst du, warum der Widerstand für den Wasserstrom umso kleiner wird, je kürzer das Rohr ist.
Eine weitere Gemeinsamkeit finden wir beim Querschnitt des Leiters: Eine großflächige Außenwand (dies ist ein dicker Stab) lässt ein Zimmer im Winter schneller auskühlen als eine kleinflächige Wand. Je dicker also der Stab (beim Wasser das Rohr), desto kleiner ist der Widerstand.

Der Wärmewiderstand hängt auch noch vom Material ab. Metalle leiten die Energie sehr gut. Kunststoff, Glas, Luft sind schlechte Wärmeleiter. Ein Kochtopf hat deshalb Griffe aus Kunststoff, ein Winterpullover schließt in seinen Maschen viel Luft ein.

Interessantes

Energiestrom in der Hauswand

Stein und Beton sind gute Wärmeleiter. Luft und Materialien mit eingeschlossenen Luftbläschen leiten die Energie dagegen schlecht. Man nimmt sie als Dämmmaterial beim Hausbau, damit die Heizenergie nur langsam entkommen kann. So muss die Heizung nur wenig Energie in jeder Sekunde nachliefern. Wenn z. B. die Raumtemperatur 21 °C und die Außentemperatur 5 °C schon längere Zeit vorliegen, dann gibt es durch die Wand hindurch einen gleichmäßigen Energiestrom. Wegen des großen Widerstandes der Dämmschicht ist der Energiestrom schwach. Die Dämmschicht benötigt selbst dafür schon eine große Temperaturdifferenz (in der Zeichnung beträgt sie (16 – 5,5) K = 10,5 K). Die Steinmauer benötigt für dieselbe Energiestromstärke nur eine kleine Temperaturdifferenz (in der Zeichnung sind dies 5 K). Die Temperaturdifferenz an der Steinmauer allein wäre 16 K.

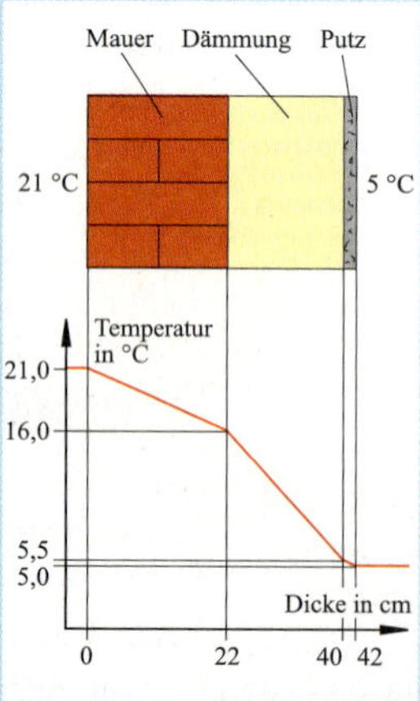

A 1: Erarbeite ein Referat zum Thema „Wärmedämmung". Beachte folgende Gesichtspunkte:
Mache Sinn und Funktionsweise der Dämmung deutlich.
Plane ein Experiment zum Nachweis der Dämmung.
Wie dick müsste in der Zeichnung die Mauer allein sein, wenn der Energiestrom genau so klein sein soll wie bei der gedämmten Mauer?
Überlege dir für den Energiestrom durch die ungedämmte und die gedämmte Wand jeweils ein Vergleichsexperiment mit Wasserströmung.

Vertiefung

Strömung von Wasser

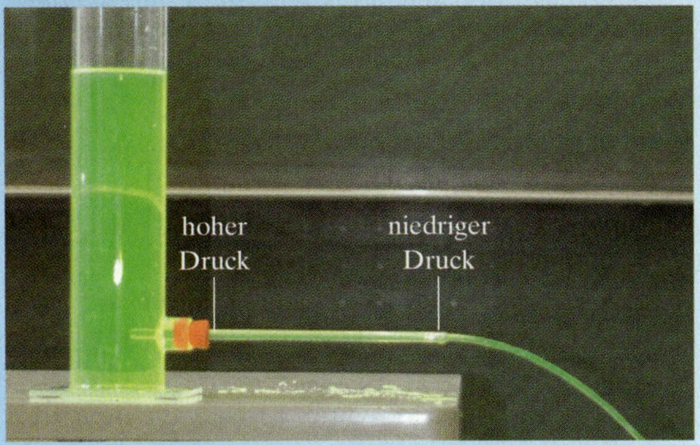

B3: Zwischen den Enden des Ausflussrohres besteht ein Druckunterschied. Dieser ist Ursache (Antrieb) für die Wasserströmung.

- In dem Ausflussrohr (*Bild 3*) strömt Wasser nach rechts, von Stellen hohen Drucks zu Stellen niedrigen Drucks.
- Die Wasserstromstärke ist gegeben durch:

  I = Volumen/Zeit = V/t.

  Ihre Einheit ist: 1 l/s.

Beispiel:
Am Boden eines halb gefüllten Wassertanks ist ein Leck. In jeder Minute entweichen 0,6 l Wasser. Die Wasserstromstärke beträgt also
$I = V/t$ = 0,6 l/min = 0,01 l/s.

- Je größer der Druckunterschied, also der Antrieb, desto größer ist die Wasserstromstärke.

Beispiel:
Bei vollgefülltem Tank ist der Druckunterschied zwischen Innen und Außen doppelt so groß. Die Wasserstromstärke steigt also auf 0,02 l/s.

- Je größer der Strömungswiderstand des Rohres ist, desto kleiner ist die Wasserstromstärke.

  Je kürzer und je dicker das Rohr ist, desto kleiner ist der Strömungswiderstand, desto größer ist die Wasserstromstärke.

Strömung von Energie

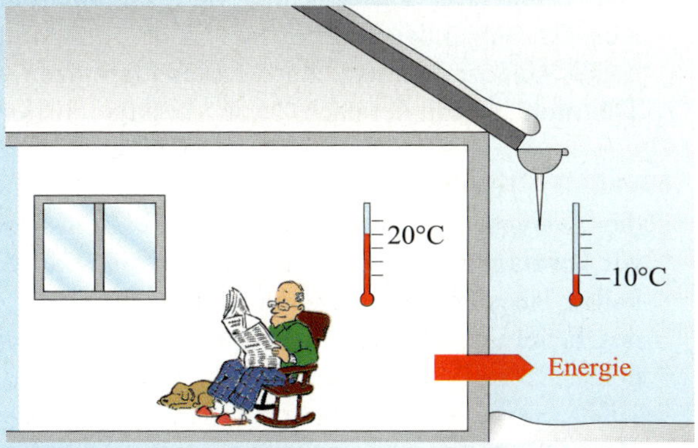

B4: Die Zimmertemperatur beträgt 20 °C, außen ist die Temperatur –10 °C. Der Temperaturunterschied von 30 K ist die Ursache (Antrieb) für die Wärmeströmung (Energieströmung) nach außen.

- In der obigen Wand (*Bild 4*) strömt Energie (Wärme) nach rechts, von Stellen hoher Temperatur zu Stellen niedriger Temperatur.
- Die Energiestromstärke ist gegeben durch:

  I = Energie/Zeit = W/t.

  Ihre Einheit ist: 1 J/s = 1 Watt.

Beispiel:
Durch 1 m^2 der Außenwand eines Hauses fließt in einer Sekunde die Energie 15 J. Die Energiestromstärke beträgt also
$I = W/t$ = 15 J/1 s = 15 W.

- Je größer der Temperaturunterschied, also der Antrieb, desto größer ist die Energiestromstärke (Wärmestromstärke).

Beispiel:
Nachts nimmt die Außentemperatur auf –20 °C ab, die Temperaturdifferenz steigt von 30 K auf 40 K. Die Energiestromstärke pro m^2 wächst auf 20 W.

- Je besser die Wärmedämmung der Wand ist, also je größer der Strömungswiderstand der Wand ist, desto kleiner ist die Energiestromstärke.
  Je dünner und je großflächiger die Wand ist, desto kleiner ist der Strömungswiderstand, desto größer ist die Energiestromstärke.

Das ist wichtig

1. Temperatur

Die **Temperatur** kennzeichnet den *Zustand* eines Körpers. Subjektive Begriffe wie „kalt“, „lau“ oder „heiß“ sind zu ungenau. Zur Messung benutzen wir Thermometer mit der nach CELSIUS benannten Skala.

Mit der Temperatur ändern sich im Allgemeinen die Abmessungen aller Körper (bei Gasen setzen wir konstanten Druck voraus). Kennt man das Verhalten eines Probekörpers, so kann man auf das eines beliebigen Körpers aus gleichem Stoff schließen.

2. Innere Energie und Temperatur

Die Teilchen eines Körpers bewegen sich unregelmäßig. Je größer die **mittlere** Geschwindigkeit **je Teilchen** ist, desto höher ist die **Temperatur.**

Bringt man zweimal je 1 kg Wasser gleicher Temperatur zusammen, so haben die 2 kg danach dieselbe Temperatur, denn an der Geschwindigkeit der Teilchen ändert sich nichts.

Je größer die **Summe aller Teilchenenergien** eines Körpers, desto größer ist dessen **innere Energie.** Sie steigt mit der Temperatur.

Bringt man zweimal 1 kg Wasser gleicher Temperatur zusammen, so verdoppelt sich die innere Energie, wie sich auch die Zahl der Teilchen verdoppelt.

3. Erhöhen der inneren Energie

Wenn wir die innere Energie (und Temperatur) eines Körpers erhöhen wollen, müssen wir die Geschwindigkeit, mit der sich seine Teilchen ungeordnet bewegen, erhöhen. Dies geschieht

- bei **mechanisch zugeführter Energie,** wenn also Energie mit einer Kraft längs eines Weges übertragen wird. Dies ist der Fall z.B. bei Reibungsvorgängen (bei Gasen auch bei der Kompression). Die Energie der geordneten Bewegung des Körpers geht so über in die Energie der sich ungeordnet bewegenden Teilchen.

- durch Berühren mit einem anderen Körper, der eine höhere Temperatur hat. Dessen schnellere Teilchen geben durch Stöße mit den Teilchen des kälteren Körpers Energie ab. Die Temperatur des heißeren Körpers sinkt. Die Teilchen des kälteren Körpers nehmen diese Energie auf. Hier steigt die Temperatur. Ursache (Antrieb) für den Energieübergang ist hierbei **allein der Temperaturunterschied** der beiden Körper.

4. Energieströmung

Energie kann durch verschiedene Vorgänge von einem Ort zu einem anderen übertragen werden. Sind Stöße bei der ungeordneten Teilchenbewegung die Ursache des Energiestroms, so sprechen wir von **Wärmeleitung.** Die Teilchen des Wärmeleiters selbst wandern nicht mit.

Die **Energiestromstärke** $I = W/t$ (Einheit 1 J/s = 1 Watt) gibt an, wie viel Energie je Sekunde durch den Wärmeleiter weitergereicht wird. Sie ist umso größer, je größer die Temperaturdifferenz der angrenzenden Körper ist. Die Energiestromstärke ist umso kleiner, je dünner und länger der Wärmeleiter ist. Fast alle Metalle sind gute Wärmeleiter. Alle (nicht strömenden) Gase leiten die Energie sehr schlecht weiter.

Aufgaben

A1: a) Hohe, schlanke Fernsehtürme werden oft aus aufeinandergesetzten Betonrohren gebaut. Welche Wirkung hat die einseitige Sonnenbestrahlung auf sie? **b)** Welche Kurve beschreibt die Spitze eines solchen Turms während eines sonnigen Sommertages (von oben gesehen)?

A2: a) Das Stahlseil eines Skiliftes ist 1500 m lang. Um wie viel ändert sich seine Länge im Verlauf eines Tages, wenn die tiefste Temperatur −20 °C und die höchste −5 °C beträgt? **b)** Skizziere, wie man mit Umlenkrollen und einem schweren Betonklotz eine immer gleiche Spannung des Seiles erreichen kann.

A3: a) Weshalb werden deine Hände heiß, wenn du an einem Kletterseil schnell herabrutschst? **b)** Verbietet die „Erhaltung der Energie“, dass die Hände sich abkühlen und du am Kletterseil nach oben schwebst?

A4: Erkläre mit einigen Beispielen den Unterschied von „Temperatur“und „innerer Energie“.

A5: Auf dem Tisch steht eine Tasse mit heißem Kakao (er wird noch nicht getrunken). **a)** Diskutiere mit physikalischen Argumenten, was in den nächsten Minuten passiert. **b)** Skizziere ein Diagramm, das zeigt, wie die Temperatur des Kakaos mit der Zeit abnimmt. Begründe deine Skizze. **c)** Wie erreicht man, dass der Kakao länger heiß bleibt?

A6: In welchem der drei gezeichneten Fälle ist die Energiestromstärke im Stab am größten, in welchem am kleinsten? Begründe. Zeichne mindestens einen weiteren Fall mit noch kleinerem Energiestrom.

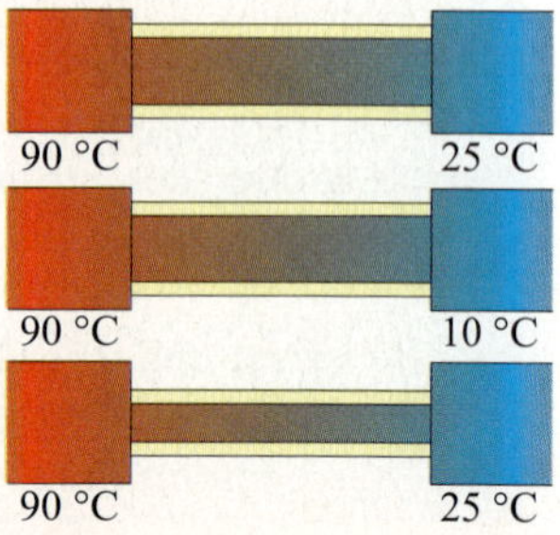

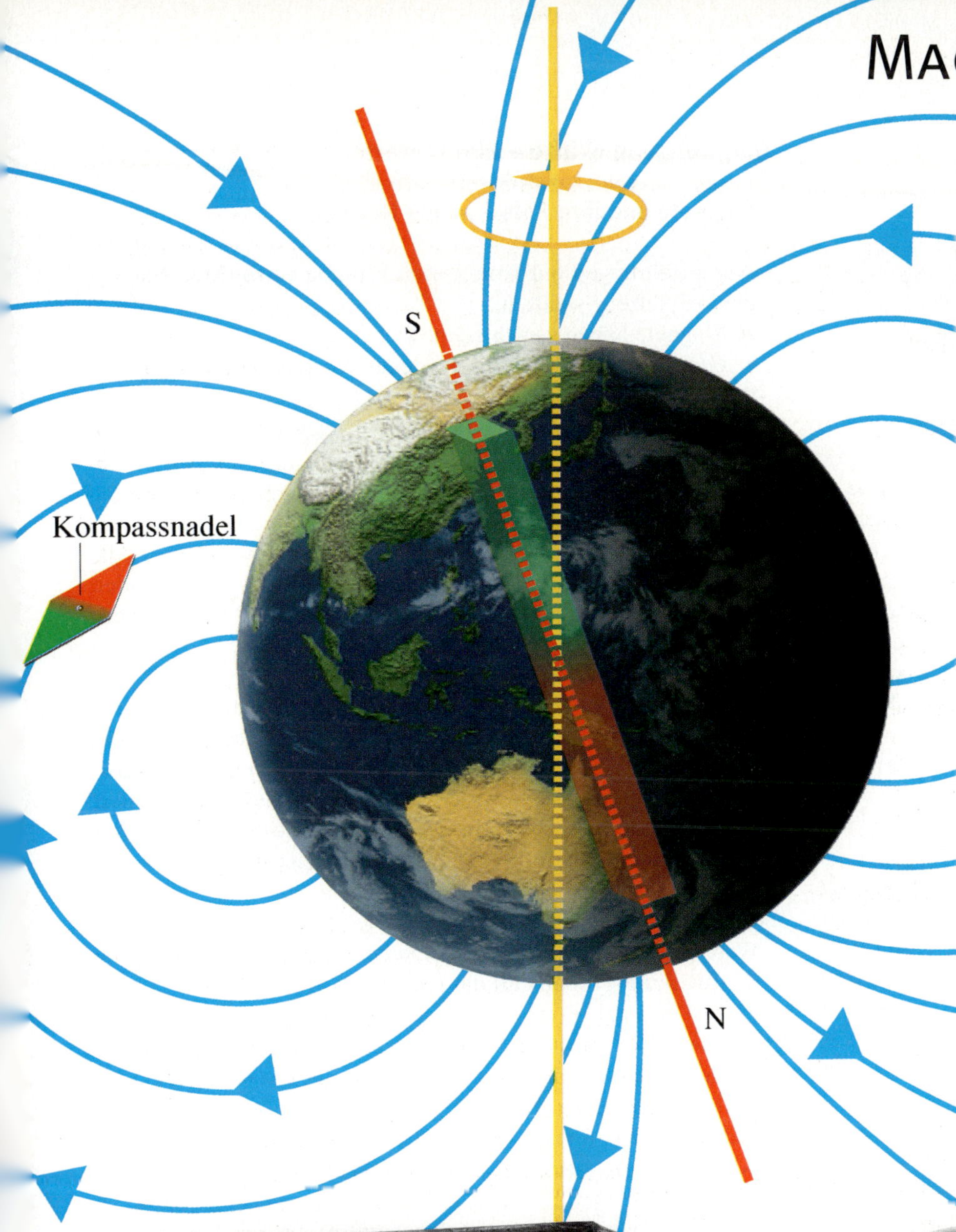

Die Erde selbst war es, die dem Menschen die Kenntnis vom Magnetismus vermittelte.
Die Entdeckung des *Magneteisensteins* und die Erforschung der von ihm ausgehenden Kräfte, führten schließlich zur Erfindung des *Kompasses*. Wie von unsichtbarer Hand geführt, richtet er sich an jedem Ort der Erde in einer bestimmten Richtung aus. Wir führen dies auf den Einfluss des *Magnetfeldes der Erde* zurück.

Die chinesische Chronik *Poeiwen-yun* berichtet schon im Jahre 2600 v. Chr. von einem Gerät, mit dessen Hilfe man sich in unwegsamen Steppengebieten zurecht finden könne. Auch auf Reisen im offenen Meer wurde dieser *„Südweiser"* verwendet. So kam er zu den Arabern und Indern. Mit einer Fülle von Symbolen und Zeichen versehen, enthielt die *Kompassrose* eine Vielzahl von Orientierungshilfen.

Magneteisenstein aus dem Ural, 1767

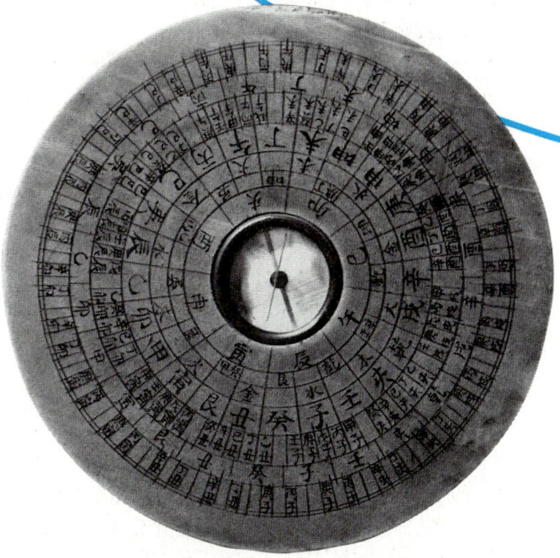

Chinesischer Schiffskompass, 19. Jhdt.

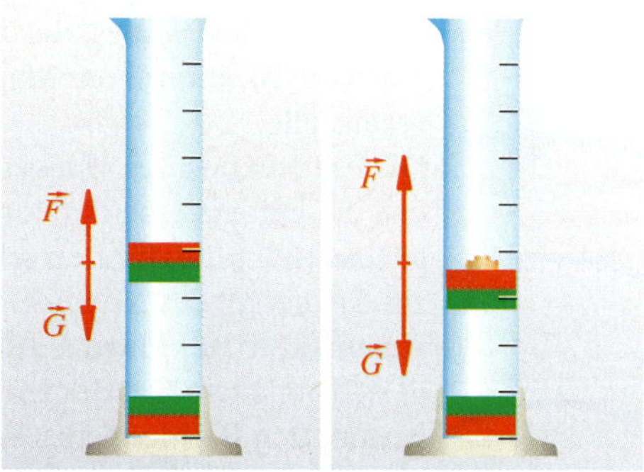

V 1: Schiebe zwei ringförmige Magnete in einen Messzylinder, so dass sich gleichnamige Pole gegenüber liegen. Der obere Magnet schwebt dann über dem unteren. Markiere den Abstand der beiden Magnete. Lege auf den oberen Magnet nacheinander Messingstücke mit 50 g, 100 g, 200 g und 250 g. Miss jeweils die Abstände der Magnete. Vergleiche sie mit den Gewichtskräften, die der Magnet und der Zusatzkörper erfahren.

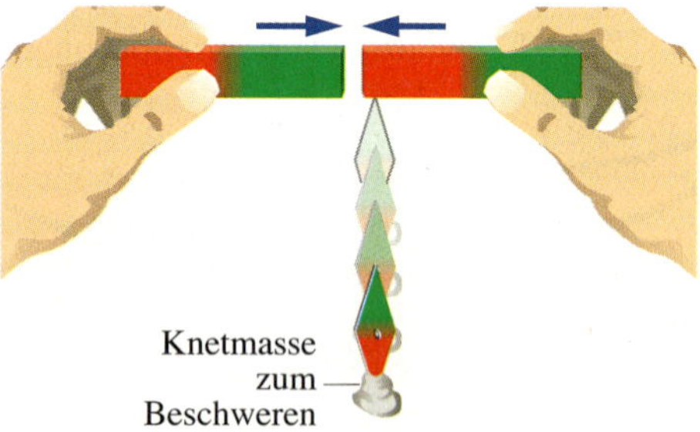

B 1: Nordpol und Südpol schwächen sich in ihrer Wirkung.

Interessantes

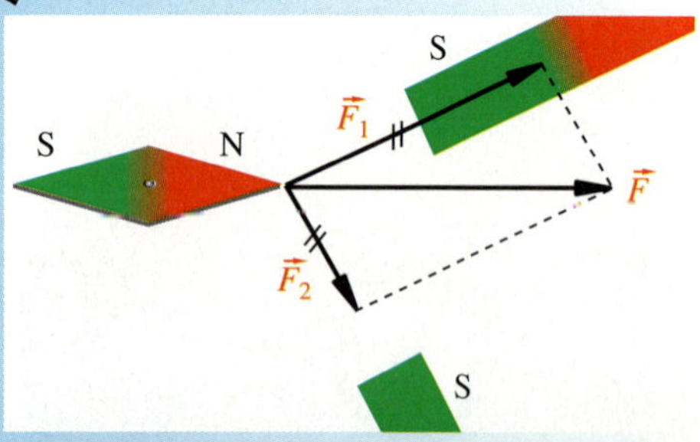

Nähert man dem Nordpol einer Kompassnadel die Südpole zweier Magnete aus verschiedenen Richtungen, so zeigt die Nadel in Richtung der resultierenden Kraft. Je nach Abstand wendet sie sich mehr dem einen oder dem anderen Magnetpol zu.

Magnetische Kräfte – Elementarmagnete

1. Magnete und ihre Pole – nichts Neues

Aus Erfahrungen mit Kompassnadeln und versteckten Magneten in Spielzeug weißt du:

- Magnete haben verschiedene *Pole.*
- Gleichnamige Pole verschiedener Magnete stoßen sich ab, ungleichnamige ziehen sich an.
- Die frei bewegliche Kompassnadel zeigt mit ihrem Nordpol nach Norden.

2. Die Wirkung magnetischer Kräfte

Zwei ringförmige Magnete befinden sich in einem Messzylinder, in dem sie leicht beweglich sind (➠ *Versuch 1*). Der obere schwebt über dem unteren. Ist er etwa schwerelos?

Du weißt die Antwort: Bei den beiden Magneten stehen sich *gleichnamige Pole* gegenüber. Sie stoßen sich ab. Am oberen Magneten besteht Kräftegleichgewicht zwischen der Gewichtskraft und der nach oben wirkenden magnetischen Kraft. Nähert man ihn dem unteren Magneten, so nimmt die Abstoßungskraft zu. Magnetische Kräfte werden größer, wenn der Abstand der Pole kleiner wird.

Wenn „zwei am gleichen Strang ziehen", so ist ihre gemeinsame Kraftwirkung größer. Gilt das auch für Magnetpole?

Auf dem Tisch steht ein Magnet mit dem Südpol nach oben. Wir versuchen, ihn mit dem Nordpol eines kleinen Stabmagneten anzuheben. Es gelingt. Nun beschweren wir den Magneten mit einem Stück Knetmasse so, dass die Kraft eines *einzelnen* Nordpols nicht mehr ausreicht, beide – Magnet und Knete zusammen – anzuheben.
Drücken wir jedoch *zwei* gleich gebaute Stabmagnete so zusammen, dass ihre Nordpole nebeneinander liegen, dann ist ihre gemeinsame Kraftwirkung groß genug, den beschwerten Magneten anzuheben. *Gleichnamige Pole* stoßen sich zwar ab, verstärken jedoch ihre magnetische Wirkung nach außen.

Halten wir aber einen Nordpol und einen Südpol nebeneinander, (➠ *Bild 1*), dann ist ihre gemeinsame Kraftwirkung sehr gering. Sie sind nicht einmal fähig, den Magneten ohne Knete anzuheben. Wir sehen also: *Ungleichnamige Pole* schwächen sich in ihrer Wirkung nach außen.

Merksatz

Die Kräfte zwischen den Polen verschiedener Magnete nehmen mit kleiner werdendem Abstand der Pole zu.
Nach außen hin ist die magnetische Wirkung gleichnamiger Pole verstärkt, die von ungleichnamigen dagegen abgeschwächt.

3. Gibt es magnetische Einzelpole?

Ein Magnet zieht ein Stück Eisen an. Wie ist das möglich? Wir wissen, dass sich ungleichnamige Magnetpole anziehen. Gibt es in dem Eisenstück vielleicht auch einen Magnetpol? Kann man einen solchen sogar erzeugen? – Wir streichen mit dem *Nordpol* eines starken Magneten über eine lange Eisennadel. Diese testen wir anschließend mit einer Kompassnadel (➡ *Versuch 2*). Ein Ende der Nadel stößt den Nordpol der Kompassnadel ab. Beim Überstreichen wurde tatsächlich ein Nordpol erzeugt. Nähern wir das *andere* Ende dem *Südpol* der Kompassnadel, so wird *dieser* abgestoßen. Obwohl nur mit einem Nordpol überstrichen, hat die Eisennadel *zwei* Pole bekommen, einen Nordpol und einen Südpol. Sie verhält sich jetzt wie ein Stabmagnet. Wir sagen, sie wurde dabei **magnetisiert**.
Durch das Überstreichen mit einem Magneten gelingt es uns nicht, einen *einzelnen* Nordpol zu erzeugen. Brechen wir also die Nadel auseinander und versuchen die beiden Pole der Eisennadel zu trennen (➡ *Versuch 2b*). Überraschenderweise erhalten wir nicht Nord- und Südpole getrennt. Vielmehr entsteht an der Bruchstelle auf der einen Seite ein neuer Nordpol und auf der anderen Seite ein neuer Südpol. Jede Hälfte hat einen Nord- und einen Südpol, sodass beide Nadelhälften zwei vollständige Stabmagnete sind. Brechen wir die beiden Hälften erneut auseinander, so erhalten wir an jeder Bruchstelle wieder einen Nord- und einen Südpol (➡ *Versuch 2b*). Jedes Bruchstück ist ein Magnet mit zwei verschiedenen Polen – man sagt **magnetischer Dipol**. Magnetische Einzelpole hat bislang niemand gefunden.

Merksatz

Es gibt nur **magnetische Dipole**, keine magnetische Einzelpole.

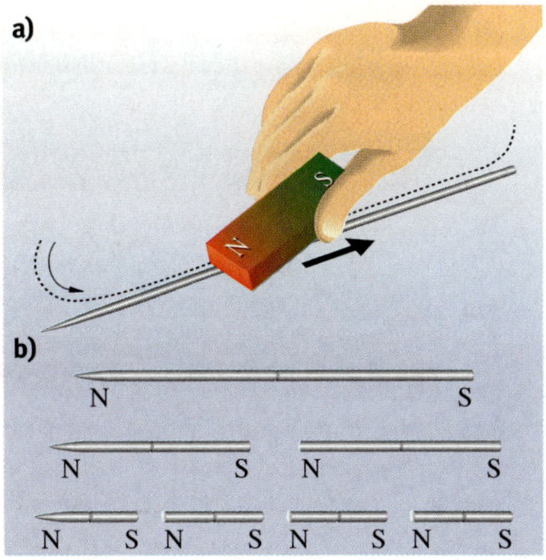

V2: a) Wir streichen mit dem *Nordpol* eines starken Magneten mehrmals *von links nach rechts* über eine 20 cm lange Eisennadel. Dann bringen wir die Nadel in die Nähe einer Kompassnadel. An der Abstoßung erkennen wir, dass am *rechten Ende* der Nadel ein *Südpol* und am *linken Ende* ein *Nordpol* entstanden ist. **b)** Wir zerbrechen die Nadel in der Mitte. Eine Kompassnadel zeigt, dass sich an der linken Bruchstelle ein Süd- und an der rechten Bruchstelle ein Nordpol neu gebildet haben. Zerbrechen wir die Stücke nochmals, so beobachten wir das Gleiche.

4. Ein Denkmodell – Elementarmagnete

Nehmen wir einmal an, man könnte die Teilung einer magnetisierten Eisennadel fortsetzen, bis man zu kleinsten, nicht weiter teilbaren Bestandteilen – sozusagen den „Elementen" des Magneten – käme. Diese **Elementarmagnete** müssten wiederum **Dipole** sein. Sie müssten ferner an ihrem Ort drehbar gelagert sein, sodass man sie beim Überstreichen mit einem starken Magneten in einen geordneten Zustand überführen kann. ➡ *Versuch 3* stützt unsere Vorstellung. Wir bringen Eisenpulver in ein Reagenzglas und überstreichen es mit dem Nordpol eines starken Magneten. So werden die Elementarmagnete der Eisenteilchen ausgerichtet. Manche Eisenteilchen drehen sich sichtbar mit. An den Enden des Reagenzglases entstehen magnetische Pole.

Merksatz

Beim Magnetisieren richtet man die im Eisen vorhandenen **Elementarmagnete** aus. Sie sind im nicht magnetisierten Eisen ungeordnet.

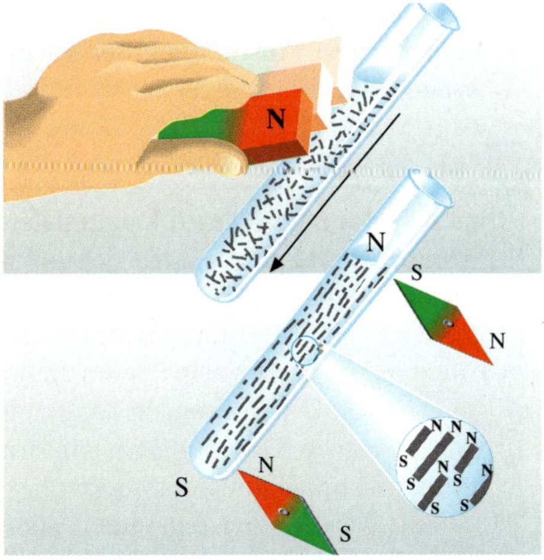

V3: In einem Reagenzglas befindet sich Eisenpulver. Mit dem Nordpol eines starken Magneten streichen wir an dem Glas mehrmals entlang. Eine Kompassnadel zeigt an, dass an den Enden des mit Eisenpulver gefüllten Glases magnetische Pole entstanden sind. Schütteln wir das Reagenzglas, so verschwinden die Pole wieder.

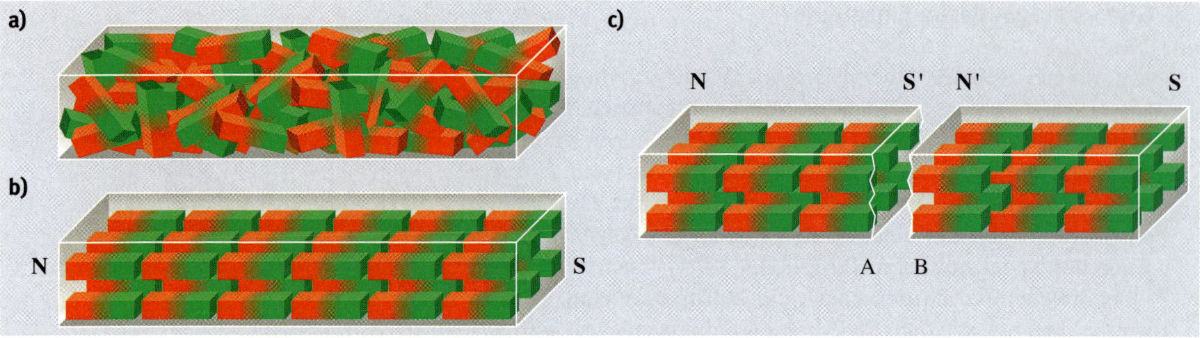

B1: Elementarmagnete **a)** ungeordnet **b)** geordnet **c)** in der Mitte getrennt

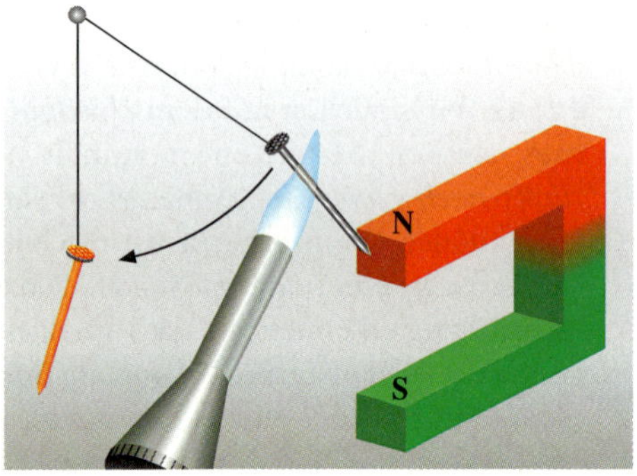

V1: Ein magnetisierter Nagel wird vom Nordpol eines Hufeisenmagneten angezogen. Erhitzen wir ihn bis zur Rotglut (770 °C), so fällt er vom Magneten ab. Die Ordnung der Elementarmagnete ist zerstört. Ab dieser Temperatur verhindert die heftige Bewegung der kleinsten Teilchen eine Ausrichtung der Elementarmagnete.

Interessantes

Digitale Information durch Magnetisieren

Magnetische Dipole eignen sich optimal für die Digitaltechnik. Ihr genügen zwei Zustände zur Informationsverarbeitung. Einen magnetischen Dipol kann man mit genau zwei Orientierungen längs einer Spur anordnen. Das genügt zur Informationsspeicherung auf einer Diskette.

Sie besteht aus einer biegsamen dünnen Polyesterfolie, die z.B. mit Eisenoxid-Pulver beschichtet ist. Beim Speichervorgang magnetisiert der Schreibkopf kleine Abschnitte der rotierenden Diskette in, andere gegen die Laufrichtung. So entstehen charakteristische Magnetisierungsmuster entsprechend der ursprünglichen Information.

5. Das Elementarmagnetmodell erklärt ...

... das Magnetisieren einer Eisennadel

Mit der Vorstellung von *Elementarmagneten* wollen wir nun das Magnetisieren einer Eisennadel verständlich machen. Stark vereinfacht zeichnen wir sie als kleine Stabmagnete (➠ *Bild 1*). Sie sollen drehbare magnetische Dipole im Eisen veranschaulichen.

Wir stellen uns die Elementarmagnete in einer Eisennadel zunächst völlig ungeordnet vor (➠ *Bild 1 a*). Überstreichen wir die Eisennadel mit dem *Nordpol* eines starken Magneten, dann „sehen" wir – in Gedanken –, wie sich der Reihe nach die *Südpole der Elementarmagnete* nach dem starken Nordpol ausrichten und in langen Ketten hintereinander zu liegen kommen (➠ *Bild 1 b*).
Im Inneren der Eisennadel liegen jeweils die Nord- und Südpole der Dipole in einer Reihe hintereinander. Am einen Ende der Eisennadel weisen alle Südpole der dort liegenden Dipole nach außen. Sie bilden gemeinsam den starken Südpol der Eisennadel. Am anderen Ende bilden alle Nordpole zusammen einen starken Nordpol der Eisennadel. Im *Mittelbereich* der Nadel schwächen sich die *Nord- und Südpole* der aufeinander folgenden Dipole in ihrer Wirkung nach außen ab.

Starke Temperaturerhöhung kann zum Verlust der Magnetisierung führen (➠ *Versuch 1*). Mit wachsender Temperatur geraten die Elementarmagnete zunehmend in Unordnung. Schließlich verschwindet ihre Ausrichtung vollständig. Auch ein starker Magnet kann sie nicht mehr ordnen (bei Eisen z.B. oberhalb 770 °C).

... das Entstehen neuer Pole

Wir können nun auch verstehen, warum beim Zerbrechen der Eisennadel neue Pole entstehen. Man kann nämlich die Elementarmagnete selbst nicht zerreißen, da sie nicht weiter unterteilbar sind. Man kann nur aufeinander folgende Dipole voneinander trennen. Deshalb zeigen sich in ➠ *Bild 1 c* an der Bruchstelle AB neue Pole N' und S'. Fügt man jedoch ihre Teile wieder zusammen, so heben sich die entgegengesetzten Pole N' und S' nach außen hin in ihrer Wirkung wieder auf. Die Bruchstelle erscheint dann wieder unmagnetisch, obwohl die Eisennadel durchgängig magnetisiert ist.

... das Magnetisieren aus der Ferne

Wir können einen Nagel magnetisieren, indem wir mit einem starken Magneten über ihn streichen.
Wir beobachten aber auch gelegentlich, dass ein zunächst unmagnetischer Nagel schon aus einiger Entfernung auf den Pol eines Magneten zuhüpft (➡ *Versuch 2*). Wir wissen, dass dies nur möglich ist, wenn der Nagel selbst magnetische Pole besitzt. Wie wurde er aber ohne Überstreichen magnetisiert?

Betrachten wir in Gedanken einen einzelnen quer liegenden Elementarmagneten *unterhalb* des *Nordpols* eines anderen Magneten (➡ *Versuch 2*). Der *Nordpol* des Elementarmagneten erfährt vom *Nordpol* des anderen Magneten eine *abstoßende Kraft*, der *Südpol* eine *anziehende Kraft*. Beide Kräfte zusammen drehen den Elementarmagneten. Die anderen Elementarmagnete im Nagel werden ebenso gedreht, denn ihre Pole erfahren entsprechende Kräfte. Durch die Ausrichtung aller Elementarmagnete wird aus dem Nagel selbst ein Magnet, dessen Südpol nach oben und dessen Nordpol nach unten weist. Die starke Anziehungskraft zwischen dem oben liegenden Südpol und dem Nordpol des Stabmagneten siegt – wegen des geringeren Abstands – über die kleinere abstoßende Kraft, die der unten liegende Nagelnordpol erfährt. Nagelmagnet und Stabmagnet ziehen sich gegenseitig an.

Der neue, kleine Magnet wirkt zusammen mit dem großen Magneten auf die Elementarmagnete des nächsten Nagels. Auch sie erfahren die schon beschriebene Drehwirkung und richten sich aus: Der zweite Nagel wird ebenso zum Magneten und bleibt am ersten Nagel hängen. Dieser Vorgang wiederholt sich bei allen weiteren Nägeln.

Merksatz

Ein Magnetpol in der Nähe eines Körpers aus Eisen richtet dessen **Elementarmagnete** aus. Das so magnetisierte Eisenstück und der Magnet ziehen sich gegenseitig an.

... Magnetisierung von kurzer oder langer Dauer

Zwei Nägel werden vertikal aufgehängt. Nähert man den Nordpol eines Magneten von unten, so werden beide Nägel magnetisiert (➡ *Versuch 3*). Die Elementarmagnete der beiden Nägel werden in gleicher Weise angeordnet. Beide erhalten unten einen Süd- und oben einen Nordpol. Daher stoßen sich die Nägel ab.

Sobald wir den Magneten, der die Ordnung der Elementarmagnete bewirkte, entfernen, kehrt die alte Unordnung wieder ein. Die Magnetisierung und damit die Abstoßung verschwinden. Eisennägel sind **weichmagnetisch**. Nadeln aus Stahl behalten ihre Magnetisierung bei. Solche **hartmagnetischen Stoffe** erhält man aus Eisen durch Zusätze von Aluminium, Nickel und Cobalt (AlNiCo). Diese Zusätze behindern das Drehen der Elementarmagnete. Eine einmal erreichte Magnetisierung bleibt dauerhaft erhalten (**Dauermagnete**).

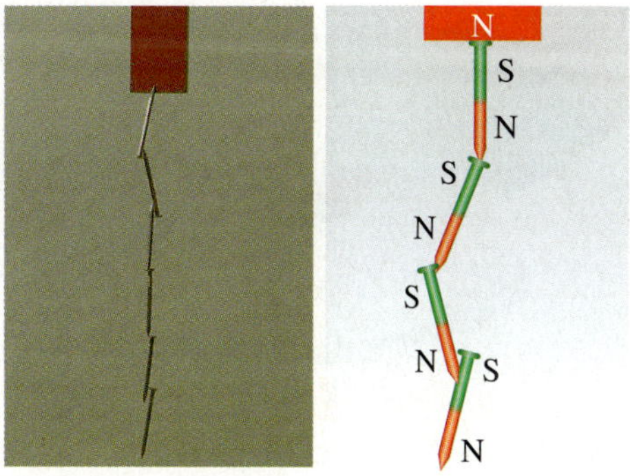

V2: Auf dem Tisch liegen einige Nägel. Wir nähern ihnen von oben den Nordpol eines Stabmagneten. Der nächstgelegene Nagel hüpft an den Nordpol des Magneten und bleibt daran hängen. Wir heben nun den Magneten langsam an und beobachten, wie ein zweiter Nagel sich an den ersten anhängt, ein dritter an den zweiten usw. Am Ende hängt eine ganze Nagelkette an dem Magneten. Lösen wir die Kette mit der Hand oben vom Magneten, so fällt die ganze Kette auseinander.

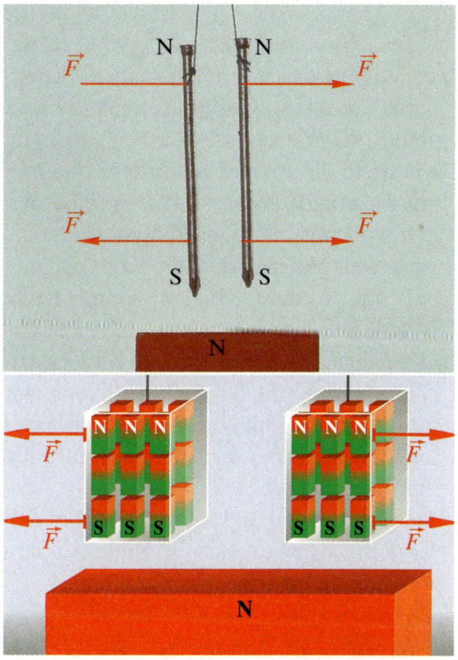

V3: Wir hängen zwei Nägel an Fäden nebeneinander auf und nähern ihnen von unten den breiten Nordpol eines starken Magneten. Die Fäden straffen sich. Gleichzeitig gehen die Nägel untereinander „auf Abstand“. Entfernen wir den Magneten, so nehmen die Nägel wieder ihre alte Stellung ein.

Das magnetische Feld

1. Wie wirken magnetische Kräfte?

Mit einem gespannten Seil kannst du eine Kraft auf einen entfernten Gegenstand ausüben und so den Wirkungsbereich deiner Hände erweitern. Der *Wirkungsbereich* eines Magneten reicht weit in den Raum hinein. Es zeigt sich, dass magnetische Kräfte sogar durch den luftleeren Zwischenraum hindurch wirken (➠ *Versuch 1*).

Eine magnetisierte Stricknadel schwimmt mit ihrem Nordpol N nach oben in Wasser (➠ *Versuch 2*). Ein Stabmagnet wirkt mit seinen beiden Polen N' und S' von außen auf den schwimmenden Nordpol N. Beim Start in der Nähe von N' besteht eine große Abstoßungskraft zwischen den beiden Nordpolen N' und N. Die anziehende Wirkung von S' auf N ist sehr gering. Die Stricknadel wird in bestimmter Richtung von N' weggestoßen und läuft nicht auf dem kürzesten Weg zum Südpol S' hin.

In jedem Punkt der Umgebung des Stabmagneten N'S' besteht zwischen den Polen N und N' eine Abstoßung und zwischen N und S' eine Anziehung. Diese Kräfte ändern von Ort zu Ort ihre Richtungen. Ihre Beträge ändern sich ebenfalls; sie hängen ja von der Entfernung der Pole ab. Ihre resultierende Kraft auf N ist somit von Ort zu Ort verschieden.

Der Nordpol N folgt in jedem Punkt seiner Bahn der resultierenden Kraft. Er beschreibt einen Bogen, der bei N' beginnt und bei S' endet. Die resultierende Wirkung lässt sich mithilfe einer einfachen Linie beschreiben. Verschieben wir den Startpunkt von N geringfügig, so beschreibt N einen anderen Bogen. Nach diesem und weiteren „Läufen" ergibt sich schließlich eine überschaubare, geordnete Struktur von Linien in der Umgebung des Magneten. Startet N an einer beliebigen Stelle im Wasser, so wird er entlang einer Linie dieser Struktur geführt.
Man nennt diese Struktur ein **magnetisches Feld**. Die **Feldlinien** beschreiben die Richtung der resultierenden Kraft, die ein *Test-Nordpol* in der Umgebung eines Magneten erfährt.

Merksatz

Der Wirkungsbereich eines Magneten heißt **magnetisches Feld**. Feldlinien geben die Richtung der Kraft an, die ein Test-Nordpol im Feld eines Magneten erfährt.

2. Feldlinien auf einen Blick

Ein *Test-Nordpol* erfährt in der Umgebung eines Magneten eine Kraft in Richtung der Feldlinien. Ein *Test-Südpol* erfährt dort eine entgegengesetzt gerichtete Kraft. Das gilt auch für die beiden Pole einer kleinen Magnetnadel. Die Kräfte drehen die Nadel und stellen sie in Feldlinienrichtung.

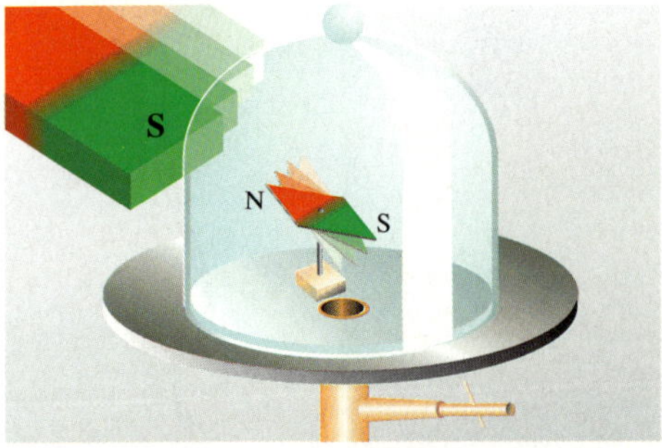

V1: Wir stellen eine Magnetnadel unter eine Glasglocke. Ihr Nordpol wird vom Südpol eines Stabmagneten angezogen, den wir von außen nähern. Daran ändert sich nichts, wenn wir die Luft aus der Glasglocke herauspumpen.

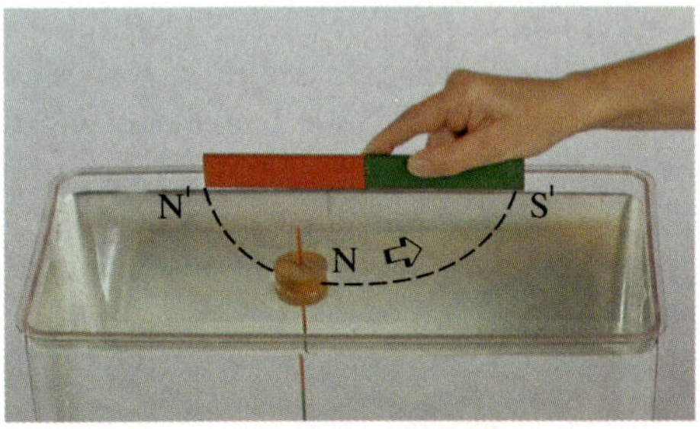

V2: Wir lassen eine magnetisierte Stricknadel mit ihrem Nordpol N nach oben an einem Korkstück schwimmen. Bringen wir sie in die Nähe des Nordpol N' eines langen Magneten, so stoßen sich die beiden Nordpole ab. (Der Südpol der Nadel ist so weit entfernt, dass die Kraftwirkung auf ihn in dem Versuch keine Rolle spielt). Der Nordpol N setzt sich in Bewegung und beschreibt die im Bild gestrichelte Bahn von N' nach S'. Wenn wir ihn unterwegs anhalten, startet er wieder längs dieser Bahn. Er folgt der Kraft, die auf ihn an dieser Stelle wirkt.
Stecken wir den Südpol der Nadel in den Korken, so bewegt sich die Nadel auf dieser Bahn in umgekehrter Richtung.

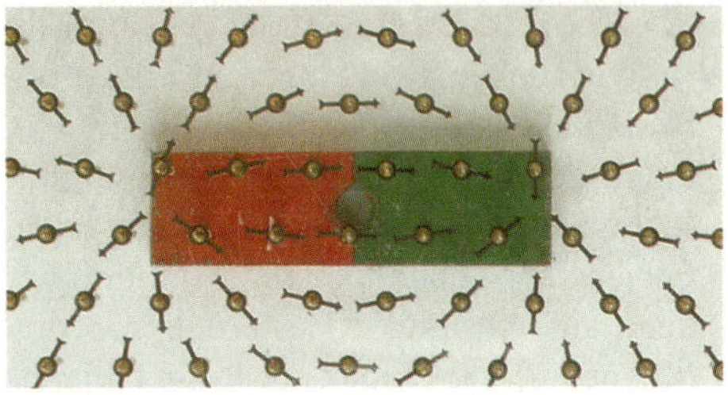

B1: Das Feld eines Stabmagneten

Reihen wir viele solcher Magnetnadeln aneinander, so bilden sie eine Kette entlang einer Feldlinie (➠ *Bild 1*). Mit mehreren nebeneinander liegenden Ketten erkennt man die Struktur eines Magnetfeldes auf einen Blick. Wir entdecken zum Beispiel in ➠ *Bild 2* parallele Feldlinien zwischen den Schenkeln eines Hufeisenmagneten.

Mit Eisenpulver erhalten wir ein noch feineres Bild magnetischer Feldlinien (➠ *Versuch 3*). Eisenfeilspäne werden im Feld selbst zu Dipolen. Wie Kompassnadeln bilden sie eine Vielzahl von Ketten und vermitteln ein übersichtliches Bild der Feldstruktur.

Wir erkennen in den Feldlinienbildern auch den Kontrast von Anziehung und Abstoßung (➠ *Bild 3*). Stehen sich Nordpol und Südpol gegenüber, so sehen wir zwischen den Polen *Brücken* aus Eisenpulver. Die Anziehung könnte man als *Zug* einer Feldlinie symbolisch beschreiben. Ganz im Gegensatz dazu steht die Abstoßung gleichnamiger Pole: Es sieht so aus, als wollten sich die Feldlinien wegdrängen. Auch in ➠ *Versuch 3* kann man bei parallelen Feldlinien die Tendenz erkennen, sich wegzudrängen.

Merksatz

Feldlinien verlaufen in der Umgebung eines Magneten vom Nordpol zum Südpol. In der Nähe der Pole laufen die Feldlinien dicht zusammen. Dort ist das Feld am stärksten.

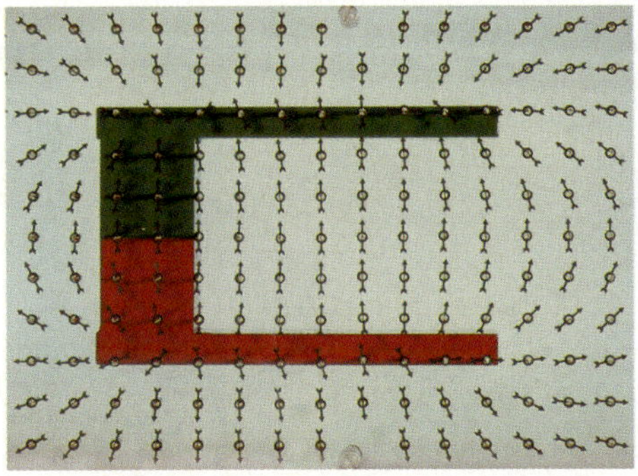

B 2: Homogenes Feld im Hufeisenmagnet

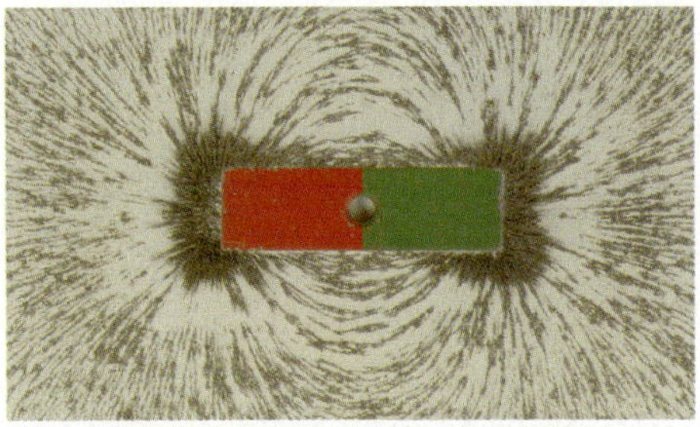

V 3: Wir legen eine Glasplatte über einen Stabmagnet und streuen Eisenpulver darauf. Das Pulver ordnet sich von selbst zu Ketten aus kleinen Dipolen.

3. Im Magnetfeld ist Energie gespeichert

Wir wissen, dass man eine bestimmte Portion Energie zuführen muss, um einen Körper gegen die Anziehungskraft der Erde zu heben. Die Energie steckt hinterher in der Lage des Körpers als vergrößerte Höhenenergie. Trennen wir einen Magneten von einem anderen unter Kraftaufwand, so müssen wir ebenfalls Energie zuführen (➠ *Bild 4*). Wo bleibt diese Energie?

Im Inneren der Magnete, also an den Elementarmagneten, hat sich nichts geändert. Diese waren ja schon vorher ausgerichtet, sodass hierzu jetzt keine weitere Energie benötigt wurde. Etwas hat sich aber doch verändert. Die Eisenfeilspäne in ➠ *Bild 4* zeigen, dass zwischen den Magneten ein vorher nicht vorhandenes Magnetfeld entstanden ist. Lässt man die Magnete wieder los, so werden sie aufeinander zu beschleunigt, und das Feld verschwindet wieder. Dies ist ein Hinweis darauf, dass Energie in einem magnetischen Feld in einer für uns neuartigen Form gespeichert werden kann. Da ein Magnetfeld ja auch im Vakuum existiert, kann Energie im materiefreien Raum gespeichert werden.

Merksatz

In einem Magnetfeld ist Energie gespeichert – sogar im Vakuum. Sie kann beim Verschwinden des Feldes in anderer Form genutzt werden.

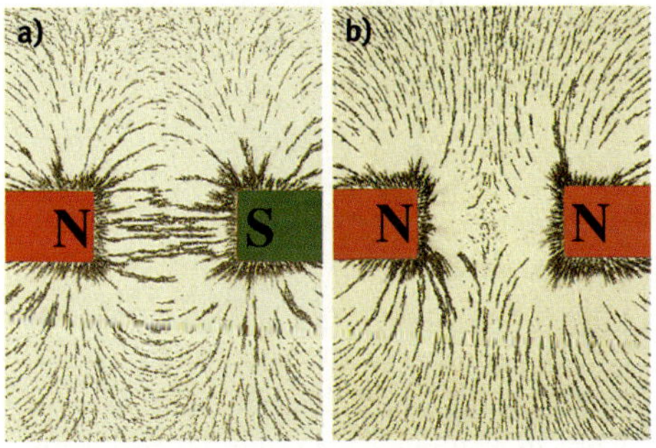

B 3: a) Anziehung ungleichnamiger Pole
b) Abstoßung gleichnamiger Pole

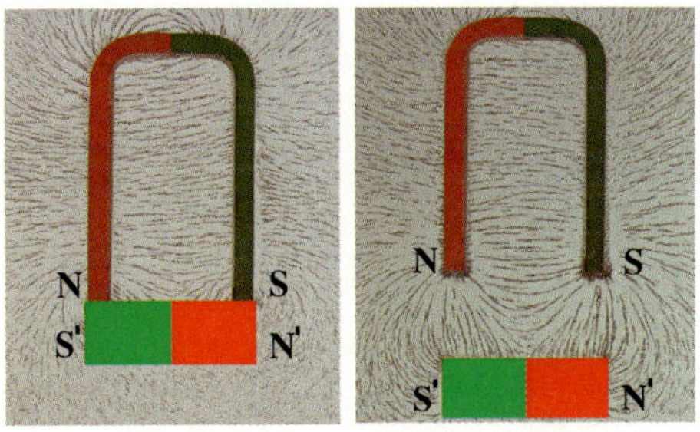

B 4: Unter Energieaufwand wurden die Magnete voneinander getrennt. Jetzt ist die Energie im Magnetfeld gespeichert.

Interessantes

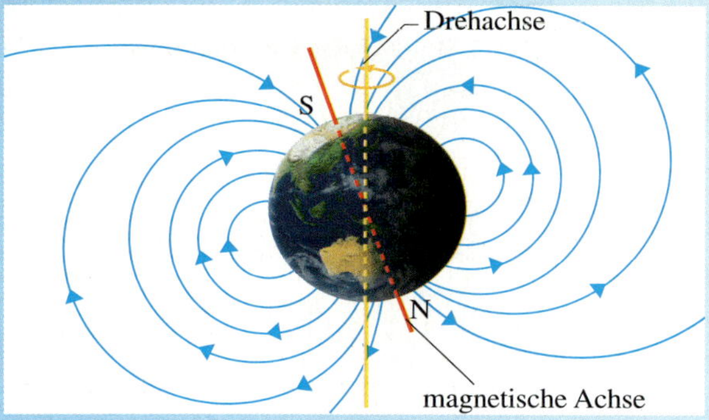

B1: Das Magnetfeld der Erde

Das Magnetfeld der Erde

A. Unsere Erde – auch ein Magnet?

Du weißt, dass eine Kompassnadel immer nach Norden zeigt. Warum tut sie das? Sie ist ein magnetischer Dipol und richtet sich entlang der Feldlinien eines Magnetfeldes aus. Offensichtlich ist es das *Magnetfeld der Erde*, das sie in die Nord-Süd-Richtung dreht. Das haben die Menschen schon sehr früh erkannt und den Kompass als Orientierungshilfe auf der Erde benutzt.

B. Die magnetischen Pole der Erde

Der Nordpol einer Kompassnadel weist in die Richtung des *magnetischen Südpols.* Dieser liegt somit in der Nähe des *geographischen Nordpols* der Erde (➡ *Bild 1*). Dort weist die Kompassnadel senkrecht nach unten. Umgekehrt liegt der *magnetische Nordpol* der Erde in der Nähe des geographischen Südpols. Die Magnetpole und die *geographischen Pole* der Erde fallen nicht zusammen.

Messungen haben ergeben, dass die Magnetpole der Erde unabhängig voneinander ihre Lage ändern. Sie verschieben sich langsam. Ihre Verbindungslinie geht nicht durch den Erdmittelpunkt.

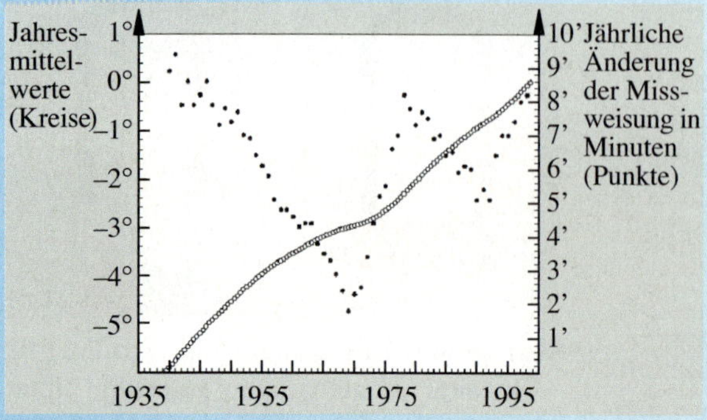

B2: Änderung der Missweisung im Lauf der Zeit

C. Die Deklination

Da der magnetische Südpol der Erde nicht mit dem geographischen Nordpol zusammenfällt, zeigt eine Kompassnadel in der Regel nicht genau nach Norden. Diese **Missweisung (Deklination)** ist von Ort zu Ort verschieden und verändert sich ständig. Messungen ergaben, dass sich an einem bestimmten Ort in Deutschland (z. B. Wingst) die Missweisung von – 5° im Jahr 1938 auf 0° im Jahr 1998 nahezu gleichmäßig verändert hat (➡ *Bild 2*).

Wir entnehmen der Karte (➡ *Bild 3*), dass die Deklination in Deutschland von Ort zu Ort verschieden ist. Auf der Linie Hannover – Kassel – Stuttgart hat sie zurzeit den Wert null.

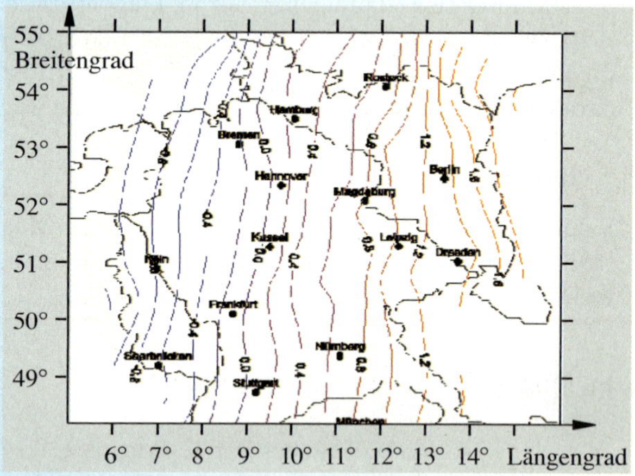

B3: Deklination in Deutschland 1998

D. Der Inklinationswinkel

Die magnetischen Feldlinien verlaufen schräg zur Erdoberfläche. Sie bilden mit der Horizontalen den *Inklinationswinkel*. Bei uns beträgt er etwa 65°. Wir messen ihn mit einer *Inklinationsnadel* (➡ *Bild 4*). Sie ist eine Kompassnadel, die sich um eine waagerechte Achse drehen kann.

B4: Deklination und Inklination

Interessantes

E. Woher rührt das Erdmagnetfeld?

Das Erdmagnetfeld kann nicht von einem Dauermagneten herrühren. Denn bei Eisen wird jede Magnetisierung schon ab etwa 750 °C beseitigt. Das Innere der Erde hat dagegen teilweise Temperaturen über 3000 °C, ist also glühend flüssig.

Man weiß, dass elektrische Ströme Magnetfelder erzeugen. Geophysiker vermuten daher starke elektrische Ströme im dünnflüssigen Eisen des äußeren Erdkerns (in etwa 3000 km Tiefe). Auf diese Ströme führt man das Erdmagnetfeld zurück. Wegen der *Erdrotation* verlaufen die Magnetfeldlinien im Inneren der Erde annähernd in Richtung der Drehachse.

F. Die Orientierung des Erdmagnetismus im Laufe der Erdgeschichte

Das Magnetfeld der Erde hat sich in Zeiträumen von Millionen von Jahren gewandelt und sogar seine Polung geändert. Davon zeugen eisenhaltige Gesteinsschichten vulkanischen Ursprungs, die von dem jeweiligen Magnetfeld der Erde magnetisiert und entsprechend orientiert wurden. Beim Abkühlen behielt das Gestein seine Ausrichtung dauerhaft bei.

Untersuchungen ergaben, dass sich die Richtung des erdmagnetischen Feldes etwa alle 500 000 Jahre umgekehrt hat. Die Richtungsänderung vollzog sich dabei innerhalb von 5000 Jahren. Diese Umkehrungen der letzten 80 Millionen Jahre sind genau erforscht.

G. Das Magnetfeld schützt die Erde

Das Magnetfeld der Erde reicht über die Atmosphäre hinaus. Es lenkt von der Sonne kommende elektrisch geladene Teilchen hoher Energie *(Sonnenwind)* ab und schützt so Menschen, Tiere und Pflanzen vor dieser gefährlichen Strahlung.

H. Die Geschichte des Magnetismus

Seit mehr als 2500 Jahren kennt man magnetische Erscheinungen. Um 585 v. Chr. beschrieb THALES die Anziehung von kleinen Eisenstückchen durch gewisse Eisenerze. Etwa 200 Jahre später ließ PLATO in einer Schrift seinen Lehrer SOKRATES berichten, dass Magneteisensteine ihre Kraft über mehrere Eisenringe hinweg auf andere Ringe übertragen können.

Praktische Bedeutung gewann der Magnetismus durch die Einführung des Kompasses, der wahrscheinlich aus China stammt. Er wurde von den Arabern nach Europa gebracht. Hier diente er schon im 13. Jahrhundert insbesondere in den nördlichen Breiten als Navigationshilfsmittel bei Nebel auf hoher See. Ohne den Kompass sind die Entdeckungsreisen über die Weltmeere im 15. Jahrhundert und die damit verbundenen kulturellen und wirtschaftlichen Veränderungen schwer vorstellbar.

Pierre DE MARICOURT (1269) kannte bereits die unterschiedlichen Pole eines Magneten und deren wechselseitige Anziehung und Abstoßung. Ihm war auch bekannt, dass beim Auseinanderbrechen eines Magneten wieder Dipole entstehen.

Der bedeutendste Gelehrte des Magnetismus seiner Zeit war der Londoner Arzt William GILBERT (De Magnete, 1600). Er stellte Kugeln aus Magneteisenstein her und markierte die mit einer Kompassnadel gefundenen Meridiane. Er wies die Inklination auf einer Eisenkugel nach. So vermutete er, dass das Innere der Erde aus Magneteisenstein besteht.

I. Das Magnetfeld als Navigationshilfe für Tiere

Wie Zugvögel aus Tausenden von Kilometern Entfernung ihr Brutgebiet ansteuern können und anschließend wieder zurückfinden (➠ *Bild 5*), war lange Zeit ein Geheimnis der Natur. Inzwischen weiß man, dass dabei auch das Magnetfeld der Erde Navigationshilfe leistet. Ihr *„Kompass"* ist ein *magnetischer Sensor,* der sich in der Haut oberhalb des Schnabels befindet. Dort sind magnetische Eisenoxid-Kristalle in Sinneszellen eingebettet. Die Zellen reagieren auf mechanische Reize. Vermutlich drükken die Kristalle je nach Ausrichtung des Kopfes im Magnetfeld auf verschiedene Nervenmembranen, die den Reiz an das Gehirn weiterleiten.

Der Kompass der Vögel kennt keinen Norden oder Süden. Seine Richtungsangaben lauten *polwärts* oder *äquatorwärts.* Im Gegensatz zum üblichen Kompass, der die Nordrichtung anzeigt, zeigt der Vogelkompass den Inklinationswinkel an, der sich von null am Äquator bis 90° an den Polen ändert.

Weitere wichtige Orientierungshilfen der Zugvögel sind *Sonnenstand und Sternenhimmel.*

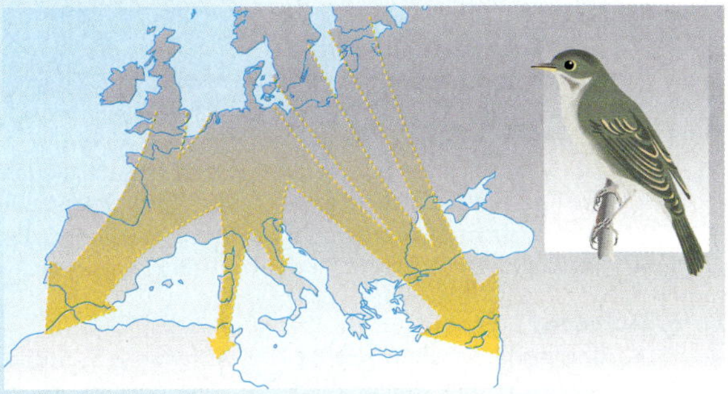

B5: Vogelflugkarte

Methoden

Planarbeit

Ziel einer **Planarbeit** kann sein, dass du ein neues Thema selbstständig erarbeitest. Für eine Planarbeit erhältst du eine Anleitung, die nachfolgend erläutert wird. Planarbeit hat den Vorteil, dass du die zur Verfügung stehende Bearbeitungszeit nach deinem Lern- und Arbeitstempo einteilen kannst. So kannst du dich ausführlich und intensiv solchen Sachverhalten widmen, die dir Schwierigkeiten bereiten oder die dich interessieren. Planarbeit kannst du allein oder auch in einer Kleingruppe durchführen.

Eine **Anleitung zur Planarbeit** enthält dabei:
- das zu bearbeitende Thema
- die zur Verfügung stehende Zeit
- die zur Verfügung stehenden Hilfsmittel (Bücher, Experimentiermaterial)
- die zu erledigenden Aufträge
- die Art der Dokumentation
- Kontrollaufgaben, mit denen du überprüfen kannst, ob du den Stoff verstanden hast.

Planarbeit zum Thema „Magnete und ihre Pole"

Zeit: 2 Schulstunden und Nacharbeit zuhause; Präsentation in der folgenden Schulstunde

Ziele:
- Auffrischen und Ergänzen der Vorkenntnisse aus dem Fach Naturphänomene
- Erarbeiten des Themas „Magnetische Kräfte" anhand des Schulbuchs
- Vorbereiten einer Versuchpräsentation

Arbeitsaufträge:
1. Schreibe **Stichworte** auf, die dir zum Thema „Magnete" aus dem Unterricht Naturphänomene und aus dem Alltag einfallen.
2. **Ordne** deine Stichworte zum Thema „Magnete" und erstelle dazu eine **Mindmap** (➡ Schulbuch Seite 75).
3. Versehe deine Stichworte zum Thema „Magnete" mit **Inhalt**.
4. Überlege dir zu deinen Stichworten geeignete **Versuche**, mit denen du den jeweiligen Sachverhalt verdeutlichen kannst. Führe einige der Versuche durch (Lehrer stellt Material aus der Physiksammlung zur Verfügung). Dokumentiere die von dir durchgeführten Versuche:
   - Fertige eine Versuchsskizze mit Beschreibung an.
   - Erläutere die Versuchsdurchführung.
   - Schreibe deine Beobachtungen auf.
   - Ziehe aus deinen Beobachtungen entsprechende Folgerungen.
   - Erkläre – falls möglich – die Versuchsergebnisse.
5. Schreibe eine **Zusammenfassung**, die du auch für die nächste Klassenarbeit verwenden kannst. Bei deiner Zusammenfassung sollst du auf **folgende Stichworte** eingehen:
   - Magnetische und nichtmagnetische Stoffe
   - Magnetpole:
     - Was versteht man unter einem Magnetpol?
     - Unterscheidung von Arten von Magnetpolen
     - Gibt es magnetische Einzelpole?
     - Namensgebung: Nordpol und Südpol
   - Kräfte zwischen Magnetpolen
   - Wirkung gleichnamiger bzw. ungleichnamiger Magnetpole nach außen hin
6. **Hilfsmittel**
   - Schulbuch Seite 166 und 167
   - Internetrecherche mit einer Suchmaschine (überlege dir hierzu geeignete Suchbegriffe)
7. **Präsentation eines Versuchs**
   - Den Versuch musst du so gut ausarbeiten, dass du ihn vor der Klasse durchführen und erklären kannst.
   - Fertige für die Präsentation dieses Versuchs eine Folie mit den wichtigsten Inhalten an. Fasse die Ergebnisse deines Versuchs in wenigen Sätzen zusammen. Formuliere wenn möglich einen Merksatz.
   - Fertige dazu für deine Mitschüler ein Handout an.
8. **Aufgaben**
   - Bearbeite Schulbuch Seite 176, Aufgabe A 3, S. 201, Aufgabe A 5.
   - Denke dir zum Thema „Magnete" eine Aufgabe für die Klasse aus.

Methoden

Wie lernt man Physik?

Viele sagen „Physik habe ich in der Schule nie verstanden …" und hängen gerne an: „… weil mein Lehrer nicht erklären konnte!" Diese bequeme Ausrede dürfte heute nicht mehr gelten. In allen Fächern wirst du herausgefordert, dich alleine oder in der Gruppe mit den zu lernenden Inhalten auseinanderzusetzen. Auch im Physikunterricht bist du auf Selbstständigkeit beim Lernen angewiesen. Dabei hilft es dir, wenn du bestimmte Dinge von Anfang an gut einübst:

- **Einen Physiktext lesen:** Wie das *Haus der Physik* entstanden ist und wie es fertig aussieht, kann man in Physikbüchern nachlesen. Im *Inhaltsverzeichnis* sucht man das Thema, über das man sich informieren will. Im *Register* sucht man Begriffe und Wörter, deren Bedeutung unklar ist. *Bilder* vermitteln Anschaulichkeit, *Tabellen* liefern Überblicke.
  Es hilft dir beim Lesen, wenn du dir klar machst, was du vom Buch wissen willst: In diesem Buch z. B. steht in der breiten Hauptspalte immer, wie es *im Haus der Physik* aussieht. Den Hinweisen auf die Außenspalte gehst du nach, wenn du wissen willst, wie *das Haus gebaut* worden ist.
- **Verständnisfragen stellen und beantworten:** Manchmal stößt du beim Lesen auf Fragen, bei denen dir Inhaltsverzeichnis und Register nicht weiterhelfen. Bei *gemeinsamem Lernen* hilft und fordert man sich gegenseitig. Du musst dem Lernpartner deine Frage erklären und erfährst mit der Antwort eine andere Sicht auf die Dinge. Wenn beim Erklären von Fragen und Erklären von Antworten neue Fragen auftauchen, darf dies euch nicht entmutigen.
- **Im Zusammenhang darstellen und präsentieren:** Sollst du z. B. ein Referat halten oder ein Wandplakat anfertigen, so brauchst du einen Plan. Versetze dich in die Situation deiner Zuhörer oder Leser, die vielleicht zum ersten Mal in diesem Teil des „Gebäudes" sind. Überlege genau, welche Medien (Experimente, Bilder) du einsetzen willst, damit alle dort ankommen, wo du sie hinführen möchtest.

Wie betreibt man Physik?

Vieles, was in Physikbüchern steht, kannst du selber herausfinden. Das erfordert Geduld, führt über Umwege und ist im Buch nie in aller Ausführlichkeit dargestellt. Im Unterricht ist oft die Zeit knapp; die Lehrerin oder der Lehrer hilft dann den Weg zu gehen, den man vom Ziel aus rückblickend als einen direkten Weg erkennen kann. Das ist so wie nach dem Anstieg auf einen Berggipfel: Erst von dort überblickt man zum ersten Mal den mit Mühe gegangenen Weg.

- **Mit Experimenten Theorie voranbringen:** Experimente werden in der Physik nicht gemacht, um zu zeigen, „wie es ist". Man erforscht vielmehr, ob etwas so ist, wie man vermutet oder wie es theoretische Überlegungen behaupten. Man weiß schon etwas und stößt auf eine Frage. Man vermutet eine Antwort und plant ein Experiment, um die Vermutung zu prüfen. Dabei ist Kreativität gefordert.
- **Experimente sorgfältig durchführen:** Jedes physikalische Experiment ist eine Frage an die Natur. Auch dabei gilt: Je mehr man schon weiß, desto präzisere Fragen kann man stellen. Man führt das Experiment durch und notiert alle Beobachtungen (nicht nur die zur vermuteten Antwort passenden!). Die Auswertung soll dann die Antwort auf die gestellte Frage liefern; sie kann aber auch Zweifel wecken und die Theorie in Frage stellen.
- **Ergebnisse präzise beschreiben:** Lange vor Telefon und Internet haben Physikerinnen und Physiker Ergebnisse ausgetauscht, verglichen und kontrolliert. Die Beschreibung des Hauses der Physik ist in allen Sprachen gleich. Dabei helfen Verabredungen über Begriffe, Fachsprache und Mathematik.
- **Schwierigkeiten aushalten:** Weil Physik als Theorie im Kopf entsteht und in Experimenten ständig an der realen Natur überprüft werden muss, sind Widersprüche und Rückschläge unausweichlich. Erfolgreiche Physikerinnen und Physiker sind solche, die ihre Ideen selbstkritisch, geduldig und hartnäckig verfolgen.

Das ist wichtig

B1: Eisenpulver an einem Stabmagneten

1. Die Pole eines Magneten

Jeder Magnet besitzt einen **magnetischen Nordpol** und einen **magnetischen Südpol**. Gleichnamige Pole zweier Magnete stoßen sich ab, ungleichnamige ziehen sich an.
Gleichnamige Pole verstärken sich, ungleichnamige Pole schwächen sich in ihrer Wirkung nach außen.

2. Elementarmagnete

Der Magnetismus von Eisen lässt sich mithilfe der **Elementarmagnete** beschreiben. Es sind magnetische Dipole, die auch in – nach außen unmagnetischem Eisen – schon enthalten sind. Sie werden also beim **Magnetisieren** nicht erzeugt, sondern geordnet. In **weichmagnetischen Stoffen** lassen sie sich leicht ausrichten, gehen aber ebenso leicht wieder in den ungeordneten Zustand über.
In **hartmagnetischen Stoffen** wie Stahl und speziellen Legierungen behalten die Elementarmagnete nach dem Magnetisieren ihre Ordnung bei. Aus solchen Stoffen fertigt man **Dauermagnete**.

3. Das Zusammenwirken magnetischer Kräfte

Bei der Halbierung einer magnetisierten Nadel entstehen wieder zwei vollständige Magnete. Das liegt daran, dass an der Bruchstelle auf der einen Seite alle Nordpole, auf der anderen Seite alle Südpole der dort nebeneinander liegenden Elementarmagnete zusammenwirken und jeweils einen starken Magnetpol bilden. Vor der Trennung schwächten sich die aneinander liegenden Nord- und Südpole gegenseitig in ihrer Wirkung nach außen. Daher erscheint die Mitte der magnetisierten Nadel unmagnetisch.

4. Das magnetische Feld

Der Wirkungsbereich eines Magneten heißt **magnetisches Feld**. In ihm ist Energie gespeichert. Auch die Erde ist von einem Magnetfeld umgeben. Eine Magnetnadel stellt sich in Richtung der **magnetischen Feldlinien** ein. Eine Kompassnadel weist nach Norden in Richtung des magnetischen Südpols. Eine Inklinationsnadel zeigt den Winkel, den die Feldlinien mit der Horizonalen bilden, an.

Aufgaben

A1: Eine Schülerin überlegt Folgendes: In einem Nagel befinden sich ungeordnete Elementarmagnete. Sie besitzen genauso viele Nordpole wie Südpole. Nähert man den Nordpol eines Stabmagneten, so werden die Südpole der Elementarmagnete angezogen, aber ebenso viele Nordpole abgestoßen. Trotzdem heben sich die Kräfte nicht auf: Der Nagel wird von dem Nordpol angezogen. Wie kann man das verstehen?

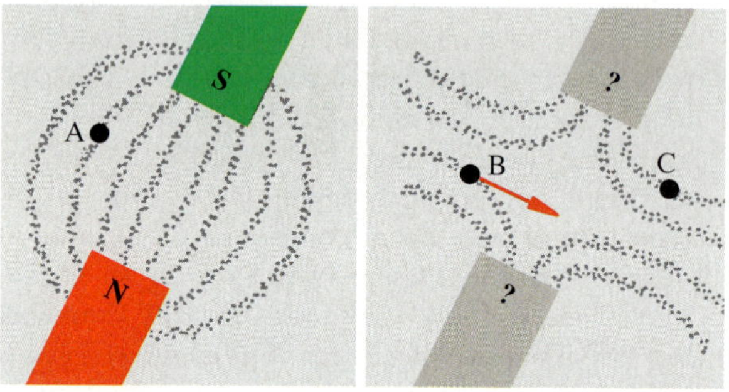

A2: Zeichne das obige Bild in dein Heft. **a)** Am Punkt A befindet sich ein Test-Nordpol (linkes Bild). Skizziere die auf ihn einwirkende Kraft durch einen Kraftpfeil. Zeichne durch A auch Feldlinien der einzelnen Magnete mit in das Bild. In welche Richtungen wirken ungefähr die einzelnen Kräfte auf den Test-Nordpol? **b)** Welche Pole stehen sich im rechten Bild gegenüber? Wie würde sich eine Kompassnadel im Punkt C ausrichten? (Im Punkt B befindet sich ein Test-Nordpol.) **c)** Woran könnte man die gegenseitige Wirkung der Magnete aufeinander erkennen, auch wenn die Polbezeichnungen in beiden Bildern fehlten?

A3: Ein Stabmagnet und ein Stab aus unmagnetisiertem Weicheisen sollen völlig gleich aussehen. **a)** Wie kannst du mit einem weiteren Magneten feststellen, welcher Stab aus Weicheisen besteht? **b)** Wie kannst du diese Entscheidung treffen, wenn kein zweiter Magnet zur Verfügung steht? Erläutere dein Vorgehen auch anhand von Skizzen.

A4: **a)** Der Polarstern steht für uns über dem Nordpunkt des Horizonts. Wie kann man auf der Nordhalbkugel der Erde zu jedem Ort die Deklination bestimmen? **b)** Wo befinden sich auf der Erde Orte mit der Deklination 180°? **c)** Was beschreibt man mit Deklination, was mit Inklination? Was ergeben beide zusammen?

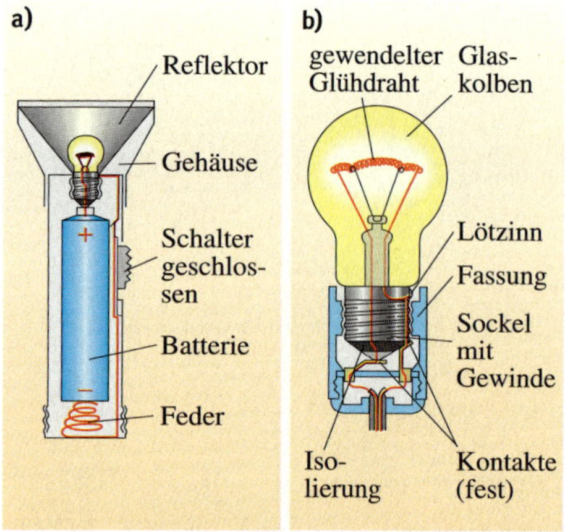

B1: a) Bei Stabtaschenlampen ist das Gehäuse Teil des Stromkreises. **b)** Glühlampe

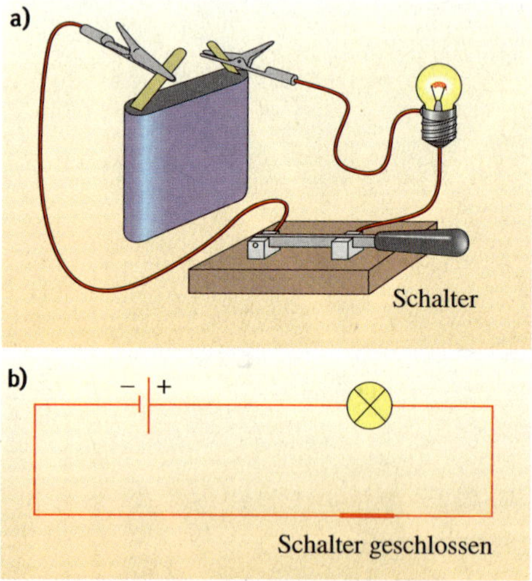

B2: a) Stromkreis mit Schalter und langen Kupferleitungen **b)** Schaltplan

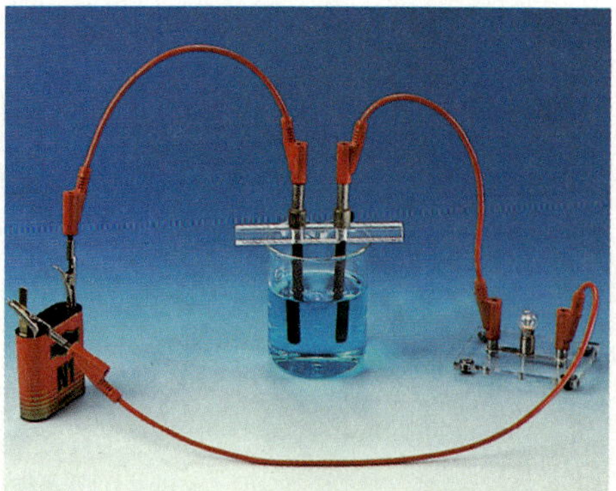

V1: In ein Glasgefäß geben wir zwei Kohlestäbe. Dann wird das Gefäß mit verschiedenen Flüssigkeiten gefüllt. Das Leuchten des Lämpchens zeigt, ob die Flüssigkeit ein Leiter ist oder nicht.

Stromkreis – Leiter – Isolatoren

1. Was gehört zu einem Stromkreis?

Der Umgang mit „Strom aus der Steckdose“ bringt Gefahren. Um zu verstehen, wie man sich davor schützt, experimentieren wir mit den Teilen einer ungefährlichen Taschenlampe.

Das Lämpchen einer Taschenlampe leuchtet, wenn wir seinen unteren metallischen Kontaktknopf mit dem Pluspol (+) der Stabbatterie und zusätzlich sein Lampengewinde durch einen Draht mit dem Minuspol (–) verbinden (➠ *Bild 1 a*). Eine solche *metallische Verbindung* besorgt das Gehäuse der Taschenlampe in seinem rot gezeichneten Teil. Das Lämpchen wird mit der Batterie als **Stromquelle** in einen **geschlossenen Stromkreis** einbezogen.

Wenn man dagegen die beiden Anschlüsse des Lämpchens unmittelbar mit einem Draht verbindet, liegt zwar ein geschlossener Leiterkreis vor. Trotzdem leuchtet das Lämpchen nicht. Hier fehlt nämlich die Stromquelle, sei es eine Batterie, ein Fahrradgenerator oder ein Akkumulator (kurz Akku).
Wir legen nach ➠ *Bild 2 a* zwischen die Batterie und das Lämpchen lange **Leitungen** aus Kupferdraht. Dann leuchtet das Lämpchen auch weitab von der Batterie. Zudem können wir mit dem **Schalter** den Stromkreis an einer beliebigen Stelle unterbrechen und wieder schließen.
Man nennt die Anschlüsse einer Stromquelle **Pole** und unterscheidet sie durch **Plus-** oder **Minuszeichen**. Sie haben nichts mit magnetischen Polen zu tun. Pole nennt man allgemein Stellen, die durch einen Gegensatz gekennzeichnet sind: Pole der Erde, einer Batterie, eines Magneten.
Die uns noch nicht genauer bekannte „Elektrizität“ braucht einen Rückweg zur Stromquelle, sie führt einen Kreislauf aus. Wir sprechen davon, dass **Elektrizität strömt** und denken an den Blutkreislauf mit dem Herzen als Pumpe und den Körperorganen als Durchlaufstationen. Gas dagegen strömt zum Küchenherd und verbrennt dort; es braucht keine Rückleitung.

Der **Schaltplan** nach ➠ *Bild 2 b* stellt die Teile des Stromkreises in ihrer *physikalisch wesentlichen Zuordnung* dar. Die **Schaltzeichen** bezeichnen die benutzten Bestandteile. Die Linien symbolisieren die verbindenden Leitungen.

2. Leiter und Isolatoren

Wir entfernen den Schalter in ➠ *Bild 2 a* und überbrücken die entstandene Lücke durch verschiedene Materialien. Benutzen wir dazu Metalle oder Grafitminen aus Bleistiften, so leuchtet das Lämpchen hell auf. Man sagt, diese Stoffe seien **gute Leiter**. Bei Gegenständen aus Glas, Porzellan, Kunststoff, Gummi usw. dagegen leuchtet das Lämpchen nicht. Sie sind **Isolatoren**. Auch Luft unterbricht als guter Isolator den Stromkreis, etwa in Schaltern.

In Bädern und anderen Feuchträumen muss man besonders vorsichtig sein. Leitet also auch Wasser? Nach ➠ *Versuch 1* leitet Wasser besonders gut, wenn ihm verdünnte Säuren, Basen (Laugen) oder Salzlösungen beigefügt sind. Destilliertes Wasser dagegen leitet nicht.
Wir schütten Kochsalz in ein neues Gefäß zwischen die Kohlestäbe. Das Lämpchen bleibt dunkel. Gießen wir destilliertes Wasser dazu, leuchtet das Lämpchen umso stärker, je mehr Salz sich gelöst hat. Die schwache Leitfähigkeit von Leitungswasser und von feuchtem Erdreich rührt von gelösten Stoffen her.
Auch unser Körper leitet den Strom, besonders gut die Blutbahnen, Muskeln und Nervenstränge. Trockene Haut dagegen leitet nur schlecht. Wenn die Haut aber durch Regen, Schweiß oder im Bad feucht geworden ist, wird die Gefahr elektrischer Schläge größer. Man darf deshalb keine elektrischen Geräte anfassen, wenn man sich im Badewasser befindet oder mit feuchten Füßen auf dem Boden steht. Nimm solche **Gefahrenhinweise**, die wir auch im Folgenden geben, sehr ernst!

Merksatz

Der **elektrische Stromkreis** enthält eine **Stromquelle** und ist durch Leiter geschlossen. **Leiter** sind Metalle, Graphit, Säuren, Basen und Salzlösungen. **Isolatoren** sind Luft, Bernstein, Glas, Gummi, Keramik und die meisten Kunststoffe.

3. Gase leuchten, wenn sie leiten

Beim Blitz wird Luft kurzzeitig leitend; dabei leuchtet sie. Auch in Neonröhren für Reklamezwecke und in Leuchtstoffröhren leiten Gase, und zwar bei niedrigem Druck. Wir untersuchen jetzt dieses Leuchten von Gasen, wenn sie Strom leiten.

- In ➠ *Versuch 2* schließt man die Drähte einer **Glimmlampe**, *Elektroden* genannt, an ein Netzgerät. Dann leuchtet das Gas um die Elektrode, die mit dem Minuspol verbunden ist, hellrot auf. Das sonst gut isolierende Gas Neon wird leitend.
  Vertauscht man die Anschlüsse an der Glimmlampe oder an der Stromquelle, so leuchtet das Gas um die andere Elektrode. Diese ist jetzt mit dem Minuspol verbunden. Mit einer Glimmlampe kann man also (+)- und (–)-Pol unterscheiden.
- Zwei baugleiche, in Reihe geschaltete Glühlampen leuchten gleich hell (➠ *Versuch 3 a*). Sie führen einen Strom gleicher Stärke. Jetzt ersetzt man eine durch eine Glimmlampe (➠ *Versuch 3 b*). Die Glühlampe leuchtet kaum, die Glimmlampe dagegen hell. Die Glimmlampe bleibt dabei kalt. Sie setzt also weniger Energie um als die Glühlampe. Glimmlampen sind beim Stromnachweis empfindlicher als Glühlampen.

Merksatz

Unter besonderen Umständen leiten auch Gase. Dann senden sie Licht aus. In Glimmlampen leuchtet das Gas nur um die Elektrode, die mit dem Minuspol der Stromquelle verbunden ist.

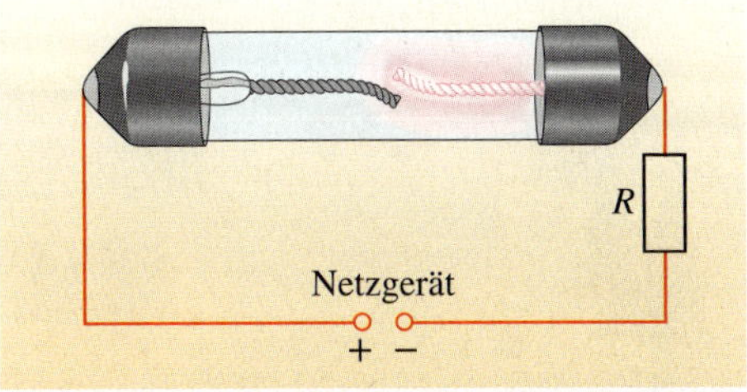

V 2: Eine Stabglimmlampe besteht aus zwei Drähten, die in ein Glasröhrchen eingeschmolzen sind und sich nicht berühren. Das Röhrchen enthält das Edelgas Neon unter vermindertem Druck. Schließt man die Glimmlampe an ein Netzgerät, so leuchtet das Gas um eine Elektrode.

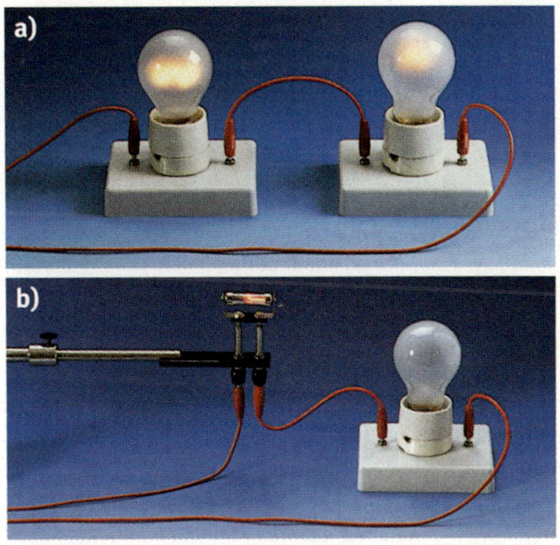

V 3: a) Reihenschaltung von zwei 15 Watt-Glühlampen: Beide leuchten gleich hell. **b)** Reihenschaltung einer Glimmlampe und einer 15 Watt-Glühlampe. Wird die Quelle stärker gemacht, so leuchtet die Glimmlampe vor der Glühlampe auf.
Vorsicht: Versuch ist nur für Lehrer!

Aufgaben

A 1: Vergleiche das Lämpchen einer Taschenlampe mit einer großen Glühlampe (➠ *Bild 1*). Verfolge jeweils die rot gezeichnete Stromführung. Welche Drähte dienen nur zum Halten des dünnen Glühfadens? Warum sind das Lampengewinde und der untere Kontaktpunkt gegeneinander isoliert?

A 2: Wozu dient bei Stabtaschenlampen die Feder unten am Schraubgewinde? Prüfe deine Vermutung an einer Taschenlampe. Wie funktionieren Taschenlampen mit Kunststoffgehäuse?

B1: Ein Fluss, der eine Straße unterbricht, wird mit einer Autofähre bzw. einer Brücke überbrückt.

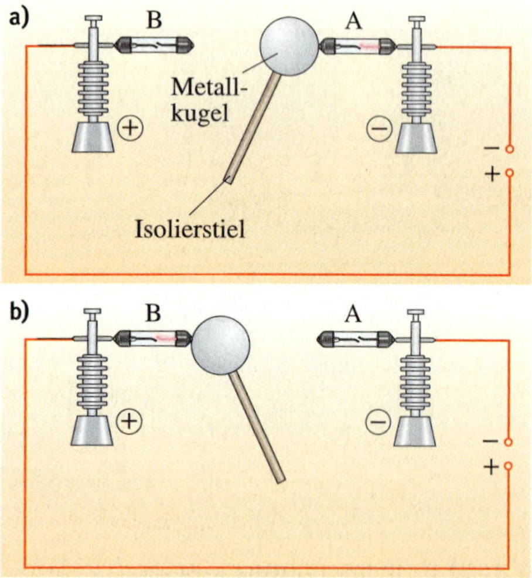

V1: Der Stromkreis zwischen den Glimmlampen A und B ist unterbrochen. **a)** Wir berühren die rechte Glimmlampe A mit einer Metallkugel, die auf einem Isolierstiel sitzt. Sie blitzt kurz an dem der Metallkugel abgewandten Ende auf. **b)** Anschließend bringen wir die Metallkugel von A zur linken Glimmlampe B. Diese blitzt beim Berühren kurz an dem der Metallkugel zugewandten Ende auf.

B2: Ein geladener Konduktor wird mit einer Glimmlampe berührt. Sie blitzt auf.

Elektrische Ladung

1. Im Stromkreis fließt Ladung

Wir haben uns schon mit Strömungen von Wasser und von der Energie (bei Wärmeleitung) beschäftigt. Könnte nicht auch in einem elektrischen Stromkreis etwas strömen? Dass Stromkreise geschlossen sein müssen, damit elektrische Geräte funktionieren, nehmen wir als ersten Hinweis dafür, dass in den Leitungen eine Art elektrische Substanz strömt.

Gibt es noch deutlichere Hinweise? Betrachten wir zum Vergleich eine Straße, die durch einen Fluss unterbrochen wird (➠ *Bild 1*). Der Verkehrsstrom kann durch eine Fähre aufrecht erhalten werden, die Autos portionsweise über den Fluss transportiert. Man kann aber auch eine Brücke über den Fluss bauen, die einen kontinuierlichen Verkehrsstrom ermöglicht.

Gibt es etwas Ähnliches auch beim elektrischen Stromkreis? Lässt sich vielleicht eine elektrische Substanz an den Polen einer Quelle abzapfen und wie mit einer Fähre „portionsweise" über eine Unterbrechungsstelle im Stromkreis transportieren?
Tatsächlich: Berührt man in ➠ *Versuch 1a* mit einer Metallkugel die rechte Glimmlampe A, so blitzt sie kurz auf. Man schließt daraus, dass ein kurzer Stromstoß erfolgt ist. Berührt man anschließend mit der Metallkugel die linke Glimmlampe B, so blitzt diese auch kurz auf (➠ *Versuch 1b*).
Wir berühren mit der Metallkugel nochmals die Glimmlampe A. Berühren wir sie dann an irgendeinem Ort im Physiksaal mit einer anderen Glimmlampe, so blitzt diese kurz auf (➠ *Bild 2*). Die Metallkugel hat offenbar bei A etwas von der vermuteten elektrischen Substanz abgezapft, das sie jetzt mit einem kleinen Stromstoß wieder abgibt. Man sagt, *die Kugel war elektrisch geladen*. Diese **elektrische Ladung** haben wir in ➠ *Versuch 1b* mit der Kugel („Ladungsfähre") portionsweise über die Lücke im Stromkreis von A nach B transportiert – analog zur Autofähre.

Elektrischer Strom bedeutet also: Es *fließt elektrische Ladung*. Man betrachtet diese *Ladung* als *Substanz*, die an elektrischen Vorgängen beteiligt ist.

In einem zweiten Versuch berühren wir mit einer geladenen Kugel eine zweite ungeladene Kugel. Anschließend leuchtet die Glimmlampe an jeder der beiden Kugeln auf, aber jeweils schwächer als zuvor. Die Ladung wurde also auf beide Kugeln aufgeteilt.
Ist bei dieser Aufteilung die eine der beiden Kugeln kleiner, so blitzt an ihr die Glimmlampe schwächer auf als an der größeren. Die kleinere Kugel kann also weniger Ladung aufnehmen als die größere. Elektrische Ladung lässt sich aufteilen, ähnlich wie eine Wassermenge. Man sagt deshalb, die elektrische Ladung habe **Mengencharakter**.

Auf geladenen Kugeln besteht kein „Strom"; sie tragen **ruhende Ladungen**. Das Wort „elektrischer Strom" benutzt man nur für das Strömen von elektrischer Ladung. Unsere Sinne nehmen ruhende Ladung nicht unmittelbar wahr, auch nicht die in den Leitungen fließende. Wohl aber sehen wir ihr Abfließen in Luft an einem kleinen „Blitz", besonders deutlich in der Glimmlampe. Das dabei zu hörende Knistern ist ein schwacher Donner. Dabei wird etwas Energie freigesetzt.

Merksatz

Mit einer isolierten Metallkugel kann man elektrische Ladung portionsweise transportieren. Elektrischer Strom ist fließende Ladung.

2. Geht im Stromkreis Ladung verloren?

Bei einem Verkehrsstrom über einen Fluss gehen keine Autos verloren. Gilt Entsprechendes auch für den Transport elektrischer Ladungen? Wir überbrücken die Unterbrechungsstelle AB in ➠ *Versuch 1* durch einen guten Leiter, z. B. einen Kupferdraht. Er entspricht der Brücke beim Verkehrsstrom über einen Fluss. Nun leuchten beide Glimmlampen ständig, und zwar diejenige am Ende des Kupferdrahtes genauso hell wie die am Anfang. In der ersten Glimmlampe und im Draht geht also von der kontinuierlich fließenden Ladung nichts verloren.
Jetzt überbrücken wir die Unterbrechungsstelle AB mit einer Schnur, die nur wenig angefeuchtet ist. Wieder leuchten beide Glimmlampen gleich hell, aber viel schwächer als beim Kupferdraht. Die feuchte Schnur ist nämlich ein schlechterer Leiter als der Kupferdraht. Dennoch bleibt auch darin keine Ladung hängen. Diese Beobachtungen sprechen für folgende Vorstellung:
In unserem Stromkreis fließt an jeder Stelle immer gleich viel Ladung. Eine Stromquelle erzeugt keine Ladung. Sie ist nur eine *Ladungspumpe*. Sie führt dem Draht an einem Ende nur so viel Ladung zu, wie dieser am anderen Ende an die Stromquelle zurück gibt. Einen Stromkreis kann man also durch einen Wasserstromkreis veranschaulichen; der Stromquelle entspricht die Wasserpumpe, die den nötigen Druckunterschied als Antrieb herstellt. ➠ *Bild 3* veranschaulicht unsere Vorstellung.
Zum Pumpen braucht man **Energie**. Wenn man z. B. einen Fahrradgenerator nicht in Bewegung hält, ihm also keine Energie zuführt, so pumpt er keine Ladung. Eine „leere" Batterie hat ihre zum Pumpen nötige Energie an den Stromkreis abgegeben. Dort wurde die Energie z. B. von einer Lampe in Licht und innere Energie gewandelt.

Merksatz

In einem geschlossenen Stromkreis fließt ständig elektrische Ladung im Kreis. Die Stromquelle pumpt sie unter Aufwand von Energie hindurch, erzeugt die Ladung aber nicht. Auch wird Ladung nirgendwo vernichtet.

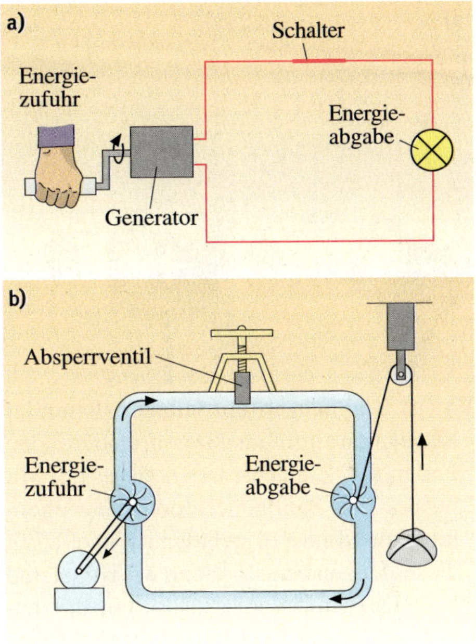

B3: Vergleich von **a)** elektrischem Stromkreis und **b)** Wasserstromkreis

Aufgaben

A1: Vergleiche Wasserstromkreis und elektrischen Stromkreis (➠ *Bild 3*). **a)** Was entspricht der Wasserpumpe, der vom Wasser angetriebenen Turbine, dem Absperrventil? **b)** Geht Wasser verloren? Warum brauchen Pumpe und Turbine je zwei Wasseranschlüsse? **c)** Könnte man das Absperrventil auch in die Rückleitung legen? **d)** Was könnte beim Wassermodell einem schlechten elektrischen Leiter entsprechen? **e)** Vergleiche die Formulierungen: Der Schalter ist geöffnet (geschlossen); das Ventil ist geöffnet (geschlossen). **f)** Man muss der Wasserpumpe ständig Energie zuführen. Wohin gelangt sie? Geht sie verloren? Wie ist es bei einem Stromkreis?

A2: **a)** Ist es korrekt zu sagen, in einer Steckdose sei Strom, auch wenn kein Gerät angeschlossen ist? **b)** Vergleiche die Redensarten „es fließt Strom" und „der Wind weht". Versuche dabei die Frage zu beantworten, was der Wind macht, wenn er nicht weht. Ist es also korrekt zu sagen, „es fließt Strom", „es weht Wind"?

A3: Formuliere mit eigenen Worten den Gedankengang, der uns zum Begriff der „elektrischen Ladung" geführt hat.

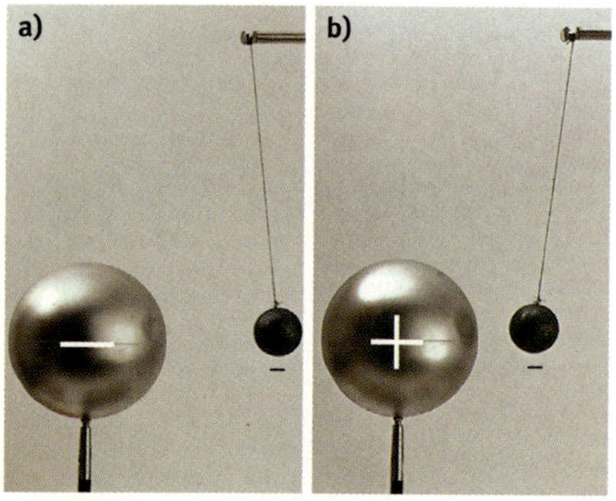

V1: a) Wir hängen ein leichtes, leitendes Kügelchen an einem dünnen, isolierenden Faden auf. Zunächst laden wir es am Minuspol des Bandgenerators. Eine ebenfalls am Minuspol geladene Kugel stößt dieses Kügelchen ab. Wenn wir Kugel und Kügelchen mit dem Pluspol berührt haben, stoßen sich beide ebenfalls ab. **b)** Nun laden wir die Kugel am Pluspol, das Kügelchen jedoch am Minuspol (oder umgekehrt). Jetzt ziehen sich beide Kugeln an.

V2: Auf einem Pol eines Bandgenerators hängen an einem Stab lange Papierstreifen. Betreibt man den Bandgenerator, so wird der Pol aufgeladen. Die *gleichnamigen* Ladungen stoßen sich untereinander ab, ein Teil der Ladung fließt auf die Streifen. Diese spreizen sich.

Vertiefung

Neutralisation von Ladungen

Man bezeichnet die elektrische Ladung mit dem Buchstaben Q. Die Neutralisation beschreibt man durch die Gleichung

$$(+Q) + (-Q) = +Q - Q = 0.$$

Wir gehen hier vor wie bei Zahlen z.B. $+3 + (-3) = 0$.

Positive und negative Ladung

1. Gibt es nur eine Art von Ladung?

Bisher wurde die Kugel am Minuspol der Quelle geladen. Könnte man sie auch am Pluspol laden? In *Versuch 1 a* lädt man eine Metallkugel und ein Kügelchen am Minuspol des Bandgenerators auf. Beide stoßen sich ab. Sie stoßen sich aber auch gegenseitig ab, wenn man mit ihnen den Pluspol berührt hat. Also trägt auch der Pluspol Ladung. – In *Versuch 1 b* lädt man die Kugel am Pluspol, das Kügelchen jedoch am Minuspol (oder umgekehrt). Beide ziehen sich jetzt an. Folglich sind die Ladungen an Plus- und Minuspol verschiedenartig. Man nennt sie **positive** bzw. **negative Ladung**. Es gibt nur diese zwei Arten elektrischer Ladung (Verwechsle sie nicht mit Nord- und Südpol beim Magneten!).

Verkleinert man den Abstand zwischen der geladenen Kugel und dem **gleichnamig** geladenen Kügelchen, so wird das Kügelchen stärker ausgelenkt, die Kraft zwischen den Ladungen also stärker. Die Abstoßung gleichnamiger Ladung zeigen auch die beiden folgenden Versuche: In *Versuch 2* spreizen sich die Papierstreifen, wenn der Bandgenerator angeschaltet wird. Die auf seinem Pol sitzenden gleichnamigen Ladungen stoßen sich untereinander ab, ein Teil fließt auf die Streifen und erzeugt dort Abstoßungskräfte. In *Versuch 3* berührt man den Kopf eines **Elektroskops** mit einer geladenen Kugel. Die Ladung verteilt sich auf Kopf und Zeiger. Weil gleichnamige Ladungen sich abstoßen, spreizt sich der Zeiger ab. Die *Art* der Ladung erkennt man so aber nicht! Dies gelingt, wenn man das Elektroskop mit einer *Glimmlampe* berührt. Bei *negativer* Ladung blitzt das Gas um die anliegende Elektrode auf, bei *positiver* Ladung um die abgewandte.

Merksatz

Es gibt **positive** und **negative Ladungen**. **Gleichnamige** Ladungen stoßen sich ab, **ungleichnamige** ziehen sich an. Die Kräfte zwischen Ladungen nehmen mit sinkendem Abstand zu.

2. Entgegengesetzte Ladungen neutralisieren sich

Zwei gleiche Elektroskope sind bis *zum gleichen Ausschlag* geladen, eines positiv, das andere negativ. Die Ladungen üben in diesem Fall gleiche Kräfte auf die Zeiger aus. Die Ladungen sind also *gleich groß*. Verbindet man die Elektroskope mit einem isoliert gehaltenen Leiter, so verschwindet der Ausschlag. Von den entgegengesetzten Ladungen geht keine Wirkung mehr aus. Man sagt, sie haben sich **neutralisiert**.

Merksatz

Bringt man **entgegengesetzte Ladungen** in gleichen Mengen zusammen, so üben sie nach außen hin keine Wirkungen mehr aus. Sie **neutralisieren sich**.

3. Gibt es Ladung auch in neutralen Leitern?

Im Stromkreis wird Ladung *nicht* vernichtet. Haben sich also beim Neutralisieren die entgegengesetzten Ladungen nur vermischt? Kann man die Ladungen in einem neutralen Leiter wieder trennen? Um dies zu prüfen, nutzt man die Kraft einer Ladung, die von außen auf den Leiter einwirkt. Nähert man die positive Ladung Q_+ von oben einem ungeladenen Elektroskop, so schlägt es aus (➠ *Versuch 4*). Es zeigt also Ladung an, obgleich keine Ladung von Q_+ übergesprungen ist. Diese überraschende Erscheinung heißt **Influenz**.
Während die von oben genäherte Ladung Q_+ noch wirkt, nimmt man die Kugel K vom Elektroskop. Das Aufblitzen einer Glimmlampe zeigt, dass die Kugel K *negative Influenzladung* Q_{i-} trägt, das Elektroskop dagegen *positive Influenzladung* Q_{i+}.

Wir wiederholen den Influenzversuch, nehmen jedoch die Kugel K nicht vom Elektroskop. Entfernen wir nun die Ladung Q_+, so geht der Ausschlag wieder zurück. Die in Kugel und Elektroskop influenzierten Ladungen Q_{i+} und Q_{i-} neutralisieren sich wieder; sie waren also entgegengesetzt *gleich groß*.
Dies zeigt:
- Beim Neutralisieren vermischen sich die elektrischen Ladungen nur; sie vernichten sich nicht gegenseitig.
- Ungeladen erscheinende Leiter können gleich viel an positiver und negativer Ladung enthalten.

Merksatz

Neutrale elektrische Leiter haben gleich viel positive wie negative Ladung. Bei der **Influenz** trennt man sie teilweise, indem man eine andere Ladung nähert.

Bei Wasser strömt nur eine Sorte von Wasserteilchen von Orten hohen zu Orten niedrigen Drucks. In Kugel und Elektroskop sind positive und negative Ladung zunächst gleichmäßig verteilt und neutralisieren sich deshalb gegenseitig. Welche der beiden Ladungsarten wird nun bei der Influenz verschoben?
Es gibt drei *Vermutungen*, von denen nur aber *eine richtig* sein kann:
(A) In Metallen ist *nur* die *negative* Ladung beweglich: Sie wird von Q_+ nach oben gezogen und die Kugel negativ aufladen. Die positive Ladung bleibt im Elektroskop zurück. Hier entsteht ein Mangel an negativer, also ein Überschuss an positiver Ladung.
(B) Nur die *positive* Ladung ist beweglich: Diese Ladung wird nach unten gedrückt. Das Elektroskop wird positiv aufgeladen. Oben entsteht ein Überschuss an negativer Ladung.
(C) *Positive und negative* Ladungen sind beweglich.

Warum sollten Ladungen verschieden beweglich sein? Vielleicht sind sie nicht für sich beweglich, sondern sind stets an *Träger* geheftet. Positive Ladungsträger könnten sich anders verhalten als negative. Dies wollen wir im Folgenden klären.

V3: In ein Metallgehäuse ist gut isoliert ein Metallstab geführt. Er trägt einen leichten Zeiger aus Aluminium. Wir berühren den Kopf des Metallstabs mit einer geladenen Kugel. Der Zeiger spreizt sich ab.

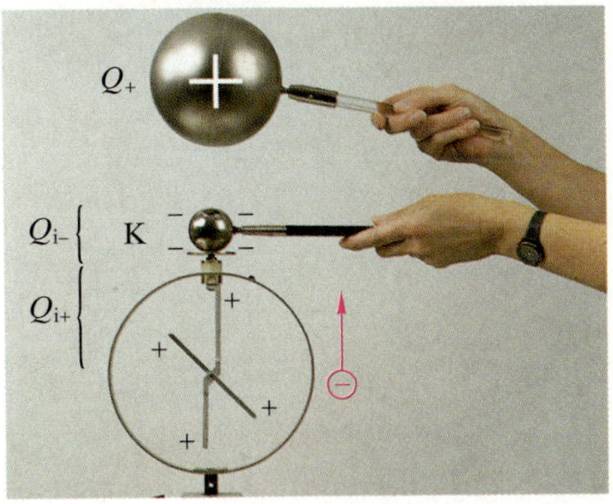

V4: a) Eine isoliert gehaltene, ungeladene Kugel K berührt den Kopf des Elektroskops. Nähern wir von oben die positive Ladung Q_+, so schlägt es aus. Beim Entfernen von Q_+ geht der Ausschlag wieder zurück. **b)** Wir nähern nun die Ladung Q_+ wieder und entfernen dann die Kugel K vom Kopf des Elektroskops. Eine Glimmlampe zeigt, dass die Kugel K negativ geladen (Q_{i-}) ist, das Elektroskop dagegen positiv (Q_{i+}).

Aufgaben

A1: Auf einem elektrisch neutralen Elektroskop sitzt eine Metallkugel. **a)** Wir nähern von oben eine positiv geladene Kugel. Wie würden sich die Ladungsträger im Elektroskop nach *Vermutung A*, *B*, *C* verhalten? Fertige jeweils eine Skizze an. **b)** Was würde sich ändern, wenn wir eine negativ geladene Kugel nähern würden? Fertige auch Skizzen an.

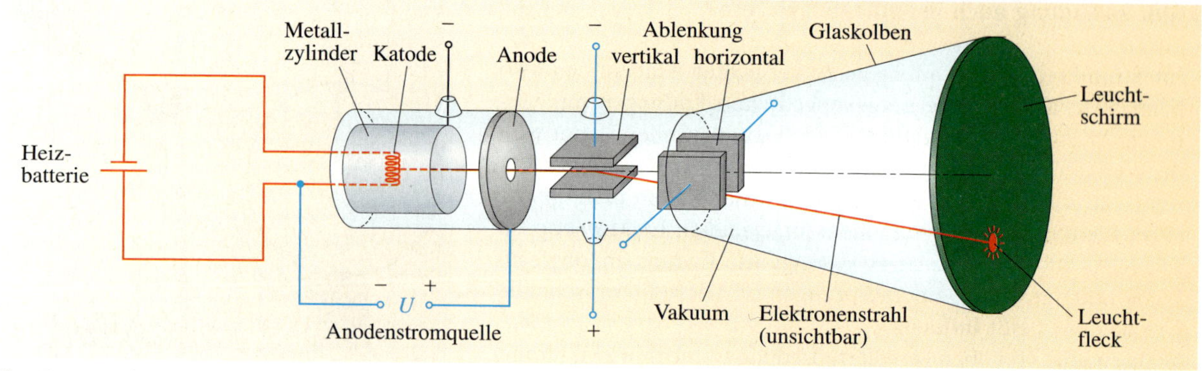

B1: Braunsche Röhre mit zwei Ablenkplattenpaaren

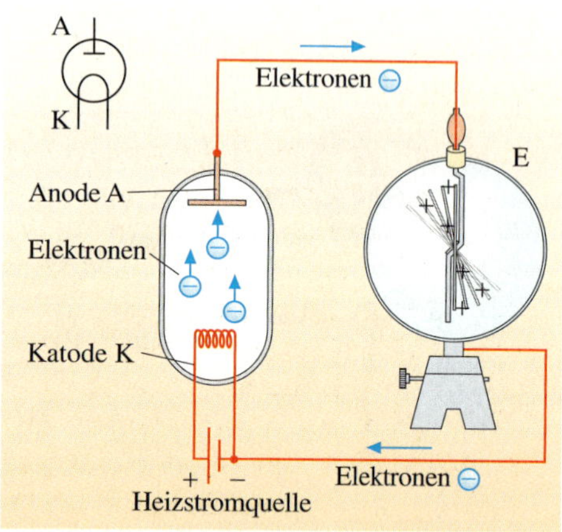

V1: In den luftleeren Glaskolben der Röhre sind ein Glühdraht (Katode K) und eine Anode A eingeschmolzen. Die Anode verbinden wir mit dem Elektroskop. **a)** Wir laden das Elektroskop und damit die Anode *positiv* auf. Sobald der Glühdraht hell glüht, geht der Ausschlag des Elektroskops schnell zurück. **b)** Nun laden wir die Anode und das Elektroskop *negativ* auf. Jetzt bleibt der Ausschlag bestehen, auch wenn der Draht normal glüht.

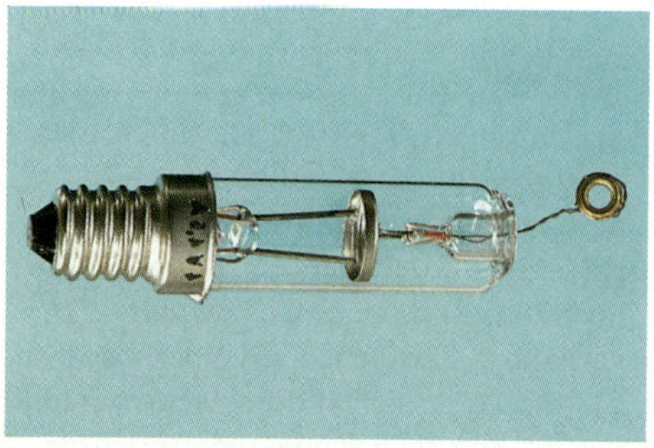

V2: Einfache Röhre, deren Glühdraht vorübergehend überhitzt werden kann.

Elektronen als Ladungsträger

1. In Metallen sind nur Elektronen beweglich

Die Glühfäden von Glühlampen bestehen aus grauem Wolframmetall. Die Stromzuleitung erfolgt über rote Kupferdrähte. Auch wenn tagelang Ladungsträger strömen, werden die Wolframfäden nicht rot; die Kupferteilchen bleiben also am Platz. Wer sind dann in Metallen die *beweglichen Ladungsträger?* Kann man sie durch Glühen aus dem Glühfaden einer Lampe freisetzen, ähnlich wie man locker sitzende Duftstoffe beim Erhitzen aus Äpfeln austreibt? Um diese Ladungsträger aufzufangen und zu untersuchen, benutzt man eine spezielle Glühlampe, **Röhre** genannt.

In ➠ *Versuch 1 a* wird die Anode dieser Röhre *positiv* aufgeladen. Sobald der Glühdraht hell glüht, geht der Ausschlag des Elektroskops zurück. Da es nicht berührt wurde, ist seine positive Ladung nicht abgeflossen. Vielmehr kommen *negative Ladungsträger* aus dem glühenden Draht und neutralisieren die positive Ladung auf dem Elektroskop. Diese negativen Ladungsträger bilden auch nach langem Glühen keine chemisch nachweisbaren Niederschläge oder Gase. Für die Elektrizität haben sie große Bedeutung. Sie werden **Elektronen** genannt.

2. Positive Ladung ist an Materie gebunden

Können auch positive Ladungsträger den Glühdraht verlassen? In ➠ *Versuch 1 b* lädt man die Anode und das Elektroskop *negativ* auf. Auch wenn der Draht hell glüht, bleibt der Ausschlag bestehen. Aus dem glühenden Draht kommen keine positiven Ladungsträger. Solche werden erst frei, wenn man den Glühdraht überhitzt (➠ *Versuch 2*). Dann geht der Ausschlag des negativ geladenen Elektroskops langsam zurück. Nun bildet sich im Innern des Glaskolbens ein Wolframniederschlag. Der Draht verdampft langsam. Die beim Glühen abgedampfte *positive Ladung ist also an Materie gebunden;* in Metallen wandern nicht die positiven Ladungsträger, dort findet man keinen Materietransport.

In unseren Versuchen wird das Elektroskop erst dann entladen, wenn der Glühdraht der Röhre hell leuchtet, und nicht schon, wenn man den Heizstrom einschaltet. Auf welche Art die Energie dem Glühdraht zugeführt wird, ist nebensächlich. Man lässt deshalb im Schaltsymbol (oben links in ➠ *Versuch 1)* die Heizbatterie weg und deutet die Katode durch einen gebogene Linie an. Die Schaltskizze zeigt dann die *zwei* Elektroden **Katode K** und **Anode A**. Man nennt diese Röhre deshalb **Glühdiode**.

Merksatz

Glühelektrischer Effekt: Ein zum Glühen erhitztes Metall sendet **Elektronen** aus. Sie sind **negativ geladen** und sitzen in Metallen verhältnismäßig locker.
Die positive Ladung dagegen ist in Metallen fest an nachweisbare Materie gebunden.

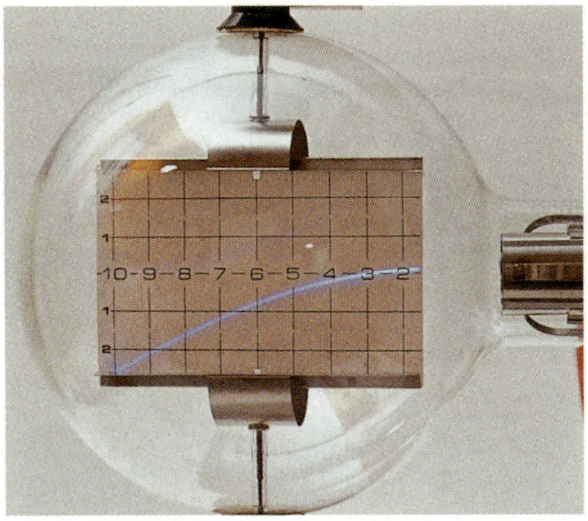

B2: Leuchtspur eines Elektronenstrahls, der durch geladene Platten nach unten abgelenkt wird.

3. Der Elektronenstrahl in der Fernsehröhre

Oszilloskope und Fernsehempfänger enthalten eine **braunsche Röhre** ähnlich wie in ➠ *Bild 1*. Ihr luftleerer Glaskolben enthält eine Katode. Sie wird durch die *Heizbatterie* zum Glühen erhitzt und sendet Elektronen aus. Die *Anodenstromquelle* lädt die Anode positiv, die Katode negativ auf. Die aus der Katode abgedampften Elektronen werden zur Anode hin beschleunigt. Sie sollen als **Elektronenstrahl** durch das Loch in der Mitte der Anode weiterfliegen und nicht vom Anodenblech abgefangen werden. Hierzu lädt man den *Metallzylinder* (blau) negativ auf. Er drängt die von der Katode nach allen Seiten wegfliegenden Elektronen so zu seiner Mittelachse hin, dass sie die Anodenöffnung frei durchsetzen. Anschließend fliegen sie geradlinig zum *Leuchtschirm*. Dieser trägt eine dünne Leuchtschicht, die dort Licht aussendet, wo der unsichtbare Elektronenstrahl auftrifft.

Die braunsche Röhre eines Oszilloskops enthält hinter der *Anode* zwei übereinander liegende Metallplatten. Wird die obere Platte negativ, die untere positiv geladen, so werden die Elektronen zur unteren, positiv geladenen Platte hin abgelenkt. Der Leuchtfleck rückt nach unten. Dies bestätigt, dass Elektronen negativ geladen sind. Mit dem zweiten, um 90° gedrehten Plattenpaar lässt sich der Elektronenstrahl in horizontaler Richtung ablenken. So kann man ihn über den ganzen Schirm führen und damit Kurven zeichnen.
In ➠ *Bild 2* fliegen die rechts freigesetzten Elektronen streifend am Leuchtschirm in der Röhre entlang. Ihre Flugbahn ist nach unten, zur positiv geladenen Ablenkplatte hin, gekrümmt. Lädt man die Ablenkplatten stark genug auf, so endet der Elektronenstrahl auf der positiven Platte. Die Elektronen fließen dann zum Pluspol der Stromquelle. Sie werden an der positiven Platte also nicht umgeladen und wieder abgestoßen. Man kann Elektronen weder entladen noch stärker aufladen. Es gibt nur eine Art von Elektronen. Sie tragen stets eine *negative Ladung bestimmter Größe*, die **Elementarladung** heißt.

Aufgaben

A1: a) Entscheide nach ➠ *Versuch 1* darüber, welche Ladungsträger bei der Influenz in Metallen verschoben werden. Welche der drei dort angegebenen Denkmöglichkeiten (A) bis (C) wird also bestätigt? **b)** Erkläre den zugehörigen Versuch mit der Elektronenvorstellung.

A2: a) Warum haben wir das Elektroskop in ➠ *Versuch 1* sowohl positiv als auch negativ geladen? **b)** In diesen Versuchen sollte ein zu Beginn ungeladenes Elektroskop eigentlich von den Glühelektronen immer stärker negativ geladen werden. Doch schlägt es nur außerordentlich schwach aus. Was könnte der Grund dafür sein?

A3: a) Wie muss man die beiden Ablenkplatten der braunschen Röhre laden, damit die Elektronen auf dem Schirm zugleich nach rechts und nach unten abgelenkt sind? **b)** Man legt Netzwechselspannung (50 Hz) an das Plattenpaar zur Vertikalablenkung. Wie oft ist dann in 1 s der Lichtpunkt im oberen, wie oft im unteren Schirmteil?

A4: Fernsehröhren sind ähnlich wie braunsche Röhren aufgebaut. Man versieht ihren Glaskolben innen mit einem leitenden Belag. Dann können die bei einer langen Fernsehsendung ständig zum Leuchtschirm fliegenden Elektronen von dort zur Anode fließen. Was würde geschehen, wenn der Leuchtschirm elektrisch isoliert wäre?

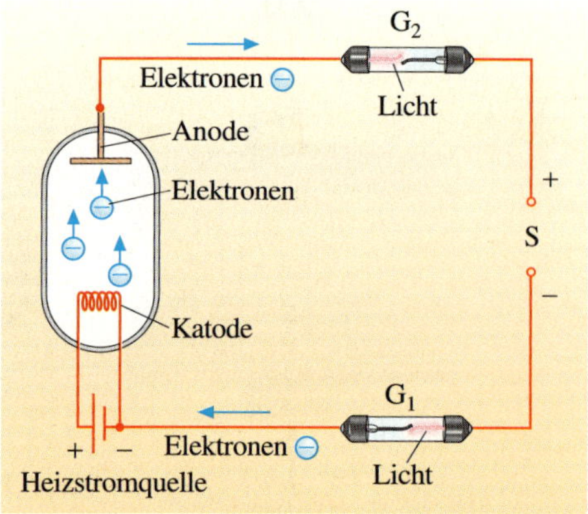

V1: a) Die Glimmlampe G_1 liegt zwischen dem Minuspol der Gleichstromquelle und der Katode einer Glühdiode. Der Stromkreis ist zwischen Katode und Anode unterbrochen. Wenn wir nun die Katode zum Glühen bringen, leuchten beide Glimmlampen G_1 und G_2 gleich hell. Wie G_1 zeigt, kommen Elektronen vom Minuspol der Quelle. Sie dampfen von der Katode ab und überbrücken die Vakuumlücke Katode – Anode. Glimmlampe G_2 zeigt, dass die Elektronen dann zum Pluspol der Quelle zurückkehren. **b)** Wir polen die Stromquelle um. Ihr Minuspol ist nun der Anode der Diode zugewandt und erzeugt dort einen Elektronenüberschuss. Auch jetzt dampfen vom heißen Glühdraht Elektronen ab. Sie werden jedoch von den Überschusselektronen der Anode abgestoßen. Die Glimmlampen leuchten nicht. Der Stromkreis bleibt unterbrochen.

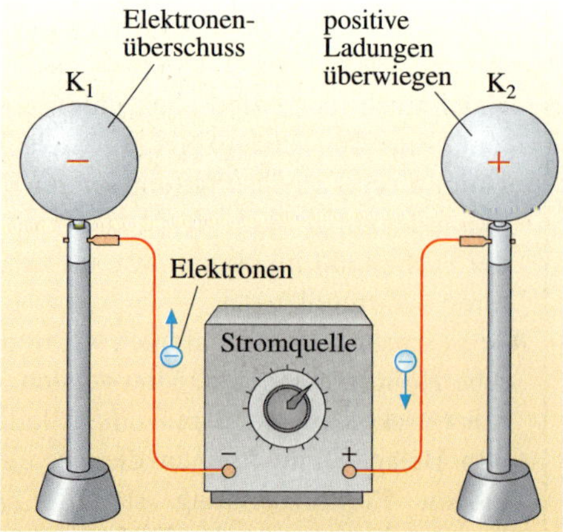

B1: Die Stromquelle pumpt unter Energieaufwand gegen elektrische Kräfte Elektronen von der Kugel K_2 (rechts) auf die Kugel K_1 (links).

Elektronenströme

1. Elektronen im Kreislauf

Woher kommen die Elektronen in einer Glühdiode? Werden sie in der Glühkatode erzeugt oder sind es Ladungsträger, die von der Stromquelle im Kreis gepumpt werden? Diese Frage beantwortet ➡ *Versuch 1.* Danach sind die Elektronen tatsächlich die im Kreis fließenden Ladungsträger. Sie werden von der Katode nur abgedampft und können so die Vakuumlücke zwischen Katode und Anode überbrücken. Die Zahl der Elektronen, die aus der Katode herausgeschleudert wird, liefert die Quelle nach. Glüht die Katode nicht, ist der Stromkreis unterbrochen.

2. Elektronenüberschuss an einem Pol

Der Minuspol einer Stromquelle gibt Elektronen ab. Dort besteht nämlich **Elektronenüberschuss**. Um ihn herzustellen, muss die Quelle Elektronen auf diesen Pol pumpen (➡ *Bild 1*). Dazu braucht die Quelle Energie, da sich negative Ladungen abstoßen. Diese Elektronen erzeugt die Quelle nicht etwa, sondern entreißt sie ihrem anderen Pol. Vorher ist dieser neutral und hat gleich viel positive wie negative Ladung. Nach dem Abzug von Elektronen überwiegt dort die ortsfeste positive Ladung. So wird er zum Pluspol.

Vom Elektronenüberschuss am Minuspol wird die ungeladene Kugel K_1 negativ geladen (➡ *Bild 1*). Am Pluspol überwiegt die positive Ladung und entreißt der ungeladenen Kugel K_2 Elektronen. K_2 wird dadurch positiv geladen.

Wenn man also sagt, ein Körper ist *elektrisch geladen*, so meint man, dass er einen *Überschuss an* negativer bzw. positiver *Ladung* trägt.

Merksatz

Eine **Stromquelle** ist eine **Elektronenpumpe**. Ihr **Minuspol** hat wie jeder negativ geladene Körper **Elektronenüberschuss**.
Am **Pluspol** überwiegt die positive Ladung (gegenüber dem neutralen Zustand **fehlen Elektronen**).

3. Stromrichtung und Elektronenfluss

In den metallischen Leitern des Stromkreises fließen Elektronen vom Minuspol zum Pluspol der Quelle. Diese Richtung des Elektronenstroms nennen wir künftig die **Stromrichtung**. Sie weist im Äußeren des Stromkreises vom Minuspol zum Pluspol. Im Innern eines Generators werden dann die Elektronen unter Energieaufwand vom Pluspol zum Minuspol zurückgepumpt (➡ *Bild 1*).

Bevor man Elektronen kannte, hatte man willkürlich vereinbart, „der Strom fließe im äußeren Stromkreis von Plus nach Minus“, also den Elektronen entgegen. Diese Richtungsangabe nennt man *konventionelle* oder *technische Stromrichtung.*

Interessantes

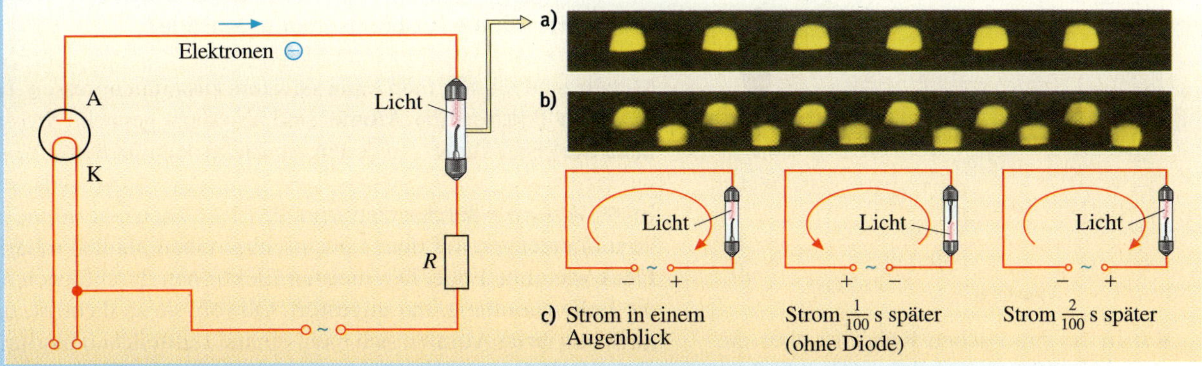

B 2: Gleichrichtung von Wechselstrom mit einer Diode (**Vorsicht:** Versuch nur für Lehrer!)

Elektronen in der Einbahnstraße

Wir polen die Stromquelle in → *Versuch 1 b* um. Ihr Minuspol liegt jetzt an der Anode der Diode. Auch jetzt dampfen Elektronen vom heißen Glühdraht ab. Sie werden jedoch von den Überschusselektronen auf der Anode abgestoßen. Die Glimmlampen leuchten nicht. Der Stromkreis bleibt unterbrochen. Die Diode lässt Elektronen nur dann fließen, wenn die Katode negativ und die Anode positiv geladen ist. Sie wirkt als **elektrisches Ventil** (wie ein Fahrradventil für Luft).

Wir ersetzen die Gleichstromquelle durch eine *Wechselstromquelle* (→ *Bild 2,* links). Trotzdem leuchtet nur das Gas um die obere Elektrode der Glimmlampe. Bewegt man diese hin und her, so sieht man nur die oberen hellen Bögen (→ *Bild 2 a*). Dazwischen ist die Glimmlampe dunkel. Die Diode lässt nämlich Elektronen nur während der Zeitspanne fließen, in der die Wechselstromquelle ihren Minuspol dem Glühdraht zuwendet. Bei umgekehrter Polung sperrt die Diode; sie lässt sich also zur **Gleichrichtung** von Wechselstrom verwenden.

Wir überbrücken die Diode mit einem Draht (Strombegrenzer R nicht vergessen). Das Neongas leuchtet abwechselnd um beide Elektroden, so wie bei Wechselstrom *ohne* Diode (→ *Bild 2 b*). Im Draht fließen ja Elektronen in beiden Richtungen (→ *Bild 2 c*).

An Netzsteckdosen erhalten wir bei geschlossenem Stromkreis **Wechselstrom**. Jeder Pol der Steckdose ist in einer Sekunde abwechselnd 50-mal Minuspol und 50-mal Pluspol. Der andere Pol hat jeweils die entgegengesetzte Polarität. Die Elektronen schwingen mit der Frequenz 50 Hz hin und her.

Da die Elektronen sehr beweglich sind, folgen sie im ganzen Kreis praktisch ohne Verzögerung. Deshalb hat der Strom in jedem Augenblick die von der Quelle bestimmte Richtung. Unsere für Gleichstrom gefundenen Aussagen bleiben dabei richtig.

B 3: Zu Dekorationszwecken werden Glimmlampen in verschiedenem Design hergestellt.

Aufgaben

A 1: **a)** Könnte man in → *Versuch 1 a* die Quelle auch zwischen Anode und obere Glimmlampe legen? Welche Polung müsste sie dort haben? **b)** Könnte man mehrere Stromquellen in → *Bild 2* hintereinander schalten? Wie müssten dabei ihre Pole ausgerichtet sein (man vergleiche mit Wasserpumpen)? **c)** Könnte man auch mehrere Glimmlampen hintereinander legen? Um welche ihrer Elektroden würde dann jeweils das Gas aufleuchten → *Versuch 1?*

A 2: In → *Versuch 1 a* leuchtet die Glimmlampe nach Ausschalten des Heizstroms noch einige Zeit weiter, wird dabei aber immer schwächer. Womit hängt dies zusammen?

A 3: Wie oft ist in 10 s der eine Pol einer Netzsteckdose positiv, wie oft negativ geladen? Wie viele Umladungen finden in 10 s statt; was geschieht dabei mit den Elektronen?

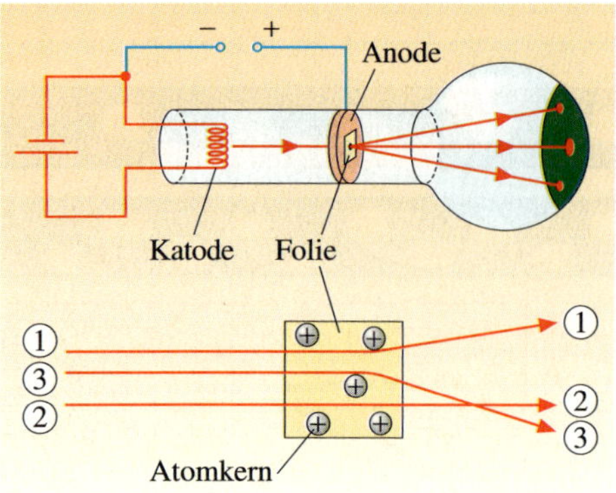

V1: In der braunschen Röhre ist über die Anodenöffnung eine dünne Graphitfolie geklebt. Sie ist nur einige Millionen von Atomschichten dick. Wir beschießen sie mit schnellen Elektronen aus der Glühkatode. Diese erzeugen einen ähnlich scharfen Fleck auf dem Leuchtschirm wie wir ihn ohne Folie kennen. Diejenigen Elektronen, die einem positiv geladenen Kern zu nahe kommen, werden abgelenkt.

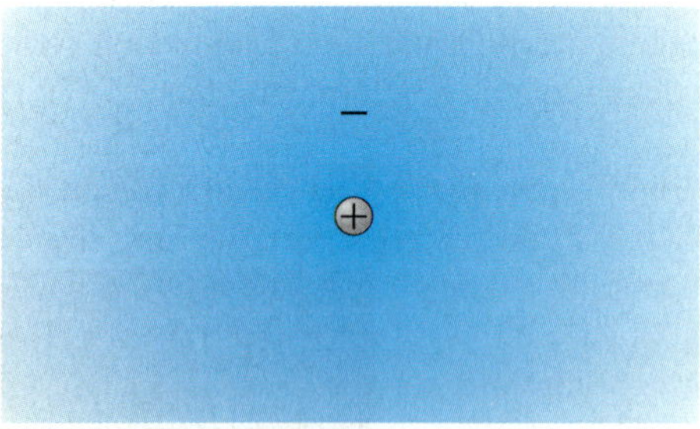

B1: Schnitt durch ein Modellatom: Atomkern (+) und Elektronenhülle (–).

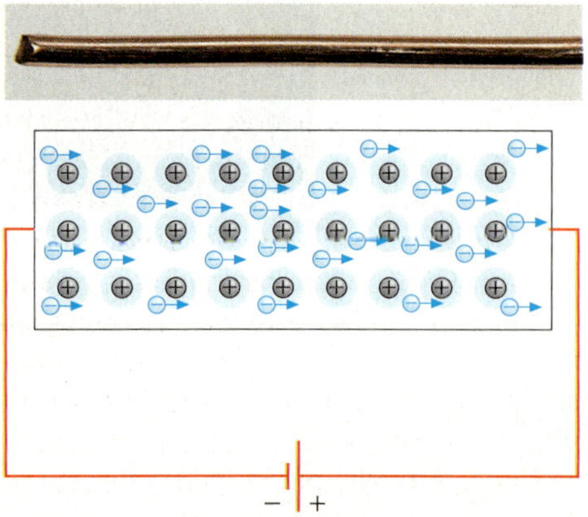

B2: In Kupfer gibt jedes Atom ein Elektron (blau) frei. Ohne angeschlossene Stromquelle schwirren diese im Metall ungeordnet umher. Mit Stromquelle bewegen sie sich zusätzlich in Richtung Pluspol.

Elektronen und Atombau

1. Gibt es Freiräume für Elektronen in Materie?

Metalle sind massiv; man kann sie kaum zusammenpressen. Ihre kleinsten Teilchen, die **Atome**, sind also dicht gepackt. Wo sind dann die „Freiräume", in denen die Elektronen fließen?

In ➠ *Versuch 1* durchsetzen schnelle Elektronen eine dünne Folie und erzeugen auf dem Leuchtschirm einen ähnlich scharfen Fleck wie ohne Folie. Die meisten Elektronen durchfliegen also die Folie geradlinig und ungestört. Obwohl sie so dicht ist, dass zwischen ihren Atomen sich nicht einmal Luftteilchen hindurchzwängen könnten. Die Elektronen müssen also viel kleiner sein als Luftteilchen. Sie gehören zu den kleinsten Teilchen, die man kennt. Wir können sie als punktförmig ansehen.

Nur ein kleiner Teil der Elektronen wird durch die Folie zur Seite abgelenkt und hellt den übrigen Teil des Leuchtschirms etwas auf. Andere Versuche zeigen, dass diese negativ geladenen Elektronen einem positiv geladenen **Atomkern** zu nahe gekommen sind und so abgelenkt wurden. Jedes Atom hat solch einen Kern. Der Kerndurchmesser beträgt nur etwa 1/100 000 des Atomdurchmessers, der seinerseits unter 1/1 000 000 mm liegt. Die Atomkerne sind also größer als die punktförmigen Elektronen. *Trotzdem sind die Atome fast leer!*

Weiter fand man: Im Atomkern ist über 99,9% der Masse eines Atoms konzentriert; der Rest verteilt sich auf die Elektronen. Diese schwirren in den großen, sonst leeren Bereichen um den Kern herum, ohne dass man dafür eine Bahn angeben könnte. In ➠ *Bild 1* zeigt die Stärke der blauen Tönung, dass man Elektronen in der Nähe des Kerns häufiger antrifft als weiter entfernt. Eine scharfe Begrenzung, eine Art Haut, haben Atome nicht.

Dies mag all dem widersprechen, was wir uns unter einem kompakten Stück Materie vorstellen: Schlage einmal mit der Faust auf den Tisch und stelle dir vor, dass er fast nur aus Hohlräumen besteht – deine Faust natürlich auch!

In Atomen werden die negativ geladenen Elektronen von der positiven Ladung der Kerne angezogen. Die Kräfte zwischen entgegengesetzten Ladungen halten also die Atome und darüber hinaus die feste und flüssige Materie zusammen. So kommt den elektrischen Kräften eine überragende Bedeutung zu. Ein Atom ist elektrisch neutral, wenn so viele Elektronen den Kern umgeben, dass sie die positive Kernladung neutralisieren. In diesen neutralen Atomen verstecken sich die in Materie stets vorhandenen Ladungsträger. Kein Wunder, dass wir sie nicht unmittelbar wahrnehmen. Die Elektrizität wurde deshalb erst vor ca. 200 Jahren entdeckt.

Merksatz

Atome bestehen aus **positiv geladenen Kernen** und **negativ geladenen Elektronen**. In den sehr kleinen Kernen ist fast die gesamte Masse konzentriert.

2. Das Elektronengas in Metallen

Aus Metallen konnten wir Elektronen durch Glühen freisetzen. Stromquellen setzen die Elektronen auch in sehr langen Metalldrähten in Bewegung, sogar in Überseekabeln. In Metallen gibt es also leicht bewegliche Elektronen. Von jedem Metallatom haben sich nämlich 1 bis 3 Elektronen getrennt (➡ *Bild 2*, blau). Diese bewegen sich auch im stromlosen Zustand in den großen, fast leeren Räumen zwischen den Atomkernen unregelmäßig hin und her. Ein Teil der Elektronen in Metallen verhält sich also ähnlich wie Moleküle von Gasen. Man sagt, Metalle sind von einem **Elektronengas** erfüllt.
Auch *Nichtleiter* bestehen aus Atomen. Sie leiten so lange nicht, wie *alle Elektronen fest an die Atomkerne gebunden sind.* Beim Blitz z. B. leitet die Luft, weil Elektronen freigesetzt werden.

3. Temperaturerhöhung durch fließende Elektronen

Eine Glühdiode, die kräftige Ströme aushält, wird an eine starke Stromquelle angeschlossen. Ist sie in Durchlassrichtung gepolt, so kommt das Blech der Anode zum Glühen. Dort werden nämlich die Atome von den aufprallenden Elektronen zu starken Schwingungen angeregt; die Temperatur steigt.
Auch Elektronen, die in Drähten fließen, stoßen ständig auf Atomrümpfe und verstärken deren Schwingungen. Die Temperatur und die innere Energie steigen. Man spricht auch von **Stromwärme**. Die Elektronen werden durch diese ständigen Stöße auf ihrem Weg behindert; sie erfahren dabei Widerstand.
Die gleichen Elektronen, die einen Glühdraht zur Weißglut bringen, lassen die dicken Zuleitungen kalt. Beträgt der Querschnitt des Glühdrahts nur $\frac{1}{100}$ von dem der Zuleitung, so durchfließen ihn nach unserer Vorstellung die Elektronen mit 100facher Geschwindigkeit. Sie stoßen heftiger auf die Atome und bringen den Draht zum Glühen. Darauf beruht die **Wärmewirkung des elektrischen Stromes**.

4. Wo sitzen Überschussladungen in Metallen?

In ➡ *Versuch 2* berührt man das Innere eines Metallbechers, **Faradaybecher** genannt, mit einer negativ geladenen Kugel. Sie gibt alle Überschusselektronen ab und ist anschließend ungeladen. Die in den Becher gebrachten Elektronen sind aber nicht verschwunden; sie sind zur äußeren Oberfläche geflossen und lassen sich dort abnehmen. Deshalb kann man vom Innern des geladenen Bechers keine Ladung holen.
Auch das *Innere massiver Leiter trägt keine Überschussladung.* Wohl aber können in ihm Elektronen fließen, neutralisiert von Atomkernen. M. FARADAY (um 1830) setzte sich in einen Metallkäfig und ließ von außen Funken aufschlagen. Obwohl er innen das Metall berührte, ging keine Ladung auf ihn über. Selbst die Ladung eines Blitzes dringt kaum ins Innere eines metallisch umschlossenen Raums ein. Die metallischen Außenwände von Flugzeugen und Autos sind solche **Faradaykäfige** (➡ *Interessantes*).

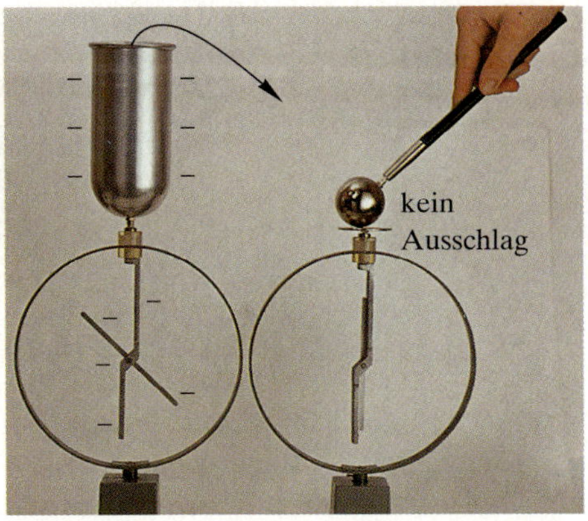

V 2: Das linke Elektroskop trägt einen Metallbecher. Wir berühren sein Inneres mit einer negativ geladenen Kugel. Das linke Elektroskop zeigt einen Ausschlag. Bringen wir die Kugel anschließend auf ein neutrales Elektroskop, so zeigt dieses keinen Ausschlag. Die Kugel wurde in dem Becher ganz entladen.

Interessantes

Blitzschutz

Der beste Blitzschutz für ein Haus wäre eine metallische Außenhülle. Es genügt aber schon, um Dach und Schornstein dicke Metallbänder zu legen. Diese sowie Dachantennen werden über dicke Leitungen mit der so genannten Potentialausgleichschiene verbunden. Diese muss über einen Fundamenterder gut geerdet werden. – Wird man im Freien von einem Gewitter überrascht, so sind die alten Sprichwörter wie „Buchen tu suchen, Eichen tu meiden“ falsch. Bäume sollte man grundsätzlich meiden, weil sie empor ragende Ziele für Blitze sind. Stattdessen sollte man auf freier Fläche mit geschlossenen Füßen in die Hocke gehen und sich möglichst klein machen.

V1: Wir reiben mit einem Wolltuch eine Kunststofffolie. Dann heben wir sie von der Unterlage ab und berühren sie mit einer Glimmlampe.

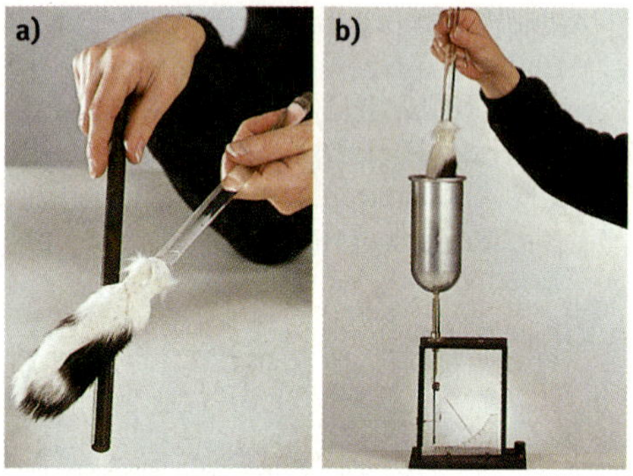

V2: a) Enger Kontakt von Fell (am Isolierstab) und Kunststoffstab. **b)** Anschließend bringen wir Fell und Stab jeweils einzeln in einen zunächst ungeladenen Faradaybecher, der auf einem Elektroskop sitzt.

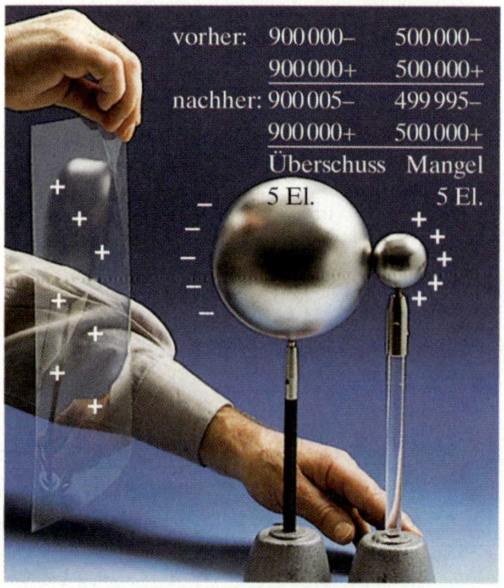

B1: Zahlenbeispiel zur Influenz: Elektronen werden von der rechten zur linken Kugel verschoben.

Elektrostatische Aufladung; Kontaktelektrizität

Du kennst das Knistern beim Ausziehen eines Pullovers oder beim Kämmen trockener Haare. Diese elektrostatische Aufladung haben die Griechen schon vor über 2000 Jahren beim Reiben des guten Isolators *Bernstein* (griech.: Elektron) beobachtet. Daher rührt der Name „Elektrizität" (wörtlich: „Bernsteinkraft"). Wir untersuchen jetzt die elektrostatische Aufladung, die bei guten Isolatoren auftritt.
Man reibt eine Kunststofffolie mit einem Wolltuch (➠ *Versuch 1*). Dann hebt man die Folie von der Unterlage ab. Sie zieht anschließend Haare oder leichte Gegenstände wie Papierschnipsel an. Mit einer Glimmlampe kann man die Art ihrer Aufladung feststellen.

In ➠ *Versuch 2* bringt man einen Kunststoffstab in engen Kontakt mit einem Fell. Der Stab zieht anschließend Papierschnipsel an. Berührt man ihn mit einer Glimmlampe, so blitzt das Gas an der dem Stab zugewandten Elektrode auf. Die Oberfläche des Stabes war also negativ geladen. Wurden durch den Kontakt Elektronen neu erzeugt oder nur dem Fell entrissen?

Man bringt nach dem Kontakt Fell und Stab einzeln in einen jeweils ungeladenen Faradaybecher. Das Elektroskop schlägt beide Male gleich stark aus.
Gibt man nach dem Kontakt jedoch beide zusammen in den Faradaybecher, tritt nicht etwa der doppelte, sondern überhaupt kein Ausschlag auf. Zusammen sind Stab und Fell also genauso neutral wie vor dem Kontakt.

In einem weiteren Versuch gibt man nach dem Kontakt nur das Fell in den Faradaybecher und berührt ihn dann von außen mit einer Glimmlampe. Das Gas um die *abgewandte* Elektrode blitzt auf. Das Fell war positiv geladen, der Stab dagegen negativ.

In ➠ *Versuch 2* wurden entgegengesetzte Ladungen voneinander getrennt, ohne dass man die Körper aneinander reiben musste. Die Ladungstrennung erfolgte bereits bei engem Kontakt. Wie bei der Influenz wird die Ladung dabei nicht neu erzeugt. Vielmehr entreißt der Stab dem Fell an der Oberfläche einen winzigen Bruchteil an Elektronen. Dann überwiegt an der Felloberfläche die positive Ladung der Atomkerne.
Bei dieser statischen Aufladung treten keine positiven Ladungen über. Diese sind an Materie (Atomkerne) gebunden und sitzen viel fester als die negativ geladenen Elektronen der Atomhülle.

Immer wenn sich verschiedene Stoffe berühren, treten Elektronen von der Oberfläche des einen Stoffs zur der des anderen über. Ein Stoff, der auf Elektronen eine stärkere Kraft ausübt, verschafft sich bei engem Kontakt mit einem anderen Stoff einen Elektronenüberschuss. Der andere Stoff verliert Elektronen; bei ihm macht sich die positive Kernladung auch nach außen hin bemerkbar. Diesen Sachverhalt nennt man **Kontaktelektrizität**.

Methoden

Planarbeit zum Thema „Influenz und elektrostatische Aufladung"

Zeit: 2 Schulstunden und Nacharbeit zuhause

Ziele:

- Vertiefen der Kenntnisse zur elektrischen Influenz unter Verwendung des Elektronenbildes.
- Erarbeiten des Themas „elektrostatische Aufladung" (➠ Schulbuch Seite 190)
- Präsentation eines Versuchs zur elektrostatischen Aufladung

Arbeitsaufträge:

1. Wiederhole die grundlegenden Sachverhalte zur elektrischen Influenz (➠ Schulbuch Seite 181) und zu „Elektronen als Ladungsträger" (➠ Schulbuch Seite 184).
2. Erläutere schriftlich den Vorgang der elektrischen Influenz unter Verwendung des Elektronenbildes anhand von ➠ Versuch 4, Seite 183 und ➠ Bild 1, Seite 190. Zeichne dazu auch eine Skizze von Versuch 4 mit den ortsfesten positiven Ladungen und der Verschiebung der Elektronen bei der Influenz. (Bearbeite Aufgabe A 1, Seite 185).
3. Beschreibe, in welchen Fällen du elektrostatische Aufladung im Alltag erlebst und wie sie sich auswirkt. Erläutere verschiedene Möglichkeiten, wie du elektrostatische Aufladung vermeiden kannst. (Internetrecherche mit geeigneten Stichwörtern).
   Welche Sicherheitsprobleme können durch elektrostatische Aufladung entstehen? (Internetrecherche mit geeigneten Stichwörtern).
   Stelle ein Beispiel einer elektrostatischen Aufladung aus dem Alltag in einem Experiment dar.
4. Führe die Versuche ➠ Versuch 1 und ➠ Versuch 2, Seite 190 durch. Dokumentiere die durchgeführten Versuche:
   - Fertige eine Versuchsskizze mit Beschreibung an.
   - Erläutere die Versuchsdurchführung (Lehrer/-in stellt Experimentiermaterial zur Verfügung).
   - Schreibe deine Beobachtungen auf.
   - Erkläre – falls möglich – die Versuchsergebnisse.
5. Überlege dir weitere Versuchsbeispiele zur elektrostatischen Aufladung und führe sie durch.

6. **Hilfsmittel:**
   - Schulbuch Seite 190
   - Informationsbeschaffung durch Internetrecherche mit einer Suchmaschine (überlege dir hierzu geeignete Suchbegriffe)

7. **Präsentation** eines Versuchs:
   - **Einen** von dir ausgedachten Versuch musst du so genau ausarbeiten, dass du ihn vor der Klasse durchführen und erklären kannst.
   - Fertige für die Präsentation dieses Versuchs eine **Folie** (auch als **Handout** für die Mitschüler/-innen) mit den wichtigsten Inhalten an. Fasse die Ergebnisse deines Versuchs in wenigen Sätzen zusammen. Formuliere wenn möglich einen Merksatz.

8. **Aufgaben** zur Kontrolle:

   A 1: Elektronen können wir nicht sehen. Trotzdem haben wir aus Experimenten Schlüsse auf sie gezogen. Verfolge und prüfe nochmals alle Argumente, die wir dabei benutzt haben. Wo konnten wir nur Mitteilungen von Experimenten anderer Art machen?

   A 2: Was heißt, ein Atom bzw. ein Körper ist elektrisch neutral? Kann es nach der Theorie vom Atombau auch völlig „unelektrische" Körper geben, die überhaupt keine Ladungen besitzen?

   A 3: Man berührt das Innere eines Faradaybechers mit einer positiv geladenen Kugel. Welche Ladung trägt er dann innen, welche außen? Erkläre deine Aussage mit der Elektronenvorstellung. Warum schlägt ein angeschlossenes Elektroskop aus?

   A 4: Denke dir zum Thema „Influenz und elektrostatische Aufladung" eine Aufgabe für die Klasse aus.

B1: Elektromagnete heben schwere Lasten.

B2: Ein Elektromagnet lässt sich ein- und ausschalten.

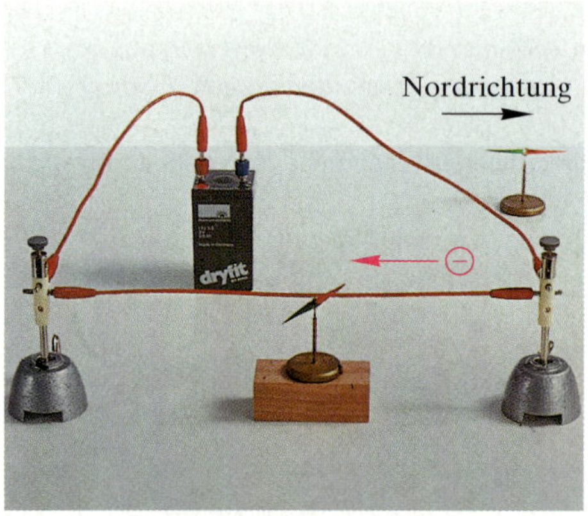

V1: Der Versuch von OERSTED:

Wir wollen prüfen, ob der Strom allein für den Magnetismus eines Strom führenden Leiters verantwortlich ist. Um den Einfluss des Magnetfeldes der Erde auszuschließen, spannen wir einen Kupferdraht in Nord-Süd-Richtung und stellen eine Kompassnadel darunter. Kupfer ist nicht magnetisierbar. Es beeinflusst den Versuch nicht, da von ihm keinerlei magnetische Wirkung ausgeht. Jetzt kann nur noch der Strom eine magnetische Wirkung auf die Kompassnadel verursachen.

Tatsächlich, sobald der Draht Strom führt, reagiert die Kompassnadel. Sie stellt sich quer zum Leiter ein. Wenn die Elektronen im Draht von *Nord nach Süd* fließen, zeigt der Nordpol der Kompassnadel nach *Westen*. Steht die Magnetnadel dagegen über dem Draht, so zeigt ihr Nordpol nach *Osten*.

Offensichtlich erfahren die Magnetpole der Kompassnadel Kräfte quer zur Stromrichtung.

Magnetische Stromwirkungen

1. Ein Magnet mit Schalter

Der starke Elektromagnet eines Magnetkrans (➠ *Bild 1*) kann große Mengen von Eisenschrott halten und transportieren. Beim Abschalten des Stroms geht die magnetische Wirkung verloren und die Last fällt ab. Wir können mit einer aus Draht gewickelten, Strom führenden *Spule mit einem Eisenkern* eine große Menge Nägel hochheben (➠ *Bild 2*). Auch hier fallen die Nägel herab, wenn man den Strom abschaltet. Wiederholen wir den Versuch *ohne* Eisenkern, dann gelingt es uns nicht, die Nägel anzuheben. Ist der Magnetismus jetzt verschwunden? Wir nähern der Spule eine Kompassnadel. Sie reagiert, wenn wir den Spulenstrom ein- und ausschalten. Und noch mehr: Solange die Spule Strom führt, wird der Nordpol der Kompassnadel immer von dem einen Ende der Spule angezogen und ihr Südpol vom anderen. Also hat der *Strom* in der Spule Magnetismus erzeugt.

Diese überraschende Erscheinung kannst du selbst beobachten, indem du einen langen, isolierten Kupferdraht auf eine Papprolle wickelst und an eine Batterie anschließt. Sobald der Draht Strom führt, wird eine Magnetnadel abgelenkt. Es entsteht somit ein Magnetfeld, das in der Umgebung des Drahtes sofort wirksam ist. Beim Abschalten des Stroms verschwindet es genauso schnell wieder. Besonders stark wird die magnetische Wirkung, wenn die Spule einen Eisenstab enthält.

2. Ein Magnetfeld ohne Pole

Der dänische Physiker Hans Christian OERSTED fand 1820 die magnetische Stromwirkung (➠ *Versuch 1*). Er beobachtete zufällig, dass ein Strom führender Leiter Magnetnadeln ablenkt. Damit erregte er großes Aufsehen. Bis dahin kannte man nämlich keinerlei Zusammenhang zwischen Elektrizität und Magnetismus. Seitdem weiß man, dass beide Gebiete zusammen gehören.

In Versuch 2 befinden sich Magnetnadeln in einer Ebene, die senkrecht zum Leiter steht. Sobald der Leiter Strom führt, stellen sie sich längs Kreisen um den Leiter ein. Wie beim Versuch von OERSTED (Versuch 1) steht jede Nadel quer zum Leiter.

Streuen wir Eisenpulver auf den Karton (Bild 3), so ordnet sich auch dieses bei starken Strömen zu Kreisen. Die Kreise sind konzentrisch. Ihr gemeinsamer Mittelpunkt liegt im Leiter.

Bei einem Stabmagneten gibt es Ein- und Austrittsstellen der Feldlinien an den Polen. Die Feldlinien um einen Strom führenden geradlinigen Leiter sind geschlossene Linien. Besitzt sein Magnetfeld etwa *keine Pole*? Offensichtlich nicht. Ströme in geraden Leitern erzeugen also etwas Neues, nämlich *Magnetfelder ohne Pole*!

Der Versuch 2 zeigt noch mehr. Ändern wir die Bewegungsrichtung der Elektronen, so ändert sich auch der Umlaufsinn der magnetischen Feldlinien.
Den Zusammenhang zwischen der Bewegungsrichtung der Elektronen und der Richtung der magnetischen Feldlinien merken wir uns mit der **Linke-Faust-Regel** (Versuch 2).

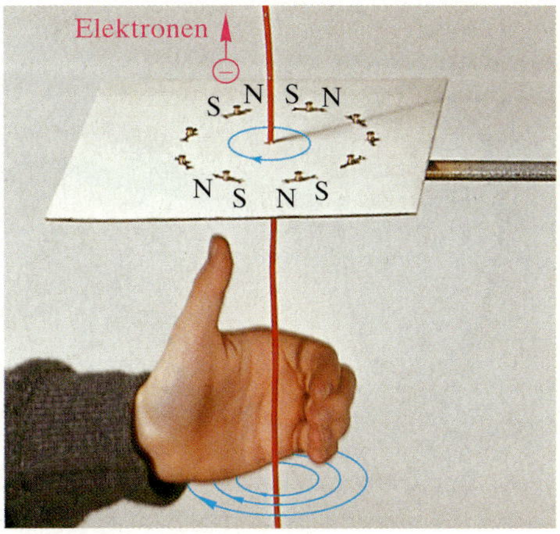

V2: Ein vertikal gestellter Leiter durchsetzt einen waagerechten Karton. Im gleichen Abstand vom Leiter stellen wir mehrere kleine Magnetnadeln auf. Sobald der Draht Strom führend ist, weisen die Nadeln längs eines Kreises. Ändern wir die Stromrichtung, dann wenden sich die Nadeln um 180°.

Merksatz

Elektrische Ströme sind stets von einem Magnetfeld umgeben. Die magnetischen Feldlinien bilden bei geraden Leitern konzentrische Kreise, die in Ebenen senkrecht zum Leiter liegen.

Linke-Faust-Regel: Umfasse den Leiter so mit der linken Faust, dass der abgespreizte Daumen in die Elektronenstromrichtung (von – nach +) zeigt. Dann geben die gekrümmten Finger die **Richtung der magnetischen Feldlinien** an.

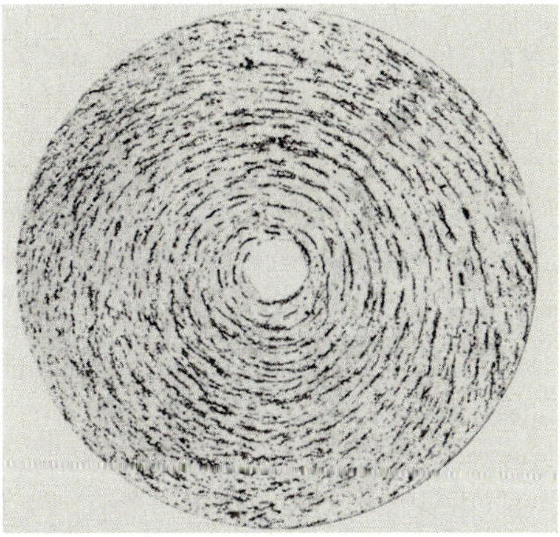

B3: Magnetfeld um einen geraden Leiter

Interessantes

Die Entdeckung der magnetischen Stromwirkung

Während einer Vorlesung wollte der Chemiker und Naturforscher Hans Christian OERSTED (1777–1851) eine galvanische Batterie vorführen, als ihm einer der angeschlossenen Drähte aus der Hand und in die Nähe einer Kompassnadel auf den Vorführtisch fiel. Er wollte ihn schnell wieder hochheben – da bemerkte er, dass sich die Kompassnadel in eine andere Richtung eingestellt hatte.

Das war ein bisher noch nicht entdeckter Vorgang, der richtungsweisend für die weitere Entwicklung der Elektrizitätslehre war. Elektrizität und Magnetismus konnten von nun an nicht mehr als getrennte Phänomene betrachtet werden.
Später wiederholte er diesen Vorgang vor einigen seiner interessierten Kollegen.

Die magnetische Wirkung des elektrischen Stromes ist die einzige, die nicht ausgeschaltet werden kann. Sie tritt immer auf. Dies ist zum Beispiel bei der Wärmewirkung nicht der Fall.

Aufgaben

A1: Eine Kompassnadel stellt sich in Nord-Süd-Richtung ein. Wie kann man sie mit einem geradlinigen Leiter in westliche, wie in östliche Richtung ablenken? Wie müsste man den Leiter stellen, damit durch sein Magnetfeld die Kompassnadel mit ihrem Nordpol in (geographisch) südliche Richtung abgelenkt wird?

A2: Skizziere bei Versuch 1 den Verlauf der magnetischen Feldlinien um den waagerecht verlaufenden Leiter. Wende dabei die Linke-Faust-Regel an.

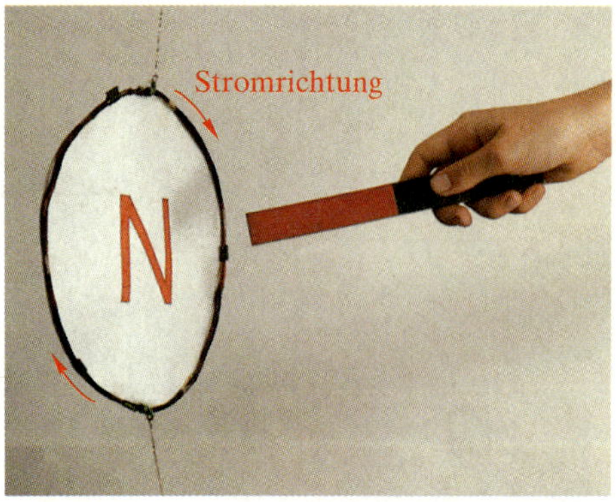

V1: Wir wickeln einen Draht in mehreren Windungen zu einer flachen *Spule* und bespannen sie mit Papier, um spätere Schwingungen zu dämpfen. Dann hängen wir ihn an einem Faden auf und führen ihm über Lamettafäden Strom zu. Er dreht sich mit einer Fläche nach Norden – wie eine Kompassnadel.
Mit einem Stabmagneten lässt sich der kreisförmige Strom führende Leiter ablenken.

V2: Mit einer Spule können wir das Zusammenwirken der magnetischen Felder der einzelnen Windungen sichtbar machen (➠ *Bild 2*). Streuen wir Eisenpulver auf die Glasplatte, so sehen wir kleine Kreise um die Leiter an den Durchstoßpunkten. Im Inneren der Spule ordnen sie sich zu parallelen Ketten an. Außerhalb der Spule ist das Feldlinienbild ähnlich dem eines Stabmagneten.

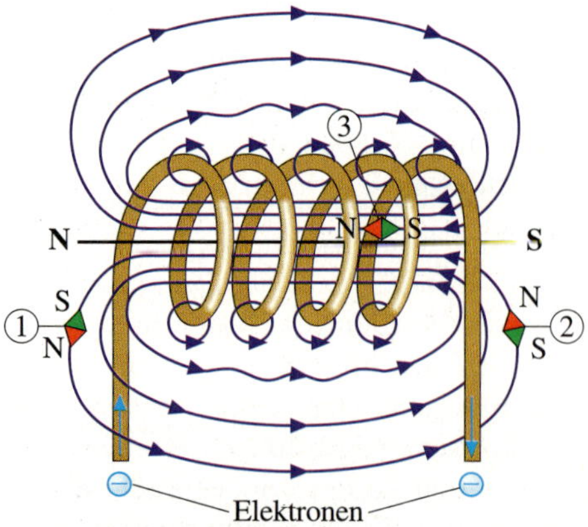

B1: Bei einer Spule überlagern sich die Feldlinien vieler Drahtwicklungen. Der Südpol von Nadel ① wird zum Spulen-Nordpol gezogen, der Nordpol von Nadel ② zum Spulen-Südpol.

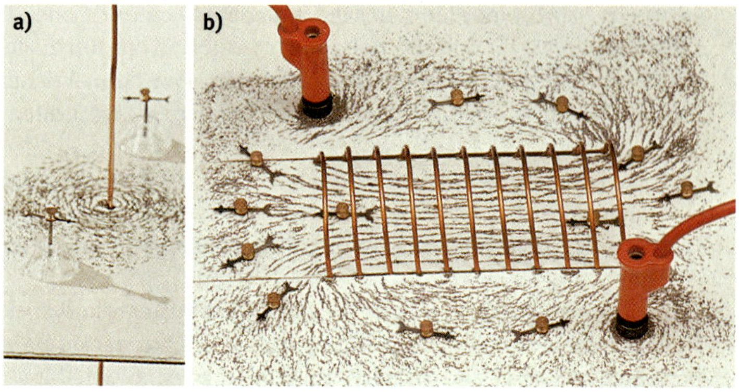

B2: a) Feldlinien eines Strom führenden geraden Leiters
b) Feld einer Strom führenden Spule

Das Magnetfeld von Spulen

1. Vom Draht zur Spule

Das Magnetfeld eines Strom führenden Drahtes ist sehr schwach. Vielleicht können wir es dadurch verstärken, dass wir den Draht zu einer Windung biegen. Die Linke-Faust-Regel gibt Anlass zur Hoffnung: Umfassen wir nämlich den zu einer Windung gebogenen Draht mit der linken Hand so, dass der Daumen entlang des Drahtes weist, dann zeigen die Finger im Inneren der Windung überall in die gleiche Richtung. Das bedeutet, dass die magnetischen Feldlinien eng beieinander liegen (➠ *Bild 2 a*).

Das Magnetfeld eines Drahtes wird noch stärker, wenn man ihn in *mehreren* Windungen zu einer flachen **Spule** wickelt (➠ *Versuch 1*). Führt sie Strom, so dreht sie sich so, dass die eine Fläche (N) nach Norden zeigt. Nähert man ihr den Nordpol eines Stabmagneten, so dreht sich die Spule zur Seite.
Verhält sich die Spule wie eine Magnetnadel? Tatsächlich: Nähert man ihrer Fläche (N) den Nordpol eines Stabmagneten, so dreht sich die Spule zur Seite (➠ *Versuch 1*). Die Fläche (N) wird also wie ein magnetischer Nordpol vom Nordpol des Stabmagneten abgestoßen. Die Fläche auf der Rückseite verhält sich entsprechend wie ein Südpol. *Eine Strom führende Spule ist ein Magnet mit zwei Polen.*
➠ *Bild 1* und ➠ *Bild 2* zeigen den Verlauf der Feldlinien. Die kleinen Magnetnadeln weisen am einen Ende der Spule mit ihrem Nordpol nach außen; hier befindet sich der Nordpol der Spule, am anderen Ende – dem Südpol – zeigen die Nadeln mit ihrem Nordpol nach innen. Die Feldlinien sind geschlossen und verlaufen innerhalb der Spule parallel zur Spulenachse.

Merksatz

Strom führende Spulen haben Pole wie Stabmagnete. Außen laufen die Feldlinien vom Nordpol zum Südpol. Innen kehren sie zurück und bilden ein starkes Magnetfeld mit parallelen Feldlinien.

2. Eine Spule wird zum Elektromagnet

Enthält eine Spule einen Eisenkern, so kann man mit ihr eine große Menge Nägel anheben. Es besteht ein starkes Magnetfeld. Wie kommt es zu dieser Verstärkung? Wir wissen, dass es im Inneren einer Strom führenden Spule ein starkes Magnetfeld gibt, dessen Feldlinien parallel zur Spulenachse verlaufen. Bringen wir einen Eisenkern in die Spule, so übt das Magnetfeld der Spule auf die Elementarmagnete im Eisen Kräfte aus und ordnet sie parallel zur Spulenachse an (➠ *Bild 3*). Dabei zeigen die Nordpole aller Elementarmagnete in Feldlinienrichtung zum Nordpol der Spule hin. Das führt zu einer enormen Verstärkung des Magnetfelds der Spule im Außenraum. Spule und Eisenkern bilden einen starken **Elektromagneten.**
Wird der Strom abgeschaltet, so verschwindet das Magnetfeld der Spule und die Elementarmagnete gehen wieder in einen ungeordneten Zustand über.

Einen besonders kräftigen Elektromagneten zeigt das Bild zu ➠ *Versuch 4*. Zwei Spulen sitzen auf den Schenkeln eines dicken, U-förmigen Eisenkerns. Bei der einen Spule liegt der Nordpol unten, bei der anderen der Südpol. Das prüft man mit einer Magnetnadel. Im Bild können wir sogar die Richtung des Elektronenflusses erkennen. Damit können wir nach der Linke-Faust-Regel die Richtung der Feldlinien des Magnetfeldes der beiden Spule bestimmen.
Auf den U-Kern wird zusätzlich ein *Anker* aus Eisen aufgesetzt. Auch seine Elementarmagnete werden ausgerichtet. Sie verstärken ebenfalls das Magnetfeld der Spulen. Dabei bilden die Elementarmagnete von U-Kern und Anker längs der Feldlinien (➠ *Versuch 4*; blaue Linien) geschlossene Ketten. Sie lassen sich kaum aufreißen, denn der Anker kann nur noch mit äußerst starken Kräften vom U-Kern getrennt werden. An ihn kann man große Lasten hängen. Anstelle von Eisen kann man auch andere *weichmagnetische* Stoffe verwenden.

Ersetzt man in ➠ *Versuch 4* das Eisen durch *hartmagnetisches* Material, so richtet das starke Magnetfeld die schwer drehbaren Elementarmagnete viel besser aus, als dies beim Überstreichen einer Stricknadel mit dem Nordpol eines starken Dauermagneten gelingt. Nach dem Ausschalten des Stroms bleiben aber die Elementarmagnete ausgerichtet; die Magnetisierung bleibt erhalten. So kann man **Dauermagnete** herstellen.

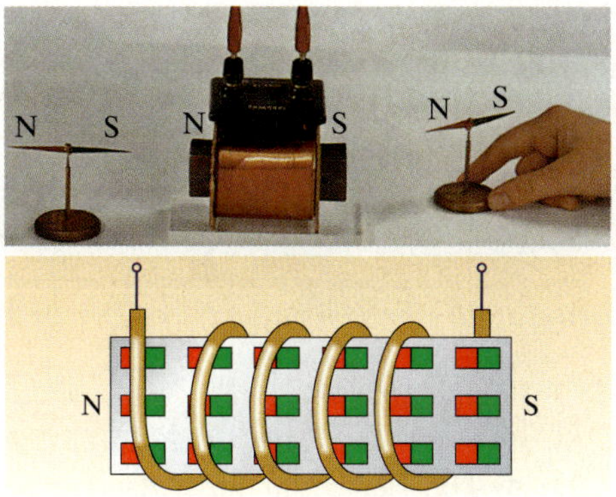

B3: Der Eisenkern verstärkt die magnetische Wirkung einer Spule erheblich

V3: a) Wir stellen eine Spule in Ost-West-Richtung auf und nähern ihr eine Kompassnadel. Erst in unmittelbarer Nähe der Spule wird sie abgelenkt. Das Magnetfeld der Spule hat nur eine geringe wahrnehmbare Reichweite. **b)** Wir schieben weichmagnetisches Material in die Spule. Jetzt wirkt das Magnetfeld auch in größerer Entfernung auf die Kompassnadel. Es ist wesentlich stärker geworden.

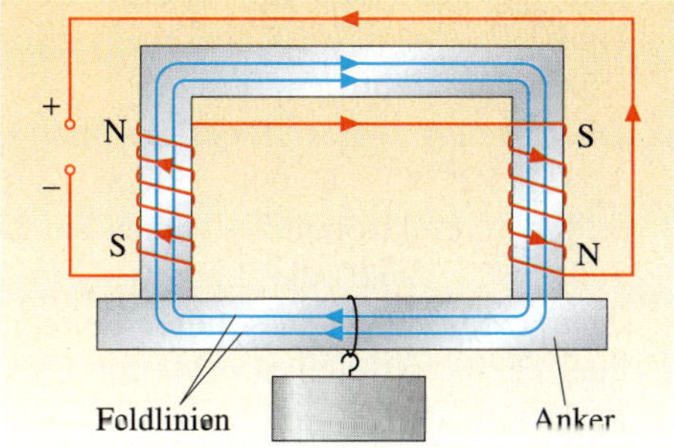

V4: Wir setzen zwei Spulen auf einen U-förmigen Eisenkern. Der Nordpol der einen Spule soll oben, der Nordpol der anderen unten liegen. Mit einem Anker schließen wir den U-Kern. Führen die Spulen Strom, wird der Anker mit großer Kraft angezogen.

Aufgaben

A1: In ➠ *Bild 4* zieht eine Strom führende Spule einen Eisenstab an. Warum bekommt er unten einen Nordpol und oben einen Südpol? Warum erfährt der Nordpol N eine Kraft nach unten, der Südpol eine Kraft nach oben?

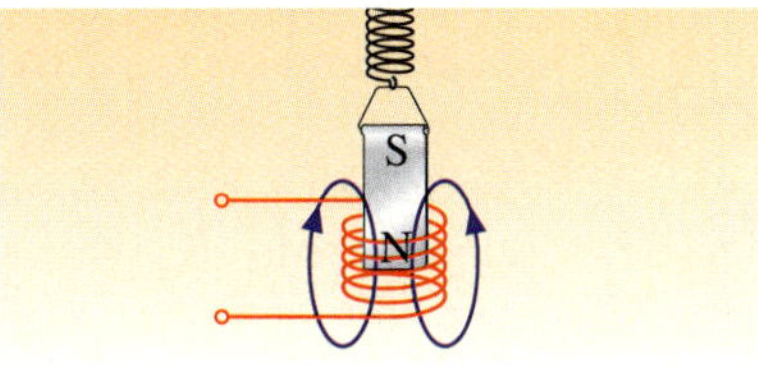

B4: zu A 1 und A 2

A2: Der Stab hänge nun so, dass er am unteren Spulenende herausragt. Welche Kraft erfährt er? Haben sich die Pole N, S geändert?

A3: Werden bei einer Spule mit der Stromrichtung auch die Pole vertauscht?

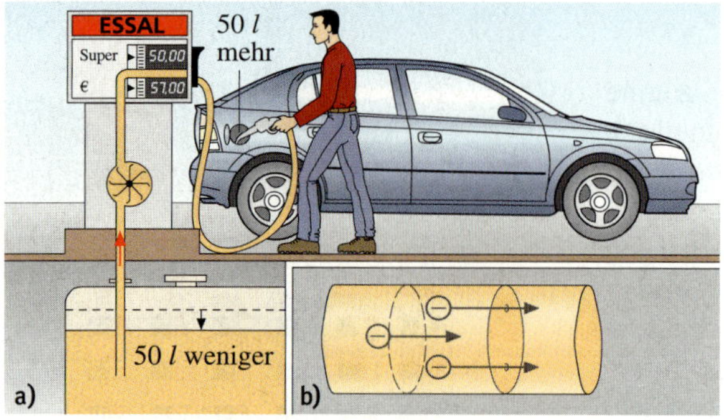

B1: a) Die Benzinuhr misst das geflossene Benzinvolumen. **b)** Elektronen, die während der Messdauer durch einen Leitungsquerschnitt gehen.

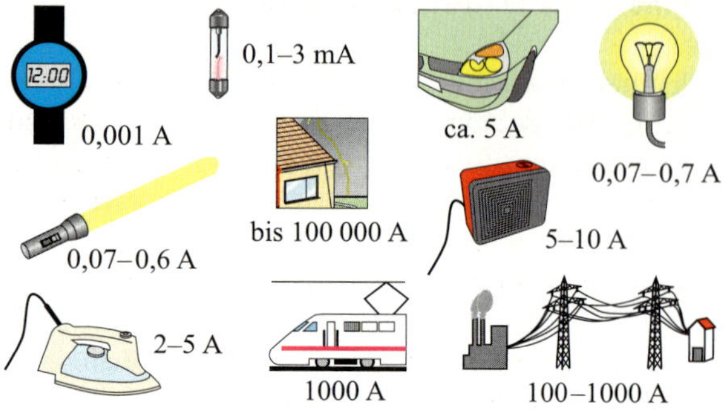

B2: Das Bild zeigt dir einige typische Beispiele für Stromstärken.
(1 mA = 10^{-3} A = 1/1000 A = 0,001 A)

Vertiefung

Ein Maß für die elektrische Ladung

Elektrischer Strom bedeutet: Elektronen fließen. Jedes Elektron hat eine gleich große Ladung. Diese ist die kleinste in der Natur auftretende Ladungsmenge. Sie wird deshalb **Elementarladung** genannt.

Als **Maßeinheit** der Ladungsmenge Q – man sagt kurz Ladung – wurde **1 Coulomb** (C) gewählt (de COULOMB, französischer Physiker um 1800).

Die Ladung eines Elektrons beträgt $1{,}6022 \cdot 10^{-19}$ C. Damit bilden circa $6{,}24 \cdot 10^{18}$ Elektronen zusammen die Ladung 1 C. Fließt die Ladung $Q = 1$ C durch einen beliebig gewählten Leitungsquerschnitt, so treten ca. $6{,}24 \cdot 10^{18}$ Elektronen hindurch.

Was bedeutet die Gleichung $I = Q/t$?

Man entlädt z. B. eine geladene Metallkugel über eine leicht angefeuchtete Schnur, die über eine Glimmlampe zur Erde führt. Die Entladung der Kugel dauert einige Sekunden (beobachte diesen Vorgang in einem verdunkelten Raum!).

Eine etwas feuchtere Schnur leitet besser; dieselbe Ladung Q fließt in kürzerer Zeit t ab. Die Glimmlampe zeigt dann durch helleres Leuchten eine größere Stromstärke $I = Q/t$ an.

Entlädt man gleichzeitig drei Kugeln, also die dreifache Ladung, so ist die Entladezeit $t = Q/I$ bei etwa gleicher Stromstärke I entsprechend größer.

Messung von Stromstärke und Ladung

1. Was zeigt eine Benzinuhr an?

Eine Benzinuhr misst das getankte Benzinvolumen. Wie geht sie vor? Nach ➠ *Bild 1* kann man 50 l Benzin tanken, auch wenn die Leitung vom Tank zum Zapfhahn weniger als 50 l fasst. Zeigt die Benzinuhr 50 l, so wurde sie von 50 l durchströmt. 50 l sind dem Erdtank entnommen worden und aus dem Zapfhahn geflossen. *Jeden Querschnitt der Leitung haben also 50 l Benzin durchsetzt* – wenn die Leitung dicht und frei von Luftblasen war.

Bisher sagten wir: Im Stromkreis fließt Ladung. Damit haben wir die ganze bewegliche Ladung gemeint, die der Stromkreis enthält.

Sagen wir *nun*, durch ein Gerät fließe die Ladung Q, so meinen wir diejenige Ladung Q, die während der Messdauer t eine Messstelle – einen bestimmten Leitungsquerschnitt – durchströmt. In ➠ *Bild 1 b* kommen Elektronen während der Messdauer so weit, wie es die Pfeile angeben. Das linke Elektron ist noch nicht durch den rechten Querschnitt getreten, wird also noch nicht gezählt.

Leider können wir Elektronen weder sehen noch zählen. Wir haben aber Messinstrumente, deren Ausschlag groß ist, wenn sie in einer Sekunde von viel Ladung Q (von vielen Elektronen) durchsetzt werden (genauer: ein Leiterquerschnitt). Dies erinnert an das Rädchen der Benzinuhr. Ist der Zapfhahn fast geschlossen, so ist der Benzinstrom schwach, es dreht sich nur langsam. Pumpt man stärker, so dreht sich das Rädchen schneller. Die Stärke des Benzinstroms $I = V/t$ ist dann größer (in jeder Sekunde fließt mehr Benzin; der Tank ist schneller gefüllt).

Verfolgen wir diesen Gedanken genauer. Ein Zapfhahn für Benzin liefere in $t = 100$ s das Volumen $V = 50$ l. Die *Stärke des Benzinstroms* ist dann $I = V/t = (50\ \text{l})/(100\ \text{s}) = 0{,}5$ l/s. Dabei ist es gleichgültig, ob das Benzin ein weites Rohr mit kleiner Geschwindigkeit oder ein enges Rohr mit großer Geschwindigkeit verlässt.

2. Die elektrische Stromstärke

Zum Messen der elektrischen Stromstärke I baut man ein Strommessgerät in den Stromkreis ein. Man trennt dazu die Leitung des Stromkreises auf und überbrückt die Lücke mit diesem Strommesser (➠ *Bild 3*). Die Elektronen strömen jetzt durch das eingebaute Messgerät, an dem die – im ganzen Stromkreis gleiche – Stromstärke abgelesen werden kann.
Was *Stromstärke I* sein soll, legen wir fest wie beim Benzin: Das Maß für die Stärke des elektrischen Stroms ist die *je Sekunde* durch einen Leitungsquerschnitt fließende Ladung Q. Für die Ladungsmenge wurde **1 Coulomb** (C) als Einheit festgelegt (➠ *Vertiefung, links*).
Ein Beispiel: Fließt während der Messdauer $t = 5$ s die Ladung $Q = 20$ C durch einen Strommesser, so beträgt die Stromstärke $I = Q/t = (20\ \text{C})/(5\ \text{s}) = 4$ C/s. Der Strommesser zeigt dann einen bestimmten Ausschlag. Er nimmt mit wachsender Stromstärke zu.

Als Maßeinheit der **Stromstärke** I wurde **1 A = 1 C/s** festgelegt (AMPÈRE, französischer Physiker um 1800).

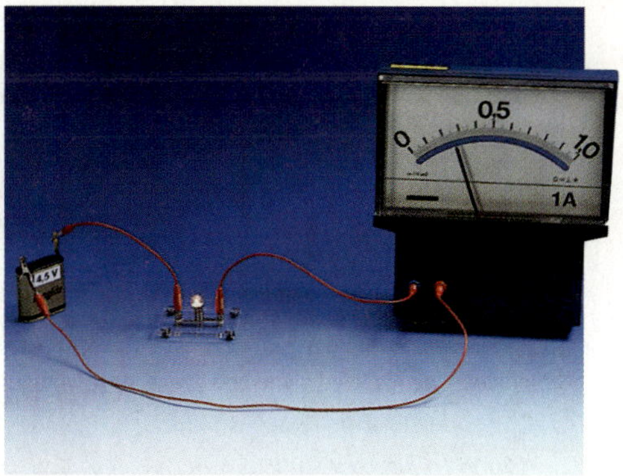

B3: Messung der elektrischen Stromstärke mit einem Strommesser

Merksatz

Die **elektrische Stromstärke** ist $I = \frac{Q}{t}$.

Dabei ist Q die Ladung, die in der Zeit t durch einen beliebigen Leitungsquerschnitt fließt.
Die **Einheit** der Stromstärke I ist 1 Ampere: $\mathbf{1\ A = 1\ \frac{C}{s}}$.

Für die Stromstärkemessung brauchen wir also keine Elektronen zu zählen, wir brauchen nicht einmal eine spezielle Festlegung der Ladungseinheit 1 C. Wir sagen: 1 C ist die Ladung, die einen Strommesser in 1 s durchfließt, wenn er die Stromstärke 1 A anzeigt.

Beispiel

Ein Strommessgerät zeigt die Stromstärke $I = 3$ A an. Wie viele Elektronen fließen je Sekunde durch jeden Leitungsquerschnitt?

Lösung:
Durch jeden Leitungsquerschnitt fließt pro 1 s die Ladung

$$Q = I \cdot t = 3\ \text{A} \cdot 1\ \text{s} = 3\ \text{C}.$$

Die Ladung eines Elektrons ist $1{,}6 \cdot 10^{-19}$ C. Damit bilden

$$\frac{3\ \text{C}}{1{,}6 \cdot 10^{-19}\ \text{C}} \approx 1{,}9 \cdot 10^{19}\ \text{Elektronen}$$

die Ladung $Q = 3$ C. Durch jeden Leitungsquerschnitt bewegt sich also pro 1 s die riesige Zahl von $1{,}9 \cdot 10^{19}$ Elektronen.

Interessantes

Umgang mit elektrischen Strommessgeräten

Der *Messbereich* der Instrumente, d. h. ihre Empfindlichkeit, muss der Stärke der zu messenden Ströme angepasst sein. Hier folgen einige Regeln für den Umgang mit diesen oft sehr teuren Geräten:

- **Schalte den Strommesser nie allein zwischen die Pole einer Quelle, sondern immer in Reihe mit den Geräten, bei deren Betrieb die Stromstärke zu messen ist** (➠ *Bild 4*).
- Prüfe, ob auf Wechsel- oder Gleichstrom eingestellt werden muss. Bei Gleichstrom muss die mit + bezeichnete Buchse zum Pluspol der Stromquelle hin angeschlossen werden.
- Stelle zunächst den höchsten Messbereich ein.
- Erniedrige vorsichtig den Messbereich und behalte dabei den Zeiger im Auge. Der Zeiger soll das Ende der Skala nicht überschreiten.

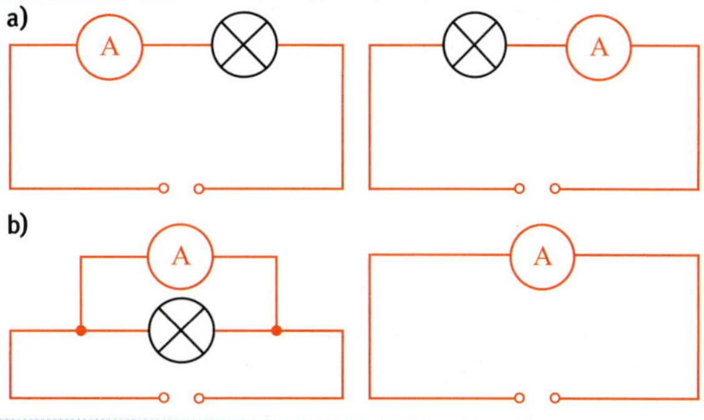

B4: a) richtige **b)** falsche Schaltung

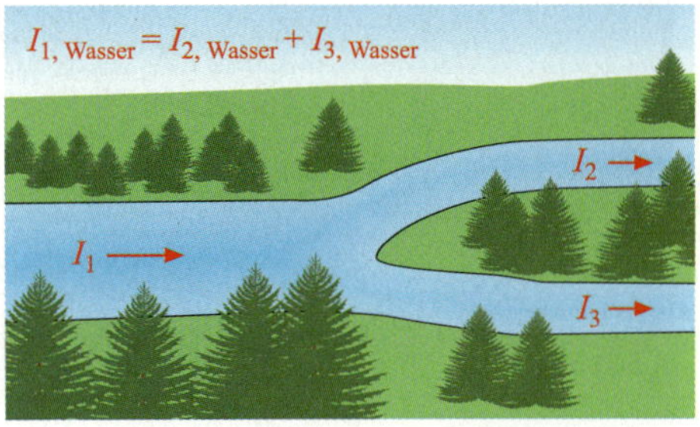

B 1: Verzweigung bei Wasserströmungen

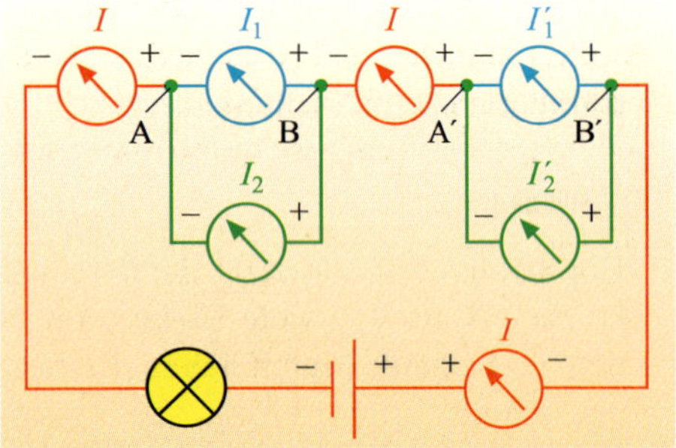

V 1: Wir schalten jedem Strommesser (blau) eine andere Sorte von Strommesser (grün) *parallel.* Im blauen sinkt die Stromstärke auf $I_1 \approx 0{,}60$ A, der parallel liegende grüne zeigt $I_2 \approx 0{,}35$ A. Die roten Strommesser zeigen weiterhin $I = 0{,}95$ A an.

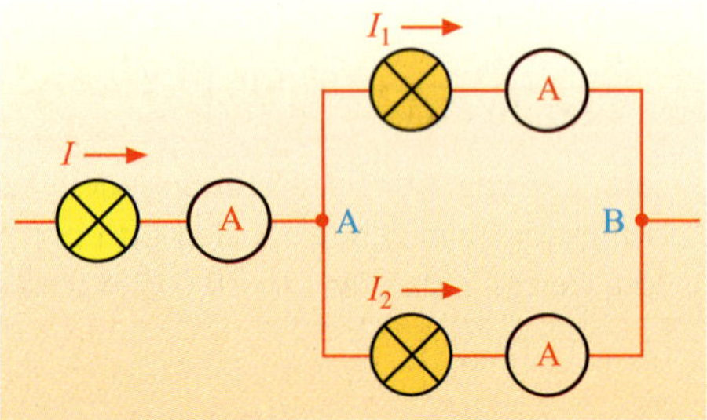

B 2: Verzweigung bei elektrischen Strömen

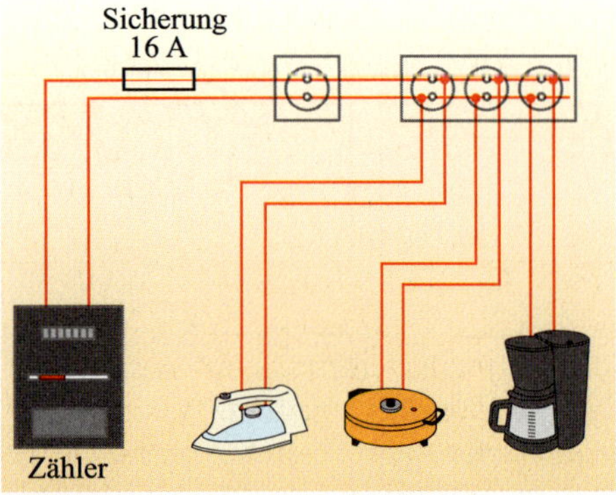

B 3: Parallel geschaltete Geräte im Haushalt

3. Stromstärke bei Parallelschaltung

Was ergibt sich für die elektrische Stromstärke, wenn der Stromkreis eine Verzweigung enthält? Von Wasserströmungen ➠ *Bild 1* kennen wir die **Knotenregel:** *Die zu einem Knoten hin fließenden Wasserströme sind zusammen so stark wie die vom Knoten weg fließenden Wasserströme.* Weder geht am Knoten ein Wasserteilchen verloren noch kommt eines hinzu.

Um zu untersuchen, ob dies bei elektrischen Strömen ebenso ist, schaltet man in ➠ *Versuch 1* jedem Strommesser eine andere Sorte von Strommesser **parallel.** So verzweigt man den Strom und kann in jedem Zweig die Stromstärke messen.
Bildet man die Summe der Zweigstromstärken, so stimmt diese Summe mit der Stromstärke in der Zuführungsleitung überein.

Das Versuchsergebnis der **Parallelschaltung** von Strommessgeräten passt zum Wasserfluss, aber auch zu unserer Vorstellung strömender Elektronen (➠ *Bild 2*): Die Elektronen in der Leitung gehen an dem Verzweigungspunkt A verschiedene Wege. In B laufen sie wieder zusammen. Kein einziges Elektron ist verloren gegangen. Es fließt (je Sekunde) genauso viel Ladung zum Knoten (A) hin wie in den Teilströmen zusammen von ihm weg.

Merksatz

Bei einer **Stromkreisverzweigung** geht keine Ladung verloren. Die Summe der Stromstärken I_1 und I_2 in den Zweigen ist gleich der Stromstärke I im unverzweigten Teil des Stromkreises:

$$\boldsymbol{I = I_1 + I_2.}$$

Beispiel

Hält die Sicherung?

Du möchtest prüfen, ob du ein Dampfbügeleisen, ein Waffeleisen und eine Kaffeemaschine gleichzeitig an einer Mehrfachsteckdose betreiben kannst, ohne dass die Sicherung anspricht (➠ *Bild 3*). Diese Steckdose sei mit 16 A abgesichert.

Lösung:
Die drei Geräte benötigen folgende Stromstärken: Dampfbügeleisen $I_1 = 8{,}7$ A, Kaffeemaschine $I_2 = 5{,}4$ A, Waffeleisen $I_3 = 4{,}3$ A.
Die Stromstärke im unverzweigten Teil darf aufgrund der Sicherung maximal 16 A betragen.
Beim Anschließen an eine Mehrfachsteckdose sind diese drei Geräte parallel geschaltet. Die Summe der Stromstärken in den drei Zweigen würde betragen:

$$I_1 + I_2 + I_3 = 8{,}7\text{ A} + 5{,}4\text{ A} + 4{,}3\text{ A} = 18{,}4\text{ A}.$$

Die Stromstärke im unverzweigten Teil wäre mit 18,4 A zu groß. Die drei Geräte können nicht zusammen angeschlossen werden. Die 16 A-Sicherung wäre überlastet.

4. Sicherungen begrenzen die Stromstärke

In ⇒ *Versuch 2* überbrückt man das Lämpchen mit einem dicken Kupferdraht. Bei diesem **„Kurzschluss"** steigt die Stromstärke erheblich an. Nach kurzer Zeit schmilzt der dünne Draht und unterbricht den Stromkreis. Nach diesem Prinzip arbeiten **Schmelzsicherungen** (⇒ *Bild 3*). In einer Patrone aus Porzellan liegt ein dünner Schmelzdraht, der in den Stromkreis geschaltet ist. Wenn bei einem Kurzschluss die vorgesehene Höchststromstärke der Sicherung (z. B. 16 A) überstiegen wird, schmilzt der Draht durch. Dabei fällt das an einem Drahtende befestigte farbige Kennplättchen ab. Die defekte Sicherung muss gegen eine unversehrte ausgetauscht werden.

Ein Flicken der Sicherung mit einem anderen Draht wäre strafbar. Ist er nämlich nur ein wenig zu dick, könnten sich bei einem Kurzschluss die Leitungen überhitzen und einen Brand verursachen.

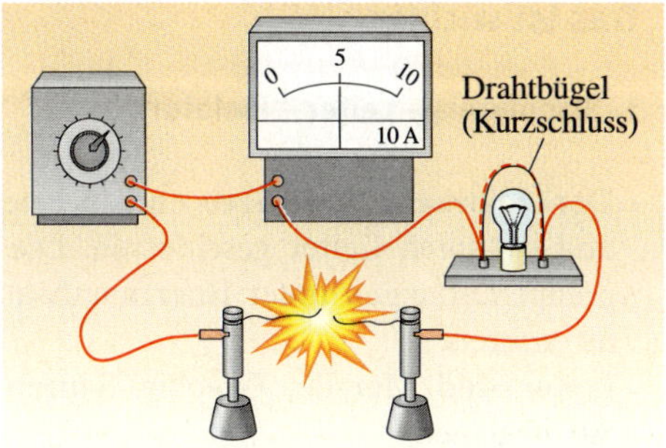

V2: Ein dünner Draht dient in dieser Schaltung als Sicherung. Überbrücken wir das Lämpchen mit einem dicken Kupferdraht, so schmilzt der Sicherungsdraht und der Stromkreis wird unterbrochen.

5. Welche Temperatur stellt sich in einem Heizdraht ein?

Elektrischer Strom liefert in einem Heizdraht ständig Energie. Warum steigt dessen Temperatur nicht ständig an?

Direkt nach dem Einschalten ist seine Temperatur nur wenig höher als die der Umgebung. Er gibt kaum Energie an die Umgebung ab, also erhöht sich vor allem die Temperatur des Drahts. Je höher dessen Temperatur ist, desto mehr Energie gibt er je Sekunde an die kältere Umgebung ab. Für seine eigene Temperaturerhöhung bleibt dann weniger Energie. Nach einiger Zeit gibt der Heizdraht je Sekunde genauso viel Energie an die Umgebung ab, wie er vom Strom geliefert bekommt: Seine Temperatur ändert sich dann nicht mehr. Es stellt sich ein **Fließgleichgewicht** ein zwischen Zu- und Abfluss von Energie.

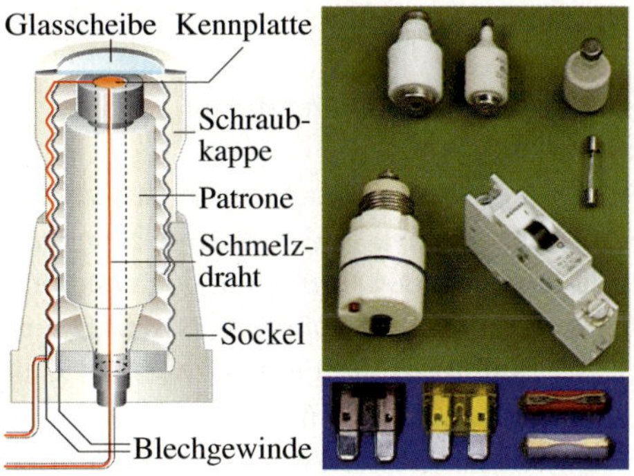

B3: Links: Schnittzeichnung einer Schmelzsicherung mit Kennplatte, rechts: verschiedene Schmelzsicherungen und zwei Sicherungsautomaten

Aufgaben

A1: Bei einem Zoo wird am Eingang mit einem Drehkreuz die Zahl der Besucher gezählt. Sie verlassen den Zoo später an einem anderen Drehkreuz. An einem Sonntag werden während der Zeit von 9.00 bis 18.00 Uhr 6500 Besucher gezählt. Ermittle die durchschnittliche Besucherstromstärke.

A2: a) Zur Berechnung der Verkehrsstromstärke benötigt man die Zahl der Autos, die in einer bestimmten Zeit eine Kontrollstelle passieren. Warum brauchen dabei die Angaben von zwei Kontrollstellen, die in 1 km Abstand hintereinander liegen, nicht übereinzustimmen? **b)** Gilt dies auch für die Zahl der Elektronen, die in einem unverzweigten elektrischen Stromkreis zwei verschiedene Messstellen passieren?

A3: Was heißt, die Stromstärke sei im unverzweigten Stromkreis überall gleich groß? Sind dort die Elektronen überall gleich schnell (vergleiche dünne mit dicken Drähten)?

A4: Für einen Kanal beträgt bei einem ISDN-Anschluss die maximale Datenstromstärke (Übertragungsrate) 64 kbit/s. Berechne die minimale Downloadzeit aus dem Internet für eine Datei der Größe 1,44 MByte (8 bit = 1 Byte).

A5: a) In der Formel 1 werden die Rennwagen mit einer maximalen Benzinstromstärke von 12 l/s betankt. Wie lange dauert das Volltanken bei einem Tankvolumen von 150 l? **b)** Informiere dich an einer normalen Tankstelle, wie groß dort die maximale Benzinstromstärke ist. Wie lang wäre damit die Tankzeit in der Formel 1.

A6: Unterscheide die Größengleichung $I = Q/t$ von der Einheitengleichung 1 A = 1 C/s. Nenne ähnliche Paare von Gleichungen aus der Mechanik.

A7: Ein Strommesser misst die Stromstärke $I = 2{,}5$ A. Man schaltet ihm einen zweiten parallel, der dann 1,5 A anzeigt. Was zeigt nun der erste Strommesser? Zeichne eine Schaltskizze. Welche Ladung fließt jeweils in 1 s?

Das ist wichtig

1. Stromkreis – Leiter – Isolator

Der **elektrische Stromkreis** enthält eine **Stromquelle** und ist durch Leiter geschlossen. Die Stromquelle pumpt Ladungen unter Energieaufwand durch den Stromkreis.
Leiter sind Metalle, Graphit, Säuren, Basen und Salzlösungen.
Isolatoren sind Luft, Bernstein, Glas, Gummi, Keramik und die meisten Kunststoffe.
Auch **Gase** können elektrisch leiten. Dann senden sie Licht aus.
Eine **Glimmlampe** ist eine Polsuchlampe: Es leuchtet das Gas um die Elektrode, die mit dem Minuspol verbunden ist.

2. Elektrische Ladungen

Es gibt zwei verschiedene Arten elektrischer **Ladung**: **positive** und **negative**. Man kann elektrische Ladung weder vernichten noch neu erzeugen.
Ladungen üben aufeinander **Kräfte** aus: Gleichnamige Ladungen stoßen sich gegenseitig ab, ungleichnamige ziehen sich an.
Man kann positive und negative Ladungen unter Energieaufwand voneinander trennen. Am **Minuspol** hat eine Stromquelle einen Überschuss an negativen Elektronen, am **Pluspol** einen Überschuss an positiver Ladung.
Als **Stromrichtung** bezeichnen wir die Bewegungsrichtung der Elektronen durch den Stromkreis vom Minuspol zum Pluspol.

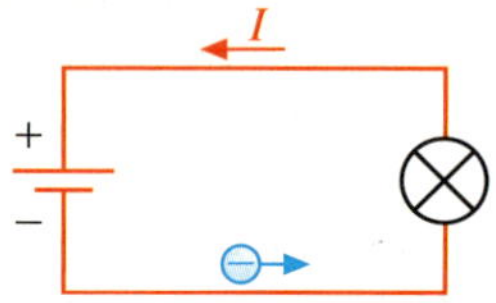

Alle *Materie* enthält **Ladungsträger**. Ein Körper ist nach außen elektrisch **neutral**, wenn er gleich viel positive und negative Ladung enthält.

Glühelektrischer Effekt: Man kann durch Energiezufuhr (Temperaturerhöhung) Elektronen aus Metallen herauslösen. In festen *Metallen* sind nur Elektronen frei beweglich.

Bei der **Influenz** in elektrischen Leitern trennt eine von außen genäherte Ladung vorübergehend bewegliche negative Elektronen von der ortsfesten positiven Ladung.
Auch Isolatoren enthalten Ladungsträger; diese sind aber im Isolator nicht frei beweglich. Bei der **elektrostatischen Aufladung** von Isolatoren treten Elektronen vom einen zum anderen Körper über.

3. Aufbau der Atome

Atome bestehen aus positiv geladenen **Atomkernen** und negativ geladenen **Elektronen**. In neutralen Atomen wird die positive Kernladung von den Elektronen der Hülle neutralisiert.
Haben Atome gegenüber dem neutralen Zustand zu viel oder zu wenig Elektronen, so nennt man sie **Ionen**. Negative Ionen haben Elektronen im Überschuss; bei positiven Ionen überwiegt die positive Kernladung.

4. Wirkungen des elektrischen Stroms

Magnetische Wirkung

Fließende Ladungen, also Ströme, haben um sich ein Magnetfeld mit in sich **geschlossenen Feldlinien**. Um einen Strom führenden *geraden* Leiter bilden die Magnetfeldlinien konzentrische Kreise. Dabei gibt es keine Magnetpole.

Linke-Faust-Regel: Hält man den gespreizten Daumen der linken Hand in Richtung des Elektronenstroms, so zeigen die gekrümmten Finger die Richtung der magnetischen Feldlinien an.

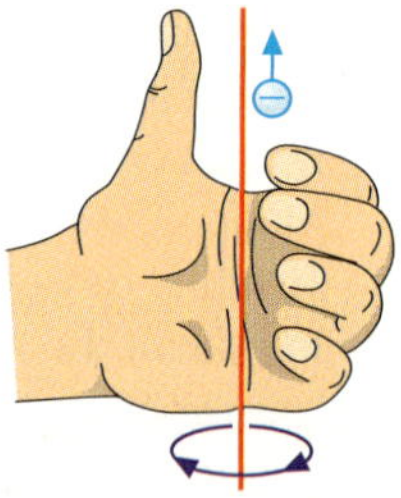

Das Magnetfeld Strom führender **Spulen** entspricht im Außenraum dem von Stabmagneten mit Nord- und Süd-Polen. Im Spuleninnern ist es *homogen* und viel stärker als außerhalb. Bei **Elektromagneten** verstärken Eisenkerne im Spuleninneren das Magnetfeld.

Wärmewirkung

Fließen Elektronen durch einen Leiter, so steigt die Temperatur des Leiters.

5. Messung fließender Ladung

Elektrischer Strom in Metall bedeutet: Elektronen fließen. Jedes Elektron hat eine gleich große Ladung. Diese Ladung eines Elektrons ist die kleinste in der Natur auftretende Ladungsmenge. Sie wird **Elementarladung** genannt.

Als die Einheit der Ladungsmenge Q – man sagt kurz Ladung – wurde **1 Coulomb** (C) gewählt. Die Ladung eines Elektrons beträgt $1{,}6022 \cdot 10^{-19}$ C. Damit bilden ca. $6{,}24 \cdot 10^{18}$ Elektronen zusammen die Ladung 1 C. Fließt die Ladung $Q = 1$ C, so treten durch einen beliebig gewählten Leitungsquerschnitt ca. $6{,}24 \cdot 10^{18}$ Elektronen.

6. Elektrische Stromstärke

Die elektrische Stromstärke ist definiert als Quotient von geflossener Ladung Q und benötigter Zeit t:

$$I = \frac{Q}{t}.$$

Ihre Einheit ist

$$1\,\text{A} = 1\,\frac{\text{C}}{\text{s}}.$$

Die Stromstärke 1 A = 1 C/s bedeutet, dass in 1 s die Ladung 1 C durch den Leitungsquerschnitt fließt. Damit strömen z. B. $6{,}24 \cdot 10^{18}$ Elektronen in 1 s durch jeden Leiterquerschnitt.
Gängige **Strommessgeräte** beruhen auf der magnetischen Stromwirkung. Man schaltet sie in Reihe mit dem Gerät, in dem man die Stromstärke messen will.

Aufgaben

A1: Warum muss man den Minuspol einer Batterie von dem Nordpol eines Magneten unterscheiden und diesen vom geografischen Nordpol der Erde?

A2: **a)** Wie kannst du die Ladungssorte auf der Kugel des Bandgenerators bestimmen? Zur Verfügung stehen Kugeln auf Isolierstielen und Glimmlampen. **b)** Kannst du die Ladungssorte auch bestimmen, ohne dabei die Ladungsmenge auf der Bandgeneratorkugel zu verändern?

A3: Erläutere den physikalischen Zusammenhang von Magnetismus und Elektrizität? Erläutere Beispiele für die Anwendung dieses Zusammenhangs im Alltag.

A4: **a)** Welche physikalischen Unterschiede gibt es zwischen Gewichtskräften und elektrischen Kräften? **b)** Beim Magnetismus und bei der Elektrizität gibt es das Neutralisieren. Was versteht man jeweils darunter? **c)** Kann man auch Gewichtskräfte neutralisieren?

A5: Der Astronom Johannes KEPLER glaubte, dass die Gewichtskraft magnetischer Art sei. War KEPLERS Vermutung richtig? Gib möglichst viele Begründungen (auch Versuche) für deine Antwort an.

A6: Zwei leichte, metallische und ungeladene Kügelchen hängen an Isolierfäden und berühren sich. Man nähert dem einen eine positiv geladene Kugel, ohne dass Ladung überspringt. Warum stoßen sich nun beide Kügelchen ab? Nach welchen Richtungen erfahren sie Kräfte?

A7: Man schickt durch einen sehr langen, elektrisch leitenden Stabmagneten Strom vom Süd- zum Nordpol. Kann man mit einer Magnetnadel, die parallel zum Stabmagneten steht, überprüfen, ob dieser Strom führt?

A8: **a)** Man bringt zwei sich berührende und ungeladene Kugeln in die Nähe des Pluspols eines Bandgenerators und trennt sie dort voneinander. Dann steckt man zuerst die eine Kugel, später beide zusammen in einen vorher entladenen Faradaybecher. Was zeigt jeweils das angeschlossene Elektroskop? Erkläre mit der Elektronenvorstellung. **b)** Wurden bei diesem Versuch die beiden verschieden großen Kugeln gleich stark geladen? Spielt es dabei eine Rolle, ob die kleinere oder die größere näher am Pluspol war? **c)** Woran erkennt man, ob vom Bandgenerator Ladung übergesprungen ist?

A9: Ein Elektroskop ist positiv geladen und schlägt etwa halb aus. Man nähert ihm von oben eine positiv bzw. eine negativ geladene Kugel. Was zeigt sich jeweils? Erkläre mit Elektronen. Was geschieht beim Berühren von Kugel und Elektroskop?

A10: Karin denkt an Elektronen und sagt, einem positiv geladenen Bandgenerator könne man mit einer Metallkugel keine positive Ladung entnehmen. Uwe argumentiert mit Ladung und ihrer Erhaltung (nicht mit Ladungsträgern) und widerspricht. Bewerte die Aussagen!

A11: Man berührt mit einer kleinen, immer wieder gleich stark neu geladenen Kugel mehrmals ein Elektroskop. Sein Ausschlag nimmt zu. Warum gibt die Kugel bei jedem weiteren Berühren immer weniger Ladung ab?

A12: **a)** Man bringt in einen Faradaybecher nacheinander die gleich großen Ladungsportionen Q_+, Q_+, Q_-, Q_-, Q_-. Wie ändert sich der Ausschlag des angeschlossenen Elektroskops jeweils? **b)** Man hält eine positiv geladene Kugel ins Innere des Faradaybechers, ohne diesen zu berühren. An der Außenseite des Bechers kann man dann Ladung abnehmen. Welches Vorzeichen hat die Ladung? Wie könnte man das Vorzeichen nachweisen?

A13: **a)** In der Nähe einer ungeladenen Metallkugel K hängen kleine geladene Kügelchen. Jemand sagt, wenn es in der Kugel Elektronen gäbe, würden die negativ geladenen Kügelchen von ihr abgestoßen, die positiv geladenen angezogen. Was sagst du dazu? **b)** Warum werden alle in a) geladenen Kügelchen ein wenig zur ungeladenen Kugel gezogen?

A14: **a)** Wie groß ist die Ladung eines Elektrons (sog. Elementarladung)? **b)** Wie viele Elektronen ergeben die Ladung 10 C? **c)** Auf einer Kugel sitzt die Ladung 10^{-7} C = $1/10^7$ C. Wie viele Elektronen sind dies?

A15: 1 C nennt man auch 1 Amperesekunde (1 C = 1 As). Wie viel C sind 1 Ah (Amperestunde)? Ein frischgeladener Bleiakku „gibt z. B. 84 Ah ab". **a)** Wie lange kann ihm ein Strom der Stärke 2 A „entnommen" werden? Warum benutzt man hier Anführungszeichen? **b)** Wie lange kann er zwei parallel geschaltete 5 A-Autoscheinwerferlampen speisen?

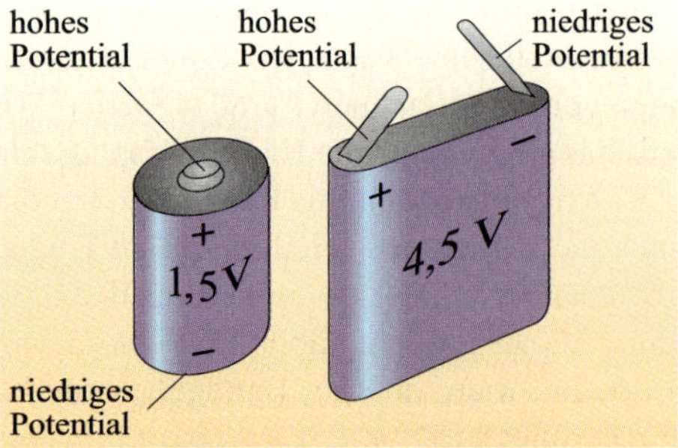

B 1: Am Pluspol einer Batterie ist das Potential höher als am Minuspol.

B 5: Wasser treibt die Turbinen des E-Werks an. Je größer der Höhenunterschied See – Turbine, desto mehr Energieumsatz.

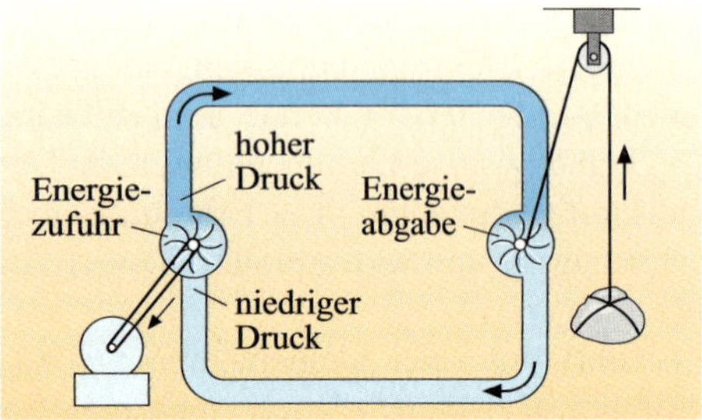

B 2: Eine Pumpe im Wasserstromkreis: Der Druckunterschied zwischen ihren Anschlüssen sorgt für den Antrieb des Wassers.

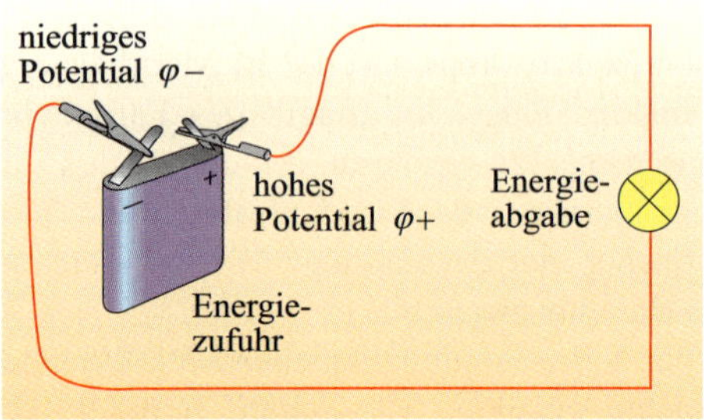

B 3: Spannungsquelle im Stromkreis: Die Potentialdifferenz zwischen den Polen der Batterie sorgt für den Antrieb der Ladung.

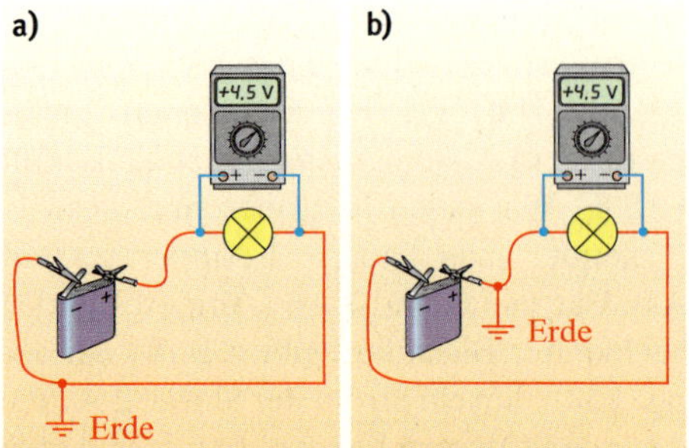

B 4: a) Der Minuspol **b)** der Pluspol einer 4,5 V-Batterie ist geerdet.

Potential und Spannung

1. Das elektrische Potential

Aus einem Stausee in 1000 m Höhe fließt Wasser durch Rohre in das darunter liegende Kraftwerk in 400 m Höhe. Am unteren Ende der Leitung steht es unter großem Druck. Dort trifft es auf die Schaufeln der Turbinen, die einen Generator antreiben. Je größer der Höhenunterschied ist, desto größer ist der Druckunterschied zwischen Eingang und Ausgang der Turbine. Dieser Druckunterschied ist der *Antrieb* für das Fließen des Wassers durch die Turbine. Man sagt: Wasser unter großem Druck hat ein großes **Potential.** Beim Austritt aus der Turbine steht es unter kleinem Druck, sein Potential ist klein. Das Potential kennzeichnen wir mit $\boldsymbol{\varphi}$ (phi).
In der Turbine fließt Wasser von Stellen mit großem Potential (Druck) zu Stellen mit niedrigerem Potential. Die **Potentialdifferenz** ist die Ursache für das Fließen des Wassers.

- In einem *Wasserkreislauf* (➡ *Bild 2*) sorgt eine Pumpe für das Strömen des Wassers: Das Wasser strömt wegen des *Druckunterschieds* zwischen Auslauf- und Ansaugstutzen – wie beim Kraftwerk.
- Auch die Ladung in *Stromkreisen* braucht einen Antrieb. Analog zur Pumpe ist es die Potentialdifferenz zwischen Pluspol der Batterie mit hohem Potential φ_+ und Minuspol mit niedrigerem Potential φ_- (➡ *Bild 3*). Statt Potentialdifferenz sagt man meist **elektrische Spannung** oder kurz **Spannung *U*.** Die Maßeinheit des Potentials und der Spannung ist das Volt, abgekürzt V. Man misst beide mit Voltmetern (➡ *Bild 4*).

Merksatz

Die elektrische **Potentialdifferenz** zwischen zwei Punkten nennt man elektrische **Spannung.** Beide werden in Volt (V) gemessen.

Bei einer Monozelle ist der Potentialunterschied $\varphi_+ - \varphi_- = 1{,}5$ V, bei Flachbatterien 4,5 V. Dies zeigt ein Voltmeter an.

Die Ladungspumpe im Stromkreis erzeugt eine Spannung zwischen ihren Anschlüssen. Deshalb nennt man sie **Spannungsquelle**. Die Potentialdifferenz, also die Spannung, ist der Antrieb für den elektrischen Strom.

2. Der Nullpunkt des Potentials

Beim Kraftwerk kommt es nur auf den *Druckunterschied* an Ein- und Ausgang der Turbine an. Wenn See und Kraftwerk jeweils um 1000 m höher lägen (2000 m und 1400 m statt 1000 m und 400 m), würde sich am Antrieb der Turbinen, am dortigen Druckunterschied, nichts ändern.

Die *Höhenangaben* auf Landkarten beziehen sich auf den mittleren Meeresspiegel. Ihn legte man willkürlich als $h = 0$ m fest (Normalnull, NN).

Auch beim Betrieb von Elektrogeräten kommt es nur auf den Potentialunterschied der beiden Pole einer Quelle an, auf deren Spannung. Nicht auf den Wert des einzelnen Potentials. Um *Potentiale* verschiedener Stellen einer Schaltung wie Höhenunterschiede sinnvoll vergleichen zu können, legte man willkürlich fest:

Merksatz

Das Potential der Erde beträgt 0 Volt.

Die (leitende) Erdoberfläche hat also das Potential Null – und damit jeder Punkt, der mit ihr gut leitend verbunden ist, der „geerdet“ ist. Erdet man den Minuspol der Flachbatterie, dann hat dieser das Potential $\varphi_- = 0$ V, der Pluspol hat dann $\varphi_+ = 4{,}5$ V. Verbindet man dagegen den Pluspol mit Erde, so hat er $\varphi_+ = 0$ V und der Minuspol $\varphi_- = -4{,}5$ V. Die Potentialdifferenz ist in beiden Fällen $\varphi_+ - \varphi_- = 4{,}5\text{ V} - 0\text{ V} = 0\text{ V} - (-4{,}5\text{ V}) = 4{,}5$ V; es besteht also stets die Spannung $U = 4{,}5$ V.

Bei elektrischen Schaltungen erdet man meist die Stelle mit dem niedrigsten Potential. So erhält man nur positive Potentialwerte.

Damit Ladung durch ein Elektrogerät fließt, muss zwischen seinen Anschlüssen eine Potentialdifferenz bestehen. Dies gilt sogar für jeden Millimeter längs eines Glühdrahts. Er hat also an jeder Stelle ein anderes Potential. Längs der dicken Anschlussdrähte einer Lampe ändert es sich praktisch nicht. Fließt keine Ladung, bleibt das Potential längs eines Leiters unverändert.

Beispiel

Die Lampen L_1 und L_2 sind an eine 4,5 V-Batterie angeschlossen. Kennzeichne Leiterstücke gleichen Potentials bei **a)** geschlossenem **b)** geöffnetem Schalter. Bestimme jeweils φ_A und φ_B.

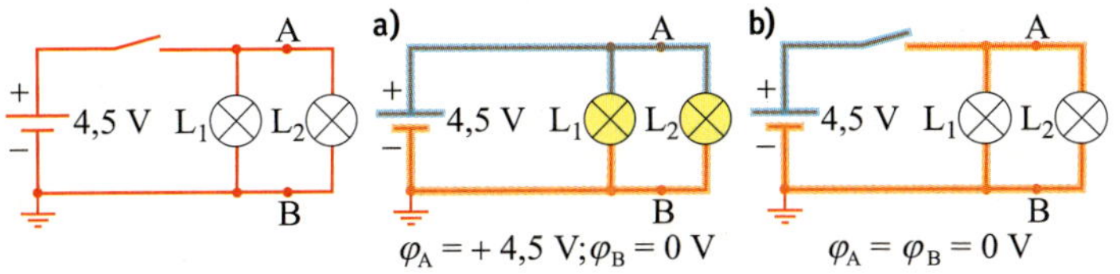

Aufgaben

A1: Durch welche Festlegung haben Höhenangaben auf einer Karte und Potentialangaben in einem Schaltplan Sinn?

A2: Vergleich Wasserstromkreis – elektrischer Stromkreis: Welchen elektrischen Größen entsprechen hoher und niedriger Druck, Druckunterschied? Was entspricht der Pumpe?

A3: In einem Stromkreis ist ein Schalter eingebaut. Was kannst du über die Potentialwerte seiner Enden aussagen bei **a)** geöffnetem **b)** geschlossenem Zustand?

A4: Eine 4,5 V-Batterie und eine Glühlampe sind hintereinander geschaltet. Welche Potentiale haben die Punkte A, B und C? Kennzeichne die Leiterstücke mit gleichem Potential farbig.

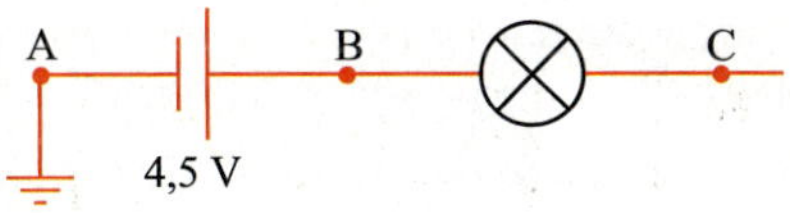

A5: Welches Potential haben die Punkte A, B und C bei **a)** geöffnetem **b)** geschlossenem Schalter? Zeichne für a) und b) je einen Schaltplan und markiere Leiterstücke mit gleichem Potential gleichfarbig.

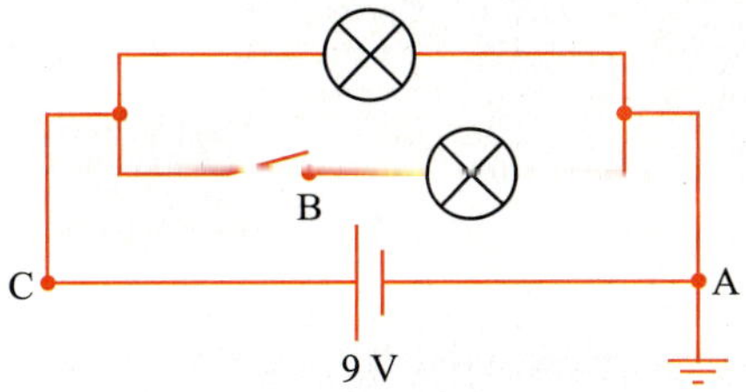

A6: Zwei gleiche Lampen werden mit einer 12 V-Autobatterie betrieben. Welches Potential haben die Punkte A, B und C bei **a)** geöffnetem **b)** geschlossenem Schalter? Zeichne für a) und b) je einen Schaltplan und markiere Leiterstücke mit gleichem Potential farbig.

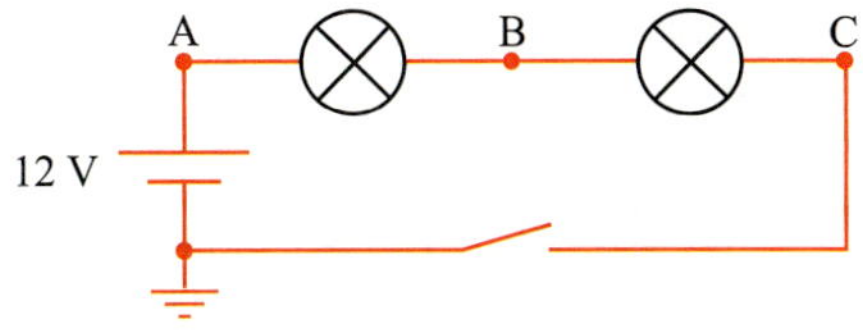

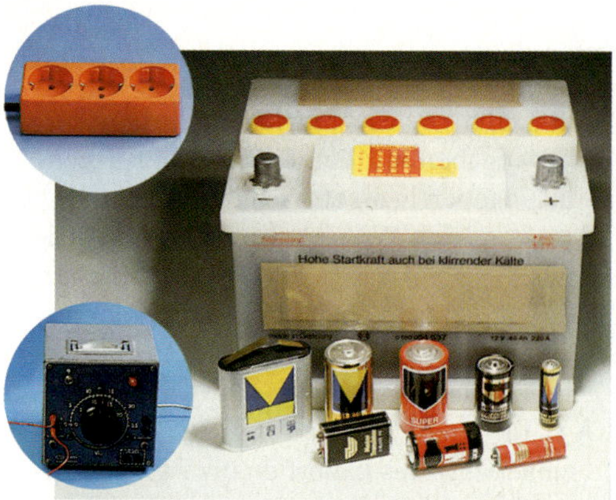

B1: Einige Spannungsquellen

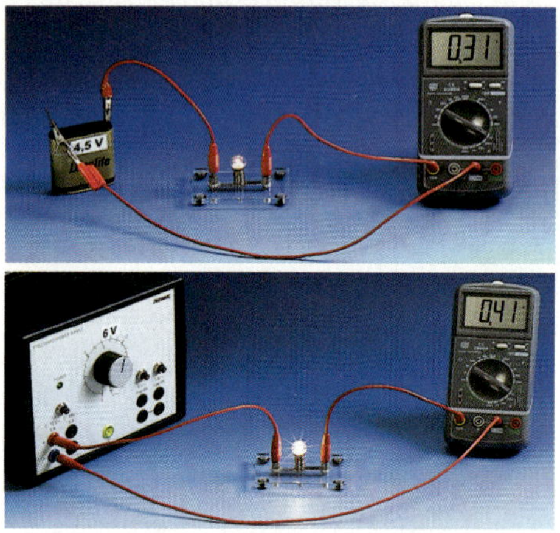

V1: Bei größerer Stromstärke leuchtet das Lämpchen heller.

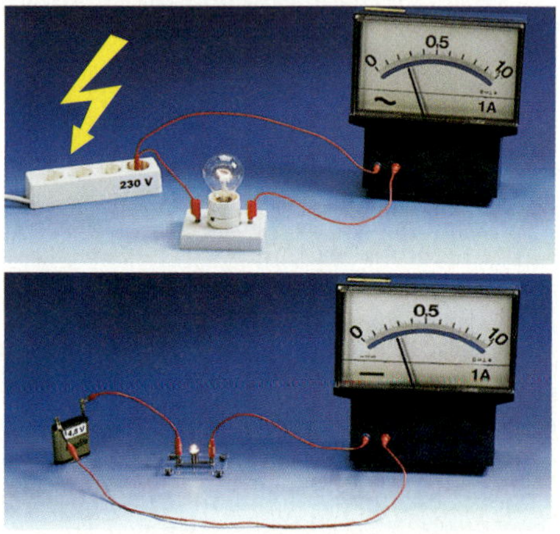

V2: Wir schließen eine Haushaltslampe an eine 230 V-Steckdose an und messen die Stromstärke. Das Lämpchen einer Fahrradbeleuchtung wurde so ausgesucht, dass bei Anschluss an eine 4,5 V-Batterie die gleiche Stromstärke auftritt. Trotz gleicher Stromstärke leuchtet es viel schwächer – die Spannung ist eben kleiner.

3. Spannung und Energie

Am Leuchten von Glühlampen erkannten wir bisher das Fließen elektrischer Ladung. Wovon hängt die Helligkeit einer Glühlampe ab? Du weißt, eine Lampe leuchtet heller, je „stärker" der Strom, also je größer die Stromstärke I ist.
In ➠ *Versuch 1* betreiben wir ein Lämpchen einer Fahrradbeleuchtung zuerst mit einer 4,5 V-Flachbatterie, dann mit einer 6 V-Quelle. Das Lämpchen leuchtet im zweiten Fall heller, die Stromstärke ist also größer. Das heißt aber:

- *Bei gleichem Gerät steigt die Stromstärke mit der Spannung.*

Doch wie steht es mit der Helligkeit, wenn man verschiedene Lampen benutzt? ➠ *Versuch 2* bringt ein verblüffendes Ergebnis: In zwei verschiedenen Lampen, unserem Fahrradlämpchen und einer bestimmten Haushaltsglühlampe, messen wir dieselbe Stromstärke $I = 0{,}26$ A. Trotzdem beobachten wir jetzt verschiedene Helligkeit: Die Haushaltslampe strahlt hell, sie kann einen ganzen Raum erleuchten. Sie ist an eine 230 V-Steckdose angeschlossen. Das Fahrradlämpchen leuchtet viel schwächer, es erhellt nur seine unmittelbare Umgebung. Es wird mit einer 4,5 V-Batterie betrieben.
Wir erkennen: Bei gleicher Stromstärke gibt eine passend gewählte Glühlampe bei der hohen Spannung 230 V viel mehr Energie je Sekunde ab als eine andere bei der Spannung 4,5 V.

- *Bei gleicher Stromstärke wird umso mehr Energie umgesetzt, je höher die Spannung ist.*

Bei ➠ *Versuch 2* haben wir in beiden Stromkreisen die gleiche Stromstärke gemessen. Dies bedeutet, dass je Sekunde jeweils die gleich große Ladung floss. Also wurde bei der 4,5 V-Quelle pro Ladungsportion wenig, bei der 230 V-Quelle pro Ladungsportion viel Energie geliefert.

Merksatz

Je größer die **elektrische Spannung** U ist, desto größer ist die Energie, die beim Fließen einer bestimmten Ladungsmenge umgesetzt werden kann.

Stelle dir Stromkreise mit verschiedenen Quellen und dazu passenden Glühlampen vor: Bei einer 1,5 V-Monozelle wird je Ladungsportion wenig Energie abgegeben, bei 4,5 V ist es die dreifache, bei 150 V die hundertfache Energie. Du ahnst jetzt, warum Hochspannung gefährlich sein kann.

4. Spannung kennzeichnet eine Stromquelle

In der Stromquelle werden Ladungen unter Aufwand von Energie getrennt. Dadurch entsteht zwischen den Anschlüssen der Quelle ein Potentialunterschied, eine Spannung. Je mehr Energie zum Trennen einer Ladungsportion aufgewendet wird, desto größer ist der Unterschied der Potentiale, desto ist größer also die Spannung.

Diese Spannung sorgt dann für den Antrieb der Elektronen durch ein angeschlossenes Gerät und setzt dabei Energie frei.

- *Die Spannung ist der Antrieb für den elektrischen Strom.*

Die Spannung besteht aber auch, wenn keine Ladung fließt (weil z.B. der Stromkreis durch einen Schalter unterbrochen ist). Spannung an der Stromquelle zeigt an, dass im elektrischen Gerät Energie umgesetzt werden kann, sobald Ladung fließt.

5. Ein Modell veranschaulicht die Spannung

Im Bild zu ➠ *Versuch 3* sorgt der Höhenunterschied der beiden Wasserspiegel für einen Druckunterschied zwischen den Enden des Verbindungsrohres. Also fließt das Wasser aus dem rechten Zylinder in den linken. Je größer der Druckunterschied ist, desto größer ist der Potentialunterschied – desto stärker wird das Flügelrad angetrieben.

- *Der Druckunterschied zwischen den Enden des Verbindungsrohres ist der Antrieb für das Fließen des Wassers.*

Dieser Antrieb bleibt bestehen, auch wenn kein Wasser fließt (weil der Hahn zugedreht ist).
Um den Druckunterschied aufrecht zu erhalten, muss man während des Fließens Wasser vom linken ins rechte Rohr heben – unter Aufwand von Energie. Statt eines Schöpflöffels könnte man dazu auch eine Pumpe einsetzen.
Du hast sicher schon gemerkt: Dem Druckunterschied im Wassermodell entspricht bei der elektrischen Quelle der Unterschied des elektrischen Potentials, also der *Spannung*. So wie man das Wasser vom rechten in den linken Zylinder hochpumpen muss, hebt die Batterie im Inneren die Ladungen auf ein höheres Potential. Die in der Quelle aufgewandte Energie wird dabei in den Geräten (z.B. der Wendel einer Glühlampe) an die Umgebung abgegeben.

Merksatz

Wenn entgegengesetzte Ladungen unter Aufwand von Energie getrennt werden, entsteht zwischen ihnen eine Potentialdifferenz. Es entsteht **elektrische Spannung**.
Diese Energie steht auf Abruf bereit. Sie wird umgesetzt, wenn Ladung fließt.

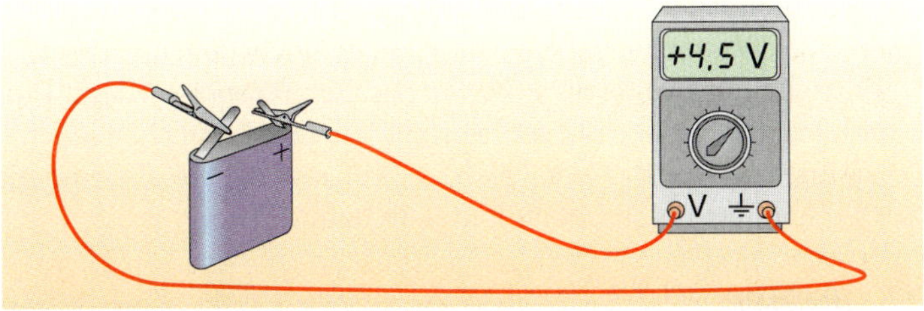

B 2: Elektrische Spannungen misst man mit Voltmetern. Dazu verbindet man die Anschlüsse des Messgeräts mit den zwei Punkten, *zwischen* denen die Spannung ermittelt werden soll.

V 3: Zwei Zylinder sind durch ein Rohr verbunden. Sie werden verschieden hoch mit Wasser gefüllt. Ein Hahn kann das Strömen des Wassers verhindern. Statt einer Turbine ist ein Flügelrad eingebaut. Wir beobachten:

a) Wenn der Hahn geschlossen ist, kann Wasser nicht fließen, trotz eines Höhenunterschieds der Wasserspiegel. Das Rädchen steht still.

b) Wenn der Hahn offen ist: Zu Beginn ist der Höhenunterschied der Wasserspiegel groß. Das Rädchen dreht sich schnell.

c) Je geringer der Höhenunterschied wird, desto langsamer dreht sich das Rädchen.

d) Stehen die Wasserspiegel gleich hoch, fließt kein Wasser. Ohne Druckunterschied besteht kein Antrieb.

e) Für einen gleichmäßigen Wasserfluss müssen wir das durchgeströmte Wasser wieder hochheben. Mit einem Schöpflöffel halten wir den Höhenunterschied konstant. Dazu müssen wir Energie liefern.

Wir übertragen dies ins **Elektrische:**

a) Wenn der Stromkreis durch einen Schalter unterbrochen wird, fließt keine Ladung – trotz bestehender Spannung.

b) Je größer die Spannung, desto heller leuchtet die Lampe.

c) Bei kleiner Spannung ist die Stromstärke bei der gleichen Lampe kleiner.

d) Ohne Potentialunterschied (Spannung) fließt keine Ladung.

e) Die Stomquelle pumpt die Elektronen in ihrem Innern vom Plus- zum Minuspol und sorgt so für gleich bleibende Spannung. Dazu muss der Quelle dauernd Energie zugeführt werden.

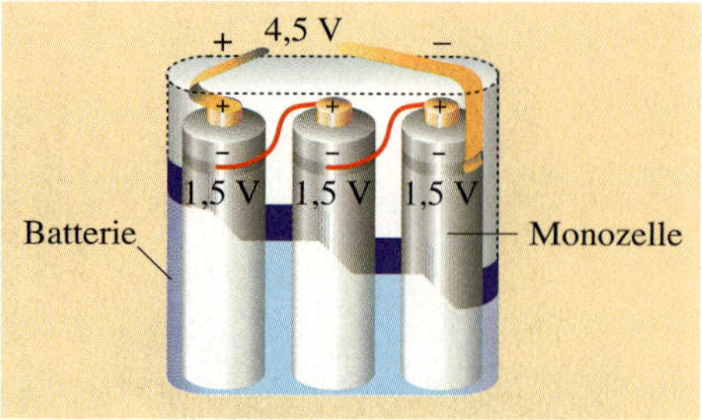

B1: Drei *in Reihe geschaltete* Monozellen mit je 1,5 V ergeben in der Flachbatterie die dreifache Spannung 4,5 V.

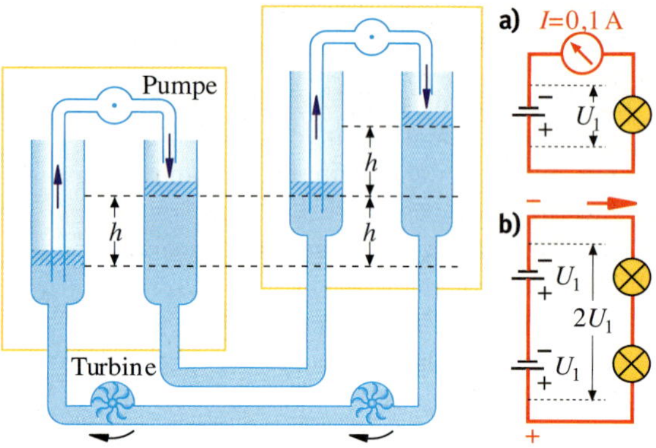

V1: a) Ein Lämpchen liegt an nur einer Zelle. Ein Strommesser zeigt $I = 0{,}1$ A an. **b)** Liegen 2 Zellen und 2 Lämpchen in Reihe, so ändert sich die Stromstärke nicht, jedes Lämpchen leuchtet gleich hell. Doch geben sie zusammen die doppelte Energie ab.

Eine Pumpe kann Wasser 5 m hoch pumpen. Staffelt man zwei Pumpen übereinander, so pumpen sie Wasser 10 m hoch. Beim doppelten Höhenunterschied setzt die gleiche Wassermenge in zwei hintereinanderliegenden Turbinen die doppelte Energie frei.

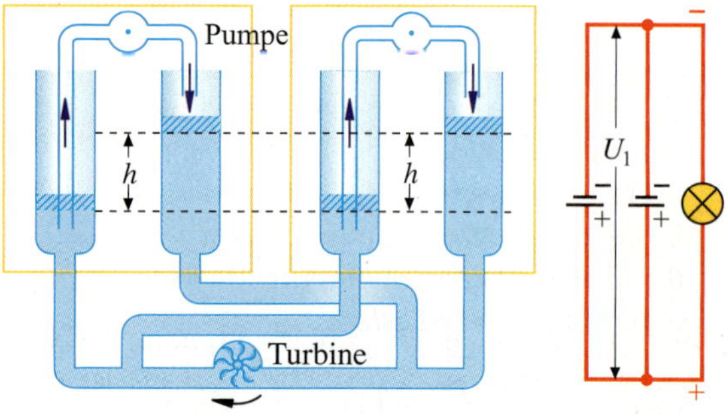

B2: Beim Parallelschalten von gleichen Pumpen und Spannungsquellen erhöhen sich weder Höhenenergie noch Spannung.

Schaltung von Spannungsquellen

1. Spannungserhöhung durch Reihenschaltung

In Flachbatterien ➠ *Bild 1* sind drei Einzel-(Mono-)zellen *in Reihe* (hintereinander) *geschaltet:* Der Pluspol der einen ist mit dem Minuspol der nächsten verbunden.

Im Bild unseres Wassermodells könnte dies bedeuten, dass der Höhenunterschied der Wasserspiegel verdoppelt, verdreifacht wurde. Damit könnte eine Turbine viel kräftiger angetrieben werden. Stattdessen könnte man auch drei Turbinen hintereinander einbauen. Mit einer bestimmten Wasserportion würde dann dreimal so viel Energie umgesetzt. Ist es im elektrischen Stromkreis ähnlich? Dies untersuchen wir im ➠ *Versuch 1*:

a) Ein Lämpchen ist für die Spannung $U_1 = 1{,}5$ V gebaut. Es leuchtet mit einer Monozelle normal hell. Beim Fließen der Ladungsportion Q durch das Lämpchen wird eine zum Lämpchen passende Energie umgesetzt.

b) Schalten wir zwei Monozellen in Reihe, so leuchtet das Lämpchen zu stark – der Glühfaden droht durchzuschmelzen. Mit der gleichen Ladungsportion Q wird jetzt im Lämpchen zuviel Energie umgesetzt. Wir ändern deshalb den Stromkreis, indem wir zu dem ersten Lämpchen ein zweites in Reihe schalten. Nun leuchtet jedes normal hell wie in a). Zusammen wird von der gleichen fließenden Ladung Q die doppelte Energie umgesetzt.

Aus dem letzten Kapitel wissen wir schon, dass bei einer größeren Spannung mit jeder Ladungsportion mehr Energie umgesetzt werden kann. ➠ *Versuch 1* legt nun nahe: Beim Hintereinanderschalten von Monozellen addieren sich die Spannungswerte:

$$U_2 = U_1 + U_1 = 2 \cdot U_1 = 2 \cdot 1{,}5 \text{ V} = 3 \text{ V}.$$

Merksatz

Schaltet man mehrere Spannungsquellen in Reihe, so addieren sich die Spannungen.

2. Parallelschalten erhöht die Spannung nicht

In ➠ *Bild 2* sorgen zwei *parallel geschaltete* Pumpen für die gleiche Höhendifferenz, wie sie eine allein aufbringt. Auch zusammen fördern sie das Wasser nur 5 m hoch. Die mit jedem Liter umsetzbare Energie addiert sich nicht, denn auch jetzt beträgt die Differenz der Wasserspiegel nur 5 m. Was entspricht dem elektrisch?

Wir schalten zwei gleiche Zellen parallel: Pluspol wird mit Pluspol, Minuspol mit Minuspol verbunden. Das Lämpchen leuchtet normal hell wie bei einer Zelle, erhält also die gleiche Energie. Die Spannung bleibt beim Parallelschalten gleich.

Merksatz

Schaltet man gleiche Spannungsquellen parallel, so bleibt die Spannung unverändert.

Vertiefung

Strömungen

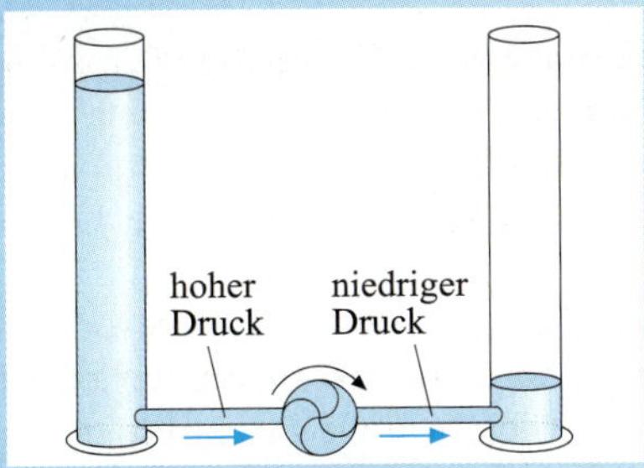

B 3: Zwischen den Enden des waagerechten Verbindungsrohres besteht ein Druckunterschied. Dieser ist Ursache (Antrieb) für die Wasserströmung.

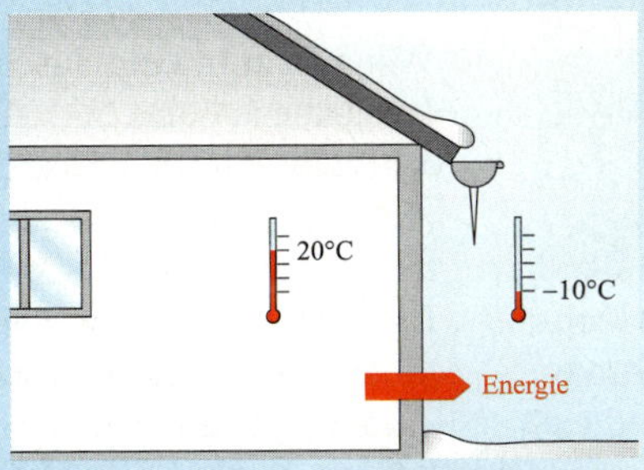

B 4: Im Zimmer beträgt die Temperatur 20 °C, außen beträgt sie −10 °C. Der Temperaturunterschied von 30 K ist die Ursache (Antrieb) für die Wärmeströmung nach außen.

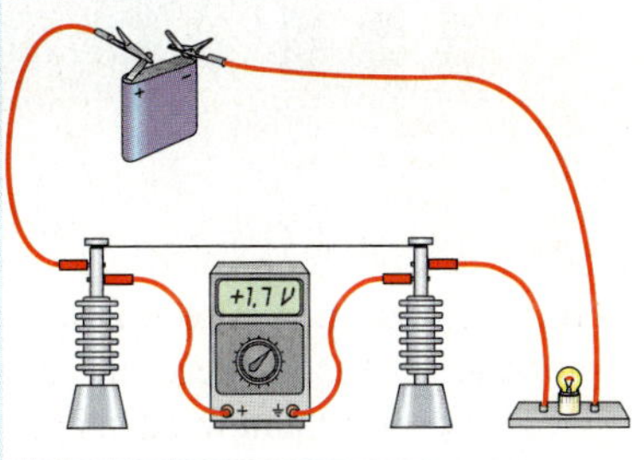

B 5: Zwischen den Enden des Drahtes besteht eine elektrische Spannung. Diese Spannung ist Ursache (Antrieb) für das Fließen der Ladung.

Strömung von Wasser und Energie

- Es gibt nur eine Art von Wasserteilchen.
  Es gibt nur eine Art von Wärme.

- In dem Verbindungsrohr strömt Wasser nach rechts (➠ *Bild 3*).

  In der Hauswand strömt Energie (Wärme) nach rechts (➠ *Bild 4*).

- In waagerechten Anordnungen strömt Wasser von Stellen hohen Drucks zu Stellen niedrigen Drucks.

  Energie (Wärme) strömt stets von Stellen hoher Temperatur zu Stellen niedriger Temperatur.

- Die Wasserstromstärke ist:

  I = Volumen/Zeit = V/t.

  Ihre Einheit ist: 1 l/s.
  Die Energiestromstärke ist:

  I = Energie/Zeit = W/t.

  Ihre Einheit ist: 1 J/s = 1 Watt.

- Je größer der Druckunterschied in der waagerechten Leitung, also der Antrieb, desto größer ist die Wasserstromstärke.
  Je größer der Temperaturunterschied, also der Antrieb, desto größer ist die Energiestromstärke.

Strömung elektrischer Ladung

- Es gibt **zwei** Arten elektrischer Ladung: positive und negative.

- Bewegliche *positive Ladung* würde von Stellen hohen Potentials zu Stellen niedrigen Potentials strömen, vom Plus- zum Minuspol, hier nach rechts (➠ *Bild 5*). Im Metalldraht sind aber nur die *negativ geladenen Elektronen* beweglich. Da sie vom Minuspol abgestoßen und zum Pluspol gezogen werden, strömen sie vom niedrigen zum hohen Potential.
  Fließt negative Ladung von Stellen niedrigen Potentials zu Stellen höheren Potentials, so gibt sie die gleiche Energie ab wie eine gleichgroße positive Ladung, die von Plus nach Minus strömt.
  Es kommt nur auf die Potentialdifferenz an.

- Die elektrische Stromstärke ist:

  I = Ladung/Zeit = Q/t.

  Ihre Einheit ist: 1 C/s = 1 A.

- Je größer die Spannung (Potentialdifferenz), also der Antrieb, desto größer ist die elektrische Stromstärke.

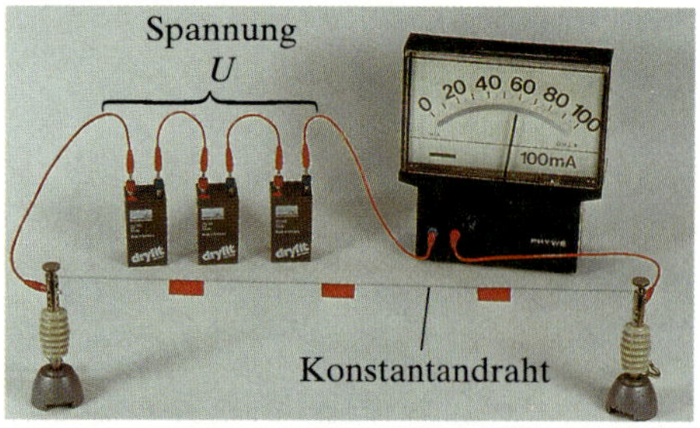

V 1: An einen 1,0 m langen Draht aus Konstantan (rote Fähnchen) mit dem Durchmesser $d = 0{,}10$ mm werden verschiedene Spannungen gelegt. Die jeweilige Stromstärke wird gemessen. ➠ *Tabelle 1* zeigt die Messwerte, ➠ *Bild 1* das zugehörige Schaubild.

U in Volt	*I* in Ampere	Quotient *U/I* in V/A
0	0	–
1,2	0,02	60
2,4	0,04	60
3,6	0,06	60
4,8	0,08	60

T 1: Drahtlänge 1,0 m; Dicke 0,1 mm

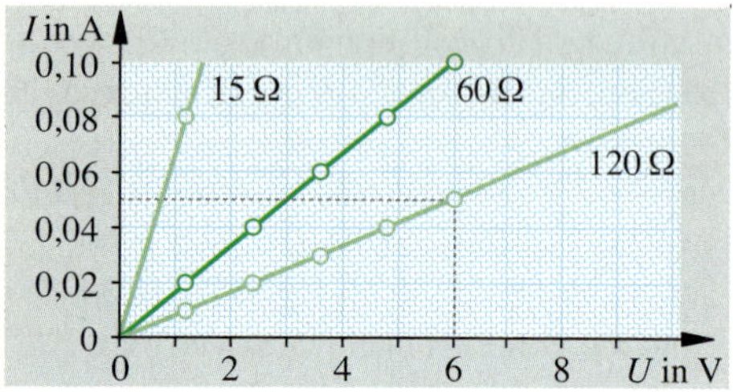

B 1: Kennlinien zeigen, wie *I* von *U* abhängt.

Ohmsches Gesetz, Widerstand

1. Wovon hängt die Stromstärke ab?

Wenn man in eine Taschenlampe statt des vorgesehenen 2,8 V-Lämpchens eine 6 V-Lampe der Fahrradbeleuchtung einschraubt, leuchtet diese nur schwach. Die zu kleine Spannung *U* (Ursache des Stroms) erzeugt eine zu kleine Stromstärke. Umgekehrt würde die 2,8 V-Lampe beim Fahrrad strahlend helles Licht erzeugen, wäre aber bald durchgebrannt, da die Stromstärke zu groß wäre. Um solchen Ärger zu vermeiden, wollen wir nach Gesetzen suchen, die angeben, wie die Stromstärke *I* abhängt

a) von der angelegten Spannung *U*,

b) von den Geräten im Stromkreis.

Zunächst untersuchen wir die Abhängigkeit der Stromstärke *I* von der angelegten Spannung *U* bei *einem* Gerät. In ➠ *Versuch 1* wird als „Gerät" ein Draht aus Konstantan (Legierung aus Kupfer und Nickel) verwendet.

Die Messwerte zeigen:

- Bei der *n*-fachen Spannung *U* wird am *gleichen* Konstantandraht die Stromstärke *I* auch *n*-fach.
- Deshalb ist der Quotient *U/I* konstant, d. h. von der Spannung *U* unabhängig (➠ *Tabelle 1*).
- Trägt man in einem Schaubild die Werte von *I* über *U* auf, so erhält man die ***U-I*-Kennlinie**. Sie ist bei einem Konstantandraht eine Ursprungsgerade (➠ *Bild 1*).

Diese Proportionalität zwischen *I* und *U* fand 1826 Georg Simon OHM. Wenn *I* proportional *U* ist, sagt man, es gilt das **ohmsche Gesetz**.

Merksatz

Ohmsches Gesetz: Die Stromstärke *I* ist der Spannung *U* proportional: $I \sim U$.

Interessantes

Georg Simon OHM wurde 1789 als Sohn eines Schlossers in Erlangen geboren. Sein Studium der Mathematik musste er aus Geldmangel für 5 Jahre unterbrechen. 1817 wurde er in Köln Gymnasiallehrer. Mit den außerordentlich primitiven Geräten der Schulsammlung begann er mit der Untersuchung des Zusammenhangs zwischen Spannung und Stromstärke in Metalldrähten. Nach Lehrtätigkeiten in Berlin und Nürnberg wurde er 1849 Professor für Physik und Mathematik an der Universität München. Er entdeckte als Erster, dass sich ein Klang aus Grundschwingung und Obertönen zusammensetzt. Seine bedeutenden Forschungsergebnisse in der Elektrizitätslehre und der Akustik wurden erst spät anerkannt. 1854 starb OHM in München. Ihm zu Ehren wurde die Einheit des elektrischen Widerstands „Ohm" genannt.

2. Der Widerstand als Quotient aus *U* und *I*

In unseren Versuchen wird eine Spannung an einen Draht gelegt. Sie treibt die Elektronen an. Auf ihrem Weg stoßen sie aber immer wieder gegen Atome und werden dadurch abgebremst. Die Bewegung der Elektronen wird behindert. Bei Verdoppelung der Drahtlänge wird die Stromstärke halbiert (wie bei zwei in Reihe geschalteten Lämpchen). Um die gleiche Stromstärke zu erhalten, muss man die doppelte Spannung anlegen (➠ *Versuch 2*). Also verdoppelt sich der Quotient *U/I*. Es ist daher sinnvoll, den Quotienten *U/I* **Widerstand** des Drahtes zu nennen.

Merksatz

Der **elektrische Widerstand *R*** eines Leiters ist definiert als Quotient aus der Spannung U zwischen den Leiterenden und der Stromstärke I:

$$R = \frac{U}{I}; \quad \text{Einheit } 1\,\frac{\text{Volt}}{\text{Ampere}} = 1\text{ Ohm }(\Omega).$$

(Ω: griechischer Buchstabe Omega); 1 kΩ = 1000 Ω.

Aus $R = \frac{U}{I}$ folgt $I = \frac{U}{R}$.

Die Stärke des Stroms durch ein Gerät hängt von der Spannung U ab, die am Gerät anliegt *und* vom Widerstand R des Geräts.
Sind der Widerstand R und die Stromstärke I bekannt, so lässt sich die Spannung U berechnen:

$$U = R \cdot I.$$

Gilt $U \sim I$, so ist der **Widerstand *R* konstant**. Für den betreffenden Leiter gilt das ohmsche Gesetz.

In unseren Versuchen hat der 1 m lange Draht einen Widerstand von $R = 60\ \Omega$, bei 2 m ist $R = 120\ \Omega$. Daraus folgt: Der Widerstand R ist der Drahtlänge l proportional.
Wie wirkt sich die Querschnittsfläche aus? Dies untersuchen wir in ➠ *Versuch 3*. Bei doppeltem Durchmesser steigt die Stromstärke auf das 4fache, der Widerstand sinkt auf den vierten Teil, nämlich auf $R = 60\ \Omega/4 = 15\ \Omega$.
Um dies zu verstehen, denken wir uns z. B. vier Drähte je mit der Querschnittsfläche A_1 parallel gelegt (➠ *Bild 2*). Werden diese zu einem Draht verschmolzen, hat dieser die 4fache Querschnittsfläche $A = 4\,A_1$, aber nur den doppelten Durchmesser. Durch die 4fache Fläche strömen 4-mal so viele Elektronen (gleichmäßig über die Fläche verteilt). Die Stromstärke I steigt auf das 4fache, $R = U/I$ sinkt auf den vierten Teil.

Merksatz

Der Widerstand R ist der Drahtlänge l und dem Kehrwert der Querschnittsfläche A proportional.

V 2: Wir verdoppeln die Länge des Konstantandrahtes auf 2,0 m. Bei gleicher Spannung sinkt die Stromstärke jeweils auf die Hälfte (➠ *Tabelle 2*). Der Quotient $U/I = 120$ V/A ist doppelt so groß wie in ➠ *Versuch 1*.

V 3: Wir benutzen einen 1 m langen Draht mit doppeltem Durchmesser (0,20 mm statt 0,10 mm). Die Stromstärke steigt im Vergleich zu ➠ *Versuch 1* bei gleicher Spannung auf das 4 fache (➠ *Tabelle 2*).

	Länge: 2,0 m Dicke: 0,1 mm		Länge: 1,0 m Dicke: 0,2 mm	
U in V	*I* in A	*U/I* in V/A	*I* in A	*U/I* in V/A
0	0	–	0	–
1,2	0,01	120	0,08	15
2,4	0,02	120	0,16	15
3,6	0,03	120	0,24	15
4,8	0,04	120	0,32	15

T 2: Quotient *U/I* in Abhängigkeit von Drahtlänge und Drahtdicke

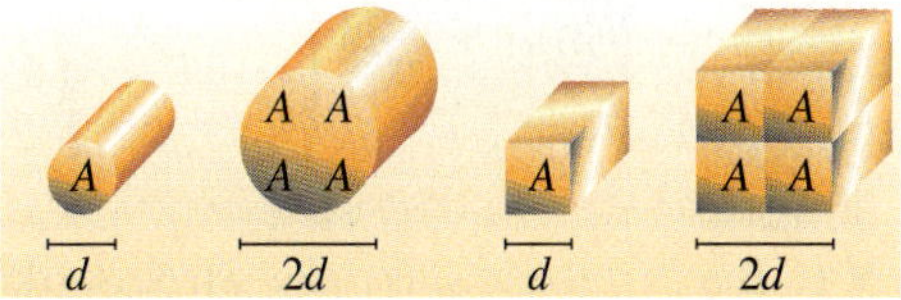

B 2: Doppelter Durchmesser ergibt 4fache Querschnittsfläche.

Beispiel

An den 1 m langen Draht aus Versuch 1 wird die Spannung $U = 30$ V gelegt. **a)** Wie groß ist die Stromstärke I? **b)** Die Stromstärke soll 1 A sein. Welche Länge muss der Draht haben?

Lösung:
a) Der Draht hat den Widerstand $R = U/I = 60\ \Omega$. Mit $I = U/R$ wird $I = 30\text{ V}/60\ \Omega = 30\text{ V}/(60\text{ V/A}) = \mathbf{0{,}5\ A}$.
b) Zunächst berechnen wir den nötigen Widerstand: $R = U/I = 30\text{ V}/1\text{ A} = 30\ \Omega$. Wegen $R \sim l$ muss man die **Drahtlänge** auf **0,5 m** verkürzen.

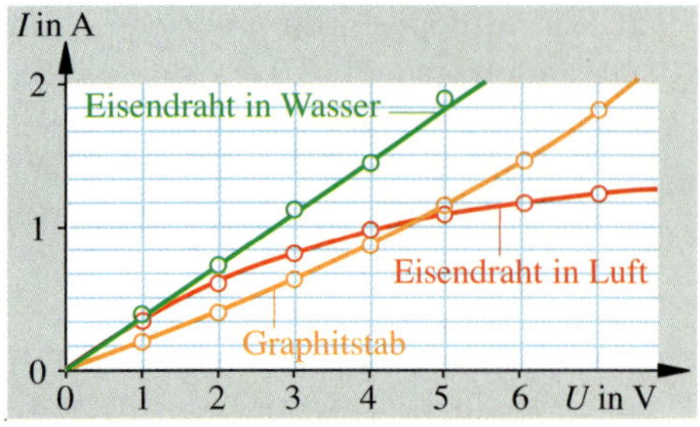

V1: Wir legen an einen Eisendraht und an einen Graphitstab (Bleistiftmine) verschiedene Spannungen und messen die jeweilige Stromstärke.

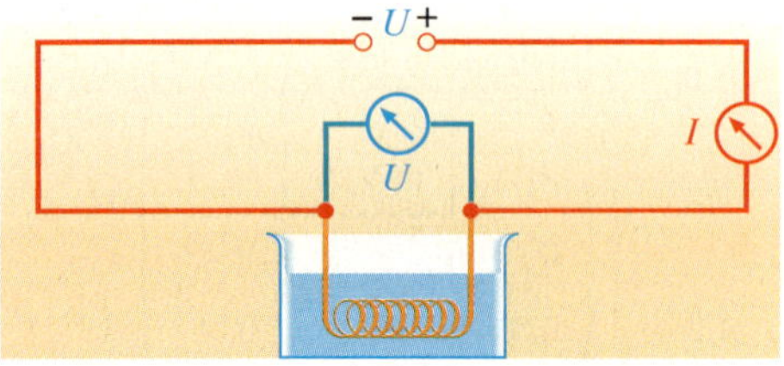

V2: Wasser sorgt für konstante Temperatur.

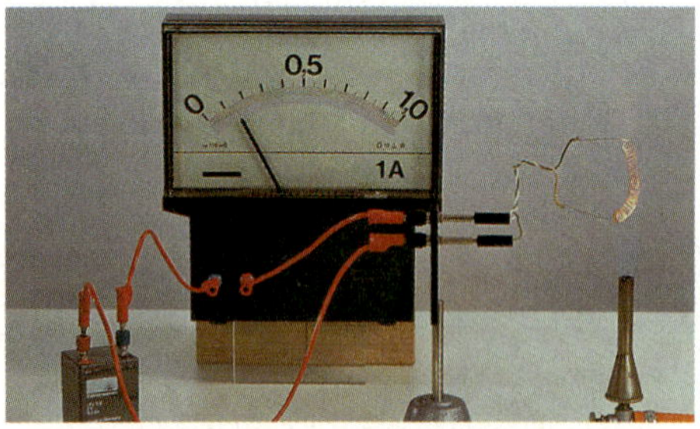

V3: Bei Erhitzen sinkt die Stromstärke, der Widerstand steigt also.
Bei **Widerstandsthermometern** nutzt man die Temperaturabhängigkeit des Widerstandes von Drähten, um die Temperatur zu messen. Sie sind klein und unempfindlich. Man kann sie z.B. am Automotor befestigen. Ein Strommesser zeigt am Armaturenbrett die Temperatur in °C.

3. Wie reagiert der Widerstand auf Erhitzen?

Wie ➠ *Versuch 1* zeigt, sind die Kennlinien des Eisendrahtes und des Graphitstabes keine Geraden wie bei Konstantandrähten. Bei Verdoppelung der Spannung steigt die Stromstärke bei Eisen auf weniger als das Doppelte, bei Graphit auf mehr als das Doppelte an. Der Quotient aus Spannung und Stromstärke ist *nicht konstant*. Der Widerstand ändert sich also. Er wächst bei Eisen mit der Stromstärke und sinkt bei Graphit.

Könnte beim Eisendraht das Ansteigen des Widerstandes mit seiner Temperaturzunahme durch die steigende Stromstärke erklärt werden? ➠ *Versuch 2* gibt darüber Auskunft: Das Wasserbad sorgt für näherungsweise konstante Temperatur. Die *U-I*-Kennlinie ist nun eine Gerade! Dies gilt auch für andere Metalle.

Merksatz

Bei **konstanter Temperatur** gilt für reine Metalle das ohmsche Gesetz, d.h. es gilt $I \sim U$.
Steigt die Temperatur, so steigt ihr Widerstand.

Den Einfluss der Temperatur auf den Widerstand von Eisendrähten zeigt ➠ *Versuch 3* eindrucksvoll. Erhitzt man eine Strom führende Wendel aus Eisendraht mit einer Flamme, so sinkt die Stromstärke trotz konstanter Spannung erheblich.

Man kann die Vergrößerung des Widerstandes bei Erhitzen leicht verstehen: Bei höherer Temperatur schwingen die Atomrümpfe heftiger um ihre Ruhelage und behindern dadurch die Bewegung der Leitungselektronen stärker.
Dies müsste ebenso für Graphit gelten. Auch in ihm führen die Atome bei Erhöhung der Temperatur heftigere Schwingungen aus. Graphit gehört jedoch zu einer Gruppe von Stoffen, bei denen noch ein weiterer Effekt hinzukommt: Bei steigender Temperatur werden zusätzliche Leitungselektronen freigesetzt. Für den Ladungstransport stehen also mehr Ladungsträger zur Verfügung. Dies verkleinert den elektrischen Widerstand. Unsere Messung zeigt, dass der zweite Effekt sich stärker auswirkt als der erste.
Bei einigen Legierungen wie z. B. Konstantan ist der Widerstand unabhängig von der Temperatur.

Interessantes

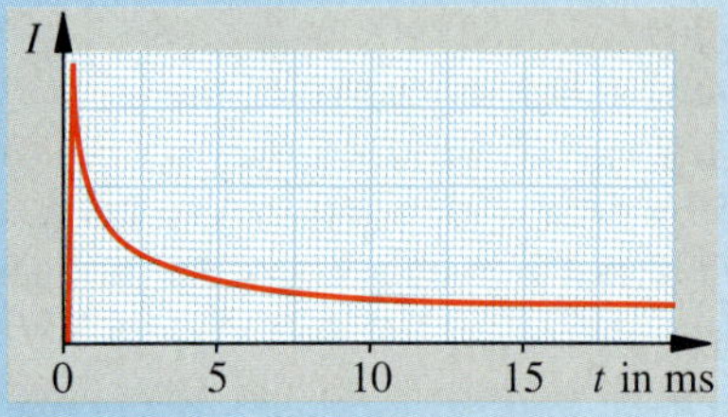

B1: Einschaltstrom Glühlampe

Warum brennen Glühlampen oft beim Einschalten durch?

Bei Zimmertemperatur beträgt der Widerstand der Glühwendel einer 60 W-Lampe 95 Ω, bei Glühtemperatur 880 Ω. Kurz nach Schließen des Stromkreises ist die Stromstärke also sehr groß. Sie sinkt erst bei Erreichen der Glühtemperatur auf den Endwert ab (➠ *Bild 1*). Der starke Anfangsstrom erhitzt dünne Stellen des Wolframdrahtes besonders stark. Dort werden vermehrt Atome abgedampft, der Draht wird also noch dünner, bis er schmilzt.

Methoden

Gruppenpuzzle: Widerstand von Drähten

A. Aufträge

- Bearbeitet die Aufträge im Rahmen eines Gruppenpuzzles.
- Ermittelt, von welchen physikalischen Größen der Widerstand eines elektrisch leitenden Drahtes abhängt. Stellt anschließend für den Widerstand eines Drahtes eine Gleichung auf.

B. Organisatorisches zum Gruppenpuzzle

- Bildet *Stammgruppen* mit jeweils drei Personen (später Experten). Jede Stammgruppe verteilt die Aufträge an ihre Experten selbstständig.
- Bildet anschließend drei *Expertengruppen.*

C. Aufgabe der Stammgruppen

- *Hypothesenbildung:* Jede Stammgruppe überlegt, von welchen physikalischen Größen der elektrische Widerstand eines Drahtes abhängen könnte. Für jede vermutete Abhängigkeit ist eine Begründung anzugeben (Alltagserfahrung, Kenntnis aus dem bisherigen Physikunterricht, …). Jede Stammgruppe stellt für ihre Vermutungen „Je-desto-Beziehungen" auf (z. B.: Je größer die Größe X, desto größer ist der Drahtwiderstand R).
- Findet eine Stammgruppe keine Vermutungen, so kann sie sich bei der Lehrkraft Hilfe (z. B. ein Hilfekärtchen) holen.
- Anschließend benennen die Stammgruppen zur Untersuchung jeder vermuteten Abhängigkeit (Länge, Querschnittsfläche und Material des Drahtes) einen Experten aus ihrer Mitte.

D. Untersuchung in den Expertengruppen

- Jede Expertengruppe überlegt sich für die Untersuchung der Abhängigkeit des Widerstands von Länge, Querschnitt oder Material des Drahtes einen Versuch und plant seine Durchführung.
- Versuchsaufbau, Versuchsdurchführung samt Messergebnissen (Auswertung mit einem Tabellenkalkulationsprogramm) und die Folgerungen werden schriftlich dokumentiert.
- Jede Expertengruppe stellt für den von ihr gefundenen Zusammenhang zwischen dem Widerstand R und der entsprechenden physikalischen Größe eine „Je-desto-Beziehung" auf.
- Anschließend wird dieser Zusammenhang mit einer Gleichung (Proportionalität) formuliert. Das ermittelte Ergebnis wird mit der Hypothese, die zuvor in den Stammgruppen aufgestellt wurde, vergleichen. Stimmen beide überein? Falls nein, sollen Gründe angegeben werden.
- Die Experten bereiten zum Abschluss den Bericht für ihre Stammgruppe vor.

E. Expertenbericht in den Stammgruppen

- Jeder Experte berichtet über die Ergebnisse seiner Expertengruppe.
- Anschließend fasst die Stammgruppe die Ergebnisse der einzelnen Expertengruppen zu Gleichung für den Drahtwiderstand R zusammen.

Falls du das Thema Drahtwiderstand im Gruppenpuzzle bearbeitet oder selbstständig eine Lösung gefunden hast, brauchst du den Abschnitt F eigentlich nicht zu lesen – oder nur zur Kontrolle. Hier steht „wie es ist".

F. Spezifischer Drahtwiderstand

Die Ergebnisse $R \sim l$, $R \sim 1/A$ liefern zusammengefasst: $R \sim l/A$, d. h. der Quotient $R/(l/A)$ ist konstant. Der Wert dieser Konstante hängt vom Material des Drahtes ab. Er wird **spezifischer Widerstand** ϱ des Drahtes genannt. Damit gilt: $R/(l/A) = \varrho$.

Ein Draht der Länge l, der Querschnittsfläche A und des spezifischen Widerstands ϱ hat den elektrischen Widerstand R:

$$R = \varrho \cdot \frac{l}{A}$$

G. Vergleich Messergebnisse – Tabellenwerte

Berechne den spezifischen Widerstand ϱ des verwendeten Drahtmaterials aus den Messergebnissen der Expertengruppen.

Vergleiche deine Werte für den spezifischen Widerstand ϱ mit den Tabellenwerten (➠ *Tabelle 1*). Falls Abweichungen auftreten, suche nach Gründen.

Warum werden in der Tabelle die spezifischen Widerstände für eine Temperatur von 18 °C angegeben? Begründe deine Antwort.

Silber	0,016	Kohle	50–100
Kupfer	0,017	Germanium	900
Gold	0,023	Silicium	1200
Aluminium	0,028	Akkusäure	um 1300
Eisen, Stahl	0,1–0,5	Meerwasser	200 000
Wolfram	0,05	dest. Wasser	10^{10}
Konstantan	um 0,5	Porzellan, Glas	10^{19}

T 1: Spezifischer Widerstand in $\Omega \cdot mm^2/m$ bei 18 °C

Interessantes

B 1: Widerstände in einer elektronischen Schaltung

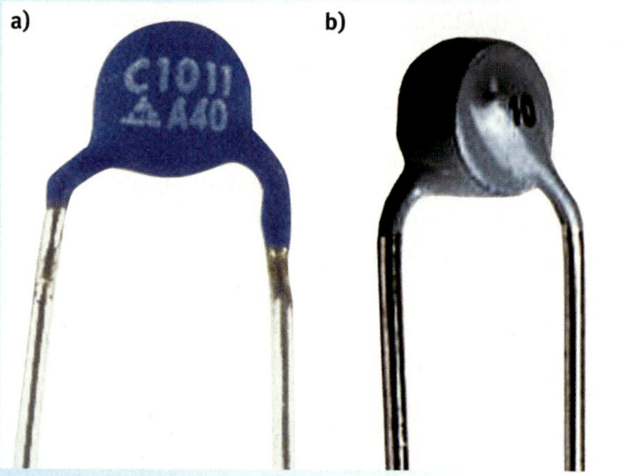

B 2: a) Kaltleiter **b)** Heißleiter

Technische Widerstände

In vielen elektrischen Geräten benutzt man Leiter mit bestimmten Widerstandswerten, um die Stromstärke oder die Spannung auf geeignete Werte einzustellen. Solche Leiter selbst bezeichnet man als *Widerstände.*

In ➠ *Bild 1* ist ein Ausschnitt aus einer elektronischen Schaltung mit **Festwiderständen** zu sehen. Diese Schichtwiderstände bestehen aus einem Keramikröhrchen mit aufgedampfter Kohle oder Metallschicht.

Da Widerstandsangaben auf den dünnen Röhrchen kaum lesbar wären, benutzt man eine Farbmarkierung nach ➠ *Tabelle 1.*
Die zwei ersten Ringe bestimmen die ersten beiden Ziffern, der dritte Ring die Zahl der daran anzuhängenden Nullen (Angabe in Ohm). Der vierte Ring gibt die Genauigkeit des angegebenen Wertes an.

	1. Ring	2. Ring	3. Ring
schwarz	0	0	–
braun	1	1	0
rot	2	2	00
orange	3	3	000
gelb	4	4	0000
grün	5	5	00000
blau	6	6	000000
violett	7	7	0000000
grau	8	8	00000000
weiß	9	9	000000000

T 1: Farbcode auf Widerständen

➠ *Bild 2* zeigt **temperaturabhängige Widerstände**. Man unterscheidet zwischen *Kaltleitern* und *Heißleitern.*
Wie wir sahen, nimmt der Widerstand reiner Metalle mit steigender Temperatur zu. Erhitzt man z. B. einen Kupferdraht von Zimmertemperatur auf 100 °C, so steigt sein Widerstand um etwa 30%. Metalle leiten bei Zimmertemperatur besser als bei höherer Temperatur, sind also Kaltleiter oder **PTC**-Widerstände (PTC kommt von **p**ositive **t**emperature **c**oefficient).

Bei den Heißleitern, auch **NTC**-Widerstände (**n**egative **t**emperature **c**oefficient) genannt, nimmt der Widerstand mit steigender Temperatur ab. Sie leiten im heißen Zustand besser als im kalten. Bei einigen Materialien nimmt der Widerstand auf ein Hundertstel ab, wenn man sie auf einige 100 °C erwärmt.

PTC- und NTC- Widerstände werden in der Technik dazu benutzt, um Temperaturen zu messen und manchmal auch zu regeln. Wegen der kleinen Ausmaße dieser Bauteile kann man auch an schwer zugänglichen Stellen z. B. eines Motors Temperaturen bestimmen. Dünne Kabel führen zum Ableseinstrument (Fernmessung). In Kühlschränken, Waschmaschinen und vielen anderen Geräten sorgen sie für die richtige Temperatur. Elektromotoren werden durch PTC-Widerstände vor Überhitzung geschützt.

A 1: Welchen Widerstand haben die abgebildeten Widerstände? Benutze zur Lösung der Aufgabe die ➠ *Tabelle 1.*

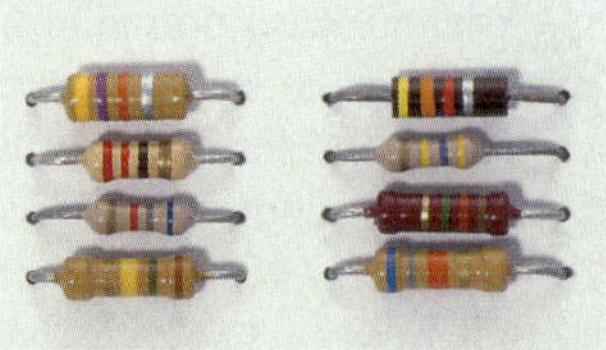

Interessantes

B 3: Trotz Leichtbaus der Kurbelwelle muss deren Festigkeit gewahrt sein. Ihre Verformung im Einsatz wird mithilfe eines Dehnungsmessstreifens gemessen.

Dehnungsmessstreifen

Die Entwicklung von Flugzeugen, modernen Automotoren oder eleganten Brückenkonstruktionen ist ohne die Verwendung von **Dehnungsmessstreifen** (**DMS**) kaum möglich. Ein DMS (➠ *Bild 3*) besteht aus einem dünnen Metallband (meist Konstantan), das in vielen Windungen auf ein Plastikplättchen fest aufgebracht ist und einen bestimmten Widerstand hat (typisch sind 120 Ω). Wird das Plättchen durchgebogen, so wird der Draht gedehnt bzw. gestaucht. Dadurch werden seine Länge und sein Querschnitt verändert. Also ändert sich sein Widerstand. Die Widerstandsänderung kann sehr genau gemessen werden. Sie ist der Größe der Verformung proportional.

Das Plättchen wird sorgfältig auf die zu untersuchende Stelle eines Werkstückes aufgeklebt.

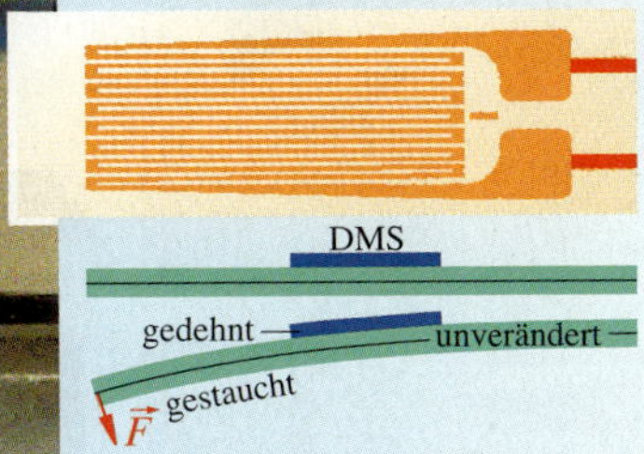

Es ist wichtig, dass man elektrische Signale für die Durchbiegung erhält. Man kann sie leicht einem Computer zuführen, der die Daten speichert und weiterverarbeitet. Dadurch erhält man Hinweise auf Schwachstellen der Konstruktion.

Aus den Verformungen kann man auf die Größe der einwirkenden Kräfte schließen – man hat daher mit einem Dehnungsmessstreifen ein Kraftmessgerät. Man sagt dazu auch **Kraftsensor**.

Dehnungsmessstreifen sind beispielsweise in digital anzeigende Waagen eingebaut.

Mehr Sicherheit im Flugzeugbau:
Bei Flugzeug-Bauteilen ist der Zusammenhang zwischen Größe und Anzahl von Verformungen und dem Beginn von Materialermüdung bekannt. Bei der Konstruktion von Flugzeugflügeln überprüfen die Ingenieurinnen und Ingenieure an kritischen Stellen (etwa die Verbindung Flügel-Rumpf) mithilfe aufgeklebter Dehnungsmessstreifen, ob es bei den unvermeidlichen Vibrationen nicht zu unerlaubt großen Dehnungen kommt – und das in *allen* Flugsituationen. Auch während des Flugbetriebs wird die Beanspruchung gefährdeter Teile mit Dehnungsmessstreifen überwacht und im Flugschreiber aufgezeichnet (zur Unfallklärung nach einem Absturz).

Aufgaben

A 2: Jemand bezeichnet die Gleichung $I = U/R$ als ohmsches Gesetz. Ist dies richtig? Was nennen wir ohmsches Gesetz? Unter welcher Bedingung gilt es für Metalle? Welche Form hat dann die U-I-Kennlinie?

A 3: Ein Draht hat den Widerstand 100 Ω. Welchen Wert hat der Widerstand, wenn man die Drahtlänge verdreifacht und gleichzeitig die Querschnittsfläche verfünffacht? Wie würde sich die Stromstärke verändern? (U konstant)

A 4: In einem Versuch werden an verschiedenen Drähten zwei der drei Größen Spannung, Stromstärke, Widerstand gemessen.

U in V	20	12	?
I in A	4	?	0,08
R in Ω	?	200	1500

Übertrage die Tabelle in dein Heft und fülle die Lücken aus.

A 5: Bei einer 100 W-Glühlampe ist bei 2 V die Stromstärke 38 mA; bei 230 V ist sie 435 mA. Berechne jeweils den Widerstand und erkläre, warum sich die Werte unterscheiden.

A 6: Messgeräte zeigen den zu messenden Wert nur fehlerhaft an. Die Hersteller geben daher den größtmöglichen Fehler in Prozent des Skalenendwertes an. Bei Schulgeräten ist dieser meist 2%. **a)** Eine Stromstärke von 0,80 A ist zu messen. Jan wählt einen Skalenendwert von 10 A, Julia 1 A. Wie groß ist jeweils der maximale Fehler? Wie groß ist jeweils der relative Fehler? **b)** Erläutere, wie man den Messbereich bei Stromstärkemessungen wählen muss, damit der relative Fehler möglichst klein wird.

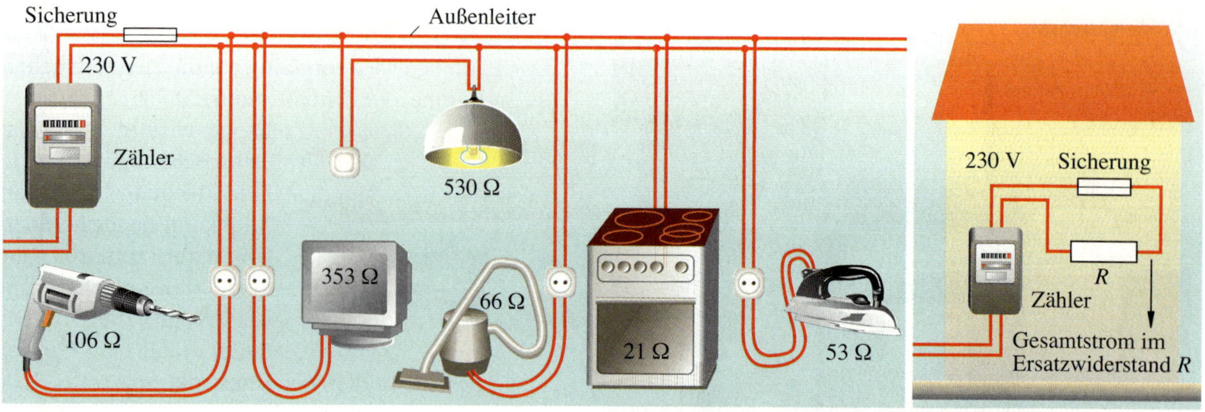

B 1: Die Geräte im Haushalt liegen an der gleichen Spannung von 230 V. Sie sind parallel geschaltet.

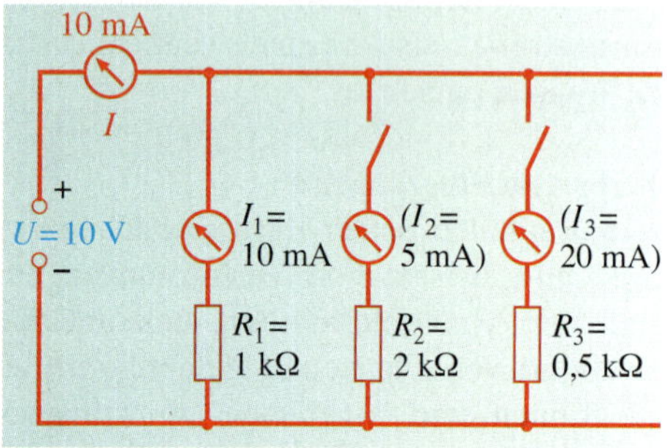

V 1: Parallelschaltung von R_1, R_2, und R_3: Der Versuchsaufbau entspricht der Schaltung der Elektrogeräte im Haushalt (➠ *Bild 1*). Wir wollen untersuchen, wie sich das Zuschalten weiterer Geräte auf die Gesamtstromstärke auswirkt. Statt 230 V wählen wir die ungefährliche Spannung 10 V. **a)** Zunächst schließen wir den Stromkreis mit dem Widerstand $R_1 = 1{,}0\ \text{k}\Omega$. Die Stromstärke beträgt
$I_1 = U/R_1 = 10\ \text{V}/1000\ \Omega = 10\ \text{mA}$.
b) Dann schalten wir den doppelt so großen Widerstand $R_2 = 2{,}0\ \text{k}\Omega$ *parallel.* In diesem Zweig messen wir nur die halbe Stromstärke $I_2 = 5\ \text{mA}$.
Im unverzweigten Teil lesen wir als **Gesamtstrom I_{ges}** dieser **Parallelschaltung** die Summe
$I_{ges} = I_1 + I_2 = 10\ \text{mA} + 5\ \text{mA} = 15\ \text{mA}$ ab.
c) Nun schalten wir noch einen dritten Widerstand $R_3 = 0{,}5\ \text{k}\Omega$ parallel. Der Zweigstrom $I_3 = 20\ \text{mA}$ erhöht die Gesamtstromstärke I_{ges} von 15 mA auf 35 mA. **d)** Die Teilstromstärken lassen sich auch mithilfe der Gleichung $I = U/R$ berechnen, z. B.:
$I_2 = U/R_2 = 10\ \text{V}/2\ \text{k}\Omega = 5\ \text{mA}$.

Der verzweigte Stromkreis

1. Die Geräte im Haushalt sind parallel geschaltet

Im Haushalt können alle Geräte unabhängig voneinander ein- und ausgeschaltet werden. Sie sind nach ➠ *Bild 1* direkt an die beiden oberen Netzleitungen angeschlossen, zwischen denen die Spannung $U = 230\ \text{V}$ besteht. Diese Spannung liegt also an jedem Gerät. Wie ändert sich aber die Stromstärke, wenn mehrere Geräte gleichzeitig betrieben werden?

Wir können das Ergebnis von ➠ *Versuch 1* auf den Haushalt übertragen: Durch Zuschalten eines zweiten oder dritten Geräts erhöht sich jeweils die Gesamtstromstärke. Da Ladung weder erzeugt noch vernichtet wird, muss der Gesamtstrom in der Zuleitung die Summe der Teilströme sein.

Merksatz

Bei der **Parallelschaltung** liegt an allen Zweigwiderständen die gleiche Spannung. Die **Gesamtstromstärke I_{ges}** im unverzweigten Teil ist gleich die Summe der Teilstromstärken $I_1, I_2, I_3, \ldots$ Es gilt die Knotenregel:

$$I_{ges} = I_1 + I_2 + I_3 + \ldots$$

2. Welcher Zweigstrom ist am stärksten?

Nach $I = U/R$ erzeugt die gemeinsame Spannung U im doppelten Widerstand nur die halbe Stromstärke (siehe auch ➠ *Versuch 1*). Die Zweigströme sind gegeben durch $I_1 = U/R_1$ und $I_2 = U/R_2$. Dividiert man I_1 durch I_2, so entfällt U. Es folgt $\boldsymbol{I_1/I_2 = R_2/R_1}$.

Merksatz

Bei einer **Stromverzweigung** verhalten sich die Stromstärken in den Zweigen umgekehrt wie die Zweigwiderstände.

3. Mehr Geräte – weniger Widerstand

Wir wissen: Der Gesamtstrom steigt mit jedem zugeschalteten Parallelwiderstand (➠ *Versuch 1*). Da die Spannung konstant ist, muss der Gesamtwiderstand kleiner geworden sein. In Schaltungen ist es oft wichtig, die Gesamtstromstärke zu berechnen. Um dies einfach ausführen zu können, denken wir uns die parallel geschalteten Widerstände durch *einen* Widerstand ersetzt – den **Ersatzwiderstand *R***. Spannung und Stromstärke sollen sich dabei nicht ändern.

Für ➠ *Versuch 1* errechnet man:
$R = U/I_{ges} = 10\ \text{V}/35\ \text{mA} = 0{,}29\ \text{k}\Omega$.
Der Ersatzwiderstand ist kleiner als der kleinste Zweigwiderstand (in unserem Versuch 0,5 kΩ).
Aus $I_{ges} = I_1 + I_2 + I_3$ ergibt sich $I_{ges} = U/R = U/R_1 + U/R_2 + U/R_3$.
Nach Division durch U erhält man den Kehrwert $1/R$ des Ersatzwiderstandes R.

Merksatz

Der Kehrwert $1/R$ des **Ersatzwiderstandes *R*** einer **Parallelschaltung** ist gleich der Summe der Kehrwerte $1/R_i$ der Zweigwiderstände R_i ($i = 1, 2, \ldots$):

$$\frac{1}{R} = \frac{1}{R_1} + \frac{1}{R_2} + \ldots$$

Beispiel

In einem Saal ist die Leitung für die Deckenlampen mit 10 A abgesichert. Wie viele parallel geschaltete Lampen mit jeweils 529 Ω dürfen gleichzeitig betrieben werden ($U = 230$ V)?

Lösung über Teilstromstärken:
Stromstärke in einer Lampe:
$I_1 = U/R_1 = 230\ \text{V}/529\ \Omega = 0{,}435\ \text{A}$.
$10\ \text{A}/0{,}435\ \text{A} \approx 23$.
Es dürfen **bis zu 23 Lampen** betrieben werden.
Lösung über Ersatzwiderstand:
Damit bei $U = 230$ V die Stromstärke $I = 10$ A wird, muss der Ersatzwiderstand $R = U/I = 230\ \text{V}/10\ \text{A} = 23\ \Omega$ sein.
Aus $R_1 = R_2 = \ldots$ folgt
$1/R = 1/R_1 + 1/R_2 + \ldots = n \cdot 1/R_1$.
$\boldsymbol{n} = R_1/R = 529\ \Omega/23\ \Omega = \mathbf{23}$.
Da der Einschaltstrom von Glühlampen größer ist als der Betriebsstrom (nach Erreichen der Betriebstemperatur der Glühwendel), wäre gleichzeitiges Einschalten kritisch. Es sei denn, man verwendet eine *träge* Sicherung.

Aufgaben

A1: a) Berechne die Ströme in den einzelnen Geräten nach ➠ *Bild 1*. Wie verhalten sich die Stromstärken von Lampe und Herd zueinander? Wie groß ist die Stärke des Gesamtstroms? **b)** Wie groß ist der Ersatzwiderstand R der gesamten Anlage? **c)** Welche Sicherung ist zu wählen, damit alle Geräte gleichzeitig in Betrieb sein können (übliche Werte: 16 A, 20 A, 40 A)?

A2: Bei einer Fahrradbeleuchtung ist der Widerstand der Lampe im Scheinwerfer 30 Ω, im Rücklicht 60 Ω. **a)** Zeichne ein Schaltbild der Anlage. **b)** Wie groß sind die jeweiligen Stromstärken und die Gesamtstromstärke ($U = 6$ V)?

A3: Zwei Widerstände mit $R_1 = 50\ \Omega$ und $R_2 = 0{,}5\ \Omega$ liegen parallel an der Spannung 0,1 V. Berechne I_1, I_2 und I_{ges}.

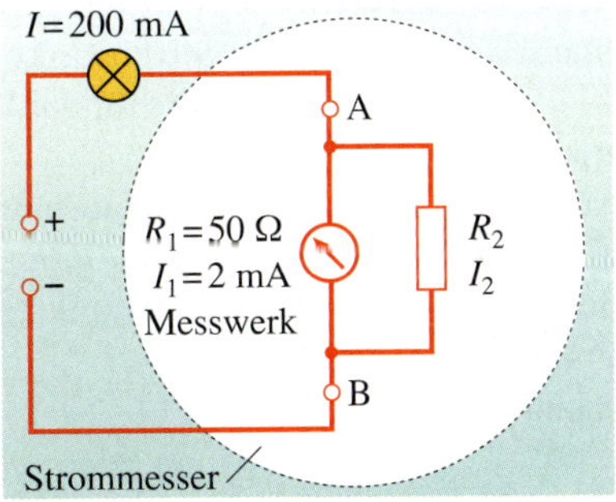

B2: Messbereich von 2 mA auf 200 mA erweitert

A4: Die Spule eines Drehspulinstruments hat den Widerstand $R_1 = 50\ \Omega$ und zeigt bei $I_1 = 2$ mA Vollausschlag. Will man Ströme bis 200 mA messen, muss man den überschüssigen Strom I_2 am Messwerk durch einen *Parallelwiderstand* R_2 vorbeileiten (➠ *Bild 2*). **a)** Berechne I_2 und R_2. **b)** Wie groß ist nun der Ersatzwiderstand R_{ges} des Messgeräts? **c)** Der Messbereich steigt auf das 100fache. Wie ändert sich R_{ges}?

A5: Ein 1 km langes Seil einer Hochspannungsleitung hat einen Stahlkern mit $R_1 = 2\ \Omega$ Widerstand. Er gibt mechanische Festigkeit. Ihn umgibt ein Aluminiummantel mit $R_2 = 0{,}1\ \Omega$. **a)** Berechne den Ersatzwiderstand R des Seilstückes. **b)** Der Spannungsabfall an dem Seilstück sei $U = 100$ V. Wie groß sind die Stromstärken im Kern und im Mantel, wie groß ist die Gesamtstromstärke?

A6: Vögel halten sich mit beiden Beinen auf dem Seil einer Hochspannungsleitung fest. Warum ist dies für sie ungefährlich? (siehe Werte von Aufgabe 5; Beinabstand 2 cm)

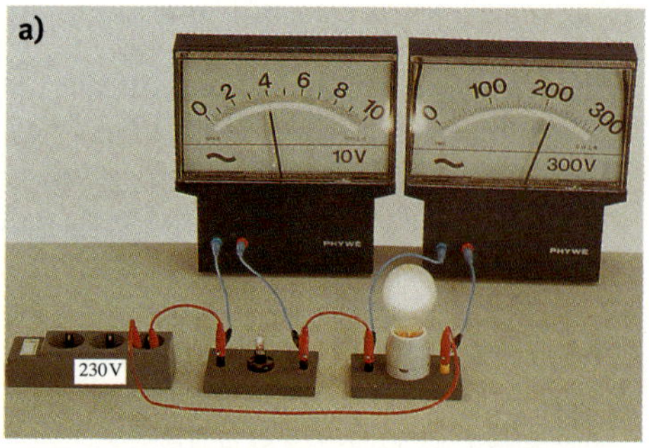

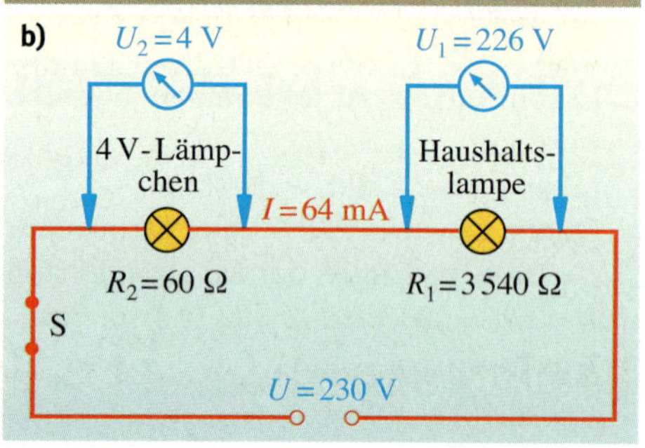

B1: a) Ein überraschender Versuch
b) Schaltskizze

V1: Wir legen an den Widerstand $R_1 = 10\ \Omega$ die Spannung $U = 10$ V und messen die Stromstärke $I = 1$ A. Nun schalten wir zu R_1 noch zwei weitere Widerstände $R_2 = 20\ \Omega$ und $R_3 = 70\ \Omega$ in Reihe (➠ *Bild 2*). Die Stromstärke sinkt auf $I = 0{,}1$ A.
Ähnlich wie bei in Reihe geschalteten Lämpchen ist auch hier der Widerstand größer geworden.
Wir denken uns nun die drei Widerstände durch *einen* großen Widerstand ersetzt. Er soll den Strom genauso behindern wie die drei Einzelwiderstände zusammen – bei der gleichen Spannung $U = 10$ V soll sich wieder die Stromstärke $I = 0{,}1$ A einstellen.
Nach unseren Messwerten hat dieser *Ersatzwiderstand* den Wert
$R = U/I = 10\ \text{V}/0{,}1\ \text{A} = 100\ \Omega$.
Dies ist gleich der Summe
$R = 10\ \Omega + 20\ \Omega + 70\ \Omega$ der *Teilwiderstände* R_i.

V2: Wir messen die Stromstärke in der Schaltung nach ➠ *Bild 2* auch an den Stellen A, B und C. Die Messung ergibt, dass die Stromstärke bei Reihenschaltung von Widerständen überall gleich ist. Dies war zu erwarten, da keine Ladung abgezweigt wird.

Der unverzweigte Stromkreis

1. Mehr Geräte – mehr Widerstand

Kann man ein 4 V-Lämpchen an einer Steckdose mit 230 V betreiben? ➠ *Bild 1a* zeigt, dass es möglich ist, aber nur, wenn man eine Haushaltslampe *in* denselben Stromkreis schaltet (Lehrerversuch!). Man sagt, die Lampen sind in Reihe (hintereinander) geschaltet. In beiden Glühdrähten ist die Stromstärke gleich groß – kein Strom wird seitlich abgezweigt.

➠ *Versuch 1* zeigt, dass in Reihe geschaltete Widerstände *einen* großen Widerstand bilden. Den Wert dieses **Ersatzwiderstandes** erhält man, indem man die Werte der Einzelwiderstände addiert.

Merksatz

Bei **Reihenschaltung** ist die Stromstärke in allen Teilwiderständen gleich. Der **Ersatzwiderstand** $\boldsymbol{R}$ ist gleich der Summe der Einzelwiderstände:

$$R = R_1 + R_2 + R_3 + \ldots$$

Der Gesamtwiderstand ist bei Reihenschaltung *größer* als jeder Teilwiderstand.
Weshalb also brennt das kleine Lämpchen in ➠ *Bild 1* nicht durch? Der Widerstand der kleinen Lampe (4 V; 65 mA) ist $R_2 = U/I = 4\ \text{V}/0{,}065\ \text{A} \approx 60\ \Omega$, der der großen Lampe (230 V; 65 mA) ist $R_1 = 230\ \text{V}/0{,}065\ \text{A} \approx 3540\ \Omega$ (➠ *Bild 2*).
Für den Gesamtwiderstand gilt:
$R = R_1 + R_2 = 3540\ \Omega + 60\ \Omega = 3600\ \Omega$.
Also ist die Stromstärke $I = U/R = 230\ \text{V}/3600\ \Omega = 64$ mA.
Dies ist etwa die für das Lämpchen vorgeschriebene Stromstärke.

Man kann die Haushaltslampe ($R_1 = 3540\ \Omega$) durch einen Widerstand mit $R_v = R_1$ ersetzen. Man nennt R_v einen **Vorwiderstand**. Vorwiderstände begrenzen die Stromstärke auf gewünschte Werte.

Vertauscht man in ➠ *Bild 1a* die beiden Lampen, so ändert sich am Leuchten der beiden nichts. Es ist also beliebig, an welcher Stelle eines Stromkreises man den *Vor*widerstand hinzuschaltet.

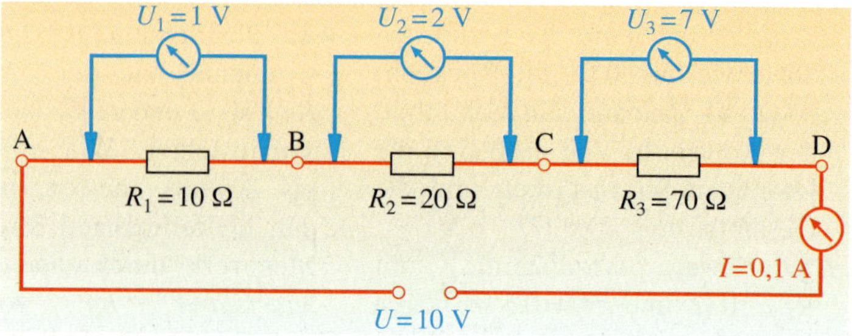

B2: Widerstände in Reihe haben gleiche Stromstärke, aber unterschiedliche Teilspannungen.

2. Spannungen teilen sich auf

Das 4 V-Lämpchen leuchtet in ➡ *Bild 1 a* normal hell. Liegen zwischen seinen Anschlüssen 4 V? Wo bleibt dann der Rest der 230 V? Um dies zu klären, schalten wir zwischen die Anschlussbuchsen der kleinen und der großen Lampe je einen Spannungsmesser (➡ *Bild 1 b*). Wir messen $U_1 = 226$ V; $U_2 = 4$ V. Die Spannung der Netzsteckdose $U = 230$ V teilt sich also in die zwei Teilspannungen U_1 und U_2 auf.

Untersuchen wir zunächst, was bei Reihenschaltung gleicher Widerstände geschieht. ➡ *Versuch 3* zeigt, dass dann an jedem Teilwiderstand die gleiche Teilspannung abfällt. Ihre Summe ist gleich der von außen angelegten Spannung.
Für verschiedene Widerstände zeigt ➡ *Versuch 4*: Die Spannung der Quelle verteilt sich über die in Reihe liegenden Teilwiderstände – und zwar so, dass sich bei jedem Widerstand die gleiche Stromstärke ergibt. Am doppelten Widerstand stellt sich die doppelte, am 7fachen Widerstand die 7fache Spannung ein. Es gilt
$I = 2\,U/2\,R = 7\,U/7\,R = U/R =$ konstant.
Aus $I = U_1/R_1 = U_2/R_2$ folgt demnach: $\boldsymbol{U_1/U_2 = R_1/R_2}$.

Merksatz

Zwischen den Enden der **Teilwiderstände R_i** liegen die **Teilspannungen $U_i = I \cdot R_i$**. Ihre Summe ist gleich der Gesamtspannung U:

$$U = U_1 + U_2 + U_3 + \dots$$
$$= I \cdot R_1 + I \cdot R_2 + I \cdot R_3 + \dots$$
$$= I \cdot (R_1 + R_2 + R_3 + \dots) = I \cdot R$$

Die Teilspannungen U_i verhalten sich wie die Teilwiderstände R_i:

$$\frac{U_1}{U_2} = \frac{R_1}{R_2};\quad \frac{U_1}{U_3} = \frac{R_1}{R_3} \quad \text{usw.}$$

In einem Stromkreis ändert sich das Potential an einem geschlossenen Schalter praktisch nicht (➡ *Versuch 5*). Öffnet man ihn, so liegt an ihm die ganze, von außen angelegte Spannung. **Achtung:** Ein herausgedrehtes Lämpchen einer Lichterkette wirkt wie ein geöffneter Schalter; zwischen den Kontakten liegen 230 V!

V3: An ein 6 V-Lämpchen wird die Spannung $U = 6$ V gelegt. Es leuchtet normal hell. Schaltet man ein zweites 6 V-Lämpchen in Reihe, leuchten beide nur schwach. Um volle Helligkeit zu erreichen, muss man die Spannung auf 12 V hoch regeln. An jedem Lämpchen liegt nun die Teilspannung 6 V.

V4: In Versuch 1 ist im Widerstand R_1 die Stromstärke $I = 0{,}1$ A. Für 0,1 A braucht man aber an 10 Ω nicht die Spannung $U = 10$ V, sondern nur die *Teilspannung* $U_1 = I \cdot R_1 = 1$ V. Bei $R_2 = 20\,\Omega$ benötigt man für ebenfalls 0,1 A die doppelte Spannung, nämlich 20 V; an 70 Ω sind 0,1 A · 70 Ω = 7 V nötig.
Wir überprüfen unsere Überlegungen:
Zu jedem Widerstand in Versuch 1 schalten wir einen Spannungsmesser (blau) und finden, dass sich das Potential um 1 V, 2 V und 7 V ändert. Am größten Widerstand liegt die größte Teilspannung.
Unsere Messung ergibt: Die Summe der Teilspannungen ist gleich der Potentialdifferenz der Quellenbuchsen
$U = 1\text{ V} + 2\text{ V} + 7\text{ V} = 10$ V.

V5: a) In der Schaltskizze ➡ *Bild 1 b* ist ein Schalter (S) eingebaut. Ist er geschlossen, so hat er den Widerstand $R_S \approx 0\,\Omega$. Dann ändert sich bei ihm das Potential nicht: $U_S = R_S \cdot I \approx 0$ V. Eine Messung bestätigt dies. **b)** Durch Öffnen des Schalters sinkt die Stromstärke I auf 0 A. Wegen $U = R \cdot I$ ändert sich das Potential an den Lampen nicht. Der Spannungsmesser zeigt, dass die ganze, von außen angelegte Spannung $U = 230$ V zwischen den Kontakten des Schalters liegt.

Aufgaben

A1: Es gibt 2 Arten von Lichterketten für 230 V. Die einen haben 10, die anderen 16 in Reihe geschaltete „Kerzen". **a)** Wie groß ist jeweils die Spannung an einer Kerze? **b)** Die Nennstromstärke in der 10er-Kette beträgt 130 mA, die der 16er-Kette ist 209 mA. Welchen Widerstand hat jeweils eine Kerze, welchen die Kette?

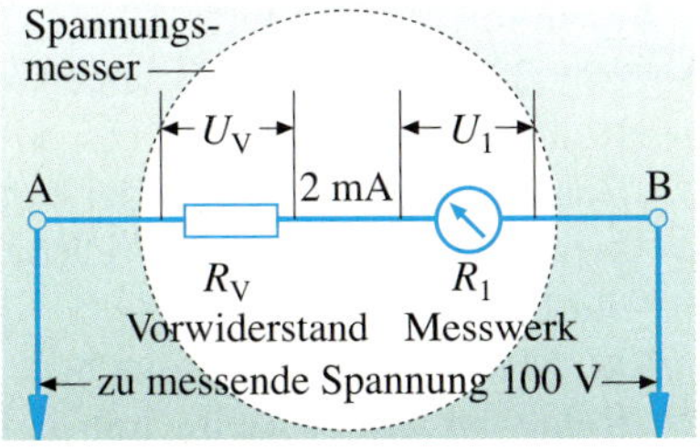

B4: Ein Drehspulgerät zur Spannungsmessung (➡ *Aufgabe 2*)

A2: Das Messwerk eines Drehspulgeräts mit $R_1 = 50\,\Omega$ zeigt bei $I = 2$ mA Vollausschlag. **a)** Welche Spannung liegt bei $I = 2$ mA am Messwerk? **b)** Das Messgerät soll Spannungen bis 100 V messen können. Auch bei $U = 100$ V muss die Stromstärke $I = 2$ mA sein. Wie groß muss R sein, wie groß der Vorwiderstand R_v?

B1: Drehwiderstand

V1: Nach *Bild 2* wird ein dünner Konstantandraht zwischen die Klemmen A und B gespannt. Die Spannung $U = 1{,}5$ V zwischen A und B verursacht einen Strom der Stärke I. Den linken Anschluss eines Spannungsmessers verbinden wir mit A, mit dem anderen gleiten wir längs des Drahtes von B nach A. So messen wir die Teilspannung U_1 zwischen dem Schleifer S und dem linken Anschluss A. Wie das Schaubild zeigt, fällt sie gleichmäßig von 1,5 V auf 0 V. Steht der Schleifer in der Mitte des Drahtes, bekommen wir die halbe Spannung 0,75 V.

Durch Verschieben des Schleifers verändert man den Widerstand R des ganzen Drahtes und damit die Stromstärke I nicht. Man verändert die Teilwiderstände R_1 und R_2 und damit die Teilspannungen $U_1 = R_1 \cdot I$ und $U_2 = R_2 \cdot I$.

Da R_1 und R_2 in Reihe geschaltet sind, gilt $R = R_1 + R_2$ und $U = U_1 + U_2$.

Potentiometerschaltung

1. Wie unterteilt man Spannungen?

In Experimenten und in technischen Geräten benötigt man häufig veränderbare Spannungen, hat aber nur eine Spannungsquelle mit fester Potentialdifferenz U_{Quelle} zur Verfügung. Man hat z. B. eine Batterie mit 4,5 V, benötigt aber die Spannung 1,5 V. Mit einer Schaltung nach *Bild 2* lässt sich jede beliebige Teilspannung zwischen 0 V und U_{Quelle} einstellen. Man nennt eine solche Schaltung **Spannungsteiler-** oder **Potentiometerschaltung**. Die meisten Stellglieder hinter Drehknöpfen von Elektronikgeräten sind Potentiometer. An Radios lässt sich mit ihnen die Lautstärke regeln, bei Netzgeräten die Spannung. Statt eines gespannten Drahtes nimmt man meist Drehwiderstände (*Bild 1*). Bei ihnen ist der Konstantandraht auf einen ringförmigen Isolator gewickelt, der Schleifer ist mit einem Drehknopf verbunden.

Merksatz

Ein Strom führender Leiter unterteilt die an seinen Enden angelegte Spannung stetig.

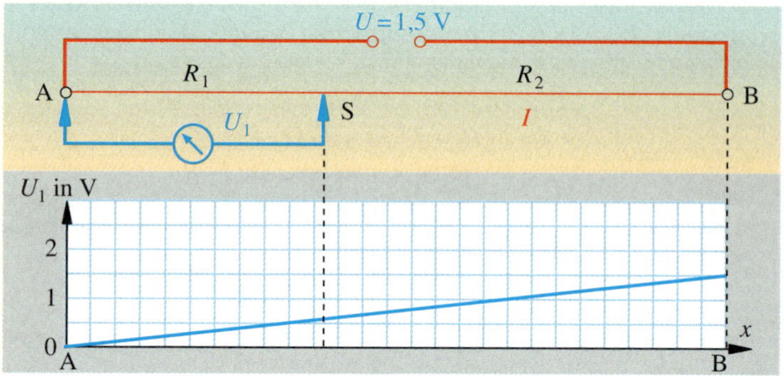

B2: Ein Draht als Spannungsteiler

Aufgaben

A1: Wie wäre der Spannungsverlauf in *Bild 2*, wenn man den Spannunsmesser zwischen S und B legte? Bei welcher Stellung des Schiebers S misst er $\frac{1}{4}$, wo $\frac{3}{4}$ der angelegten Spannung?

A2: Auf einer Projektorlampe steht 25 V/10 A. Sie soll an 230 V angeschlossen werden. Welchen Vorwiderstand muss man in Reihe schalten, damit die Lampe nicht durchbrennt?

A3: Ein Taschenrechner hat die Daten 3 V/0,1 mA. Du möchtest ihn aber mit dem 9 V-Netzgerät deines Rekorders betreiben. Geht das mit einfachen Hilfsmitteln? Erläutere dein Vorgehen.

A4: Drei Widerstände $R_1 = 20\ \Omega$, $R_2 = 30\ \Omega$, $R_3 = 50\ \Omega$ liegen in Reihe an der Spannung $U = 50$ V. Berechne den Gesamtwiderstand, die Stromstärke und die Teilspannungen.

A5: Man schaltet 4 Lämpchen in Reihe an eine Quelle mit 17 V; die Stromstärke ist 0,2 A. An dreien misst man jeweils die Teilspannung 4 V. Bestimme die Widerstände der 4 Lampen.

A6: Die Widerstände $R_1 = 20\ \Omega$ und $R_2 = 100\ \Omega$ sind in Reihe geschaltet. Die Stromstärke ist $I = 0{,}2$ A. **a)** Berechne die angelegte Spannung. **b)** Wie groß sind die Teilspannungen U_1 und U_2?

A7: Die Widerstände $R_1 = 8\ \Omega$ und $R_2 = 12\ \Omega$ sind parallel geschaltet. Die Gesamtstromstärke ist 2,6 A. Berechne die angelegte Spannung und die Stromstärken in den Zweigleitungen.

Interessantes

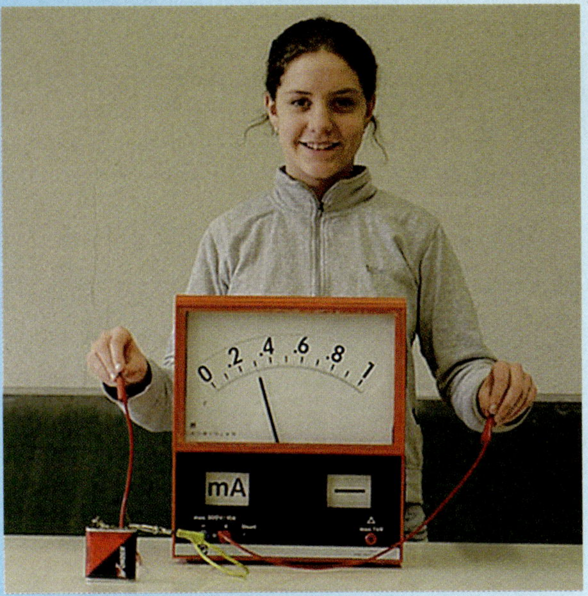

B1: Auch der menschliche Körper leitet den Strom

Gefahren des elektrischen Stroms

Wie du an *Bild 1* erkennst, leitet der menschliche Körper den elektrischen Strom. Dies ist nicht erstaunlich. Früher hatten wir gesehen, dass Wasser zum Leiter wird, wenn in ihm Salze gelöst sind. Unser Körper besteht zu 80% aus Wasser, in dem auch Salze enthalten sind (denke an salzige Tränen oder Schweiß).

Elektrischer Strom kann sehr gefährlich sein.
Die Größe der Gefahr wird durch die Stromstärke bestimmt:
I < 0,5 mA: Solche Ströme nehmen wir nicht wahr.
0,5 mA < I < 20 mA: Bei wachsender Stromstärke spüren wir ein Kribbeln, schließlich ein Verkrampfen der Muskeln.
20 mA < I < 70 mA: Ab etwa 20 mA ist die Verkrampfung so stark, dass man den Strom führenden Leiter nicht mehr loslassen kann.
I > 70 mA: Führt der Stromweg über das Herz, so kann es ab 70 mA zum Herzstillstand kommen.
Wie bei jedem Leiter hängt die Stromstärke durch unseren Körper vom Widerstand und der anliegenden Spannung ab. Der Widerstand setzt sich aus dem Körperwiderstand (etwa 1,2 kΩ) und dem Übergangswiderstand zusammen. Dabei spielt die Größe der Berührungsfläche von Haut und Leiter ebenso eine Rolle wie der Feuchtigkeitsgrad der Haut.

Man hat herausgefunden, dass die Stromstärke durch den menschlichen Körper ungefährlich bleibt, wenn die Spannung **24 V** nicht überschreitet.
Die 230 V des Hausnetzes können *tödliche Folgen* haben!

Du darfst nie mit Strom direkt aus der Steckdose arbeiten!
Taschenlampenbatterien und Netzgeräte bis 24 V kannst du benutzen.

So verhältst du dich richtig:

- **Blanke Leitungen des Hausnetzes nicht berühren!**
- **Benutze kein Gerät mit Isolationsschäden!**
- **Elektrogeräte nie mit nassen Händen oder barfuß auf feuchtem Boden stehend berühren!**
- **In der Nähe der Badewanne haben Elektrogeräte nichts zu suchen!**

B2: Was wird hier falsch gemacht?

Vertiefung

Eine nützliche Analogie: Wasserstromkreis – elektrischer Stromkreis

Im Wasserstromkreis erzeugt eine Pumpe eine Druckdifferenz zwischen Ansaugstutzen und Ausgang. Sie ist der *Antrieb* für das Strömen des Wassers. Je größer die Druckdifferenz, desto größer die Stromstärke.

Jede Leitung setzt einem Wasser- oder Luftstrom einen Widerstand entgegen.
- Je länger die Leitung, desto größer der Widerstand.
- Je kleiner der Querschnitt, desto größer der Widerstand.

Bei gleichem Querschnitt nimmt der Druck entlang des Rohres gleichmäßig ab.

Im elektrischen Stromkreis sorgt eine Spannungsquelle für eine Potentialdifferenz zwischen ihren Anschlüssen. Sie ist der *Antrieb* für das Strömen der Ladung. Je größer die Spannung, desto größer die Stromstärke.

Leitungsdrähte setzen dem Ladungsstrom einen Widerstand entgegen.
- Je länger die Leitung, desto größer der Widerstand.
- Je kleiner der Querschnitt, desto größer der Widerstand.

Bei gleichem Querschnitt nimmt das Potential entlang des Drahtes gleichmäßig ab.

A. Parallelschaltung

Verzweigt sich ein Wasserstrom, so fließt (je Sekunde) genauso viel Wasser zum Knoten hin wie in den Teilströmen zusammen von ihm weg.

Die **Knotenregel** gilt, weil Wasserteilchen an der Verzweigung weder erzeugt noch vernichtet werden.

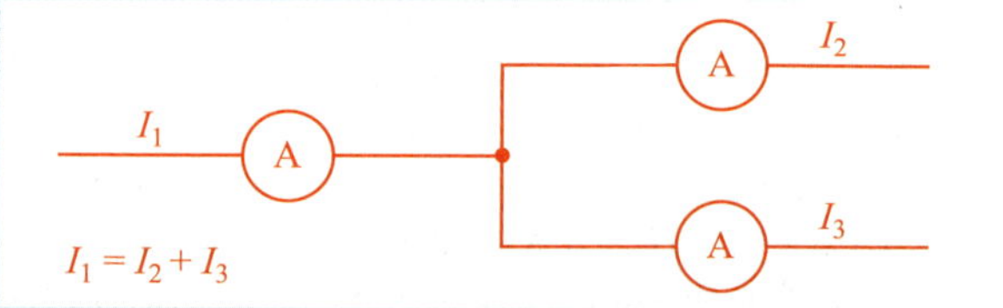

Verzweigt sich ein elektrischer Strom, so fließt (je Sekunde) genauso viel Ladung zum Knoten hin wie in den Teilströmen zusammen von ihm weg.

Die **Knotenregel** gilt, weil Ladungen weder erzeugt noch vernichtet werden.

B. Reihenschaltung

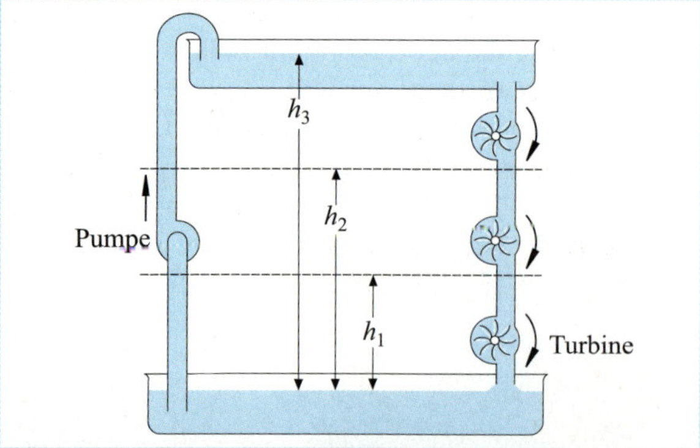

Eine Pumpe hebt eine Wasserportion auf die Höhe h_3 und gibt ihr Energie und damit die Fähigkeit (das Potential) zum Antrieb einer Turbine. An den Turbinen gibt sie Energie ab, ihr Potential wird kleiner.
Es gilt:

$$W_{ges} = W_{3\text{–}2} + W_{2\text{–}1} + W_{1\text{–}0}.$$

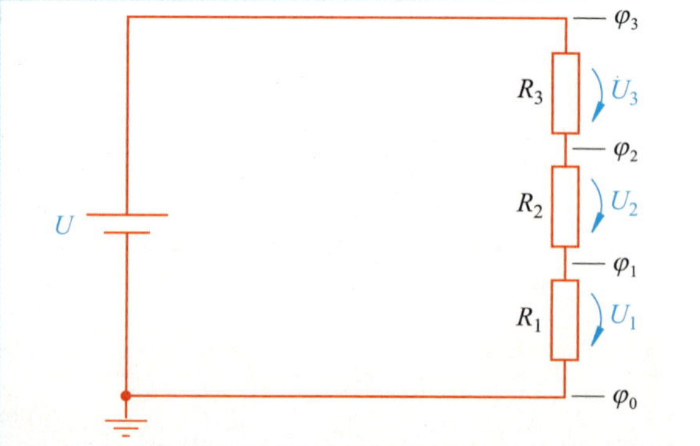

Eine Batterie hebt eine Ladungsportion auf das Potential φ_3. Die Ladung durchfließt die Widerstände und gibt dort Energie ab. Ihr Potential ändert sich entsprechend.
Es gilt:

$$U = U_1 + U_2 + U_3$$

Interessantes

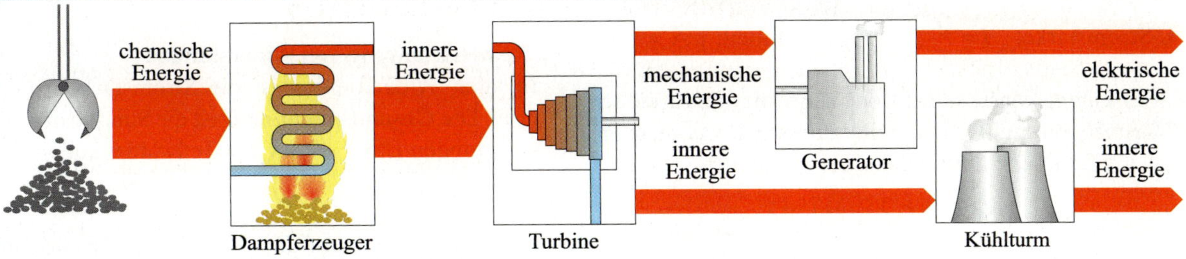

Elektrische Energie – nicht speicherbar, aber immer verfügbar?

Wenn du deine Schreibtischlampe einschaltest, setzt du eine lange Energie-Übertragungskette in Gang. In einem Kraftwerk wird das Dampfventil ein wenig mehr geöffnet, für den Nachschub von Dampf und Energie muss etwas mehr Kohle verbrannt werden. Turbine und Generator wandeln genau die Energiemenge in elektrische Energie, die deine Lampe in Wärme und Licht wandelt.

Einen *Energievorrat* gibt es nur am Anfang dieser Kette: Zu jedem Kohlekraftwerk gehört ein großes Vorratslager, damit der Nachschub an Energie nicht ins Stocken gerät.

Kohle ist wie Erdöl und Erdgas ein *Energieträger*, der nur einmal verbraucht werden kann. Noch sind Vorräte vorhanden, die in Jahrmillionen entstanden sind. Aber wir wissen: Kohle, Erdgas, Erdöl sind *nicht erneuerbare* Energieträger.

Wolltest du deine Tischlampe *allein* aus *erneuerbarer Energie*, z. B. aus „Windkraft" oder von Solarzellen versorgen, dann wärest du davon abhängig, ob der Wind weht oder die Sonne scheint. Elektrische Energie kann man nicht speichern.

Energieversorgung aus erneuerbarer Energie wird nur möglich, wenn es gelingt, Energievorräte anzulegen. Bei Energie aus Biomasse und Energie aus „Wasserkraft" ist dies möglich, bei Wind- und bei Solarenergie hofft man auf die *Wasserstofftechnologie:*

Mit **Wasserstoff als Energiespeicher** kann man

- solare Energie „ernten" und *fotovoltaisch* in elektrische Energie wandeln, wann (am Tag) und wo (z. B. in der Sahara) die Sonne scheint,
- mit elektrischer Energie Wasser in Wasserstoff und Sauerstoff zerlegen,
- den Wasserstoff als Energieträger transportieren und speichern,
- in Brennstoffzellen die chemische Energie aus Wasserstoff und Sauerstoff (der Luft) in elektrische Energie umwandeln.

Die Erzeugung von Wasserstoff geschieht in einer **Knallgaszelle:** Zwei Elektroden tauchen in eine leitende Flüssigkeit ein. Führt die Knallgaszelle Strom, so wird Wasser in seine Bestandteile Wasserstoff und Sauerstoff zerlegt, die in kleinen Gasblasen aufsteigen.

In der **Brennstoffzelle** wird die *chemische Energie des Wasserstoffs in elektrische Energie* gewandelt. Bei 90 °C läuft der umgekehrte Prozess ab wie in der Knallgaszelle. Die Elektroden werden zu Minuspol und Pluspol einer Stromquelle.

Die Umwandlung in elektrische Energie erfolgt in der Brennstoffzelle ohne umweltgefährdende Abgase, außerdem ist der Wirkungsgrad der Umwandlung hoch. Deshalb wird an der Brennstoffzelle und der Technik für den gefahrlosen Umgang mit Wasserstoff mit Hochdruck gearbeitet.

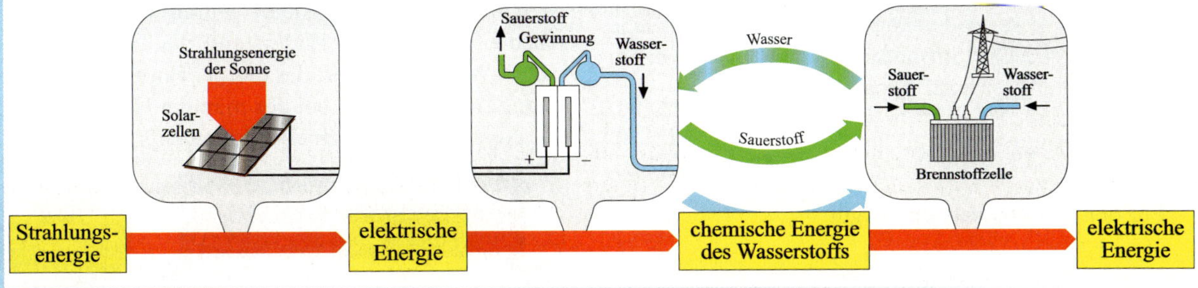

Das ist wichtig

1. Stromstärke: $\boldsymbol{I = \frac{Q}{t}}$ Einheit: $1\ \text{A} = 1\ \frac{\text{C}}{\text{s}}$

Bei einem konstanten Strom kann die durch einen Leiterquerschnitt fließende **Ladung** $\boldsymbol{Q}$ berechnet werden mithilfe der Gleichung

$$\boldsymbol{Q = I \cdot t.}$$

2. Spannungsquellen heben Ladungen vom Potenital φ_1 auf das Potential φ_2. Die **Potentialdifferenz** $\boldsymbol{\varphi_2 - \varphi_1}$ ist der Antrieb für das Fließen von Ladung. Statt Potentialdifferenz $\varphi_2 - \varphi_1$ sagt man kurz **Spannung** $\boldsymbol{U}$. Zum Erhöhen des Potentials ist Energie erforderlich.

3. Widerstand: $\boldsymbol{R = \frac{U}{I}}$ Einheit: $1\ \Omega = 1\ \frac{\text{V}}{\text{A}}$

Der elektrische Widerstand R beschreibt die Eigenschaft eines Leiters, das Fließen von Ladungen zu hemmen. Je kleiner R ist, desto größer ist die Stromstärke bei gegebener Spannung

$$\boldsymbol{I = \frac{U}{R}.}$$

Die Stromstärke hängt also ab von
- der Spannung U der *Quelle* und
- dem Widerstand R des *Stromkreises*.

Der elektrische Widerstand R hängt von der Form und dem Material des Leiters ab. Bei einem Draht mit der Länge l und der Querschnittsfläche A gilt:
- R ist proportional zu l: $R \sim l$,
- R ist proportional zu $1/A$: $R \sim 1/A$.

Ist der Widerstand R eines Leiters konstant (das ist für Konstantan und Metalle bei konstanter Temperatur der Fall), so gilt für ihn das **ohmsche Gesetz:**

$$\boldsymbol{I \sim U.}$$

Bei reinen Metallen steigt der Widerstand R,
bei Kohle sinkt R mit zunehmender Temperatur.

4. Parallelschaltung von Widerständen

An allen Zweigwiderständen R_i liegt die gleiche Spannung U. Die Stromstärken $I_i = U/R_i$ in jedem Kreis addieren sich zur **Gesamtstromstärke**

$$I_{\text{ges}} = I_1 + I_2 + \ldots = U \cdot \left(\frac{1}{R_1} + \frac{1}{R_2} + \ldots\right) = \frac{U}{R}.$$

Für den **Ersatzwiderstand** $\boldsymbol{R}$ gilt:

$$\frac{1}{R} = \frac{1}{R_1} + \frac{1}{R_2} + \ldots.$$

Der Ersatzwiderstand R ist kleiner als der kleinste Zweigwiderstand.

5. Reihenschaltung von Widerständen

In allen Widerständen ist die Stromstärke I gleich groß. Die **Gesamtspannung** $\boldsymbol{U}$ ist die Summe der Teilspannungen $U_i = I \cdot R_i$ an den Teilwiderständen R_i:

$$U = U_1 + U_2 + \ldots = I \cdot (R_1 + R_2 + \ldots) = I \cdot R.$$

Der **Ersatzwiderstand** $\boldsymbol{R} = R_1 + R_2 + \ldots$ ist die Summe der Teilwiderstände R_i. Er ist größer als der größte Teilwiderstand.

Aufgaben

A1: **a)** Wie groß ist der Widerstand eines Drahtes, in dem bei einer Spannung von 24 V die Stromstärke 1,6 A beträgt? **b)** Welchen Wert darf die Spannung haben, wenn die Stromstärke 1,2 A sein soll? **c)** Jetzt soll ein Draht 16facher Länge aus gleichem Material genommen werden. Welchen Durchmesser muss man wählen, wenn der Widerstand gleich bleiben soll?

A2: In einem Eisendraht ist bei Anlegen der Spannung 6,0 V die Stromstärke zunächst $I_1 = 1{,}5$ A. Nach kurzer Zeit stellt sich die konstante Stromstärke $I_2 = 1$ A ein. Der Draht glüht nun. **a)** Berechne die Widerstände R_1 und R_2 des Drahtes. **b)** Warum gilt bei diesem Versuch nicht das ohmsche Gesetz?

A3: In den beiden Zweigen eines Stromkreises liegen zwei Strommesser. Der eine zeigt 1,8 A. Was zeigt der andere, wenn man im unverzweigten Teil 2,4 A misst?

A4: Die Widerstände $R_1 = 160\ \Omega$ und $R_2 = 300\ \Omega$ sind in Reihe geschaltet. An diese Schaltung wird die Spannung $U = 230$ V gelegt. **a)** Berechne den Gesamtwiderstand und die Stromstärke. **b)** Berechne die Teilspannungen U_1 und U_2.

A5: Die Widerstände $R_1 = 50\ \Omega$ und $R_2 = 10\ \Omega$ werden parallel geschaltet. Berechne für $U = 7{,}5$ V den Gesamtwiderstand R, die Gesamtstromstärke I_{ges} und die Stromstärken I_1 und I_2 in den Zweigleitungen.

A6: Bei einem Schiebewiderstand ist ein Widerstandsdraht um ein Keramikrohr gewickelt. Die Isolation des Drahtes ist oben entfernt, sodass Draht und „Schleifer" Kontakt haben. Durch Verschieben des Schleifers wird der Widerstand des Gerätes verändert. Wie funktioniert das Gerät? Entwirf eine Schaltung (mit Batterie), bei der man die Helligkeit einer Lampe mit einem Schiebewiderstand regeln kann.

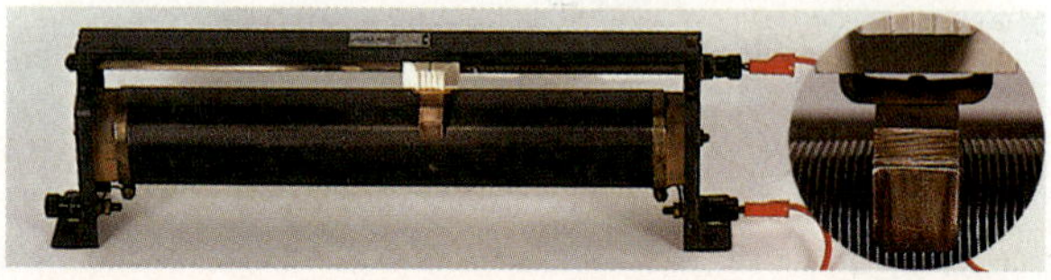

Kennst du dich aus?

A1: Wie kannst du die Brennweite einer Sammellinse in einem erleuchteten Raum ohne „Laborgeräte“ messen? Erläutere dein Vorgehen.

A2: *Hausversuch:* Mit Wasser gefüllte Trinkgläser oder Flaschen wirken wie Sammellinsen. Bilde eine Kerzenflamme durch zylindrische Gefäße unterschiedlichen Durchmessers auf ein Blatt Papier ab. Ermittle aus den Messdaten mithilfe der *Linsengleichung* jeweils die Brennweite (Die Hauptebene geht durch den Kreismittelpunkt des Gefäßquerschnitts). Trage in einem Diagramm den Durchmesser der Gefäße gegen die Brennweite auf. Kannst du eine Gesetzmäßigkeit erkennen?

A3: Welche Überlegungen und Versuche führten uns zur der Erkenntnis, dass das weiß empfundene Licht der Sonne aus vielen farbigen Lichtern zusammengesetzt ist?

A4: Ein Kind steht vor einem Spiegel und ärgert sich, dass es sich nicht vollständig im Spiegel sehen kann. Es tritt näher heran und sieht wiederum nur einen Teil von sich. Es geht weiter weg, auch das hilft nicht. Verstehst du, warum das so ist? Erkläre.

A5: Was bedeutet es, wenn zwei physikalische Größen zueinander proportional sind? Erläutere deine Antwort anhand eines Beispiels.

A6: In der Physik sucht man zu subjektiven Wahrnehmungen der Sinne entsprechend passende physikalische Größen, mit denen Phänomene objektiv erfasst werden können. Erläutere dieses Vorgehen anhand mehrerer Beispiele aus dem bisherigen Unterricht.

A7: Eine Kugel startet jeweils in Position ① aus der Ruhe. Kennzeichne jeweils, wie hoch die Kugel auf der anderen Seite kommt. Begründe deine Antwort.

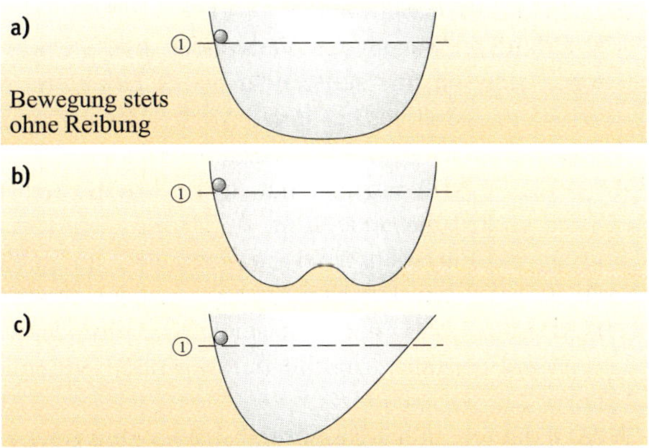

A8: **a)** Überlege dir Tätigkeiten, bei denen du die benötigte Kraft und den zurückgelegten Weg ziemlich genau kennst bzw. abschätzen kannst. Berechne damit jeweils die Energie, die du bei der Tätigkeit aufwenden musst. **b)** Unter welchen Voraussetzungen gilt deine Berechung? **c)** Berechne, wie viel du von einem Nahrungsmittel deiner Wahl zu dir nehmen musst, um deinen Energiebedarf zu decken. Beschaffe den Energiegehalt des Nahrungsmittels aus geeigneten Quellen.

A9: Ein Wanderer macht sich um 8 Uhr auf den Weg zu einer 24 km entfernten Berghütte, die er mit konstantem Tempo nach 6 Stunden erreicht, ohne Pausen einzulegen. Am nächsten Tag beginnt er um 9 Uhr den Abstieg von der Hütte zum Ausgangspunkt der Wanderung. Diesen erreicht er bei konstantem Tempo um 13 Uhr, wiederum ohne Pause. **a)** Gibt es zwischen Ausgangspunkt und Berghütte einen Ort, an dem der Wanderer an beiden Tagen zur gleichen Uhrzeit vorbeikommt? Begründe deine Antwort. **b)** An welchem Ort und zu welcher Uhrzeit „begegnet“ er sich selbst?

A10: **a)** Wodurch unterscheiden sich die Begriffe „Kraft“ und „Druck“ physikalisch? **b)** Gib Beispiele aus dem Alltag an, die zeigen, dass die Unterscheidung dieser Begriffe notwendig ist.

A11: Ermittle die Stromstärken I_1, I_2 und I_3 in den Zweigen auf möglichst verschiedene Weise (die Lampen sind gleich). Erläutere und begründe deine Lösungswege.

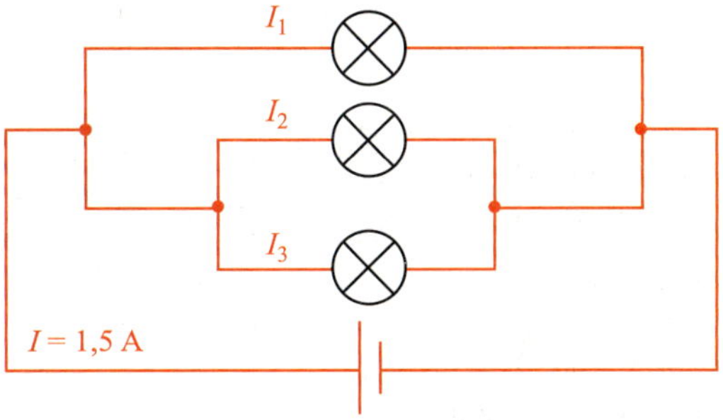

A12: Im unten abgebildeten Stromkreis beträgt die Stromstärke 0,1 A. Wie ändert sich die Lampenhelligkeit in den folgenden Fällen (begründe deine Antwort)? **a)** Der Widerstand R_1 wird verdoppelt. **b)** Der Widerstand R_2 wird verdoppelt. **c)** Der Widerstand R_1 wird verdoppelt und der Widerstand R_2 wird entfernt ($R_2 = 0$). **d)** Der Widerstand R_2 wird verdoppelt und der Widerstand R_1 ($R_1 = 0$) wird entfernt.

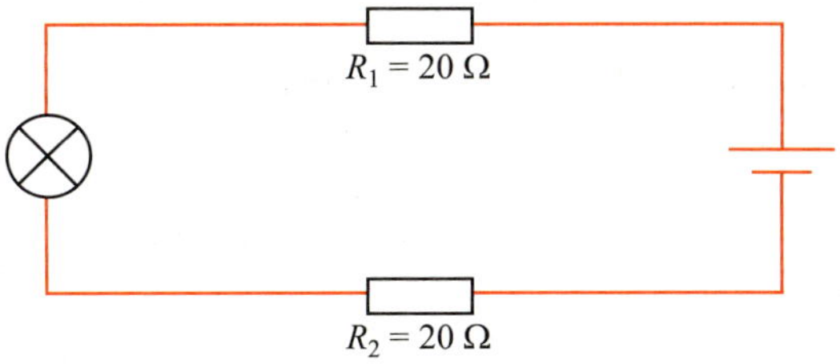

A13: Miss mit einem Ohmmeter deinen elektrischen Körperwiderstand zwischen den Händen bei **a)** trockener Haut an den Kontaktstellen **b)** feuchter Haut. **c)** Spielt die Größe der Kontaktflächen eine Rolle?

A14: **a)** Gefährliche Stromstärken beginnen ab ca. 30 mA. Ab welchen Spannungen würde es für dich nach den Messungen in A 13 a) bzw. A 13 b) gefährlich? **b)** Ändert sich dein Körperwiderstand, wenn du zwischen einer Fußsohle und einer Handfläche misst?

A15: Drei Widerstände sind wie in der folgenden Abbildung geschaltet.

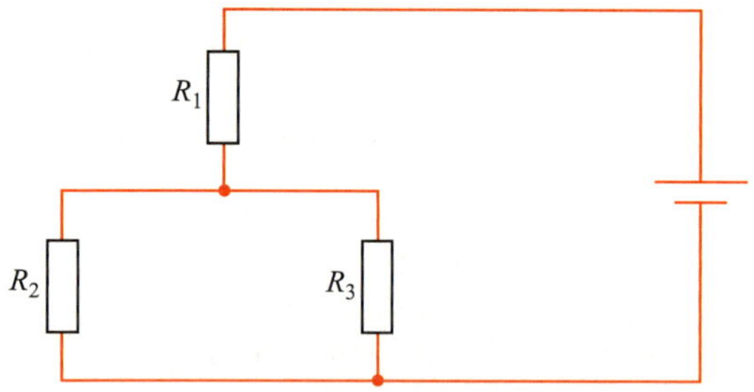

a) Ordne die elektrischen Ströme, die die drei Widerstände führen, nach ihrer Größe. Erkläre. **b)** Ordne die an den Widerständen anliegenden Spannungen der Größe nach. Erkläre. **c)** Erkläre, wie man mit dieser Schaltung erreichen kann, dass die Spannungen an R_1 und R_2 gleich groß sind.

A16: Gibt es einen Zusammenhang zwischen Magnetismus und Elektrizität? Wenn ja, erläutere ihn anhand eines Beispiels.

A17: Innerhalb einer Stadt siehst du am Straßenrand nebenstehendes Verkehrsschild: **a)** Welche Bedeutung hat dieses Schild? **b)** Wie müsste dieses Verkehrsschild physikalisch korrekt aussehen?

A18: Die Bewegung eines Körpers ergibt vereinfacht folgendes *t-v*-Diagramm:

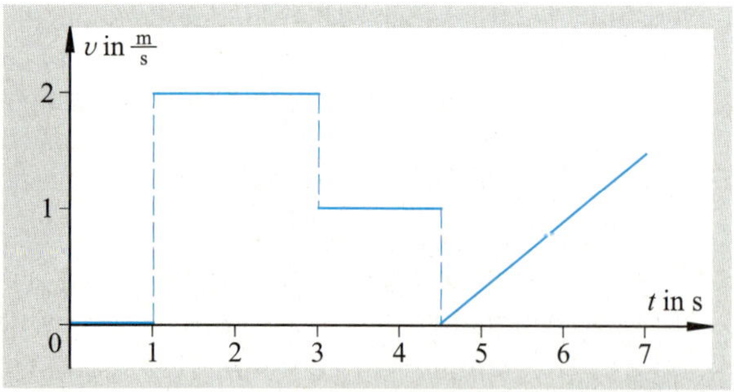

Zeichne das zugehörige *t-s*-Diagramm. Erläutere für die einzelnen Zeitabschnitte wie du vorgegangen bist.

A19: Wie sind die Begriffe Geschwindigkeit und elektrische Stromstärke definiert? Gibt es zwischen beiden Begriffen Gemeinsamkeiten?

A20: Paul und Lena beginnen gleichzeitig mit dem Fahrrad zum 2 km entfernten Freibad zu fahren. Das folgende *t-s*-Diagramm zeigt den Verlauf Ihrer Fahrt.

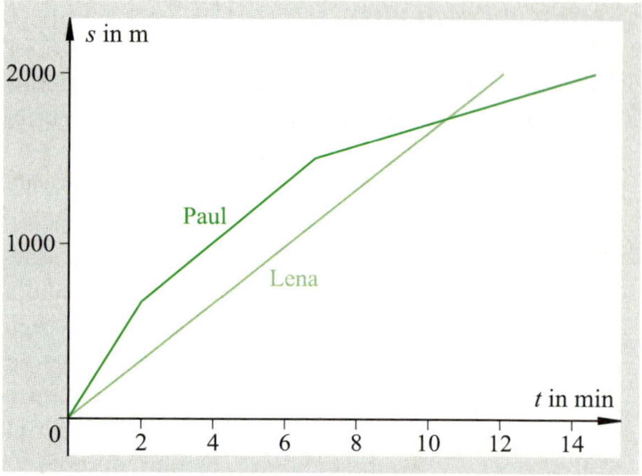

a) Beschreibe und vergleiche die Fahrt der beiden. **b)** Gibt es ein Zeitintervall, in dem Paul vor Lena fährt? Begründe. **c)** Gibt es unterwegs einen Zeitpunkt, an dem sie am gleichen Ort sind? Wenn ja, ermittle ihn. **d)** Gibt es ein Zeitintervall, in dem beide mit gleicher Geschwindigkeit fahren? Begründe. **e)** Wer erreicht als Erster das Freibad? Welchen Weg muss der andere dann noch zurücklegen? Verdeutliche deinen Lösungsweg im Diagramm.

A21: Mit einem Echolot wird die Wassertiefe in einem Hafen gemessen. Sender und Empfänger befinden sich 0,50 m unter der Wasseroberfläche. **a)** Berechne die Wassertiefe, wenn das vom Grund reflektierte Signal nach 0,020 s empfangen wird (Schallgeschwindigkeit Wasser 1480 m/s). **b)** Welche Zeit würde zwischen Absenden und Empfangen des Signals vergehen, wenn die Messung in Luft bei gleicher Strecke durchgeführt würde?

A22: In der Physik wird mit Modellen und Denkmodellen gearbeitet. **a)** Erläutere was man unter einem Denkmodell versteht anhand der Begriffe „Lichtstrahl", „Teilchenmodell", „Elementarmagnet". **b)** Erläutere, warum das Verwenden von Denkmodellen sinnvoll und notwendig ist. **c)** Erläutere, ob das Wort „Modell" bei einer Modelleisenbahn die gleiche Bedeutung hat wie in der Physik.

A23: Der Begriff Energie hat in der Physik und im Alltag eine große Bedeutung. **a)** Erläutere aus jedem bisher im Physikunterricht behandelten Teilgebiet ein Beispiel, bei dem der Energiebegriff wichtig ist. **b)** Erläutere anhand von Beispielen die Gründe, warum der Energiebegriff eine derart große Bedeutung hat.

A24: Erläutere anhand einer selbstgewählten Rechenaufgabe aus dem Buch, wie du beim Lösen vorgehst. **a)** Schreibe die Schritte deiner Lösungsstrategie in der logischen Reihenfolge auf. **b)** Überlege, wie du vorgehen könntest, wenn du beim Lösen einer Aufgabe irgendwo stecken bleibst.

Das Meer hat für die Erde eine große Bedeutung. Es war Ausgangspunkt des Lebens auf dieser Erde. Dies untersucht die Biologie.

Das Meer zeigt sich auch als riesiger Energiespeicher. In jedem Gramm können bei der Temperaturzunahme von nur einem Grad 4,2 J gespeichert werden. Die milden Winter und Sommer in Ländern am Meer haben da eine ihrer Ursachen.
Mildes Klima mit einem Energiespeicher im Kleinen erzeugen manche Mitmenschen zu Hause mit einem Grundofen aus finnischem Speckstein, auch er kann viel Energie speichern und wieder abgeben.

Beim Schmelzen oder Verdampfen einer Flüssigkeit wird viel Energie versteckt. Wasserdampf gibt diese Energie wieder her, wenn er zu Wassertropfen kondensiert. Die Wassertropfen sehen wir in der Gewitterwolke, die Energie sorgt für Unruhe in der Atmosphäre.
Die Zubereitung eines italienischen Espressos gelingt mit dem Ausnutzen der Naturgesetze beim Kondensieren heißen Wasserdampfes besonders schnell.

Welche Wege geht also die Energie im Großen und im Kleinen? Wie wird sie gespeichert? Was passiert beim Übergang von Eis zu Wasser, von Wasser zu Dampf? Wie können wir die Energie für uns nutzen und wann nicht mehr? Diesen Fragen gehen wir in der Physik nach.

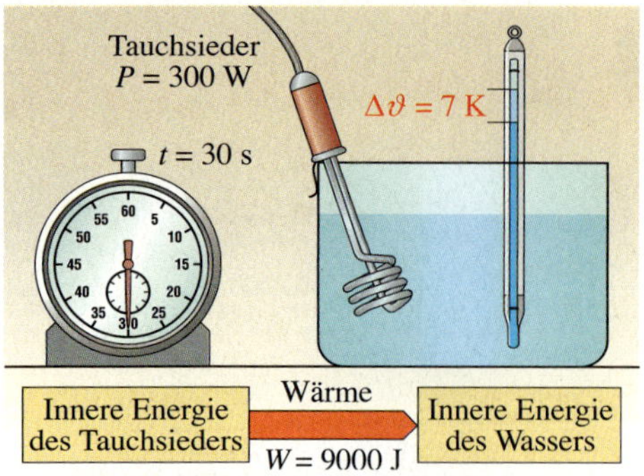

V1: Wir bringen den Tauchsieder in eine Wassermenge $m_1 = 300$ g und schalten ihn 3 s lang ein. Wir führen ihm so die Energieportion

$$W = 300\ \text{W} \cdot 30\ \text{s} = 9000\ \text{J}$$

zu. Sie ist nach kurzer Zeit (fast ganz) auf das Wasser übergegangen. Die Wassertemperatur ist inzwischen von 20 °C auf 27 °C, also um 7 K gestiegen; der Tauchsieder hat sich auf diese Temperatur abgekühlt. Anschließend heizen wir wieder 30 s lang, führen also noch einmal die gleiche Energieportion zu; schrittweise erhöhen wir so die Wassertemperatur. Die Tabelle zeigt: Die Zunahme beträgt immer wieder 7 K.

t in s	W in Portionen	W in J	ϑ in °C	$\Delta\vartheta$ in K
0	0	0	20	0
30	1	9000	27	7
60	2	18000	34	14
90	3	27000	41	21
120	4	36000	48	28

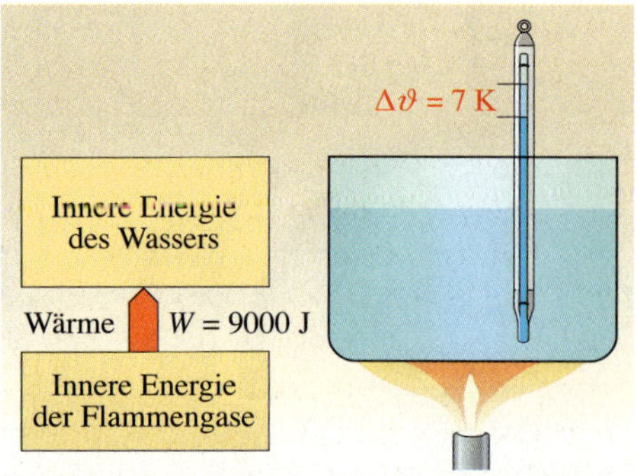

B1: Energiezufuhr vom Körper höherer Temperatur (Flammengase) zum Körper tieferer Temperatur (Wasser). Die allein durch die ungeordnete Molekülbewegung übertragene Energie heißt *Wärme*.

Wärme erhöht die innere Energie

In den letzten Jahren hast du schon viel über **Energie** erfahren:

- Innere Energie eines Körpers ist die Energie, die alle Teilchen eines Körpers zusammen haben.
- Durch Zufuhr von Energie kann man die innere Energie des Körpers erhöhen.
  - Dies kann man mechanisch mit Kraft längs eines Weges tun (bei Reibung, bei Gaskompression). Die so übertragene Energie nannten wir **Arbeit** (➠ *Band I, S. 123*).
  - Man kann den Körper auch in Kontakt mit einem heißeren Körper bringen. Dann strömt Energie allein aufgrund des Temperaturunterschiedes durch Teilchenstöße vom heißen Körper zum kalten. Wir nannten diesen Vorgang „*Wärmeleitung*“ (➠ *Band 1, S. 159*). Konsequenterweise nennt man die auf diese Weise übergehende Energie **Wärme.**

1. Erhitzen durch Wärme

In ➠ *Versuch 1* erhitzen wir Wasser mit einem 300 W-Tauchsieder. Die Leistungsangabe bedeutet, dass der Tauchsieder in jeder Sekunde dem elektrischen „Netz“ 300 J entnimmt. Hiermit wird zunächst die Heizspirale des Tauchsieders erhitzt. Sie gibt diese Energie dann durch Molekülstöße an das Wasser weiter. Dort verstärkt sie dessen ungeordnete Molekülbewegung und erhöht damit die *innere Energie* in jeder Sekunde um 300 J. Die Wassertemperatur steigt. Die Temperaturerhöhung $\Delta\vartheta$ ist zur übertragenen Energie W proportional; es gilt:

$$\Delta\vartheta \sim W.$$

Statt des Tauchsieders hätte man auch eine Flamme nehmen können (➠ *Bild 1*). In beiden Fällen geht Energie durch ungeordnete Teilchenbewegung von einem heißeren Körper (Tauchsieder, Flammengase) auf einen kälteren über. In beiden Fällen also als **Wärme**.

Nach unserem Versuch sinkt die Wassertemperatur wieder langsam, „Wärme fließt ab“, denn jetzt ist das Wasser der heißere Körper, die umgebende Luft der kältere.

Merksatz

Energie, die infolge eines Temperaturunterschieds durch ungeordnete Teilchenstöße von einem heißen Körper auf einen kälteren Körper übergeht, nennen wir **Wärme**.
Die **Einheit** der Wärme ist das **Joule (J)**.

Der Geldbetrag auf deinem Girokonto gehört zu deinem Vermögen. Überweist du davon eine Summe, so spricht man vom Überweisungsbetrag, solange das Geld unterwegs ist. Ist es beim Empfänger verbucht, so gehört es zu dessen Vermögen. Genauso gibt es Fachausdrücke für die Energie, die *ein Körper hat* (innere Energie), und für die, die *unterwegs* ist (*Wärme* bzw. *Arbeit*).

3. Berechnen von Wärme und Zunahme innerer Energie

Die Werte in ➠ *Versuch 1* gelten für 300 g Wasser. Mit *zwei* 300 W-Tauchsiedern könnten wir bei 2 · 300 g = 600 g Wasser dieselbe Temperaturerhöhung $\Delta\vartheta$ erzielen. Die zur Temperaturerhöhung nötige Energie ist also zur Wassermasse m proportional:

$$W \sim m.$$

Bei 2facher Wassermasse und 3facher Temperaturerhöhung benötigen wir die 6fache Energie, W ist somit zum Produkt aus m und $\Delta\vartheta$ proportional, mit dem Proportionalitätsfaktor c gilt deshalb:

$$W = c \cdot m \cdot \Delta\vartheta.$$

Die Konstante c hat den Wert 4,3 J je g und K. Dies liefert unser ➠ *Versuch 1* z.B. für $m = 300$ g, $W = 9000$ J, $\Delta\vartheta = 7$ K:

$$c = \frac{W}{m \cdot \Delta\vartheta} = \frac{9000\,\text{J}}{300\,\text{g} \cdot 7\,\text{K}} = 4{,}3\,\frac{\text{J}}{\text{g} \cdot \text{K}}.$$

Genaue Messungen ergeben, dass man zum Erhitzen von Wasser 4,1868 J je g und je K braucht. Gewöhnlich rundet man diesen Wert und sagt, die spezifische **Wärmekapazität** von Wasser sei $c = 4{,}2$ J/(g · K). (Wenn du spezifische „Energiekapazität" sagst, denkst du eigentlich richtig.) Damit können wir nun die Zunahme der inneren Energie für jede beliebige Wassermasse m und Temperaturerhöhung $\Delta\vartheta$ ausrechnen, z.B. für $m = 400$ g und $\Delta\vartheta = 10$ K:

$$W = c \cdot m \cdot \Delta\vartheta = 4{,}2\,\frac{\text{J}}{\text{g} \cdot \text{K}} \cdot 400\,\text{g} \cdot 10\,\text{K} = 16\,800\,\text{J}.$$

Merksatz

Steigt bei einem Körper der Masse m die Temperatur um $\Delta\vartheta$, so wurde seine innere Energie erhöht. Hat der Körper die spezifische Wärmekapazität c, dann gilt für die zugeführte Energiemenge W:

$$W = c \cdot m \cdot \Delta\vartheta.$$

4. Auf das Material kommt es an

Nicht immer haben wir es mit Wasser zu tun. Die Körper, deren Temperatur wir erhöhen wollen, können auch aus einem anderen Stoff sein. ➠ *Versuch 2* zeigt, dass die spezifische Wärmekapazität vom Stoff abhängt, und welcher Zahlenwert sich für Glykol ergibt. c ist also eine *Materialkonstante.* Um bei gleichen Massen verschiedener Stoffe die gleiche Temperaturdifferenz zu erreichen, ist also der Energiebedarf im Allgemeinen verschieden.

Merksatz

Die **spezifische Wärmekapazität** c ist eine Materialkonstante. Sie hat die Einheit $\frac{\text{J}}{\text{g} \cdot \text{K}}$. Ihr Zahlenwert gibt an, welche Energie in J man braucht, um die Temperatur von 1 g des betreffenden Stoffes um 1 K zu erhöhen.

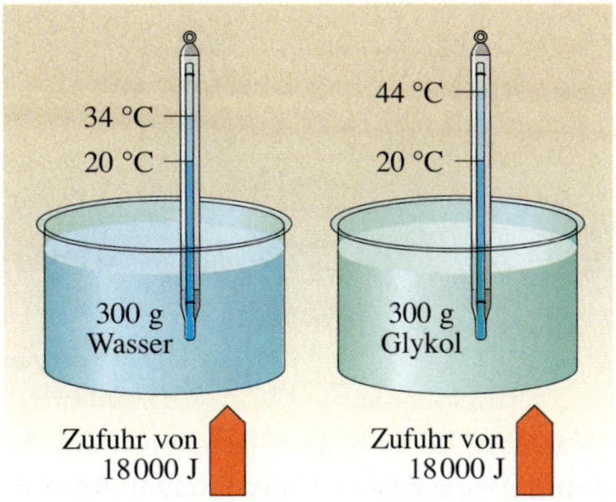

V2: Mit einem 300 W-Tauchsieder erhitzen wir 300 g Glykol (Frostschutzmittel). Wir führen dem Glykol in einer Minute 300 W · 60 s = 18000 J zu. Dabei steigt seine Temperatur um $\Delta\vartheta = 24$ K (bei Wasser sind es $\Delta\vartheta = 14$ K; siehe oben). Aus $W = c \cdot m \cdot \Delta\vartheta$ folgt

$$c = \frac{W}{m \cdot \Delta\vartheta}.$$

Mit den gemessenen Werten des Glykols erhalten wir:

$$c_{\text{Glykol}} = \frac{W}{m \cdot \Delta\vartheta} = \frac{18\,000\,\text{J}}{300\,\text{g} \cdot 24\,\text{K}} = 2{,}5\,\frac{\text{J}}{\text{g} \cdot \text{K}}.$$

Wir sehen: Glykol hat eine andere spezifische Wärmekapazität als Wasser, c ist eine Materialkonstante.

Aufgaben

A1: In einem Becherglas ($m = 100$ g) sind 500 g Wasser. Welche Energie ist nötig, um die Temperatur des Becherglases mit Inhalt von 20 °C auf 30 °C zu erhöhen ($c_{\text{Glas}} = 0{,}75\,\frac{\text{J}}{\text{g} \cdot \text{K}}$)?

A2: In einer Waschmaschine werden 10 l Wasser von 15 °C auf 95 °C aufgeheizt. Um wie viele Kilowattstunden läuft dafür das Zählwerk im Elektrizitätszähler weiter? Wie viel ist dafür zu bezahlen, wenn eine kWh 0,15 € kostet?

A3: Die Temperatur der dunklen Betonmauer eines Zimmers ($m_{\text{Beton}} = 4500$ kg; $c_{\text{Beton}} = 0{,}88\,\frac{\text{J}}{\text{g} \cdot \text{K}}$) ist tagsüber durch Sonnenstrahlung um 5 K gestiegen. **a)** Wie viel Energie hat sie dadurch gespeichert? **b)** Am Abend gibt sie diese zusätzliche Energie als Wärme an die Raumluft ab. Um wie viel K steigt die Lufttemperatur ($c_{\text{Luft}} \approx 1\,\frac{\text{J}}{\text{g} \cdot \text{K}}$; $m_{\text{Luft}} = 40$ kg)?

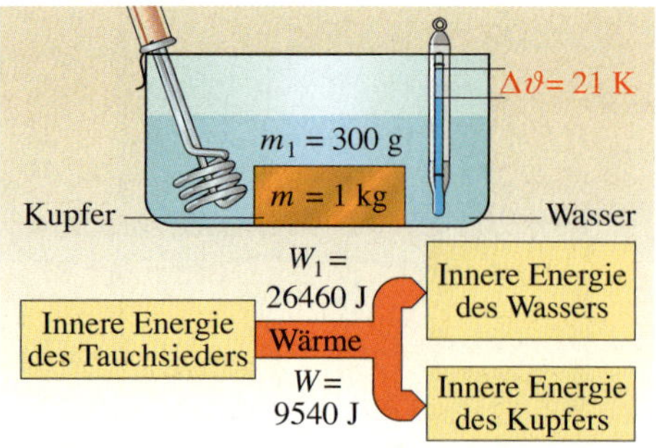

V 1: Wir füllen eine Glasschale zum Teil mit Wasser (m_1 = 300 g), legen ein Kupferstück (m = 1000 g) hinein und erhitzen beides mit dem 300 W-Tauchsieder 120 s lang. Die Wassertemperatur steigt zunächst schnell an, geht aber nach dem Abschalten des Tauchsieders wieder etwas zurück, weil noch Energie vom Wasser an das Kupferstück übergeht. Die Temperaturzunahme $\Delta\vartheta$ beträgt schließlich 21 K. (Ohne das Kupferstück betrug sie in der gleichen Zeitspanne 28 K.)

Stoff	c in $\frac{\text{J}}{\text{g} \cdot \text{K}}$	Stoff	c in $\frac{\text{J}}{\text{g} \cdot \text{K}}$
Eis	2,09	Wasser	4,2
Sand	0,90	Glykol	2,4
Aluminium	0,90	Alkohol	2,4
Beton	0,88	Petroleum	2,0
Glas	0,75	Schmieröl	1,7
Eisen	0,45	Quecksilber	0,14
Messing	0,38	Wasserstoff	14,3
Kupfer	0,38	Wasserdampf	1,95
Silber	0,23	Luft	1,005
Blei	0,13	Kohlenstoffdioxid	0,85

T 1: Spezifische Wärmekapazitäten einiger Stoffe (bei den Gasen wird ein konstanter Druck vorausgesetzt)

V 2: Wir stellen in einem großen Becherglas 800 g Wasser mit der Temperatur 20 °C bereit. Dann gießen wir 400 g Wasser von 65 °C hinein, rühren um und messen die Mischungstemperatur. Sie beträgt ϑ_m = 35 °C. Die abgegebene Energie ist

$$W_{ab} = 4{,}2 \frac{\text{J}}{\text{g} \cdot \text{K}} \cdot 400\,\text{g} \cdot (65 - 35)\,\text{K} \approx 50\,400\,\text{J},$$

die vom kalten Wasser aufgenommene ist

$$W_{auf} = 4{,}2 \frac{\text{J}}{\text{g} \cdot \text{K}} \cdot 800\,\text{g} \cdot (35 - 20)\,\text{K} \approx 50\,400\,\text{J}.$$

5. Gute und schlechte Energiespeicher

Wollen wir nun die spezifische Wärmekapazität eines *festen* Stoffes bestimmen, so können wir diesen nur schlecht durch Berühren mit dem Tauchsieder erhitzen. Besser geht es mit einem Wasserbad, so wie wir es in ➠ *Versuch 1* machen.

Der Tauchsieder (300 $\frac{\text{J}}{\text{s}}$) hat in 120 s die Energieportion
$W_2 = 300\,\frac{\text{J}}{\text{s}} \cdot 120\,\text{s} = 36\,000\,\text{J}$ abgegeben.
Das Wasser hat aber nur die kleinere Energieportion
$W_1 = 4{,}2\,\frac{\text{J}}{\text{g} \cdot \text{K}} \cdot 300\,\text{g} \cdot 21\,\text{K} = 26\,460\,\text{J}$ aufgenommen.

Die Differenz $W_2 - W_1$ = 9540 J diente dazu, die Temperatur des Kupferstücks um 21 K zu erhöhen. Daraus berechnen wir nun c_{Cu}:

$$c_{Cu} = \frac{W_2 - W_1}{m \cdot \Delta\vartheta} = \frac{9540\,\text{J}}{1000\,\text{g} \cdot 21\,\text{K}} = 0{,}45\,\frac{\text{J}}{\text{g} \cdot \text{K}}.$$

Der Wert, den wir für die spezifische Wärmekapazität von Kupfer ermitteln, ist etwas zu groß. Wir haben nicht berücksichtigt, dass ein Teil der zugeführten Energie als Wärme auf Glasschale und Raumluft überging. Genauere Verfahren liefern den Wert $c_{Cu} = 0{,}38\,\text{J/(g} \cdot \text{K)}$.

Bei extremen Temperaturen können die Werte für die spezifische Wärmekapazität von den Werten in ➠ *Tabelle 1* abweichen, da c etwas von der Temperatur abhängt.

Die ➠ *Tabelle 1* zeigt uns, dass die spezifische Wärmekapazität des Wassers besonders groß ist. Deshalb nimmt z. B. 1 g Wasser bei der Temperaturänderung von 0 °C auf 40 °C viel mehr Energie auf als 1 g Sand oder 1 g Luft.
Von dieser Eigenschaft des Wassers wird sogar unser Klima beeinflusst. *Seeklima* ist ausgeglichen, *Landklima* weist größere Temperaturschwankungen auf. Sand und Gestein sind eben schlechtere Energiespeicher als Wasser. Zusätzlich rührt der Wind das Wasser in den Weltmeeren um, sodass die von der Temperaturänderung erfasste Schicht dicker als die entsprechende Schicht des Festlandes ist. Aus diesen Gründen ändern die Weltmeere ihre Temperatur im Verlauf der Jahreszeiten nicht so stark wie das Festland. So ist der Unterschied zwischen See- und Landklima zu erklären.

6. Mischungsversuche

Sicher hast du schon einmal versehentlich eine Badewanne mit zu kaltem Wasser gefüllt. Erhitzt du dann das Wasser mit einem Tauchsieder? Sicher nicht, es wäre lebensgefährlich! Du mischst einfach heißes Wasser dazu. *Wie viel* heißes Wasser du hinzugeben musst, wirst du vermutlich einfach ausprobieren. Einen derartigen Mischungsvorgang untersuchen wir in ➠ *Versuch 2* genauer.

Bei diesem Versuch gibt das *heiße* Wasser etwas von seiner inneren Energie ab, seine Temperatur sinkt deshalb.

Die *abgegebene* Energie können wir aus den Versuchsdaten berechnen, es sind 50400 J. Das *kalte* Wasser nahm, wie uns seine Temperaturerhöhung zeigt, Energie auf. Diese *aufgenommene* Energie betrug ebenfalls 50400 J.

Wiederholt man den Versuch mit anderen Wassermengen, anderen Ausgangstemperaturen und auch mit anderen Stoffen, so findet man auch dann: $W_{auf} = W_{ab}$. Beide Energieportionen sind gleich! Beruhigt stellen wir fest: Auch in der Wärmelehre gilt der Satz von der Erhaltung der Energie. (Die Bestätigung gelingt im Experiment nur, wenn keine Wärme vom Gefäß an die Umgebung übergeht.)

Merksatz

Bei Mischungsversuchen ist stets die aufgenommene gleich der abgegebenen Energieportion:

$$W_{auf} = W_{ab}.$$

Auch in der Wärmelehre bewährt sich der Satz von der Erhaltung der Energie.

Aufgaben

A1: 500 g Wasser von 16 °C werden mit 400 g Wasser von 60 °C gemischt. Welche Mischungstemperatur ergibt sich? Überprüfe das Ergebnis mit einem Hausexperiment.

A2: Eine Porzellantasse (m = 125 g) mit einer spezifischen Wärmekapazität von $c = 0{,}8\,\frac{\text{J}}{\text{g}\cdot\text{K}}$ hat die Temperatur $\vartheta_1 = 20\,°\text{C}$. Welche Endtemperatur ergibt sich, wenn man 125 g Tee (Wasser) von $\vartheta_2 = 80\,°\text{C}$ hineingießt? (Vorausgesetzt, es geht keine Wärme an die Umgebung über.)

A3: (zu den Beispielen)
a) Im Kraftwerk des Beispiels c) wird der Kühlwasserdurchsatz auf $20\,\frac{\text{m}^3}{\text{s}}$ verringert. Wie groß ist jetzt die Temperaturerhöhung? **b)** Bei welchem Kühlwasserdurchsatz würde die Temperaturerhöhung 10 K betragen?

Beispiel

a) Durch Mischungsversuche lassen sich gelegentlich schwierige Aufgaben auf einfache Weise lösen. So kann man mit dieser Methode sogar die Temperatur eines glühenden Metallstücks bestimmen. Dazu erhitzen wir einen kleinen Kupferklotz (m_{Cu} = 200 g) in der Gasflamme auf Rotglut und tauchen ihn dann zügig in einem bereitgestellten Gefäß ganz unter Wasser. Die Temperatur des Wassers (m_W = 250 g) steigt schnell von $\vartheta_1 = 20\,°\text{C}$ auf $\vartheta_2 = 70\,°\text{C}$.
Vom heißen Kupferstück wurde also dem Wasser die Energie

$$W = 4{,}2\,\frac{\text{J}}{\text{g}\cdot\text{K}} \cdot 250\text{ g} \cdot 50\text{ K} = 52\,500\text{ J}$$

zugeführt. Daraus errechnen wir für das Kupferstück

$$\Delta\vartheta = \frac{W}{c_{Cu}\cdot m_{Cu}} = \frac{52\,500\text{ J}}{0{,}38\,\frac{\text{J}}{\text{g}\cdot\text{K}}\cdot 200\text{ g}} = 690\text{ K}.$$

Falls keine Energie abgewandert ist, betrug die Temperatur des Kupfers etwa $\boldsymbol{\vartheta} = \vartheta_2 + \Delta\vartheta = \mathbf{760\,°C}$.

b) Wie teuer ist ein Wannenbad? Damit die Temperatur von 100 kg Wasser von 10 °C (das ist etwa die Temperatur des Leitungswassers) auf 35 °C steigt, braucht man

$$\boldsymbol{W} = c\cdot m\cdot\Delta\vartheta = 4{,}2\,\frac{\text{J}}{\text{g}\cdot\text{K}}\cdot 100\text{ kg}\cdot(35-10)\text{ K}$$
$$= 4{,}2\cdot 100\cdot 25\text{ kJ} = \mathbf{10\,500\ kJ}.$$

Das sind 10500/3600 kWh = 2,9 kWh (1 kWh = 1 kJ/s · 3600 s). Diese Energie können uns z. B. die Generatoren des Elektrizitätswerkes liefern. Bei einem Preis von 0,15 € je kWh kostet uns das Bad rund 0,45 €. Dazu kommt noch der Preis des Wassers.

c) Ein großes Kraftwerk produziert in jeder Sekunde 2000 MJ (= 2000 · 10⁶ J) „Abwärme" und gibt sie an je 100 m³ Kühlwasser ab. Dessen Temperatur steigt um

$$\boldsymbol{\Delta\vartheta} = \frac{W}{c_W\cdot m_W} = \frac{2000\cdot 10^6\text{ J}}{4{,}2\,\frac{\text{J}}{\text{g}\cdot\text{K}}\cdot 100\cdot 10^6\text{ g}} \approx \mathbf{4{,}8\ K}.$$

d) Um lediglich die 40 m³ Luft ($m \approx 50$ kg) eines ausgekühlten Zimmers von 5 °C auf 20 °C aufzuheizen, braucht man $W \approx 1\,\frac{\text{J}}{\text{g}\cdot\text{K}}\cdot 50\text{ kg}\cdot 15\text{ K} = 750\text{ kJ}$. Ein Heizgerät mit der Leistung 2 kW müsste dazu etwa nur sechs Minuten lang betrieben werden. (Rechne nach!) Tatsächlich muss man länger heizen, weil die im Zimmer befindlichen Gegenstände und die Wände (mit großer Masse) ebenfalls aufgeheizt werden müssen.

Wird dagegen „stoßgelüftet", kühlen Gegenstände und Wände kaum ab. Es muss nur die frische kalte Luft aufgeheizt werden, und das geht dann relativ schnell. Lüftet man also richtig, so lässt sich eine Menge Heizkosten sparen.

B1: Aus Reibungsarbeit wird innere Energie.

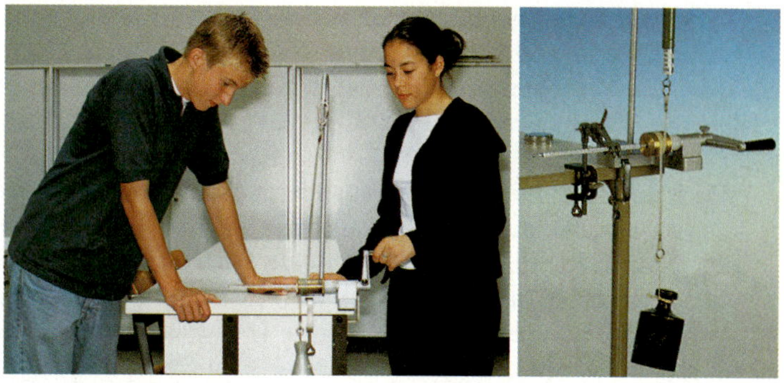

B2: Die zusätzliche innere Energie zeigt sich in der höheren Temperatur.

V1: Unser Versuchsgerät besteht aus einem Kupferzylinder, der auf einer Seite drehbar gelagert ist (*Bild 2*). In eine axiale Bohrung auf der anderen Seite setzen wir ein Thermometer mit feiner Skalenteilung ein und verschließen die Bohrung mit einer Gummidichtung. Wir geben vorher etwas gekörntes Kupfer (notfalls auch etwas Wasser) in die Bohrung und verbessern so den Kontakt zwischen Thermometer und Kupferzylinder. So zeigt das Thermometer die Temperatur des Kupferzylinders sehr genau an.

Dann schlingen wir ein Reibband zwei- oder dreimal um den Zylinder und hängen ein 5 kg-Wägestück daran. Ein Federkraftmesser hält das freie Ende des Reibbandes.

Wenn wir nun die Kurbel drehen, ist der Kraftmesser fast entspannt. Die in Richtung des Reibbandes wirkende Reibungskraft $\vec{F}_R$ hält der Gewichtskraft $\vec{G}$ des Wägestückes das Gleichgewicht. Für die Beträge gilt $F_R = G = 49{,}1$ N.

Der Zylindermantel wird mit dieser Reibungskraft $\vec{F}_R$ relativ zum ruhenden Reibband bewegt (wie die Straße unter einem bremsenden Reifen), und zwar bei jeder Umdrehung um den Weg $s = 0{,}157$ m. Dieser Wert entspricht dem Zylinderumfang U. Bei jeder Umdrehung wird also die Energie $W = F \cdot s = G \cdot U = 7{,}7$ Nm zugeführt. Nach je 50 Umdrehungen stoppen wir kurz und lesen die Temperatur ab: Die Temperaturzunahme ist der zugeführten Energie proportional. Nach 200 Umdrehungen ($s = 200 \cdot 0{,}157$ m $= 31{,}4$ m) ist die Temperatur um ca. 5,8 K gestiegen.

Energieerhaltung bei Reibung

1. Ein Reibungsversuch – quantitativ

Bisher haben wir Tauchsieder als Heizgeräte bevorzugt. Gilt der Berechnungsterm $W = c \cdot m \cdot \Delta\vartheta$ etwa nur für elektrische Heizungen? Und stimmte denn die Leistungsangabe auf dem Tauchsieder überhaupt? Vertrauen ist gut, Kontrolle ist besser.

Zur Klärung dieser Fragen wollen wir nun Temperaturerhöhungen noch auf andere Weise herbeiführen. Dazu benutzen wir die uns schon bekannte Reibung. In der Technik stört sie meistens sehr, für uns ist sie in diesem Fall aber von großem Vorteil:
In *Versuch 1* benutzen wir sie, um die Temperatur eines Kupferzylinders durch Zufuhr berechenbarer Energieportionen zu erhöhen. Die Energie wird dabei als Arbeit (nicht als Wärme) zugeführt und lässt sich deshalb mithilfe der Reibungskraft und des Weges gut bestimmen. Den Betrag der Reibungskraft ermitteln wir zu $F_R = 49{,}1$ N, den Weg zu $s = 31{,}4$ m. Daraus berechnen wir nun die Arbeit zu $W = F_R \cdot s = 31{,}4\ \text{m} \cdot 49{,}1\ \text{N} = 1540\ \text{J}$. Die gesamte beim Reiben in Form von Arbeit zugeführte Energie floss dem Kupferzylinder zu und erhöhte seine innere Energie.

2. Erhöhung innerer Energie durch *Arbeit* oder *Wärme*

Auch mit einem Tauchsieder (im Wasserbad) hätten wir die Temperatur der im *Versuch 1* benutzten Kupfermasse (Zylinder, Reibband, Kupferkörner; $m = 690$ g) um 5,8 K erhöhen können. In Form von *Wärme* wäre die Energie vom Tauchsieder dem Kupfer zugeführt worden. Die Rechnung liefert nun:

$$W = c \cdot m \cdot \Delta\vartheta = 0{,}38\ \frac{\text{J}}{\text{g} \cdot \text{K}} \cdot 690\ \text{g} \cdot 5{,}8\ \text{K} = 1520\ \text{J}.$$

Dies stimmt mit der zugeführten *Arbeit* von 1540 J im Rahmen der Messfehler sehr gut überein. Die frühere Ermittlung von c mit dem Tauchsieder war also korrekt, die aufgedruckte Leistungsangabe stimmte.

Wir sehen also, dass man die innere Energie eines Körpers auf verschiedenen Wegen erhöhen kann:

- Durch Zufuhr mechanischer Energie bei Reibung (Arbeit $W = F \cdot s$), also durch geordnete Bewegung mit der Kraft vom Betrag F längs des Weges s.
- Durch übergehende Wärme von einem Körper hoher Temperatur (z. B. ein Heizgerät) auf einen anderen Körper niedriger Temperatur. Dies geschieht von selbst auf Grund des Temperaturunterschieds durch ungeordnete Teilchenbewegung.

Merksatz

Man kann die innere Energie eines Körpers erhöhen, indem man ihm Arbeit oder Wärme zuführt (**1. Hauptsatz der Wärmelehre**). Unabhängig von der Art der Energiezufuhr gilt der Zusammenhang zwischen zugeführter Energie und Temperaturerhöhung:

$$W = c \cdot m \cdot \Delta\vartheta.$$

3. Energieentwertung trotz Energieerhaltung – Entropie

Zum Anzünden eines Feuers ist Reibungsarbeit *erwünscht* (➠ *Bild 1*). Reibung nutzt man auch beim Bremsen, denn das Auto muss seine Bewegungsenergie loswerden. Sie wird in innere Energie der Bremsen überführt; diese werden heiß und geben die Energie als Wärme an die Umgebung ab (➠ *Bild 3*), dieser Vorgang ist **irreversibel** (unumkehrbar), denn die Energie kann beim nächsten Anfahren nicht genutzt werden. Hätte das Auto zum Bremsen eine Last hochgezogen, wäre der Vorgang umkehrbar, **reversibel**. – CLAUSIUS führte als Maß für die Nichtumkehrbarkeit solcher Abläufe die **Entropie** ein. Wir kommen noch darauf zurück. Vorläufig halten wir fest: Bei rein mechanischen, also reversiblen Energieübertragungen entsteht keine Entropie. Je mehr sich aber die Energie bei sinkender Temperatur in die ungeordnete Bewegung des Kleingewimmels verzettelt, desto größer wird die Entropie.

Wenn sich die beim Bremsen heiß gewordenen Bremsscheiben auf ihre Ausgangstemperatur abkühlen, geben sie die beim Reiben aufgenommene Energie als Wärme wieder ab. *Energie geht auch bei dieser Umwandlung der Energieformen nicht verloren.* Mit den noch heißen Bremsscheiben hätte man für kurze Zeit einen kleinen *Heißluftmotor* betreiben und so einen Teil der Energie in wertvolle (mechanische oder elektrische) Energie zurückgewinnen können. So aber, ist die Energie bei niedriger Umgebungstemperatur irreversibel in der Umwelt angekommen, sie hat sich unumkehrbar unserer Nutzung entzogen. Die Entropie hat zugenommen.

Merksatz

Unter Berücksichtigung auch der inneren Energie der Körper gilt die Energieerhaltung selbst bei Vorgängen mit Reibung, also ohne jede Einschränkung.

Wärme, die bei Reibungsvorgängen in die Umgebung fließt, ist für weitere Nutzung irreversibel verloren – dieser Teil der Energie ist entwertet.

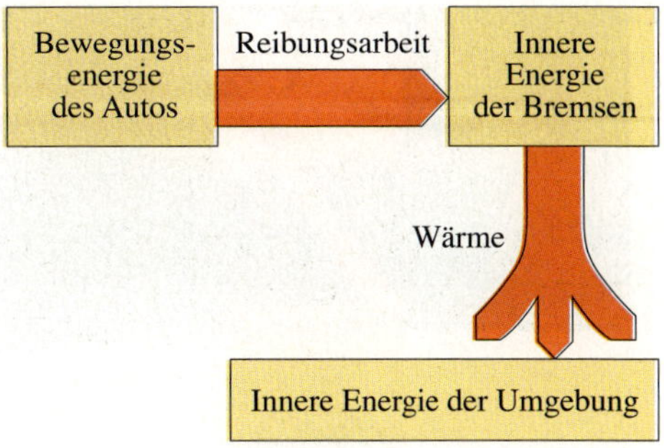

B3: Die Energie-Übertragungskette beim Bremsen eines Autos beginnt mit der wertvollen Bewegungsenergie. Bremst der Fahrer sein Fahrzeug ab, so entwertet er die Energie und schickt sie in die Bremsen. Ihr Temperaturanstieg verrät die Erhöhung ihrer inneren Energie. Danach fließt die *gesamte* Energie in die Umgebung (Luft) und ist für uns verloren.
Stelle dir diesen Vorgang nun wieder zurücklaufend vor: Die Luft würde die ihr von den Bremsen gegebene Energie wieder an diese zurückgeben. Die Bremsen würden heiß. Bei nachfolgender Abkühlung ginge ihre innere Energie in Bewegungsenergie des Autos über. Es führe, ohne dass im Motor Benzin verbrennt. Du findest diesen Ablauf „unnatürlich", obwohl auch hierbei *die Energie erhalten bleibt*? Recht hast du, denn dergleichen hast du noch nie erlebt. Die Natur erlaubt diesen Vorgang nicht.

Aufgaben

A1: Wie oft muss man bei ➠ *Versuch 1* die Kurbel herumdrehen, um Energie zu übertragen, die 200 g Wasser für eine Tasse Kaffee von 20 °C auf 100 °C erhitzen kann? Wie lange würde es etwa dauern?

A2: Beschreibe die in ➠ *Bild 1* dargestellten Vorgänge und zeichne die zugehörigen Energie-Übertragungsketten. Stelle dir vor, man könne die Zeit rückwärts laufen lassen. Beschreibe dann die Vorgänge.

A3: Straßenbahnen und ICE-Züge können elektrisch abgebremst werden. Dabei wird ihre Bewegungsenergie direkt in elektrische Energie umgewandelt und in das Leitungsnetz zurückgegeben. Eine an anderer Stelle anfahrende Elektrobahn kann sie nutzen. Zeichne und diskutiere die Energie-Übertragungskette.

B 1: Kleine Eisberge kühlen Getränke.

V 1: a) In ein Reagenzglas geben wir Naphthalinpulver und stecken ein Thermometer hinein. Das Ganze tauchen wir in Wasser, das wir z. B. mit einer Gasflamme sieden lassen. Die Temperatur des Naphthalins steigt zunächst bis auf etwa 80 °C. Dann bleibt sie konstant, bis alles Naphthalin geschmolzen ist. Erst danach steigt sie weiter. Die Schmelztemperatur des Naphthalins beträgt also 80 °C. **b)** Das Reagenzglas mit dem geschmolzenen Naphthalin aus a) tauchen wir in kaltes Wasser. Die Temperatur des flüssigen Naphthalins sinkt nicht weiter als bis zur Erstarrungstemperatur (80 °C), obwohl ständig Wärme auf das Kühlwasser übergeht. Erst wenn alles Naphthalin erstarrt ist, sinkt die Temperatur wieder.

Stoff	Schmelztemperatur	Stoff	Schmelztemperatur
Quecksilber	−39 °C	Zinn	232 °C
Eis	0 °C	Blei	327 °C
Fixiersalz	48 °C	Kupfer	1084 °C
Paraffin	≈53 °C	Eisen, rein	1535 °C
Naphthalin	80 °C	Wolfram	3370 °C

T 1: Schmelztemperaturen bei normalen Bedingungen

Stoff	spez. Schmelzwärme	Stoff	spez. Schmelzwärme
Quecksilber	13 J/g	Fixiersalz	200 J/g
Blei	25 J/g	Kupfer	205 J/g
Schwefel	42 J/g	Eisen	260 J/g
Zinn	60 J/g	Eis	335 J/g
Naphthalin	148 J/g	Kochsalz	500 J/g

T 2: Spezifische Schmelzwärme einiger Stoffe

Schmelzen – Erstarren; Verdampfen – Kondensieren

1. Wärmezufuhr – aber keine Erhöhung der Temperatur!

Versucht man Eis auf eine höhere Temperatur zu bringen, so schmilzt es zunächst. Das Gemisch aus Eis und Schmelzwasser behält dabei aber so lange die Temperatur 0 °C, bis alles Eis geschmolzen ist. Verhalten sich auch andere Stoffe so?

Betrachten wir z. B. Naphthalin (➡ *Versuch 1 a*). Während des Schmelzvorgangs ging ständig Wärme vom siedenden Wasser ($\vartheta_W = 100\,°C$) auf das Naphthalin ($\vartheta_N = 80\,°C$) über. Dadurch wurde dessen innere Energie erhöht; trotzdem stieg seine Temperatur (Bewegungsenergie je Teilchen) nicht. Wozu diente dann die übertragene Energie?

Im festen Naphthalin sind die Teilchen an feste Plätze gebunden, um die herum sie mit zunehmender Temperatur immer heftiger schwingen – bis zur Schmelztemperatur. Bei dieser reißen sie sich aus dem geordneten Verband los. Zum Aufbrechen der Bindungen ist viel Energie erforderlich. Sie steckt nachher als ein Teil der inneren Energie in der Schmelze. Die innere Energie in Flüssigkeiten ist also *mehr* als nur die Bewegungsenergie der Teilchen.

Beim späteren Erstarren binden sich die Teilchen wieder im Kristallverband. Die beim Schmelzen aufgenommene Energie wird wieder abgegeben. Die *Bewegungsenergie* der Teilchen und damit auch die *Temperatur* des Körpers *ändern sich während dieser Kristallisation nicht.*

Merksatz

Die Erstarrungstemperatur eines Stoffes ist gleich seiner Schmelztemperatur. Zum Schmelzen muss man Energie zuführen; beim Erstarren wird sie wieder abgegeben. Die Temperatur bleibt.

2. Wie viel Energie braucht Eis zum Schmelzen?

Wie viel Energie man braucht, um einen Eisblock von 0 °C zu schmelzen, hängt sicher von seiner Masse ab. Um einen Vergleich mit anderen Stoffen zu ermöglichen, rechnet man deshalb die benötigte Energieportion W auf Körper gleicher Masse um. Dazu teilt man W durch die Masse m des geschmolzenen Stoffes. Der Quotient heißt **spezifische Schmelzwärme** $s = W/m$. Diese ist eine Materialkonstante und hat die Einheit 1 J/g.
In einem Experiment (➡ *Methoden*) kann man die spezifische Schmelzwärme s von Eis bestimmen, das Ergebnis ist $\mathbf{s = 335\ J/g}$. Dieser Wert ist im Vergleich zur spezifischen Schmelzwärme anderer Stoffe (➡ *Tabelle 2*) recht groß, deshalb kann man Getränke mit hineingegebenen Eisstücken (➡ *Bild 1*) gut kühlen. Die kleinen Eisberge schwimmen in der Flüssigkeit und entziehen ihr die zum Schmelzen nötige Energie; die Temperatur sinkt.

3. Wasser ist manchmal unsichtbar

Wenn du gegen eine kalte Fensterscheibe hauchst, so beschlägt sie. Woher kommen die zahlreichen Wassertröpfchen des Beschlags? ➠ *Versuch 2* zeigt, dass unsichtbarer Wasserdampf – also gasförmiges Wasser an der kalten Scheibe kondensiert. Es bildet dabei winzige Wassertröpfchen.
Die Luft, die du ausatmest, hat in deinen Lungen Wasserdampf aufgenommen. Gelangt der Wasserdampf an einen kalten Gegenstand, so kondensiert er; der Gegenstand beschlägt. Bei sehr kalter Außenluft bildet sich beim Ausatmen vor deinem Mund Nebel; auch er besteht aus winzigen Wassertröpfchen.

Merksatz

Wasserdampf ist ein unsichtbares Gas. Nebel und Wolken bestehen dagegen aus sehr kleinen Wassertröpfchen und sind deshalb sichtbar.

Jede Umwandlung flüssigen Wassers in gasförmiges nennen wir **Verdampfen**. Bei tieferen Temperaturen erfolgt das Verdampfen langsam. Dabei fliegen die schnellsten Wassermoleküle durch die Wasseroberfläche in den Raum darüber. Wir sagen: Das Wasser **verdunstet**. Bei 100 °C verdampfen die Teilchen sogar *innerhalb* der Flüssigkeit in neu entstehende Hohlräume hinein und bilden so Blasen. Wir sagen: Das Wasser **siedet**. Bei größerem äußeren Druck bilden sich die Blasen erst bei höherer Temperatur; dann liegt die Siedetemperatur über 100 °C.
Auch andere Flüssigkeiten (Alkohol, Glykol, Öl) sieden bei einer bestimmten Temperatur. Auch bei ihnen steigt diese für sie charakteristische Siedetemperatur (➠ *Tabelle 3*) während des Vorgangs trotz Energiezufuhr nicht.

4. Wie viel Energie braucht Wasser zum Verdampfen?

Sorgfältig durchgeführte Messungen zeigen:
a) Die zum Verdampfen einer Flüssigkeit (bei ihrer normalen Siedetemperatur, d. h. bei normalem Druck) erforderliche Energie hängt von der Menge und Art der Flüssigkeit ab. Den Quotienten $r = W/m$ nennt man die **spezifische Verdampfungswärme** des benutzten Stoffes. Sie ist eine Materialkonstante und hat die Einheit 1 J/g. Die spezifische Verdampfungswärme des Wassers beträgt 2258 J/g. Man braucht also 2258 J, um 1 g Wasser von 100 °C in Dampf von 100 °C umzuwandeln.

b) Beim **Kondensieren** einer Flüssigkeit wird die Verdampfungswärme wieder frei. Im Versuch (➠ *Methoden*) zeigt sich, dass 1 g Wasserdampf bei der Kondensation wie erwartet 2258 J abgibt.

Wasserdampf ist gefährlich! 1 g siedendes Wasser gibt an die Haut die Energie $W = 4{,}2\ \frac{\mathrm{J}}{\mathrm{g \cdot K}} \cdot (100 - 37)\ \mathrm{K} \cdot 1\ \mathrm{g} = 265\ \mathrm{J}$ ab. 1 g Wasserdampf von 100 °C würde zusätzlich 2258 J abgeben! Entsprechend schwer wäre die Verbrennung deiner Haut.

V2: Wir erhitzen in einem Kessel etwas Wasser und nähern ein Becherglas der Kesselöffnung. Schon nach kurzer Zeit erkennen wir an der Innenseite des Becherglases einen Beschlag aus sehr kleinen Wassertröpfchen, die langsam wachsen. Dabei ist die Wassertemperatur noch weit von der Siedetemperatur entfernt. Erhitzen wir das Wasser weiter bis auf 100 °C, so bilden sich dort, wo geheizt wird, Blasen, die hochsteigen: das Wasser siedet. Diese Blasen enthalten ein unsichtbares Gas; es ist Wasserdampf. Er kondensiert am kalten Glas zu flüssigem Wasser.

Stoff	Siedetemperatur	Stoff	Siedetemperatur
Ammoniak	−33 °C	Glykol	197 °C
Frigen	−30 °C	Quecksilber	357 °C
Äther	35 °C	Schwefel	444 °C
Alkohol	78 °C	Zink	910 °C
Wasser	100 °C	Eisen	2880 °C

T3: Siedetemperatur einiger Stoffe beim Normdruck von 1013 hPa

Vertiefung

Nachgedacht
Beim Schmelzen werden Bindungen zwischen den Teilchen aufgebrochen, beim Verdampfen müssen Teilchen gegen die Anziehungskräfte voneinander entfernt werden und noch dazu Luft wegschieben. In beiden Fällen findet Wärmezufuhr ohne Temperaturerhöhung statt. Das umgangssprachliche Wort „erwärmen" bedeutet hier also keine Temperaturerhöhung.
Die zum Schmelzen bzw. Verdampfen benötigte Energie wird beim Erstarren bzw. Kondensieren wieder frei. Dies bestätigt wieder einmal die *Erhaltung der Energie*.

Methoden

Praktikum und „Kugellager“

Zu Beginn bilden sich zwei gleich große Gruppen, X und Y (mit Teilgruppen von jeweils 3-4 Schüler/-innen). Die X-Gruppe wird einen Versuch zur Bestimmung der **spezifischen Schmelzwärme von Eis** vorbereiten und durchführen. Die Y-Gruppe bestimmt die **spezifische Verdampfungswärme von Wasser**.

Ziele für beide Gruppen:
- Sorgfältiges Ausführen des Versuches
- Auswerten des Versuches (Ermitteln der spezifischen Schmelzwärme bzw. Verdampfungswärme)
- Diskussion von Fehlerquellen
- Deutung der Phänomene im Teilchenmodell
- Diskutieren von Beispielen der Phänomene im Alltag und in der Natur

Nach Erreichen der Ziele bildet die X-Gruppe einen Innenkreis, die Y-Gruppe dazu einen Außenkreis („Kugellager“). Gegenübersitzende erklären sich gegenseitig ihre Aufgabe („Ziele“) und die gefundene Lösung. Zur gegenseitigen Kontrolle des Erlernten rückt der Innenkreis um z. B. 5 Plätze weiter. Nun erklärt man gegenseitig nur die fremde Aufgabe.

Spezifischen Schmelzwärme von Eis

Um die spezifische Schmelzwärme *s* von Eis zu bestimmen, nehmt z. B. 200 g Eis aus dem Gefrierschrank. Die Eiswürfel haben eine Temperatur unter 0 °C. Erhitzt sie auf 0 °C, indem ihr sie einige Zeit bei Zimmertemperatur auf ein Papierhandtuch legt. Gebt sie danach in ein isoliertes Gefäß. Um die spätere Rechnung zu erleichtern, wiegt die gleiche Menge heißes Wasser (z. B. 90 °C) ab und gießt dieses über die Eiswürfel. Wartet ab, bis alles Eis geschmolzen ist. Dann messt die Mischungstemperatur, z. B. $\vartheta_m = 5\,°C$.

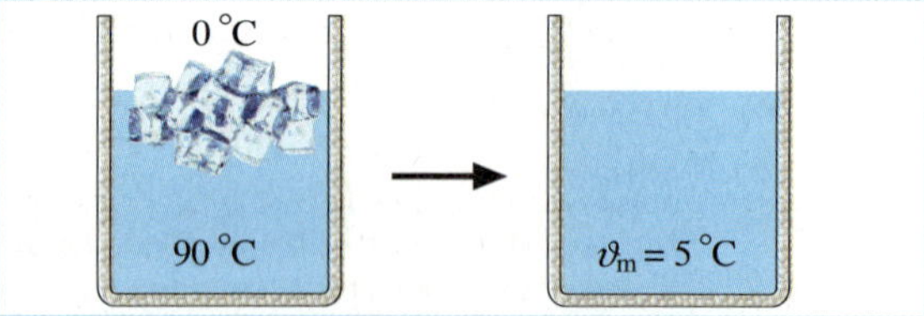

Musterauswertung: Das heiße Wasser hat sich abgekühlt und je Gramm die Energie

$$4{,}2\ J/(g \cdot K) \cdot 1\ g \cdot (90 - 5)\ K = 4{,}2 \cdot 85\ J = 357\ J$$

abgegeben. Zur Temperaturerhöhung des Schmelz*wassers* wurden je Gramm

$$4{,}2\ J/(g \cdot K) \cdot 1\ g \cdot 5\ K = 21\ J$$

benötigt. Die Differenz von 336 J diente also dazu, ein Gramm Eis zu schmelzen, das heißt, aus Eis von 0 °C Wasser von 0 °C zu machen. Die spezifische Schmelzwärme *s* für Eis ist also:

$$s = 336\ J/g.$$

Bei verschiedenen Massen von Eis (m_E) und Wasser (m_W) nutzt ihr die Energiebilanz des Versuches aus:
Aufgenommen: $m_E \cdot s + m_E \cdot c_W \cdot (\vartheta_m - 0\,°C)$.
Abgegeben: $m_W \cdot c_W \cdot (90\,°C - \vartheta_m)$.
Gleichsetzen liefert dann ebenfalls *s*.

Spezifische Verdampfungswärme von Wasser

Zur Messung nutzt ihr den Energieerhaltungssatz aus: Die zum Verdampfen nötige Energieportion wird beim Kondensieren wieder abgegeben. Dabei kann man sie leichter messen als die zum Verdampfen direkt benötigte Energie.
Die Kondensationsenergie wird so bestimmt: Ihr erzeugt einen kräftigen Dampfstrahl (Vorsicht!) und leitet ihn mittels einer Glasspitze in kaltes Wasser (Masse des Wassers z. B. $m_W = 610$ g). Der in das Wasser eingeblasene Dampf kondensiert, wobei die Blasen beim Zusammenfallen ein lautes Geräusch erzeugen. Die Wassertemperatur im Thermosgefäß steigt schnell an. Die dazu erforderliche Energie liefert der kondensierende Wasserdampf (zusätzliche Masse des Dampfes m_D).

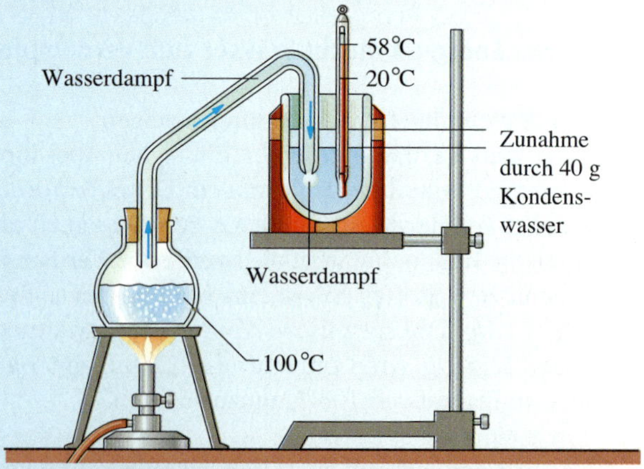

Musterauswertung: Die Energiebilanz lautet:
Aufgenommen: $m_W \cdot c_W \cdot (\vartheta_m - 20\,°C)$.
Abgegeben: $m_D \cdot r + m_D \cdot c_W \cdot (100\,°C - \vartheta_m)$.
Es ergibt sich so:

$$r = 2250\ J/g.$$

Interessantes

A. Auch zum Auflösen braucht man Energie

Wenn man Zucker oder Salz in Wasser auflöst, müssen Teilchen aus ihrem Kristallverband gerissen werden. Hierzu ist Energie nötig – wie beim Schmelzen. Beim Lösen von Kochsalz in Wasser benötigt das Salz mehr Energie zum „Zerbrechen“ als die Salzteilchen beim Anlagern an die Wassermoleküle bekommen. Die fehlende Energie nehmen sie aus der inneren Energie des Wassers. Also sinkt die Temperatur der Lösung, und zwar umso stärker, je mehr Salz gelöst wird.

Bringt man Salz mit Eis oder Schnee zusammen, so tritt zweierlei ein: Beide Mischungspartner werden (breiartig) flüssig. Zum Auflösen der Bindungen zwischen den Teilchen brauchen sowohl Salz als auch Eis viel Energie. Die Temperatur der Salz-Wasser-Lösung nimmt deshalb ab. Trotzdem bleibt die Salz-Wasser-Mischung flüssig. Bei einem Gewichtsverhältnis Eis : Salz = 3 : 1 sinkt die Temperatur auf etwa −18 °C. Man nennt deshalb eine Mischung aus zerkleinertem Eis und Salz auch *Kältemischung*.

B. Natriumacetat-Wärmekissen

In einer luftdichten Kunststofffolie befindet sich ein bestimmtes Salz. Man legt das Kissen eine Zeit lang in heißes Wasser, bis das Salz geschmolzen ist. Bei vorsichtiger Behandlung bleibt dieser Zustand auch nach dem Abkühlen erhalten. Erst ein heftiges Anstoßen (durch einen kleinen Metallklicker im Kissen) führt schlagartig zum Auskristallisieren des Salzes. Jetzt wird die vorher hineingegebene Schmelzenergie wieder abgegeben, das Kissen wird heiß.

C. Energie in einer Gewitterwolke

Betrachten wir einmal eine mittelgroße Gewitterwolke. Sie sei 5 km lang, 5 km breit und 10 km hoch. In 1 m^3 Luft befinde sich 1 g Wasser (es können sogar bis etwa 4 g sein). Dann sind in $5 \cdot 10^3\ m \cdot 5 \cdot 10^3\ m \cdot 10 \cdot 10^3\ m = 250 \cdot 10^9\ m^3$ auch $250 \cdot 10^9$ g Wasser.

Die Verdampfungs- bzw. Kondensationswärme beträgt rund 2300 J/g, das wissen wir schon. Dann ist es nicht schwer, die zum Verdampfen notwendige, bzw. beim Kondensieren wieder frei werdende Energie der Wolke zu berechnen:

$$250 \cdot 10^9\ g \cdot 2300\ J/g = 575 \cdot 10^9\ kJ \approx 600 \cdot 10^9\ kJ.$$

Wie viele Haushalte hätten mit dieser Energiemenge ein Jahr ausgesorgt? Wenn wir einmal davon ausgehen, dass ein Durchschnittshaushalt im Jahr ca. $100 \cdot 10^6$ kJ Energie umsetzt, sind dies

$$600 \cdot 10^9\ kJ/(100 \cdot 10^6\ kJ) = 6000\ \text{Haushalte!}$$

D. Brennwertkessel

Bei traditionellen Heizkesseln verlassen heiße Abgase (Rauch und Dampf) von über 120 °C durch den Schornstein das Haus. Bei den so genannten Voll-Brennwertkesseln geht von diesen Abgasen Wärme (in einem „Wärmetauscher“) noch vor Einleitung in den Schornstein an die kalte Zuluft über. Die Abgase kühlen sich dabei ab. Zusätzlich kondensiert auch noch der enthaltene Dampf und gibt die Kondensationsenergie ebenfalls ab. Die durch beide Energieportionen vorgewärmte Zuluft wird nun dem Brenner zugeführt. Das spart Brennstoff.

Aufgaben

A1: Warum stellt man die Glühdrähte für Glühlampen aus Wolfram her? (➠ *Schmelztemperatur*)

A2: Welche Energie braucht man, um 5 kg Eis ($\vartheta = 0\,°C$) zu schmelzen?

A3: Ein Glas Cola wird gerade hinreichend gekühlt, wenn man 10 g Eis ($\vartheta_E = 0\,°C$) hineingibt. Wie viel Gramm *Wasser* ($\vartheta_W = 0\,°C$) müsste man statt der Eiswürfel nehmen, um die gleiche Endtemperatur von 10 °C zu erreichen? Probiere oder rechne (➠ *spezifische Schmelzwärme* von Eis).

A4: Unter welchen Bedingungen „schwitzen“ Fensterscheiben? In welchen Räumen sind diese Bedingungen vor allem gegeben?

A5: Weshalb soll man einen Raum, in dem Wäsche getrocknet wird, besonders gut lüften?

A6: Unter welchen Bedingungen kannst du deinen „Atem“ sehen? Was siehst du dabei eigentlich? Unter welchen Bedingungen bildet sich an Gräsern und Zweigen Tau, unter welchen Reif?

A7: **a)** Weshalb spritzt und prasselt es, wenn man Fleisch in siedendes Fett ($\vartheta > 200\,°C$) legt? **b)** Erhitzt man in einem Topf Fett (oder Öl) weit über 100 °C, so kann es in Brand geraten. Versucht man, dieses Feuer mit Wasser zu löschen, so spritzt das brennende Fett aus dem Topf und verschlimmert den Brand. Wie ist das zu erklären? Wie kann man erfolgreich löschen?

A8: **a)** Was bewirkt die Verdunstung des Schweißes auf der Haut? **b)** Was ändert sich, wenn Wind oder Zugluft die Verdunstung beschleunigen? **c)** Kann ein Ventilator helfen, oder erhöht er nur die Temperatur der Luft?

Interessantes

Zustandsänderungen im Alltag

A. Kochen in Rekordzeit

Das Volumen des Wassers nimmt beim Verdampfen stark zu. Aus 1 l Wasser werden beim Normdruck von 1013 hPa und bei der Temperatur 100 °C etwa 1700 l Wasserdampf. Verschließt man das Wassergefäß, so staut sich der Wasserdampf, und der Druck im Gefäß steigt. Dadurch wird die Blasenbildung in der Flüssigkeit erschwert, sodass die Siedetemperatur des Wassers auf über 100 °C steigt. Das nutzt man bei *Drucktöpfen* aus, denn Speisen werden bei höheren Temperaturen schneller gar. Ein Sicherheitsventil verhindert einen zu großen und deshalb gefährlichen Druckanstieg. Ohne dieses Ventil könnte der Druck so hoch werden, dass der Topf platzt und großen Schaden anrichtet.

B. Die Espressomaschine und der Obstbaum

Zum Verdampfen muss dem Wasser viel Energie zugeführt werden, für jedes Gramm 2258 J. Beim *Kondensieren* geht diese Energie wieder in die Umgebung. Dies nutzt man bei der *Espressomaschine* aus. In ihr wird Wasserdampf erzeugt und bereitgehalten. Möchte jemand einen heißen Kaffee trinken, wird in der Maschine heißer Dampf durch die benötigte Menge Wasser geleitet. Dabei kondensiert der Dampf und gibt viel Energie an das Wasser ab. Um 200 g Wasser von 15 °C auf 80 °C zu erhitzen, braucht man 54600 J. Diese bekommt man bei der Kondensation von nur 24 g Wasserdampf.

Auch *Obstblüten* profitieren von physikalischen Gesetzen. Nicht selten drohen zur Blütezeit Nachtfröste. Obstbauern besprengen dann ihre Bäume mit Wasser. Nach kurzer Zeit sinkt dessen Temperatur auf 0 °C und das Wasser beginnt zu *gefrieren*. Dabei gibt es viel Energie an die umgebende Luft und an noch nicht gefrorenes Wasser ab. Der Abkühlungsvorgang an den Blüten wird genügend verlangsamt, sodass die Blüten heil die eiskalte Nacht überstehen.

C. Rauchteilchen fördern die Kondensation

In einem Glaskolben bringen wir Wasser zum Sieden. Den entstehenden Wasserdampf lassen wir durch ein Glasrohr, dessen Ende zu einer Düse verengt ist, ausströmen. Einige Zentimeter von dieser Düse entfernt bildet sich eine kleine Wolke. Halten wir nun ein brennendes Streichholz dicht an der Düse unter den Dampfstrahl, geschieht etwas Überraschendes. Obwohl die Flamme etwas Wärme zuführt, wird die Kondensation keineswegs verzögert, sondern setzt sogar früher ein! Den Molekülen fehlten vorher nämlich Ansatzpunkte für die Tropfenbildung. Offensichtlich werden diese von der Streichholzflamme geliefert. Sie enthält winzige *Rußteilchen* und verschiedene andere Verbrennungsprodukte. An ihnen erfolgt die Kondensation bevorzugt; man nennt sie deshalb *Kondensationskerne.* In feuchter Luft wird die Nebelbildung also durch Rauch gefördert.

Autoabgase enthalten viel Wasserdampf und gleichzeitig viele Rußteilchen, die als Kondensationskerne dienen. Deshalb erzeugt ein fahrendes Auto eine kleine Wolke aus kondensierten Wassertröpfchen, solange die Auspuffanlage noch kalt ist. Diese selbst produzierte Wolke kannst du auch bei einem hochfliegenden Flugzeug beobachten. Man nennt sie *Kondensstreifen.*

Nebel und Wolken bilden sich ebenfalls an kleinsten Staubteilchen.

Später – in der Kernphysik – wirst du die „Nebelkammer" kennen lernen. Schnelle, energiereiche Teilchen schießen in die Kammer und stoßen auf ihrer Bahn mit Luftteilchen zusammen. Diese sind danach elektrisch geladene Kondensationskerne. Bei Abkühlung der Kammerluft bildet sich längs der Teilchenbahn ein Kondensstreifen – er verrät die unsichtbaren Teilchen.

Interessantes

Zustandsänderungen in der Natur

Es gibt auf der Erde rund $1400 \cdot 10^6$ km³ Wasser. In der Atmosphäre befinden sich davon etwa 0,001%, also immerhin noch 14000 km³. Dies ist im Vergleich zu den anderen Bestandteilen der Atmosphäre, also vor allem Sauerstoff und Stickstoff, nur etwa 4%. Wasser spielt aber eine besondere Rolle, denn es kommt in allen drei Zustandsformen vor, gasförmig als Wasserdampf, flüssig in Wassertropfen und fest als Eis. Bei jeder Umwandlung von einem Zustand in einen anderen werden beträchtliche Energiemengen hin- und hergeschoben – das haben wir gelernt. Um 1 g Wasser von 20 °C zu verdunsten, sind schon 2452 J erforderlich (bei 100 °C waren es 2258 J/g). Diese große Energiemenge wird beim Kondensieren wieder der Luft zugeführt und lässt die Temperatur ansteigen. Die Luft dehnt sich aus und steigt auf. Umwandlungsprozesse haben also sehr viel mit dem **Wetter** zu tun. (Mit der großen Bedeutung der Sonnenstrahlung werden wir uns noch später in diesem Buch beschäftigen.)

A. Warum ist es in der Höhe so kalt?

Befassen wir uns zunächst einmal mit trockener auf- und absteigender Luft. Du erinnerst dich noch an den *Luftpumpenversuch*: Wenn man den Kolben herausschnellen lässt, sinkt nicht nur der Druck. Die Luftmoleküle werden vom zurückweichenden Kolben reflektiert. Wie beim Stoppball sind sie danach langsamer als vorher. Wenn der Vorgang schnell genug abläuft, hat die Luft keine Zeit, die fehlende innere Energie von außen zu bekommen. Somit ist die Temperatur der Luft jetzt niedriger als vorher. Beim Aufstieg der Luft z.B. vor einem Gebirge ist es genauso. Die Luft dehnt sich gegen die dort vorhandene Luft aus und verliert dabei innere Energie, ihre Temperatur sinkt. Wenn Luft aus dem Gebirge ins Tal strömt, wird sie wie in einer riesigen Luftpumpe wieder zusammengedrückt. Ihre Temperatur steigt umso höher, je tiefer sie ins Tal fällt. Auf derselben Höhe unten angekommen, hat sie wieder ihre ursprüngliche Temperatur.

B. Der Föhn

Wer in der Nähe der Alpen wohnt, kennt den *Föhn*. Es herrscht warmes und sehr trockenes Wetter. Auf den Höhen weht ein starker Sturm aus Süden. Auf der Südseite, in Norditalien, steigt die feuchte Luft auf und kühlt sich dabei ab. Bei genügend tiefer Temperatur in einer bestimmten Höhe kondensiert der Wasserdampf, es regnet. Die Kondensation setzt viel Energie frei. Daher sinkt die Lufttemperatur beim weiteren Aufstieg nicht so stark, wie wenn die Luft trocken aufgestiegen wäre. Nun folgt der Abstieg. Die Luft wird wieder zusammengedrückt, die Luftmoleküle werden schneller, die Temperatur steigt. Die Wolken lösen sich bei genügend hoher Temperatur schon weit oben in der Luft auf; es sieht für den Beobachter so aus, als blieben sie stehen. Es bildet sich die scharf begrenzte, drohend aussehende „Föhnmauer". (Nur ein paar typisch aussehende Föhnwolken, die „Föhnfische", dringen weiter vor.) Die jetzt ausgetrocknete Luft hat, wenn sie auf der ursprünglichen Höhe angekommen ist, eine höhere Temperatur als am Ausgangspunkt. Der Föhn beeinflusst das Wohlbefinden mancher Menschen, sie bekommen dann Kopfweh.

Interessantes

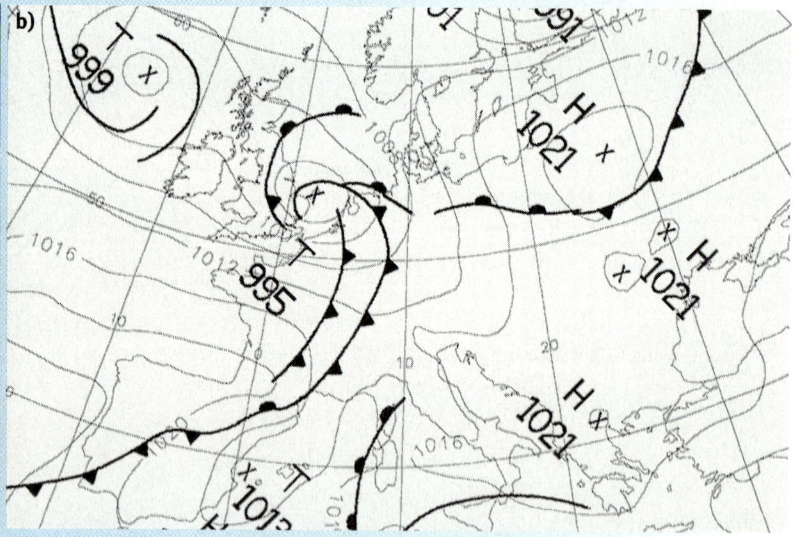

B1: **a)** So sah ein Wettersatellit Europa am 27.5.2000 um 15.16 Uhr **b)** Wetterkarte vom 27.5.2000.

Das Wetter

Wodurch wird das Wetter bestimmt?

Der „Motor" aller Windsysteme auf der Erde ist die Sonneneinstrahlung. Dies soll am Beispiel der **Passatwinde** gezeigt werden:

In den Tropen treffen die Sonnenstrahlen fast senkrecht auf die Erdoberfläche. Die absorbierte Energie erhöht die Temperatur von Boden und Luft. Die erwärmte Luft steigt auf, in der Region sinkt der Luftdruck – es entsteht dort ein **Tiefdruckgebiet**, kurz **Tief** genannt. Über der Sahara sinkt die Luft wieder nach unten und bewirkt damit eine Erhöhung des dortigen Luftdrucks – ein **Hochdruckgebiet**, kurz **Hoch**, entsteht. Von diesem Hoch weht der Wind in Bodennähe zunächst nach Süden zum Tief am Äquator. Aufgrund der Erdrotation bleibt der Wind nicht auf demselben Längengrad, sondern „hängt" immer mehr gegenüber dem Boden zurück. Von der Erde aus gesehen wird er nach rechts abgelenkt, aus dem N-Wind wird ein NO-Wind – der Nord-Ost-Passat. Er bleibt hinter der Erddrehung zurück. Umgekehrt wird aus einem zunächst reinen Südwind ein SW-Wind, weil er auf dem Weg nach Norden der Erddrehung vorauseilt. Auch er wird nach rechts abgelenkt.

Auf der Nordhalbkugel bildet Luft, die von allen Seiten in ein Tief strömt, einen Wirbel (Zyklone) im Gegenuhrzeigersinn.

Wann regnet es?

Luft kann umso mehr Wasserdampf (unsichtbar!) aufnehmen, je höher ihre Temperatur ist. Sinkt die Temperatur feuchter Luft, so kondensiert der überschüssige Wasserdampf als kleine Tröpfchen aus, es entsteht eine Wolke. Da sich aufsteigende Luft abkühlt, bilden sich über Tiefdruckgebieten Wolken, es beginnt meist zu regnen. Umgekehrt erwärmt sich absteigende Luft. Ihre Aufnahmefähigkeit für Wasserdampf nimmt zu, eventuell vorhandene Wolken lösen sich auf. Der Himmel über einem Hochdruckgebiet ist meist klar.

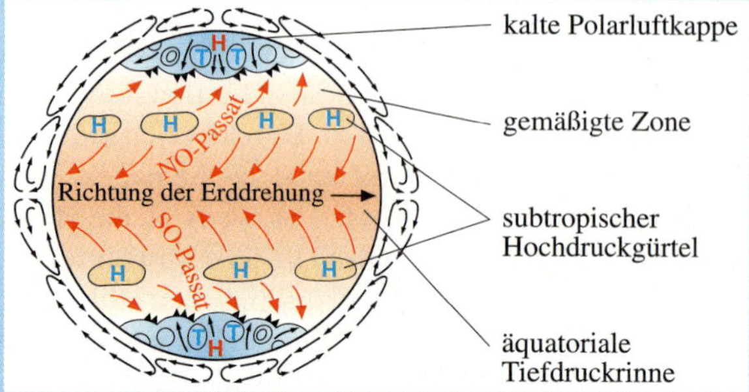

B2: Großräumige Windsysteme

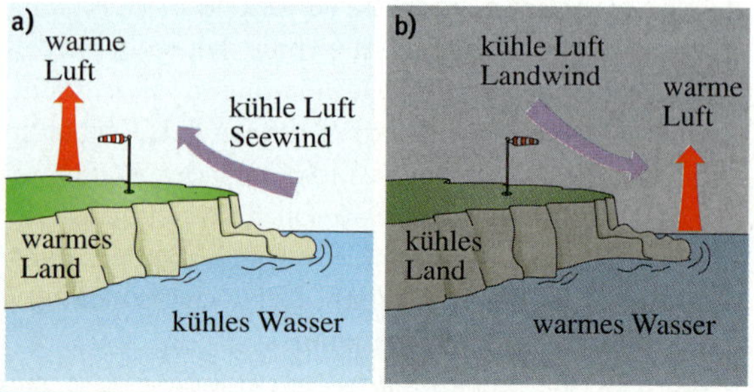

B3: **a)** Seewind bei Tag **b)** Landwind bei Nacht

Interessantes

Luftmassen prallen aufeinander

Luft mit einheitlicher Temperatur und Feuchte heißt *Luftmasse*. Stoßen zwei Luftmassen verschiedenen Ursprungs zusammen, so vermischen sie sich nicht. Ihre Grenze nennt man **Front**.

Wo eine warme Luftmasse auf eine kalte trifft, schiebt sie sich über sie und steigt langsam auf. Es entsteht eine **Warmfront** (➠ *Bild 4a*). Zunächst bilden sich in großer Höhe Federwolken, dann tiefreichende Schichtwolken.

Bei einer **Kaltfront** (➠ *Bild 4b*) trifft kalte Luft auf warme und drängt diese schnell nach oben. Dabei entstehen hoch reichende Haufenwolken. Im Innern von Haufenwolken bilden sich heftige Aufwinde aus (deshalb müssen kleine Flugzeuge diese Wolken meiden). Es kommt häufig zu *Gewittern*.

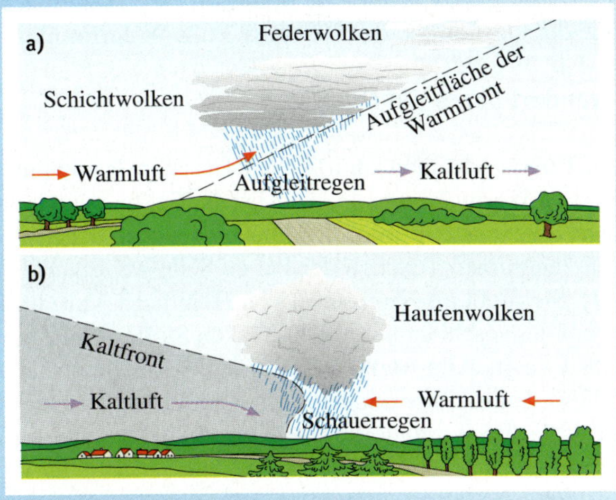

B4: a) Warmfront **b)** Kaltfront

Beim Herannahen von Fronten fällt der Luftdruck. Sinkender Luftdruck deutet also auf Wetterverschlechterung hin. Je tiefer der Luftdruck unter den Mittelwert 1013 hPa fällt, desto schwerere Stürme sind zu erwarten. Bei dem Orkan Lothar, der Weihnachten 1999 über Frankreich und Deutschland hinwegraste, fiel der Druck auf 970 hPa. In den Alpen wurden Spitzenböen von 259 km/h gemessen.

Wir leben im Gebiet der globalen Westwindzone. In ihr treffen häufig kühle, subpolare Luftmassen auf feuchtwarme, subtropische Luftmassen. Dadurch entsteht unser wechselhaftes Wetter. Für schlechtes Wetter sorgen ausgedehnte Tiefdruckgebiete, die oft über dem nördlichen Atlantik entstehen („Islandtief"). Das „Azorenhoch" (Azoren: Inselgruppe im Atlantik westlich der Sahara) bewirkt schönes Wetter.

Wie liest man eine Wetterkarte?

Viele Bodenstationen messen fortwährend Druck, Temperatur und Feuchte. Die Daten werden zusammen mit Satellitenbildern an Wetterämter übermittelt. Daraus fertigen die Meteorologen Wetterkarten, auf denen mit international festgelegten Symbolen die wichtigsten Wetterelemente dargestellt werden. In ➠ *Bild 1* erkennt man ein Tief über der Nordsee (das Sturmtief Farah). Zwei Kaltfronten überqueren Frankreich. Auf der Satellitenaufnahme sind die zugehörigen Wolkenfelder zu sehen. Das Hoch über dem westlichen Mittelmeer sorgt dort für klare Sicht.

Hochdruckzentrum – Kern eines Gebiets mit höherem Luftdruck als in der Umgebung.

Tiefdruckzentrum – Kern eines Gebiets mit niedrigerem Luftdruck als in der Umgebung.

Isobaren – Linien konstanten Luftdrucks (in hPa); wo verschiedene Isobaren dicht beieinander liegen, ändert sich der Luftdruck stark – es sind heftige Winde zu erwarten.

Warmfront – wärmere Luftmassen nähern sich, um kältere zu verdrängen. Es bilden sich ausgedehnte Wolkenfelder, aus denen oft ein gleichmäßiger Landregen fällt.

Kaltfront – kältere Luftmassen nähern sich, um wärmere zu verdrängen. Sie bringt uns kurze, schauerartige Regenfälle.

Niederschläge

- • Regen
- , Niesel
- * Schnee
- ▽ Schauer

Bedeckung des Himmels

- ○ wolkenlos
- ◑ Halbe Bedeckung
- ◕ Dreiviertel Bedeckung

Windgeschwindigkeit (1 kn ≈ 0,5 m/s)

- ◎ Windstill
- 5 kn (Nordwind)
- 10 kn (Ostwind)
- 20 kn (Westwind)

B5: Die Symbole auf der Wetterkarte

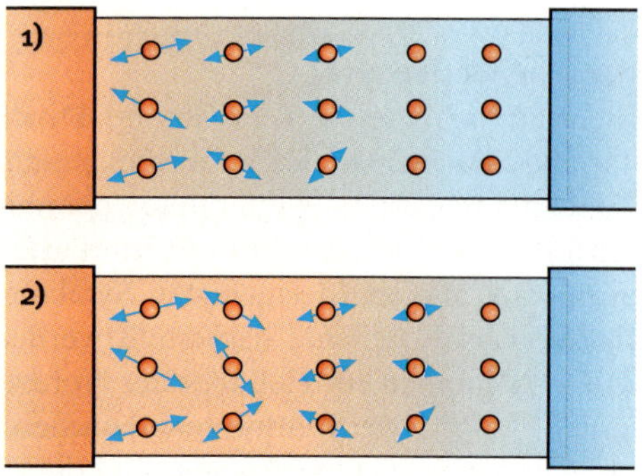

B1: Bei der Wärmeleitung wird innere Energie von Teilchen zu Teilchen durch unregelmäßige Stöße weitergegeben.

B2: Vögel plustern sich im Winter auf. Die Luft in ihrem Gefieder ist ein schlechter Wärmeleiter. Dadurch ist die Energieabgabe aus dem Körperinneren an die Umgebung gering.

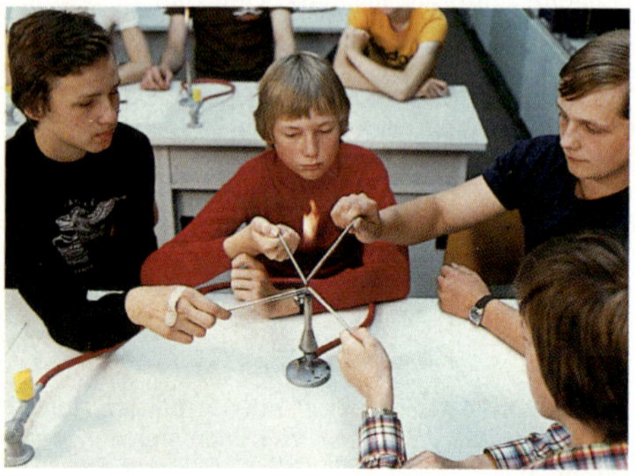

V1: Vier Schüler halten Stäbe gleicher Form und Größe aus Eisen, Kupfer, Glas und Kohlenstoff (Graphit) in eine Flamme. Wer lässt zuerst los?

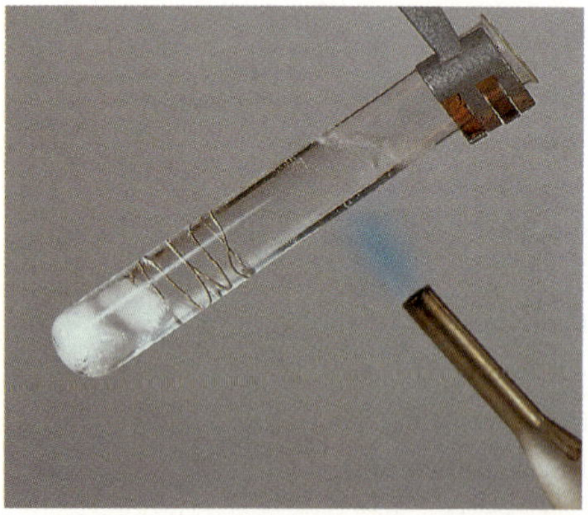

V2: Wir füllen ein Reagenzglas mit Wasser, geben ein Stück Eis hinein und drücken dieses mit einer Drahtspirale nach unten. Dann erhitzen wir das Reagenzglas oben mit einem Gasbrenner. Nach kurzer Zeit siedet oben das Wasser, aber das Eis unten schmilzt nicht. Wasser ist ein schlechter Wärmeleiter.

Energietransport

Selten ist die Energie da, wo wir sie brauchen. Wie kommt z. B. die Energie der Gasflamme des Heizkessels ins Wohnzimmer?

1. Energie wandert *durch* die Materie

Dass innere Energie strömen kann, wissen wir schon. Wir nannten diesen Vorgang **Wärmeleitung**. Dabei wird die Energie durch unregelmäßige Teilchenstöße von den schnellen Teilchen der heißen Seite an die langsamen Teilchen der kalten Seite weitergegeben (➡ *Bild 1*). Sie fließt also von selbst von Heiß nach Kalt durch die Materie. Dies geschieht aber nicht in allen Stoffen gleich gut. ➡ *Versuch 1* zeigt: Alle Metalle sind gute Wärmeleiter. Glas, Keramik, Holz, Kunststoffe und alle Flüssigkeiten (außer Quecksilber) sind schlechte Wärmeleiter (➡ *Versuch 2*).

Im Wohnzimmer findet die Wärmeleitung an zwei Stellen statt. In der Metallwand (guter Wärmeleiter) des Heizköpers ist sie erwünscht, die Energie soll ja vom heißen Wasser in die Luft des Zimmers gelangen. In der Außenmauer halten wir die Energiestromstärke mit Dämmmaterial klein.
In beiden Fällen ist der Vorgang *irreversibel*, nie wird die Energie von Kalt nach Warm von selbst zurückkehren und das Kalte kälter und das Warme wärmer machen. *Bei der Wärmeleitung entsteht in jedem Fall Entropie,* die nie wieder verschwindet.

2. Energie wandert *mit* der Materie

Vom Heizkessel lässt man erhitztes Wasser durch Rohre zu den Heizkörpern der einzelnen Zimmer fließen (➡ *Bild 3*). Dabei führt es seine innere Energie mit sich, *zusammen mit der sie tragenden Materie.* Man spricht von **Konvektion**.
In einer Zentralheizung sorgt eine Umwälzpumpe für die Zirkulation des Wassers. Wie werden aber Luftmassen hoher und tiefer Temperatur in der Atmosphäre, wie Meeresströmungen angetrieben?

→ *Versuch 3* zeigt, wie die Konvektion von Wasser auch ohne Pumpenantrieb möglich ist: Das kalte Wasser im rechten Rohrstück hat eine größere Dichte und damit eine größere Masse als das heiße Wasser im linken Rohrstück. Es gibt deshalb ein Druckgefälle vom rechten zum linken Rohrstück. Dieses treibt die Wassersäule im linken Rohrstück nach oben! Nach dem Wegnehmen der Flamme hört die Zirkulation auf. Das kalte Wasser sammelt sich im unteren, das heiße Wasser im oberen Teil des Glasrohres.

3. Energiefluss *ohne* Materie

Zwischen Sonne und Erde gibt es fast keine Materie. Trotzdem erreicht uns Energie von der Sonne. Wird es uns zu heiß, so gehen wir in den Schatten. Dort kann uns die Sonnen*strahlung* nicht mehr erreichen.
Heiße Körper senden eine *Strahlung* aus, die Energie mit sich trägt (→ *Versuch 4*). Je höher die Temperatur eines Körpers ist, desto intensiver ist diese **Temperaturstrahlung**. Wir spüren sie auf der Haut. Bei genügend hoher Temperatur senden Körper zudem *Licht* aus, also Strahlung, die wir sehen können. So leuchtet der schwach glimmende Glühdraht einer Glühlampe in einer roten Farbe. Bei höherer Temperatur des Glühdrahtes erscheint uns die Strahlung gelblich und bei noch höherer Temperatur schließlich weiß. Wir müssen uns also nicht wundern, dass auch die Temperaturstrahlung wie Licht reflektiert und von einer schwarzen Fläche fast vollständig verschluckt wird (→ *Versuch 5*).

Merksatz

Wärmeleitung ist der Energietransport durch Stöße bei der ungeordneten Teilchenbewegung. Luft ist ein schlechter Wärmeleiter.
Strömende Materie führt innere Energie mit sich. Diesen Transport nennt man **Konvektion**.
Temperaturstrahlung transportiert Energie ohne Materie und ohne Teilchenstöße. Die Temperaturstrahlung aller Körper ist umso intensiver, je höher die Temperatur ist.

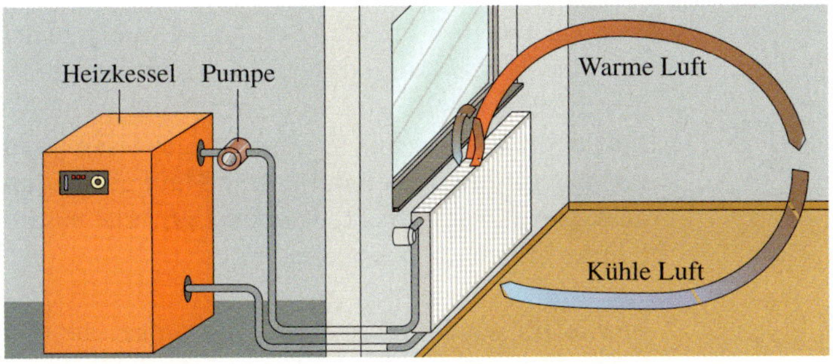

B3: In einer Warmwasserheizung führt das erhitzte Wasser die Energie mit sich. Die Pumpe treibt den Wasserkreislauf an. Die Energie gelangt dann durch die Oberfläche des Heizkörpers in die Zimmerluft; deren Temperatur steigt. Durch die anschließende Zirkulation der Luft wird die Energie verteilt.

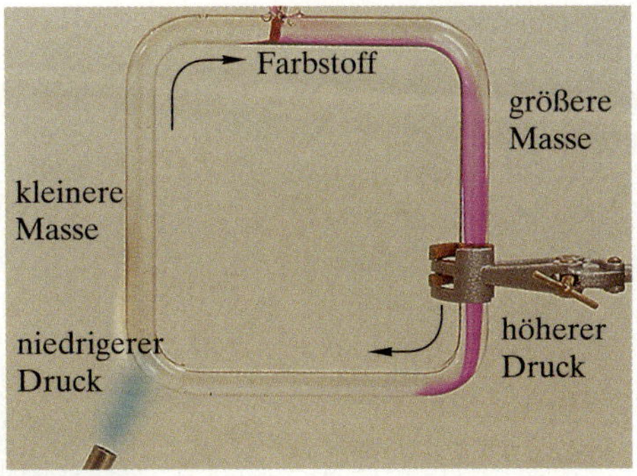

V3: Wir füllen ein zum Ring gebogenes Glasrohr mit Wasser und geben an einer Stelle etwas Farbstoff hinein. Nun erhitzen wir das Rohr seitlich mit der Flamme eines Gasbrenners. Nach kurzer Zeit beginnt das Wasser im Kreis zu strömen.

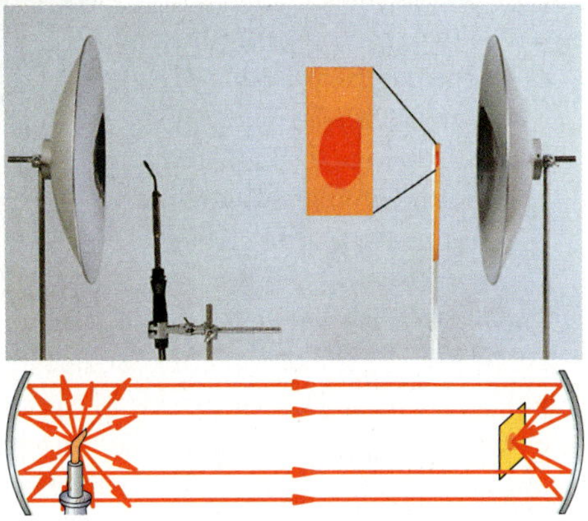

V4: Der Lötkolben sendet Temperaturstrahlung aus. Nach zweimaliger Reflexion an den Hohlspiegeln trifft diese auf das temperaturempfindliche *Thermochrompapier*. An der Auftreffstelle färbt sich dieses.

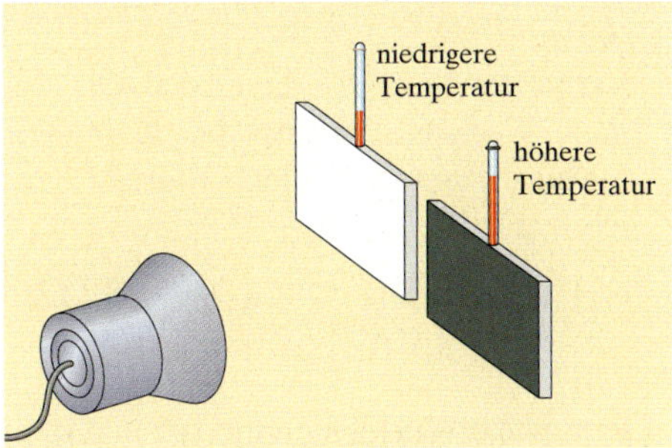

V5: Die Temperaturstrahlung wird von einer spiegelnden Aluminiumoberfläche reflektiert, von einer berußten Oberfläche weitgehend verschluckt. Deshalb stellt sich dort eine höhere Temperatur ein.

Interessantes

Warum Elefanten große Ohren haben und Igel im Winter schlafen

Afrikanische *Elefanten* sind die größten Landtiere. Mit ihrer Nahrung nehmen sie viel (chemische) Energie auf. Diese wird vor allem in den Muskeln umgewandelt. Neben der erwünschten mechanischen Energie entsteht dabei aber auch innere Energie. Damit ihre Körpertemperatur nicht auf gefährlich hohe Werte ansteigt, muss diese Energie nach außen transportiert und als Wärme an die Umgebung abgegeben werden.

Hunde lösen das Problem durch *Hecheln*. Wir Menschen scheiden Wasser über die Haut aus, wir *schwitzen*. Beim Verdunsten des Schweißes wird der Haut die dafür erforderliche Verdampfungswärme entzogen. Elefanten haben wegen ihrer großen, gut durchbluteten Ohren eine erheblich *vergrößerte Hautoberfläche*, über die sie wirkungsvoll Energie abgeben können. Bei Bedarf können sie zusätzlich mit den Ohren wie mit einem Fächer wedeln. Dadurch wird die warme Luftschicht abgestreift, die sich in der Nähe der Haut bildet.

Kleine Tiere, wie Mäuse, müssen nicht befürchten, an Überhitzung zu sterben. Sie sind eher der Gefahr ausgesetzt, im Winter zu erfrieren! Warum ist das so?

Die in den Muskeln entstehende *innere Energie* ist ungefähr proportional zur Muskelmasse und damit auch ungefähr *proportional zum Volumen* eines Tieres. Die *Energieabgabe* über die Haut ist aber ungefähr *proportional zu seiner Körperoberfläche*.

Vergleichen wir nun die Oberfläche A und das Volumen V eines Würfels der Kantenlänge $a = 2$ cm („Maus") mit dem eines Würfels der Kantenlänge $a = 2$ m („Elefant"):

$$A_{\text{Maus}} = 6\,a^2 = 24\ \text{cm}^2,$$
$$V_{\text{Maus}} = a^3 = 8\ \text{cm}^3.$$

Der große Würfel hat eine 100-mal so große Kantenlänge, also eine 10^4-mal so große Oberfläche und ein 10^6-mal so großes Volumen:

$$A_{\text{Elefant}} = 240\,000\ \text{cm}^2,$$
$$V_{\text{Elefant}} = 8\,000\,000\ \text{cm}^3.$$

Beim Verhundertfachen der Kantenlänge wächst das Volumen eines Würfels also hundertmal so stark wie die Oberfläche! Auf jeden Kubikzentimeter „Elefanten-Volumen" entfallen nur 0,03 cm^2 Oberfläche für die Energieabgabe; auf jeden Kubikzentimeter „Maus-Volumen" aber hundertmal so viel, nämlich 3 cm^2!

Kleine warmblütige Tiere haben es deshalb besonders schwer, ihre Körpertemperatur zu halten. Sie sind darauf angewiesen, fast ununterbrochen Nahrung aufzunehmen. Fehlt einer Tierart im Winter passende Nahrung, wie z. B. den Igeln und Fledermäusen, so ist der *Winterschlaf* ein Ausweg. Während des Winterschlafes sinkt die Körpertemperatur bis auf wenige Grad Celsius über Umgebungstemperatur. Dadurch wird die Energieabgabe im Winter drastisch verringert. Alle Vorgänge im Körperinneren laufen nur noch sehr langsam ab und die im Winterspeck gespeicherte Energie reicht dann zum Überleben meist aus.

Warmblütige Tiere, die in kalten Regionen leben, brauchen eine gute *Wärmeisolation*. Wölfe haben deshalb im Winter ein dickeres Fell als im Sommer. Bei strengem Frost sträubt sich ihr Haar, um die wärmeisolierende Luftschicht dicker zu machen. Eine Speckschicht verbessert die Wärmeisolation zusätzlich.

Wir Menschen haben nur noch ein kümmerliches Fell. Versuchen wir die Haare zu sträuben, so bekommen wir lediglich eine Gänsehaut. Besonders leicht frieren wir, wenn zusätzlich zu niedrigen Temperaturen die Haut nass wird oder der Wind weht. Wir sind deshalb meist auf Kleidung angewiesen. Diese verhindert, dass Regen auf unsere Haut gelangt und dass die dünne Schicht warmer Luft, die unseren Körper umgibt, weggeblasen wird.

Besonders gut isolieren Kleidungsstücke, die viele Luftporen enthalten. Verantwortlich dafür ist *die schlechte Wärmeleitfähigkeit* der Luft in den Poren z. B. von Wolle, Daunen, Federn oder Fellen. Dort kann keine großräumige Konvektion stattfinden.

Interessantes

Energietransport ist manchmal erwünscht ...

Will man innere Energie von einem Ort zu einem anderen transportieren, so geht das durch *Konvektion* schneller als durch *Wärmeleitung*:

- Bei Fernheizungen wird heißes Wassers durch Rohre von vielen Kilometern Länge gepumpt.
- Bei einem Gas-Durchlauferhitzer gibt die Flamme Energie durch sehr gut wärmeleitende Metallrohre an das kalte Wasser weiter. Anschließend wird die Energie zusammen mit dem Wasser zur weiter entfernten Entnahmestelle transportiert.
- Damit ein Automotor nicht zu heiß wird, transportiert das Kühlwasser Energie zum Kühler, wo sie als Wärme an die schnell vorbeiströmende Luft abgegeben wird.
- Elektrische Heizgeräte sind oft mit einem Gebläse ausgestattet. Als Transportmittel für die Energie dient hierbei die Luft.

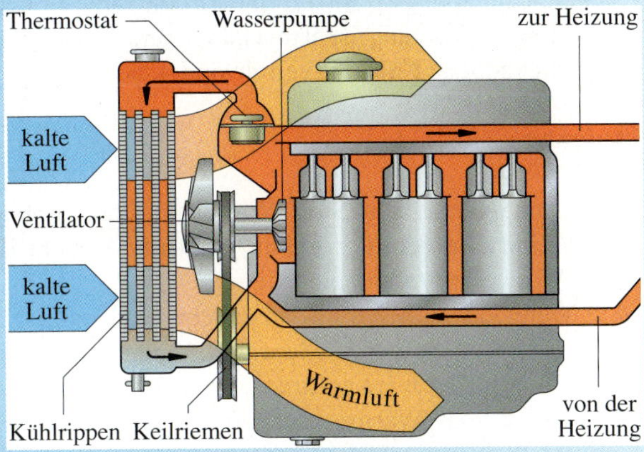

Transistoren und Mikroprozessoren können sich wie Widerstände im Betrieb stark erhitzen. Damit die Kristallstruktur der Halbleitermaterialien nicht zerstört wird, versieht man sie bei Bedarf mit *Kühlkörpern*. Diese besitzen durch ihre Verzweigungen eine große Oberfläche, über die sie Energie schneller abgeben. Sie sind meist aus Aluminium gefertigt. Dieses Metall ist ein sehr guter Wärmeleiter.

Bei der Kühlung hilft auch die *Temperaturstrahlung*. Deshalb erhalten Kühlkörper bei der Herstellung eine dunkle Oberfläche. Körper mit dunklen, matten Oberflächen verschlucken nämlich nicht nur die Temperaturstrahlung fast vollständig, sie *strahlen* Energie auch *sehr gut ab*. Die Kühlkörper von Mikroprozessoren haben zusätzlich meist noch einen kleinen Ventilator.

Auch die verschiedenen Meeresströmungen transportieren gewaltige Energiemengen aus den heißen Tropen in die kälteren Regionen der Erde. So fließt z. B. der *Golfstrom* aus der Karibik bis an die nordeuropäischen Küsten und sorgt dort für milde Winter.

... und manchmal auch unerwünscht

In einer *Thermosflasche* soll sich die Temperatur der eingefüllten Flüssigkeit möglichst nicht ändern. Deshalb müssen alle drei Arten des Energietransports weitgehend unterbunden werden:

Die dargestellte Thermosflasche besteht aus einem doppelwandigen Glasgefäß, das zum Schutz gegen äußere Stöße von einer Kunststoffhülle umgeben ist. Die Glaswände sind verspiegelt. Dadurch wird das Eindringen und Austreten der Temperaturstrahlung verhindert. Aus dem Raum zwischen den Glaswänden hat man die Luft herausgepumpt. Deshalb findet dort weder Wärmeleitung noch Konvektion statt. Der Bereich der Einfüllöffnung ist die einzige Stelle, durch die dann noch Energie fließen kann. Man verschließt diese Öffnung mit einem Stopfen aus schlecht wärmeleitendem Material.

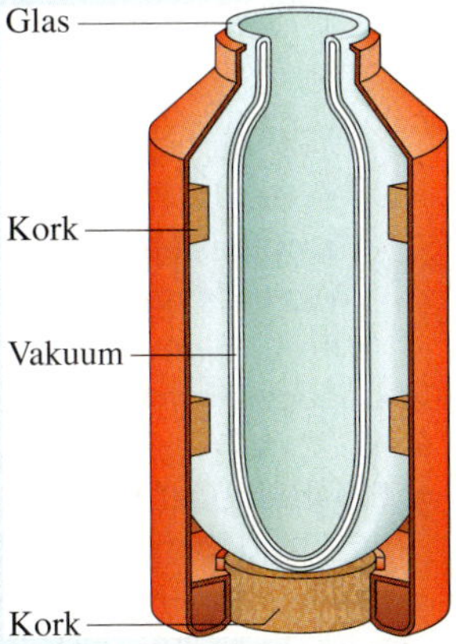

Das ist wichtig

1. Erhöhen der inneren Energie

Die innere Energie eines Körpers kann erhöht werden

- durch **Wärme** beim Kontakt mit einem Köper höherer Temperatur. Dessen schnelle Teilchen übertragen durch unregelmäßige Stöße Energie auf die langsamen Teilchen des kalten Körpers;
- durch **Arbeit,** d. h. mechanisch mit einer Kraft längs eines Weges. Die Energie der geordneten Bewegung des Körpers geht so über in die Energie der sich ungeordnet bewegenden Teilchen.

Wärme und **Arbeit** sind also physikalische Kurzbegriffe für die unterschiedlichen *Übertragungsformen* der Energie.

Ändert sich die Temperatur eines Körpers der Masse m um $\Delta\vartheta$, so ändert sich dessen innere Energie um

$$W = c \cdot m \cdot \Delta\vartheta.$$

Die Konstante c ist stoffabhängig, sie heißt **spezifische Wärmekapazität**.

Für Wasser ist $c = 4{,}2\ \mathrm{J/(g \cdot K)}$. Das heißt, 1 g Wasser speichert bei einer Temperaturerhöhung von 1 K die zusätzliche innere Energie 4,2 J.

2. Zustandsänderungen

Nicht nur für Temperaturerhöhungen, auch zur Änderung des Aggregatzustandes ist Energie nötig.

- Beim **Schmelzen** (fest ⇨ flüssig) gilt:

  $$W = s \cdot m.$$

  s ist die **spezifische Schmelzwärme** (für Wasser ist $s = 335\ \mathrm{J/g}$). Während des Schmelzvorgangs wird zwar Energie zugeführt (z. B. Wärme), aber die Temperatur bleibt konstant. Nach dem Schmelzen hat der Körper eine höhere innere Energie bei gleicher Temperatur. Diese kann er beim Erstarren ohne Temperatursenkung wieder abgeben.
- Beim **Verdampfen** (flüssig ⇨ gasförmig) gilt:

  $$W = r \cdot m.$$

  r ist die **spezifische Verdampfungswärme** (für Wasser ist $r = 2258\ \mathrm{J/g}$). Auch während des Verdampfens bleibt die Temperatur konstant.
  Wasserdampf hat die zusätzliche Energie gespeichert. Beim Kondensieren geht sie wieder auf andere Körper (z. B. Luft der Umgebung) über.

3. Erhaltung der Energie – 1. Hauptsatz

Bei allen Übergängen der Energie von einem Körper auf einen anderen, auch bei allen Zustandsänderungen bleibt die Summe aller Energieformen konstant.

4. Energietransport

Wir unterscheiden in der Wärmelehre drei Arten des Energietransports:

- **Wärmeleitung:** Energie wandert als Wärme *in* der Materie. Die Teilchen selbst wandern nicht mit. Alle Metalle sind gute Wärmeleiter. Alle Gase (nicht strömend) leiten die Energie sehr schlecht weiter.
- **Konvektion:** Innere Energie wird *mit* der sie tragenden Materie zusammen transportiert. Durch Konvektion werden in den Meeresströmungen und durch Winde riesige Energiemengen transportiert.
- **Temperaturstrahlung** transportiert Energie *ohne Materie* und ohne Teilchenstöße. Die Temperaturstrahlung der Sonne erreicht uns, obwohl der Raum zwischen Sonne und Erde fast frei von Materie ist.

5. Energieentwertung

Bei **Reibungsvorgängen** wird wertvolle mechanische Energie in innere Energie der beteiligten Körper verwandelt. Diese geben sie im Allgemeinen als Wärme an die Umgebung ab. Sie erhöht dort die **innere Energie**. Dieser Vorgang ist **irreversibel** (unumkehrbar), die entstandene **Entropie** verschwindet nicht mehr.

Aufgaben

A1: Kann man einem Stoff Wärme zuführen, ohne dass eine Temperaturerhöhung eintritt? Warum ist das Wort „erwärmen" mehrdeutig?

A2: Wenn du deinen Fuß verstaucht hast, kann ein „Kühlkissen" (mit speziellem Gel) einen Bluterguss verhindern. Gut wäre natürlich, wenn es über längere Zeit dem Fuß Wärme entziehen könnte. Johanna macht dazu ein Mischungsexperiment: Sie legt das Kissen ($m_K = 426$ g; $\vartheta_K = 0\,°C$) in heißes Wasser ($m_W = 2000$ g; $\vartheta_W = 50\,°C$) und wartet ab. Nach einiger Zeit ergibt sich eine Mischungstemperatur von $\vartheta_M = 39\,°C$. Daraus berechnet Johanna die spezifische Wärmekapazität des Gels. Welche besondere Eigenschaft stellt sie fest?

A3: Finnischer Speckstein (eine magnesithaltige Steinmasse auf Talgbasis) hat eine spezifische Wärmekapazität von $c = 0{,}98\ \mathrm{J/(g \cdot K)}$, eine Dichte von $2{,}980\ \mathrm{g/cm^3}$, eine thermische Ausdehnung von $0{,}017\ \mathrm{mm/(m \cdot K)}$, die Schmelztemperatur 1630 °C. Die Wärmeleitung von Speckstein ist deutlich besser als von Ofenschamotte, aber schlechter als bei Metallen. Warum nimmt man dieses Material gern zum Bau von Speicheröfen? Vergleiche mit anderen hitzebeständigen Materialien und diskutiere.

A4: Wie viel Energie muss 200 g Wasserdampf von 150 °C entzogen werden, um daraus Eis von –20 °C zu machen?

Elektrische Energie

Der tägliche Umgang mit elektrischer Energie ist uns so vertraut, dass wir ihre Bedeutung erst bei einem Stromausfall wirklich spüren:

- Glühlampen erzeugen Licht,
- elektrische Haushaltsgeräte erleichtern die Arbeit,
- Fernsehgeräte bieten Unterhaltung und Information,
- Kühlschränke halten Nahrungsmittel frisch,
- U-Bahnen befördern täglich tausende Fahrgäste,
- Computer sind wichtige Arbeitsmittel.

Wie wird der elektrische Strom, den wir so vielfältig nutzen, erzeugt?

Ob in Kohlekraftwerken, in Wasserkraftwerken oder in Windkraftanlagen, stets ist ein Generator (Stromerzeuger) die wichtigste Maschine.
In einer Windkraftanlage wandelt er die Bewegungsenergie des Windes in elektrische Energie um. Fernleitungen transportieren diese dann zum Kunden.

B 1: Hier wird elektrische Energie in Licht und Wärme umgewandelt.

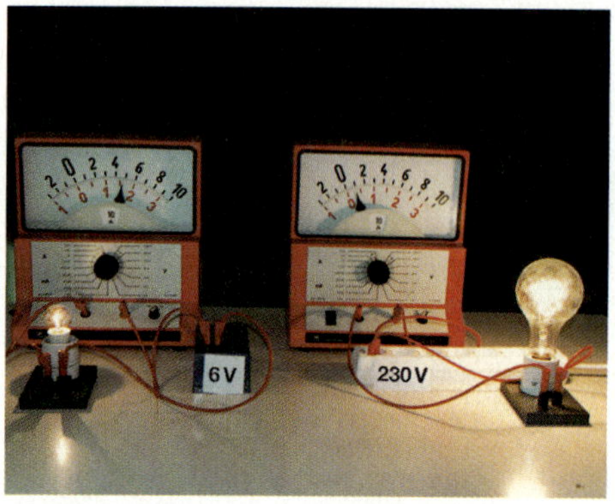

V 1: Erstaunlich – trotz kleinerer Stromstärke leuchtet die Haushaltslampe heller.

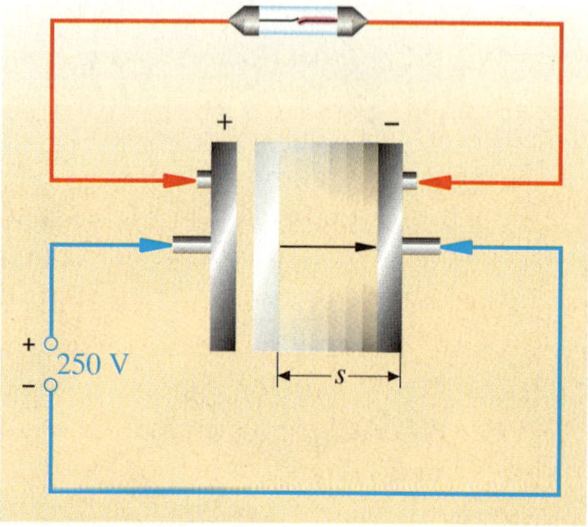

V 2: a) Zwei entgegengesetzt geladene, isolierte Metallplatten (Abstand etwa 1 mm) werden über eine Glimmlampe entladen. Diese leuchtet schwach auf.

b) Nachdem die Platten wieder aufgeladen worden sind, zieht man sie auseinander und vergrößert so den Abstand der Ladungen. Wenn man nun die Platten wieder über die Glimmlampe verbindet, blitzt diese hell auf.

Definition der elektrischen Spannung

1. Spannung und Energie

Du hattest früher gelernt, dass die *elektrische Spannung* ein Maß für die Energie ist, die mit einer Ladungsportion Q umgesetzt werden kann. Das heißt, die Energie wird beim Fließen der Ladung Q an die Umgebung abgegeben. ➠ *Versuch 1* zeigt den Zusammenhang zwischen Energieabgabe und Spannung: Obwohl die Stromstärke in der Haushaltslampe nur 0,4 A ist, leuchtet sie viel heller als die Lampe aus einer Optikleuchte, in der die Stromstärke 5 A beträgt. Je Sekunde fließt durch die Haushaltslampe die Ladung $Q_1 = 0{,}4$ C, durch die Optikleuchte $Q_2 = 5$ C. Das Bild zeigt aber, dass sich die Stromquellen durch die *Spannung* zwischen ihren Anschlüssen unterscheiden: 230 V bzw. 6 V. Mit der Spannung steigt die Energie elektrischer Ladungen.

2. Was ist eigentlich 1 Volt?

Wir laden zwei isoliert gehaltene Metallplatten entgegengesetzt auf (➠ *Versuch 2 a*). Verbindet man die Platten über eine Glimmlampe, so leuchtet diese schwach auf. Sie gibt also etwas Energie ab. Diese Energie wurde von der Quelle aufgebracht, als sie beim Aufladen Ladung von der einen auf die andere Platte pumpte. Will man beim Entladen der Platten mehr Energie haben, muss man sie erst hineinstecken. Dies gelingt hier einfach: Man zieht die geladenen Platten um die Strecke s auseinander. Da sie sich mit der Kraft F anziehen, muss man dabei die Energie $W = F \cdot s$ aufbringen. Ihre Ladung wird dadurch nicht größer. Mit ihr kann jetzt aber mehr Energie umgesetzt werden: Wenn man die Platten nun über die Glimmlampe entlädt, leuchtet diese viel heller auf (➠ *Versuch 2 b*). Jede Steckdose hat solche Ladung. Statt umständlich zu sagen, man kann von ihr Energie abrufen, formulieren wir: *Zwischen ihren Polen besteht Spannung*. Da beim Auseinanderziehen die abrufbare Energie zunahm, sagt man: *Die Spannung ist gestiegen*.
Ein Bild mag dies verdeutlichen: Bei einem Pumpspeicherwerk wird Wasser unter Energieaufwand in einen hoch gelegenen Spei-

chersee gepumpt. Je höher dieser über dem E-Werk ist, desto größer ist der Wasserdruck, desto mehr Energie kann bei Entnahme von 1 m^3 Wasser zum Antrieb der Turbinen verwendet werden. Diese Energie steht auf Abruf bereit (durch Öffnen eines Ventils).

Wir untersuchen nun, wie die freigesetzte elektrische Energie W von der fließenden Ladung Q abhängt und welche Bedeutung die Spannung U dabei hat:
In (➠ *Versuch 3*) gibt ein 300 W-Tauchsieder in einer Sekunde die Energie $W = 300$ J als Wärme ab. In dieser Zeit fließt die Ladung Q. In 2 s gibt er die Energie $2\,W = 600$ J ab; es fließt die Ladung $2\,Q$. Man erhält die doppelte Energie auch, wenn man zwei Tauchsieder *an derselben Quelle* anschließt und sie 1 s lang betreibt. Es fließt dann die Ladung $2\,Q$ – durch jeden Tauchsieder Q. Wenn bei Benutzung einer bestimmten Quelle die n-fache Ladung $n \cdot Q$ fließt, wird von ihr die n-fache Energie $n \cdot W$ abgegeben. Es gilt $W \sim Q$; das heißt: W/Q ist konstant.
Verschiedene Quellen können verschiedene Werte für W/Q haben. Dieser Quotient ist für jede Quelle charakteristisch. Er gibt an, wie viel Energie beim Fließen der Ladung Q freigesetzt wird.

In ➠ *Versuch 3* bestimmen wir den Wert W/Q für eine Netzsteckdose mithilfe eines 300 W-Tauchsieders. Er gibt in 1 s die Energie 300 J als Wärme an das Wasser ab. Wir messen die Stromstärke $I = 1{,}3\text{ A} = 1{,}3\text{ C/s}$. In 1 s fließt also die Ladung $Q = 1{,}3$ C.
An der Steckdose ist der Quotient $W/Q = 300\text{ J}/1{,}3\text{ C} = 230\text{ J/C}$.

230 J/C bedeuten: Beim Fließen von Ladung wird je Coulomb die Energie 230 Joule umgesetzt. An einer Netzsteckdose erhält man diesen Wert auch für jedes andere elektrische Gerät. An den Steckdosen liegt bekanntlich die Spannung 230 V (Volt; nach Alessandro Volta, ital. Physiker um 1800).
Der Wert erinnert nicht zufällig an das Ergebnis von ➠ *Versuch 3*. Man setzte nämlich fest:

Merksatz

Wenn eine elektrische Quelle beim Fließen der Ladung Q die Energie W abgibt, besteht zwischen ihren Polen die **Spannung**

$$U = \frac{W}{Q} \text{ mit der Einheit } 1\text{ V} = 1\,\frac{\text{J}}{\text{C}}.$$

Die beim Fließen der Ladung Q frei werdende Energie ist

$$W = U \cdot Q.$$

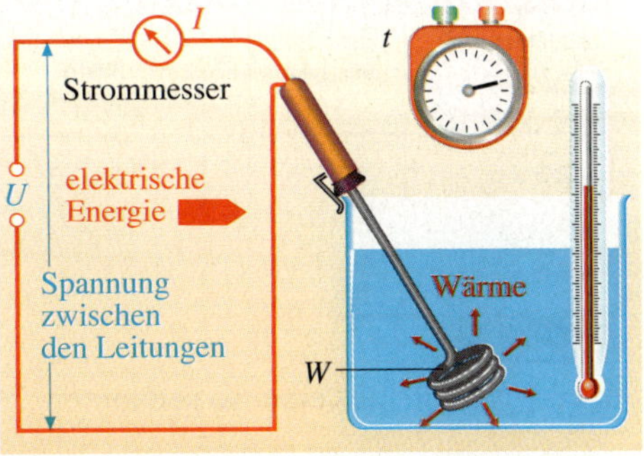

V 3: Energie fließt aus der Steckdose in den Tauchsieder, dann in das Wasser.

V 4: a) Wir bestimmen nach der Definition von U die Spannung eines Eisen-Nickel-Akkus, in dem 10 Zellen hintereinander liegen. Wegen $U = W/Q$ müssen wir dazu W und Q ermitteln.
Zuerst bestimmen wir W durch Erhitzen einer Wassermenge: Als Tauchsieder dient eine Drahtwendel, die an dicke Kupferdrähte gelötet ist. Sie taucht in 200 g Wasser (spez. Wärme $c_W = 4{,}2\,\frac{\text{J}}{\text{g} \cdot \text{K}}$), das in einen Joghurtbecher gefüllt wurde.
Die Temperatur des Wassers steigt um 21 K. Der Strom entwickelt folglich die Wärme $W = c_W \cdot m \cdot \Delta\vartheta \approx 18\,000$ J.
Jetzt berechnen wir Q: Die Stromstärke ist $I = 5{,}0\text{ A} = 5{,}0\text{ C/s}$. In der Zeit 300 s fließt die Ladung $Q = I \cdot t = 1500$ C.
Die Spannung des Akkus ist also:
$U = W/Q = 18\,000\text{ J}/1500\text{ C}$
$= 12\text{ J/C} = 12\text{ V}$.
b) Schaltet man nur 5 Zellen hintereinander, so bestimmt man die Spannung $U = 6\text{ J/C} = 6\text{ V}$. Das ist die halbe Spannung. Aus der Definition der Spannung folgt demnach, dass sich die *Spannungen beim Hintereinanderschalten von Zellen addieren*. Die Spannung einer Zelle kann man mit $6\text{ V}/5 = 1{,}2$ V berechnen.
Die Zelle eines Bleiakkus hat die Spannung 2 V. 6 dieser Zellen ergeben die in Autos übliche „Bordspannung" 12 V.

Aufgaben

A 1: Beim Betrieb eines Heizgerätes misst man die Stromstärke $I = 0{,}8$ A. Es gibt je Sekunde die Energie $W = 96$ J ab. Welche Ladung Q fließt je Sekunde? Wie groß ist die Spannung U, die am Gerät liegt?

A 2: In ➠ *Versuch 4 a* misst man bei der Spannung $U = 12$ V eines Akkus in einer anderen Heizwendel eine Stromstärke von $I = 3{,}0$ A. **a)** Welche Ladung fließt in 1 s? **b)** Wie viel Wärme wird in 1 s, wie viel in 5 min abgegeben?

1		2		3		4		5		6		7
Zählerstand neu (31.12.)	−	Zählerstand alt (1.1.)	=	Gesamtverbrauch (kWh)	x	Preis je kWh €	=	Verbrauchsbetrag €	+	Grundpreis pro Jahr €	=	Nettobetrag €
2526		0126		2400		0,10		240,00		72,00		312,00
										+ Umsatzsteuer (16%)		49,92
Zähler Nr. 5.765.270										Rechnungsbetrag		361,92

B1: Ausschnitt aus einer so genannten „Stromrechnung"

Beispiel

Elektrische Heizgeräte

a) Ein Heizgerät liegt während der Zeit $t = 100$ s an der Spannung $U = 230$ V; die Stromstärke ist $I = 8{,}7$ A. Welche Energie entnimmt es dem Netz?

Lösung:
Nach $W = U \cdot I \cdot t$ ist die Energie
$W = 230\text{V} \cdot 8{,}7\text{ A} \cdot 100\text{ s}$
$= 230\text{ J/C} \cdot 8{,}7\text{ A} \cdot 100\text{ s} \approx \mathbf{200\,000\text{ J}}$.
Die Leistung des Geräts ist
$P = U \cdot I = 230\text{ V} \cdot 8{,}7\text{ A} = 2000\text{ W}$.

b) Die Haussicherung unterbricht den Strom, wenn dessen Stärke 16 A überschreitet. Welche Gesamtleistung dürfen angeschlossene Geräte also höchstens haben?

Lösung:
Aus $P = U \cdot I$ ergibt sich
$P_{max} = 230\text{ V} \cdot 16\text{ A} = \mathbf{3680\text{ W}}$.
Zwei Heizlüfter mit je 2000 W bringen die Sicherung zum Abschalten.

B2: Was bedeutet „230 V/100 W"?
„230 V": Diese Angabe ist eine Empfehlung. Es wird geraten, die Lampe mit der Spannung 230 V, ihrer *Nennspannung*, zu betreiben. Bei kleinerer Spannung ist das Licht nicht mehr weiß, sondern rötlich. Bei höherer Spannung leuchtet die Lampe zwar heller, ihre Lebensdauer ist aber kürzer.
„100 W": Bei 230 V wird die *Nennleistung* 100 W erreicht.

Elektrische Energie und Leistung

1. Elektrische Energie

Zum Betrieb von Glühlampen, Elektroherden, Elektromotoren braucht man Energie. Diese kommt meist aus dem Elektrizitätswerk und wird in den Geräten in Licht, Wärme, mechanische Energie umgewandelt. Für diese Energie muss man bezahlen. Das E-Werk schickt eine „Stromrechnung" (➡ *Bild 1*), so als ob man für die *strömende* Ladung bezahlen müsste. Diese kehrt aber wieder zum E-Werk zurück. Auch das Wasserrad einer Mühle entnimmt dem Bach kein Wasser. Das Wasser verliert an Höhe und damit an Höhenenergie.

Wie berechnet man die dem Netz entnommene Energie?
Aus $U = W/Q$ folgt: Fließt die Ladung $Q = I \cdot t$, so ist die gelieferte **elektrische Energie**

$$\boldsymbol{W = U \cdot Q = U \cdot I \cdot t.}$$

Die vom E-Werk gelieferte Energie $W = U \cdot I \cdot t$ nennt man auch elektrische *Arbeit*. Sie hängt von der Stromstärke I und der Betriebszeit t des Gerätes ab (die Spannung $U = 230$ V ist fest).

2. „Starke" Glühlampen haben große Leistung

Eine 100 W-Glühlampe leuchtet heller als eine mit 60 W. In der „stärkeren" Lampe wird pro Sekunde mehr elektrische Energie in Licht und Wärme umgewandelt als in der „schwächeren". Die Einheit Watt kennen wir aus der Mechanik. Dort wurde die **Leistung** $\boldsymbol{P}$ als Quotient der von einem Gerät abgegebenen Energie W und der Zeit t definiert: $\boldsymbol{P = W/t}$. Ihre Einheit ist 1 J/s = 1 Watt (W). (Energie W, aber Einheit W für Watt.)
In der Elektrizitätslehre ist die Berechnung der Leistung einfach:

$$\boldsymbol{P = \frac{W}{t} = \frac{U \cdot I \cdot t}{t} = U \cdot I.}$$

Die Leistung P eines elektrischen Gerätes ist das Produkt aus der Spannung U und der Stromstärke I.
Die Einheit ist: 1 V · 1 A = 1 J/C · 1 C/s = 1 J/s = 1 W.
1000 W = 1 kW (Kilowatt); 10^6 W = 1 MW (Megawatt).

3. Abrechnung in Kilowattstunden (kWh)

Bei den Energiemengen $W = P \cdot t$, die uns das E-Werk in Rechnung stellt (➠ *Bild 1*), ist die Einheit 1 J unpraktisch, da man es mit sehr großen Zahlen zu tun hätte. Man verwendet daher als Leistungseinheit 1 kW, als Zeiteinheit 1 h und erhält die große Energieeinheit **1 kWh (Kilowattstunde)**:

$$W = P \cdot t = 1\ \text{kW} \cdot 1\ \text{h} = 1000\ \text{W} \cdot 3600\ \text{s} = 3\,600\,000\ \text{Ws}$$
$$= 3\,600\,000\ \text{J/s} \cdot \text{s} = 3\,600\,000\ \text{J}.$$

Heizgeräte mit der Nennleistung 1 kW liefern bei der Nennspannung 230 V in 1 h die Energie 1 kWh. Bei der Nennleistung 2 kW wird diese Energie schon in $\frac{1}{2}$ h abgegeben.
Verwechsle nie die Leistungseinheit kW mit der Energieeinheit kWh!

Elektrische Energie kann man nicht wie Heißwasser, Kohle oder Gas speichern. Man muss sie im *gleichen Augenblick*, in dem sie der Verbraucher anfordert, aus anderen Energiearten (Sonne, Wasser, Öl, Gas, Kohle, Kernenergie) gewinnen.

Merksatz

Die abgegebene **elektrische Energie** W ist das Produkt aus Spannung U, Stromstärke I und Zeit t:

$\boldsymbol{W = U \cdot I \cdot t}$ Einheiten: 1 J und 1 kWh; 1 kWh = $3{,}6 \cdot 10^6$ J.

Die elektrische Leistung P ist das Produkt aus Spannung U und Stromstärke I:

$\boldsymbol{P = U \cdot I}$. Einheiten: 1 W = 1 V · 1 A; 1 kW = 1000 W.

B3: Der „Elektrizitätszähler" misst Energie in kWh. Die Aufschrift 375 Umdrehungen/kWh gibt an, dass sich die rot markierte Scheibe während der Lieferung von 1 kWh 375-mal dreht.

Aufgaben

A1: Beobachte die Zählerscheibe in deinem Elternhaus. Wie reagiert sie auf das Einschalten einer Lampe und wie auf das Einschalten des Elektroherdes?

A2: Überprüfe die Leistungsangabe des Herstellers an einem Heizlüfter. Während der Messzeit sollten keine anderen Elektrogeräte ein- oder ausgeschaltet werden. Wie kann man eine kontinuierliche Dauerleistung berücksichtigen?

A3: Im Badezimmer bleiben Heizstrahler (2 kW) und Leuchtstofflampe (11 W) versehentlich während der Nacht (10 h) eingeschaltet. Was kostet das für jedes Gerät (0,10 €/kWh)?

Interessantes

Wohlstand und Energie

Der Mensch braucht ständig Energiezufuhr, etwa 1,5 kWh pro Tag, auch beim Nichtstun. Seine Leistung schwankt zwischen 40 W (Ruhe) und 160 W (schwere körperliche Arbeit). Teilt man die in Deutschland von den E-Werken in einem Jahr gelieferte Energie durch die Zahl der Bewohner, so kommen auf eine Person etwa 7000 kWh elektrischer Energie. Dies entspricht einer Durchschnittsleistung von 800 W. In vielen Entwicklungsländern sind es weniger als 60 W je Einwohner (➠ *Bild 4*).
Damit wir so komfortabel wie gewohnt leben können, muss dauernd ein großer Energiestrom fließen. Dies wollen wir veranschaulichen:
Wenn der Generator, der die Leistung von 800 W liefert, von Hand betrieben würde, bräuchte man 5 Arbeiter zum Kurbeln (800 W/160 W = 5). Da sie nach 8 Stunden abgelöst werden müssten, würden nur für die von dir allein benötigte elektrische Energie 15 Mann arbeiten (24 h/8 h = 3; 5 · 3 = 15)!
Zum Vergleich: Eine reiche Familie im alten Athen hatte nur 5 Sklaven.
Die elektrische Energie stellt aber nur $\frac{1}{6}$ der Gesamtenergie dar, die pro Einwohner benötigt wird!

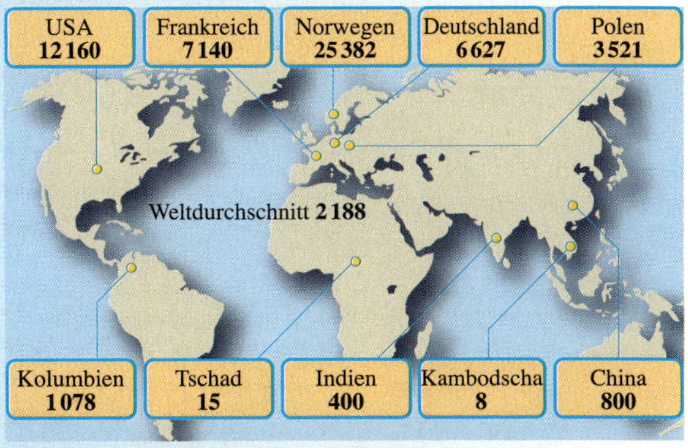

B4: Bedarf an el. Energie je Person und Jahr in kWh

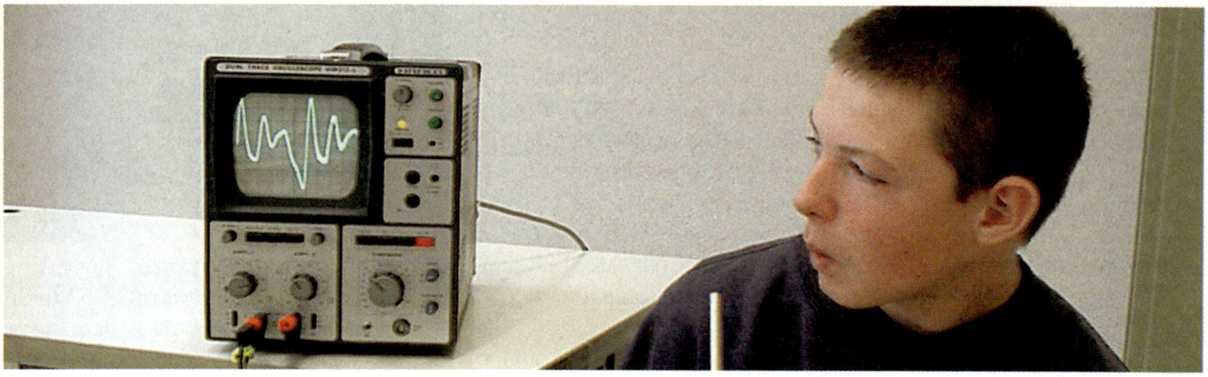

B1: Töne werden sichtbar

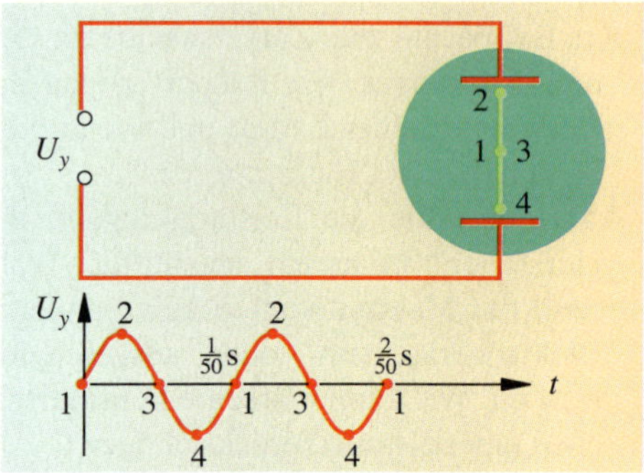

B2a: Nur vertikale Ablenkung

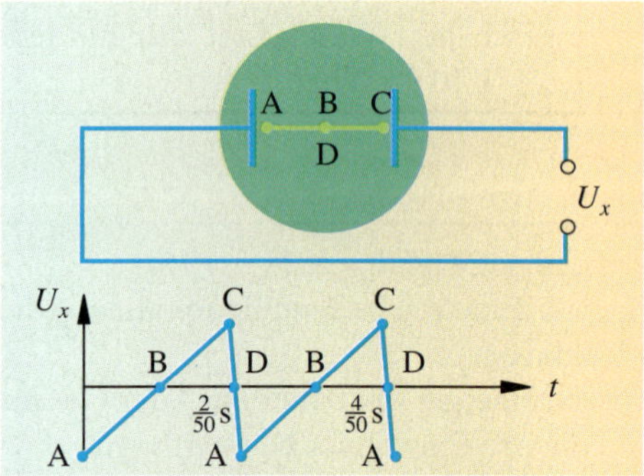

B2b: Nur horizontale Ablenkung

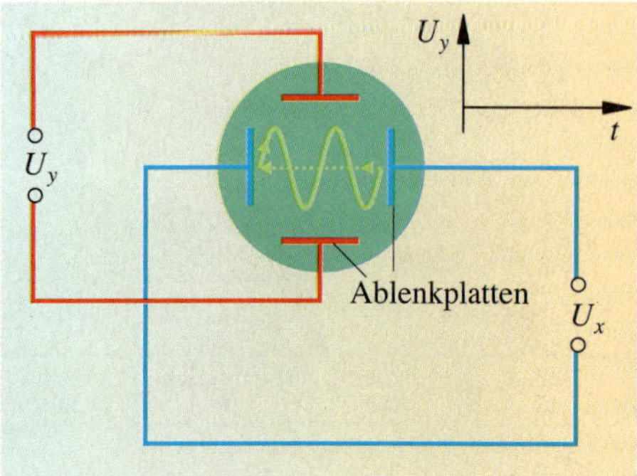

B2c: Beide Ablenkungen gleichzeitig

Wechselspannung

1. Das Oszilloskop misst auch Wechselspannungen

In vielen Bereichen der Wissenschaft, Medizin und Technik will man den zeitlichen Verlauf von Spannungen beobachten. In Oszilloskopen, Monitoren und Fernsehgeräten werden dazu braunsche Röhren verwendet. Wir wissen, dass die Ablenkung des Elektronenstrahls in einer braunschen Röhre proportional zur Spannung zwischen den Ablenkplatten ist. Damit kann man erklären, wie der Spannungsverlauf auf dem Bildschirm angezeigt wird:

Bild 2a: Eine Wechselspannungsquelle wird an das *vertikal* ablenkende Plattenpaar der braunschen Röhre eines Oszilloskops angeschlossen. Der Lichtpunkt bewegt sich schnell auf und ab; wir sehen einen senkrechten Strich.

Bild 2b: Um zu erkennen, wie sich die zu untersuchende Spannung U_y zeitlich ändert, wird im Oszilloskop eine so genannte **Kippspannung U_x** („Sägezahnspannung") erzeugt. Man legt sie an das *horizontal* ablenkende Plattenpaar. Die Spannung U_x führt den Elektronenstrahl gleichförmig von links (A) nach rechts (C). Ist er am rechten Bildrand (C) angelangt, springt er sehr schnell zum linken Rand (A) zurück (in ➠ *Bild 2c* gestrichelt eingezeichnet).

Bild 2c: Durch die seitlich ablenkende Kippspannung U_x werden die von U_y erzeugten *vertikalen* Auslenkungen des Strahls (➠ *Bild 2a*) nebeneinander gelegt. Dies geschieht so, als würde man U_y in einem Schaubild in Abhängigkeit von der Zeit *t* nach rechts auftragen. Im Intervall A-B-C läuft der Strahl von links nach rechts. Dabei schreibt er zwei Perioden der Wechselspannung U_y von je $\frac{1}{50}$ s Dauer.

Da der Elektronenstrahl praktisch verzögerungsfrei der Ablenkspannung folgt, kann man mit Oszilloskopen extrem schnelle Spannungsänderungen untersuchen. Dabei fließen keine Ladungen, denn die Ablenkplatten sind gegeneinander gut isoliert. Schwache Spannungsquellen (z. B. Mikrofone) werden somit nicht belastet.

2. Elektrische Energie im Haushalt

Das Elektrizitätswerk versorgt unsere Wohnungen mit elektrischer Energie. Sie wird in Deutschland in der Regel mit Erdkabeln ins Haus geführt. Der Übergabekasten, in dem sich die Hauptsicherung befindet und der „Zähler", der die entnommene Energie misst, sind durch eine dicke Leitung miteinander verbunden. Vom Verteilerkasten (➠ *Bild 3*) wird die elektrische Energie zu den einzelnen Wohnbereichen geführt (*Parallelschaltung*). In jedem Stromkreis befindet sich eine Sicherung, die die Stromstärke begrenzt (meist auf 16 A).
In den Verteilerdosen – sie liegen oft unter Putz – verzweigen sich die Leitungen zu den Steckdosen, den Lampenanschlüssen und den Schaltern des jeweiligen Raumes (➠ *Bild 4*).

3. Die Erdung des Netzes und seine Folgen

Die Kabel, die vom Verteilerkasten zu den Räumen des Hauses führen, bestehen aus drei Drähten.

Der **Außenleiter**, früher „Phase" genannt, hat eine braune oder schwarze Isolation. Er hat gegen Erde eine Spannung von 230 V. Berühren blanker Stellen ist lebensgefährlich (!), wenn man auf leitendem Boden steht. Da der Stromkreis jetzt über den Erdboden geschlossen ist, spricht man von einem Unfall durch *Erdschluss*.

Der Draht mit blauer Isolation heißt **Nullleiter**. Er ist geerdet. Der Draht mit der grün-gelben Ummantelung ist der **Schutzleiter**. Er ist ebenfalls geerdet. Dies erscheint auf den ersten Blick unvernünftig. Seine wichtige Schutzfunktion wird auf der übernächsten Seite erklärt.
Zum „Erden" verbindet man Null- und Schutzleiter mit feuchter Erde, indem man sie mit dem *Fundamenterder* verbindet. Das ist ein massives Eisenband, das in das Fundament des Hauses eingegossen wurde. Alle Metallgeräte im Haus (Badewanne, Wasser und Gasleitung und über den Schutzleiter selbst das Bügeleisen) sind mit dem Fundamenterder verbunden.

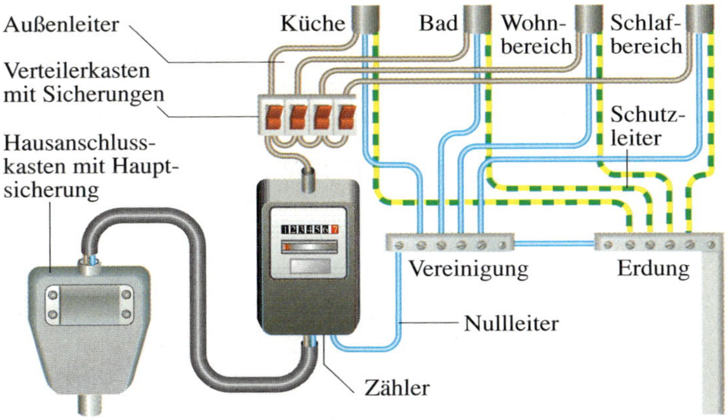

B3: So kommt elektrische Energie ins Haus.

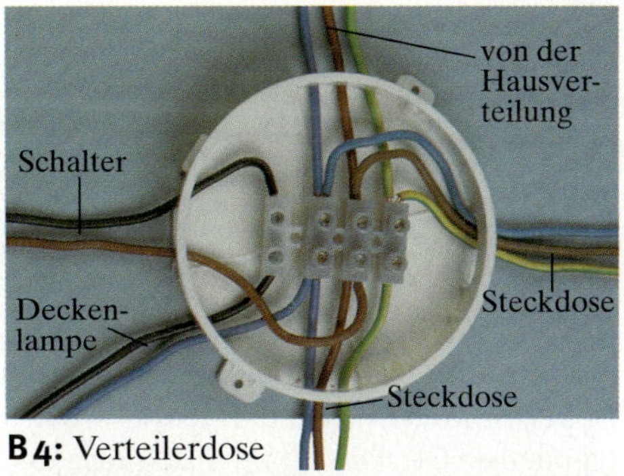

B4: Verteilerdose

B5: Der Spannungsprüfer zeigt, dass ein Pol der Steckdose Spannung gegen die Erde hat. Der zweite Pol ist geerdet.
Betrachtet man die Leuchtdioden über einen Drehspiegel, so kann man erkennen, dass sie abwechselnd aufleuchten. Unsere Wohnungen werden nämlich über Wechselstrom mit elektrischer Energie versorgt. Mit einem Oszilloskop kann man den zeitlichen Verlauf der Spannung sichtbar machen. Es zeigt, dass die Spannung einen geschlängelten (sinusförmigen) Verlauf hat (➠ *Bild 6*). In jeder Sekunde wechselt sie 100-mal ihr Vorzeichen. (Später werden wir die Vorteile der Wechselspannung gegenüber der Gleichspannung kennenlernen.)

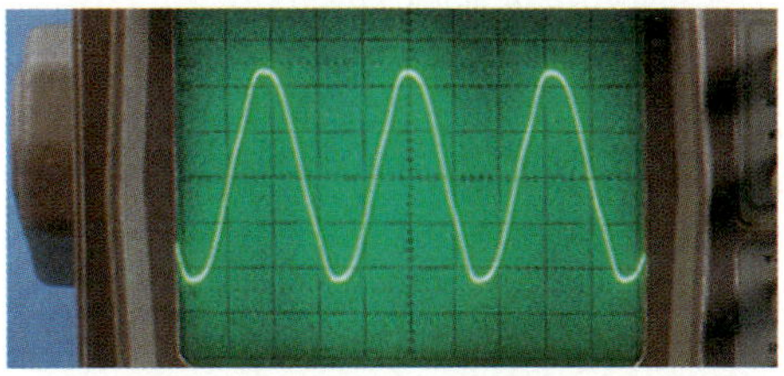

B6: Wechselspannung; zeitlicher Verlauf

Interessantes

Föhn in Badewanne tötete zwei Kinder

Crailsheim (dpa/lsw). Zwei Kinder sind in einer Gemeinde im Raum Crailsheim in der Badewanne durch einen Stromschlag getötet worden. Nach Polizeiangaben hatten die beiden drei und neun Jahre alten Geschwister gebadet und dabei mit einem Haartrockner hantiert. Offenbar wollten die Kinder mit dem Gerät die Haare einer Puppe trocknen.
Die Mutter und eine zehn Jahre alte Schwester hatten zum Zeitpunkt des Unglücks das Badezimmer wegen eines Telefonanrufs verlassen. Als sie kurze Zeit später zurückkehrten, lagen die Beiden tot in der Wanne.

B1: Notiz in einer Tageszeitung im Oktober 1998

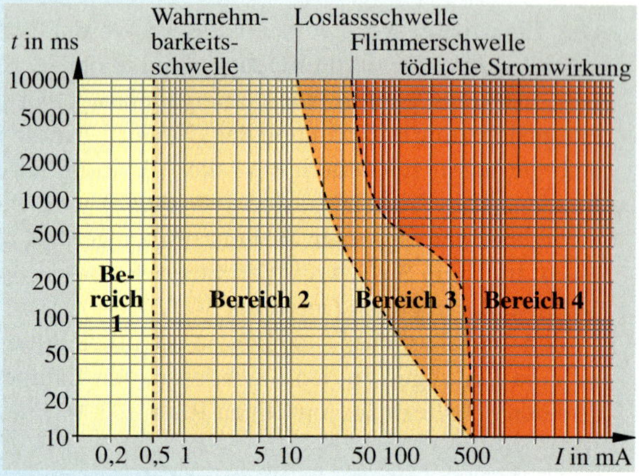

B2: Gefährdung durch elektrischen Strom

Gefahren durch elektrischen Strom

Der menschliche Körper leitet den elektrischen Strom. Je nach der Stromstärke, der Einwirkungsdauer des Stroms und dem Weg, den die Ladungen durch den Körper nehmen, können ernste gesundheitliche Schäden auftreten:

- Es kann zu Verkrampfungen von Muskeln kommen. Den Betroffenen ist es oft nicht möglich, sich von der Gefahrenstelle zu entfernen, weil die schwachen Signale aus dem Gehirn an die Muskeln von der äußeren Spannung überlagert werden.
- Hochspannungen verursachen oft Verbrennungen.
- Durch die chemische Wirkung des elektrischen Stroms können Zellen zerstört werden.
- Befinden sich Herz oder Kopf im Stromkreis, kann Herzflimmern auftreten, das ohne Hilfe zum Herzstillstand führt.

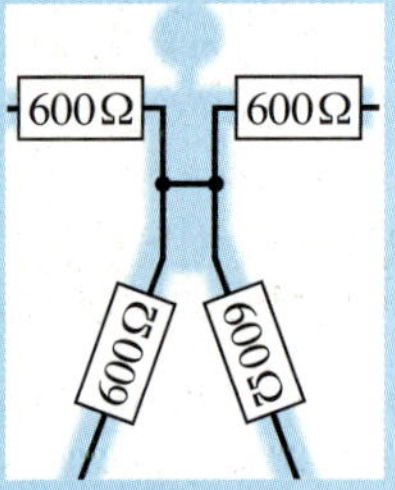

Die Stromstärke hängt auch hier von der Spannung und dem Widerstand ab. Dieser setzt sich aus dem Körperwiderstand und dem Übergangswiderstand zusammen (Reihenschaltung).
Der **Körperwiderstand** beträgt etwa 1,2 kΩ.

Der **Übergangswiderstand** beeinflusst wesentlich die Schwere des Schadens:

- Feuchte Hände leiten Strom besser als trockene.
- Schuhe, Teppich- oder Holzböden schützen.
- Nackte Füße, Steinböden, feuchter Rasen sind gefährlich.

Es kommt aber auch auf die Größe der Berührungsfläche an. Daraus ergibt sich die extreme Gefährdung durch elektrische Geräte beim Baden (➠ *Bild 1*).

➠ *Bild 2* zeigt die Schwere der Schädigung in Abhängigkeit von Stärke und Einwirkungsdauer eines Wechselstroms. (Achte auf die nichtlinearen Skalierungen der Achsen). Man kann vier Bereiche unterscheiden:
Bereich 1: Wechselströme unter 0,5 mA werden von den meisten Menschen nicht wahrgenommen, unabhängig von der Einwirkungsdauer.
Bereich 2: In diesem Bereich sind normalerweise keine Schäden zu erwarten. Leichte Verkrampfungen der Muskulatur. Wie in den folgenden Bereichen ist die Einwirkungsdauer wichtig.
Bereich 3: Starke Krämpfe der Muskulatur. Unregelmäßiger Herzschlag.
Bereich 4: Tödliche Stromwirkung durch Herzflimmern – Gehirn und Lunge werden nicht mehr ausreichend durchblutet. Bewusstlosigkeit.
Bei einer Einwirkungsdauer von 1 s können schon 60 mA tödlich sein.

Aus den Wirkungen ergeben sich die **Hilfeleistungen**:

1. Schnelles Abschalten des Stroms.
   Erst dann den Verunglückten berühren!
2. Bei Bewusstlosigkeit und Atemstillstand: Beatmung, Herzmassage (wie bei einem Ertrunkenen).
3. Schnell einen Arzt rufen!

Vorsichtsmaßnahmen beim Umgang mit elektrischen Geräten:

Nie Geräte mit Netzanschluss in der Nähe der Badewanne lagern!
Nie barfuß Elektrorasenmäher betreiben!
Nie gleichzeitig Elektrogerät und Wasserleitung anfassen!
Nie ein Elektrogerät öffnen, solange es noch mit der Steckdose verbunden ist!

Interessantes

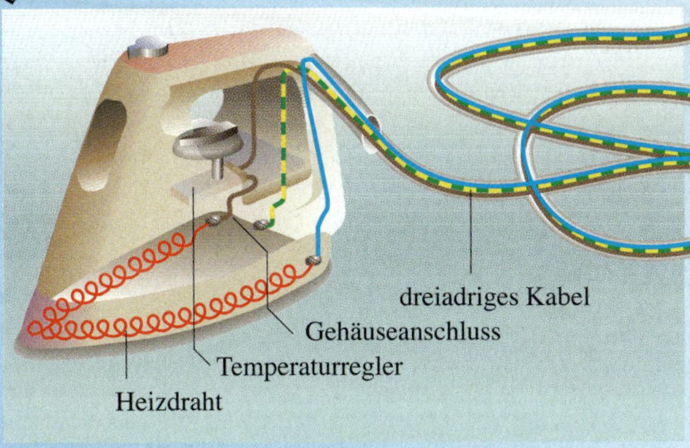

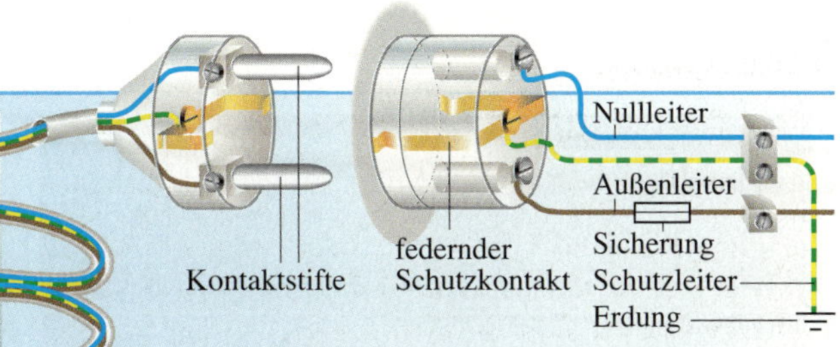

B3: Das Bügeleisen ist durch ein dreiadriges Kabel mit der Steckdose verbunden.

Schutzmaßnahmen

A. Schutzleiter sorgen für unsere Sicherheit

Beim Betrieb des Bügeleisens in ➠ *Bild 3* führen nur der blaue und der braune Leiter Strom, nicht aber der grün-gelbe Schutzleiter. Dieser hat eine Sicherheitsfunktion im Gefahrenfall. Er verbindet das Metallgehäuse des Bügeleisens über die gelb gezeichneten Schutzkontakte im Schukostecker mit der Erdung am Hausanschluss. Es ist gleichgültig, wie man den Stecker in die Dose steckt, der grün-gelbe Schutzstecker behält seine Funktion.

Nimm an, es gäbe keinen Schutzleiter und der Außenleiter sei schlecht isoliert (defekte Keramikisolation des Heizdrahtes oder brüchige Isolation alter Kabel). In diesem Fall bekommt der Außenleiter Kontakt zum Metallgehäuse. Durch diesen *Gehäuseschluss* erhält das Gehäuse Spannung gegen Erde. Über die bügelnde Person kann ein Stromkreis zum Fußboden geschlossen werden. Es kann zu einem lebensgefährlichen Körperstrom kommen. Auf ihn spricht die Sicherung nicht an, sie ist auf den viel stärkeren Strom durch das Bügeleisen ausgelegt.

Ist ein Schutzleiter vorhanden, bleibt die Person ungefährdet: Sein Widerstand ist sehr klein. Also kommt es in keinem Augenblick zu einer gefährlichen Teilspannung Gehäuse-Erde. Außen- und Schutzleiter führen einen starken Strom zur Erde. Die Sicherung im Außenleiterstrang spricht an und nimmt die Gefahr weg.

Gefahr: Verwechselt ein unwissender Bastler bei der Montage eines neuen Schukosteckers Schutz- und Außenleiter, dann steht das Gehäuse unter der vollen Spannung von 230 V zur Erde!

B. Hätte der Unfall verhindert werden können ?

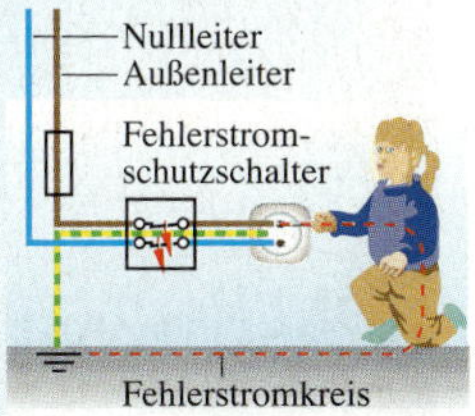

Einen noch umfassenderen Schutz bieten *Fehlerstrom-Schutzschalter* (FI-Schutzschalter). Sie überprüfen, ob die Stromstärken im Außenleiter und im Nullleiter gleich groß sind. In unserem Beispiel entsteht ein zusätzlicher Stromkreis Steckdose-Kind-Boden, sodass der Unterschied der Stromstärken nicht mehr null ist. Bei 30 mA „Fehlerstrom" wird der Stromkreis innerhalb von 0,03 s vom Netz getrennt. Durch das schnelle Abschalten ist das Kind nicht gefährdet (➠ *Bild 2*). In diesem Fall hätte der Schutzleiter nicht schützen können.

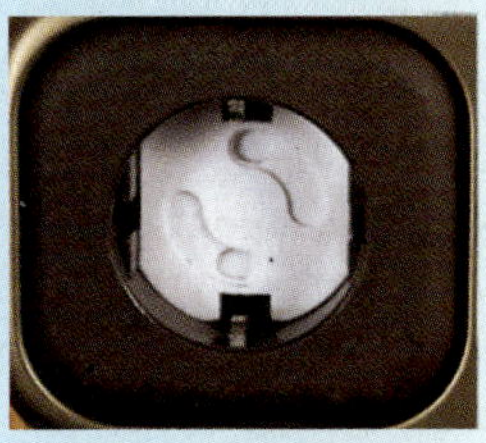

Kindersicherungen in Steckdosen verhindern, dass Kinder mit Nägeln oder anderen leitenden Gegenständen den spannungsführenden Pol berühren können. Man sollte sie stets benutzen. Auch moderne Technik könnte mal versagen.

B4: Küchenmaschinen und viele andere Haushaltsgeräte sind mit einem *zweiadrigen* Kabel ausgerüstet – haben also keinen Schutzleiter. Eine Schutzisolierung sorgt für Sicherheit. Alle Außenteile sind meist aus isolierendem Kunststoff. Nach außen führende Metallteile sind durch Kunststoffteile unterbrochen.

Notaus

Pilzdrucktasten trennen sofort alle Steckdosen vom Netz. Bei einem Stromschlag kannst du mit ihnen Menschenleben retten.

Interessantes

B1: Elektrische Kochplatte

Private Haushalte	in kWh	in Euro
Warmwasserspeicher (50-80 l)	199,4	30,60
Satellitenempfänger	138,7	21,30
Warmwasserspeicher (5-15 l)	135,6	20,80
Videorecorder	119,6	18,40
Faxgerät	104,0	16,00
Hi-Fi-Komplettanlage	96,4	14,80
Elektroherd	48,2	7,40
Schnurloses Telefon	42,0	6,40
PC	41,7	6,40
Fernseher	38,3	5,90
Radiowecker	13,1	2,00
Büro		
Telefonanlage (11 - 100 Nebenanschlüsse)	1040,0	159,70
Workstation	934,4	128,10
Kopierer	371,4	57,00
Laserdrucker	135,0	20,70

B3: Jährlicher Bedarf an el. Energie durch Stand-by

Physik im Haushalt

A. Elektrische Kochplatten

Du willst Spaghetti kochen. Auf der Packung steht: „Nudeln in kochendes Salzwasser geben, 10 Minuten leicht sprudelnd weiterkochen lassen." Zum Erhitzen des Wassers wählst du die Schnellkochstufe, dann wählst du die Stufe $1\frac{1}{2}$. Was geschieht eigentlich beim Drehen des Schalters? – In der Kochplatte sind drei Heizdrähte eingebaut, die verschieden große Widerstände haben. Durch geeignetes Zusammenschalten dieser Widerstandsdrähte erhält man sechs verschiedene Ersatzwiderstände und damit nach $I = U/R$ sechs verschieden große Stromstärken (Außerdem gibt es noch die Schalterstellung „aus").

Je nach gewünschter Leistung werden die Heizdrähte einzeln, in Reihe oder parallel geschaltet. In ➠ *Bild 2* sind sie als Widerstände eingezeichnet.

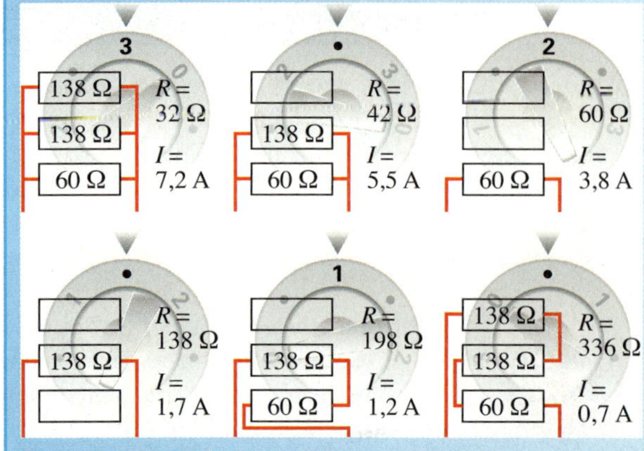

B2: Mit 3 Widerständen schaltet man 6 Kochstufen.

B. Teurer Stand-by-Betrieb

Hast du dir schon einmal klargemacht, wie viel elektrische Energie bereitgestellt werden muss, damit Fernsehgerät, Videorecorder, CD-Player, Hi-Fi-Anlage und PC sofort betriebsbereit sind? In Deutschland werden durch den Stand-by-Betrieb pro Jahr 20,5 Milliarden kWh (1997) für diesen „Leerlauf" benötigt (Zum Vergleich: Alle Wasserkraftwerke lieferten in diesem Jahr $18{,}5 \cdot 10^9$ kWh, Wind- und Sonnenanlagen $0{,}09 \cdot 10^9$ kWh).

Ein mit elektronischen Geräten gut ausgestatteter Haushalt muss dafür jährlich ca 150 € ausgeben (➠ *Bild 3*). Wie kann man sparen?

- Wenn du auf ein wenig Bequemlichkeit verzichtest, dann kannst du auf den Stand-by-Modus verzichten und die Geräte einfach komplett ausschalten.
- Es gibt aber auch Zusatzgeräte, die diese Aufgabe für dich automatisch erledigen. Sie werden zwischen Steckdose und z.B. Fernsehgerät oder Hi-Fi-Anlage geschaltet. Du kannst dann die elektrischen Geräte wie gewohnt im Stand-by-Betrieb aus- und wieder einschalten, das Zusatzgerät schaltet den Strom selbsttätig ab und wieder ein.
- Frage beim Kauf elektrischer Geräte nach der Leerlaufleistung. Ein Watt sollte genügen (durch entsprechende Chips kann z. B. die Leerlaufleistung von TV-Geräten auf 1/100 gesenkt werden).
- Bei Halogenlampen ist ein Trafo nötig, der die Netzspannung 230 V in die niedrige Betriebsspannung umwandelt. Der Schalter sollte vor dem Trafo eingebaut sein, damit dieser nicht ständig Wärme abgibt.

Interessantes

Ein paar lichtvolle Erkenntnisse zur Beleuchtung

In einem Drei-Personen-Haushalt werden pro Jahr etwa 2800 kWh elektrischer Energie benötigt (ohne Warmwasserbereitung). Davon entfallen 320 kWh auf die Beleuchtung.

Umweltbewusste Köpfe können durch die Wahl der richtigen Lampe Energie sparen, ohne auf genügende Helligkeit verzichten zu müssen.

A. Glühlampen

Die **Lichtausbeute** von Glühlampen ist mit 5% sehr klein – nur 5% der elektrisch zugeführten Energie verlassen als Licht den Glaskolben, der Rest wird als Wärme abgegeben. Die Lichtausbeute steigt zwar mit der Temperatur des Glühfadens, doch sinkt dann die *Lebensdauer* der Lampe von etwa *1000 h* stark. Das Glühfadenmetall Wolfram verdampft im Vakuum schon bei 2100 °C. Dieses Abdampfen der Wolframatome verlangsamt man durch Einfüllen schwerer Gase (Argon, Krypton) in den Glaskolben. Deren massereiche Atome stoßen nämlich die abdampfenden Wolframatome zum Glühfaden zurück. Dessen Temperatur lässt sich so bis 3000 °C steigern, nahe an die Wolfram-Schmelztemperatur von 3400 °C.

Trotz dieser Maßnahmen schlägt sich Wolfram allmählich als dunkler Belag auf der Innenseite des Glaskolbens nieder – die Lichtausbeute sinkt.

Halogenlampen

Geringe Lichtausbeute und kurze Lebensdauer der Glühlampe werden bei der Halogenglühlampe verbessert. Durch Zugabe von Halogengas (Brom, Fluor oder Jod) erreicht man, dass keine Schwärzung des Lampenkolbens auftritt. Die abgedampften Wolframatome verbinden sich in den kühleren Bereichen des Quarzkolbens mit Halogenmolekülen und bilden ein Gas. Kommt ein solches Gasmolekül in die heiße Zone unmittelbar an der Glühwendel, so zerfällt es. Das Wolframatom setzt sich wieder am Glühfaden ab. Durch diesen Prozess kann man die Temperatur und damit die Lichtausbeute steigern.

Vorteile: höhere Lichtausbeute, längere Lebensdauer, weißes Licht und kleine Abmessungen.

Nachteile: wegen des hohen Innendrucks (20 bar) Gefahr des Zerspringens; UV-Anteil im Licht.

C. Leuchtstofflampen

Sie sind den Glimmlampen verwandt. Statt Neon leitet Quecksilberdampf den Strom. Dabei entsteht viel unsichtbares UV-Licht. Ein Leuchtstoff, mit dem die Glasröhre innen ausgekleidet ist, wandelt das UV in sichtbares Licht um und bestimmt den Farbton. Ihre Lichtausbeute ist etwa 6- bis 8-mal höher als die gewöhnlicher Glühlampen. Ihre Lebensdauer beträgt 10 000 h. Durch häufiges Ein- und Ausschalten wird sie verkürzt. Leuchtstofflampen brauchen für den Betrieb Vorschaltgeräte. Moderne, elektronische Geräte sorgen für höhere Lichtausbeute und flimmerfreies Licht (sie arbeiten mit 20–40 kHz).

Energiesparlampen sind Leuchtstofflampen in besonders kompakter Form. Ihr Vorschaltgerät ist im Sockel eingebaut, dessen Schraubgewinde in die üblichen Lampenfassungen passt.

A1: Eine Energiesparlampe mit der Leistung 15 W leuchtet so hell wie eine Glühlampe mit 75 W. Der Preis einer Energiesparlampe ist 6 €, der einer Glühlampe 1 €. Die elektrische Energie kostet etwa 0,10 €/kWh. Vergleiche die Gesamtkosten während der Lebensdauer der Energiesparlampe (10 000 h). Lebensdauer einer Glühlampe 1000 h.

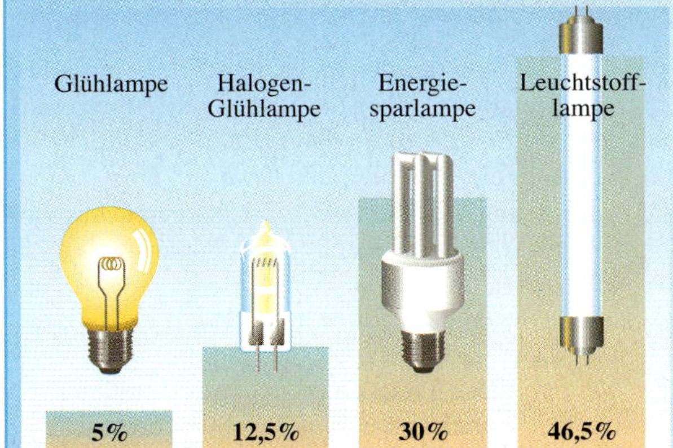

B4: Lichtausbeute verschiedener Lampen

B5: Lebensdauer von Lampen

Methoden

Vergleich von Feldern

Magnetisches Feld

Zwischen einem Nord- und einem Südpol von zwei Magneten treten anziehende Kräfte auf. Stehen sich zwei Nordpole oder zwei Südpole gegenüber, so herrscht Abstoßung. Die Kraftwirkung erfolgt dabei ohne direkten Kontakt durch den leeren Raum hindurch. Im Raum um einen Magneten, in dem andere Magnete Kräfte erfahren, besteht ein magnetisches Feld. Menschen haben (im Unterschied zu z. B. Brieftauben) kein Sinnesorgan für magnetische Felder.

Mit Probekörpern die Feldstruktur entdecken

Ein Probekörper (hier: Test-Nordpol) in ➠ *Bild 1a* zeigt uns die Struktur des Feldes. Er bewegt sich auf einer gekrümmten Bahn vom Nord- zum Südpol eines Stabmagneten. Diese Bahn bezeichnen wir als Feldlinie und geben ihr die Richtung, in der sich der Test-Nordpol bewegt. Ein Test-Südpol läuft in umgekehrter Richtung. Eine andere Art *Feldlinien* zu veranschaulichen bieten kleine Magnetnadeln und Eisenpulver (➠ *Bild 1b, 1c*).

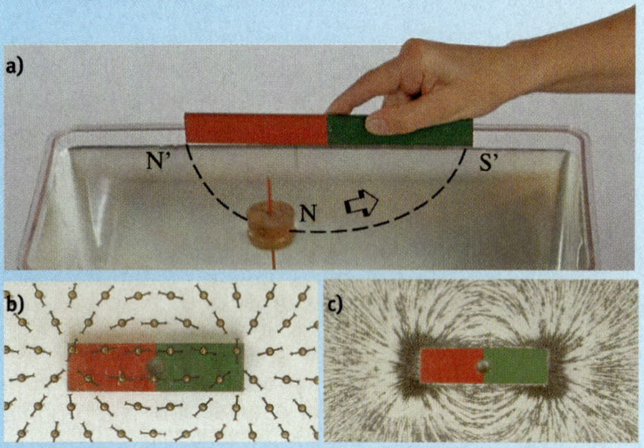

B1: a)–c) Verschiedene Darstellungen des magnetischen Feldes.

Bringt man das Eisenpulver in eine geeignete Flüssigkeit (z. B. Glycerin), so erhält man ein räumliches Feldlinienbild eines Stabmagneten (➠ *Bild 3*). An den Polen liegen die Feldlinien dichter zusammen, es werden dort größere Kräfte auf einen Testkörper ausgeübt.

Zwischen den beiden Schenkeln eines Hufeisenmagneten verlaufen die Feldlinien parallel. Man spricht dort von einem *homogenen Feld* (➠ *Bild 4*). Die Kraftwirkungen auf einen Testkörper sind dort überall gleich.

Elektrisches Feld

Wie wir schon gelernt haben, gibt es positive und negative Ladungen. Ungleichnamige Ladungen ziehen sich an, gleichnamige stoßen sich ab. In *Analogie* zum magnetischen Feld führen wir ein elektrisches Feld ein. Auch dafür haben wir kein Sinnesorgan. Zum Nachweis nehmen wir kleine, leichte, geladene Körper.

Auch das elektrische Feld zeigt eine Struktur

Zwischen zwei ungleichnamig geladenen Kugeln fliegen Watteflocken auf gekrümmten Bahnen hin und her (➠ *Bild 2a*). Diese Probeladungen erfahren Kräfte tangential zu gekrümmten Linien, elektrische Feldlinien genannt. Als Richtung der Feldlinien legen wir die Bewegungsrichtung einer positiven Probeladung fest. Fliegen die Watteflocken genügend dicht nebeneinander los, so laufen sie entlang benachbarter Linien. Beim Auftreffen auf die Kugeln wird die Watte umgeladen und bewegt sich in entgegengesetzter Richtung. Man kann den Verlauf der Feldlinien auch durch Grießkörner oder Textilfasern in Öl veranschaulichen.

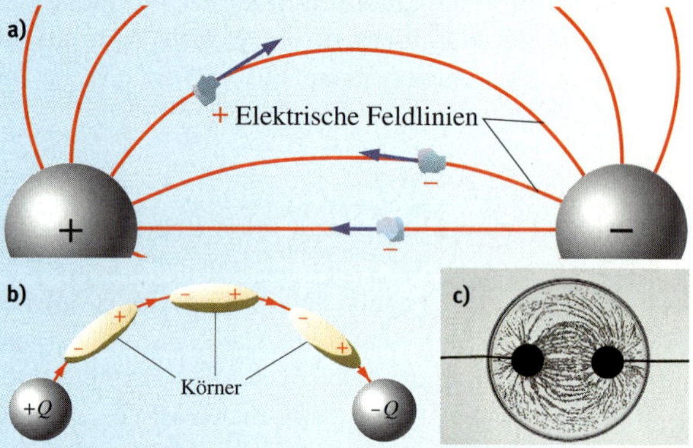

B2: a)–c) Verschiedene Darstellungen des elektrischen Feldes.

Durch *Influenz* werden in den Grießkörnern Ladungen getrennt; sie ziehen die Körner zu Ketten zusammen (➠ *Bild 2b, c*). In den Feldlinienbildern geben die Pfeile die Richtung der Kraft auf eine positive Probeladung an (➠ *Bild 2a*). Ein räumliches Bild zeigt ➠ *Bild 7*, dargestellt durch Papierstreifen, die gleichnamig aufgeladen wurden. An Spitzen und Kanten liegen die Feldlinien besonders dicht zusammen. Dort wirken die größten Kräfte. – Zwischen zwei parallelen Platten verlaufen die Feldlinien zueinander parallel (➠ *Bild 8*), es handelt sich um ein *homogenes Feld*.

Methoden

Magnetisches Feld

B3: Räumliches Feldlinienbild

B4: Feldlinienbild eines Hufeisenmagneten

An dem Verlauf der Feldlinien kann man auch erkennen, ob zwischen zwei Körpern anziehende oder abstoßende Kräfte wirken. Bildet das Eisenpulver Brücken zwischen zwei Magneten, so wirken anziehende Kräfte (→ *Bild 5a*); Abstoßung zeigt → *Bild 5b*.

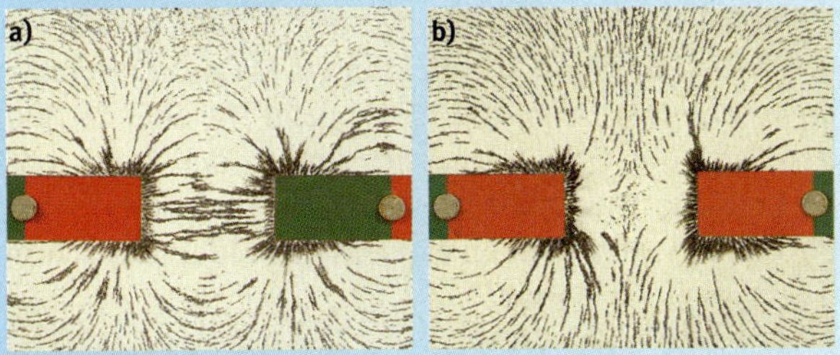

B5: a) Anziehung **b)** Abstoßung

Ziehen wir Nord- und Südpol von zwei Magneten (→ *Bild 5a*) weiter auseinander, so müssen wir Energie zuführen. Umgekehrt wird Energie in Form von Bewegungsenergie freigesetzt, wenn wir die Magneten zusammenschnappen lassen. Energie war also im Feld gespeichert.

Magnetfelder ohne Magnete

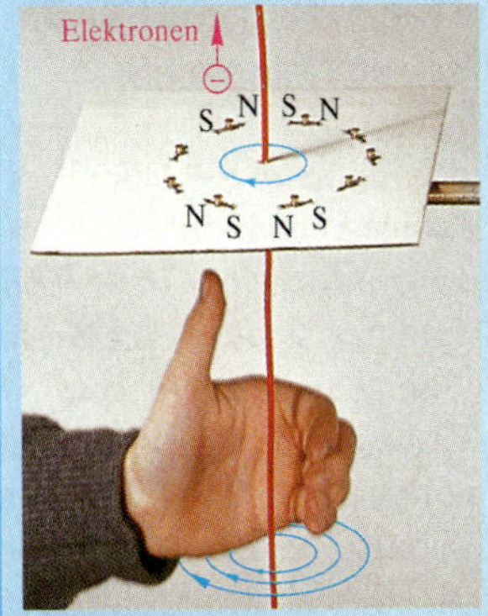

B6: Geschlossene Feldlinien

Auch ohne Pole gibt es Magnetfelder: Jeder elektrische Strom ist von einem Magnetfeld umgeben (→ *Bild 6*). Bei einem geraden Leiter bilden die Feldlinien konzentrische Kreise, die in Ebenen senkrecht zum Leiter liegen. Die Richtung der Feldlinien gibt die *Linke-Faust-Regel* an.

Elektrisches Feld

B7: Räumliches Bild eines elektrischen Feldes

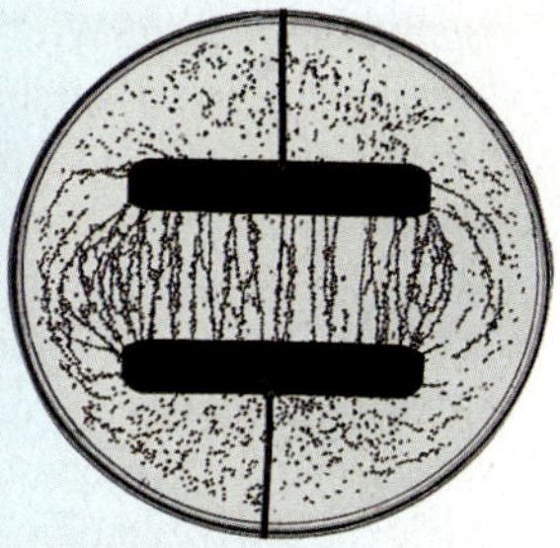

B8: Feldlinienbild eines Plattenkondensators

Bei Ladungen finden wir ähnliche Kraftwirkungen wie im magnetischen Fall. Wie bei den Feldlinienbildern von Magneten kann man aus dem Verlauf der Feldlinien auf Anziehung (→ *Bild 9a*) oder Abstoßung (→ *Bild 9b*) schließen.

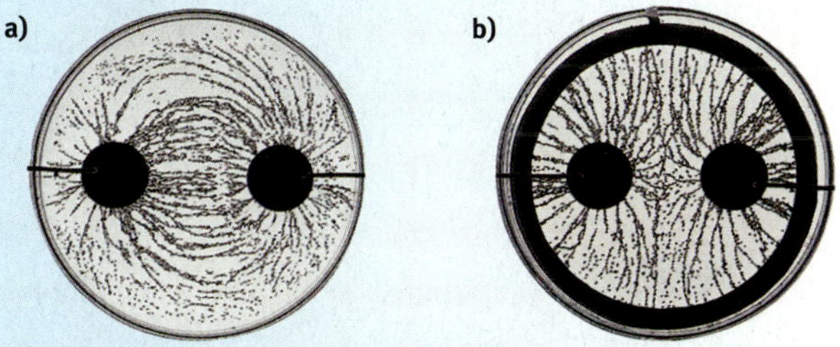

B9: a) Anziehung **b)** Abstoßung

Auch für das räumliche Trennen von ungleichnamigen Ladungen braucht man Energie. Diese Energie ist dann im elektrischen Feld gespeichert. Ziehen wir zwei parallele ungleichnamig geladene Platten auseinander, bleiben die Feldlinien parallel, nur das Volumen, in dem die Feldlinien zwischen den Platten verlaufen, wird größer. Im größeren Volumen ist auch mehr Energie gespeichert. Eine Glimmlampe leuchtet heller auf, wenn wir darüber die Platten entladen.

Unsere bisherigen Überlegungen haben viele Gemeinsamkeiten von elektrischen und magnetischen Feldern gezeigt. Aber es gibt auch wichtige **Unterschiede:**

Magnete treten nur als *Dipole* auf. Auch wenn wir den Magneten immer feiner unterteilen, entstehen wieder Magnete mit Nord- und Südpol. Einzelne Magnetpole (Monopole) hat man nicht gefunden. Im Unterschied dazu gibt es einzelne positive und negative Ladungen. Der Magnetismus ist mit seinen Wirkungen auf Materialien wie Eisen, Kobalt, Nickel beschränkt.

Methoden

Gravitationsfeld

An jeder Stelle auf unserer Erde fallen Körper senkrecht nach unten. Wie im elektrischen und magnetischen Feld wird auch die Schwerkraft durch ein Feld vermittelt, Gravitationsfeld genannt. Diese Feldkräfte wirken auch im leeren Raum.

Mit einem Apfel die Feldstruktur der Erde finden

In einem kleinen Bereich (z. B. in unserem Physiksaal) sind die Gewichtskräfte $\vec{G}$ von verschiedenen Körpern parallel zueinander. Es sind die Feldkräfte des Gravitationsfeldes. Als *Probekörper* dient jetzt ein Apfel. Er fällt immer senkrecht nach unten. Wir zeichnen deshalb auch die Feldlinien parallel zueinander (➡ *Bild 1*). Hier ist das Gravitationsfeld praktisch *homogen*.

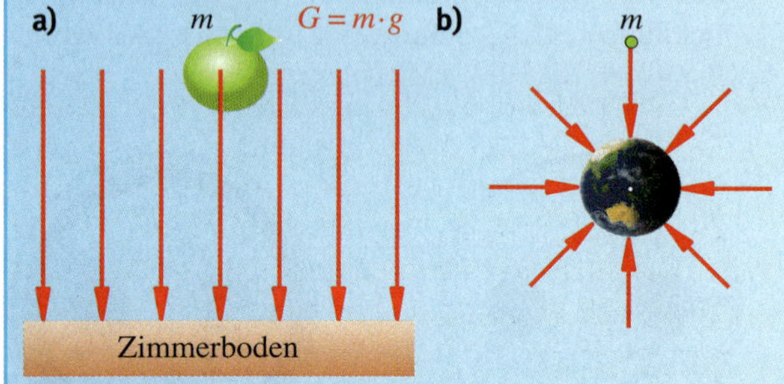

B 1: a) Ein Apfel fällt immer senkrecht nach unten. **b)** Das radiale Feld der Erde

Beim Gravitationsfeld können wir Aussagen über die Größe der Kraft auf einen Probekörper machen: Nehmen wir als Probekörper einen Apfel der Masse m, so ist der Betrag der Gewichtskraft $G = m \cdot g$. Im homogenen Feld ist der Quotient $g = G/m$ konstant und für alle Körper gleich. Um einen Körper der Masse m im Gravitationsfeld um h zu heben, muss man die Energie $G \cdot h = m \cdot g \cdot h$ zuführen. Diese steht ihm dann als Höhenenergie zur Verfügung.

Bei größerem Abstand zum Erdmittelpunkt nimmt g mit der Höhe ab; g heißt *Ortsfaktor*. Im Ganzen betrachtet ist das Gravitationsfeld der Erde *radial* (➡ *Bild 1b*), wie das Feld einer geladenen Kugel.

Grenzen der Analogien

Die anziehende Kraft wirkt nicht nur zwischen Erde und einem Probekörper, sondern alle Körper ziehen sich gegenseitig an. Abstoßung tritt bei Massen nicht auf. Das Gravitationsfeld hat nur eine Art Masse. Während es bei der Gravitationskraft nur Anziehung gibt, findet man im elektrischen und magnetischen Fall sowohl anziehende wie abstoßende Kräfte.

Vergleichen wir die elektrische Abstoßungskraft zwischen zwei Elektronen mit ihrer Gravitationsanziehung bei gleichem Abstand, so ist die Stärke der elektrischen Kraft um den kaum vorstellbaren Faktor $4 \cdot 10^{42}$ größer als die Gravitationskraft. Wie kommt es, dass wir trotzdem im täglichen Leben von den elektrischen Kräften so viel weniger spüren als von der Schwerkraft?

Bei einem neutralen Körper kompensieren sich wegen der perfekten Ladungsbilanz die Felder der positiven und negativen Ladungen nach außen hin. Elektrische Felder können sich gegenseitig aufheben. Dies ist auch die Ursache für die Festigkeit unserer Materie. Eine Auslenkung aus dem Gleichgewichtszustand führt zu großen elektrostatischen Kräften, die das Gleichgewicht wieder herstellen.

Nähert man einem Leiter z. B. eine positive Ladung, so bilden sich auf seiner Oberfläche Influenzladungen. Elektronen werden in dem Leiter verschoben, sodass an ihnen die Feldlinien enden. Das Innere des Leiters ist feldfrei. Dies zeigt ➡ *Bild 2a*. Dort liegen die Grießkörner im Innern des Rings ohne Struktur. Das Innere des Rings ist praktisch feldfrei. Durch Leiter können elektrische Felder abgeschirmt werden (➡ *Bild 2b*).

B 2: a) Das Innere des Metallrings ist feldfrei. **b)** Um Kabel vor störenden elektrischen Feldern abzuschirmen, sind sie mit einem Drahtgeflecht umgeben.

Im Deutschen Museum in München zeigt der Versuch zur Demonstration dieses so genannten „Faraday-Käfig"-Effekts, dass eine Person in einem Metallkäfig keinen Schaden erleidet, auch wenn Blitze von mehreren 100 000 V überschlagen (➡ *Bild 3*). Dieser Effekt bewirkt eine Abschirmung von elektrischen Feldern in einem von Metall umschlossenen Raum. Auf diese Weise schützen auch Auto- und Flugzeughüllen aus Metall durch ihre feldfreien Räume die Insassen vor Blitzen.

Methoden

B3: Blitzüberschlag im Deutschen Museum – Für das Gravitationsfeld gibt es solch eine Abschirmung nicht.

Magnetfelder kann man mit so genanntem *Mu-Metall*, einer Nickel-Eisen-Legierung, nahezu abschirmen. Eine andere Methode, um einen feldfreien Raum zu erzeugen, ist es, mit einer Kombination von mehreren Spulen das Magnetfeld im Innern eines Bereichs zu kompensieren.

Das Gravitationsfeld kann nicht abgeschirmt werden, da es nur eine Art von Masse gibt. Es gibt also keine Art der Materie, welche das Gravitationsfeld aufheben kann. Die Wirkung der Gravitationsfelder geht daher weit in den Weltraum hinaus. Sie bestimmen den Aufbau des Weltalls wesentlich mit.

Gemeinsamkeiten von Feldern

Ladungen (Magnetpole, Massen) sind von einem entsprechenden Feld umgeben. Alle Felder erkunden wir mit Probekörpern. Probekörper können je nach Feld Ladungen, Magnetpole oder Massen sein.

Die Struktur des Feldes beschreibt man mit Feldlinien. Tangential zu den Feldlinien erfahren Probekörper Kräfte.
In einem Feldlinienbild kann man an der Dichte der Feldlinien die Stärke des Feldes erkennen. An Stellen hoher Feldliniendichte sind das Feld (und damit die Kraftwirkungen auf Probekörper) stärker.

Ausblick

Zwischen Ladungen (Magnetpolen, Massen) wirken Kräfte.

Ladung ↔ Ladung

Würde die Kraftwirkung zwischen zwei Ladungen sofort einsetzen, so könnten wir durch Hin- und Herbewegen einer Ladung auf die weit entfernte Ladung momentan Kräfte ausüben. So wäre es möglich, zwischen zwei Punkten über große Entfernungen augenblicklich Botschaften auszutauschen.

Auf eine entfernte positive Probeladung wirkt jedoch nicht unmittelbar und momentan die Anziehungskraft, die von einer negativen Ladung ausgeht. Zwischen Ladungen besteht ein Feld; das Feld ist der Vermittler der Kräfte zwischen beiden Ladungen.

Ladung ↔ Feld ↔ Ladung

In dem elektrischen Feld braucht es eine gewisse Zeit, bis sich die Änderung mit Lichtgeschwindigkeit zum zweiten Körper ausbreitet. „Wackelt" die felderzeugende Ladung, so entsteht die veränderte Kraftwirkung nicht momentan, aber das Feld verändert sich. Diese Änderung pflanzt sich mit Lichtgeschwindigkeit fort und erreicht erst nach einer gewissen Zeit den Probekörper, die zweite Ladung. Vergleichbares gilt für Magnetpole.

Auch die Kraftwirkungen des Gravitationsfeldes kann man ähnlich beschreiben.

Masse ↔ Feld ↔ Masse

Für das Gravitationsfeld konnte man noch nicht das Vorhandensein dieser Wellen zeigen.
Bei Hannover hat man den Gravitationswellendetektor GEO 600 gebaut, der dem Nachweis dieser Wellen dienen soll.

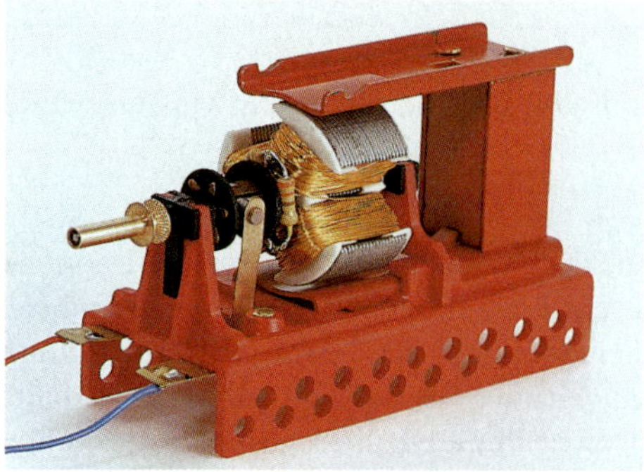

B1: Ein Spielzeug-Elektromotor mit drei Spulen

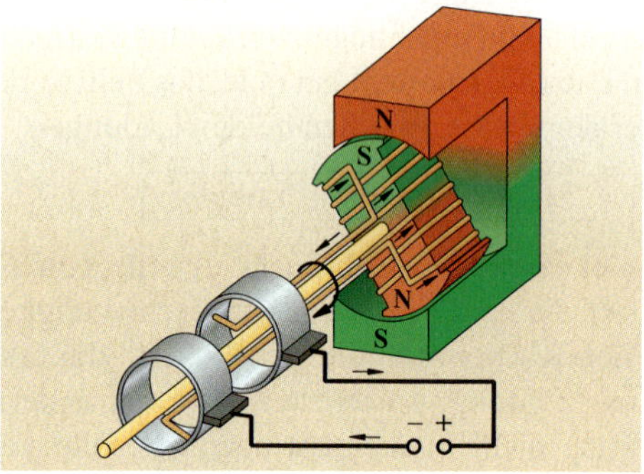

B2: Das Prinzip des Elektromotors mit Doppelspule

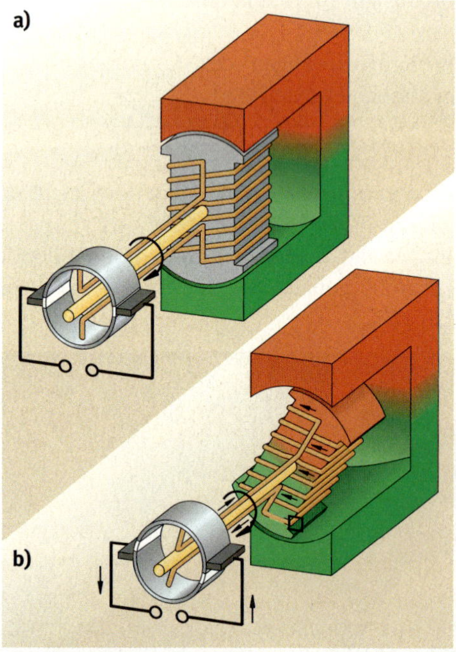

B3: a) Elektromotor mit unterteiltem Schleifring (im Totpunkt) **b)** Motor läuft bei veränderter Stromrichtung weiter

Der Elektromotor

Unser Leben ist ohne die Hilfe durch Elektromotoren kaum vorstellbar. Im Haushalt (Küchenmaschine, Waschmaschine, Staubsauger, Haarfön), im Transportwesen (Aufzug, Rolltreppe, Eisenbahn) und in der Industrie (Förderbänder, Pumpen, Roboter, Kräne) erleichtern Elektromotoren seit Ende des 19. Jahrhunderts zunehmend die menschliche Arbeit. Der Grund für den Siegeszug des Elektromotors liegt in seiner kompakten Bauweise. Elektrische Energie kann effizient in mechanische Energie umgewandelt werden. Die Umwandlung chemischer Energie (Kohle, Öl) in mechanische Energie ist viel komplizierter. Daher wird im Kraftwerk mit großem Aufwand chemische in elektrische Energie umgewandelt. Diese kann leicht mit Kabeln an den Ort geführt werden, wo sie benötigt wird. Im Folgenden wird der prinzipielle Aufbau eines Elektromotors besprochen.

1. Das Grundprinzip des Elektromotors

Wie ➠ *Bild 2* zeigt, besteht der Elektromotor aus einer drehbar gelagerten Doppelspule mit Eisenkern, die über Schleifringe und Schleifkontakte (Kohlebürsten) mit Strom versorgt wird. Diese Anordnung befindet sich innerhalb eines Magnetfeldes. Wie wir bereits wissen, stellen die Strom führenden Spulen ebenfalls Magnete dar, deren Polung durch Wicklungssinn und Stromrichtung festgelegt ist. Lässt man in ➠ *Bild 2* die drehbare Doppelspule los, so dreht sie sich zunächst im Uhrzeigersinn, weil sich ungleichnamige Magnetpole gegenseitig anziehen. Auf Grund ihres Schwunges schießt sie kurz über die vertikale Stellung hinaus, um dort (im „Totpunkt") zur Ruhe zu kommen. Damit die Spule weiter läuft, müssen in diesem Augenblick ihre Magnetpole vertauscht werden. Geschieht dies, so wird die Spule eine Halbdrehung weiterrotieren. Auch dort werden dann wieder die Pole vertauscht usw. Gelingt dies, so kann sich die Spule andauernd drehen und über ein aufgesetztes Zahnrad verschiedene Bauteile antreiben. Ein technischer Trick ermöglicht dieses automatische Umpolen des Spulenmagnetfeldes:
Dazu werden die zwei getrennten Schleifringe durch einen Schleifring ersetzt (➠ *Bild 3 a, b*), der aus zwei gegeneinander isolierten Halbringen besteht. ➠ *Bild 3 a* macht deutlich, dass der Doppelspule im Totpunkt des Motors kein Strom zugeführt wird. Nur die elektrischen Anschlüsse werden vertauscht. Dies verändert hinter dem Totpunkt jeweils die Polung des rotierenden Magneten von selbst, sodass der Motor weiterläuft.

2. Technische Verbesserungen des Elektromotors

Unser Elektromotor hat noch einen großen Nachteil. Im Totpunkt wirken auf die Doppelspulen keine Drehkräfte. Während des Laufens kann der Motor nur aufgrund seines Schwunges diesen Punkt überwinden. Folglich läuft der Motor sehr unruhig. Steht der Motor zu Beginn im Totpunkt, so läuft er ohne Anstoß

von außen nicht an. Abhilfe schafft eine dritte Spule (➠ *Bild 4*). Der Schleifring ist jetzt in drei gegeneinander isolierte Teilringe unterbrochen. Jede Spule ist mit zweien dieser Teilringe verbunden. Zwei Spulen erzeugen jeweils außen einen gleichen Magnetpol, die dritte den anderen. Die Anordnung im 120°-Winkel sorgt dafür, dass höchstens eine der drei Spulen im Totpunkt stehen kann, sodass der Motor aus jeder Ruhestellung ohne äußeren Anstoß anläuft und dass er während des Dauerbetriebs ruhiger als der Doppelspulenmotor läuft.
In der Technik eingesetzte Motoren besitzen noch mehr Spulen, die zum Teil ineinander verwoben sind. Diese Motoren laufen dann noch gleichmäßiger und können deshalb auch stärker belastet werden.

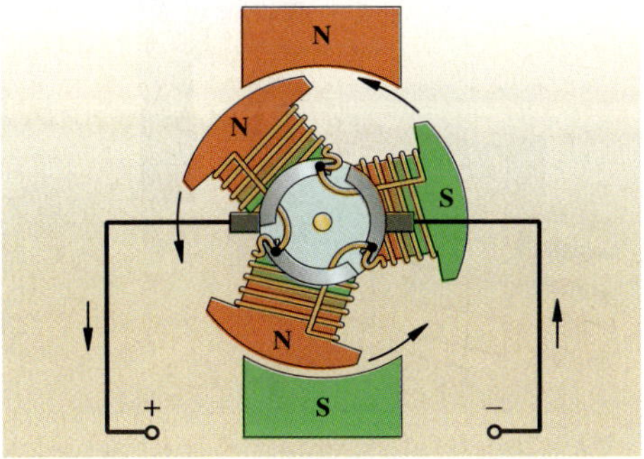

B4: Gleichstrommotor mit drei Spulen

3. Ein Motor auch für Wechselstrom

Bei diesem Motor (➠ *Bild 5*) wird auch das äußere Magnetfeld mithilfe eines Elektromagneten erzeugt. Seine Wickelrichtung ist so angelegt, dass der Motor im Uhrzeigersinn läuft. Die innere und die äußere Spule liegen im gleichen Stromkreis. Ein Umkehren der Stromrichtung bewirkt also ein Umpolen aller Elektromagnete, sodass die Drehrichtung des Motors stets unverändert bleibt. Selbst beim Betrieb mit Wechselstrom, der je Sekunde hundert Mal seine Richtung ändert, läuft der *Allstrommotor* davon unbeirrt im Uhrzeigersinn weiter. In vielen Haushaltsgeräten sind diese Allstrommotoren im Einsatz.

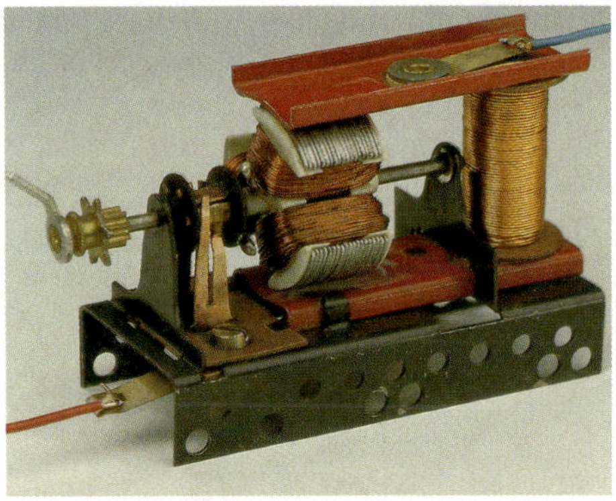
B5: Motor für Wechselstrom

Interessantes

Damals ...
Im kohlegefüllten Tender führt die Dampflok die zum Fahren benötigte Energie mit sich. Die verfeuerte Kohle und das verdampfte Wasser müssen ersetzt werden, vor dem Start muss vorgeheizt werden. Die große Masse von Lok und Tender lassen einen wirtschaftlichen Betrieb nicht zu. Schnelle Leistungssteigerungen und hohe Geschwindigkeiten sind nicht möglich, die Umwelt wird durch den Rauch verschmutzt.

... und Heute
Der ICE erhält die zum Fahren benötigte Energie als elektrische Energie über die Oberleitung. Die starken Elektromotoren sind direkt auf den Antriebsachsen montiert – man braucht keine besondere Lokomotive mehr. Sie sind stets betriebsbereit und bringen den Zug auf hohe Geschwindigkeiten, ohne die Umwelt zu belasten. Die aufwändige Umwandlung chemischer in elektrische Energie wurde ins Kraftwerk verlagert.

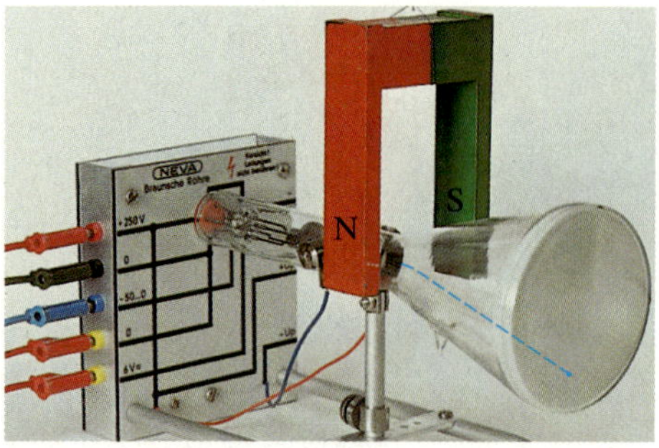

V1: Ohne Hufeisenmagnet trifft der Elektronenstrahl in der Mitte des Schirmes auf. Nähern wir dem Strahl einen schwachen Hufeisenmagneten, so trifft der Strahl unterhalb der Mitte auf dem Leuchtschirm auf.

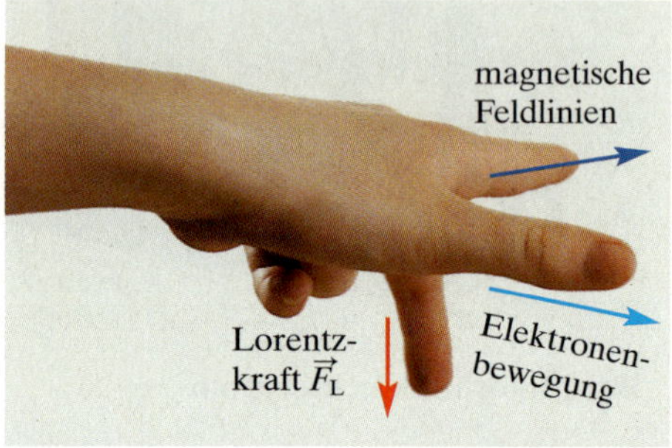

B1: Lorentzkraft und Linke-Hand-Regel

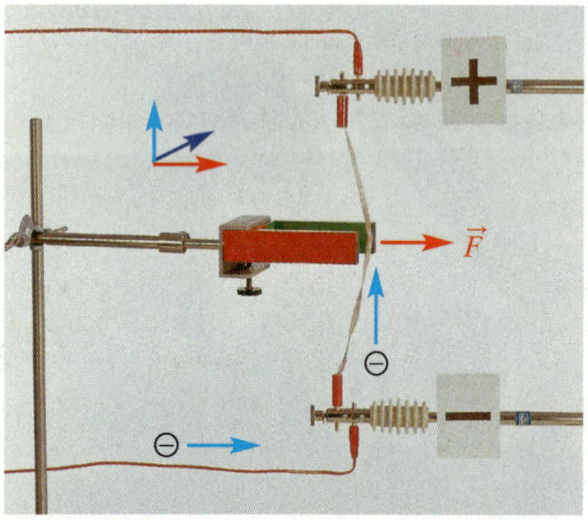

V2: Sobald durch das dünne, unmagnetische Metallband Elektronen fließen, wird es nach rechts ausgebeult.

Die Lorentzkraft

Elektrische Ströme erzeugen Magnetfelder. Diese Entdeckung ermöglichte es, Elektromagnete zu entwickeln. In diesem Abschnitt untersuchen wir die Frage, ob denn umgekehrt Magnetismus auch auf elektrischen Strom wirkt.

1. Magnetfelder üben auf bewegte Ladungen Kräfte aus

Die Elektronen des Elektronenstrahls in der braunschen Röhre werden durch das Magnetfeld abgelenkt (➠ *Versuch 1*). Die Ablenkung hängt von der Polung des Magnetfeldes ab. Vertauscht man die Polung des Magnetfeldes, so werden die Elektronen nach oben abgelenkt. Was ist das Besondere an dieser Ablenkung?
Die Elektronen werden nicht etwa auf einen der Magnetpole hin abgelenkt, sondern *senkrecht* zu den magnetischen Feldlinien. Ursache der Elektronenablenkung ist eine Kraft, die **Lorentzkraft** $\vec{F}_L$ (H. A. LORENTZ, niederl. Physiker um 1900).
Die Richtung der Lorentzkraft und damit die Richtung der Ablenkung lässt sich am einfachsten mit Zeige-, Mittelfinger und Daumen der *linken* Hand angeben (➠ *Bild 1*).

Merksatz

Linke-Hand-Regel: Der Daumen der linken Hand zeigt in die ursprüngliche Bewegungsrichtung der Elektronen. Der senkrecht dazu gespreizte Zeigefinger weist in Richtung der magnetischen Feldlinien. Dann zeigt der abgespreizte Mittelfinger die Richtung der Lorentzkraft an.

2. Auch bewegte Elektronen im Leiter werden abgelenkt

Der Strom führende Draht in ➠ *Versuch 2* wird ausgebeult. Auch die bewegten Elektronen im Leiter werden von der Lorentzkraft senkrecht zu ihrer Bahn und senkrecht zu den Magnetfeldlinien abgelenkt. Auch hier gibt die Linke-Hand-Regel die Richtung der Kraft an. Die Elektronen werden also nach rechts gedrängt, dabei üben sie eine Kraft auf das Band aus.

Merksatz

Bewegte Elektronen werden im Magnetfeld abgelenkt. Ursache ist die Lorentzkraft. Verlaufen Bewegungsrichtung der Elektronen und Magnetfeldlinien senkrecht zueinander, so wird die Kraftrichtung nach der Linke-Hand-Regel bestimmt.

Aufgaben

A1: Kehre in ➠ *Versuch 2* unabhängig voneinander Strom- und Magnetfeldrichtung um und bestimme für jeden Fall die Richtung der Lorentzkraft.

A2: Auf zwei festen Kohlestäben liegt ein beweglicher Kohlestab in einem Magnetfeld. Was geschieht, wenn man die beiden Schienen an eine Stromquelle anschließt?

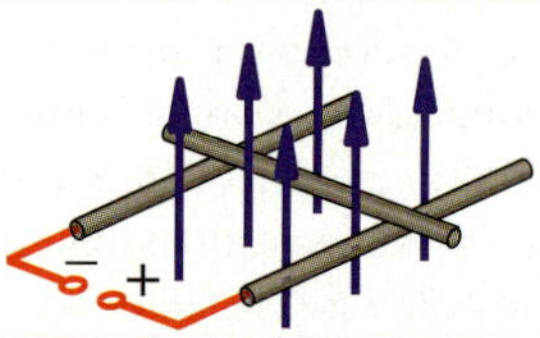

Interessantes

B1: Fotografie des Polarlichts

Das Polarlicht

In manchen klaren Nächten kann man am Himmel in Richtung Norden ein besonders eindrucksvolles Naturschauspiel beobachten – das so genannte **Polarlicht**. Der Himmel leuchtet dann in unterschiedlichen Farben und Formen: diffuse rötliche Vorhänge oder lange, bewegliche grünliche, bläuliche und rötliche Bänder und Strahlen. Diese Leuchterscheinungen flattern wie wirkliche riesige Vorhänge lautlos am Himmel. Das Polarlicht entsteht über der Arktis und über der Antarktis.

Von Deutschland aus ist nur das Polarlicht über der Arktis (Nordlicht) beobachtbar. Allerdings nimmt die Intensität der Erscheinung mit zunehmender Entfernung des Beobachters spürbar ab. In Skandinavien sollen im Jahresdurchschnitt etwa 100 Polarlichtnächte gezählt worden sein, in Norddeutschland lediglich etwa 3 und in Süddeutschland kann man im Mittel nur einmal im Jahr ein Polarlicht beobachten.

Die Ursache dieser Leuchterscheinung war lange Zeit unklar. So ist etwa in einem Physikbuch für Schulen aus dem Jahre 1909 zu lesen:
„Über die Art der Entstehung des Nordlichts hat man zwar noch keine vollkommene Gewissheit erlangt; doch ist es unzweifelhaft, dass diese wunderbare Erscheinung mit dem Erdmagnetismus zusammenhängt. ... Man nimmt an, dass sich infolge der Drehung der Erde um ihre Achse durch den Erdmagnetismus Elektrizität entwickelt, deren Ausströmung das Nordlicht bildet."

Richtig erkannt wurde damals schon, dass das Erdmagnetfeld bei der Entstehung eine entscheidende Rolle spielt. Falsch dagegen war jedoch die Vermutung, dass die Erde selbst Elektrizität erzeugt. Spätere Untersuchungen haben gezeigt, dass die Sonne der Auslöser ist:

Die Sonne strahlt nämlich außer dem Licht auch noch elektrisch geladene Teilchen ab – darunter Elektronen und Protonen. Ein Teil dieses „Sonnenwinds" rast durch den fast leeren Weltraum Richtung Erde. Aufgrund des Erdmagnetfelds wirken nun Lorentzkräfte auf die geladenen Teilchen und verändern ihre Flugrichtung so, dass sie am Eindringen in die Erdatmosphäre gehindert werden. Nur im Bereich der Pole des Erdmagnetfeldes können sie in die Erdatmosphäre eindringen. Dort stoßen sie auf ihrer Flugbahn auf Atome und Moleküle der oberen Luftschicht und geben einen Teil ihrer Energie an die Atome und Moleküle ab. Diese wiederum geben die Energie dann in Form von Licht ab. Es entstehen die beeindruckenden Leuchterscheinungen am Himmel. (Diese Art der Lichtentstehung durch Elektronenstöße ist vergleichbar mit der Lichtentstehung in Leuchtstoffröhren.)

Das Polarlicht ist dann besonders stark und damit in unseren Breiten sichtbar, wenn die Sonne extrem viele geladene Teilchen aussendet. Dies geschieht im Rhythmus von 11 Jahren, wenn auf der Oberfläche der Sonne Sonnenflecken erscheinen, die dort mit heftigen Turbulenzen verbunden sind.

B1: a) Hans Christian OERSTED (1777–1851) **b)** Michael FARADAY (1791-1867)

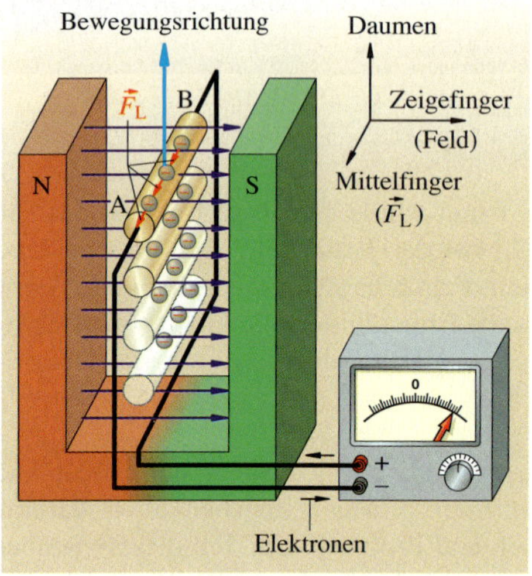

V1: Der Draht AB wird über zwei Leitungen mit einem empfindlichen Spannungsmessgerät verbunden. Der Draht wird nun mitsamt seinen Elektronen innerhalb des Magnetfeldes von unten nach oben bewegt. Die Bewegung erfolgt senkrecht oder schräg zu den Magnetfeldlinien.
Während der Bewegung des Drahtes zeigt das Messgerät eine Spannung an. Dabei ist A der Minuspol und B der Pluspol. Stoppt man die Bewegung, so sinkt die angezeigte Spannung sofort auf null.
Bewegt man den Draht parallel zu den Feldlinien oder gar außerhalb des Magnetfeldes, so entsteht keine Spannung.

V2: Bewegen wir den Draht nach unten, so zeigt das Messgerät wieder eine Spannung an. Dieses Mal allerdings ist die Polung gerade umgekehrt zu der in ➡ *Versuch 1*. Wenn wir den Draht auf und ab bewegen, entsteht eine Wechselspannung.

Die elektromagnetische Induktion

1820 entdeckte H. C. OERSTED (dänischer Physiker), dass elektrische Ströme stets Magnetfelder erzeugen. Das war eine Sensation, galten doch Elektrizität und Magnetismus bis dahin als zwei völlig unabhängige Naturphänomene. M. FARADAY (englischer Physiker und Chemiker) wollte OERSTEDS Entdeckung umkehren und mithilfe von Magnetismus Elektrizität erzeugen. Nach langem Suchen entdeckte er die elektromagnetische Induktion. Er bewegte Drähte und Magnete gegeneinander und erhielt so Spannung und Strom. Dieses Phänomen lernen wir nun kennen.

1. Bewegung erzeugt Spannung

➡ *Versuch 1* zeigt, dass man an den Enden eines im Magnetfeld bewegten Leiters Spannung abgreifen kann. Man sagt: Es wird zwischen seinen Enden eine Spannung **induziert**. Können wir diese Erscheinung mit unserem bisherigen Wissen verstehen?

Bewegt man den Leiter nach oben, so bewegt man damit auch alle Elektronen des Leiters auf breiter Linie nach oben. Wie wir wissen, wirkt auf jedes bewegte Elektron im Magnetfeld die Lorentzkraft. Halte den Daumen der linken Hand nach oben (Richtung der Elektronenbewegung) und den Zeigefinger nach rechts (Richtung der Feldlinien). Der Mittelfinger weist nun in die Richtung der Lorentzkraft $\vec{F}_L$. Diese treibt die Elektronen längs des Leiters nach vorn zum Punkt A. Im Punkt B entsteht dadurch ein Elektronenmangel. Zwischen den Punkten A und B herrscht also eine Spannung. Punkt A ist der Minuspol, Punkt B der Pluspol dieser durch Induktion erzeugten Stromquelle. Ein Umkehren der Bewegungsrichtung verursacht dann natürlich eine Umpolung (➡ *Versuch 2*).

Merksatz

Induktion durch Bewegung: Wird ein Leiter quer oder schräg zu magnetischen Feldlinien bewegt, so entsteht zwischen seinen Enden eine Induktionsspannung. Ursache ist die Lorentzkraft.

2. Rotierende Spulen erzeugen Wechselspannung

In Elektrizitätswerken treiben Wasser-, Wind- und Dampfturbinen große Stromerzeuger, so genannte **Generatoren**, an. Das sind große Spulen, die sich in einem Magnetfeld drehen. ➠ *Versuch 3* zeigt das Prinzip eines solchen Generators. Wird die Spule gleichförmig gedreht, so zeigt das Spannungsmessgerät abwechselnd zwischen den Schleifringen ein Wechseln der Polarität, also **Wechselspannung** an.
In ➠ *Versuch 3a* zeigt die Momentaufnahme, wie sich gerade das linke Leiterstück nach oben bewegt und das rechte nach unten. Im linken Leiterstück werden die Elektronen von der Lorentzkraft nach vorne bewegt, im rechten Draht nach hinten. Dadurch weist der vordere Schleifring gegenüber dem hinteren einen Elektronenüberschuss auf. Der vordere Schleifring stellt in diesem Augenblick der Drehbewegung den Minuspol der Stromquelle dar, der hintere den Pluspol.
In ➠ *Versuch 3b* zeigt die Momentaufnahme die Spulenstellung gerade eine Halbdrehung später. Jetzt ist das linke Leiterstück mit dem hinteren Schleifring verbunden und bewegt sich nach oben, das rechte nach unten. Die Lorentzkraft bewirkt erneut eine Spannung zwischen den Schleifringen. Diesmal ist der hintere Schleifring der Minuspol und der vordere der Pluspol der Stromquelle.
Eine Vierteldrehung später befinden sich die Leiterstücke oben bzw. unten. In diesem Augenblick bewegen sie sich kurzzeitig parallel zu den Feldlinien. Jetzt wird keine Spannung induziert.

Einen besseren Überblick erhalten wir, wenn wir die Spannung gegen die Zeit auftragen. Es entsteht ein *Zeit-Spannung-Diagramm*. Der erste „Bogen" des Zeit-Spannung-Diagramms gehört zu der ersten Halbdrehung (➠ *Versuch 3a*), während der das linke Leiterstück mit dem vorderen Schleifring verbunden ist. Der zweite Bogen zeigt den Spannungsverlauf während der zweiten Halbdrehung (➠ *Versuch 3b*).
Beim gleichförmigen Weiterdrehen der Spule wiederholt sich der Vorgang periodisch. Um technische Wechselspannung mit der Frequenz 50 Hz zu erzeugen, muss sich unsere Maschine in jeder Sekunde 50-mal drehen. Dabei ändern die Elektronen 100-mal ihre Bewegungsrichtung.

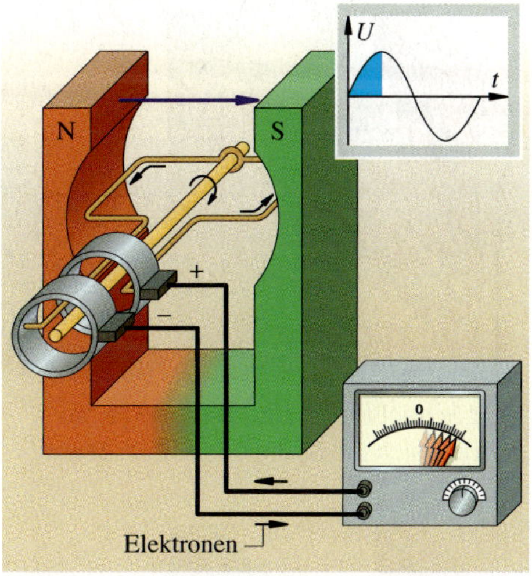

V3: a) Eine Leiterschleife (eine Spule) rotiert in einem Magnetfeld. An zwei Schleifringen wird über Schleifkontakte die Spannung gemessen. Diese ändert sich während der Drehbewegung. Das Zeit-Spannung-Diagramm gibt über den zeitlichen Verlauf der Spannung Auskunft.

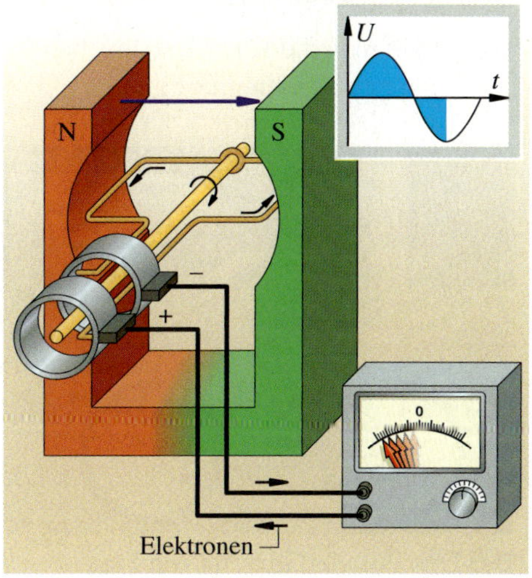

V3: b) Die Spule hat sich im Vergleich zu ➠ *Versuch 3a* um eine halbe Drehung weiter bewegt. Diesmal ist das linke Leiterstück mit dem hinteren Schleifring verbunden.

Merksatz

Beim **Drehen einer Spule im Magnetfeld** entsteht zwischen ihren Enden **Wechselspannung**.

Aufgaben

A1: In ➠ *Versuch 2* wird der Draht mitsamt seinen Elektronen innerhalb des Magnetfeldes nach unten bewegt. Erläutere mithilfe der Linke-Hand-Regel, warum der Draht während der Bewegung zur Stromquelle wird.

A2: Beim Generator von ➠ *Versuch 3*, werden die zwei Schleifringe durch zwei unterteilte Halbringe ersetzt (wie beim Gleichstrommotor). Über Kohlebürsten wird die Spannung gemessen. Die Spule rotiere gleichmäßig. Zeichne das Zeit-Spannung-Diagramm.

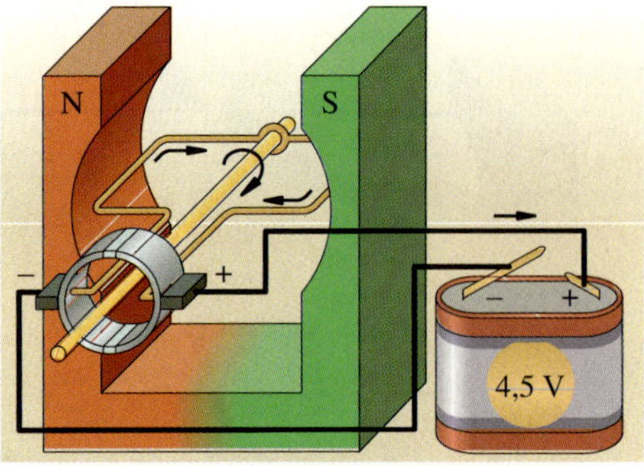

V 1: Schließt man eine Batterie an, so dreht sich die Spule von selbst: **Motor**.

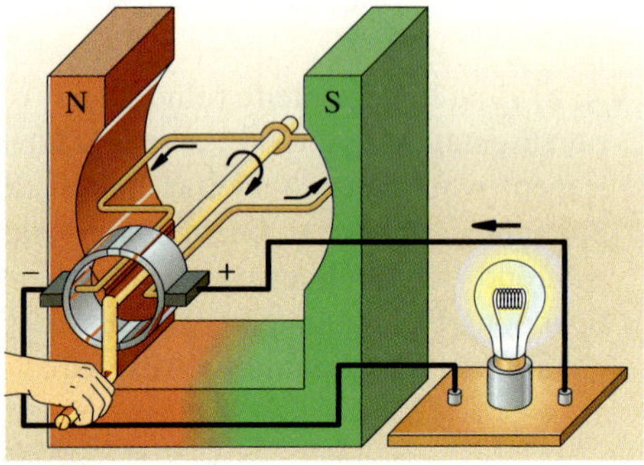

V 2: Dreht man die Kurbel, so leuchtet das Lämpchen: **Generator**.

B 1: Das Wunderfahrzeug von Max

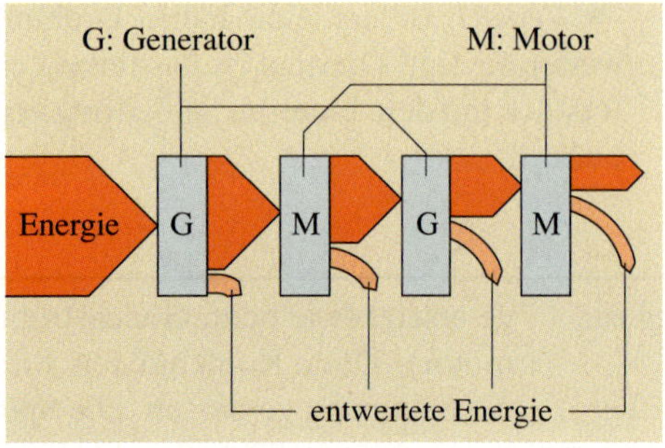

B 2: Energieflussdiagramm des Wunderfahrzeugs

3. Motor und Generator sind austauschbar

Der Gleichstrommotor und der Gleichstromgenerator sind vom Aufbau her identische Maschinen. Innerhalb eines äußeren Magnetfeldes befindet sich eine drehbar gelagerte Spule. Über Schleifkontakte und geteilten Schleifring wird der elektrische Kontakt hergestellt.
➠ *Versuch 1* zeigt die Funktionsweise als **Motor**. In ➠ *Versuch 2* wird bei der gleichen Maschine lediglich die Batterie durch die Lampe ersetzt. Die Kurbel wird dann mit der Hand gedreht – man hat einen **Generator**.
Die Austauschbarkeit von Generator und Motor benutzt man im Großen beim **Pumpspeicherwerk:**
Nachts wird nicht so viel elektrische Energie abgerufen. Leider sind die Elektrizitätswerke nicht so schnell abschaltbar, sodass nachts zu viel elektrische Energie zur Verfügung steht. Elektromotoren mit Schaufelrädern pumpen dann Wasser in ein großes Becken auf einer Anhöhe. Wird zur Mittagszeit viel elektrische Energie benötigt, lässt man das Wasser wieder ins Tal schießen und benutzt die Motoren mit den Schaufelrädern als Generatoren.

Straßenbahnen und moderne E-Loks benutzen dieses Prinzip ebenfalls. Bei der Einfahrt in einen Bahnhof oder in eine Haltestelle arbeiten die Motoren als Generatoren. Die Bewegungsenergie der Fahrzeuge wird in elektrische Energie umgewandelt und an das Leitungsnetz zurückgegeben. Ein anderer Elektromotor in einem anderen Fahrzeug kann sie dann nutzen.

4. Auch für die Induktion gilt der Energiesatz

Max ärgert sich immer, dass er auch auf ebener Strecke sein Fahrrad ständig treten muss. Ein „Geistesblitz" führt ihn auf die Idee eines Wunderfahrzeugs (➠ *Bild 1*): „Wenn ich am Vorderrad meines Fahrrades einen starken Generator montiere, dann liefert er so viel Strom, dass er damit einen Elektromotor am Hinterrad versorgen kann, der wiederum mein Fahrrad antreibt."

Hätte Max sich an den Energiesatz erinnert, dann wüsste er, dass es eine selbstlaufende Maschine nicht gibt. Seine Maschine würde nur funktionieren, wenn der Motor mehr Energie abgeben könnte, als der Generator benötigt.

Das Energieflussdiagramm (➠ *Bild 2*) macht deutlich, dass in Generator und Motor lediglich Energien umgewandelt werden. Durch Reibungseinflüsse (der Räder, im Generator, im Elektromotor, an der Luft) wird stets ein Teil der Energie entwertet, sodass das Fahrzeug nach einem Anstoß nach kürzester Strecke zur Ruhe kommen muss.

Merksatz

Ein Generator kann höchstens so viel elektrische Energie erzeugen wie ihm mechanische zugeführt wird.

Vertiefung

Merkt man am Generator, dass ein starker Verbraucher angeschlossen ist?

A. Ein kleiner Elektromotor wird als Generator benutzt. Um seine Achse ist eine Schnur gewickelt, daran hängt ein Wägestück. Die Anschlüsse sind über einen Schalter mit einem Glühlämpchen verbunden.
Bei geöffnetem Schalter bewegt sich das Wägestück schnell nach unten. Bis auf Reibungsverluste in den Achslagern geht die Höhenenergie des Wägestücks in Bewegungsenergie über.
Sobald man den Schalter schließt, sinkt das Wägestück nur noch langsam (➡ *Bild 3*). Nun wird seine Höhenenergie im Wesentlichen in elektrische Energie, diese im Glühfaden in thermische Energie umgewandelt.
Was lehrt uns das langsame, gleichförmige Absinken des Wägestücks? Offenbar gibt es bei Stromentnahme eine Kraft auf den Rotor, die seiner Drehung entgegenwirkt. Weitere Versuche zeigen, dass diese Gegenkraft umso größer ist, je mehr Energie dem Generator entnommen wird.
In Kraftwerken muss die Drehfrequenz des Rotors konstant sein – schließlich soll die Frequenz des erzeugten Wechselstroms exakt 50 Hz sein. Steigt die Energieentnahme, muss man dem Absinken der Drehfrequenz entgegenwirken – etwa durch Öffnen der Dampfventile. Je mehr elektrische Energie man dem Generator entnimmt, desto mehr mechanische Energie muss man ihm zuführen (Energieerhaltung).

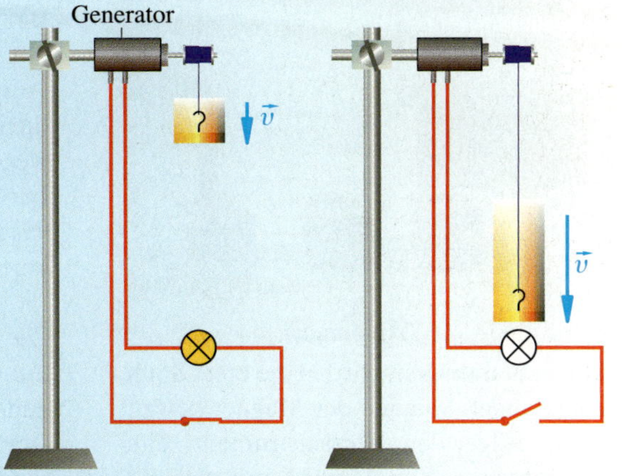

B3: Bei Stromentnahme sinkt das Wägestück nur langsam.

B4: Nur bei Betrieb der Beleuchtung muss man beim Fahren eines Rades mit Nabendynamo eine zusätzliche Kraft aufwenden.

B. Ein weiterer Versuch soll das Entstehen der Gegenkraft bei Stromentnahme erklären:
Ein Kohlestab (AB) rollt auf Schienen innerhalb eines Magnetfeldes. Bei geöffnetem Schalter S rollt er fast ohne Abbremsung. Bei geschlossenem Schalter dagegen bremst er nach dem Anstoßen nach kurzer Strecke ab (➡ *Bild 5*). Woher rührt die Bremskraft?
Weil sich der Stab AB im Magnetfeld nach rechts bewegt, wirken auf alle Elektronen Lorentzkräfte (schwarz eingezeichnet). In A entsteht ein Elektronenüberschuss in B ein Elektronenmangel. Es herrscht Spannung zwischen A und B. Bei geschlossenem Schalter können die Elektronen durch den Widerstand vom Punkt A wieder zurück zum Punkt B fließen, d.h. es entsteht ein geschlossener Stromkreis. Also fließen während der Vorwärtsbewegung im gesamten Stromkreis – auch im Stab AB – ständig Elektronen.
Auch auf fließende Elektronen im Leiter wirken Lorentzkräfte (rot eingezeichnet) innerhalb eines Magnetfeldes. Sie sind nach links gerichtet. Daraus resultiert eine Kraft $\vec{F}$ auf den Stab nach links, die ihn abbremst.
Der von der Induktion erzeugte Strom bewirkt also eine Kraft auf den Leiter, die **ihrer Ursache** (der von außen erzeugten Bewegung) **entgegenwirkt**.

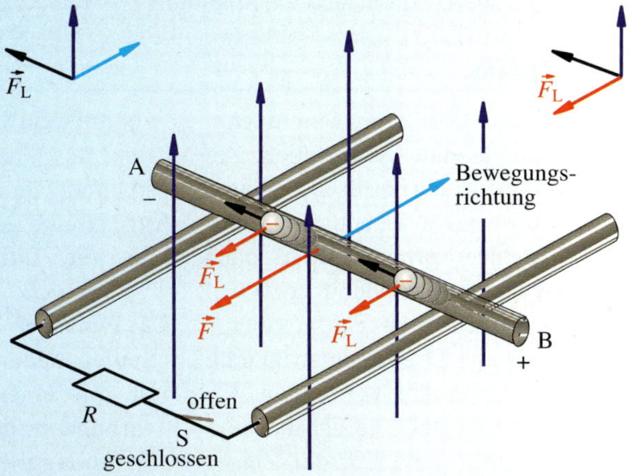

B5: Lorentzkräfte beim belasteten Generator

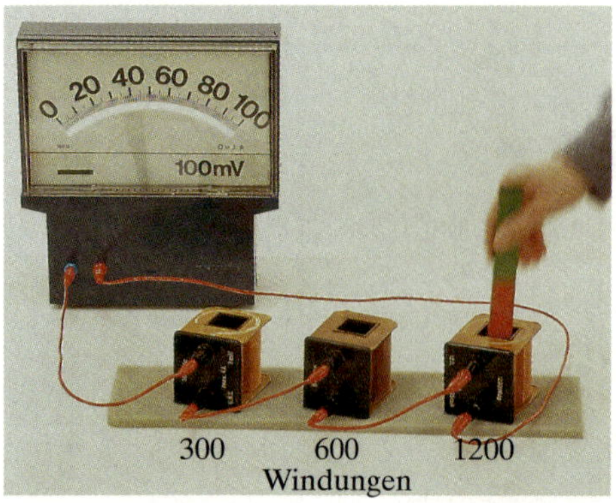

V1: Ein Stabmagnet wird in die erste Spule eingetaucht. Solange der Magnet bewegt wird, zeigt das Messinstrument eine Spannung an. Der Versuch mit den beiden anderen Spulen zeigt: Je mehr Windungen die Spule hat, desto größer ist die Spannung.

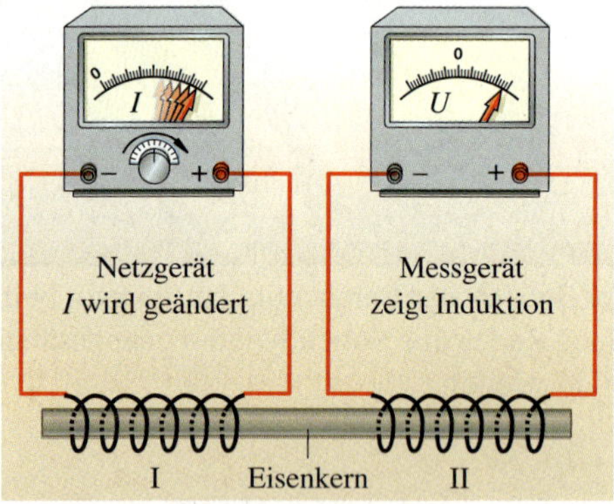

V2 : Zwei Spulen liegen elektrisch isoliert nebeneinander. Solange wir die Stromstärke in I ändern, solange zeigt das Messgerät in II eine Spannung an. Wiederholt man den Versuch mit einem gemeinsamen Eisenkern, so erhöht sich die Spannung.

5. Induktion durch Magnetfeldänderung

Bei den bisher beschriebenen Induktionsvorgängen wurde stets ein Leiter (gerader Draht oder Spule) im Magnetfeld bewegt. Aufgrund dieser Bewegung wurde im Leiter eine Spannung induziert. Dies gilt auch, wenn wie in ➠ *Versuch 1* der Magnet bewegt wird.
In ➠ *Versuch 2* allerdings bleiben die Spulen in Ruhe – trotzdem wird Spannung induziert. Gibt es trotz der Unterschiede dennoch eine Gemeinsamkeit bei der Induktion mit und ohne Bewegung?

Die so genannte **Induktionsspule**, an deren Enden eine Spannung entsteht, wird von einem äußeren Magnetfeld durchdrungen. Das alleine reicht aber noch nicht aus:
In ➠ *Versuch 1* verstärkt sich dieses Magnetfeld durch das Eintauchen des Stabmagneten in das Spuleninnere. In ➠ *Versuch 2* verstärkt sich das Magnetfeld zunächst in der Spule I durch Erhöhung der Stromstärke. Die Feldlinien durchdringen ebenso die Spule II, sodass sich auch in dieser das äußere Feld verstärkt. Dieser Effekt wird durch einen gemeinsamen Eisenkern vergrößert. Ein Bewegungsstopp in ➠ *Versuch 1* und ein Beibehalten der Stromstärke in ➠ *Versuch 2*, d. h. ein Ende der Magnetfeldänderung, lässt die Induktionsspannung sofort auf den Wert null sinken.
Verringert man dagegen die Magnetfeldstärke, in ➠ *Versuch 1* durch Entfernen des Stabmagneten, in ➠ *Versuch 2* durch Verkleinern der Stromstärke, so wird während dieses Vorgangs ebenfalls in der Induktionsspule eine Spannung induziert, diesmal jedoch mit vertauschter Polung.
Die Induktionsspannung ist umso größer, je *schneller* sich das Magnetfeld ändert und je größer die Anzahl der Windungen der Induktionsspule (➠ *Versuch 1*) ist.

Merksatz

Induktion durch Magnetfeldänderung: Verstärkt oder verringert sich das Magnetfeld in einer Spule, so wird in ihr eine Spannung induziert.

Aufgaben

A1: Nadine lässt einen Stabmagneten durch eine Spule fallen. An der Spule ist ein Oszilloskop angeschlossen. Der Leuchtpunkt auf dem Schirm springt zunächst nach oben und anschließend noch viel stärker nach unten. Erkläre dies.

A2: Zwei Drehspulinstrumente sind miteinander verbunden. Eines wird so stark seitlich hin und her gekippt, dass sich der Zeiger bewegt. Das zweite, das nach wie vor auf dem Tisch steht, zeigt während des Vorgangs eine Wechselspannung an. Erkläre.

A3: Nenne drei Möglichkeiten, um die Induktionsspannung in ➠ *Versuch 1* zu erhöhen.

A4: Wie in ➠ *Versuch 2* liegen zwei Spulen nebeneinander. Die erste ist mit einer Gleichstromquelle verbunden, die zweite mit einem Spannungsmesser. Plötzlich wird der Stromkreis I unterbrochen. **a)** Welche Beobachtung macht man am Messgerät? **b)** Deute die Beobachtung. **c)** Was geschieht, wenn man den Stromkreis I plötzlich wieder schließt?

A5: Die Tragflächen eines Flugzeugs sind aus Metall. Das Flugzeug fliegt **a)** von West nach Ost, **b)** von Nord nach Süd über den Äquator. In welchem Fall entsteht zwischen den Flügelspitzen eine größere Spannung?

Interessantes

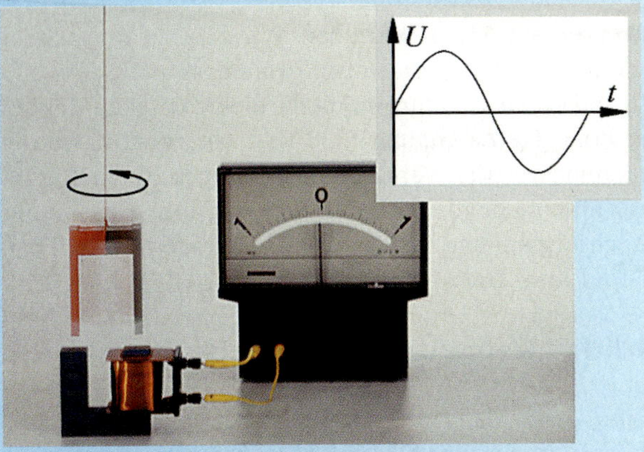

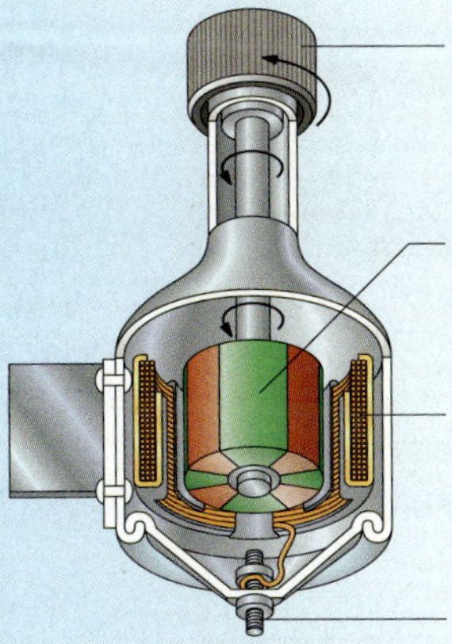

Ein Generator ohne Schleifkontakte

Der Versuchsaufbau oben im Bild zeigt das Prinzip eines **Innenpolgenerators**. Das Messinstrument zeigt während der Rotation des Hufeisenmagneten eine Wechselspannung an. Der rotierende Dauermagnet verursacht eine ständige Magnetfeldänderung in der Induktionsspule. (Der U-förmige Eisenkern bündelt die Magnetfeldlinien und verstärkt lediglich den Effekt.) Die induzierte Wechselspannung kann an den Anschlüssen der *ruhenden* Spule abgegriffen werden. Schleifringe und Schleifkontakte sind hier nicht erforderlich.

Dies ist wichtig für die großen Generatoren in E-Werken (➠ *Bild 1*). Dort erzeugen sie Wechselspannungen von über 20 000 V und Stromstärken bis 100 000 A. Es wäre unmöglich, über Schleifkontakte so hohe Leistungen abzugreifen. Solche technischen Innenpolgeneratoren bestehen aus riesigen Induktionsspulen, in deren Innerem Elektromagnete rotieren. Diese werden von Gleichstrom (bei geringer Spannung) über Schleifkontakte gespeist.

B1: Generator bei der Montage

Der „Dynamo" am Fahrrad

Auch der so genannte „Fahrraddynamo" im obigen Bild ist ein Innenpolgenerator und kein Dynamo. In ihm rotiert ein mehrpoliger Dauermagnet innerhalb der an der Innenwand des Gehäuses angebrachten Induktionsspule.

Beim Fahrrad benutzt man Innenpolgeneratoren mit Dauermagnet, weil sie wartungsfrei arbeiten und in der Herstellung preiswert sind.

Die elektrische Zahnbürste

Elektrische Zahnbürsten arbeiten mit einem Akku. Dieser lädt sich beim Zurückstellen der Zahnbürste in die Haltebox immer wieder auf. Weil die Zahnbürste oft mit Wasser in Berührung kommt, besteht ihr Gehäuse ganz aus Kunststoff. Folglich hat sie deshalb auch außen keinen metallischen Kontakt und die Haltebox auch nicht. Wie kann also der Akku in der Zahnbürste ohne leitende Verbindung mit einer äußeren Stromquelle aufgeladen werden?

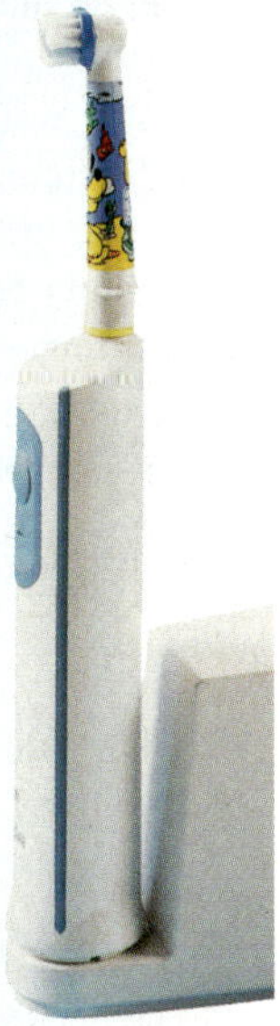

Im Prinzip zeigt ➠ *Versuch 2* die Lösung: In der Haltebox ist eine Spule. Diese ist mit der Steckdose (Wechselspannung) verbunden. Die Zahnbürste selbst besitzt eine Induktionsspule, deren Anschlüsse mit dem Akku verbunden sind. Der Wechselstrom in der Spule der Haltebox erzeugt ein Magnetfeld, das sich ständig ändert. Steht die Zahnbürste nun in der Haltebox, so sind beide Spulen dicht beisammen. In der Spule der Zahnbürste wird jetzt eine Spannung induziert, die den Ladestrom für den Akku erzeugt (vorgeschaltet ist ein Gleichrichter).

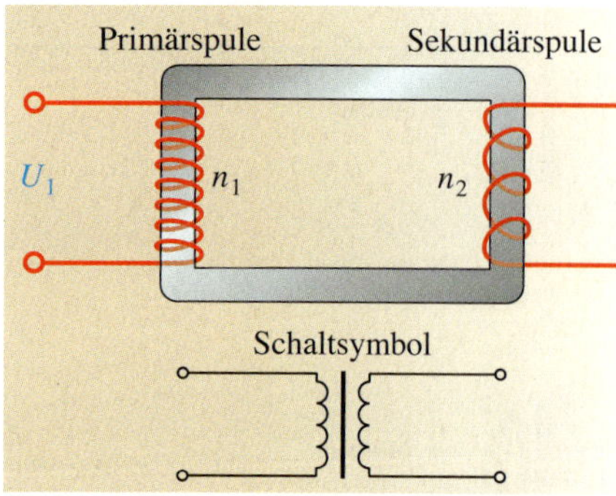

B1: Aufbau eines Transformators

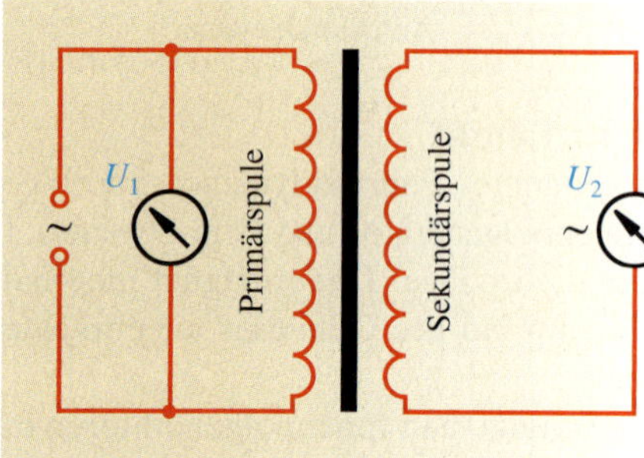

V1: Wir legen eine Wechselspannung an die Primärspule eines beliebigen Transformators an. Zwischen den Enden der Sekundärspule entsteht eine Wechselspannung gleicher Frequenz. Dies zeigt ein Oszilloskop, das wir zunächst an die Primär-, dann an die Sekundärspule anschließen.

V2: Wir wählen nun für die Primär- und die Sekundärspule gleiche Windungszahlen. Die induzierte Sekundärspannung ist nun stets genau so groß wie die Primärspannung.

V3: Es gilt nun $n_1 = 150$. Auf der Sekundärseite werden zwei Spulen mit je 150 Windungen in Reihe geschaltet (also $n_2 = 2 \cdot n_1$). Jetzt gilt: $U_2 \approx 2 \cdot U_1$.

V4: Wir bauen Transformatoren mit Spulen unterschiedlichster Windungsverhältnisse. Stets gilt: $U_2 : U_1 \approx n_2 : n_1$.

n_1	1000	1000	250	500
n_2	1000	500	1000	250
U_1 in V	4	4	6	6
U_2 in V	3,9	2	23	2,9
$n_2 : n_1$	1	0,5	4	0,5
$U_2 : U_1$	0,98	0,5	3,83	0,48

Der Transformator

Laptops werden mit Akkus betrieben. Willst du sie an die Steckdose anschließen, so musst du einen Spannungswandler zwischen Steckdose und Gerät schalten, damit die elektronischen Bauteile durch die hohe Netzspannung (230 V) nicht zerstört werden. Diese Spannungswandler verkleinern die Wechselspannung und formen sie anschließend in Gleichspannung um. Das Bauteil, das die Wechselspannung in ihrer Größe verändert, heißt **Transformator** oder kurz **Trafo** (➠ *Bild 1*).

1. Der Trafo liefert Wechselspannung nach Bauplan ...

➠ *Versuch 1* zeigt, dass man an der Sekundärspule Wechselspannung abgreifen kann. Dies ist möglich, obwohl doch zwischen den beiden Spulen *keine* elektrische Verbindung besteht!
Die Wechselspannung im Primärkreis bewirkt einen Wechselstrom. Dieser wiederum erzeugt ein Magnetfeld, das sich im Rhythmus des Wechselstroms auf- und abbaut. Der gemeinsame Eisenkern sorgt dafür, dass die Magnetfeldänderung auf die Sekundärspule übertragen wird. Diese Feldänderung induziert dann dort eine Wechselspannung gleicher Frequenz.

An den Enden der Spulen gleicher Windungszahl werden gleich große Spannungen induziert (➠ *Versuch 2*), die Magnetfeldänderungen sind wegen des gemeinsamen Eisenkerns nahezu gleich groß.
Schaltet man zwei solcher Spulen in Reihe (➠ *Versuch 3*), so addieren sich die beiden Einzelspannungen zur doppelten Sekundärspannung. Offenbar herrscht zwischen den Enden jeder einzelnen Windung aller Spulen stets eine gleich große Spannung. Diese addieren sich in der Sekundärspule zur Sekundärspannung. Damit lässt sich auch das Ergebnis von ➠ *Versuch 4* erklären.

Durch Wahl geeigneter Bauteile kann man also mit einem Trafo Wechselspannungen beliebig verringern oder vergrößern.

Merksatz

Wechselspannungen kann man mit einem Trafo verändern. Die Spannungen am Trafo verhalten sich wie die Windungszahlen der Spulen:

$$U_2 : U_1 \approx n_2 : n_1.$$

2. ... und Strom nach Leistungsbedarf

Ein Lämpchen trägt die Aufschrift „24 V, 12 W". Es soll gefahrlos unter Benutzung eines Transformators bei 230 V Primärspannung betrieben werden. Man wählt für den Trafo deshalb zwei Spulen, deren Windungsverhältnis 1:10 beträgt (➠ *Versuch 5*). Der Trafo erzeugt auf der Sekundärseite eine Spannung von etwa 23 V.

Wie groß wird jedoch die Stromstärke im Sekundärkreis sein? Wie kann überhaupt im Sekundärkreis ein Strom entstehen, wo doch Primärkreis und Sekundärkreis nicht leitend miteinander verbunden sind?

Das Lämpchen im Sekundärkreis leuchtet. Also fließen dort Elektronen. Jedoch sind es andere als im Primärkreis. Antreiber dieses Elektronenflusses ist die induzierte Spannung auf der Sekundärseite.
Wie man am leuchtenden Lämpchen erkennt, wird mit der Induktion Energie übertragen. Das Lämpchen im Sekundärkreis nimmt die Leistung $P_2 = U_2 \cdot I_2$ auf. Diese Leistung muss der Primärkreis abgeben. Man erkennt dies an der steigenden Stromstärke dort. Die Leistung im Primärkreis beträgt $P_1 = U_1 \cdot I_1$. Für einen gut gebauten Trafo gilt der Energiesatz:

$P_1 \approx P_2$, also
$U_1 \cdot I_1 \approx U_2 \cdot I_2$. Damit gilt nunmehr
$U_1/U_2 \approx I_2/I_1$.

Merksatz

Beim Transformator richtet sich der Primärstrom nach dem Sekundärstrom. Die Leistung bleibt nahezu erhalten und die Stromstärken verhalten sich umgekehrt wie die Windungszahlen:

$$P_1 \approx P_2;\ I_2 : I_1 \approx n_1 : n_2.$$

3. Hohe Spannung oder großer Strom!

Bild 2 zeigt einen **Hochspannungstransformator.** Das Windungsverhältnis beträgt $n_1 : n_2 = 1 : 46$, sodass bei einer Primärspannung von 230 V auf der Sekundärseite die Spannung auf über 10 000 V steigt. Bei dieser Spannung wird die Luft zwischen den Elektroden leitend: Leuchtend steigt ein Strom führender Lichtbogen nach oben.
Mithilfe von Transformatoren können aus kleinen Spannungen sehr gefährliche Hochspannungen entstehen. **Transformator-Experimente sind gefährlich!**

Beim **Hochstromstransformator** (*Bild 3*) ist das Windungszahlverhältnis $n_1 : n_2 = 100 : 1$, sodass der Sekundärstrom etwa 100-mal größer als der Primärstrom sein kann:
Der dicke, glühende Nagel hat etwa einen Widerstand von $R = 0{,}01\ \Omega$. Mit $U_1 = 230$ V wird
$U_2 = U_1 \cdot n_2/n_1 = 230\ \text{V} \cdot 0{,}01 \approx 2$ V.
Also ist $I_2 = U_2/R \approx 200$ A!
Der Primärstrom dagegen beträgt nur etwa 2 A.

Anwendung findet dieser Trafo etwa beim elektrischen Schweißen. Hier wird durch eine sehr große Stromstärke das Metall so stark erhitzt, dass an Punktstellen die Schmelztemperatur überschritten wird.

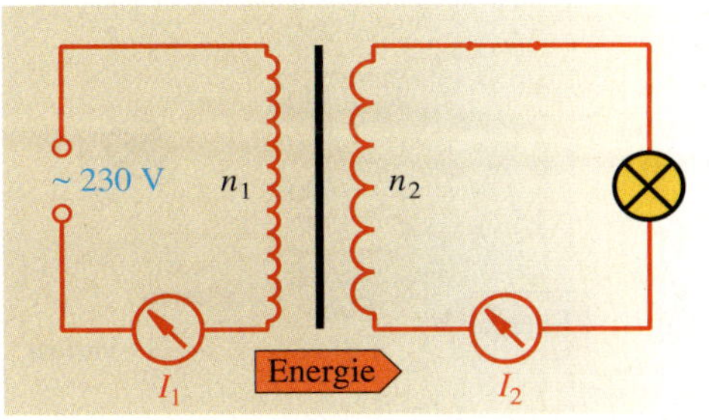

V5: Stromstärkemessung am Trafo mit $n_1 = 1000$ und $n_2 = 100$.
Ist der Trafo nicht belastet, d.h. $I_2 = 0$ A, so ist im Primärkreis die Stromstärke I_1 vernachlässigbar klein. Schließt man den Schalter, so leuchtet das Lämpchen sofort hell auf. Die Stromstärke beträgt nun $I_2 = 0{,}48$ A. Gleichzeitig steigt aber auch die Stromstärke im Primärkreis. Es gilt jetzt $I_1 = 0{,}05$ A.
Für die Leistungen in Primär- und Sekundärkreis gilt also:
$P_1 = 230\ \text{V} \cdot 0{,}05\ \text{A} = 11{,}5$ W,
$P_2 = 23\ \text{V} \cdot 0{,}48\ \text{A} = 11{,}04$ W.
Es ist nicht ganz gelungen, die Energie verlustfrei zu übertragen.

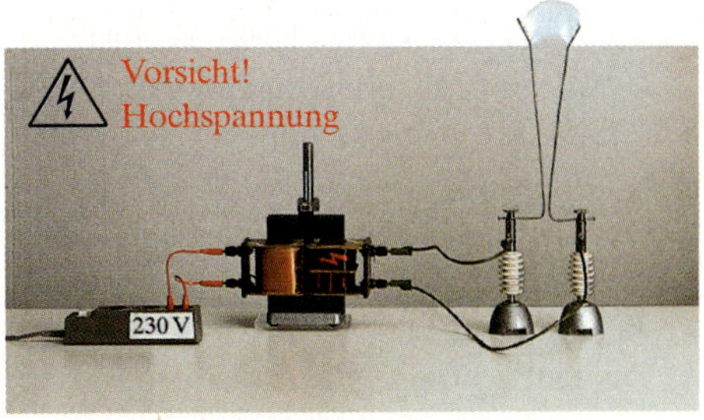

B2: Trafo mit $n_1 = 500$ und $n_2 = 23\,000$

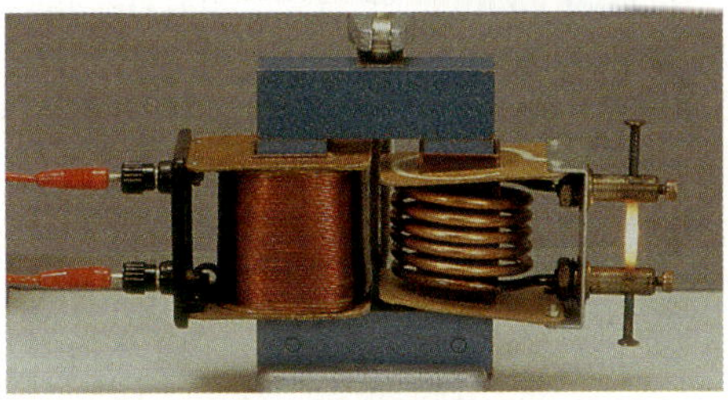

B3: Trafo mit $n_1 = 600$ und $n_2 = 6$

Aufgaben

A1: Die Netzspannung soll von 230 V auf 46 V mithilfe eines Trafos verringert werden. Eine Spule mit 1000 Windungen steht zur Verfügung. Welche Windungszahl muss die zweite Spule haben?

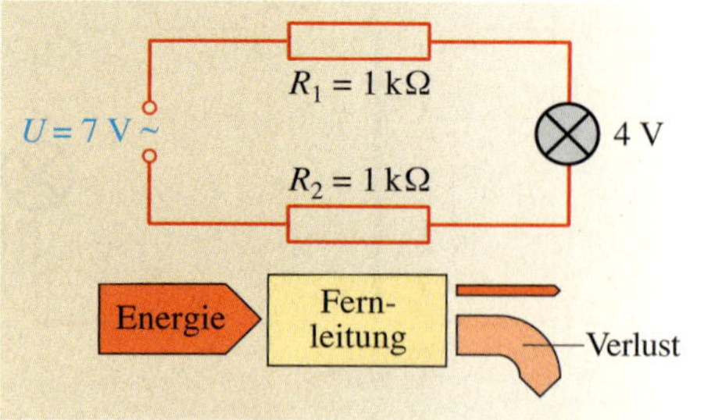

V1: Modellhafte Fernleitung: Eine Wechselspannung von 7 V wird über eine „Fernleitung" an ein Lämpchen für 4 V und 0,07 A gelegt (die zwei Widerstände ersetzen eine kilometerlange Zuleitung). Das Lämpchen leuchtet nicht.

V2: Diesmal wird das gleiche Lämpchen über eine Hochspannungsleitung (➠ *Bild 1*) an die gleiche Spannungsquelle gelegt. Das Lämpchen leuchtet hell auf.

Beispiel

Kostenrechnung

a) Fernübertragung mit 230 V:
Die Leistung $P = 460$ MW eines E-Werks soll mit höchstens 10% Verlust, also $P_L \leq 46 \cdot 10^6$ W, übertragen werden.
Für die Stromstärke gilt:
$I = P/U = 460 \cdot 10^6\,W/230\,V = 2 \cdot 10^6\,A$.
Der Leitungswiderstand darf dann höchstens den Wert $R_L = P_L/I^2 =$
$46 \cdot 10^6\,W/(2 \cdot 10^6\,A)^2 \approx 10^{-5}\,\Omega$ haben.
Für einen Draht gilt: R_L ist proportional zu seiner Länge und umgekehrt proportional zu seiner Querschnittsfläche. Ein Kupfer„draht" für eine 100 km lange Doppelleitung mit $R_L = 10^{-5}\,\Omega$ müsste dann eine Querschnittsfläche von 340 m² (!!) haben – unbezahlbar.

b) Fernübertragung mit 230 000 V:
Es gilt: $I = P/U = 460 \cdot 10^6\,W/230\,000\,V = 2 \cdot 10^3\,A$. R_L darf dann sogar ca. 10 Ω betragen. Daraus ergibt sich ein Leitungsquerschnitt von nur 3,4 cm² – bezahlbar.

3. Übertragung elektrischer Energie – möglichst sparsam

Der größte Teil der elektrischen Energie wird in Großkraftwerken erzeugt. Von dort muss sie durch ein langes Leitungsnetz bis zum Endverbraucher übertragen werden. Eine lange Leitung hat aber einen großen Widerstand ($R \sim l$). Dadurch wird der Strom so klein, dass eine angeschlossene Lampe nicht mehr leuchtet (➠ *Versuch 1*). Erst bei sehr viel höherer Spannung wäre der Strom für die Lampe wieder groß genug. Leider würde aber der größte Teil der aufgewandten Energie in der Leitung entwertet.

In ➠ *Versuch 2* wird die Wechselspannung zunächst mithilfe eines Transformators erhöht und nach der modellhaften Fernleitung durch einen zweiten Transformator (Vertauschung von Primär- und Sekundärspule) wieder herunter transformiert. Der Verlust ist diesmal offenbar geringer – das Lämpchen leuchtet. Wie ist das möglich, wo doch im vorigen Kapitel deutlich wurde, dass kein Transformator völlig verlustfrei elektrische Energie überträgt?

Entscheidend für den Verlust in Leitungen ist die Stromstärke. Durch den Einsatz von Transformatoren kann sie aber bei gleicher Energieübertragung verringert werden. Am Widerstand R_L der Fernleitung fällt die Spannung $U_L = I \cdot R_L$ ab. Die von der Leitung aufgenommene Leistung ist $P_L = U_L \cdot I = I^2 \cdot R_L$. In ➠ *Versuch 2* wird durch das Windungszahlverhältnis die Stromstärke etwa auf den 20sten Teil verkleinert. Der gesamte Leitungsverlust ist damit nach $P_L = I^2 \cdot R_L$ sogar auf den $(20)^2$-ten Teil, also auf 1/400 gesunken. Durch den Einsatz von Transformatoren wird also die Energieentwertung in den Fernleitungen deutlich verringert.

Je größer die Hochspannung, desto günstiger erscheint der obige Effekt. Es gibt allerdings Grenzen. Bei zu großer Hochspannung entstehen an den Isolatoren der Hochspannungsmasten so genannte Kriechströme. Diese führen dann wieder zu Verlusten.

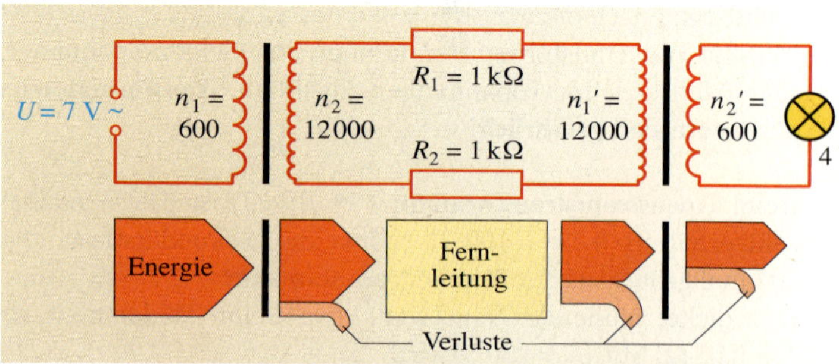

B1: Modellhafte Fernleitung mit zwei Transformatoren

Aufgaben

A1: Die erste größere elektrische Energieübertragung wurde in Deutschland mit Gleichstrom durchgeführt. Nenne Gründe, warum man sich später wohl für Wechselstrom entschieden hat.

A2: Eine Windkraftanlage liefert insgesamt 530 kW Leistung. Der Verlust in den Leitungen soll höchstens 2% betragen. Wie groß darf der Leitungswiderstand bei $U = 230$ V (10 kV) sein?

Interessantes

B 2: Große Kraftwerke in Deutschland

Verbundwirtschaft erhöht Versorgungssicherheit

Der Standort eines Kraftwerks ist nicht nur durch den Bedarf sondern auch durch Rohstoffvorkommen, verkehrsgünstige Lage oder durch das Angebot an Kühlwasser (Flussnähe) bestimmt. In ➠ *Bild 2* ist die Verteilung in Deutschland gut zu erkennen. Zudem verrät das Bild, dass die Kraftwerke miteinander verbunden sind. Es ist leicht einzusehen, warum nicht ein einziges Kraftwerk allein die Energieversorgung für eine bestimmte Region sicherstellt. Bei einem Ausfall wäre die ganze Region längere Zeit unversorgt. Durch Industrieansiedlung könnte sich der Energiebedarf einer Region rasch erhöhen, während er andernorts sinken könnte.

Diese Gründe zeigen, wie nützlich ein **Energieverbund** sein kann. Das Verbundsystem erfasst nicht nur Deutschland, sondern große Teile Europas.

Der Verbrauch bestimmt die Erzeugung

Es gibt bei uns eine Vielzahl unterschiedlicher Kraftwerkstypen: Der größte Energieanteil wird durch *Wärmekraftwerke* erzeugt (Wasserdampf treibt über Turbinen die Generatoren an). Hierzu gehören neben den Stein- und Braunkohlekraftwerken auch die Kernkraftwerke. Die Brennstoffkosten dieser Anlagen sind relativ gering, ihr Bau dagegen ist sehr teuer. Die meisten von ihnen laufen deshalb nahezu immer bei voller Leistung.

Heizöl und Erdgaskraftwerke sind preiswert zu erstellen, haben aber hohe Brennstoffkosten. Sie decken daher nur den Spitzenbedarf.

Der Anteil der *Laufwasserkraftwerke* liegt bei uns bei etwa 5 % (in Norwegen 99 %, in Westeuropa gemittelt 20 %). Auch sie liefern rund um die Uhr Energie.

Windkraftanlagen liefern z. Zt. einen Anteil von ca. 4,5 %, Fotovoltaik 0,1 % der gesamten Stromerzeugung. Wegen der bei uns häufig wechselnden Wetterbedingungen schwankt die Energielieferung dieser umweltfreundlichen Anlagen stark. Bei windstillen Wetterlagen müssen konventionelle Kraftwerkstypen die ausfallende Windenergie ersetzen. Diese Energie liefern sie bei Wind nicht (Reservekapazitäten).

Elektrische Energie muss in dem Augenblick geliefert werden, in dem sie der Kunde „anfordert". ➠ *Bild 3* zeigt für einen Wintertag den Bedarf an elektrischer Leistung. (Im Sommer liegt er etwa um 30 % niedriger.) Vormittags und gegen 18 Uhr ist der Bedarf besonders hoch. Der Kraftwerksverbund ist so ausgelegt, dass er diesen Spitzenbedarf abdecken kann. Die **Grundlast** wird von Wärme- und Laufwasserkraftwerken bereitgestellt. Zur Deckung der **Spitzenlast** tragen die schnell hochfahrbaren Gas- und Ölkraftwerke sowie *Pumpspeicherkraftwerke* bei. Die Gesamtkapazität aller Anlagen muss sogar höher liegen, um Kraftwerksausfälle auffangen zu können. Die Maximalleistung aller deutschen Kraftwerke zusammen betrug 2004 etwa 130 000 MW.

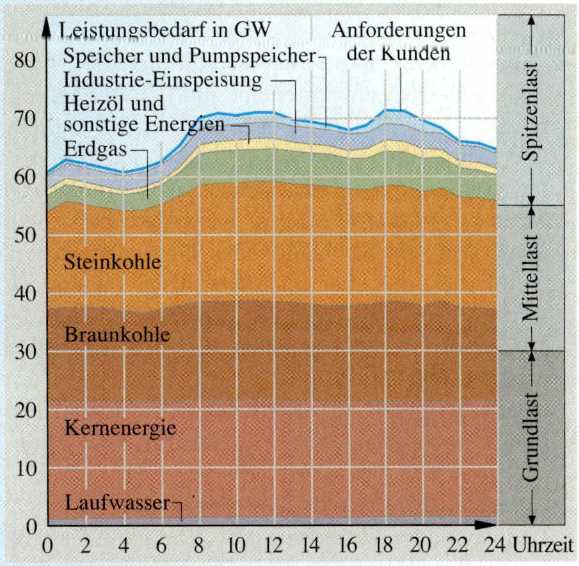

B 3: Leistungsbedarf an einem Wintertag (BRD)

Spannung und Stromstärke – ein Vergleich

1. Kannst du zwischen Spannung und Stromstärke unterscheiden?

a) Spannung besteht zwischen zwei Polen oder zwei Leitungsdrähten, auch wenn sie stromlos sind.

b) Die Spannung gibt die Energie W je Coulomb an, die beim Fließen der Ladung im Stromkreis umgesetzt wird. Man legt fest:
Spannung $U = W/Q$; Einheit: 1 V = 1 J/C.

c) Die Energie $W = U \cdot Q = U \cdot I \cdot t$ wird erst frei, wenn die Ladung Q fließt. Die so genannte „Stromwärme" W hängt von I, U und t ab, nicht nur von I, wie man nach dem Wort annehmen könnte.

d) Spannungsmesser legt man parallel zu den Geräten, deren Spannung zu messen ist, Strommesser dagegen liegen in Reihe mit den Geräten.

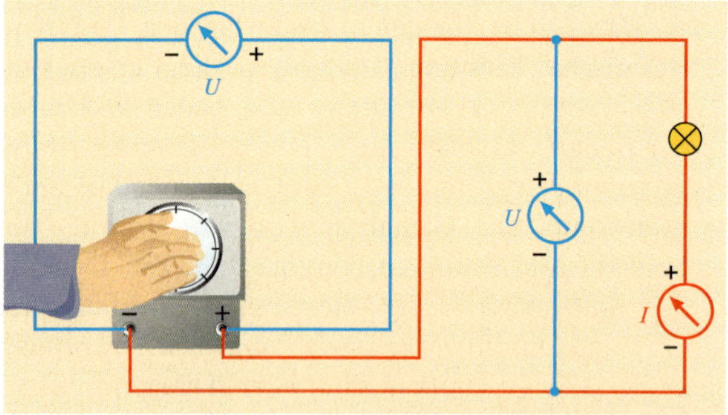

e) Beim Parallelschalten gleicher Quellen bleibt die Spannung gleich. Beim Hintereinanderschalten (in Reihe) addieren sich die Spannungen; beim Gegeneinanderschalten subtrahieren sie sich.

2. Spannung ist ohne Strom ungefährlich

An der Hochspannungsleitung sind 10^5 V überaus gefährlich. In 1 s können ohne Weiteres 10^3 C fließen und damit 10^8 J = 30 kWh freisetzen. Das Elektrizitätswerk sorgt ja für Energienachschub. Ein Bandgenerator (➠ *Bild 1*) erreicht auch diese hohe Spannung. Auf seinem umlaufenden Gummiband trennt er pro Sekunde aber nur die winzige Ladung $Q = 1/10^5$ C. Sie kann nur die Energie $W = Q \cdot U = 1/10^5 \text{ C} \cdot 10^5 \text{ V} = 1$ J abgeben, also $3/10^7$ kWh. Dies ist völlig ungefährlich.
Wiederum gilt: Für die übertragene Energie sind Spannung U *und* Ladung $Q = I \cdot t$ gleichermaßen wichtig.

3. „Verbrauch" an elektrischer Energie

Immer wieder liest man von „Energieverbrauch". Dieser Begriff ist falsch. Wir wissen ja, dass die Energie eine Erhaltungsgröße ist, also nie verbraucht, vernichtet werden kann. Gemeint ist etwas anderes: Stromkreise übertragen Energie. Wir nennen sie *elektrische Energie.* In den Elektrogeräten wird diese Energie in Licht, Wärme und Bewegungsenergie umgewandelt und dem Stromkreis entnommen. Deshalb bezeichnet man Elektrogeräte oft als „Energieverbraucher". Besser wäre die Bezeichnung *Energiewandler.*

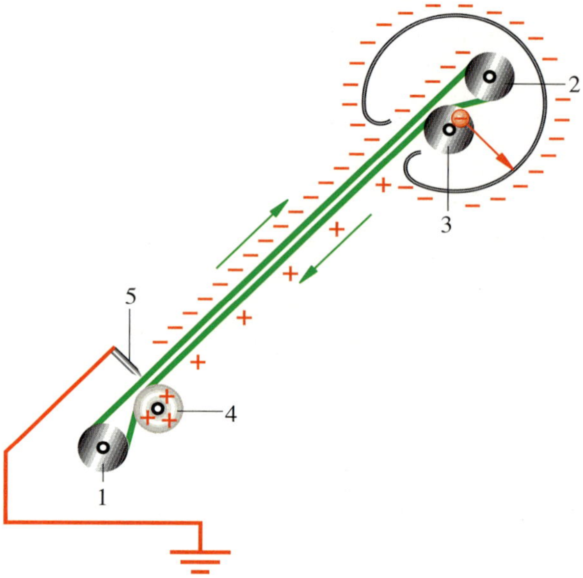

B1: Ein Bandgenerator erreicht Spannungen über 100 kV. Wie in jeder Spannungsquelle werden auch in ihm positive und negative Ladungen unter Aufwand von Energie getrennt:
Ein endloses Gummiband wird über 3 Metallwalzen (1, 2, 3) und eine Kunststoffwalze (4) geführt. Die Kunststoffwalze lädt sich durch Kontaktelektrizität positiv auf. Ihr gegenüber befindet sich eine geerdete Metallschneide (5). Die positive Ladung influenziert auf der Schneide Elektronen, die auf das Band gesprüht werden. Vom Band werden sie nach oben in das Innere einer Hohlkugel transportiert. Die Metallrolle (3) ist mit der Kugel leitend verbunden und drückt das abwärts laufende Band gegen das negativ geladene, aufwärts bewegte Band. Durch Influenz werden so viele Elektronen auf die Walze (3) gedrückt (von der sie auf die Oberfläche der Kugel wandern), sodass das abwärts bewegte Band Elektronenmangel hat, also positiv geladen ist. Dadurch wird das Aufsprühen der Elektronen bei der Schneide (5) verstärkt. Durch Drehen der Metallrolle (1) pumpt man also Elektronen auf die Metallkugel. Da diese nach kurzer Zeit stark negativ geladen ist, muss man die abstoßende Kraft zwischen den gleichartigen Ladungen überwinden – es muss also Energie aufgewendet werden.

Das ist wichtig

1. Die **Spannung** U ist die Ursache für das Fließen von Ladung. In der Spannungsquelle werden Ladungen getrennt. Dazu ist Energie erforderlich.
Fließt die Ladung Q durch ein Elektrogerät, wird die Energie

$$W = U \cdot Q$$

an die Umgebung abgegeben.

2. Gleichungen

Spannung:	$U = \frac{W}{Q}$	Einheit: $1\ \text{V} = 1\ \frac{\text{J}}{\text{C}}$
Energie:	$W = U \cdot I \cdot t$ $= P \cdot t$	Einheit: $1\ \text{Ws} = 1\ \text{J}$ $1\ \text{kWh} = 3{,}6 \cdot 10^6\ \text{J}$
Leistung:	$P = U \cdot I$	Einheit: $1\ \text{W} = 1\ \text{V} \cdot \text{A}$ $1\ \text{W} = 1\ \frac{\text{J}}{\text{s}}$ $1\ \text{kW} = 1000\ \text{W}$

3. Der **Elektromotor** arbeitet nach folgendem Prinzip: Eine drehbare Mehrfachspule sitzt innerhalb eines Magnetfeldes. Über Schleifkontakte und unterteilte Schleifringe wird die Spule an eine Gleichspannungsquelle angeschlossen. Die Strom führende Spule erzeugt nun auch ein Magnetfeld. Magnetische Kräfte erzeugen dann ein Drehmoment auf die Spule.

Der Elektromotor wandelt elektrische Energie in mechanische Energie um.

4. Auf bewegte Elektronen im Magnetfeld wirkt die **Lorentzkraft**. Verlaufen Bewegungsrichtung der Elektronen und Magnetfeldlinien senkrecht zueinander, so wird die Kraftrichtung nach der **Linke-Hand-Regel** bestimmt.

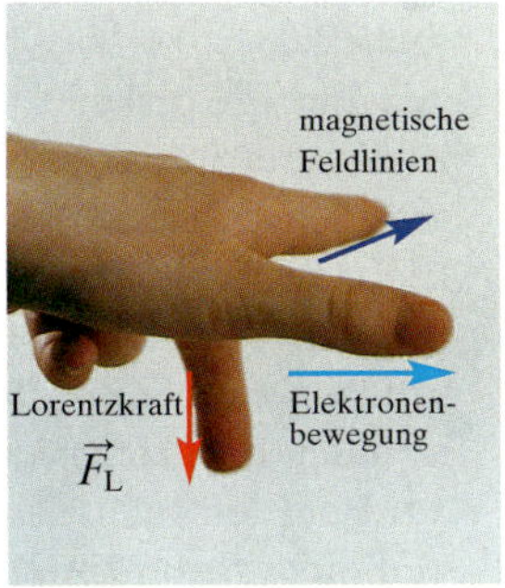

5. Spannung entsteht durch **Induktion**, wenn
a) ein Leiter quer oder schräg zu magnetischen Feldlinien bewegt wird,

b) sich in einer Spule das Magnetfeld ändert (verstärkt oder verringert wird).

6. **Generatoren** sind ähnlich aufgebaut wie Elektromotoren. Magnetfeld und Spule werden gegeneinander gedreht, sodass durch Induktion eine Spannung an den Spulenenden entsteht.

Ein Generator wandelt mechanische Energie in elektrische Energie um.

7. Auch für die Induktion gilt der **Energieerhaltungssatz**. Ein Generator kann also höchstens so viel elektrische Energie erzeugen, wie ihm mechanische Energie zugeführt wird.

8. Ein **Transformator** wandelt Wechselspannungen fast ohne Energieentwertung.

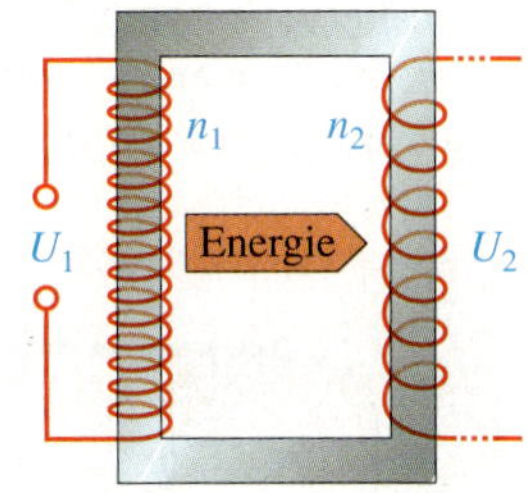

Für die *Spannungen* gilt:

$$U_2 : U_1 \approx n_2 : n_1.$$

Für die *Stromstärken* gilt:

$$I_2 : I_1 \approx n_1 : n_2.$$

Aufgaben

A1: Das Kochfeld eines Elektroherdes hat die Leistung 2000 W. Wie viel Energie wird bei Betrieb in 30 Minuten umgewandelt? Angabe in kWh und kJ.

A2: Auf dem Typenschild eines Heizofens steht 220–240 V; 2200 W. **a)** Wie groß ist die Stromstärke? **b)** Welche Energie (in kWh und kJ) wird in 10 min umgesetzt? **c)** Was kostet dies (0,15 € je kWh)? **d)** Um wie viel Grad steigt die Temperatur der Luft eines Zimmers mit 100 m³ Inhalt, wenn keine Wärme an Möbel, Wände und Fenster abgegeben würde? (Luftdichte 1 g/l; spezifische Wärme $c = 1\ \text{J}/(\text{g} \cdot \text{K})$)

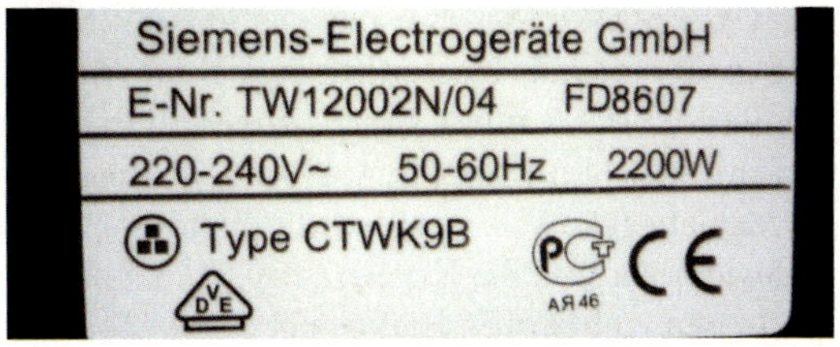

A3: Die Scheibe am Zähler dreht sich laut Aufschrift bei Lieferung der Energie 1 kWh 375-mal. **a)** Berechne die Leistung eines Radios, wenn sich die Scheibe bei seinem Betrieb in 10 min einmal dreht. **b)** Bestimme mit dem Zähler zu Hause die Leistung der Waschmaschine und des Fernsehers.

A4: In einer Taschenlampe sind zwei Monozellen (je 1,5 V) hintereinandergeschaltet, in einer anderen vier. Die Stromstärke in beiden Glühlämpchen ist 0,9 A. Berechne die Leistung der Lämpchen.

A5: Auf einem Lämpchen einer Taschenlampe steht 3 V; 0,9 A. **a)** Welche Leistung hat es? Wie viele Monozellen (1,5 V) braucht man? **b)** Die Zellen sind nach 5,5 h „leer“. Wie viel Energie gaben sie ab? Gehen dabei Elektronen verloren? **c)** Um wie viel Grad könnte man mit einer neuen Batterie die *Temperatur* von 10 l Wasser erhöhen? **d)** Eine Monozelle kostet 1 €. Was kostet bei der Taschenlampe die Energie 1 kWh?

A6: Die 2 Scheinwerferlampen eines Autos haben je 55 W, die 2 Rückleuchten je 6 W. Die Autobatterie liefert eine Spannung von 12 V. **a)** Berechne die Stromstärke in jeder der Lampen. **b)** Wie groß ist die Stromstärke in der Batterie? **c)** Beim Parken wird aus Versehen die Beleuchtung nicht ausgeschaltet. Nach welcher Zeit ist die Batterie (44 Ah) erschöpft? (Starten könnte man mit der teilentladenen Batterie schon lange vor dieser Zeit nicht mehr.)

A7: Warum ist es sinnvoller, für ein batteriebetriebenes Fahrradrücklicht eine Leuchtdiode (1,6 V; 20 mA) statt einer Glühlampe (6 V; 0,1 A) zu benutzen?

A8: Eine 75 W-Glühlampe wird gegen eine gleich helle 15 W-Energiesparlampe ausgetauscht. Die Lampe ist täglich 4 Stunden in Betrieb. Wie viel Geld spart man pro Jahr („Strompreis“ 0,15 €/kWh)?

A9: Ein Waschmaschinenhersteller gibt für die verschiedenen Waschprogramme folgenden Energiebedarf an: Kochwäsche (95 °C): 2,5 kWh, Buntwäsche (60 °C): 1,5 kWh, Sparwaschgang (30 °C): 0,5 kWh. Wie groß sind die Kosten für jedes der Waschprogramme (0,15 €/kWh)? Frage deine Eltern, wie oft und mit welchen Programmen eure Waschmaschine im Monat läuft. Wie groß ist die benötigte Energie und wie hoch sind die Kosten?

A10: In den Kabeln von Elektrogeräten haben die einzelnen Leiter verschiedene Farben. Der Schutzleiter ist stets gelb-grün. Kein anderer Leiter darf so markiert sein. Warum ist diese Vorschrift so wichtig?

A11: **a)** Wie dreht ein Gleichstrommotor, wenn man die elektrischen Anschlüsse vertauscht? **b)** Was bewirkt das Umpolen des Magnetfeldes?

A12: Ein Spielzeugmotor hebt über eine Rolle einen kleinen Körper mit der Masse $m = 250$ g in der Zeit $t = 3$ s 1,2 m hoch. An dem Motor liegt eine Spannung von 9 V, die Stromstärke beträgt während des Hebevorgangs 0,3 A. **a)** Wie viel mechanische Energie hat der Motor umgesetzt? Wie viel elektrische Energie hat er dabei aufgenommen? Wie groß ist also sein Wirkungsgrad? **b)** Ein Motor habe einen Wirkungsgrad von 75 %. Die Spannung betrage 230 V. Wie groß muss die Stromstärke sein, wenn der Motor die gleiche mechanische Leistung erbringen soll wie der Spielzeugmotor in a)?

A13: Die Abbildung zeigt eine „Leiterschaukel“ (ein gerades Leiterstück ist an zwei Drähten aufgehängt) zwischen den Polen eines Hufeisenmagneten. Sie wird an eine Spannungsquelle angeschlossen, der linke Draht an den Pluspol, der rechte an den Minuspol. **a)** Warum bewegt sich die Leiterschaukel, und in welche Richtung bewegt sie sich? **b)** Durch welche Änderungen im Versuch kann man die Bewegungsrichtung der Schaukel umkehren?

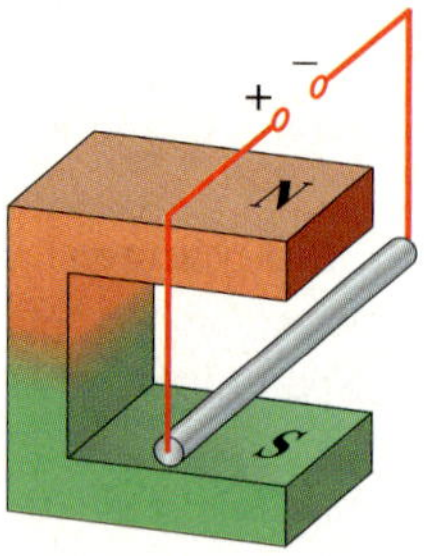

A14: Die Anschlüsse der Leiterschaukel von Aufgabe A 13 sind mit einem empfindlichen Spannungsmesser verbunden. Die Leiterschaukel wird im Magnetfeld mit der Hand nach rechts bewegt. **a)** Warum zeigt das Voltmeter eine Spannung an? Wie ist sie gepolt? **b)** Die Leiterschaukel wird kurz nach rechts ausgelenkt und anschließend losgelassen – sie schwingt hin und her. Beschreibe den Zeigerausschlag des Voltmeters. **c)** Der Spannungsmesser in b) wird durch einen dünnen Draht ersetzt. Die Leiterschaukel wird wieder kurz angestoßen. Warum kommt die Schwingung nach kurzer Zeit zum Stillstand?

A15: Warum kann es gefährlich sein, wenn man an den Ausgang eines Spielzeugtrafos (24 V) einen zweiten Transformator mit 500 und 11 500 Windungen anschließt?

A16: Ein Elektriker soll einen Transformator bauen, sodass ein Lämpchen (15 V; 1,25 A) gefahrlos und trotzdem möglichst hell bei 230 V Netzspannung betrieben werden kann. Es stehen vier Spulen zur Auswahl mit 50, 500, 750 und 1000 Windungen. **a)** Aus welchen zwei Spulen baut er den Trafo? **b)** Wie groß ist dann die Stromstärke im Primärkreis?

A17: Bei Elektrounfällen wird der menschliche Körper Teil eines Stromkreises. Sein Widerstand sei 1,2 kΩ. Berechne die Stromstärke bei der Spannung 230 V. Unter welcher Bedingung wird der Unfall gefährlich?

A18: Beim Erledigen deiner Hausaufgaben möchtest du es besonders warm haben und schaltest daher einen 2000 W-Elektroheizer ein. Wie teuer wird das in einer Woche, wenn du täglich vier Stunden arbeitest? (0,15 €/kWh).

In fast allen elektrischen Geräten findet man *Halbleiter.* Dort erfüllen sie die unterschiedlichsten Aufgaben:
In modernen Taschenlampen erzeugen sie Licht, obwohl in ihnen kein Drähtchen glüht. Als *Solarzellen* wandeln sie Licht in elektrische Energie, ganz ohne chemische Vorgänge. Als *Sensoren* registrieren sie sogar Strahlung, die unser Auge nicht mehr wahrnimmt. Als *Transistoren* steuern sie in Computern die elektrischen Ströme. Allein im Prozessor eines Notebooks arbeiten Millionen von ihnen, den Befehlen des jeweiligen Programms gehorchend. In der Industrie überwachen und steuern sie Produktionsabläufe. Dabei brauchen sie zum Erfüllen all ihrer Aufgaben erstaunlich wenig Energie.

B1: Dioden als Stromventile in einer Lokomotive und im Rücklicht des Fahrrads

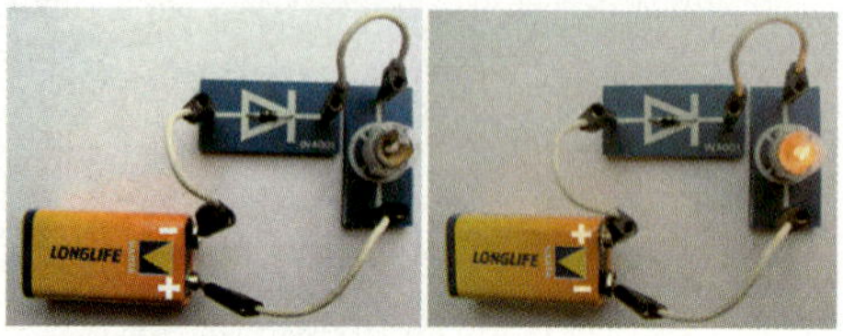

V1: a) Wir überprüfen mit einer 9 V-Batterie und einem Glühlämpchen die Funktion einer Diode. Im leitenden Zustand zeigt der Pfeil des Symbols vom Plus- zum Minuspol. Links im Bild sperrt sie, rechts leitet sie den Strom. **b)** Wir ersetzen die 9 V-Batterie durch eine Quelle mit einstellbarer Gleichspannung. Die Messung der Stromstärke im Kreis und der Spannung an der Diode liefert die Kennlinie der Diode (➠ *Bild 2*).

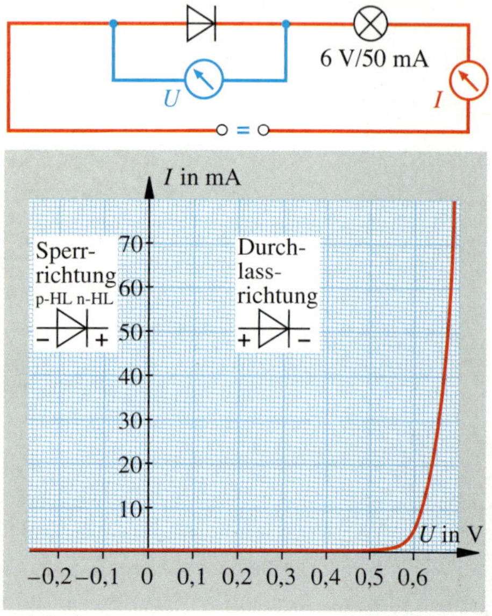

B2: Messschaltung und Kennlinie einer Silicium-Halbleiterdiode

Halbleiter

1. Die Diode als Stromventil

Das Elektrizitätswerk versorgt uns an der Steckdose mit 230 V *Wechselspannung*. Viele Geräte wie z. B. Mobilrechner, Handy, oder MP3-Player benötigen jedoch eine Gleichspannung (zudem von nur wenigen Volt). Selbst in Lokomotiven wird aus Wechselspannung zunächst Gleichspannung erzeugt, da man diese zur Motorsteuerung besser umformen kann. Zur Umwandlung von Wechsel- in Gleichspannung verwendet man Dioden.
Auch der Fahrradgenerator in ➠ *Bild 1* – hier in der Felge des Vorderrades – erzeugt eine Wechselspannung. Das Fahrradrücklicht leuchtet aber nach dem Anhalten noch einige Minuten nach. Denn ein kleiner Energiespeicher in ihm wurde während der Fahrt aufgeladen (➠ *Bild 1*). Er kann – wie z. B. ein Akku – seine Energie nur durch eine Gleichspannung erhalten. Die Halbleiterdiode aus Silicum wandelt als Stromventil Wechsel- in Gleichspannung um (➠ *Vertiefung*).
In ➠ *Versuch 1* ist eine solche Diode links in Sperr-, rechts in Durchlassrichtung geschaltet. Ihre Eigenschaften im Stromkreis beschreibt ihre *U*-*I*-Kennlinie. Die „Ventilwirkung" ist nicht ganz perfekt, denn in Durchlassrichtung wird die Diode erst ab etwa 0,6 V leitend. Diese so genannte Schwellenspannung U_S ist meist nicht erwünscht. Eine ideale Diode müsste ab $U = 0$ V leiten, d. h. die Kurve ab $U = 0$ V steil nach oben ansteigen.

Beim Strom I fällt nach ➠ *Bild 2* an der Diode die Spannung von ca. 0,7 V ($> U_S$) ab. An ihr wird also die Leistung $P = 0{,}7\ \text{V} \cdot I$ thermisch umgesetzt. Sie muss durch Kühlung abgeführt werden, damit die Diode nicht durch zu hohe Temperaturen zerstört wird.

Merksatz

Eine Diode ist nur für eine Stromrichtung leitend. An ihr liegt dann eine fast konstante Spannung U_S. Ihre Verlustleistung ist $P = U_S \cdot I$.

Vertiefung

Vom Kristall zur Diode – ein vereinfachtes Modell

A. Der reine Siliciumkristall

Ein Siliciumkristall leitet sehr viel schlechter als Metalle. Man spricht deshalb von einem Halbleiter. In ihm befinden sich zwischen den Atomen je zwei Elektronen auf den violetten Plätzen. In den gelben Bereich gelangen sie nur, wenn durch thermische Zitterbewegung der Atome ihnen genügend Energie übertragen wird. In → *Bild 3* entsteht so ein Leitungselektron, das zum Pluspol getrieben wird. Auf den freien Platz rückt ein Elektron aus der Nachbarschaft nach. So entsteht links ein neues Loch.

Dies veranschaulichen die als Männchen in Reih und Glied gezeichneten Elektronen. Eines hatte genügend Energie, um aus dem Loch nach „oben" zu gelangen. Es kann sich nun frei im gelben Bereich durch den Kristall bewegen. Auf den freien Platz rückt sein linker Nachbar nach. Das Loch wandert so nach links.

B. Fremdatome mit einem Elektron mehr und weniger

Nun wird in der linken Kristallhälfte von → *Bild 4* eines von einer Million Siliciumatomen durch ein Phosphoratom P ersetzt. Dies hat ein Elektron mehr als ein Siliciumatom. Das überschüssige Elektron wird im Silicium zur Bildung der Kristallstruktur nicht benötigt und dem Kristall als Leitungselektron geschenkt. Man nennt dies einen *n-Leiter.*

Dagegen wird in der rechten Kristallhälfte etwa jedes millionste Siliciumatom durch ein Aluminiumatom ersetzt. Ihm fehlt ein Elektron zum perfekten Einbau in den Kristall, aber es kann sich ein solches vom Silicium nehmen. So entsteht ein neues Loch, in das ein Nachbarelektron schlüpfen kann. Man spricht von einem *p-Leiter.* Welche Folgen hat dies für den Strom?

C. Die Diode als Ventil

In → *Bild 4* oben ist links der Minus-, rechts der Pluspol. Die Elektronen werden leicht über die Grenze der beiden Kristallhälften gezogen. Rechts fallen sie in die Löcher bzw. frei gewordenen Plätze und rücken in diesen dann zum Pluspol.

Bei umgekehrter Polung müssten die Elektronen dagegen an der Grenzschicht aus ihren Löchern „gehoben" werden, um sich in der linken Kristallhälfte als Leitungselektronen weiterbewegen zu können. Dazu fehlt ihnen jedoch die Energie. Der Kristall ist zu einem Stromventil geworden, einer so genannten Diode.

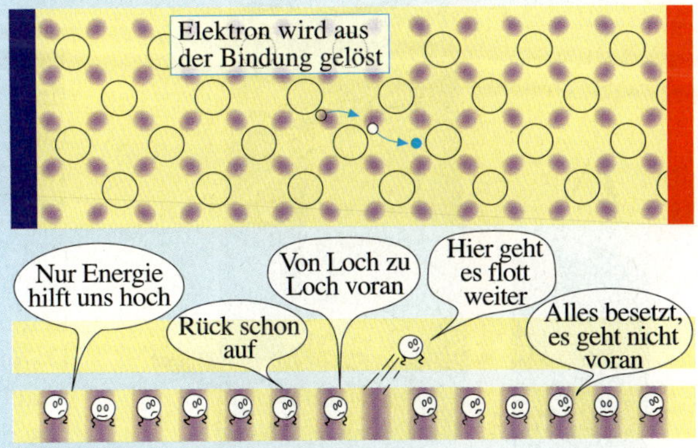

B3: *Oben:* Veranschaulichung eines Siliciumkristalls in einer Ebene. Ein Elektron ist durch Energiezufuhr aus seinem Platz gelöst. Es kann sich nun frei im gelben Bereich bewegen. Ein benachbartes Elektron rückt nach. *Unten:* Die Energiezufuhr ist analog zur Höhenenergie durch das Anheben des Elektrons dargestellt. Nun können auch die energieärmeren Elektronen von einem violetten Platz zum nächsten nachrücken. In beiden Bereichen sind nur wenige Elektronen beteiligt. Der Kristall ist deshalb ein sehr schlechter Leiter.

B4: Die Diode: Einige wenige Siliciumatome sind im linken Bereich durch Atome mit einem Elektron mehr, im rechten durch Atome mit einem Elektron weniger ersetzt. Im Bild oben (+ rechts) leitet die Diode den Strom, unten (+ links) sperrt sie.

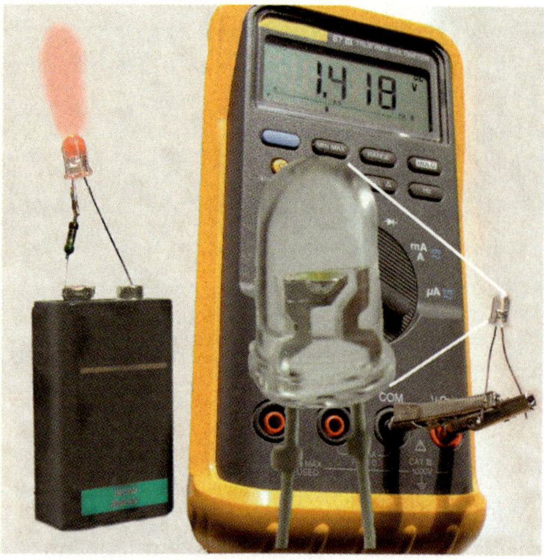

B1: a) Eine LED erzeugt beim Anlegen einer Spannung rotes Licht, **b)** beim Beleuchten eine Spannung.

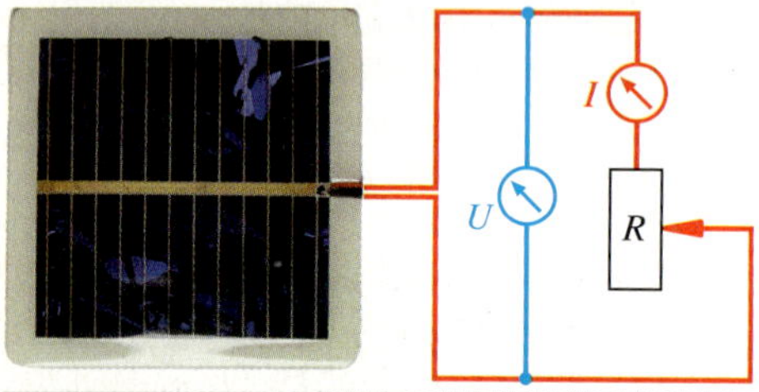

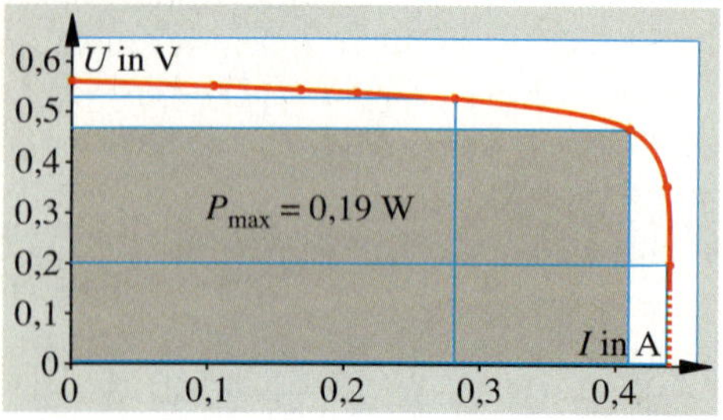

V1: Bei senkrecht auffallendem Sonnenlicht werden Spannung und Stromstärke bei unterschiedlicher Belastung gemessen (Widerstände R von 0 Ω bis 10 Ω). Die am Widerstand abgegebene Leistung $P = U \cdot I$ entspricht dem Flächeninhalt eines Rechtecks unter der Kurve. Sie ist maximal für U = 0,47 V und I = 0,41 A (graues Rechteck): $P_{\text{el, max}} = U \cdot I$ = 0,19 W. Auf 1 m² Fläche fällt im Sommer bei klarem Wetter die Strahlungsleistung von etwa 800 W (➠ *Solarkonstante*, Kapitel „Mensch und Energie"). Auf die 24 cm² große Fläche der Solarzelle trifft somit die Strahlungsleistung $P_{\text{auf}} = 24 \cdot 10^{-4}\ \text{m}^2 \cdot 800\ \text{W/m}^2$ = 1,9 W. Daraus berechnen wir den Wirkungsgrad der Solarzelle:
$\eta = P_{\text{el,max}}/P_{\text{auf}} = 0{,}19\ \text{W}/1{,}9\ \text{W} = 0{,}1 \mathrel{\hat{=}} 10\,\%$.

2. Die Leuchtdiode (LED)

Leuchtdioden (LEDs) ersetzen zunehmend Glühlampen. Man findet LEDs z. B. in Bremslichtern oder im Rücklicht des Fahrrads. Als Dioden leiten auch sie Strom nur in einer Richtung. Ihre Schwellenspannung liegt je nach Farbe des Lichts zwischen 1,6 V (Rot) und 2,4 V (Blau). Während die Wendel in Glühlampen erst bei hohen Temperaturen sichtbares Licht aussendet, leuchten LEDs praktisch kalt. Sie erreichen die gleiche Helligkeit mit sehr viel weniger Energie.
Damit beim Überschreiten der Schwellenspannung der schnell zunehmende Strom die LED nicht zerstört, muss ein Widerstand mit dieser in Reihe geschaltet werden. Beträgt im Betrieb die Stromstärke z. B. 20 mA und die Schwellenspannung der LED 1,6 V, so braucht man bei einer 3 V-Batterie den Widerstand:

$$R = U/I = (3\ \text{V} - 1{,}6\ \text{V})/20\ \text{mA} = 1{,}4\ \text{V}/0{,}02\ \text{A} = 70\ \Omega.$$

LEDs lassen sich blitzschnell ein- und ausschalten. Diese Eigenschaft nutzt man nicht nur in Fernbedienungen z. B. für Fernseher oder HiFi-Anlagen, sondern vor allem zur Datenübertragung durch Lichtleiter (siehe *Ziff. 5*).
Der *Laserpointer* benutzt eine LED besonderer Bauart. Man bezeichnet sie als **Laserdiode**. Sie wird auch beim Abtasten und Brennen im DVD-Player und Plattenlaufwerken in Computern verwendet.
Die Leuchtdiode in ➠ *Bild 1* kann nicht nur elektrische Energie in Licht umwandeln, sondern auch umgekehrt bei Lichteinfall eine Spannung (ca. 1,4 V) erzeugen (**innerer Fotoeffekt**). Auf die winzige absorbierende Fläche trifft jedoch nur wenig Sonnenenergie.

Merksatz

Leuchtdioden werden zu Anzeige- und Beleuchtungszwecken verwendet. Sie setzen sehr effektiv elektrische Energie in Licht um.

3. Die Solarzelle

Großflächige Solarzellen werden aus Siliciumscheiben hergestellt. Sie sind wie eine Diode aufgebaut. Gute Solarzellen wandeln etwa 16 % des auftreffenden Sonnenlichts in elektrische Energie um. Dieser Bruchteil heißt **Wirkungsgrad** der Solarzelle. Für die Solarzelle in ➠ *Versuch 1* finden wir einen Wirkungsgrad von nur 10 %. Sie liefert im Sonnenlicht eine Spannung von etwa 0,6 V, die mit zunehmender Stromstärke abnimmt. Ihr Kurzschlussstrom beträgt etwa 0,45 A. Sowohl im Leerlauf (I = 0 A) als auch bei Kurzschluss (U = 0) ist ihre abgegebene Leistung $P = U \cdot I$ null. Ihre maximale Energieabgabe wird durch die größte Rechteckfläche ($U \cdot I$) unter der I-U-Kurve ermittelt.

Merksatz

In einer Solarzelle wird Lichtenergie unmittelbar in elektrische Energie umgewandelt.

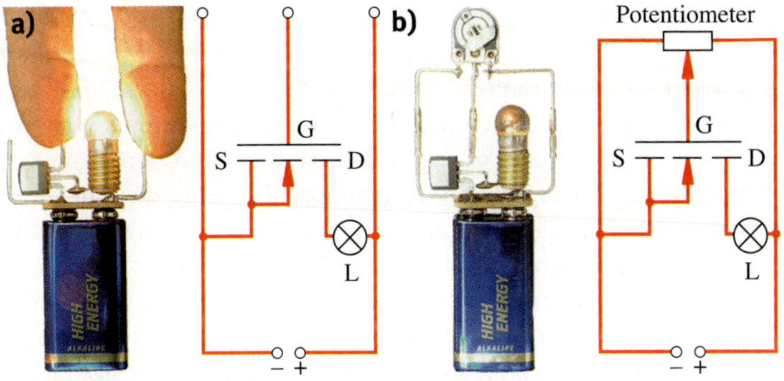

B 2: Ein Feldeffekt-Transistor steuert den Strom durch die Lampe.

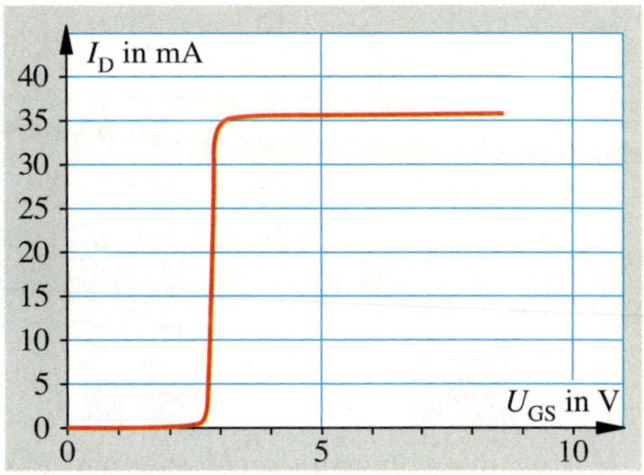

B 3: Stromstärke I_D im Lämpchen in Abhängigkeit von der Gatespannung U_{GS} (gemessen nach ➡ *Versuch 2*)

4. Feldeffekt-Transistoren steuern Ströme

Sobald man den Computer einschaltet, steuern mehrere Millionen Feldeffekt-Transistoren (FET) die Ströme im Rechner. In vielen elektronischen Geräten erfüllen sie unermüdlich diese Aufgaben.

Wir untersuchen das Verhalten eines solchen Transistors (➡ *Versuch 2a*). Seine beiden Anschlüsse S (Source) und D (Drain) bilden mit dem Lämpchen und der 9 V-Batterie einen Stromkreis. Die Steuerelektrode G (Gate) regelt den Elektronenstrom von S nach D: Wird das Gate G durch Verbinden mit dem Pluspol aufgeladen, so wirkt die Strecke S–D wie ein geschlossener Schalter, beim Verbinden mit dem Minuspol wie ein geöffneter. Dieser Zustand bleibt jeweils auch ohne eine Verbindung zum Gate erhalten. Das Gate ist nämlich durch eine sehr gute Isolierschicht von Source und Drain getrennt, sodass die aufgebrachte Ladung vom Gate nicht abfließen kann.
Kurz: Bei $U_{GS} = 0$ V sperrt der Transistor, bei $U_{GS} = 9$ V leitet er. Der Strom I_D kann so praktisch ohne Energieaufwand gesteuert werden. Und wenn U_{GS} dazwischen liegt, also $0 \leq U_{GS} \leq 9$ V?

Mit einem Potentiometer wird das Gate auf Spannungen U_{GS} zwischen 0 V und 9 V aufgeladen (➡ *Versuch 2b*). Die Stromstärke I_D in der Glühlampe steigt bei etwa $U_{GS} = 2{,}9$ V steil an. Ab etwa 3 V leitet die Strecke S–D wie ein geschlossener Schalter.

V 2: a) Baue die Schaltung nach ➡ *Bild 2a* auf (FET: BUZ11, Lampe: 6 V/30 mA, $R_{Pot} = 100$ kΩ). Die Lampe (L) leuchtet zunächst nicht. Verbinde mit einem Draht das Gate und den Pluspol der Batterie. L leuchtet hell, die Spannung an L beträgt 9 V. Entferne die Verbindung zuerst vom Gate, dann vom Pluspol. L leuchtet unverändert. Verbinde nun das Gate mit dem Minuspol. L erlischt, die Spannung an L ist 0 V. L bleibt auch nach dem Entfernen der Verbindung dunkel. L lässt sich so ein- und ausschalten. Wiederhole dies mit sehr trockenen Fingern als Verbindung anstatt mit einem Draht. Die Helligkeit der Glühlampe lässt sich durch mehrfaches sehr kurzes Berühren des Gates steuern.
b) Nach ➡ *Bild 2b* wird nun die Spannung U_{GS} zwischen Source S und Gate G mit einem Potentiometer eingestellt und jeweils die Stromstärke I_D in L gemessen. Man erhält das Diagramm in ➡ *Bild 3*.

Vertiefung

Was geschieht im Feldeffekt-Transistor?

Der FET besteht aus einem Silicium-Kristall mit zwei n-leitenden Bereichen S und D (blau) und einem p-leitenden (rot) zwischen S und D. Der p-Leiter besitzt keine freien Elektronen. Er sperrt also zum positiv geladenen n-Halbleiter D, wie wir von der Diode wissen. Über dem p-Leiter befindet sich das metallische Gate G, gut isoliert von diesem. Gibt man dem Gate eine positive Ladung, so zieht es bewegliche Elektronen unter das Gate zwischen S und D. Dort füllen sie zunächst die Löcher des p-Leiters, weitere werden schließlich zu Leitungselektronen. Es entsteht so ein leitender Kanal zwischen S und D.

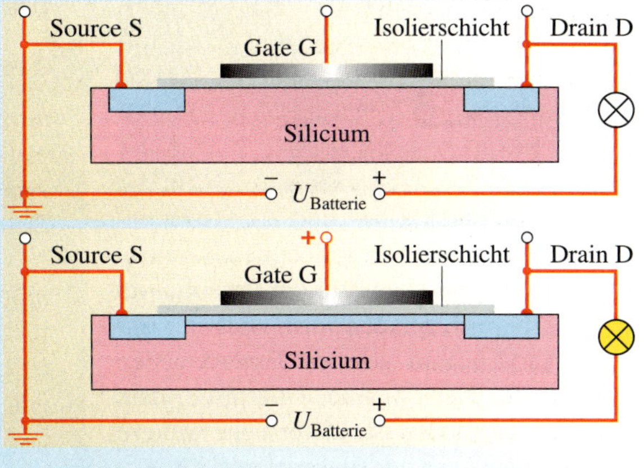

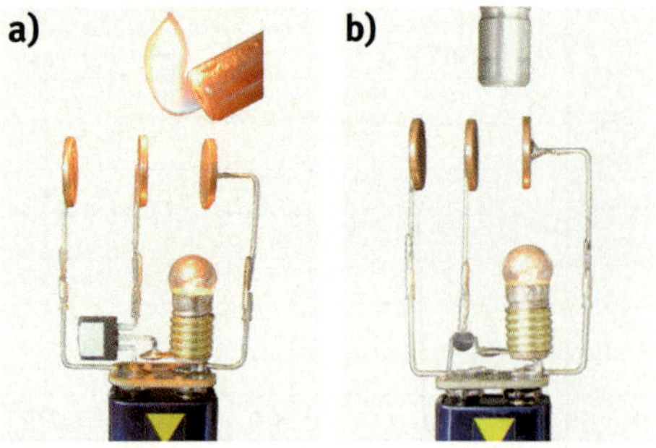

V1: An den vom Minuspol, Gate und Pluspol nach oben geführten Drähten sind Centstücke befestigt. **a)** Bringt man eine Flamme zwischen Gate und Pluspol, so leuchtet das Lämpchen ständig. Es erlischt, wenn man die Flamme zwischen Gate und Minuspol hält. **b)** Entsprechend wird das Gate des empfindlicheren FET BSN10A mit einem radioaktiven Präparat (Am-241) auf- und entladen.

V2: Elektronen werden von UV-Licht aus dem frisch geschmirgelten Zinkblech (am Minuspol) befreit und entladen das positive Gate. Das Lämpchen erlischt.

V3: Reibe einen Glas- und Acrylstab aneinander. Nähere die geriebenen Bereiche dem Gate, das zuvor auf ein Potential im Steuerbereich geladen wird. Glas ist positiv, Acryl negativ geladen. Entlade jeden Stab mit einer Flamme. Überprüfe, dass er nun ungeladen ist. Untersuche weitere Phänomene aus der Elektrostatik.

Der Feldeffekt-Transistor – Sensor und Verstärker

An der U_{GS}-I_D-Kennlinie eines Feldeffekt-Transistors (FET) lesen wir ab, dass dieser in einem kleinen Spannungsbereich vom nicht leitenden in den leitenden Zustand schaltet. Bei dem bisher verwendeten FET lag die Steuerspannung U_{GS} etwa zwischen 2,8 V und 3,0 V. Dort genügt schon eine geringe Änderung der Ladung auf dem Gate, um den Strom im Lämpchen sichtbar zu beeinflussen. Im Folgenden nutzen wir diese Eigenschaft des FET, um ihn als Sensor einzusetzen. Dazu bringen wir ihn jeweils zuvor in seinen Steuerbereich, indem wir Drain D und Gate G kurz, z. B. mit dem Finger, verbinden (➠ *Vertiefung*). Beachte, dass man selbst gut geerdet ist und die Verbindung immer zuerst vom Gate löst.

1. Gase als elektrische Leiter

Der ➠ *Versuch 1a* zeigt, dass eine Flamme eine elektrische Verbindung zwischen Gate und Source (bzw. Drain) herstellt. Die Flamme enthält nämlich genügend Ionen, die ihre Gase leitend machen. Der FET dient hier als Sensor zur Flammenüberwachung. In ➠ *Versuch 1b* wurde der FET durch einen empfindlicheren Typ ersetzt. Hier reicht schon die Strahlung eines radioaktiven Präparats, die die Luft ein wenig ionisiert (➠ *Radioaktivität*).

2. Vom UV-Licht freigesetzte Elektronen entladen das Gate

Im ➠ *Versuch 2* wird nicht die Luft ionisiert, sondern Elektronen werden aus einem mit dem Minuspol verbundenen Zinkplättchen herausgelöst (**äußerer Fotoeffekt**). Sie gelangen zu dem positiv geladenen Gate-Anschluss und entladen diesen.

3. Influenz steuert den FET

Kommen zwei Körper in Kontakt, so gibt es zwischen ihnen an der Berührungsstelle einen Kampf um Elektronen. In ➠ *Versuch 3* entreißt dabei der Glasstab einige dem Acrylstab. Ort und Vorzeichen der Stabladung lassen sich durch bloßes Annähern, also durch Influenz, am Gate-Anschluss des FET vorübergehend nachweisen. Bei Kontakt eines Stabes mit dem Gate wird dieses dauernd geladen. Bei zu starker Aufladung wird der FET zerstört.

Vertiefung

Warum befindet sich der FET nach dem Verbinden von Drain und Gate – also $U_{GS} = U_{DS}$ – in seinem Steuerbereich?

Drain, Source und das Lämpchen liegen in Reihe an der 9 V-Batterie. Also ist stets $U_{DS} + U_L = 9$ V.

a) $U_{GS} > 3$ V: FET leitet, somit $U_L = 9$ V und $U_{DS} = 0$ V. Wegen $U_{GS} = U_{DS} = 0$ müsste der FET jedoch sperren. $U_{GS} > 3$ V kann nicht auftreten.

b) $U_{GS} < 2{,}8$ V: FET sperrt, somit $U_L = 0$ V und $U_{DS} = 9$ V. Wegen $U_{GS} = U_{DS} = 9$ V müsste der FET jedoch leiten. $U_{GS} < 2{,}8$ V ist ebenfalls nicht möglich. – Folglich muss $2{,}8\text{ V} < U_{GS} < 3\text{ V}$ sein.

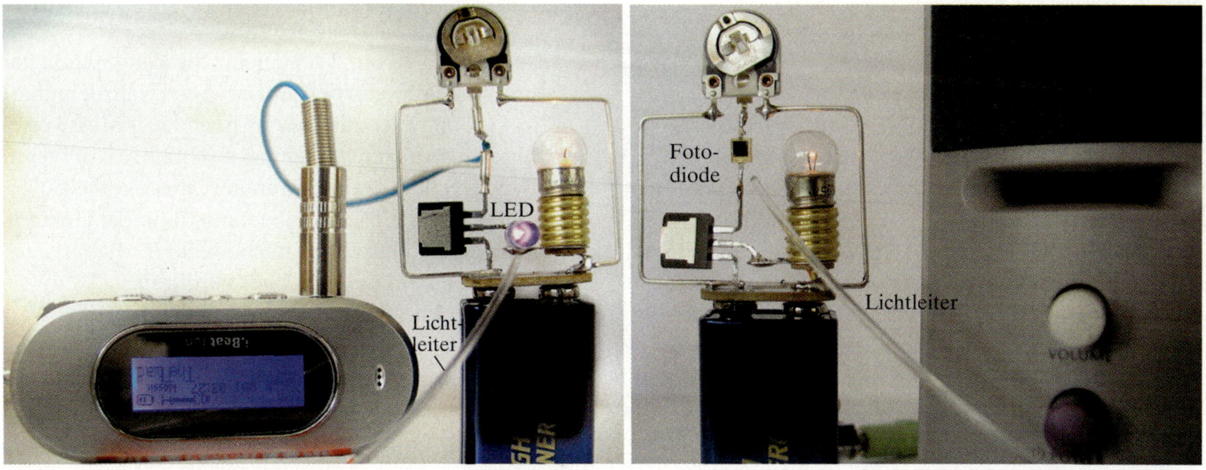

B 1: Musikübertragung durch Licht vom MP3-Player zum Lautsprecher. Zwischen Leuchtdiode LED (links) und Fotodetektor (rechts) der mehrere Meter lange Lichtleiter.

4. Datenübertragung mit Licht, ohne Fotodiode geht es nicht

Datenübertragung mit Licht, das durch Lichtleiter auch auf verschlungenen Wegen zum Empfänger gelangt, findet immer mehr Verbreitung.

In ➠ *Versuch 4* übertragen wir Musik auf „den Schultern" von Infrarotlicht (IR) durch einen mehrere Meter langen **Lichtleiter**. Dazu wird die Lichtintensität einer IR-LED synchron mit der Frequenz und Amplitude der Ton-Wechselspannung geändert. Die Energie für die LED liefert die Batterie. Die Steuerung ihres Stroms übernimmt der FET. Dessen Gate wird dazu im Rhythmus der Ton-Wechselspannungen U_E geringfügig auf- und entladen. Energie wird dem MP3-Player dabei nicht entzogen. Die Steuerströme sind nämlich vernachlässigbar klein. Sie sorgen aber für starke Stromschwankungen in der LED (für uns sichtbar am Lämpchen).
So werden die Wechselströme in der LED und damit auch die abgestrahlte Leistung praktisch leistungslos von den Wechselspannungen am Gate gesteuert. Man spricht deshalb von Strom- und Leistungs**verstärkung**. Beide sind wegen $I_D \approx 0$ nahezu unendlich.

Die **Fotodiode** als Lichtsensor im Empfänger wandelt die Intensitätsschwankungen des IR-Lichts wieder zurück in entsprechende Spannungsänderungen. Diese sind jedoch zu klein zum Nachweis mit dem Kopfhörer. Der FET verstärkt sie. Aus den kleinen Spannungsänderungen der Fotodiode werden große am Lämpchen. Sie liefern das Ausgangssignal U_A für Kopfhörer oder PC-Lautsprecher.

Merksatz

Feldeffekt-Transistoren steuern Stromkreise praktisch leistungslos. Sie dienen selbst als Sensoren oder verstärken Signale von Sensoren.

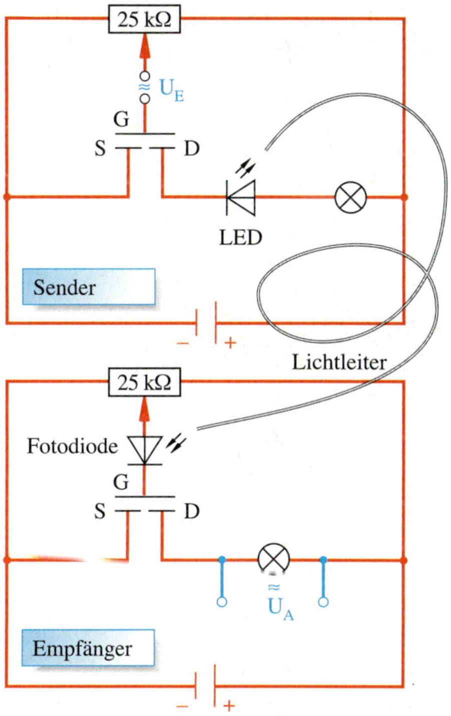

V 4: Baue die abgebildete Schaltung auf (siehe auch ➠ *Bild 1*). Verwende dabei: FET: BUZ11 (oder BS10NA), Fotodiode: BPW34, Lampe: 6 V/30 mA (oder 50 mA), Potentiometer 25 bis 100 kΩ. Stelle am Sender und Empfänger mit dem Poti ein schwaches Leuchten der Lampe ein. Das Kopfhörersignal des MP3-Players wird bei U_E zugeführt, das Signal für den PC-Lautsprecher (mit Verstärker) bei U_A entnommen. Die Übertragung gelingt mit dem Lichtleiter über viele Meter.

Interessantes

Musik – digital verarbeitet

Computer, Festplatte, CD, CD-RW, DVD, Digital-Radio, Satelliten-TV, MP3, Handy, ISDN, Digital-Camcorder, Digital-Fotografie, Drucker, Telefonkarte, Schrittmotoren, …

… was all die genannten Stichwörter verbindet, ist die **Digitaltechnik**. Wie kaum eine Technik zuvor bestimmt sie heute unsere technische Welt. Mit ihrer Hilfe verschmelzen zur Zeit die verschiedensten Kommunikationsformen – Text, Ton, Telefon, Musik, Film – zu einer einzigen. Der „Multimedia"-Computer macht es deutlich. Einen Einblick in diese Technik liefert die **C**ompact **D**isc (**CD**). In ihren Anfängen vor 25 Jahren diente sie allein der Speicherung von Musik.

Analoge Musik – gespeichert als Zahlenliste

Die Schwingung aus ➠ *Bild 1* könnte ein Stückchen Musik aus dem „Minutenwalzer" von F. Chopin oder aus „Yellow Submarine" der Beatles sein. Chopin würde sich wundern, wenn wir behaupteten, seine Musik sei in einer langen Zahlenkette festgehalten und könne jederzeit wieder in perlende Klaviertöne umgesetzt werden.

Wie kann denn ein solches Zahlenprotokoll überhaupt entstehen? Die akustischen Schwingungen der Musik werden ja bei der Aufnahme mit einem Mikrofon in entsprechende (*analoge*), sich stetig ändernde elektrische Spannungswerte verwandelt. Am Oszilloskop können wir sie verfolgen, das haben wir in der Akustik gesehen. Überfordert wären wir aber, wenn wir *alle* mit dem Oszilloskop dargestellten Spannungswerte aufschreiben sollten, es sind ja unendlich viele!

Punktuelles Wissen genügt hier

Überraschenderweise braucht man für die spätere Wiederherstellung der Musik nicht den vollständigen Spannungsverlauf. Es genügt, die Mikrofonspannung in regelmäßigen Abständen, also nur zu bestimmten Zeitpunkten, abzutasten. Das ➠ *Bild unten* zeigt es für einen Klang aus zwei Tönen mit den Frequenzen f und $2f$. Zweimal je Periode der schnelleren Schwingung wird die Spannung festgehalten. Bei nur wenig anderem Klang passen die Messwerte nicht mehr.

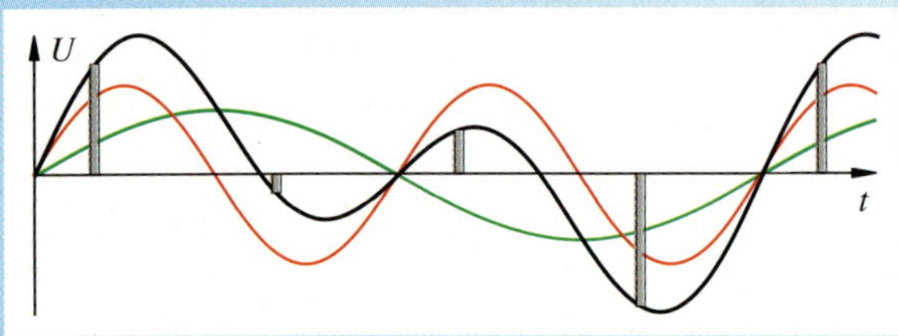

Bei Musik gilt nun das Gleiche: Sie klingt schon dann unverfälscht, wenn bei dem *höchsten* wahrnehmbaren Ton (20 000 Hz) mindestens noch zwei Messwerte je Periode vorliegen. Man muss also mehr als 40 000-mal in jeder Sekunde die Spannung „protokollieren".

Später bei der Wiedergabe kann dann ein Generator diese Spannungswerte nacheinander wieder erzeugen und einem Lautsprecher zuführen.

Für den „Minutenwalzer" wären das 2 400 000 Werte. Die moderne Elektronik schafft dies. Zunächst setzt sie die ausgewählten Spannungswerte in Zahlen um. Dies geschieht bei der Audio-CD-Technik 44 100-mal je Sekunde.

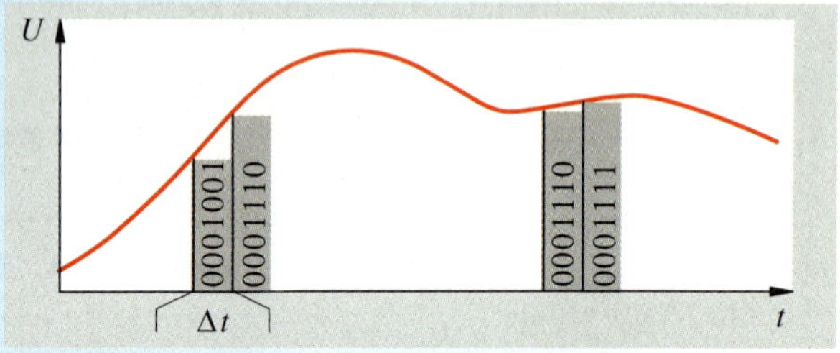

B1: Zahlenprotokoll einer Schwingung. Nach jeweils 1/44 100 s (= Δt) wird die nächste Zahl ermittelt.

Aus Musik werden Zahlen, wo liegt der Vorteil?

Die von einem Mikrofon aufgenommene Schwingung muss mit all ihren feinsten Abstufungen vom Aufnahmestudio über die Schallplatte, das Wiedergabegerät bis zum Lautsprecher erhalten bleiben. Moderne analoge Geräte leisten dies. Längs dieser langen Kette werden dem Musiksignal leider wieder kleine Störspannungen hinzugefügt (Transistoren z. B. erzeugen sie unvermeidlich selbst; es ist nicht nur der Staub auf der Schallplatte). Die Elektronik kann die Störspannungen nicht von den echten Signalen unterscheiden und verstärkt sie artig mit: Es rauscht im Lautsprecher.

Bei der digitalen Verarbeitung dagegen genügt es, die aus „Einsen" und „Nullen" bestehenden Zahlenfolgen schnell und fehlerfrei weiterzureichen (wie bei der Datenübertragung zwischen Computern). Dies verlangt keine große Präzision. Es genügt ja die grobe Unterscheidung zwischen „**1**" und „**0**". Dabei spielen selbst größere Störspannungen keine Rolle: So wird z. B. jede Spannung zwischen 0 V und 3 V vom nächsten Baustein der Schaltung wieder als „**0**" erfasst, eine Spannung zwischen 7 V und 10 V als „**1**". Die Musik kommt zuletzt wieder unverfälscht aus dem Lautsprecher, selbst wenn die Zahlen nur über eine Telefonleitung zu uns geschickt wurden.

Interessantes

Technik der Analog/Digital-Wandlung

... aus einem Messwert werden Takte

Jemand misst Höhen in einem Turm mit einem Metronom. Er steigt dazu in den Aufzug und zählt bis zur 25. Etage 25 Takte. Bei einer zweiten Fahrt hält derselbe Aufzug nach dem 15. Takt. Jetzt endete die Fahrt also in der 15. Etage. Die Anzahl der Metronomtakte ist wegen der gleichmäßigen Fahrt des Aufzugs ein Maß für das erreichte Stockwerk.

Manche Spannung-Zahlen-Wandler (**Analog-Digital-Wandler**) bestehen aus „Metronom" und „Spannungsaufzug". Das Metronom wird durch einen elektronischen Taktgenerator ersetzt. Er liefert abwechselnd Spannung (1) – keine Spannung (0) (➡ *Bild 3* oben). Ein angeschlossenes Lämpchen würde abwechselnd leuchten (1) – nicht leuchten (0).

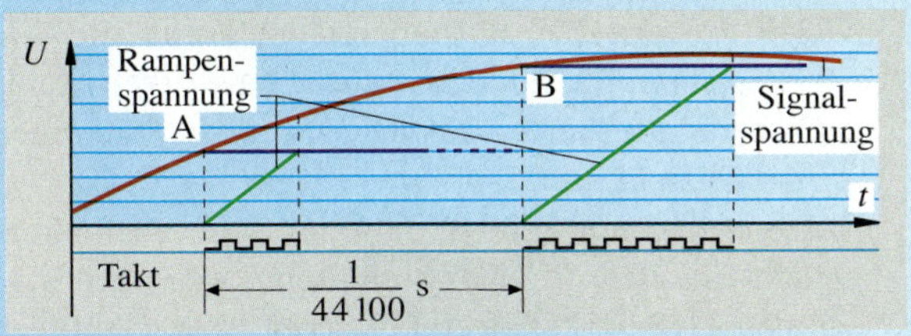

B 2: Je höher die momentane Signalspannung (z. B. eines Mikrofons), desto mehr Takte werden gezählt

Zu Beginn einer Messung wird die momentane Mikrofonspannung vom **A**nalog/**D**igital-(A/D-)Wandler übernommen und für einen kurzen Augenblick festgehalten (blaue Linie in ➡ *Bild 2*). Eine Zählung mit schnellem Takt startet. Gleichzeitig klettert eine vom Wandler erzeugte Spannung – die Rampenspannung (grüne Linie) – gleichmäßig in die Höhe. Hat sie die festgehaltene Spannung erreicht, wird die Zählung beendet und die gefundene Zahl mit einer bestimmten Anzahl von Ziffern (engl.: digits) gespeichert. Dies erfolgt im binären Zahlsystem (Zweiersystem). Die Zahl 6 z. B. wird dann zu $\mathbf{1} \cdot 2^2 + \mathbf{1} \cdot 2^1 + \mathbf{0} \cdot 2^0 = (\mathbf{110})$. Nach 1/44 100 s beginnt die nächste Wandlung.

Kleine Fehler sind erlaubt

In ➡ *Bild 2* sind zwei solcher Messzyklen angedeutet. Die Momentanspannung am Punkt A entspricht genau drei Takten bei der A/D-Wandlung. Die Zahl 3 bzw. (011) gibt die Spannung also ohne Fehler wieder. Anders bei Punkt B: Die jetzt vorliegende Spannung liegt zwischen der sechsten und siebten „Spannungsetage", aber nur 6 Takte sind gezählt worden. Bei der späteren Wiedergabe läge Punkt B dann etwas zu niedrig, der Klang wäre verzerrt. $8 = 2^3$ „Spannungsstockwerke", die wir mit einer dreistelligen binären Zahl ermitteln können, stellen ein zu grobes Raster dar, Zwischendecken müssen eingezogen werden. In modernen A/D-Wandlern wird häufig ein Raster mit $2^{16} = 65\,536$ „Etagen" benutzt (manchmal sogar 2^{24}); hierbei noch auftretende Abweichungen sind für unsere Ohren nicht mehr wahrnehmbar.

... aus Takten wird eine binäre Zahl

Beim Zählen der elektrischen „Metronomtakte" helfen mehrere hintereinander geschaltete, spezielle *Flip-Flops*. Bei ihnen wechselt die Ausgangsspannung zum jeweils anderen Zustand, wenn die Spannung am Takteingang T von **1** nach **0** übergeht. Die Zählung beginnt mit **0** an allen Ausgängen Q_1, Q_2 und Q_3.

Das erste Flip-Flop empfängt die 6 Takte **0** bis **1** am Eingang T (➡ *Bild 3* oben). Dabei wird sein Ausgang Q_1 auf **1** gesetzt, wenn das Taktsignal zum ersten Mal von **1** auf **0** abfällt. Erst bei der nächsten absinkenden Flanke kehrt der Ausgang auf **0** zurück, um beim Abfall der übernächsten Flanke wieder den Spannungswert **1** anzunehmen usw. An Q_1 erscheint so nur die halbierte Taktfrequenz.
Das zweite Flip-Flop schließt sich an; es halbiert nochmals die Frequenz (vergleiche Q_2 mit Q_1). Die anschließenden Flip-Flops arbeiten entsprechend.

Betrachten wir das Ergebnis unseres *3-Bit-Zählers* in ➡ *Bild 3*: Nach sechs Takten (Linie t_0) stehen Q_3 und Q_2 auf **1**. Q_1 steht zu diesem Zeitpunkt gerade auf **0**. Die Ziffernfolge (**110**) ist aber nichts anderes als die binäre Form der Zahl 6.

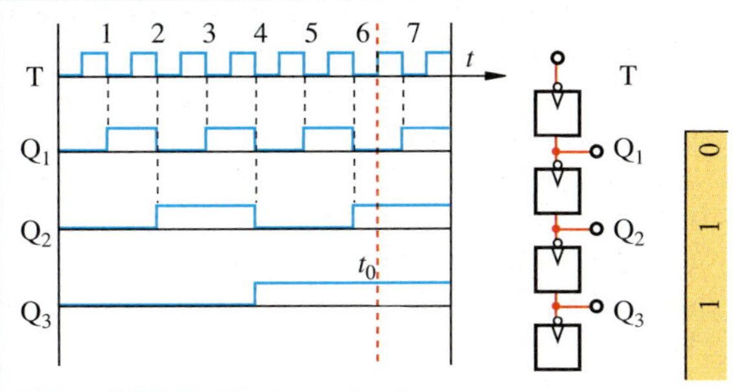

B 3: Ein 3-Bit-Zähler hat 6 Takte gezählt.

In einem A/D-Wandler mit 2^{16} (= 65 536) Rasterstufen benötigt man einen 16-Bit-Zähler aus 16 Flip-Flops und gewinnt mit ihm 16-stellige Binärzahlen.

Interessantes

Die Compact-Disc (CD)

Der CD-Rohling besitzt eine gut reflektierende Schicht. Bei der Produktion wird eine nur 0,0005 mm breite Spur in etwa 20 000 Umrundungen spiralförmig von innen nach außen durchlaufen. In sie werden 0,000 11 mm tiefe, schlecht reflektierende „Pits" eingepresst (➠ *Bild 1*). Im Pitmuster sind alle Zahlen verborgen, die bei der A/D-Wandlung der Musik entstanden sind. Im CD-Spieler werden die Pitmuster bei der Wiedergabe von unten durch einen Laserstrahl abgetastet (➠ *Bild 2*) und dann wieder in analoge Spannung zurückübersetzt (**D**igital/**A**nalog-Wandlung).

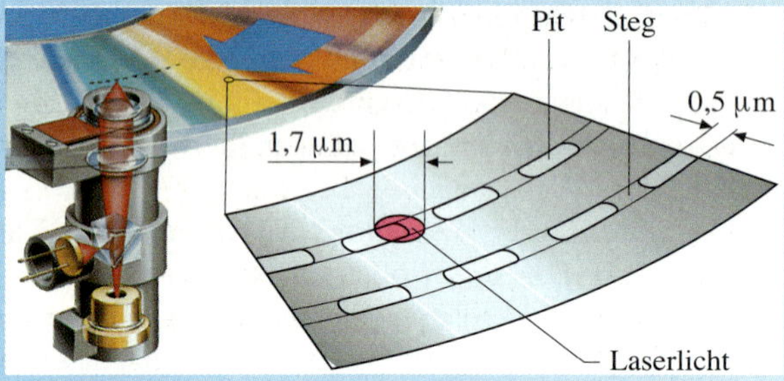

B1: Die CD: In einer nur 0,0005 mm breiten Spur ist Musik mit „Pits" und „Stegen" gespeichert.

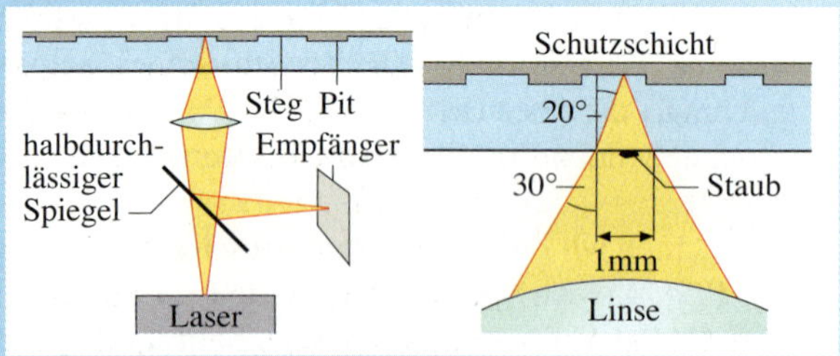

B2: Das Abtastsystem mit einem IR-Laser – ein Staubkörnchen oder ein Kratzer stören nicht.

Erste Hilfe für das Speichern großer Datenmengen: Daten dichter schreiben

Wie bei modernen Festplatten (im Jahr 2007 mehr als 1000 Spuren je mm) verfeinert man auch bei der CD die Speichermuster. Bei der **DVD** (**D**igital **V**ersatile (vielseitig) **D**isk ➠ *Bild 3*) sind die Spuren und Pits etwa nur noch halb so groß. Zum Abtasten verwendet man rotes Laserlicht, weil es feinere Strukturen lesen kann als das infrarote Licht beim herkömmlichen CD-Player (ältere Geräte können eine DVD nicht lesen).
Zudem hat die DVD nicht nur eine Speicherebene, sondern je zwei übereinander liegende auf beiden Seiten. In diesen vier voneinander unabhängigen Ebenen kann sie Daten speichern, etwa 4,7 GByte je Schicht (2 GByte entsprechen etwa einer Stunde Video).

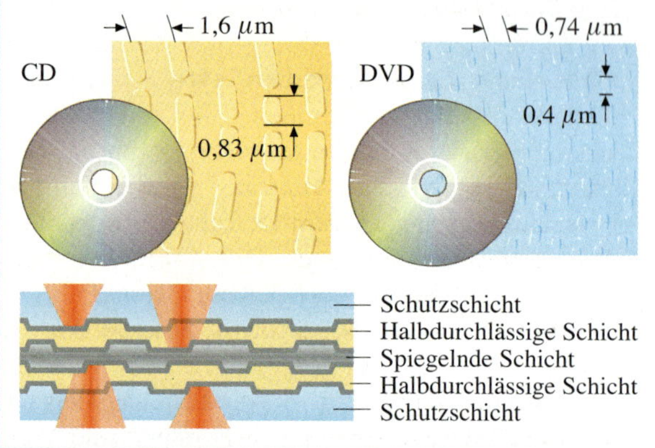

B3: Die DVD (hier mit vier unabhängigen Datenebenen) hat feinere Strukturen als die herkömmliche CD.

Beschreibbare CD

Die herkömmlichen CDs werden gepresst und sind somit Dauerspeicher für Musik oder Daten. Die CD-R (recordable, aufnahmefähige) und die CD-RW (1000-mal wiederbeschreibbare, rewritable, CD) ermöglichen das Speichern großer Datenmengen auch zu Hause.
Beim Speichern erhitzt ein Laser die Aufnahmeschicht der CD-R an bestimmten Stellen auf etwa 250 °C. Diese Stellen reflektieren später schlecht und wirken wie Pits bei der herkömmlichen CD.
Die CD-RW besteht aus einem anderen Material. Das Laufwerk hat einen Laser mit drei verschiedenen Leistungsstufen. Zum Lesen wird die kleinste Leistung benutzt, zum Schreiben die höchste. Dabei wird das Material punktuell geschmolzen (bei ca. 600 °C); dort reflektiert es dann schlecht. Zum Löschen erhitzt der Laser das Material bei mittlerer Leistung auf etwa 200 °C. Jetzt reflektiert es wieder normal.

Zweite Hilfe für das Speichern großer Datenmengen: Auf Daten verzichten

Beim JPEG-Verfahren für Bilder und beim MPEG (z. B. MP3) für Video und Audio lässt man Informationen, die wir normalerweise nicht mehr subjektiv wahrnehmen, einfach weg. So hören wir z. B. einen leisen Ton neben einem sehr lauten nicht. Die Information über den leisen Ton wird bei der Speicherung einfach weggelassen.
Manche Informationen kann man auch ohne Verlust komprimieren. Ein Muster (im Text, im Bild, im Klang), das häufig vorkommt, bekommt einen kurzen Code, selten vorkommende erhalten dagegen längere Zeichenketten. So wird die Gesamtmenge an Daten ebenfalls kleiner – sogar ohne Qualitätsverlust.

Interessantes

Die Minidisc (MD) nutzt alle Tricks

Die Minidisc ist die Miniaturausgabe der CD. Sie besitzt nur noch einen Durchmesser von 6,4 cm anstelle der 12 cm bei der CD. Trotz der kleinen Fläche können auf der MD wie auf einer normalen CD 74 Minuten Musik gespeichert werden. Dies gelingt durch Komprimieren (Daten dichter schreiben) *und* Reduzieren (Daten nicht wahrnehmbarer Töne weglassen).

Alle Möglichkeiten, die sich im Laufe der Entwicklung der CD ergeben haben, sind auch bei der MD verwirklicht. Man kann einerseits fertig bespielte MDs kaufen; sie werden wie herkömmliche CDs hergestellt. Andere MDs lassen sich bespielen – und dies auf eine wiederum raffinierte Art: Neben der Optik kommt auch noch der Magnetismus ins Spiel:
Der MD-Rohling besitzt über einem transparenten Träger eine Schicht aus magnetischem Material. Dieses verliert seine Magnetisierung bei etwa 200 °C (Eisen erst über 770 °C). Das Schreiben wird nun mit einer Kombination aus Laser und Magnetspule vorgenommen. Der Magnetkopf in ➡ *Bild 4* hat unten entweder einen Nordpol oder einen Südpol – je nach Information **1** oder **0**. Die Feinheit beim Schreiben liefert der Laser. Er erhitzt punktuell die Magnetschicht. Nur diese Stelle übernimmt beim sofort anschließenden Erstarren die magnetische Ausrichtung des Magnetkopfes und damit die Information.
Je nach Magnetisierung wird später bei der Wiedergabe das einfallende Laserlicht stärker oder schwächer reflektiert. So wird die Information zurückgewonnen.

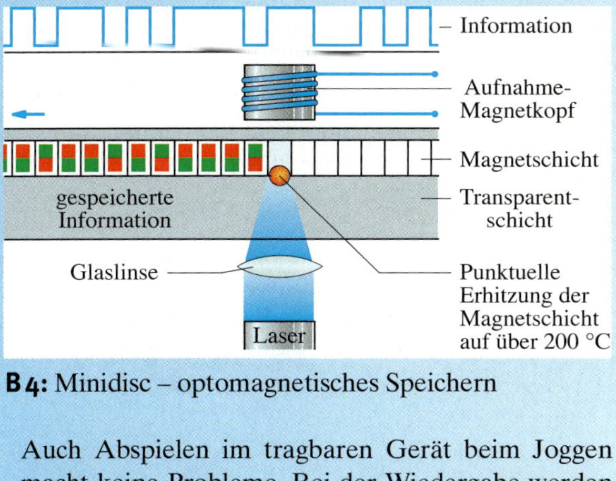

B 4: Minidisc – optomagnetisches Speichern

Auch Abspielen im tragbaren Gerät beim Joggen macht keine Probleme. Bei der Wiedergabe werden die Daten in Paketen schnell in einen Zwischenspeicher gelesen. Aus ihm werden sie dann gleichmäßig und langsamer wieder ausgegeben. Gleichlaufschwankungen des Laufwerks wirken sich so nicht mehr aus.

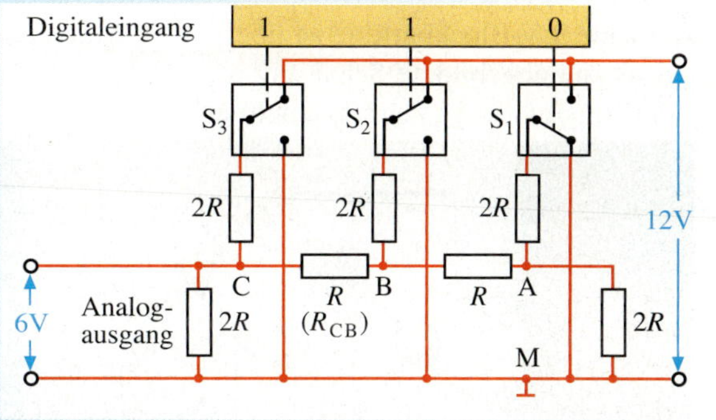

B 5: Ein 3-Bit-D/A-Wandler

Ein Digital/Analog-Wandler

Die bei der Aufnahme ermittelten Zahlen können nun auf irgendeinem der genannten Wege zu uns gelangen. Bevor man aber die ursprüngliche Musik wieder aus dem Lautsprecher hören kann, müssen die Zahlen erst in die richtigen Spannungswerte zurückgewandelt werden (**Digital-Analog-Wandlung**). Dies kann ein *R*-2 *R*-Wandler besorgen (➡ *Bild 5*).

Eine solche Schaltung können wir nachbauen. Als Widerstandswert nehmen wir $R = 1\,\text{k}\Omega$ (1% Toleranz). Normale Wechselschalter dienen als Schalter. Bei einer Versorgungsspannung von 12 V wählen wir nun nacheinander alle Schalterstellungen, die den binären Zahlen (**000**) bis (**111**) – also den Zahlen 0 bis 7 entsprechen. Am Analogausgang erscheinen dabei nacheinander die Spannungswerte 0 V bis 7 V.

Zur Erklärung nehmen wir wieder unser Beispiel, die Zahl 6 = (**110**). S_1 liegt an Masse, S_2 und S_3 liegen an 12 V. Ohne R_{CB} läge an C also schon die gewünschte Spannung von 6 V. Rechts zwischen M und B ist durch die entstandene Parallel- und Reihenschaltung der Widerstand jetzt 2 *R*. Auch an B liegt dann (ohne R_{CB}) die Spannung 6 V: R_{CB} spielt in diesem Fall tatsächlich keine Rolle, er führt keinen Strom; es bleibt also bei 6 V am Ausgang.
In handelsüblichen D/A-Wandlern sind die Schalter schnelle Transistoren, die je nach Eingangszustand – **1** oder **0** – die 2 *R*-Widerstände an (hier) 12 V oder 0 V (Masse) legen. Ein Wandler mit drei Schaltern – ein 3-Bit-Wandler – kann dreistellige Binärzahlen in elektrische Spannungen umwandeln. In CD-Spielern sind es häufig 16-Bit-Wandler.

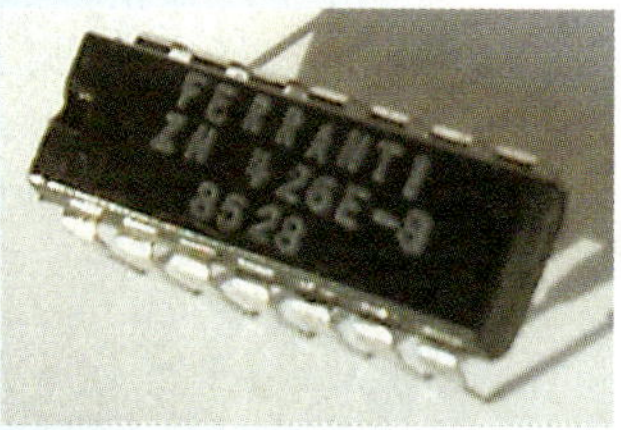

Aufgaben

A1: Eine 9 V-Blockbatterie ist über einen Widerstand R an die abgebildete Schaltung aus fünf Leuchtdioden angeschlossen (Graetzschaltung).

a) Wo befindet sich der Pluspol der Blockbatterie, oben oder unten? **b)** Bei einer Stromstärke von 20 mA beträgt die Spannung an der gelben LED 2,1 V, an den grünen jeweils 2,2 V. Wie groß ist der Widerstand R in der Abbildung? **c)** Welche LEDs leuchten, wenn man die Pole der Batterie vertauscht?

A2: **(Praktikum)** Baue die Schaltung aus Aufgabe 1 auf. Überprüfe die Lösung der Aufgabe. **a)** Schließe statt der Batterie eine Wechselspannung aus einem Sinusgenerator mit einstellbarer Frequenz an. Ersetze die LED in der Mitte durch ein Glühlämpchen (6 V/ 30 mA). Beobachte den Spannungsverlauf am Glühlämpchen mit dem Oszilloskop. Übertrage das Oszillogramm ins Heft und begründe den Kurvenverlauf. **b)** Lege parallel zum Glühlämpchen verschiedene Kondensatoren (Ausgabe durch den Fachlehrer).

A3: **a)** **(Praktikum)** Schalte einen kleinen Gleichstrommotor, der sonst mit einer Batterie betrieben wird, kurzzeitig an eine etwa gleich hohe Wechselspannung. Füge dann eine Siliciumdiode in den Stromkreis ein. **b)** Wie kann man mit einem Schalter und zwei Dioden die Laufrichtung des Motors einstellen? Entwirf eine Schaltung.

A4: **a)** Welche elektrische Leistung P erhitzt eine Siliciumdiode bei einem Strom der Stärke $I = 20$ mA, welche bei 100 mA? Ist P proportional zu I? **b)** Welche Leistung wird bei 20 mA in einer roten LED umgesetzt? Was unterscheidet sie von einer Siliciumdiode?

A5: **(Praktikum)** Bestimme in einem Experiment die von einer Solarzelle gelieferte Leistung, **a)** wenn sie mit ihrer Fläche senkrecht zur Sonneneinstrahlung ausgerichtet ist, **b)** wenn sie im Schatten nur indirekt von der Sonnenstrahlung getroffen wird. Vergleiche die gemessenen Leistungen.

A6: Der dreirädrige Wagen wird an den beiden Vorderrädern durch zwei Mikromotoren angetrieben. Jeder erhält von nur einer Solarzelle seine Energie. Die Solarzellen sollen so angeschlossen und mit geeigneten Materialien so abgedeckt werden, dass der Wagen zur Sonne hin steuert. In der Startposition soll das Sonnenlicht nicht auf die Rückseite der Zellen treffen.

A7: Warum befindet sich der FET in der Schaltskizze nach dem kurzzeitigen Verbinden des Drain mit dem Gate im Steuerbereich bei ca. 3 V? Erläutere mithilfe der U_{GS}-I_D-Kennlinie.

A8: **(Praktikum)** **a)** Untersuche, ob der FET BUZ11 auch noch bei $U_{DS} = 2$ V schaltet. **b)** Nimm eine U_{GS}-I_D-Kennlinie für den FET auf.

A9: In der Schaltung ist das Potentiometer als veränderlicher Widerstand ($R = 0$ ... 5 kΩ) geschaltet. Der lichtabhängige Widerstand LDR (Light-Dependent-Resistor) verändert seinen Wert von ca. 20 Ω (helles Sonnenlicht) bis zu mehreren MΩ (völlige Dunkelheit). **a)** Welche Funktionen erfüllt diese Schaltung? Wozu könnte man sie einsetzen? **b)** Wie lässt sich das Lämpchen berührungslos ein- und ausschalten? Wie könnte man mit einem kleinen Spiegel erreichen, dass das eingeschaltete Lämpchen sich nicht wieder ausschalten lässt? **c)** **(Praktikum)** Baue die Schaltung auf. Überprüfe deine Lösung zu b).

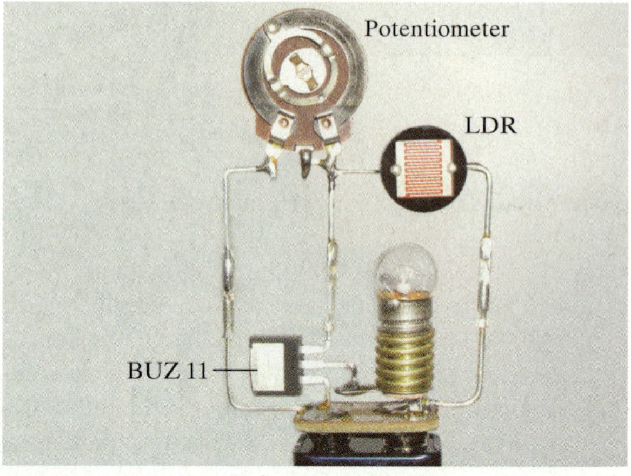

Ionisierende Strahlung ist allgegenwärtig. Strahlenexposition geschieht durch die Nahrungsaufnahme des Menschen, ein Großteil durch Strahlung aus dem Baumaterial unserer Häuser, aus dem Boden und dem Weltall.

In der Bundesrepublik Deutschland ergibt sich fast die Hälfte der Strahlenexposition eines Menschen aus dem Einsatz ionisierender Strahlung in der Medizin zur Erkennung und Behandlung von Krankheiten.

Für die berufsbedingte Strahlenexposition des Menschen sind vom Gesetzgeber Grenzwerte definiert. Besonders hoch ist die Strahlenexposition des fliegenden Personals der Fluggesellschaften. Während Touristen nur kurze Zeit der intensiven Höhenstrahlung ausgesetzt sind, verbringen Piloten und Stewardessen viele 100 Stunden in großer Höhe. Neueste Untersuchungen erlauben die Strahlenexposition dieser Personengruppe mit guter Genauigkeit abzuschätzen.

Atomaufbau; radioaktive Stoffe

1. Was wir schon über Atome wissen

Beschießt man eine dünne Graphitfolie mit schnellen Elektronen, so durchdringen die meisten von ihnen viele tausend Atomschichten der Folie ungestört. Nur wenige werden abgelenkt oder zurückgeworfen. Daraus und aus anderen Versuchen fand man:

- Ein Atom besteht aus einem positiv geladenen **Atomkern**, der von einem Schwarm negativ geladener Elektronen, der so genannten „**Elektronenhülle**", umgeben ist. Nach außen ist das Atom elektrisch neutral. Atome haben keine weitere Hülle.
- Über 99,9% der Masse eines Atoms sind im Kern vereinigt.
- Der Durchmesser eines Atoms beträgt ca. $2 \cdot 10^{-7}$ mm, der eines Atomkerns annähernd 10^{-12} mm. Vergrößern wir in Gedanken das Atom 10^{12}-fach, so bekommt der Kern einen Durchmesser von 1 mm. Um ihn sind die Elektronen im mittleren Abstand von 100 m, dazwischen befindet sich nichts (➠ *Bild 1*).

B1: Der Atomkern ist gegenüber dem Atom so klein wie ein Reiskorn gegenüber dem Hamburger Volksparkstadion.

Merksatz

Der positiv geladene **Atomkern** hat einen Durchmesser von etwa dem millionsten Teil eines millionstel Millimeters (10^{-12} mm); um ihn befinden sich innerhalb eines Raums von etwa ein zehnmillionstel Millimeter (10^{-7} mm) Radius Elektronen.

2. Protonen und Neutronen bilden den Kern

Für Atome und Atomkerne gilt Folgendes:

- Alle Atomkerne bestehen aus **Protonen** (Anzahl Z) und **Neutronen** (Anzahl N). Sie sind die **Kernbausteine** (**Nukleonen**).
- Ein **Proton** (abgekürzt **p**) ist etwa 2000-mal so schwer wie ein Elektron und trägt eine positive Ladung. Ihr Betrag stimmt mit der des Elektrons ($e = 1{,}6 \cdot 10^{-19}$ C) überein. Das **Neutron** (abgekürzt **n**) hat etwa die Masse eines Protons, es ist aber elektrisch neutral.
- Die Gesamtzahl $Z + N$ der Nukleonen nennt man **Nukleonenzahl** A. Beispiel Lithiumkern: $Z = 3$, $N = 4$, $A = 7$ (➠ *Bild 2b*).
- Die Ladung eines Kerns mit Z Protonen ist $Z \cdot e$. Daher nennt man die **Protonenzahl** Z auch **Kernladungszahl**. Die Anzahl der Elektronen eines neutralen Atoms stimmt mit Z überein.
- Im **Periodensystem** (➠ *Anhang*) sind alle Elemente geordnet zusammengestellt. Alle Atome eines Elements besitzen die gleiche „Elektronenhülle" und sind deshalb chemisch nicht zu unterscheiden. Gleiche Elektronenzahl bedeutet aber auch gleiche Kernladungszahl Z. Diese charakterisiert somit ein Element. Z wird deshalb im Periodensystem auch **Ordnungszahl** genannt.
- Den Aufbau eines Atomkerns X verdeutlicht man durch die Schreibweise $^{A}_{Z}\mathbf{X}$. Beispiel (➠ *Bild 2b*): $^{7}_{3}\mathbf{Li}$ ist ein Lithiumkern mit $A = 7$ Nukleonen; $Z = 3$ Protonen und $N = 7 - 3 = 4$ Neutronen. Z geht eindeutig aus dem Symbol Li hervor. Deshalb schreibt man oft kurz: **Li-7**.

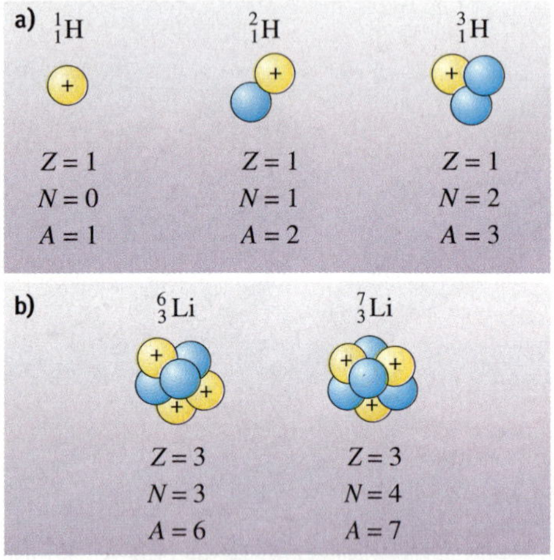

B2: a) Kerne der Wasserstoffisotope (H; $Z = 1$). **b)** Kerne von Lithiumisotopen (Li; $Z = 3$). Z: Zahl der Protonen; N: Zahl der Neutronen; $A = Z + N$: Nukleonenzahl.

Vertiefung

Kernkräfte

Es ist verwunderlich, dass Kerne, die mehr als ein Proton enthalten, nicht sofort auseinanderfliegen. Die gleichnamigen Ladungen der einzelnen Protonen stoßen sich nämlich stark ab (z.B. die Protonen in Li-7 ➠ *Bild 2b*). Da aber viele Kerne stabil sind, müssen andere Kräfte die Nukleonen im Kern „eisern" zusammenhalten. Man nennt sie *Kernkräfte*. Sie wirken nur auf die unmittelbaren Nachbarn. – Hat ein Kern zu viele Protonen, so wird die elektrische Abstoßungskraft zu groß; der Kern fällt auseinander. Deshalb findet man in der Natur nur Kerne bis $Z = 92$ (Uran).

- Atome, deren Kerne die gleiche Protonenzahl Z, aber eine verschiedene Neutronenzahl N besitzen, nennt man **Isotope desselben Elements**. Isotope haben die gleichen chemischen, jedoch verschiedene physikalische Eigenschaften, z.B. verschiedene Masse. ➠ *Bild 2* zeigt Kerne mit $Z = 1$ und $Z = 3$. ${}_{1}^{2}H$ nennt man *Deuterium* und ${}_{1}^{3}H$ *Tritium*.
- Man bezeichnet Kerne auch als **Nuklide**. Alle bekannten Kerne zeigt die **Nuklidkarte** (➠ *Anhang*). Auf ihrer Rechtsachse ist die Neutronenzahl N, auf der Hochachse die Protonenzahl Z der Kerne aufgetragen. Ein Nuklid ist in den Gitterpunkten farbig mit seinen wichtigsten Eigenschaften aufgezeichnet. Die Bedeutung der Farben werden wir bald kennenlernen.

Merksatz

Jeder **Atomkern** ist aus **Z** positiv geladenen **Protonen** und **N** neutralen **Neutronen** aufgebaut. Die Zahl der Protonen (**Kernladungszahl** Z) ist gleich der Zahl der Elektronen des Atoms und bestimmt dessen chemisches Verhalten. Z ist gleich der **Ordnungszahl** im Periodensystem. Ein **Kern (Nuklid)** ${}_{Z}^{A}X$ wird durch Z und die **Nukleonenzahl $A = N + Z$** gekennzeichnet.
Isotope eines Elements sind Atome mit gleichem Z, aber verschiedenem N.

3. Manche Stoffe senden ohne äußeren Einfluss Strahlung aus

In ➠ *Versuch 1* wird der Stoff Radium Ra-226 benutzt. An ihm stellen wir mit unseren Sinnesorganen nichts Besonderes fest. Trotzdem ist er in der Lage in ➠ *Versuch 1 b* das Elektroskop zu entladen, aber nur wenn Luft vorhanden ist (➠ *Versuch 1 c*). Entladen kann sich das z.B. positiv aufgeladene Elektroskop aber nur dann, wenn die positive durch negative Ladung neutralisiert wird. Somit bleibt nur folgende Erklärung:
Von Radium Ra-226 geht eine für unsere Sinnesorgane nicht wahrnehmbare Strahlung aus. Sie wandelt elektrisch neutrale Moleküle der bestrahlten Luft in Ladungsträger beiderlei Vorzeichens, also Ionen um (➠ *Vertiefung*). Das positiv oder negativ geladene Elektroskop zieht davon die entgegengesetzt geladenen Ladungsträger zu sich und wird entladen. Man sagt, die Luftmoleküle werden durch die Strahlung **ionisiert**. Eine Strahlung, die Atome oder Moleküle ionisieren kann, nennt man **ionisierende Strahlung**. Da zur Ionisation Energie nötig ist, *führt diese Strahlung Energie mit sich*!
Zudem sendet der Stoff diese Strahlung *ohne äußeren Einfluss* aus. Bis heute kann man das Aussenden der Strahlung von außen nicht beeinflussen. Stoffe, von denen ohne äußeren Einfluss eine ionisierende Strahlung ausgeht, nennt man **radioaktiv**.

Merksatz

Die Strahlung radioaktiver Stoffe führt Energie mit sich und ionisiert Atome und Moleküle. Die Strahlung wird ohne äußeren Einfluss ausgesandt. Der Mensch hat kein Sinnesorgan für sie.

Vertiefung

Ionen gibt es nicht nur in Flüssigkeiten

Von der Elektrolyse kennst du **Ionen** in Flüssigkeiten. – *Aber auch in Gasen gibt es Ionen.* Um dies zu zeigen, lässt man den Kopf eines geladenen Elektroskops von den Gasen einer Flamme umspülen. Der Ausschlag geht schnell zurück. Ohne Flamme würde er lange Zeit bestehen bleiben. – Ein heißer Körper unterscheidet sich nämlich von einem kalten durch die schnellere Molekülbewegung. Wenn nun die Moleküle eines heißen Gases stark aufeinanderprallen, können aus ihnen Elektronen durch Stoß herausgeschlagen werden. Die Moleküle, die Elektronen verlieren, werden zu *positiv geladenen Ionen.* Freigesetzte Elektronen lagern sich an neutrale Moleküle an und bilden *negativ geladene Ionen.* Das geladene Elektroskop zieht die entgegengesetzt geladenen Ionen auf sich und wird so entladen. Erst schnelle Moleküle (hier in den heißen Gasen) können Ionen bilden. Zur Ionisation eines Atoms oder Moleküls ist nämlich *eine bestimmte Mindestenergie nötig!*

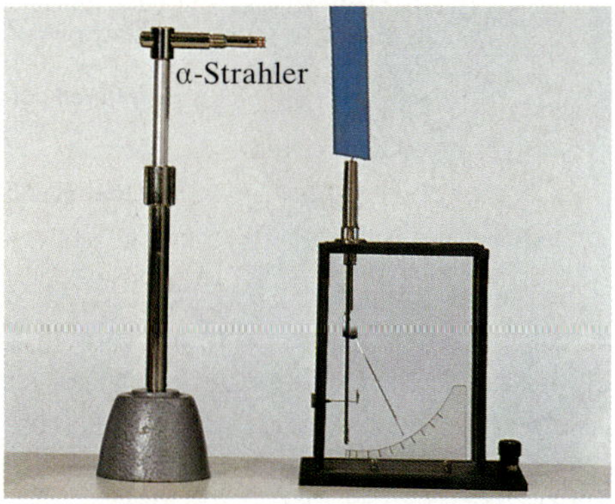

V1: a) Wir laden ein Elektroskop positiv oder negativ auf. Wegen der guten Isolation behält es seine Ladung lange bei. **b)** Wir bringen in die Nähe des Kopfes des geladenen Elektroskops einen Stift, dessen Spitze eine winzige Menge ($\approx 10^{-7}$ g) Radium Ra-226 enthält. Zum Schutz gegen Berührung ist das Radium mit einer sehr dünnen Metallfolie abgedeckt. Das Elektroskop entlädt sich rasch, gleichgültig welche Ladung es trug. **c)** Führte man den Versuch im Vakuum durch, würde das Elektroskop nicht entladen.

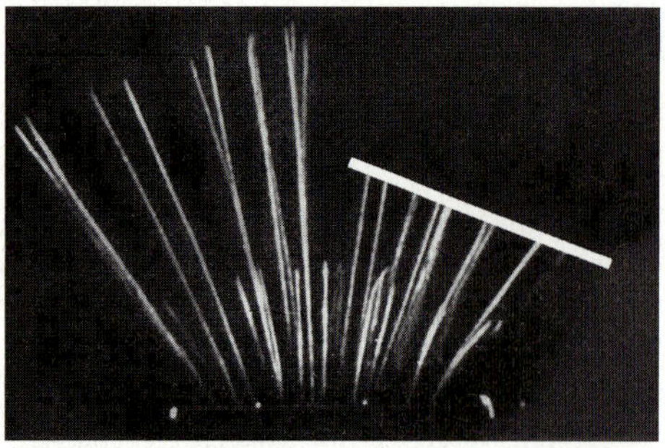

V1 a): Wir bringen einen Stift mit Ra-226 in die Nebelkammer (➠ *Vertiefung*) und reiben mit einem Tuch an dem Deckel. Dann pressen wir den Gummiball zusammen und lassen ihn plötzlich los. Im Licht einer seitlich aufgestellten Lampe erkennen wir einzelne, etwa 4 bis 5 cm lange geradlinige Nebelspuren, die vom Präparat ausgehen. **b)** Wir wiederholen den Versuch, bringen aber ein dickeres Blatt Papier in die Kammer. Die Nebelspuren enden daran.

Vertiefung

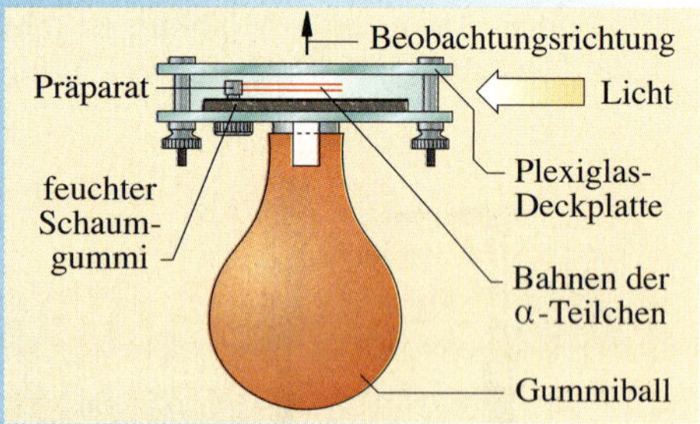

Die Nebelkammer

Sie besteht aus einer durchsichtigen, zylindrischen Kapsel, an deren Boden sich ein mit Wasser angefeuchteter Schaumgummi befindet. Dadurch ist die Luft in der Kammer mit Wasserdampf gesättigt. Reibt man den Plexiglasdeckel mit einem Tuch, wird er statisch aufgeladen und zieht eventuell vorhandene, störende Ionen an. Mithilfe des Gummiballs wird die Luft zusammengepresst. Ihre Temperatur steigt, sie nimmt weiter Wasserdampf auf. Lässt man den Ball los, so dehnt sich die Luft rasch aus. Dabei kühlt sie sich ab und ist nun mit dem vorher aufgenommenen Wasserdampf übersättigt. Gibt es Kondensationskeime, lagern sich daran Wassertröpfchen an, es entsteht eine Nebelspur.

α-Strahlung; α-Zerfall

1. Der Nebel bringt es an den Tag

Am wolkenlosen Himmel verrät sich die Bahn eines hochfliegenden Flugzeugs oft durch Kondensstreifen. Auf ähnliche Weise erzeugt die Strahlung radioaktiver Stoffe dünne, sichtbare Streifen in einer so genannten Nebelkammer (➠ *Vertiefung*).

➠ *Versuch 1 a* zeigt, wie die Spuren der Strahlung aussehen, die von einem radioaktiven Stoff wie Ra-226 ausgehen. Führt man den Versuch mehrfach durch, so bilden sich neue Spuren an anderen Stellen. Die Strahlung ist also kein kontinuierlicher Vorgang. Sie besteht vielmehr aus einzelnen Teilchen, die unregelmäßig von Ra-226 ausgesandt werden. Die Bahnen der Teilchen – *nicht die Teilchen selbst* – können wir wahrnehmen. Die Teilchen ionisieren nämlich Luftmoleküle auf ihrem Weg in der Kammer. Die dort entstandenen Ionen sind Kondensationskeime für den überschüssigen, unsichtbaren Wasserdampf. Wassermoleküle lagern sich an die Ionen an, und es bilden sich viele kleine Nebeltröpfchen. Sie lassen insgesamt die Bahn des Teilchens erkennen. Die hier nachgewiesenen Teilchen nennt man **α-Teilchen,** die Strahlung **α-Strahlung** und Stoffe wie Ra-226 **α-Strahler**.
➠ *Versuch 1 b* zeigt: *α-Teilchen werden von Papier normaler Dicke absorbiert.* Wir erkennen zukünftig α-Strahlung daran, dass sie in Papier stecken bleibt.

2. Eigenschaften und Entstehungsort der α-Teilchen

a) *α-Teilchen sind positiv geladen.* Sie werden durch starke Magnetfelder abgelenkt (➠ *Bild 1*). Schießt man α-Teilchen in einen Faraday-Becher, so findet man, dass jedes α-Teilchen zwei positive *Elementarladungen* trägt.

b) *α-Teilchen stammen aus einem Atomkern.* Das Aussenden der α-Strahlung eines Stoffes wie Ra-226 kann man nämlich nicht durch chemische Reaktionen wie z. B. Auflösen von Radium in Säuren und anschließendes Ausfällen als Salz beeinflussen. Dabei ändert sich zwar die „Elektronenhülle", der Atomkern aber nicht.

c) *α-Teilchen sind nackte Heliumkerne* $^4_2$He. In der Umgebung von α-Strahlern kann man nach einiger Zeit das Gas Helium nachweisen. Nach dem Austritt aus einem Atomkern „schnappt" sich das α-Teilchen, also ein Heliumkern, zwei Elektronen aus der Umgebung und bildet damit ein Heliumatom.

d) Sind zwei Spuren in der Nebelkammer gleich lang, so haben die beiden α-Teilchen gleich viele Moleküle ionisiert. Man hat festgestellt, dass man für jeden Ionisationsprozess in Luft gleich viel Energie braucht. Also hatten die zwei α-Teilchen gleich viel Energie. Je größer die Energie eines α-Teilchens ist, umso länger ist seine Spur und damit seine *Reichweite* in Luft.

e) *Ein α-Teilchen muss auch aus energetischen Gründen aus einem Atomkern stammen.* Ein α-Teilchen ionisiert nämlich auf seinem bis zu 7 cm langen Weg in Luft Hunderttausende von Molekülen. Dazu ist bei weitem mehr Energie nötig als in der „Elektronenhülle“ eines Atoms zur Verfügung steht. Diese Energie kennen wir von chemischen Umsetzungen her.

f) Die *Reichweite* der α-Teilchen in Papier ist viel kleiner als in Luft. α-Teilchen bilden in dichter Materie je Millimeter Laufweg viel mehr Ionen als in Luft. Ihre Energie ist somit auf einer viel kürzeren Wegstrecke aufgezehrt.

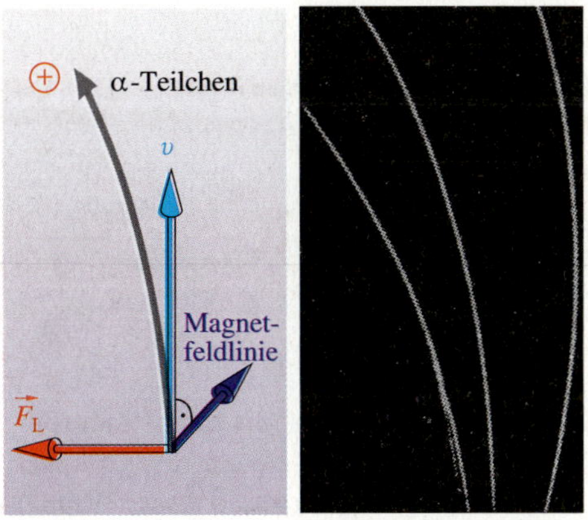

B1: Das rechte Bild zeigt die Bahnen von α-Teilchen in einer Nebelkammer unter der Einwirkung eines starken Magnetfeldes. Dessen Feldlinien weisen senkrecht in die Bildebene hinein. Die Teilchen starten am unteren Bildrand nach oben. Wendet man die Dreifingerregel der linken Hand für Elektronen an, findet man: Feldlinien in die Zeichenebene hinein (Zeigefinger), Bewegung nach oben (Daumen), Lorentzkraft für *Elektronen* nach rechts (Mittelfinger). Da die Ablenkung aber nach links erfolgt, sind *α-Teilchen positiv geladen.*

3. Der Atomkern und das Atom verändern sich: α-Zerfall

Sendet ein Atomkern ein α-Teilchen ($^4_2$He) aus, hat er nachher 2 Protonen und 2 Neutronen weniger. Man spricht von einem **α-Zerfall** des Kerns. So entsteht beim α-Zerfall von $^{226}_{88}$Ra ein Kern mit 86 Protonen und 222 Nukleonen (*Z verringert sich um 2, A um 4,* ➡ *Bild 2*). Dies ist ein Isotop des Elements Radon (Rn). Weil das α-Teilchen viel Bewegungsenergie mit sich führt, schreibt man:

$$^{226}_{88}\text{Ra} \rightarrow {}^{222}_{86}\text{Rn} + \alpha + \text{Energie} \quad \text{oder einfach} \quad ^{226}_{88}\text{Ra} \xrightarrow{\alpha} {}^{222}_{86}\text{Rn}.$$

Das α-Teilchen nimmt aus dem Kern 2 Protonen mit. Erst wenn die Hülle auch 2 Elektronen abgegeben hat, wird das Restatom elektrisch neutral. *Durch den α-Zerfall entsteht also ein Atom mit völlig neuen physikalischen und chemischen Eigenschaften.*
Nuklide, die α-Teilchen aussenden, nennt man **α-Strahler**. Sie sind in der **Nuklidkarte gelb** eingetragen (➡ *Anhang*). Den Kern, der aus einem α-Strahler entsteht, findet man in der Nuklidkarte, indem man 2 Kästchen nach unten und 2 Kästchen nach links geht.

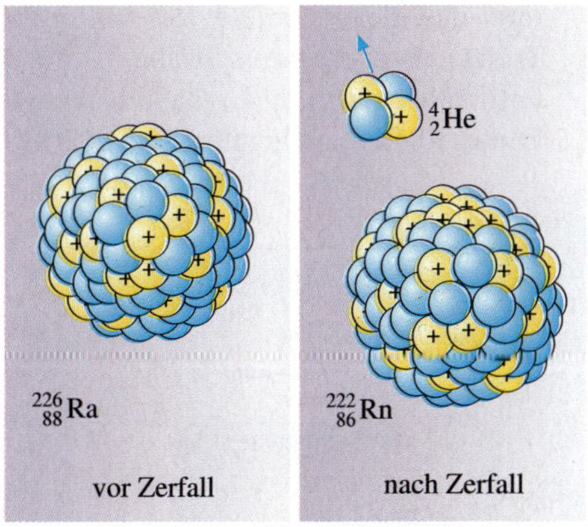

B2: α-Zerfall des Radiumisotops Ra-226

Merksatz

α-Strahlung besteht aus energiereichen zweifach positiv geladenen Heliumkernen. Sie kann ein Blatt Papier nicht durchdringen.
Beim **α-Zerfall** eines Nuklids wird ein Heliumkern ausgeschleudert. Er führt Energie mit sich. Zurück bleibt ein Kern eines anderen Elements, dessen Kernladungszahl um zwei kleiner ist.

Aufgaben

A1: Gib von folgenden Atomen *A*, *Z* und *N* sowie die Elektronenzahl der Hülle an: $^{12}_{6}$C, $^{137}_{55}$Co, $^{208}_{82}$Pb; K-40; Co-60; Pb-206; Th-232. (Benutze das Periodensystem.)

A2: a) Schreibe einige Isotope des Urans auf. **b)** Nenne gemeinsame und unterschiedliche Eigenschaften von Isotopen.

A3: 4 Isotope von Blei haben 122, 124, 125 bzw. 126 Neutronen. Gib deren Schreibweise an. Was lässt sich über diese Nuklide aus der Nuklidkarte ablesen?

A4: Natürliches Chlor besteht zu 75% aus Cl-35 und zu 25% aus Cl-37. Im Periodensystem wird die Atommasse von Chlor mit 35,5 u angegeben. Erkläre, wie diese Zahl zustande kommt.

A5: Vervollständige die folgenden Angaben mithilfe der Nuklidkarte im ➡ *Anhang*:

$^{235}_{92}\text{U} \xrightarrow{\alpha} ?$; $^{232}_{?}\text{Th} \xrightarrow{\alpha} ?$; $? \xrightarrow{\alpha} {}^{237}_{?}\text{Np}$; $? \xrightarrow{\alpha} {}^{222}_{?}\text{Rn}$; $^{210}_{?}\text{Po} \xrightarrow{\alpha} ?$; $^{238}_{92}? \xrightarrow{?} ?$

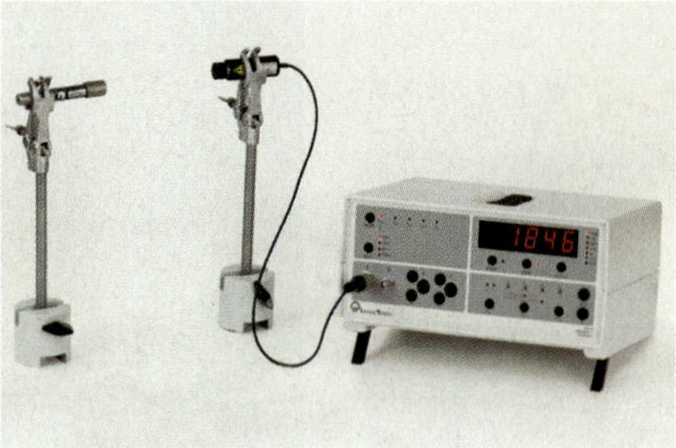

B1: Zählanordnung mit einem Zählrohr

V1: Wir halten ein radioaktives Präparat, z. B. mit Ra-226, wie in *Bild 1* vor ein Zählrohr, das mit einem Zähler, in den ein Lautsprecher integriert ist, verbunden ist. Die Veränderung der Zähleranzeige und viele knackende Geräusche verraten die von Radium ausgehende Strahlung.

V2: Wir stellen ein radioaktives Präparat in einem solchen Abstand vor einem Zählrohr auf, dass die Zählrate etwa 70 Impulse pro Minute beträgt. Man hört die Impulse in unregelmäßigen Abständen.

V3: Wir entfernen alle radioaktiven Präparate aus dem Umfeld des Zählrohrs. Trotzdem registriert es Strahlung, die offensichtlich aus der Umgebung kommt. Dieses Phänomen nennt man *Nulleffekt*.

Das Geiger-Müller-Zählrohr

1. Grundlegende Beobachtungen mit einem Zählrohr

- Ob ein Gegenstand radioaktiv ist, lässt sich nach *Versuch 1* relativ einfach feststellen: Wir brauchen ihn nur vor ein **Geiger-Müller-Zählrohr** – kurz Zählrohr genannt – zu halten, das an ein Zählgerät mit integriertem Lautsprecher angeschlossen ist. Trifft nämlich ein *ionisierendes Teilchen* das Zählrohr, so erzeugt es in der angeschlossenen Elektronik einen Spannungsimpuls (*Vertiefung*), der das Zählwerk um 1 weiterspringen lässt und gleichzeitig im Lautsprecher einen Knacks hervorruft. Die sich verändernde Anzeige im Zählgerät oder knackende Geräusche verraten somit die Strahlung radioaktiver Stoffe. Der Quotient aus Impulszahl und Zeit heißt **Zählrate.**
- Radioaktive Stoffe ticken nicht gleichmäßig wie eine Uhr (*Versuch 2*). *Die Aussendung der Teilchen ist nicht beeinflussbar.* Misst man die Zählrate mehrmals hintereinander, so schwankt sie um einen Mittelwert, z. B. 74, 68, 71, 69, . . . Impulse pro Minute. *Dabei ist nur der Zufall im Spiel.*
- *Überall in der Umgebung ist ionisierende Strahlung vorhanden* (*Versuch 3*). Sie rührt von radioaktiven Stoffen her (z. B. Uran U-238 und Thorium Th-232). Diese sind in unterschiedlicher Konzentration fein verteilt im Mauerwerk und in den Böden. Zudem gelangt Strahlung aus dem Weltraum zu uns.

Merksatz

Ein radioaktiver Stoff sendet seine Teilchen in unregelmäßigen zeitlichen Abständen aus.
Überall in unserer Umgebung gibt es ionisierende Strahlung.

Vertiefung

Das Geiger-Müller-Zählrohr

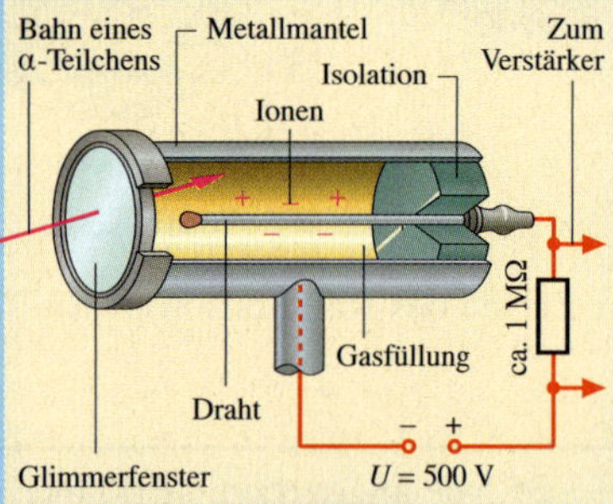

Das Zählrohr hat einen dünnen zylindrischen Metallmantel, in den ein gegen das Gehäuse isoliert gehaltener Draht ragt. Dieser wird über einen Widerstand mit dem positiven Pol der Spannungsquelle verbunden. Der negative Pol der Quelle liegt am Metallmantel. Im Rohr befindet sich ein Edelgas unter einem geringen Druck. Durch das dünne Abschlussfenster aus Glimmer (etwa 0,01 mm dick) können schnelle Teilchen hoher Energie (etwa α-Teilchen) ins Innere fliegen und dort Gasatome ionisieren. Dadurch werden wenige Elektronen freigesetzt. Man wählt deshalb die Spannung U so hoch, dass die freigesetzten Elektronen zum positiv geladenen Draht stark beschleunigt werden. Bevor sie dort ankommen, haben sie so viel Energie, dass sie durch Stoß weitere Elektronen aus Atomen herausschlagen können, die ihrerseits wieder ionisieren können. So nimmt unterwegs die Zahl der ionisierenden Teilchen in einer *Kettenreaktion* lawinenartig zu. Das Gas im Zählrohr wird also leitend. Dies führt zu einem Strom der Stärke I. Dabei tritt am Widerstand R die Teilspannung $I \cdot R$ auf. Die Teilspannung am Zählrohr $U_Z = U - I \cdot R$ sinkt so weit ab, dass die Kettenreaktion und damit der Strom abbricht: Das Gas wird wieder zum Isolator und das Zählrohr ist für das nächste Teilchen bereit. So erzeugt jedes einzelne im Zählrohr ankommende Teilchen am Widerstand R eine kurzzeitige Spannungsänderung, auch Spannungsimpuls genannt. Jeder Spannungsimpuls verursacht in einem Lautsprecher einen Knack.

Interessantes

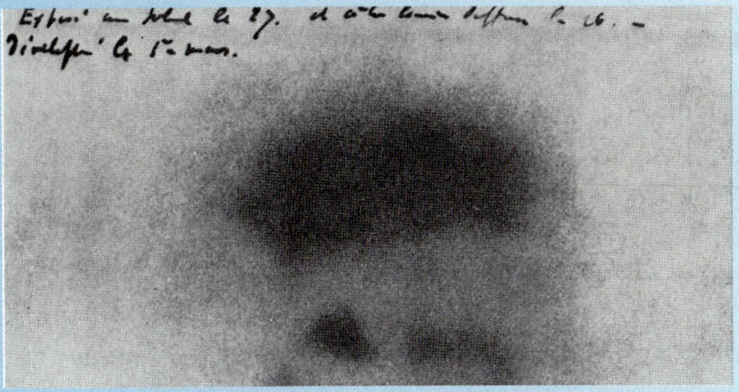

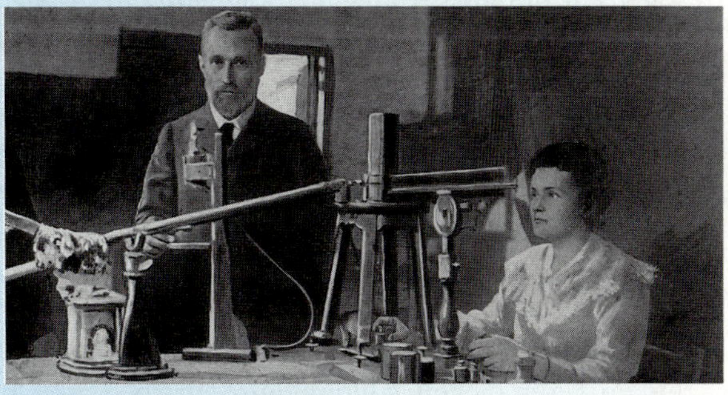

A. Aus der Geschichte

Legt man ein radioaktives Präparat oder einen Stein, der z. B. Uran enthält, längere Zeit auf einen lichtdicht verpackten Film und entwickelt diesen anschließend, so ist er geschwärzt, obwohl ihn kein Licht traf. *Die Strahlung radioaktiver Stoffe schwärzt also Filme.*

Auf diese Weise wurde 1896 die Strahlung radioaktiver Stoffe zufällig von Henri BECQUEREL (1852–1908) entdeckt. Er untersuchte das Nachleuchten verschiedener Stoffe, nachdem sie mit Licht bestrahlt worden waren. Dieses Nachleuchten tritt z. B. bei den Leuchtziffern einiger Uhren auf. BECQUEREL wollte feststellen, ob Uransalze, die nach der Bestrahlung mit Sonnenlicht sichtbares Licht abgeben, auch die kurz zuvor entdeckten Röntgenstrahlen aussenden. Am 26. Februar 1896 wickelte er deshalb in der Dunkelkammer eine unbelichtete Fotoplatte in schwarzes Papier lichtdicht ein. Danach wollte er etwas von der Sonne bestrahltes Uransalz auf die Platte legen. Aber die Sonne schien nicht. Deshalb verstaute er das Uransalz zusammen mit der verpackten Fotoplatte in einer Schublade. Als er am 1. März die Platte zu Kontrollzwecken entwickelte, sah er darauf zu seiner Überraschung deutlich die Umrisse des Uransalzes. Die obige Aufnahme ist eine Originalaufnahme von BECQUEREL. Über den schwarzen Stellen lagerte Uransalz. BECQUEREL zog aus dem Bild den Schluss, dass Uransalz von selbst strahlt.
Das Ehepaar Marie CURIE (1867–1934) und Pierre CURIE (1859–1906) untersuchte daraufhin alle bekannten Elemente auf Radioaktivität. Die beiden Forscher fanden Radioaktivität bei Thorium und den bislang unbekannten Elementen Polonium und Radium. Diese isolierten sie 1898 aus dem Mineral Pechblende. Anschließend gelang es ihnen in vierjähriger mühevoller Arbeit, aus einer Tonne Ausgangsmaterial 0,1 g Radiumchlorid abzutrennen. Sie erhielten dafür 1903 zusammen mit H. BECQUEREL den Nobelpreis für Physik.

B. Radioaktive Stoffe in unserer Umgebung

a) Beim Campingurlaub verwendet man gelegentlich Gaslampen. Ein *Glühstrumpf* aus Kunstseide, der über den Brenner gezogen ist, gibt gleichmäßiges Licht. Hält man den Glühstrumpf vor ein Zählrohr, tickt es kräftig. Der Strumpf enthält in geringen Mengen das radioaktive Th-232.

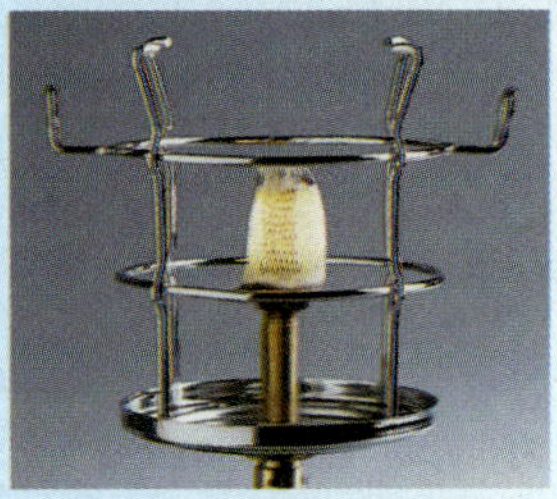

b) *Baumaterialien* enthalten in unterschiedlicher Weise Spuren radioaktiver Stoffe wie U-238 und Th-232. Wenn man deshalb um ein Zählrohr Backsteine, Dachziegel usw. aufbaut, findet man meistens eine gegenüber der Umgebungsstrahlung erhöhte Zählrate.

c) *Mineraldünger (z. B. Blaukorn)* enthalten häufig das für Pflanzen wichtige Kalium. Dieses enthält Spuren des radioaktiven Isotops K-40. Stellt man Mineraldünger vor ein Zählrohr, findet man oft eine gegenüber der Umgebungsstrahlung deutlich erhöhte Zählrate.

Aufgaben

A1: α-Teilchen durchdringen das Fenster des Zählrohrs, nicht dagegen Papier. Was folgt daraus?

A2: Bei einem radioaktiven Präparat zählt man 192 Impulse in 3 Minuten, ohne Präparat misst man in 10 Minuten 180 Impulse. Wie viele Impulse pro Minute erzeugt das Präparat allein?

A3: Je näher ein radioaktives Präparat am Zählrohr steht, desto größer ist die Zählrate. Erkläre! Stelle dir dazu das Präparat als punktförmige Quelle vor, die gleichmäßig in alle Richtungen strahlt.

V1: Wir stellen ein Sr-90-Präparat vor ein Zählrohr mit angeschlossener Zählapparatur. Wie man an dem Knacken im Lautsprecher hört, registriert das Zählrohr Strahlung. Halten wir Papier zwischen Präparat und Zählrohr, ändert sich die Zählrate kaum. Mit einem 5 mm dicken Aluminiumblech dagegen geht die Zählrate auf null zurück (bis auf den Nulleffekt).

V2: Wir decken ein Cs-137-Präparat mit einem 5 mm dicken Aluminiumblech ab und stellen es vor ein Zählrohr. Dieses registriert Strahlung. Erst mit einer dicken Bleischicht zwischen Präparat und Zählrohr wird die Zählrate reduziert.

V3: Wir stellen ein Ra-226-Präparat etwa 3 cm vor einem Zählrohr auf. Halten wir Papier zwischen Präparat und Zählrohr, so wird die Zählrate geringer, aber nicht null. Ein zusätzliches 5 mm dickes Aluminiumblech reduziert die Zählrate weiter, aber immer noch nicht auf null. Dies erreicht man erst mit einer möglichst dicken Bleischicht zwischen Präparat und Zählrohr.

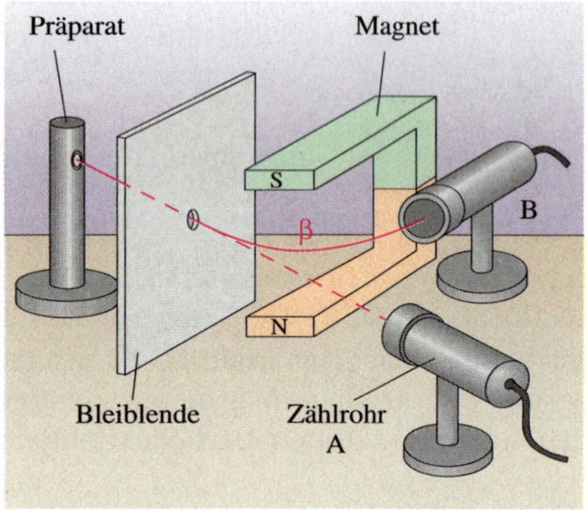

V4: a) Zwischen einen β-Strahler Sr-90 und ein Zählrohr bringen wir eine Bleiblende mit einer kleinen Öffnung (Stellung A ohne Magnet). Verschieben wir das Zählrohr aus der Linie Präparat-Blendenöffnung heraus, so misst es nur den Nulleffekt. β-Teilchen bewegen sich also geradlinig. **b)** Mit einem kräftigen, Hufeisenmagneten hinter der Blende lenken wir β-Teilchen nach links ab. Das Zählrohr registriert sie in Stellung B. Mithilfe der „Linke-Hand-Regel" finden wir, dass *β-Teilchen negativ geladen sind.*

β- und γ-Strahlung; β- und γ-Zerfall

1. Entdeckung weiterer Strahlenarten

- Sr-90 sendet nach ➠ *Versuch 1* ionisierende Teilchen aus, die Papier, aber nicht ein 5 mm dickes Aluminiumblech durchdringen können. Man nennt sie **β-Teilchen** und die Strahlung **β-Strahlung.** *Wir erkennen diese Strahlung daran, dass sie erst von einem dickeren Aluminiumblech absorbiert wird.*
- Cs-137 sendet nach ➠ *Versuch 2* Teilchen einer weiteren Strahlung aus, *die erst in dicken Bleischichten absorbiert wird.* Man nennt sie **γ-Strahlung.**
- Ein radioaktiver Stoff muss nicht nur eine Strahlenart aussenden. Nach ➠ *Versuch 3* sendet z. B. ein Ra-226-Präparat sowohl α-, als auch β-, als auch γ-Strahlung aus.

2. Welche Eigenschaften haben β-Teilchen?

- *β-Teilchen sind negativ geladen* (➠ *Versuch 4*). Man bezeichnet sie daher auch als β^--Teilchen.
- *β^--Teilchen sind nichts anderes als schnell fliegende Elektronen.* Viele Versuche zeigen, dass β^--Teilchen die gleiche Masse und die gleiche Ladung wie Elektronen haben.
- *β^--Teilchen kommen – obwohl es Elektronen sind – aus dem Atomkern.* Die Energie der β^--Teilchen kann nämlich so groß wie die von α-Teilchen sein. So hohe Energien stehen aber in der Atomhülle nicht zur Verfügung.
- *Bei gleicher Anfangsenergie haben β^--Teilchen in derselben Materie eine größere Reichweite als α-Teilchen.* β^--Teilchen ionisieren nämlich auf 1 mm Wegstrecke viel weniger Moleküle als α-Teilchen. Sie verlieren demzufolge auf dieser Strecke auch weniger Energie. Reichweite von β^--Teilchen z. B. in Luft ca. 11 m, α-Teilchen derselben Energie ca. 2 cm.

3. Der β^--Zerfall

Der Atomkern enthält keine Elektronen. Trotzdem kommen β^--Teilchen wegen ihrer hohen Energie von dort her. Wie ist das möglich? Diese spannende Frage beschäftigte lange die Forschung, bevor man die Antwort fand: Im Atomkern kann sich ein Neutron in ein Proton und ein Elektron umwandeln. Dabei wird Energie frei. Das Elektron verlässt schnell den Kern. Nach diesem **β^--Zerfall** besitzt der Kern ein Neutron weniger und dafür ein Proton mehr. Die Nukleonenzahl *A* bleibt also konstant. So entsteht z. B. beim β^--Zerfall des Strontiumisotops $^{90}_{38}\text{Sr}$ ein Kern mit 90 Nukleonen und 39 Protonen, d. h. das Yttriumisotop $^{90}_{39}\text{Y}$. Man schreibt:

$$^{90}_{38}\text{Sr} \longrightarrow {}^{90}_{39}\text{Y} + \beta^- + \text{Energie} \quad \text{oder} \quad {}^{90}_{38}\text{Sr} \xrightarrow{\beta^-} {}^{90}_{39}\text{Y}.$$

Mit dem zusätzlichen Proton nach dem β^--Zerfall hat das Atom im Kern ein Proton mehr als vorher. Um elektrisch neutral zu sein, nimmt die Hülle dieses Restatoms ein Elektron aus der Umgebung auf. Es entsteht ein neues Atom mit anderen Eigenschaften.

Nuklide, die β^--Teilchen aussenden, heißen **β^--Strahler.** Sie sind in der **Nuklidkarte blau** markiert (➠ *Interessantes*). Den Kern, der aus einem β^--Strahler entsteht, findet man in der Nuklidkarte, indem man je ein Kästchen nach oben und nach links geht.

Merksatz

β^--Strahlung besteht aus sehr schnellen, energiereichen Elektronen – β^--Teilchen genannt –, die aus Atomkernen stammen.
β^--Teilchen können 5 mm Aluminium nicht durchdringen.
Beim **β^--Zerfall** eines Nuklids verwandelt sich im Kern ein Neutron in ein Proton unter Aussenden eines schnellen Elektrons. Dieses führt Energie mit sich. Zurück bleibt ein Kern eines anderen Elements, dessen Kernladungszahl um 1 größer ist.

4. β^+-Zerfall

In der Nuklidkarte findet man neben gelben (α-Strahler), blauen (β^--Strahler) auch rote Kästchen. Sie geben Nuklide an, die in der Natur nicht vorkommen, aber künstlich hergestellt werden können. Es sind **Positronenstrahler** oder **β^+-Strahler.** Bei ihnen zerfällt im Kern ein Proton in ein Neutron. Dabei wird ein Teilchen ausgesandt, das dieselben Eigenschaften hat wie ein Elektron, nur dass es positiv geladen ist. Dieses Teilchen nennt man **Positron** und schreibt dafür **β^+**. Ein Beispiel eines derartigen **β^+-Zerfalls** ist:

$$^{22}_{11}\text{Na} \longrightarrow {}^{22}_{10}\text{Ne} + \beta^+ + \text{Energie}.$$

5. Was weiß man über γ-Strahlung?

- Trifft γ-Strahlung ein Zählrohr, so „knackt" es genauso, wie bei der α- oder β-Strahlung. Die „Knackse" sind *abzählbar.* Wir sagen wie bei der α- und β-Strahlung, dass bei einem „Knack" ein **γ-Teilchen** das Zählrohr getroffen hat. Offenbar macht sich γ-Strahlung als γ-Teilchen bemerkbar.
- *Die γ-Teilchen tragen keine elektrische Ladung.* Sie lassen sich nämlich nicht durch Magnetfelder ablenken.
- *γ-Teilchen können Moleküle und Atome ionisieren.* Allerdings bilden sie in Materie noch weit weniger Ionen pro mm Wegstrecke als β-Teilchen.
- *γ-Strahlung ist mit Licht verwandt.* Beide transportieren Energie und man kann sie als *„fliegende Energie"* bezeichnen. Die mit γ-Teilchen transportierten Energieportionen sind aber viel größer als die mit Licht transportierten. So können γ-Teilchen Moleküle und Atome ionisieren, Licht jedoch nicht.
- *γ-Teilchen stammen wie α- und β-Teilchen aus Atomkernen.* Dies folgt aus der hohen Energie, die sie mit sich führen.
- *Dicke Bleischichten bilden den besten Schutz vor γ-Teilchen.* Verringert sich z. B. die Zahl der γ-Teilchen einer bestimmten Energie in Luft erst nach mehr als 50 m auf unter 1%, so hat bereits eine 7 cm dicke Bleischicht dieselbe Wirkung. γ-Strahlung kann man aber nie zu 100% abschirmen.

Interessantes

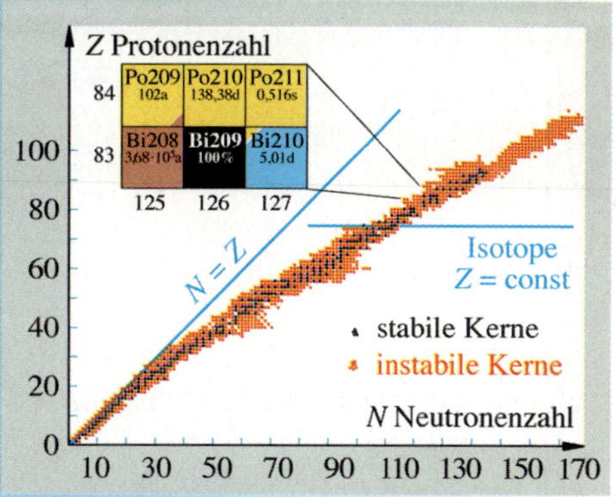

Die Nuklidkarte

Die physikalischen Eigenschaften eines Atomkerns hängen von der Protonenzahl Z und der Neutronenzahl N ab. Deshalb ordnet man die Nuklide mithilfe eines Koordinatensystems. Auf der horizontalen Achse trägt man die Neutronenzahl N, auf der vertikalen Achse die Protonenzahl Z auf. In den Gitterpunkten ist das betreffende Nuklid aufgezeichnet. So entsteht die **Nuklidkarte** (➠ *Anhang*).

- Alle **Isotope** eines chemischen Elements liegen auf einer Zeile, an deren linken Rand die Protonenzahl Z steht. Jedes Nuklid wird durch das chemische Symbol des Elements und die Massenzahl $A = N + Z$ gekennzeichnet (z. B. U-235: $Z = 92$, $N = 143$). Die Neutronenzahl N steht am unteren Ende der Spalte.
- Die Nuklide sind durch verschiedene Farben gekennzeichnet. *Schwarz* unterlegt sind die **stabilen Nuklide**, die nicht radioaktiv sind (z. B. Bi-209). Die Zahl in den schwarzen Kästen gibt an, mit welchem Prozentanteil das betreffende Nuklid in natürlichen Vorkommen auftritt (z. B. C-12: 98,89 %, C-13: 1,11 %).
- Die *farbigen Kästen* stellen **instabile Kerne** dar, die Strahlung aussenden. Die **blau** unterlegten Nuklide, die **β^--Strahler**, liegen am rechten Rand der Protonenzeile. Links von den stabilen Nukliden liegen **rot** gekennzeichnete Isotope, die **β^+-Strahler. α-Strahler** sind **gelb** eingetragen und finden sich fast nur bei großen Nukleonenzahlen A.

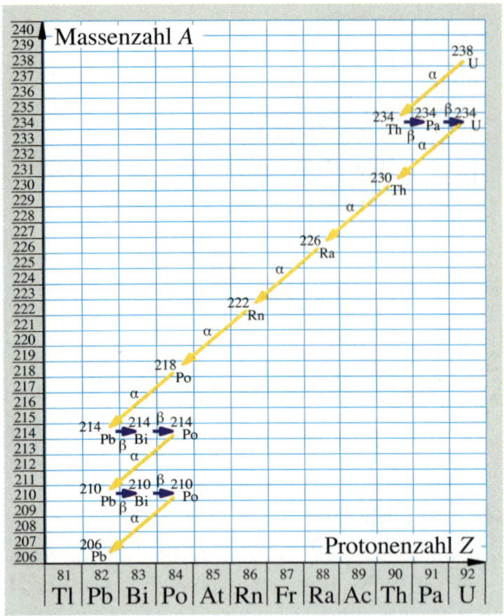

B1: Zerfallsreihe von U-238; in dieser Reihe tritt u. a. Ra-226 und Rn-222 auf.

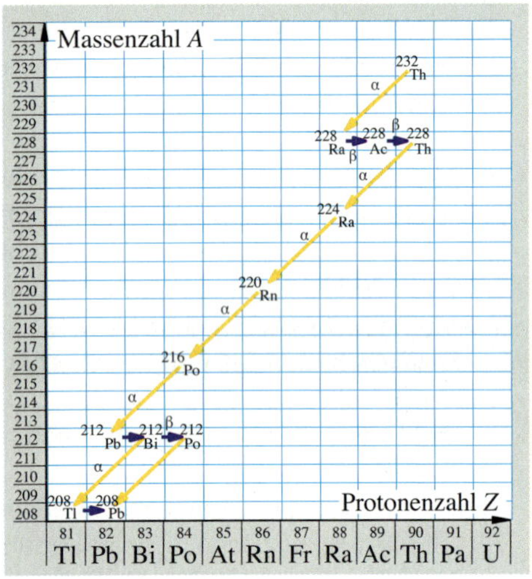

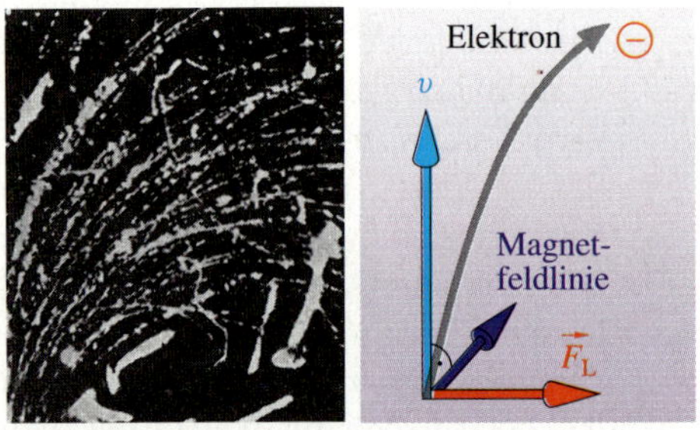

B3: Nebelkammeraufnahme der Bahnen von β-Teilchen im Magnetfeld, dessen Feldlinien in die Bildebene hinein weisen. Die Teilchen starten am unteren Bildrand.

B2: Zerfallsreihe von Th-232; in dieser Reihe tritt u. a. Rn-220 auf.

6. Wann sendet ein Kern γ-Teilchen aus?

Nach einem α- oder β-Zerfall hat der neue Kern oft noch überschüssige Energie. Man sagt, er sei „angeregt". Er kann seine überschüssige Energie rasch abgeben, indem er ein γ-Teilchen aussendet. Ein γ-Teilchen tritt deshalb nie alleine auf, sondern immer als Folge eines α- oder β-Zerfalls. *Beim Aussenden eines γ-Teilchens verändern sich weder Z noch A, auch nicht die „Elektronenhülle" des Atoms.*
Beispiel: Nach dem β-Zerfall des Cäsiumisotops $^{137}_{55}\text{Cs}$ entsteht das Bariumisotop $^{137}_{56}\text{Ba}^*$. Dieser angeregte Kern hat überschüssige Energie und ist deswegen mit * gekennzeichnet. Er verliert diese Energie durch Aussenden eines γ-Teilchens. Man schreibt:

$$^{137}_{55}\text{Cs} \xrightarrow{\beta} {}^{137}_{56}\text{Ba}^* \xrightarrow{\gamma} {}^{137}_{56}\text{Ba}.$$

β- und γ-Teilchen treten praktisch gleichzeitig auf. Deswegen sagt man auch häufig, dass Cs-137 β- und γ-Teilchen aussendet, obwohl das γ-Teilchen eigentlich von dem angeregten Ba-137-Isotop stammt. – Sendet ein Nuklid neben α- oder β-Strahlung auch γ-Strahlung aus, so steht in dem betreffenden Kästchen in der *Nuklidkarte* der Buchstabe „γ".
Untersucht man die Strahlung aller in der Natur vorkommenden radioaktiven Stoffe, findet man ausschließlich α-, β- und γ-Strahlung. In der *Nuklidkarte* findet man deshalb nur „gelbe" (α-Strahler), „blaue" und „rote" (β-Strahler) sowie „schwarze" Kästchen. Die Letzteren kennzeichnen die *stabilen* Nuklide. Sie zerfallen nicht und senden keine Strahlung aus. Die Stoffe in unserer täglichen Umgebung bestehen fast ausschließlich aus ihnen.

Merksatz

γ-Strahlung ist wie Licht „fliegende Energie" und besteht aus γ-Teilchen, die aus Atomkernen stammen. Die mit γ-Teilchen transportierten Energieportionen sind viel größer als die mit Licht transportierten.
Ein **γ-Teilchen** wird von einem angeregten Atomkern nach einem α- oder β-Zerfall ausgesandt. Dabei ändern sich die Kernladungszahl *Z* und die Nukleonenzahl *A* des Atomkerns nicht. Dicke Bleischichten können γ-Teilchen kaum durchdringen.

7. Radioaktive Zerfallsreihen

Kerne, die durch radioaktiven Zerfall entstanden sind, können selbst wieder radioaktiv sein. So können sogar längere **radioaktive Zerfallsreihen** entstehen. ➠ *Bild 1* und *2* zeigen die zwei bedeutendsten, die in der Natur auftreten. Ausgangspunkte sind U-238 bzw. Th-232. In beiden Zerfallsreihen gibt es mehrere hintereinanderfolgende α- und β-Zerfälle. Dabei entstehen auch γ-Teilchen. Die Zerfallsreihen enden bei den stabilen Bleiisotopen Pb-206 bzw. Pb-208. – In der Zerfallsreihe von U-238 tritt Ra-226 auf. In einem länger gelagerten Radiumpräparat finden die Zerfälle von Ra-226 und seiner Folgeprodukte nebeneinander statt; deswegen ist es ein Mischstrahler, der α-, β- und γ-Strahlung aussendet.

Interessantes

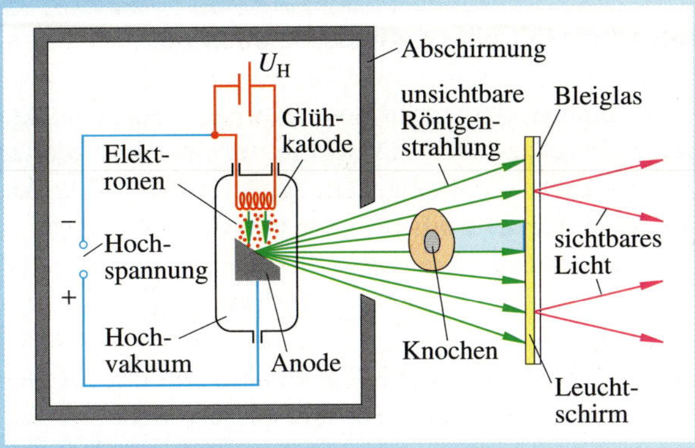

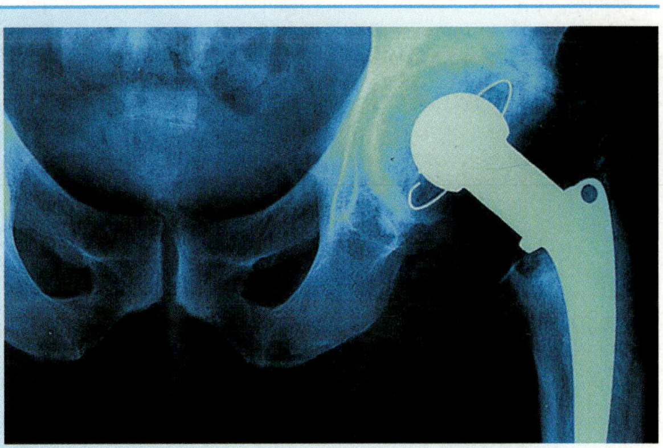

Röntgenstrahlung

In einer Vakuumröhre beschleunigt man die von einer Glühkatode emittierten Elektronen durch eine hohe Spannung (5000 V bis weit über 100 000 V). Beim Aufprall auf die Anode werden die Elektronen abgebremst, geben also ihre gesamte Energie ab. Deshalb wird die Anode heiß. Es passiert aber noch mehr: Als Erster beobachtete Wilhelm Conrad RÖNTGEN, dass bei diesen Spannungen ein außerhalb der Röhre aufgestellter Leuchtschirm aufleuchtet. Er schloss auf eine unsichtbare Strahlung, die von der Anode ausgeht. Man nennt sie **Röntgenstrahlung**. Sie transportiert Energie durch die Glaswand der Röhre, sonst könnte der Schirm nicht aufleuchten.

Stellt man in den Strahlengang ein Zählrohr, „knackt“ es wie beim Nachweis von γ-Teilchen. Das Zählrohr wurde nämlich von Teilchen der Röntgenstrahlung getroffen. Diese sind „fliegende“ Energie, den γ-Teilchen sehr ähnlich. Weitere ihrer *Eigenschaften* sind:

- Sie transportieren keine elektrische Ladung.
- Die mit ihnen transportierten Energieportionen sind viel größer, als die mit Licht transportierten.
- Sie können wie die γ-Teilchen Atome und Moleküle ionisieren. Röntgenstrahlung kann deshalb für den Menschen gefährlich sein.
- Sie schwärzen Filme. Je mehr Teilchen den Film treffen, umso stärker wird er geschwärzt.
- Sie breiten sich geradlinig aus.
- Sie durchdringen Gewebe besser als Knochen. Auf Röntgenbildern des menschlichen Körpers lassen sich deshalb Gewebe und Knochen unterscheiden.
- Sie werden durch Bleischichten abgeschirmt, was für den Strahlenschutz von großer Bedeutung ist.

Röntgenstrahlung hat eine große Bedeutung in der **medizinischen Diagnostik**. Mit Röntgenbildern lassen sich z. B. Knochenbrüche oder Erkrankungen der inneren Organe feststellen, ohne dass man den Körper öffnen muss. Sehr vielen Menschen kann so geholfen werden. Bei Röntgenuntersuchungen muss allerdings darauf geachtet werden, dass die „Dosis“ an Strahlung, die ein Patient erhält, möglichst gering ist.

Aufgaben

A1: β-Teilchen sind negativ geladen. Begründe dies mithilfe von ➡ *Bild 3*.

A2: Nenne Eigenschaften und Nachweismöglichkeiten der α-, β- und γ-Strahlung.

A3: Vervollständige die Angaben:
$^{40}_{19}\text{K} \xrightarrow{\beta} ?;\ ^{210}_{?}\text{Pb} \xrightarrow{\beta} ?;$
$? \xrightarrow{\beta} {}^{14}_{?}\text{N};\ ^{99}_{?}\text{Tc}^* \xrightarrow{\gamma} ? \xrightarrow{\beta} ?$
$? \xrightarrow{\beta} {}^{60}_{?}\text{Ni}^* \xrightarrow{\gamma} ?.$

A4: Am-241 ist radioaktiv. Die größte Zahl der ausgesandten Teilchen seiner Strahlung kann Papier nicht durchdringen. Der Rest wird kaum durch eine 5 mm dicke Aluminiumplatte absorbiert, dagegen fast vollständig durch eine Bleiplatte. Wie zerfällt Am-241?

A5: Der Ausgangskern einer Zerfallsreihe zerfällt, indem er ein α-Teilchen aussendet. Dann wird ein β-Teilchen, dann ein γ-Teilchen, dann ein α-Teilchen und zum Schluss wieder ein β-Teilchen ausgesendet. Der Endkern ist Bi-209. Schreibe die Zerfallsreihe auf.

A6: U-235 ist Ausgang einer Zerfallsreihe mit dem Endkern Pb-207. Schreibe diese mithilfe der Nuklidkarte (➡ *Anhang*) auf.

A7: α-Teilchen bleiben in einem Blatt Papier stecken. Die Zahl von γ-Teilchen wird dagegen erst durch dicke Bleischichten stark reduziert. Transportieren γ-Teilchen deshalb weit mehr Energie als α-Teilchen? Begründe deine Aussage.

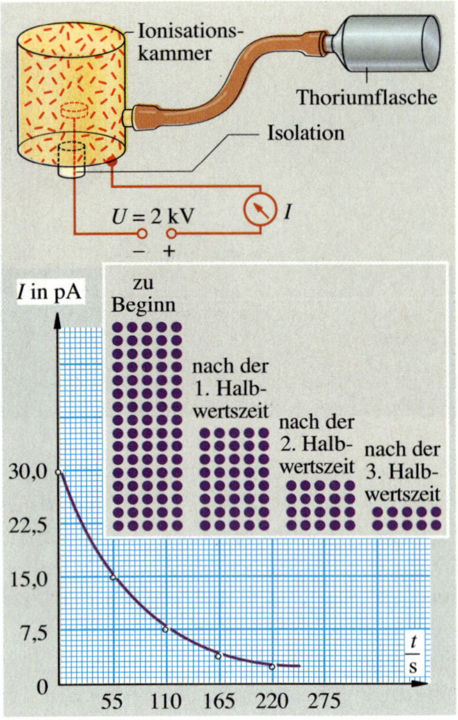

V 1: Eine Plastikflasche enthält radioaktives Thorium Th-232. Durch dessen Zerfall entsteht in der Flasche ständig in geringen Mengen das selbst wieder radioaktive Gas Radon Rn-220, das α-Strahlung aussendet. Für deren Nachweis verwenden wir eine *Ionisationskammer*, an die über einen Schlauch die Thoriumflasche angeschlossen ist. Die mit Luft gefüllte Kammer besteht aus zwei gegeneinander isolierten Metallteilen, zwischen denen eine Spannung von etwa 2000 V liegt. Tritt in der Kammer α-Strahlung auf, so werden Luftmoleküle ionisiert. Die Spannungsquelle saugt die entstandenen Ionen ab; die Stromstärke (ca. 10^{-11}A) wird gemessen. Treten in 1 s mehr α-Teilchen auf, so entstehen auch mehr Ionen; die Stromstärke ist größer. Da die Zerfälle dem Zufall unterliegen, schwankt die Anzeige deutlich.

a) Wir pumpen mehrmals hintereinander kleine Mengen radioaktives Gas aus der Thoriumflasche in die Ionisationskammer. Mit jedem Gasstoß steigt die Stromstärke.

b) Geben wir kein weiteres radioaktives Gas in die Kammer, so sinkt die Stromstärke. Sie nimmt aber nicht linear mit der Zeit ab, sondern fällt jeweils in 55 s auf die Hälfte des zu Beginn dieser Zeitspanne noch vorhandenen Wertes ab.

Halbwertszeit

1. Wie schnell zerstrahlt eine radioaktive Substanz?

Betrachten wir eine große Anzahl N von Kernen einer radioaktiven Substanz. Darin zerfallen ΔN Kerne. In einer bestimmten Zeit Δt können es viele oder wenige sein. Ein Maß dafür ist die **Aktivität $A = \Delta N / \Delta t$** mit der **Einheit** $\frac{1}{\text{s}}$ oder **1 Becquerel (1 Bq)**.
Beispiel: In einer Substanz mit $N = 10^{18}$ Kernen zerfallen 10^6 Kerne in $\Delta t = 10$ s. Es ist $A = \Delta N/\Delta t = 10^6/10\ \text{s} = 10^5\ \frac{1}{\text{s}} = 10^5$ Bq.

In ➡ *Versuch 1* zerfallen Kerne des radioaktiven Gases Radon Rn-220 in einer Ionisationskammer. Die ausgestoßenen α-Teilchen erzeugen einen Ionisationsstrom der Stärke I. Zerfallen n-mal so viele Kerne ΔN in der Zeit Δt (z. B. $\Delta t = 1$ s), so treten n-mal so viele α-Teilchen auf, die Stromstärke I ist n-mal so groß. Diese ist also ein Maß für die Aktivität A des Gases. Es gilt $\boldsymbol{I \sim A}$.
Verdoppelt man durch Einblasen von mehr Gas die Zahl N der zerfallsbereiten radioaktiven Kerne, dann verdoppelt sich die Stromstärke I (➡ *Versuch 1 a*). Eine plausible Annahme ist, dass bei doppelter Anzahl N zerfallsbereiter Kerne in 1 s auch doppelt so viele Kerne ΔN zerfallen und damit die Aktivität A doppelt so groß ist. *Allgemein kann man annehmen, dass $A \sim N$ gilt.* Dann ist die Stromstärke I in ➡ *Versuch 1* aber auch ein Maß für die Zahl der *noch nicht* zerfallenen radioaktiven Kerne N und es gilt $\boldsymbol{I \sim N}$.
Nun geben wir in ➡ *Versuch 1 b* kein weiteres Gas in die Kammer. Die Stromstärke I sinkt, und zwar erstaunlicherweise in stets der gleichen Zeit, hier in 55 s, *jeweils auf die Hälfte,* z. B. von 30 pA auf 15 pA oder von 10 pA auf 5 pA. Folglich sinken die Aktivität A der radioaktiven Substanz wie auch die Zahl N der zerfallsbereiten Kerne in 55 s auf die Hälfte. Man sagt, Rn-220 habe die **Halbwertszeit 55 s**. Sie ist unabhängig davon, wie viel an radioaktiver Substanz am Anfang des Zeitintervalls vorlag! Da der Zerfall *stochastisch* erfolgt; kann man nicht sagen, wann ein bestimmter Kern zerfällt, auch nicht, wann *alle Kerne zerfallen sind, wann also die Aktivität auf null gesunken ist.* – Jedes radioaktive Nuklid hat eine Halbwertszeit, an dem man es erkennen kann (➡ *Nuklidkarte, Anhang*).

Merksatz

Zerfallen in einer radioaktiven Substanz ΔN Kerne in der Zeit Δt, so ist deren **Aktivität $A = \Delta N/\Delta t$** mit der Einheit **1 Becquerel (1 Bq)**. Es ist 1 Bq = 1 $\frac{1}{\text{s}}$.
Die Zeitspanne, in der jeweils die Hälfte einer radioaktiven Substanz zerfällt, heißt **Halbwertszeit**. Sie hängt von der Kernart ab.

Die Zahl der nicht zerfallenen Kerne und die Aktivität hängen von der Zeit t ab. Man schreibt daher $N(t)$ und $A(t)$. $N(t + \Delta t)$ ist die Zahl zur Zeit $t + \Delta t$ mit $N(t + \Delta t) < N(t)$. Also ist $\Delta N = N(t + \Delta t) - N(t) < 0$. Damit $A > 0$ ist, wählt man $A(t) = -\Delta N/\Delta t$.

Interessantes

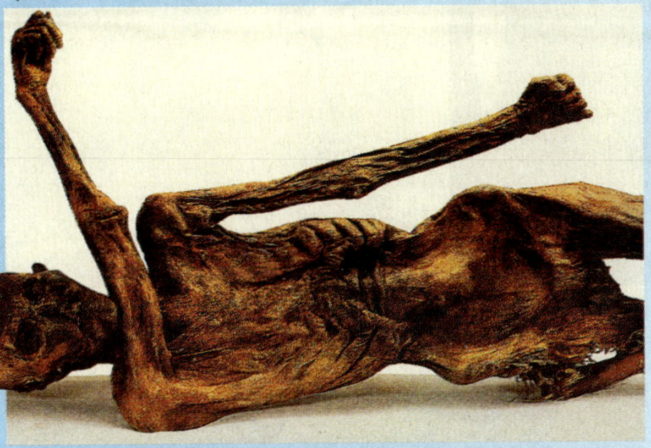

Altersbestimmung mit radioaktiven Nukliden

Pressen wir in der Anordnung von ➠ *Versuch 1* die Thoriumflasche alle paar Sekunden zusammen, so liefern wir laufend radioaktives Gas in die Ionisationskammer. Dann bleibt der Ionisationsstrom praktisch konstant. Zerfall und Nachlieferung radioaktiver Atome halten sich dann das Gleichgewicht. Erst wenn die Nachlieferung beendet ist, fällt die Stromstärke mit der Halbwertszeit von 55 s ab. Dieser Versuch zeigt das Grundprinzip der **Altersbestimmung** mithilfe des langlebigen radioaktiven Kohlenstoffisotops **C-14**. Dieses Isotop ist in der Atmosphäre, z.B. in Kohlenstoffdioxid CO_2 in einem kleinen konstanten Prozentsatz vorhanden. Seine Entstehung werden wir im Kapitel „Kernreaktionen" kennenlernen. Solange eine Pflanze lebt, steht ihr Kohlenstoffgehalt durch CO_2-Assimilation mit dem Kohlenstoff der Atmosphäre in Verbindung. Die lebenden Teile der Pflanze haben demnach einen konstanten C-14-Anteil. Stirbt sie ab, wird der Kontakt zur Atmosphäre unterbrochen, und mit einer Halbwertszeit von 5730 Jahren sinkt der C-14-Anteil. Durch seine Bestimmung konnte z.B. das Alter der abgebildeten Mumie, die 1991 in den Ötztaler Alpen gefunden wurde, auf 5300 bis 5350 Jahre ermittelt werden.

Vertiefung

Radioaktive Kerne altern nicht

Zur Zeit $t = 0$ gibt es $N(0)$ Kerne. Im nächsten Zeitelement $\Delta t = 1$ s zerfallen ΔN Kerne. Anschließend sind noch $N(1)$ Kerne vorhanden. $\Delta N = N(1) - N(0)$ gibt die in der Zeit $\Delta t = 1$ s erfolgte Abnahme von $N(t)$ an und ist deshalb negativ. Es ist $N(1) = N(0) + \Delta N$.

Wie groß ist ΔN allgemein? Wenn Δt klein ist gegenüber der Halbwertszeit T, so ist ΔN proportional zur Zahl $N(t)$ der zerfallsbereiten Kerne sowie zum Zeitelement Δt. Also gilt insgesamt: $\Delta N \sim N(t) \cdot \Delta t$. Mit dem Faktor $k > 0$ (Einheit $\frac{1}{s}$) folgt: $\Delta N = k \cdot N \cdot \Delta t$. Da $\Delta N < 0$ ist, gilt: $\Delta N = -k \cdot N \cdot \Delta t$.

Für $k = 0{,}015\,\frac{1}{s}$ und $N(0) = 1000$ ist die Zahl der noch nicht zerfallenen Kerne nach $t = 1$ s, 2 s usw.:

$N(1) = N(0) + \Delta N = 1000 - 0{,}015 \cdot 1000 \cdot 1 = 985$,

$N(2) = N(1) + \Delta N = 985 - 0{,}015 \cdot 985 \cdot 1 \approx 970$ usw.

Du kannst diese Rechnung Schritt für Schritt ausführen oder einem **Computer** zunächst die Startwerte $N = 1000$; $k = 0{,}015\,\frac{1}{s}$; $dt = 1$ s (statt Δt) und dann die Programmzeilen 1) bis 5) eingeben:

1) t = t + dt; **2)** dN = −k · N · dt; **3)** N = N + dN; **4)** A = −dN/dt; **5)** zurück zu 1).

Das Rechenergebnis zeigt das *obere Bild.* Dort ist auch die Aktivität $A(t) = -\Delta N/\Delta t = k \cdot N$ aufgetragen. Es ist $A(t) \sim N(t)$. Ihre Abnahme wird von ➠ *Versuch 1* bestätigt, das Rechenmodell stimmt.

Wir haben $\Delta N = -k \cdot N \cdot \Delta t$ immer mit derselben Konstanten k berechnet. Wir nahmen daher an, dass die *Zerfallsbereitschaft* der Kerne mit der Zeit t, also mit dem *Alter* der Kerne, nicht zunimmt, im Gegensatz zur Sterblichkeit bei Lebewesen. Würde dagegen k im Programm z.B. nach $k = k_0 \cdot (1 + t/10\,\text{s})$ mit t steigen, so erhielte man für $A(t)$ und $N(t)$ das untere Bild. Dies widerspricht aber dem Experiment und bestätigt: *Kerne altern nicht!* Wegen des Zufalls gelten die Kurven nur für Substanzen mit vielen radioaktiven Kernen!

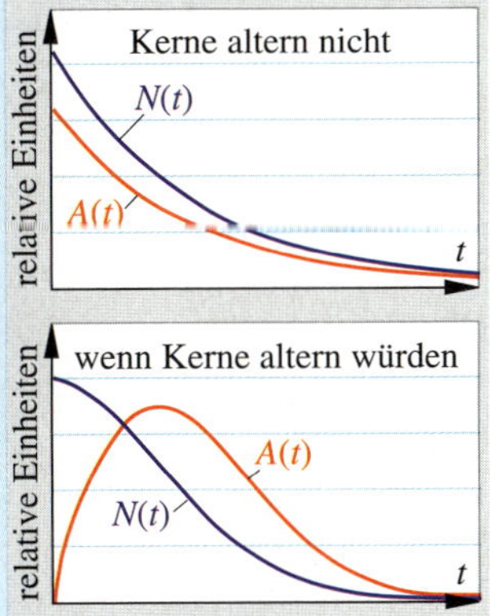

Aufgaben

A1: a) Wie viele von $5 \cdot 10^5$ Jod-I-131-Kernen sind nach 3 Halbwertszeiten zerfallen ($T_{1/2} = 8$ d)? **b)** Wann sind $\frac{7}{8}$ einer Menge I-131 zerfallen? **c)** In einer I-131-Quelle finden in 1 s 10^5 Zerfälle statt. Wie viele nach 48 Tagen?

A2: a) Nach welcher Zeit sind 93,75 % einer Tc-99-Menge zerfallen ($T_{1/2} = 6$ h)? **b)** Nach wie viel Halbwertszeiten sind mehr als 99 % bzw. 99,9 % zerfallen?

B1: Gesetzlich vorgeschriebenes Strahlenwarnzeichen

B2: Piloten sind einer starken Strahlung ausgesetzt.

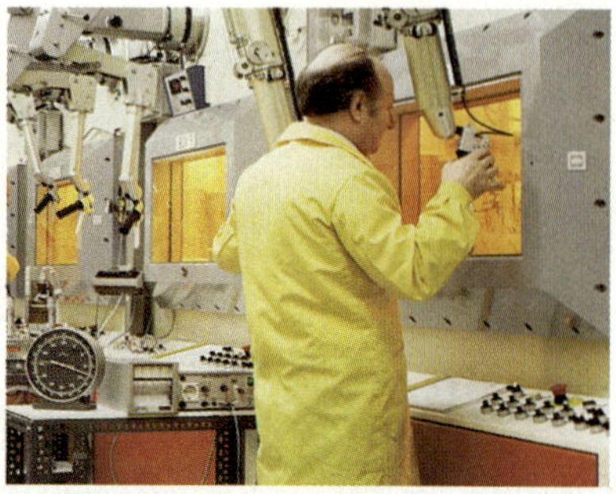

B3: Eine dicke Bleiglasscheibe schützt vor Strahlung.

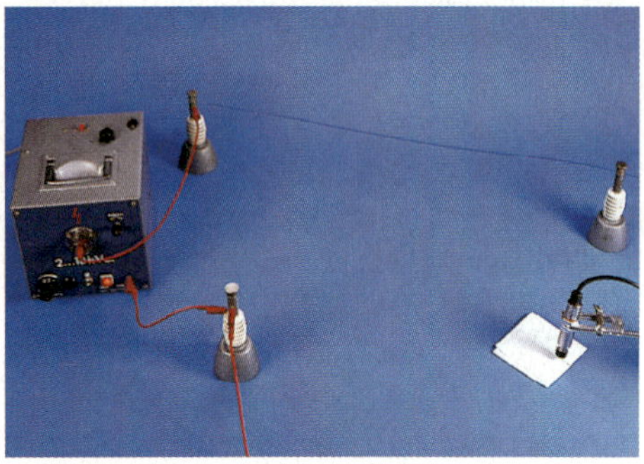

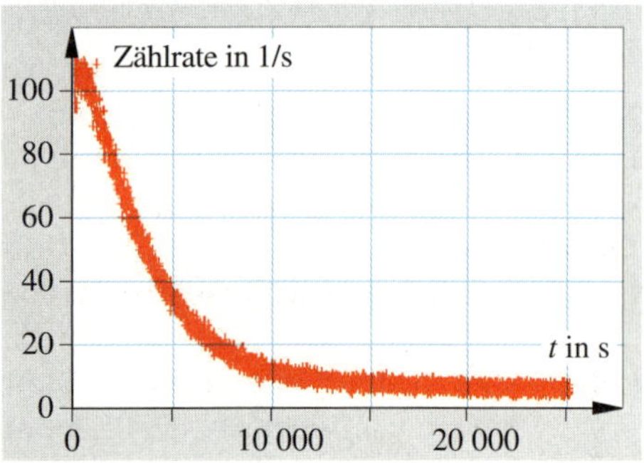

V1: Wir verbinden einen etwa 5 m langen Silberdraht mit dem negativen Pol einer Spannungsquelle von 5 kV. Der positive Pol ist geerdet. Nach einigen Stunden (Sammelzeit bei obiger Messung ca. 22 h) nehmen wir die Spannung weg und wischen den zuvor negativ geladenen Draht mit einem feuchten Papierstück ab. Dieses befestigen wir vor dem Fenster eines Zählrohrs. Wir beobachten eine Zählrate weit über der Nullrate. Wir haben also eine radioaktive Substanz vom Draht abgewischt. Diese Substanz besteht aus Folgeprodukten des radioaktiven Gases **Radon**. Radon ist überall in der Luft vorhanden. Es ist ein Glied der Zerfallsreihen der sehr langlebigen Stoffe Uran-238 und Thorium-232.

Wirkung ionisierender Strahlung

1. Natürliche Strahlenexposition

Ein Geigerzähler tickt auch ohne ein radioaktives Präparat in seiner Nähe, denn überall in unserer Umgebung ist ionisierende Strahlung vorhanden. Damit lebt der Mensch. Man spricht von seiner **Strahlenexposition**.
Das Element Kalium z.B. kommt überall in der Erde vor. Es gelangt mit der Nahrung in den menschlichen Körper. Das in der Natur vorkommende Kalium enthält zu 0,01% das radioaktive Isotop K-40. Auch in der Luft gibt es radioaktive Stoffe (➡ *Versuch 1*). Das gasförmige Radonisotop Rn-222 tritt in der Zerfallsreihe des häufigsten Uranisotops U-238 auf, das Rn-220 in der Zerfallsreihe von Th-232. Die radioaktiven Radonisotope stammen aus dem Boden. Sie befinden sich überall in der Luft. Ständig atmen wir Radon ein. Es zerfällt in der Lunge. Diese wird durch die entstehende Strahlung (vor allem α-Strahlung) belastet. Die Konzentration von Radon und seinen Folgeprodukten in unseren Wohnungen hängt von den Baumaterialien ab. Sie steigt bei ungenügender Belüftung der Räume.

Man unterscheidet vier Komponenten der natürlichen Strahlenexposition:

- Die Strahlung von **Radon**. Ihre Intensität hängt in Räumen vom Baumaterial, außerhalb von der Beschaffenheit des Untergrunds ab.
- Radioaktive Nuklide im Boden bewirken die **terrestrische Strahlung**. Ihre Intensität ist je nach der Zusammensetzung des Bodens von Ort zu Ort sehr unterschiedlich. Besonders stark strahlen z.B. Uran-Gestein und Granit.
- Die **körperinnere Strahlung** kommt aus radioaktiven Nukliden (z.B. K-40), die über die Nahrung in den menschlichen Körper gelangen und dort zerfallen.
- Die **kosmische Strahlung** aus dem Weltraum enthält sehr energiereiche Teilchen. Ein Teil durchdringt die Atmosphäre. Diese Strahlung nimmt mit der Höhe zu und ist deshalb bei Bergtouren oder im Flugzeug verstärkt wirksam (➡ *Bild 2*).

2. Zivilisatorische Strahlenquellen

Außer den natürlichen Strahlenquellen, mit denen der Mensch schon immer leben musste, gibt es zivilisatorische Quellen, die er sich selbst geschaffen hat.
Er nutzt ionisierende Strahlung zu seinem Vorteil um den Preis einer zusätzlichen Strahlenexposition. Mit Röntgenuntersuchungen lassen sich z.B. Knochenbrüche (➡ *Bild 4*) und Tumore erkennen. Zweidimensionale Computertomographie (➡ *Bild 5*) erzeugt mit einer um den Körper rotierenden Röntgenanordnung scharfe Schichtbilder. Medizinische Anwendungen radioaktiver Stoffe in der Szintigraphie zur Darstellung von Organen oder zur Zerstörung von Tumoren stellen eine Strahlenbelastung für den einzelnen Menschen dar. Demgegenüber sind andere zivilisatorische Strahleneinwirkungen wie z.B. die Röntgenstrahlung der Fernsehbildröhre oder die Strahlenexposition durch Kernkraftwerke gering.

3. Ein Maß für die Wirkung ionisierender Strahlung

Die Strahlung radioaktiver Stoffe oder Röntgenstrahlung **ionisiert** beim Eindringen in den menschlichen Körper wie in jeder Materie Atome und Moleküle. Dabei gibt sie Energie ab. Je mehr Energie die Strahlung an 1 kg Masse des Körpers abgegeben hat, desto größer kann der angerichtete Schaden sein.
Man nennt die Energieabgabe je Masseneinheit die **Energiedosis** der Strahlung und misst sie in der **Einheit 1 J/kg**.

Von Versuchen mit der Nebelkammer wissen wir, dass bei α-Strahlen die Dichte der gebildeten Ionen besonders groß ist. Also wird durch ein α-Teilchen besonders viel Energie an eine einzelne Zelle abgegeben. Deshalb ist der Schaden sehr viel größer als bei Röntgen- oder γ-Strahlung *gleicher* Energiedosis. Um die biologischen Wirkungen ionisierender Strahlung miteinander vergleichen zu können, hat man deshalb die **Äquivalentdosis** eingeführt. *Sie ist gleich der Energiedosis mal einem von der Strahlungsart abhängigen Faktor.*
Bei β-, γ- und Röntgenstrahlung ist der Faktor: 1,
bei α-Strahlung ist der Faktor: 20.
Die **Einheit** der Äquivalentdosis ist demnach ebenfalls **1 J/kg**.
Zur Unterscheidung von der Energiedosis verwendet man dafür den Namen **1 Sievert (1 Sv)**. Es ist also

$$1\,\text{Sv} = 1\,\frac{\text{J}}{\text{kg}};\ 1\,\text{mSv} = 1\,\frac{1\,\text{Sv}}{1000} = 1\,\frac{\text{mJ}}{\text{kg}}.$$

Die **effektive Dosis** berücksichtigt darüber hinaus noch die *unterschiedliche Strahlungsempfindlichkeit der Organe* durch einen für das jeweilige Organ spezifischen Gewichtungsfaktor. Ihre **Einheit** ist ebenfalls **1 Sv**.

Merksatz

Die **effektive Dosis** ist ein Maß für die **Wirkung ionisierender Strahlung auf den Menschen**. Ihre Einheit ist **1 Sievert (1 Sv)**.

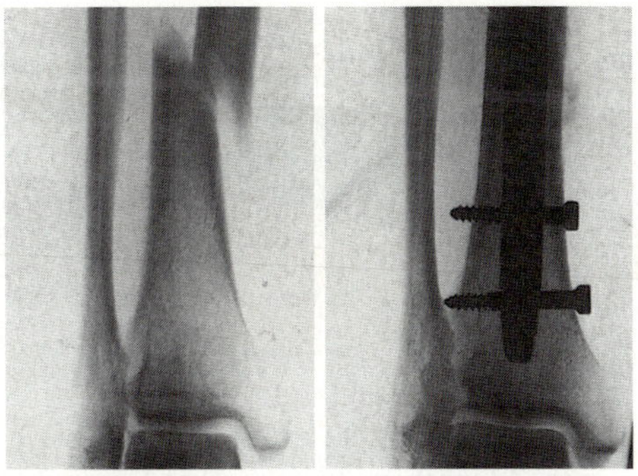

B4: Röntgenbild einer Schienbeinfraktur

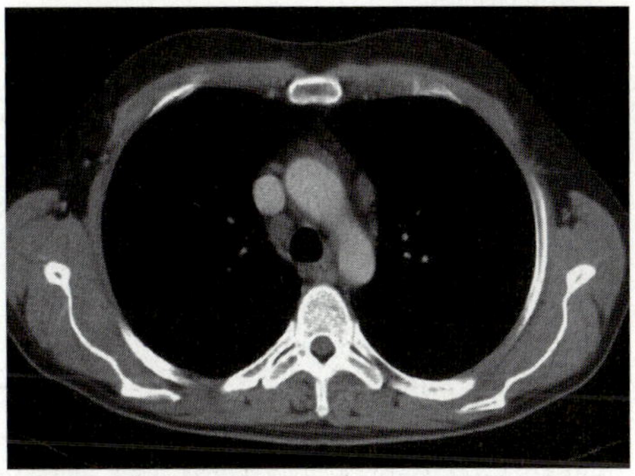

B5: Computertomogramm eines Brustkorbs

Interessantes

Was geschieht bei Bestrahlung in der Körperzelle?

Von der Biologie wissen wir, dass die Desoxyribonukleinsäure (DNS) im Zellkern die komplizierten Vorgänge in der Zelle steuert und die Erbinformation trägt. Wird ihre Struktur durch Ionisation verändert, so kann es zu Fehlfunktionen kommen. Die Zelle kann z.B. absterben. Sie kann auch veranlasst werden, sich ständig sehr schnell zu teilen. Dann wird sie zu einer Krebszelle. Handelt es sich um eine Keimzelle, so können Erbinformationen verändert werden. Eine solche *Mutation* wird an die Nachkommen weitergegeben.

Aufgaben

A1: Ermittle mithilfe der Nuklidkarte (➡ *Anhang*) die Halbwertszeiten von Rn-220 und Rn-222. Welches sind die Folgeprodukte von Rn-222?

A2: Was versteht man unter der effektiven Dosis? Welche Einheit hat sie?

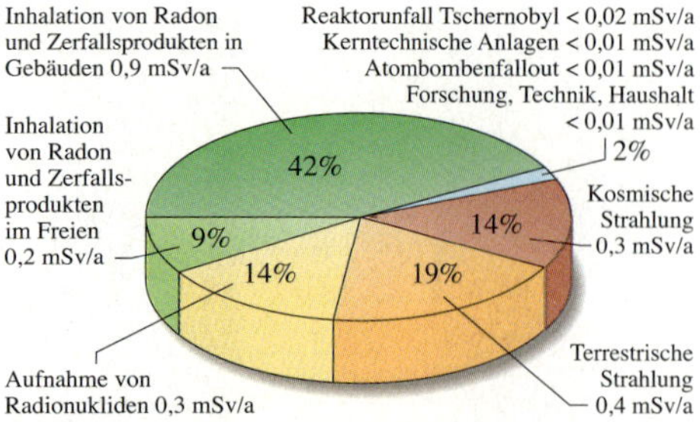

B1: Mittlere jährliche effektive Dosis eines Menschen in der Bundesrepublik Deutschland durch natürliche Strahlenexposition

Ein Unglücksfall

Das Unglück von Tschernobyl

Am 25./26. 4. 1986 ereignete sich im Kernkraftwerk *Tschernobyl* in der Ukraine ein schwerer Unfall, bei dem radioaktive Stoffe in die Atmosphäre freigesetzt und vom Wind als radioaktive Wolke über weite Teile Europas verteilt wurden. U. a. gelangten so I-131, Cs-134, Cs-137 und Sr-90 gasförmig, als Staub oder an Wassertröpfchen angelagert in die Atmosphäre. Auch in der Bundesrepublik, ca. 1600 km vom Unglücksort entfernt, war die Wirkung Besorgnis erregend. Zunächst nahm die Radioaktivität der Luft zu, dann wurden radioaktive Stoffe durch Regen auf Pflanzen und Boden abgelagert. Da vor allem radioaktives Cs-137 mit einer Halbwertszeit von 30 Jahren freigesetzt wurde, lag die terrestrische Strahlung durch das Unglück im Jahr 2005 immer noch geringfügig über dem Normalwert.

4. Biologische Wirkung ionisierender Strahlung

- Durch die *natürliche Strahlenexposition* empfängt ein Mensch in Deutschland im Mittel die effektive Dosis von 2,1 mSv pro Jahr (➡ *Bild 1*). Der Wert liegt je nach Ort zwischen 1 mSv und 6 mSv. Vereinzelt treten sogar Werte von 10 mSv auf.
- Die *zivilisatorische Strahlenexposition* eines Menschen durch Röntgenuntersuchungen und Anwendung radioaktiver Stoffe in der Medizin beträgt im Mittel 1,9 mSv pro Jahr.

Welche Schäden können durch ionisierende Strahlung bei Lebewesen auftreten? Man unterscheidet zwei Gruppen:

a) Deterministische Strahlenwirkung: Sie tritt *direkt* nach einer Bestrahlung auf. Bei geringerer Dosis sind Appetitlosigkeit, Übelkeit und Haarausfall die Folge. Bei stärkerer Dosis kommen innere und äußere Blutungen und Krämpfe hinzu. Allgemein gilt: *Je größer die Dosis war, desto größer ist der Schaden.*

Bei Ganzkörperbestrahlung tritt unterhalb einer Energiedosis von 0,2 J/kg *(Schwellenwert)* noch kein deterministischer Schaden auf. Eine kurzfristige Energiedosis von 6 J/kg hervorgerufen durch γ-Strahlung führt im Allgemeinen zum Tod.

b) Stochastische Strahlenwirkung: Dazu zählen Leukämie und Tumorerkrankungen. Sie tritt oft erst Jahre nach der Bestrahlung auf. So wurde in Japan das Maximum der *Leukämieerkrankungen* von Personen, die bei den Atombombenabwürfen überlebten, erst 10 Jahre später beobachtet. Andere Krebserkrankungen traten erst nach dieser Zeit mit zunehmender Häufigkeit auf. *Je größer die effektive Dosis ist, desto größer ist die Wahrscheinlichkeit des Auftretens von stochastischen Schäden.* Die Dosis hat dagegen *keinen* Einfluss auf die *Schwere* der Erkrankung.

Die bisher genannten Schäden treffen die bestrahlte Person selbst. Anders bei *genetischen Strahlenschäden.* Sie wirken sich erst bei den *Nachkommen* aus. Bestrahlung der Keimdrüsen kann zu Mutationen der Erbanlagen führen. Die genetische Strahlenwirkung zählt ebenfalls zu den stochastischen Schäden.

Bei einem Menschen summiert sich im Laufe seines 70-jährigen Lebens die natürliche Strahlenexposition auf $70 \cdot 2{,}1\ \text{mSv} = 0{,}15\ \text{Sv}$. Deterministische Schäden treten dadurch nicht auf, aber stochastische Schäden lassen sich nicht ausschließen. Man rechnet derzeit damit, dass 1 % der Menschen durch die natürliche Strahlenexposition an Krebs stirbt.

Merksatz

Bei der **deterministischen Strahlenwirkung** hängt die Schwere der *sicher eintretenden* Erkrankung von der Dosis der ionisierenden Strahlung ab.
Bei der **stochastischen Strahlenwirkung** bestimmt die Dosis die *Wahrscheinlichkeit* des Auftretens von Erkrankungen.

5. Schutz vor ionisierender Strahlung

Grundregeln für den Strahlenschutz („fünf A")

1. Beim Arbeiten mit radioaktiven Strahlern die **A**ktivitäten möglichst gering halten.
2. **A**bstand halten von einer Strahlungsquelle.
3. Auf möglichst kurze **A**rbeitszeit in der Nähe einer Strahlenquelle achten.
4. Für möglichst gute **A**bschirmung von radioaktiver Strahlung sorgen.
5. Nicht essen und trinken während des Umgangs mit radioaktiven Stoffen (**A**bstinenz).

Je weiter man von einer Strahlenquelle entfernt ist, desto geringer ist die Strahlenexposition. Bei doppeltem Abstand von einer γ-Quelle beträgt die Intensität der Strahlung nur noch ein Viertel, bei dreifachem Abstand nur noch ein Neuntel des ursprünglichen Wertes (➠ *Versuch 1*). Abstand halten ist also ein wichtiges Gebot beim Umgang mit radioaktiven Stoffen, z.B. auch in der Schule. Außerdem wird man sich nur möglichst kurz in der Nähe einer Quelle aufhalten.

Beim Durchgang durch Materie wird ionisierende Strahlung abgeschwächt. Sie verliert nämlich dort Energie durch Ionisation von Atomen oder Molekülen. Zur Abschirmung von α-Strahlung genügt bereits ein Blatt Papier.

β-Strahlung wird durch 5 mm dickes Aluminium wirkungsvoll abgeschirmt. Zu einem wirksamen Schutz vor γ-Strahlung benötigt man eine dicke Bleischicht. Auch zum Schutz vor Röntgenstrahlung benötigt man Blei. Deshalb bekommt man beim Röntgenarzt zum Schutz der unteren Körperhälfte eine Bleischürze umgehängt, wenn er eine Röntgenaufnahme der Brust macht (➠ *Bild 2*). Unnötige Röntgenaufnahmen – insbesondere bei schwangeren Frauen – sollten vermieden werden.

Manche innere Bestrahlung kann vermieden werden. Dazu muss man sorgsam darauf achten, dass radioaktive Stoffe nicht in das Körperinnere gelangen, also darf man z.B. nicht während des Experimentierens essen oder trinken.

Gesetzliche Vorschriften

Strahlenschutzverordnung und *Röntgenverordnung* regeln den Umgang mit radioaktiven Stoffen und Röntgengeräten – auch in der Schule. Die Einhaltung von Dosisgrenzwerten sichert die Wirksamkeit von Strahlenschutzmaßnahmen. So darf z.B. die jährliche Strahlenexposition außerhalb einer kerntechnischen Anlage 0,3 mSv nicht überschreiten.

Die Festlegung solcher Höchstwerte ist allerdings eine politische Setzung, keine physikalische.

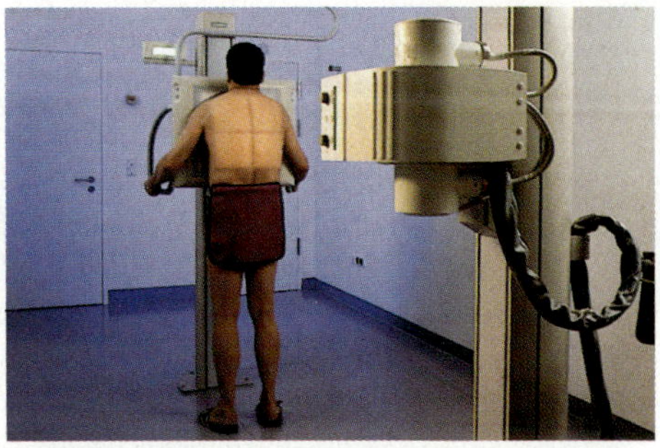

B 2: Eine dicke Bleischürze schützt den Patienten vor unerwünschter Strahlung.

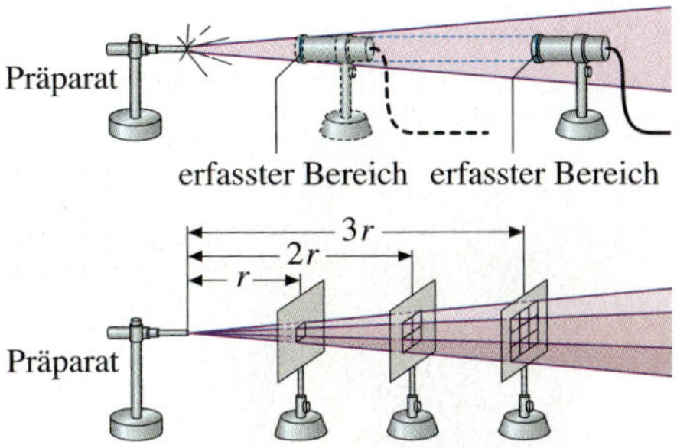

V 1: Ein punktförmiger γ-Strahler steht vor einem Zählrohr. Verdoppelt man den Abstand, so sinkt die Zählrate auf den vierten Teil, im dreifachen Abstand auf den neunten Teil. Das von der Quelle ausgehende Strahlenbündel hat nämlich im doppelten Abstand einen vierfachen, im dreifachen Abstand einen neunfachen Querschnitt. Entsprechend weniger Strahlung durchsetzt dann das Zählrohrfenster.

Interessantes

Dosimetrie

Personen, die beruflich mit radioaktiver Strahlung zu tun haben, müssen ständig überwacht werden. Zur Überwachung benutzt man *Personendosimeter, die* die Person in ihrer Kleidung trägt. Beim *Filmdosimeter* wird ein Film in einem lichtdichten Gehäuse durch die Strahlung geschwärzt. Die Schwärzung ist ein Maß für die aufgenommene Strahlendosis. Besondere Blechfilter lassen erkennen, welcher Strahlungsart die Person ausgesetzt war.

Interessantes

Anwendung radioaktiver Nuklide

In der **Medizin** verwendet man radioaktive Stoffe sowohl zur Diagnose (Erkennung) als auch zur Therapie (Heilung) von Krankheiten. Will man z. B. feststellen, wie der Körper bestimmte Substanzen aufnimmt und verarbeitet, so „markiert" man die normale Substanz mit winzigen Spuren eines radioaktiven Isotops desselben chemischen Elements. Chemisch verhalten sich nämlich die radioaktiven Isotope vor dem Zerfall genauso wie die inaktiven. Folglich wandern sie auf denselben Wegen durch den Körper; nur zerfällt gelegentlich ein Kern und verrät durch die ausgesandte Strahlung seinen Standort. Auf diese Weise lassen sich viele Stoffwechseluntersuchungen durchführen.

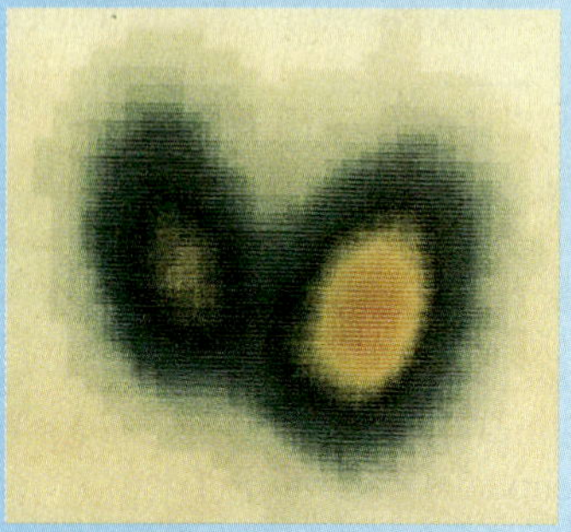

Manche chemischen Elemente werden in bestimmten Organen gespeichert (z. B. Jod in der Schilddrüse). Man injiziert dem Menschen winzige Spuren radioaktiver Isotope dieser Elemente. Anschließend tastet man das Organ Punkt für Punkt mit einem geeigneten Nachweisgerät für die ausgesandte Strahlung ab. Man erhält so ein „Strahlenbild" des Organs. Der Arzt kann daran z. B. erkennen, ob das Organ krankhaft verändert ist. Um die effektive Dosis für den Patienten klein zu halten, verwendet man Nuklide mit möglichst kurzer Halbwertszeit (z. B. Technetium Tc-99; Halbwertszeit 6 Stunden).

Ein Beispiel für die Therapie ist die Bestrahlung von Krebsgeschwulsten. Die in schneller Teilung begriffenen Krebszellen reagieren auf ionisierende Strahlung besonders empfindlich. Die Kunst der Medizin besteht darin, den Krankheitsherd möglichst weit zu zerstören und dabei benachbartes gesundes Gewebe zu schonen. Mit der Apparatur von ➠ *Bild 1* wird die Krebsgeschwulst gezielt aus verschiedenen Richtungen bestrahlt. Dadurch wird das gesunde Gewebe weniger belastet. Trotzdem bleibt die Strahlentherapie riskant: Man treibt hier den Teufel mit dem Beelzebub aus. Bekanntlich kann ionisierende Strahlung ja selbst Krebs erzeugen.

In der **Biologie** und der **Landwirtschaft** lässt sich z. B. der Pflanzenstoffwechsel und damit etwa der Düngemitteleinsatz durch die „radioaktive Markierungsmethode" untersuchen. Bei der Züchtung neuer Pflanzensorten setzt man radioaktive Nuklide bewusst zur Erzeugung von Mutationen ein.

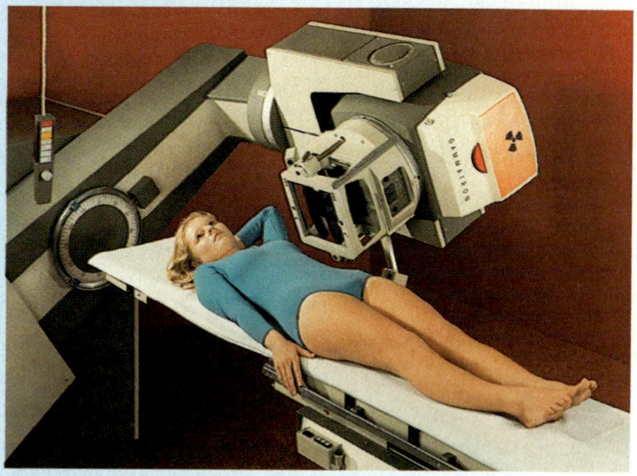

B 1: Krebsbehandlung

In der **Technik** wird z. B. die unterschiedliche Abschwächung ionisierender Strahlung in verschieden dicker Materie zur berührungslosen Dickenmessung bei der Herstellung von Kunststofffolien ausgenutzt (➠ *Bild 2*).

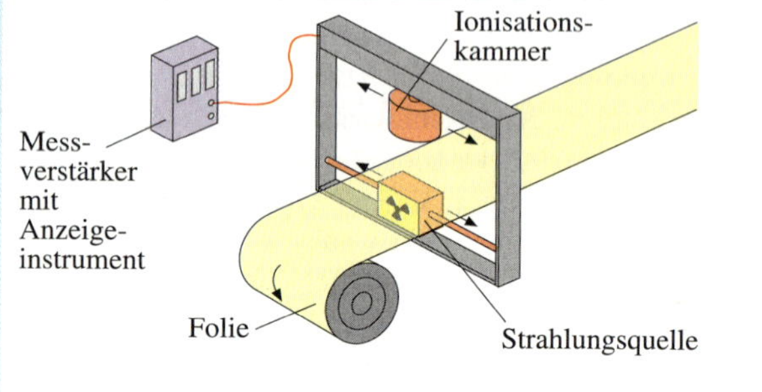

B 2: Berührungslose Schichtdickenkontrolle

Lecks in Gasleitungen lassen sich feststellen, indem man dem Gas z. B. radioaktives Xe-138 beimischt. Mit einer Zählvorrichtung findet man so aus dem Rohr ausgetretenes Gas.

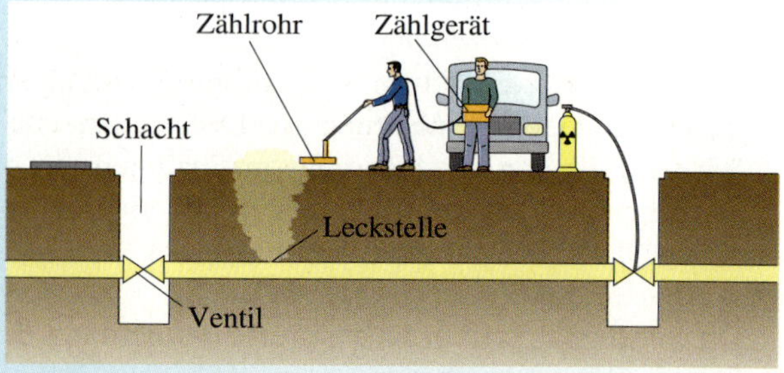

Kernreaktionen

1. Kerne werden beschossen

Um Informationen über den Atomkern zu gewinnen, beschießt man ihn mit α-, β-, γ-Teilchen, Neutronen oder anderen Teilchen.

Bereits 1916, 20 Jahre nach Entdeckung der Radioaktivität, führte der Physiker Ernest RUTHERFORD (1871–1937) ein solches Experiment durch.
Er beschoss N-14-Kerne mit α-Teilchen. Als Quelle nahm er einen natürlichen radioaktiven α-Strahler. Um die Vorgänge beobachten zu können, benutzte er eine Nebelkammer. In vielen Fällen fand er das gewohnte Bild der durch Ionisation sichtbaren Bahnen der α-Teilchen.
Die Aufnahme in ➡ *Bild 3* zeigt eine „Unregelmäßigkeit", wie sie auch RUTHERFORD damals in sehr wenigen Fällen beobachtet hat. Die Bahn eines α-Teilchens schien sich zu verzweigen. Die nach unten verlaufende Spur konnte er als die Spur eines Protons identifizieren. Protonen gibt es aber nur im Atomkern. Also musste das energiereiche α-Teilchen mit dem Atomkern N-14 reagiert haben. Es ist in den Kern eingedrungen und hat sich mit ihm vereinigt. Dabei ist ein Proton aus dem Kern herausgeschleudert worden, ein *neuer* Kern ist entstanden. Seine kurze Spur ist auf der Aufnahme deutlich zu erkennen. Sie führt nach schräg oben. Der neue Kern hat 17 Nukleonen. Davon sind 8 Protonen. Es handelt sich um das Sauerstoffisotop O-17.
Für diese Kernreaktion schreibt man:

$$^{14}_{7}\mathrm{N} + {}^{4}_{2}\mathrm{He} \rightarrow {}^{17}_{8}\mathrm{O} + {}^{1}_{1}\mathrm{p}.$$

2. Neutronen machen Kerne schwerer und aktiv

Beschießt man einen Co-59-Kern mit Neutronen, so dringt das ungeladene Neutron leicht in den Kern ein, denn es wird von den positiv geladenen Protonen nicht abgestoßen (➡ *Vertiefung*). Der Kern wird schwerer. Es entsteht Kobalt-60. Der Co-60-Kern ist radioaktiv. Er sendet ein γ-Teilchen aus:

$$^{59}_{27}\mathrm{Co} + {}^{1}_{0}\mathrm{n} \rightarrow {}^{60}_{27}\mathrm{Co} + \gamma.$$

Man bezeichnet eine solche Reaktion als **Neutroneneinfang**. Fast nach jeder Neutroneneinfang-Reaktion ist der neu entstandene Kern radioaktiv.

Neutronen sind ungeladen und ionisieren deshalb keine Atome. Sie können dicke Stahl- oder Bleischichten durchdringen, werden aber z. B. von Wasser oder Beton abgebremst.

Freie Neutronen sind äußerst gefährlich: Treffen sie auf den menschlichen Körper, so lösen viele von ihnen Kernreaktionen aus, bei denen geladene Teilchen entstehen (z. B. Protonen). Diese können durch Ionisation großen Schaden anrichten.

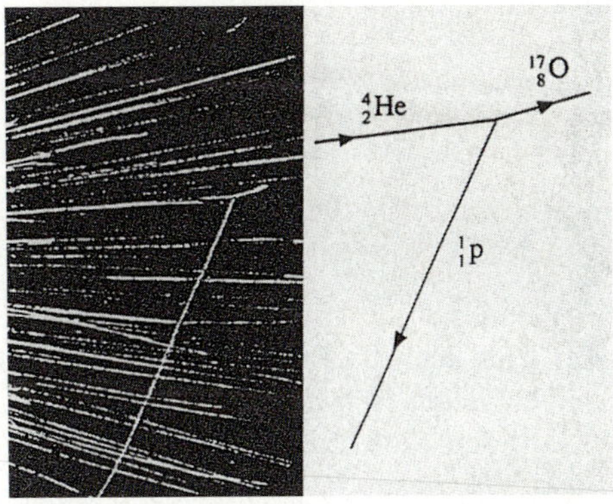

B3: Nebelkammeraufnahme einer Kernreaktion. Rechts ist die Reaktion herausgezeichnet. Die nach unten verlaufende Spur ist die Spur eines Protons. RUTHERFORD schloss das aus der Dicke der Tröpfchenspur.

Vertiefung

A. Eine Neutronenquelle
Beschießt man Berylliumkerne mit α-Teilchen, so findet eine Kernreaktion statt, bei der kein Proton, sondern ein schnelles Neutron ausgestoßen wird.
Der Berylliumkern Be-9 verwandelt sich dabei in den Kohlenstoffkern C-12. Die Kernreaktion lautet:

$$^{9}_{4}\mathrm{Be} + {}^{4}_{2}\mathrm{He} \rightarrow {}^{12}_{6}\mathrm{C} + {}^{1}_{0}\mathrm{n}.$$

Mischt man Beryllium mit Radium, so liefert das Radium die für die obige Kernreaktion nötigen α-Teilchen. Diese Mischung ist also eine **Neutronenquelle**. Mit ihr hat man die Möglichkeit, Atomkerne mit Neutronen zu beschießen.

B. Neutronen aus dem Weltall
Aus dem Weltall treffen ständig Neutronen auf die Erde. Sie stoßen in der Atmosphäre mit Stickstoffkernen N-14 zusammen. Dabei entsteht C-14 nach der Reaktionsgleichung

$$^{14}_{7}\mathrm{N} + {}^{1}_{0}\mathrm{n} \rightarrow {}^{14}_{6}\mathrm{C} + {}^{1}_{1}\mathrm{p}.$$

Wir kennen das Kohlenstoffisotop C-14 von der Altersbestimmung her.

Aufgaben

A1: Warum sind freie Neutronen für den menschlichen Körper so gefährlich?

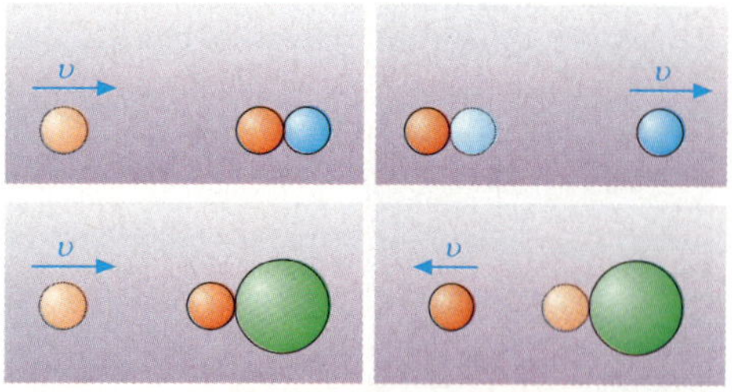

V1: Eine schnelle Kugel trifft zentral auf eine gleich schwere ruhende Kugel. Nach dem Stoß bleibt die erste Kugel liegen. Die zweite Kugel läuft mit der Geschwindigkeit der ersten weiter. Trifft die schnelle Kugel aber zentral auf eine viel schwerere ruhende Kugel, so läuft sie mit fast gleicher Geschwindigkeit zurück. Nicht anders verhalten sich Neutronen, wenn sie mit anderen Nukleonen oder mit Kernen zusammenstoßen.

Vertiefung

Ein Urankern platzt

Ein langsames Neutron wird von einem U-235-Kern eingefangen. Dies regt den kugelförmigen Kern zu einer Änderung seiner Form an. Er erreicht dabei kurzzeitig eine hantelförmige Gestalt (➠ *Bild 1*) Die wenigen Nukleonen an der engen Einschnürung sind mit ihren Kernkräften kurzer Reichweite nicht mehr in der Lage, die Hantel zusammenzuhalten. Die weit reichende elektrische Abstoßung der Protonen überwiegt. Sie trennt die Hantel und treibt die Bruchstücke mit hoher Geschwindigkeit auseinander.

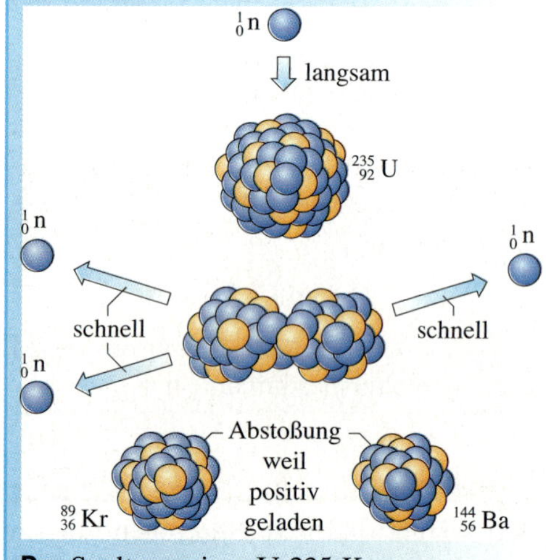

B1: Spaltung eines U-235-Kerns

Kernspaltung

1. Wie macht man Neutronen langsamer?

Otto HAHN, Fritz STRASSMANN und Lise MEITNER wollten Urankerne durch Aufnahme eines Neutrons schwerer machen. 1938 beschossen sie deshalb natürliches Uran mit *langsamen* Neutronen. Viele Neutronen, die bei Kernreaktionen entstehen, sind jedoch sehr schnell. Sie haben Geschwindigkeiten von ca. 10000 km/s. Für das Experiment benötigten sie aber langsame Neutronen; denn je langsamer diese sind, desto länger halten sie sich im Bereich eines Kerns auf. Die Wahrscheinlichkeit für eine Kernreaktion wird dadurch größer. Wie aber kann man Neutronen abbremsen?

Dies geschieht am wirkungsvollsten, indem man sie auf gleich schwere Teilchen stoßen lässt (➠ *Versuch 1*). Dafür schickt man die Neutronen z.B. durch Wasser (H_2O). Durch viele Stöße mit den leichten Wasserstoffkernen des Wassers werden die Neutronen schließlich so „langsam“ wie Gasmoleküle, die infolge ihrer Teilchenbewegung im Gas eine Geschwindigkeit von ca. 2 km/s haben.

2. Langsame Neutronen spalten Urankerne

Natürliches Uran besteht zu 99,3% aus dem Isotop U-238 und zu 0,7% aus U-235. Beide Isotope sind schwach radioaktiv. Ihre Halbwertszeiten liegen in der Größenordnung des Erdalters von 4,5 Milliarden Jahren.
Die drei Forscher HAHN, STRASSMANN und MEITNER beschossen dieses Uran mit langsamen Neutronen und erlebten dabei eine Überraschung. Sie erreichten nämlich nicht ihr Ziel, schwerere Kerne zu erzeugen, sondern sie entdeckten die **Kernspaltung**. Lise MEITNER erkannte diese als erste.

U-235-Kerne zerplatzten durch die Aufnahme eines langsamen Neutrons in zwei etwa gleich große Bruchstücke und einige Neutronen. Als radioaktive Spaltprodukte entstehen z.B. ein Kryptonkern Kr-89, ein Bariumkern Ba-144 sowie 3 Neutronen (➠ *Vertiefung*). Dabei wird viel mehr Energie frei als das Neutron mitgebracht hat. Diese Energie kommt aus dem Kern. Man bezeichnet sie deshalb als **Kernenergie**.
Für das genannte Beispiel gilt die Reaktionsgleichung:

$$^{235}_{92}\text{U} + {}^1_0\text{n} \rightarrow {}^{89}_{36}\text{Kr} + {}^{144}_{56}\text{Ba} + 3\,{}^1_0\text{n} + \text{Energie.}$$

3. Was geschieht mit der Kernenergie?

Die Bruchstücke einer Kernspaltung fliegen als energiereiche Geschosse mit hoher Geschwindigkeit auseinander. Sie haben Bewegungsenergie. Auf ihrem Weg stoßen sie mit anderen Atomen zusammen. Bei jedem Stoß geben sie einen Teil ihrer Bewegungsenergie ab. Die angestoßenen Atome schwingen dafür heftiger, d. h. die umgebende Materie bekommt eine größere innere Energie und damit eine höhere Temperatur.

Bei der Spaltung von 1 kg U-235 werden 22 500 000 kWh an die Umgebung abgegeben, bei der Verbrennung von 1 kg Steinkohle lediglich 8,1 kWh. Man erkennt, wie ungeheuer groß die Energie ist, die bei diesem Kernprozess freigesetzt, also verfügbar wird.

Der Urankern U-235 ist der einzige in der Natur vorkommende Atomkern, der durch langsame Neutronen gespalten wird. Künstlich lassen sich weitere, so genannte spaltbare Nuklide, herstellen. Die zwei wichtigsten sind Plutonium Pu-239 und Uran U-233. Auch schnelle Neutronen können Kerne spalten. Die Wahrscheinlichkeit für eine Spaltung ist jedoch sehr viel kleiner.

Merksatz

U-235, U-233 und Pu-239 können durch langsame Neutronen gespalten werden. Dabei entstehen zwei mittelschwere Kerne und einige Neutronen. Die Bruchstücke haben Bewegungsenergie.

4. Kettenreaktion

Kernenergie, die z. B. in einem Uranklotz steckt, kann praktisch momentan umgesetzt werden. Die durch eine einzelne Spaltung frei werdenden Neutronen können nämlich erneut eine Spaltung auslösen. Nehmen wir an, dass bei einer ersten Spaltung 2 Neutronen frei werden, dann stehen in der nächsten Generation bereits 4 und in der dritten 8 Neutronen zur Verfügung (➠ *Bild 2*). Die Zahl der Spaltungen nimmt also lawinenartig zu. Wegen der großen Geschwindigkeit der Neutronen treffen sie fast momentan den nächsten Kern. In Bruchteilen von Sekunden können so alle Kerne gespalten werden. Handelte es sich um 1 kg U-235, so wäre das die riesige Zahl von $2{,}6 \cdot 10^{24}$ Kernen. Man nennt diesen Prozess eine **Kettenreaktion**.

Eine solche *unkontrollierte* Kettenreaktion wird in einer **Atombombe** ausgelöst. Riesige Energiemengen werden dabei in kürzester Zeit umgesetzt. Es kommt zu verheerenden Wirkungen wie bei den Atombombenexplosionen in Hiroshima und Nagasaki ➠ *Vertiefung*).
Eine Uran-Atombombe enthält Uran, das auf über 90% mit U-235 angereichert ist. Auch das in Kernreaktoren produzierte Spaltmaterial Plutonium Pu-239 kann zum Bau einer Atombombe verwendet werden (Plutoniumbombe).

Liegt nur eine kleinere Menge spaltbaren Materials vor, so verlassen viele Neutronen das Material, bevor sie einen Kern zum Spalten getroffen haben. Deshalb setzt die Kettenreaktion erst ein, wenn die Menge des spaltbaren Materials eine so genannte **kritische Masse** überschritten hat. Zur Zündung einer Atombombe muss man unterkritische Massen zu einer überkritischen zusammenschießen.

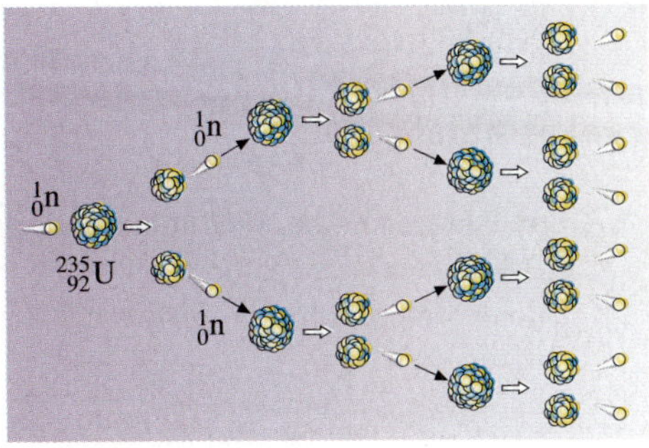

B 2: Kettenreaktion

Eine Katastrophe

Die Atombombe

Kurz vor Ende des zweiten Weltkrieges zündeten die Amerikaner zwei Atombomben über japanischen Städten, am 6. 8. 1945 in Hiroshima und am 9. 8. 1945 in Nagasaki. Die Explosionen hatten furchtbare Auswirkungen. Die Städte wurden völlig zerstört. Die Bomben forderten 142 000 Todesopfer und 154 000 Verletzte.
Trotz oder vielleicht sogar wegen dieser entsetzlichen Folgen von Hiroshima und Nagasaki machten sich die beiden damals führenden Großmächte USA und UdSSR daran, riesige Arsenale von Atomwaffen aufzubauen, um den jeweils anderen von einem Angriff abzuschrecken und gegebenenfalls einen Zweitschlag ausführen zu können. Andere Staaten wie Großbritannien, Frankreich oder China folgten bald als Atommächte.
Nur wenige Länder können zurzeit Atombomben bauen. Um zu verhindern, dass weitere hinzu kommen, haben die Nationen der Erde einen Atomwaffensperrvertrag geschlossen. Leider haben nicht alle Staaten diesen Vertrag unterschrieben.

B 3: Hiroshima nach der Atombombenexplosion am 6. 8. 1945

Methoden

Gruppenpuzzle: Strahlengefahr und Strahlenschutz

A. Organisatorisches zum Gruppenpuzzle

- Zeitbedarf: ca. drei Unterrichtsstunden
- Bildet Stammgruppen mit jeweils fünf Personen (später Experten).
- Bildet anschließend fünf Expertengruppen.

B. Aufgabe der Stammgruppen

Jede Stammgruppe erarbeitet sich zunächst die Begriffe **Energiedosis, Äquivalentdosis** sowie **effektive Dosis** einschließlich der **Einheit 1 Sievert (1 Sv)** anhand des Lehrbuches. Anschließend benennen die Stammgruppen die Experten für die in *der* ➠ *Tabelle* aufgeführten Themen.

C. Expertenbericht in den Stammgruppen

Jeder Experte berichtet über die Ergebnisse seiner Expertengruppe. Die Mitglieder der Stammgruppe fragen nach, wenn sie etwas nicht verstanden haben. Alle müssen die in der ➠ *Tabelle* aufgeführten Ziele erreichen und darüber eine Klassenarbeit schreiben können.

Aufgaben der Expertengruppen

Nr.	Expertengruppe Thema	Hilfestellung für die Arbeit in der Expertengruppe	Ziele für alle Schülerinnen und Schüler der Klasse
1	**Die natürliche Strahlenbelastung durch Radon** (➠ *Seite 302, Versuch 1;* Informationen zu Radon in den *Ziff. 1* (*Seite 302*) und *4* (*Seite 304*); Internetrecherche zu Radon u. a. in www.bfs.de)	➠ *Versuch 1, Seite 302*, solltet ihr mithilfe des Lehrers durchführen (Sammelzeit 1 bis 2 Stunden) und erklären (➠ *Aufgabe 1, Seite 303*). Ihr müsst klären, welche Quellen es für Radon gibt und wie groß die effektive Dosis im Mittel ist, die ein Mensch durch Radon erhält.	Jeder sollte wissen, dass Radon fast 50 % der natürlichen Strahlenbelastung eines Menschen ausmacht und erklären können, welche Ursachen die Radonbelastung hat.
2	**Die natürliche Strahlenbelastung ohne Radon** (➠ *Seite 302, Ziff. 1; Seite 304, Ziff. 4; Seite 289;* Internetrecherche u. a. in www.bfs.de)	Informiert euch ausführlich über die terrestrische, die körperinnere und die kosmische Strahlung und die effektive Dosis, die ein Mensch dadurch erhält. Sucht im Internet auch Daten über diese Strahlungen in der Gegend, in der ihr lebt.	Jeder sollte wissen, welche natürliche Strahlenbelastung ohne Radon ein Mensch erfährt, die Ursachen dafür nennen können und die natürliche Strahlenbelastung in Deutschland (im Mittel 2 mSv/a) kennen.
3	**Die zivilisatorische Strahlenbelastung; die medizinische Anwendung radioaktiver Nuklide** (➠ *Seite 303, Ziff. 2; Seite 304, Ziff. 4; Seite 306, erste Spalte;* Internetrecherche u. a. in www.bfs.de)	Ihr müsst die wesentlichen Gründe für die zivilisatorische Strahlenbelastung (Röntgendiagnostik, nuklearmedizinische Diagnostik, Strahlentherapie) erklären können. Ermittelt die effektive Dosis, die ein Mensch bei einzelnen Untersuchungen und im Mittel in der Summe erhält.	Jeder muss wissen, dass der Mensch auch einer zivilisatorischen Strahlenbelastung unterliegt, welche Ursachen sie hat und dass diese im Mittel etwa genau so groß ist, wie die natürliche Strahlenbelastung.
4	**Die biologische Wirkung ionisierender Strahlung** (➠ *Seite 304, Ziff. 5;* Internetrecherche u. a. in www.bfs.de)	Ihr müsst die Begriffe *deterministische* und *stochastische Strahlenwirkung* erklären können und deren Unterschied herausarbeiten. Versucht Angaben darüber zu finden, mit welcher Wahrscheinlichkeit Leukämie und Krebs nach einer Strahlenexposition auftreten.	Jeder muss wissen, dass ionisierende Strahlung bei Menschen eine deterministische und eine stochastische Strahlenwirkung hat und dass deterministische Schäden eine Schwellendosis haben, stochastische nicht. Zu den Letzteren zählen Leukämie und Krebs.
5	**Schutz vor ionisierender Strahlung** (➠ *Seite 305, Ziff. 6;* Internetrecherche u. a. in www.bfs.de)	Ihr müsst euch die Grundregeln des Strahlenschutzes, sowie das „ALARA-Prinzip" erarbeiten und verstehen. ➠ *Versuch 1, Seite 305*, solltet ihr mit Unterstützung des Lehrers durchführen und das Versuchsergebnis erklären können.	Jeder muss die Grundregeln des Strahlenschutzes sowie das „ALARA-Prinzip" kennen und begründen können und wissen, dass es eine Strahlenschutz- und eine Röntgenverordnung gibt.

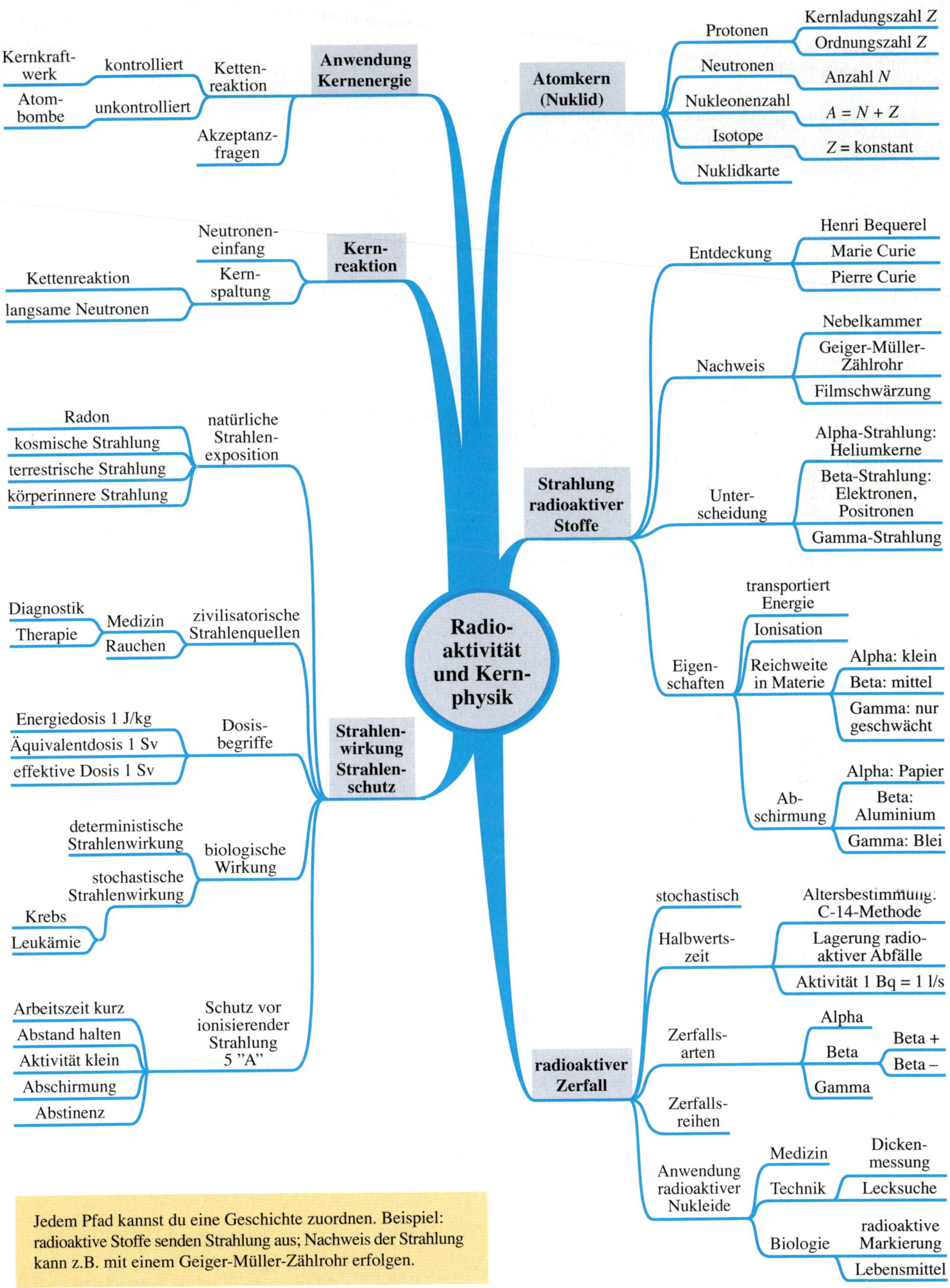

Jedem Pfad kannst du eine Geschichte zuordnen. Beispiel: radioaktive Stoffe senden Strahlung aus; Nachweis der Strahlung kann z.B. mit einem Geiger-Müller-Zählrohr erfolgen.

B1: Mindmap zu Radioaktivität und Kernphysik

Das ist wichtig

1. Aufbau der Atome

a) Alle Stoffe sind aus Atomen aufgebaut. Ein Atom besteht aus einer **Elektronenhülle** (Durchmesser $d \approx 10^{-7}$ mm) und einem **Atomkern** ($d \approx 10^{-12}$ mm).

b) In einem Atomkern befinden sich als Kernbausteine (**Nukleonen**) **Z** positiv geladene **Protonen** und *N* ungeladene **Neutronen**, in der Atomhülle **Z** negativ geladene **Elektronen**.

c) Die Masse eines Protons und eines Neutrons ist etwa 2000-mal so groß wie die eines Elektrons; der Atomkern enthält also fast die gesamte Masse eines Atoms.

d) Proton und Elektron haben gleich große Ladung (Elementarladung $e = 1{,}6 \cdot 10^{-19}$ C), allerdings mit entgegengesetztem Vorzeichen. Ein Atom mit *Z* Protonen im Kern und *Z* Elektronen in der Hülle ist elektrisch neutral. Entreißt man der Hülle des Atoms Elektronen oder fügt welche hinzu, so entstehen **Ionen**.

e) Die Ladung des Atomkerns ist $Z \cdot e$. Die Protonenzahl *Z* wird deshalb auch **Kernladungszahl** genannt. – Alle Atome eines Elements besitzen die gleiche Elektronenhülle und haben damit die gleiche Kernladungszahl *Z*. Diese charakterisiert somit ein Element. Im Periodensystem wird **Z** deshalb **Ordnungszahl** genannt.

f) Isotope eines chemischen Elements sind Atome mit gleichem *Z*, aber verschiedenem *N*.

g) Die Gesamtzahl der Nukleonen nennt man **Nukleonenzahl *A***. Es gilt $\boldsymbol{A = N + Z}$.
Man kennzeichnet einen Atomkern (**Nuklid**) durch die Schreibweise ${}^{A}_{Z}$X oder X-*A*. X ist das chemische Symbol des Elements.

Beispiel: ${}^{235}_{92}$U oder U-235 ist ein Uranisotop mit $Z = 92$; $A = 235$ und $N = A - Z = 143$.

2. Die Strahlung radioaktiver Stoffe

a) Die Strahlung radioaktiver Stoffe führt Energie mit sich und kann Atome und Moleküle **ionisieren**.

b) Für die radioaktive Strahlung hat der Mensch kein Sinnesorgan. **Nachweisgeräte** für diese Strahlung sind u. a. das **Zählrohr** und die **Nebelkammer**.

c) **Radioaktive Stoffe** senden **α-**, **β-** und **γ-Strahlung** aus. Diese bestehen aus energiereichen einzelnen Teilchen (**α-** bzw. **β-** bzw. **γ-Teilchen**), die aus *Kernen* von Atomen stammen.

Eigenschaften der α-Teilchen:
- Ein α-Teilchen ist zweifach positiv geladen, d. h. es trägt zwei positive Elementarladungen.
- α-Teilchen sind energiereiche Heliumkerne (${}^{4}_{2}$He).
- α-Teilchen durchdringen ein Blatt Papier nicht.

Eigenschaften der β-Teilchen:
- β-Teilchen sind einfach negativ geladen.
- β-Teilchen sind schnell fliegende Elektronen.
- β-Teilchen durchdringen 5 mm Aluminium nicht.

Eigenschaften der γ-Teilchen:
- γ-Teilchen tragen keine elektrische Ladung.
- Ein γ-Teilchen ist wie Licht „fliegende Energie“. Die mit γ-Teilchen transportierten Energieportionen sind aber viel größer als die mit Licht transportierten.
- Dicke Bleischichten bilden den besten Schutz vor γ-Teilchen.

3. Radioaktiver Zerfall

a) Viele Atomkerne der über 2000 Nuklide sind nicht stabil. Sie zerfallen unter Aussendung ionisierender Strahlung. Man nennt sie **radioaktiv**.

b) Eine radioaktive Substanz sendet α- bzw. β- bzw. γ-Teilchen in *unregelmäßigen Abständen* aus. Wann ein einzelner Kern zerfällt, lässt sich nicht sagen. Der Zerfall lässt sich von außen nicht beeinflussen.
Die Zeitspanne, in der jeweils die Hälfte einer radioaktiven Substanz zerfällt, heißt **Halbwertszeit**. Sie hängt von der Kernart ab.

c) Die Zahl der Zerfälle je Sekunde nennt man die **Aktivität** einer radioaktiven Substanz. Die Einheit ist **1 Becquerel (1 Bq)**. Es ist $1\ \text{Bq} = \frac{1}{\text{s}}$.
Die Aktivität nimmt mit derselben Halbwertszeit ab wie die Zahl der noch nicht zerfallenen Kerne.

d) Beim **α-Zerfall** eines Kerns wird ein Heliumkern ausgeschleudert. Zurück bleibt ein Kern eines anderen Elements, dessen Kernladungszahl um 2 kleiner ist.

Beispiel: ${}^{210}_{84}\text{Po} \rightarrow {}^{206}_{82}\text{Pb} + \alpha + \text{Energie}$

e) Beim **β-Zerfall** eines Nuklids verwandelt sich im Kern ein Neutron in ein Proton unter Aussendung eines Elektrons. Zurück bleibt ein Kern eines anderen Elements, dessen Kernladungszahl um 1 größer ist.

Beispiel: $^{204}_{81}\mathrm{Tl} \rightarrow {}^{204}_{82}\mathrm{Pb} + \beta + \text{Energie}$

f) Nach einem α- oder β-Zerfall hat der Restkern häufig überschüssige Energie. Man sagt, der Kern sei „angeregt“. **Der angeregte Kern wird seine überschüssige Energie los, indem er ein γ-Teilchen aussendet.** Dabei ändern sich die Kernladungszahl *Z* und die Nukleonenzahl *A* nicht.

Beispiel: $^{241}_{95}\mathrm{Am} \xrightarrow{\alpha} {}^{237}_{93}\mathrm{Np}^* \rightarrow {}^{237}_{93}\mathrm{Np} + \gamma$

g) Radioaktive **Zerfallsreihen**, z. B. die, die von Uran U-238 oder von Thorium Th-232 ausgehen, werden durchlaufen, solange die Restkerne nach einem Zerfall selbst wieder radioaktiv sind.

4. Wirkung ionisierender Strahlung

a) Die Strahlung radioaktiver Stoffe und Röntgenstrahlung **ionisieren Moleküle und Atome**. Dadurch kann die Funktion von Körperzellen gestört werden.

b) Die **natürliche Strahlenexposition** ist unvermeidbar. Ihre Hauptkomponenten sind **Radon** Rn-222 und seine Zerfallsprodukte. Die weiteren Komponenten sind die **kosmische**, die **terrestrische** (➡ *Bild 1*) und die **körperinnere** Strahlung.

c) Die **zivilisatorische Strahlenexposition** hat ihre Ursachen vor allem in der Anwendung der Röntgenstrahlung und der Strahlung radioaktiver Stoffe in der Medizin zur Diagnose und Therapie.

d) Man unterscheidet **deterministische** und **stochastische** Strahlenwirkung.
Bei der deterministischen Strahlenwirkung hängt die Schwere der Erkrankung **unmittelbar** von der vom Körper aufgenommenen Energie ab.
Bei der stochastischen Strahlenwirkung hängt die **Wahrscheinlichkeit** einer Erkrankung von der aufgenommenen Energie ab.

e) Die **effektive Dosis** ist ein Maß für die Strahlenexposition. Sie berücksichtigt sowohl die pro kg aufgenommene Energie (Energiedosis) als auch die unterschiedliche Wirkung der Strahlenarten (Äquivalentdosis) und die unterschiedliche Empfindlichkeit der menschlichen Organe gegenüber ionisierender Strahlung. Die effektive Dosis wird in **Sievert** gemessen.
$\mathbf{1\,Sv = 1\,\frac{J}{kg}}$.

f) In der Bundesrepublik Deutschland beträgt die **mittlere natürliche Strahlenexposition** eines Menschen **2,1 mSv pro Jahr** und die mittlere **zivilisatorische Strahlenexposition 1,9 mSv pro Jahr**.

g) Im **Strahlenschutz** gelten **fünf Grundregeln („fünf A“):** Geringe **A**ktivität, **A**bschirmung, **A**bstand halten, kurze **A**rbeitszeit, **A**bstinenz – nicht essen und trinken beim Umgang mit radioaktiven Stoffen.

5. Kernreaktionen, Kernspaltung

a) Kernreaktionen treten durch Beschuss von Atomkernen mit schnellen Teilchen auf, z. B. mit α-, β-, γ-Teilchen oder Neutronen. Ein Beispiel einer Kernreaktion mit α-Teichen ist:

$$^{14}_{7}\mathrm{N} + {}^{4}_{2}\mathrm{He} \rightarrow {}^{17}_{8}\mathrm{O} + {}^{1}_{1}\mathrm{p}$$

b) Beschießt man bestimmte Atomkerne mit Neutronen, so können **Kernspaltungen** auftreten, z. B.:

$$^{235}_{92}\mathrm{U} + {}^{1}_{0}\mathrm{n} \rightarrow {}^{140}_{53}\mathrm{I} + {}^{94}_{39}\mathrm{Y} + 2\,{}^{1}_{0}\mathrm{n} + \text{Energie}$$

c) Die bei einer Kernspaltung freigesetzten Neutronen können weitere Kerne spalten. Deshalb besteht in einem Block mit **spaltbarem Material** (U-235, Pu-239) die Möglichkeit einer **Kettenreaktion.**

d) Eine **unkontrollierte** Kettenreaktion wird in der Atombombe ausgelöst.

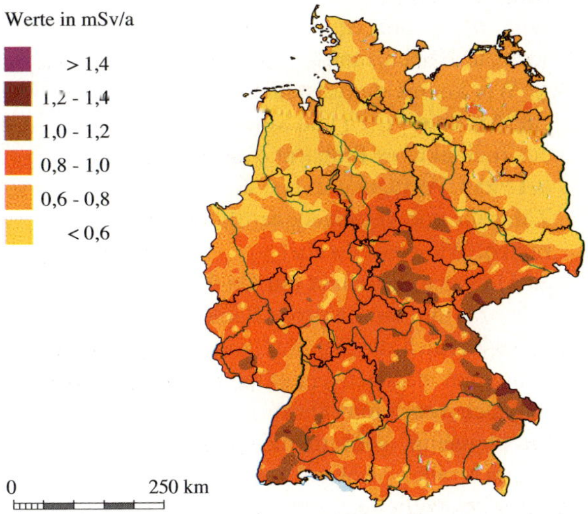

B 1: Mittlere externe Strahlenexposition (dies ist die Summe aus kosmischer und terrestrischer Strahlung) in einem Jahr im Freien (im Jahr 2003). Sie wird bundesweit ständig an etwa 2000 Messstationen gemessen.

Aufgaben

A1: Führt man den Detektor in der Versuchsanordnung von A über B nach E, so findet man auf der gesamten Strecke von A bis B sowie im Punkt C ionisierende Strahlung. Sonst nicht. Welche Folgerungen kann man daraus ziehen?

Die Magnetfeldlinien weisen aus der Zeichenebene heraus

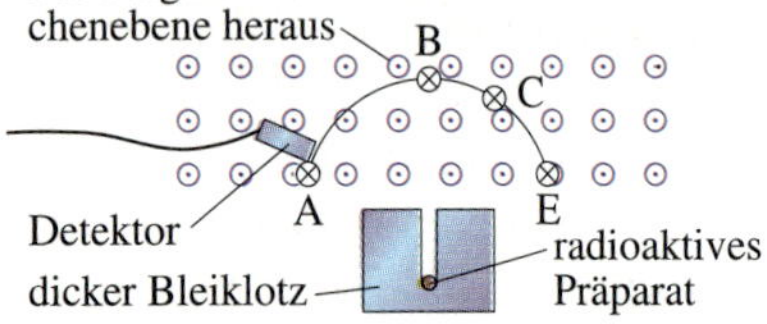

A2: In einem größeren Glaskolben, der mit einem Stopfen und einem Hahnrohr verschlossen ist, befindet sich etwas Wasser. Die Luft im Kolben wird nun durch kräftiges Hineinblasen komprimiert, der Hahn geschlossen und der Kolben geschüttelt. Öffnet man jetzt den Hahn, dehnt sich die Luft aus. Nebel ist nicht zu beobachten. Bläst man dagegen etwas Rauch von einem Streichholz in den Kolben und wiederholt den Versuch, so entsteht beim Öffnen des Hahnes dichter Nebel im Kolben. **a)** Versuche eine Erklärung. **b)** Warum ist dies ein Versuch zur Nebelkammer?

A3: Wie kannst du feststellen, welche Art oder Arten von Strahlung ein radioaktives Präparat aussendet? Zur Verfügung stehen dir ein Zählrohr und verschiedene Materialien. Wie gehst du vor?

A4: Hält man zwischen ein Co-60-Präparat und ein Zählrohr Papier, so ändert sich die Zählrate kaum. Hält man dagegen ein Aluminiumblech von 5 mm Dicke in den Strahlengang, geht die Zählrate deutlich, aber nicht auf null bzw. auf den Nulleffekt zurück. Beschreibe eine denkbare Zerfallsmöglichkeit von Co-60.

A5: Gib mithilfe der Nuklidkarte (➠ *Anhang*) die Zerfälle folgender Nuklide bis zum Erreichen eines stabilen Nuklids an: N-16; Po-214; Bi-212; U-239.

A6: In einem länger gelagerten Ra-226 Präparat der Masse 1 g finden je Sekunde $3{,}7 \cdot 10^{10}$ Zerfälle statt. Ein in der Schule verwendetes Präparat hat die Aktivität 3,3 kBq. Wie viel Gramm Ra-226 sind in dem Präparat enthalten?

A7: a) ^{90}Y zerfällt durch β-Zerfall in einen stabilen Kern. Nenne diesen Kern. **b)** Die Halbwertszeit des Zerfalls ist $T_{1/2} = 64$ h. Zur Zeit $t = 0$ seien 10^5 Kerne vorhanden. Wie viele dieser Kerne sind nach 8 Tagen zerfallen? **c)** Nach welcher Zeit ist die Aktivität eines Y-90-Präparates unter 1% gefallen?

A8: Ein Po-210-Präparat hat die Aktivität 3000 Bq. Wie viele Zerfälle in 1 s fanden in diesem Präparat vor 2 Jahren statt ($T_{1/2} = 138$ d)?

A9: In eine Ionisationskammer wird ein radioaktives Gas gepumpt und die Stromstärke I in Zeitabständen von je 10 s gemessen:

t in s	I in 10^{-12} A	t in s	I in 10^{-12} A
0	60	70	16
10	50	80	14
20	42	90	11
30	35	100	9
40	28	110	8
50	24	120	7
60	20	130	5

Zeichne ein Diagramm und bestimme daraus die Halbwertszeit des Gases.

A10: Ein radioaktives Präparat ist im Abstand d vor einem Zählrohr aufgebaut.

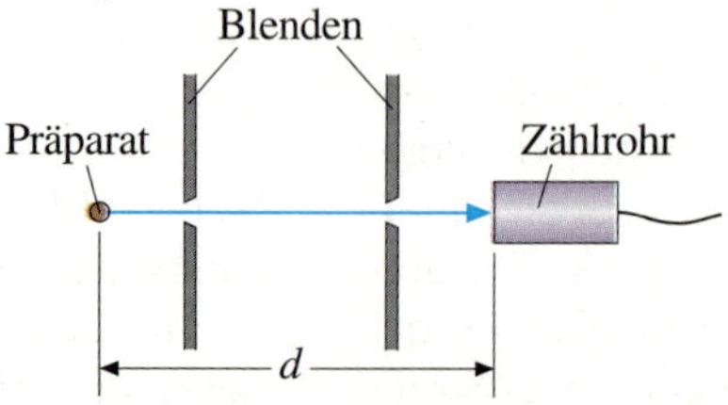

Zwischen Präparat und Zählrohr befindet sich Luft. Verändert man den Abstand d, so erhält man die folgende Messkurve:

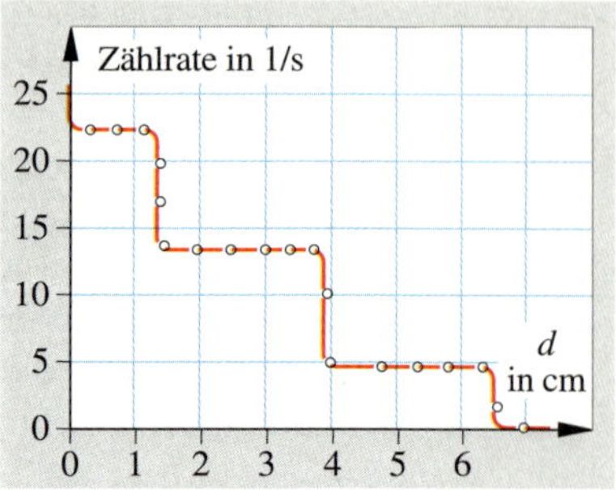

Was kann man aus der Messung über die Strahlung, die das Präparat aussendet, folgern?

A11: Die Strahlenexposition durch Radon ist auf die Isotope Rn-220 und Rn-222 zurückzuführen. Begründe mithilfe der ➠ *Nuklidkarte*, welches Isotop die größere Strahlenexposition bewirkt.

A12: Erläutere die Begriffe Energiedosis, Äquivalentdosis und effektive Dosis.

A13: Berechne die Strahlenexposition eines Flugkapitäns, der wöchentlich 30 Stunden fliegt, wenn die jährliche effektive Dosis in 10 000 m Höhe durchschnittlich 35 mSv beträgt. Vergleiche diese Exposition mit der durch zivilisatorische Strahlenquellen.

A14: Nimmt ein Mensch mit der Nahrung Cs-137 zu sich, so erhält sein Körper eine Dosis von $1{,}4 \cdot 10^{-8}$ Sv je Becquerel. Er isst 200 g Rehfleisch und 100 g Pfifferlinge belastet mit 4200 Bq/kg bzw. 12 500 Bq/kg Cs-137. Welche Strahlenexposition erhält er?

A15: Welche Kernreaktion findet in einer Neutronenquelle statt? Nenne die Reaktionsgleichung.

A16: Bei der Kernspaltung von U-235 entstehen als Spaltprodukte auch Cs-137 und Rb-96. Wie lautet die Reaktionsgleichung?

A17: Bestrahlt man U-238 mit schnellen Neutronen, so findet Neutroneneinfang statt. Dadurch entsteht in mehreren Schritten Pu-239. Verfolge den Prozess anhand der ➠ *Nuklidkarte*.

Kennst du dich aus?

A1: Warum friert man auch bei hoher Lufttemperatur, wenn man bei windigem Wetter nach dem Schwimmen aus dem Wasser kommt?

A2: Zeigt ein feuchtes Thermometer die Umgebungstemperatur richtig an? Begründe die Antwort.

A3: Erläutere anhand von Beispielen die Unterschiede der Begriffe „Temperatur", „innere Energie" und „thermisch übertragene Energie (Wärme)".

A4: Auf der Erdoberfläche liefert die Sonnenstrahlung bei senkrechter Einstrahlung etwa 1000 W/m². Eine Schneefläche reflektiert ca. 80 % der einfallenden Sonnenstrahlung. **a)** Berechne die Masse des Schnees der Temperatur 0 °C, die in einer Stunde pro 1 m² geschmolzen wird. Von welcher Voraussetzung gehst du bei deiner Rechnung aus? **b)** 500 g Schnee (0 °C) und 500 ml Wasser werden gemischt. Welche Temperatur muss das Wasser haben, damit sich eine Mischungstemperatur von 30 °C ergibt?

A5: **a)** Erläutere die Funktion des Schwitzens aus physikalischer Sicht. **b)** Während eines Saunagangs kann man ca. 400 g Wasser „verlieren". Berechne die Energie, die der Körper dabei durch „Verdunstungskälte" an die Umgebung abführen kann. **c)** Schätze ab, um wie viel deine Körpertemperatur absinken könnte, wenn nicht „nachgeheizt" würde.

A6: Die dänische Münze 1 Krone hat in der Mitte ein Loch. Die Temperatur der Münze wird nun deutlich erhöht. Wird dabei der Durchmesser des Lochs kleiner oder größer? Begründe.

A7: Du möchtest vor der Schule noch einen Tee trinken. Der Tee hat aber eine zu hohe Temperatur. Da du nur noch wenige Minuten Zeit hast, überlegst du: soll ich gleich eine kleine Portion kalte Milch hinzugeben und dann warten oder erst warten und dann direkt vor dem Trinken die Milch hinzugeben? Was spricht dafür, die Milch sofort hinzuzugeben oder erst direkt vor dem Trinken?

A8: Welche Konsequenzen hätte es für das Leben auf der Erde, wenn die spezifische Wärmekapazität von Wasser nur die Hälfte von 4,2 J/(g · K) betragen würde?

A9: Vor Nachtfrösten werden Obstbäume in der Blüte künstlich „beregnet". **a)** Wieso können die Blüten dadurch geschützt werden? **b)** Funktioniert dieser Schutz auch, wenn der Frost nachts lange dauert oder die Temperatur weit unter 0 °C sinkt? Begründe.

A10: In zwei verschiedenen Versuchen wird Glyzerin thermisch Energie zugeführt. Der Zusammenhang zwischen der zugeführten Energie W und der Temperatur ϑ ist im nachfolgenden Diagramm dargestellt. **a)** Wodurch unterscheiden sich Versuch 1 und 2? Begründe. **b)** Welche physikalischen Größen kannst du aus dem Diagramm ermitteln?

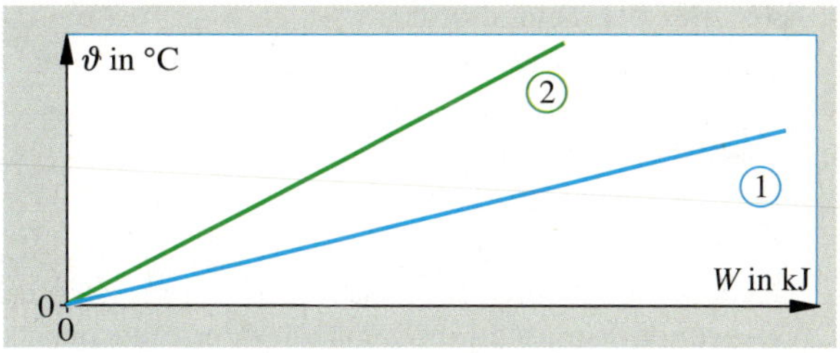

A11: Befinden sich viele Personen in einem Raum, so kann man die Heizung herunterregeln und die Temperatur im Raum bleibt trotzdem angenehm hoch. **a)** Erkläre woran das liegt. **b)** Warum stellt sich in einem Raum mit Heizung nach einiger Zeit eine konstante Temperatur ein? Schreibe dazu auf, wie die physikalischen Zusammenhänge sind.

A12: Ein Bergsteiger will sich einen halben Liter Suppe der Temperatur 50 °C zubereiten (sie muss vorher nicht zum Sieden gebracht werden). Dazu schmilzt er Schnee von –15 °C und erhitzt anschließend das Schmelzwasser. Für wie viele Suppen reicht eine Gaskartusche mit 190 g (c_{Eis} = 2,1 kJ/(kg · K), c_{Suppe} = 3,8 kJ/(kg · K), Heizwert des Gases: 46 kJ/g, Wirkungsgrad des Kochers: 65 %)? Gib an, welche Annahmen deiner Rechung zu Grunde liegen.

A13: In einem Topf, der auf einer elektrischen Kochplatte steht, wird Wasser erhitzt. Welches der beiden Diagramme a) oder b) beschreibt den tatsächlichen Temperaturverlauf? Begründe unter welcher Voraussetzung dies stimmt.

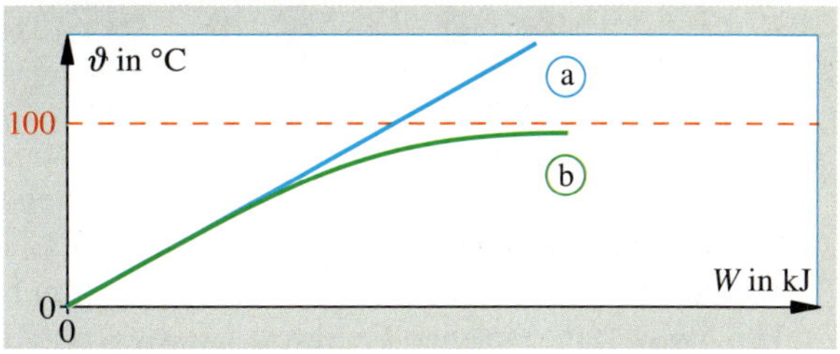

A14: Die Milch für einen Cappuccino wird häufig durch Einleiten von Wasserdampf erhitzt. **a)** Wie geht das? **b)** Wird dabei die Milch durch das Einleiten von Wasserdampf nicht „verwässert"? Schätze mit realistischen Zahlenwerten die Volumenzunahme der Milch beim Erhitzen ab.

A15: Die Sprudelflaschen für das Sommerfest der Schule standen lange im Freien. Du willst mit Eiswürfeln die Temperatur des eingeschenkten Sprudels erniedrigen. Wie viele Eiswürfel gibst du in jedes Glas? **a)** Welche Angaben benötigst du für die Berechung? **b)** Berechne die nötige Anzahl der Eiswürfel für von dir gewählte (recherchierte) Angaben.

A16: Bei der Temperaturerhöhung von Wasser ergibt sich folgender Zusammenhang von Zeitdauer der Energiezufuhr und der Temperatur.

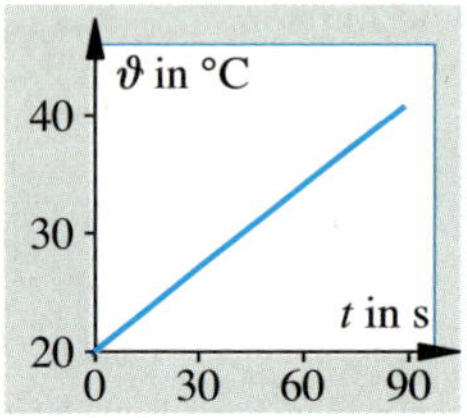

Liegt eine Proportionalität von Zeit und Temperatur vor? Begründe. Kannst du aus dem Diagramm eine physikalische Größe ermitteln, die zur Zeit proportional ist?

A17: Ein Schüler hat für sein Aquarium eine elektrische Heizung gebaut. Er benutzt dazu eine Drahtspirale als Heizung, deren Enden er an eine Batterie anschließt. Er konnte damit nur 10 Stunden heizen, weil dann die Batterie leer war. Um die Betriebsdauer zu verdoppeln, schließt er zwei Batterien hintereinander. **a)** Ist er dabei richtig vorgegangen? Begründe. **b)** Wie könnte er mit zwei Batterien tatsächlich die Betriebsdauer verdoppeln? Begründe.

A18: **a)** Auf Hochspannungsleitungen sieht man Vögel sitzen, ohne dass ihnen etwas passiert. Erkläre dies. **b)** In scheinbarem Widerspruch zu a) können z.B. Störche durch Hochspannungsleitungen (elektrisch) gefährdet sein. Wie kann man das verstehen?

A19: **a)** Für 1 Euro-Cent erhält man aus dem elektrischen Netz angenähert die Energie 240 000 J. Jemand verfügt über einen Bergsee mit einem 5 m hohen Wasserfall. Welchen Geldwert hat aufgrund der Höhenenergie jeder Kubikmeter Wasser (vorausgesetzt, er kann verlustlos genutzt werden)? **b)** Wie viel Wasser wäre pro Stunde für den Betrieb von zehn 100 W-Lampen nötig?

A20: **a)** Schätze für dein Zuhause den Bedarf an elektrischer Leistung im Verlauf eines Tages ab (von 0 bis 24 Uhr) und skizziere das zugehörige Zeit-Leistung-Diagramm. **b)** Erläutere und begründe den Verlauf des Zeit-Leistung-Diagramms. **c)** Wähle auf der vertikalen Achse die Einheit 1 kW so, dass die im Diagramm eingezeichneten Werte der elektrischen Leistung realistisch sind (schaue dazu die elektrischen Leistungsdaten der Geräte entweder in der Gebrauchsanweisung nach oder recherchiere im Internet).

A21: **a)** Schätze ab, wie viel Stromkosten in einem 4-Personen-Haushalt pro Jahr gespart werden könnten, wenn man statt Glühlampen gleich helle Energiesparlampen verwenden würde. (Führe eine Recherche für die benötigten Daten durch.) Dokumentiere deine Abschätzungen und Rechnungen. **b)** Schätze mit den Daten aus a) ab, wie viele Kraftwerke einer Leistung von 500 MW man stilllegen könnte, wenn man in allen Haushalten Deutschlands Energiesparlampen statt Glühlampen mit gleicher Helligkeit verwendete.

A22: Bei einer Geburtstagsparty sollen in einem Zimmer eine Anzahl von elektrischen Geräten in Betrieb genommen werden (z. B. Stereoanlage, Videorekorder mit Fernsehapparat, Waffeleisen, Wasserkocher usw.). Wie kann man ermitteln, welche Geräte angeschlossen werden können, ohne dass die Sicherung „rausfliegt"? Ausprobieren gilt nicht! Ermittle benötigte Daten und führe damit eine beispielhafte Berechnung durch.

A23: In einer Schaltung soll ein elektrischer Widerstand verkleinert werden (ohne dass er ausgetauscht wird). Wie kann man vorgehen? Begründe das Vorgehen anschaulich und rechnerisch. Fertige eine Schaltskizze an.

A24: **a)** Erläutere anhand geeigneter Skizzen, auf welche verschiedene Arten man Spannung induzieren kann. **b)** Erläutere für beide Arten der Induktion von Spannung, auf welche Weise man jeweils eine höhere induzierte Spannung erhalten kann. **c)** Stelle die Antworten von a) und b) in einer Mindmap dar.

A25: Erstelle eine Mindmap zum Thema „Ionisierende Strahlung". Berücksichtige dabei folgende Themen: Eigenschaften (möglichst viele), Nachweismethoden, Schutzmaßnahmen, biologische Wirkungen und Anwendungen.

A26: Max behauptet, dass α-Strahlung weniger gefährlich ist als β-Strahlung, weil α-Strahlung eine kleinere Reichweite hat. Anna behauptet gerade das Gegenteil. Was spricht für Max, was für Anna? Dokumentiere die Argumente.

A27: Wird ein Mensch bei Ganzkörperbestrahlung in kurzer Zeit einer Energiedosis von 6 J/kg durch γ-Strahlung ausgesetzt, so ist dies im Allgemeinen tödlich. Überprüfe durch Rechnung, ob die Behauptung richtig ist, dass dabei der Tod durch die starke Erhöhung der Körpertemperatur eintritt. Gehe für die Rechnung von geeignet gewählten Größen für den menschlichen Körper aus.

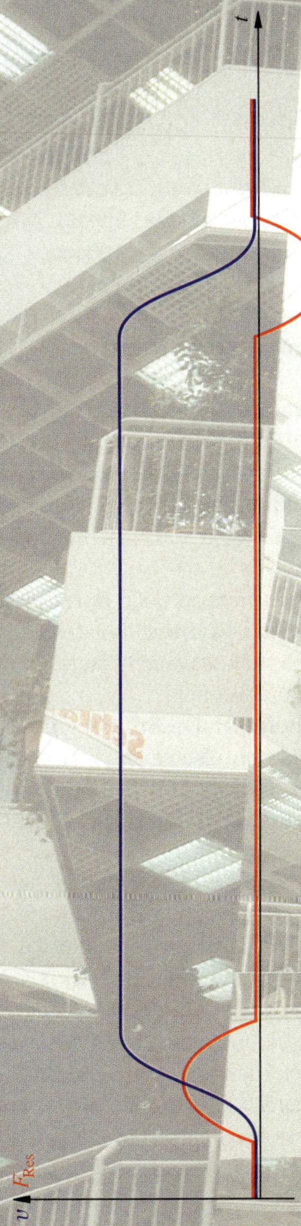

Aufwärts mit Physik!

Ein Aufzug bewegt sich nach oben, es ist eine geradlinige Bewegung. Autos auf der Autobahn oder Kinder auf der Rutsche bewegen sich eine Zeit lang ebenfalls geradlinig.

Brauchen solche Bewegungen eine Ursache oder verlaufen sie „von selbst“?

Nachdenkliche Menschen in allen Jahrhunderten haben sich dies gefragt. Seit NEWTON (1686) sind wir sicher:
Nicht für die Erhaltung einer geraden Bewegung, wohl aber für Bewegungsänderungen braucht man Kräfte!

Damit beschäftigen wir uns in der Mechanik.

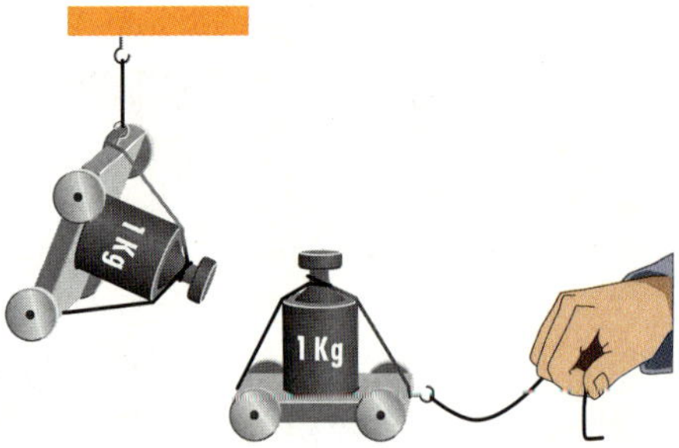

V1: Linkes Bild: Der Faden hält die Gewichtskraft des Wagens gut aus. Rechtes Bild: Wenn wir aber mit demselben Faden den Wagen ruckartig in Bewegung setzen wollen, reißt er.

B3: Das Auto drückt mit seiner „Schwere" auf die Straße. Mit seiner „Trägheit" wehrt es sich seinen Impuls zu vergrößern.

Interessantes

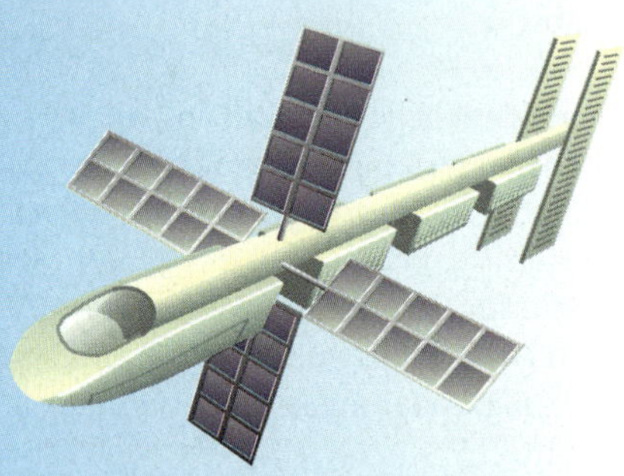

B1: Im Raumschiff kräftefrei unterwegs

Schwerefrei im Weltall

Lautlos gleitet ein Raumschiff durchs Weltall. Weit entfernt von jeglichen Himmelskörpern schwebt es kräftefrei im intergalaktischen Raum (➠ *Bild 1*). Auch ohne Raketenmotor bleibt das Raumschiff gleich schnell und zieht lichtgerade seine Bahn.
Im Labor lässt sich ein kräftefreier Zustand nur annähernd erzeugen. So legt man z. B. eine zylindrische Scheibe – einen „Puck" – auf eine Metallplatte (➠ *Bild 2*). Zwischen Platte und Puck wird nun ein Luftkissen erzeugt. Ein kleiner Stoß und der Puck bewegt sich ungebremst zur Seite.

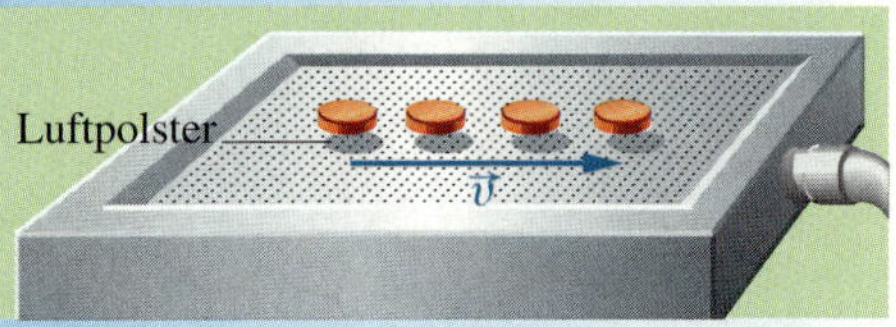

B2: Ein Puck auf dem Luftkissentisch

Trägheit – selbst erfahrbar bei Impulserhaltung

1. Das Automobil – wirklich ein „Selbstbeweger"?

Einige Schüler schieben ein Auto aus dem Stand an (➠ *Bild 3*). Der Fahrer lenkt nur geradeaus, der Motor läuft nicht, gebremst wird auch nicht. Alle schieben mit großer Kraft, das Auto wird allmählich schneller.
Nach kurzer Zeit sind die „Antreiber" erschöpft, sie lassen das Auto los. Dieses fährt unbeeindruckt weiter – natürlich wird es jetzt nicht mehr schneller, aber es wird auch praktisch nicht langsamer. Ohne äußere Kräfte bleibt das Auto gleich schnell!
An der Heckabschleppöse ist ein Seil befestigt. Die Schüler greifen es und versuchen durch Ziehen nach hinten, also gegen die Fahrtrichtung, das Auto abzubremsen (➠ *Bild 4*). Das Staunen darüber, wie stark sich das Auto diesem Vorhaben widersetzt, ist nicht gering! Wie träge doch das Auto ist!

2. Trägheit ist nicht Schwere

Die Kraft, die zum Schneller- oder Langsamermachen eines Körpers nötig ist, kann sogar viel größer als dessen Gewichtskraft sein. Ein Faden, der einen Laborwagen trägt, kann reißen, wenn der Wagen mit ihm ruckartig beschleunigt werden soll (➠ *Versuch 1*). Diese Kraft hängt mit dem Trägsein des Körpers zusammen. Sie ist nicht an die stets nach unten gerichtete Gewichtskraft gebunden. Das *Trägsein* ist vom *Schwersein* wohl zu unterscheiden!

Trägsein wirkt sich immer aus, gleichgültig nach welcher Richtung man den Körper beschleunigen will. Es tritt selbst im Weltraum auf, wo die Körper keine Gewichtskräfte erfahren. Auch dort brauchen Raketen zum Schnellerwerden wie zum Abbremsen die Kraft ihrer Triebwerke. Ohne Raketenmotor und weitab von anderen Himmelskörpern bewegt sich ein Raumschiff geradeaus wie an einem Lichtstrahl entlang und verliert seinen Impuls auch in Zukunft nicht.

B4: Fährt das Auto erst, „will“ es nicht mehr zur Ruhe kommen. Nur mit einer Kraft *von außen* lässt sich der Impuls ändern.

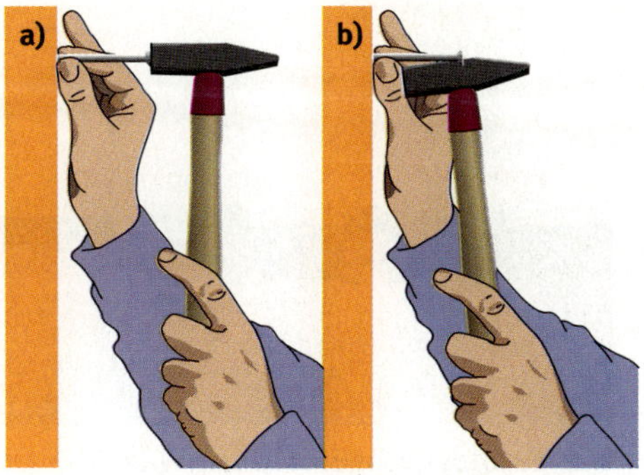

B5: a) Ein Hammer treibt den Nagel in die Wand (Trägheit des Hammers gewünscht). **b)** Der Hammer trifft den Daumen (Trägheit des Hammers nicht gewünscht).

Auch auf der Erde gilt: Ohne äußere Kraft ändert ein Körper seinen *Impuls* nicht, er bleibt in Ruhe oder er bewegt sich. Dabei wird er weder schneller noch langsamer. Ja, er weicht bei seiner Bewegung nicht einmal von der geraden Linie ab – genauso wenig wie das Raumschiff im Weltall. Für ein Auto ist dies in vielen Fällen nicht gut. Nicht nur für das Schneller- oder Langsamerwerden, auch für die Kurvenfahrt braucht es die Haftkraft zwischen Reifen und Straße. Diese zwingt das Auto in die gewünschte neue Richtung. Bei Glatteis fehlt diese äußere Kraft. Das Auto beharrt wegen seiner Trägheit auf Geradeausfahrt: Es fährt in den Graben!

3. Trägheit schmerzt oft mehr als Schwere

Der Stein, der auf den Fuß fällt, hinterlässt einen blauen Fleck. Der vom Hammer getroffene Daumen (➠ *Bild 5b*) wird blau und schwillt an. Bei einem Frontalunfall bremst erst der Sicherheitsgurt den weiterfliegenden Körper in kurzer Zeit so stark ab, dass Rippen brechen können. Aber was wäre ohne Sicherheitsgurt passiert?

4. Trägheit ist auch nützlich

Wäre die Welt vielleicht schöner, wenn wir die Trägheit abschalten könnten? Wohl nicht. Keine Gitarrensaite würde mehr schwingen, denn, nach dem Anzupfen in der Gleichgewichtslage angelangt, bliebe sie stehen. Kein Hammer könnte einen Nagel in die Wand treiben (➠ *Bild 5a*). Bocciaspielen wäre „out“, die Kugel würde wegen geringster Reibungskräfte sofort liegen bleiben. Und noch viel schlimmer: Unsere Erde gäbe es gar nicht, sie wäre nach dem Abschalten der Trägheit schlagartig in die Sonne gefallen!

Merksatz

Körper, auf die keine äußere Kraft wirkt, behalten ihren Impuls bei: **Körper sind träge.**
Werden sie schneller oder langsamer oder ändern sie ihre Bewegungsrichtung, so muss eine resultierende äußereKraft wirken.

Interessantes

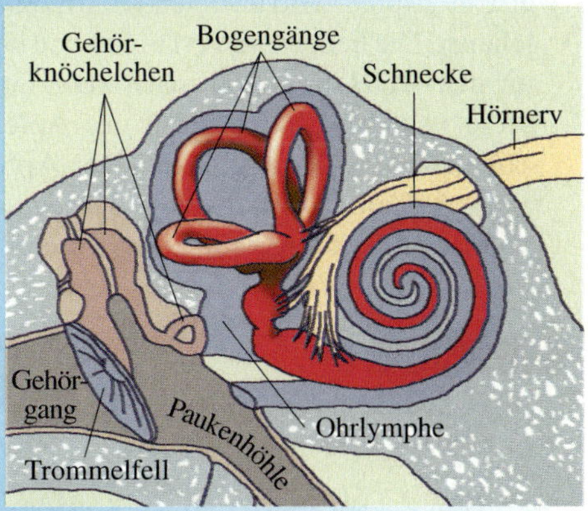

B6: Die „Bogengänge“ des Innenohres

Trägheit – auch biologisch wichtig

Die Bogengänge des Innenohres sind in den drei Ebenen des Raumes angeordnet. Sie dienen dem Gleichgewichtssinn. Wird der Kopf schnell gedreht oder aus der Drehung abgestoppt, so verschieben sich die Bogengänge gegenüber der träge zurückbleibenden Endolymphe (einer Flüssigkeit in den Bogengängen). Dabei werden Sinneszellen des Vorhofnervs gereizt und signalisieren so die Lageveränderung. Ist diese sehr ungewohnt, so wird einem sogar schlecht, was sich in der so genannten Reisekrankheit bemerkbar macht.

Aufgaben

A1: Was wäre in einer Welt ohne Trägheit der Körper anders? Nenne 5 Beispiele!

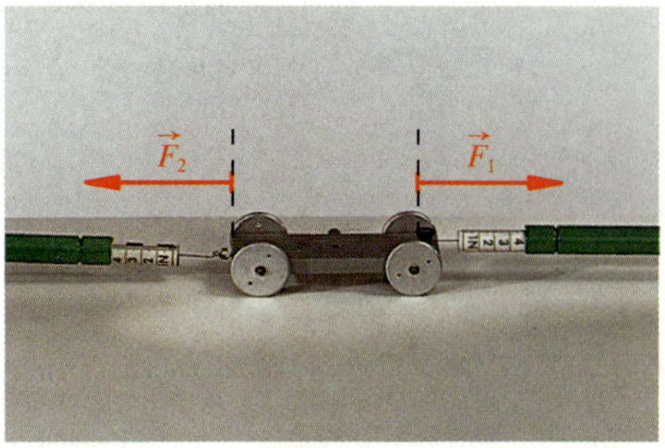

B1: Kräftegleichgewicht am Wagen

V1: Wir ziehen an einem ruhenden Wagen in entgegengesetzte Richtungen und lesen die Kraftbeträge F_1 und F_2 an den Kraftmessern ab. Es sind jeweils 4 N. Der Wagen bleibt in Ruhe.

V2: Ein „Apfel" wird an einen Kraftmesser gehängt. Die Feder wird verlängert und übt auf den Apfel eine Kraft nach oben aus. Diese hält der Gewichtskraft des Apfels schließlich das Gleichgewicht. Der Apfel ruht. Auf einer gleichmäßig laufenden Rolltreppe zeigt der Kraftmesser denselben Ausschlag.

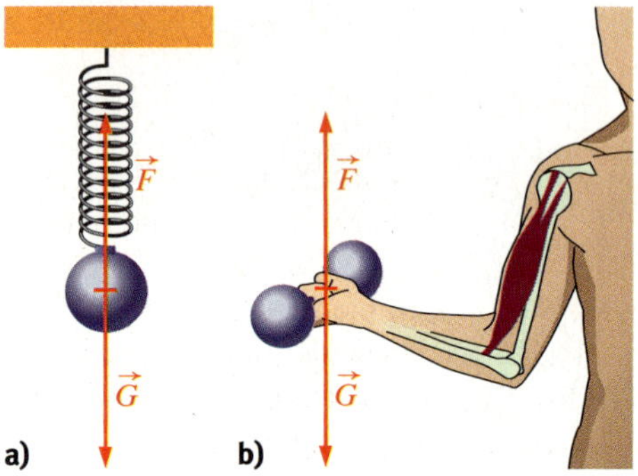

B2: a) Die Feder erzeugt durch Verlängerung die zum Gleichgewicht nötige Kraft. **b)** Muskeln können ohne Verlängerung eine gewünschte Kraft erzeugen.

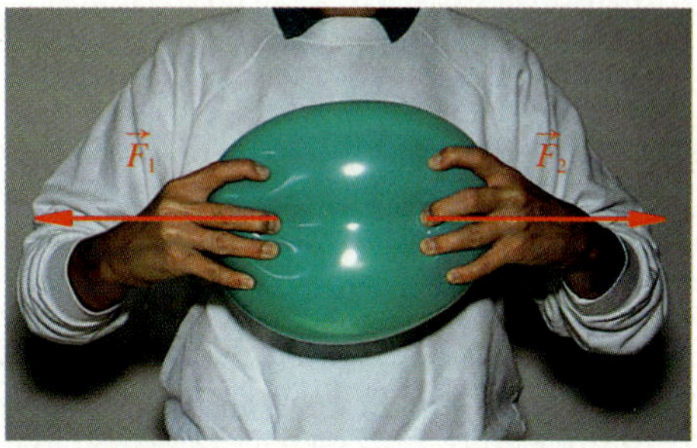

B3: Verformung bei Kräftegleichgewicht

Impulserhaltung bei Kräftegleichgewicht

1. Kräfte wirken und nichts bewegt sich!

Greift *eine* Kraft an einem ruhenden Körper an, so setzt er sich in Bewegung, er bekommt einen Impulspfeil. Greifen *zwei* Kräfte an diesem Körper an, so wächst sein Impulspfeil schneller – aber es kann auch ganz anders aussehen. Ziehen die beiden Kräfte nämlich in entgegengesetzte Richtungen, so schwächen sie sich in ihrer Wirkung gegenseitig. ➠ *Versuch 1* zeigt: Ein ruhender Körper bleibt in Ruhe, wenn an ihm zwei gleich große, aber entgegengesetzt gerichtete Kräfte angreifen. Es herrscht dann *Kräftegleichgewicht.* Der Wagen bleibt unbeeindruckt, sein Impuls bleibt null.

2. Oft stellt sich Kräftegleichgewicht von selbst ein

Im täglichen Leben beobachten wir ein solches Kräftegleichgewicht häufig. So hängt im Spätsommer ein schwerer Apfel am Zweig und fällt nicht hinunter. Wir wundern uns kaum darüber, trotzdem lohnt es sich, darüber physikalisch nachzudenken. Um es zu verstehen, hängen wir einen „Apfel" an einen Kraftmesser (➠ *Bild 2a*). Beim Absenken der Hand spüren wir, wie uns die Feder mit zunehmender Verlängerung zu Hilfe kommt. Mehr und mehr wird die Hand entlastet, bis die Feder schließlich den „Apfel" allein trägt. Sie zieht jetzt mit einer Kraft nach oben, die der Gewichtskraft das Gleichgewicht hält. Die beiden gleich großen, aber entgegengesetzt gerichteten Kräfte heben sich gegenseitig auf, die **resultierende Kraft** ist null. Der ruhende „Apfel" bleibt in Ruhe.
In der Natur ist es genauso. Halten wir den Zweig nach dem Pflücken des Apfels in seiner Lage fest, so spüren wir die Kraft, mit der er den Apfel gegen dessen Gewichtskraft getragen hat. Führen wir den Zweig langsam nach oben, so nimmt diese Kraft ab. Also hat sich auch bei dem Zweig die zum Gleichgewicht nötige Kraft von selbst durch die Verformung eingeregelt.
Dieses Einregeln erfolgt in der Natur nicht immer durch Verformen. Muskeln können willkürlich – bei gleich bleibender Länge – so angespannt werden, dass sie die gewünschte Kraft erzeugen. Wird ein Gegenstand bei angewinkeltem Arm in die geöffnete Hand gelegt (➠ *Bild 2b*), so schwingt der Unterarm kurz auf und ab, bis die zum Kräftegleichgewicht nötige Muskelspannung aufgebaut ist. (Genaue Darstellung im Biologiebuch oder im Internet, Suchwort „Sarkomer".)

3. Keine Bewegungsänderung, aber doch eine Wirkung

Kräftegleichgewicht zwischen $\vec{F}_1$ und $\vec{F}_2$ heißt, die Resultierende dieser Kräfte $\vec{F}_1$ und $\vec{F}_2$ ist null. Dennoch sind diese beiden Kräfte nicht verschwunden. Ein Luftballon, der an zwei gegenüberliegenden Seiten gezogen wird, belegt es (➠ *Bild 3*). Er wird durch die beiden Kräfte etwas in die Länge gestreckt. Da sie im Gleichgewicht sind, bewegt er sich nicht, sein Impuls bleibt null.

Merksatz

Ist die Resultierende aller an einem Körper angreifenden Kräfte gleich null, so herrscht am Körper Kräftegleichgewicht. Der Impuls des Körpers ändert sich nicht. Ist der Körper in Ruhe, so bleibt er in Ruhe. Er kann aber verformt sein.

4. Der Aufzug – auch in der Bewegung im Gleichgewicht

Dass an einem ruhenden Körper Kräftegleichgewicht herrscht, sieht man leicht ein. Was aber, wenn ein Gegenstand hoch gehoben wird? Hast du nicht auch das Gefühl, nach oben müsste dann auf den Körper eine etwas größere Kraft wirken als die Gewichtskraft, die den Körper nach unten zieht?

Durch Nachdenken allein können wir die Antwort nicht finden. Wir prüfen deshalb in ➠ *Versuch 3*, welche Kraft in den verschiedenen Phasen (1 bis 5) am Aufzug nach oben zieht. Wenn der Zeiger in der Mitte der Skala steht, ist der Aufzug im Kräftegleichgewicht. Muss der Motor stärker ziehen, so verlängert sich die Haltefeder, und der Zeiger wandert etwas nach unten. Umgekehrt ist es, wenn die Zugkraft kleiner ist als die Gewichtskraft.

Der Versuch zeigt (das Diagramm spiegelt es wider):

- Beim *Start* des Aufzugs muss die Zugkraft des Motors größer sein als die Gewichtskraft. Die nach oben weisende resultierende Kraft macht den Aufzug dann schneller und gibt ihm so Impuls. Beim *Stopp* des Aufzugs muss die Zugkraft dagegen kleiner als die Gewichtskraft sein. So entsteht eine bremsende Kraft nach unten.
- Beim *Halt* und überraschenderweise auch bei der *Fahrt* mit konstanter Geschwindigkeit ist der Aufzug dagegen im Kräftegleichgewicht, die resultierende Kraft ist null!

Merksatz

Auch wenn ein Körper in Bewegung ist, so bleibt sein Impuls nur dann erhalten, wenn am Körper Kräftegleichgewicht besteht. Ist die resultierende Kraft an einem Körper ungleich null, so wird sein Impuls geändert.

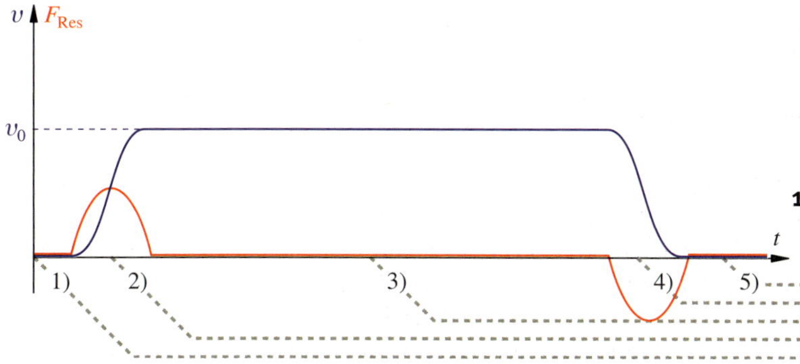

V3: Solange die Federkraft der Gewichtskraft des „Aufzugs" das Gleichgewicht hält, steht der Zeiger in der Mitte der Messlatte. Im ersten Augenblick des Anziehens wandert der Zeiger nach unten.

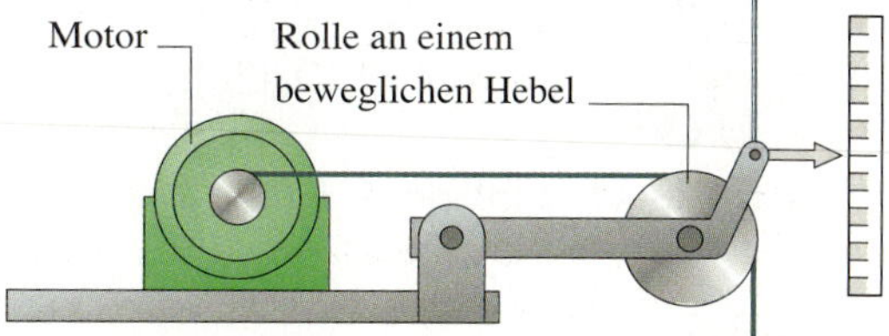

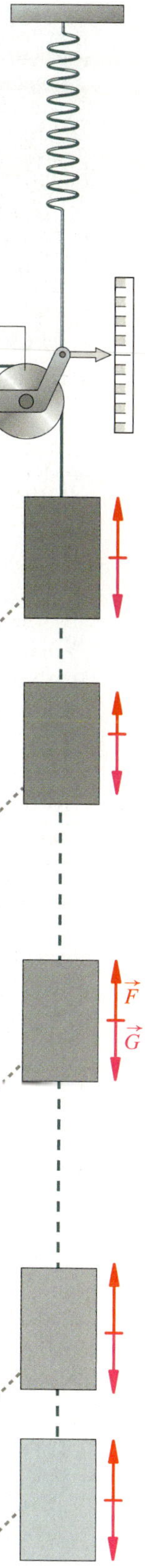

5) Angekommen! Der Aufzug steht wieder. Die resultierende Kraft ist wieder null: Kräftegleichgewicht!

4) Der Aufzug wird gebremst. Der Motor zieht jetzt etwas weniger stark. Kein Gleichgewicht! Es bleibt eine resultierende Kraft nach unten.

3) Der Aufzug gleitet mit konstanter Geschwindigkeit nach oben. Das Seil zieht mit einer Kraft $\vec{F}$ nach oben, die den gleichen Betrag hat wie die Gewichtskraft $\vec{G}$. Kräftegleichgewicht, die Resultierende ist null!

2) Der Aufzug wird in Bewegung gesetzt. Das Seil zieht stärker nach oben als zum Kompensieren der Gewichtskraft nötig ist. Die Resultierende zeigt nach oben. Der Aufzug wird schneller.

1) Der Aufzug ruht. Seilkraft und Gewichtskraft sind im Gleichgewicht. Die Resultierende ist null.

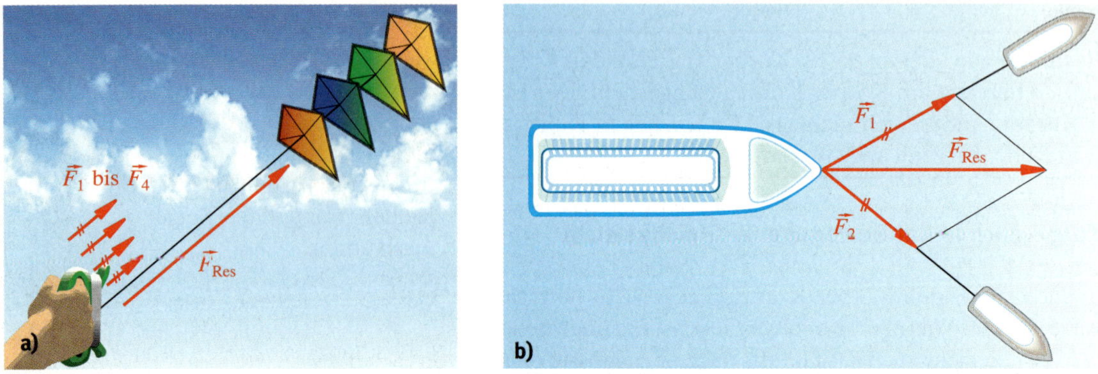

B1: Zusammenwirkende Kräfte **a)** mit gleicher Richtung **b)** mit unterschiedlichen Richtungen.

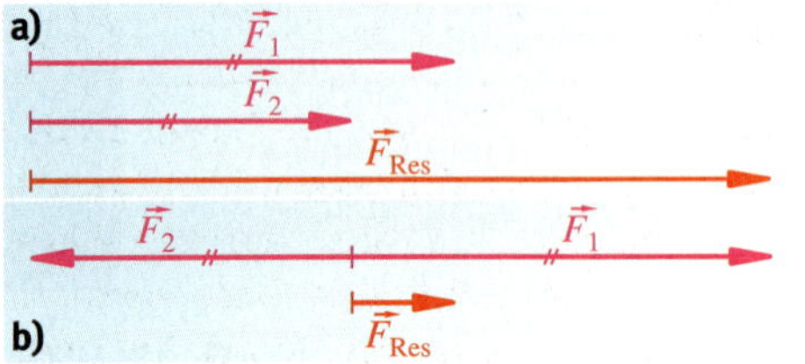

B2: So finden wir die Resultierende der Kräfte mit den Beträgen $F_1 = 4$ N und $F_2 = 3$ N:
a) Die Einzelkräfte zeigen in dieselbe Richtung. Wir streichen die beiden Einzelkräfte und ersetzen sie durch die Resultierende in gleicher Richtung. Für ihren Betrag gilt: $F_{Res} = F_1 + F_2 = 4\text{ N} + 3\text{ N} = 7\text{ N}$.
b) Die Einzelkräfte zeigen in entgegengesetzte Richtung. Die Resultierende zeigt in Richtung der größeren Kraft:
$F_{Res} = F_2 - F_1 = 4\text{ N} - 3\text{ N} = 1\text{ N}$.

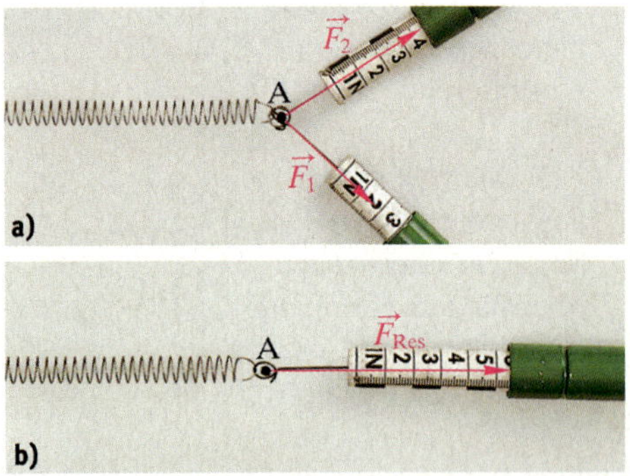

V1: a) Am Punkt A einer Feder greifen zwei Kräfte mit den Beträgen $F_1 = 3$ N und $F_2 = 4$ N an. Die Feder spannt sich so, als würde sie nur von einer einzigen Kraft gedehnt. **b)** Diese Kraft erzeugen wir nun mit *einem* Kraftmesser. Die Ersatzkraft oder Resultierende hat den Betrag 5,5 N.

Zusammenwirken von Kräften – Vektoraddition

1. Nicht immer reichen Zahlen und Einheiten

Erinnern wir uns: Kraft und Impuls sind Größen, die eine Richtung haben, man nennt solche Größen **Vektoren**. Die Masse eines Körpers hat keine Richtung, sie ist ein **Skalar**. Andere Skalare sind Volumen, Zeit und Temperatur. Bei ihnen reichen Zahlen und Maßeinheiten zur vollständigen Beschreibung aus. Die Geschwindigkeit hat eine Richtung, sie ist also ebenfalls ein Vektor. Wir werden im weiteren Verlauf noch weitere Größen kennen lernen, bei denen wir den Vektorcharakter erkennen.

2. Rückblick: Vektoren auf einer Linie

Mehrere Kräfte, die an einem Punkt eines Körpers angreifen, kann man durch eine einzige Kraft ersetzen. Man nennt sie **Ersatzkraft** oder auch **Resultierende**.

Wirken die angreifenden Kräfte, man nennt sie **Komponenten,** in *dieselbe Richtung*, findet man ihre Resultierende ganz einfach. Bei den Drachen in ➡ *Bild 1a* zeigt sie in dieselbe Richtung wie die Einzelkräfte, das haben wir alle schon einmal gespürt. Der Betrag der Resultierenden ist die Summe der Beträge der Einzelkräfte (➡ *Bild 2a*). Diesen Fall haben wir schon früher untersucht.
Wirken zwei Kräfte *entgegengesetzt*, so zieht man den kleineren Kraftbetrag vom größeren ab (➡ *Bild 2b*) und erhält so den Betrag der Resultierenden. Sie zeigt in die Richtung der größeren Einzelkraft.

3. Vektoren mit unterschiedlichen Richtungen

Häufig greifen an einem Punkt zwei Kräfte unterschiedlicher Richtung an (➡ *Bild 1b*). Es leuchtet ein, dass deren Resultierende auch davon abhängt, wie stark sich die Komponenten in ihrer Richtung unterscheiden. Beträgt der Winkel zwischen ihnen 180°, ist der Betrag der Resultierenden am kleinsten, bei 0° am größten. Diese Fälle haben wir im vorigen Abschnitt untersucht.

Auch in allen anderen Fällen kann man die resultierende Kraft leicht finden. Man konstruiert dazu aus den einzelnen Kraftkomponenten ein **Vektorparallelogramm** (*Bild 4*). Winkelgetreu werden die Kraftvektoren eingezeichnet. Ihre Längen entsprechen den Beträgen in einem einheitlichen Maßstab. Vom gemeinsamen Angriffspunkt der beiden Komponenten ausgehend ergibt sich schrittweise das Parallelogramm. Der sich ergebende Diagonalvektor ist die gesuchte Ersatzkraft, die Resultierende. *Versuch 1* bestätigt dieses Vorgehen.

Merksatz

Zwei Kräfte $\vec{F}_1$ und $\vec{F}_2$, die an einem Punkt angreifen, lassen sich durch eine einzige Kraft, ihre Resultierende, ersetzen.
Diesen resultierenden Vektor findet man durch geometrische Addition der Einzelvektoren.

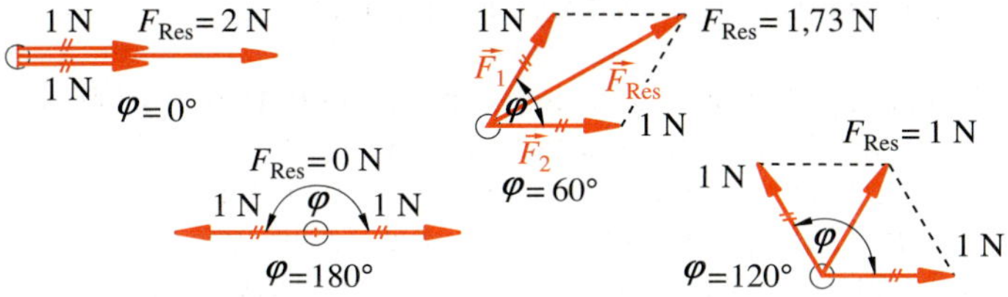

B3: Geometrische Addition zweier Kräfte mit den Beträgen 1 N

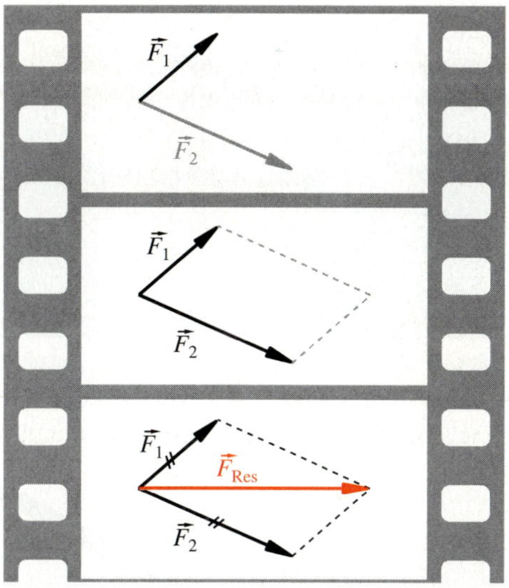

B4: Das Bild zeigt, wie die Resultierende schrittweise aus den beiden Kraftkomponenten konstruiert wird – durch eine geometrische Addition der Einzelvektoren. Man erkennt, dass der Betrag des resultierenden Vektors im Allgemeinen nicht die Summe der Beträge der Einzelvektoren ist.

Aufgaben

A1: Ermittle durch Konstruktion die Resultierende zweier Kräfte mit den Beträgen 6 N und 8 N, wenn sie Winkel von 0°, 45°, 90°, 150° einschließen. Zwischen welchen Grenzen liegt der Betrag der Ersatzkraft? Welche der angegebenen Winkel kannst du auch berechnen?

A2: Wie ändert sich bei zwei betragsgleichen Kräften der Betrag der Resultierenden, wenn der Winkel zwischen den Komponenten von 0° bis 180° wächst (*Bild 3*)? Bei welchen Winkeln ist der Betrag der Resultierenden größer bzw. gleich oder kleiner als der Betrag einer Komponente?

A3: An einem Telegrafenmast zieht ein Draht horizontal nach Osten mit 2000 N, ein zweiter horizontal nach Süden mit 3000 N. Ermittle Himmelsrichtung und Betrag der Ersatzkraft durch Konstruktion. Wie kann man einen solchen Mast zweckmäßig sichern?

A4: „Geteilte Last ist halbe Last". Stimmt dies, wenn zwei eine schwere Tasche tragen, jeder an einem Griff? Diskutiere anhand von *Bild 3*.

A5: Erstaunliche Spinnen. Sie weben ihr Netz aus starken Haltefäden und umlaufenden, elastisch nachgebenden Fangfäden. Welche Kraft zieht rechts im Bild an dem gezeichneten Haltefaden, wenn jeder Fangfaden z. B. mit 0,02 N schräg zur Seite zieht?

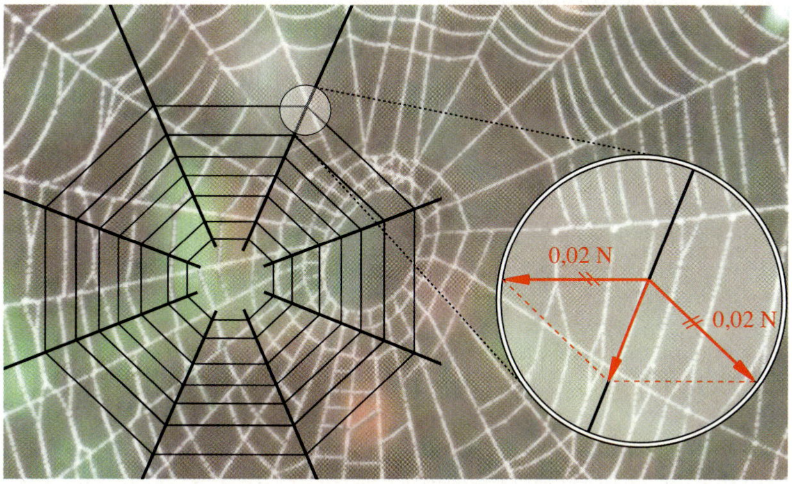

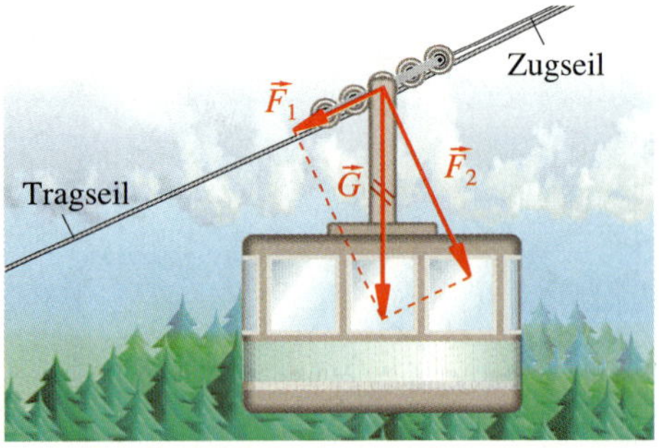

B1: Zugseil und Tragseil erfahren jeweils eine Komponente $\vec{F}_1$ bzw. $\vec{F}_2$ der Gewichtskraft $\vec{G}$ der Seilbahn.

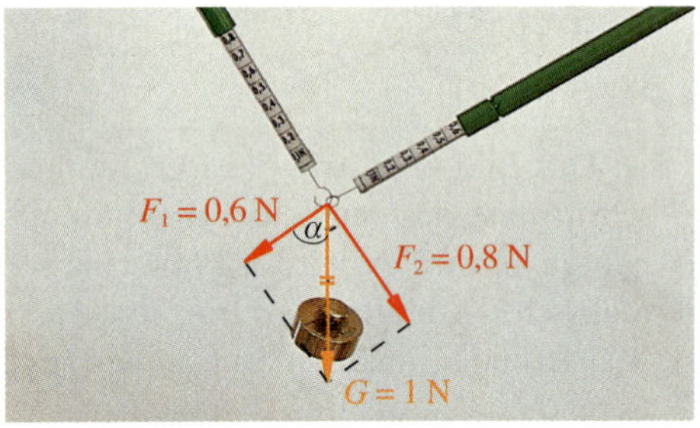

V1: Ein Körper mit $G = 1$ N ersetzt die Gondel. Er zieht gleichzeitig an zwei schräg hängenden Kraftmessern ($\alpha \approx 53°$). Am rechten – er ersetzt das Zugseil – zieht die Komponente $\vec{F}_1$ nach links unten. Am linken Kraftmesser (Ersatz für das Tragseil) zieht die Komponente $\vec{F}_2$ nach rechts unten. Die Summe ihrer Beträge ist größer als der Betrag der Gewichtskraft.

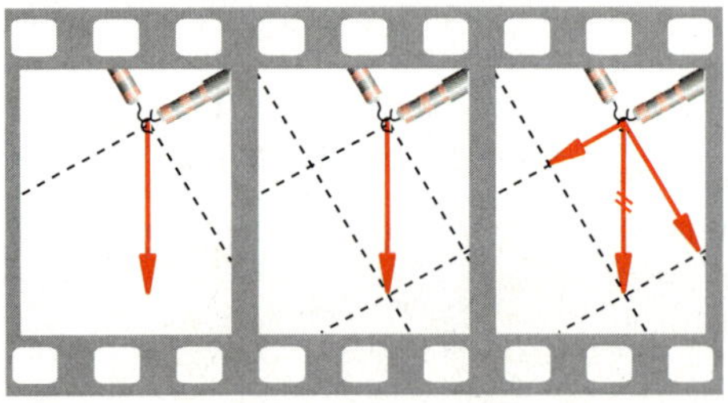

B2: So konstruieren wir schrittweise die Komponenten $\vec{F}_1$ und $\vec{F}_2$, welche die Gewichtskraft $\vec{G}$ ersetzen.

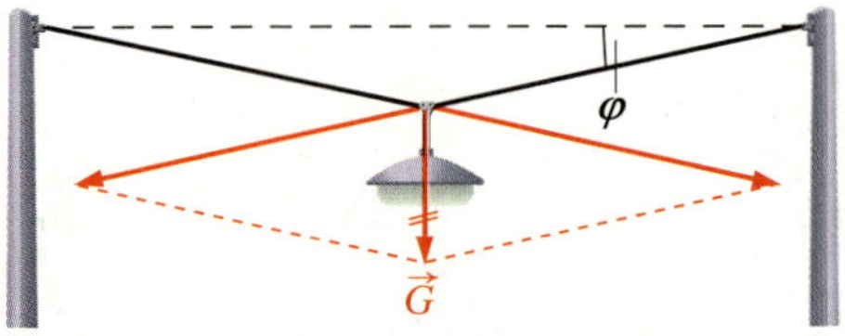

B3: Die Komponenten einer Kraft sind nicht immer senkrecht zueinander.

Kraftzerlegung

1. Manchmal wird eine Kraft in Komponenten zerlegt

Wenn die Gondel der Seilbahn gehalten oder mit konstanter Geschwindigkeit hinaufgezogen wird, werden weder Geschwindigkeit noch Impuls geändert. Woran liegt das?

Die Gondel wird von ihrer Gewichtskraft $\vec{G}$ nach unten gezogen. Die normale Wirkung wäre, dass die Gondel beschleunigt nach unten fiele, das tut sie hoffentlich nicht. Zwei andere Wirkungen aber sind denkbar:

- Die Gondel könnte beschleunigt durch die Komponente $\vec{F}_1$ das Seil hinunterrollen. Das straff gespannte Zugseil (➠ *Bild 1*) verhindert dies aber durch Kompensation von $\vec{F}_1$.
- Außerdem hat das dicke Tragseil im Bereich der Rollen einen kleinen Knick. Also zieht die Gondel mit der Komponente $\vec{F}_2$ auch *senkrecht* zum Tragseil und belastet es (nur dann zieht sie nicht zusätzlich am Zugseil).

Wie groß sind diese auf Zugseil und Tragseil wirkenden Komponenten $\vec{F}_1$ und $\vec{F}_2$ der Gewichtskraft $\vec{G}$?

Dieser Frage gehen wir im ➠ *Versuch 1* nach. Die Gewichtskraft wird dort in zwei Komponenten zerlegt, deren Beträge wir mit zwei Kraftmessern ermitteln. Hätten wir die Richtungen und die Beträge der Kräfte auch vorhersagen können?

Zur Lösung wenden wir auch hier versuchsweise das Vektorparallelogramm an. Wir haben es bei der Addition von Kräften zu einer Resultierenden kennen gelernt. Allerdings müssen wir jetzt bei der Konstruktion eine umgekehrte Reihenfolge wählen.

In ➠ *Bild 1* beginnen wir mit der Gewichtskraft $\vec{G}$. Wir suchen ihre Komponenten $\vec{F}_1$ und $\vec{F}_2$, die auf gleicher Linie mit den ziehenden Kraftmessern liegen, also auf den gestrichelten Linien. Mit $\vec{G}$ als Diagonale vervollständigen wir nun das Vektorparallelogramm. Mit $G = 1$ N und den Winkeln aus ➠ *Versuch 1* finden wir das Versuchsergebnis bestätigt.

Im ➠ *Bild 3* hängt eine Straßenlampe an einem stramm gespannten Drahtseil. In Richtung der beiden Drahtseilstücke ziehen Kraftkomponenten, deren jeweiliger Betrag sogar erheblich größer ist als der Betrag der Gewichtskraft der Lampe. Die Situation bestimmt also, welchen Winkel die Komponenten einer Kraft einnehmen und welche Beträge sie haben.

Merksatz

Wenn eine Kraft $\vec{F}$ an einem Punkt eines Körpers angreift, so kann sie durch zwei Kräfte $\vec{F}_1$ und $\vec{F}_2$ in beliebig vorgegebener Richtung ersetzt werden (**Komponentenzerlegung**).
In diesen Richtungen finden wir die Komponenten $\vec{F}_1$ und $\vec{F}_2$ als Seiten eines Parallelogramms mit der Diagonalen $\vec{F}$.

2. Berechnung der Kraftkomponenten

Eine Rampe hilft dem Rollstuhlfahrer, mit geringer Kraft einen Höhenunterschied zu überwinden. Jeder Radfahrer weiß: Eine abschüssige Straße ist umso gefährlicher, je größer ihr Neigungswinkel ist. ➠ *Bild 4* zeigt, wie die auftretenden Kräfte vom Neigungswinkel φ der **schiefen Ebene** abhängen. Von Bedeutung für die beschriebene Vorgänge ist die **Hangabtriebskraft** $\vec{F}_H$. Sie ist die Komponente der Gewichtskraft in Richtung einer möglichen Bewegung ($\vec{F}_1$ bei der Seilbahn). Die zur Ebene senkrechte Komponente $\vec{F}_N$ (**Normalkraft**) gibt an, wie stark z. B. die Reifen auf die Straße gedrückt werden (wichtig beim Bremsen). Anhand des schwarzen Dreiecks (*Lageplan*) in ➠ *Bild 4* und des dazu ähnlichen roten Dreiecks (*Kräfteplan*) berechnen wir die Beträge von Hangabtriebskraft und Normalkraft in Abhängigkeit vom Neigungswinkel φ der Ebene:

$$F_H = G \cdot \sin\varphi \quad \text{und} \quad F_N = G \cdot \cos\varphi.$$

Die Berechnungen in dieser einfachen Form setzen einen rechten Winkel im Parallelogramm voraus. In solchen Fällen helfen auch ähnliche Dreiecke und der Satz des PYTHAGORAS.

Im ➠ *Bild 5* hängt eine Last an zwei Stahlseilen. Der linke Abschnitt hat die Länge l und ist um h höher angebracht als der horizontale. Mit welchen Kräften werden die Seile gespannt? Für die horizontale Komponente $\vec{F}_1$ in *c)* gilt $F_1/F = a/h = a/\sqrt{l^2 - a^2}$, für die schräg nach unten laufende Komponente $\vec{F}_2$ in *d)* gilt $F_2/F = l/h$.

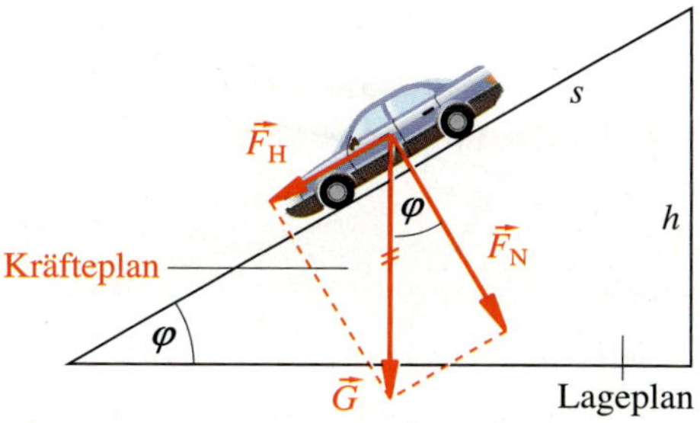

B 4: Hangabtriebskraft $\vec{F}_H$ und Normalkraft $\vec{F}_N$ ersetzen die Gewichtskraft $\vec{G}$.

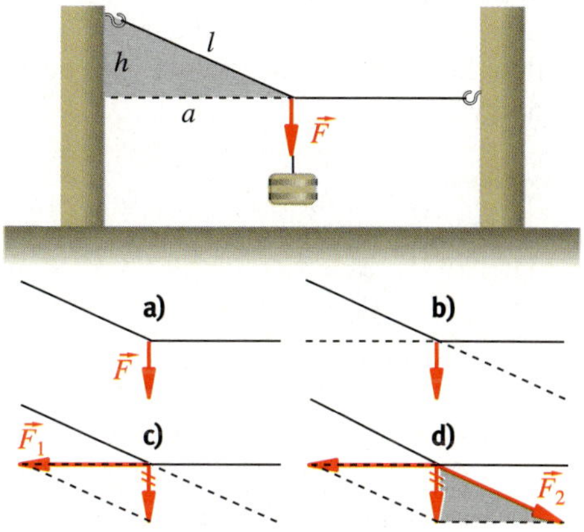

B 5: Schrittweise Zerlegung einer Kraft in Komponenten vorgegebener Richtungen

Aufgaben

A 1: An zwei Drahtseilen, die beide einen Winkel von 10° mit der Horizontalen bilden, hängt eine Lampe mit 200 N Gewichtskraft. Konstruiere die Komponenten der Gewichtskraft, die in den beiden Seilrichtungen ziehen. Du findest so die Kräfte, mit denen die Seile von der Lampe gespannt werden.

A 2: Betrachte ➠ *Bild 5*. Die Masse des angehängten Körpers sei $m = 12$ kg. Bestimme die Kräfte, mit denen die beiden Seile gespannt werden? Wähle $l = 5$ m und $h = 3$ m. Löse zeichnerisch oder rechnerisch.

A 3: Ermittle die Beträge F_H der Hangabtriebskraft und F_N der Normalkraft an einer schiefen Ebene mit 20° Neigung bei einem Körper der Masse 30 kg. Bei welchen Winkeln ist $F_H = G/2$, $F_H = G$ bzw. $F_H = 0$?

A 4: An der schiefen Ebene gilt $F_H/G = h/s$. Ein Eisenbahnzug hat die Masse 500 t. Mit welchem Kraftbetrag F_H (in kN) müssen die Bremsen den Zug sichern, wenn er auf einem Gleis mit dem Neigungswinkel $\varphi = 2°$ anhalten muss? *Hilfe:* Zeichne einen Lageplan 15 cm breit und 0,5 cm hoch, dann erhältst du etwa $\varphi = 2°$.

A 5: Erkläre die untenstehende Bildfolge. Wie sehen die Kräftepläne für Neigungswinkel von ca. $\varphi = 0°$ bzw. $\varphi = 90°$ aus?

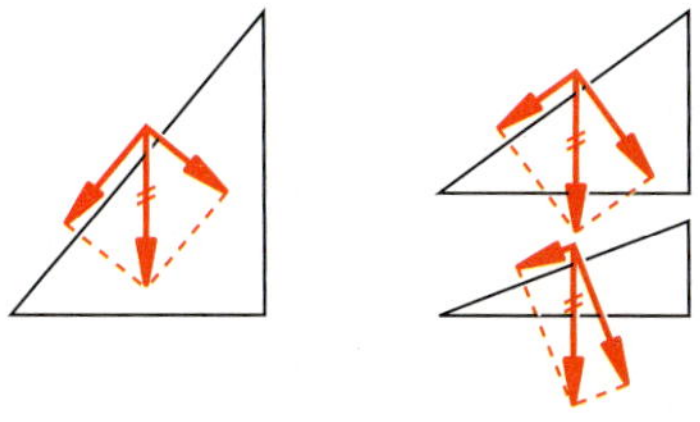

A 6: Berechne die Beträge F_1 und F_2 der Kraftkomponenten. Nutze dazu die Gesetze bei ähnlichen und rechtwinkligen Dreiecken.

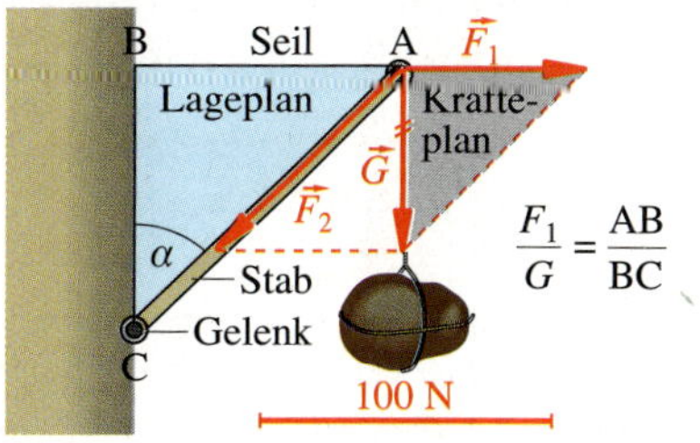

A 7: Diskutiere mögliche Sachverhalte und mache jeweils differenzierte Aussagen zur Masse m_2.

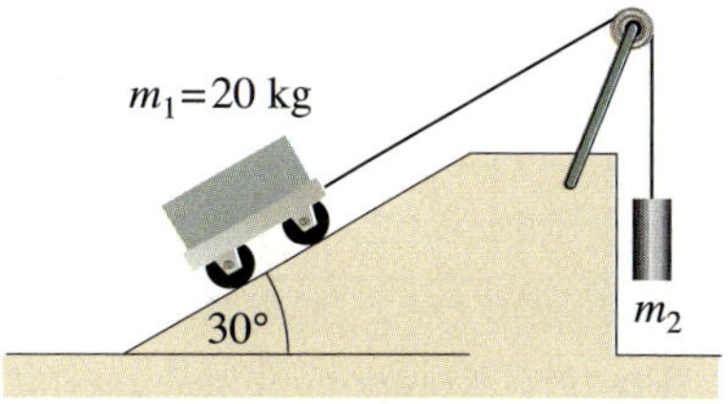

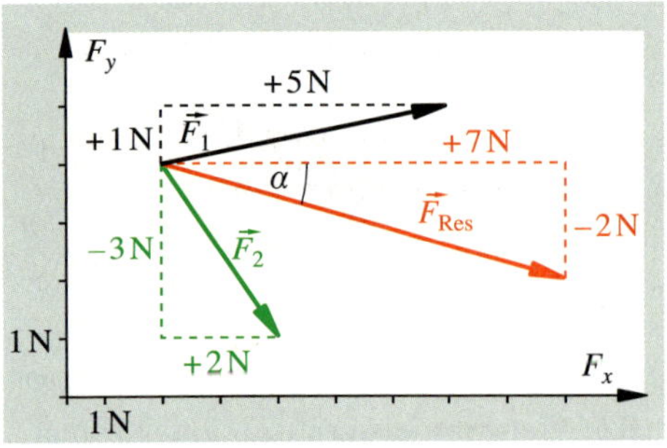

B1: So wird die resultierende Kraft aus einzelnen Kraftwerten berechnet: Man addiert die x-Werte der Komponenten und erhält den x-Wert der Resultierenden. Ihr y-Wert ist die Summe der einzelnen y-Werte.

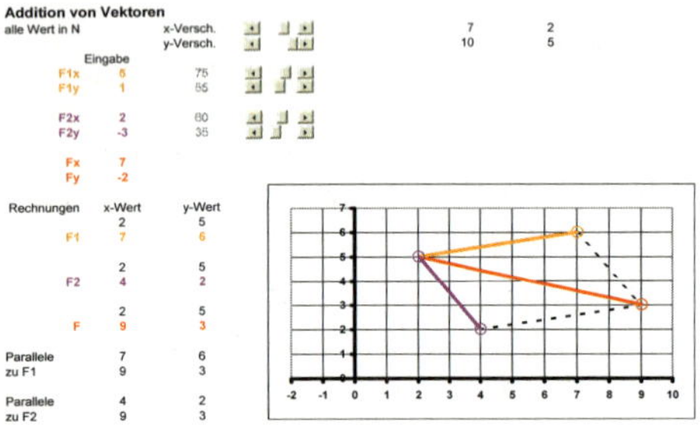

B2: Tabellenkalkulationsblatt zur Darstellung eines Vektorparallelogramms

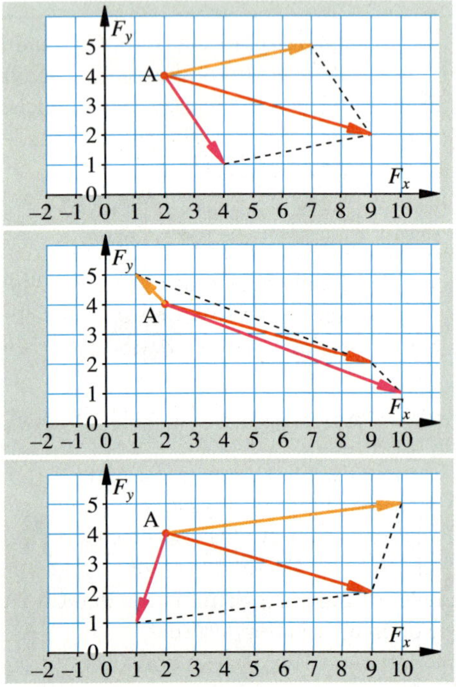

B3: Drei Komponentenpaare mit derselben Resultierenden (A: Angriffspunkt)

Vektoraddition mit dem Computer

1. Computer rechnen mit *Werten*

Ein Computer zeichnet nicht, er rechnet allein mit Zahlen. Wir müssen also in diesem Fall mit *Kraftwerten* arbeiten. Vektoren unterschiedlicher Richtung werden in ein zweidimensionales Koordinatensystem eingebettet. Jeder Vektor wird durch zwei Werte, einen x- und einen y-Wert beschrieben. Je nach Richtung des Vektors sind die *Werte* im gewählten Koordinatensystem *positiv oder negativ.* Zur Addition zweier Vektoren addiert man die x-Werte der einzelnen Vektoren und erhält den x-Wert des resultierenden Vektors. Genau so macht man es beim y-Wert (➠ *Bild 1*). Der Satz des PYTHAGORAS liefert den Betrag der Resultierenden:

$$F_{Res} = \sqrt{(F_{1x} + F_{2x})^2 + (F_{1y} + F_{2y})^2}$$

➠ *Bild 1* zeigt ein Beispiel für zwei in ein Koordinatensystem eingezeichnete Kräfte. Die Werte der ersten Komponente sind $F_{1x} = 5$ N und $F_{1y} = 1$ N. Die Werte von $\vec{F}_2$ sind $F_{2x} = 2$ N und $F_{2y} = -3$ N. Dann sind die Werte der resultierenden Kraft $\vec{F}_{Res}$:

$$F_{Res\,x} = F_{1x} + F_{2x} = 5\text{ N} + 2\text{ N} = 7\text{ N und}$$
$$F_{Res\,y} = F_{1y} + F_{2y} = 1\text{ N} + (-3\text{ N}) = -2\text{ N}.$$

Durch diese beiden Werte sind Betrag und Richtung festgelegt. Den Betrag berechnen wir mit dem Satz des PYTHAGORAS:

$$F_{Res} = \sqrt{(7\text{ N})^2 + (-2\text{ N})^2} = \sqrt{(49+4)^2\text{ N}^2} \approx 7{,}3\text{ N}.$$

Die Richtung stellt man zeichnerisch fest. Wer schon den Tangens kennt, kann den Winkel α zwischen Resultierender und F_x-Achse mit ihr rechnerisch ermitteln:

$$\tan\alpha = \frac{F_{Res\,y}}{F_{Res\,x}} = \frac{-2\text{ N}}{7\text{ N}} = -0{,}2857 \Rightarrow \alpha = -15{,}9°.$$

2. Dieselbe Resultierende mit verschiedenen Kraftwerten

Beispiel in einem Koordinatenkreuz: Die Resultierende $\vec{F}_{Res}$ soll immer gleich bleiben, z. B. beim Schleppen eines Schiffs. Damit dies erreicht wird, muss die Summe der x-Werte und auch die Summe der y-Werte der zwei Kraftkomponenten gleich bleiben. Im Beispiel: $F_{1x} = 5$ N und $F_{2x} = 2$ N, ihre Summe ist 7 N. Diese Summe der Kraftwerte von 7 N in x-Richtung können wir aber auch mit anderen Wertepaaren erreichen:
$F_{1x} = 8$ N und $F_{2x} = -1$ N, ihre Summe ist wieder 7 N.
Ist F_{1x} z. B. negativ, muss F_{2x} dies wettmachen:
$F_{1x} = -1$ N und $F_{2x} = 8$ N, auch hier ist die Summe wieder 7 N.

Auf die gleiche Art können wir auch die y-Werte variieren. In unserem Beispiel muss deren Summe immer −2 N betragen.

Interessantes

Im Fitnessstudio

Zur Stärkung von Bein- und Rückenmuskulatur und in vielen Fällen auch zur Rehabilitation nach Verletzungen gibt es im Fitnessstudio die so genannte „Beinstemme“. Man liegt auf einem Schlitten und stemmt sich mit den Füßen von einer feststehenden Wand ab – es ist Kniebeugen im Liegen.

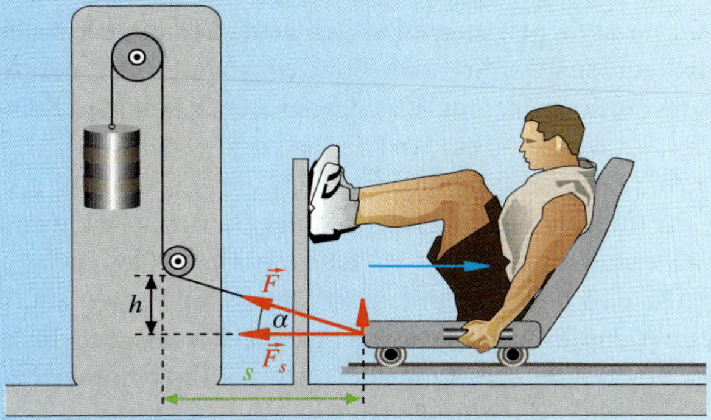

Beim Stemmen fährt der Schlitten nach rechts und zieht dabei über zwei Umlenkrollen ein Gewicht nach oben. Der Physiotherapeut (Trainer) kann die untere Umlenkrolle in der Höhe verstellen. Er wählt die Höhe h so, dass sie genau auf den Studiobesucher abgestimmt ist. Zur Schonung der Kniegelenke ist die am Schlitten ziehende Kraft $\vec{F}_s$ zunächst bei noch stark gebeugten Knien klein, wird dann aber mit zunehmender Streckung der Beine größer. Wie funktioniert diese „Kraft-Weg-Anpassung“, kurz „KWA“?

Die Kraftkomponente $\vec{F}_s$ des Vektorparallelogramms im Bild ist diejenige Kraft, die am Schlitten des Studiobesuchers zieht. Sie hängt von $\vec{F}$ und α ab. Die Kraft $\vec{F}$ hat denselben Betrag wie die Gewichtskraft der aufgelegten Gewichte, ihr Betrag bleibt also gleich. Der Winkel α hängt von der Rollenhöhe h ab und ändert sich mit dem Stemmweg s.

Zur Berechnung von F_s helfen uns die näherungsweise ähnlichen Dreiecke (bzw. der Strahlensatz) des Kräfte- und Lageplans und der Satz des PYTHAGORAS:

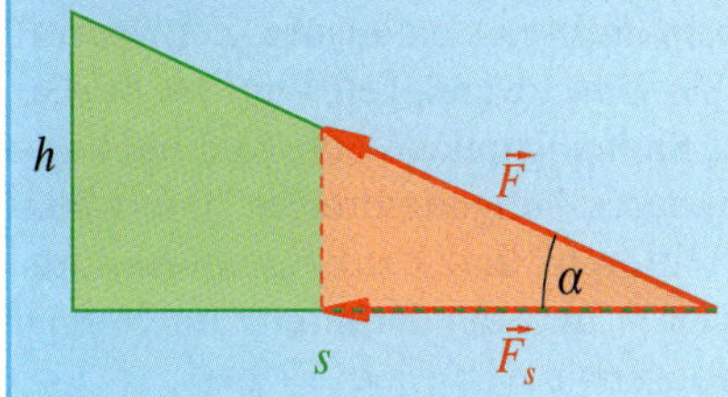

$$\frac{F_s}{F} = \frac{s}{\sqrt{h^2+s^2}} \Rightarrow F_2 = F \cdot \frac{s}{\sqrt{h^2+s^2}}.$$

Im Sonderfall $h = 0$ ist $F_s = F$ unabhängig von der Stemmweite s.

Zwischen diesen Extremen liegen die wahren Anpassungskurven.

Das Diagramm zeigt die Kennlinien der Beinstemme für zwei verschiedene Rollenpositionen.

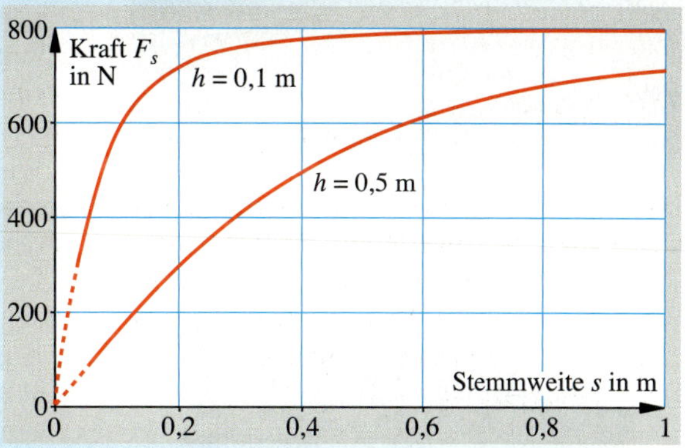

Beispiel für eine GFS

Man möchte bei der Beinstemme nicht mit der Kraft null beginnen, sondern mit der halben maximalen Kraft (im Diagramm 800 N). Um dies zu erreichen, bringt man am Schlitten eine weitere Umlenkrolle an. Das Seil wird zum Ausgleich nur mit der halben Anzahl an Gewichten belastet.

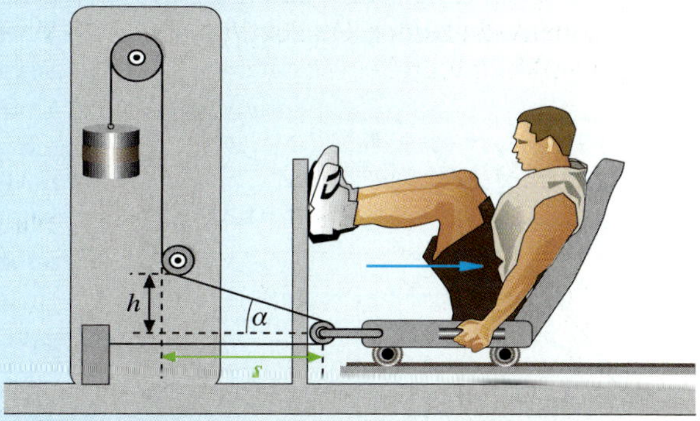

a) Baue dazu ein Modell, an dem du die Kraft in Abhängigkeit von der Stemmweite messen kannst. Wiederhole die Messungen bei verschiedenen Rollenhöhen. (Wenn möglich, nimm die Messdaten mit einem Computer auf.)

b) Modelliere mit einer Tabellenkalkulation diese KWA. Schaffe dabei ein Eingabefeld für die Rollenhöhe h. So kannst du schnell die gewünschte Kurve erzeugen. (Beachte, dass im Vergleich zur anfangs beschriebenen Apparatur nur halb so viele Gewichte aufgelegt werden). Im Diagramm soll die am Schlitten ziehende Kraft gegen die Stemmweite dargestellt werden (wie oben im erklärenden Text).

c) Halte ein Referat vor deinen Mitschülern mit Vorführung des Experiments und Erläuterung der Modellbildung.

B1: Autobahnfahrt: Mit Motorkraft gegen die Reibung gleichförmig unterwegs

V1: a) Die Lok durchfährt eine bestimmte Strecke, einmal fährt sie mit kleiner, ein zweites Mal mit größerer konstanter Geschwindigkeit. **b)** Die Lok fährt erneut, wird plötzlich verlangsamt und am Ende der Fahrstrecke zurückgeschickt.

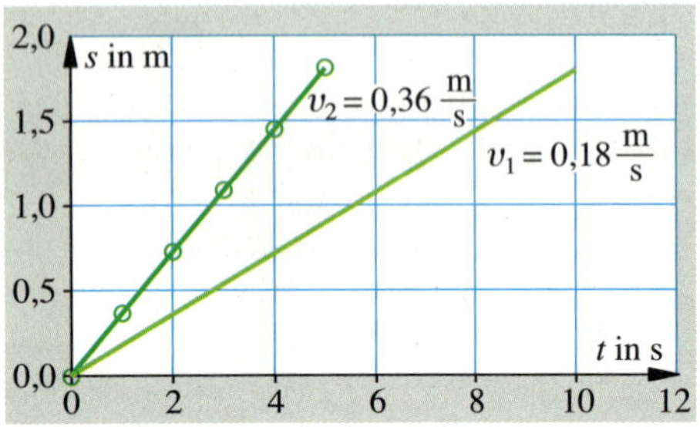

B2: *t-s*-Diagramm zum *Versuch 1a*. Die jeweilige Steigung des *t-s*-Graphen ist die Geschwindigkeit.

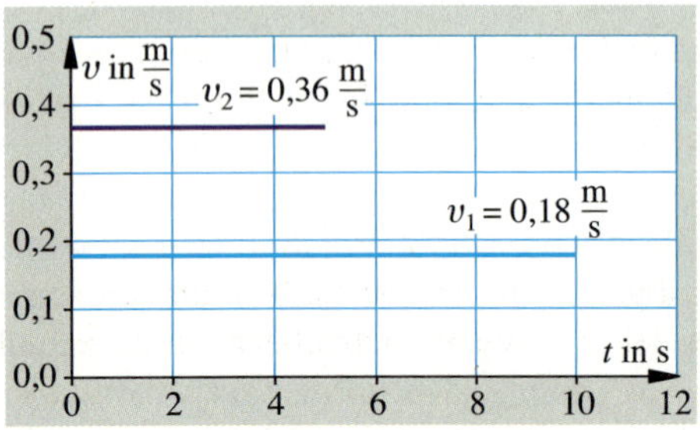

B3: *t-v*-Diagramm der gleichförmigen Bewegungen aus *Versuch 1a*. Bei Geschwindigkeit v_2 endet der Versuch früher.

Gleichförmige Bewegung

1. Bewegungen im Diagramm

Im Weltall, weitab von jedem anderen Himmelskörper, bewegt sich ein Raumschiff mit immer gleichbleibendem Impuls. Es bewegt sich geradeaus, mit gleichbleibender Geschwindigkeit – eine Folge seiner Trägheit.

Wir erinnern uns: Der Betrag der Geschwindigkeit eines konstant schnell und geradeaus fahrenden Fahrzeugs wurde definiert als Quotient aus zurückgelegtem Weg und der dazu benötigten Zeit:

$$v = \frac{s}{t}.$$

Auf der Erde findet man diese gleichförmige Bewegung nicht ohne weiteres. Hat man sein Fahrrad auf die gewünschte Geschwindigkeit gebracht und hört nun mit dem Treten der Pedale auf, so kommt es wegen der bremsenden Kräfte bald wieder zur Ruhe. Man muss schon eine ebenso große, nach vorn gerichtete Kraft aufbringen, um die gleichförmige Bewegung zu erhalten – die resultierende Kraft auf das Fahrzeug ist dann null. Dies geschieht ständig bei vielen Autos auf unseren Autobahnen (*Bild 1*).

Da uns die Autobahn zu gefährlich ist, erzeugen wir eine solche Bewegung im Labor. Im *Versuch 1* fährt eine Lok immer mit der voreingestellten Geschwindigkeit parallel zu einer Messlatte. Vom Starten der Uhr (Zeitpunkt null) an markieren wir jede Sekunde den jeweils erreichten Ort. Das dazu angefertigte *t-s*-Diagramm liefert eine Ursprungsgerade (*Bild 2*). Im *Bild 3* sehen wir das zugehörige *t-v*-Diagramm (eine Parallele zur *t*- Achse):
Wir wiederholen den Versuch, lassen die Lok jetzt aber schneller fahren. In gleicher Zeit legt die Lok jetzt eine größere Strecke zurück, die Ursprungsgerade des *t-s*-Graphen ist steiler. Die zugehörige *t-v*-Kurve liegt oberhalb der ersten Messung, endet aber eher, da die Lok schneller an ihr Ziel gelangte als im ersten Versuch bei kleinerer Geschwindigkeit.

2. Die Geschwindigkeit kann negativ sein

Die Spielzeugeisenbahn zeigt im *Versuch 1b*, dass Geschwindigkeiten nicht konstant sein müssen. Im ersten Zeitintervall von 0 s bis 4 s liegt die größte Geschwindigkeit vor (*Bild 4*), die *t-s*-Gerade hat die größte Steigung mit $v_{\mathrm{I}} = s/t = 1{,}5\ \mathrm{m}/(4\ \mathrm{s}) = 0{,}375\ \mathrm{m/s}$. Ein beliebiges anderes Steigungsdreieck liefert denselben Quotienten aus der Differenz im Zähler („späterer Ortswert minus früherer Ortswert") und der Differenz im Nenner („spätere Zeit minus frühere Zeit"):

$$v_{\mathrm{I}} = \frac{\Delta s}{\Delta t} = \frac{s(t_2) - s(t_1)}{t_2 - t_1} = \frac{1{,}5\,\mathrm{m} - 0{,}75\,\mathrm{m}}{4\,\mathrm{s} - 2\,\mathrm{s}} = 0{,}375\,\frac{\mathrm{m}}{\mathrm{s}}.$$

Danach knickt die Gerade ab, die Steigung zwischen 4 s und 8 s im Zeitabschnitt II ist kleiner als vorher:

$$v_{\text{II}} = \frac{\Delta s}{\Delta t} = \frac{s(t_2) - s(t_1)}{t_2 - t_1} = \frac{2\,\text{m} - 1{,}5\,\text{m}}{8\,\text{s} - 4\,\text{s}} = 0{,}125\,\frac{\text{m}}{\text{s}}.$$

➠ *Bild 5* zeigt diesen im ganzen Intervall II konstanten Wert an. Im dritten Intervall kommt die Lok zurück, sie nähert sich wieder dem Ausgangspunkt. Mit zunehmender Zeit werden die Ortswerte s kleiner. Welche Geschwindigkeit hat die Lok jetzt?

$$v_{\text{III}} = \frac{\Delta s}{\Delta t} = \frac{s(t_2) - s(t_1)}{t_2 - t_1} = \frac{1{,}25\,\text{m} - 2\,\text{m}}{14\,\text{s} - 8\,\text{s}} = -0{,}125\,\frac{\text{m}}{\text{s}}.$$

Wir sehen, dass im Diagramm mehr Information steckt als nur der Betrag der Geschwindigkeit. Das Vorzeichen der Steigung teilt uns sogar mit, ob die Lok vorwärts oder rückwärts fährt. Aus dem *Geschwindigkeitsbetrag* wird der *Geschwindigkeitswert.* Auch diesen *negativen* Geschwindigkeitswert zeigt ➠ *Bild 5*.

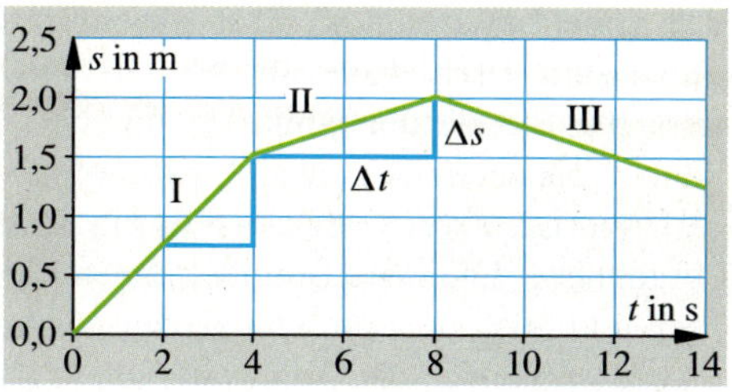

B4: Schnell vorwärts (I), langsam vorwärts (II), langsam zurück (III) – jeweils gleichförmig mit konstanter Steigung $\Delta s/\Delta t$.

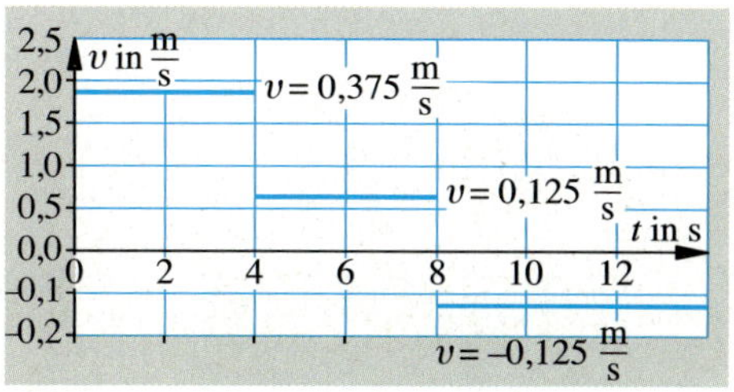

B5: Die Geschwindigkeit entspricht der Steigung im t-s-Diagramm. Hier macht sie Sprünge und wird sogar negativ.

Merksatz

Das *Zeit-Ort-Diagramm* einer gleichförmigen Bewegung ist eine Gerade. Ihre Steigung $\Delta s/\Delta t$ ist der Geschwindigkeitswert v. Das *Zeit-Geschwindigkeit-Diagramm* einer gleichförmigen Bewegung ist eine Parallele zur Zeitachse.

Interessantes

Lichtschranke zählt Ortsmarken

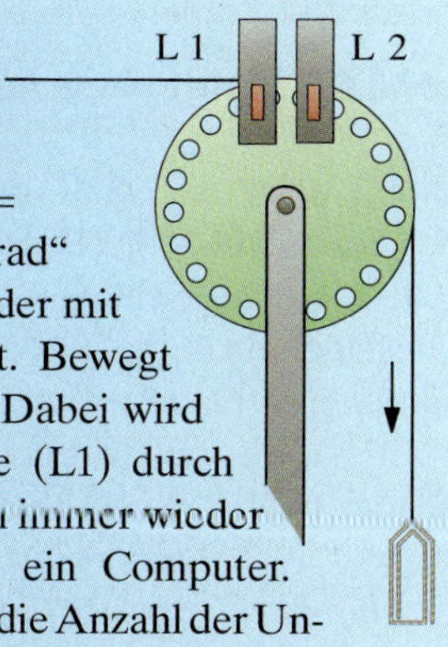

Am Rand eines Rades befinden sich kleine Löcher im Abstand von z. B. Δs = 1,0 mm. Über dieses „Lochrad" legt man einen dünnen Faden, der mit einem Fahrzeug verbunden ist. Bewegt es sich, so dreht sich das Rad. Dabei wird der Strahl einer Lichtschranke (L1) durch die Stege zwischen den Löchern immer wieder unterbrochen. Dies registriert ein Computer. Solange das Rad sich bewegt, ist die Anzahl der Unterbrechungen ein Maß für den zurückgelegten Weg s und damit ein Maß für den vom Wagen jeweils erreichten Ort. „Kilometerstein null" (besser „Millimeterstein") kann dabei beliebig gewählt werden. Man braucht den Wagen nur an die gewünschte Stelle zu schieben und den Zähler dann auf null zu setzen.

Der Computer zählt aber nicht nur. Er misst auch den zeitlichen Abstand Δt der Lichtunterbrechungen an L1. Aus Δs = 1,0 mm und der gemessenen Zeit Δt berechnet der Computer die Geschwindigkeit.

Und wenn der Wagen nach kurzer Vorwärtsfahrt wieder zurückläuft? *Eine* Lichtschranke allein erkennt die *Drehrichtung* des Rades nicht. Der Computer würde größer werdende Ortswerte vortäuschen, obwohl sie jetzt wieder kleiner werden. Eine zweite Lichtschranke (L2) hilft. Ihr Abstand zu L1 ist etwas größer als der Lochabstand. Wandert die Lochreihe nach rechts, so wird L1 immer wieder etwas eher von einem Loch erreicht als L2. Der Computer zählt aufwärts. Bewegt sich dagegen die Lochreihe nach links, so wird L2 jeweils früher von einem Loch erreicht. In diesem Fall zählt der Computer abwärts, die Ortswerte werden kleiner. Links von Ortsmarke null werden die Ortswerte dann negativ.

Aufgaben

A1: Lege ein 20 m-Maßband aus. Alle paar Meter (unregelmäßige Abstände) steht ein Zeitnehmer. Auf Kommando werden alle Uhren gestartet. Ein Mitglied der Klasse joggt dann gleichmäßig am Maßband vorbei, die jeweilige Uhr wird gestoppt. Werte den Versuch aus.

A2: Ein Auto fährt 15 s mit v_1 = 72 km/h geradeaus, plötzlich (idealisiert) 24 s mit v_2 = 36 km/h weiter. Es bleibt dann 10 s lang stehen. Schließlich fährt es mit v_3 = 54 km/h an den Ausgangspunkt zurück. Zeichne dazu ein t-s- und ein t-v-Diagramm. Wie lange dauert die Rückfahrt?

V1: Eine Spielzeuglok fährt gleichförmig über den Tisch. Eine an der Lok angebrachte Blende der Breite Δs durchquert dabei nacheinander zwei Lichtschranken L1 und L2. Zwei Uhren liefern die Messergebnisse. Die erste ist an L1 angeschlossen und misst dort die Dunkelzeit Δt. Aus $\Delta s/\Delta t$ ergibt sich die Geschwindigkeit. Die zweite Uhr ist an L1 *und* L2 angeschlossen. Sie liefert die *gesamte* Fahrzeit t (L1 bis L2). Der Versuch wird mit unterschiedlichen Geschwindigkeiten wiederholt.

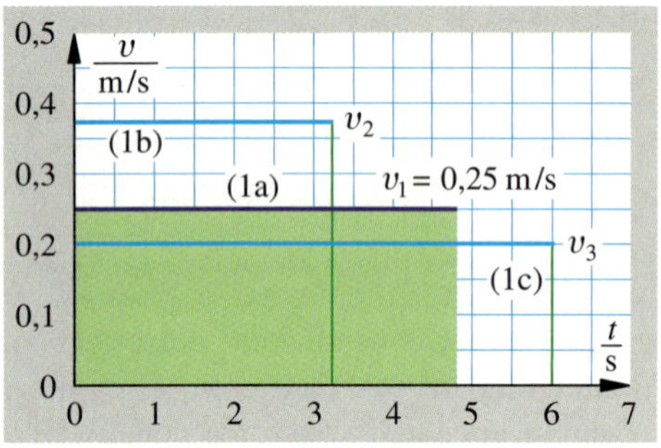

B1: t-v-Diagramm: Die Rechteckfläche entspricht dem zurückgelegten Weg. Es ergibt sich immer s = 1,2 m.

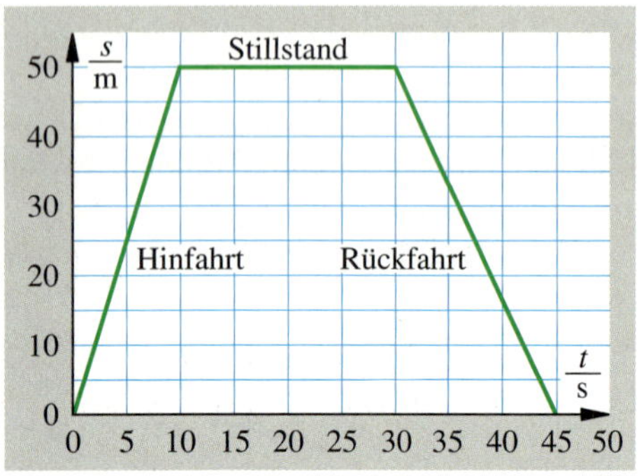

B2: t-s-Diagramm eines Aufzugs: Gleichförmige Hin- und gleichförmige Rückfahrt

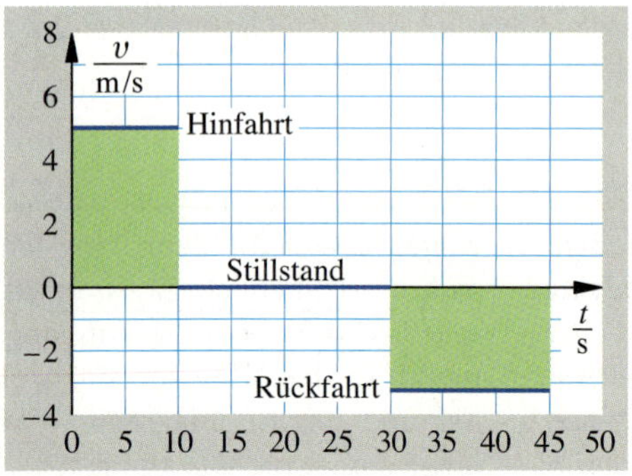

B3: t-v-Diagramm des Aufzugs

Der Weg im *t-v*-Diagramm

1. Das *t-v*-Diagramm zeigt mehr als man vermutet

Unsere Lok durchfährt gleichförmig eine bestimmte Strecke. Geschwindigkeit und Fahrzeit werden gemessen (*Versuch 1*). Eine erste Messung liefert: $v = \Delta s/\Delta t$ = 0,025 m/(0,1 s) = 0,25 m/s. Die Fahrzeit beträgt t = 4,8 s. Das zugehörige t-v-Diagramm liefert eine Parallele zur t-Achse (*Bild 1*). Bei weiteren Versuchen mit anderen Geschwindigkeiten entstehen die Diagramme (1b) und (1c). Der Versuch wird abgebaut. Nun fragt jemand nach dem zurückgelegten Weg s – zu spät?

Eine gleichförmige Bewegung, deren Messung bei t = 0 s mit s = 0 m beginnt, hat als Geschwindigkeit $v = s/t$. Hieraus lässt sich der unbekannte Fahrweg ermitteln: $s = v \cdot t$ = 0,25 m/s · 4,8 s = 1,2 m. Dieser *Weg* erscheint erstaunlicherweise als *Fläche* zwischen v-Kurve und t-Achse. In *Bild 1* ist es das grün getönte Rechteck mit der Grundseite t = 4,8 s und der Höhe v = 0,25 m/s. Wiederholt man die Fahrt mit größerer Geschwindigkeit, so braucht man für den gleichen Weg eine entsprechend kürzere Zeit. Im t-v-Diagramm entsteht ein höheres, aber dafür schmaleres Rechteck (1b). Sein Flächeninhalt beträgt nun wieder 1,2 m. Bei kleinerer Geschwindigkeit wird das Rechteck flacher und breiter (1c).

2. Hin- und Rückfahrt eines Aufzugs

Bild 2 zeigt das Auf- und Abwärtsfahren eines Aufzugs (stark vereinfacht – die Beschleunigungs- und Bremsphase haben wir hier unterschlagen). Die Ortsänderung $\Delta s = s_{neu} - s_{alt}$ und deshalb auch die Geschwindigkeit $v = \Delta s/\Delta t$ sind beim Abwärtsfahren negativ. Ein ähnliches Diagramm bekamen wir, als wir das Hin- und Zurückfahren unserer Spielzeuglok aufgezeichnet haben. Auch hier gilt: *Wie haben wir die Ortsachse festgelegt – z. B. nach rechts positiv, dann hat eine Bewegung nach rechts einen positiven Geschwindigkeitswert, eine Bewegung gegen diese Richtung einen negativen Geschwindigkeitswert.*

Im t-v-Diagramm spiegelt sich das Hin und Her ebenfalls wider, dies zeigen die unterschiedlichen Abschnitte in *Bild 3*. Die beiden sich ergebenden Flächen sind erwartungsgemäß dem Betrage nach gleich groß, schließlich ist der Rückweg nicht länger als der Hinweg. Die Vorzeichen bei der Flächenberechnung sind aber verschieden, da sie ja vom Faktor v im Produkt $v \cdot \Delta t$ abhängen. Eine unter der t-Achse liegende Fläche im t-v-Diagramm spiegelt also den Rückweg wider.

Merksatz

Im t-v-Diagramm einer gleichförmigen Bewegung wird die Ortsänderung Δs – mit Vorzeichen – durch die Rechteckfläche zwischen v-Kurve und t-Achse im Intervall Δt angegeben.

Beispiel

Fahrt mit dem Aufzug

Geschwindigkeiten des Aufzugs aus dem t-s-Diagramm (Bild 2):
Abschnitt 1: $v > 0$ im Zeitintervall [0 s; 10 s]. Es gilt für den Aufzug (s(10 s) bedeutet Ortswert bei t = 10 s):

$$\boldsymbol{v_1} = \frac{\Delta s}{\Delta t} = \frac{s(10\,\text{s}) - s\,(0\text{s})}{10\,\text{s} - 0\,\text{s}} = \frac{50\,\text{m} - 0\,\text{m}}{10\,\text{s} - 0\,\text{s}} = \mathbf{5\,\frac{m}{s}}.$$

Der zurückgelegte Weg ist direkt ablesbar: 50 m.

Abschnitt 2: $v = 0$ im Zeitintervall [10 s; 30 s]. Für den Aufzug gilt:

$$\boldsymbol{v_2} = \frac{\Delta s}{\Delta t} = \frac{s(30\,\text{s}) - s(10\,\text{s})}{30\,\text{s} - 10\,\text{s}} = \frac{50\,\text{m} - 50\,\text{m}}{30\,\text{s} - 10\,\text{s}} = \mathbf{0\,\frac{m}{s}}.$$

Dies sieht man dem t-s-Diagramm auch direkt an: Der Ortswert bleibt konstant, der Aufzug steht.

Abschnitt 3: $v < 0$ im Zeitintervall [30 s; 45 s]. Jetzt gilt:

$$\boldsymbol{v_3} = \frac{\Delta s}{\Delta t} = \frac{s(45\,\text{s}) - s(30\,\text{s})}{45\,\text{s} - 30\,\text{s}} = \frac{0\,\text{m} - 50\,\text{m}}{45\,\text{s} - 30\,\text{s}} = \frac{-50\,\text{m}}{15\,\text{s}}$$
$$= \mathbf{-3\frac{1}{3}\,\frac{m}{s}}.$$

Die Geschwindigkeit ist jetzt negativ, außerdem ist ihr Betrag kleiner als im 1. Abschnitt. Der Aufzug fährt langsamer nach unten als nach oben.

Zurückgelegte Wege aus dem t-v-Diagramm (Bild 3):

Abschnitt 1: $\mathbf{\Delta s} = v \cdot \Delta t = 5\,\frac{\text{m}}{\text{s}} \cdot (10\,\text{s} - 0\,\text{s}) = \mathbf{50\,m}.$

Abschnitt 2: Die Geschwindigkeit ist null, keine Ortsveränderung: $\mathbf{\Delta s = 0}$.

Abschnitt 3: $\mathbf{\Delta s} = v \cdot \Delta t = -3\frac{1}{3}\,\frac{\text{m}}{\text{s}} \cdot (45\,\text{s} - 30\,\text{s}) = \mathbf{-50\,m}.$

Der Aufzug ist wieder unten angekommen.

Aufgaben

A1: a) Interpretiere das Diagramm. Berechne die Ortsänderungen in den einzelnen Intervallen und insgesamt daraus den Zielort. Zeichne das zugehörige t-s-Diagramm (s(0 s) = 0 m). **b)** Ein anderes Fahrzeug fährt mit konstanter Geschwindigkeit direkt zum Zielort. Beide kommen gleichzeitig an. Welche Geschwindigkeit hatte das zweite Fahrzeug?

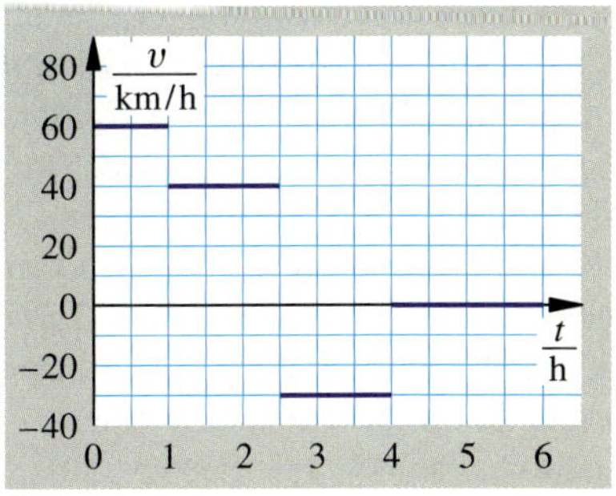

A2: Ein Schlitten bewegt sich auf einer Luftkissenbahn. Das Bild zeigt das mithilfe eines Computers aufgezeichnete t-v-Diagramm. **a)** Beschreibe die Bewegung. **b)** Bestimme die mittleren Geschwindigkeitswerte in den einzelnen Abschnitten. **c)** Berechne die zurückgelegten Wege (Vorzeichen beachten!). Was fällt auf? Um welche Bewegung handelt es sich also? **d)** Nenne mögliche Gründe dafür, dass der Betrag der Geschwindigkeit ständig abnimmt.

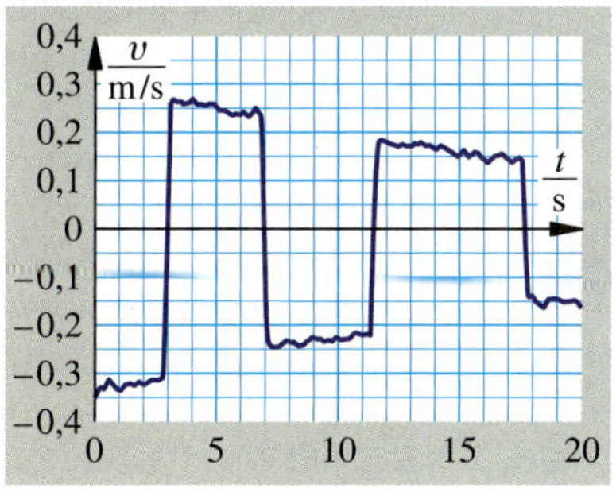

A3: Erfinde zum folgenden t-s-Diagramm eine Geschichte:

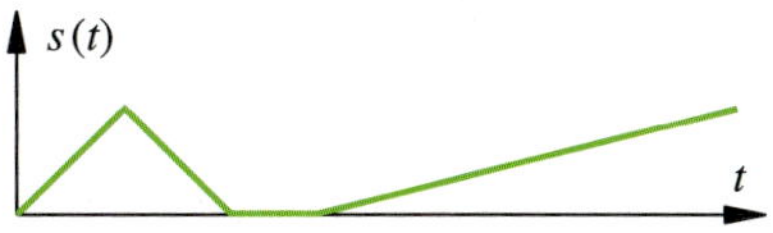

A4: Im Bild sieht man zwei ansteigende Geraden. **a)** Was bedeuten sie, wenn man an Autos denkt? Welche Geschwindigkeit haben diese? Was bedeutet der Schnittpunkt A? **b)** Interpretiere Gerade 3. Was bedeuten die Schnittpunkte mit den beiden anderen Geraden? **c)** Zeichne das zugehörige t-v-Diagramm.

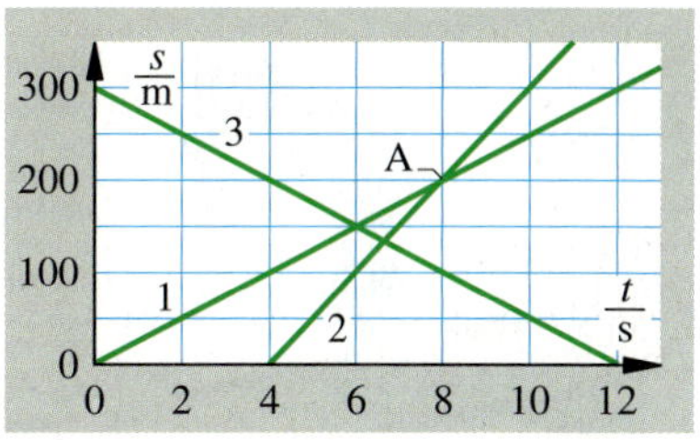

A5: Interpretiere die beiden Diagramme. Beantworte schließlich folgende Frage begründet: Liegen den Diagrammen identische Bewegungen zugrunde?

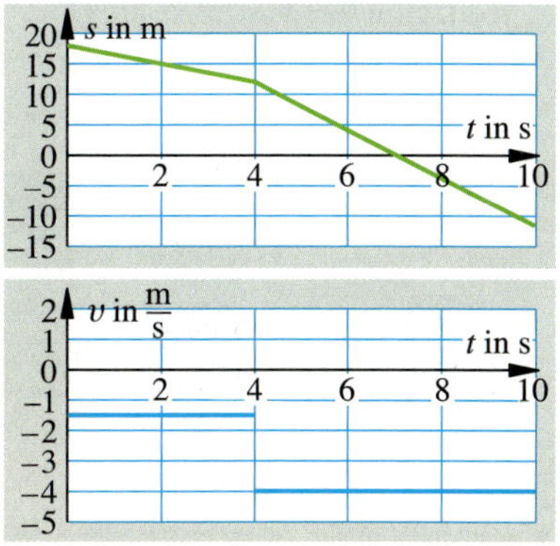

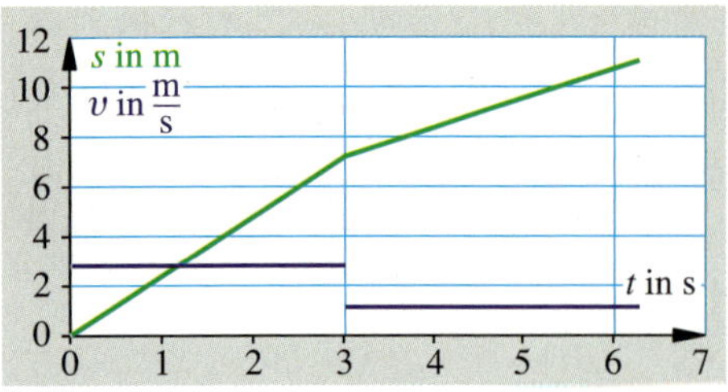

B1: In jedem Intervall liefert der Differenzenquotient die Geschwindigkeit.

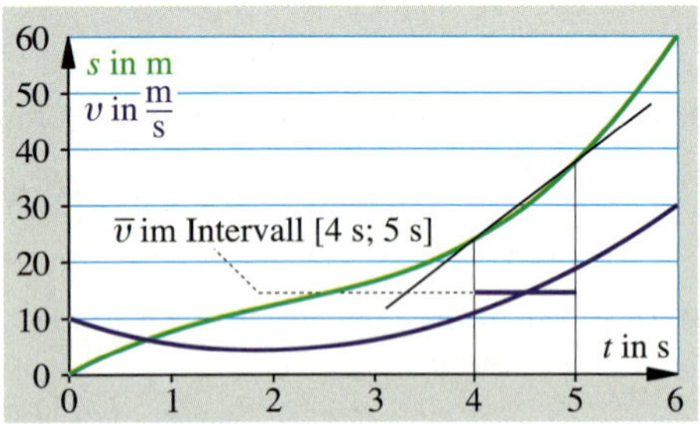

B2: Der Differenzenquotient der schwarzen Geraden ist die Durchschnittsgeschwindigkeit (blau) im Intervall von 4 s bis 5 s. Wählt man viele kleine Intervalle, so erscheint die t-v-Linie „durchgezogen".

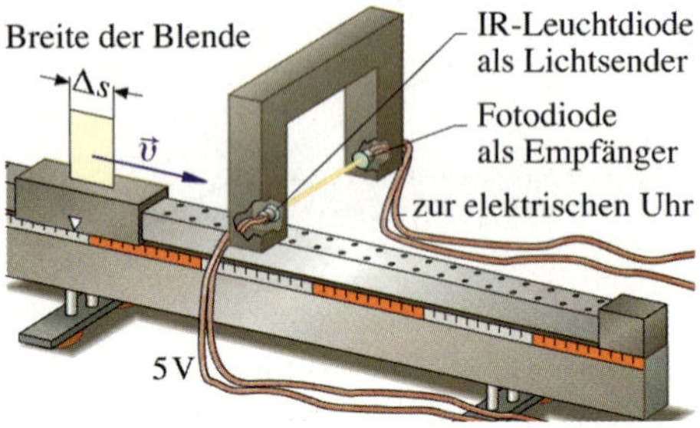

B3: Mit einer schmalen Blende (Breite Δs) wird die Lichtschranke eine Zeit lang (Δt) unterbrochen. Den Quotienten $\Delta s/\Delta t$ wählen wir als Momentangeschwindigkeit im Zeitraum der Verdunkelung.

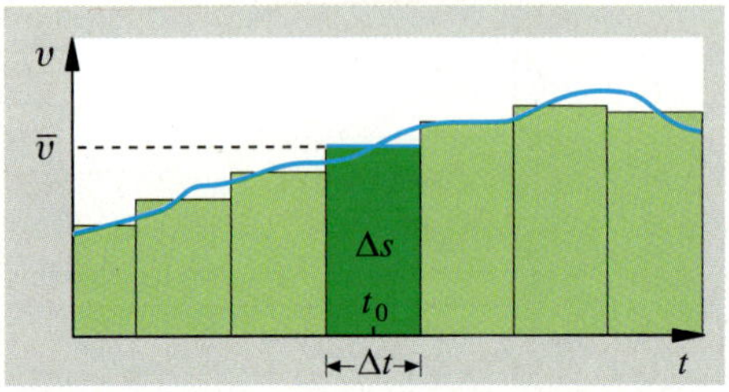

B4: Im t-v-Diagramm wird der Gesamtweg aus einzelnen Flächenstreifen zusammengesetzt.

Die Momentangeschwindigkeit

Der Tachometer deines Fahrrades zeigt in jedem Zeitpunkt eine Geschwindigkeit an. So erwartet man es. Aber ist das so selbstverständlich? Normalerweise liegt im Straßenverkehr ja keine gleichförmige Bewegung vor. Nur für diese konnten wir die Geschwindigkeit als Steigung $v = \Delta s/\Delta t$ der t-s-Geraden berechnen. Der Differenzenquotient war auch dann richtig, wenn sich – wie in ➠ *Bild 1* – die Geschwindigkeit während der Fahrt geändert hatte. Wir mussten dann die Geschwindigkeit eben zweimal berechnen.

1. Geschwindigkeit in einem Zeitpunkt?

Alltägliche Fahrten verlaufen eher wie in ➠ *Bild 2* dargestellt. Das t-s-Diagramm hat keinen geraden Verlauf mehr. Wie soll man da eine Geschwindigkeit bestimmen? Da die Steigung sich dauernd ändert, müsste man dies ja für jeden *Punkt* durchführen.

Stattdessen ermitteln wir den Wert der Durchschnittsgeschwindigkeit in einem *Zeitintervall*, in ➠ *Bild 2* z. B. im Intervall [4 s; 5 s]. Dort interessiert uns dann nur, wo das Fahrzeug zu Beginn des Intervalls war und wo es am Ende des Intervalls ist. Was es dazwischen gemacht hat, lassen wir außer Acht. Wir ersetzen die Kurve durch eine Gerade, deren Steigung wir wie üblich berechnen. Wir erhalten so die Durchschnittsgeschwindigkeit $\bar{v}$. Sie ist diejenige konstante Ersatzgeschwindigkeit, mit der man für die gleiche Strecke dieselbe Zeit gebraucht hätte. Auch in den übrigen Intervallen bestimmt man $\bar{v}$ auf diese Art.

Eine solche Durchschnittsgeschwindigkeit kann man z. B. nach ➠ *Bild 3* mit einer Lichtschranke und einer Blende auf dem Fahrzeug ermitteln. Je schmaler wir diese Blende wählen, desto weniger weicht der so ermittelte Wert von einem auf andere Art (z. B. mit einem Tacho) im gleichen Intervall ermittelten Wert ab. Wir wollen deshalb hier unter **Momentangeschwindigkeit** denjenigen Geschwindigkeitswert verstehen, der sich als Durchschnittsgeschwindigkeit bei sehr klein gewähltem Messintervall ergibt.

Die mit einem Lochrad und Computerinterface ermittelten Geschwindigkeiten benutzen ebenfalls sehr kleine Δs-Werte. Damit haben wir das Problem gelöst: Die Ermittlung der Durchschnittsgeschwindigkeit in kleinen Zeitintervallen Δt rettet uns vor der unlösbaren Aufgabe, $\Delta s/\Delta t$ für $\Delta t = 0$ zu berechnen.

Aus einer t-v-Kurve lassen sich später dann wieder kleine Wegelemente Δs als schmale Rechtecke unter der Kurve bestimmen (➠ *Bild 4*).

Merksatz

Wir finden die **Momentangeschwindigkeit** näherungsweise als Durchschnittsgeschwindigkeit in einem sinnvoll kleinen Zeitintervall.

Projekt

Ein Fahrrad-Fahrtenschreiber

Unsere Überlegungen gehören nun auf den Prüfstand. Als Anwendung wählen wir eine Fahrt mit dem Fahrrad, die wir „aufschreiben" möchten (Busse und Lkw haben solche Fahrtenschreiber). Anschließend soll die Fahrt mit dem Computer ausgewertet werden. Wir benötigen dazu

- ein Fahrrad mit Dynamo, möglichst am Hinterrad. Die Lampen werden vom Dynamo abgeklemmt. Nützlich ist ein Kilometerzähler,
- ein Gerät, mit dem man die Dynamospannung während der Fahrt aufzeichnen kann – einen so genannten *Datenlogger* (➠ *Bild 5*),
- einen Computer, in den man die Daten einlesen kann, um sie anschließend auszuwerten.

B 5: Radfahrt, aufgezeichnet mit Datenlogger

Wir verbinden den Spannungseingang (Wechselspannung) des Datenloggers mit den beiden Anschlüssen des Dynamos. Die Messrate muss noch festgelegt werden, z. B. eine Messung je Sekunde oder auch weniger, um den Datenumfang kleiner zu halten. Den Datenlogger legen wir z. B. in eine Satteltasche, starten die Datenaufnahme und fahren los.

Nach der Fahrt übertragen wir die Daten auf den Computer und werten sie mit einer Tabellenkalkulation aus (➠ *Bild 6*).

	A	B	C	D	E	F	G	H	I
6									
7							Kalibrierungsfaktor k in v = k*U		
8	t / s	U_A1 / V	v in km/h	v in m/s	si = vi*dt in m				
9	0	0,0044	0,007524	0,00209			k =	1,71	
10	1	0,0044	0,007524	0,00209	0,00209				
11	2	0,0049	0,008379	0,00233	0,00233		(Gesamtstrecke = Summe über alle si)		
12	3	0,004	0,00684	0,00190	0,00190		s =	10496	
13	4	0,005	0,00855	0,00238	0,00238				
14	5	0,0031	0,005301	0,00147	0,00147				
15	6	0,0029	0,004959	0,00138	0,00138				
16	7	0,0015	0,002565	0,00071	0,00071				
17	8	0,0029	0,004959	0,00138	0,00138				
18	9	0,0007	0,001197	0,00033	0,00033				
19	10	0,0014	0,002394	0,00067	0,00067				
20	11	0,0008	0,001368	0,00038	0,00038				
21	12	0,0007	0,001197	0,00033	0,00033				
22	13	0,0016	0,002736	0,00076	0,00076				
23	14	0,0007	0,001197	0,00033	0,00033				
24	15	0,0013	0,002223	0,00062	0,00062				
25	16	0,0008	0,001368	0,00038	0,00038				
26	17	0,0012	0,002052	0,00057	0,00057				
27	18	0,0007	0,001197	0,00033	0,00033				
28	19	0,0008	0,001368	0,00038	0,00038				
29	20	0,0008	0,001368	0,00038	0,00038				
30	21	0,0009	0,001539	0,00043	0,00043				
31	22	0,0086	0,014706	0,00409	0,00409				
32	23	0,0055	0,009405	0,00261	0,00261				
33	24	0,0009	0,001539	0,00043	0,00043				
34	25	0,0121	0,020691	0,00575	0,00575				
35	26	0,0009	0,001539	0,00043	0,00043				
36	27	0,0026	0,004446	0,00124	0,00124				
37	28	0,001	0,00171	0,00048	0,00048				

B 6: Tabelle zur Berechnung von $v(t)$ und s_{gesamt}

In der linken Spalte A stehen die Messzeiten t, daneben in B die Spannungswerte U (schwarz). Die Geschwindigkeit v (hier nur Beträge) kennen wir noch nicht, vorläufig berechnen wir in der vierten Spalte (D) $v = k \cdot U$ mit z. B. $k = 0{,}5$ (m/s)/V (blau). Wir bekommen so ein vorläufiges t-v-Diagramm (➠ *Bild 7*).

Als Fläche unter der Kurve verbirgt sich noch die gesamte Ortsänderung, in diesem Fall auch nur der Betrag des insgesamt zurückgelegten Weges. Wir ermitteln ihn aus den vielen schmalen Rechtecken $s = v \cdot \Delta t$ (berechnet in Spalte E). Da die Zeitintervalle klein gewählt wurden, ist es gleichgültig, ob wir für v den Mittelwert aus dem Zeitintervall oder aber einfacher den Anfangs- oder den Endwert im Intervall nehmen. Wir wählen hier den Endwert und bekommen so alle Wegstücke Δs.

Jetzt müssen wir nur noch die Spaltensumme über alle Δs-Werte bilden und bekommen so den gesamten Fahrweg. Es ist aber sicher noch nicht der richtige Wert, wie der Vergleich mit dem km-Zählerstand des Fahrrades zeigt (oder auch ein Blick in die Wanderkarte). Wir müssen jetzt noch den richtigen Faktor k finden. Die Geschwindigkeitswerte sind dann richtig, wenn auch die Fläche unter der t-v-Kurve mit dem auf andere Weise (z. B. vom Kilometerzähler oder aus einer Landkarte) ermittelten Weg übereinstimmt.

Abschließend können wir dann noch die Kurve interpretieren, z. B. nach folgenden Gesichtspunkten:

- In welchen Zeitintervallen wurde beschleunigt?
- Zu welchem Zeitpunkt wurde eine Kreuzung erreicht, wie lang dauerte die Rotphase der Ampel?
- Wie groß war die Hochstgeschwindigkeit?
- Was könnten die kurzen Phasen kleiner Geschwindigkeit bedeuten (bei bekannter Straßenführung)?

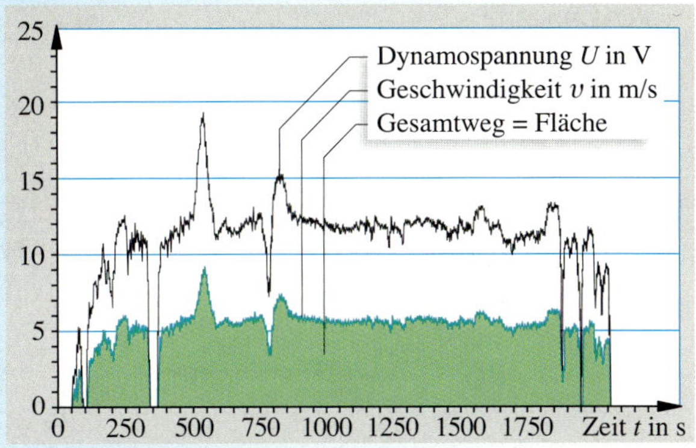

B 7: Radfahrt: $v(t)$ und zurückgelegter Weg s_{gesamt}

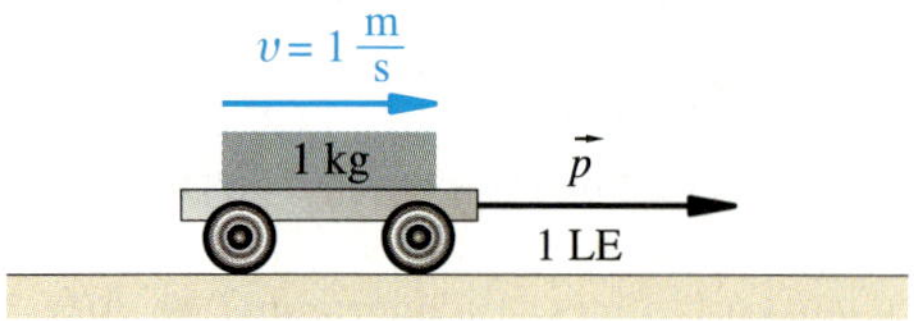

B1: Der 1 kg-Wagen mit der Geschwindigkeit 1 m/s hat einen Impulspfeil von 1 LE.

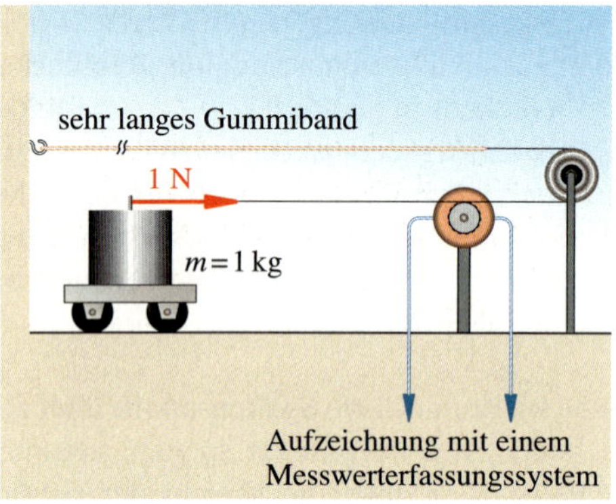

V1: Der 1 kg-Wagen wird von einem gespannten Fliesenleger-Gummi beschleunigt. Dessen Länge wählen wir so, dass über die Beschleunigungsstrecke von einem halben Meter die Kraft genügend konstant ist. Wagen und Gummi verbindet eine Schnur. Sie läuft über das Rädchen eines Tachogenerators oder digitalen Bewegungsmesswandlers. Das Gummi wird so gespannt, dass der Wagen in 1 s auf 1 m/s beschleunigt wird. Störende Reibung gleichen wir durch leichte Neigung der Fahrbahn aus. Die Zunahme der Momentangeschwindigkeit des Wagens zeigt ➠ *Bild 3.* – Für die Messung der unteren Kurve kann anstatt eines 2 kg-Wagens auch ein Gespann aus zwei 1 kg-Wagen verwendet werden.

Aus der Ruhe zum Impuls

Die Länge eines Impulspfeils ist sowohl proportional zur Geschwindigkeit als auch zur Masse eines Körpers. Ein Wagen der Geschwindigkeit $v = 1$ m/s und der Masse $m = 1$ kg erhält dabei einen Impulspfeil von einer Längeneinheit (➠ *Bild 1*). Wie hängt der erreichte Impuls von der Antriebskraft und deren Einwirkungsdauer ab? Einen ersten Hinweis liefert die genaue Definition der Krafteinheit.

1. Die internationale Definition der Krafteinheit

Unsere Federkraftmesser sind in der Einheit Newton geeicht. Wie ist diese Einheit international festgelegt?

Eine Kraft verrät sich nicht nur durch ihre verformende Wirkung. Sie kann einen Körper auch beschleunigen oder abbremsen, also seinen Impuls ändern. Setzen wir also einen Wagen mit konstanter Kraft in Bewegung (➠ *Versuch 1*). Seine Masse soll 1 kg betragen. Seine Momentangeschwindigkeit lesen wir eine Sekunde nach dem Start ab. Die Kraft wird nun so gewählt, dass der Tachometer nach der Zeit $t = 1$ s die Geschwindigkeit $v = 1$ m/s anzeigt. Messergebnisse dieses Versuchs zeigt ➠ *Bild 3.*

Eine größere Kraft hätte den Wagen in der gleichen Zeit auf mehr als 1 m/s beschleunigt, eine kleinere Kraft auf weniger als 1 m/s. Diejenige Kraft, die den 1 kg-Wagen aus der Ruhe in 1 s genau auf 1 m/s beschleunigt, ist als Krafteinheit 1 N festgelegt (➠ *Bild 2*).
Reibungskräfte schließen wir dabei aus. In ➠ *Versuch 1* beträgt die Kraft des Gummizuges also 1 N. Das ist anschaulich die Gewichtskraft einer 100 g-Schokoladentafel.

Merksatz

1 Newton (1 N) ist die konstante Kraft, die einen Körper der Masse 1 kg in 1 s aus dem Stand auf die Geschwindigkeit 1 m/s bringt. Der Körper erhält durch die Kraft vom Betrag $F = 1$ N in der Zeit $t = 1$ s aus der Ruhe den Impulspfeil von einer Längeneinheit (1 LE).

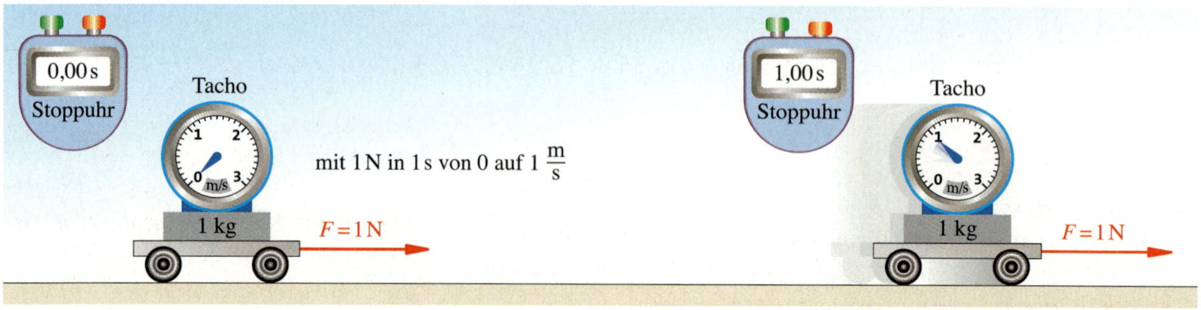

B2: Definition des Newton: 2 Momentbilder eines durch die Kraft 1 N in 1 s auf 1 m/s beschleunigten 1 kg-Wagens

2. Der Impuls eines Körpers

Die Kraft 1 N bringt in 1 s einen 1 kg-Wagen auf die Geschwindigkeit 1 m/s. Welche Geschwindigkeit und welchen Impuls erhält dann ein Wagen von halber oder doppelter Wagenmasse?

Das ➠ *Bild 3* zeigt: Der 2 kg-Wagen erreicht zwar nach $t = 1$ s nur den halben Wert $v = 0{,}5$ m/s, sein Impuls ist jedoch der gleiche wie beim 1 m/s schnellen 1 kg-Wagen. Sein Impulspfeil hat nämlich bei doppelter Masse und halber Geschwindigkeit die gleiche Länge. Ein 0,5 kg-Wagen würde bei $F = 1$ N nach $t = 1$ s die Geschwindigkeit $v = 2$ m/s erreichen, erhält also wieder den gleichen Impulspfeil (➠ *Bild 4*). Das Produkt $m \cdot v$ ist in allen drei Fällen gleich groß.
Wir verallgemeinern diesen von NEWTON erkannten fundamentalen Zusammenhang: Jeder Wagen erhält unabhängig von seiner Masse durch die gleiche Kraft in der gleichen Zeit auch den gleichen Impuls. Bei großer Masse ist die Geschwindigkeit klein und umgekehrt. Das Produkt $m \cdot v$ nimmt jedoch immer den gleichen Wert an. Das rechtfertigt, den Impuls p nun endgültig als Produkt $p = m \cdot v$ zu definieren mit der Einheit 1 kg · m/s.

Merksatz

Definition: Unter dem **Impuls** $\vec{p}$ eines Körpers versteht man das Produkt aus seiner Masse m und seiner Geschwindigkeit $\vec{v}$. Für seinen Betrag gilt:

$$\boldsymbol{p = m \cdot v} \quad \text{mit der Einheit 1 kg m/s.}$$

Zur vollständigen Beschreibung des Impulses gehört die Angabe seiner Richtung. Er ist nämlich so wie die Geschwindigkeit $\vec{v}$ eine *Vektorgröße* und zeigt in deren Richtung.
Wir beschränken uns hier auf Bewegungen entlang einer Geraden. Die Richtung lässt sich dann durch das Vorzeichen + oder – angeben (➠ *Bild 5*). Zur Unterscheidung vom Betrag bezeichnen wir eine solche Angabe als *Wert* des Impulses.

Beispiel

Ein 4 kg-Wagen wird aus der Ruhe mit der konstanten Kraft 1 N während 1 s beschleunigt. **a)** Welchen Impuls hat der Wagen dann? **b)** Nach dem Aufprall auf ein Hindernis fährt er mit 20% seiner Geschwindigkeit in die entgegengesetzte Richtung. Welche Werte haben jetzt $\vec{v}$ und $\vec{p}$?

Lösung:

a) Der Wagen erreicht durch $F = 1$ N in $t = 1$ s den Impuls $\boldsymbol{p = 1}$ **kg m/s**.

b) Aus $p = m \cdot v = 1$ kg m/s folgt $v = p/m = (1 \text{ kg m/s})/(4 \text{ kg}) = 0{,}25$ m/s. Der Wagen bewegt sich gegen die positiv gewählte Richtung: $\boldsymbol{v} = -(0{,}2 \cdot 0{,}25 \text{ m/s}) = \boldsymbol{-0{,}05}$ **m/s**;
$\boldsymbol{p} = 4 \text{ kg} \cdot (-0{,}05 \text{ m/s}) = \boldsymbol{-0{,}2}$ **kg m/s**.

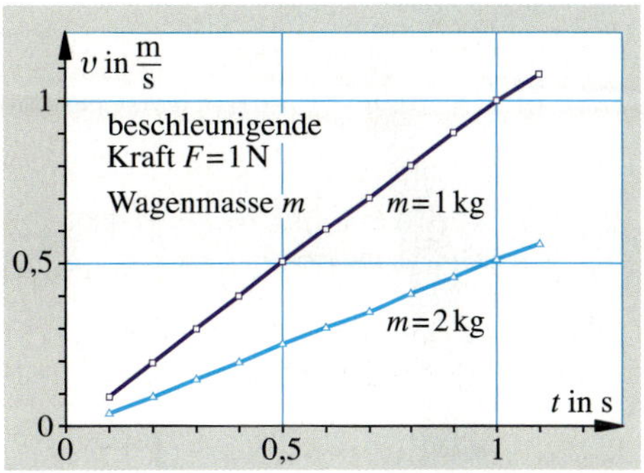

B3: Geschwindigkeit eines 1 kg-Wagens (obere Kurve) und eines 2 kg-Wagens (untere Kurve) beim Beschleunigen mit der Kraft 1 N nach ➠ *Versuch 1* (gemessen mit einem Bewegungsmesswandler)

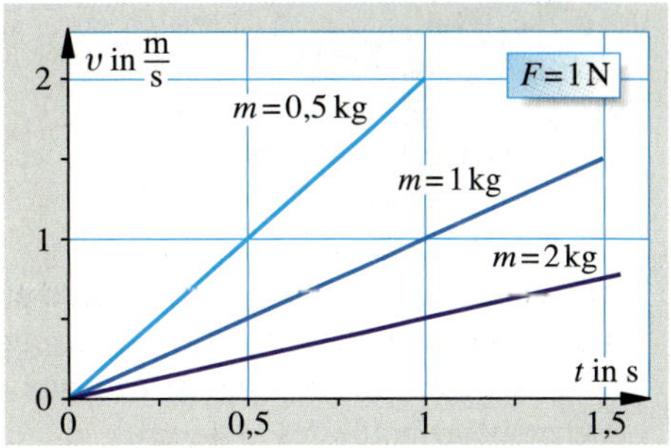

B4: t-v-Diagramm für Wagen verschiedener Massen, beschleunigt durch die Kraft 1 N

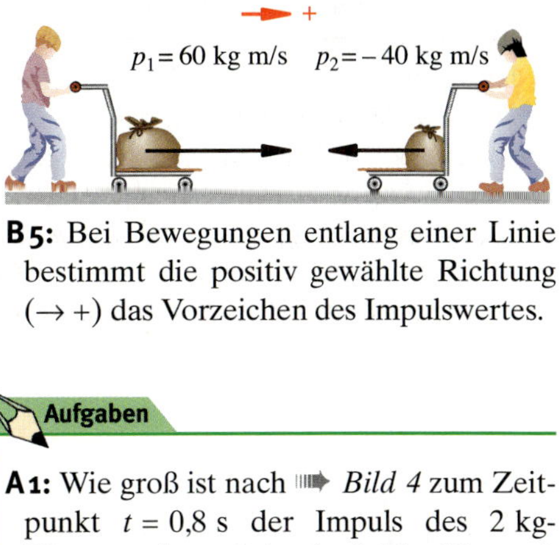

B5: Bei Bewegungen entlang einer Linie bestimmt die positiv gewählte Richtung (→ +) das Vorzeichen des Impulswertes.

Aufgaben

A1: Wie groß ist nach ➠ *Bild 4* zum Zeitpunkt $t = 0{,}8$ s der Impuls des 2 kg-Wagens, wie groß der des 0,5 kg-Wagens?

A2: Wie schnell müsste ein Sportler ($m = 75$ kg) laufen, damit er denselben Impuls hat wie ein Geschoss aus einem Jagdgewehr ($m = 3{,}4$ g, $v = 1000$ m/s)?

A3: Welche Punkte $(t;\ v)$ in ➠ *Bild 4* gehören zum gleichen Impuls? Wo liegen sie?

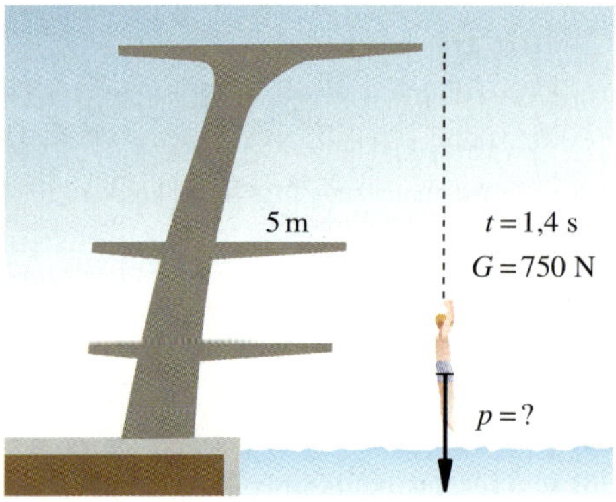

B1: Der Impuls beim Sprung vom 10 m-Turm

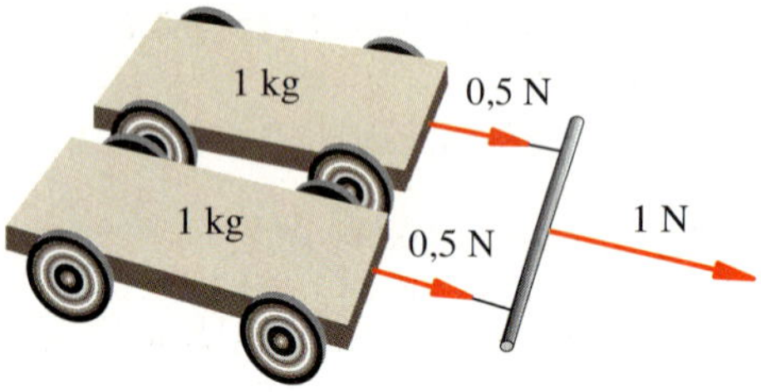

B2: Ein Gespann aus zwei Wagen wird aus dem Stand von 1 N beschleunigt, jeder 1 kg-Wagen von 0,5 N. Ein Wagen hat den halben Impuls des Gespanns.

Nach *Bild 2* wird ein Gespann aus der Ruhe von der Kraft 1 N beschleunigt. Das Gespann erhält dabei in einer Sekunde den Impuls 1 kg m/s. Der einzelne Wagen hat die gleiche Geschwindigkeit aber nur die halbe Masse, also den Impuls $\frac{1}{2}$ kg m/s. Jedem 1 kg-Wagen steht nur $\frac{1}{2}$ N zur Verfügung. Somit verleiht $\frac{1}{2}$ N einem 1 kg-Wagen in 1 s auch nur $\frac{1}{2}$ kg m/s. Ebenso gilt umgekehrt: Die doppelte Kraft verleiht dem Wagen den doppelten Impuls. Die Tabelle zeigt dies in einem Zahlenbeispiel auch für ein Dreiergespann. Allgemein gilt: $p \sim F$.

t = 1 s nach dem Start	Impuls p	Kraft F
Jedes Gespann	1 kg m/s	1 N
Einzelwagen (Zweiergespann)	$\frac{1}{2}$ kg m/s	$\frac{1}{2}$ N
Einzelwagen (Dreiergespann)	$\frac{1}{3}$ kg m/s	$\frac{1}{3}$ N

V1: Gedankenexperiment zu $p \sim F$

3. Kraft mal Zeit gleich Impuls

Wie groß ist in *Bild 1* der Impuls beim Auftreffen auf das Wasser? Wie ändert er sich während des Falls? Betrachten wir zunächst unsere Versuche. Die Messungen in *Ziffer 2* zeigen, dass die Geschwindigkeit v des Wagens proportional mit der Zeit t zunimmt, also auch der Impuls $p = m \cdot v$. Bei konstanter Kraft ist

$$\boldsymbol{p \sim t}.$$

Das gilt für Wagen beliebiger Masse. Jeder erhält von derselben Kraft in derselben Zeit (im Versuch von F = 1 N in t = 1 s) den gleichen Impuls p = 1 kg m/s. Er ist nach t = 2 s für jeden Wagen auf p = 2 kg m/s angewachsen, nach 3 s auf p = 3 kg m/s – unabhängig von der Masse des Wagens.

Und wie groß wird der Impuls, wenn nun bei gleicher Anfahrzeit auf den Wagen z.B. die halbe, doppelte oder dreifache Kraft wirkt? Ein *Gedankenexperiment* (*Versuch 1*) gibt die Antwort. Allgemein gilt: Bei jeweils gleicher Anfahrzeit ist

$$\boldsymbol{p \sim F}.$$

Wir fassen beides in einer Tabelle zusammen:

F	t	p
1 N	1 s	1 kg m/s
1 N	2 s	2 · 1 kg m/s
3 N	2 s	3 · 2 · 1 kg m/s

Sie zeigt uns die allgemein gültige Gleichung für den in der Zeit t durch eine Kraft F aus der Ruhe zugeführten Impuls:

$$\boldsymbol{p = F \cdot t}.$$

Die Einheit von p ergibt sich aus $p = F \cdot t$ zu 1 Ns. Wir können demnach den Impuls sowohl in der aus $p = m \cdot v$ abgeleiteten Einheit 1 kg m/s angeben als auch in der Einheit 1 Ns. Damit legen wir fest, dass 1 Ns = 1 kg m/s gilt.

Ein Körper beliebiger Masse, der zunächst ruht, erhält den Einheitsimpuls p = 1 Ns = 1 kg m/s, wenn auf ihn 1 s lang die Kraft F = 1 N (0,5 s die Kraft 2 N, 2 s die Kraft 0,5 N usw.) wirkt. F ist dabei die resultierende Kraft auf den Körper.

Merksatz

Ein aus der Ruhe durch die konstante Kraft F beschleunigter Körper hat nach der Zeit t den **Impuls**

$$\boldsymbol{p = F \cdot t}.$$

Die Einheit des Impulses $p = m \cdot v$ ist 1 kg m/s oder auch 1 Ns.

Der Impuls des Springers in *Bild 1* wächst also proportional zur Zeit, da seine Gewichtskraft konstant ist und Luftreibung vernachlässigbar ist. Beim Aufprall gilt: p = 750 N · 1,4 s = 1050 Ns.

Beispiel

1. Beim Anfahren zeigt die Tachonadel eine gleichmäßige Zunahme der Geschwindigkeit, die Uhr gibt die dabei verstrichene Zeit an. Der Wagen wiegt 720 kg, der Fahrer 90 kg, die Beifahrerin 60 kg. **a)** Wie groß ist jeweils der Impuls des Wagens, des Fahrers und der Beifahrerin? **b)** Wie groß ist die beschleunigende Kraft auf Wagen samt Insassen? **c)** Welche Geschwindigkeit hatte der Wagen nach 2 s? Wie groß war dann der Gesamtimpuls?

Lösung:

a) Impuls des Wagens:

$p_W = 720\text{ kg} \cdot 60\text{ km/h} = 720\text{ kg} \cdot 60\,000\text{ m/(3600 s)}$
$= 12\,000\text{ kg m/s} = \mathbf{12\,000\ Ns}$,

Impuls des Fahrers:

$p_F = 90\text{ kg} \cdot 60\,000\text{ m/(3600 s)} = \mathbf{1500\ Ns}$,

Impuls der Beifahrerin: $\boldsymbol{p_B} = \mathbf{1000\ Ns}$.

b) $\boldsymbol{F} = p/t = (m_W + m_F + m_B) \cdot v/t = (p_W + p_F + p_B)/t$
$= (12\,000\text{ Ns} + 1500\text{ Ns} + 1000\text{ Ns})/(5\text{s})$
$\mathbf{= 2900\ N}$.

c) Impuls nach $t = 2$ s:

$p = F \cdot t = 2900\text{ N} \cdot 2\text{ s} = \mathbf{5800\ Ns}$.

Geschwindigkeit:

$\boldsymbol{v} = p(2\text{ s})/m = 5800\text{ Ns}/(720\text{ kg} + 90\text{ kg} + 60\text{ kg})$
$= 5800\text{ Ns}/(870\text{ kg}) = \mathbf{6{,}66\ m/s}$ (oder $v = 24$ km/h).

2. Björn lässt zur Messung der Tiefe des Nürnberger Burgbrunnens (verbotenerweise) einen 500 g-Stein hinunterfallen. Im Licht seiner Lampe sieht er ihn nach 3,4 s auf das Wasser schlagen. **a)** Wie schnell ist der Stein beim Auftreffen? **b)** Wie tief ist der Brunnen? **c)** Nach welcher Zeit hört er ihn aufplatschen? **d)** Ändert sich das Ergebnis für einen schwereren oder leichteren Stein? **e)** Beurteile die Genauigkeit deiner Rechnung.

Lösung:

a) Sieht man vom Luftwiderstand ab, so ist $F = G$. Der Stein erreicht das Wasser mit dem Impuls $p = F \cdot t = G \cdot t = m \cdot g \cdot t = 5{,}0\text{ N} \cdot 3{,}4\text{ s} = 17\text{ Ns}$. Also ist $p = m \cdot v = 17$ kg m/s, weil 1 Ns = 1 kg m/s. Somit gilt: $\boldsymbol{v} = p/m = (17\text{ kg m/s})/(0{,}5\text{ kg})$ $\mathbf{= 34\ m/s}$.

b) Bei konstanter Kraft ist die Geschwindigkeit proportional zur Fallzeit. Die Durchschnittsgeschwindigkeit $\bar{v}$ ist daher halb so groß wie die Endgeschwindigkeit $v = 34$ m/s, also ist $\bar{v} = 17$ m/s. Der Stein ist $\boldsymbol{s} = \bar{v} \cdot t = 17\text{ m/s} \cdot 3{,}4\text{ s} \approx \mathbf{58\ m}$ tief gefallen.

c) Der Schall benötigt für die 58 m lange Strecke die Zeit $t = 58\text{ m}/(340\text{ m/s}) = 0{,}17$ s. Das Aufplatschen wäre nach 3,4 s + 0,17 s = **3,57 s** zu hören.

d) In $p = F \cdot t$ enthält $F = m \cdot g$ die Masse m als Faktor. Wir dividieren durch m und erhalten:
$v = p/m = F \cdot t/m = m \cdot g \cdot t/m = g \cdot t$.
Die Masse spielt hier keine Rolle. Mit der Geschwindigkeit nimmt jedoch die Luftreibung zu. Diese Kraft ist zur Gewichtskraft entgegengesetzt gerichtet. Die resultierende Kraft, die den Stein beschleunigt, nimmt deshalb mit zunehmender Geschwindigkeit ab. Die Reibungskraft sollte deshalb klein gegen die Gewichtskraft bleiben. Je schwerer der Stein, desto besser ist diese Bedingung erfüllt.

e) Der Luftwiderstand verlängert die Fallzeit. Die berechnete Geschwindigkeit und Brunnentiefe sind deshalb zu groß. Die Rechnung mit $g = 10$ N/kg anstatt 9,81 N/kg vergrößert die Tiefe zusätzlich um 2%. Tatsächlich beträgt die Brunnentiefe 53 m.

Aufgaben

A1: Anna und Björn springen im Schwimmbad gleichzeitig vom 10 m-Turm. Beide treffen nach 1,4 Sekunden aufs Wasser. **a)** Unter welchen Bedingungen haben beide beim Auftreffen denselben Impuls? **b)** Peter springt vom 5 m-Turm und taucht schon nach 1,0 Sekunden Fallzeit ins Wasser. Er behauptet, sein Impuls sei so groß wie Annas. Ist dies möglich?

A2: Eine Bowlingkugel der Masse 2,5 kg erreicht 3 s nach dem Abwurf auf der 15 m langen Bahn die Kegel. Wie groß ist ihr Impuls?

A3: Ein Kran hebt beschleunigt einen vollen Betonkübel von 2,5 Tonnen. Der Kübel ist 2 Sekunden nach dem Abheben 1 m/s schnell. Das Seil zieht mit konstanter Kraft. Wie groß ist die Seilkraft?

A4: Der 1,4 Tonnen schwere Ferrari 550 beschleunigt in 4,4 Sekunden aus dem Stand auf 100 km/h. Der 795 Tonnen schwere ICE 1 erreicht diese Geschwindigkeit erst 66 Sekunden nach der Abfahrt.

a) Vergleiche die allein zum Beschleunigen notwendigen Kräfte.

b) Welche Kräfte müssen zusätzlich aufgebracht werden?

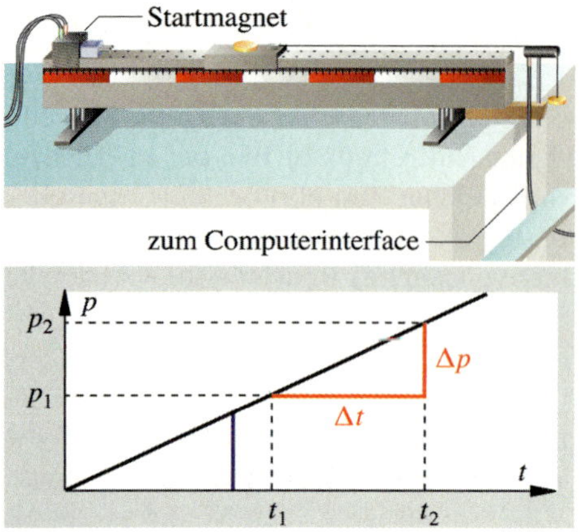

V1: Ein Magnet hält den Schlitten auf der waagerechten Fahrbahn. Nach dem Start zieht das Wägestück den Schlitten über Faden und Umlenkrolle mit konstanter Kraft nach rechts. Sein Impuls *p* nimmt mit der Zeit *t* gleichmäßig zu: $p \sim t$. Die Steigung der *t*-*p*-Geraden ist $F = p/t$. Denselben Wert liefert ein beliebiges anderes Steigungsdreieck: $F = \Delta p/\Delta t$.

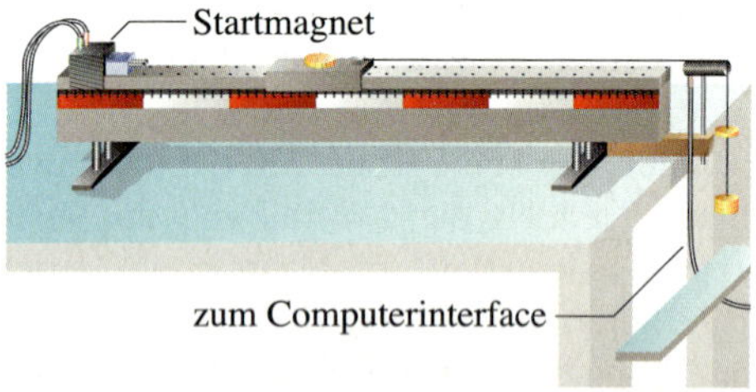

V2: Der Schlitten wird von zwei Wägestücken beschleunigt (ihre Masse ist relativ klein). Nach kurzer Zeit setzt das untere Wägestück auf. Das obere, leichter als das untere, zieht anschließend allein am Schlitten. Die resultierende Kraft ist nun kleiner. Ein Computer zeichnet die Bewegung auf.

t in s	*p* in kg · m/s	$\Delta p/\Delta t$ in kg · m/s²	*F* in N
0,80	0,096	0,120	0,123
0,85	0,102	0,120	0,123
0,90	0,108	0,120	0,123
0,95	0,114	0,120	0,123
1,00	0,117	0,029	0,029
1,05	0,118	0,029	0,029
1,10	0,119	0,029	0,029
1,15	0,121	0,029	0,029

T1: Ausschnitt aus der Messtabelle

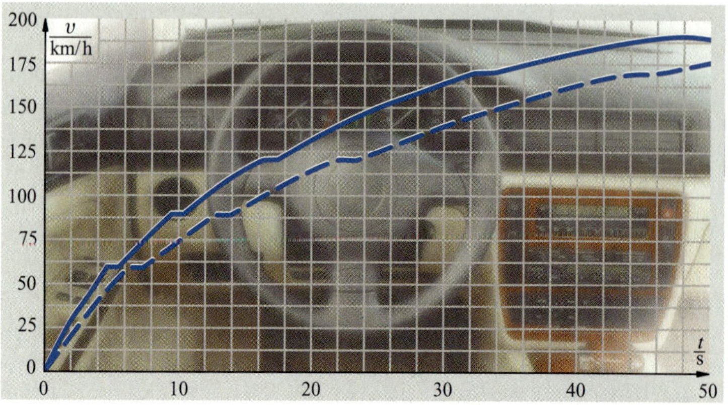

B1: *t*-*v*-Diagramm eines startenden Pkw mit fünf Gängen. Zweite Fahrt (gestrichelte Linie) mit voller Beladung.

Kraft bewirkt Impulsänderung

1. Solange eine Kraft wirkt, wird der Impuls verändert

Wir greifen noch einmal auf, was wir über Kraft und Impuls bereits wissen: Nur wenn eine Kraft eine Zeit lang auf einen Wagen einwirkt, bekommt er einen Impuls. Lassen wir – wie in *Versuch 1* – eine konstante Kraft ständig in Bewegungsrichtung auf den zu Beginn ruhenden Schlitten wirken, wird dessen Impuls immer größer. Für die Beträge von Impuls und Kraft gilt dann:

$$p = F \cdot t.$$

Betrachten wir in *Versuch 1* zwei verschiedene Zeitpunkte t_1 und t_2. Die Impulsbeträge sind $p_1 = F \cdot t_1$ und $p_2 = F \cdot t_2$. Die Impuls*vergrößerung* im Zeitabschnitt von t_1 bis t_2 beträgt:

$$F \cdot t_2 - F \cdot t_1 = p_2 - p_1 \text{ oder kurz}$$
$$F \cdot \Delta t = \Delta p.$$

Um dies herauszufinden, brauchten wir gar keinen neuen Versuch durchzuführen. Das Ergebnis folgt direkt aus der schon früher gefundenen Proportionalität zwischen *t* und *p* bei einer konstant auf einen Körper einwirkenden Kraft. Wir sind bei der Untersuchung des Impulses also gar nicht mehr auf den Startpunkt ($t = 0$; $p = 0$) angewiesen, sondern können verallgemeinern:

Eine Kraft mit konstantem Betrag *F*, die während eines *beliebigen Zeitintervalls* Δt auf einen Wagen einwirkt, ändert den Impuls um $\Delta p = F \cdot \Delta t$.

2. Auch Pausen und andere Kräfte sind erlaubt

Im *Bild 1* wird ein Pkw im ersten Gang aus der Ruhe beschleunigt. Sein Impuls wächst proportional zur Zeit. Dann wird umgeschaltet. Das Auto fährt währenddessen mit konstanter Geschwindigkeit weiter – keine Kraft, keine Impulsänderung.

Im zweiten Gang ist die beschleunigende Kraft kleiner; so kennen wir es von einem Fahrrad mit Gangschaltung. Der Impuls des Autos wächst weiter, allerdings nicht mehr proportional zur Zeit und weniger schnell als im ersten Gang. Dies erkennen wir an der ab jetzt kleineren Steigung im *t-p*-Diagramm. Also: Die Kraft ist kleiner, die Impulsänderung ist kleiner.

Gilt trotzdem noch, dass die Impuls*änderung* bei gleichem Zeitintervall proportional zur einwirkenden *Kraft* ist? Ist also auch bei nicht proportionaler Zuordnung von p zu t der Quotient $\Delta p/\Delta t$ gleich dem Betrag F der einwirkenden Kraft?

Um dies zu prüfen, führen wir ➠ *Versuch 2* aus. Zur Nachahmung des startenden Pkw lassen wir den Schlitten zunächst von zwei Wägestücken beschleunigen, also mit großer resultierender Kraft, kurz darauf nur noch von einem einzigen. Das Ergebnis stellen wir im Diagramm ➠ *Bild 2* dar. Die ➠ *Tabelle 1* zeigt einen Ausschnitt der Messwerte.
Im ersten Anstieg der Kurve erkennen wir die bisherigen Versuchsergebnisse wieder: Der Impuls ist proportional zur Zeit gestiegen. Wir dürfen auch sagen, die Impulsänderung je Zeit $\Delta p/\Delta t$ entspricht in jedem Zeitintervall der konstant wirkenden Kraft F.

Im zweiten Abschnitt des Versuches finden wir die Bestätigung für diese bedeutende Verallgemeinerung. Die Impulsänderung je Zeitintervall $\Delta p/\Delta t$ ist auch hier der Betrag F der wirkenden Kraft, die Vorgeschichte spielt keine Rolle! Nur die *Steigung* des *t-p*-Graphen ist von Bedeutung. Es gilt also *immer* bei einer *beliebigen*, in einem Zeitintervall Δt konstanten Kraft:

$$F = \frac{\Delta p}{\Delta t} \quad \text{oder} \quad \Delta p = F \cdot \Delta t.$$

Merksatz

Die Impulsänderung eines Körpers ist das Produkt aus konstant einwirkender resultierender Kraft und Zeitdauer des Einwirkens:

$$\boldsymbol{\Delta p = F \cdot \Delta t.}$$

(Newtonsche Grundgleichung der Mechanik in Betragsform)

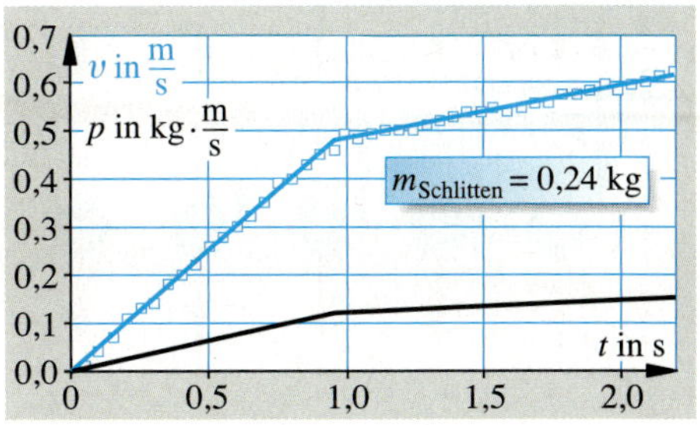

B 2: Das Ergebnis von ➠ *Versuch 2*. Die Steigung des *t-p*-Graphen ist in jedem Abschnitt der Kraftbetrag *F*.

Beispiel

a) Impulsänderung $\Delta p = F \cdot \Delta t$

Ein Wagen (m = 2 kg) fährt mit v_1 = 3 m/s. Während der folgenden Zeitspanne Δt = 0,5 s wirkt auf ihn in Bewegungsrichtung eine konstante Kraft mit F = 8 N. Welchen Impuls p_2 erreicht der Wagen? Welchen Weg legt er in der Zeit Δt = 0,5 s zurück?

$p_1 = m \cdot v_1$ = 6 kg · m/s = 6 Ns.
$p_2 = p_1 + \Delta p = p_1 + F \cdot \Delta t$
= 6 Ns + 8 N · 0,5 s = 10 Ns.

Der in der Zeit Δt zurückgelegte Weg Δs entspricht der Fläche unter der *t-v*-Geraden ($v = p/m$), hier einem Trapez:

$$\Delta s = \frac{6\,\text{kg} \cdot \text{m/s} + 10\,\text{kg} \cdot \text{m/s}}{2 \cdot 2\,\text{kg}} \cdot 0{,}5\,\text{s} = 2\,\text{m}.$$

b) Dauer der Impulsänderung $\Delta t = \Delta p/F$

Ein Bogen wird mit einer Kraft vom mittleren Betrag F = 100 N gespannt. Der Pfeil (m = 17 g) verlässt den Bogen mit v = 60 m/s (also Δp = 1,02 Ns). Wie lange dauerte die Impulsänderung?

$$\Delta t = \frac{\Delta p}{F} = \frac{1{,}02\,\text{Ns}}{100\,\text{N}} \approx 0{,}01\,\text{s}.$$

Aufgaben

A 1: Bei einem Überholvorgang wird ein Auto (m = 1200 kg) beschleunigt, sein Impuls ändert sich. Eine zuvor gestartete Stoppuhr und zwei Blicke auf den Tacho helfen: v(15 s) = 90 km/h, v(20 s) = 126 km/h. Ermittle den Betrag der während der Impulsänderung wirkenden mittleren Kraft. (Beachte: 3,6 km/h = 1 m/s.)

A 2: Ein Auto der Masse 1000 kg wird durch eine Kraft vom Betrag 4000 N von 50 km/h auf 100 km/h beschleunigt. **a)** Wie lange benötigt es dazu? **b)** Welchen Weg legt das Auto in dieser Zeit zurück?

A 3: a) Ermittle aus ➠ *Bild 1* die in Gang 1 und Gang 2 jeweils vorliegende Impulsänderung. Wie groß ist die jeweils wirkende Kraft (Masse des Wagens mit Fahrer: m = 1200 kg)? **b)** Welche Kraft ändert den Impuls des Fahrers (80 kg)? **c)** Ermittle die Zuladung (Masse) im zweiten Durchgang.

A 4: An einem anfangs ruhenden Schlitten (80 kg, reibungsfrei auf Eis) zieht man 4 s lang mit 50 N, dann 4 s mit 25 N. Bestimme den insgesamt zurückgelegten Weg.

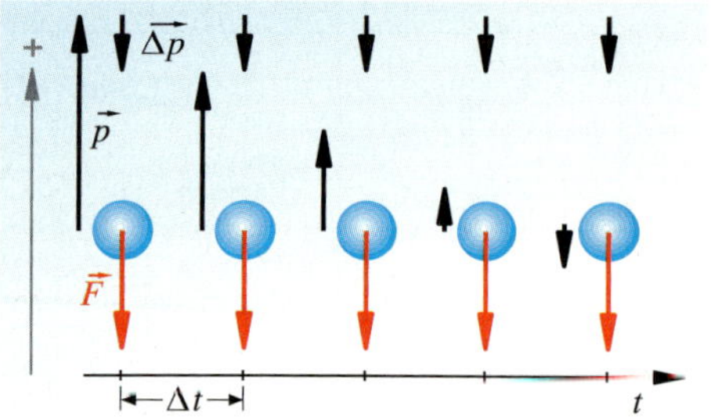

B1: Das Bild zeigt den Impulsvektor eines nach oben geworfenen Balles in seiner zeitlichen Entwicklung:
Auf den Ball wirkt immer dieselbe Kraft nach unten, seine Gewichtskraft. In jedem gleich großen Zeitintervall Δt bewirkt sie beim Ball eine immer wieder gleich große Impulsänderung $\Delta\vec{p}$. Diese hat die gleiche Richtung wie die Kraft. Dadurch wird der anfangs nach oben gerichtete Impulsvektor immer kleiner und zeigt irgendwann sogar nach unten. Sein Wert p wird negativ. F und Δp sind beide negativ, weil wir die positive Achse in Richtung des Anfangsimpulses gewählt haben.

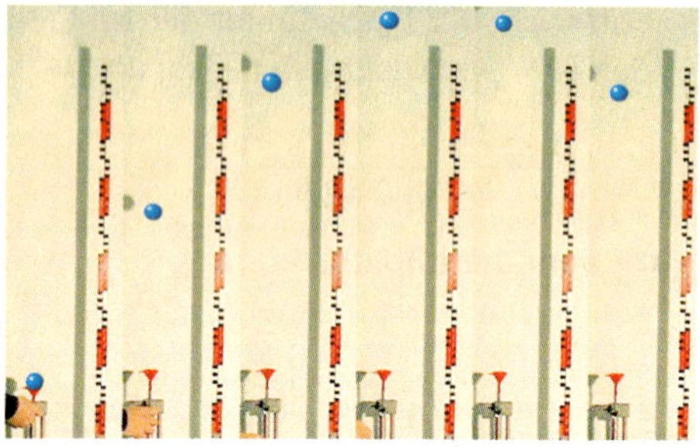

B2: Senkrechter Wurf nach oben. Die im zeitlichen Abstand von $\frac{2}{15}$ s mit einer Digitalkamera aufgenommenen Einzelbilder sind hier nebeneinander gelegt.

2		Senkrechter Wurf			Positive Achse nach oben			
3								
4		g =	9,81	N/kg	s0=	1	m	0
5		dt =	0,1	s	v0=	15	m/s	
6		m =	0,5	kg				
7		G =	-4,905	N				
8								
9	t	F	dp	p	dv	v	ds	s
10	s	N	kg*m/s	kg*m/s	m/s	m/s	m	m
11	0	-4,905	0	7,5	0	15	0	1
12	0,1	-4,905	-0,4905	7,0095	-0,981	14,0190	1,4510	2,4510
13	0,2	-4,905	-0,4905	6,5190	-0,981	13,0380	1,3529	3,8038
14	0,3	-4,905	-0,4905	6,0285	-0,981	12,0570	1,2548	5,0586
15	0,4	-4,905	-0,4905	5,5380	-0,981	11,0760	1,1567	6,2152
16	0,5	-4,905	-0,4905	5,0475	-0,981	10,0950	1,0586	7,2738
17	0,6	-4,905	-0,4905	4,5570	-0,981	9,1140	0,9605	8,2342
18	0,7	-4,905	-0,4905	4,0665	-0,981	8,1330	0,8624	9,0966
19	0,8	-4,905	-0,4905	3,5760	-0,981	7,1520	0,7643	9,8608
20	0,9	-4,905	-0,4905	3,0855	-0,981	6,1710	0,6662	10,5270
21	1	-4,905	-0,4905	2,5950	-0,981	5,1900	0,5681	11,0950
22	1,1	-4,905	-0,4905	2,1045	-0,981	4,2090	0,4700	11,5650
23	1,2	-4,905	-0,4905	1,6140	-0,981	3,2280	0,3719	11,9368

T1: Modellierung des senkrechten Wurfs nach oben: Ausschnitt aus der schrittweise berechneten Tabelle

Modellbildung

1. Die Kraft $\vec{F}$ als Ursache lässt alles Andere voraussagen

Fällt dir auf, welche Möglichkeit in der Grundgleichung der Mechanik steckt? Betrachten wir einen nach oben geworfenen Ball (➠ *Bild 1*). Seine Masse lässt sich leicht ermitteln, ebenso die Kraft, die auf ihn wirkt. Außerdem lassen sich zu einem bestimmten Zeitpunkt sein Ort und seine Geschwindigkeit und damit sein Impuls feststellen.

Wenn man nun aber weiß, in welche Richtung der Ball sich im kommenden Zeitintervall bewegt und wie schnell er das tut, dann erfährt man auch seinen neuen Ort am Ende dieses Zeitintervalls. Man muss noch herausbekommen, wie die Geschwindigkeit sich inzwischen geändert hat. Mit der neuen Geschwindigkeit kann man wieder den nächsten Ort bestimmen, usw. Das heißt aber, man kann seine Zukunft schrittweise vorhersagen! Alles beginnt mit der Kenntnis der Kraft und der daraus resultierenden Impulsänderung, dies veranschaulichen ➠ *Bild 1* und ➠ *Bild 2*.

2. Am Beispiel verdeutlicht: So kann man immer vorgehen

Der senkrecht nach oben geworfene Ball steigt auf, wird dabei langsamer, erreicht seinen höchsten Punkt, kehrt um, wird wieder schneller und landet in unserer Hand. Mit einer Tabellenkalkulation wollen wir nun versuchen, den Ablauf dieser alltäglichen Bewegung vorherzusagen. Das brauchen wir für unsere Rechnung:

- NEWTONS Grundgesetz der Mechanik (Werte): $\Delta p = F \cdot \Delta t$,
- Definition des Impulses (Werte): $p = m \cdot v$.
- Wie in der Mathematik bedeutet die abkürzende Schreibweise Δ (Delta) zusammen mit einer Messgröße f eine Differenz: $\Delta f = f_{\text{neu}} - f_{\text{alt}}$, also $f_{\text{neu}} = f_{\text{alt}} + \Delta f$.

Und so kann unsere Programmschleife aussehen:

Konstanten (Eingabewerte)

$g = -9{,}81$ N/kg (nach oben positiv); $m = 0{,}5$ kg; $\Delta t = 0{,}1$ s

Startwerte

$t = 0$ s; $v = 15$ m/s; $s = 1$ m (Abwurfstelle Armhöhe)

Rechenschleife

Wiederhole bis $t = 3$ s

$t_{\text{neu}} = t_{\text{alt}} + \Delta t$ (Beispiel: A12 = A11 + C\$5)

$F = m \cdot g$ ($g < 0$, Gewichtskraft nach unten)

$\Delta p = F \cdot \Delta t$

$\Delta v = \Delta p / m$ (da $p_{\text{neu}} = m \cdot v_{\text{neu}}$ und $p_{\text{alt}} = m \cdot v_{\text{alt}}$)

$v_{\text{neu}} = v_{\text{alt}} + \Delta v$

$\Delta s = v \cdot \Delta t$ (mit v_{neu} oder v_{alt} oder genauer $(v_{\text{neu}} + v_{\text{alt}})/2$)

$s_{\text{neu}} = s_{\text{alt}} + \Delta s$

Die Startwerte tragen wir in die entsprechenden Felder eines Tabellenkalkulationsblattes ein. So können wir sie später noch leicht variieren. Dort legen wir auch ein Zeitintervall für die Rechenschritte fest, z. B. $\Delta t = 0{,}1$ s (statt Δ schreiben wir im Computer d). Alle Werte kopieren wir in die erste Zeile des Kalkulationsblattes:

t in s	F in N	Δp in kg m/s	p in kg m/s	Δv in m/s	v in m/s	Δs in m	s in m
0	–4,905	0	0	0	15	0	1
0,1	–4,905	–0,49-	05	7,0095	–0,981	14,019	1,451

Die dann folgende Zeile lassen wir vom Programm berechnen. Wir müssen dazu in die einzelnen Felder der zweiten Zeile („neu“) die entsprechenden Formeln einsetzen. Sie greifen auf schon berechnete Werte und auf Werte der ersten Zeile („alt“) zurück:

$$\Delta p = F \cdot \Delta t = -4{,}905\ \text{N} \cdot 0{,}1\ \text{s} = -0{,}4905\ \frac{\text{kg m}}{\text{s}},$$

$$\Delta v = \Delta p / m = -0{,}4905\ \frac{\text{kg m}}{\text{s}} / (0{,}5\ \text{kg}) = -0{,}981\ \frac{\text{m}}{\text{s}},$$

$$v_{\text{neu}} = v_{\text{alt}} + \Delta v = 15\ \frac{\text{m}}{\text{s}} + \left(-0{,}981\ \frac{\text{m}}{\text{s}}\right) = 14{,}019\ \frac{\text{m}}{\text{s}}.$$

So wird die gesamte neue Zeile berechnet. Ihre Formeln kopieren wir komplett in die folgenden Zeilen, im Nu haben wir so die ganze Tabelle (z. B. bis $t = 3$ s) fertiggestellt (➠ *Tabelle 1*).

3. Stimmt das Ergebnis unserer Berechnung?

Der Impuls des Balles nimmt, mit positivem Wert beginnend, mit der Zeit immer mehr ab. Der *t-p*-Graph in ➠ *Bild 3* stellt eine Gerade mit negativer Steigung dar, wie unsere Vorüberlegung in ➠ *Bild 1* es nahelegt. Dies gilt mit anderem Steigungswert auch für das *t-v*-Diagramm. Impuls und Geschwindigkeit nehmen negative Werte an, nachdem der Ball den höchsten Punkt erreicht hat (➠ *Bild 4*), auch das stimmt.

Schauen wir noch genauer hin. Mit welcher Geschwindigkeit muss eigentlich der Ball die Hand wieder erreichen? Der Ball hat zunächst bei $v = 15$ m/s seine größte Bewegungsenergie. Diese ist am höchsten Punkt der Bahn vollkommen in Höhenenergie umgewandelt. Beim Auftreffen auf die Hand ($s = 1$ m) nach etwa 3 s ist sie nach dem Energieerhaltungssatz wiederum vollständig in Bewegungsenergie zurückverwandelt, der Ball muss also wieder genauso schnell sein wie beim Start. Er hat nach unserer Berechnung auch wirklich $v = -14{,}7$ m/s, also vom Betrag die gleiche Geschwindigkeit wie zu Beginn. Allerdings sind Geschwindigkeitsvektor und Impulsvektor jetzt nach unten gerichtet, was aber nach ➠ *Bild 1* und ➠ *Bild 2* ebenfalls so zu erwarten war. Voraussetzung für die korrekte Berechnung war, dass wir der Impulsänderung dieselbe Richtung (bei dieser Bewegung auf einer Linie genügte dazu dasselbe Vorzeichen) gegeben haben wie der einwirkenden Kraft. Wir erkennen daran, dass die Grundgleichung der Mechanik sogar vektoriell geschrieben werden muss.

Merksatz

NEWTONS Grundgleichung der Mechanik: Der Zusammenhang zwischen Impulsänderungsvektor eines Körpers und dem Vektor der auf ihn einwirkenden resultierenden, während Δt konstanten Kraft ist

$$\Delta \vec{p} = \vec{F} \cdot \Delta t.$$

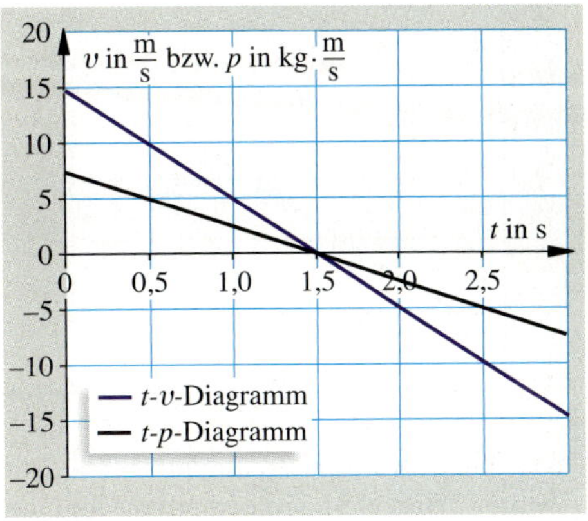

B3: *t-p*- und *t-v*-Diagramm eines senkrechten Wurfes nach oben

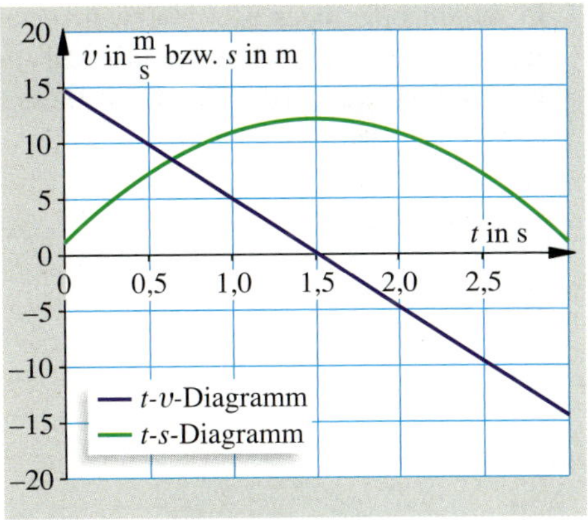

B4: Bei konstanter Kraft scheint der *t-s*-Graph parabelförmig zu sein.

Aufgaben

A1: Interpretiere das folgende Diagramm. Schildere einen Bewegungsablauf, der hierzu passen würde.

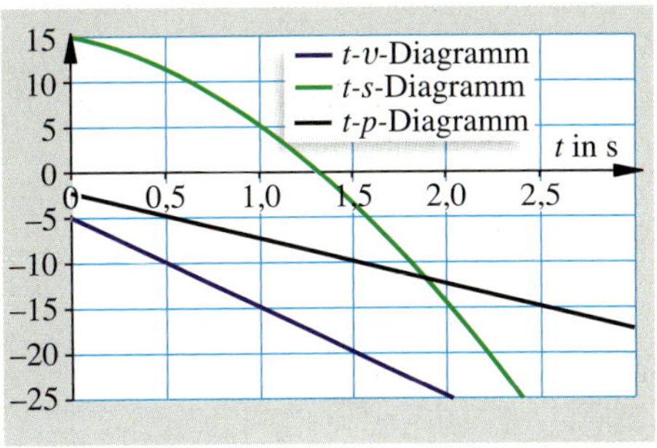

A2: Beim senkrechten Wurf aus 1,8 m nach oben erreicht ein Ball 14 m Höhe. Er landet danach mit $v = -10$ m/s auf einem Balkon. In welcher Höhe befindet sich dieser? Löse die Frage mittels Modellbildung.

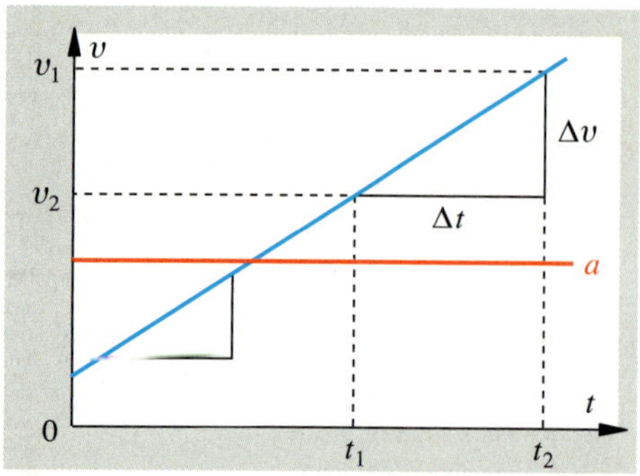

B1: Geschwindigkeitszunahme bei konstanter Beschleunigung aus der Ruhe heraus: Die Änderung der Geschwindigkeit $\Delta v = v_2 - v_1$ je Zeitintervall $\Delta t = t_2 - t_1$, also der Differenzenquotient $\Delta v/\Delta t$ ist in jedem beliebigen Zeitintervall gleich. Den Betrag der Kraft kann man bei bekannter Masse mit $F = m \cdot a$ berechnen.

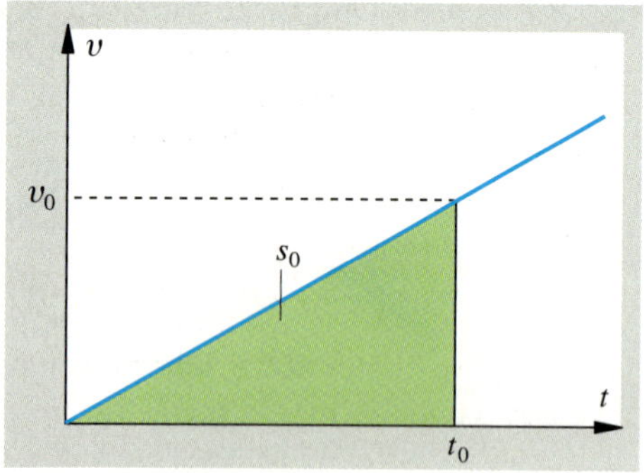

B2: Die Fläche unter dem *t-v*-Graphen entspricht dem zurückgelegten Weg: Die Dreieckfläche entspricht der halben Rechteckfläche: $s_0 = \frac{1}{2} \cdot v_0 \cdot t_0$.

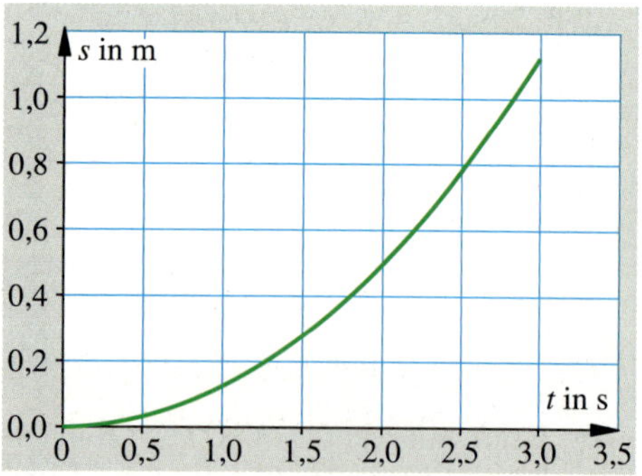

B3: Bei einer konstant beschleunigten Bewegung vom Ort 0 m aus der Ruhe heraus wächst der Weg mit dem Quadrat der Zeit. Der *t-s*-Graph ist eine Normalparabel mit Streckfaktor $\frac{1}{2}\,a$: $s = \frac{1}{2} \cdot a \cdot t^2$.

Fertige Formeln für einen Sonderfall

1. Die konstant beschleunigte Bewegung

Wir wissen: Ein durch eine konstante Kraft beschleunigter Körper vergrößert Impuls und Geschwindigkeit linear zur Zeit (➠ *Bild 1*). Die Steigung des *t-v*-Graphen ist das Maß für das Schnellerwerden, die **Beschleunigung *a*** (acceleration, engl.: Beschleunigung):

$$a = \frac{\Delta v}{\Delta t} \text{ mit der Maßeinheit } [a] = \frac{[v]}{[t]} = \frac{1\,\frac{\text{m}}{\text{s}}}{1\,\text{s}} = 1\,\frac{\text{m}}{\text{s}^2}.$$

Mit ihr schreiben wir die Grundgleichung $\Delta p = F \cdot \Delta t$:

$$F = \frac{\Delta p}{\Delta t} = \frac{m \cdot \Delta v}{\Delta t} = m \cdot \frac{\Delta v}{\Delta t} = m \cdot a.$$

Nach der Erkenntnis des letzten Kapitels muss auch diese Gleichung vektoriell geschrieben werden: $\vec{F} = m \cdot \vec{a}$.

Merksatz

Der Differenzenquotient $\Delta v/\Delta t$ ist der Betrag a der Beschleunigung. Die Maßeinheit von a ist 1 m/s².
Eine konstant auf einen Körper einwirkende Kraft $\vec{F}$ bewirkt bei ihm eine konstante **Beschleunigung** $\vec{a}$. $\vec{F}$ und $\vec{a}$ sind gleichgerichtet. Es gilt als Variante der Grundgleichung der Mechanik:

$$\boldsymbol{\vec{F} = m \cdot \vec{a}}.$$

Wichtiger Sonderfall ist die beschleunigte Bewegung aus der Ruhe. Sie beginnt zum Zeitpunkt null, am Ort null mit der Geschwindigkeit null. Die Gesetzmäßigkeiten dieser Bewegung können wir allein mit Papier und Stift herausfinden.

Beispiel: Ein Körper der Masse $m = 0{,}2$ kg werde mit $F = 0{,}05$ N beschleunigt. Für die konstante Beschleunigung gilt dann:

$$\boldsymbol{a = F/m} = 0{,}05\ \text{N}/(0{,}2\ \text{kg}) = 0{,}25\ \text{m/s}^2.$$

Aus $a = \Delta v/\Delta t$ wird im Spezialfall der Bewegung aus der Ruhe $a = v/t$. Hiermit berechnen wir die Geschwindigkeit für z. B. 3 s:

$$\boldsymbol{v = a \cdot t} = 0{,}25\ (\text{m/s}^2) \cdot 3\ \text{s} = 0{,}75\ \text{m/s}.$$

Den in 3 s zurückgelegten Weg, beginnend bei 0 m, ermitteln wir nach ➠ *Bild 2* mithilfe der Flächeninterpretation. Die Fläche unter dem *t-v*-Graphen stellt in diesem Fall ein Dreieck dar. Sein Flächeninhalt im Intervall von 0 bis $t_0 = 3$ s ist:

$$s_0 = \tfrac{1}{2} \cdot v_0 \cdot t_0 = \tfrac{1}{2} \cdot a \cdot t_0^2 = \tfrac{1}{2} \cdot 0{,}75\ (\text{m/s}) \cdot 3\ \text{s} = 1{,}125\ \text{m}.$$

Merksatz

Im Falle einer aus der Ruhe konstant beschleunigten Bewegung gilt für die Geschwindigkeit v und den zurückgelegten Weg s:

$$\boldsymbol{v = a \cdot t} \text{ und } \boldsymbol{s = \tfrac{1}{2} \cdot a \cdot t^2}.$$

2. Der freie Fall

Als Beispiel für eine konstant beschleunigte Bewegung behandelten wir bei der Modellbildung den senkrechten Wurf nach oben. Wenn wir dort als Startbedingung $s = 0$ m und $v_0 = 0$ m/s wählen, liegt der „freie Fall" vor. Äpfel im Herbst beherrschen die Kunst des freien Fallens seit Jahrmillionen. Kleine und große Äpfel fallen dabei gleich schnell, wie man im Labor mit einer kleinen und einer großen Stahlkugel leicht nachvollziehen kann.

Die beschleunigende Kraft beim Fall ist die vom Körper erfahrene Gewichtskraft $G = m \cdot g$. Die Masse spielt dabei eine Doppelrolle.
Als „schwere Masse" $m = m_{schwer}$ steht sie für die Eigenschaft des Körpers, von anderen Körpern – hier der Erde mit dem Ortsfaktor $g = 9{,}81$ N/kg – angezogen zu werden. Mit dieser Kraft wird der Körper gegen seine Trägheit beschleunigt.

Seine Trägheit wird ebenfalls durch seine Masse gekennzeichnet, seine „träge Masse" $m_{träge}$. Ist ein Körper doppelt so schwer wie ein anderer, so ist er nach aller Erfahrung auch doppelt so träge. Man hat deshalb der trägen wie der schweren Masse gleiche Maßzahl und Einheit gegeben – man spricht nur noch von der *Masse*.

Aus $F = m \cdot a$, also $m_{schwer} \cdot g = m_{träge} \cdot a$ folgt mit $m_{schwer} = m_{träge}$ deshalb auch $a = g$. Der Ortsfaktor ist also gleichzeitig die Fallbeschleunigung, also
$g = 9{,}81$ N/kg = 9,81 (kg m/s²)/kg = 9,81 m/s².
Den freien Fall können wir auch als Sonderfall der konstant beschleunigten Bewegung von Ort 0 m aus der Ruhe heraus betrachten. Für ihn haben wir in *Ziff. 1* fertige Formeln zur Verfügung gestellt. Mit $a = g$ erhalten wir $v = g \cdot t$ und $s = \frac{1}{2} \cdot g \cdot t^2$.

Dieses wichtige Beispiel einer konstant beschleunigten Bewegung wollen wir nicht nur theoretisch behandeln, sondern das Ergebnis auch in einem Experiment überprüfen. Dazu messen wir in ➡ *Versuch 1* bei einer frei fallenden Kugel die Fallzeit in Abhängigkeit vom Fallweg. Die Fallbeschleunigung a ermitteln wir aus dem Zeit-Weg-Gesetz $s = \frac{1}{2} \cdot a \cdot t^2$. Unsere Messungen (➡ *Tabelle 1*) liefern im Mittel den Wert $a = 9{,}83$ m/s². Dies stimmt in guter Näherung mit dem vorhergesagten Wert $a = \mathbf{g = 9{,}81}$ **m/s²** überein.

Merksatz

Die Fallbewegung eines Körpers, auf den allein seine Gewichtskraft wirkt, wird **freier Fall** genannt.
Die **Fallbeschleunigung** aller Körper ist am selben Ort gleich groß und gleich dem Ortsfaktor g.

Für den freien Fall aus der Ruhe gelten die **Fallgesetze**:
Zeit-Weg-Gesetz: $s = \frac{1}{2} \cdot g \cdot t^2$,
Zeit-Geschwindigkeit-Gesetz: $v = g \cdot t$.

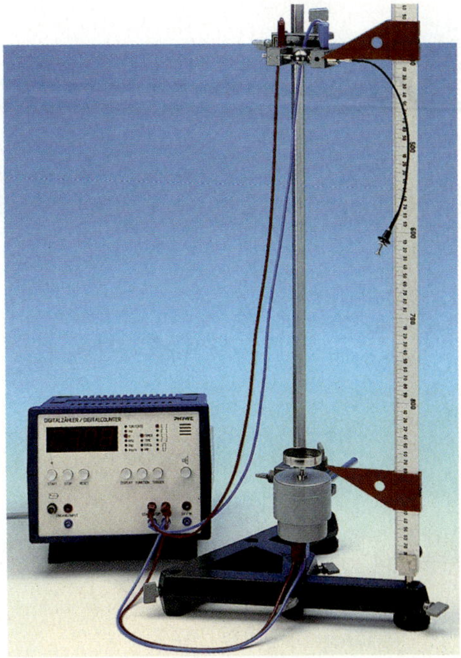

V1: Die oben eingeklemmte Stahlkugel schließt einen elektrischen Kontakt. Beim Freigeben der Kugel wird er unterbrochen und damit die elektrische Uhr gestartet. Die fallende Kugel trifft unten auf einen Teller, die Uhr stoppt.

Fallweg s in m	Fallzeit t in s	Fallbeschleunigung g in m/s²
0,20	0,201	9,90
0,40	0,286	9,78
0,80	0,404	9,81

T1: Einige Messwerte aus ➡ *Versuch 1*

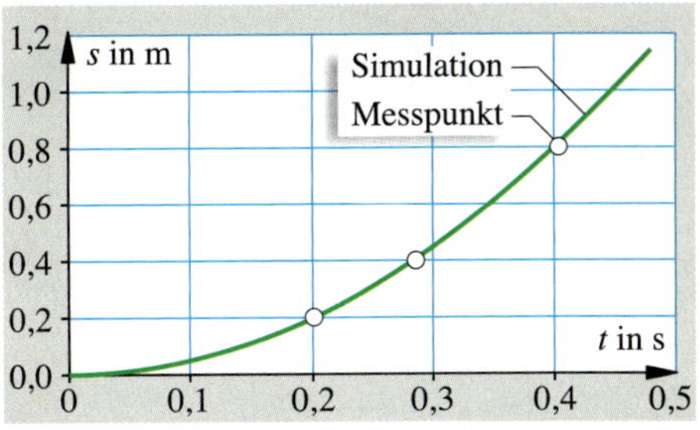

B4: In die Simulationskurve sind zusätzlich die Messpunkte der Zeit-Weg-Messung eingetragen.

Aufgaben

A1: Aus welcher Höhe müsste ein Auto frei fallen, damit es 50 km/h erreicht?

Methoden

Fallbewegung – Experimentierstationen

Teilt eure Klasse in sechs Gruppen auf. Jede Gruppe beginnt mit einem der beschriebenen Experimente. Nach einer vereinbarten Zeit wechselt jede Gruppe zur nächsten Station. Zu jedem Experiment wird ein Protokoll angefertigt mit Versuchsskizze, Beschreibung, Versuchsergebnissen und Auswertung bzw. Deutung.

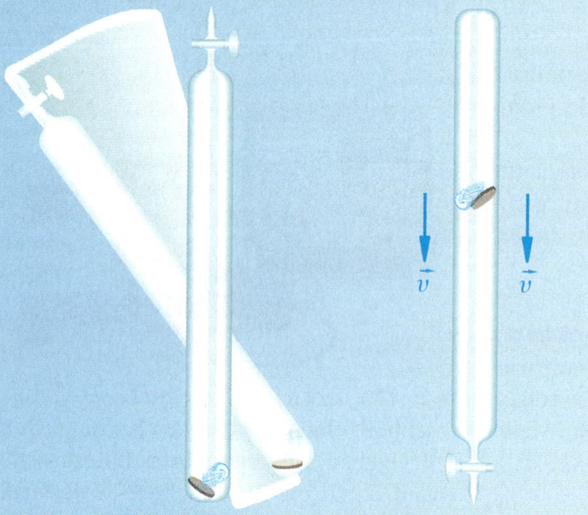

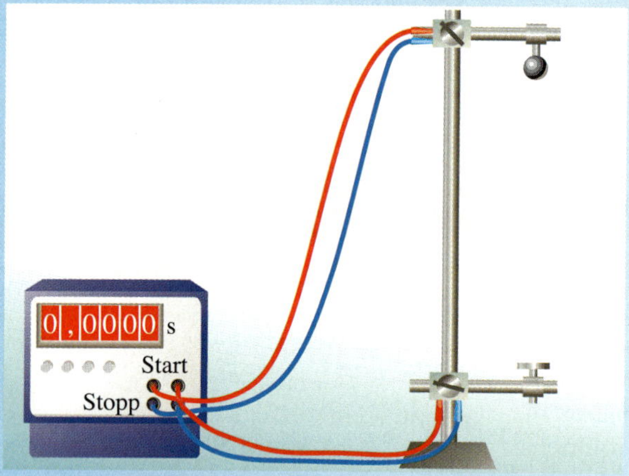

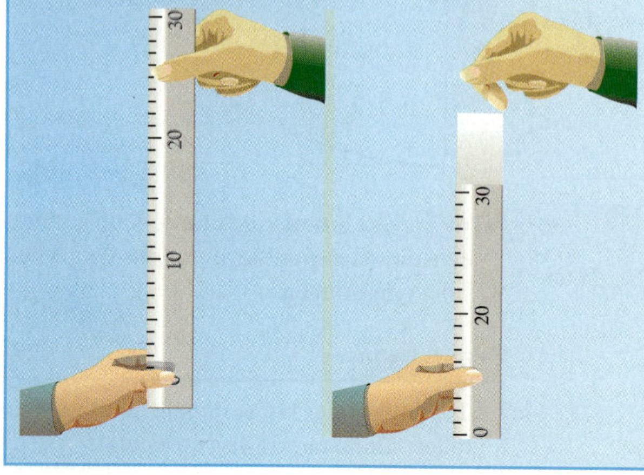

1. Station – Fall in Luft und im Vakuum

Material: Vakuum-Fallröhre mit Bleiplättchen und Daunenfeder, Vakuumpumpe, Schlauch, Schutzbrillen

Auftrag: Lass ein Papierblatt fallen. Wiederhole den Versuch mit zusammengeknülltem Papierblatt. Diskutiere das Ergebnis.
Führe anschließend den Versuch mit der Fallröhre (mit Luft) unter Anleitung des Lehrers durch. Zur Vorbereitung des zweiten Teils des Versuchs wird Luft aus der Röhre gepumpt. Dann wird der Fall von Bleiplättchen und Daunenfeder wie in der Zeichnung wiederholt (Schutzbrille nicht vergessen!). Notiere und deute die Beobachtungen des „freien Falls" in einem geeigneten Heftaufschrieb. Argumentiere mit den Begriffen *schwere und träge Masse* der vorigen Seite.

2. Station – Zeit-Weg-Messreihe

Material: Fallstrecke mit Start- und Auffangvorrichtung, Kurzzeitmesser, Kugel, Messlatte (für Fallstrecken von z. B. 10 cm, 40 cm, 90 cm). Einweisung in die Bedienung des Kurzzeitmessers durch den Lehrer.

Auftrag: Miss die Fallzeiten z. B. für 10 cm, 40 cm, 90 cm. Wiederhole jede Messung und bilde für jede Fallstrecke den Mittelwert der Fallzeiten. Fertige ein t-s-Diagramm an.
Berechne aus den Messdaten jeweils die Fallbeschleunigung g. Bilde den Mittelwert der Messwerte von g und vergleiche mit dem Literaturwert aus dem Buch. Gib gegebenenfalls Gründe für Abweichungen an.

3. Station – Reaktionszeit

Material: Lineal (Längenmaßstab genügender Länge)

Auftrag: a) Ein Partner hält das Lineal am oberen Ende fest. Ein zweiter Schüler umfasst mit Mittelfinger und Daumen das untere Ende des Lineals, ohne es aber zu berühren. Die erste Person lässt das Lineal ohne Vorwarnung fallen. Die zweite Person greift sofort zu.
b) Stelle eine Formel auf, die den Zusammenhang zwischen Fallstrecke und Reaktionszeit beschreibt. Mit ihrer Hilfe wird nun aus den Messdaten die Reaktionszeit jedes Gruppenmitgliedes bestimmt. Baue mit diesen Kenntnissen ein Zeitlineal.

Methoden

4. Station – *t-v*-Messung mit Computer

Material: Computer mit Interface, 2 Lichtschranken mit Stativmaterial, verstellbare Irisblende, Fallkugel

Auftrag: Überlege dir, wie man mithilfe einer Lichtschranke Momentangeschwindigkeiten messen kann. Ermittle dann die Fallgeschwindigkeit in zwei verschiedenen, frei gewählten Höhen.
Zur genauen Justierung der Lichtschranken wird zuvor ein Senklot durch die schmale Öffnung einer Irisblende gehalten. Die Lichtstrahlen beider Lichtschranken müssen dann genau vom Faden unterbrochen werden. Dieselbe Irisblende nimmt anschließend die Kugel auf. Durch Öffnen der Blende lässt man die Kugel fallen. Man erhält zwei Dunkelzeiten und den Zeitabstand zwischen den Messungen. Daraus soll dann der Differenzenquotient $\Delta v/\Delta t = (v(t_2) - v(t_1))/(t_2 - t_1)$, also die Beschleunigung g ermittelt werden.

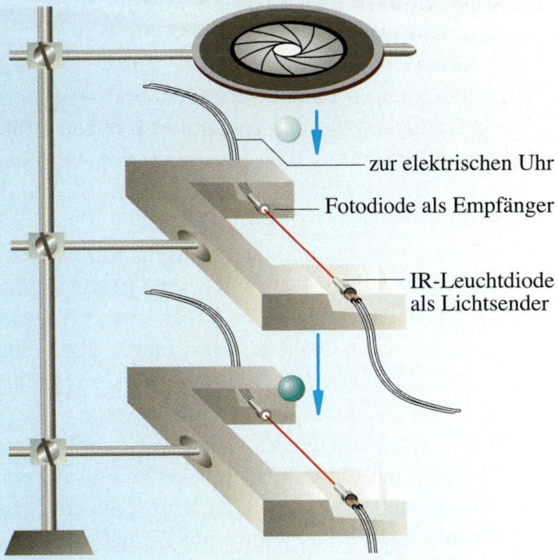

5. Station – Besonderer Fall mit Filmauswertung

Material: Wurfgerät, Kugel (möglichst farbig, z. B. Golfball), digitale Filmkamera (Web-, Foto-, Video-), Computer mit Software „Digitale Videoanalyse“

Auftrag: Es wird (aus einiger Entfernung) ein senkrechter Wurf nach oben gefilmt. Der Film wird anschließend auf den Computer übertragen und von der Analysesoftware geladen. Dort werden (nach Anweisung der Software) eine *t-v*-Tabelle und ein *t-v*-Graph erzeugt. Interpretiere den Graphen und ermittle den Wert der konstanten Beschleunigung.

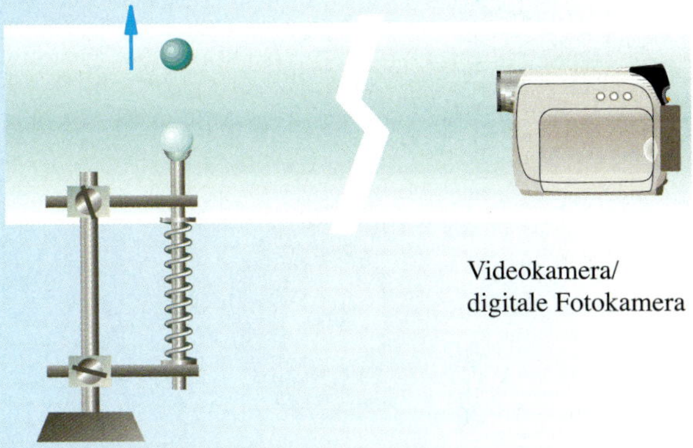

Videokamera/
digitale Fotokamera

6. Station – Atwoodsche Fallmaschine

Material: Feste, aber leicht laufende Rolle, Faden, zwei größere Wägestücke mit $M_1 = 50$ g, $M_2 = 50$ g. Dazu 1 g-Wägestücke mit links $m_1 = 0$ g (1 g, 2 g), rechts $m_2 = 6$ g (5 g, 4 g)

Auftrag: Ähnlich wie GALILEI, der mit einer schräggestellten Fallrinne den Fall „verlangsamte“, untersuchte ATWOOD (1745–1807, engl. Physiker) mithilfe der nach ihm benannten Fallmaschine Bewegungen mit konstanter, aber nicht zu großer Beschleunigung.
Miss für drei verschiedene beschleunigende Kräfte jeweils die Zeit t, in der Körper 1 am Boden ankommt.
Wähle als Weg $s = 0{,}50$ m.
Bestimme die Beschleunigung a auf zwei Arten,
(1) aus $F = m \cdot a$,
(2) aus $s = \frac{1}{2} \cdot a \cdot t^2$.
Vergleiche die Ergebnisse und diskutiere mögliche Ursachen für Abweichungen.

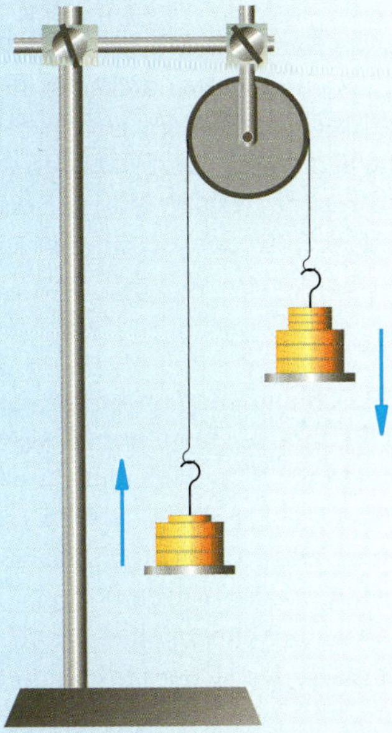

Interessantes

Verkehrsphysik – Bremsvorgänge

Beschleunigung beim Bremsen

Zum Abbremsen eines Autos aus einer (positiven) Geschwindigkeit werden (negative) Kräfte benötigt. Wie groß sie sein müssen, hängt von der Automasse und von der gewünschten (negativen) Beschleunigung ab.

Bei Glatteis kann man nicht bremsen. Nur wenn zwischen Fahrbahn und Reifen Reibung besteht, gibt es eine bremsende Kraft auf den Wagen – beim Rutschen, noch besser beim Rollen. Dann haftet das Gummi am Asphalt. Der Betrag der dann wirkenden Haftkraft ist zur Gewichtskraft proportional: $F_{h,\,max} = f_h \cdot G$. Den Proportionalitätsfaktor f_h nennt man Haftzahl. Für einen Gummireifen bei trockener Fahrbahn beträgt sie etwa 0,65. $F_{h,\,max}$ ist die maximal erreichbare Haftkraft, sie gilt für gerade noch nicht rutschende Räder. Damit ist der maximal mögliche Betrag der Beschleunigung:

$$|a| = \frac{F_{h,\,max}}{m} = \frac{f_h \cdot G}{m} = \frac{f_h \cdot m \cdot g}{m} = f_h \cdot g$$

$$= 0{,}65 \cdot 9{,}81\,\frac{\mathrm{N}}{\mathrm{kg}} = 6{,}4\,\frac{\mathrm{m}}{\mathrm{s}^2}.$$

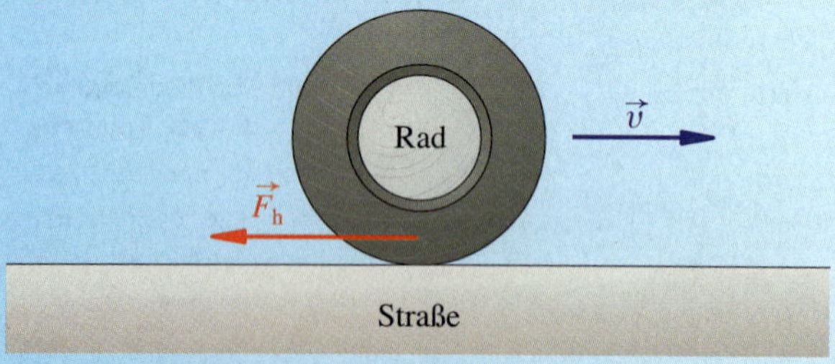

Die Haftkraft ist keine Komponente der Gewichtskraft, deshalb ist ihre Richtung auch nicht aus dieser vorgegeben. Sie ergibt sich erst bei der gegenseitigen Bewegung von Straße und Auto. Beim Bremsen wirkt sie der Bewegung entgegen. Deshalb gilt im Beispiel (positive Geschwindigkeit) für den Beschleunigungswert: $a = -6{,}4$ m/s².

Kräfte beim Bremsen

Mit der ermittelten Beschleunigung müssen – so wie das Fahrzeug – auch die Insassen abgebremst werden. Bei einer Körpermasse von 70 kg bedeutet dies eine Kraft von $F = m \cdot a = 70\ \mathrm{kg} \cdot (-6{,}4\ \mathrm{m/s^2}) = -448\ \mathrm{N}$ gegen die Bewegungsrichtung. Dies ist betragsmäßig weniger als die Gewichtskraft, also werden Arme und Beine den Körper abstützen können, ohne dass etwas passiert. Für diesen Fall ist der Sicherheitsgurt offenbar noch nicht gedacht.

Brems- und Anhalteweg

Wir vergleichen die Anhaltewege zweier Fahrzeuge A und B. Fahrzeug B fährt doppelt so schnell wie A ($v_A = 36$ km/h). Beide müssen in einer Notsituation eine Vollbremsung durchführen.

In der ersten „Schrecksekunde" $t_0 = 1$ s fährt Fahrzeug A noch mit der Geschwindigkeit v_A weiter, also noch um die Strecke.

$$s_{0A} = v_A \cdot t_0 = 36\ \mathrm{km/h} \cdot 1\ \mathrm{s} = 10\ \mathrm{m/s} \cdot 1\ \mathrm{s} = 10\ \mathrm{m}.$$

Mittlerweile hat der Fahrer in die Bremsen getreten. Die Bewegung ist jetzt gleichmäßig beschleunigt mit $a = -6{,}4$ m/s². Als Bremsweg (→ *Bild 1*) ergibt sich $s_A = \frac{1}{2} \cdot v_A \cdot (t_1 - t_0)$. Für die Beschleunigung gilt

$$a = \frac{0 - v_A}{t_1 - t_0}, \quad \text{also} \quad t_1 - t_0 = \frac{v_A}{-a} \quad \text{und deshalb:}$$

$$s_A = \frac{1}{2} \cdot v_A \cdot \frac{v_A}{-a} = \frac{1}{2} \cdot \frac{v_A^2}{-a} = \frac{1}{2} \cdot \frac{(10\ \mathrm{m/s})^2}{-(-6{,}4\ \mathrm{m/s})^2} = 7{,}8\ \mathrm{m}.$$

Der gesamte Anhalteweg ist nun:

$$S_A = s_{0A} + s_A = 10\ \mathrm{m} + 7{,}8\ \mathrm{m} = 17{,}8\ \mathrm{m}.$$

Fahrzeug B kommt vielleicht nicht mehr mit dem Schrecken davon. Sein „Schrecksekundenweg" ist doppelt so lang, sein Bremsweg (v geht quadratisch ein) sogar viermal so lang! So ergibt sich als Anhalteweg von B:

$$S_B = s_{0B} + s_B = 20\ \mathrm{m} + 31{,}2\ \mathrm{m} = 51{,}2\ \mathrm{m}.$$

Dies ist dramatisch mehr als bei Fahrzeug A!

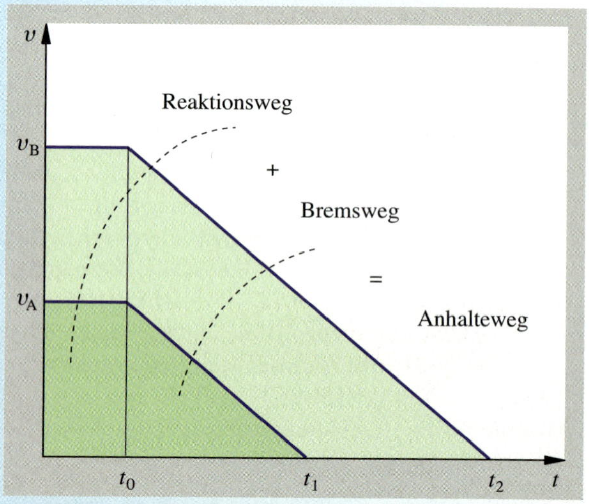

B1: Der Schrecksekundenweg wächst linear mit der Geschwindigkeit, der Bremsweg sogar quadratisch.

Interessantes

ABS – ein Freibrief für schnelles Fahren?

Kurz nach Einführen des „**A**nti-**B**lockier-**S**ystems" ABS bei Personenkraftwagen stiegen die Unfallzahlen gerade bei den hiermit ausgerüsteten Autos an. Lag ein Missverständnis vor?

ABS sorgt durch Sensoren dafür, dass beim Bremsen stets die Haftkraft Rad–Straße wirkt (➠ *Bild 2*). Diese ist immer größer als die dortige Gleitreibungskraft bei blockierten Rädern (➠ *Tabelle 1*). Dennoch ist Vorsicht geboten, denn die Haftkraft ist nicht immer gleich, sie hängt von der Straßenbeschaffenheit ab. Bei Glatteis ist deshalb der Betrag der maximalen Bremskraft nur noch weniger als ein Sechstel der Bremskraft bei trockener Straße. Was für die Bremskraft gilt, gilt auch für die Bremsbeschleunigung. Statt $-6{,}4\ \mathrm{m/s^2}$ beträgt sie bei Glatteis nur noch $-0{,}98\ \mathrm{m/s^2}$. Der berechnete Bremsweg für Auto A wächst deshalb von 7,8 m (bei trockener Straße) auf 51 m bei Glatteis an – trotz ABS! Viele glauben, mit ABS immer kurze Bremswege erreichen zu können – dies ist ein (gefährliches) Missverständnis!

Dennoch hat ABS Vorteile. Das Nichtblockieren erhält die Lenkfähigkeit der Vorderräder. Auch bei unterschiedlicher Bodenbeschaffenheit rechts und links (z. B. Ölspur) gerät das Fahrzeug nicht so leicht ins Schleudern, da jedes Rad sein eigenes ABS besitzt.

Stoffpaar	max. Haftzahl f_h	Gleitreibungszahl f_{gl}
Stahl auf Stahl	0,15	0,05
Holz auf Stein	0,7	0,3
Schlittschuh auf Eis	0,03	0,01
Gummi auf Straße	0,65	0,5
Autoreifen:		
trocken	0,65	0,5
nass	0,4	0,3
Glatteis	0,1	0,05

T1: Haftzahlen f_h und Gleitreibungszahlen f_{gl}

B2: Die Reibung zwischen Reifen und Straße liefert die Bremskraft für das Auto. ABS sorgt für Haftreibung, aber auch diese kann klein sein (➠ *Tabelle 1*).

Allgemeiner Hinweis zu den folgenden Aufgaben: In der Physik wird die Geschwindigkeit in Formeln immer mit der Einheit m/s gerechnet.

A1: Der Fahrer eines Unfallwagens behauptet, sich an die vorgeschriebene Höchstgeschwindigkeit von 70 km/h gehalten zu haben. Da der Wagen mit blockierten Rädern gebremst wurde, kann der Gerichtsgutachter eine Bremsspur am Unfallort vermessen ($s = 62$ m). Aus der Straßenbeschaffenheit zum Unfallzeitpunkt schließt er auf eine Gleitreibungszahl von $f_{gl} = 0{,}5$. **a)** Bestimme die wahre Fahrzeuggeschwindigkeit. **b)** Wie groß war der gesamte Anhalteweg bei einer Reaktionszeit des Fahrers von 0,8 s?

A2: Ein Auto der Masse 800 kg wird durch Blockieren aller Räder gebremst. Wie groß sind die verzögernde Gleitreibungskraft ($f_{gl} = 0{,}50$), die Bremsbeschleunigung, die Bremszeit und der Bremsweg bei $v_0 =$ 30 km/h bzw. 50 km/h auf waagerechter Straße?

A3: Die folgende Fahrschulregel gibt den Bremsweg in Metern: „Man streiche vom Zahlenwert der in km/h angegebenen Geschwindigkeit die Null und multipliziere das Ergebnis mit sich selbst". Bringe diese Regel mit der hergeleiteten Formel $s = \frac{1}{2}\, v^2/(-a)$ in Einklang! Für welche Bremsbeschleunigung gilt sie?
Beispiel: Bei $v_0 = 70$ km/h wäre nach der Faustregel der Bremsweg $7 \cdot 7$ m = 49 m.

A4: Plane einen Versuch zum Zusammenhang zwischen Geschwindigkeit und Länge des Bremsweges. Führe den Versuch aus und überprüfe die Gültigkeit von $s \sim v^2$. (Anregung: Man könnte z. B. eine Münze auf einem waagerechten Brett durch eine Lichtschranke schubsen.)

A5: Ein Auto bremst auf waagerechter Straße ($f_{gl} = 0{,}5$) bei $v_0 = 90$ km/h. **a)** Welche Geschwindigkeit hat es noch nach 2 s? Welchen Weg hat es dann zurückgelegt? **b)** Der Fahrer möchte – im Anblick eines Radarwagens – schnell von 90 km/h auf 50 km/h abbremsen. Wie lange und welche Strecke braucht er hierzu?

A6: Ein Auto fährt mit 54 km/h. Plötzlich taucht in 36 m Abstand ein ruhendes Hindernis auf. Der Fahrer bremst und prallt 4 s später auf. **a)** Zeichne ein t-v-Diagramm. **b)** Wie groß war die Aufprallgeschwindigkeit? **c)** Wie groß war die Bremsbeschleunigung?
Hinweis: Zeichne das t-v-Diagramm zunächst mit unbekannter Aufprallgeschwindigkeit. Welche Fläche entsteht und wie kann man sie berechnen?

A7: In der Schweiz muss auf unbefestigten Gebirgsstraßen der Bremsweg bei der Talfahrt unter 6,0 m liegen. Mit welcher Geschwindigkeit darf man also höchstens zu Tal fahren, wenn das Gefälle 18° und die Gleitreibungszahl auf 0,4 gesunken ist (Rollsplitt!)?

Interessantes

Crash

Der nicht zu wünschende Fall:

Bei allen Unfällen mit Zusammenstößen entsteht ein gefährlich stark verkürzter Bremsweg – selbst im Vergleich zur Vollbremsung. Welche Gefahren daraus resultieren, wollen wir an einigen unfalltypischen Beispielen belegen.

Wir haben für den Bremsweg hergeleitet: $s = \frac{1}{2}\, v^2/(-a)$. Umgekehrt lässt sich nun aus bekanntem Bremsweg und unbekannter Anfangsgeschwindigkeit rückwirkend die Bremsverzögerung berechnen:

$$a = -\frac{v^2}{2} \cdot s.$$

Nehmen wir einmal an, du fährst mit einer Geschwindigkeit von v = 50 km/h gegen einen Baum (es gibt nicht wenige, die dies für ungefährlich halten). Das Auto würde nach kurzer Zeit stehen. Ohne Gurt „fährst" du jedoch zunächst fast ungebremst weiter. Während der Wagen schon zerknautscht ist, bist du gerade am Armaturenbrett angelangt. Dann erst beginnt für dich der Bremsvorgang, aber es bleiben dir nur noch $s \approx 5$ cm als Bremsweg! Die Bremsbeschleunigung ist $a = -v^2/(2\,s) \approx -2\,000$ m/s². Dies gibt bei einer Körpermasse von 70 kg eine Kraft vom Betrag $1{,}4 \cdot 10^5$ N. Eine solche Kraft ist im Allgemeinen tödlich! Schlägt dein Kopf an den Dachrahmen (➠ *Bild 1*), dann mit solcher Geschwindigkeit, als ob du aus dem 3. Stock mit dem Kopf voraus aufs Straßenpflaster fallen würdest! Lege also den Gurt auch bei Fahrten in der Stadt an!

B 1: Das Testauto steht, aber der Dummy knallt mit ungebremster Geschwindigkeit gegen Dachrahmen und Frontscheibe.

Knautschzone und Gurt können Leben retten

Der eben geschilderte Unfall kann dir passieren. Du sitzt neben einem Fahrer, der bei „nur" 50 km/h gegen einen Baum fährt. Aber der Fahrer und du haben sich angeschnallt – das ist euer Beitrag zur passiven Sicherheit. Die Autokonstrukteure haben noch mehr getan: Das Vorderteil des Wagens wird – als Knautschzone vorausberechnet – um etwa 60 cm zusammengedrückt (vgl. ➠ *Versuch 1*). Dein Gurt dehnt sich zusätzlich um 20 cm (➠ *Bild 2*). Also ist dein Bremsweg $s \approx 0{,}8$ m. Du erfährst die Beschleunigung $a = -v^2/(2\,s) = -120$ m/s². Dein Brustkorb muss die verzögernde Kraft $F = m \cdot a = -70$ kg $\cdot$ 120 m/s² = −8400 N aushalten. Dies ist mehr als die zwölffache Gewichtskraft; eine kurze Zeit kann man sie ertragen. Du überlebst – vielleicht mit angebrochenen Rippen.

Motorradfahrern hilft wenigstens der Helm

Dein Sturzhelm hat nicht nur die Aufgabe, den Schädelbereich vor spitzen Gegenständen und Abschürfungen zu schützen. Er verteilt auch eine einwirkende Kraft auf eine größere Fläche A. Dann wird der Druck $p = F/A$ kleiner. Bei einem Sturz vergrößert er zudem den Bremsweg von vielleicht 1 mm bei direktem Aufprall auf etwa 10 mm.

Interessantes

Ein Crashtest überprüft die geplante Wirkung

Zur Erforschung von Knautschzonen und anderen konstruktiven Sicherheitsmaßnahmen werden Testunfälle im Labor durchgeführt. Testperson ist ein „Dummy“, ausgerüstet mit Beschleunigungssensoren für x-, y- und z-Richtung. Nach genormten Verfahren werden die drei Messkurven zu einer Standardkurve zusammengefasst:

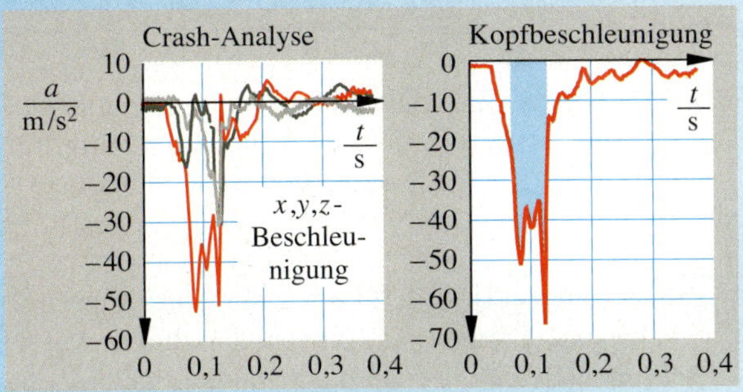

Uns fällt auf, dass die Kurve etwas breit gezogen ist und dazu noch einzelne Zacken aufweist. Wir ahmen den Versuch im Schullabor nach (*Versuch 1*).

Der Kopf braucht besonderen Schutz

Der Kopf kann nicht angeschnallt werden. Beim Crash fliegt er aufgrund seiner Trägheit ungehindert weiter. Dabei werden Bänder und Muskeln der Halswirbelsäule stark überdehnt, schließlich schlägt der Schädel noch auf das Lenkrad und wird erst dort mit riesigen Kräften gebremst: Schwerste Verletzungen sind die Folge. Um dies zu vermeiden, haben Techniker die zusammenschiebbare Lenksäule und den Airbag entwickelt. Dieser wird im Kollisionsfall schlagartig (*Bild 2*) mit Treibgas gefüllt und liefert so eine etwa 30 cm lange Bremsstrecke für den Kopf. Wird man selbst von hinten angefahren, sorgt die Kopfstütze dafür, dass Kopf und Körper gleich stark beschleunigt werden; die Halswirbelsäule wird geschont.

V1: Ein Laborwagen mit Zusatzmasse (insgesamt 450 g) fährt eine schiefe Ebene hinunter. Die auftretende Beschleunigung wird mittels Bewegungsmesswandler und Computer aufgezeichnet. Im Fall **a)** lassen wir den Wagen gegen eine feste Wand prallen. Es entsteht eine kurzzeitige, starke Beschleunigung. Im Fall **b)** bilden wir vor der Wand eine Knautschzone nach. Dazu rollen wir ein Stück Schreibpapier (etwa 10 cm × 10 cm) etwas zusammen. Zuvor haben wir es zerknüllt; dies entspricht den im Autobau üblichen vorbestimmten Blechfalten. Wir lassen nun den Wagen erneut aufprallen. Das rechte Diagramm in *Bild 3* zeigt, dass der Betrag der Bremsbeschleunigung jetzt im Mittel kleiner ist. Die Bremskraft verteilt sich auf einen längeren Zeitraum. Da die Kraft beim Zusammenschieben des Papiers etwas wechselt, entstehen während dieser Zeit unterschiedliche Beschleunigungsspitzen.

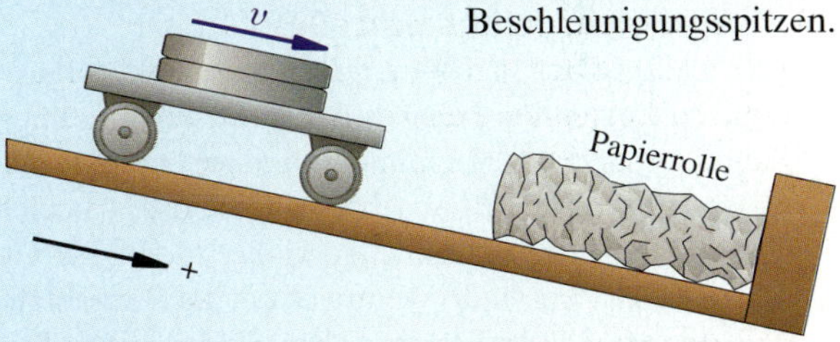

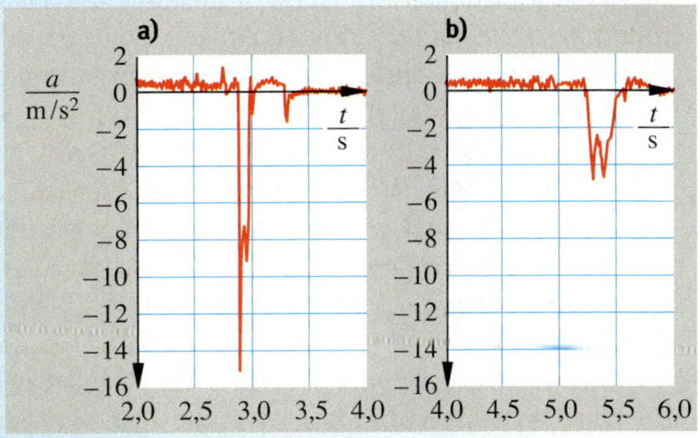

B3: a) Aufprall ohne Knautschzone **b)** mit Knautschzone

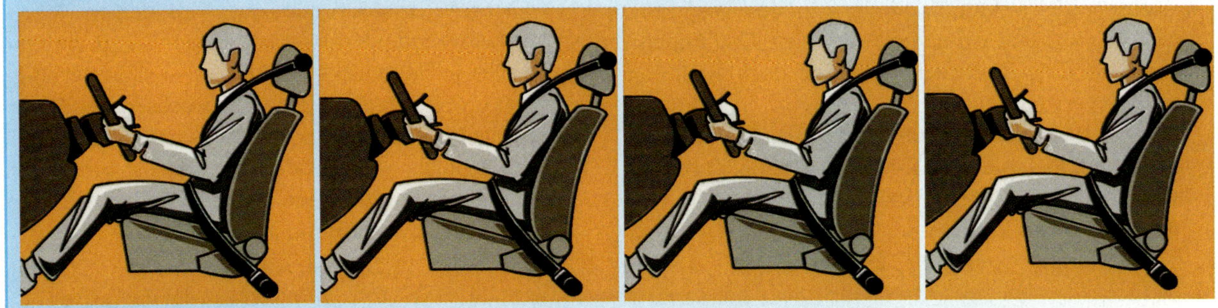

B2: Nach 30 ms zündet der Airbag. Nach etwa 55 ms hat sich der Airbag aufgebläht. Knapp 90 ms: Die Person wird „weich“ abgebremst. 150 ms: Der Aufprall ist glücklich überstanden.

Interessantes

B1: Der Radprofi macht sich ganz klein. So fährt er – windschnittig und ohne zu treten – bergab.

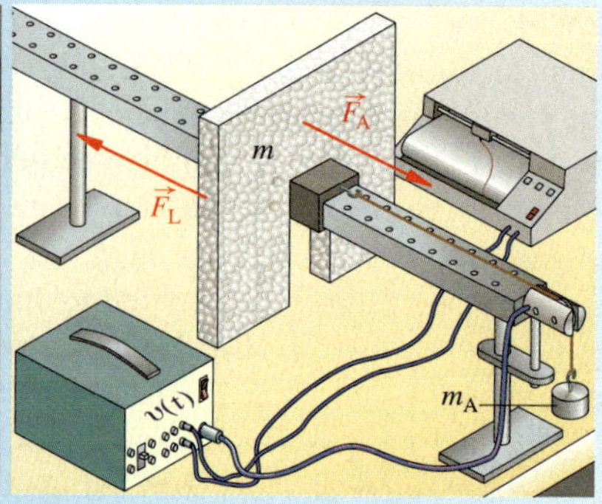

V1: Der Schlitten gleitet reibungsfrei, das Styroporsegel erfährt Luftwiderstand.

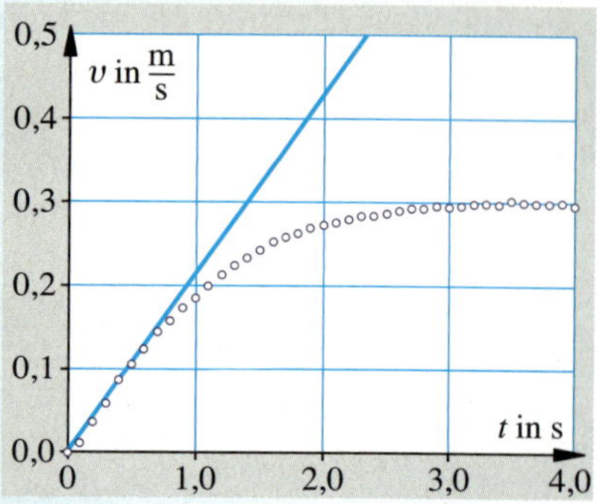

B2: Die Messwerte sind punktweise eingetragen. Eine Fahrt ohne Luftwiderstand liefert die Gerade.

Bergab mit Luftwiderstand

A. Hangabtriebskraft ist nicht alles

Der Radprofi in ➡ *Bild 1* rollt im Freilauf bergab – ohne zu treten. Die Hangabtriebskraft brachte ihn in Fahrt ... – „... macht ihn immer schneller" möchte man fortsetzen. Genaue Beobachter wissen, dass das nicht stimmt. *Erst* wird er schneller, *später* bleibt die Geschwindigkeit konstant. Wenn sich bei der Bergabfahrt Geschwindigkeit und Impuls aber nicht mehr ändern, muss die *resultierende* Kraft null sein. Die von null verschiedene konstante Hangabtriebskraft kann also nicht die einzige angreifende Kraft sein.

Jeder Radfahrer kennt die Luftwiderstandskraft $\vec{F}_L$, die sich bei flotter Fahrt als „Fahrtwind" bemerkbar macht. Sie wirkt der Bewegungsrichtung entgegen und wächst mit zunehmender Geschwindigkeit schnell an. Die Hangabtriebskraft $\vec{F}_H$ und die Summe $\vec{F}_R$ *aller* Widerstandskräfte bestimmen nach NEWTONS Grundgesetz $\Delta\vec{p} = \vec{F}_{Res} \cdot \Delta t$ *gemeinsam* die Impulsänderung. Neben dem *Luftwiderstand* spielt dabei auch der *Rollwiderstand* eine Rolle.

Wenn $\vec{F}_R$ und $\vec{F}_H$ entgegengesetzt gleich sind, hat ihr resultierender Vektor $\vec{F}_{Res} = \vec{F}_H + \vec{F}_R$ den Wert *null*. Aus $\vec{F}_{Res} = \vec{0}$ und $\Delta\vec{p} = \vec{F}_{Res} \cdot \Delta t$ folgt: Die *Impulsänderung* ist null, der Impuls bleibt nach Richtung und Betrag *konstant*!

NEWTONS Grundgesetz gilt für die Resultierende aller Kräfte, die an einem Körper angreifen. Dazu gehören auch alle Widerstandskräfte.

Wir wollen den Einfluss der *Luftwiderstandskraft in* möglichst reiner Form untersuchen. Dazu führen wir ➡ *Versuch 1* auf der Luftkissenbahn durch. Auf wenig geneigter Bahn gleitet der Schlitten, zunächst ohne Styroporsegel, reibungsfrei bergab. Das Styroporsegel sorgt für großen Luftwiderstand. Messwerterfassung und Computer liefern das *t-v*-Diagramm in ➡ *Bild 2.*

B. Annäherung an Endgeschwindigkeit und Kräftegleichgewicht

Ohne das Styroporsegel registriert der *t-v*-Schreiber die im ➡ *Bild 2* eingezeichnete Ursprungsgerade: Die konstante Hangabtriebskraft allein hat konstante Impulszunahme je Sekunde, also gleichmäßigen Anstieg der Geschwindigkeit zur Folge.

Mit dem Styroporsegel auf dem Schlitten weicht das punktweise registrierte *t-v*-Diagramm in ➡ *Bild 2* schon nach wenigen Zehntelsekunden von der Ursprungsgeraden ab. Zwar steigt die *t-v*-Kurve noch, aber sie wird immer flacher.

In ➡ *Bild 3* ist das „Spiel der Kräfte" dargestellt, das für den abnehmenden Impulszuwachs und die Einstellung einer Endgeschwindigkeit sorgt:

- Geschwindigkeit wächst → Luftwiderstandskraft wächst → resultierende Kraft wird kleiner.
- Resultierende Kraft wird kleiner → Impulszuwachs je Sekunde wird kleiner → Geschwindigkeit und Luftwiderstandskraft wachsen weniger.
- Hangabtriebskraft und Luftwiderstandskraft sind gegengleich → Geschwindigkeit wächst nicht mehr.

Jetzt ist **die resultierende Kraft** null, der Schlitten gleitet mit *konstantem Impuls* bergab.

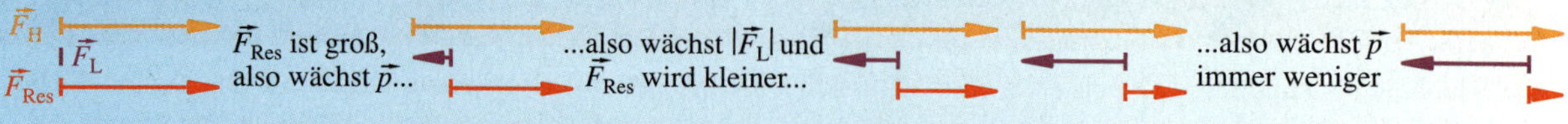

B3: Bei Luftwiderstand bestimmt die resultierende Kraft die Impulsänderung.

Interessantes

Fallschirm	1,40
Scheibe, Wand	1,10
Lkw	0,80
Mensch, stehend	0,78
Kugel	0,45
moderner Pkw	0,30
Tropfenform	0,05

T1: Einige c_w-Werte: Für einen Pkw mit 2 m² Stirnfläche berechnet man bei v = 14 m/s (~ 50 km/h) die Luftwiderstandskraft zu F_L = 76 N.

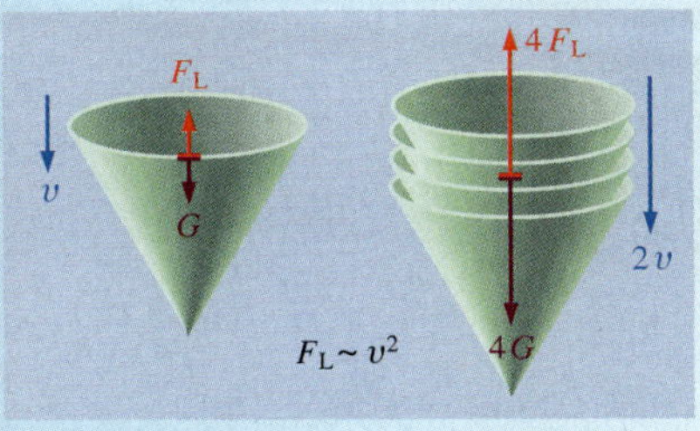

B4: Vier Hütchen erfahren 4fache Gewichtskraft. Schon bei doppelter Geschwindigkeit ist nach $C \cdot v^2$ die Luftwiderstandskraft vervierfacht.

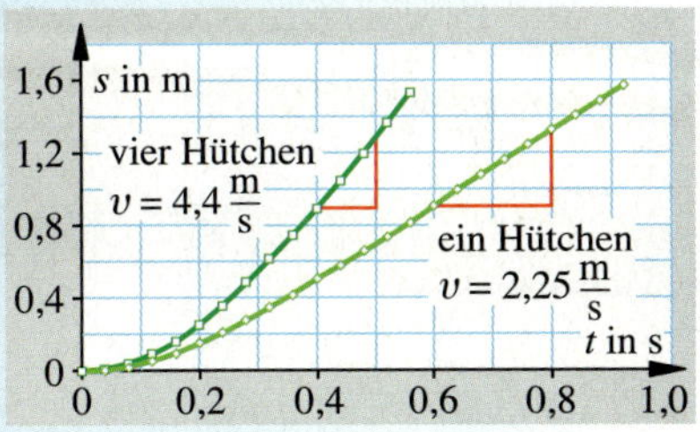

B5: Vier Hütchen erreichen gegenüber einem die doppelte Endgeschwindigkeit.

C. Kraftgesetz für den Luftwiderstand

Aus Erfahrung wissen wir, dass der Luftwiderstand mit der Geschwindigkeit zunimmt. Wer die Hand aus dem fahrenden Auto hält, spürt eine Kraft, die mit zunehmender Geschwindigkeit spürbar wächst. Wer mit dieser Luftwiderstandskraft $\vec{F}_L$ rechnen will, benötigt ein Kraftgesetz: Wie hängt der *Wert* F_L vom Geschwindigkeitswert v ab? In der Literatur findet man das Kraftgesetz oft in dieser Form:

$$F_L = C \cdot v^2.$$

Dies ist eine *Betrag*sgleichung. F_L ist proportional zu v^2. Doppelte Geschwindigkeit bedeutet vierfache Luftwiderstandskraft. – In *Ziff. D(3)* findest du eine Möglichkeit, den quadratischen Zusammenhang im Experiment zu bestätigen.
Die Betragsgleichung sagt nichts über Richtungen. Dazu schreiben wir die *Werte*gleichung auf:

$$F_L = C \cdot |v| \cdot (-v).$$

Mit $(-v)$ wird so ins Spiel gebracht, dass $\vec{F}_L$ der Geschwindigkeit stets entgegengerichtet ist. Die Multiplikation mit den immer konstanten Faktoren C und $|v|$ ändert nichts mehr am Vorzeichen des F_L-Wertes. – Anstelle des C findet man einen Rechenterm, der die Form des Körpers und seine Stirnfläche sowie das umgebende Medium berücksichtigt (*Ziff. D(1)*).

D. Vertiefungen zum Luftwiderstand

(1) Die **vollständige Formel** für den Wert der Luftwiderstandskraft berücksichtigt Größe und Form des Körpers sowie das umgebenden Medium:

$$F_L = \tfrac{1}{2} \cdot c_w \cdot \varrho_{Luft} \cdot A \cdot |v| \cdot (-v). \qquad (1)$$

ϱ_{Luft} ist die Dichte der Luft, A die Stirnfläche des durch die Luft bewegten Körpers. Der Widerstandsbeiwert c_w ist klein bei „windschnittiger" Körperform. Beispiele für c_w mit Berechnungen von F_L zeigt ➠ *Tabelle 1*.

(2) Wenn der **Nebel fällt**: Für einen in Luft fallenden kugeligen Wassertropfen mit dem Radius r ist die Endgeschwindigkeit erreicht, wenn die Beträge $G = m \cdot g = \varrho_{Wasser} \cdot V \cdot g$ und $F_L = \frac{1}{2} \cdot c_w \cdot \varrho_{Luft} \cdot A \cdot v^2$ gleich sind:

$$\varrho_{Wasser} \cdot \tfrac{4}{3} \cdot \pi \cdot r^3 \cdot g = \tfrac{1}{2} \cdot 0{,}45 \cdot \varrho_{Luft} \cdot \pi \cdot r^2 \cdot v_{end}^2.$$

Nach Umstellung:

$$v_{end}^2 = \frac{8 \cdot g}{3 \cdot 0{,}45} \cdot \frac{\varrho_{Wasser}}{\varrho_{Luft}} \cdot r.$$

Man sieht, v_{end}^2 ist proportional zu r. Wird r kleiner, sinkt v_{end}. Regentropfen fallen bei Luftwiderstand mit bis zu 8 m/s. Winzige Nebeltröpfchen dagegen sinken sehr langsam, mit 0,08 m/s, zu Boden. Ihr Radius beträgt ein Zehntausendstel des Regentropfenradius.

(3) $\boldsymbol{F_L \sim v^2}$ kann man **experimentell** überprüfen: Aus Papierscheiben kann man Hütchen wie in ➠ *Bild 4* herstellen, die aus der freien Hand geradewegs nach unten fallen. Auf einem sehr kurzen ersten Stück werden sie beschleunigt, dann fallen sie mit konstanter Geschwindigkeit. Steckt man vier dieser Hütchen ineinander und lässt sie mit nur einem Hütchen zum „Wettfallen" antreten, so haben die vier Hütchen den Boden erreicht, wenn das einzelne erst etwa den halben Weg zurückgelegt hat. Bei stroboskopischer Beleuchtung sieht man diese Verdoppelung der Fallwege je Zeitintervall noch genauer. Die Analyse eines Videoclips (➠ *Buch-CD*) liefert *t-s-Wertepaare; im t-s-*Diagramm kann man die Verdoppelung der Endgeschwindigkeit ablesen (➠ *Bild 5*).
Wollte man nun für bestimmte Zeitpunkte t den Impuls berechnen, so ist zu beachten: Mit F_L ändert sich ständig die Resultierende $F_{Res} = F_H + F_L$. Man muss deshalb NEWTONS Gesetz in der Werteform $\Delta p = F_{Res} \cdot \Delta t$ anwenden, für kleine Zeitabschnitte Δt, in denen F_{Res} praktisch konstant bleibt.

Interessantes

a)

	A	B	C	D	E	F
1	**Konstanten**					
2	g =	9,81 N/kg		m =	0,18 kg	
3	delta_t =	0,1 s		FH =	0,039	N
4				C =	0,42	N/(m²s²)
5				alfa =	1,25	Grad
6						
7	**Startwerte**					
8	t =	0,00 s		v =	0,00 m/s	
9	p =	0,00 kg m/s		FL =	0,00 N	
10						
11	**ab Zeile 15: Rechenschleife**					
12	t	Fluftreib	Fres	p	v	
13	in s	in N	in N	in Nm/s	in m/s	
14	0,00	0,00	0,04	0,00	0,00	
15	0,10	0,00	0,04	0,00	0,02	
16	0,20	0,00	0,04	0,01	0,04	
17	0,30	0,00	0,04	0,01	0,06	
18	0,40	0,00	0,04	0,02	0,08	
19	0,50	0,00	0,04	0,02	0,10	
20	0,60	0,00	0,03	0,02	0,12	
21	0,70	-0,01	0,03	0,03	0,14	
22	0,80	-0,01	0,03	0,03	0,16	
23	0,90	-0,01	0,03	0,03	0,17	
24	1,00	-0,01	0,03	0,03	0,19	
25	1,10	-0,01	0,02	0,04	0,20	
26	1,20	-0,01	0,02	0,04	0,21	
27	1,30	-0,01	0,02	0,04	0,23	

b)

14	=B8	=E9	=E3	=B9	=E8
15	=A14+$B$3	=$E$4*ABS(E14)*(-E14)	=$E$3+B15	=D14+C15*$B$3	=D15/$E$2
16	=A15+$B$3	=$E$4*ABS(E15)*(-E15)	=$E$3+B16	=D15+C16*$B$3	=D16/$E$2
17	=A16+$B$3	=$E$4*ABS(E16)*(-E16)	=$E$3+B17	=D16+C17*$B$3	=D17/$E$2
18	=A17+$B$3	=$E$4*ABS(E17)*(-E17)	=$E$3+B18	=D17+C18*$B$3	=D18/$E$2
19	=A18+$B$3	=$E$4*ABS(E18)*(-E18)	=$E$3+B19	=D18+C19*$B$3	=D19/$E$2

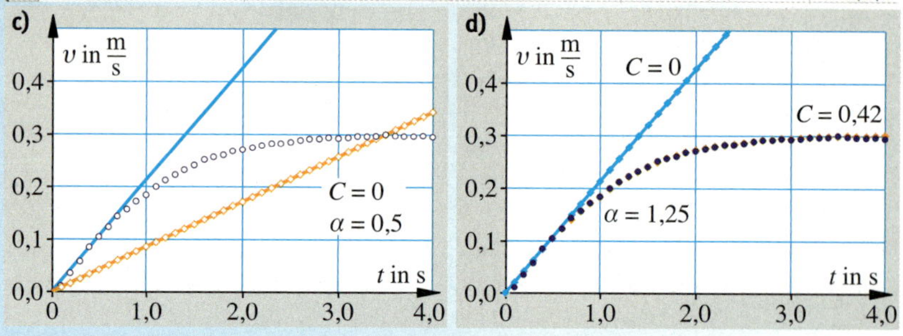

B1: a) Das Rechenmodell als Tabellenblatt. Mit den Schiebereglern können α und C verändert werden. **b)** In jeder Zeile stehen alle Formeln der Rechenzeile einmal getippt, oft kopiert. **c)** Die hellblaue Gerade zeigt den Anstieg der Messkurve (∘∘∘) in den ersten Zehntelsekunden. **d)** Erst wird α angepasst (1,25°), dann wird C vergrößert bis die Rechenkurve auf der Messkurve liegt.

Rechenmodell für Bewegung mit Luftwiderstand

A. Physik steckt in der Rechenschleife

Bei Luftwiderstand ist es nötig, den Bewegungsablauf in kurze Zeitschritte zu zerlegen. Für jeden Zeitschritt muss die Rechenschleife durchlaufen werden, in der die für die Bewegung entscheidenden allgemein gültigen physikalischen Formeln stehen.

Konstanten, die in den Formeln verwendet werden, und Startwerte, die den konkreten Bewegungsablauf bestimmen, schreibt man einmal in den Anfang des Rechenprogramms. Für die *Bergabfahrt mit Luftwiderstand* ist dies im ➠ *Kasten* dargestellt.

Wir übertragen das Programm in ein Programm für Tabellenkalkulation.

➠ *Bild 1a* zeigt ein zweckmäßiges Layout. In den Feldern ab Zeile 15 stehen in jeder Zeile alle Rechenanweisungen der Rechenschleife (➠ *Bild 1b*).

Auf der ➠ *Buch-CD* findest du das Tabellenblatt und Hinweise auf andere Programme mit denen du das Rechenmodell darstellen kannst.

Konstanten	Der Computer ...
$g = 9{,}81$ N/kg	... bekommt Werte für die Konstanten g, m und α.
$m = 0{,}18$ kg	
$\alpha = 1{,}25°$	... berechnet aus $m \cdot g \cdot \sin\alpha$ den Wert der Hangabtriebskraft.
$F_H = 0{,}26$ N	
$\Delta t = 0{,}05$ s	... bekommt Werte für den Zeitschritt Δt und die Konstante C.
$C = 0{,}44\ \text{N/(m}^2\text{/s}^2)$	
Startwerte	
$t = 0$ s	... bekommt Startwerte für t und p.
$p = 0$ kg m/s	... berechnet die Startwerte für Geschwindigkeit und Luftwiderstandskraft.
$v = 0$ m/s	
$F_L = 0$ N	
Rechenschleife	Der Computer berechnet **bei jeder**
WIEDERHOLE	**Wiederholung der Rechenschleife** ...
$t_{neu} = t_{alt} + \Delta t$	... die neue Zeit,
$F_L = C \cdot \lvert v \rvert \cdot (-v)$	... den Wert der Luftwiderstandskraft,
$F_{Res} = F_H + F_L$	... den Wert der resultierenden Kraft,
$p_{neu} = p_{alt} + F_{Res} \cdot \Delta t$	... den neuen Wert des Impulses,
$v_{neu} = p_{neu}/m$	... den neuen Geschwindigkeitswert.

B. Konstanten und Startwerte passend machen

Im Tabellenblatt in ➠ *Bild 1a* sind die als Konstanten und Startwerte eingetragenen Zahlen gelb markiert. Die Bergabfahrt soll zur *Startzeit* $t = 0$ s mit $p = 0$ kg m/s beginnen.

Vorläufig setzen wir C auf null und stellen für α den Wert 0,5° ein. Der Computer füllt die Zeilen des Tabellenblatts mit Zahlen und zeichnet aus den Rechenwerten und den gespeicherten Messwerten des Realexperiments die t-v-Diagramme (➠ *Bild 1c, d*). Die Rechenkurve liegt unter der Messkurve. *C und α müssen also noch angepasst werden:*

Erst wird α angepasst ...

In den ersten Zehntelsekunden sind Rechenkurve und Messkurve praktisch gerade. Weil nämlich bei langsamer Fahrt die Luftwiderstandskraft noch vernachlässigbar klein ist, sorgt allein die konstante Hangabtriebskraft für gleichmäßigen Anstieg des Impulses. C spielt erst bei größerem Impuls, also größerer Geschwindigkeit eine Rolle. Weil C vorläufig auf null steht, ist die gesamte Rechenkurve eine Gerade. Ihren Anstieg regeln wir mit dem α-Schieber so ein, dass sie auf dem praktisch geraden Teil der Messkurve liegt. Die Rechenwerte liegen in ➠ *Bild 1c, d* auf der dunkelblauen Geraden.

Interessantes

a)

b)

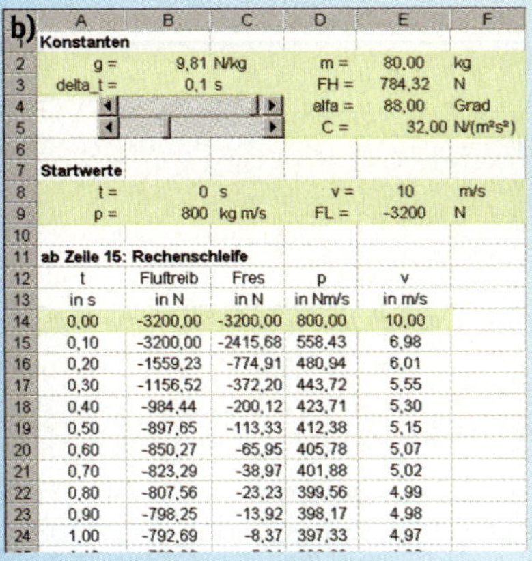

	A	B	C	D	E	F
1	Konstanten					
2	g =	9,81 N/kg		m =	80,00	kg
3	delta_t =	0,1 s		FH =	784,32	N
4				alfa =	88,00	Grad
5				C =	32,00	N/(m²s²)
6						
7	Startwerte					
8	t =	0 s		v =	10	m/s
9	p =	800 kg m/s		FL =	-3200	N
10						
11	ab Zeile 15: Rechenschleife					
12	t	Fluftreib	Fres	p	v	
13	in s	in N	in N	in Nm/s	in m/s	
14	0,00	-3200,00	-3200,00	800,00	10,00	
15	0,10	-3200,00	-2415,68	558,43	6,98	
16	0,20	-1559,23	-774,91	480,94	6,01	
17	0,30	-1156,52	-372,20	443,72	5,55	
18	0,40	-984,44	-200,12	423,71	5,30	
19	0,50	-897,65	-113,33	412,38	5,15	
20	0,60	-850,27	-65,95	405,78	5,07	
21	0,70	-823,29	-38,97	401,88	5,02	
22	0,80	-807,56	-23,23	399,56	4,99	
23	0,90	-798,25	-13,92	398,17	4,98	
24	1,00	-792,69	-8,37	397,33	4,97	

c)

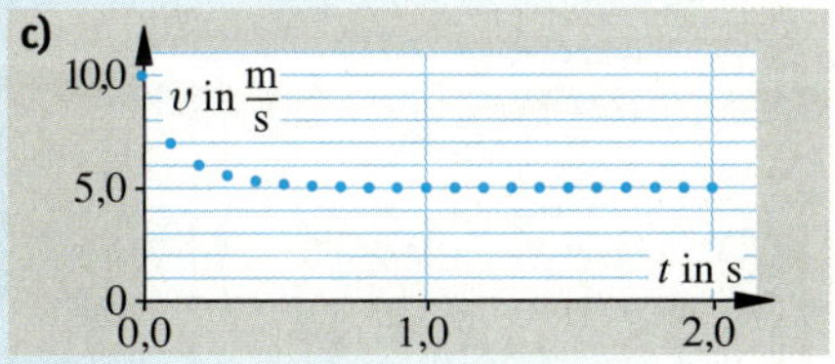

d)

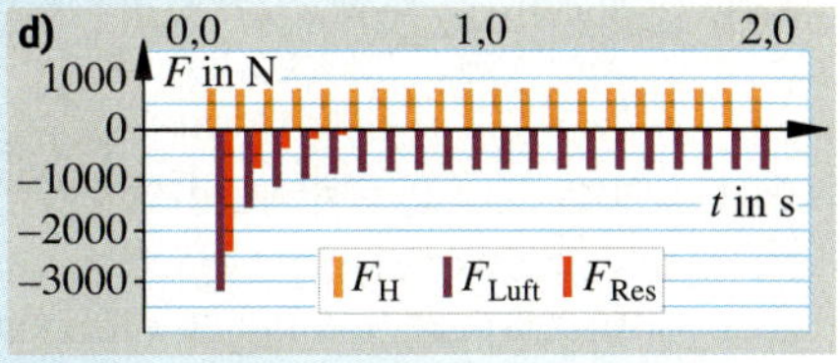

B 2: a) Am Fallschirm hängend, sinkt der Sportler gleichförmig hinab. **b)** Im Tabellenblatt stehen jetzt andere Konstanten. **c)** Endgeschwindigkeit 5 m/s im *t*-*v*-Diagramm **d)** F_{Res} geht schnell gegen null.

... und dann C:

Erhöhen wir jetzt mit dem Schieberegler den *C*-Wert, dann zeigt sich der Einfluss des Luftwiderstands. Je größer der Wert von *C* ist, desto mehr weicht die Rechenkurve vom anfangs geraden Verlauf ab und desto kleiner ist die angezeigte konstante Endgeschwindigkeit.

Für $C = 0{,}42\ \text{N}/(\text{m}^2/\text{s}^2)$ liefert das Rechenmodell Wertepaare, die gut auf der Kurve mit den Messwerten liegen. Die Konstanten α und *C* sind jetzt an das Realexperiment mit der Luftkissenbahn angepasst.

C. Das Rechenmodell kann noch mehr

Das Rechenmodell enthält nicht mehr Physik als

$$F_L = C \cdot |v| \cdot (-v) \quad \text{und} \quad \Delta\vec{p} = \vec{F}_{Res} \cdot \Delta t.$$

Es muss also auch für einen Fallschirmsportler gelten, der bei $|v| = 10$ m/s die Reißleine zieht und schnell auf ca. 5 m/s Endgeschwindigkeit abgebremst wird. Bei dieser Geschwindigkeit sorgt sein Fallschirm für eine zur Gewichtskraft gegengleiche Luftwiderstandskraft (➠ *Bild 2a*). – Wir müssen nur die Konstanten und Startwerte richtig einstellen. Vorher setzen wir als Bezugsrichtung fest, dass alle Werte in Fallrichtung positiv sein sollen.

Mit $v = +10$ m/s und $m = 80$ kg beträgt der Wert des Startimpulses +800 kg m/s für die zu modellierende Bewegung.

Bei $\alpha = 90°$ schreibt der Computer die Gewichtskraft in die Zelle für die Hangabtriebskraft (➠ *Bild 2b*).

Einen geeigneten Wert *C* können wir abschätzen: Für die Beträge der Gewichtskraft und der Luftwiderstandskraft muss ja gelten: $C \cdot v_{end}^2 = m \cdot g$. Also gilt

$$C = (80\ \text{kg} \cdot 10\ \text{N/kg})/(25\ \text{m}^2/\text{s}^2) = 32\ \text{N}/(\text{m}^2/\text{s}^2).$$

Mit den so eingestellten Konstanten und Startwerten berechnet der Computer die Wertepaare für das *t*-*v*-Diagramm in ➠ *Bild 2c*. Das Ergebnis ist plausibel: Die Fallgeschwindigkeit sinkt schnell von 10 m/s auf 5 m/s und bleibt dann konstant.

Im *Balkendiagramm mit Kräften* in ➠ *Bild 2d* zeigt uns der Computer das Spiel der Kräfte: Weil wir die Fallrichtung als Bezugsrichtung gewählt haben, zeichnet der Computer die konstante Gewichtskraft als positiven Wert! Die gegen die Bewegungsrichtung gerichtete Luftwiderstandskraft (dunkelrot) ist negativ und hat zuerst einen großen Betrag. Der Wert der resultierenden Kraft (hellrot) ist negativ. – Der Impuls und die Geschwindigkeit werden kleiner, der Betrag der Luftwiderstandskraft nimmt ab, die Summe aus Gewichtskraft und Luftwiderstandskraft geht gegen null. Zwar wirken immer noch Kräfte auf den Springer, aber ihre Summe ist null, deshalb hört die Impulsänderung auf, die Endgeschwindigkeit ist erreicht.

D. Wenn sich die Luft bewegt, gilt auch $F_L = C \cdot v^2$

Heftiger Wind zieht am Regenschirm, man kann ihn kaum halten. Bei noch mehr Wind hat man selbst ohne Regenschirm Mühe, auf den Beinen zu bleiben. Das Kraftgesetz $F_L = C \cdot v^2$ sagt uns warum: Die Kraft, die die strömende Luft auf eine entgegenstehende Fläche ausübt, wächst quadratisch mit der Windgeschwindigkeit. Doppelte Geschwindigkeit – vierfache Kraft. – Windstärke 6 Beaufort bedeutet Windgeschwindigkeit um 50 km/h. Bei tropischen Wirbelstürmen rechnet man mit Windgeschwindigkeiten bis 250 km/h. 5fache Geschwindigkeit bedeutet 25fache Kraft; kein Wunder, dass Wirbelstürme verheerende Schäden anrichten.

Interessantes

B1: Nach ARISTOTELES gibt es beim Flug der Kanonenkugel nur 2 Bewegungsrichtungen.

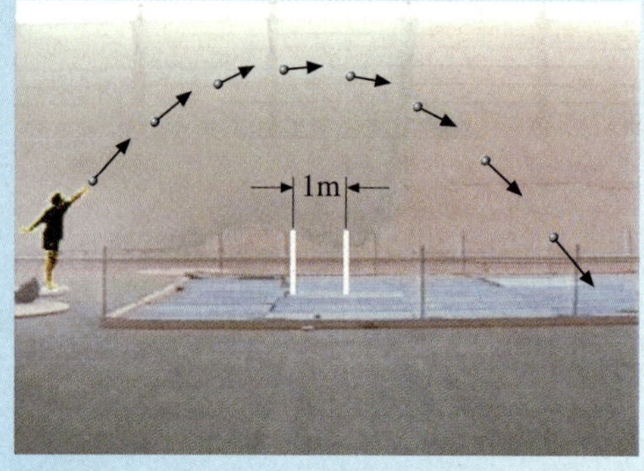

B2: Seit GALILEI gründet Physik auf Beobachtung. Der Impuls der Kugel ändert kontinuierlich seine Richtung.

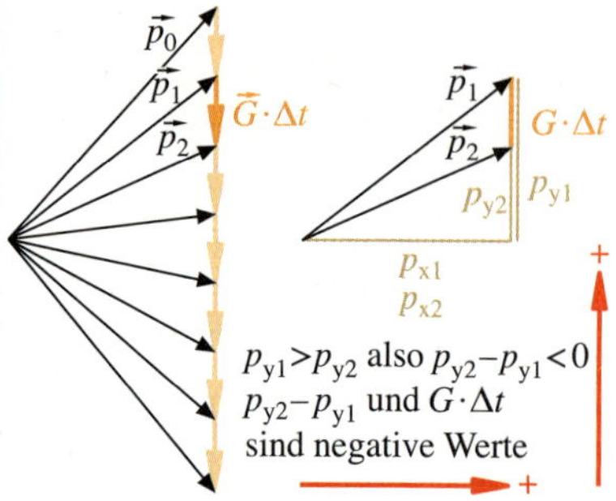

B3: Alle Impulspfeile der Kugelbahn sind von einem Punkt aus gezeichnet, die Impulsänderung ist konstant.

Schiefer Wurf mit Videoanalyse

A. Der Impulsvektor ändert seine Richtung

Über den Weg einer Kanonenkugel lehrte vor 2000 Jahren ARISTOTELES, dass sie zuerst der ihr aufgezwungenen Bewegung in gerader Linie folgen müsse, bis ihre Bewegung zum Stillstand gekommen ist. Dann erst wirke ihr Bestreben, wie jeder schwere Körper nach unten, zum Weltzentrum zu gelangen. So dachte man sehr lange, so sah es auch der Künstler in dem 1561 entstandenen Holzschnitt (➠ *Bild 1*).

Wir halten uns an die Mechanik, die nach 1600 von GALILEI und NEWTON begründet wurde (➠ *Geschichte der Bewegungslehre*). Wir stützen uns auf Erfahrung und Experiment: Im Videoclip eines Kugelstoßes (➠ *Buch-CD*, Standbild ➠ *Bild 2*) sehen wir die Wurfbahn, mit einem Programm zur *Videoanalyse* wird sie Punkt für Punkt ausgemessen.

Die Videoanalyse liefert im Zeittakt des Videofilms ($\frac{1}{25}$ s) *x*-*y*-Koordinatenpaare für den jeweiligen Ort der Kugel. Eine Auswahl (jedes vierte Videobild, $\Delta t = 0{,}16$ s) ist im ➠ *Bild 2* eingetragen. Die Kugel bewegt sich auf gekrümmter Bahn, Geschwindigkeit und Impuls ändern ständig die Richtung. Den Betrag der *Geschwindigkeit* zwischen zwei Messungen kann man mit kleinem Δt aus dem Weg Δs und Δt berechnen. Für das erste Zeitintervall messen wir im Bild $\Delta s = 1{,}4$ m. Daraus berechnen wir $v_0 = 1{,}4$ m/(0,16 s) = 8,8 m/s. Damit zeichnet man $\vec{v}_0$ längs der Tangentenrichtung. Den Betrag des *Impulses* erhalten wir durch Multiplikation von v_0 mit der Masse (4 kg). Der Anfangsimpuls $\vec{p}_0$ hat also den Betrag p_0 = 4 kg · 8,8 m/s = 35,2 kg m/s. Seine Richtung ist die der Geschwindigkeit. Wir heften ihn dort an die Bahnkurve, wo der freie Flug der Kugel beginnt. Ebenso erhält man die übrigen Impulsvektoren die im ➠ *Bild 2* an die Bahnpunkte geheftet sind.

Der Kugelstoßer sorgt für den schräg nach oben gerichteten Anfangsimpuls. Im Flug der Kugel wirkt als resultierende Kraft allein die stets nach unten gerichtete Gewichtskraft $\vec{G}$ der Kugel. – Ohne Luftwiderstand sorgt sie allein für die Impulsänderung. *NEWTONS Grundgesetz der Mechanik in vektorieller Form mit $\vec{G}$ als resultierender Kraft heißt hier*

$$\Delta\vec{p} = \vec{G}\cdot\Delta t. \qquad (1)$$

Die Impulspfeile in ➠ *Bild 2* gehören alle zu der gestoßenen Kugel. Deshalb darf man sie in ➠ *Bild 3* von einem Punkt aus zeichnen. So sieht man die vorhergesagte Impuls*änderung* der Kugel besser, kann sie für jeden Zeitschritt Δt gemäß $\vec{p}_{neu} = \vec{p}_{alt} + \Delta\vec{p}$ durch einen Pfeil darstellen. Alle Vektoren $\Delta\vec{p}$ haben gleiche Richtung und gleichen Betrag. Die Richtung stimmt mit der von $\vec{G}$ überein. Passt auch der Betrag zu unserer Vorhersage in *Gl. (1)*?

Es muss $m\cdot g\cdot\Delta t = G\cdot\Delta t$ gelten. Für $m = 4$ kg und $\Delta t = 0{,}16$ s berechnet man $m\cdot g\cdot\Delta t = 6{,}3$ kg m/s. Der Betrag von $\vec{p}_0$ (35,2 kg m/s) ist 5,6-mal so groß wie der von $\Delta\vec{p}$. Dies bestätigen wir durch Nachmessen in der maßstäblichen Zeichnung von ➠ *Bild 3.*

In der Form $\Delta\vec{p} = \vec{G}\cdot\Delta t$ liefert NEWTONS Grundgesetz auch für die krummlinige Wurfbewegung ohne Luftwiderstand Richtung und Betrag der Impulsänderung. – Die Richtung der Impulsvektoren ist immer tangential zur Bahnkurve.

B. Computer zeichnen nicht, sie rechnen

Wir haben bei der Auswertung des Kugelstoßes die „Vektorrechnung" zeichnerisch mit maßstabsgetreuen Pfeilen gemacht. Der Computer rechnet mit Werten. Das geht bei Vektoren nur, wenn man sie in *x*- und *y*- (evtl. *z*-) Werte eines Koordinatensystems auflöst.

Interessantes

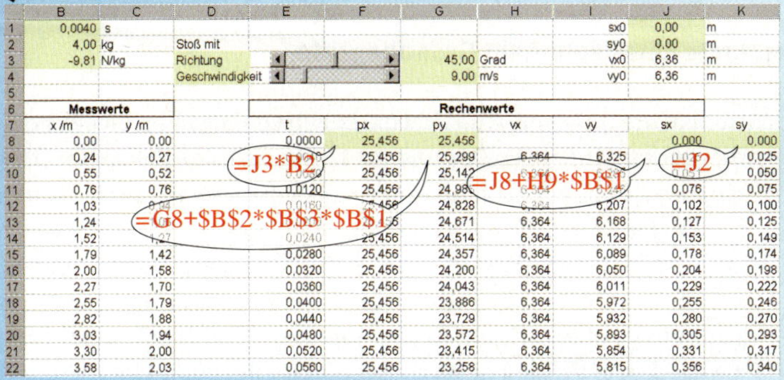

	B	C	D	E	F	G	H	I	J	K
1	0,0040	s						sx0	0,00	m
2	4,00	kg	Stoß mit					sy0	0,00	m
3	-9,81	N/kg	Richtung			45,00	Grad	vx0	6,36	m
4			Geschwindigkeit			9,00	m/s	vy0	6,36	m
5										
6	Messwerte						Rechenwerte			
7	x /m	y /m		t	px	py	vx	vy	sx	sy
8	0,00	0,00		0,0000	25,456	25,456			0,000	0,000
9	0,24	0,27		[illegible]	25,456	25,299	6,364	6,325	[illegible]	0,025
10	0,55	0,52		[illegible]	25,456	25,142	[illegible]	[illegible]	0,051	0,050
11	0,76	0,76		0,0120	25,456	[illegible]	[illegible]	[illegible]	0,076	0,075
12	1,03	[illegible]		0,0160	[illegible]	24,828	6,364	6,207	0,102	0,100
13	1,24	[illegible]		[illegible]	[illegible]	24,671	6,364	6,168	0,127	0,125
14	1,52	1,27		0,0240	25,456	24,514	6,364	6,129	0,153	0,149
15	1,79	1,42		0,0280	25,456	24,357	6,364	6,089	0,178	0,174
16	2,00	1,58		0,0320	25,456	24,200	6,364	6,050	0,204	0,198
17	2,27	1,70		0,0360	25,456	24,043	6,364	6,011	0,229	0,222
18	2,55	1,79		0,0400	25,456	23,886	6,364	5,972	0,255	0,246
19	2,82	1,88		0,0440	25,456	23,729	6,364	5,932	0,280	0,270
20	3,03	1,94		0,0480	25,456	23,572	6,364	5,893	0,305	0,293
21	3,30	2,00		0,0520	25,456	23,415	6,364	5,854	0,331	0,317
22	3,58	2,03		0,0560	25,456	23,258	6,364	5,815	0,356	0,340

B4: Im Tabellenblatt sind links die Koordinaten der *Messpunkte aus der Videoanalyse* angegeben. Rechts werden in einer Rechenschleife die Werte für den Impulsvektor, den Geschwindigkeitsvektor und den momentanen Ort berechnet. Jede Größe benötigt zwei Spalten, je eine für den x- und den y-Wert.

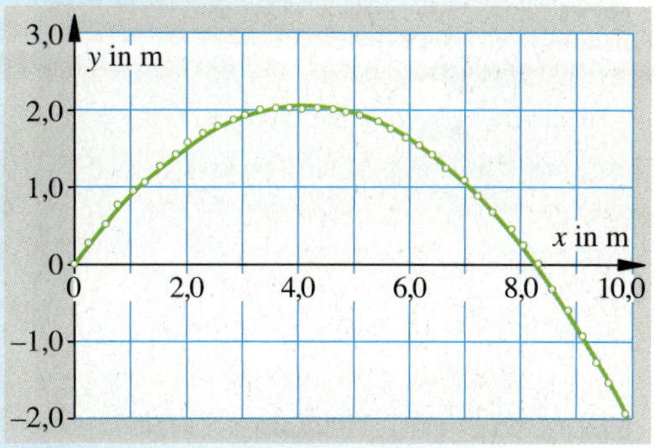

B5: Wenn die Werte für Richtung und Betrag des Startimpulses passend eingegeben werden, liegen die berechneten Orte gut auf der mit Videoanalyse ermittelten Flugbahn.

C. Der Computer berechnet die Flugbahn

Zuerst legen wir das Koordinatensystem fest: positive x-Werte nach rechts, positive y-Werte nach oben. Den Anfangsimpuls schreiben wir als Wertepaar mit x-Wert und y-Wert in der Form (p_{0x}, p_{0y}). Bei Abstoß nach oben rechts sind beide Werte positiv. Dem ➠ *Bild 3* (Ausschnitt) kann man entnehmen, dass die Impulsänderung $\vec{G} \cdot \Delta t$ sich allein auf den y-Wert des Impulses auswirkt. p_x ändert sich gar nicht, p_y ändert sich um den Wert $G \cdot \Delta t$. $\vec{G}$ wirkt nach unten. Mit $g = -9{,}81\ \text{m/s}^2$ ist $G = m \cdot g$ ein negativer Wert. Mit zwei Wertegleichungen berechnet der Computer aus dem Impulsvektor $\vec{p}_{\text{alt}}$ den Impulsvektor $\vec{p}_{\text{neu}} = (p_{x\ \text{neu}}, p_{y\ \text{neu}})$:

$$p_{x\ \text{neu}} = p_{x\ \text{alt}} \qquad \text{(2a)}$$
$$p_{y\ \text{neu}} = p_{y\ \text{alt}} + m \cdot g \cdot \Delta t. \qquad \text{(2b)}$$

Der jeweilige Geschwindigkeitsvektor $\vec{v} = (v_x, v_y)$ wird aus dem momentanen Impuls berechnet:

$$v_{x\ \text{neu}} = p_{x\ \text{neu}}/m \qquad \text{(3a)}$$
$$v_{y\ \text{neu}} = p_{y\ \text{neu}}/m. \qquad \text{(3b)}$$

Für die Ortskoordinaten wählen wir auch ein Rechts-Hoch-Koordinatensystem. Den Ursprung legen wir in den Abstoßpunkt $(x_0, y_0) = (0, 0)$. Zur Berechnung des nach Δt erreichten neuen Ortes $(x_{\text{neu}}, y_{\text{neu}})$ erweitern wir die früher benutzte Gleichung $x_{\text{neu}} = x_{\text{alt}} + v \cdot \Delta t$ auf die Bewegung in der Ebene:

$$x_{\text{neu}} = x_{\text{alt}} + v_x \cdot \Delta t \qquad \text{(4a)}$$
$$y_{\text{neu}} = y_{\text{alt}} + v_y \cdot \Delta t. \qquad \text{(4b)}$$

Das Tabellenblatt ➠ *Bild 4* zeigt die Übersetzung der physikalischen Formeln in die Tabellenkalkulation. Als (veränderliche) Startwerte sind Richtung und Betrag der Abstoßgeschwindigkeit eingetragen. Der Computer berechnet daraus (v_{0x}, v_{0y}) und $(p_{0x}, p_{0y}) = (m \cdot v_x, m \cdot v_y)$. (Einzelheiten ➠ *Buch-CD*).

Von (0, 0) aus mit 9,0 m/s in die Richtung 45° gestoßen, landet die Kugel bei $x = 9{,}95$ m und $y = -2$ m am Boden. Das Rechenmodell liefert richtige Werte; Messkurve und Rechenkurve stimmen gut überein (➠ *Bild 5*). Hat die Kugel die Hand des Sportlers verlassen, bestimmen allein ihr Startimpuls und NEWTONS Gesetz die Form der Bahn und die Stoßweite. Das Rechenmodell liefert Vorhersagen auch für andere Startimpulse, also auch für den *waagerechten Wurf*.

D. Wie stößt man die Kugel am weitesten?

Man kann den Einfluss von Stoßrichtung und Stoßgeschwindigkeit systematisch untersuchen. Die ➠ *Bilder 6a, b* zeigen die Ergebnisse: Es gibt einen optimalen Winkel, den man ungefähr einhalten muss, damit die Kugel am weitesten fliegt. Im Bereich dieses Winkels in ➠ *Bild 6a* kann man mit mehr Stoßgeschwindigkeit die Wurfweite steigern.

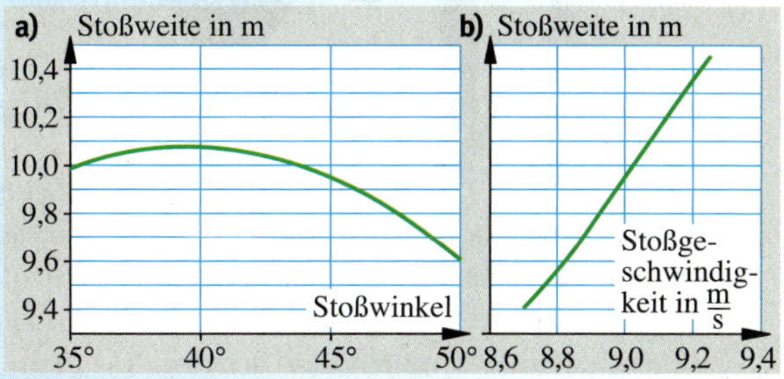

B6: a) Als Stoßgeschwindigkeit ist 9,0 m/s fest eingestellt. Der Stoßwinkel wird geändert, die Weite wird abgelesen. **b)** Hier bleibt der Winkel konstant und die Stoßgeschwindigkeit wird geändert.

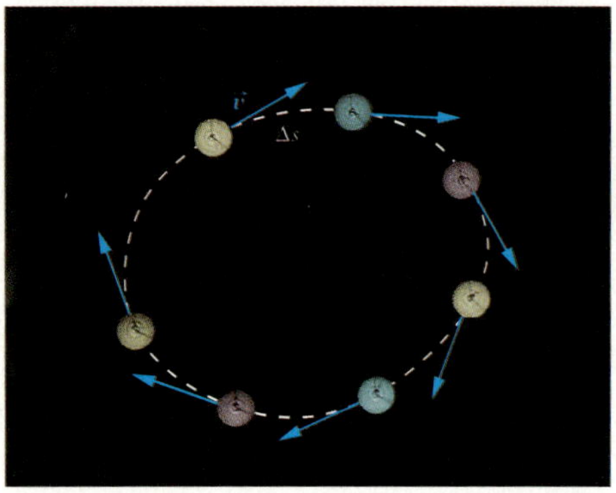

B1: Stroboskopische Beleuchtung eines Balles, der an einer Schnur gleichmäßig im Kreis herum geschleudert wird.

Beispiel

Schleuderball

Ein gleichförmig kreisender Ball führt 30 Umläufe in $t = 10$ s auf einem Kreis mit dem Radius $r = 0{,}6$ m aus. Wie groß sind Umlaufdauer T und Bahngeschwindigkeit v des Balls?

Lösung:

$$T = \frac{t}{n} = \frac{10\,\text{s}}{30} = \mathbf{\frac{1}{3}\,s};$$

$$v = \frac{2 \cdot \pi \cdot r}{T} = \frac{2 \cdot \pi \cdot 0{,}6\,\text{m}}{\frac{1}{3}\,\text{s}} \approx \mathbf{11\,m/s}.$$

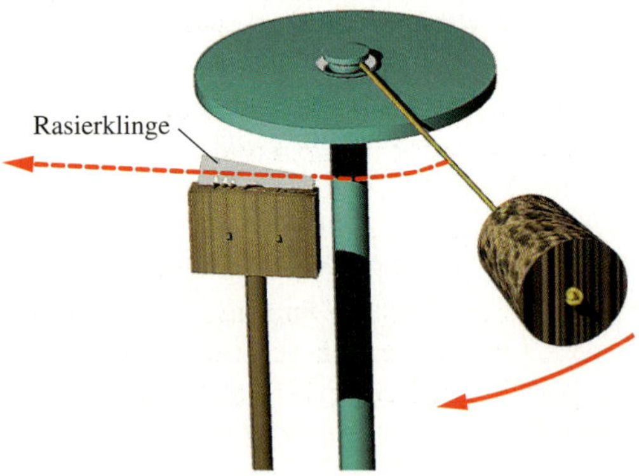

V1: Wir zwingen einen an einem Faden gebundenen Gummistopfen auf eine Kreisbahn. Dazu befestigen wir den Faden an einer rotierenden horizontalen Scheibe. Wir nähern dem Faden von unten eine schräg gehaltene Rasierklinge; sie schneidet den Faden durch. Der Gummistopfen fliegt tangential weg, genauso wie z. B. die Funken an einem Schleifstein.

Beschreibung der Kreisbewegung; Zentripetalkraft

1. Erste Überlegungen; Grundbegriffe

Beobachtet man ein Auto bei einer Kurvenfahrt von einem hochfliegenden Hubschrauber aus, so erscheint es als bewegter *Massenpunkt*. Dies gilt auch für einen Volksfestbesucher im Kettenkarussell. Die Ausdehnung der kreisenden Körper ist nämlich klein im Vergleich zum Radius r der Kreisbahn. Die Vorstellung des kreisenden Massenpunktes erfasst viele andere Beispiele von Kreisbewegung, z. B. die Bewegung des Mondes auf seiner Bahn um die Erde. Wir legen sie deshalb den folgenden Überlegungen zugrunde.

Ein einfaches Beispiel ist ein Ball, der an einer Schnur im Kreis waagerecht herumgeschleudert wird. Lassen wir den Ball gleichmäßig kreisen, so durchläuft er nach ➡ *Bild 1* in gleichen Zeitabschnitten Δt gleich große Kreisbögen Δs. Also ist hier der *Betrag der Geschwindigkeit* $v = \Delta s/\Delta t$ konstant. Man spricht von einer **gleichförmigen Kreisbewegung**. Die Zeit, die der Ball für einen Umlauf auf der Kreisbahn braucht, nennt man **Umlaufdauer *T***. In der Zeit $\Delta t = T$ durchläuft der gleichförmig kreisende Ball also den Kreisumfang $\Delta s = 2 \cdot \pi \cdot r$ (r: Radius der Kreisbahn). Demnach ist

$$v = \frac{\Delta s}{\Delta t} = \frac{2 \cdot \pi \cdot r}{T}.$$

Mit dem Betrag v der Geschwindigkeit ist auch der *Betrag* $p = m \cdot v$ *des Impulses konstant*. Im ➡ *Beispiel* wird die Geschwindigkeit v eines kreisenden Schleuderballs bestimmt.

Merksatz

1. Die Kreisbewegung eines Massenpunktes heißt **gleichförmig**, wenn der Betrag v seiner Geschwindigkeit konstant ist.
2. Führt ein Körper der Masse m eine **gleichförmige Kreisbewegung** durch, so gilt außerdem:
   Der Betrag $p = m \cdot v$ des Impulses des Körpers ist konstant.
   Ist T die Zeit, die der Massenpunkt für einen Umlauf auf der Kreisbahn braucht, und r der Kreisradius, so gilt:
   $$v = \frac{2 \cdot \pi \cdot r}{T}.$$

2. Ohne Kraft keine Kreisbewegung

Schleudert ein Kind einen Ball an einer Schnur über seinem Kopf möglichst waagerecht und gleichmäßig im Kreis herum, so bewegt sich der Ball auf einen in der Nähe stehenden Beobachter mal zu und mal weg von ihm. Die Bewegungsrichtung des Balls und damit die Richtung sowohl seines Geschwindigkeitsvektors $\vec{v}$ als auch seines Impulsvektors $\vec{p} = m \cdot \vec{v}$ ändert sich also ständig. Dies ist nur möglich, wenn auf den Ball ständig eine Kraft einwirkt. Würde nämlich keine Kraft auf ihn einwirken, so bliebe sein Impuls nach Betrag und Richtung konstant. Er würde sich auf einer Geraden in Richtung des Impulsvektors $\vec{p}$ bewegen.

Viele Autofahrer glauben z. B., sie bräuchten nur das Lenkrad einzuschlagen und schon fahre ihr folgsames Auto in die Kurve – bis sie bei Glatteis oder Aquaplaning eines anderen belehrt werden (➠ *Bild 2*). Dort fährt ihr Wagen geradlinig weiter und behält seinen Impuls nach Betrag und Richtung bei. Er gehorcht nicht dem Steuer, sondern der Impulserhaltung. Die Ursache ist das Fehlen einer Kraft, die das Fahrzeug in die Kurve zwingt.

In ➠ *Versuch 1* wird ein an einem Faden befestigter Gummistopfen auf eine Kreisbahn gezwungen. Hier besorgt der Faden die für die Kreisbewegung des Stopfens nötige Kraft. Durchschneiden wir den Faden in einem beliebigen Punkt der Kreisbahn, fehlt diese Kraft und der Stopfen behält seinen momentanen Impuls nach Betrag und Richtung bei. Er bewegt sich geradlinig weiter. – Zusätzlich beobachten wir: Diese Gerade ist eine *Tangente* an die Kreisbahn. Folglich muss die Richtung des Impulsvektors $\vec{p}$ – und damit ebenso die des Geschwindigkeitsvektors $\vec{v}$ – in jedem Kreispunkt tangential zur Kreisbahn und somit senkrecht auf dem Kreisradius stehen. $\vec{p}$ und $\vec{v}$ ändern also ständig ihre Richtung, haben aber bei einer gleichförmigen Kreisbewegung einen konstanten Betrag. In ➠ *Bild 1* sind daher alle $\vec{v}$-Pfeile gleich lang.

Die Richtung der für die Kreisbewegung nötigen Kraft ergibt sich aus ➠ *Versuch 1*. Der Faden kann nämlich eine Kraft nur in seiner Längsrichtung ausüben. *Also ist die am Ball angreifende Kraft ständig zum Kreismittelpunkt hin gerichtet.* Damit steht sie senkrecht zu den Vektoren $\vec{p}$ bzw. $\vec{v}$. ➠ *Versuch 2* betätigt dies. – Diese Kraft nennt man **Zentripetalkraft** $\vec{F}_Z$ (petere, lat.: nach etwas streben; hier zum Kreismittelpunkt). Was das Wort *Zentrifugalkraft* bedeutet, erfährst du später. – ➠ *Versuch 3* zeigt noch, dass der Betrag F_Z der Zentripetalkraft konstant ist.

Merksatz

Bei einer gleichförmigen Kreisbewegung eines Körpers gilt:
1. Der Impulsvektor $\vec{p}$ und der Geschwindigkeitsvektor $\vec{v}$ haben einen konstanten Betrag, ändern aber ständig ihre Richtung. Sie sind in jedem Kreispunkt tangential zur Kreisbahn und stehen somit senkrecht auf dem Kreisradius.
2. In jedem Punkt der Kreisbahn muss auf den Körper eine zum Kreismittelpunkt hin gerichtete **Zentripetalkraft** $\vec{F}_Z$ einwirken, deren Betrag F_Z konstant ist.

B2: Das Auto fliegt tangential aus der Kurve.

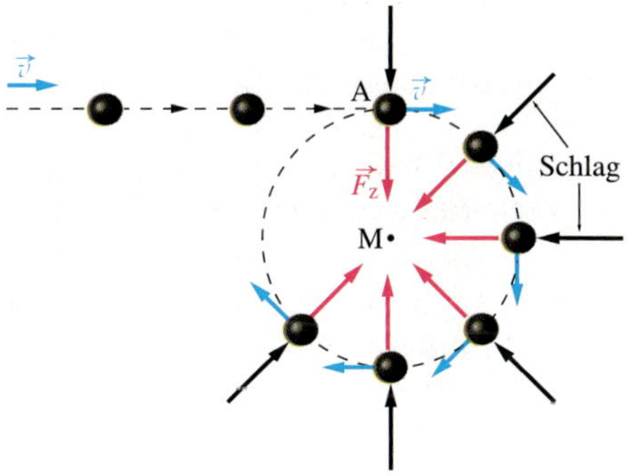

V2: Auf einem waagerechten Tisch rollt eine Kugel. Vom Punkt A an soll sie auf Kommando eine Kreisbahn beschreiben. Kommt die Kugel bei A vorbei, pfeifen wir. Das kümmert sie wenig; infolge der Impulserhaltung rollt sie geradlinig weiter. Wollen wir sie auf eine Kreisbahn zwingen, so müssen wir auf sie ab A ständig eine konstante Kraft in Richtung auf das gewünschte Kreiszentrum ausüben.

V3: Ein Ball ist an einer Schnur befestigt, in die ein Federkraftmesser geknüpft ist. Kreist der Ball gleichförmig, so zeigt der Kraftmesser einen konstanten Ausschlag. Also ist der Betrag der Kraft konstant.

Aufgaben

A1: Suche Beispiele, bei denen man das Ablösen von Teilchen von einer Kreisbahn entlang einer Tangente beobachten kann.

A2: Eine Wäschetrommel mit 48 cm Durchmesser dreht sich beim Schleudergang 1400-mal je Minute. Mit welcher Geschwindigkeit läuft die Trommelwand um?

A3: a) Die Erde bewegt sich etwa auf einer Kreisbahn um die Sonne ($r = 1{,}5 \cdot 10^{11}$ m). Bestimme ihre Geschwindigkeit. **b)** Die Erde ($r_E = 6370$ km) rotiert zusätzlich in ca. 1 Tag einmal um ihre Achse. Wie groß ist die Geschwindigkeit eines Punktes in der Nähe des Äquators, wie groß die deines Heimatortes? **c)** Ein Mensch macht am Äquator die Erdrotation mit. Wer bringt die nötige Zentripetalkraft $\vec{F}_Z$ auf? Welche Richtung hat sie?

Vertiefung

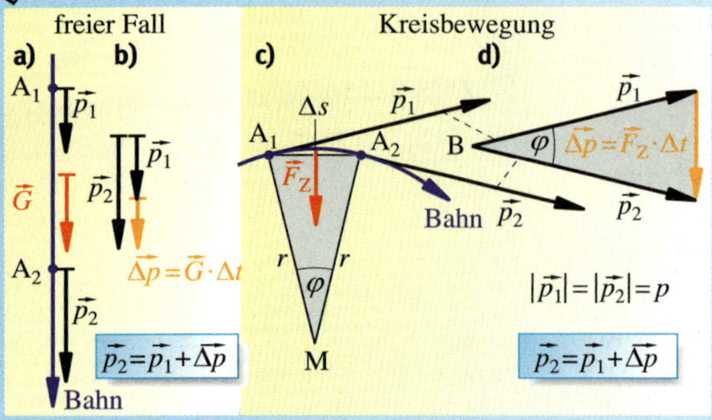

Eine Formel für die Zentripetalkraft

A. Eine Herleitung für die Zentripetalkraft

Wir kennen jetzt die Richtung der Zentripetalkraft $\vec{F}_Z$ und suchen nach einer Formel für ihren Betrag. Hilft uns dabei die Grundgleichung $\Delta\vec{p} = \vec{F} \cdot \Delta t$? Dazu gehen wir vom *freien Fall* eines Körpers aus. Auf ihn wirkt die Gewichtskraft $\vec{G}$. In der Zeit Δt fällt er von Punkt A_1 bis Punkt A_2 (➠ *Bild a*). Sein Impuls nimmt in dieser Zeit von $\vec{p}_1$ auf $\vec{p}_2$ um $\Delta\vec{p} = \vec{G} \cdot \Delta t$ zu. Da die Impulsvektoren $\vec{p}_1$ und $\vec{p}_2$ zu *demselben Körper* gehören, kann man sie von *demselben Punkt B* aus auftragen (➠ *Bild b*). So erkennt man die Änderung $\Delta\vec{p}$ und die Beziehung $\vec{p}_2 = \vec{p}_1 + \Delta\vec{p}$ deutlich.

Analog dazu verfahren wir bei der *gleichförmigen Kreisbewegung*. Der Körper durchläuft dort in der Zeit Δt gleichförmig den Kreisbogen der Länge Δs von A_1 bis A_2 infolge der Zentripetalkraft $\vec{F}_Z$ (➠ *Bild c*). Die Impulsvektoren $\vec{p}_1$ und $\vec{p}_2$, die denselben Betrag p haben, können wieder vom gleichen Punkt B aus aufgetragen werden (➠ *Bild d*). Man erkennt dann die in der Zeit Δt stattfindende Impulsänderung $\Delta\vec{p}$ gemäß der Beziehung $\vec{p}_2 = \vec{p}_1 + \Delta\vec{p}$. Jetzt bilden die drei Vektoren $\vec{p}_1$, $\vec{p}_2$ und $\Delta\vec{p}$ ein Dreieck. Dieses ist ähnlich zu dem Dreieck A_1A_2M im ➠ *Bild c*. Daraus folgt: $\Delta p/p \approx \Delta s/r$ (der Bogen Δs ist für kleine Δt praktisch genau so groß wie die Strecke $\overline{A_1A_2}$). Es ist also: $\Delta p \approx (p/r) \cdot \Delta s$. Dividiert man beide Seiten durch Δt, so findet man $\Delta p/\Delta t \approx (p/r) \cdot (\Delta s/\Delta t)$. Je kleiner Δt ist, umso genauer gelten $F_Z = \Delta p/\Delta t$ und $v = \Delta s/\Delta t$. Also gilt $F_Z = p \cdot v/r$ oder

$$\boldsymbol{F_Z = \frac{m \cdot v^2}{r}}.$$

Was sagt uns die Formel?

- Es ist $\boldsymbol{F_Z \sim m}$, wenn r und v konstant sind.
- Es ist $\boldsymbol{F_Z \sim v^2}$, wenn m und r konstant sind. Die Zentripetalkraft hängt dann vom Quadrat v^2 des Geschwindigkeitsbetrags v ab!
- Es ist $\boldsymbol{F_Z \sim \frac{1}{r}}$, wenn m und v konstant sind. Je kleiner der Radius einer Kurve ist, umso größer ist die für die Kreisbewegung nötige Zentripetalkraft!

Die letzten beiden Aussagen sind insbesondere für Verkehrsteilnehmer im Straßenverkehr wichtig, wenn sie sicher durch eine Kurve kommen wollen.

B. Ein Bestätigungsexperiment

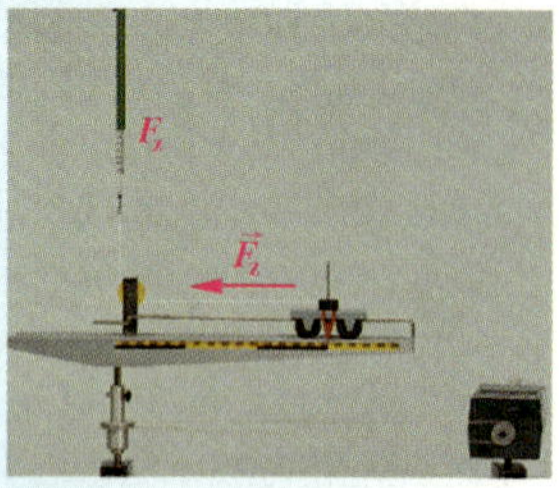

Wir überprüfen die Formel für F_Z mit einem Versuch: Ein Wagen kann sich auf einer Schiene bewegen und ist mit einem Faden über eine Umlenkrolle und ein Kugelgelenk an einem Federkraftmesser befestigt. Rotiert die Schiene gleichförmig, so beschreibt der Wagen eine Kreisbahn mit festem Radius r, den man an der Schiene ablesen kann. Der Kraftmesser übt über den Faden die nötige Zentripetalkraft $\vec{F}_Z$ aus. An ihm liest man den Betrag F_Z ab. Man kann m, r und die Umlaufdauer T des kreisenden Wagens verändern und messen. v ergibt sich aus der Umlaufdauer T und dem Kreisumfang $2\,\pi\,r$.

Beispiel einer Messung:
$m = 0{,}10$ kg, $20\,T = 19{,}0$ s, also $T = 0{,}95$ s, $r = 0{,}208$ m, $F_Z = 0{,}92$ N. Mit den Messwerten wird $v = 2\,\pi\,r/T = 1{,}38$ m/s und $m\,v^2/r = 0{,}92$ N, also genauso groß wie der Messwert für F_Z.

C. Ein Beispiel

Der Wurfhammer beim Hammerwerfen der Frauen hat eine Masse von $m = 4{,}0$ kg und ist 119,5 cm lang. Die Armlänge beträgt ca. 70 cm. Vor dem Abwurf erreicht die Kugel des Hammers eine Geschwindigkeit von 25 m/s. Welche Zentripetalkraft muss die Werferin auf die Kugel des Hammers ausüben?

Lösung:
Der Radius der Kreisbahn ist ca. $r = 1{,}9$ m. Die gesuchte Zentripetalkraft ist deshalb:

$$F_Z = \frac{m \cdot v^2}{r} = \frac{4{,}0\,\text{kg} \cdot (25\,\frac{\text{m}}{\text{s}})^2}{1{,}9\,\text{m}} \approx 1300\text{ N}.$$

Diese Kraft ist also etwa doppelt so groß wie die Gewichtskraft der Hammerwerferin!

Interessantes

Physik und Verkehr

A. Fahrzeuge in einer nicht überhöhten Kurve

Woran liegt es, dass zu schnelle Fahrzeuge manchmal nicht „durch die Kurve kommen" und hinausfliegen? Der abgebildete Versuch gibt eine erste Antwort.

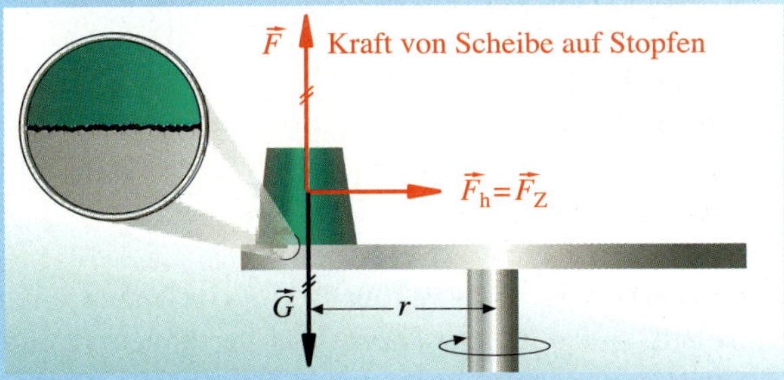

Eine waagerechte Scheibe rotiert mit einem darauf im Abstand r vom Kreismittelpunkt liegenden Gummistopfen. Erhöht man langsam die Zahl der Umdrehungen pro Minute, so bleibt der Stopfen zunächst liegen und fliegt erst bei einer ganz bestimmten Geschwindigkeit weg. Der Stopfen kann nur kreisen, solange eine Zentripetalkraft $\vec{F}_Z$ auf ihn einwirkt, denn sonst würde er tangential wegfliegen. Wer aber sorgt hier für die nötige Zentripetalkraft?

Es kann nur die Haftkraft $\vec{F}_h$ sein, denn die Gewichtskraft $\vec{G}$ des Stopfens wird durch die Kraft $\vec{F}$ der Scheibe auf den Stopfen ausgeglichen. Die Haftkraft wird geweckt, weil der Stopfen seinen Impuls beibehalten möchte. Die sich berührenden Flächen von rotierender Scheibe und Stopfen, die eine gewisse Rauigkeit aufweisen (im ➠ *Bild* mikroskopisch vergrößert dargestellt), „verhaken" sich dabei ineinander. So zwingt die entstehende Haftkraft den Stopfen auf die Kreisbahn. Dies gelingt, solange der Maximalwert $F_{h,\,max}$, den die Haftkraft erreichen kann, nicht überschritten wird. Der Stopfen bleibt also liegen, solange $\boldsymbol{F_Z \leq F_{h,\,max}}$ ist.

Dieselben Überlegungen gelten für ein Auto, das eine *nicht überhöhte Kurve* durchfährt. Schlägt man das Lenkrad ein, so führen die Räder das Auto auf eine Kreisbahn, wozu eine Zentripetalkraft $\vec{F}_Z$ nötig ist. Also darf das Auto nicht gleiten, die Reifen müssen am Straßenbelag haften. Die Haftkraft $\vec{F}_h$ wirkt quer zur Fahrtrichtung (➠ *Bild*) und liefert wie im obigen Versuch die nötige Zentripetalkraft. Da die Haftkraft einen Maximalwert $F_{h,\,max}$ hat, schleudert das Auto in einer nicht überhöhten Kurve nicht, solange $\boldsymbol{F_Z \leq F_{h,\,max}}$ gilt. Bei Glatteis oder abgefahrenem Profil auf nassen Straßen ist $F_{h,\,max}$ klein. Schleudergefahr besteht auch bei großer Geschwindigkeit, kleinem Kurvenradius und kleinem $F_{h,\,max}$.

B. Fahrzeuge in einer überhöhten Kurve

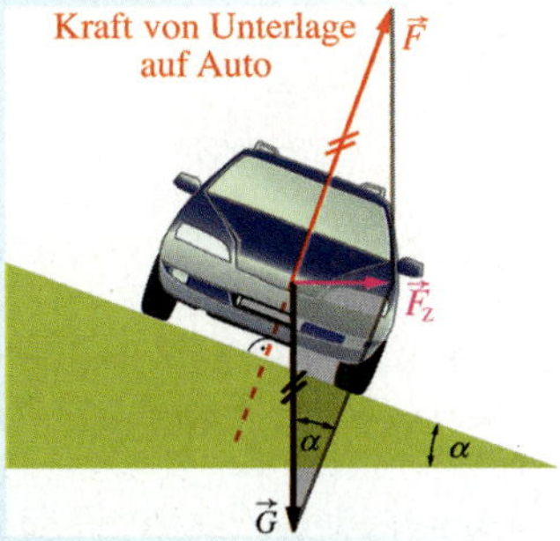

Ohne Reibung kommt man nur „durch eine Kurve", wenn sie *überhöht* ist. Das nebenstehende ➠ *Bild* verdeutlicht die Situation. Welche Bedingungen gelten hier? Grundsätzlich merke man sich: *Bildet man die Resultierende aller an dem Körper (hier dem Auto) angreifenden äußeren Kräfte, so muss sich die Zentripetalkraft $\vec{F}_Z$ ergeben.*

Die äußeren Kräfte, die bei der Kurvenfahrt nach dem obigen Bild bei fehlender Reibung am Auto angreifen, sind die Gewichtskraft $\vec{G}$ und eine Kraft $\vec{F}$ der Straße auf das Auto, schräg nach oben. *Ohne Reibung kann diese Kraft $\vec{F}$ nur senkrecht zur Straßenoberfläche wirken.* $\vec{G}$ und $\vec{F}$ müssen zusammen die Zentripetalkraft $\vec{F}_Z$ aufbringen. Hat $\vec{F}$ einen solchen Betrag, dass $\vec{F}_Z$ horizontal ist, durchfährt das Auto (v = konst.) einen horizontalen Kreis in konstanter Höhe. Aus dem grauen Dreieck im Bild folgt die Gleichung:

$$\tan\alpha = \frac{F_Z}{G} = \frac{m \cdot v^2}{r \cdot m \cdot g} \Rightarrow v = \sqrt{r \cdot g \cdot \tan\alpha} \qquad (1)$$

Ohne Reibung gäbe es also bei vorgegebenem α nur *eine* Geschwindigkeit v, mit der das Auto durch die Kurve käme. Würde es z. B. langsamer fahren oder bliebe es gar stehen, so würde es nach unten rutschen.

In Wirklichkeit hilft bei einer Kurvenfahrt sowohl die Reibung als auch eine Kurvenüberhöhung. Ist die Geschwindigkeit gerade $v = \sqrt{r \cdot g \cdot \tan\alpha}$, so fährt das Auto bei dieser Straßenneigung ohne die Haftkraft zu beanspruchen. Dann könnte es auch Glatteis geben. Bei einer größeren Geschwindigkeit muss die Reibung zwischen Reifen und Straße verhindern, dass das Auto nach außen, bei einer kleineren Geschwindigkeit, dass es nach innen rutscht.

Interessantes

Physik auf dem Volksfest

A. Auf dem Kettenkarussell

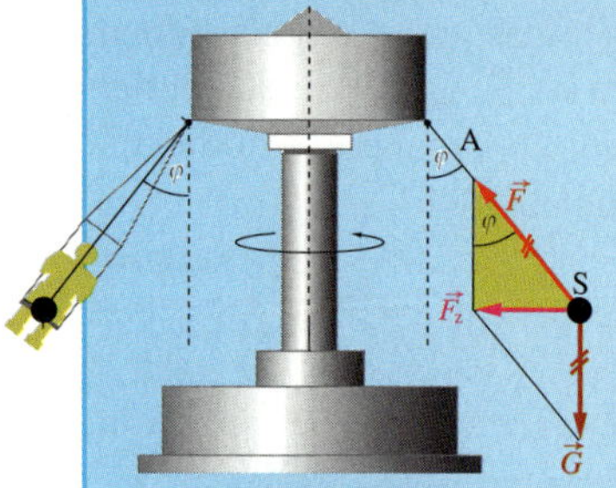

Das Kettenkarussell liefert Beispiele für Kreisbewegungen mit *vertikaler Achse*. Rotiert das Karussell gleichförmig, so bilden die Ketten einen konstanten Winkel φ mit der Vertikalen. Die Kette hält den Sitz mit Fahrer durch die schräg nach oben gerichtete von der Aufhängung aufgebrachte Kraft $\vec{F}$. Die Resultierende aus $\vec{F}$ und $\vec{G}$ ergibt die für die Kreisbewegung nötige Zentripetalkraft. $\vec{F}$ muss so groß sein, dass $\vec{F}_Z$ waagerecht verläuft.

B. Ein Modellversuch zur Loopingbahn

Warum fallen die Wagen im obigen Bild beim Durchfahren der „Todesspirale", einer Kreisbewegung mit *horizontaler Achse,* nicht herunter? Um diese Frage zu beantworten, führen wir einen Modellversuch mit einer mit Wasser gefüllten offenen Blechbüchse durch. Wir schleudern sie an einer Schnur im Kreis herum. Im obersten Punkt der Kreisbahn zeigt die Öffnung der Büchse nach unten. Trotzdem fließt bei nicht zu langsamem Kreisen kein Wasser aus.

Damit die Büchse samt dem in ihr befindlichen Wasser auf einem Kreis läuft, muss an ihr dauernd eine in Richtung auf den Kreismittelpunkt gerichtete Zentripetalkraft $\vec{F}_Z$ angreifen. Diese wächst mit zunehmender Geschwindigkeit der Büchse. Macht man die Geschwindigkeit so groß, dass im höchsten Punkt der Bahn $F_Z = G$ ist, so wird dort die zur Kreisbewegung nötige Zentripetalkraft $\vec{F}_Z$ gerade von der Gewichtskraft $\vec{G}$ geliefert. Man muss in diesem Augenblick überhaupt nicht an der Schnur ziehen. – Bei größerer Geschwindigkeit ist $F_Z > G$. Jetzt muss man die wassergefüllte Büchse im obersten Punkt der Bahn noch mit der zusätzlichen Kraft $\vec{F}_1$ vom Betrag $F_1 = F_Z - G$ nach unten ziehen. – *Im tiefsten Punkt* des vertikalen Kreises wird die Schnur mit einer Kraft vom Betrag $F_1 = F_Z + G$ gespannt. $\vec{F}_1$ muss dort nämlich $\vec{G}$ das Gleichgewicht halten und zusätzlich die nach oben gerichtete Zentripetalkraft $\vec{F}_Z$ aufbringen.

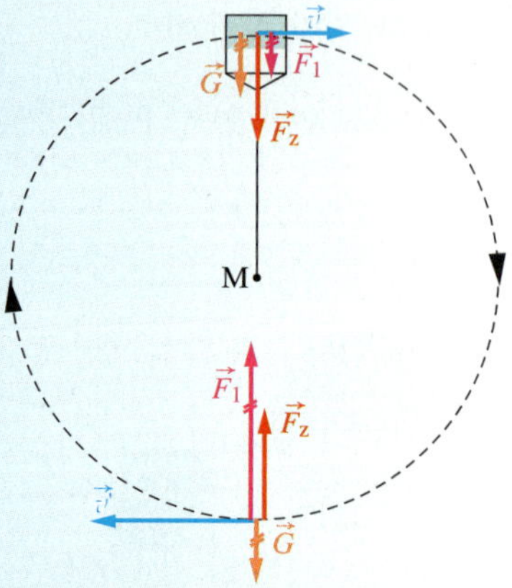

C. Loopingbahn quantitativ

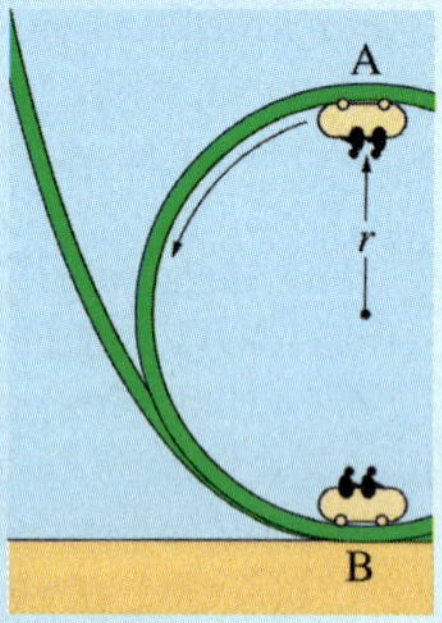

Ein Wagen ohne Motor (Masse mit Fahrer $m = 150$ kg) durchläuft die skizzierte Loopingbahn ($r = 5$ m) ohne Reibung. **a)** Welche Geschwindigkeit muss er im Punkt A haben, damit er dort nicht herabfällt? **b)** Den Punkt B durchfährt der Wagen mit $v = 16$ m/s. Welche Kraft übt dort die Schiene auf den Wagen aus?

Lösung:

a) Damit der Wagen in A die Kreisbahn nicht verlässt, muss dort $F_Z \geq G$ sein. Daraus folgt für den Betrag der nötigen Geschwindigkeit v_A im Punkt A:

$$\frac{m \cdot v_A^2}{r} \geq m \cdot g \Rightarrow v_A \geq \sqrt{r \cdot g} = \sqrt{5\,\text{m} \cdot 10\,\frac{\text{m}}{\text{s}^2}} = 7{,}1\,\frac{\text{m}}{\text{s}}.$$

b) Im Punkt B muss die Schiene zunächst die Gewichtskraft $\vec{G}$ des Wagens ausgleichen und zusätzlich die für die Kreisbewegung nötige Zentripetalkraft $\vec{F}_Z$ aufbringen. Der gesuchte Betrag der nach oben gerichteten Kraft $\vec{F}$ ist:

$$F = G + F_Z = m \cdot g + \frac{m \cdot v^2}{r}, \text{ also}$$

$$F = 150\,\text{kg} \cdot 10\,\frac{\text{m}}{\text{s}^2} + \frac{150\,\text{kg} \cdot (16\,\frac{\text{m}}{\text{s}})^2}{5\,\text{m}} = 9200\,\text{N}.$$

Diese Kraft ist größer als das Sechsfache der Gewichtskraft des Wagens!

Interessantes

Eine Frage des Standpunktes: Die Zentrifugalkraft

Haben wir nicht etwas falsch gemacht, als es um die Richtung der Zentripetalkraft ging? Du hast vielleicht argumentiert: „Fahre ich mit dem Auto durch eine Kurve, drückt es mich doch nach außen. Es gibt also eine vom Kreismittelpunkt weg gerichtete Kraft, die *Zentrifugalkraft*!“ Vorsicht! Bedenke, von wo aus du eine Bewegung beschreibst. Bisher haben wir dies immer von außen, also z. B. am Straßenrand stehend, getan. Im Auto sind wir aber *mitrotierende Beobachter* und befinden uns in einem anderen *Bezugssystem*! Folglich erscheint uns vieles anders.

Von außen beobachtet man z. B. bei einer Rechtskurve Folgendes: Der Körper des Insassen möchte seinen Impuls nach Betrag und Richtung beibehalten. Von der linken Fahrzeugwand wird er aber daran gehindert; denn diese übt auf ihn die nötige Zentripetalkraft $\vec{F}_Z$ aus.

Der Mitfahrer im kreisenden Auto dagegen empfindet das Bestreben seines Körpers, den Impuls der Richtung nach zu erhalten, als Kraft nach außen. Er nennt diese Kraft **Zentrifugalkraft**. Er kann aber nichts entdecken, was von außen diese Kraft ausüben könnte.

Wir nehmen immer den Standpunkt des außenstehenden Beobachters ein. *Eine Zentrifugalkraft gibt es dann für uns nicht.*

Aufgaben

A1: Ein Stein wird immer schneller an einem Faden in einem horizontalen Kreis herumgeschleudert. Wird der Faden reißen?

A2: Wir legen auf eine waagerechte Scheibe in den Abständen $r = 5$ cm, 15 cm und 25 cm von der Drehachse je ein 10 Cent-Stück und erhöhen langsam die Zahl der Umdrehungen pro Minute. Was geschieht? Begründe.

A3: **a)** Warum muss ein rasanter Autofahrer eine Kurve „schneiden“? **b)** „Kurvenschneiden“ ist deswegen so gefährlich und daher verboten, weil man bei plötzlichem Gegenverkehr zum Ausweichen eine sehr enge Kurve fahren müsste. Warum ist dies häufig nicht möglich?

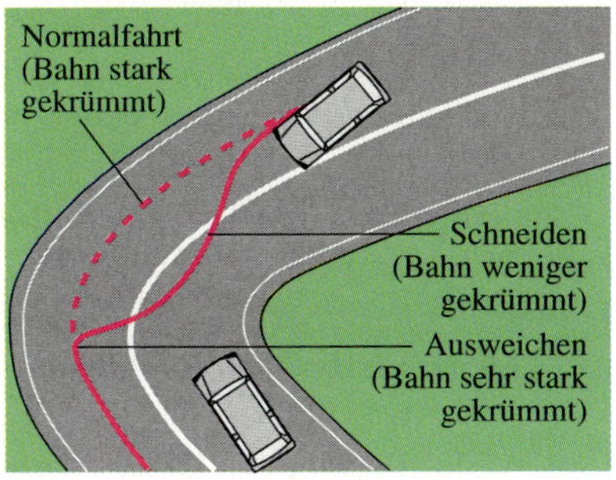

A4: Auf der Seite „Physik und Verkehr“ ist der Reifen eines Autos abgebildet, das eine Kurve durchfährt. Wo ist in dem Bild der Kreismittelpunkt der Kurve?

A5: Am Königssee bei Berchtesgaden gibt es eine Bob-Bahn, auf der man als Tourist in einem Viererbob mitfahren kann. Die letzte Kurve ($r = 18$ m) der Bahn ist die „Echowand“. Die Werbung sagt, dass man mit 120 km/h eine „senkrechte Wand“ durchfährt.

a) Welchen Neigungswinkel hat die Bahn tatsächlich? **b)** Welche Kraft übt die Bahn in der Kurve auf den Bob aus (Masse mit Fahrer $m = 350$ kg)? *Hinweis:* Bei der Bobfahrt handelt es sich um eine Fahrt fast ohne Reibung durch eine überhöhte Kurve.

A6: Ein Kettenkarussell rotiert mit der Umdrehungsdauer T_0. Die Ketten bilden dabei den Winkel φ_0 mit der Vertikalen. Wie ändern sich die Kräfte, die am Sitz mit Fahrer angreifen, und das sich daraus ergebende Kräfteparallelogramm, wenn man T_0 erniedrigt?

A7: **a)** Ein Auto durchfährt mit der Geschwindigkeit v bei Glatteis (also fast ohne Reibung) eine überhöhte Kurve. Kann das Auto durch die Kurve kommen ohne zu schleudern? **b)** Ein Auto fährt mit konstanter Geschwindigkeit v über einen kreisförmigen Brückenbogen ($r = 50$ m). Wann besteht die Gefahr, dass er in der Bogenmitte von der Straße abhebt?

A8: Du schwingst eine Blechbüchse mit Wasser (mit Inhalt $m = 2$ kg) gleichförmig in einem vertikalen Kreis ($r = 0{,}5$ m) so, dass im höchsten Punkt gerade kein Wasser ausläuft. Mit welcher Kraft musst du die Kanne im höchsten bzw. tiefsten Punkt halten?

A9: **a)** Wenn du mit deiner Hand einen Ball an einer Schnur der Länge l im Kreis herumschleuderst, beschreibt deine Hand automatisch einen kleinen Kreis. Die Hand eilt dabei dem Ball um 90° voraus. Was kann das bewirken? **b)** Wie beschleunigt man beim Schleuderballwurf den Ball?

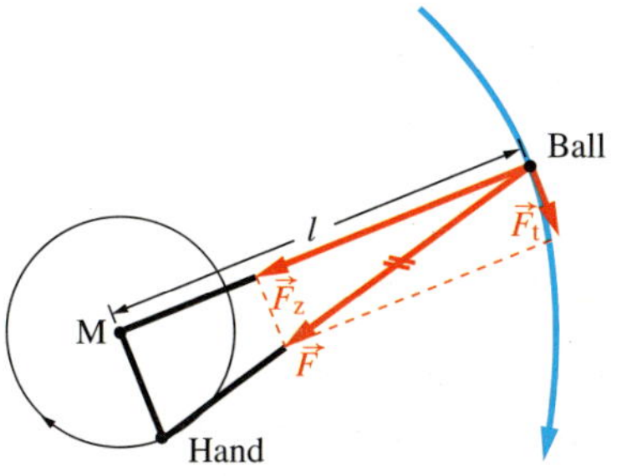

B1: GALILEIS Laboratorium, Nachbildung

GALILEI hatte theoretisch begründet, dass sich die Wege beim freien Fall wie die Quadrate der Zeiten verhalten und suchte die experimentelle Bestätigung. Er umging die Schwierigkeiten der Messung kurzer Fallzeiten, indem er die Bewegung auf einer schiefen Ebene, also langsamer, ablaufen ließ. Zugleich floss Wasser durch eine dünne Röhre aus einem Eimer; die Wassermenge konnte er wiegen; sie war sein Maß für die Zeit. In der Nachbildung von GALILEIS Laboratorium im Deutschen Museum sehen wir die Versuchsanordnung. Und so beginnt seine Versuchsbeschreibung:

> „Auf einem Holzbrette von 12 Ellen Länge, bei einer halben Elle Breite und drei Zoll Dicke, war auf dieser letzten schmalen Seite eine Rinne von etwas mehr als einem Zoll Breite eingegraben. Dieselbe war sehr gerade gezogen, und, um die Fläche recht glatt zu haben, war inwendig ein sehr glattes und reines Pergament aufgeklebt. In dieser Rinne ließ man eine sehr harte völlig runde und glattpolierte Messingkugel laufen. ..."

Der Text stammt aus den *Discorsi*. Zum ersten Mal in der Geschichte der Naturwissenschaften begegnet uns eine wissenschaftliche Veröffentlichung mit detaillierter Versuchsbeschreibung unter bewusst gewählten, idealisierenden Bedingungen. GALILEI wählt eine einfache Bewegung aus (Kugel auf schiefer Ebene), schafft einfache Versuchsbedingungen (glatte Ebene, glatte Kugel), führt genaue Messungen durch, bestätigt ein vermutetes mathematisches Gesetz ($s \sim t^2$) und überträgt die gewonnenen Ergebnisse auf den freien Fall.

Geschichte der Bewegungslehre

Was man sieht, wird durch die Theorie bestimmt.
A. EINSTEIN

Finden Sie es insgeheim nicht doch verwunderlich, dass sich Raketen im Weltall ohne Antrieb ewig weiterbewegen? Will die irgendwann künstlich in Bewegung gesetzte Rakete nicht von sich aus zur Ruhe kommen?

> „Alles was sich bewegt, bewegt sich entweder von Natur oder durch eine äußere Kraft oder vermöge seines freien Willens."

So hat ARISTOTELES Bewegungen in verschiedene Klassen eingeteilt; in natürliche Bewegungen, die ihren Bewegungsantrieb in sich selbst haben und in künstliche Bewegungen, die zu ihrer Aufrechterhaltung ständiger Anstrengungen von außen bedürfen. Die künstliche Bewegung des Ochsenkarrens hört auf, wenn die Verbindung von Ochsenkraft und Karren gelöst wird. Der fallende Stein strebt von alleine seinem natürlichen Ziel, der Erde, zu. ARISTOTELES vermittelt unmittelbar einleuchtende, ganzheitliche Einsichten: Bewegung bedarf der Begründung, Ruhe nicht. Die 2000 Jahre später begründete Feststellung Isaac NEWTONS, dass Ruhe und gleichförmige Bewegung dasselbe sind, widerspricht auch heute noch dem Alltagsdenken. Vor NEWTON hatte schon Galileo GALILEI in seinen experimentellen Untersuchungen der Bewegung auf der schiefen Ebene das *Warum* von Bewegung zurückgestellt und sich auf das *Wie* der Bewegungsabläufe konzentriert. GALILEI misstraute der Frage nach den Ursachen, weil er wusste, dass die Unterscheidung von natürlicher und gewaltsamer Bewegung zu Fehlern führt.
ARISTOTELES' Bewegungslehre hatte bis dahin als Teil der von ihm überlieferten Philosophie Bestand gehabt, weil die Einteilung der Dinge und Erscheinungen in Klassen beherrschendes Prinzip war. Auch GALILEI hat zunächst die geltende Auffassung gelernt und gelehrt, nach der Erscheinungen am Himmel und auf der Erde verschiedenen Gesetzen gehorchen. Als er davon hörte, dass in den Niederlanden ein Fernrohr konstruiert worden war, hat er seine Untersuchungen von Bewegungsvorgängen unterbrochen, sich selber ein Fernrohr gebaut und viele Beobachtungen – z. B. über die Oberflächengestalt des Mondes – gemacht, die zu Zweifeln am Weltbild des ARISTOTELES führen mussten: Für himmlische und irdische Erscheinungen gibt es nur eine Physik. Für die Wissenschaft stellte sich die Frage nach einer neuen Theorie für die Planetenbahnen.

NEWTON sah sich herausgefordert, das Problem zu lösen und hat in seinem Hauptwerk *Philosophiae Naturalis Principia Mathematica* die Geschichte der Bewegungslehre als geschlossene Theorie eines neuen Weltsystems zum Abschluss gebracht. Er hat die Bewegungslehre so formuliert, dass sie sowohl auf der Erde als auch im Universum gilt. Spätestens seit der bemannten Weltraumfahrt wird die Verlässlichkeit seiner Theorie für jeden erkennbar.

Aristoteles (384–322 v. Chr.)

Als junger Mann war Aristoteles in Athen 20 Jahre lang Schüler des berühmten Philosophen Platon. Später entwickelte er selber mit seinen eigenen Schülern eine intensive Lehr- und Forschungstätigkeit.

Aristoteles hat sehr systematisch eine große Fülle von Gegenständen und Themen bearbeitet. Er war der Erste, der eine größere Bibliothek angelegt hat. Seine Schriften haben in Europa bis in das 17. Jahrhundert hinein die Vorstellungen der Menschen über die Welt und über Naturvorgänge geprägt.

Die Einteilung der Dinge und die Unterscheidung durch Gegensätze ist für die Philosophie des Aristoteles kennzeichnend. In den Vorstellungen über die Welt wurden Erscheinungen des Himmels und Vorgänge auf der Erde in einer strengen Hierarchie bewertet. Der Rangunterschied zwischen den vollkommenen himmlischen Bewegungen und den unvollkommenen irdischen Bewegungen war unauflöslich.

Für die Wissenschaften galt die Rangfolge Theologie – Philosophie – Physik. Und in der Physik gab es die scharfe Abstufung von theoretischem Denken und praktischem Tun: Experimente waren deshalb kein Mittel der Erkenntnis.

Galileo Galilei (1564–1642)

In Pisa in Italien geboren, studierte Galilei Medizin, wandte sich dann der Mathematik und Physik zu, wurde 1589 Professor der Mathematik in Pisa und war später Hofmathematiker in den Diensten der Medici in Florenz.

1609 begann Galilei mit den von ihm gebauten Teleskopen die Beobachtung von Gestirnen und beschäftigte sich dann mehr als 20 Jahre lang mit den physikalischen Eigenschaften der Himmelskörper. Seine Deutungen überzeugten ihn von der Haltlosigkeit der aristotelischen Physik. In seinem Hauptwerk, dem *Dialogo*, erörtern drei erfundene Gesprächspartner die Frage des richtigen Weltsystems:

Ist die Erde der Mittelpunkt der Welt (geozentrisch) oder bewegt sie sich um die Sonne (heliozentrisch)? Galilei wurde wegen der von ihm vertretenen Überzeugung in Rom vor Gericht gestellt. Der berühmte Galilei-Prozess endete 1632 damit, dass er seine Lehren widerrief. – Im Hausarrest setzte er seine Arbeiten an den Grundlagen der Bewegungslehre fort. In den *Discorsi* erörtern die Gesprächspartner „neue Wissenschaft über einen alten Gegenstand“: Behandelt werden u. a. gleichförmige und gleichmäßig beschleunigte Bewegungen sowie der freie Fall.

Isaac Newton (1643–1727)

In England geboren, studierte Newton in Cambridge alte Sprachen, Geschichte und Mathematik. Schon nach wenigen Studienjahren begann 1664 die Zeit seiner Entdeckungen in Mathematik, Mechanik und Optik. Er wurde in Cambridge Professor für Mathematik und blieb dort bis 1696. Den Rest seines Lebens verbrachte er in London, wurde Präsident der Royal Society, war hochberühmt.

In seinem Hauptwerk, den *Principia Mathematica*, entwickelt Newton die von ihm geschaffene Theorie der Erklärung von Bewegungen mithilfe des Kraftbegriffs. Auf der Grundlage der newtonschen Gesetze erklären Physiker seither die Bewegungsabläufe auf der Erde ebenso wie die Planetenbahnen im Weltall. Die auf einen Apfel wirkende Schwerkraft gehorcht demselben Gesetz wie der von der Erde auf seiner Bahn gehaltene Mond. Wichtige Voraussetzung für die Entdeckung des Trägheitsgesetzes war die Erkenntnis der Bedeutung des Beobachters, des *Bezugssystems.*
Erste Leser des Buches meinten, „dass sie sieben Jahre studieren müssten, um irgendetwas davon zu verstehen“. Trotzdem, oder gerade deswegen wurde Newton zu einer Symbolfigur der Weltweisheit des 18. Jahrhunderts.

Das ist wichtig

1. Kräfte sind Vektoren

- Kräfte sind Vektoren mit Betrag *und* Richtung.
- Mehrere an einem Körper angreifende Kräfte ersetzt man durch deren resultierenden Kraftvektor (kurz: die **Resultierende**).
- Eine einzelne an einem Körper angreifende Kraft kann man in **Komponenten** zerlegen.
- Das Zusammensetzen wie das Zerlegen von Kräften gehorcht der **Parallelogrammregel**.
- Liegen alle Kräfte auf einer Geraden, findet man die Resultierende rechnerisch durch die Summe der Kraftwerte. Vorher legt man die positive Richtung an der Geraden fest.
- Bei Kräften unterschiedlicher Richtung erhält man den x-Wert der Resultierenden im Koordinatensystem durch Addition der x-Werte beider Einzelkräfte. Entsprechend bildet man den y-Wert:

$$F_{\text{Res},\,x} = F_{1x} + F_{2x} \text{ und } F_{\text{Res},\,y} = F_{1y} + F_{2y}.$$

2. Bewegungsgrößen

- Die **Geschwindigkeit** $\vec{v}$ ist eine gerichtete Größe, also ein Vektor. Bei konstanter Geschwindigkeit gilt für deren Wert: $v = \Delta s/\Delta t$. Im t-s-Diagramm findet man diesen Wert als Steigung der Geraden. Der Sonderfall $v = s/t$ gilt nur für $s(0\text{ s}) = 0$ m. Bei veränderlicher Geschwindigkeit wählt man als Momentangeschwindigkeit $v = \Delta s/\Delta t$ in einem sinnvoll kleinen Zeitintervall.
- Die **Beschleunigung** $\vec{a}$ ist der Quotient aus Geschwindigkeitsdifferenz und Zeitdifferenz und ist ebenfalls ein Vektor. Bei konstanter Beschleunigung gilt für den Wert a: $a = \Delta v/\Delta t$.

3. Impuls eines Körpers – Trägheitsgesetz

Der Impuls $\vec{p} = m \cdot \vec{v}$ eines Körpers wird dann und nur dann geändert, wenn eine Kraft von außen auf ihn wirkt. Das gilt auch für den Geschwindigkeitsvektor. Ohne äußere Einwirkung bleibt der Impuls eines Körpers also konstant. Das meint man, wenn man sagt: „Körper sind träge“. Diese einfache Weisheit – GALILEI fand sie zuerst – ist der Schlüssel zu einer systematischen Beschreibung von Kräften und Bewegungen.

4. Newtonsche Grundgleichung der Mechanik

Die auf einen Körper wirkende resultierende Kraft ist der Quotient aus Impulsänderung und Zeitintervall:

$$\vec{F} = \frac{\Delta\vec{p}}{\Delta t} = \frac{m \cdot \Delta\vec{v}}{\Delta t} = m \cdot \vec{a}.$$

Wirkt die Kraft vom Betrag 1 N auf einen Körper der Masse 1 kg, so ändert sie dessen Impulsvektor um $\Delta\vec{p}$ mit $\Delta p = 1$ Ns $= 1$ kg m/s. Nicht Kraft und Impuls, sondern Kraft und Impulsänderung (bzw. Kraft und Beschleunigung) haben die gleiche Richtung!

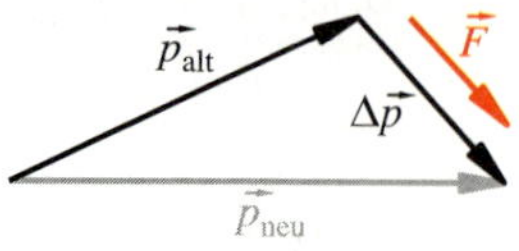

Bei Bewegungen auf einer Geraden zeigt sich dies im gleichen Vorzeichen. Bei geradlinigen Bewegungen sind Größe und Form des Körpers unwichtig, die Kenntnis der Masse genügt.

5. Kausalitätsprinzip

Nichts geschieht ohne Ursache, die gleiche Ursache (Kraft $\vec{F}$ wirkt im Zeitintervall Δt) ruft an einem Körper der Masse m die gleiche Wirkung hervor ($\Delta\vec{p}$). Anders ausgedrückt: *Kennst du den Ausgangszustand (alter Ort und Impuls) eines Körpers, so frage nach der Kraft, und du wirst den Endzustand (den neuen Ort und den neuen Impuls) vorhersagen können.*

Diese **„Kausale Strategie“** wenden wir in der gesamten *klassischen Mechanik* an, mit ihr lösen wir Aufgaben – auch mit dem Computer. Sie wird – vor allem im Bereich der *Thermodynamik* – durch die **„Bilanzstrategie“** ergänzt.

6. Iteratives Berechnen – Nachahmen der Natur

In der Natur wird der Impuls eines Körpers durch eine äußere Kraft ständig verändert. Auf diese Weise wird der fallende Apfel immer schneller. Wir ahmen die Natur nach, indem wir Änderung und neuen Zustand in kleinen Schritten **(iterativ)** berechnen. Dazu bilden wir eine Schleife sich wiederholender, immer gleicher Rechenterme. Zur Berechnung wählen wir ein Koordinatensystem. In ihm sind die vektoriellen Größen durch positive oder negative Werte beschrieben. Dies gilt für Kraft, Impuls, Geschwindigkeit und Ort.

Beispiel: Freier Fall aus der Höhe $s = 2$ m:

Konstanten (Eingabewerte)
$g = -9{,}81$ N/kg (pos. Achse nach oben);
$m = 0{,}5$ kg; $\Delta t = 0{,}01$ s
Startwerte
$t = 0$ s; $v = 0$ m/s; $s = 2$ m
Rechenschleife
Wiederhole bis $t = 0{,}7$ s:
$t_{neu} = t_{alt} + \Delta t$
$F = m \cdot g$ ($g < 0$, da Gewichtskraft nach unten)
$\Delta p = F \cdot \Delta t$
$\Delta v = \Delta p/m$ (da $p_{neu} = m \cdot v_{neu}$ und $p_{alt} = m \cdot v_{alt}$)
$v_{neu} = v_{alt} + \Delta v$
$\Delta s = v \cdot \Delta t$ (v_{neu} oder v_{alt}, genauer $(v_{neu} + v_{alt})/2$)
$s_{neu} = s_{alt} + \Delta s$

7. Sonderfälle – gezeichnet und berechnet

Bewegungen ohne einwirkende Kraft oder mit einwirkender konstanter Kraft lassen sich auch mit geschlossenen Formeln berechnen.

Fall I: Die Summe aller von außen am Körper angreifenden Kräfte (die Resultierende) ist null: $\boldsymbol{F_{Res} = 0}$.

$$\text{Aus } F = 0 \text{ folgt } \frac{\Delta p}{\Delta t} = 0 \text{ und } a = 0.$$

Keine Änderung von Impuls und Geschwindigkeit heißt Stillstand oder konstante Geschwindigkeit – **gleichförmige Bewegung**. Der Geschwindigkeitswert ist positiv, wenn die Bewegung in Richtung der als positiv gewählten Ortsachse erfolgt. Die Fläche zwischen v-Kurve und t-Achse, mit Berücksichtigung des Vorzeichens, ist ein Maß für die Ortsänderung Δs.

Alle während einer Bewegung durchlaufenen Orte werden durch eine Geradengleichung beschrieben. Die Steigung der t-s-Geraden, wir finden sie aus dem Steigungsdreieck, entspricht der Geschwindigkeit:

$$v = \frac{\Delta s}{\Delta t}.$$

Mögliche Diagramme bei $F_{Res} = 0$:

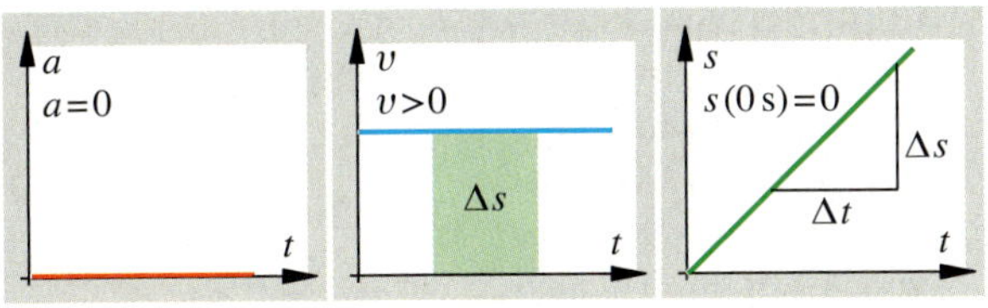

Fall II: Die Summe aller am Körper angreifenden Kräfte ist ungleich null, aber konstant. $\boldsymbol{F_{Res} = \text{const.} \neq 0}$

$$\text{Aus } F \neq 0 \text{ folgt } \frac{\Delta p}{\Delta t} \neq 0 \text{ und } a \neq 0.$$

Konstante Kraft heißt konstante *Änderung* von Impuls und Geschwindigkeit in gleichen Zeitintervallen – es liegt eine **gleichmäßig beschleunigte Bewegung** vor. Die Änderung ist positiv, wenn die Geschwindigkeit in der positiv gewählten Richtung zunimmt. Die Fläche zwischen a-Kurve und t-Achse, mit Berücksichtigung des Vorzeichens, ist ein Maß für die Geschwindigkeitsänderung Δv.

Alle während einer beschleunigten Bewegung sich ergebenden Momentangeschwindigkeiten werden durch die Gleichung einer Geraden beschrieben. Die Steigung der t-v-Geraden entspricht der Beschleunigung:

$$a = \frac{\Delta v}{\Delta t}.$$

Mögliche Diagramme bei konstanter Kraft (Sonderfall $v(0\text{ s}) = 0$, $s(0\text{ s}) = 0$):

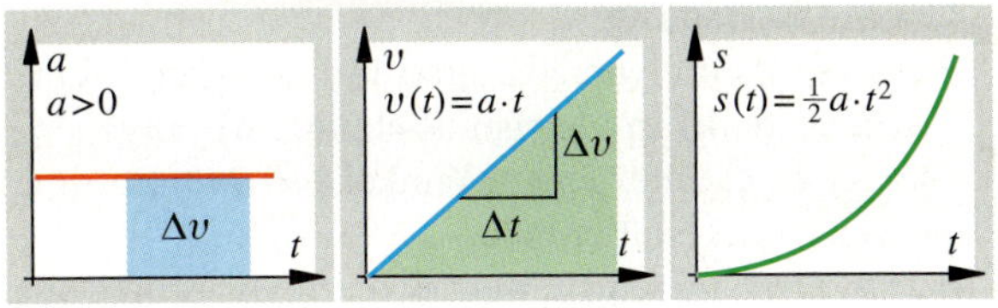

8. Der freie Fall

Wenn auf einen Körper allein die Gewichtskraft wirkt (ohne Luftwiderstandskraft oder eine andere Reibungskraft), bewegt er sich im „freien Fall“ gleichmäßig beschleunigt in Richtung Boden. Die Beschleunigung ist die Erdbeschleunigung $a = g = 9{,}81\text{ m/s}^2$ (falls positive Achse nach unten gewählt wird).

Für den Sonderfall des freien Falls aus der Ruhe ($s(0\text{ s}) = 0\text{ m}$; $v(0\text{ s}) = 0\text{ m/s}$) gilt dann:

Zeit-Geschwindigkeit-Gesetz: $v(t) = g \cdot t$,
Zeit-Weg-Gesetz: $s(t) = \frac{1}{2}\, g \cdot t^2$.

9. Gleichförmige Kreisbewegung

Die Kreisbewegung eines Massenpunktes heißt **gleichförmig**, wenn der Betrag v der Geschwindigkeit konstant ist. Führt ein Körper der Masse m eine gleichförmige Kreisbewegung durch, so gilt:

- Der Betrag v der Geschwindigkeit ist

$$v = \frac{2\,\pi\, r}{T}.$$

r ist dabei der Radius des Kreises und T die Zeit, die der Massenpunkt für einen Umlauf auf der Kreisbahn braucht.

- Der Betrag $p = m \cdot v$ des Impulsvektors $\vec{p}$ ist konstant.
- Der Impulsvektor $\vec{p}$ und der Geschwindigkeitsvektor $\vec{v}$ haben zwar einen konstanten Betrag, ändern aber ständig ihre Richtung. Sie sind in jedem Kreispunkt *tangential zur Kreisbahn* gerichtet und stehen somit immer senkrecht auf dem Kreisradius.

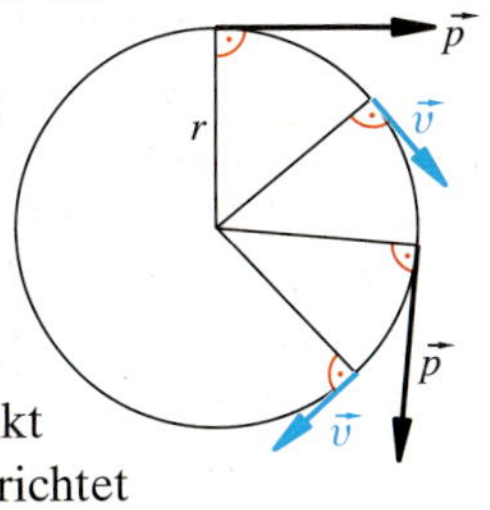

- Auf den Körper muss in jedem Punkt der Bahn eine zum Kreismittelpunkt gerichtete **Zentripetalkraft** $\vec{F}_Z$ einwirken, deren Betrag konstant ist.
- Der Betrag F_Z der Zentripetalkraft ist:

$$F_Z = \frac{m \cdot v^2}{r}.$$

Aufgaben

Lineare Bewegung

A1: Zwei Kräfte von 20 N und 15 N greifen an einem Körper an: **a)** in gleicher Richtung, **b)** entgegengesetzt und **c)** unter einem Winkel von 90°. Bestimme jeweils die Resultierende.

A2: a) Ein Fahrzeug bewegt sich gemäß vorliegendem Zeit-Ort-Diagramm. Beschreibe den Ablauf der Fahrt. **b)** Übertrage das *t*-*s*-Diagramm in dein Heft und zeichne das zugehörige Zeit-Geschwindigkeit-Diagramm (*t*-*v*-Diagramm). Berechne dazu vorher die Geschwindigkeitswerte in den einzelnen Zeitabschnitten.

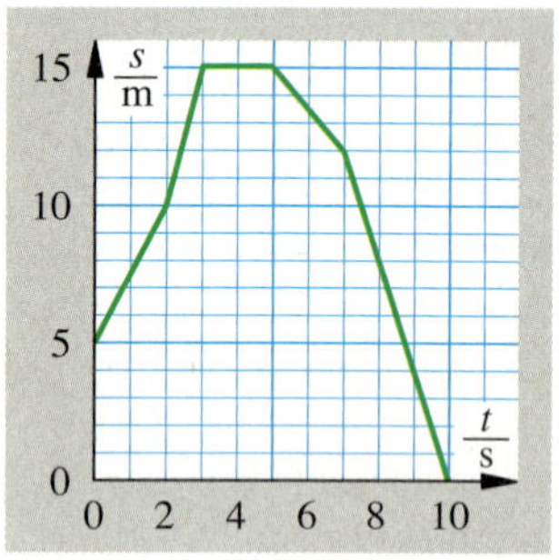

A3: a) Beschreibe die Bewegung in den einzelnen Abschnitten des *t*-*v*-Diagramms. Wann wirkt eine (resultierende) Kraft auf den Körper? Welche Richtung hat sie? **b)** Ermittle mithilfe des Diagramms durch Rechnung den am Ende erreichten Ort ($s_0 = 0$ m). **c)** Skizziere das zugehörige *t*-*s*-Diagramm.

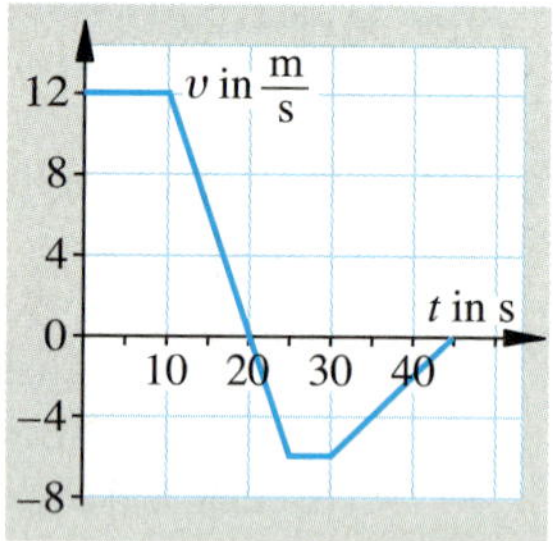

A4: a) Kann ein Körper sich nach rechts bewegen, während er immer wieder eine Impulsänderung nach links erfährt? **b)** Ein Körper werde konstant beschleunigt. Kann sich die Richtung seiner Geschwindigkeit dabei umkehren?

A5: Die Tabelle enthält Messwerte von zwei Spielzeugautos, die nebeneinander herfahren.

t/s	0	1	2	3	4	5	6	7
s_1/cm	0	6	14	20	26	34	40	47
s_2/cm	0	2	6	13	21	32	47	65

a) Übertrage diese Werte in ein Diagramm (je 1 cm für 1 s und 0,1 m). **b)** Zeichne eine Ausgleichsgerade bzw. -kurve. **c)** Bestimme die Geschwindigkeit der gleichförmigen Bewegung aus dem Diagramm wie auch aus den Messwerten der Tabelle. **d)** Bestimme die als konstant angenommene Beschleunigung der zweiten Bewegung. **e)** Zu welchem Zeitpunkt befinden sich beide Wagen auf gleicher Höhe nebeneinander, wann haben sie gleiche Geschwindigkeit?

A6: Zwei Körper der Masse 2 kg sind wie in der Zeichnung miteinander verbunden. **a)** Welche **Seilkraft** kann man am Federkraftmesser ablesen? **b)** Körper 1 wird ersetzt durch ein Wägestück mit $m_1 = 1{,}8$ kg. Wie groß ist die Beschleunigung des „Zuges" jetzt? **c)** Bestimme die Seilkraft während der Beschleunigung.

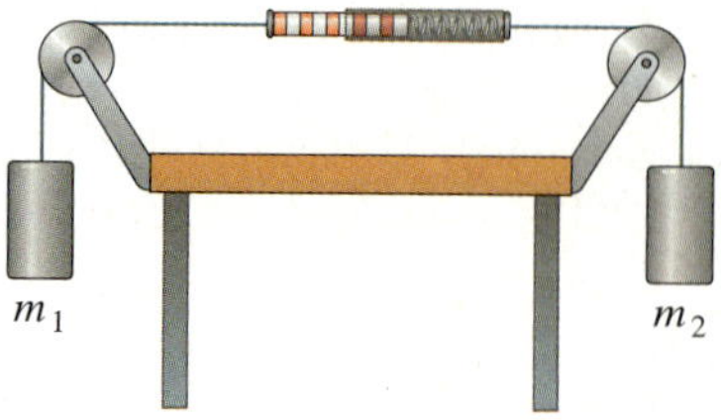

A7: Die Mondrakete Saturn V hatte eine Startmasse von etwa $2{,}8 \cdot 10^6$ kg. **a)** Wie groß war die (noch nicht volle) Anfangsschubkraft der Raketenmotoren, als die Rakete nach der Zündung über der Rampe schwebte? **b)** Welche Schubkraft lag vor, als Saturn V kurz danach mit etwa 12 m/s² nach oben beschleunigt wurde?

A8: In einem Raumfahrtsimulator können die Sitze hydraulisch verstellt werden. **a)** Um welchen Winkel α müssen sie nach hinten gekippt werden, um den Besuchern zu suggerieren, dass sie mit 4 m/s² beschleunigt werden? **b)** Wie groß ist die vorgetäuschte Beschleunigung für $\alpha = 30°$?

A9: Ein Fahrzeug rollt eine schiefe Ebene ($\alpha = 30°$) hinab. Modelliere die Bewegung ($p(t)$, $v(t)$, $s(t)$) für die nächsten 3 s für $m = 15$ kg, $v_0 = 4$ m/s (–2 m/s) **a)** ohne Luftwiderstandskraft, **b)** bei einer Luftwiderstandskraft von $F_L = C \cdot |v| \cdot (-v)$ mit $C = 0{,}5$ N/(m²/s²).

A10: Beim Schrägaufzug soll der Wagen (20 kg) eine Strecke von 10 m in 5 s aus der Ruhe heraus zurücklegen. **a)** Welche Beschleunigung braucht er? **b)** Welche Masse muss der angehängte Körper haben, wenn die Reibungszahl $f = 0{,}1$ ist?

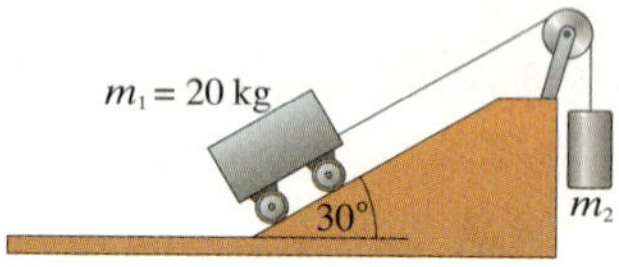

A11: Auf dem Mond wird ein 500 g-Körper senkrecht nach oben geschleudert. Ermittle dessen Impulsänderung während des Flugs im Laufe von zwei Sekunden.

Kreisbewegung

A12: Mit welcher Geschwindigkeit können Späne von Werkzeugschleifscheiben ($r = 10$ cm) wegfliegen, die 2800-mal in der Minute rotieren?

A13: Ein Skateboardfahrer übt in einer halbkreisförmigen Rinne seine Kunststücke. Er fährt bei A aus der Ruhe los. Beschreibe qualitativ, welche Kraft die Wand im tiefsten Punkt B der Rinne auf den Fahrer ausübt und überlege, wie man den Betrag dieser Kraft berechnen könnte.

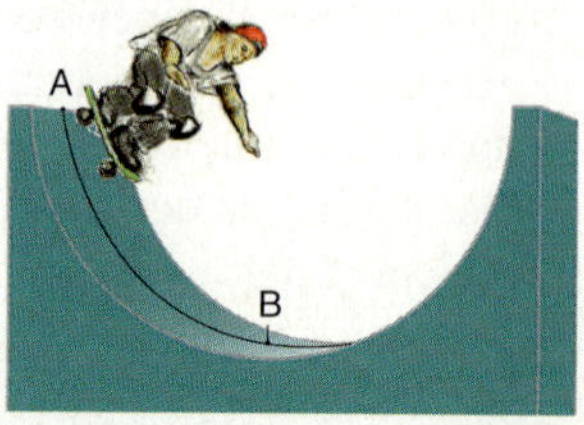

Hohe Trampolinsprünge wären ohne die Erhaltung mechanischer Energie unmöglich. Leider entweicht bei jedem Sprung ein Teil von ihr durch unvermeidliche Reibung. Die Sportlerin muss ihn ersetzen, wenn sie dieselbe Höhe erreichen will. Wir lernen mit Energie zu bilanzieren.
Wen wundert nicht das seltsame Verhalten der Kugeln? Nach dem Aufprall der ersten fliegt die letzte weg und erreicht die gleiche Höhe der ersten. Die übrigen haben sich scheinbar nicht bewegt. Doch sie müssen sich ein kleines Stück bewegt haben, denn frei herunterhängend berühren sie einander nicht: Beim Aufprall überträgt die linke Kugel ihre Bewegungsenergie vollständig auf die gestoßene und bleibt mit einem Schlag stehen. Die gestoßene trifft mit derselben Geschwindigkeit auf die folgende. So wandert die Energie durch die Reihe bis zur letzten Kugel, die schließlich die Höhe der ersten erreicht. Und warum gibt die stoßende Kugel jeweils ihre gesamte Energie weiter und nicht nur einen Teil? Die Frage führt uns auf eine weitere Erhaltungsgröße, den Impuls. Auch die Impulsbilanz muss stimmen. Sie lässt nur eine einzige Verteilung der Energie zu.
Ein „Raketenversuch" im Labor. Eine Pumpe schleudert das Wasser nach links und beschleunigt den Wagen nach rechts. Die Impulsbilanz führt uns zur Berechnung der beschleunigenden Kraft.

Methoden

Planarbeit: „Bekanntes zum Thema Energie"

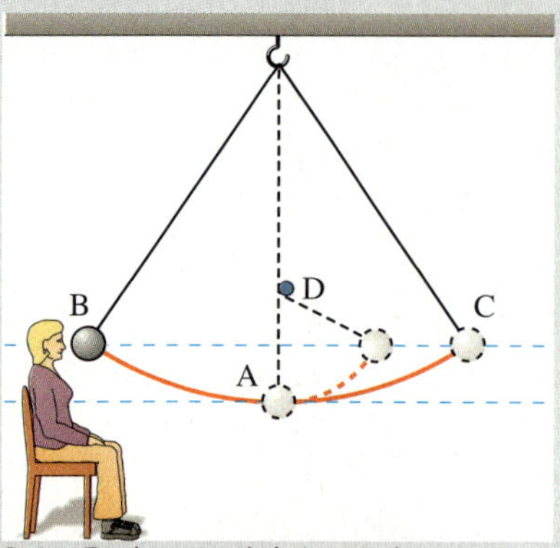

B 1: Fadenpendel; bei D kann ein Stab befestigt werden.

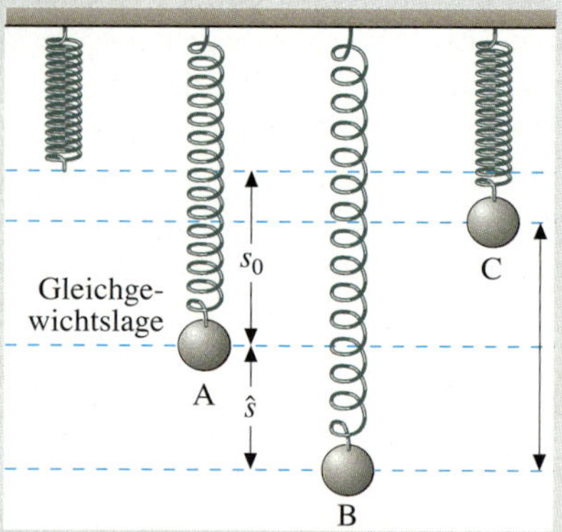

B 2: Vertikales Federpendel; in A: Wägestück ruht zunächst.

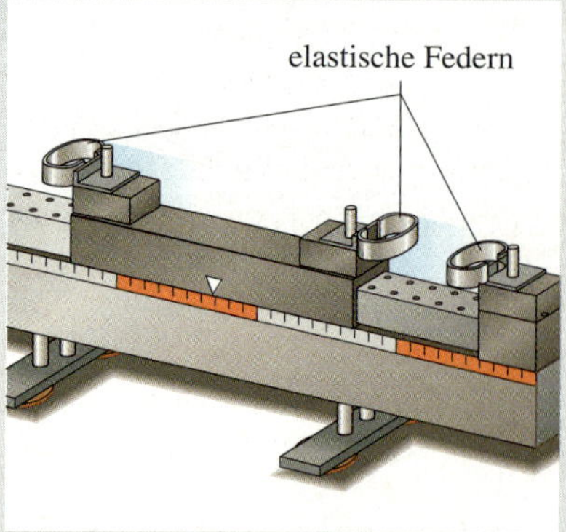

B 3: Ein Schlitten wird auf der Fahrbahn angestoßen.

Zeit: Zwei Schulstunden und Arbeit zu Hause

Ziel: Wiederholung und Festigung des bisher Gelernten zum Thema Energie

Arbeitsaufträge:

1. Arbeite die früher besprochenen Kapitel „Verschiedene Energieformen", „Energieerhaltung", „Ein Maß für Energie" und „Zusammenfassung – Energie" durch. Du findest diese Kapitel auch auf der diesem Lehrbuch beiliegenden CD-ROM. Fasse die wesentlichen Sachverhalte schriftlich zusammen und beachte insbesondere die im Folgenden aufgeführten Punkte. Nenne – wenn möglich – zu jedem Punkt Beispiele:
   - Energieformen, insbesondere mechanische Energieformen
   - Energieübertragung und Energieumwandlung
   - Energieerhaltung; Energieerhaltung bei Reibung
   - Ein Maß für die Energie; Einheit der Energie

2. Strukturiere das Thema in Form einer Mindmap.

3. Die ➠ *Bilder 1–3* skizzieren Versuche zu Energieumwandlungen und Energieerhaltung.
   a. Baue einen der Versuche entsprechend der ➠ *Bilder 1–3* auf (Lehrer/-in stellt Experimentiermaterial zur Verfügung).
   b. Fertige in deinem Heft eine Versuchsskizze an.
   c. Setze das aufgebaute Pendel oder den Schlitten auf der Fahrbahn in Bewegung. Beobachte dann das schwingende Pendel bzw. den hin- und herfahrenden Schlitten und erläutere schriftlich die folgenden Punkte:
      - Welche Energieformen treten in dem Versuch auf?
      - Aufgrund welcher Beobachtungen kann man auf die Energieerhaltung schließen?

Aufgaben

A 1: Erläutere schriftlich die Energieumwandlungen und die Energieerhaltung beim Trampolinspringen.

A 2: Überlege dir ein weiteres Beispiel aus der Umwelt, bei dem Energieumwandlungen auftreten. Beschreibe sie schriftlich. Erläutere an diesem Beispiel auch die Energieerhaltung.

A 3: Ein trainierter Bergwanderer (m = 85 kg mit Gepäck) steigt von Garmisch-Partenkirchen (700 m) auf die Zugspitze (2963 m). Welche Höhenenergie gewinnt er dabei?

Bewegungsenergie

1. Wie misst man Bewegungsenergie?

Die in den ➠ *Bildern 1–3* dargestellten Versuche gehören in den Bereich der *Mechanik*, auf die wir uns im Folgenden beschränken. Als einfaches Beispiel betrachten wir noch einmal den von einem Baum aus der Höhe h fallenden Apfel und fragen nach seiner Auftreffgeschwindigkeit am Boden. Gelöst haben wir diese Aufgabe bereits mit den Gesetzen des freien Falls und dabei die *„Kausale Strategie"* benutzt. (➠ *Interessantes*). Kann man vielleicht die Aufgabe mit der Energie und ihrer Erhaltung auch einfacher beantworten? Um dies zu prüfen, benötigen wir noch Messvorschriften und Formeln u. a. für die Bewegungsenergie.

Die Grundformel für die Energieübertragung mit der Kraft F_s längs ihres Verschiebungsweges s lautet: $W = F_s \cdot s$.
Um z. B. den oben erwähnten Apfel der Masse m vom Boden in die Höhe h zu heben, braucht man die Kraft vom Betrag $F_s = G$. Man muss die Energie $W_H = G \cdot h = m \cdot g \cdot h$ aufbringen. Sie wird dem Apfel zugeführt. Wenn wir nun willkürlich den Boden als **Nullniveau** (abgekürzt NN) festlegen, so können wir dem Apfel gegenüber diesem Nullniveau die **Höhenenergie** $\boldsymbol{W_H = m \cdot g \cdot h}$ zuschreiben. Lassen wir den Apfel anschließend aus der Ruhe frei zum Boden fallen, nimmt seine Höhenenergie gegenüber dem Nullniveau stetig auf den Wert null ab. Zum Ausgleich steigt seine Bewegungsenergie. Aufgrund der *Energieerhaltung* ist am Boden die gesamte Höhenenergie W_H in Bewegungsenergie W_B übergegangen. Da der Apfel in der Zeit t um die Strecke $h = \frac{1}{2} \cdot g \cdot t^2$ gefallen ist und die Geschwindigkeit $v = g \cdot t$ erreicht hat, gilt:

$$W_B = W_H = m \cdot g \cdot h = m \cdot g \cdot \tfrac{1}{2} \cdot g \cdot t^2 = \tfrac{1}{2} \cdot m \cdot (g \cdot t)^2 = \tfrac{1}{2} \cdot m \cdot v^2.$$

Die Gleichung $\boldsymbol{W_B = \frac{1}{2} \cdot m \cdot v^2}$ gilt für die **Bewegungsenergie** eines jeden Körpers mit Masse m und Geschwindigkeit v. Denn ein sich mit der Geschwindigkeit v bewegender Körper (z. B. ein Fußball) könnte diese Geschwindigkeit auch durch einen freien Fall aus der nach $m \cdot g \cdot h = \frac{1}{2} \cdot m \cdot v^2$ berechneten Höhe h erreicht haben. – Das ➠ *Beispiel* zeigt, wie man die oben gestellte Frage nach der Geschwindigkeit des Apfels am Boden mit der *„Bilanzstrategie"* für die Energieerhaltung relativ einfach lösen kann.

2. Unterscheide Impuls und Bewegungsenergie

Unabhängig davon, in welcher Richtung sich ein Körper mit der Geschwindigkeit $\vec{v}$ bewegt, immer ist seine Bewegungsenergie $W_B = \frac{1}{2} \cdot m \cdot v^2$. Die Bewegungsenergie ist im Gegensatz zur vektoriellen Größe Impuls $\vec{p} = m \cdot \vec{v}$ eine skalare Größe!

Merksatz

Ein Körper der Masse m und der Geschwindigkeit $\vec{v}$ hat die **Bewegungsenergie** $\boldsymbol{W_B = \frac{1}{2} \cdot m \cdot v^2}$. Diese ist im Gegensatz zum Impuls $\vec{p} = m \cdot \vec{v}$ eine skalare Größe.

Interessantes

Kausale Strategie

Nichts geschieht ohne Ursache, die gleiche Ursache ruft die gleiche Wirkung hervor. Diese „kausale Strategie" wenden wir in der gesamten Mechanik an. Anders ausgedrückt lautet sie: *Kennst du den Ausgangszustand (Ort und Impuls) eines Körpers und zusätzlich die Kraft $\vec{F}$, so kannst du mit $\Delta\vec{p} = \vec{F} \cdot \Delta t$ den künftigen Zustand nach der Zeit Δt vorhersagen.* – Diese Strategie hat sich unter anderem bei Computermodellen bewährt. Auch die Gesetze des freien Falls $s = \frac{1}{2} \cdot g \cdot t^2$ und $v = g \cdot t$ folgen aus $\Delta\vec{p} = \vec{F} \cdot \Delta t$ unter Verwendung der auf den fallenden Körper wirkenden konstanten Gewichtskraft $\vec{G}$.

Beispiel

Rechnen gemäß der Bilanzstrategie

Aufgabe: Welche Geschwindigkeit erreicht ein aus 8,0 m Höhe frei fallender Apfel am Boden?

Lösung: Wir wählen als Nullniveau (NN) den Boden. In der Höhe $h = 8{,}0$ m ist der Apfel in Ruhe und hat nur Höhenenergie $W_H = m \cdot g \cdot h$. Am Boden dagegen hat er nur Bewegungsenergie $W_B = \frac{1}{2} \cdot m \cdot v^2$. Also ist:

$$m \cdot g \cdot h = \tfrac{1}{2} \cdot m \cdot v^2 \text{ oder } v = \sqrt{2 \cdot g \cdot h}$$

$$\text{also} \quad v = \sqrt{2 \cdot 10\,\tfrac{\text{m}}{\text{s}^2} \cdot 8{,}0\,\text{m}} = \mathbf{12{,}6\,\tfrac{m}{s}}.$$

Man kann also mit energetischen Überlegungen Geschwindigkeiten bestimmen, *ohne etwas über die wirkenden Kräfte oder den zeitlichen Ablauf der Bewegung zu wissen. Man benutzt die Bilanzstrategie für die Energieerhaltung.*

Aufgaben

A1: Ein Ball (100 g) wird am Boden in 0,2 s auf 15 m/s beschleunigt und senkrecht nach oben geworfen. **a)** Welche Kraft war notwendig? **b)** Wie groß sind Impuls (Betrag, Richtung) und Bewegungsenergie beim Abwurf? **c)** Welche Höhe erreicht er? Welche Energie hat er dort? **d)** Bestimme Geschwindigkeit, Impuls und Energie des Balles zurück am Boden.

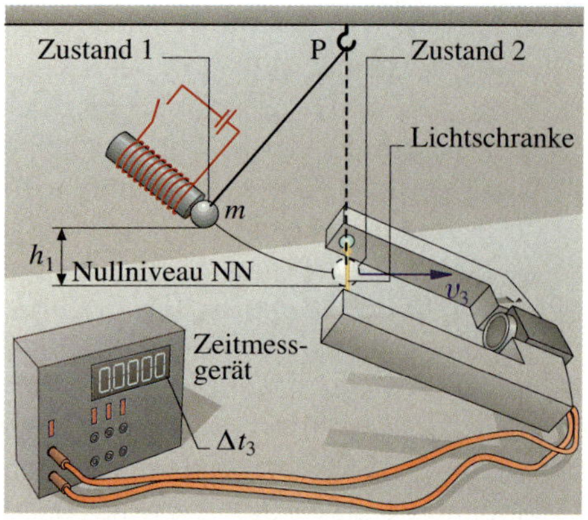

V1: a) Wir halten die Kugel (m = 0,50 kg) eines Fadenpendels mit einem Elektromagneten fest. Gegenüber der tiefsten Stellung (dem Nullniveau NN) wurde sie um h_1 = 0,45 m gehoben. In diesem *Zustand 1* (➠ *Bild 1a*) hat die Kugel die Höhenenergie $W_{H1} = m \cdot g \cdot h_1 = 2{,}25$ J, die Bewegungsenergie $W_{B1} = 0$ und somit die Gesamtenergie

$$W_1 = W_{H1} + W_{B1} = 2{,}25 \text{ J}$$

b) Nachdem die Kugel vom Durchmesser Δs = 5,0 cm losgelassen worden ist, durchsetzt sie in der Höhe h_2 = 0,25 m, dem *Zustand 2*, eine Lichtschranke (➠ *Bild 1a*). Wir messen eine Dunkelzeit von Δt_2 = 0,026 s und damit die Geschwindigkeit $v_2 = \Delta s/\Delta t_2$ = 1,92 m/s.
Die Bewegungsenergie ist somit
$W_{B2} = \frac{1}{2} \cdot m \cdot v_2^2 = 0{,}92$ J.
Da die Höhenenergie im Zustand 2 $W_{H2} = m \cdot g \cdot h_2 = 1{,}25$ J ist, beträgt die Gesamtenergie

$$W_2 = W_{H2} + W_{B2} = 1{,}25 \text{ J} + 0{,}92 \text{ J} = 2{,}17 \text{ J}.$$

c) Wir lassen die Kugel wieder im Zustand 1 los, bringen die Lichtschranke aber im tiefsten Punkt ($W_{H3} = 0$), dem *Zustand 3*, an (➠ *Bild 1a*). Diese misst dort die Dunkelzeit Δt_3 = 0,017 s und damit die Geschwindigkeit $v_3 = \Delta s/\Delta t_3$ = 2,94 m/s.
Die Bewegungsenergie ist somit
$W_{B3} = \frac{1}{2} \cdot m \cdot v_3^2 = 2{,}16$ J und die Gesamtenergie

$$W_3 = W_{H3} + W_{B3} = 2{,}16 \text{ J}.$$

Im Rahmen der Messfehler ist also $W_1 = W_2 = W_3$.

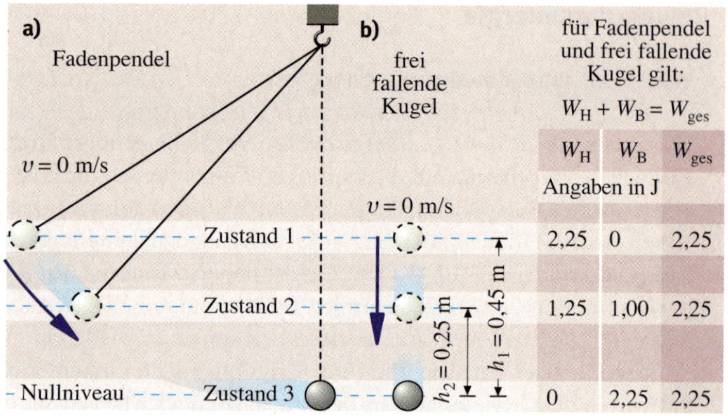

B1: a) Fadenpendel und **b)** frei fallende Kugel (m = 0,5 kg) im Vergleich: Beide fallen aus der Höhe h_1 = 0,45 m und haben in derselben Höhe dieselbe Höhen-, Bewegungs- und Gesamtenergie.

Energieerhaltungssatz der Mechanik

1. Es treten nur Höhen- und Bewegungsenergie auf

Bei einem frei fallenden Apfel oder einem schwingenden Fadenpendel treten nur die mechanischen Energieformen Höhenenergie W_H und Bewegungsenergie W_B auf. Stellt man bei solchen Bewegungen, bei denen die Reibung auszuschließen ist, die **Energiebilanzen** unterwegs in zwei beliebigen Zuständen 1 und 2 auf, so liegt es nahe, aufgrund der Energieerhaltung anzunehmen, dass in jedem Augenblick die Summe beider Energien konstant ist:

$$m \cdot g \cdot h_1 + \tfrac{1}{2} \cdot m \cdot v_1^2 = m \cdot g \cdot h_2 + \tfrac{1}{2} \cdot m \cdot v_2^2.$$

Man nimmt dabei an, dass der Bahnverlauf zwischen Zustand 1 und Zustand 2 vollkommen gleichgültig ist. Diese Annahme bestätigt ➠ *Versuch 1* für das Fadenpendel, wo die Kugel eine gekrümmte Bahn durchläuft. Auch an ➠ *Bild 1* erkennt man dies.

2. Es tritt zusätzlich Spannenergie auf

Dir ist bekannt, dass verformte elastische Körper **Spannenergie W_{Sp}** haben. Sie zählt mit der Höhenenergie W_H und der Bewegungsenergie W_B zu den *mechanischen Energieformen*, da zur Verformung der elastischen Körper Kräfte notwendig sind. In der ➠ *Vertiefung* wird gezeigt, dass eine um die Strecke s gedehnte *hookesche Feder* die **Spannenergie $W_{Sp} = \frac{1}{2} \cdot D \cdot s^2$** besitzt. D ist die **Federkonstante** oder **Federhärte**. Ihre Einheit ist $[D]$ = 1 N/m.

Treten wie beim *Federpendel* (➠ *Versuch 2*) Höhenenergie W_H, Bewegungsenergie W_B und Spannenergie W_{Sp} auf, muss aufgrund der Energieerhaltung für jeden Zustand der Bewegung die Gesamtenergie $W = W_H + W_B + W_{Sp}$ dieselbe sein. Voraussetzung ist wieder, dass keine Reibung auftritt. ➠ *Versuch 2* bestätigt dies.

3. Energieerhaltung im abgeschlossenen System

Beim reibungsfrei schwingenden Federpendel wandert Energie laufend zwischen Feder und Wägestück hin und her, die Gesamtenergie $W = W_H + W_B + W_{Sp}$ ist konstant. Es liegt deshalb nahe, Feder und Wägestück als einheitliches Ganzes, man sagt als **System**, aufzufassen. Diesem System wird Energie weder zugeführt noch entzogen. Deshalb sprechen wir genauer von einem **energetisch abgeschlossenen System**. Damit können wir den **Energieerhaltungssatz der Mechanik** formulieren:

Merksatz

Die Summe aus Höhen-, Bewegungs- und Spannenergie ist bei reibungsfrei verlaufenden mechanischen Vorgängen in einem energetisch abgeschlossenen System konstant:

$$W = W_H + W_B + W_{Sp} = m \cdot g \cdot h + \tfrac{1}{2} \cdot m \cdot v^2 + \tfrac{1}{2} \cdot D \cdot s^2 = \text{konstant.}$$

Wenn man also in einem energetisch abgeschlossenen System, in dem nur reibungsfreie mechanische Vorgänge auftreten, die Energiebilanzen in zwei beliebigen Zuständen 1 und 2 aufstellt, so gilt für die Summe der einzelnen mechanischen Energieformen:

$$m \cdot g \cdot h_1 + \tfrac{1}{2} \cdot m \cdot v_1^2 + \tfrac{1}{2} \cdot D \cdot s_1^2 = m \cdot g \cdot h_2 + \tfrac{1}{2} \cdot m \cdot v_2^2 + \tfrac{1}{2} \cdot D \cdot s_2^2.$$

4. Ein energetisch nicht abgeschlossenes System

Hängt ein schwingendes Federpendel an einem Haken, so übt dieser eine Kraft F_0 auf das System Feder-Wägestück nach oben aus (➡ *Bild 2a*); sonst würde das Pendel herunterfallen. Diese Kraft bewirkt aber am System keine Energieänderung $\Delta W = F_s \cdot \Delta s = F_0 \cdot \Delta s$, da die Aufhängung ruht; der Verschiebungsweg von F_0 ist $\Delta s = 0$. Das System ist also trotz der angreifenden Kraft F_0 energetisch abgeschlossen.

Bewegt man dagegen den Aufhängepunkt auf und ab (➡ *Bild 2b*), so ist $\Delta s \neq 0$ und damit $\Delta W = F_0 \cdot \Delta s \neq 0$. Das System ist nicht mehr energetisch abgeschlossen, die Gesamtenergie W ändert sich in der Zeit Δt um $\Delta W = F_0 \cdot \Delta s$. Man führt Energie zu oder entzieht Energie. Wir erkennen dies daran, dass sich die Amplitude der Schwingung ändert.

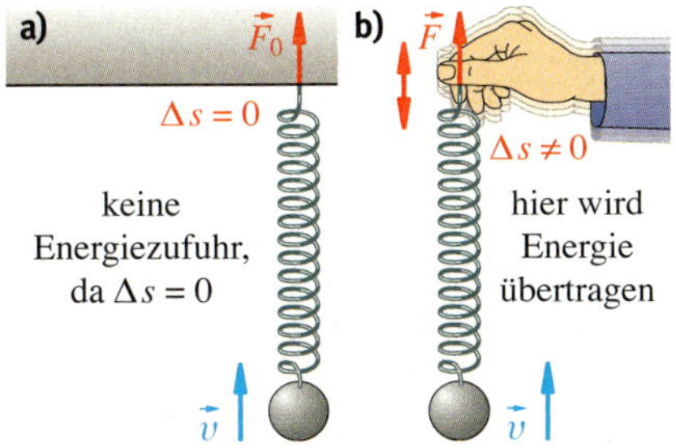

B 2: a) Das Federpendel am Haken bildet ein abgeschlossenes System. **b)** Hängt das Federpendel an der sich auf und ab bewegenden Hand, tauscht es als offenes System Energie mit der Hand aus.

Vertiefung

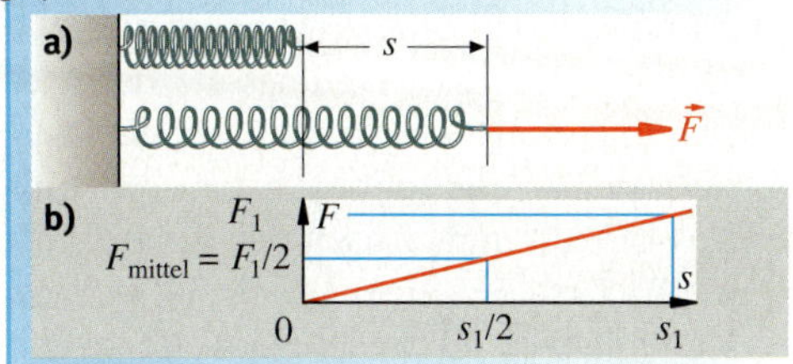

Federkonstante und Spannenergie

Greift an einer Feder die Kraft F an, so dehnt sie sich um die Strecke s. Bei so genannten *hookschen Federn* gilt $F \sim s$. Dies kennst du z. B. vom Kraftmesser; er hat ja eine gleichförmige Skala. Mit dem Proportionalitätsfaktor D gilt $\boldsymbol{F = D \cdot s}$. D nennt man **Federkonstante**. Dehnt z. B. die Kraft $F = 2$ N eine hookesche Feder um die Strecke $s = 0{,}4$ m, so gilt: $D = 2\ \text{N}/(0{,}4\ \text{m}) = 5\ \text{N/m}$.

Dehnt man eine entspannte Feder um die Strecke s_1, so steigt die dazu nötige Kraft F_1 gleichmäßig von null auf F_1 an. Also ist die zum Spannen nötige Energie W so groß, wie wenn man längs s_1 mit der mittleren Kraft $F_{mittel} = F_1/2 = D \cdot s_1/2$ ziehen würde. Man steckt in die Feder die Energie $W = F_{mittel} \cdot s_1 = \tfrac{1}{2} \cdot D \cdot s_1 \cdot s_1 = \tfrac{1}{2} \cdot D \cdot s_1^2$. Die **Spannenergie** einer um die Strecke s gedehnten Feder ist also $\boldsymbol{W_{Sp} = \tfrac{1}{2} \cdot D \cdot s^2}$.

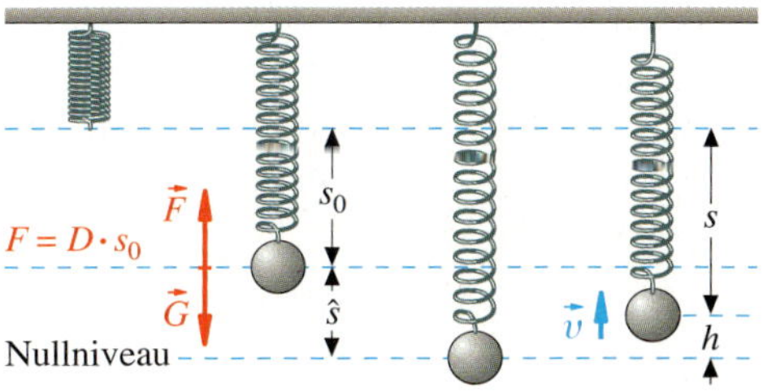

V 2: Hängt man vorsichtig ein Wägestück an eine Feder, so dehnt sich diese um die Strecke s_0 bis zur Gleichgewichtslage aus. Dort gilt $G = D \cdot s_0$. Dehnt man anschließend die Feder mit dem Wägestück um die Strecke $\hat{s} < s_0$ aus und lässt los, so schwingt dieses Federpendel um die Gleichgewichtslage. Eine Abnahme der Auslenkung und damit der Energie ist – solange die Reibung keine Rolle spielt – nicht zu beobachten. Die Summe aus Höhenenergie, Bewegungsenergie und Spannenergie ist immer konstant.

Vertiefung

Vorhersagen mit Bilanzrechnungen!

Mit dem Energieerhaltungssatz der Mechanik verfolgen wir nicht mehr die Kausalstrategie. Bei dieser haben wir mit $\Delta\vec{p} = \vec{F} \cdot \Delta t$ immer nach den Kräften, also den *Ursachen* einer Bewegung gefragt. Diese *kausale* Betrachtungsweise haben wir jetzt durch ein *Bilanzdenken* ergänzt. Wir können Energiebilanzen für bestimmte Zustände aufstellen und mithilfe des Energieerhaltungssatzes Vorhersagen treffen. So lassen sich Aufgaben (➠ *Beispiel*) oft relativ einfach lösen. Allerdings können Fragen nach dem zeitlichen Ablauf einer Bewegung nicht beantwortet werden, *denn die Zeit tritt im Energieerhaltungssatz nicht auf!*

5. Reibungskräfte verkleinern die mechanische Energie

Wir wissen, dass Reibung die innere Energie der beteiligten Körper und der Umgebung erhöht. Dies wollen wir an einem Beispiel quantitativ untersuchen (wir verwenden Beträge): Ein Autofahrer bremst sein Fahrzeug gleichmäßig bei der Geschwindigkeit v_0 ab und bringt es nach dem Bremsweg S zum Stillstand. Die konstante Kraft F_R bremst das Auto mit $a = F_R/m$. Nach dem Bremsweg $S = v_0^2/(2a)$ steht das Auto. Die Energie $W_B = \frac{1}{2} \cdot m \cdot v_0^2$ ist verschwunden und hat sich an den Reibungsstellen (Bremsen, Reifen-/Straßenbelag) als innere Energie „verkrümelt". Es gilt:

$$\tfrac{1}{2} \cdot m \cdot v_0^2 = \tfrac{1}{2} \cdot m\,(2a \cdot S) = m \cdot a \cdot S = F_R \cdot S.$$

Das Produkt $W_R = F_R \cdot S$ aus Reibungskraft F_R und Weg S liefert also die Abnahme der mechanischen Energie des Systems. Tritt also Reibung auf, liegt es nahe, den Erhaltungssatz der Mechanik zu erweitern: Die konstante Reibungskraft F_R verkleinert längs des Reibungsweges s die mechanische Energie um $W = F_R \cdot s$.

Beispiel

Ballwurf

Ein Ball (m = 300 g) wird von einem h_1 = 45 m hohen Turm mit der Geschwindigkeit v_1 = 10 m/s weggeworfen. **a)** Mit welcher Geschwindigkeit v_2 erreicht er den Erdboden, wenn man vom Luftwiderstand absieht? **b)** Welche Folgerungen lassen sich aus dem Ergebnis in a) ziehen, wenn man an die Abwurfrichtung und die Masse des Balls denkt? **c)** Wie ändern sich Impuls und Energie entlang der Wurfbahn?

Lösung:

a) Die Abwurfstelle sei Zustand 1 und der Auftreffpunkt auf dem Boden Zustand 2. Das Nullniveau der Höhenenergie legen wir auf den Boden. In beiden Punkten stellen wir die Energiebilanz auf:

	Zustand 1 (Turm)	Zustand 2 (Boden)
Höhenenergie	$W_{H1} = m \cdot g \cdot h_1$	$W_{H2} = 0$
Bewegungsenergie	$W_{B1} = \frac{1}{2} \cdot m \cdot v_1^2$	$W_{B2} = \frac{1}{2} \cdot m \cdot v_2^2$
Energiesumme	$W_1 = W_{H1} + W_{B1}$ $= m \cdot g \cdot h_1 + \frac{1}{2} \cdot m \cdot v_1^2$	$W_2 = W_{H2} + W_{B2}$ $= \frac{1}{2} \cdot m \cdot v_2^2$

Es gilt $W_1 = W_2$ und damit

$$m \cdot g \cdot h_1 + \tfrac{1}{2} \cdot m \cdot v_1^2 = 0 + \tfrac{1}{2} \cdot m \cdot v_2^2.$$

Mit Ausnahme von v_2 sind alle Größen bekannt. Man löst daher die Gleichung nach v_2 auf und setzt die gegebenen Werte ein. Man erhält:

$$v_2 = \sqrt{2\,g\,h_1 + v_1^2} = \sqrt{2 \cdot 10\,\tfrac{\text{m}}{\text{s}^2} \cdot 45\,\text{m} + (10\,\tfrac{\text{m}}{\text{s}})^2} = 31{,}6\,\tfrac{\text{m}}{\text{s}}.$$

b) Folgerungen aus dem Ergebnis:

- Dieses Ergebnis gilt für jeden Körper, den man auf dem Turm mit 10 m/s abwirft, da sich die Masse m herauskürzt. Setzt man zur Kontrolle $v_1 = 0$ (freier Fall), so erhält man $v = \sqrt{2\,g\,h_1}$, ein bekanntes Ergebnis.
- Es ist gleichgültig, in welche Richtung man den Ball wirft. Er kommt am Boden immer mit demselben Geschwindigkeitsbetrag v_2 an. In $\frac{1}{2} \cdot m \cdot v^2$ tritt die Geschwindigkeit v nämlich quadratisch auf ($+v$ und $-v$ geben gleiches v^2). Die Energie ist als Skalar richtungsunabhängig.

c) Das ➠ *Bild* zeigt, wie sich bei drei verschiedenen Abwurfrichtungen Energie (rot) und Impuls (schwarz) verhalten. Unabhängig von der Abwurfrichtung ist die Gesamtenergie dieselbe, während sich entlang einer Bahn der Impuls nach Betrag und beim schiefen Wurf auch in der Richtung ändert.

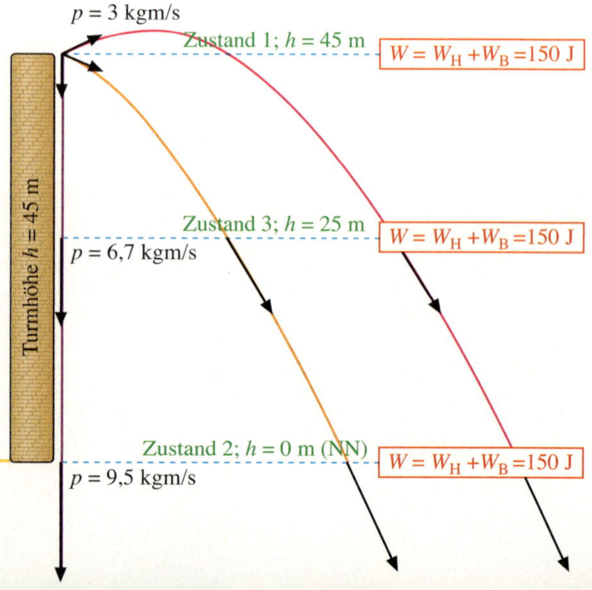

Aufgaben

(Falls nötig, verwende für g den Wert 10 m/s²).

A1: Ein Auto (m = 1000 kg) wird von null auf 36 km/h, dann von 36 km/h auf 72 km/h beschleunigt. Wird jeweils die gleiche Menge an Energie aus Benzin benötigt?

A2: Unter einem 30 cm langen Lineal liegt quer ein dicker Stift, sodass 10 cm auf der einen Seite überstehen. Auf der anderen Seite liegt im Abstand von 10 cm und 20 cm jeweils eine 1 Cent-Münze. Schlägt man kräftig mit der Hand auf das kurze Ende des Lineals wird eine Münze vierfach so hoch geschleudert wie die andere. Führe den Versuch durch und erkläre ihn.

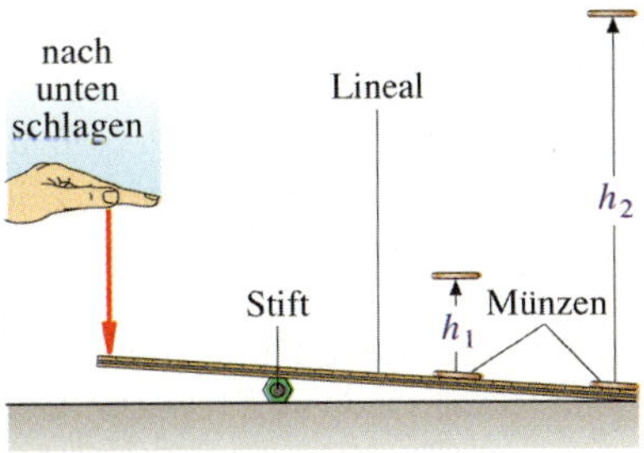

A3: a) Wie ändert sich die Bewegungsenergie eines Körpers, wenn sich der Betrag seines Impulses verdoppelt? **b)** Ein Auto hat die Geschwindigkeit v_1. Bei welcher Geschwindigkeit v_2 ist die Bewegungsenergie halb so groß wie bei v_1? Wie groß ist der Betrag des Impulses bei v_2 im Vergleich zu v_1?

A4: Die Kugel eines Fadenpendels ist in A um 20 cm gegenüber der Stellung B angehoben und wird dort aus der Ruhe losgelassen. **a)** Welche Geschwindigkeit hat die Kugel in B? **b)** An der Stelle C (8 cm höher als B) durchläuft die Kugel (Durchmesser 4 cm) eine Lichtschranke. Diese misst die Dunkelzeit Δt = 0,0240 s. Wurde richtig gemessen?

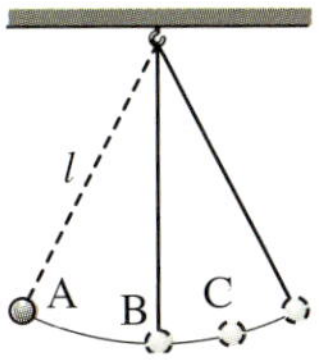

A5: Bestätige die Angaben über Impuls und Energie im Bild des ➡ *Beispiels* für den Zustand 3.

A6: Martin springt ohne Anlauf, Anna mit einem Anlauf von 2 m/s, vom 10 m-Turm im Schwimmbad ins Wasser. Mit welcher Geschwindigkeit trifft Thomas, mit welcher Anna auf das Wasser auf?

A7: Während ein Auto eine Straße mit 5° Steigung mit v_0 = 72 km/h aufwärts fährt, kuppelt der Fahrer den Motor aus. **a)** Wie weit kommt das Auto noch (ohne Reibung)? **b)** Wo ist $v = v_0/2$?

A8: Antonia dehnt eine entspannte Feder mit der Kraft F_s = 2 N um s = 0,4 m. **a)** Welche Federkonstante hat die Feder? **b)** Wie viel Energie hat Antonia der Feder zugeführt? **c)** Zeichne ein s-F_s-Diagramm und bestätige die Aussage: Im s-F_s-Diagramm entspricht die Fläche unter der s-F_s-Kurve der der Feder zugeführten Energie.

A9: a) Welche Energieumwandlungen finden beim Stabhochsprung statt? **b)** Der Weltrekord im Stabhochsprung liegt über 6 m. Überlege, ob diese Höhe deutlich verbessert werden kann? *Hinweis:* Der Weltrekord eines Sprinters über 100 m liegt knapp unter 10 s.

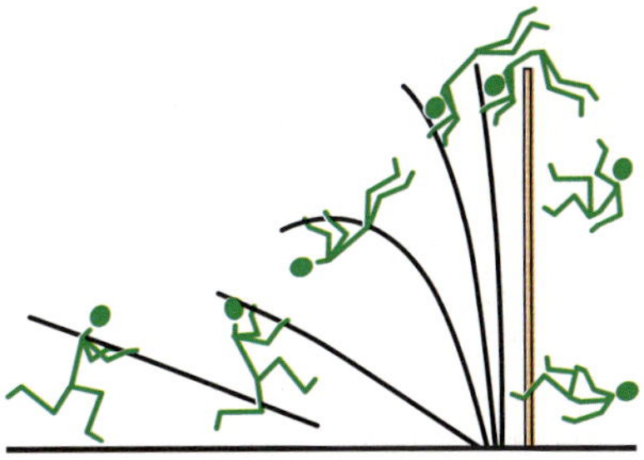

A10: Ein Auto mit der Geschwindigkeit v_1 wird einmal auf trockener Straße, einmal bei Glatteis abgebremst. Die Bremskraft ist bei Glatteis bis zu einem Sechstel kleiner als bei trockener Straße. Was bedeutet dies für den Bremsweg? Begründe.

A11: Snowboardfahrer Julius (Masse insgesamt 65 kg) startet im Punkt A aus der Ruhe. Er muss in B mindestens mit der Geschwindigkeit 25 km/h ankommen, um dort einen bestimmten Sprung durchzuführen. Die gesamte Strecke von A bis B ist 60 m lang. Wie groß darf die als konstant angenommene Reibungskraft maximal sein?

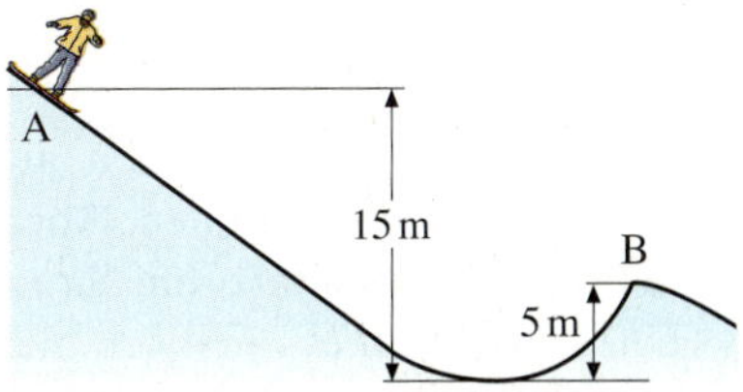

A12: Ein Bungeespringer (m = 70 kg) stürzt sich, gesichert durch ein starkes Gummiseil, aus 82 m Höhe in die Tiefe. Nach mehrmaligem Auf und Ab bleibt er in 22,6 m Höhe über dem Boden hängen. Das Gummiseil ist unbelastet 56,4 m lang und kann näherungsweise als hookesche Feder betrachtet werden. **a)** Erläutere, welche Energieumwandlungen bei diesem Vorgang auftreten. **b)** Welche Federkonstante hat das Seil? **c)** Wo erreicht der Bungeespringer seine größte Geschwindigkeit und wie groß ist diese (rechne ohne Luftwiderstand und Reibung)? **d)** Bei der ersten Abwärtsbewegung nähert sich der Bungeespringer bis auf 5,8 m dem Boden. Wie hoch wird der Springer anschließend geschleudert?

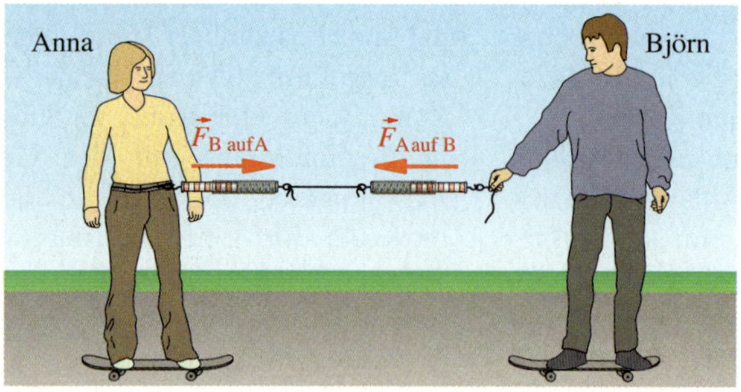

B 1: Nur Björn zieht an Anna. Doch jeder erfährt eine gleich große Kraft.

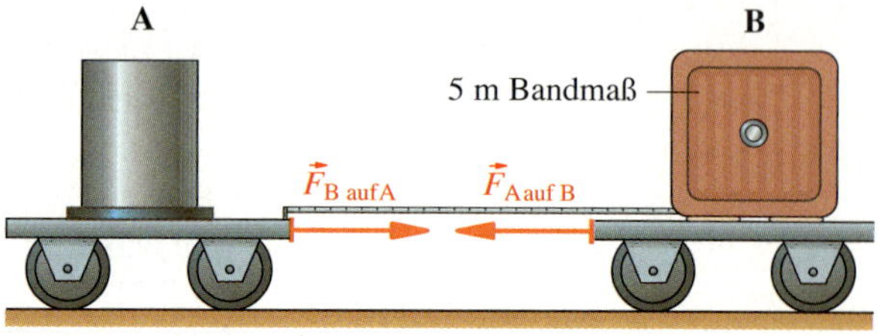

B 2: Wagen B mit Bandmaß zieht mit $\vec{F}_{B\ auf\ A}$ an A. B erfährt so eine gleich große Gegenkraft $\vec{F}_{A\ auf\ B}$.

V 1: Anna und Björn stehen auf Skateboards auf ebenem Boden. Anna hat das Seil an einer Schlinge um ihren Körper befestigt (➡ *Bild 1*). Björn zieht Anna zu sich. Doch auch Björn rollt auf Anna zu. Zwei Federkraftmesser an den Seilenden zeigen gleich große Kräfte an. Anna erfährt von Björn die Kraft $\vec{F}_{B\ auf\ A}$, Björn seinerseits erfährt von Anna die ebenso große Kraft $\vec{F}_{A\ auf\ B}$. Daran ändert sich überhaupt nichts, wenn Björn das Seil an seinem Gürtel befestigt und Anna zieht.

Wer von beiden die Energie liefert, ist für die auf jeden wirkende Kraft ohne Bedeutung. Es könnten z. B. auch beide am Seil ziehen. Anna und Björn erfahren stets gleich große Kräfte. Die Kraftvektoren sind dabei immer entgegengesetzt gerichtet.

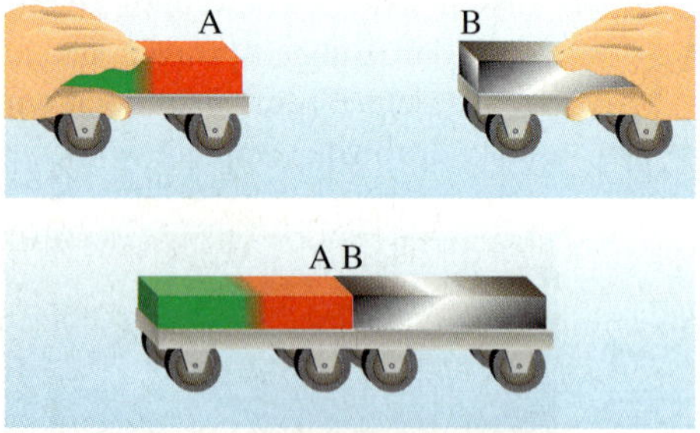

V 2: Auf einem Wagen befestigen wir einen Magneten (A) und auf einem anderen ein Eisenstück (B), das kein Magnet ist. Wenn wir die Wagen aus nicht zu großem Abstand freigeben, dann fahren beide aufeinander zu. Haben beide Wagen samt Beladung die gleiche Masse, so treffen sie in der Mitte aufeinander.

Actio und reactio

1. Wer zieht, der wird gezogen

Bisher haben wir untersucht, wie Kräfte auf einen einzelnen Körper wirken. Andere Körper, von denen die Kräfte ausgehen, blieben dabei unbeachtet. Wir werden sie nun in unsere Betrachtungen mit einbeziehen.

Hierzu zeigt uns der ➡ *Versuch 1* etwas Neues: Eine Person übt eine Kraft (**actio**) auf einen anderen Körper aus. Dabei zeigt sich, dass zugleich auch eine Kraft (**reactio**) auf die Person selbst zurückwirkt. Zu einer Kraft von Körper A auf Körper B tritt eine gleich große entgegengesetzt gerichtete Kraft von Körper B auf Körper A – jedes Mal und unabänderlich. B braucht dabei nicht tätig zu sein. Es genügt, wenn z. B. nur A die Bewegungsenergie liefert. In ➡ *Bild 2* übernimmt die gespannte Feder des ausgezogenen Bandmaßes die Rolle der ziehenden Person. Es ist müßig darüber nachzudenken, welchem Körper man das Wort „actio", welchem man „reactio" zuschreibt; wir reden von Wechselwirkungskräften. In ➡ *Versuch 2* zieht der Magnet den Eisenkörper an, ebenso der Eisenkörper den Magnet. Jeder wirkt auf den anderen mit gleich großer Kraft.

Merksatz

Wenn Körper A eine **Kraft (actio)** auf Körper B ausübt, so wirkt stets von Körper B eine **Gegenkraft (reactio)** auf Körper A zurück. Actio und reactio haben entgegengesetzte Richtungen und sind gleich groß: $\vec{F}_{B\ auf\ A} = -\vec{F}_{A\ auf\ B}$.

Kraft (actio) und Gegenkraft (reactio) treten *immer* als Paar zugleich auf. Man nennt sie **Wechselwirkungskräfte.**

Von ihnen müssen wir die Kräfte unterscheiden, die am gleichen Körper angreifen. So wirkt senkrecht zur Bewegungsrichtung die Gewichtskraft auf jede Person. Das leicht durchgebogene Skateboard sorgt durch seine Verformung für Kräftegleichgewicht an der Person, denn beide Kräfte sind entgegengesetzt gerichtet und greifen am selben Körper (der Person) an.

Vertiefung

Welchen Impuls, wie viel Energie erhält jeder?

Wir untersuchen diese Fragen zunächst in einem zu ➠ *Bild 1* analogen Experiment nach ➠ *Bild 2*. Die Wagen rollen dort praktisch reibungsfrei. Das Bandmaß mit Federzug übernimmt Björns aktive Rolle. Die vorgespannte Feder zieht bei nicht zu großen Strecken mit nahezu konstanter Kraft $\vec{F}$. Die beladenen Wagen A und B werden außerdem dieselbe Zeit t lang aus der Ruhe beschleunigt – unabhängig von ihrer Masse. Das Produkt $F \cdot t = p$, der Impuls $\vec{p}$, hat somit für jeden Wagen den gleichen Betrag. Die Impulsvektoren zeigen dabei in entgegengesetzte Richtungen: $\vec{p}_A = -\vec{p}_B$.

Die Impulse der Wagen haben zu jedem Zeitpunkt den gleichen Betrag: $p_A = p_B$.

Die Feder allein liefert die Energie, die A und B samt Beladung als Bewegungsenergie erhalten. Wenn beide die gleiche Masse haben, treffen sie sich in der Mitte, legen also gleiche Weglängen zurück. Jeder erhält dann die gleiche Energie. Entfernen wir jedoch die Ladung vom Wagen A, so wird dieser stärker beschleunigt als Wagen B. Die von A bis zum Zusammenstoß gefahrene Strecke s_A ist größer als die Strecke s_B von B ($s_A > s_B$). Weil $W_A = F \cdot s_A > F \cdot s_B = W_B$ ist, erhält Wagen A nun mehr Bewegungsenergie als B samt Bandmaß: $W_A > W_B$.

Bei gleich großem Impuls hat der Körper mit der kleineren Masse die größere Bewegungsenergie. Dieses Ergebnis zeigt auch der Energieterm:

$$W = \frac{1}{2} \cdot m \cdot v^2 = \frac{1}{2} \cdot m^2 \cdot \frac{v^2}{m} = \frac{1}{2} \cdot \frac{p^2}{m}.$$

Die Kräfte dürfen ganz beliebig sein: In ➠ *Bild 3* wird das Spielzeugauto nach dem Durchbrennen des Haltefadens von dem gespannten Gummiband nach links katapultiert. Die Fahrbahn mit dem Experimentierwagen wird gleichzeitig nach rechts beschleunigt. Kraft (actio) und Gegenkraft (reactio) stimmen wieder in ihren Beträgen überein, nehmen hier jedoch bis auf null ab. Wie verteilt sich die Spannenergie auf beide Wagen?

Wir lassen dazu jeden Körper auf einen am Tisch befestigten Styroporklotz prallen. Ihre Nadeln dringen dabei unterschiedlich tief ein. Die des leichteren Spielzeugautos wird fast in ganzer Länge eingeschlagen, die der rollenden Fahrbahn nur wenig. Je tiefer der Einschlag ist, desto größer war die Bewegungsenergie.

Wir ändern die Fahrbahnmasse, indem wir an der unten herausragenden Befestigungsschraube des Bretts zusätzliche Gewichte anbringen. Das Spielzeugauto erhält nun einen noch größeren Teil der Spannenergie. Aus diesem Grund gibt man Kanonen eine sehr viel größere Masse als ihren Geschossen (➠ *Bild 4*).

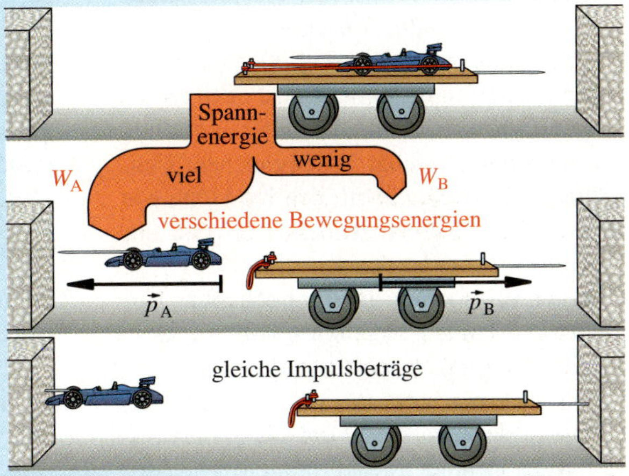

B3: Der leichtere Rennwagen erhält vom Katapult den größeren Teil der Spannenergie als Bewegungsenergie $W_A >> W_B$. Die Beträge der Impulse, p_A und p_B, sind jedoch stets gleich.

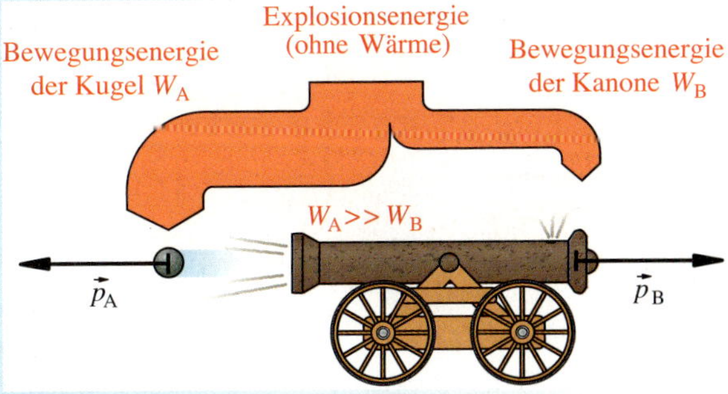

B4: Die Kugel erhält fast die ganze Energie. Die Impulsbeträge sind jedoch gleich groß.

Aufgaben

A1: Björn steht auf seinem Skateboard und stößt horizontal einen Medizinball von sich. Beschreibe die auftretenden Kräfte, Impulse und Bewegungsenergien.

A2: Aus einer stehenden Sektflasche löst sich mit lautem Knall ein Korken und schießt senkrecht nach oben. Betrachte und vergleiche Impulse und Energien.

A3: In ➠ *Bild 4* fliegt die 3 kg-Kugel mit 150 m/s aus der 900 kg-Kanone. Berechne die Bewegungsenergien von Kugel und Kanone.

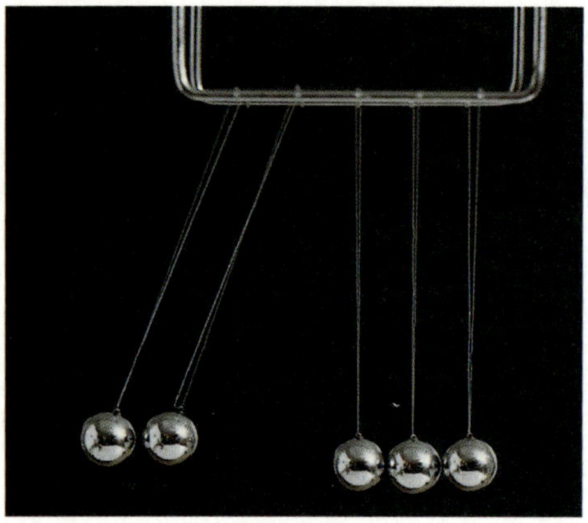

V1: Gern gesehene Zusammenstöße: Wie viele Kugeln fliegen rechts weg? Wir lenken zunächst die erste Kugel nach rechts aus und lassen sie auf die anderen prallen. Nur die letzte fliegt in der gleichen Richtung weg und erreicht dieselbe Höhe wie die erste. Diese kam beim Aufprall zur Ruhe.
Auch wenn wir zwei oder noch mehr Kugeln auslenken, so sehen wir stets ebenso viele wegfliegen wie auftreffen.
Wir nehmen jetzt nur zwei Kugeln und lassen die eine Kugel auf die andere ruhende gleicher Masse prallen. Die stoßende kommt dabei zum Stillstand und überträgt ihre gesamte Bewegungsenergie auf die gestoßene. Wie wird sich die Energie auf beide Kugeln verteilen, wenn ihre Massen unterschiedlich sind?

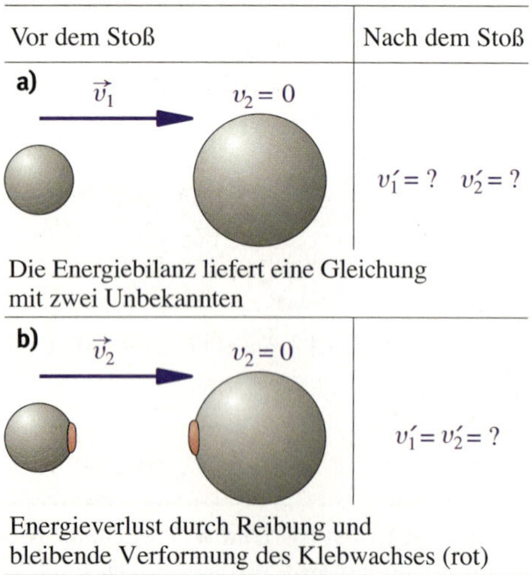

B1: Der Energieerhaltungssatz beim **a)** elastischen und **b)** beim unelastischen Stoß. Er allein reicht zur Berechnung beider Stöße nicht.

Impulserhaltung

1. Der Energiesatz und das Kugelspiel

Was fasziniert uns an dem Kugelspiel in ➠ *Versuch 1*? Auch schon für zwei Kugeln gibt es uns Rätsel auf. Wir lassen eine Kugel auf eine ruhende gleicher Masse prallen. Die auftreffende Kugel kommt zur Ruhe. Am Ausschlag der gestoßenen erkennen wir, dass ihr die gesamte Bewegungsenergie übertragen wurde. Der Energieerhaltungssatz der Mechanik ist also erfüllt. Gilt er, so sprechen wir von **elastischen Stößen.** Erstaunlicherweise teilt sich die Energie nicht auf beide Kugeln auf, zum Beispiel so, dass jede die Hälfte erhält.
Und bei verschiedenen Massen? Vermutlich bewegen sich nach dem Stoß beide Kugeln. Wie, wissen wir noch nicht. Versuchen wir es mit dem Energiesatz zu berechnen. Kugel 1 stößt mit der Geschwindigkeit v_1' elastisch auf die ruhende Kugel 2. Wir suchen die Geschwindigkeiten v_1' und v_2' nach dem Stoß (➠ *Bild 1a*).

$$\tfrac{1}{2} \cdot m_1 \cdot v_1'^2 + \tfrac{1}{2} \cdot m_2 \cdot v_2'^2 = \tfrac{1}{2} \cdot m_1 \cdot v_1^2.$$

Die Gleichung enthält die *zwei* Unbekannten v_1' und v_2'. Wir können dem Energiesatz allein also keine Vorhersage entlocken. Es fehlt noch eine weitere Gleichung, die v_1' und v_2' enthält.

Gelingt uns eine Vorhersage, wenn wir den Versuch so abändern, dass nach dem Stoß beide Kugeln dieselbe Geschwindigkeit $v_1' = v_2' = v'$ haben? Mit einem kleinen Klumpen Klebwachs an den Kugeln sorgen wir dafür, dass sie nach dem Stoß zusammenhaften (➠ *Bild 1b*). Doch darf man den Energieerhaltungssatz der Mechanik hier anwenden? Sicher nicht, denn beim Aufprall wird Energie durch Reibung und Verformung abgezweigt. Solche Stöße, bei denen die Stoßpartner wie Kletten aneinanderhängen und sich gemeinsam weiterbewegen, heißen **(völlig) unelastische** Stöße. Wie hilfreich war also der **Energieerhaltungssatz der Mechanik?** Wir sehen:

Beim elastischen Stoß reicht er nicht,
beim unelastischen Stoß gilt er nicht.

2. Der Impulserhaltungssatz bei Zusammenstößen

Nun hat ein Körper mit Bewegungsenergie auch einen Impuls. Wie ändern sich die Impulse der beteiligten Körper? Wir beschränken uns auf so genannte gerade Stöße. Bei ihnen liegen die Impulsvektoren der Stoßpartner auf einer Geraden. Gibt es eine für alle Stöße allgemein gültige Aussage? Vielleicht sogar für solche, die weder elastisch noch völlig unelastisch sind, wie etwa der Auffahrunfall in ➠ *Bild 2*?
Die dort paarweise auftretenden Kräfte gehorchen zu jedem Zeitpunkt dem Gesetz *actio = reactio*. Erfährt der langsame Wagen in einem Augenblick des Stoßvorgangs vom schnellen eine Kraft nach rechts, so wirkt der langsame mit einer gleich großen Kraft zurück.

Wie ändern nun diese Kräfte die Impulse der Wagen, wie ihre Geschwindigkeiten? Die Kräfte auf Wagen 1 und Wagen 2 sind während des Stoßvorgangs sicher nicht konstant. Sie stimmen aber wegen actio = reactio in jedem Moment betragsmäßig überein. Sie ändern somit in einem sehr kleinen Zeitabschnitt innerhalb des Stoßvorgangs sowohl den Impuls $\vec{p}_1$ des Wagens 1 als auch den Impuls $\vec{p}_2$ des Wagens 2 jeweils um denselben Betrag (gleiche Kraft in gleichem Zeitabschnitt bedeutet gleiche Impulsänderung). Die beiden Summen dieser vielen kleinen Impulsänderungen für Wagen 1 und 2 sind dann auch gleich groß. Also stimmen die *Beträge* der gesamten Impulsänderungen Δp_1 und Δp_2 während der Stoßdauer Δt überein. Der Impuls des stoßenden Wagens 1 nimmt um Δp_1 ab, der des gestoßenen um Δp_2 zu.

Für die vorzeichenbehafteten Impuls*werte* (nach rechts positiv und nach links negativ) gilt dann:

$$\Delta p_1 = -\Delta p_2.$$

Der Impulspfeil von Wagen 1 wird kürzer, der von Wagen 2 länger. Aus

$$\Delta p'_1 = p'_1 - p \text{ und } \Delta p_2 = p'_2 - p_2$$

folgt somit $\quad p'_1 - p_1 = -(p'_2 - p_2)$

oder geordnet $\quad p'_1 + p'_2 = p_1 + p_2$

Die Summe der Impulse $p' = p'_1 + p'_2$ nach dem Stoß ist gleich der Summe der Impulse $p = p_1 + p_2$ vor dem Stoß. Kurz: *Der Gesamtimpuls bleibt erhalten:* $\boldsymbol{p' = p}$.

Wir haben einen neuen Erhaltungssatz für Stöße zwischen zwei Körpern gefunden. Er gilt ganz allgemein für beliebige Wechselwirkungskräfte, für solche zwischen Himmelskörpern ebenso wie für solche zwischen kleinsten Teilchen. Er gilt auch für Stöße, die nicht entlang einer geraden Linie erfolgen. Allgemein schreibt man die *Impulserhaltung in Vektorform:* $\vec{p}\,'_1 + \vec{p}\,'_2 = \vec{p}_1 + \vec{p}_2$.

Zum betrachteten System zählen wir dabei nur die Körper, die Impulse austauschen. Die daran beteiligten Wechselwirkungskräfte nennt man **innere Kräfte** des Systems.

Merksatz

Impulserhaltungssatz: Die Impulssumme $\vec{p}\,' = \vec{p}\,'_1 + \vec{p}\,'_2$ beider Partner nach dem Stoß ist gleich ihrer Impulssumme $\vec{p} = \vec{p}_1 + \vec{p}_2$ vor dem Stoß.
Der Gesamtimpuls $\vec{p}$ bleibt beim Stoß erhalten.

Der betrachtete Auffahrunfall ist weder elastisch noch völlig unelastisch. Die Impulssumme ändert sich beim Stoß nicht, wohl aber die Summe der Bewegungsenergien. Wie viel Energie abgezweigt wird, kann erst ein Experiment entscheiden. Dies ist anders bei Stößen, die entweder *elastisch* oder *völlig unelastisch* verlaufen. Diesen Sonderfällen wenden wir uns im nächsten Abschnitt zu.

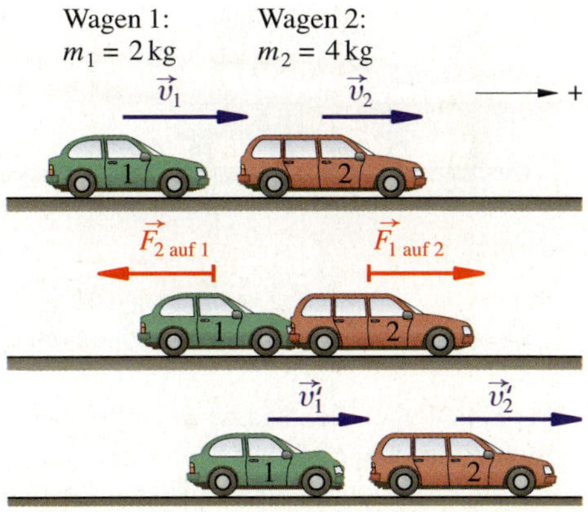

B 2: Auch bei diesem Auffahrunfall gilt actio = reactio. Der Stoß ist weder elastisch noch völlig unelastisch. Wir nennen ihn unelastisch, da auch hier Bewegungsenergie durch Reibung und bleibende Verformung verloren geht.

Beispiel

Wir lassen ein Modellauto nach ➠ *Bild 2* auf ein anderes fahren:
Wagen 1 (m_1 = 2 kg; v_1 = 5 m/s) fährt auf Wagen 2 (m_1 = 4 kg; v_2 = 4 m/s). Der stoßende Wagen hat also den Impuls $p_1 = m_1 \cdot v_1$ = 10 Ns, der gestoßene $p_2 = m_2 \cdot v_2$ = 16 Ns. Der Gesamtimpuls beträgt p = 26 Ns.
Nach dem Stoß misst man v'_1 = 4 m/s und v'_2 = 4,5 m/s. Die Wagen haben also die Impulse $p'_1 = m_1 \cdot v'_1$ = 8 Ns und $p'_2 = m_2 \cdot v'_2$ = 18 Ns. Der Gesamtimpuls ist wieder p' = 26 Ns.
Der schnelle Wagen übertrug also auf den langsamen den Impuls Δp = 2 Ns.

Während der Gesamtimpuls erhalten blieb, sank in dem Beispiel die Summe der Bewegungsenergien von 57 J auf 56,5 J. Die Differenz von 0,5 J wurde zur Verformung benutzt und erhöhte die innere Energie.

Aufgaben

A 1: Zeichne in einem geeigneten Maßstab zum obigen Beispiel die Impulsvektoren und deren Summe vor und nach dem Stoß sowie die Änderungen $\Delta\vec{p}_1$ und $\Delta\vec{p}_2$.

A 2: Bestätige durch Rechnung den im Beispiel angegebenen Verlust an Bewegungsenergie.

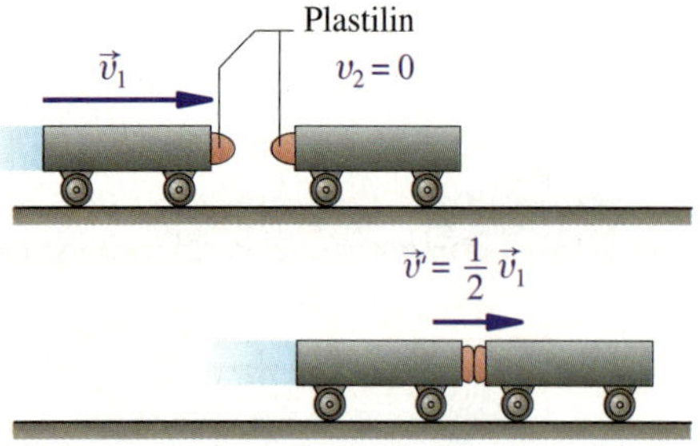

V 1: Ein Wagen der Masse m_1 fährt auf einen ruhenden gleicher Masse ($m_1 = m_2$). Die Geschwindigkeit vor und nach dem Stoß messen wir mit zwei Lichtschranken. Sie werden von einer am stoßenden Wagen angebrachten Fahne nacheinander unterbrochen.

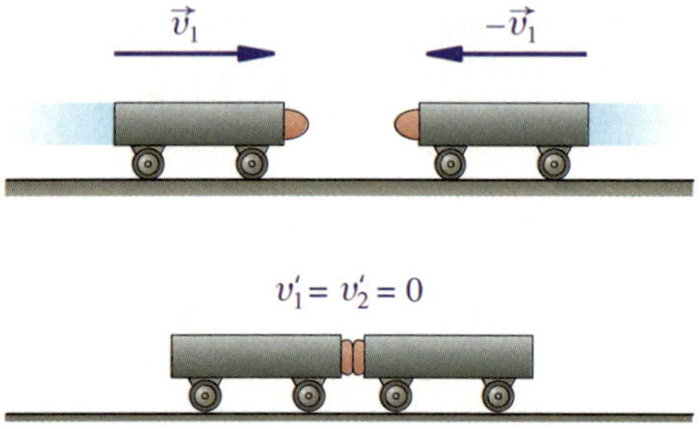

V 2: Hier ist vor dem Stoß der Gesamtimpuls null.

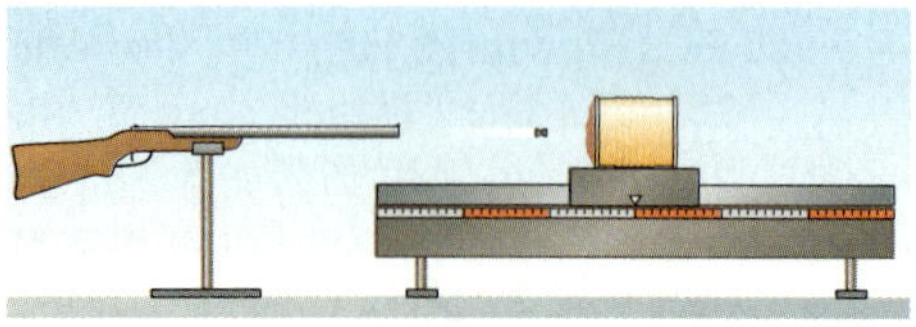

B 1: Schuss in den Luftkissengleiter.

Aufgaben

A 1: In ➠ *Bild 1* wird eine Luftgewehrkugel ($m = 0{,}5$ g) abgeschossen. Sie bleibt in der mit Plastilin gefüllten Dose stecken. Dose und Wagen wiegen zusammen 150 g. Anschließend legt der Gleiter 0,8 m in 3,2 s zurück. Welche Geschwindigkeit hatte die Kugel?

A 2: In ➠ *Bild 2* fahre der schwere Wagen mit $v_2 = 4$ m/s nach rechts, sodass der leichtere von hinten mit $v_1 = 5$ m/s auffährt. Wie groß sind Geschwindigkeit und Energieverlust nach einem völlig unelastischen Stoß? Vergleiche mit dem Zahlenbeispiel auf der vorangehenden Seite.

Gerade unelastische Stöße

Nach einem *völlig unelastischen* Stoß haften beide Körper aneinander. Sie haben danach also die gleiche Geschwindigkeit. Diese können wir nun allein mit dem Impulssatz bestimmen.

a) Ein Wagen mit dem Impulswert $p_1 = m_1 \cdot v_1$ stößt völlig unelastisch auf einen ruhenden gleicher Masse (➠ *Versuch 1*). Der Gesamtimpuls bleibt erhalten: $p = m_1 \cdot v_1 + 0\ \text{Ns} = 2\ m_1 \cdot v'$. Er ist nun verteilt auf beide Wagen. Jeder hat den Impuls $p/2$ und die Geschwindigkeit $v' = v_1' = v_2' = v_1/2$.

b) Beide Wagen haben die gleiche Masse und bewegen sich gleich schnell aufeinander zu (➠ *Versuch 2*). Ihr Gesamtimpuls ist $p = m_1 \cdot v_1 + m_2 \cdot v_2 = m_1 \cdot v_1 + m_1 \cdot (-v_1) = 0$. Sie kommen also zur Ruhe.
In ➠ *Versuch 2* wird der Vektorcharakter des Impulses besonders deutlich. Vor dem Stoß sind die Impulse wegen $\vec{v}_2 = -\vec{v}_1$ (bzw. die Impulswerte mit Vorzeichenregelung $p_2 = -p_1$) entgegengesetzt gerichtet. Nur ihre Beträge stimmen überein. Der Gesamtimpuls ist deshalb schon vor dem Aufprall null. Dagegen ist die Summe der Bewegungsenergien von null verschieden. Sie geht bei diesem Stoß völlig in innere Energie des Plastilins über.

Beispiel

Musteraufgabe für gerade unelastische Stöße (➠ *Bild 2*):
Zunächst betrachten wir die Summe der Impulswerte jeweils vor und nach dem Stoß und vereinfachen die Terme:
Vorher:
$p = m_1 \cdot v_1 + m_2 \cdot v_2 = 2\ \text{kg} \cdot 5\ \text{m/s} + 4\ \text{kg} \cdot (-4\ \text{m/s}) = -6\,\text{Ns}.$
Nachher:
$p' = (m_1 + m_2) \cdot v' = (2\ \text{kg} + 4\ \text{kg}) \cdot v' = 6\ \text{kg} \cdot v'.$
Wir setzen $p' = p$ *und lösen nach der gesuchten Größe* v' auf:
$6\ \text{kg} \cdot v' = -6\ \text{Ns}$ oder $\boldsymbol{v' = -1\ \text{m/s}}$.
Beide Wagen bewegen sich mit 1 m/s nach links.

Wir berechnen den Verlust ΔW der gesamten Bewegungsenergie:
Energiesumme vorher: $W = \frac{1}{2} \cdot m_1 \cdot v_1^2 + \frac{1}{2} \cdot m_2 \cdot v_2^2 = 57$ J.
Energiesumme nachher: $W' = \frac{1}{2} \cdot (m_1 + m_2) \cdot v'^2 = 3$ J.
Energieverlust: $\Delta W = W - W' = 57\ \text{J} - 3\ \text{J} = \mathbf{54\ J.}$
Ergebnis: Von anfangs 57 J Bewegungsenergie bleiben nur 3 J übrig. Der Rest $\Delta W = 54$ J steckt im verformten Plastilin.

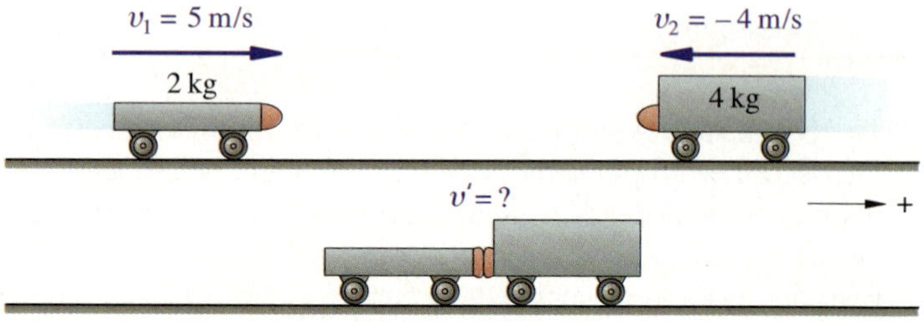

B 2: Zusammenstoß zweier Modellautos

Gerade elastische Stöße

Nach einem elastischen Stoß fahren die beiden Wagen mit verschiedenen Geschwindigkeiten auseinander. Um diese zu berechnen, brauchen wir den Impuls- wie auch den Energieerhaltungssatz.

In ➠ *Versuch 3a* stößt ein Wagen auf einen ruhenden gleicher Masse. Er überträgt diesem vollständig seine Bewegungsenergie. Der Energiesatz wäre jedoch auch erfüllt, wenn jeder die Hälfte erhielte. Doch lässt der Impulssatz nur eine einzige Verteilung zu. Jetzt legen nämlich zwei Gleichungen die beiden Unbekannten v_1' und v_2' eindeutig fest. Für den Sonderfall eines geraden Stoßes eines Körpers der Masse m_1 auf einen ruhenden Körper der Masse m_2 lauten die beiden Erhaltungssätze

Energieerhaltung: $\frac{1}{2} m_1 \cdot v_1^2 + 0 = \frac{1}{2} \cdot m_1 \cdot v_1'^2 + \frac{1}{2} \cdot m_2 \cdot v_2'^2,$

Impulserhaltung: $m_1 \cdot v_1 + 0 = m_1 \cdot v_1' + m_2 \cdot v_2'.$

Diese liefern die Geschwindigkeiten v_1' und v_2' nach dem Stoß:

$$\boldsymbol{v_1' = v_1 \cdot (1 - \frac{m_2}{m_1}) / (1 + \frac{m_2}{m_1})} \quad \text{und} \quad \boldsymbol{v_2' = 2\, v_1 / (1 + \frac{m_2}{m_1})}.$$

Beispiel

a) In ➠ *Versuch 3a* ist $m_1 = m_2$. Wir erhalten $\boldsymbol{v_1' = 0}$ und $\boldsymbol{v_2' = v_1}$.

b) In ➠ *Versuch 3b* stößt ein Wagen auf einen ruhenden doppelter Masse. Mit $m_2 = 2\, m_1$ folgt $\boldsymbol{v_1' = -\frac{1}{3} v_1'}$ und $\boldsymbol{v_2' = \frac{2}{3} v_1}$. Der leichte Wagen prallt mit einem Drittel seiner Geschwindigkeit zurück, während der schwere auf $\frac{2}{3}\, v_1$ beschleunigt wird. Der gestoßene erhält einen größeren Impulsbetrag als der stoßende zuvor hatte. Der leichte stoßende Wagen ändert nämlich seinen Impulswert um $\Delta p_1 = -\frac{1}{3}\, m_1 \cdot v_1 - m_1 \cdot v_1 = -1\frac{1}{3}\, m_1 \cdot v_1 = -1\frac{1}{3}\, p_1$. Der schwere Wagen besitzt deshalb den Impuls $p_2 = p_1 + \frac{1}{3}\, p_1 = 1\frac{1}{3}\, p_1$. Stößt der Wagen gegen einen auf der Fahrbahn befestigten Klotz ($m_2 \to \infty$), so erhält der Klotz samt Erde den doppelten Impuls, ohne dass sich der Impulsbetrag des stoßenden Wagens ändert.

c) In ➠ *Versuch 3c* hat der gestoßene Wagen (2) die halbe Masse. Also ist $m_2 = \frac{1}{2}\, m_1$ und $\boldsymbol{v_1' = \frac{1}{3} v_1}$ sowie $\boldsymbol{v_2' = 1\frac{1}{3} v_1}$. Der leichte Wagen fährt schneller weg als sich der schwere näherte.

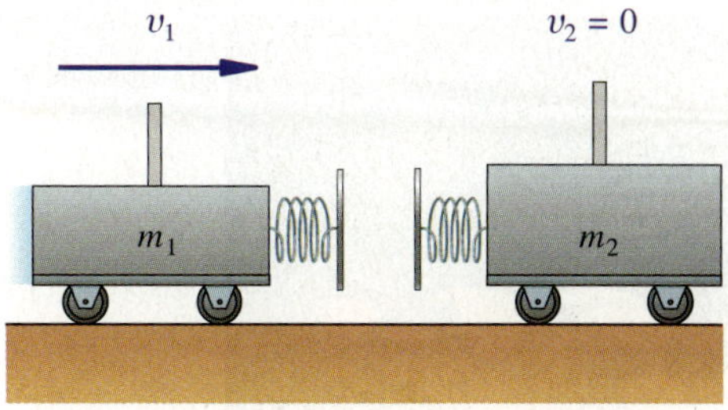

V3: a)–c) Wir führen die elastischen Stöße zu ➠ *Bild 3a)–c)* mit zwei Wagen aus. Die Fahnen der Wagen unterbrechen zwei Lichtschranken. Die Geschwindigkeiten gewinnen wir aus der Fahnenbreite und den Verdunkelungszeiten.

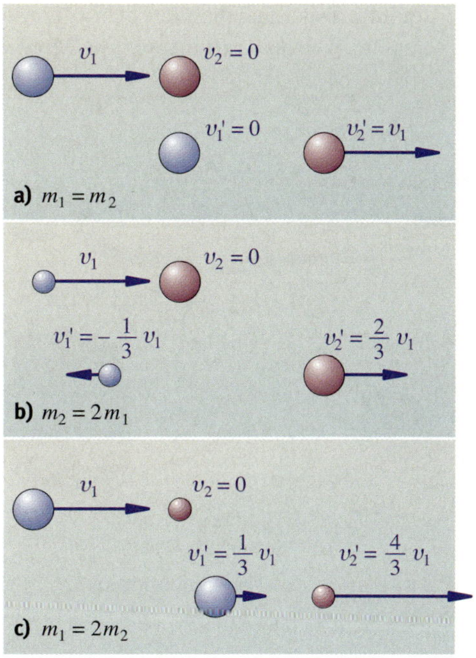

B3: a)–c) Elastische Stöße auf einen ruhenden Körper

Aufgaben

A1: Befestige mit Plastilin (Terostat) eine Kugelschreiberfeder an einem Spielzeugauto. Überprüfe die Ergebnisse zu ➠ *Versuch 3.* Verwende zum Beschweren Münzen.

A2: Eine 250 g-Kugel stößt mit 2 m/s elastisch auf eine ruhende 100 g-Kugel. Wie groß sind die Geschwindigkeiten nach dem Stoß?

A3: Welchen Bruchteil seiner Bewegungsenergie hat der stoßende Wagen in ➠ *Versuch 3* jeweils an seinen Stoßpartner übertragen?

A4: Ist der Impuls des roten Wagens (➠ *A1*) nach einem elastischen oder unelastischen Stoß größer?

B1: Waldbrandbekämpfung aus der Luft: Das Wasser wird fast „im Flug“ geschöpft. Sobald die Maschine die Wasseroberfläche streift, gibt der Pilot Gas, um eine Geschwindigkeit von etwa 180 km/h beizubehalten. Zwei 1566 kW-Motoren geben jetzt fast ihre volle Leistung. In nur 12 Sekunden sind die Tanks mit 6000 Liter Wasser gefüllt. Das Einziehen der Schöpfdorne reicht, um die auf vollen Touren laufende Maschine sofort abheben zu lassen. Welche Kraft müssen die Motoren beim Schöpfen aufbringen?

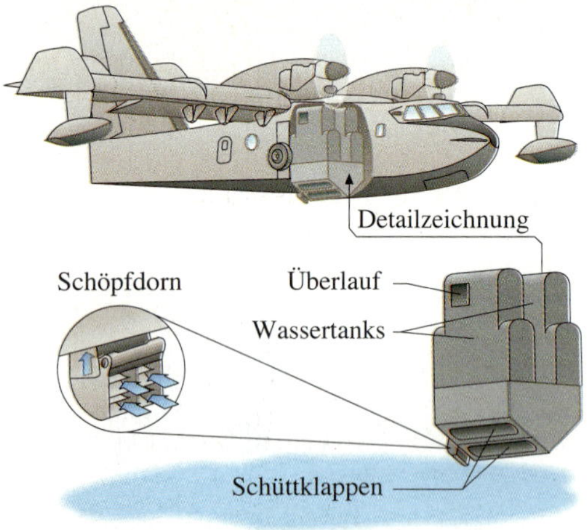

B2: Prinzip des Wasserschöpfens

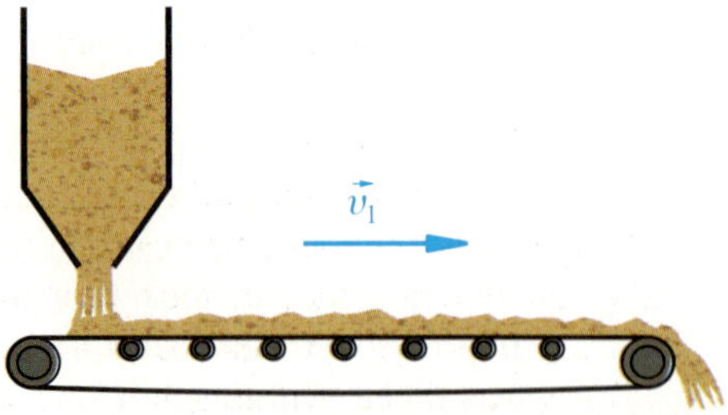

B3: Welche Kraft beschleunigt den Sand?

Kraftberechnung trotz unbekannter Beschleunigung

Zur Berechnung der Kraft muss man nur wissen, wie sich der Impuls der betrachteten Materie in der Zeit Δt ändert. Es gilt:

$$\Delta\vec{p} = \vec{F} \cdot \Delta t.$$

Welche Beschleunigung dabei die einzelnen Masseteilchen erfahren, braucht nicht bekannt zu sein. Den Term $\vec{F} \cdot \Delta t$ bezeichnet man auch als **Kraftstoß.**

a) Das Löschflugzeug in *Bild 1* füllt seine Wassertanks bei ca. 180 km/h = 50 m/s in nur 12 s. In dieser Zeit „schält“ es durch einen Schöpfdorn (*Bild 2*) im streifenden Flug 6000 l Wasser von der Oberfläche des Sees in seine Tanks. Also erfahren 6000 kg Wasser in $\Delta t = 12$ s die Impulsänderung
$\Delta p = 6000 \text{ kg} \cdot 50 \text{ m/s} - 0 \text{ kg m/s} = 3 \cdot 10^5 \text{ Ns}$.
Die Motoren des Flugzeugs müssen allein hierfür die zusätzliche Kraft $F = \Delta p/\Delta t = 3 \cdot 10^5 \text{ Ns}/(12 \text{ s}) = 2{,}5 \cdot 10^4 \text{ N}$ aufbringen.

b) Auf das Förderband in *Bild 3* fallen in 10 Sekunden 200 kg Sand. Er wird mit der Geschwindigkeit $v = 1$ m/s weitertransportiert. Welche Kraft muss der Antriebsmotor allein zur waagerechten Beschleunigung des Sandes aufbringen? Die Impulsänderung von 200 kg Sand beträgt $\Delta p = 200 \text{ kg} \cdot 1 \text{ m/s} = 200 \text{ Ns}$. Die hierfür erforderliche Kraft beträgt folglich:
$F = \Delta p/\Delta t = 200 \text{ Ns}/(10 \text{ s}) = 20 \text{ N}$.

Aufgaben

A1: Eine Spielzeugrakete stößt in 5 s etwa 10 g Substanz aus. Man misst die Schubkraft 1 N. Wie schnell strömen die Gase aus?

A2: Die Motoren des Löschflugzeugs bringen zum Schöpfen die Kraft $F = 2{,}5 \cdot 10^4$ N auf. Auf welcher Strecke wirkt diese Kraft? Welche Energie wird dabei aufgewendet? Welche Bewegungsenergie erhielt das Löschwasser? Erkläre den Unterschied.

Interessantes

Die Schubkraft bei Raketen

Am 16. Juli 1969 startete die 111 m hohe Saturn-V-Rakete mit den drei Astronauten Armstrong, Aldrin und Collins ihren Flug zum Mond. Um die 2900 Tonnen schwere Rakete aus der Startrampe zu heben, erzeugten fünf Triebwerke in jeder Sekunde 14 Tonnen Verbrennungsgase, die mit einer Geschwindigkeit von $v_r = 2{,}5$ km/s ausgestoßen wurden. Diese erfuhren in einer Sekunde die Impulsänderung $\Delta p = 14\,000$ kg · 2500 m/s = $3{,}5 \cdot 10^7$ Ns. Die Schubkraft der Rakete betrug folglich:
$F_S = \Delta p/\Delta t = 3{,}5 \cdot 10^7$ Ns/1 s = $3{,}5 \cdot 10^7$ N = 1,25 · Raketengewicht.

Allgemein: In der Zeit Δt strömen Gase der Masse Δm aus der Raketendüse mit der Geschwindigkeit v_r relativ zum ruhend gedachten Raketenkörper. Ihre Impulsänderung ist $\Delta p = \Delta m \cdot v_r$, die Schubkraft $F_S = \Delta p/\Delta t = \Delta m \cdot v_r/\Delta t = v_r \cdot \Delta m/\Delta t = v_r \cdot D$. Dabei gibt $D = \Delta m/\Delta t$ den *Durchsatz* der ausströmenden Materie (Masse je Sekunde) an.

Schubkraft = Durchsatz mal Ausströmgeschwindigkeit:

$$F_S = v_r \cdot D.$$

Die Resultierende $F = F_S - G$ (Schubkraft minus Gewichtskraft) sorgt für die Beschleunigung $a = F/m$ der Rakete, deren Masse m mit dem Ausströmen der Gase abnimmt. Nach der Brenndauer t beträgt sie $m(t) = m_0 - D \cdot t$. Die Beschleunigung a nimmt also bis zum Brennschluss mit der Zeit t zu:

$$a(t) = F/m = (F_S - m \cdot g)/m \quad \text{mit} \quad m = m_0 - D \cdot t.$$

In *Versuch 1* untersuchen wir einen solchen Bewegungsablauf. Da die Bewegung waagerecht verläuft, ist $F = F_S$. Beim Start ($t = 0$ s) ist die Gesamtmasse des Wagens $m_0 = 500$ g. Innerhalb von 3,5 s werden 140 g Wasser mit der Geschwindigkeit v_r = 5,6 m/s ausgestoßen. Also ist die Schubkraft

$$F = v_r \cdot D = 5{,}6\ \text{m/s} \cdot 0{,}04\ \text{kg/s} = 0{,}224\ \text{N}.$$

Die Gesamtmasse m nimmt dabei je Sekunde um 0,04 kg ab und beträgt zum Zeitpunkt t nur noch

$$m = m_0 - D \cdot t = 0{,}5\ \text{kg} - 0{,}04\ \text{kg/s} \cdot t.$$

Nun können wir zu jedem Zeitpunkt t die Beschleunigung $a = F/m$ berechnen. Sie ist in einem genügend kleinen Zeitintervall Δt nahezu konstant. Die Geschwindigkeit nimmt in dieser kurzen Zeit um $\Delta v = a \cdot \Delta t$ zu. Mit einem Computerprogramm berechnen wir jeweils Δv zum Zeitpunkt $t = 0, \Delta t, 2\,\Delta t, 3\Delta t, ..., 3{,}5$ s und addieren alle Geschwindigkeitsänderungen. Wir erhalten so zur Zeit $t = 3{,}5$ s die Geschwindigkeit $v = 1{,}85$ m/s.

A 3: Berechne zu *Versuch 1* mithilfe eines Computerprogramms die Geschwindigkeit und den zurückgelegten Weg zur Zeit $t = 3{,}5$ s.

A 4: Welche Beschleunigung erfährt die Saturn V beim Start, welche 2 Minuten danach? Wie groß ist dann ihre Geschwindigkeit?

B 4: Startende Saturn-V-Rakete

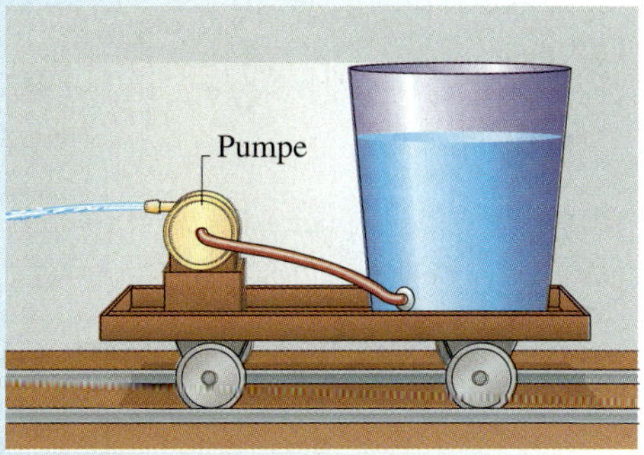

B 5: Raketenwagen mit Wasserstrahl

V 1: *Bild 5* zeigt den „Raketenwagen" mit einem Wassertank und einer kleinen Pumpe (aus einer Scheibenwischanlage), die mit einem Akku angetrieben wird. Diese presst in 3,5 Sekunden 140 cm³ Wasser durch eine Öffnung von 7,1 mm². Die Ausströmgeschwindigkeit ist also $v_r = 140\ \text{cm}^3/(0{,}071\ \text{cm}^2 \cdot 3{,}5\ \text{s}) = 5{,}6$ m/s. Beim Start beträgt die Gesamtmasse $m_0 = 500$ g. Wir messen nach 3,5 s die Wagengeschwindigkeit $v = 1{,}8$ m/s. Reibung wird durch Neigen der Fahrbahn ausgeglichen.

Interessantes

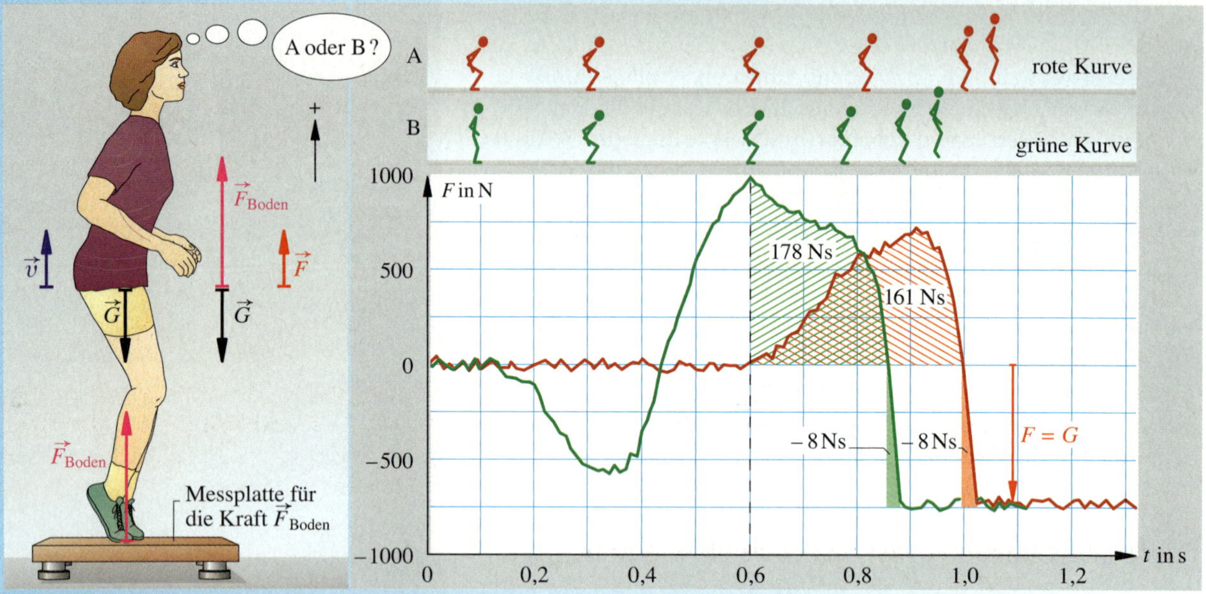

B 1: Gesamtkraft $\vec{F}$ auf eine Sportlerin beim senkrechten Sprung A *ohne* und B *mit* Gegenbewegung. Die Bodenkraft $\vec{F}_{Boden}$ wurde mit einer Messplatte registriert. Für die Kraftwerte gilt: $F = F_{Boden} + G$.

Warum beschäftigen sich Sportler mit dem Kraftstoß?
Sensoren ermöglichen die Registrierung des zeitlichen Kraftverlaufs. Er hilft dem Sportler, den Einsatz seiner Kräfte zu analysieren und zu verbessern. Je größer die Fläche unter der *t*-*F*-Kurve, umso größer ist die Impulsänderung und damit der Erfolg des Sportlers.

Das ➠ *Bild 1* zeigt zwei verschiedene Sprünge (A und B) senkrecht nach oben. Bei A beginnt die Sportlerin zum Zeitpunkt 0,6 s mit der Bewegung aus einer ruhenden Hockstellung. Bei B führt sie bis zu dieser Hockstellung zunächst aus dem Stand eine Gegenbewegung nach unten aus. In beiden Fällen beginnt also die Aufwärtsbewegung in derselben Körperhaltung zum Zeitpunkt 0,6 s. Warum erreicht die Sportlerin beim Sprung B dennoch eine größere Höhe? Betrachten wir die auf die Sportlerin wirkende resultierende Kraft $\vec{F}$:

Fall A: Bei A ruht die Sportlerin bis zum Zeitpunkt 0,6 s. Ihre Gewichtskraft und die Kraft des Bodens auf sie sind im Gleichgewicht. Sie erfährt also zur Zeit 0,6 s die Resultierende $F = 0$. Durch die dann beginnende Streckbewegung der Beine vergrößert sie die Kraft auf den Boden über ihre Gewichtskraft hinaus. Die reactio des Bodens $\vec{F}_{Boden}$ überwiegt nun die Gewichtskraft $\vec{G}$, der Körperschwerpunkt wird nach oben beschleunigt. Von 0,98 s bis 1,02 s, dem Zeitpunkt des Abhebens, ist die reactio geringer als die Gewichtskraft. Die Aufwärtsbewegung wird ein wenig verzögert. Die rot schraffierte Fläche liefert den Impuls 161 Ns. Er wird von 0,98 s bis 1,02 s um 8 Ns verringert. Die Sportlerin hebt mit dem Impuls $p_A = 161\text{ Ns} - 8\text{ Ns} = 153\text{ Ns}$ ab.

Fall B: Bei B ist die Resultierende $\vec{F}$ bei 0,6 s bereits voll entwickelt. Warum? Betrachten wir die vorangehende Abwärtsbewegung des Körperschwerpunkts. Bis 0,43 s wird der Körper zunächst nach *unten* beschleunigt, denn die Resultierende $\vec{F}$ hat einen negativen Wert. Dann verzögert die Sportlerin die Abwärtsbewegung. Das erfordert eine Kraft $\vec{F}_{Boden}$ nach oben, die $\vec{G}$ überwiegt. $F = F_{Boden} + G$ ist nun positiv. Im tiefsten Punkt der Bewegung ist $F = 1000\text{ N}$. Mit dieser Kraft beginnt bei B zum Zeitpunkt 0,6 s die Aufwärtsbewegung. Bei A dagegen wächst F von null beginnend erst an.

Beim Sprung A aus der Hockstellung gelingt es der Sportlerin nicht, mit einem Schlag die Kraft $F = F_{Boden} + G$ von 0 N auf 1000 N zu erhöhen. Zur Entfaltung dieser Kraft benötigen die Muskeln eben Zeit. Bei B entwickelt sich die große Anfangskraft von 1000 N schon vorher allmählich duch das Verzögern der Gegenbewegung. Das führt bei B zu einer größeren Fläche (grün schraffiert). Ihr Inhalt ergibt den Impuls 178 Ns. Er wird wie bei A um etwa 8 Ns verringert. Beim Sprung nach B hebt die Sportlerin mit dem größeren Impuls $p_B = 178\text{ Ns} - 8\text{ Ns} = 170\text{ Ns}$ ab.

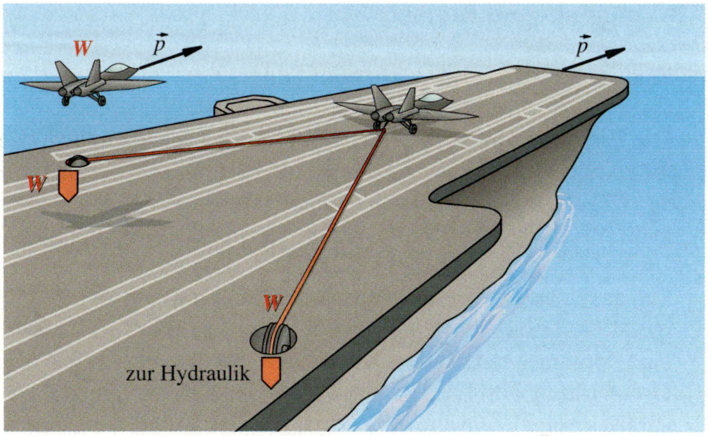

B2: Der Flugzeugträger erhält den Impuls $\vec{p}$, die Hydraulik und das Fangseil die Energie W_B des landenden Düsenjets.

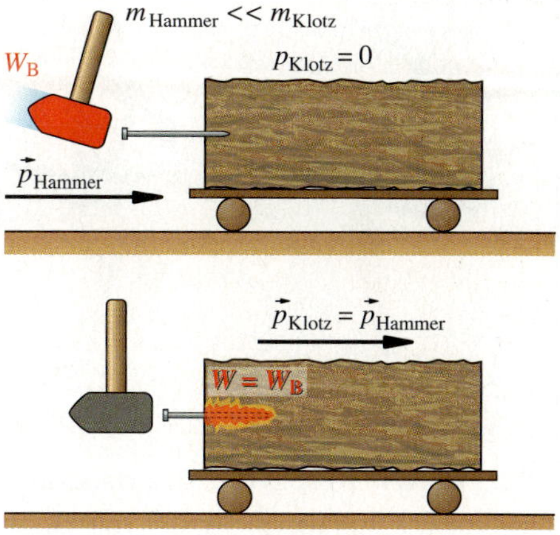

B3: Impuls $\vec{p}$ und Energie W_B des Hammers zeigen sich beim Schlag ganz unterschiedlich.

Energie und Impuls – zwei Gesichter eines Körpers

In ➠ *Bild 2* setzt ein Flugzeug auf einem ruhenden Flugzeugträger zur Landung an. Aus der Geschwindigkeit und Masse können wir zwar Impuls und Bewegungsenergie des Jets berechnen, doch zeigen beide Größen erst ihr Gesicht, wenn beim Landen der Fanghaken das Fangseil ergreift und zu spannen beginnt. Das Seil bewegt beim Bremsvorgang eine Hydraulik und diese vernichtet die Bewegungsenergie W_B durch Reibung, wobei sich ihre Flüssigkeit erhitzt (rot). Den Impuls $\vec{p}$ dagegen erhält praktisch vollständig der mächtige Flugzeugträger (schwarzer Impulspfeil).

In ➠ *Bild 3* prallt der Hammer vollkommen unelastisch auf den Nagel im Holzklotz. Er besitzt sowohl Bewegungsenergie (W_B) als auch Impuls ($\vec{p}$) – so der Physiker. Der Laie kennt die Masse des Hammers und sieht dessen Geschwindigkeit, mehr nicht. Der Schlag treibt den Nagel ins Holz, verformt und erhitzt die Einschlagstelle samt Nagel (rot). Dorthin hat der Hammer seine Bewegungsenergie verloren. Für den Klotz bleibt davon praktisch nichts übrig. Der Impuls $\vec{p}$ des Hammers geht jedoch ungeschmälert auf den Klotz über. Impuls und Energie – zuvor noch gemeinsam im Besitz des Hammers – nehmen ganz unterschiedliche Wege. Anders als der Impuls begegnet uns Energie in verschiedenen Formen; hier verzettelt sich Bewegungsenergie in innere Energie.

Bei Vorgängen wie in ➠ *Versuch 1* entzieht sich der Impuls unserer Wahrnehmung; unauffällig wird er letztlich sofort auf die Erde übertragen.

Merksatz

Bei einem unelastischen Stoß geht der Verlust an Bewegungsenergie in Erhitzung und bleibende Verformung.
Was der eine Körper an Impuls verliert, geht jedoch ungeschmälert auf den anderen Körper über.

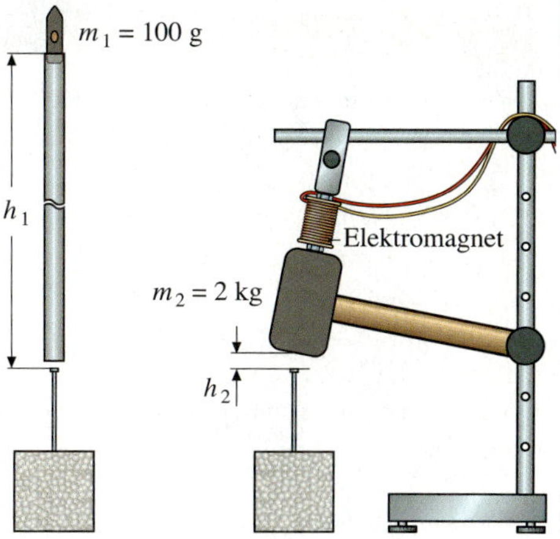

V1: Ein 100 g-Hammer fällt durch eine Glasröhre aus $h_1 = 2$ m, ein 2 kg-Hammer aus $h_2 = 3$ cm Höhe jeweils auf einen Nagel. Der 100 g-Hammer schlägt den Nagel tiefer in den Schaumstoffkörper als der 2 kg-Hammer. Sein Impuls ist kleiner als der des 2 kg-Hammers, seine Bewegungsenergie ist jedoch größer.

Aufgaben

A1: Berechne sowohl den Impuls als auch die Bewegungsenergie der beiden Hämmer in ➠ *Versuch 1*. Wohin wird jeweils der Impuls übertragen?

A2: Bestimme den Impuls, den der Flugzeugträger (Masse m = 75 000 t) erhält, wenn der Düsenjet auf ihm landet, wie in ➠ *Bild 1*. Der Düsenjet habe die Masse m = 15 t und eine Landegeschwindigkeit von v = 200 km/h.

B1: Warum rotiert die Eisprinzessin so schnell? Sie zog doch nur Arme und Beine an sich.

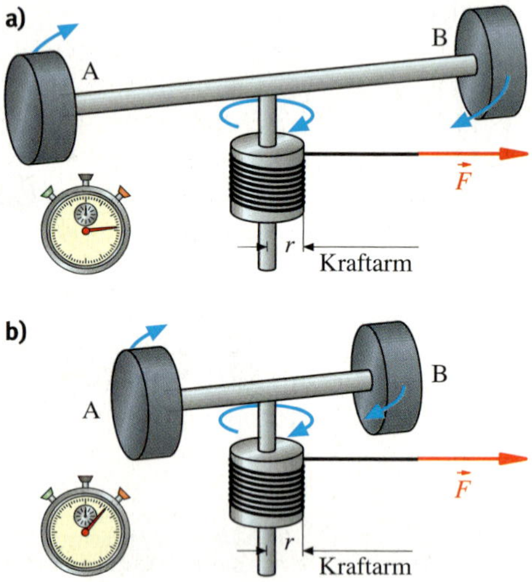

B2: Der Faden ist um den Zylinder mit Radius r gewickelt. Seine Zugkraft F übt mit Kraftarm r das Drehmoment $M = F \cdot r$ auf das Hantelrad aus. **a)** Die Hanteln sitzen außen. Die Drehfrequenz steigt langsam an. **b)** Die Hanteln sitzen nahe der Drehachse. Die Drehfrequenz steigt schnell.

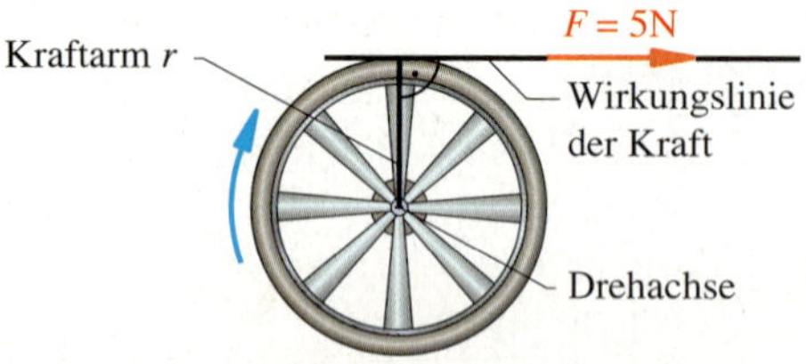

B3: Am rotierenden Reifen übt die Kraft $F = 5\ N$ *mit Kraftarm* $r = 0{,}1$ m das Drehmoment $M = F \cdot r = 0{,}5$ Nm im Uhrzeigersinn aus. Der Kraftarm ist der Abstand der Drehachse von der Wirkungslinie der Kraft.

Drehimpuls und Kreisel

1. Was ist an rotierenden Körpern anders?

Die Eisprinzessin in ➡ *Bild 1* rotiert atemberaubend, wenn sie ihre Arme an sich zieht. Mit den geläufigen Gesetzen für anfahrende Wagen, für *fortschreitende Bewegungen,* verstehen wir das nicht. Was ist bei der *Drehbewegung* rotierender Körper anders?

Um das zu erfahren, versetzen wir das Hantelrad von ➡ *Bild 2* in Rotation. Dazu ziehen wir am Faden mit der Kraft $\vec{F}$. Er ist um eine Trommel mit Radius r gewickelt. So übt die Kraft $\vec{F}$ eine Drehwirkung aus. Dies kennst du von der Balkenschaukel. Dort kannst du einen schwereren Partner bequem heben, wenn du weiter außen sitzt. Experimente an Hebeln zeigen: Die Drehwirkung hängt vom Produkt *Kraftbetrag F* mal *Kraftarm r* ab, dem **Drehmoment** $\boldsymbol{M = F \cdot r}$. Dabei ist der Kraftarm r der Abstand der Drehachse von der Wirkungslinie der Kraft $\vec{F}$ (➡ *Bild 3*).

Je größer das Drehmoment ist und je länger es auf das Rad einwirkt, umso schneller rotiert es, umso größer wird die **Drehfrequenz** f. Sie gibt die Zahl der Umdrehungen je Sekunde an. Das erinnert an die fortschreitende Bewegung anfahrender Wagen. Ihnen führt die Kraft $\vec{F}$ in der Zeit t den Impuls $\vec{p} = \vec{F} \cdot t$ zu. Das rotierende Rad bleibt aber am Platz; der Impulsvektor $\vec{p}$ des Rades als Ganzes bleibt null. Bei Rotationen braucht man also einen neuen Begriff. Wir können mit ihm analog zum Impuls umgehen, wenn wir sagen:
Das Drehmoment M führt in der Zeit t einem Rad den **Drehimpuls** $\boldsymbol{L = M \cdot t}$ zu. Diese neue, für Drehbewegungen wichtige Größe erläutern wir am Hantelrad:

- Wirkt ein großes Drehmoment M während einer langen Zeit t, so ist der Drehimpuls $L = M \cdot t$ groß. Das Rad erreicht eine große Drehfrequenz f (➡ *Bild 5*).
- Nun vergrößern wir die Masse m der Hanteln. Führen wir den gleichen Drehimpuls $L = M \cdot t$ zu (z. B. M und t gleich), so rotiert das Rad mit kleinerer Drehfrequenz f. Die größere Masse macht das Rad „träger".
- Nun schieben wir die Hanteln nach innen, verkleinern also den Radius ihrer Umlaufbahn, aber ohne die Masse zu ändern (➡ *Bild 2b*). Führen wir den gleichen Drehimpuls $L = M \cdot t$ zu, so wird die Drehfrequenz f größer. Das Hantelrad erscheint als Ganzes weniger „träge", trotz gleicher Masse!

Merksatz

Das **Drehmoment** $\boldsymbol{M}$ ist das Produkt aus Kraftbetrag F und Kraftarm r. Dieser ist der Abstand der Drehachse von der Wirkungslinie der Kraft $\vec{F}$. Es gilt: $\boldsymbol{M = F \cdot r}$. **(1)**
Das konstante Drehmoment M gibt einem Rad aus der Ruhe in der Zeit t den **Drehimpuls** $\boldsymbol{L = M \cdot t}$. **(2)**
Bei gleichem Drehimpuls rotieren Räder umso schneller, je kleiner ihre Masse ist und je näher sie an der Achse liegen.

2. Auch für den Drehimpuls gilt ein Erhaltungssatz

Der Drehimpuls $L = M \cdot t$ eines Rades wird groß, wenn ein großes Drehmoment lange einwirkt. Nimmt man dann alle antreibenden bzw. bremsenden Drehmomente weg, so rotiert es bei reibungsfreier Lagerung mit gleicher Drehfrequenz weiter; der Drehimpuls bleibt konstant. Dessen mit ΔL bezeichnete Änderung ist null. Für ihn gilt ein Erhaltungssatz, analog zum Impuls p von Wagen. Statt $\Delta p = F \cdot \Delta t$ schreiben wir $\Delta L = M \cdot \Delta t$. Bei fehlendem Drehmoment, also bei $M = 0$, gilt $\Delta L = 0$.
Das Schwungrad in ➡ *Bild 4* speichert also nicht nur Energie, es speichert auch Drehimpuls. Wird es langsamer, so bremst ein durch Luftwiderstand oder Lagerreibung erzeugtes Drehmoment.

Am Hantelrad haben wir den Abstand der Hanteln von der Achse *vor* dem Start verändert. Die Eisprinzessin zieht aber *während* ihrer Rotation Arme und Beine an sich. Wir fragen: Gilt die Drehimpulserhaltung auch dann, wenn der rotierende Körper während des Rotierens seine Form ändert, wenn sich dabei seine Teile verlagern. Dazu ersetzen wir die glatte Eisfläche in ➡ *Bild 1* durch einen fast reibungsfreien Drehschemel:

- Du sitzt nach ➡ *Bild 6* auf dem Drehschemel und willst dich in Rotation versetzen, dir selbst Drehimpuls geben, *ohne Hilfe von außen*. Du ziehst an dir und am Stuhl, mal hin, mal her oder fuchtelst mit massigen Hanteln um dich. All dies bleibt ohne Erfolg, von kurzen Ruckbewegungen abgesehen. Ohne ein Drehmoment M, das *von außen* einwirkt, rotierst du nicht. Nur *von außen* wirkende Drehmomente ändern deinen Drehimpuls gemäß $\Delta L = M \cdot \Delta t$. Innerhalb des Drehschemels kannst du ihn nicht ändern; du kannst ihn weder erzeugen noch vernichten.
- Nun gibt dir ein außen stehender Partner etwas Drehimpuls. Du rotierst langsam und hältst die beiden massigen Hanteln mit ausgestreckten Armen. Dann ziehst du sie nach innen, wie die Eisprinzessin ihre Arme. „Wie von selbst" steigt deine Drehfrequenz, du rotierst viel schneller. Dabei wirkt von außen kein Drehmoment M; kein Drehimpuls wird zugeführt. Da $M = 0$ ist, gilt auch jetzt $\Delta L = M \cdot \Delta t = 0$.

Warum ist das so? Wie wir oben sahen, gehört zu einem bestimmten Drehimpuls bei ausgestreckten Hanteln (Umlaufradius r groß) eine kleine Drehfrequenz. Bei eingezogenen Hanteln, bei kleinem r, ist diese dagegen groß; du rotierst zwar mit gleichem Drehimpuls, aber viel schneller. Wenn du die Hanteln wieder ausstreckst, rotierst du gemächlich, wie vorher. Der Drehimpuls bleibt erhalten, nur die Drehfrequenz ändert sich (➡ *Vertiefung*). Man muss Drehimpuls L und Drehfrequenz f sorgfältig unterscheiden.

Merksatz

Drehimpulserhaltung: Rotierende Körper behalten ihren Drehimpuls L bei, wenn von außen kein Drehmoment M einwirkt, auch wenn sich ihre Form ändert. Bei $M = 0$ ist $\Delta L = M \cdot \Delta t = 0$. Rücken Teile des Körpers zur Achse, so steigt die Drehfrequenz, ohne dass sich der Drehimpuls ändert.

B 4: Am Schwungrad sitzt außen ein „massiger" Wulst und macht es „träge".

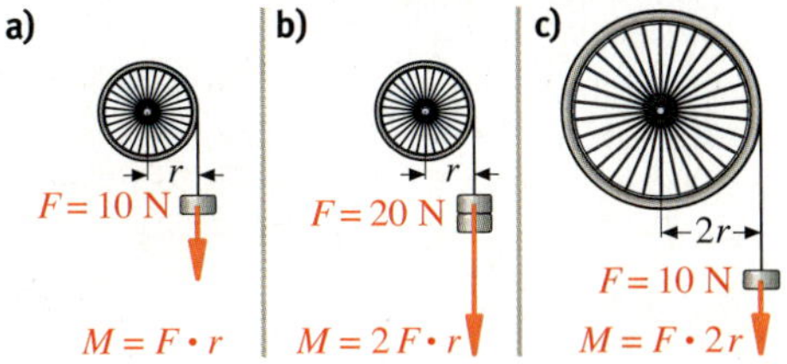

B 5: Die doppelte Kraft in **b)** erzeugt genau so ein doppeltes Drehmoment $M = F \cdot r$ wie der doppelte Kraftarm in **c)**. Dies gibt dem Reifen in gleicher Zeit t aus der Ruhe den doppelten Drehimpuls $L = M \cdot t$.

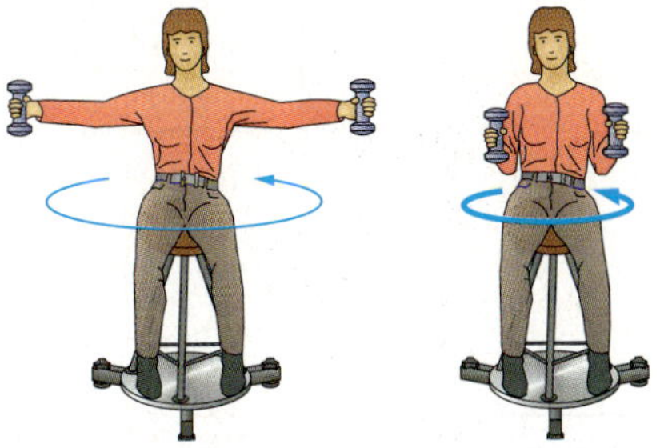

B 6: Zieht der Junge die Hanteln an sich, so rotiert er viel schneller.

Vertiefung

Der Trick der Eisprinzessin

Beim Reifen in ➡ *Bild 3* laufen alle Teilchen mit gleicher Bahngeschwindigkeit v; wir wissen: Die Kraft F erteilt in der Zeit t der Masse m den Impuls $p = F \cdot t = m \cdot v$, also ist $v = F \cdot t/m$. Das für die *Rotation* zuständige Drehmoment $M = F \cdot r$ gibt dem Reifen den Drehimpuls $L = M \cdot t = (F \cdot r) \cdot t = (F \cdot t) \cdot r = p \cdot r = m \cdot v \cdot r$.
Daraus folgt $v = L/(m \cdot r)$. Bei halbem Radius r erzeugt das gleiche Drehmoment gleichen Drehimpuls $L = M \cdot t$, aber doppelte Geschwindigkeit. Wegen des halben Umlaufwegs $s = 2\pi r$ ist die Drehfrequenz 4fach. Das nutzt die Eisprinzessin.

B1: Turmspringer

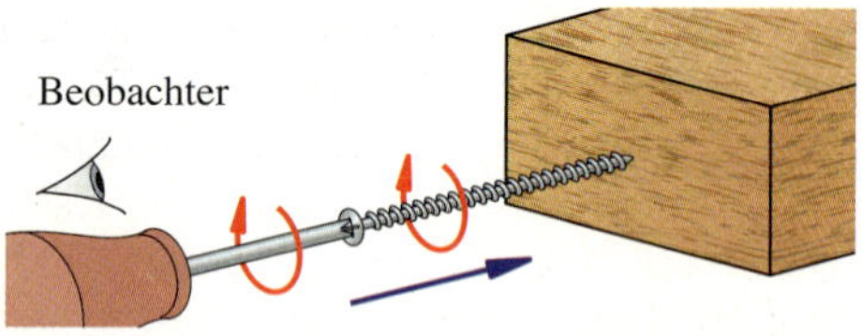

B2: Die Drehung im Uhrzeigersinn treibt die Schraube ins Holz, vom Beobachter A weg. Drehvektoren $\vec{M}$ und $\vec{L}$ liegen in der Drehachse.

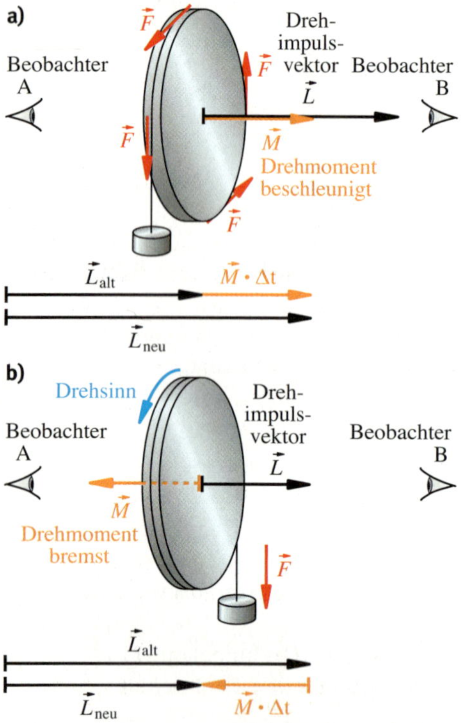

B3: a) Die Vektoren $\vec{M}$ und $\vec{L}$ haben gleiche Richtung, das Rad wird schneller; das Drehmoment $\vec{M}$ vergrößert den Drehimpuls $\vec{L}$ um $\vec{M} \cdot \Delta t$. **b)** $\vec{L}$ wird vom entgegengesetzt gerichteten Drehmoment $\vec{M}$ abgebremst; der $\vec{L}$-Pfeil wird kürzer. Für Beobachter B gelten die Pfeile auch.

4. Drehimpulserhaltung beim Sport

Bei der Eisprinzessin ist die Schlittschuhreibung unbedeutend; sie erhält beim Einziehen der Arme von außen kein Drehmoment, behält also ihren Drehimpuls bei. Sie steigert nur die Drehfrequenz. Die Drehimpulserhaltung nutzen auch *Turmspringer* (➡ *Bild 1*): Beim Sprung geben sie sich etwas Drehimpuls, den sie unterwegs nicht mehr ändern. Kauern sie sich aber zusammen, so steigt ihre Drehfrequenz; sie führen mehrere Salti aus. Beim Strecken sinkt die Drehfrequenz wieder; sie schießen fast pfeilgerade ins Wasser. Auch beim Reckturnen wird die Drehimpulserhaltung ausgenutzt.

5. Kreiselexperimente versteht man nur mit Vektoren

- Halte das Vorderrad eines Fahrrades an seinen Achs-Enden mit beiden Händen. Dein Partner versetzt es in schnelle Rotation. Du kannst es problemlos spazieren tragen, falls du die Achse nur parallel verschiebst, nicht kippst. Kippst du sie jedoch auch nur ein wenig, so „schlägt" sie bei diesem *Kreiselexperiment* unerwartet störrisch zur Seite aus (➡ *Bild 4*). Beim Kippen der Drehachse übst du ein Drehmoment M auf das Rad aus. Da es gleich schnell weiterrotiert, änderst du nicht den *Betrag* L des Drehimpulses, wohl aber dessen Richtung. Der Drehimpuls $\vec{L}$ ist hier nämlich ein Vektor längs der Drehachse (➡ *Bild 3a*).
- Wie legt man den Richtungssinn des **Drehimpulsvektors $\vec{L}$** längs der Achse fest? In ➡ *Bild 2* dreht Beobachter A die Schraube in das Holzstück. Er übt ein Drehmoment *im Uhrzeigersinn* aus. Sie bohrt sich in das Holz hinein, von A weg, bei Rotation gegen den Uhrzeiger auf A zu. Ist das Holzstück leicht drehbar, so bekommt es Drehimpuls, im gleichen Drehsinn. Dies liefert:
  Registriert in ➡ *Bild 3a* der Beobachter A eine Rotation im Uhrzeigersinn, so zeigen die Vektorpfeile von $\vec{M}$ und $\vec{L}$ von ihm weg, andernfalls auf ihn zu. Ihre Längen sind den Beträgen $M = F \cdot r$ bzw. $L = M \cdot t$ proportional.
- In ➡ *Bild 3a* rotiert das Rad für Beobachter A bereits im Uhrzeigersinn. An ihm übt nun A ein Drehmoment $\vec{M}$ auch im Uhrzeigersinn aus. Beide Pfeile $\vec{M}$ und $\vec{L}$ zeigen nach rechts. Das Rad wird schneller; zu seinem $\vec{L}$-Pfeil $\vec{L}_{alt}$ addiert sich der Pfeil $\Delta\vec{L} = \vec{M} \cdot \Delta t$. Beide vektoriell addiert geben den längeren Pfeil $\vec{L}_{neu} = \vec{L}_{alt} + \Delta\vec{L}$.
- In ➡ *Bild 3b* übt Beobachter A ein Drehmoment $\vec{M}$ *gegen* den Uhrzeigersinn aus. Die Pfeile $\vec{M}$ und $\Delta\vec{L} = \vec{M} \cdot \Delta t$ zeigen nach links, dem $\vec{L}$-Pfeil des nach wie vor im Uhrzeigersinn rotierenden Rades entgegen. Das Rad wird langsamer, sein $\vec{L}$-Pfeil kürzer. Doch gilt wieder $\vec{L}_{neu} = \vec{L}_{alt} + \Delta\vec{L}$.

Merksatz

Der **Drehimpuls $\vec{L}$** ist ein Vektor, der bei Drehung im Uhrzeigersinn vom Beobachter weg zeigt. Analoges gilt für das Drehmoment $\vec{M}$. Es ändert während Δt den Drehimpulsvektor $\vec{L}$ um $\Delta\vec{L} = \vec{M} \cdot \Delta t$. Dabei gilt stets $\vec{L}_{neu} = \vec{L}_{alt} + \Delta\vec{L}$.

Interessantes

Das merkwürdige Verhalten der Kreisel

a) Für Kreiselexperimente eignet sich das Vorderrad eines Fahrrads. Von oben gesehen rotiert es nach ➠ *Bild 4* schnell *gegen* den Uhrzeiger; sein Drehimpulsvektor $\vec{L}_{alt}$ zeigt nach oben. Versuche nun, die Achse oben bei A ruckartig nach *links vorn* zu kippen, um U als Drehpunkt. Unerwartet schlägt sie bei A im rechten Winkel dazu aus, nach *rechts vorn.*

Deine Kraft $\vec{F}$ erzeugt um die Drehachse ein Drehmoment, dessen Vektor $\vec{M}$ in dieser Achse liegt (oranger Pfeil nach rechts vorn). Dieser Vektor $\vec{M}$ steht senkrecht zum Drehimpulsvektor $\vec{L}_{alt}$ des Rades, der vor dem Kippversuch bestand. Ihm wird der senkrecht zu $\vec{L}_{alt}$ zeigende Vektor $\Delta\vec{L} = \vec{M} \cdot \Delta t$ addiert (oben bei A nach rechts vorn), gemäß der Vektorgleichung:

$$\vec{L}_{neu} = \vec{L}_{alt} + \Delta\vec{L} = \vec{L}_{alt} + \vec{M} \cdot \Delta t. \qquad (3)$$

Sie zeigt das gelbe Vektordreieck von ➠ *Bild 4* (analog zu $\vec{p}_{neu} = \vec{p}_{alt} + \Delta\vec{p} = \vec{p}_{alt} + \vec{F} \cdot \Delta t$).
Das Ergebnis stellt ➠ *Bild 4* dar. Dort ist $\vec{L}_{neu}$ gegenüber $\vec{L}_{alt}$ nach rechts vorn gekippt, so wie beobachtet. Wir sind richtig mit den Vektoren umgegangen, in drei Dimensionen, ohne mühsam mit Zahlen zu rechnen!

b) Das Kippen gelingt nicht nur ruckartig. Halte das schnell rotierende Vorderrad eines Fahrrads an der linken, waagerechten Nabe bei D fest (➠ *Bild 5*). Sein Drehimpuls $\vec{L}_{alt}$ zeigt im Augenblick nach rechts. Die Gewichtskraft $\vec{G}$ des Rades versucht, die Radachse rechts nach unten zu kippen. Der Vektor $\vec{M}$ des so erzeugten Drehmoments ist deshalb nach hinten gerichtet (orange). Also addiert man $\Delta\vec{L} = \vec{M} \cdot \Delta t$ zum jeweiligen Drehimpulsvektor $\vec{L}$, und zwar ständig. Dieser kippt stets nach hinten weg. Ihm folgt die Radachse willig, für unser „vorphysikalisches Gefühl" „unfolgsam". Die Achse beschreibt den gestrichelten, horizontalen Kreis. Man sagt das Rad führe eine **Präzessionsbewegung** aus (pråcedere: fortschreiten).

c) In technischen Museen kannst du einen Koffer spazieren tragen. Solange du geradeaus gehend den Koffer nicht kippst, geht dieser willig mit. Versuchst du ihn aber in einer Kurve um die vertikale Achse zu drehen, mit vertikalem Drehmoment $\vec{M}$, so schlägt der Koffer seitlich aus. Dies besorgt ein im Koffer schnell laufendes Schwungrad, ein Kreisel.

d) Auch schnell rotierende Kinderkreisel zeigen die Drehimpulserhaltung. Wenn man sie von der Seite mit der Peitsche schlägt, behalten sie ihren aufrecht stehenden Drehimpulsvektor. Dass sie sich aufrichten, rührt von Drehmomenten, die Reibungskräfte an der rotierenden Spitze erzeugen. Wir verzichten auf eine Erklärung.

e) Du sitzt ruhig auf dem Drehschemel. Man gibt dir ein schnell rotierendes Rad mit vertikaler Achse, dessen Drehimpulsvektor $\vec{L}$ nach oben zeigt. Wenn du die Achse um 90° kippst, ist der vertikale Drehimpuls $\vec{L}$ des Rades, auf den allein der Schemel anspricht, null. Doch geht $\vec{L}$ nicht verloren. Er geht vom Rad auf dich und den Drehschemel über. Du rotierst plötzlich in dem Drehsinn, den das Rad hatte. Drehst du die Radachse wieder in die ursprüngliche Stellung zurück, so bekommt das Rad seinen Drehimpuls wieder. Er bleibt erhalten.

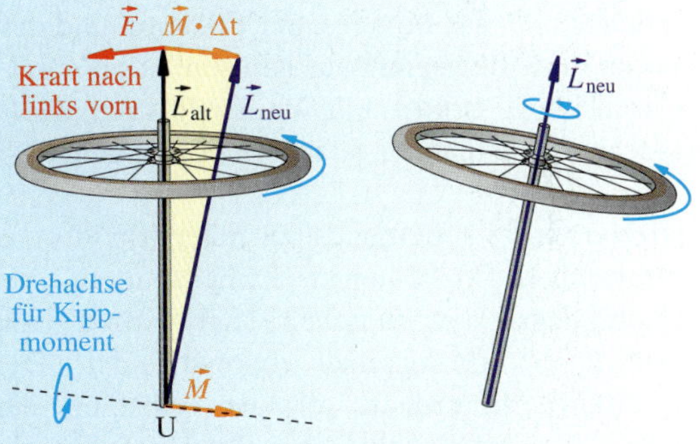

B4: Du willst mit der Kraft $\vec{F}$ die Achse des schnell rotierenden Rades oben nach links vorn kippen. Doch weicht sie senkrecht dazu aus, nach rechts vorn. Das gelb getönte Dreieck beschreibt dies gemäß der Vektorgleichung $\vec{L}_{neu} = \vec{L}_{alt} + \vec{M} \cdot \Delta t$.

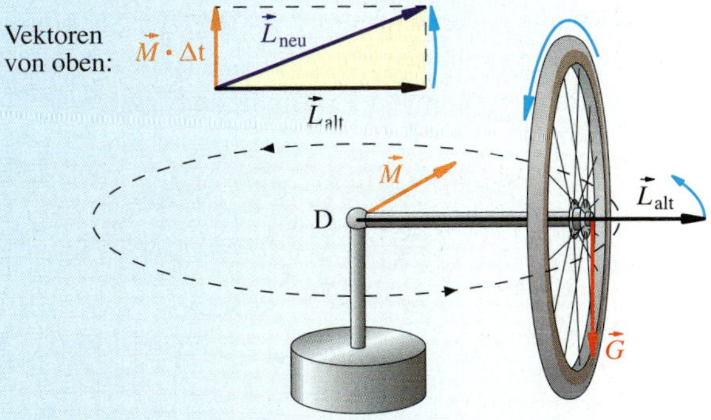

B5: Die Nabe des Rades ist bei D gelagert. Die Gewichtskraft $\vec{G}$ übt das nach hinten gerichtete Drehmoment $\vec{M}$ (orange) aus. Das gelbe Dreieck zeigt (von oben gesehen), wie sich $\vec{M} \cdot \Delta t$ zum Drehimpuls $\vec{L}_{alt}$ des Rades addiert und so die Drehachse um D auf dem gestrichelten Kreis präzedieren lässt.

Interessantes

Historische Entwicklung von Weltbildern

Vom Mythos zu Wissenschaft

Seit Urzeiten ranken sich um das Geschehen am Himmel mythische Vorstellungen: Sonne und Mond werden bei ihrem Untergang im Westen von Ungeheuern verschlungen, müssen sich durch die Unterwelt kämpfen oder – wie bei den Azteken – durch Menschenblut am Leben gehalten werden.

Die Grundvorstellung der griechischen Kosmologie war folgende: Die Erde ruht im Zentrum der Welt und von hier aus steigt man auf zu immer höheren Sphären, bis man die Fixsternsphäre, als oberste und vollkommenste, erreicht. Diese Sphären in Kugelform wurden als ideale Gestalten mit vollendeter Symmetrie betrachtet. Aufgabe der Himmelsmechanik war es, die Bewegung der Gestirne auf gleichmäßige Kreisbewegungen zurückzuführen. Um die Bewegung der Sonne, des Mondes, der Planeten und der Fixsterne duch Bewegung auf Kreisen zu beschreiben, brauchte EUDOXOS, ein Schüler PLATOS, allerdings schon 27 ineinander gelagerte Hohlkugeln.

ARISTOTELES, der bedeutendste Schüler von PLATO, erweiterte diese Vorstellungen. Er begründete eine Bewegungslehre, die zwischen „natürlichen" und „gewaltsamen" Bewegungen unterscheidet. Den Himmelskörpern ordnete er als Substanz den „Äther" zu. Deren natürliche Bewegung ist die Kreisbewegung. Abweichungen vom einfachen Kreis wurden aber auch schon damals an der Schleifenbahn der Planeten beobachtet. Um die „geheiligten" Kreise zu retten, heftete der griechische Astronom PTOLEMÄUS (150 n. Chr.) die Planeten an Epizykel-Kreise (rot), deren Mittelpunkt M auf dem Trägerkreis (blau) weiterschreitet (*Bild 1*). So konnte man gute Übereinstimmung mit den Beobachtungen duch Überlagerung von Kreisbahnen erzielen.

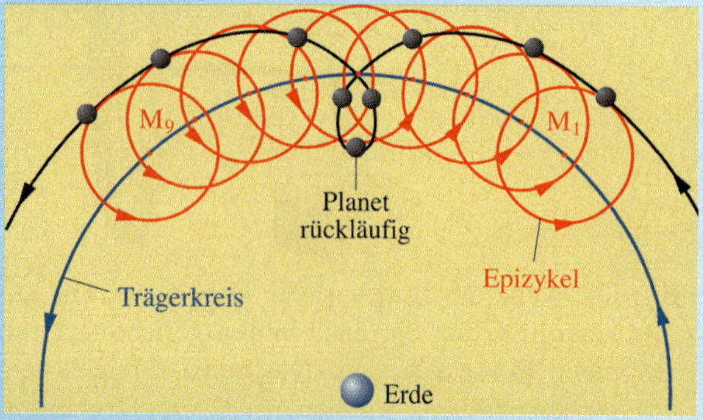

B1: Überlagerung von Kreisbahnen – die Epizykel-Theorie

Die Himmelsmechanik war aber streng getrennt von der irdischen Mechanik. Man sagte: Während am Himmel die immer gleichen, vollkommenen Kreisbewegungen stattfinden, beschrieben durch die Mathematik, gelten auf der Erde keine mathematischen Gesetze. Hier herrschen Werden und Vergehen, Geburt und Tod. Dementsprechend kommt auf der Erde auch jede Bewegung nach dem Wegfall des äußeren Antriebs zum Stillstand. Diese Vorstellungen konnten sich als Ersatz für das noch fehlende Gedankengebäude der Mechanik mehr als $1\frac{1}{2}$ Jahrtausende halten.

Die kopernikanische Wende

Nikolaus KOPERNIKUS (1473–1543), Domherr von Frauenburg in Ostpreußen, gab in seinem berühmten Werk *de revolutionibus orbium coelestium* (Über die Umdrehung der Himmelskreise) den geozentrischen Standpunkt auf. Er beließ aber noch die Kreisbahnen. Sein *heliozentrischer* Standpunkt war für die meisten Gelehrten und Theologen unannehmbar. Sie hielten seine Schrift nur für eine Neuauflage der Hypothesen, wie die des *Aristarch von Samos* (280 v. Chr.). Dieser hatte als Erster die Vermutung ausgesprochen, Sonne und Fixsterne würden ruhen. Ihre Bewegung werde durch die Rotation der Erde um ihre eigene Achse vorgetäuscht. Neu an den Überlegungen von KOPERNIKUS war, dass durch die Erdbahn die Lage und Größe der Planetenbahnen bestimmt wurde. Der Weltraum wurde so zu einem ausmessbaren Raum.

Doch die Einwendungen gegen KOPERNIKUS waren groß und scheinbar berechtigt. Ein Gegenargument des genauen Beobachters Tycho BRAHE war: Wenn die Erde um die Sonne läuft, so müssen wir die Fixsterne im Abstand von einem halben Jahr von zwei weit entfernten Stellungen aus etwas gegeneinander verschoben sehen. Diese **Parallaxe** konnte jedoch wegen der großen Entfernung der Fixsterne erst im 19. Jahrhundert gemessen werden. Zu Zeiten von KOPERNIKUS aber fand man keine Fixsternparallaxe und hielt das heliozentrische Weltbild damit für widerlegt. Ohne Fernrohr waren damals keine genauen Beobachtungen möglich. Dennoch war der Anstoß gegeben, Beweise für die neuen Auffassungen zu suchen.

Interessantes

Galilei sucht Beweise mit dem Fernrohr

Galileo Galilei (geb. 1564 in Pisa, gest. 1642 in Florenz) war eine außergewöhnlich imposante Persönlichkeit. Er beeindruckte die Menschen durch seine Fantasie, seinen Witz und die Gewalt seiner Sprache. Von seinem mächtigen Temperament ließ er sich aber dazu hinreißen, den Unverstand seiner einflussreichen Gegner bloßzustellen und so schaffte er sich gefährliche Feinde. Mit seinem Fernrohr sah er, dass der Planet Jupiter von Monden umkreist wird, also ein Planetensystem im Kleinen darstellt. Aristoteles lehrte dagegen, dass etwas Bewegtes nicht selbst Zentrum von Bewegtem sein kann. Das Fernrohr zeigte Galilei auch die Gebirge des Mondes. Dieser hat nicht die vollkommene Kugelgestalt, wie die Lehre des Aristoteles es verlangt. Mit diesen Argumenten und Beweisen trat er öffentlich in der Sprache des Volkes gegen das von der Kirche anerkannte *ptolemäisch-aristotelische* Weltbild auf. Galilei wurde der Ketzerei angeklagt und in Haft genommen. Er musste sich zum Widerruf der kopernikanischen Lehre verpflichten und erhielt Schreibverbot. Wie Kopernikus hielt aber Galilei noch an der Kreisbahn für die Planetenbewegung fest.

Erst Kepler verlässt die Kreisbahn

Johannes Kepler wurde 1571 in Weil der Stadt (Württemberg) geboren und starb 1630. Nach einem Theologiestudium wandte er sich der Astronomie zu. Dabei lernte er insgeheim die *kopernikanischen* Lehren kennen, und er wurde ein begeisterter Anhänger der Theorie. Er fühlte sich befreit von diesen hypothetischen Sphären, welche die Erde gleich Zwiebelschalen umgaben. Man war Bürger einer neuen, größeren Welt, in deren Mittelpunkt die strahlende, göttliche Sonne stand. Religiösen Ideen folgend suchte er in seinem Buch *Mysterium cosmographicum* (Geheimnisse des Weltbaus), die Verhältnisse der Planetenbahnradien in Übereinstimmung mit den Proportionen an den fünf regulären Körpern zu bringen. In *Harmonices Mundi* erforschte er die Geschwindigkeiten der Planeten im sonnennächsten und sonnenfernsten Punkt (Perihel und Aphel) und stellte fest, dass sie den Frequenzverhältnissen der Töne von Harmonien entsprechen. Nach einer höheren Harmonie strebte er Zeit seines Lebens. Im Gegensatz zu vielen anderen blieb er aber nicht bei diesen Gedanken stehen, sondern prüfte sie an möglichst genauem Beobachtungsmaterial. Deshalb zog er zu Tycho Brahe nach Prag. In der *Astronomia nova* und der *Weltharmonik* schrieb er die nach ihm benannten Kepler-Gesetze nieder, die zu den ersten mathematisch formulierten, auf Beobachtung beruhenden Naturgesetzen gehören.

Newton sah Erde und Himmelskörper als Einheit an

Isaac Newton wurde etwa 100 Jahre nach Galilei geboren. Er stellte nicht nur die Grundgesetze der Mechanik auf, sondern fand das Gravitationsgesetz und wandte die Grundgesetze auf die Bewegung der Himmelskörper an. Er konnte so die keplerschen Gesetze aus den Grundsätzen seiner Mechanik herleiten. Seine Auffassung, das Gewicht sei nichts weiter als eine allgemeine Massenanziehung, erntete lange Zeit Widerspruch und Spott. In seinen *Philosophiae Naturalis Principia Mathematica* (sinngemäß übersetzt: Mathematische Grundlagen der Physik) fasste er die Grundlagen der Differential- und Integralrechnung zusammen und wandte sie dann auf die Mechanik des Massenpunktes, die Strömungslehre und die Planetenbewegung an. Newton fragte sich zudem, warum sich beliebige Körper gegenseitig anziehen, vor allem, wie diese Anziehungskraft bei den riesigen Entfernungen, die zwischen den Himmelskörpern bestehen, zustande kommt. Eine Antwort darauf lehnte er jedoch mit dem lateinischen Spruch *Hypotheses non fingo* („Hypothesen ersinne ich nicht") ab.

Newtons Mechanik bewährte sich glänzend. So konnte aus Abweichungen des Planeten *Uranus* von der berechneten Bahn auf die Existenz eines unbekannten Planeten geschlossen werden. An der daraus berechneten Position fand man dann tatsächlich den Planeten *Neptun*. Unregelmäßigkeiten, die man bei der Bewegung von Saturn schon zu Newtons Zeiten fand, ließen Zweifel an der Stabilität des Sonnensystems aufkommen. Man fragte sich, ob nicht Gott von Zeit zu Zeit eingreifen müsse, sein Werk wieder in Ordnung zu bringen. Der große französische Mathematiker Laplace konnte nach (heute nicht mehr als gültig anerkannten) Rechnungen seinem Kaiser Napoleon auf dessen Frage, ob Gott von Zeit zu Zeit eingreifen müsse, treuherzig antworten, „Sire, wir brauchen diese Hypothese nicht."

Interessantes

Auch andere gekrönte Häupter sorgten sich um die Stabilität der Welt und damit auch ihres Herrschaftssystems. Oskar II. von Schweden stiftete 1885 einen ansehnlichen Preis für den Nachweis, dass die Planetenbahnen stabil sind. Zweifel daran waren aufgetreten, da Jupiter und Saturn Umlaufzeiten haben, die etwa im Verhältnis 5 : 2 stehen. Durch Resonanz könnten sich die schwachen Kraftwirkungen zwischen den Planeten aufschaukeln und zu radikal anderen Bahnen führen. Henry POINCARÉ (1854–1912) gewann schließlich diesen Preis. In seiner Arbeit zeigte er, dass es stabile und nichtstabile Bahnen gibt und dass in manchen Fällen eine beliebig kleine Störung ausreicht, um den Übergang von dem einen zum anderen Bahntyp zu verursachen. POINCARÉ wäre so beinahe zum Begründer der **Chaosforschung** geworden. Er beschreibt dies mit den Worten: „Es kann vorkommen, dass kleine Abweichungen in den Anfangsbedingungen schließlich große Unterschiede in den Phänomenen erzeugen. Ein kleiner Fehler zu Anfang wird später einen großen Fehler zur Folge haben. Vorhersagen werden unmöglich, und wir haben ein zufälliges Ergebnis."

Am Anfang des 20. Jahrhunderts beschäftigte noch eine kleine Unstimmigkeit Astronomen und Physiker: Der sonnennächste Punkt (Perihel) der Merkurbahn verschiebt sich um 0,1 Bogensekunden pro Bahnumlauf mehr, als NEWTONS Gravitationsgesetz vorhersagte.

Niels BOHR findet ein Planetensystem im Kleinen

Wie wir von der Mittelstufe her wissen, gibt es auch zwischen negativen und positiven Ladungen anziehende Kräfte. Ch. COULOMB fand 1785, dass für die Kraft zwischen kugelsymmetrischen Ladungen ein ganz ähnliches Gesetz wie bei den Gravitationskräften gilt:

$$F_{el} = k \cdot \frac{q \cdot Q}{r^2}.$$

Die Ladungen q und Q werden in C gemessen; r ist ihr Abstand; die Konstante k hat den Wert: $k = 9 \cdot 10^9\ \text{N} \cdot \text{m}^2/\text{C}^2$.

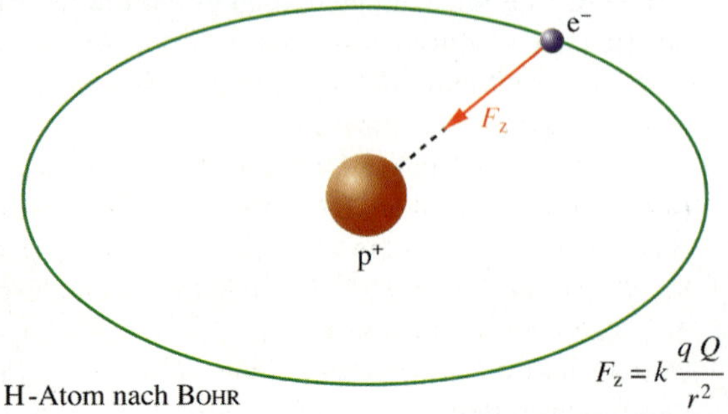

H-Atom nach BOHR

Nach der Vorstellung der Physiker am Anfang dieses Jahrhunderts bilden Elektron und Proton im Wasserstoffatom ein kleines Planetensystem. Um einen positiv geladenen Kern kreist ein Elektron. Die Zentripetalkraft wird dabei von der elektrischen Kraft geliefert. Die Ladungen von Elektron ($e = 1{,}6 \cdot 10^{-19}$ C) und Proton sind dem Betrage nach gleich. Für die Kräfte und die Gesamtenergie gilt:

$$\frac{m \cdot v^2}{r} = k \cdot \frac{e^2}{r^2};$$

$$W_{ges} = \tfrac{1}{2} \cdot m \cdot v^2 - k \cdot \frac{e^2}{r} = -\tfrac{1}{2} \cdot k \cdot \frac{e^2}{r}.$$

Den Übergang von einer Elektronenbahn in eine mit größerer Gesamtenergie kann man duch Einstrahlung von Licht erreichen. Umgekehrt sendet das Atom Licht aus, wenn es aus einem energiereicheren Zustand in eine innere, energieärmere Bahn übergeht. Merkwürdig erschien, dass nur ganz bestimmte Energiedifferenzen auftreten und die Elektronen bei ihrer beschleunigten Bewegung keine Energie abstrahlen, wie man es aus der Elektrizitätslehre erwartete.

Dieses Planetenmodell für das Wasserstoffatom wurde von BOHR und SOMMERFELD begründet. Zahlreiche Widersprüche mit der Erfahrung führten zur Entwicklung einer neuen Theorie, der Quantentheorie.

EINSTEIN relativiert Raum und Zeit

1905 hatte A. EINSTEIN während seiner Arbeit beim Berner Patentamt die *spezielle Relativitätstheorie* entwickelt. Daraus ergaben sich weitreichende Veränderungen der Vorstellungen von Raum und Zeit. Dies hatte EINSTEIN aus zwei von ihm als fundamental erkannten Prinzipien hergeleitet, der *Konstanz der Lichtgeschwindigkeit* und dem *Relativitätsprinzip* (Die Naturgesetze nehmen in allen Inertialsystemen die gleiche Form an). Strecken, die man in Bewegungsrichtung bei einem anderen relativ zu sich bewegten System betrachtet, werden verkürzt gemessen. Für einen Beobachter in dem bewegten System haben sie ihre normale „Eigenlänge". Die zeitliche Dauer eines Vorgangs ist relativ und wird ebenfalls von der Bewegung des Bezugssystems beeinflusst. Wir messen z. B. eine verlängerte Lebensdauer von radioaktiven Teilchen, so als ob *ihre* Zeit langsamer abliefe. Nach dem newtonschen Gravitationsgesetz hängt die Kraft zwischen zwei Körpern von ihrer Entfernung ab.

Interessantes

Da diese aber je nach Bezugssystem unterschiedlich ist, ergeben sich verschiedene Werte für die Gravitationskraft zwischen zwei Körpern. Daraus folgerte EINSTEIN, dass das Gravitationsgesetz noch nicht korrekt sein konnte. Dieser „Makel" ließ ihm viele Jahre keine Ruhe. Den Ansatz zur Lösung fand er aufgrund einer einfachen Überlegung, die mit seinen Worten wiedergegeben werden soll: „Ich saß auf meinem Sessel im Berner Patentamt, als mir plötzlich folgender Gedanke kam: Wenn sich eine Person im freien Fall befindet, dann spürt sie ihr eigenes Gewicht nicht." Für jemanden, der frei fällt, ist die Gravitation aus der Umgebung verschwunden. EINSTEIN verallgemeinerte diese Überlegungen im *Äquivalenzprinzip: Die Vorgänge in beschleunigten Bezugssystemen und in Gravitationsfeldern sind einander äquivalent. Durch Messungen innerhalb eines Labors kann man nicht unterscheiden, ob sich dieses in einem Gravitationsfeld befindet oder aus einer anderen Ursache konstant beschleunigt wird.* Innerhalb kurzer Zeit konnte EINSTEIN weitreichende Folgerungen aus dem Äquivalenzprinzip ziehen. Ein Gedankenexperiment soll uns dies verdeutlichen:

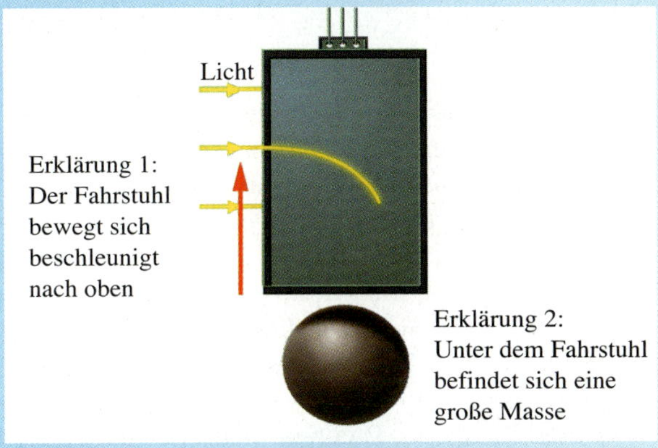

In einen Fahrstuhl tritt ein Lichtstrahl waagerecht ein. An der Fahrstuhlwand sieht man die parabelförmig nach unten gekrümmte Bahn des Lichtes. Dafür gibt es zwei Erklärungsmöglichkeiten. Naheliegend ist die Vermutung, dass der Fahrstuhl sich beschleunigt nach oben bewegt. Nach dem Äquivalenzprinzip kann man den gekrümmten Strahl auch so deuten, dass er von einem nach unten wirkenden Gravitationsfeld abgelenkt wird. Licht müsste sich wie ein Ball beim waagerechten Wurf verhalten. Der Ball wird auf seiner Bahn schneller. Analog dazu muss Licht, das im Gravitationsfeld senkrecht nach unten verläuft, seine Energie vergrößern. Die Geschwindigkeit des Lichts ist aber stets 300 000 km/s. Das Licht ändert daher seine Farbe, wenn es im Gravitationsfeld nach unten „fällt". Aus rotem Licht wird so energiereicheres blaues Licht.

Eine weitere Folgerung war, dass Uhren, die sich in verschiedenen Höhen im Feld eines Zentralkörpers befinden, unterschiedlich schnell gehen.

Es dauerte aber noch mehrere Jahre, bis EINSTEIN 1915 Gleichungen fand, die das Gravitationsfeld korrekt beschreiben. Durch sie konnte auch die Periheldrehung des Merkur richtig berechnet werden.

All diese vorhergesagten Effekte sind in der Zwischenzeit direkt experimentell überprüft und bestätigt worden. REBKA und POUND zeigten 1965, dass die Energie von Strahlung größer wird, wenn die Strahlung auf einer Strecke von nur 20 m „herunterfällt". 1971 konnten HAFELE und KEATING mit sehr genauen Atomuhren in normalen Verkehrsflugzeugen die relativistischen Zeitänderungen aufgrund der Unterschiede im Gravitationsfeld nachweisen.

Schwarze Löcher

Nach der allgemeinen Relativitätstheorie von EINSTEIN sollte es *schwarze Löcher* geben. Durch einen Kollaps eines sehr massereichen Sterns entsteht dieses für uns völlig neuartige Gebilde. Aufgrund seines kleinen Radius und seiner große Masse übt es eine ungeheuer starke Gravitationsanziehung aus. Licht und Materie können hineinfallen, aber es kommt nichts mehr heraus. Schon außerhalb eines solchen schwarzen Lochs wirken extrem große Gezeitenkräfte auf einen Körper. Ein Beispiel, aber nur in Gedanken, soll uns dies verdeutlichen: In der Umgebung eines schwarzen Loches mit der 10-fachen Sonnenmasse, also $m_L = 20 \cdot 10^{30}$ kg, kreise ein 1,8 m großer Mensch auf einer Bahn vom Umfang $U = 20000$ km. Kopf und Füße dieses Menschen würden eine enorm unterschiedliche Beschleunigung erfahren. Diese Differenz hätte etwa den Wert $\Delta a = 149$ m/s², was 15-fache Gewichtskraft auf Erden bedeutet!

EINSTEIN und andere Physiker lehnten die Existenz dieser Gebilde zuerst vehement ab. 1974 zeigte HAWKING, dass schwarze Löcher eine Strahlung aussenden müssen. Umkreisen sich zwei schwarze Löcher, so sollten von ihnen Gravitationswellen ausgehen. Der experimentelle Nachweis dieser Wellen ist das Ziel von neuen Versuchsanlagen, die bis zum Jahr 2007 fertiggestellt sein sollen.

Stephen HAWKING

Vertiefung

B 1: Bild des jungen EINSTEIN (Mitte)

B 2: Gravitationslinse, entdeckt 1979

Ergebnisse der Relativitätstheorie

A. EINSTEIN fasst Energie und Masse zusammen

a) Die von A. EINSTEIN 1905 geschaffene **S**pezielle **R**elativitäts**t**heorie (**SRT**) trat ab 1945 beim Freisetzen von Energie in Reaktoren und Atombomben ins allgemeine Bewusstsein. Schon 1905 konnte EINSTEIN eine Formel angeben, die das Freisetzen riesiger Energiemengen vorhersagte. Sie lautet ganz einfach

$$\boldsymbol{E = m \cdot c^2} \text{ (wir schreiben } W = m \cdot c^2\text{).} \qquad (1)$$

In dieser berühmten Formel verknüpft das riesige Quadrat c^2 der Lichtgeschwindigkeit ($c = 3 \cdot 10^8$ m/s) zwei sehr unterschiedliche Größen, nämlich *Energie W* und *Masse m* miteinander. Folglich gehört zu einer winzigen, mit $c^2 = 9 \cdot 10^{16}$ (m/s)^2 multiplizierten Masse m die riesige Energie $W = m \cdot c^2$.

b) Prophetisch schrieb EINSTEIN 1905: *„Es ist nicht ausgeschlossen, dass bei Körpern, deren Energieinhalt in hohem Maße veränderlich ist (z. B. bei Radiumsalzen), eine Prüfung der Theorie gelingen wird."*
Die Bestätigung im Großen erfolgte ab 1942 an Reaktoren und Atombomben. Die dort benutzte **Spaltung** des Urankerns wird beschrieben mit

$$\text{U-235} + \text{n} = \text{Kr-89} + \text{Ba-144} + 3\,\text{n} + \textbf{Energie}.$$

(U: Uran, n: Neutron; Kr: Krypton, Ba: Barium).
Die Masse des Urankerns U-235 kann man messen. Auch die Massen der Zerfallsprodukte (Kr, Ba, n) kennt man. Ihre Summe ist aber um $\Delta m = 3{,}1 \cdot 10^{-28}$ kg kleiner als die Masse von (U-235 + n). Diese Differenz beträgt zwar nur 0,08 % der Gesamtmasse von (U-235 + n). Mit c^2 multipliziert weist sie aber auf viel Energie, die den Ort der Spaltung als Wärme oder Strahlung verlässt. Wird 1 g U-235 gespalten, so wird die Energie $W = 7 \cdot 10^{10}$ J freigesetzt.

c) $W = m \cdot c^2$ erklärt auch die für unser Leben notwendige **Sonnenenergie**: Sie wird im Sonneninnern bei 10^8 K freigesetzt, wo vier Protonen zu jeweils einem Heliumkern (He) verschmelzen. Die Masse des neu entstandenen He-Kerns ist kleiner als die der vier Protonen. Bei dieser **Kernfusion** verliert die Sonne in 1 s die Masse $4{,}3 \cdot 10^9$ kg. Dafür entsendet sie in 1 s in den Weltraum die riesige Strahlungsenergie

$$\boldsymbol{W = m \cdot c^2} = 4{,}3 \cdot 10^9 \text{ kg} \cdot (3 \cdot 10^8 \text{ m/s})^2$$
$$= 3{,}9 \cdot 10^{26} \text{ kg m}^2/\text{s}^2 = 3{,}9 \cdot 10^{26} \text{ J} \approx \boldsymbol{10^{20}\ \textbf{kWh}}.$$

d) Diese Energie durcheilt die Weiten des Weltalls. Nun ist Sonnenlicht keine materielle Substanz, hat weder Atome noch Elektronen. Trotzdem führt Licht die der Sonne verloren gehende *Masse* mit sich. Dazu sagte EINSTEIN 1936: *Wenn Licht ferner Sternen an massenreichen Galaxien vorbeizieht, wird es wegen seiner Masse etwas zu diesen hingezogen.* Nach ➡ *Bild 2* wirkt die Galaxie als **Gravitationslinse.**

e) Aus EINSTEINS Theorien folgt auch die Existenz **schwarzer Löcher.** Man nennt sie schwarz, weil sie Licht, wegen dessen Masse, so stark anziehen, dass es ihnen nicht entkommen kann. Ihre Existenz verrät sich durch ihre Anziehungskraft auf benachbarte Sterne.

f) Nach $m = W/c^2$ hat Energie jeder Form auch Masse; sie ist „träge" und braucht zum Beschleunigen eine Kraft. Führt man einem Körper die Wärme $W = 10^3$ J zu, so steigt seine Masse um den winzigen Betrag

$$\Delta m = W/c^2 = 10^3 \text{ J}/(9 \cdot 10^{16} \text{ (m/s)}^2) = 10^{-14} \text{ kg}.$$

Der große Wert c^2 im Nenner erlaubt uns also, beim Wärmegeschehen, im täglichen Leben, von der SRT abzusehen. Trotzdem versteht man in der modernen Physik unter Masse und Energie dasselbe.

Vertiefung

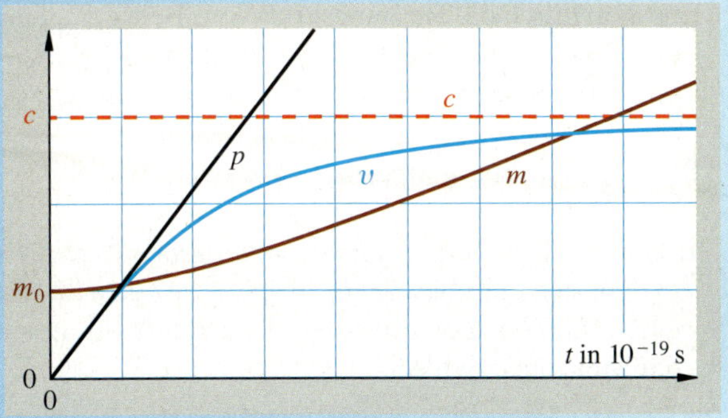

B3: Ein Elektron wird mit der Kraft $F = 10^{-14}$ N aus der Ruhe beschleunigt. Da die Masse m von der Ruhemasse $m_0 = 9{,}1 \cdot 10^{-31}$ kg aus ansteigt, nähert sich die Geschwindigkeit v asymptotisch der Lichtgeschwindigkeit, überschreitet diese aber nicht. Dies gilt für alle Körper.

B. EINSTEIN revolutionierte auch die Mechanik

Wird ein Körper schneller, so nimmt seine Bewegungsenergie W zu. Also steigt nach $m = W/c^2$ auch die Masse m beim Schnellerwerden, und zwar nach der ebenfalls von EINSTEIN aufgestellten Gleichung

$$\boldsymbol{m = m_0/\sqrt{1 - v^2/c^2}}. \qquad (2)$$

Nur wenn der Körper sich in Ruhe befindet, hat er seine uns wohlbekannte **Ruhemasse m_0**. Mit steigender Geschwindigkeit v steigt m an – beliebig weit (*Bild 3*). Man darf sich dabei aber nicht vorstellen, der Körper bekomme dabei mehr **Substanz,** er werde dicker. Selbst wenn m auf 3 m_0 anwächst, werden aus einem Elektron nicht drei. Die Ladung Q_e bleibt $1{,}6 \cdot 10^{-19}$ C. In der SRT darf man Masse nicht mehr als Maß für Substanz ansehen: sie äußert sich in der Trägheit der Körper und darin, dass man zum Ändern des Impulses $p = m \cdot v$ die Kraft $F = \Delta p/\Delta t$ braucht.

Dabei müssen wir das „relativ" der Relativitätstheorie ernst nehmen: m steigt nur für denjenigen an, *relativ* zu dem sich das Elektron bewegt. Wer dagegen mit ihm fliegt, der registriert die gleiche Ruhemasse m_0, selbst wenn Außenstehende diesem fast Lichtgeschwindigkeit zuschreiben; diese dürfen nicht sagen, das Elektron *hat* z. B. 10fache Masse; der Mitfliegende darf nicht sagen, es *hat* die Masse m_0. Masse ist *kein absoluter Besitzstand* eines Körpers; ihr Wert gilt *relativ* zu dem, der misst.

Wenn man in *Gl. (2)* probeweise $v = c$ setzt, also $v/c = 1$, dann wird die Wurzel im Nenner $\sqrt{1 - (v/c)^2} = 0$; für $v \to c$ geht m gegen Unendlich. Auch die stärkste Kraft bringt den Körper nicht auf Lichtgeschwindigkeit. Erst recht ist Überlichtgeschwindigkeit nach der SRT ausgeschlossen. Das kannst du im folgenden Programm selbst verfolgen.

C. Du kannst relativistisch rechnen

Wir wollen den Geschwindigkeitsverlauf $v(t)$ beschleunigter Körper berechnen (*Bild 3*). Versuchen wir dies mit NEWTONS Grundgesetz $F = \Delta p/\Delta t$ aus dem Jahre 1686. Dazu erhöhen wir in Programmzeile 7 den Impuls p eines Körpers der Ruhemasse $m_0 = 1$ kg nach $\Delta p = F \cdot \Delta t$ von Sekunde zu Sekunde, in $\Delta t = 1$ s, mit der konstanten Kraft $F = 1$ N. Um aus dem jeweiligen Impuls p die Geschwindigkeit v zu erhalten, lösen wir mit Bleistift $(m \cdot v =)\ p = m_0 \cdot v/\sqrt{1 - v^2/c^2}$ nach v auf und fügen das Ergebnis $v = 1/\sqrt{1/c^2 + (m_0/p)^2}$ in Zeile 8 ein. Die jeweilige Masse m tritt noch nicht auf. Um auch sie am Bildschirm oder als Tabelle entnehmen zu können, fügen wir in Zeile 9 $m = m_0/\sqrt{1 - (v/c)^2}$ ein. Zeile 1 bis 6 enthält die benutzten Konstanten und die Startwerte.

(1) F = 1	Kraft $F = 1$ N (auch 10 N möglich)
(2) m0 = 1	Ruhemasse $m_0 = 1$ kg (auch 0,01 kg)
(3) m = m0	Startmasse $m = m_0$
(4) dt = 1	Zeitschritt $\Delta t = 1$ s (besser 0,1 s)
(5) c = 3*10^8	$c = 3 \cdot 10^8$ m/s, Lichtgeschwindigkeit
(6) v = 0	Startgeschwindigkeit

WIEDERHOLE BIS v = 2,99*10^8 (Schleifenbeginn)

(7) p = p + F*dt	$p_{neu} = p_{alt} + F \cdot \Delta t$
(8) v = 1/SQR(1/c^2 + (m0/p)^2)	$v = 1/\sqrt{1/c^2 + (m_0/p)^2}$
(9) m = m0/SQR(1 – (v/c)^2)	$m = m_0/\sqrt{1 - (v/c)^2}$
(10) t = t + dt	$t = t + \Delta t$ (Uhr)

D. EINSTEIN relativierte auch Raum und Zeit

Nach der SRT ticken Uhren, die an unseren Uhren vorbeirasen, diesen gegenüber langsamer. Exakte Atomuhren, die in Verkehrsflugzeugen die Erde umkreisten, zeigten bei der Rückkehr ca. 10^{-7} s weniger an als die am Boden verbliebenen. Ein schnell reisender Zwilling altert also langsamer als sein auf der Erde zurückgebliebener Bruder. Bewegte Strecken misst man kontrahiert (verkürzt). Dabei bleibt eine Größe für jeden Beobachter gleich, die Geschwindigkeit c des Lichts im Vakuum.

So unwahrscheinlich das alles klingt, das GPS-System, mit dem man heute im Auto seine Position auf 1 m genau bestimmen kann, würde ohne Beachtung von EINSTEINS Theorien Fehler von über 10 km liefern.

Mehr erfährst du in der Programmsammlung zur SRT: ISBN 987-3-507-10725-0.

Das ist wichtig beim Thema Energie

1. a) Energie tritt in verschiedenen Formen auf, die sich ineinander umwandeln lassen.

b) Energie kann von einem Körper auf einen anderen übertragen werden.

c) Mechanische **Energieformen** sind: Höhenenergie, Bewegungsenergie und Spannenergie.

2. Die Einheit der Energie ist 1 Joule (1 J). Es ist:

$$1\ \text{J} = 1\ \text{N} \cdot 1\ \text{m} = 1\ \frac{\text{m}^2 \cdot \text{kg}}{\text{s}^2}.$$

Eine andere Einheit der Energie ist 1 kWh. Es gilt:

$$1\ \text{kWh} = 3{,}6 \cdot 10^6\ \text{J} = 3{,}6\ \text{MJ}.$$

3. Energie ist ein **Skalar** (Energie hat keine Richtung) und darf nicht mit der vektoriellen Größe Impuls verwechselt werden.

4. Die **Gesamtenergie** eines *energetisch abgeschlossenen* Systems bleibt erhalten.
Dies gilt z. B. bei der Umwandlung der verschiedenen Energieformen als auch bei der Energieübertragung von einem Körper des Systems auf einen anderen oder wenn in diesem System Reibung auftritt.

5. Die **Höhenenergie** W_H eines Körpers mit der Gewichtskraft G in der Höhe h über dem Nullniveau ist:

$$W_H = G \cdot h = m \cdot g \cdot h.$$

Die Angabe der Höhenenergie erfordert zuerst die Festlegung des *Nullniveaus.*
Die **Bewegungsenergie** W_B eines Körpers der Masse m mit der Geschwindigkeit v ist:

$$W_B = \tfrac{1}{2} \cdot m \cdot v^2.$$

Die **Spannenergie** W_{Sp} einer Feder der konstanten Härte D, die um die Strecke s gedehnt ist, beträgt:

$$W_{Sp} = \tfrac{1}{2} \cdot D \cdot s^2.$$

6. Der **Energieerhaltungssatz der Mechanik** lautet:
Die Summe aus Höhen-, Bewegungs- und Spannenergie ist bei *reibungsfrei* verlaufenden mechanischen Vorgängen in einem energetisch abgeschlossenen System konstant:

$$W_H + W_B + W_{Sp} = m \cdot g \cdot h + \tfrac{1}{2} \cdot m \cdot v^2 + \tfrac{1}{2} \cdot D \cdot s^2 = \text{konstant}.$$

7. Tritt in einem System **Reibung** auf, so wird diesem System durch die Reibungskraft vom Betrag F_R längs des Weges s die mechanische Energie $W_R = F_R \cdot s$ entzogen. Sie wird in **innere Energie** verwandelt.

Strategie zur Energiebilanz

1. a) Liegt ein energetisch *abgeschlossenes System* vor, in dem sich eine Bewegung abspielt, so versucht man eine Aufgabe zuerst mit dem Energieerhaltungssatz der Mechanik zu lösen.

b) Ist nach dem *zeitlichen* Ablauf der Bewegung gefragt, kann der Energieerhaltungssatz *nicht* weiterhelfen, da in ihm die Zeit nicht auftritt.

2. Mit dem Energieerhaltungssatz der Mechanik zieht man **Bilanzen**. Man vergleicht die Energiesumme W_1 und W_2 in zwei verschiedenen Zuständen und kann daraus Vorhersagen ableiten. Es ist:

$$W_1 = W_{H1} + W_{B1} + W_{Sp1} = m \cdot g \cdot h_1 + \tfrac{1}{2} \cdot m \cdot v_1^2 + \tfrac{1}{2} \cdot D \cdot s_1^2$$

$$W_2 = W_{H2} + W_{B2} + W_{Sp2} = m \cdot g \cdot h_2 + \tfrac{1}{2} \cdot m \cdot v_2^2 + \tfrac{1}{2} \cdot D \cdot s_2^2.$$

a) Verläuft der Vorgang reibungsfrei, so gilt:

$$W_1 = W_2.$$

b) Tritt zwischen dem Zustand 1 und Zustand 2 *Reibung* auf, so wird dem System durch die Reibungskraft vom Betrag F_R die mechanische Energie $W_R = F_R \cdot s$ entzogen. Es gilt:

$$W_2 = W_1 - W_R.$$

Das ist wichtig beim Thema Impuls

1. a) Der Impuls ist so wie die Geschwindigkeit ein **Vektor**. Der Impuls $\vec{p}$ eines Körpers ist das Produkt aus seiner Masse m und seiner Geschwindigkeit $\vec{v}$:

$$\vec{p} = m \cdot \vec{v}.$$

b) Bei *geradlinigen Bewegungen* geben wir dem Impuls und der Geschwindigkeit je nach Richtung einen positiven oder einen negativen *Wert*. Dazu legen wir die positive Richtung fest. Auf diese Weise schreiben wir alle Gleichungen mit Vektorgrößen als *Wertegleichungen.*

2. Eine Kraft $\vec{F}$, die während der Zeit Δt auf einen Körper einwirkt, ändert dessen Impuls $\vec{p}$ um

$$\Delta \vec{p} = \vec{F} \cdot \Delta t.$$

Man nennt $\vec{F} \cdot \Delta t$ auch *Kraftstoß*. $\vec{F}$ ist der *zeitliche Mittelwert* der Kraft.

3. a) Geht die beschleunigende Kraft auf den Körper 1 von einem einzigen Körper 2 aus, so erfährt dieser eine vom Betrag gleich große Kraft in die entgegengesetzte Richtung (**actio = reactio**). Die Wechselwirkungskräfte zwischen den beiden Körpern sind innere Kräfte. Die Körper bilden bezüglich dieser Kräfte ein abgeschlossenes System.

b) In einem abgeschlossenen System gilt der **Impulserhaltungssatz**. Er besagt, dass die Impulsänderungen beider Körper denselben Betrag, aber verschiedene Vorzeichen haben: $\Delta \vec{p}_1 = -\Delta \vec{p}_2$.
Die Impulssumme beider Körper bleibt also konstant

$$\vec{p}_1{}' + \vec{p}_2{}' = \vec{p}_1 + \vec{p}_2.$$

($\vec{p}$ und $\vec{p}\,'$ sind die Impulse der Körper zu verschiedenen Zeiten; z. B. vor und nach dem Zusammenstoß der Körper). Die Kräfte und deren Einwirkungsdauer brauchen nicht bekannt zu sein.
Der Impulserhaltungssatz gründet sich auf NEWTONS Gesetz von actio = reactio. Er gilt deshalb auch, wenn Reibungskräfte zwischen beiden Körpern im Spiel sind, sowie bei länger wirkenden Kräften.

4. a) Bei einem völlig **unelastischen Stoß** hängen die Körper wie Kletten aneinander und bewegen sich mit gemeinsamer Geschwindigkeit weiter. Der Impulserhaltungssatz vereinfacht sich zu

$$p' = p_1 + p_2 \text{ bzw. } (m_1 + m_2) \cdot v' = m_1 \cdot v_1 + m_2 \cdot v_2.$$

Bei einem unelastischen Stoß verringert sich die Summe der **Bewegungsenergien** beider Körper um

$$\Delta W = \tfrac{1}{2}\, m_1 \cdot v_1^2 + \tfrac{1}{2}\, m_2 \cdot v_2^2 - \tfrac{1}{2}\,(m_1 + m_2) \cdot v_2{}'.$$

Dieser Energieverlust erhöht die innere Energie der Körper.

b) Bei einem **elastischen Stoß** ist die Summe der Bewegungsenergien vor und nach dem Stoß gleich groß. *Jetzt gilt sowohl der Impulserhaltungssatz als auch der Energieerhaltungssatz der Mechanik.* Für Stöße entlang einer geraden Linie, also für gerade Stöße, gilt:

$$m_1 \cdot v_1' + m_2 \cdot v_2' = m_1 \cdot v_1 + m_2 \cdot v_2$$
$$\tfrac{1}{2}\, m_1 \cdot v_1'^2 + \tfrac{1}{2}\, m_2 \cdot v_2'^2 = \tfrac{1}{2}\, m_1 \cdot v_1^2 + \tfrac{1}{2}\, m_2 \cdot v_2^2.$$

Sind die beiden Massen und Geschwindigkeiten vor dem Stoß bekannt, so lassen sich die unbekannten Geschwindigkeiten v_1' und v_2' nach dem Stoß berechnen. Wir beschränken uns auf den Fall, dass der gestoßene Körper ruht. Für gerade Stöße gilt:

$$v_1' = v_1 \cdot (1 - \tfrac{m_2}{m_1})/(1 + \tfrac{m_2}{m_1}) \text{ und } v_2' = 2\, v_1/(1 + \tfrac{m_2}{m_1}).$$

Das Bilanzieren am Beispiel „Unelastischer Stoß“

Ein 2 kg schwerer Experimentierwagen stößt mit 1 m/s völlig unelastisch von hinten auf einen Wagen 4facher Masse und halber Geschwindigkeit. Mit welcher gemeinsamen Geschwindigkeit fahren sie weiter? Wie viel der gesamten Bewegungsenergie verschwand in innere Energie? Wie groß waren die beim Stoß auftretenden Kräfte, wenn dieser 0,1 s dauerte?

Lösung:
Beim Aufprall ändern nur innere Kräfte die Bewegung beider Wagen. Die Impulssumme nach dem Stoß:

$$(m_1 + m_2) \cdot v' = (2\text{ kg} + 8\text{ kg}) \cdot v' = 10\text{ kg} \cdot v'$$

ist gleich der Impulssumme vor dem Stoß:

$$m_1 \cdot v_1 + m_2 \cdot v_2 = 2\text{ kg} \cdot 1\text{ m/s} + 8\text{ kg} \cdot 0{,}5\text{ m/s} = 6\text{ Ns}.$$

Also ist $10\text{ kg} \cdot v' = 6$ Ns oder $v' = \mathbf{0{,}6\ m/s}$.
Die Energiesumme vor dem Stoß war $\tfrac{1}{2}\, m_1 \cdot v_1^2 + \tfrac{1}{2}\, m_2 \cdot v_2^2 = 2$ J, nach dem Stoß betrug sie $\tfrac{1}{2}\,(m_1 + m_2) \cdot v'^2 = 1{,}8$ J. Also verkrümelte sich $\mathbf{\Delta W = 0{,}2\ J}$ beim Stoß in innere Energie.

Für die Kräfte können wir nur einen zeitlichen Durchschnittswert berechnen. Er beträgt

$$\mathbf{F_1} = \Delta p_1/\Delta t = m_1 \cdot \Delta v_1/\Delta t$$
$$= 2\text{ kg} \cdot (0{,}6\text{ m/s} - 1\text{ m/s})/0{,}1\text{ s} = \mathbf{-8\ N}.$$
$$\mathbf{F_2} = m_2 \cdot \Delta v_2/\Delta t = \mathbf{8\ N}.$$

F_1 bremst Wagen 1 (negatives Vorzeichen).

Das ist wichtig beim Thema Drehimpuls

Der Drehimpuls $\vec{L}$ ist ein **Vektor**, parallel zur Drehachse eines rotierenden Rades.
Eine Kraft F, die im Abstand r von der Drehachse senkrecht zu dieser und senkrecht zum Radius r (Achse-Angriffspunkt) wirkt, übt am Rad das Drehmoment $M = F \cdot r$ aus. Das Drehmoment M ändert den **Drehimpuls** des Rades in der Zeit Δt um

$$\Delta L = M \cdot \Delta t.$$

Der Drehimpuls eines Rades bleibt erhalten, wenn kein Drehmoment wirkt.

Aufgaben

A1: Vergleiche den Impuls eines durch den Wald schlendernden Spaziergängers ($m = 75$ kg, $v = 3{,}6$ km/h) mit dem einer verirrten Gewehrkugel ($m = 5$ g, $v = 1000$ m/s). Vergleiche deren Bewegungsenergien.

A2: Welche Geschwindigkeit müsste man einem 3 kg schweren Medizinball geben, damit er denselben Impuls hat wie das 330 m/s schnelle 2,6 g-Geschoss eines bei Olympischen Spielen verwendeten Kleinkaliber-Gewehrs? Vergleiche die Bewegungsenergien.

A3: Ein 100 g- und ein 2 kg-Hammer sind bifilar an Fäden aufgehängt. Der leichte Hammer wird bis zu einer Höhe von 1,20 m ausgelenkt, der schwere nur bis zu einer Höhe von 1,5 cm. Nach dem Loslassen schwingen sie zurück und schlagen im tiefsten Punkt horizontal je einen Nagel in einen Schaumstoffkörper, der auf der Unterlage fixiert ist. **a)** Mit welchem Impuls und welcher Bewegungsenergie trifft jeder Hammer den Nagel? **b)** Welcher Hammer treibt den Nagel tiefer in den Körper, wenn es sich um gleiche Nägel und Styroporkörper handelt? **c)** Wo bleibt die Bewegungsenergie, wo der Impuls?

A4: Der vom ersten auf das zweite Förderband fallende Sand wird von diesem gleich schnell weitertransportiert. **a)** Begründe, warum das zweite Förderband dazu weniger Energie benötigt. **b)** Es fallen 10 kg Sand pro Sekunde auf das Förderband. Wie viel Energie wird pro Sekunde in die Bewegungsenergie des Sandes gesteckt? **c)** Welche Kraft muss das erste Förderband allein zur waagerechten Beschleunigung des Sandes aufbringen?

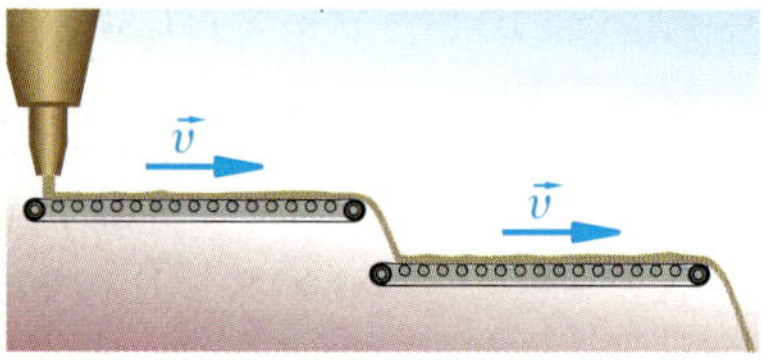

A5: Auf einem ruhenden Flugzeugträger ($m_1 = 100\,000$ t) landet ein Düsenjet ($m_2 = 11$ t, 250 km/h). Er wird durch das Fangseil auf einer Strecke von 100 m abgebremst. **a)** Welche Geschwindigkeit hat der Flugzeugträger danach? **b)** Wie viel Prozent der Bewegungsenergie des Jets erhielt der Flugzeugträger bei der Landung? Wo blieb der Rest?

A6: Die Kriminalpolizei ermittelt die Geschwindigkeit einer Gewehrkugel, mit der ein 1025 g schwerer Eisenkörper horizontal von einem 1,8 m hohen Zaunpfosten geschossen wurde. Diesen fand man 2,4 m vom Pfosten entfernt auf dem Boden mit einer Verformung in seiner Mitte. Das 5 g-Geschoss lag genau auf der anderen Seite des Pfostens, 12 m von diesem entfernt. Zu welchen Ergebnissen kommen die physikalisch geschulten Ermittler? (Die Ausdehnung des Eisenkörpers und die Reibung am Pfosten bleiben unberücksichtigt). *Lösungshilfe:* Die Fallzeit eines in der Höhe über dem Boden horizontal abgeworfenen Körpers ist gleich der Fallzeit eines aus gleicher Höhe ohne Anfangsgeschwindigkeit herabfallenden Körpers.

A7: Ein beladener Pkw (2000 kg; 36 km/h) stößt mit einem unbeladenen gleichen Typs (1000 kg) frontal zusammen. Beide kommen im Bereich des unelastischen Aufpralls zur Ruhe. **a)** Wie schnell war der unbeladene Pkw? **b)** Mit wie viel Energie trägt jeder Wagen zur gesamten Verformung bei? **c)** Beide Wagen sind gleich stark verformt. Wären sie es auch, wenn sie gegen eine feste Betonwand prallten?

A8: Nach einem geraden elastischen Stoß eines Wagens auf einen ruhenden Wagen größerer Masse hat dieser einen größeren Impulsbetrag, als der leichte Wagen vor dem Stoß besaß. **a)** Warum ist dies bei der Energie unmöglich? **b)** Wie groß kann der Betrag der Impulsänderung des stoßenden Wagens maximal sein?

A9: (1) Das blaue und das rote Rad werden die gleiche Zeit lang durch gleich große Seilkräfte F in Rotation versetzt. F greift beim roten Rad in doppeltem Abstand von der Drehachse an. (2) Der Versuch wird wiederholt. Diesmal wird vorher ein zweites rotes Rad durch ein Stück Schlauch mit dem ersten verbunden. **a)** Vergleiche die Drehimpulse der Räder in den Fällen (1) und (2). **b)** Nach Versuch (2) wird das hintere der beiden roten Räder vom vorderen getrennt und über sein Schlauchstück mit dem blauen Rad verbunden. Was geschieht mit den Drehimpulsen, was mit den Rotationsenergien der gegenläufig rotierenden Räder? **c)** Welche Analogien gibt es zum unelastischen Stoß?

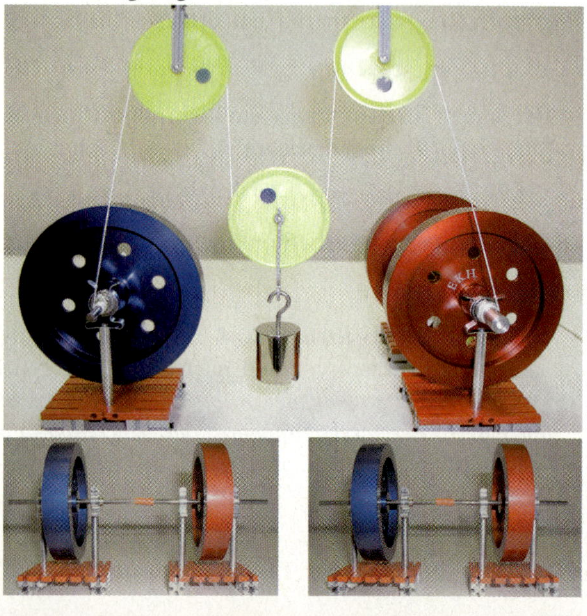

Warum kehren die Duftstoffe aus der Parfümflasche nicht mehr in diese zurück? Warum laufen die meisten Vorgänge in unserer Umwelt nur in einer Richtung? Warum lässt sich der Lauf der Zeit nicht mehr rückgängig machen? Warum ist jede Vergeudung von Energie endgültig? Die Antwort auf solche Fragen gibt die Entropie; sie erweist sich als Herrin über Energie und Zeit.

Könnte man nicht mit einer geschickt geplanten Maschine eine von Heiß nach Kalt fließende Energie nutzen, z. B. um eine Pumpe zu betreiben? Diese Frage stellte sich schon vor etwa 200 Jahren Robert STIRLING und er beantwortete sie mit der Konstruktion seines „Heißluftmotors“. Der von STIRLING gebaute Motor konnte leider nur einen sehr kleinen Teil der zugeführten Energie in mechanische Energie umwandeln. Später wurde er verbessert, außerdem wurden andere wirkungsvolle Maschinen erfunden (z. B. Gasturbinen), die dem gleichen Zweck dienen. Die übergehende Wärme lässt sich aber nie vollständig in mechanische Energie wandeln, dies verbietet die Entropie.

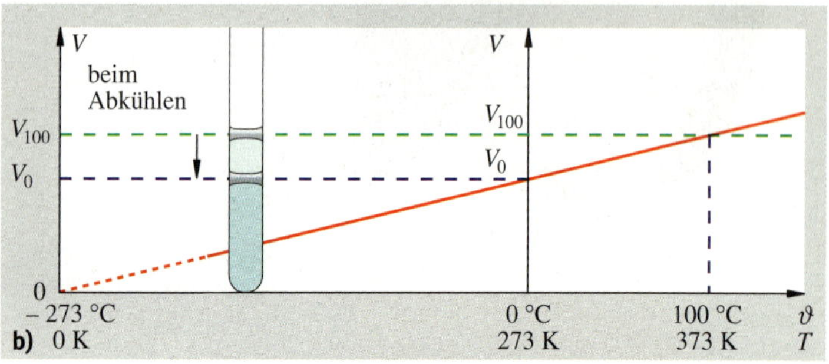

B1: a) Gasvolumen und Temperatur hängen zusammen. **b)** Kleiner als null kann das Volumen nicht werden.

V1: Im durchbohrten Stopfen eines Glaskolbens steckt ein Rohr. Wir halten die Rohröffnung unter Wasser und erhitzen den Kolben zunächst mit den Händen, anschließend mit einer Flamme (➠ *Bild 1 a*). Die Luft im Kolben dehnt sich aus; Luftblasen verlassen das Rohr und steigen im Wasser auf. Sinkt die Temperatur, dringt Wasser durch das Rohr in den Kolben.

Vertiefung

Das Gasthermometer

Das Gasthermometer (➠ *Bild 1 b*) besteht aus einem engen Glasrohr mit konstantem Querschnitt, in dem eine bestimmte Menge Luft abgegrenzt ist. Als leicht beweglicher Verschluss dient ein kleiner Quecksilbertropfen. Das jeweilige Luftvolumen entspricht der Länge der unter dem Quecksilbertropfen eingeschlossenen Luftsäule.
Mit einer geeigneten Skala am Glasrohr kann man das Gerät zur Temperaturmessung verwenden (bei gleichem Luftdruck). Die Skala stellt man genauso her wie beim Flüssigkeitsthermometer:

- Zuerst bestimmt man die Fixpunkte,
- dann teilt man die dazwischen liegende Strecke in 100 gleiche Teile.

Füllt man das Gasthermometer nicht mit Luft, sondern mit einem beliebigen anderen Gas, so erhält man unter denselben Versuchsbedingungen überraschenderweise praktisch die gleiche Skala. Bei unterschiedlichen Flüssigkeiten haben wir gesehen, dass dies nicht gilt!
Deshalb benutzt man Gasthermometer, um die Temperaturskala exakt festzulegen.

Die absolute Temperatur

1. Wie verhalten sich Gase bei Temperaturänderungen?

➠ *Versuch 1* zeigt, dass Luft sich schon bei geringer Temperaturerhöhung erheblich ausdehnt – wenn man es zulässt. Verhindert man die Ausdehnung der Luft, so treten erhebliche Kräfte auf. Fahrradreifen können platzen, wenn sie durch kräftige Sonnenbestrahlung stark erhitzt werden. Man sagt: Der *Druck* der Luft ist gestiegen. Das können wir mit dem Teilchenmodell verstehen, wenn unsere frühere Überlegung zutrifft, dass die Teilchen mit zunehmender Temperatur schneller werden und somit heftiger gegen die Wände des Behälters stoßen.
Steigendes Volumen bei gleich bleibendem Druck oder steigender Druck bei gleichem Volumen – beides kann man ausnutzen, um ein Thermometer zu bauen – ein **Gasthermometer** (➠ *Vertiefung*).

Wir nehmen ein Gasthermometer, bei dem der Druck konstant bleibt und das Volumen sich verändern kann. Erhitzen wir nun dieses Gerät mit der darin befindlichen Luft, so dehnt sie sich aus. Bei 0 °C hat sie ein bestimmtes Volumen V_0. Bei 100 °C ist es schon erheblich größer, aber noch nicht doppelt so groß (➠ *Bild 1 b*). Wir unterteilen nun die Skala gleichmäßig zwischen 0 °C und 100 °C und setzen die Skala mit gleichen Schrittweiten über 100 °C hinaus fort. Jetzt erhöhen wir wieder die Temperatur. Erst bei 273 °C (das musst du nicht probieren) ist das Volumen von V_0 auf 2 V_0 gestiegen. Daraus schließen wir:

- Bei einer Erhöhung der Temperatur um 273 K steigt das Gasvolumen um V_0. Also können wir sagen:
- Bei einer Temperaturerhöhung um 1 K steigt das Volumen um $V_0/273$.

Wiederholt man diesen Versuch mit anderen Gasen, so findet man praktisch immer dasselbe Ergebnis.

Merksatz

Alle Gase dehnen sich bei Temperaturerhöhung gleich aus. Beträgt diese 1 K, so ist die Volumenzunahme $\frac{1}{273}$ des Volumens V_0 bei 0 °C. Dabei muss aber der Druck konstant bleiben.

2. Eine Temperaturskala ohne negative Werte

Sinkt die Temperatur, so verringert sich das Gasvolumen im Thermometer, und zwar je 1 K um $V_0/273$. Das Volumen bei sehr niedriger Temperatur zeigt der gestrichelte Teil der roten Geraden in ➡ *Bild 1 b*. Bei –273 °C ist Schluss! Dort hätte das Gas kein Volumen mehr. Wie können wir uns das vorstellen? Die Gasteilchen sind bei abnehmender Temperatur immer langsamer geworden und bleiben schließlich liegen. Ohne Bewegung benötigen sie jetzt keinen Raum mehr und sind dicht gepackt. Ihr Eigenvolumen vernachlässigen wir. Man denkt dabei an ein **ideales Gas**, das zudem bis –273 °C gasförmig bleibt, also nie flüssig wird. Helium kommt diesem Ideal schon ziemlich nahe.

Der Punkt (–273 °C; $V = 0$) beschreibt diesen Zustand. Wir verschieben nun die Temperaturskala so, dass ihr Nullpunkt dort liegt. Man erhält so die Skala der **absoluten Temperatur**, William LORD KELVIN zu Ehren auch *Kelvin-Skala* genannt. Im neuen Koordinatensystem wird die Gerade zur Ursprungsgerade. Daran erkennen wir:
Das Volumen eines idealen Gases ist seiner Kelvin-Temperatur proportional. Bezeichnen wir die Kelvin-Temperatur wie üblich mit T, so gilt: $\boldsymbol{V \sim T}$.

Bei $T = 0$ K ($\vartheta = -273$ °C) stehen die Teilchen eines idealen Gases still, noch langsamer können sie nicht werden. $T = 0$ K ist also die tiefste Temperatur, die nicht unterschritten werden kann. Man nennt sie daher den **absoluten Nullpunkt** der Temperatur. „Kältegrade" braucht man in der Physik nicht.

3. Grad Celsius oder Kelvin – leicht umrechenbar

Die Kelvin- und die Celsius-Skala haben gleich große Gradschritte, die wir schon früher mit 1 K bezeichnet haben. Wir haben jetzt erfahren, was dahinter steckt. Für den Eispunkt gilt $\vartheta_E = 0$ °C und $T_E = 273$ K (sprich: 273 Kelvin), für den Siedepunkt $\vartheta_S = 100$ °C und $T_S = 373$ K. Man kann die Temperaturangaben umrechnen, denn $\vartheta = x$ °C bedeutet dasselbe wie $T = (273 + x)$ K.

Die Zimmertemperatur $\vartheta = 20$ °C lässt sich also auch als $T = (273 + 20)$ K $= 293$ K angeben.

Merksatz

Für das **Volumen eines idealen Gases** gilt $\boldsymbol{V \sim T}$, falls der Druck konstant bleibt. T ist die **absolute Temperatur**.
Die Zahlenwerte auf der Kelvin-Skala sind um 273 höher als die auf der Celsius-Skala.

Nehmen wir an, wir kennen das Volumen V_1 einer bestimmten Gasportion bei einer Temperatur T_1. Dann können wir das neue Volumen V_2 bei einer neuen Temperatur T_2 berechnen. Wegen $V \sim T$ sind die Quotienten aus Volumen und absoluter Temperatur gleich (bei gleichem Druck):

$$\text{Aus} \quad \frac{V_2}{T_2} = \frac{V_1}{T_1} \quad \text{folgt:} \quad V_2 = T_2 \cdot \frac{V_1}{T_1}.$$

Interessantes

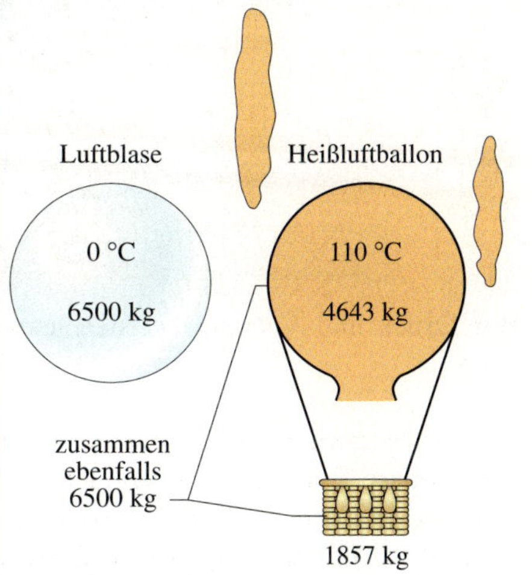

Physik im Heißluftballon

Bei gleichem Druck hat 1 kg heiße Luft ein größeres Volumen als 1 kg kalte; ihre Dichte ist also durch das Erhitzen geringer geworden. Deshalb wird heiße Luft in kalter Umgebung nach oben gedrückt.

Wir stellen uns eine große Luftblase vor mit dem Volumen $V_1 = 5000\ \text{m}^3$ bei $\vartheta = 0$ °C ($T = 273$ K). Ihre Masse $m = \varrho \cdot V = 1{,}3\ \text{kg/m}^3 \cdot 5000\ \text{m}^3 = 6500$ kg ist erheblich. Dennoch schwebt sie in der Luft, die sie umgibt. Erhitzen wir sie auf etwa 110 °C ($T_2 = 383$ K), so ist ihr neues Volumen etwa 7000 m^3. (Rechne nach!)
Steckt die Luftblase in einem Heißluftballon gleichen Volumens, der unten offen ist, so entweichen 2000 m^3, d.h. $\frac{2}{7}$ der ursprünglichen Luftmenge. Der Ballon wird also um $\frac{2}{7} \cdot 6500$ kg $= 1857$ kg leichter. Haben Ballonhülle, Korb, Gasbrenner und Insassen insgesamt diese Masse, so schwebt der Ballon genauso wie vorher die kalte Luftblase.

Aufgaben

A1: Begründe, weshalb die Kelvin-Skala nach unten begrenzt ist, aber nicht nach oben.

A2: Aus dem Winterurlaub kommend heizt du dein Zimmer (25 m^3) von 13 °C auf 21 °C auf. Wie viel Luft verschwindet durch die geöffnete Tür in den Flur?

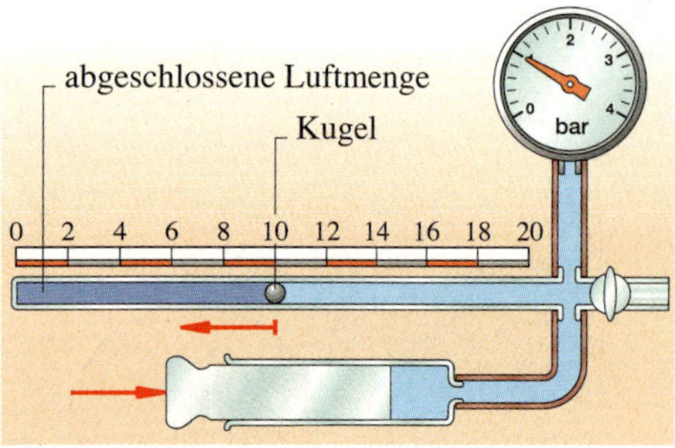

B1: Druck und Volumen werden gemessen.

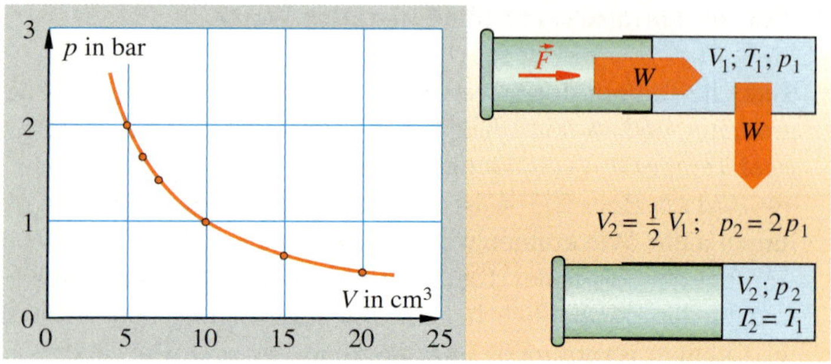

B2: Druck und Volumen sind antiproportional (konstante Temperatur).

V1: Im ➠ *Bild 1* begrenzt eine leicht verschiebbare Stahlkugel links eine Luftmenge. Mit dem Kolben der Glasspritze erzeugen wir unterschiedliche Druckzustände. Wir warten jeweils, bis die Kugel ruht. Dann herrscht links und rechts von ihr der gleiche Druck. Am Manometer lesen wir den Druck p der eingeschlossenen Luftmenge ab und an der Skala deren Volumen V. Die Tabelle und ➠ *Bild 2a* zeigen die Messwerte.

p in bar	0,5	1	1,5	1,75	2
V in cm³	20	10	6,7	5,7	5
$p \cdot V$ in bar · cm³	10	10	10	10	10

Interessantes

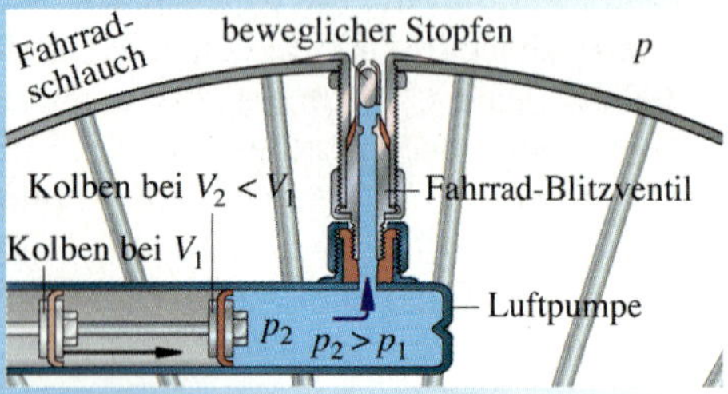

Luftpumpe und Fahrradventil

Die Luft in der Luftpumpe hat zunächst den Außendruck. Beim Hineinschieben des Kolbens wird ihr Volumen von V_1 auf V_2 verkleinert, der Druck entsprechend von p_1 auf $p_2 = p_1 \cdot V_1/V_2$ vergrößert. Ist p_2 größer als der Reifendruck p, strömt Luft in den Schlauch und vergrößert p. Beim Entfernen der Pumpe strömt kurzzeitig Luft aus dem Schlauch und reißt den Stopfen nach rechts. Das Ventil ist dicht.

Die allgemeine Gasgleichung

1. Eine Gasmenge bei konstanter Temperatur

Mit Erfolg konnten wir das Teilchenmodell bei verschiedenen Überlegungen anwenden. Zu unserer Modellvorstellung gehört u. a.: Die *Temperatur* eines Körpers ist ein Maß für die *mittlere Geschwindigkeit der Teilchen* bei ihrer ungeordneten Bewegung und damit ein Maß für seine innere Energie.

Betrachten wir damit einen alltäglichen Vorgang. Eine eingeschlossene Gasmenge wird mit einem Kolben zusammengepresst, wie es bei einer Luftpumpe geschieht:
Mithilfe einer Kraft längs der Verschiebung des Kolbens wird dem Gas Energie zugeführt. Die herumschwirrenden Teilchen werden im Mittel etwas schneller (der Tennissschläger macht den Ball auf diese Art schneller). Aber bevor die Temperatur T_1 für uns merklich steigt, haben sie ihre zusätzliche Energie schon wieder durch Stöße an die Wandteilchen abgegeben. Diese wiederum reichen sie an Nachbarteilchen weiter bis zur Außenluft (➠ *Bild 2b*). Dort verkrümelt sich die Energie. Wir stellen fest, die Temperatur T_2 ist genauso hoch wie zuvor T_1. Also ist auch die innere Energie gleich geblieben.
Mittlerweile ist aber das Gasvolumen kleiner geworden, z. B. $V_2 = \frac{1}{2} V_1$. Die Teilchen liegen jetzt doppelt so dicht beieinander, es gibt also doppelt so viele Stöße je Sekunde auf die Wand. Jeder Stoß erfolgt aber genauso heftig wie vorher (unveränderte Temperatur heißt ja unveränderte Teilchengeschwindigkeit). Die Kraft auf jeden Quadratzentimeter der Wand wird dadurch auch verdoppelt. Das heißt, dass der Druck im Gas sich verdoppelt hat: $p_2 = 2\,p_1$. Das Produkt aus Druck und Volumen ist deshalb gleich geblieben: $p_1 \cdot V_1 = p_2 \cdot V_2$. Robert Boyle und Edme Mariotte fanden dieses nach ihnen benannte Gesetz, ➠ *Versuch 1* bestätigt es.

Merksatz

Bei konstanter Temperatur ist das Produkt aus Druck p und Volumen V einer eingeschlossenen Gasmenge konstant:

$$p_1 \cdot V_1 = p_2 \cdot V_2 = p_3 \cdot V_3 = \text{konstant}.$$

2. Aus zwei Gesetzen wird eins

Das Gesetz von BOYLE-MARIOTTE liefert $p \cdot V =$ konstant, es gilt für gleich bleibende Temperatur. Schon vorher fanden wir als Gesetz für das ideale Gas die Proportionalität zwischen Gasvolumen und absoluter Temperatur: $V \sim T$ bei konstantem Druck. Gibt es ein Gesetz, das sie beide zusammenfasst?
Betrachten wir eine Gasportion, die bei dem Druck p_0 und der Temperatur T_0 das Volumen V_0 hat. In einem ersten Schritt verdoppeln wir die Temperatur ($T_1 = 2\ T_0$) bei gleichbleibendem Druck. Dann gilt:

$$V_1 = 2\ V_0, \quad \text{da } V \sim T \text{ und } p \text{ konstant.}$$

In einem zweiten Schritt verdreifachen wir nun den Druck ($p_2 = 3\ p_0$), halten aber die Temperatur konstant ($T_2 = T_1 = 2\ T_0$):

$$V_2 = \tfrac{1}{3}\ V_1 = \tfrac{2}{3}\ V_0, \quad \text{da } V \sim \tfrac{1}{p} \text{ und } T \text{ konstant.}$$

Offenbar gilt für beliebige T und p: $\boldsymbol{V \sim T/p}$, d. h. der Ausdruck $p \cdot V/T$ ist stets gleich groß:

$$\frac{p_2 \cdot V_2}{T_2} = \frac{p_1 \cdot V_1}{T_1} = \frac{p_0 \cdot V_0}{T_0}.$$

Merksatz

Allgemeine Gasgleichung: Bei beliebiger Zustandsänderung einer gegebenen Portion *idealen* Gases gilt:

$$\boldsymbol{\frac{p \cdot V}{T}} = \textbf{konstant}.$$

Ein *ideales* Gas erfüllt das Gesetz genau. Die wirklichen („realen") Gase gleichen dem idealen Gas umso mehr, je höher die Temperatur und je geringer der Druck ist.

Jede Gasportion hat ihre eigene Konstante $p \cdot V/T$; man könnte sie auf die gefüllte Gasflasche schreiben. Üblich ist es aber, Gasportionen durch ihr „Normvolumen" V_n zu kennzeichnen. Dies ist vereinbarungsgemäß das Volumen, das sie beim „Normzustand" (Druck $p_n = 1{,}013$ bar, Atmosphärendruck; Temperatur $T_n = 273{,}15\ \text{K} \mathrel{\hat{=}} 0\ °\text{C}$) einnehmen.

Vertiefung

Gasdruck und absolute Temperatur

Für konstantes Volumen folgt aus der Gasgleichung $p \sim T$ das Gesetz von GAY-LUSSAC. Wir versuchen auch dieses Gesetz mit unserem Teilchenmodell zu verstehen.

In einem Würfel der Kantenlänge k fliege ein Teilchen der Masse m mit dem Geschwindigkeitsbetrag v dauernd zwischen zwei gegenüberliegenden Flächen kantenparallel hin und her. Bei jeder Umkehr an der Wand ändert sich sein Impulswert zuerst von $m\ v$ auf null, dann bei der Reflexion auf $-m\ v$. Die Wand erhält also den Impuls $2\ m\ v$ (Impulserhaltung). Wenn das Teilchen den Weg $2\ k$ zurückgelegt hat, trifft es diese Wand wieder. In der Zeit Δt durchläuft es den Weg $v \cdot \Delta t$ und trifft diese Wand daher $(v\,\Delta t/(2\ k))$-mal. Die Wand erhält während der Zeit Δt den Impuls $\Delta P_1 = 2\ m\ v \cdot v\ \Delta t/(2\ k) = m\ v^2\ \Delta t/k$ und erfährt so die mittlere Kraft $F = \Delta P_1/\Delta t = m\ v^2/k$ von *einem* Teilchen. In Richtung einer Wand bewegt sich im Mittel aber $\frac{1}{3}$ aller Teilchen. Wir können deshalb m durch $\frac{1}{3}\ M$ ersetzen, wenn M die Gesamtmasse aller Teilchen ist. Die Wand erfährt die Kraft $F = \Delta P/\Delta t = \frac{1}{3}\ M\ v^2/k$. Daraus berechnen wir den Druck im Gas:

$$p = \frac{F}{A} = \frac{1}{3} \cdot \frac{M}{k^2 \cdot k} \cdot v^2 = \frac{1}{3} \cdot \frac{M}{V} \cdot v^2$$

Da auch die Energie der Teilchen proportional zu v^2 ist ($\frac{1}{2}\ m\ v^2$) und sie wiederum ein Maß für die absolute Temperatur ist, gilt auch:

$$p \sim T \text{ (bei konstantem Volumen).}$$

Aufgaben

A1: Eine Sauerstoffflasche enthält 20 l Gas unter 150 bar. Wie viele Liter unter Atmosphärendruck kann man entnehmen, wenn die Temperatur gleich bleibt?

A2: Luft hat im Normzustand die Dichte 1,293 g/dm³. Berechne ihre Dichte bei Normdruck und den Temperaturen 20 °C, 100 °C und –70 °C.

A3: Ein Fahrradreifen mit einem konstanten Luftvolumen von 2 l und auf 5 bar (Überdruck) aufgepumpt, steht in der Sonne. Nach einiger Zeit ist die Temperatur im Reifen von 20 °C auf 70 °C gestiegen. Was sagt dir das?

A4: Ein Autoreifen hat ein Volumen von 60 l. Er wird vom Überdruck (!) 2,5 bar auf 3,5 bar aufgepumpt. Wie viel Luft von ursprünglich 1 bar Druck muss der Kompressor liefern?

A5: Zwei Gefäße mit 5 l bzw. 3 l Volumen sind durch ein Rohr mit geschlossenem Hahn verbunden. Im großen Gefäß herrscht der Luftdruck 2 bar, im kleinen 1 bar. Welcher Druck stellt sich beim Öffnen des Hahns ein (T konst.)?

B1: Das hölzerne Bootsmodell aus Ägypten (1900 v. Chr.) zeigt die Fahrt gegen den Wind. Der Mast ist umgeklappt, die Mannschaft rudert.

B2: Leistungsstarke Benzinmotoren ermöglichen heute eine schnelle Fortbewegung ohne körperlichen Energieaufwand.

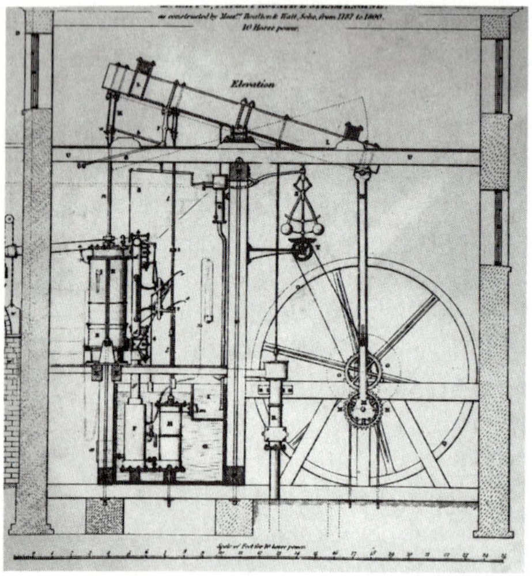

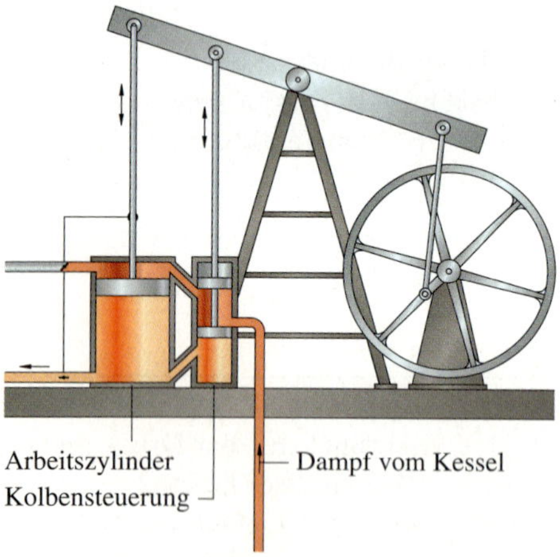

B3: In einem Kessel wird Wasserdampf erzeugt und einem Zylinder mit Kolben zugeführt. James WATT nutzte in seiner „doppelt wirkenden Dampfmaschine" die Kraft des heißen Wasserdampfes für die Auf- und die Abwärtsbewegung.

Wärmekraftmaschinen

Seit vielen hunderttausend Jahren nutzen die Menschen die *Energie des Feuers* um sich zu „wärmen" und um ihre Nahrung zuzubereiten. Die *mechanische Energie des Windes und des fließenden Wassers* treibt seit Tausenden von Jahren Schiffe und Mühlen an und entlastete so die Menschen von schwerer körperlicher Arbeit. Aber Wind und fließendes Wasser stehen nicht immer, nicht überall und meist auch nicht in beliebiger Menge zur Verfügung. War auch der Einsatz von Haustieren nicht möglich, so mussten unsere Vorfahren selbst Hand anlegen und „im Schweiße ihres Angesichtes" hart arbeiten.
Diese Situation änderte sich erst, als die Menschen herausfanden, wie man mit einer Maschine *Wärme in mechanische Energie* umwandeln kann. Die erste **Wärmekraftmaschine**, die das konnte, war die **Dampfmaschine** (➠ *Bild 3*). Der Engländer James WATT verbesserte um 1790 die schon in Vorstufen vorhandene Dampfmaschine so weit, dass sie eine große Verbreitung fand und dadurch die so genannte *industrielle Revolution* einleitete. Damit war die Energie, die im Holz und in der Kohle steckt, über die Verbrennung zum Antrieb von Maschinen nutzbar.

Robert STIRLING gelang es 1816 als Erstem, einen praktisch einsetzbaren **Heißluftmotor** zu bauen. Die Erfindung des **Benzin-** und des **Dieselmotors** in der 2. Hälfte des 19. Jahrhunderts ermöglichte schließlich den Bau kleiner und trotzdem leistungsfähiger Motoren. Heute steht in den reichen Ländern der Erde an jedem Ort und zu jeder Zeit mechanische Energie fast beliebig zur Verfügung.

1. Wir entwickeln einen einfachen Heißluftmotor

➠ *Versuch 1* zeigt uns, wie wir Wärme in mechanische Energie umwandeln können:

a) Die mit Luft von Zimmertemperatur gefüllte Glaskugel wird in einen Behälter mit heißem Wasser getaucht. Der Kolben der aufgesetzten Spritze wird zunächst festgehalten. Durch die Wär-

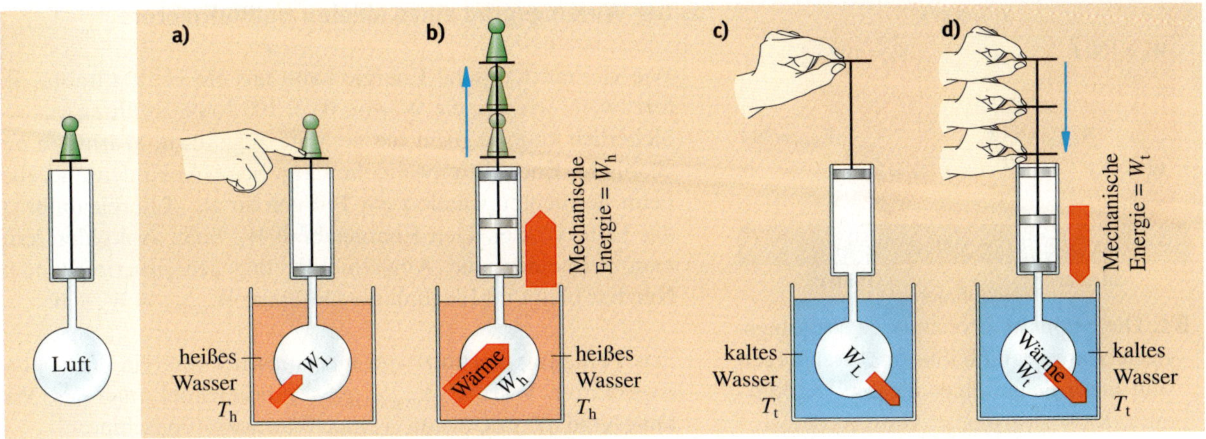

V 1: Ein Heißluftmotor wandelt die Differenz der Wärmen $W_h - W_t$ in mechanische Energie um. (T_h: hohe Temperatur, T_t: tiefe Temperatur, W_L: Wärme, die die Luft aufnimmt bzw. abgibt)

mezufuhr W_L steigt die Temperatur der eingeschlossenen Luft und erreicht nach kurzer Zeit die Temperatur T_h des heißen Wassers. Die Luftmoleküle in der Glaskugel sind jetzt schneller als vorher und stoßen heftiger gegen den Kolben der Spritze. Wir spüren eine Kraft, die den Kolben nach oben drückt.

b) Nun lassen wir den Kolben los. Dieser und die kleine Figur werden angehoben. Von dem nach oben weichenden Kolben kommen die Luftmoleküle nach der Reflexion mit geringerer Geschwindigkeit zurück. Sie geben, wie ein Stoppball beim Tennis, einen Teil ihrer Energie an den Kolben ab. Diese abgegebene Energie wird praktisch sofort durch Wärme W_h aus dem Wasserbad hoher Temperatur ersetzt, sodass die Luft die Temperatur T_h behält.
Schauen wir auf die *Energiebilanz*: *Die aus dem heißen Wasserbad zugeführte Wärme W_h wurde in Höhenenergie, also wertvolle mechanische Energie, umgewandelt.* Wenn wir diesen Vorgang des „Gewichthebens" beliebig oft wiederholen könnten, hätten wir einen Motor! Dazu müssten wir den Kolben aber wieder in seine Ausgangsstellung bringen. Solange sich die Glaskugel weiterhin im heißen Wasserbad befindet, benötigen wir zum Zurückschieben des Kolbens gleich große Kräfte, müssen also *die gewonnene mechanische Energie W_h* wieder opfern.

c) Wir sind schlau und kühlen die Luft mit kaltem Wasser zunächst auf Zimmertemperatur T_t ab. Bei dieser tiefen Temperatur sind die Luftmoleküle langsamer. Wir können den Kolben mit *weniger Kraft, also weniger Energieaufwand W_t, zurückschieben.*

d) Der Kolben stößt beim Herunterdrücken gegen die Luftmoleküle und führt ihnen mechanische Energie so zu wie ein *schlagender* Tennisschläger einem Tennisball. Die zugeführte Energie W_t geht praktisch sofort als nicht mehr nutzbare Wärme (*Abwärme*) in das kalte Wasser.
Ist der Ausgangszustand wieder erreicht, können wir im nächsten Motorzyklus eine weitere Figur anheben, und so weiter…

Vertiefung

Versuch 1 – genauer betrachtet

Während des Arbeitstaktes (b) wird der Kolben mit der positionsabhängigen Kraft (Betrag F_h) nach oben gedrückt. Der Druck und die Kraft, die ein Gas auf die Gefäßwände ausüben, sind proportional zu seiner Kelvin-Temperatur T. Findet die Ausdehnung des heißen Gases z.B. bei $T_h = 600\,\text{K}$ statt, so ist die Kraft F_h (bei gleicher Kolbenstellung) doppelt so groß wie F_t bei $T_t = 300\,\text{K}$. Nur diese Kräfte bestimmen die mechanische Energie, denn Hin- und Rückweg sind gleich. Deshalb gilt:
Der Motor liefert bei $T_h = 600\,\text{K}$ die mechanische Energie W_h. Bei $T_t = 300\,\text{K}$ führen wir ihm die mechanische Energie W_t zu. Diese ist nur halb so groß wie W_h.

Allgemein gilt:

$$\frac{W_h}{W_t} = \frac{T_h}{T_t}.$$

Bei allen Betrachtungen zu Versuch 1 haben wir den *äußeren Luftdruck* außer Acht gelassen. Er wirkt genauso wie die konstante Gewichtskraft des Kolbens:
So wie der Luftdruck die Aufwärtsbewegung (*Ziff. 1b*) behindert, unterstützt er in gleicher Weise die Abwärtsbewegung (*Ziff. 1d*). Auf die Energiebilanz eines vollständigen Motorzyklusses hat er deshalb keinen Einfluss.

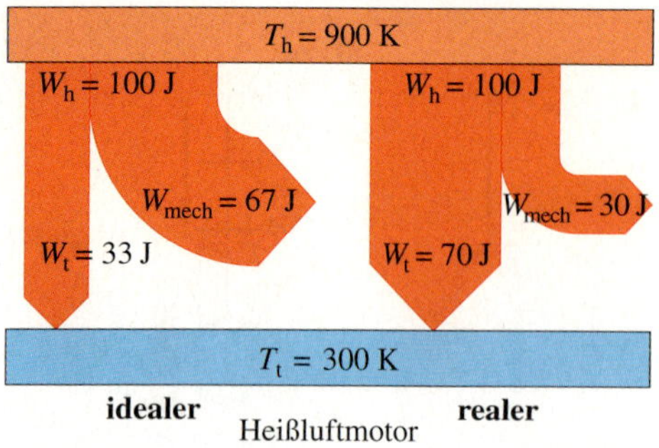

B 1: Die technisch erreichbaren Wirkungsgrade von realen Heißluftmotoren liegen weit unter denen eines idealen Heißluftmotors.

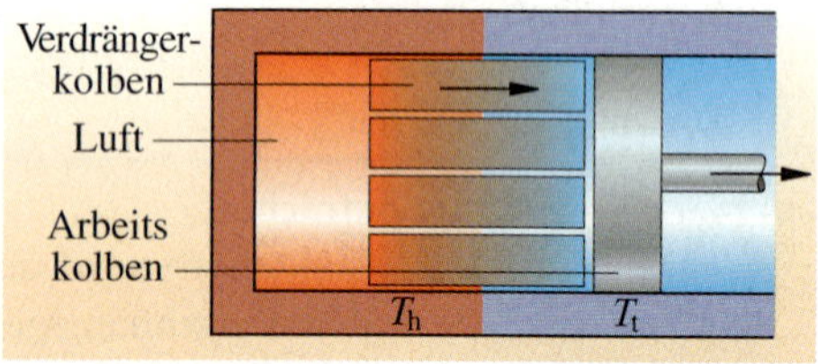

B 2: Heißluftmotoren mit Verdrängerkolben benötigen keinen ständigen Temperaturwechsel. Der linke Teil bleibt stets heiß (T_h), der rechte kalt (T_t).

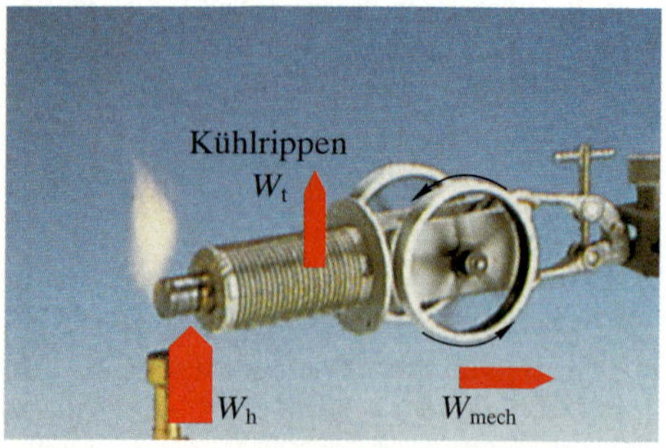

B 3: Demonstrations-Heißluftmotor

B 4: Heißluftmotoren können mit beliebigen Brennstoffen oder umweltfreundlich direkt mit Solarenergie betrieben werden.

2. Der Wirkungsgrad eines idealen Heißluftmotors

Wie viel mechanische Energie kann uns ein Heißluftmotor liefern, wenn wir ihm die Wärme W_h = 100 Joule zuführen? Sicherlich kann er nicht die gesamte zugeführte Wärme in mechanische Energie umwandeln, denn beim Abkühlen und auch beim Verdichten wandert ein Teil von ihr als „Energieabfall" in das kalte Wasser. Den Energieabfall W_L beim Abkühlen kann man vermeiden, die Abwärme W_t dagegen *prinzipiell* nicht. Nutzbar bleibt im Idealfall die Differenz $W_{nutzbar} = W_h - W_t$.

Das Verhältnis aus nutzbarer mechanischer Energie $W_{nutzbar}$ und zugeführter Wärme $W_{zugeführt} = W_h$ bezeichnet man als **Wirkungsgrad η** (sprich: „eta") einer Wärmekraftmaschine:

$$\eta_{max} = \frac{W_{nutzbar}}{W_{zugeführt}} = \frac{W_h - W_t}{W_h} = 1 - \frac{W_t}{W_h}.$$

Die Energien W_h und W_t sind proportional zu den Kelvin-Temperaturen T_h und T_t, bei denen diese Energien aufgenommen bzw. abgegeben werden (➠ *Vertiefung* auf vorheriger Seite). Ein idealer Heißluftmotor hat deshalb den Wirkungsgrad

$$\eta_{max} = 1 - \frac{T_t}{T_h},$$

wobei T_h die hohe und T_t die tiefe Kelvin-Temperatur ist.

Betrachten wir als Beispiel einen **idealen Heißluftmotor**, dessen heißes Ende auf T_h = 900 K aufgeheizt und dessen kaltes Ende auf einer Temperatur von T_t = 300 K (≈ Zimmertemperatur) gehalten wird. Dann beträgt der maximal mögliche Wirkungsgrad

$$\eta_{max} = 1 - \frac{300\text{ K}}{900\text{ K}} = 1 - \frac{1}{3} \approx 67\,\%.$$

Aus 100 J zugeführter Wärme lassen sich höchstens etwa 67 J an mechanischer Energie herausholen (➠ *Bild 1*). Diesen Wert kann man bei den angenommenen Temperaturen *prinzipiell* nicht überschreiten.
Man hat herausgefunden, dass die Gleichung für den maximalen Wirkungsgrad η_{max} nicht nur für Heißluftmotoren, sondern *ganz allgemein für alle Maschinen gilt, die Wärme in mechanische Energie umwandeln.*

Merksatz

Unter dem **Wirkungsgrad η** einer **Wärmekraftmaschine** versteht man den Quotienten aus der nutzbaren mechanischen Energie und der zugeführten Wärme:

$$\eta = \frac{W_{nutzbar}}{W_{zugeführt}}.$$

Eine Wärmekraftmaschine, die zwischen den Temperaturen T_t und T_h arbeitet, kann keinen höheren Wirkungsgrad besitzen als

$$\eta_{max} = 1 - \frac{T_t}{T_h}.$$

3. Eine Maschine – zwei Verwendungen

Bis hierher haben wir das *Prinzip des Heißluftmotors* gut verstanden. Für den praktischen Einsatz ist unser „Motor" völlig unbrauchbar. Sein wesentlicher Nachteil besteht darin, dass nicht nur die Luft selbst, sondern auch das Gefäß, in dem sich die Luft befindet, abwechselnd erhitzt und abgekühlt werden muss. Die Energie, die das Gefäß bei der hohen Temperatur als Wärme aufnimmt, wird anschließend nutzlos an das kalte Wasser abgegeben.
Praktisch einsetzbare Heißluftmotoren besitzen einen langen Zylinder, der an einem Ende *ständig* beheizt und am anderen Ende *ständig* gekühlt wird. Ein luftdurchlässiger Kolben, der *Verdrängerkolben* (➡ *Bild 2*), schiebt die eingeschlossene Luft durch seine vielen Bohrungen zwischen dem heißen und dem kalten Bereich hin und her. So wird die Luft abwechselnd aufgeheizt und abgekühlt, ohne dass ein Temperaturwechsel des Zylinders durchgeführt werden muss. Die Abgabe der mechanischen Energie erfolgt über den *Arbeitskolben* an ein Schwungrad (➡ *Bild 3*).

Was wird geschehen, wenn wir einem Heißluftmotor *von außen mechanische Energie zuführen*, anstelle ihm mechanische Energie zu entnehmen? ➡ *Versuch 1* gibt uns die Antwort: Beim Antreiben des Motors (mit umgekehrter Drehrichtung) vergrößert sich die Temperaturdifferenz zwischen dem warmen linken und dem kalten rechten Zylinderende! Wir können diese Beobachtung mit unserem einfachen Heißluftmotor aus *Ziff. 1* verstehen:
Die Vorgänge a) bis d) laufen jetzt in umgekehrter Reihenfolge (d) → c) → b) → a) → …) mit umgekehrten Bewegungsrichtungen des Kolbens ab. Alle Energiepfeile besitzen jetzt die entgegengesetzte Richtung, behalten aber ihren Betrag. Das kalte Wasser gibt Wärme an die sich ausdehnende Luft ab. Das heiße Wasser nimmt Wärme von der Luft auf, während diese zusammengedrückt wird. Das heiße Wasser wird dadurch im Laufe der Zeit heißer, das kalte Wasser kälter.

Betrachten wir das Gesamtergebnis am Beispiel in ➡ *Bild 5*:
Der angetriebene Heißluftmotor rechts „pumpt" mit der zugeführten mechanischen Energie $W_{mech} = 67$ J gegen das Temperaturgefälle die Energie $W_t = 33$ J vom kalten Wasser zum heißen Wasser. Dort wird die Summe aus der zugeführten mechanischen Energie und der aufgenommenen Wärme $W_h = W_{mech} + W_t = 67\text{ J} + 33\text{ J} = 100\text{ J}$ als Wärme an das heiße Wasser abgegeben. Aus dem Heißluftmotor (links) ist eine **Wärmepumpe** (rechts) geworden.

Merksatz

Praktisch einsetzbare Heißluftmotoren besitzen einen Verdrängerkolben. Dieser schiebt die eingeschlossene Luft zwischen dem heißen und dem kalten Bereich hin und her und wechselt so ihre Temperatur.
Die Vorgänge in einem Heißluftmotor sind umkehrbar. Ein angetriebener Heißluftmotor ist eine **Wärmepumpe**.

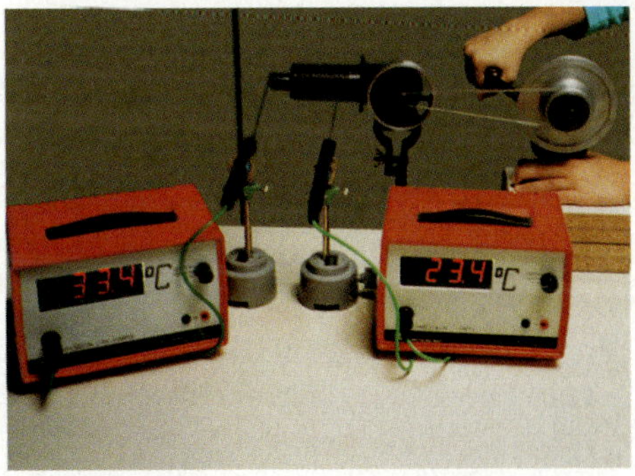

V1: Wir treiben den Heißluftmotor aus ➡ *Bild 3* mit Muskelkraft an. Die Drehrichtung soll dabei umgekehrt wie bei der Verwendung als Heißluftmotor sein. Wir beobachten Überraschendes: Die Temperatur des linken Zylinderendes steigt langsam auf über 33 °C an.

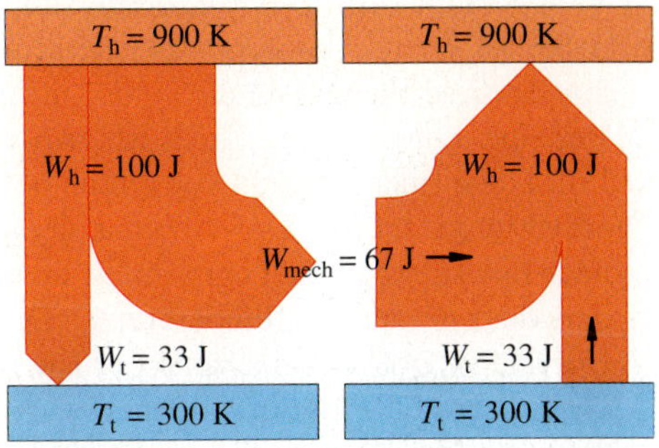

B5: Vergleich des Energieflusses in Heißluftmotor (links) und Wärmepumpe

Aufgaben

A1: Gib Beispiele an für die Nutzung des Windes, des fließenden Wassers und von Haustieren als „mechanische Energiequellen".

A2: WATTS erste Dampfmaschine erzeugte beim Verbrennen von 100 kg Steinkohle (spezifischer Heizwert 31 MJ/kg) eine mechanische Energie von 4 MJ. Berechne ihren Wirkungsgrad.

A3: Ein idealer Heißluftmotor, dessen kaltes Ende auf 50 °C gekühlt wird, soll einen Wirkungsgrad von 50% besitzen. Wie hoch muss die Temperatur am heißen Ende mindestens sein? Gib das Ergebnis in K und in °C an.

A4: Das Energieflussdiagramm in ➡ *Bild 5* rechts bezieht sich auf eine ideale Wärmepumpe. Wie musst du das Diagramm für eine *reale* Wärmepumpe ändern?

Interessantes

A. Das trickreiche Funktionsprinzip des Stirlingmotors

Robert Stirling meldete 1816 einen wesentlich verbesserten Heißluftmotor zum Patent an. Das neuartige Bauteil seines Motors nannte Stirling „economizer". Mit dem economizer, heute Regenerator genannt, konnte er den Wirkungsgrad erheblich steigern. Wie arbeitet ein Stirling-Motor?

Erster Zwischentakt (a): Der Verdränger wird nach rechts geschoben. Die Luft strömt durch seine Bohrungen und wird aufgeheizt. Der Luftdruck steigt.

Arbeitstakt (b): Die heiße Luft presst den Arbeitskolben mit großer Kraft nach rechts. Der Verdrängerkolben macht die Bewegung mit. Über ein Gestänge wird viel mechanische Energie W_h an ein Schwungrad abgegeben. Die abgegebene Energie W_h wird von der äußeren Heizung sofort als Wärme nachgeliefert.

Zweiter Zwischentakt (c): Der Verdränger wird nach links geschoben. Durch seine Bohrungen strömt die Luft in den rechten Zylinderbereich, wobei sie den Verdränger aufheizt und selbst auf T_t abgekühlt wird. Der Luftdruck sinkt. Der Verdränger dient dabei als Energie-Zwischenspeicher. Im nächsten Zwischentakt gibt er diese Energie an die kalte Luft wieder ab (**Regenerator-Prinzip**). Durch diesen Trick ist zum erneuten Aufheizen der Luft keine Energiezufuhr von außen nötig!

Verdichtungstakt (d): Der Arbeitskolben wird vom Schwungrad nach links bewegt und komprimiert im kalten Bereich des Zylinders die Luft mit der Temperatur T_t. Das Schwungrad liefert die Energie W_t in Form mechanischer Energie. Das Gas wird dabei aber nicht heißer, denn die Energie W_t wandert als Abwärme durch die Zylinderwand in das Kühlwasser.

Mit dem ersten Zwischentakt beginnt nun der Zyklus von neuem. Dabei wird die Luft vom noch heißen Verdränger aufgeheizt. Im Idealfall erreicht sie dabei ohne Energiezufuhr von außen wieder die Temperatur T_h.

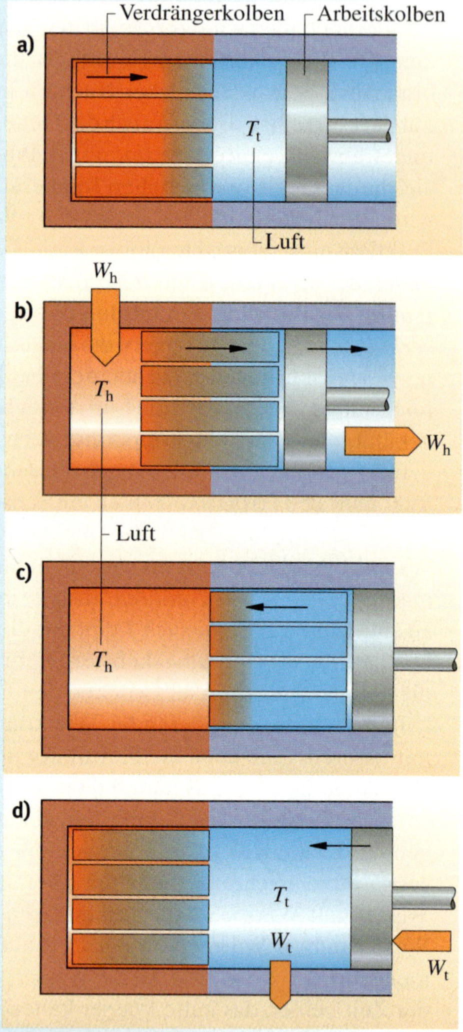

B. Wie arbeitet der Motor in einem Auto?

1896 führte Nikolaus Otto einen damals neuartigen „Verbrennungsmotor" vor: Er verbrannte Gas direkt im Zylinder des Motors! Bei der explosionsartigen Verbrennung entstehen Temperaturen von etwa 2000 °C, sodass keine äußere Heizung wie beim Heißluftmotor erforderlich ist. Gottlieb Daimler und Carl Benz veränderten diesen Motor, indem sie statt Gas ein Gemisch aus Luft und feinen Benzintröpfchen benutzten.

Der *Dieselmotor*, von Rudolf Diesel um 1895 entwickelt, saugt kein Treibstoff-Luftgemisch, sondern reine Luft an. Diese komprimiert er auf mindestens 25 bar und erhitzt sie dadurch auf über 600 °C. In diesem Zustand sprüht eine Hochdruckpumpe Treibstoff in den Zylinder. In der heißen Luft entzündet sich der Treibstoff sofort. Der Dieselmotor kann Treibstoffe nutzen, die sich erst bei sehr hohen Temperaturen „vergasen" lassen und deshalb für einen *Ottomotor* ungeeignet sind. Außerdem nutzt der Dieselmotor wegen der höheren Betriebstemperatur den Treibstoff besser aus als der Ottomotor.

B 1: Turbo-Dieselmotor; Verbrauch: 2,99 l auf 100 km

Interessantes

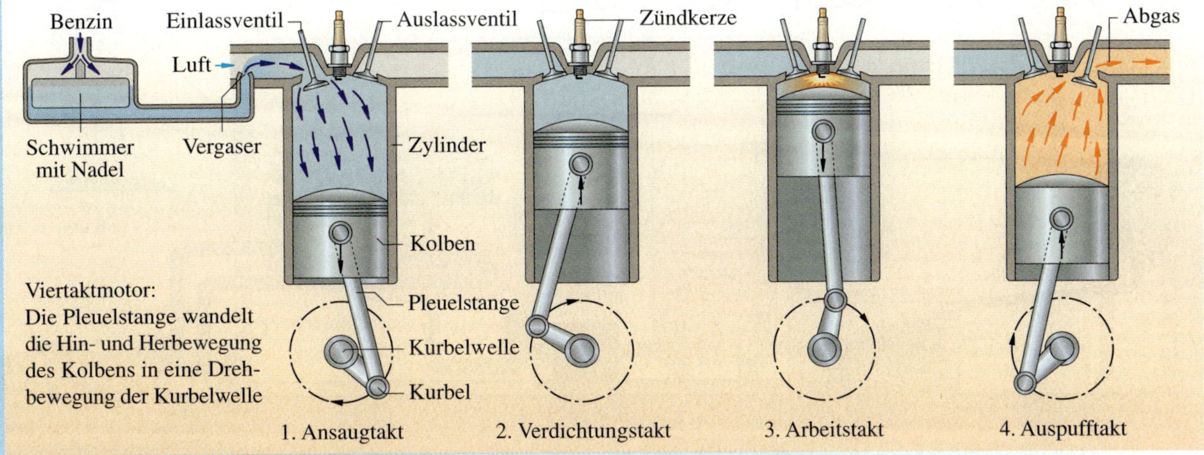

B 2: Die vier Takte eines Ottomotors

C. Im Kühlschrank arbeitet eine Wärmepumpe

An der Rückseite der meisten Kühlschränke findest du schwarze, von einem schlangenförmigen Rohr durchzogene Kühlrippen (➠ *Bild unten* links). Während der Kühlschrank „läuft“, besitzen die Kühlrippen eine höhere Temperatur als die Umgebung. Du kannst das mit der Hand nachprüfen! Offensichtlich transportiert eine *Wärmepumpe* Energie aus dem Inneren des Kühlschranks dorthin. Solches geschieht niemals von selbst. Man braucht eine Maschine mit Energiezufuhr von außen.

Die Wärmepumpe eines Kühlschrankes besteht im Wesentlichen aus einem geschlossenen Rohrsystem, in dem ein Kühlmittel zirkuliert (➠ *Bild unten* rechts). Als Kühlmittel eignen sich nur Stoffe, die eine Siedetemperatur von niedriger als $-20\,°C$ besitzen. Das Kühlmittel gelangt in flüssiger Form in das Innere des Kühlschranks. Im Verdampfer, einem schlangenförmig verlegten Rohr, siedet es. Dabei entzieht es der Luft im Innenraum die zum Verdampfen benötigte Energie und kühlt die Luft dadurch ab. Der Kompressor, der durch einen Elektromotor angetrieben wird, pumpt das gasförmige Kühlmittel zum Kondensator, einem schlangenförmig verlegten Rohr an der Rückseite des Kühlschranks. Unter dem hohen, vom Kompressor erzeugten Druck, kondensiert es dort. Dabei wird die wieder frei werdende Verdampfungsenergie über die Kühlrippen an die Zimmerluft abgegeben. Anschließend fließt das flüssige Kühlmittel durch ein sehr enges Rohr wieder zum Verdampfer. Das enge Rohr hält den hohen Druck des Kompressors vom Verdampfer fern, wo der Druck klein sein muss.

Wärmepumpen zum Beheizen von Gebäuden sind im Prinzip genauso aufgebaut: Sie entziehen dem Erdboden, Gewässern oder der Außenluft Energie und pumpen diese in die Gebäude.

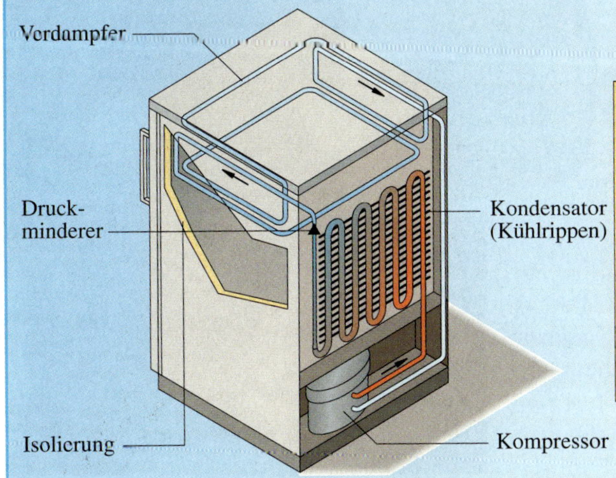

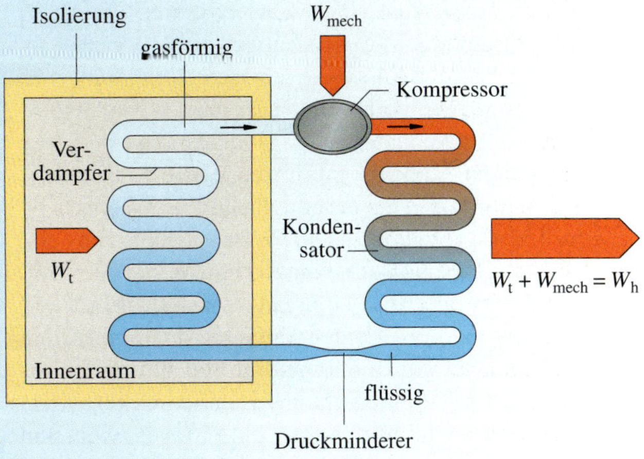

Interessantes

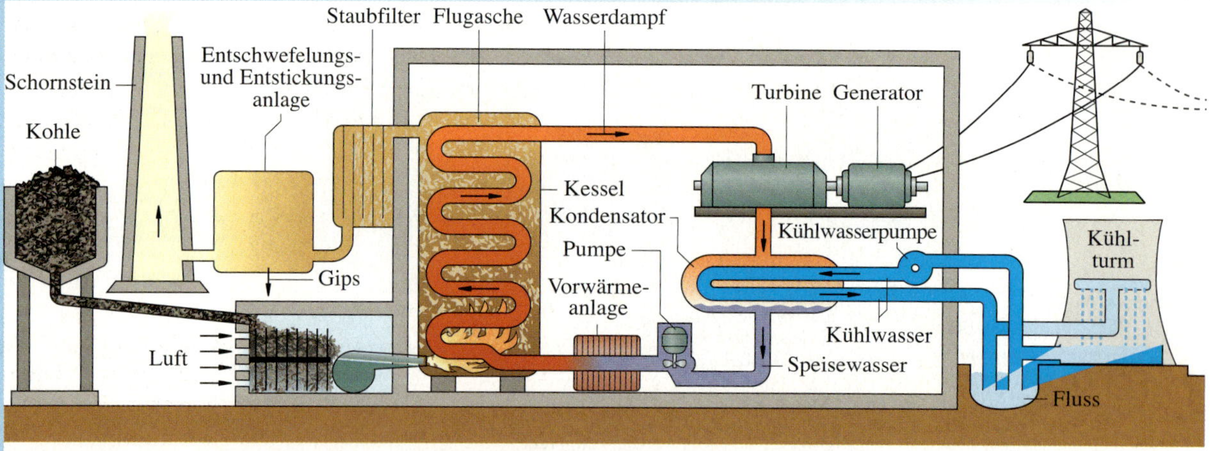

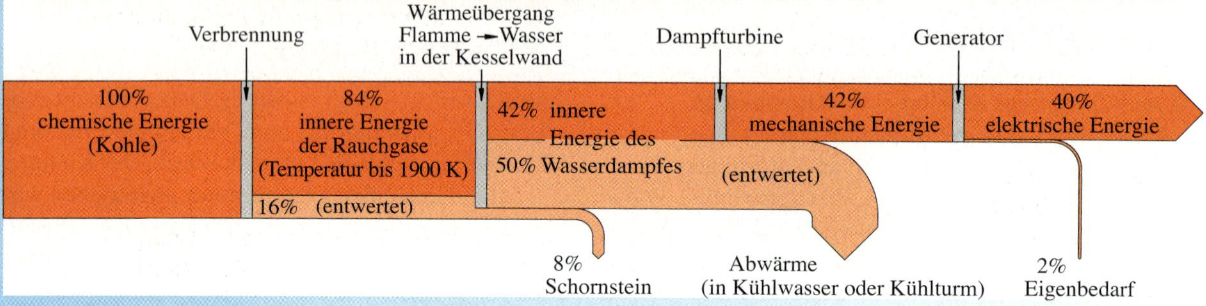

Wärmekraftwerke

Elektrische Energie lässt sich vielseitiger und meist einfacher als andere Energieformen einsetzen. Sie ist außerdem gut zu transportieren. Deshalb wandelt man die Energie der fossilen Brennstoffe in Kraftwerken in elektrische Energie um. Diese wird dann mit einem Leitungsnetz zur individuellen Nutzung verteilt.

Kohlekraftwerke

In einem Kohlekraftwerk (➠ *Bild oben*) wird die angelieferte Kohle zunächst zu feinem Kohlenstaub zermahlen. Nach dem Trocknen wird dieser zusammen mit der richtigen Menge Luft in einen riesigen Ofen eingeblasen. Dort verbrennt er bei Temperaturen bis zu 1600 °C wegen seiner sehr feinen Verteilung vollständig. Die entstehenden Rauchgase erhitzen Wasser, das in Rohren durch den Brennraum fließt. Das Wasser von 550 °C verdampft. Der Wasserdampf von 550 °C hat einen Druck von 200 bar. In der Kesselwand ist ein Teil der Energie beim Übergang von 1600 °C auf 550 °C bereits entwertet worden. Leider kann die Dampferzeugung zurzeit noch nicht bei höheren Temperaturen stattfinden, da die heute verwendeten Turbinenschaufeln keine stärkere Belastung aushalten. Vielleicht gibt es aber eines Tages widerstandsfähigere Materialien für höhere Dampftemperaturen.

Der Wasserdampf strömt dann in der Dampfturbine gegen die schräg gestellten Schaufeln eines Laufrades und drückt diese seitlich weg (➠ *Bild unten*). Bei einem Druck von 200 bar übt der Wasserdampf dabei auf 1 cm^2 eine Kraft von 2000 N aus! Anschließend wird der Dampf durch feststehende Leitschaufeln wieder in eine günstige Richtung umgelenkt und stößt dann gegen ein zweites Laufrad, usw. Alle Laufräder sitzen auf derselben Welle.

Interessantes

B1: Kohlekraftwerk

Jedes Mal, wenn die Moleküle des heißen Wasserdampfes gegen eine zurückweichende Schaufel des Laufrades stoßen, geben sie einen Teil ihrer Bewegungsenergie an diese ab und prallen mit verminderter Geschwindigkeit zurück. Von Laufrad zu Laufrad sinken die Temperatur, der Druck und die Dichte des Wasserdampfes. Zur optimalen Energieübertragung sind die Laufräder im Niederdruckteil einer Turbine größer als im Hochdruckteil.
Hinter dem letzten Laufrad lässt Kühlwasser den Dampf kondensieren. Die dabei frei werdende Energie wird an Flusswasser oder über Kühltürme an die Umgebungsluft abgegeben.
Man kann die frei werdende Energie auch als **Fernwärme** zum Heizen von Räumen einsetzen. Beim Kondensieren mithilfe von Flusswasser oder Kühltürmen erreicht die Turbine einen höheren Wirkungsgrad, weil die von der Turbine genutzte Druck- und Temperaturdifferenz größer ist. So verringert sich z. B. der Dampfdruck von 1 bar auf 0,03 bar, wenn Wasserdampf von 100 °C zu Wasser von 24 °C kondensiert. Bei der Verwendung der Restenergie als Fernwärme (**Kraft-Wärme-Kopplung**) verzichtet man dagegen auf einen höheren Wirkungsgrad bei der Stromerzeugung zu Gunsten einer besseren Energieausnutzung insgesamt.
Die Turbine treibt den auf derselben Welle sitzenden Generator an. Dieser wandelt die zugeführte mechanische Energie mit nur geringen Verlusten in elektrische Energie um.
Beim Verbrennen der Kohle entstehen neben dem Wasserdampf leider auch die umweltbelastenden Verbrennungsprodukte Kohlenstoffdioxid (CO_2), Schwefeldioxid (SO_2) und Stickoxide (NO_x). Außerdem entsteht Staub. Um die Schädigung der Umwelt gering zu halten, müssen die Rauchgase durch Elektro-Staubfilter, Entschwefelungs- und Entstickungsanlagen gereinigt werden. CO_2 ist nicht zurückhaltbar. Es gelangt in die Atmosphäre und beeinflusst das Klima (*Treibhauseffekt*).
Anstelle von Kohle werden in manchen Wärmekraftwerken Erdgas oder aufbereitetes Erdöl verbrannt. Da vor allem Erdgas viel sauberer als Kohle verbrennt, ist der Aufwand für die Rauchgasreinigung viel geringer.

GuD-Kraftwerke

Der Wirkungsgrad von Wärmekraftwerken mit Dampfturbinen ist mit ca. 40% bei weitem nicht so hoch, wie er aufgrund der hohen Verbrennungstemperatur im Kessel sein könnte. Die Ursache liegt in der etwa *50-prozentigen Energieentwertung* bei der Abkühlung der Rauchgase (1600 °C) auf die Temperatur des heißen Wassers (550 °C)! Mit Gasturbinen, den modernsten Maschinen der Kraftwerke, kann man diese Temperaturdifferenz zusätzlich nutzen:
In einer Gasturbine geben die heißen Rauchgase bei einer Temperatur von 1100 °C, ähnlich wie im Düsentriebwerk eines Flugzeugs, direkt Energie an sehr hitzebeständige Schaufeln ab. Die Rauchgase, die aus einer Gasturbine austreten, besitzen immer noch eine Temperatur von mehr als 500 °C. Mit ihnen erzeugt man Wasserdampf, den man einer Dampfturbine zuführt (**G**as-**u**nd-**D**ampfturbinenanlage: GuD). Der Wirkungsgrad bei der Erzeugung elektrischer Energie steigt durch das Vorschalten einer Gasturbine von etwa 40% auf fast 60%. Leider besitzen Gasturbinen einen Nachteil: Man kann in ihnen keine preiswerte Kohle verfeuern, sondern muss Erdgas oder Dieselöl einsetzen.
Ein *Kombi-Kraftwerk* mit GuD und Kraft-Wärme-Kopplung kann die Energie der eingesetzten fossilen Brennstoffe zu 50% in wertvolle elektrische Energie umwandeln und insgesamt (einschließlich Fernwärme) zu fast 90% ausnutzen.

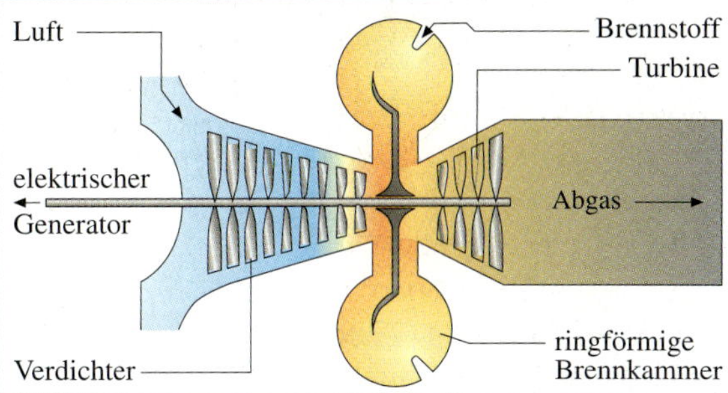

B2: Gasturbine: Es ist günstig, die Verbrennungsluft zu komprimieren. Dazu dient der Verdichter, wie die Turbine eine Serie von Schaufelrädern.

B1: Gesamtansicht Kernkraftwerke Biblis A und Biblis B

Interessantes

Kernenergie weltweit

Im Jahr 2005 wurden weltweit etwa 16% der elektrischen Energie aus der Spaltung von Atomkernen gewonnen. In Deutschland betrug 2005 der Anteil an der Stromerzeugung 26%. Dazu standen 17 Kernkraftwerke mit insgesamt etwa 20300 MW elektrischer Leistung zur Verfügung.

Land	elektrische Leistung in MW	Anteil der Kernenergie in %
Belgien	5800	56
China	7500	2
Deutschland	20300	26
Frankreich	63400	78
Großbritannien	11800	20
Indien	3000	3
Japan	47800	29
Russland	21800	16
Schweden	8800	47
Schweiz	3200	32
Spanien	7600	20
Ukraine	13100	48
USA	99100	19

T1: Angaben zur Nutzung der Kernenergie 2005 in einigen Ländern (Quelle: Internationale Atomenergieorganisation IAEO)

Kernkraftwerke

1. Im Kernreaktor findet eine kontrollierte Kettenreaktion statt

Urankerne U-235 können mit langsamen Neutronen gespalten werden. Dabei werden zwei bis drei schnelle Neutronen freigesetzt. Diese können in einer größeren Menge von Uran weitere Spaltungen hervorrufen und eine *Kettenreaktion* auslösen. Eine *kontrollierte Kettenreaktion* ist notwendig, wenn man die bei den Kernspaltungen freigesetzte Energie technisch nutzen möchte. In einem **Kernreaktor** setzt man deshalb eine Kettenreaktion in Gang, steigert die Zahl der Spaltungen je Sekunde solange bis die gewünschte Energiemenge pro Sekunde umgesetzt wird und sorgt dann dafür, dass die Zahl der Spaltungen je Sekunde konstant bleibt. Dies gelingt, wenn von den bei einer Spaltung entstehenden schnellen Neutronen nur noch genau eines eine neue Spaltung herbeiführt.

➠ *Bild 2* zeigt links den prinzipiellen Aufbau eines **Druckwasserreaktors (DWR)**. In einem etwa 10 m hohen Druckgefäß aus 20–25 cm dickem Stahl stehen ca. 200 Brennelemente (➠ *Bild 3*) mit vielen fingerdicken Brennstäben. Sie enthalten als „Brennstoff“ insgesamt ungefähr 100 t natürliches Uran, das bis zu 3% mit dem spaltbaren Isotop U-235 angereichert ist. Zwischen den Brennstäben befindet sich Wasser (H_2O). Das Wasser bremst die bei den Kernspaltungen entstehenden schnellen Neutronen ab; denn hauptsächlich langsame Neutronen können weitere Kernspaltungen in U-235-Kernen hervorrufen. Einen Stoff, der Neutronen abbremst, bezeichnet man als **Moderator**. ➠ *Bild 4* zeigt schematisch die Bahn von Neutronen. Rasche Abbremsung der Neutronen ist wichtig, denn das zu 97 % in den Brennstäben vorhandene, nicht spaltbare U-238 absorbiert besonders die schnellen Neutronen durch Neutroneneinfang. Würde das Wasser durch einen technischen Defekt aus dem Reaktorbehälter auslaufen, so würden die Neutronen nicht mehr abgebremst: Die Kettenreaktion wäre unterbrochen.

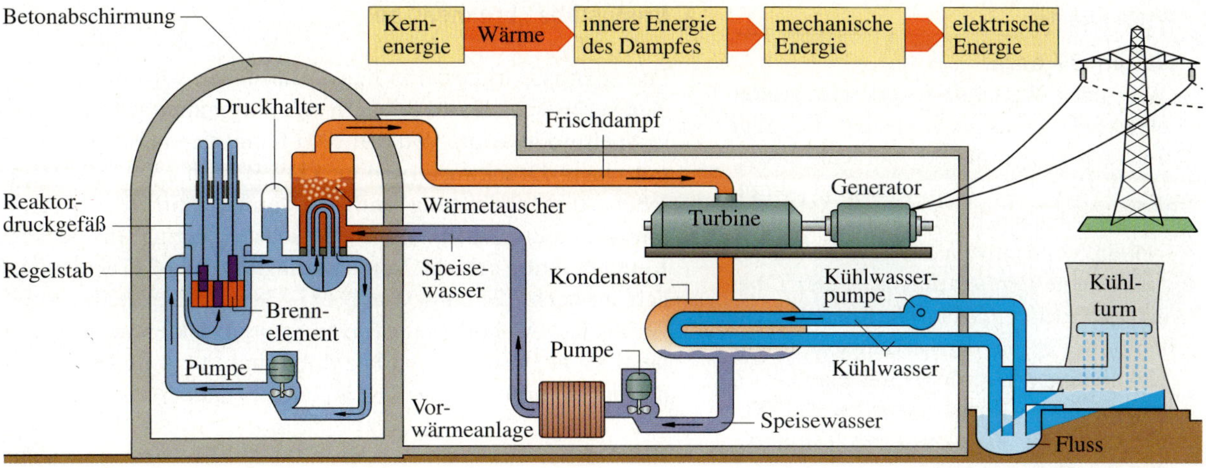

B 2: Aufbau eines Kernkraftwerks mit Druckwasserreaktor

Zwischen den Brennstäben befinden sich auch noch **Regelstäbe**. Sie enthalten Bor oder Cadmium. Die Kerne beider Elemente können langsame Neutronen einfangen und sie so dem Spaltungsprozess entziehen. Man regelt die Kettenreaktion, indem man die Regelstäbe mehr oder weniger weit in den Reaktorkern einfährt. Ist der Reaktor abgeschaltet, so befinden sich die Regelstäbe vollständig im Kern. Zieht man sie langsam heraus, so nimmt die Zahl der Spaltungen pro Sekunde zu. Die Leistung des Reaktors lässt sich auf diese Weise in einem gewissen Bereich regeln.
Das Wasser dient außerdem als **Kühlmittel**. Es zirkuliert im *Primärkreislauf* und besorgt den Energietransport. Die Brennstäbe werden nämlich durch die Kernspaltungen sehr stark erhitzt. Im Druckwasserreaktor erreicht das Wasser eine Temperatur von ca. 300 °C. Trotzdem siedet es nicht, da es unter einem Druck von 150 bar steht. In einem *Wärmetauscher* gibt das heiße Wasser seine Energie an den *Sekundärkreislauf* ab. Das von Radioaktivität freie Wasser im Sekundärkreislauf verdampft. Der Wasserdampf treibt die Turbinen an.

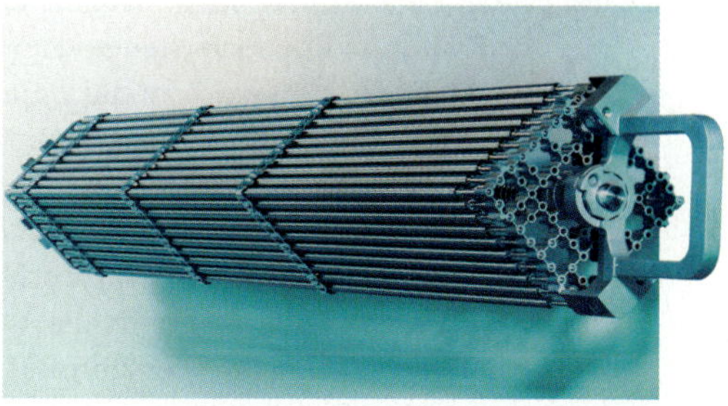

B 3: Brennelement

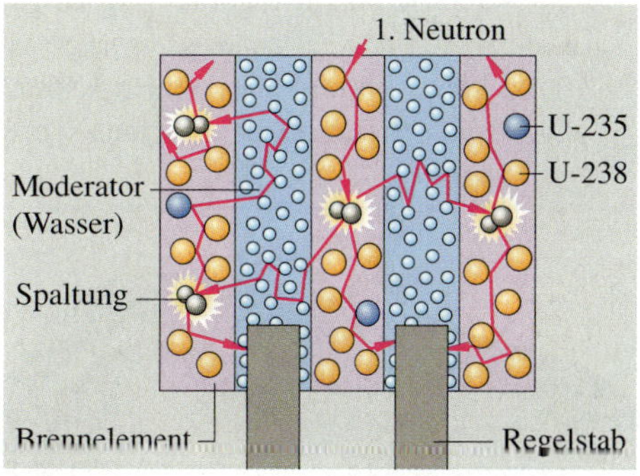

B 4: Geregelte Kettenreaktion

Merksatz

In einem Reaktor läuft eine geregelte Kettenreaktion ab. Regelstäbe kontrollieren die Kettenreaktion; Wasser dient als Moderator und als Kühlmittel. Als Brennstoff wird mit 3% U-235 angereichertes natürliches Uran verwendet.

2. Kernkraftwerke sind Wärmekraftwerke

Ein Kernkraftwerk ist ein Wärmekraftwerk (➠ *Bild 2*). Die hohe Temperatur wird durch Kernspaltung erzeugt. Im Wärmetauscher des Sekundärkreises entsteht heißer, unter hohem Druck stehender Dampf. Er führt die Energie aus dem Reaktor nach außen zu einer Dampfturbine, die einen Generator antreibt. Im *Kondensator* kondensiert der Dampf mithilfe von Kühlwasser. Das Wasser pumpt man wieder in den Wärmetauscher zurück.

Aufgaben

A 1: Erkläre, was man unter einer kontrollierten Kettenreaktion versteht.

A 2: Welche Funktion haben in einem Reaktor die Brennstäbe? Wozu benötigt man die Regelstäbe?

A 3: Beschreibe die Funktion des Wassers im Kernreaktor.

A 4: Nenne Unterschiede und Gemeinsamkeiten von Kohle- und Kernkraftwerken.

Interessantes

Kühltürme – wozu?

Wie jedes Wärmekraftwerk mit großer elektrischer Ausgangsleistung benötigt auch ein Kernkraftwerk viel Kühlwasser. Es wird durch den Kondensator gepumpt, um den Abdampf hinter der Turbine abzukühlen. Vor Eintritt in die Turbine hat der Dampf eine Temperatur von ca. 280 °C bei einem Druck von 65 bar. Nach dem Durchlaufen der Turbine ist die Temperatur sehr viel niedriger. Trotzdem muss man bei einem 1300 MW-Kernkraftwerk unter Volllast, z. B. im Kernkraftwerk Grohnde, 48 m^3 je Sekunde Kühlwasser durch den Kondensator pumpen. Dann ist gesichert, dass das Kühlwasser im Kondensator um höchstens 12 K erhitzt wird. Wegen des großen Kühlwasserbedarfs stehen Kernkraftwerke neben Flüssen. Um die Belastung des Flusses gering zu halten, benutzt man zusätzlich große Kühltürme. In ihnen wird das Kühlwasser durch Luft gekühlt. So erreicht man, dass die Temperaturerhöhung des Flusswassers in der Nähe des Kernkraftwerks 3 K nicht überschreitet.

Der *Wirkungsgrad* eines Kernkraftwerks ist etwa 35%. Hat also ein Kernkraftwerk eine *elektrische Ausgangsleistung* von 1000 MW, so beträgt die vom Reaktor abgegebene thermische Leistung etwa 3000 MW.

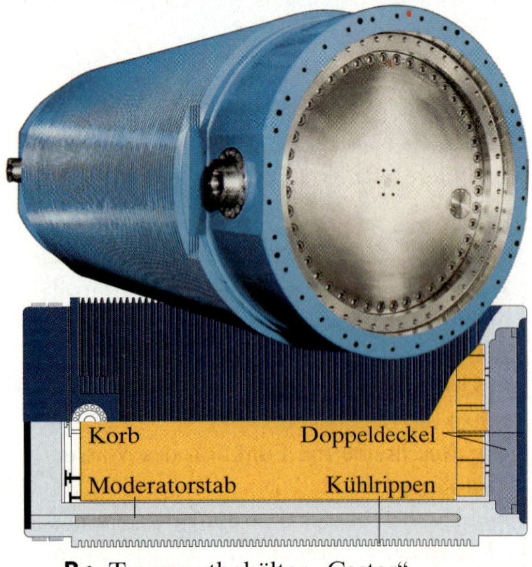

B1: Transportbehälter „Castor"

3. Brennstäbe „brennen" ab

Das spaltbare Material in den Brennstäben wird im Laufe der Zeit verbraucht. Dafür reichern sich dort immer mehr radioaktive Spaltprodukte an. Von den 100 t Uran, die ein Kernkraftwerk mit einem Druckwasserreaktor (DWR) von 1300 MW elektrischer Ausgangsleistung enthält, werden jährlich 30 t ausgetauscht, da der Anteil von U-235 sonst so gering wird, dass die Kettenreaktion erlischt. Von ursprünglich 1 t U-235 sind schließlich nur noch 0,24 t und von 29 t U-238 noch 28,33 t als „Abfall" vorhanden. An hochradioaktiven Spaltprodukten wie z. B. Barium, Cäsium, Strontium und Krypton sind 1 t entstanden. Zusätzlich entsteht noch 0,150 t U-236, ein α-Strahler.

Eine Sonderrolle spielt *Plutonium* Pu-239. Es entsteht nach mehreren Kernumwandlungen aus U-238. Ein U-238 Kern fängt zunächst ein schnelles Neutron ein. Aus dem so entstandenen U-239 wird durch β-Zerfall Neptunium Np-239 und daraus schließlich durch einen weiteren β-Zerfall Pu-239. Dieses kommt in der Natur nicht vor. Es ist ein α-Strahler und zerfällt mit einer Halbwertszeit von 24 000 (!) Jahren. Außerdem ist es wie U-235 durch langsame Neutronen spaltbar. Es kann also als „Brennstoff" für Kernreaktoren, aber auch zum *Bau von Atombomben* verwendet werden.

4. Wohin mit abgebrannten Brennstäben?

Außer den abgebrannten Brennelementen entsteht im Kernkraftwerk noch weiterer Abfall, wie z. B. radioaktive Stoffe im Wasser, die man herausfiltert, aber auch in der Luft des Reaktorraumes. Insgesamt erzeugen alle in Deutschland betriebenen Kernkraftwerke pro Jahr einen „Abfallberg" von 360 m^3 abgebrannter Brennelemente und 2700 m^3 sonstiger radioaktiver Abfälle.

Die abgebrannten Brennelemente werden zunächst für ein Jahr in Wasserbecken im Reaktor gelagert. In dieser Zeit klingt die Aktivität infolge des Zerfalls der kurzlebigen Spaltprodukte auf unter 1% des Anfangswertes ab. Danach gibt es grundsätzlich zwei Möglichkeiten zur Entsorgung:

- Die Brennelemente werden unmittelbar anschließend zu *Endlagern* transportiert. Als solche kommen z. B. geeignete Salzstöcke oder Granitkomplexe infrage. Das Problem ist, auch für zukünftige Generationen sichere Endlagerstätten zu finden.
- Man transportiert die abgebrannten Brennelemente in speziellen Behältern (➠ *Bild 1*) in eine *Wiederaufarbeitungsanlage*. Dort trennt man Uran und Plutonium chemisch ab. Das gewonnene Uran und Plutonium kann für neue Brennelemente verwendet werden. Die nicht verwertbaren radioaktiven Reste und die bei der Wiederaufbereitung anfallenden hochradioaktiven Abfälle lagert man zusammen mit den sonstigen radioaktiven Abfällen in Salzstöcken o. ä. ein.

Fast überall auf der Welt hat man den zweiten Weg gewählt. In Deutschland ist eine grundsätzliche politische Entscheidung für den ersten oder zweiten Weg zur Zeit noch nicht gefallen.

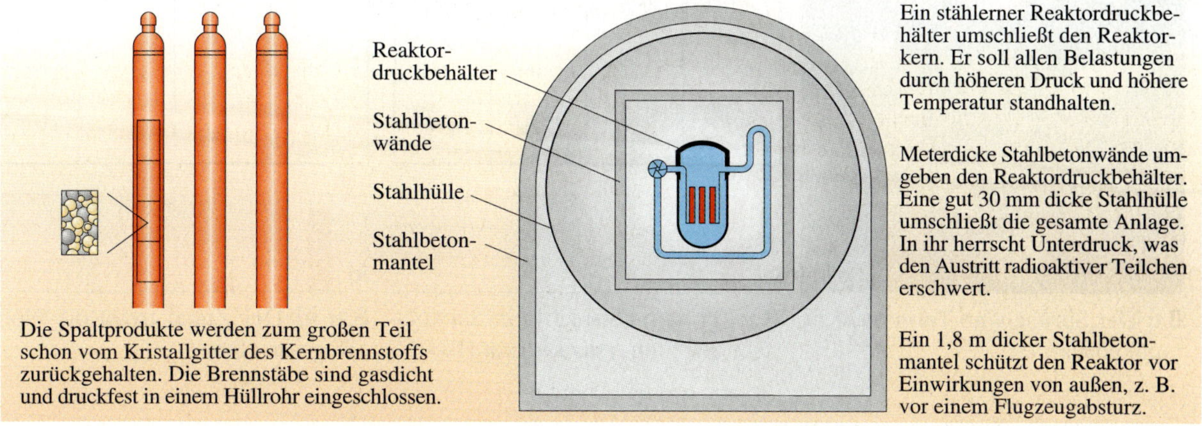

B 2: Schema der Sicherheitsbarrieren

5. Zur Sicherheit eines Kernreaktors

Bei uns übliche Kernreaktoren haben mehrere **Sicherheitsbarrieren** (➠ *Bild 2*). Außer den Sicherheitsbarrieren gibt es zusätzlich aktive Sicherheitselemente. Zu ihnen gehören

- die **Regelstäbe**, die im Notfall durch ihr Eigengewicht automatisch zwischen die Brennelemente fallen und die Kettenreaktion stoppen (➠ *Bild 4*),
- **Notkühlsysteme**, die Kühlmittel in den Reaktordruckbehälter hineinpumpen (➠ *Bild 3*),
- das **Boreinspeisesystem**. Durch zusätzliche Einspeisung von Bor in das Wasser des Druckbehälters kann der Reaktor schnell abgeschaltet werden (➠ *Bild 4*).
- Alle sicherheitstechnischen Elemente des Reaktors sind **mehrfach** vorhanden und verfügen über eine eigene Notstromversorgung.

Man versucht heute Reaktortypen zu entwickeln, die in jedem Schadensfall

- von selbst erlöschen, ohne dass dabei radioaktive Stoffe in nennenswertem Umfang freigesetzt werden können und
- die Nachzerfallswärme (sie entsteht nach dem Abschalten des Reaktors durch die radioaktiven Spaltprodukte) ohne Eingriffe von außen und ohne Beschädigung des Reaktors nach außen abführen.

Am 26.04.1986 ereignete sich in Tschernobyl (Ukraine) ein schwerer Reaktorunfall, bei dem einzelne Landstriche Europas beträchtlich radioaktiv belastet wurden. Im Unglücksreaktor von Tschernobyl fehlten die folgenden Sicherheitsbarrieren:

- Reaktordruckbehälter,
- Stahlbetonmantel um den Reaktordruckbehälter,
- Stahlhülle um den Reaktor,
- Stahlbetonhülle zum Schutz gegen äußere Einwirkungen.
- Außerdem führte der Verlust des Kühlmittels konstruktionsbedingt nicht zur automatischen Abschaltung des Reaktors.

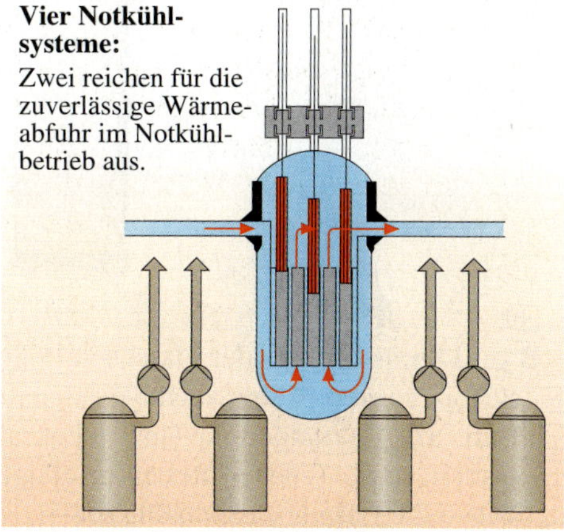

B 3: Notkühlsysteme

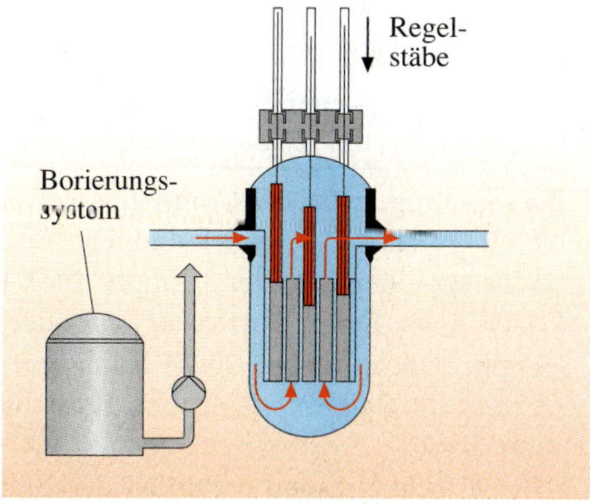

B 4: Notabschaltsysteme

Aufgaben

A 1: Beschreibe die Sicherheitsvorkehrungen, die das Risiko eines Reaktorunfalls minimieren sollen.

B 1: Der Sprung vom Turm ist nicht umkehrbar.

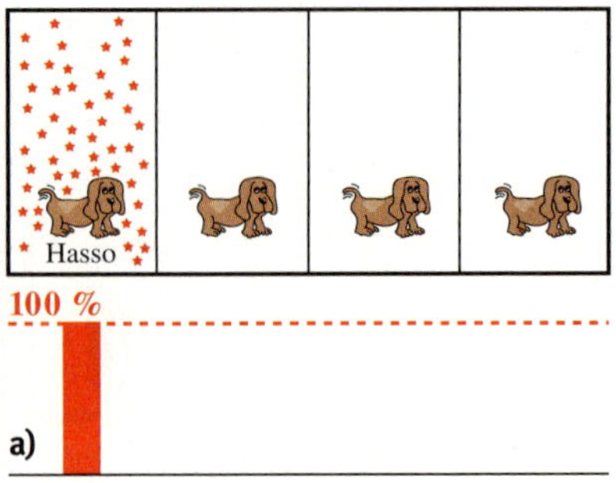

B 2: a) Computerspiel: Beim Start plagen alle Flöhe (Punkte) nur Hasso.

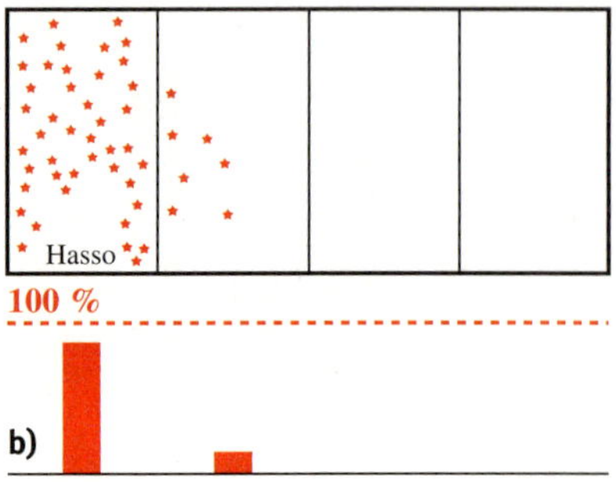

B 2: b) Der Zufall treibt die Flöhe weg von Hasso.

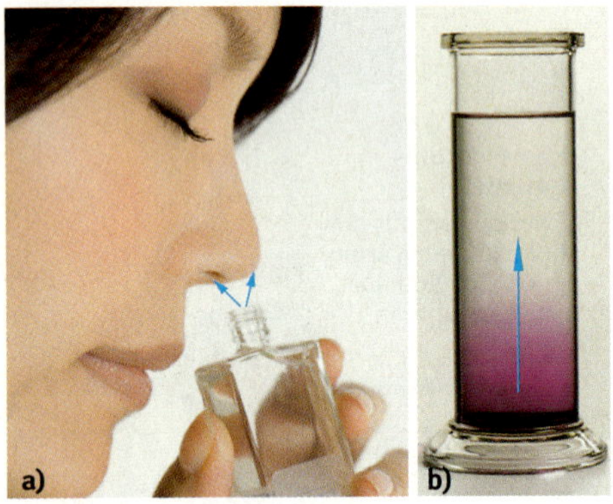

B 3: a) Duftstoffe aus der Flasche verteilen sich im ganzen Raum, auch bei ruhender Luft. **b)** Kaliumpermanganat liegt am Boden; seine Teilchen färben in einigen Tagen die Lösung gleichmäßig rot.

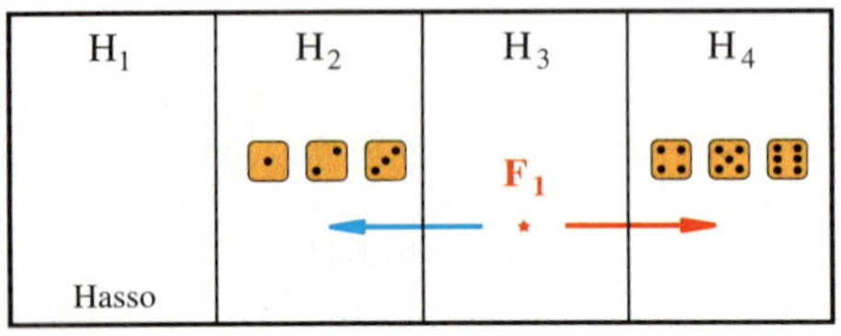

B 4: Spielregeln für das Computerspiel: Floh F_1 sitzt z. B. auf Hund H_3. Beim Würfeln einer 1, 2 oder 3 „hüpft" Floh F_1 nach links. Beim Wurf einer 4, 5 oder 6 hüpft er nach rechts. Sollte F_1 an einem Ende die Reihe verlassen, so lässt man ihn sitzen.

In ➡ *Bild 2, 5* und *6* werden die „hüpfenden Teilchen" mit einem zweiten Würfel vertikal verschoben. Dabei ist wichtig, dass der Zufall alle Flöhe, Hunde und Richtungen gleich bedient. Folglich können alle Flöhe kurzzeitig auch mal nur den Hasso plagen. In diesem Spiel stören sich die Flöhe gegenseitig nicht.

Entropie bestimmt die Richtung

1. Naturvorgänge ohne Wiederkehr

Ein Schelm lässt den Film des Turmsprungs in ➡ *Bild 1* rückwärts laufen, unangekündigt. Man lacht, wenn der Sportler mühelos aus dem Wasser zum Turm hochspringt, die Beine voraus. Dabei wäre kein uns bisher bekanntes Naturgesetz verletzt; auch die Energie bliebe erhalten. Sie müsste „nur" vom verwirbelten Wasser zum Springer zurückkehren und ihn nach oben katapultieren. Dies würde aber jeder als unnatürlich empfinden. Man sagt: Der Sprung ins Wasser ist *nicht umkehrbar*; er ist **irreversibel**.

Läuft dagegen der Film einer schwingenden Schaukel rückwärts, so stört es niemanden. Sieht man idealisierend von Reibung und Luftwiderstand ab, dann ist ihr Schwingen *umkehrbar*, **reversibel**.

Die meisten Naturvorgänge sind irreversibel. Einige Beispiele:

- Aus der Parfümflasche in ➡ *Bild 3a* verbreiten sich die dort konzentrierten Duftstoffteilchen im Raum, ganz von selbst. Noch niemand hat beobachtet, dass sie wieder in die Flasche zurückkehren.
- In ➡ *Bild 3b* ist Wasser über das farbige Salz Kaliumpermanganat geschichtet. Die Salzteilchen verteilen sich zwischen den Wasserteilchen und färben die Lösung gleichmäßig rot, obwohl alles nach außen hin ruhig erscheint. Das ständige Kleingewimmel treibt sie an; wir sehen es unter dem Mikroskop als **brownsche Bewegung**.
- Das Kleingewimmel löst auch im ruhigen Kaffee Zucker auf. Wir sagten, die Zuckerteilchen diffundieren in das Wasser hinein. Diese **Diffusion** läuft im heißen Kaffee schneller ab; der Antrieb durch das Kleingewimmel ist dort stärker.

2. Bestimmt der Zufall die Richtung?

Wir sehen zwar das Kleingewimmel mit bloßem Auge nicht. Doch zeigt die brownsche Bewegung Folgendes: Die gelösten Farbstoffteilchen werden von den Wasserteilchen regellos hin und her und auf und ab gestoßen. Wegen ihrer großen Abstände

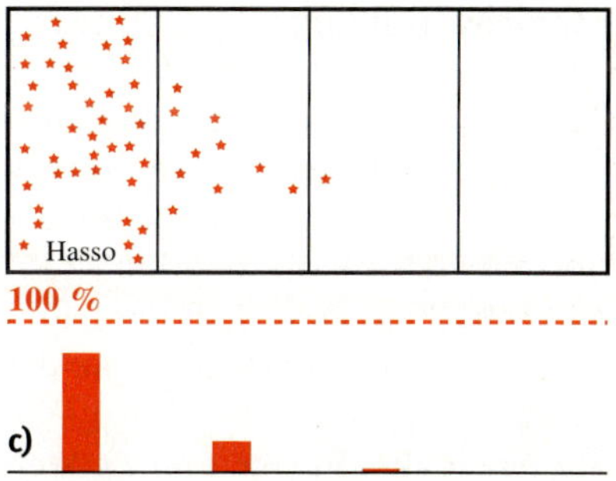

B 2: c) Die 50 Flöhe verteilen sich auf immer mehr Hunde.

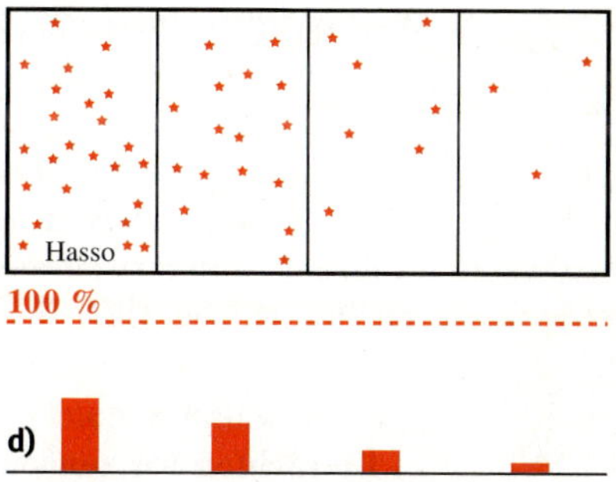

B 2: d) Die roten Balken geben an, wie viele Flöhe den Hund plagen.

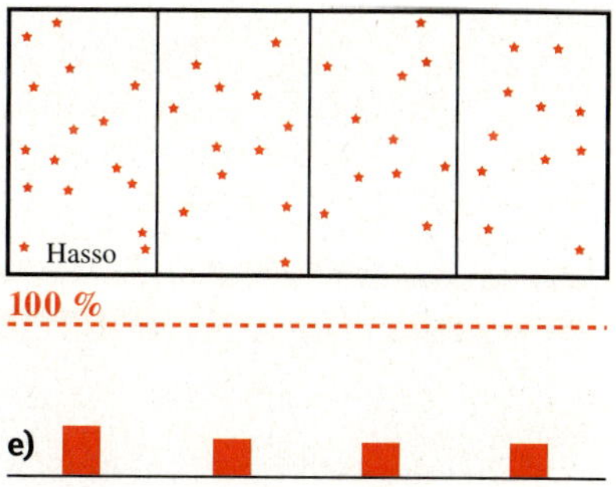

B 2: e) Nun sind alle 50 Flöhe gleichmäßig auf alle Hunde verteilt.

stören sie sich gegenseitig nicht; jedes Farbstoffteilchen schwirrt unabhängig von den andern umher (➠ *Bild 5*). Niemand kann sagen, wohin es im nächsten Augenblick gestoßen wird. Bewegungen nach rechts oder links, nach oben oder unten sind gleich wahrscheinlich. Kann also der Zufall zu verbindlichen Naturgesetzen führen? Um das zu klären, würfelte der berühmte Physiker E. SCHRÖDINGER 5000-mal. Diese Mühe nimmt uns der Zufallsgenerator des Computers ab. Er ahmt in ➠ *Bild 2* ein Flohhüpfen nach, mit *Spielregeln* nach ➠ *Bild 4*. Zunächst plagen alle Flöhe nur Hund Hasso (links). Doch verteilt sie der Zufall schnell über alle Hunde. Jeder einzelne Floh bevorzugt für sich genommen keine Richtung. Wir fragen:

Warum treibt der Zufall die Flöhe vom Startplatz Hasso weg, auch zu den anderen Hunden? Warum diffundieren in ➠ *Bild 3b* die Farbstoffteilchen nach oben? Die Antworten gibt ➠ *Bild 6* für schwirrende Teilchen aller Art. Sie sind bei A stärker konzentriert als bei B. Deshalb springen mit großer Wahrscheinlichkeit mehr von A nach B als von B nach A zurück. Insgesamt gesehen diffundieren sie nach B, in Bereiche mit geringerer Konzentration (wie beim Tintentropfen in ➠ *Bild 7*). Als *Antrieb* wirkt das Kleingewimmel, nicht etwa eine unbekannte, abstoßende Kraft. Das Konzentrationsgefälle bestimmt die Richtung des Antriebs.

Diese einfache Vorstellung erklärt, warum die Teilchen den ganzen verfügbaren Raum erobern. Je mehr es sind, umso gleichmäßiger verteilen sie sich. Dann plagen jeden Hund etwa gleich viele Flöhe; die roten Balken in ➠ *Bild 2e* sind etwa gleich hoch. Im Programm zittern sie ein wenig auf und ab. Diese spontanen Schwankungen fallen umso weniger auf, je mehr Flöhe hüpfen. Bei der Farbstofflösung erkennt man sie gar nicht mehr; dort gibt es zu viele Teilchen (über 10^{20}). An eine Rückkehr zum Startplatz ist nicht mehr zu denken, auch wenn man sehr lange wartet. Die Diffusion ist unumkehrbar, sie ist irreversibel.

Merksatz

Gibt es bei vielen Teilchen Konzentrationsunterschiede, so verteilt sie das Kleingewimmel im Raum gleichmäßig. Dies ist **irreversibel**, d. h. unumkehrbar.

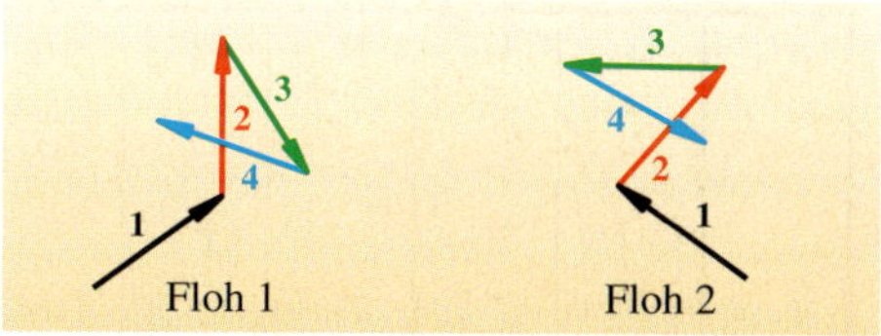

B 5: Der Zufallsgenerator lässt zwei Flöhe hüpfen, unabhängig voneinander. Er bevorzugt keine Richtung. Vergleiche Pfeile mit gleicher Nummer.

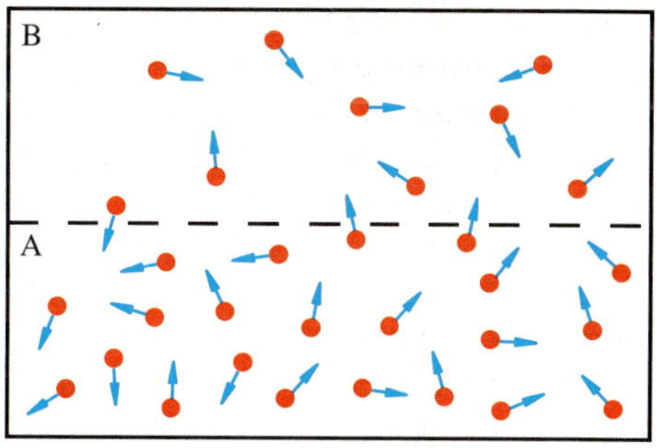

B 6: Im Bereich A ist die Konzentration der Teilchen größer als im Bereich B. Im Mittel springen deshalb mehr Teilchen von A nach B als von B zurück nach A. Das Kleingewimmel verteilt sich gleichmäßig.

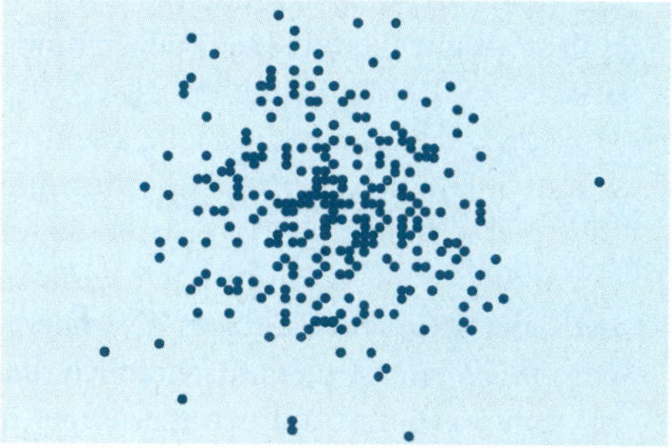

B 7: Simulation der allseitigen Ausbreitung eines Tintentropfens in ruhendem Wasser.

Hunde h	Flöhe f: 1	2	3	4
2	2,03 $2^1 = 2$	3,95 $2^2 = 4$	7,8 $2^3 = 8$	16,8 $2^4 = 16$
3	3,4 $3^1 = 3$	8,9 $3^2 = 9$	26 $3^3 = 27$	84 $3^4 = 81$
4	3,9 $4^1 = 4$	16,3 $4^2 = 16$	67 $4^3 = 64$	260 $4^4 = 256$

T 1: Der Computer gibt an, nach wie vielen Würfen alle f Flöhe von den h Hunden auf Hasso zurückkehren (Mittelwerte von 10^4 Würfen). *Rot:* Mit $m = h^f$ berechnet.

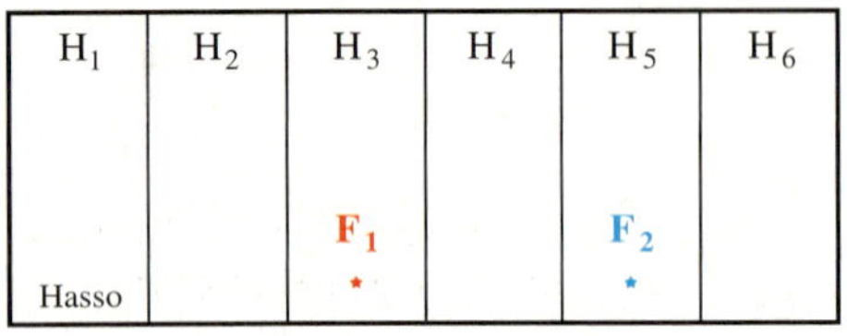

B 1: Ein Würfel bestimmt, welchen der sechs Hunde H_1 bis H_6 Floh F_1 besucht. Ein 2. Würfel dirigiert unabhängig davon F_2.

1; 1	1; 2	1; 3	1; 4	1; 5	1; 6
2; 1	2; 2	2; 3	2; 4	2; 5	2; 6
3; 1	3; 2	3; 3	3; 4	3; 5	3; 6
4; 1	4; 2	4; 3	4; 4	4; 5	4; 6
5; 1	5; 2	5; 3	5; 4	5; 5	5; 6
6; 1	6; 2	6; 3	6; 4	6; 5	6; 6

T 2: Die Kombination 3; 5 bedeutet: Floh F_1 sitzt auf Hund H_3, F_2 auf H_5. Es sind bei $f = 2$ Flöhen auf $h = 6$ Hunden $m = h^f = 6^2 = 36$ Möglichkeiten. Bei 1; 1 plagen F_1 und F_2 den Hasso (H_1) zugleich.

Vertiefung

Was bevorzugt die Gleichverteilung?

50 Flöhe haben auf 6 Hunden $m = h^f = 6^{50} \approx 10^{39}$ Möglichkeiten. Da es auf 5 Hunden nur $5^{50} \approx 10^{35}$ Möglichkeiten gibt (0,01% von 10^{39}), ziehen sich die Flöhe kaum von 6 auf 5 Hunde zurück. Das Maximum (alle 6 Hunde sind besetzt) ist also so sehr bevorzugt, dass es kaum noch verlassen wird. Da Gase sehr viel mehr Teilchen haben, ist es höchst unwahrscheinlich, dass sie sich von selbst auf etwas weniger als den ganzen zur Verfügung stehenden Raum zurückziehen.

3. Warum führt der Zufall zur Gleichverteilung?

Am Bildschirm sehen wir: Hüpfen nur wenige Flöhe, so ziehen sich immer wieder mal *alle zugleich* auf Hasso zurück (➡ *Tabelle 1*). Diese Rückkehr *aller* Flöhe wird mit wachsender Flohzahl f immer seltener. Bei den vielen Farb- und Duftstoffteilchen hat sie noch niemand beobachtet. Dort läuft die Diffusion nur vorwärts, nie zurück – sie ist *irreversibel.* Ist daran der „blinde" Zufall schuld?

a) Betrachten wir zunächst nur einen Floh F_1 (➡ *Bild 1*). Welchen der 6 Hunde Floh F_1 besucht, bestimmt ein Würfel. Er trifft jeden der 6 Hunde mit gleicher Wahrscheinlichkeit. Wir sagen: F_1 hat auf 6 Hunden 6 *gleich wahrscheinliche Möglichkeiten.* Eine davon ist seine Rückkehr zu Hasso. Dies geschieht ziemlich oft, bei etwa $\frac{1}{6}$ aller Würfe.

b) Nun gesellt sich Floh F_2 zu F_1. Wen F_2 plagt, bestimmt ein zweiter Würfel, unabhängig vom ersten. Er hat bei 6 Hunden auch 6 Möglichkeiten und kombiniert jede mit den 6 Möglichkeiten von Floh F_1. Dies gibt die $m = 6 \cdot 6 = 6^2 = 36$ Möglichkeiten in ➡ *Tabelle 2.* Dies kennst du vom Spiel mit zwei Würfeln: Bei der Kombination 1; 1 (beide zeigen die „1") finden sich F_1 *und* F_2 auf H_1. Dies ist eine ihrer $m = 36$ gleich wahrscheinlichen Möglichkeiten; sie tritt also bei etwa $\frac{1}{36}$ aller Würfe ein. Der Computer bestätigt dies, wenn man ihn oft genug würfeln lässt.

c) Bei 3 Flöhen kombiniert ein dritter Würfel seine 6 Möglichkeiten mit jeder der 36 Möglichkeiten aus ➡ *Tabelle 2.* Also haben $f = 3$ Flöhe auf $h = 6$ Hunden $m = 6 \cdot 36 = 216 = 6^3 = h^f$ gleich wahrscheinliche Möglichkeiten. Eine davon ist: Alle 3 Flöhe kehren zugleich auf Hasso zurück. Dies tritt aber nur noch in etwa $\frac{1}{216}$ aller Fälle auf, also schon recht selten. Wir verallgemeinern:

f Flöhe haben auf h Hunden $m = h^f$ Möglichkeiten.
Nur eine davon ist die Rückkehr aller Flöhe zum Startplatz.

Mit dieser Formel $m = h^f$ wurden die roten Zahlen in ➡ *Tabelle 1* berechnet. Zur Bestätigung zählt der Computer, wie oft er (im Mittel) würfeln muss, bis alle Flöhe zugleich Hasso besuchen. Bei $h = 6$ Hunden und $f = 50$ Flöhen findet er keine Rückkehr mehr (f ist Exponent in $m = h^f = 6^{50}$, m steigt sehr schnell an). Die Rückkehr ist zwar *im Prinzip jederzeit möglich*; man kann sie aber nur *einmal* unter $m = h^f = 6^{50} \approx 10^{39}$ Würfen erwarten. Bei einem Wurf je Sekunde müsste Hasso etwa 10^{39} s auf die Rückkehr aller Flöhe warten. Da das Weltall 10^{18} s alt ist (13,7 · 10^9 Jahre), wären dies 10^{21} Weltalter (!).
Vergrößert man zudem die Zahl h der Plätze (der Hunde), die den Flöhen offen stehen, so wächst die Zahl der zu erwartenden Möglichkeiten noch weiter. An eine Rückkehr aller ist nicht mehr zu denken. – Bei Farbstoffen diffundieren nun nicht 50, sondern über 10^{20} Teilchen. Auch ist die Zahl der offenen Plätze riesig. Also führt der Zufall im Kleingewimmel, das den Vorgang antreibt, zur Gleichverteilung. Schon ein winziger Rückzug davon ist völlig unwahrscheinlich (➡ *Vertiefung*). Die Diffusion ist *irreversibel.*

4. „Viele Möglichkeiten“ heißt „viel Entropie“

Was bei Kleingewimmel im Einzelnen geschieht, kann niemand angeben. *Doch strebt es nach mehr Möglichkeiten.* Dies erkannte der österreichische Physiker L. BOLTZMANN, als er den Zufall in die Physik einführte. Die Zahl dieser Möglichkeiten (z. B. m in ➡ *Tabelle 1*) bezeichnete er mit dem Begriff ***Entropie S***. Er sagte: „*Viel Entropie S* bedeutet *viele Verteilungsmöglichkeiten.*“

Wir veranschaulichen die Entropie am Beispiel einer Tasse Kaffee (➡ *Bild 3*). Die Energie ihres Kleingewimmels stellen wir uns vereinfacht vor als einen Schwarm vieler Energieportionen, winziger „Energieflöhe“. Sie sind in der *heißen Tasse* auf relativ wenig Moleküle konzentriert. Dort haben sie wenig Verteilungsmöglichkeiten, wenig Entropie. Beim Abkühlen erobern sie die vielen Moleküle des kalten Zimmers, wo auf jedes Molekül wenig Energie entfällt. Dabei wird die Energie der Tasse „verdünnt“ und erhält mehr Verteilungsmöglichkeiten, mehr Entropie (vgl. letzte Spalte $m = h^f$ in ➡ *Tabelle 1*). Die Energie kehrt nicht mehr in die „enge“ Tasse zu höherer Temperatur zurück. Dabei müsste die Entropie wieder abnehmen. Wir erkennen ein grundlegendes Naturgesetz: *Entropie strebt insgesamt nach Zunahme; sie unterliegt einem Abnahmeverbot.*
Deshalb fließt *Wärme* von Heiß nach Kalt, irreversibel. Bei tiefer Temperatur ist Energie stärker „verdünnt“ und hat mehr Entropie.

5. Wärme führt stets Entropie mit sich

Beim Heißluftmotor fließt Wärme W_{th} aus der Wärmequelle A in den Kolbenraum B, bei etwa *gleicher Temperatur* (➡ *Bild 4*). Dabei verliert A „Energieflöhe“, also auch Entropie. Beides nimmt B auf (vgl. letzte Zeile in ➡ *Tabelle 1*). *Wärme führt auch bei konstanter Temperatur Entropie mit sich.*
Fließt die Wärme W_{th} bei tiefer Temperatur, so ist sie über viele Atome verteilt, sie ist stärker „verdünnt“, hat mehr Verteilungsmöglichkeiten als bei hoher Temperatur. Mit der Wärme W_{th} fließt bei tiefer Temperatur mehr Entropie. Dabei gilt ein sehr einfaches Gesetz, das wir später bestätigen werden: Fließt die Wärme W_{th} bei der konstanten, absoluten Temperatur T, so fließt mit ihr die Entropie $\boldsymbol{S = W_{th}/T}$.
Fließt z. B. die Wärme $W_{th} = 3000$ J von A nach B bei $T \approx 600$ K (➡ *Bild 4*), so mit ihr die Entropie $S = W_{th}/T = 3000$ J/(600 K) = 5 J/K. Bei der halben Temperatur $T \approx 300$ K wären die „Energieflöhe“ über mehr Atome verteilt, sie hätten mehr Möglichkeiten. Sie hätten doppelt so viel Entropie (➡ *Vertiefung*). Ihre Einheit ist Joule/Kelvin ($\frac{J}{K}$), nicht Joule. Entropie ist eben keine Energie.

Merksatz

„Viel Entropie“ bedeutet „viele Verteilungsmöglichkeiten“. Entropie strebt nach Zunahme und unterliegt einem *Abnahmeverbot*. Fließt bei der konstanten absoluten Temperatur T die Wärme W_{th}, so fließt mit ihr die **Entropie** $\boldsymbol{S = W_{th}/T}$. Sie hat die Einheit $\frac{J}{K}$.

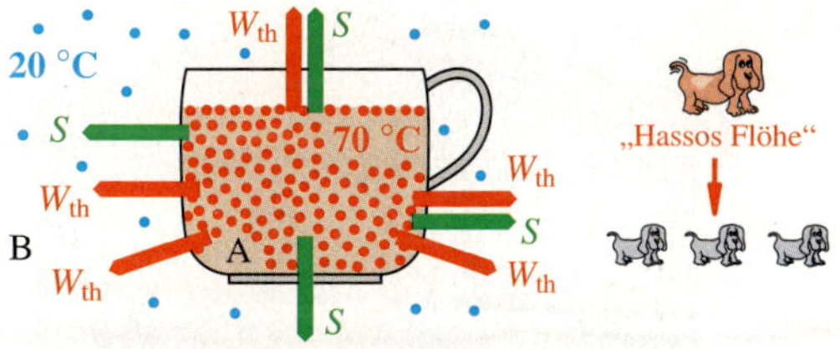

B3: Kleingewimmel strömt mit Wärme W_{th} (rot) aus dem heißen Kaffee (A) in die kalte Umgebung (B). In B ist die innere Energie über mehr Moleküle verteilt, also „verdünnt“, die Entropie steigt irreversibel.

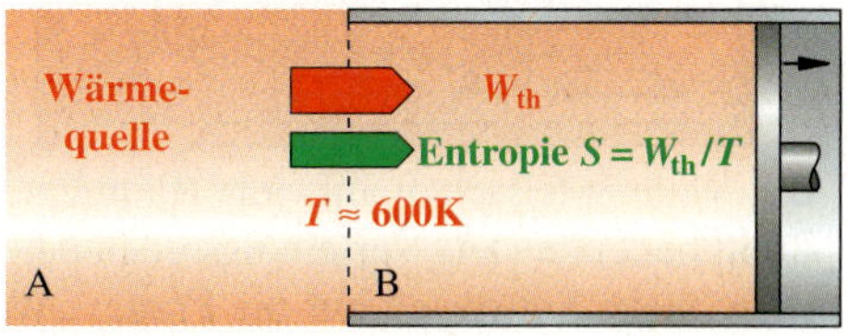

B4: Wärme W_{th} strömt bei $T \approx 600$ K von der Wärmequelle A in den Kolbenraum B mit etwa gleicher Temperatur T, begleitet von der Entropie $S = W_{th}/T$.

Beispiel

Die Wärme $W_{th} = 6000$ J transportiert bei der Temperatur $T = 600$ K die Entropie

$$S = W_{th}/T = 6000\ \text{J}/(600\ \text{K}) = 10\ \text{J/K}.$$

Fließt die gleiche Wärme $W_{th} = 6000$ J bei nur 400 K, so ist die mitgeführte Entropie $S = W_{th}/T = 15$ J/K größer. Was der eine Körper an Entropie abgibt, bekommt bei gleicher Temperatur der andere.

Vertiefung

Ein wichtiger Unterschied!

- In ➡ *Bild 3* „verdünnt“ sich *innere Energie* aus dem heißen Kaffee im kalten Zimmer stark; die Entropie steigt *irreversibel* an.
- In ➡ *Bild 4* dagegen fließt Wärme W_{th} vom Körper A *bei fast gleicher Temperatur* nach B, also ohne sich merklich zu „verdünnen“. Insgesamt steigt die Entropie kaum an: Was A an Energie und Entropie verliert, gewinnt B. – Zudem gilt: Damit Wärme von A nach B fließt, genügt es dass die Temperatur von A wenig über der von B liegt.

B1: Viele Spielsachen auf viele Räume verteilt bedeutet viele Verteilungsmöglichkeiten, viele Antworten auf die Frage: „Was ist wo?", viel **Unordnung**, viel Entropie.

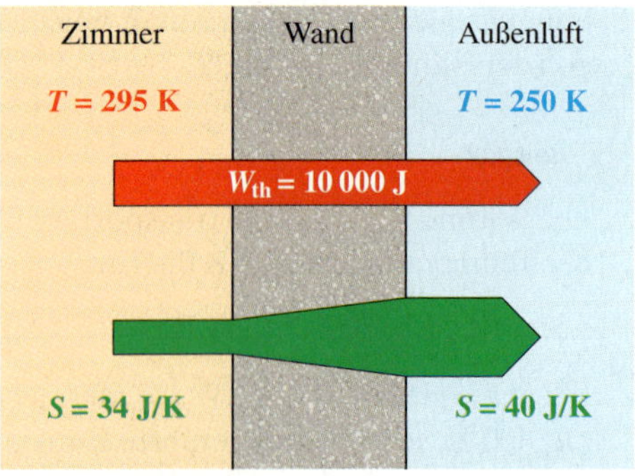

B2: In der Wand sinkt die Temperatur T von 295 K auf 250 K. Die strömende Energie W_{th} bleibt konstant, die Entropie $S = W_{th}/T$ steigt in der Wand, da dort die Temperatur T sinkt.

B3: Beim Verdunsten des Wassers streben die Wasserteilchen in den viel größeren Raum, zu mehr Verteilungsmöglichkeiten; die Entropie nimmt zu.

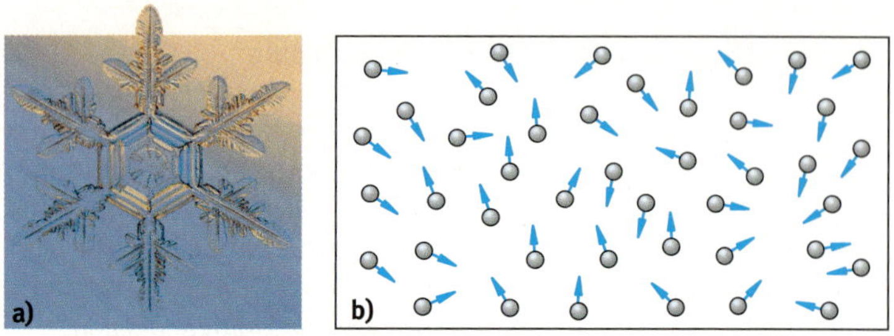

B4: a) Im Eiskristall herrscht Ordnung, wenig Entropie. **b)** Im Gas flitzen die Teilchen ungeordnet umher; sie haben viel Entropie.

Entropie im Naturgeschehen

1. Entropie bei Wärmeleitung in der Hauswand

Wozu ist die Entropieformel $S = W_{th}/T$ gut? Im Zimmer herrscht an der Hauswand die Temperatur $T_h = 295$ K (➠ *Bild 2*). Die abfließende Wärme $W_{th} = 10000$ J entzieht dem Zimmer die Entropie

$$S_h = W_{th}/T_h = 10000 \text{ J}/(295 \text{ K}) = 34 \text{ J/K}.$$

Die Wärme $W_{th} = 10000$ J fließt ohne Verlust durch die Hauswand in die kalte Winterluft. Der rote Pfeil für diese fließende *Energie* bleibt gleich dick (➠ *Bild 2*). Bei sinkender Temperatur in der Wand verteilt sich die Energie zunehmend auf mehr Moleküle; die Energieflöhe bekommen unterwegs mehr Verteilungsmöglichkeiten, mehr Entropie. In der Wand steigt die Entropie von 34 $\frac{\text{J}}{\text{K}}$ auf

$$S_t = W_{th}/T_t = 10000 \text{ J}/(250 \text{ K}) = 40 \text{ J/K}.$$

Wir lassen den Pfeil für die *Entropie* in der Wand dicker werden. Das Zimmer verliert zwar an Entropie 34 $\frac{\text{J}}{\text{K}}$, dafür gewinnt die Umgebung 40 $\frac{\text{J}}{\text{K}}$. Zusammengefasst nimmt also die *Gesamtentropie* bei der *irreversiblen* Wärmeleitung um 6 $\frac{\text{J}}{\text{K}}$ zu. Weil T im Nenner von $S = W_{th}/T$ steht, zeigt die Entropie die Irreversibilität an; die Wärme W_{th} allein genügt dazu nicht.

2. Entropie steckt auch in den Körpern – als Unordnung

a) Auf je mehr Zimmer ein Kind seine zahlreichen Spielsachen wahllos verstreut, umso größer ist die Zahl der Verteilungsmöglichkeiten, umso größer die **Unordnung**. Man veranschaulicht deshalb Entropie gerne mit Unordnung.

b) Im Eiskristall sind die Teilchen an geordnete Strukturen geheftet; sie haben wenig Entropie, wenig Unordnung (➠ *Bild 4a*). Führt man Wärme, also auch Entropie zu, so schwingen sie stärker um ihre Plätze. Bei 0 °C schmilzt Eis; die geordnete Kristallstruktur bricht zusammen. Die Teilchen nehmen die ziemlich ungeordnete Molekülverteilung von Wasser an, also mehr Entropie. Die Schmelzwärme W_{th} schafft die Entropie $S = W_{th}/T$ heran. Wasser hat mehr innere Energie als Eis und zugleich mehr Entropie, mehr Unordnung. Wir sehen auch hier: *Entropie fließt mit Wärme von Körper zu Körper; sie steckt aber auch in den Körpern selbst.*

B5: Die Kette überträgt Energie geordnet, ohne Kleingewimmel.

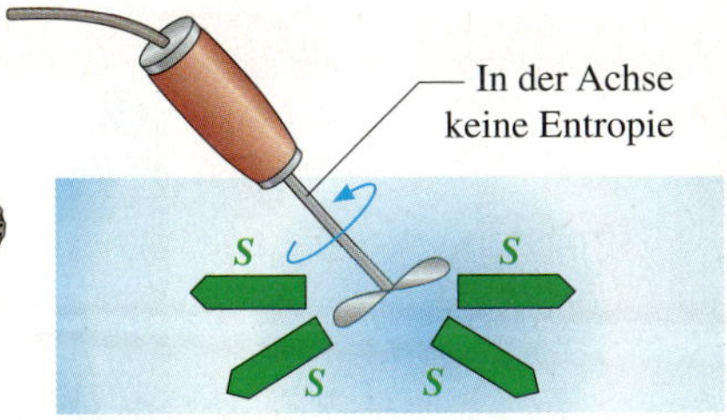

B6: Der Quirl verstärkt das Kleingewimmel und erzeugt Entropie.

B7: Explosionen setzen Teilchen ungeordnet frei; Entropie entsteht.

Beim Verdunsten wie beim Sieden entsteht ein Gas mit noch mehr Unordnung (➡ *Bild 3 und 4b*), mit noch mehr Entropie. Beim Verdampfen bekommen sie ja mehr „Freiraum", mehr Möglichkeiten als im Wasser oder gar im Eis (denke an das Flohmodell).

3. Wo spielt Entropie eine Rolle, wo nicht?

Mit dem Blick auf die Unordnung im Kleingewimmel kannst du sofort angeben, wo Entropie zu beachten ist und wo nicht:

- Eis hat wenig, Wasserdampf viel Entropie im Sinne von Unordnung. Beim Schmelzen und Verdampfen erhöht die zugeführte Wärme nicht nur die innere Energie, sondern auch die Entropie des Körpers. Bei Explosionen steigt die Unordnung, die Entropie unumkehrbar (➡ *Bild 7*). Entropie entsteht auch, wenn ein Quirl im Wasser Unordnung stiftet (➡ *Bild 6*).
- In der Mechanik, etwa bei periodisch schwingenden Schaukeln, spielt Entropie keine Rolle. Dort laufen umkehrbare, *reversible* Vorgänge ab, wohl geordnet; man ignoriert den Aufbau der Körper aus Teilchen, deren Kleingewimmel und damit die Entropie. Dies gilt auch für Höhen-, Bewegungs- und Spannenergie. Seile und Stangen übertragen die Energie $W = F \cdot s$ mit der Kraft F völlig geordnet, entropiefrei (➡ *Bild 5*). Man nennt entropiefrei übertragene Energie **Arbeit**.
- Beim *Reiben* verlassen wir die „geordnete" Mechanik. Beim Bremsen wird die Energie der *geordneten* Fahrzeugbewegung in *ungeordnetes* Kleingewimmel verzettelt. Die Bremsbacken führen mit der Reibungswärme W_{th} auch *Entropie* $S = W_{th}/T$ ab. Doch gab es diese Entropie vorher nicht; sie verschwindet auch nicht mehr. Die innere Energie heißgelaufener Bremsen bringt Autos nicht mehr in Fahrt. Reibungsvorgänge sind stets irreversibel. Energie wird endgültig entwertet, wenn Entropie irreversibel entsteht. Die Neubildung von Entropie bedeutet ein Entwerten von Energie.
- Auch beim Diffundieren von Farb- und Duftstoffteilchen steigt die Entropie. Sie weist also weit über die Wärmelehre hinaus.

Merksatz

Wärme ist stets von Entropie begleitet, **Arbeit** dagegen nie.
So werden diese Übertragungsgrößen für Energie klar unterschieden.

Aufgaben

A1: Untenstehende Bilder zeigen Beispiele, bei denen Entropie entsteht oder zunimmt. Diskutiere mit geeigneten Modellen. Wo ist Wärme im Spiel, wo nicht?

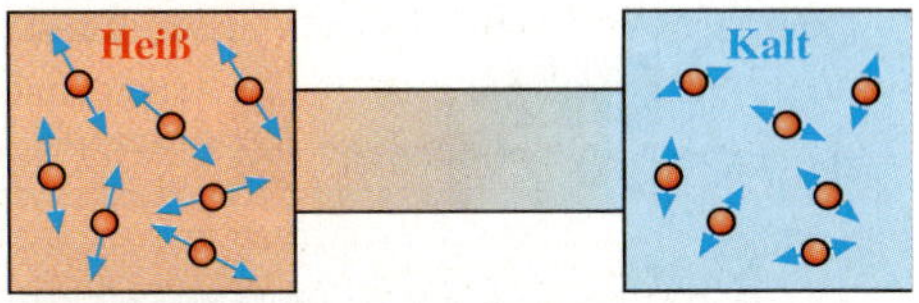

a) Kontakt zwischen Heiß und Kalt.

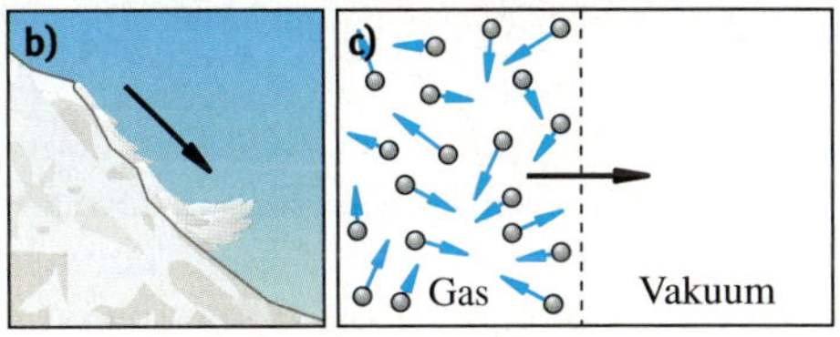

b) Die niederdonnernde Lawine erzeugt Unordnung. **c)** Nach Entfernen der gestrichelten Trennwand stürzen die links stark konzentrierten Teilchen ins Vakuum.

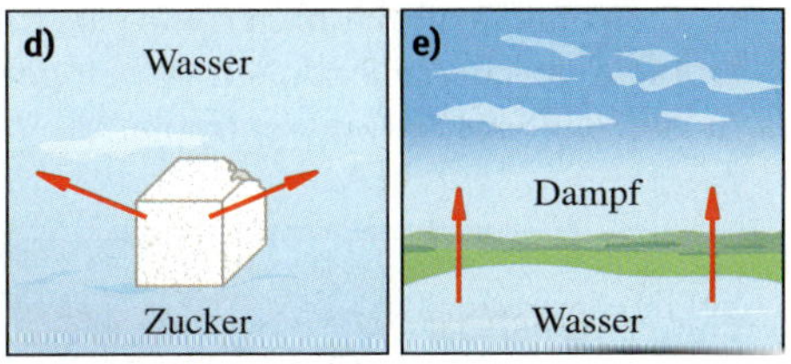

d) Diffusion **e)** Verdunsten

A2: Wie viel Entropie muss man 1 kg Eis von 0 °C zuführen, um es zu schmelzen? Wie viel Entropie braucht man, um die Temperatur von 1 kg Wasser von 0,1 °C auf 0,2 °C zu erhöhen?

A3: Ein heißer Körper entspreche 2 Hunden, die von 4 Flöhen besucht werden, ein großer kalter Körper 10 Hunden mit 5 Flöhen. Nun bringt man beide „Körper" zusammen. Wie ändern sich die Verteilungsmöglichkeiten der Flöhe (nach $m = h^f$)?

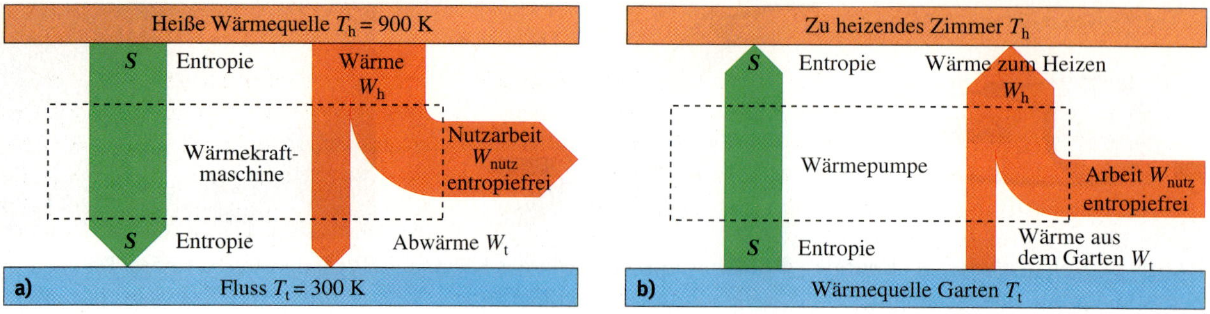

B1: a) Energiefluss (rot) und Entropiefluss (grün) in idealen Wärmekraftmaschinen **b)** In der Wärmepumpe (z. B. in Kühlschränken) ist der Energiefluss (rot) sowie der Entropiefluss (grün) entgegengesetzt zu a) gerichtet.

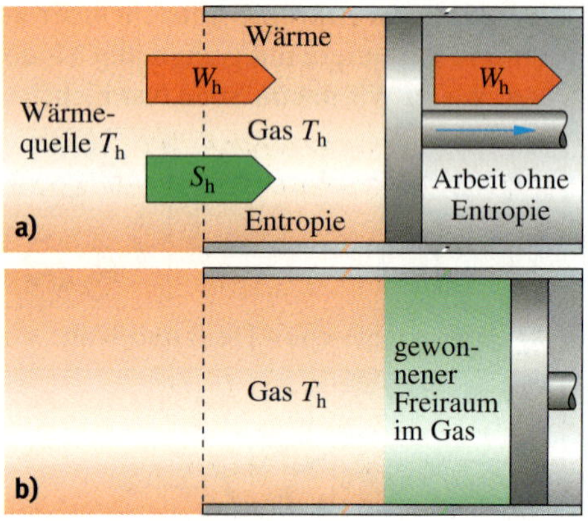

B2: Im *Arbeitstakt* übernimmt der nach rechts gleitende Kolben entropiefreie Energie W_h vom Gas und leitet sie weiter, Die Wärmequelle führt dem Gas die gleich große Wärme W_h zu, also die Entropie $S = W_h/T_h$. **b)** Das Gas speichert wegen des gewonnenen Freiraums (grün) die Entropie S vorübergehend. Nur Arbeit geht an den Kolben, und zwar entropiefrei.

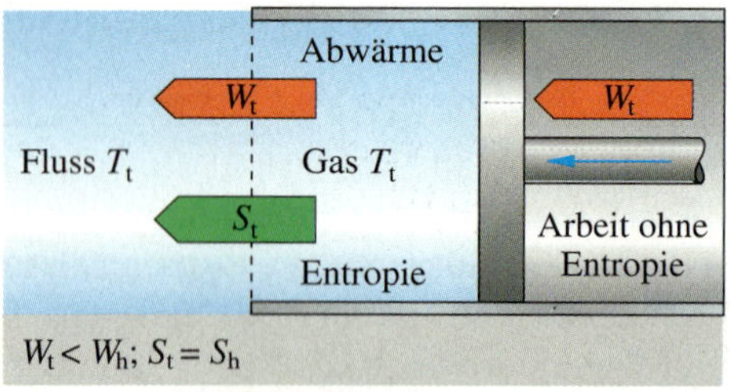

B3: Der *Kompressionstakt* ist die reversible Umkehrung von ⇛ *Bild 2*. Der zurückkehrende Kolben braucht bei der tieferen Temperatur T_t nur die Arbeit $W_t = W_h \cdot T_t/T_h$. Das Gas führt sie als Abwärme W_t in den Fluss und gibt den vorübergehend eingenommenen Raum zurück, also die Entropie $S_t = W_t/T_t$.

Entropie bei reversiblen Maschinen

1. Energie und Entropie beim reversiblen Heißluftmotor

Wir wiederholen die Energieaufteilung im *idealen Heißluftmotor* am roten Pfeil in ⇛ *Bild 1a*. Die Wärmequelle liefert bei der hohen Temperatur T_h = 900 K die Wärme W_h = 100 J an das Gas im Arbeitsraum. Bei der tiefen Temperatur T_t = 300 K geht aber nur der Teil $W_t = W_h \cdot T_t/T_h$ = 33 J als Abwärme W_t = 33 J in den Fluss. Der Rest wird als *Nutzarbeit* $W_{nutz} = W_h - W_t$ = 67 J abgezweigt. Ist das nicht enttäuschend, gilt das nur beim Heißluftmotor? Der Energiesatz wäre doch nicht verletzt, wenn sich alle Wärme W_h in Nutzarbeit umwandeln ließe. Steht dem die Entropie entgegen?

- Im **Arbeitstakt** schiebt das Gas den Kolben nach rechts (⇛ *Bild 2a*). Der Kolben übernimmt vom Gas kein Kleingewimmel, keine Entropie, nur die Energie W_h und gibt sie geordnet, entropiefrei, als Arbeit W_h über das Gestänge weiter. Dabei erobern die Gasteilchen den in ⇛ *Bild 2b* grün getönten „Freiraum". Sie erhalten mehr Entropie (wie Flöhe, die mehr Hunde erobern). *Doch wird diese Entropie nicht neu erzeugt* (dies wäre *irreversibel*). Denn die Wärmequelle liefert bei der hohen Temperatur T_h mit der Wärme W_h die Entropie $S_h = W_h/T_h$ in das Gas (⇛ *Bild 1a*). Sie bleibt dort aber nur vorübergehend.
- Denn im **Kompressionstakt** entzieht der Kolben den Gasteilchen den „Freiraum" wieder (⇛ *Bild 3*). Die dabei frei werdende Entropie geht bei der tieferen Temperatur T_t mit der Abwärme $W_t = W_h \cdot T_t/T_h$ (siehe oben) in den Fluss; sie beträgt $S_t = W_t/T_t$. Setzt man hier $W_t = W_h \cdot T_t/T_h$ ein, so folgt das für den reversiblen Vorgang wichtige Ergebnis

$$\mathbf{S_t} = W_t/T_t = (W_h \cdot T_t/T_h)/T_t = W_h/T_h = \mathbf{S_h}. \qquad (1)$$

Die in den Fluss abgegebene Entropie $S_t = W_t/T_t$ *ist gleich der von der Wärmequelle aufgenommenen Entropie* $S_h = W_h/T_h$. Der grüne Entropiepfeil in ⇛ *Bild 1a* hat bei *reversiblen* Idealmaschinen gleiche Dicke; dort darf sich keine Entropie anhäufen. Verstopft man die Kühlung des Motors, den Abfluss von Energie und Entropie, so bleibt er stehen. – Damit haben wir auch die Formel $S = W_{th}/T$ für die Entropie S an einem reversiblen Vorgang bestätigt. Dort bleibt sie konstant.

2. Entropieerhaltung in allen idealen Maschinen

Vielleicht ist dir die Entropie $S = W_{th}/T$ zu abstrakt. In der Wärmetechnik ist sie aber sehr praktisch, da sie mit den technisch relevanten Größen Wärme W_{th} und Temperatur T auskommt. Man muss nicht über Kräfte nachdenken, braucht auf Kolben, Ventile, Verdränger usw. nicht zu achten. In wenigen Zeilen berechnet man alle Wärmekraftmaschinen und Wärmepumpen, Dampfturbinen und Strahltriebwerke, falls sie hinreichend reversibel arbeiten.
Dort gilt: *Entropie bleibt bei reversiblen Maschinen konstant.*
Arbeiten sie zwischen T_h und T_t, so gilt nach *Gl. (1)*:

- *Entropie:* $\mathbf{S_t} = W_t/T_t = W_h/T_h = \mathbf{S_h}$, (2)
- *Abwärme:* Aus *Gl. (2)* folgt $W_t = W_h \cdot T_t/T_h$, (3)
- *Abzweigbare Nutzarbeit:* $W_{nutz} = W_h - W_t = W_h \cdot (1 - T_t/T_h)$ (4)
- *Wirkungsgrad:* $\eta_{max} = W_{nutz}/W_h = 1 - T_t/T_h$. (5)

Alle zugeführte Entropie verlässt die Maschine wieder; W_{nutz} ist entropiefrei; es ist Nutzarbeit – wie erwartet. Wir sehen:
Die Entropie begrenzt den *Wirkungsgrad* η_{max} aller Wärmekraftmaschinen gemäß *Gl. (5)*; sie gilt für alle Idealmaschinen.

3. Duldet die Entropie Abweichungen?

- Wer eine Maschine mit größerem Wirkungsgrad als η_{max} bauen wollte, müsste weniger Wärme in den Fluss abführen (W_t kleiner, W_{nutz} größer). Der Energiesatz würde das gestatten. Dann flösse aber weniger Entropie ab; man müsste in der Maschine Entropie vernichten; *Gl. (2)* wäre verletzt!
- In der Praxis entsteht Entropie durch Reibung oder irreversible Wärmeleitung neu. Sie verlässt die Maschine zusammen mit zusätzlicher Abwärme W_t. Dann ist $S_t = W_t/T_t$ in *Gl. (2)* größer; W_{nutz} in *Gl. (4)* nimmt ab. Der Wirkungsgrad wird erheblich kleiner als η_{max}. Energie wird entwertet.

4. Entropie bei Wärmepumpen und Kühlschränken

Wie bringen es Wärmepumpen fertig, dass nach ➠ *Bild 1b* Wärme W_t aus der kalten Gartenerde (T_t) ins warme Zimmer (T_h) „hochsteigt"? Von allein kann sie das nicht; der Entropiepfeil würde dünner ($W_t/T_h < W_t/T_t$). Also addiert man unterwegs zu W_t die Energie W (in Kühlmaschinen z. B. mit Elektromotoren). Dann gelangt ins Zimmer die Wärme ($W_t + W$), also die Entropie $S_h = (W_t + W)/T_h$. Analog zu *Gl. (2)* fordert dabei die Konstanz der Entropie $S_t = S_h$:

$$S_t = W_t/T_t = (W_t + W)/T_h = W_h/T_h = S_h. \quad (6)$$

Wenn man W richtig wählt, behält der Entropiepfeil in ➠ *Bild 1b* seine Dicke; die bei T_h abgegebene Entropie $S_h = (W_t + W)/T_h$ ist gleich der bei T_t aufgenommenen $S_t = W_t/T_t$ (➠ *Beispiel*).

Merksatz

Bei allen reversiblen Vorgängen bleibt die Entropie erhalten. Entropie beschränkt den Wirkungsgrad aller Wärme- und Kühlmaschinen und durchläuft diese im Idealfall unverändert.

Beispiel

Entropierechnungen an Maschinen

1. Aufgabe: Welche elektrische Energie W_{el} ist nötig, um die Wärme $W_h = 1000$ J aus der Gartenerde mit $T_t = 273$ K (0 °C) in ein Zimmer von $T_h = 295$ K (22 °C) zu pumpen?

Lösung: Trägst du in ➠ *Bild 1b* die Daten ein, hast du die Aufgabe schon halb gelöst:

Nach *Gl. (b)* gilt:
$S = W_t/T_t = W_h/T_h$
$= 1000\ \text{J} / 295\ \text{K}$
$= 3{,}39\ \text{J/K}$

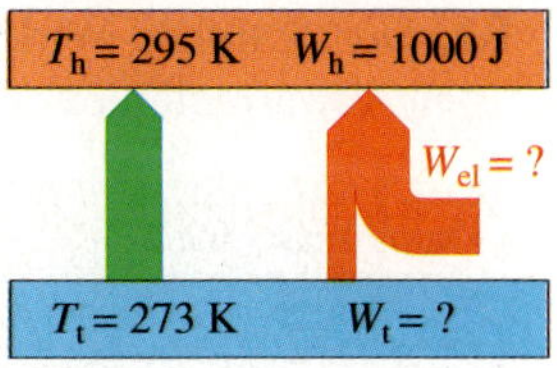

Aus der Entropiebilanz $W_t/T_t = W_h/T_h$ folgt die der Erde zu entnehmende Wärme:

$$W_t = W_h \cdot T_t/T_h$$
$$= 1000\ \text{J} \cdot 273\ \text{K}/(295\ \text{K}) = 925\ \text{J}.$$

Man braucht an elektrischer Energie noch $W_{el} = W_h - W_t = 1000\ \text{J} - 925\ \text{J} = \mathbf{75\ J}$.

2. Aufgabe: Welche Wärme kann man in 1 h mit 50 W elektrischer Leistung dem Kühlschrankinnern von –10 °C (263 K) entziehen, bei der Küchentemperatur 24 °C (297 K)?

Lösung: Bei 50 W wird in 1 s die elektrische Energie $W_{el} = 50$ J zugeführt; die Küche erhält also $W_h = W_t + 50$ J.
Aus der Entropiebilanz $W_t/T_t = W_h/T_h$ folgt

$$W_t = (W_t + 50\ \text{J}) \cdot 263\ \text{K}/(297\ \text{K})$$
$$W_t = (W_t + 50\ \text{J}) \cdot 0{,}89 = 0{,}89\ W_t + 44\ \text{J}$$
$$0{,}11\ W_t = 44\ \text{J},\ \text{d. h.}\ \mathbf{W_t = 400\ J}.$$

In 1 s wird dem Kühlschrankinnern $W_t = 400$ J entzogen, in 1 h also 1,4 MJ = 0,4 kWh.

Aufgaben

A1: a) Zeichne ➠ *Bild 1a* bei $T_h = 900$ K, $W_h = 9000$ J und $T_t = 300$ K und führe mit diesen Werten die *Gl. (2–5)* aus.

A2: Vergleiche die früheren Erörterungen (ohne „Entropie") zum Heißluftmotor mit den hier entwickelten. Beachte den Unterschied von „anschaulich" und „allgemeingültig".

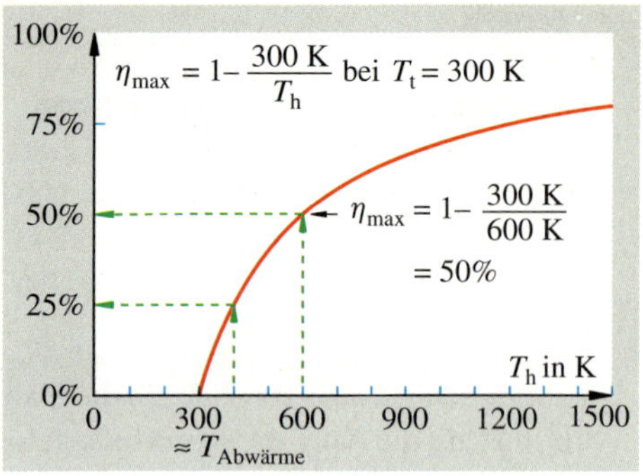

B1: Der optimale Wirkungsgrad η_{max} bei der Abwärmetemperatur T_t = 300 K.

Dampfmaschine	15%
Strahltriebwerk (Flugzeug)	18%
Ottomotor (Benzin)	30%
Dieselmotor (im Auto 17%)	38%
Dampfturbinenkraftwerk	45%
GuD (Gas- und Dampfturbinen)	54%
Brennstoffzelle in Autos	60%

T1: Tatsächliche Wirkungsgrade (entnehmbare Nutzenergie W_{nutz} bezogen auf die aufgewandte Energie der „Brennstoffe").

Vertiefung

Wie weit sind Maschinen ideal?

a) Die oft zitierte Idealmaschine hat ein Problem: Beim Fluss der Wärme W_h von der Wärmequelle in den Kolbenraum dürfte keine Entropie irreversibel entstehen; die Temperatur müsste in beiden Körpern exakt gleich sein. Ohne Temperaturunterschied fließt aber keine Wärme; eine Idealmaschine bliebe stehen; sie existiert nur auf dem Papier – bequem zum Rechnen. In realen Maschinen, bei jeder Energienutzung, laufen irreversible Vorgänge mit ab, die mehr oder weniger Energie entwerten.

b) Ist die Abwärme W_t einer Maschine im Sinne der Physik völlig entwertet? Würde man sie mit einer Wärmepumpe unter Zufuhr von Energie wieder auf die hohe Temperatur T_h pumpen, so könnte sie von dort wieder Arbeit liefern. Das ließe sich theoretisch beliebig oft wiederholen. Erst wenn die Abwärme W_t von einem Fluss abgeführt wird, geht sie für uns verloren. Vorher kann man sie aber noch zum Heizen benutzen.

Energieentwertung und Entropie

Man benutzt im täglichen Leben das Wort „Energie*verbrauch*", obwohl kein einziges Joule in der Natur verschwindet. Auch beim „Wasserverbrauch" verschwindet Wasser nicht wirklich. Vielmehr ist das im Haushalt „verbrauchte" Wasser mit Schmutz verunreinigt. Gibt es auch bei der Energie etwas, das sie beim Gebrauch „verschmutzt", entwertet? Kann man diesen „Schmutz" entfernen? Oder verbieten Naturgesetze, die entwertete Energie zu recyceln?

- Beim Bremsen eines Autos kennen wir den Grund für die Entwertung: Es ist die irreversible Umwandlung von geordneter, stets entropiefreier Bewegungsenergie in ungeordnetes Kleingewimmel. Dieses geht als Wärme ab, zusammen mit der neu erzeugten Entropie. Nun ist die Abnahme von Entropie naturgesetzlich verboten. Dies macht die Entwertung endgültig. Schmutzwasser dagegen könnte man reinigen (recyceln).
- In modernen Zügen knirschen kaum noch Reibungsbremsen. Dort wird in Generatoren die Bewegungsenergie lautlos in ebenfalls entropiefreie elektrische Energie umgewandelt und durch die Oberleitungen andern Zügen zur Verfügung gestellt. Denn die von Kleingewimmel, von Entropie freien mechanischen und elektrischen Energieformen sind **vollwertig**, im Gegensatz zu der stets mit Entropie „verschmutzten" Wärme.
- Die Entropie begrenzt den Wirkungsgrad *aller* idealen, reversiblen Wärmekraftmaschinen auf $\eta_{max} = W_{nutz}/W_{th} = 1 - T_t/T_h$. *Bild 1* zeigt η_{max} bei der Abwärmetemperatur T_t = 300 K. Technisch bedingte irreversible Vorgänge (Reibung, Wärmeleitung) senken die tatsächlichen Wirkungsgrade weit unter η_{max} (*Tabelle 1*). Vergleiche *Tabelle 1* mit *Bild 1*.
- Die Abwärme ist noch zum **Heizen** geeignet, da es dort nur auf die Temperatur ankommt. Bei der **Kraft-Wärme-Kopplung** leitet man die Abwärme von Kraftwerken in Häuser. Erst diese entlassen sie bei tiefer Temperatur in die Umgebung, mit viel Entropie.
- In **Brennstoffzellen** erfolgt im Idealfall die Oxidation („Verbrennung") von Wasserstoff „geordnet", ohne Entropiezunahme. Sie ist reversibel (analog zu Akkus, die man immer wieder aufladen kann). Die aus chemischer Energie ohne den „Umweg" über Wärme entstandene elektrische Energie ist entropiefrei. Statt des theoretisch erwarteten Wirkungsgrads η_{max} = 100% wird in Autos aber nur ca. 60% erreicht.
- Wir zeichnen oft **Übertragungsketten** für Energie. Längs all dieser Ketten nimmt die Entropie irreversibel zu, Energie wird entwertet. Wie wir sahen, strebt die Entropie zum Maximum an Möglichkeiten, zu möglichst viel „Unordnung". So schreibt sie dem irreversiblen Naturgeschehen die zeitliche Richtung vor, den sog. *Zeitpfeil*, und das unerbittlich.

Merksatz

Mechanische und elektrische Energieformen sind vollwertig. Energie wird bei der irreversiblen Zunahme der Entropie entwertet, meist beim Abgang als Wärme. Dies geschieht praktisch überall.

Interessantes

Das Gummiband als Kältemaschine

Strecke ein dünnes Gummiband schnell und halte es gestreckt an die temperaturempfindliche Oberlippe. Es wurde wärmer, aber nicht durch Reibung. Würden die Gummiteilchen aneinander reiben, so wäre das irreversibel. Ein gestrecktes Band würde sich nicht wieder von selbst zusammenziehen.
Halte das Band gespannt, bis es auf Zimmertemperatur abgekühlt ist. Prüfe nach dem Entspannen seine Temperatur. Sie liegt unter der Zimmertemperatur! Du hast die einfachste „Kühlmaschine" in Händen. Wie funktioniert sie?
Vereinfacht gesehen bestehen komplizierte Gummimoleküle aus vielen Gliedern, wie Uhrketten (➠ *Bild 2*). Diese hängen locker aneinander; die Gliederkette erzeugt für sich keine elastische Kraft. Doch tritt nun das Kleingewimmel in Aktion. Es verknäuelt im entspannten Gummi alle Glieder und es gibt jedem Knäuel eine andere Form; die vielen *Form-Möglichkeiten* bedeuten viel „*Form-Entropie*" (➠ *Bild 3*).

Zieht man das Gummiband in die Länge, so nehmen alle Moleküle etwa die gleiche, gestreckte Form an, sie müssen sich auf wenige Form-Möglichkeiten beschränken; die Form-Entropie sinkt drastisch. Die *Gesamtentropie* des Bandes kann aber auch hier nicht abnehmen; ein universelles Naturgesetz wäre verletzt. Deshalb weicht die Form-Entropie ins Kleingewimmel aus; dies erhöht die bereits bekannte (Wärme-) Entropie. Wärme fließt in deine Oberlippe und nimmt etwas von der Unordnung mit, die du den Gummimolekülen beim Spannen entzogen hast.

Die zugehörige Wärme entsteht aber nicht von selbst, sondern wurde zuvor von dir mit der Spannkraft als Spannenergie geliefert.

Wenn du das Band loslässt, so verknäuelt das emsige Kleingewimmel die Moleküle wieder. Die vorübergehend gehortete (Wärme-)Entropie kehrt wieder als Form-Entropie zurück. Das Band kühlt sich ab; es holt aus deiner Lippe Wärme und Entropie, Unordnung zurück. Du spürst die Entropie unmittelbar.

Ein weiteres Experiment bestätigt dies: Erhitze ein durch angehängte Körper straff gespanntes Gummiband kräftig mit dem Fön (➠ *Bild 5*). Dabei wird das thermische Kleingewimmel verstärkt, also die Unordnung der Molekülformen. Die Moleküle verknäueln sich stärker. Das Band verkürzt sich, während sich andere Stoffe beim Erhitzen ausdehnen.

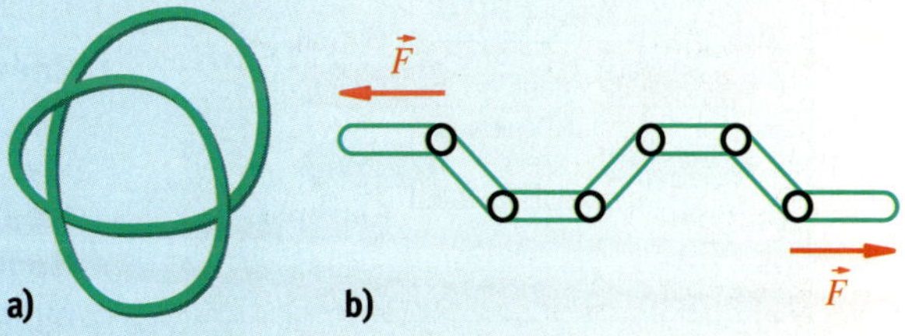

B2: a) Das Gummimolekül hat sehr viele Möglichkeiten, sich zu verknäulen; es hat Form-Entropie. **b)** Im gespannten Zustand gibt es dagegen praktisch nur eine Möglichkeit, die Form-Entropie ist dort klein.

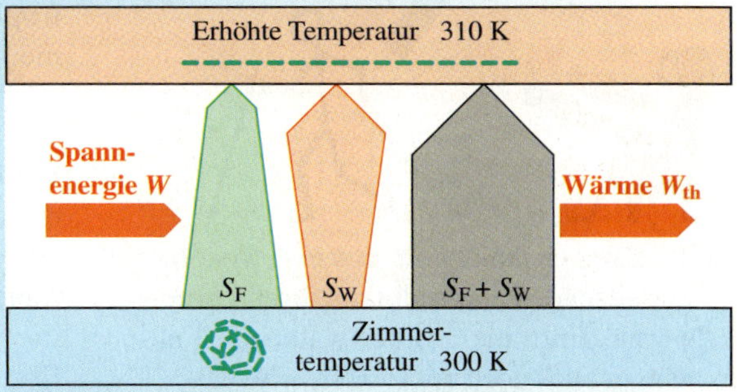

B3: Das Gummiband wird gespannt (oben). Die Form-Entropie nimmt ab (grün). Sie geht reversibel in (Wärme-)Entropie, in Kleingewimmel, über (rot). Die Gesamtentropie (schwarz) bleibt praktisch erhalten.

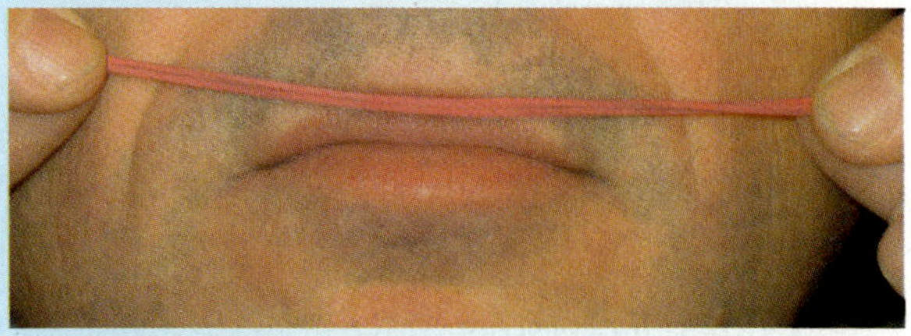

B4: Beim Spannen wandert Entropie (Unordnung) der verknäulten Gummimoleküle in die Oberlippe, wo man die begleitende Wärme spürt. Beim Entspannen kehren Wärme und Entropie zurück; man spürt eine Abkühlung.

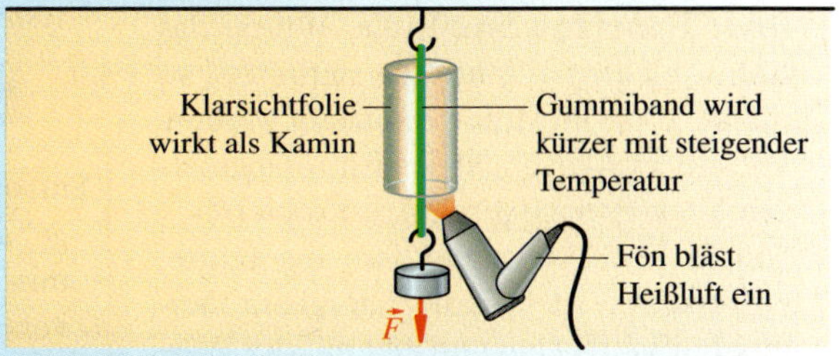

B5: Das gespannte Gummiband verkürzt sich beim Erhitzen. Das verstärkte Kleingewimmel erzeugt mehr Unordnung, verknäult die Moleküle stärker; sie ziehen sich zusammen.

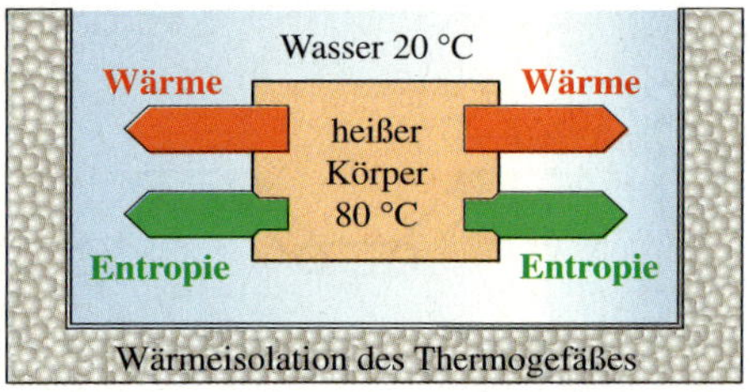

B 1: Der heiße Körper gibt Wärme und Entropie an das kalte Wasser ab, nicht nach außen; es ist ein abgeschlossenes System.

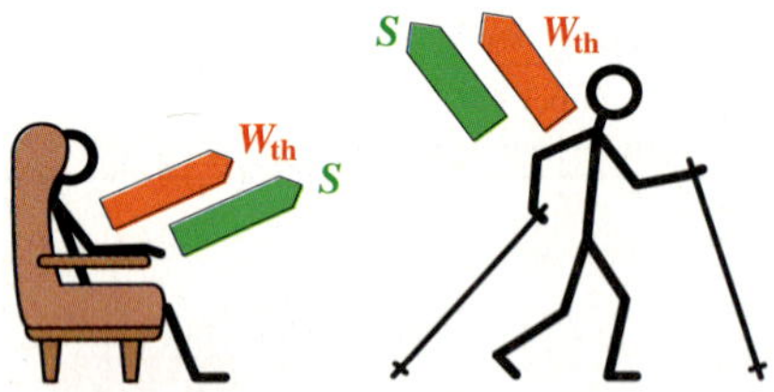

B 2: Zwei nicht abgeschlossene Systeme: Die sitzende Person gibt mit ihrer Körperwärme Entropie ab, der walkende Fußgänger auch noch mit seinem Schweiß.

Interessantes

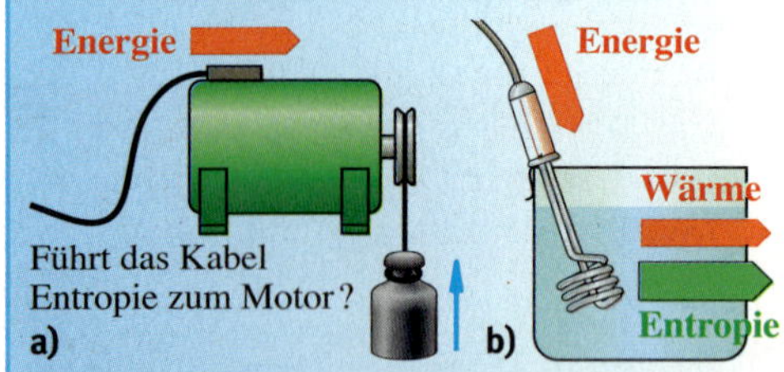

Transportiert elektrischer Strom Entropie?

Dem *Elektromotor* führt das Kabel elektrische Energie zu. Ist der Motor ideal gebaut, so erzeugt er keine Wärme und gibt keine Entropie ab, sondern hebt einen Körper. Bei diesem mechanischen Vorgang spielt Entropie keine Rolle. Würde das Kabel elektrisch Entropie zuführen, so müsste diese im Motor vernichtet werden. Dies aber widerspricht den Entropiegesetzen. Elektrische Energie ist entropiefrei.

Ein *Tauchsieder* wandelt ihm zugeführte, entropiefreie elektrische Energie in thermische Energie um und gibt mit der Wärme Entropie ab. Er erzeugt Entropie. Dies kennen wir vom Bremsen, wo ebenfalls Unordnung, also Entropie neu entsteht.

Entropie bestimmt den Lauf der Welt

1. Energie- und Entropiesatz

Das Thermosgefäß in ➡ *Bild 1* enthält kaltes Wasser der Temperatur T_t. Wir geben einen heißen Körper mit der Temperatur T_h dazu. Beim Abkühlen gibt er die Wärme W_{th} ab, die das kalte Wasser aufnimmt. Das ist noch nichts Neues. Nun gehen wir einen wichtigen, aber vertrauten Schritt weiter. Wir fassen Körper und Wasser, den ganzen Inhalt des Thermosgefäßes, als *abgeschlossenes System* auf. Dort gilt der **Energiesatz:** In abgeschlossenen Systemen können sich Energieformen umwandeln; doch bleibt ihre Summe konstant. Bei der *Entropie* zeigt sich Folgendes: Der Körper gibt die Entropie $S_h = W_{th}/T_h$ ab. Das Wasser nimmt zwar die gleiche Wärme W_{th} auf, jedoch wegen $T_t < T_h$ die größere Entropie

$$S_t = W_{th}/T_t > S_h = W_{th}/T_h. \quad \text{Es gilt} \quad S_t > S_h.$$

Wir schreiben nun dem System eine *Gesamtentropie* zu, ohne sie exakt zu kennen. Da es thermisch abgeschlossen ist, nimmt es von außen keine Wärme, keine Entropie auf. Seine Gesamtentropie steigt, solange im Innern irreversible Vorgänge ablaufen.

Erst wenn das ganze abgeschlossene System gleiche Temperatur hat, wenn dort die irreversible Wärmeleitung beendet ist, bleibt die Gesamtentropie konstant. Bei diesem *thermischen Gleichgewicht* herrscht im System thermisch gesehen Ruhe; es fließt keine Wärme. Die Teilchen haben das Maximum ihrer Verteilungsmöglichkeiten erobert. Da sie diese nicht mehr preisgeben, nimmt die erreichte maximale Entropie des Systems nicht mehr ab.

Dieser **Entropiesatz** steht dem Energiesatz zur Seite und lautet: *In thermisch abgeschlossenen Systemen kann die Entropie nur zu-, nie abnehmen.* Der Entropiesatz verbietet, dass Wärme von selbst von Kalt nach Heiß strömt, dass Duftstoffe in die Flasche zurückkehren; er verbietet die Rücknahme aller irreversiblen Vorgänge. Daraus folgert man in Physik und Technik vieles, was anderweitig nicht leicht zu finden wäre (➡ *Interessantes*). Nach diesem Satz haben wir z. B. den Wirkungsgrad aller Idealmaschinen bestimmt, unabhängig von der Bauart. Solange aber der im Thermosgefäß befindliche heiße Körper Wärme abgibt, verliert er Entropie. Er ist eben ein nicht abgeschlossenes *Teilsystem.* Für Teilsysteme gilt der Entropiesatz nicht.

Merksatz

Entropiesatz: In abgeschlossenen Systemen, die keine Wärme abgeben, kann die *Entropie* zwar zu, aber nicht abnehmen. Im thermischen Gleichgewicht bleibt sie konstant, der Antrieb für irreversible Vorgänge ist erloschen.

Energiesatz: In abgeschlossenen Systemen bleibt die Summe aller Energieformen konstant. Sie können sich so weit umwandeln, wie es der Entropiesatz gestattet.

2. Auch Ströme können Entropie erzeugen

a) Ein Haus kühlt sich nach Ausfall der Heizung rasch ab, wenn die Wärme W_{th} schnell nach außen kriecht. Wir sagen, der *Energiestrom* $I_W = W_{th}/t$ ist stark. Dabei ist die Wärme von der Entropie $S = W_{th}/T$ begleitet. Diesen **Entropiestrom** kennzeichnen wir mit der **Entropiestromstärke**

$$I_S = \frac{S}{t} \quad \left(\text{Einheit } \frac{\text{J}}{\text{K} \cdot \text{s}}\right). \tag{1}$$

Den Unterschied zur Energiestromstärke kennst du: Sinkt in einer Hauswand die Temperatur, so steigen die Entropie S und die Entropiestromstärke $I_S = S/t$ in der Wand. Wir ließen den Entropiepfeil in der Wand dicker werden, im Gegensatz zum Energiepfeil.

b) In Wasserfällen fällt Wasser geordnet nach unten (➡ *Bild 3*). Erst unten gerät es in Unordnung; Gischt entsteht, Kleingewimmel und Entropie nehmen zu, irreversibel.
Warum fließt das Wasser eines ruhigen See nicht *von selbst* wieder bergauf? Der Energiesatz verbietet das dem Wasser nicht. Es könnte die nötige Energie seinem großen Vorrat an innerer Energie entnehmen, sich etwas abkühlen. Doch würden dabei Kleingewimmel und Entropie insgesamt abnehmen. Genau das verbietet der Entropiesatz – und siegt.

c) Elektronen würden Drähte geordnet durchfließen, wenn diese keinen Widerstand hätten. Dort entstehen Stromwärme und Entropie, wie bei mechanischer Reibung, also irreversibel. Ein Draht kühlt sich nicht von selbst ab und erzeugt Strom. Schön wär's!

3. Entropie, Antrieb und Zeitpfeil im Naturgeschehen

Aus der heißen Tasse heraus erobern „Energieflöhe" alle verfügbaren Möglichkeiten der kalten Umgebung. Bei allen irreversiblen Vorgängen nimmt die Entropie zu. Ihr Streben nach Zunahme bestimmt den Antrieb irreversibler Vorgänge, vor allem deren *Richtung*. Dies zeigt ➡ *Bild 4* symbolisch. Dahinter steckt nur das Zufallsgeschehen im Kleingewimmel, keine geheimnisvolle, unbekannte Kraft.
Ist der Ausgleich erreicht, so kommt der Antrieb des irreversiblen Geschehens zum Erliegen. Eine Rückkehr der Wärme von Kalt nach Heiß wäre mit einer Abnahme der Entropie verbunden. – Genau genommen sind alle Naturvorgänge irreversibel. Der Entropiesatz bestimmt die *zeitliche* Richtung allen Naturgeschehens; man spricht symbolisch vom „Zeitpfeil", der unerbittlich in die Zukunft weist, jede Umkehr blockierend. So erweist sich die Entropie als Herrin über Energie und Zeit.

Merksatz

Viele Vorgänge in der Natur sind irreversible Ströme von Materie oder Energie. Dabei nimmt die Entropie zu; ihre Zunahme bestimmt Richtung und Stärke des Antriebs dieser Ströme. So bestimmt die Entropie durch ihr Anwachsen den „Zeitpfeil".

B3: Im fallenden Wasser herrscht noch Ordnung. Die Entropie entsteht erst mit der Gischt. Die Wassertemperatur steigt dort ein wenig.

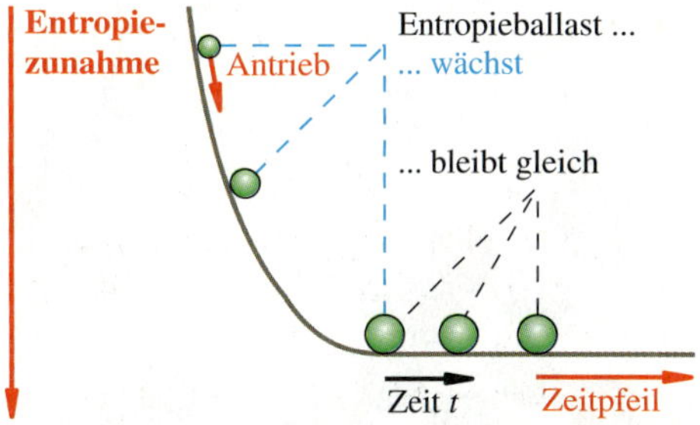

B4: Wenn Kaffee Wärme abgibt, wächst die Entropie *S* im Zimmer. Dies wird links symbolisch dargestellt durch Dickerwerden der rollenden Kugel. Diese Entropiezunahme „treibt" den Wärmefluss in die Umgebung. Unten ist thermisches Gleichgewicht erreicht; der Antrieb ist erloschen, die Entropie bleibt konstant.

Interessantes

Ein scheinbarer Widerspruch

Wasser verdunstet auch, wenn man keine Wärme zuführt. Dabei dampfen die schnellsten Moleküle bevorzugt ab, das Wasser verliert ganz von sich aus an Temperatur, an Kleingewimmel, an Entropie. Das widerspricht nicht dem Entropiesatz. Denn die Moleküle erobern im Gasraum ein 2000-mal so großes Volumen wie in der Flüssigkeit. Dabei steigt die Entropie so stark an, dass ihre Abnahme im Wasser überkompensiert wird. Die *Gesamtentropie* des Systems steigt. *Nur darauf kommt es beim Entropiesatz an.* Der Anstieg der Entropie ist *Antrieb* des Verdunstens der riesigen Wassermengen im Meer und damit der Antrieb des lebenserhaltenden Wasserkreislaufs.

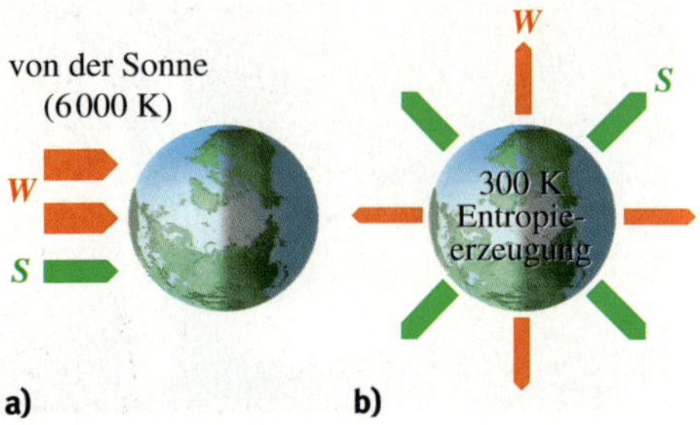

B1: a) Die Erde empfängt von der Sonne viel Energie (rot), aber nur wenig Entropie (grün). **b)** Sie strahlt allseitig genauso viel Energie ab, wie sie erhält, aber viel mehr Entropie.

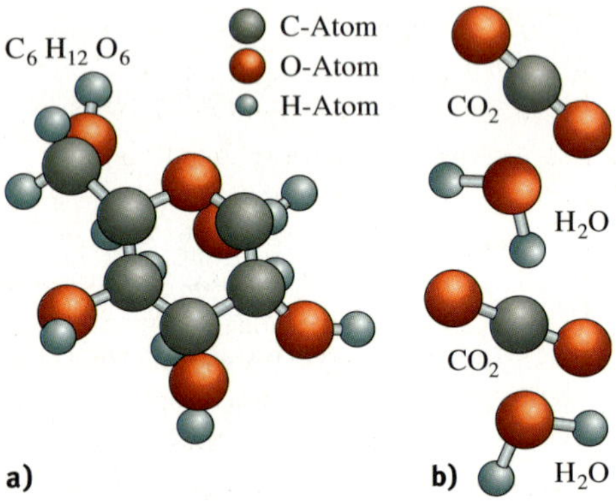

B2: a) Im Glucosemolekül sind die Atome geordnet gebunden, mit wenig Freiraum, wenig Entropie, aber mit viel chemischer Bindungsenergie. **b)** H_2O- und CO_2-Moleküle schwirren frei im Raum mit viel Entropie.

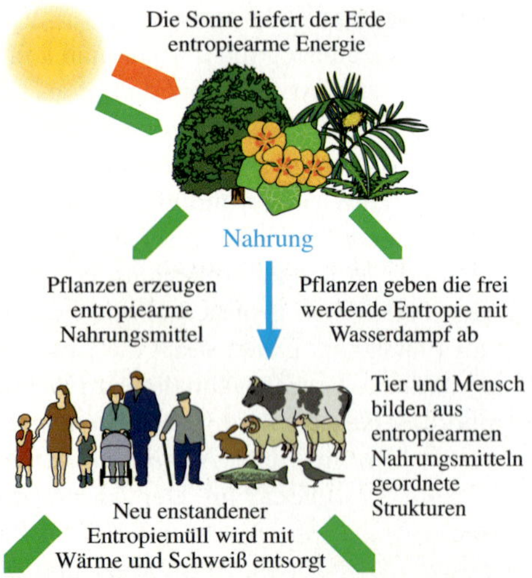

B3: Die grünen Pfeile zeigen den Lauf der Entropie von der Sonne über Pflanzen und Tiere, letztlich zurück in den Weltraum.

4. Der Entropiehaushalt der Erde

Die Sonne (T_h = 6000 K) spendet uns viel Wärme, also auch Entropie (➠ *Bild 1, Bild 3*). Zudem erzeugen Winde, Meereswogen und vieles andere ständig Unordnung, Entropie. Quillt davon die Erde nicht bald über? Glücklicherweise ersticken wir nicht in zu viel thermischer Unordnung, in zu viel Entropie. Denn die gleiche Energie gibt die Erde bei nur T_t = 300 K als unsichtbares Infrarot in den Weltraum ab (➠ *Treibhauseffekt*). Nun ist die Erdtemperatur T_t = 300 K nur $\frac{1}{20}$ von T_h = 6000 K. Deshalb entsorgt die abgehende Entropie $S_{ab} = W_{th}/T_t$ das 20fache der von der Sonne kommenden Entropie $S_{zu} = W_{th}/T_h$ in die großen Freiräume des Weltalls kostenlos.

5. Entropie in Pflanzen und Lebewesen

a) Pflanzen brauchen nicht nur die Energie der Sonnenstrahlung, sondern auch deren niedrige Entropie, um *geordnete Strukturen* aufzubauen, z. B. aus CO_2 und Wasser die *Glucose*. Deren Struktur ist geordneter, entropieärmer als die der Ausgangsstoffe (➠ *Bild 2*). Beim Aufbau von Glucose wird in der Pflanze Entropie frei. Diese muss entsorgt werden, damit die „Unordnung" nicht ständig steigt (grüne Pfeile in ➠ *Bild 3*). Da Pflanzen die gleiche Temperatur wie die Umgebung haben, geschieht dies nicht mit Wärme oder Strahlung, sondern durch Verdunsten von Wasser. Die Wasserteilchen gewinnen im Dampfzustand viel Freiraum, der Wasserdampf führt viel Entropie ab. Deshalb brauchen Pflanzen ständig Wasser; sie sind „durstig". Wasser hat zwar keinen Nährwert, sein Dampf besitzt aber viel Entropie. So entsorgt er die überschüssige Entropie der Pflanzen.

b) Tier und Mensch brauchen Nahrungsmittel mit wenig Entropie. Auch sie müssen hochgradig geordnete, entropiearme Strukturen aufbauen, um empfindliche Lebensvorgänge aufrecht zu erhalten. (Diese *Selbstorganisation der Materie* untersucht die *Synergetik*.) Dazu entnehmen wir Pflanzen z. B. die entropiearme Glucose. Wenn sie der Körper wieder zerlegt, „verbrennt", werden Energie, CO_2 und Wasser frei; es entsteht viel Entropie. Diese muss „entsorgt" werden, um die entropiearmen Lebensstrukturen nicht zu zerstören. Wir geben mit Wärme und Schweiß nicht nur Energie ab, sondern entsorgen auch Entropie (➠ *Bild 3*).

Man darf also bei Erde und Lebewesen nicht nur die Energiebilanz betrachten. Wären es abgeschottete Systeme, so bliebe die Energie erhalten; man bräuchte keine zuzuführen! Entscheidend ist: *Bei allen irreversiblen Vorgängen entsteht Entropie.* Diese muss entsorgt werden. Bei der Erde hält abgehende Strahlung das Entropiegleichgewicht aufrecht, bei Lebewesen durchfließende Materie und abfließende Wärme, bei Pflanzen das verdunstende Wasser. Alle Lebewesen müssen deshalb *offen* sein für den Durchfluss von Stoffen und Energie, für die Entsorgung der Entropie. Dies zeigte 1944 der berühmte Quantentheoretiker E. SCHRÖDINGER in seinem Buch „Was ist Leben?"

Überblick

Was wissen wir nun von der Entropie?

a) An der ➡ *brownschen Bewegung* gewannen wir Einsicht in diese als abstrakt geltende Größe, veranschaulicht am Computer: Wir betrachteten sehr viele Teilchen eines Kleingewimmels, etwa Flöhe, die sich über viele Hunde tummeln. Zufallsbedingt und völlig ungeordnet erproben sie alle erreichbaren Positionen. So zeigt sich eine überwältigende Tendenz zur *Zunahme an Verteilungsmöglichkeiten*, an *Entropie*. Ist dabei ein Maximum an Entropie „erobert", so wird es nicht mehr preisgegeben. Bei allen Naturvorgängen ist eine Abnahme der Gesamtentropie strikt verboten.

b) Die Entropie ist umso größer,
- je mehr Teilchen am Kleingewimmel beteiligt sind,
- je mehr Möglichkeiten ihnen zur Verfügung stehen.

Das bedeutet für den Wärmefluss:
- Die Entropie S steigt mit der strömenden Wärme W_{th}, mit der Zahl der beteiligten Energieportionen.
- Strömt Wärme W_{th} bei tiefer Temperatur T, so sind ihre Energieportionen über viele Atome verteilt; sie haben viele Verteilungsmöglichkeiten, viel Entropie. Insgesamt gilt $S = W_{th}/T$.
- Fließt Wärme in kältere Bereiche, so wird sie „verdünnt"; die Entropie steigt irreversibel.

c) In der Wärmetechnik spielt die Entropie eine überragende Rolle. Sie begrenzt den Wirkungsgrad aller Motoren. Zudem bestimmt sie durch irreversible Zunahme die Entwertung der Energie. Entwertete Energie ist mit Entropie, mit „Unordnung", „verschmutzt".

d) In fast allen Gebieten der Physik ist der *Entropiesatz* unverzichtbar. Er sagt aus: In abgeschlossenen Systemen kann die Entropie nur zunehmen, bis thermisches Gleichgewicht eingestellt ist, nicht abnehmen. Er steht neben dem *Energiesatz*, wobei die Entropie die Führung übernimmt. Sie bestimmt durch ihr Anwachsen die Richtung des Naturgeschehens, den *Zeitpfeil*.
Danach sind alle Naturvorgänge *irreversibel. Reversible,* umkehrbare, geordnete Vorgänge sind Idealisierungen mit konstanter Entropie. Deshalb beachtet man in der Mechanik die Entropie meist nicht.

e) Mit der Entropie ist ein breites Tor zum Verständnis vieler Naturvorgänge aufgestoßen. Ihre anschauliche Erklärung durch Ludwig BOLTZMANN (um 1870) läutete die *moderne Physik* ein, bevor man überzeugt war, dass es Atome gibt. Dies wurde erst 1905 von Albert EINSTEIN mithilfe der Entropie bewiesen. Diese führte auch Max PLANCK 1900 zur Quantentheorie.

Aufgaben

A1: Suche Bilder im Buch, die obige Texte veranschaulichen.

A2: Die Wände eines mit 30 kW geheizten Hauses haben innen ständig die Temperatur 20 °C, außen –10 °C. Wie groß sind die Energie- und Entropiestromstärken innen und außen? Wie viel Entropie entsteht in 1 h in den Wänden? Warum ist das irreversibel? Zeichne die Energie- und Entropiepfeile.

A3: Welche Energie, welche Entropie gibt ein 2000 W-Heizofen, dessen Drähte 800 °C haben, in 10 s ab? Was nimmt die Zimmerluft bei 20 °C auf? Wie groß sind die Stromstärken für Energie und Entropie?

A4: Hans sagt: „Entropie beruht auf dem „blinden" Zufall, der bekanntlich keine Richtung bevorzugt. Wie soll ausgerechtet dies den Zeitpfeil liefern?" Argumentiere mit ihm. Suche im Buch ein veranschaulichendes Bild.

A5: Anna ist überzeugt, dass es streng reversible, weil rein mechanische Vorgänge gibt. Sie nennt den Mond, der seit Jahrmillionen die Erde unverändert umkreist. Martin wendet ein, dass der Mond auf der Erde Ebbe und Flut erzeugt. Was will er damit sagen? Diskutiere anhand des Energie- und Entropiesatzes.

A6: Ulrich findet einen Widerspruch. Er sagt, wenn sich ein Körper abkühlt, nehmen dort Wärme und Entropie ab. Entropie kann aber nicht abnehmen. Wie löst du den Knoten?

A7: **a)** Erweitere folgendes Baumdiagramm, um die Formel $m = h^f$ zu begründen. **b)** Wir haben früher mit dieser Formel gezeigt, warum sich ein Gas nicht von selbst auf kleineren Raum zurückzieht.

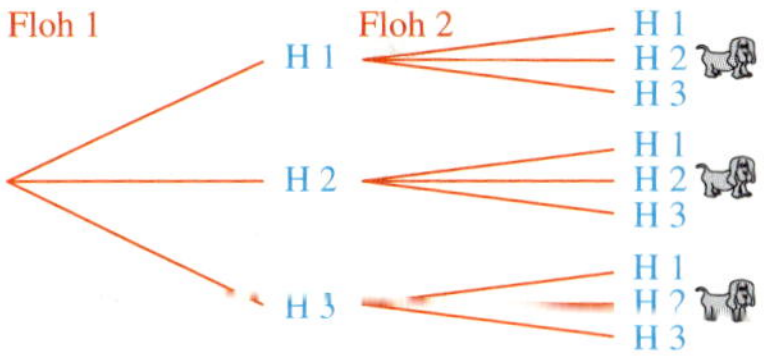

Rechne nach folgendem Modell genauer: 60 Flöhe sind über 10 Hunde verteilt. Wie viele Möglichkeiten haben sie? Wie viele Möglichkeiten bleiben ihnen, wenn sie sich auf nur noch 9 oder gar 8 Hunde beschränken? Auf welchen Prozentsatz sinken dabei ihre Möglichkeiten? Was folgerst du daraus für ein Gas in einem Behälter? (*Ergebnis:* Auf ca. 0,18% bzw. 0,00015%.)

Das ist wichtig

1. Absolute Temperatur

Die Temperatur kennzeichnet den *Zustand* eines Körpers. Sie ist ein Maß für die mittlere Energie je Teilchen. Die **Kelvinskala** beschreibt die **absolute Temperatur *T***. Sie hat keine Minusgrade („Kältegrade"). Der absolute Nullpunkt 0 K ist die tiefste mögliche Temperatur. Sie entspricht dem Zustand, bei dem die Teilchen des idealen Gases keine Energie mehr haben. Gemessen wird die absolute Temperatur mit dem *Gasthermometer*. Das eingeschlossene Volumen folgt der Gesetzmäßigkeit $V \sim T$. Die Celsius- und die Kelvinskala haben gleiche Gradschritte, aber verschiedene Nullpunkte. Man kann x °C in y °K umrechnen:

$$y = x + 273; \text{ Beispiel: } 20\,°\text{C} = 293\text{ K}.$$

2. Ideales Gas

- Die Teilchen eines (nicht realen, nur gedachten) idealen Gases besitzen keine räumliche Ausdehnung.
- Es gibt keine Kraftwirkung zwischen den Teilchen.
- Die Teilchen verhalten sich bei Zusammenstößen wie vollelastische Kugeln.

Bei Normalbedingungen verhalten sich z. B. Luft, Wasserstoff, Helium, Neon und Argon praktisch wie ideale Gase.

3. Allgemeine Gasgleichung

Für eine gleichbleibende Menge eines idealen Gases gilt die **allgemeine Gasgleichung**

$$\frac{p \cdot V}{T} = \text{konstant}.$$

Die allgemeine Gasgleichung umfasst die Einzelgesetze von

- BOYLE und MARIOTTE: $p \cdot V = \text{konstant}$ bei konstanter Temperatur,
- GAY-LUSSAC (Gesetz von Charles): $V/T = \text{konstant}$ bei konstantem Druck,
- GAY-LUSSAC: $p/T = \text{konstant}$ bei konstantem Volumen.

4. Wärmekraftmaschinen

Maschinen, die Wärme in mechanische Energie umwandeln, heißen Wärmekraftmaschinen. Dampfmaschinen, Heißluftmotoren, Benzin- und Dieselmotoren sowie Dampfturbinenkraftwerke sind Wärmekraftmaschinen.

Wärmekraftmaschinen können *prinzipiell* nicht die gesamte ihnen zugeführte Wärme in mechanische Energie umwandeln. Ein Teil der Wärme W_h, die bei hoher Temperatur T_h zugeführt wird, geht unvermeidlich als Abwärme W_t bei tiefer Temperatur T_t in die Umgebung. Man sagt deshalb: Wärme ist nicht vollwertig.

Der **Wirkungsgrad η** einer Wärmekraftmaschine gibt den Anteil der zugeführten Wärme $W_{\text{zugeführt}}$ an, den sie in wertvolle mechanische Energie W_{nutzbar} umwandelt:

$$\eta = \frac{W_{\text{nutzbar}}}{W_{\text{zugeführt}}}.$$

Der Wirkungsgrad einer Wärmekraftmaschine kann prinzipiell nicht größer sein als

$$\eta_{\max} = 1 - \frac{T_t}{T_h}.$$

Beispiel: Für $T_h = 600$ K und $T_t = T_{\text{Umgebung}} = 300$ K erhalten wir einen maximalen Wirkungsgrad von

$$\eta_{\max} = 1 - \frac{300\text{ K}}{600\text{ K}} = 1 - \frac{1}{2} = 50\,\%.$$

Je höher T_h und je niedriger T_t, desto größer ist $\eta_{\max}$. Bei der Entwicklung von Wärmekraftmaschinen ist man deshalb bestrebt, Materialien zu verwenden, die eine möglichst hohe Temperatur T_h aushalten.

5. Wärmepumpen

Treibt man einen Heißluftmotor durch Zufuhr mechanischer Energie an, so laufen alle Vorgänge in umgekehrter Richtung ab. Das Gesamtergebnis ist: Die zugeführte mechanische Energie W_{mech} wird zusammen mit der Wärme W_t, die bei tiefer Temperatur aufgenommen wird, als Wärme W_h bei der hohen Temperatur T_h abgegeben: $W_h = W_{\text{mech}} + W_t$.

Durch die Zufuhr mechanischer Energie ist es also möglich, Wärme entgegengesetzt zur normalen Richtung von einem Körper niedriger Temperatur zu einem Körper höherer Temperatur „zu pumpen".

Bei Wärmepumpen spricht man nicht vom Wirkungsgrad, sondern von der *Leistungsziffer* $\eta' = \frac{1}{\eta} > 1$.

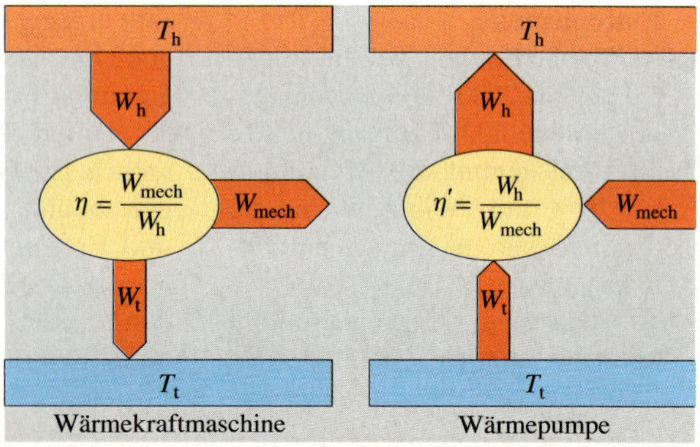

6. Reversibel – irreversibel

Irreversibler Prozess: Ein Vorgang, der ohne sonstige bleibende Veränderung in der Natur nicht in umgekehrter Richtung ablaufen kann.
Wichtige Fälle: Die Umwandlung von Arbeit über Reibung in Wärme ist irreversibel. Der Wärmefluss über ein Temperaturgefälle ist irreversibel.
Reversibler Prozess: Der Grenzfall des „gerade nicht mehr irreversiblen“ Prozesses. Reibungsfreie mechanische Prozesse und elektrische Prozesse ohne Stromwärme sind reversibel.

7. Entropie

Die am Kleingewimmel der brownschen Bewegung beteiligten Teilchen eines Körpers streben zum Maximum an Verteilungsmöglichkeiten bei Gleichverteilung.
Die **Entropie *S*** ist ein Maß für die Zahl der gleich wahrscheinlichen Möglichkeiten, die solchen Teilchen offenstehen.

- Die Entropie ist umso größer, je mehr Teilchen am Kleingewimmel beteiligt sind, je mehr Möglichkeiten dabei jedem Teilchen offenstehen.
- Bei irreversiblen Prozessen nimmt die Entropie zu, bei reversiblen bleibt sie erhalten.
- In einem thermisch (wärmemäßig) abgeschlossenen System kann die Entropie nicht abnehmen (*2. Hauptsatz der Wärmelehre;* der *1. Hauptsatz* sagt, dass die Energie eines thermisch und arbeitsmäßig abgeschlossenen Systems konstant bleibt).

Die Entropie S nimmt z. B. zu,

- wenn die Teilchen eines Gases mehr Raum einnehmen, wenn sich ein Gas ausdehnt, bei allen Diffusionsvorgängen.
- wenn Wärme von hoher zu tiefer Temperatur fließt,
- beim Schmelzen und Verdampfen.
- Wird einem Körper Wärme bei konstanter Temperatur zugeführt, so steigt seine Entropie. Im Körper, der die Wärme abgibt, sinkt die Entropie.
- Entropie entsteht irreversibel bei Reibungsvorgängen und bei der Wärmeentwicklung elektrischer Ströme.

Mit Arbeit wird keine Entropie übertragen, auch nicht bei elektrischen Vorgängen, sofern keine Stromwärme entsteht.
In der Mechanik spielt die Entropie keine Rolle, solange keine Reibungsvorgänge Energie entwerten.

Fließt bei der (praktisch) konstanten Temperatur T Wärme W_{th} von einem Körper in einen andern, so fließt die Entropie $\boldsymbol{S = W_{th}/T}$ mit.

Die **Einheit** der Entropie ist Joule/Kelvin (**1 J/K**).

Fließt die Wärme W_{th} von Stellen mit der Temperatur T_h zu solchen mit tieferer Temperatur T_t, so steigt die Entropie des gesamten Systems irreversibel um

$$\Delta S = W_{th} \cdot \left(\frac{1}{T_t} - \frac{1}{T_h}\right).$$

Bei idealen, reversiblen Wärmekraftmaschinen fließt alle bei hoher Temperatur T_h zugeführte Entropie mit der Abwärme ab. Die Entropie bleibt erhalten und begrenzt den Wirkungsgrad aller Wärmekraftmaschinen.

Entsteht die Entropie ΔS neu, so wird die Energie $T_0 \cdot \Delta S$ **entwertet**; d. h., es wird versäumt, mechanische oder elektrische Energie vom Betrag $T_0 \cdot \Delta S$ zu gewinnen (T_0: Umgebungstemperatur).

Die Entropie bestimmt die Richtung des Geschehens, den sog. **Zeitpfeil**.

Aufgaben

A1: Im Diagramm ist das Volumen einer bestimmten Menge idealen Gases gegen die Temperatur aufgetragen (bei konstantem Druck). Begründe, welches Diagramm den Sachverhalt richtig widerspiegelt.

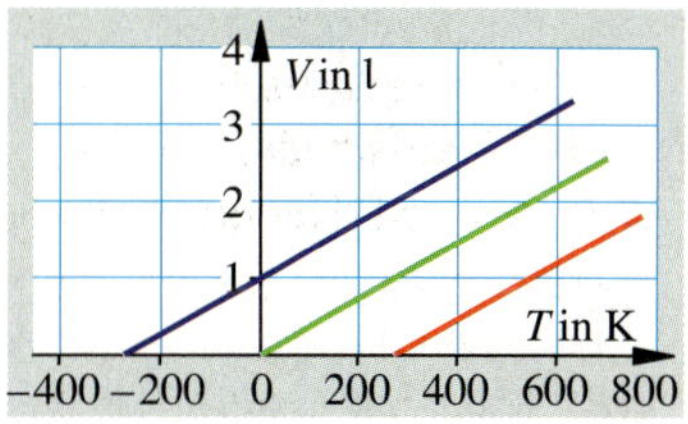

A2: Eine bestimmte Menge idealen Gases hat ein Volumen von 4 l. Nun wird das Volumen bei gleicher Temperatur auf 8 l vergrößert. In einem Test stehen drei Antworten zur Wahl: (1) Der Druck bleibt konstant, (2) der Druck wird halbiert, (3) der Druck wird verdoppelt. Welche Antwort ist richtig? Begründe.

A3: Taucher tragen zur Wärmedämmung meist Anzüge aus Neopren, einem aufgeschäumten Stoff. Dieser Stoff wird unter Wasser zusammengepresst, je tiefer, desto mehr. Dadurch verliert der Taucher aber an Auftrieb. Er kann dies durch eine Weste (Jackett), die er feindosiert mit Luft füllen kann, ausgleichen. In 20 m Tiefe füllt er das Jackett mit 10 l Luft. **a)** Was passiert beim Auftauchen? **b)** Das Jackett fasst maximal 15 l. Von welcher Tiefe an entweicht Luft durch das Sicherheitsventil? **c)** Atmen ist lebenswichtig. Beim Auftauchen eines Tauchers gibt es dafür einen weiteren Grund. Begründe dies, indem du dir vorstellst, jemand würde tief einatmen und dann aus z. B. 10 m Tiefe auftauchen.

A4: Im Internet findet sich auf einer Taucherseite folgender Hinweis: *„Der Druck in einer von der Sonne aufgeheizten Pressluftflasche sinkt beim Eintauchen in kaltes Wasser auch ohne Atemgasentnahme, der verfügbare Luftvorrat wird kleiner."* Diskutiere diese Aussage mithilfe eines physikalischen Gesetzes.

A5: Eine Gasflasche wird bei Zimmertemperatur (21 °C) bis zu einem Druck von $2 \cdot 10^5$ hPa mit Helium gefüllt. Bei welcher Außentemperatur löst ein Sicherheitsventil aus, das auf $2{,}2 \cdot 10^5$ hPa eingestellt ist?

A6: Diskutiere die beiden Teilabschnitte des Diagramms. Beginne links unten bei T_t (tiefe Temperatur; T_h: hohe Temperatur). **a)** Welchen Gesetzen entspricht das Diagramm? **b)** Welcher Motor durchläuft die beiden Prozesse?

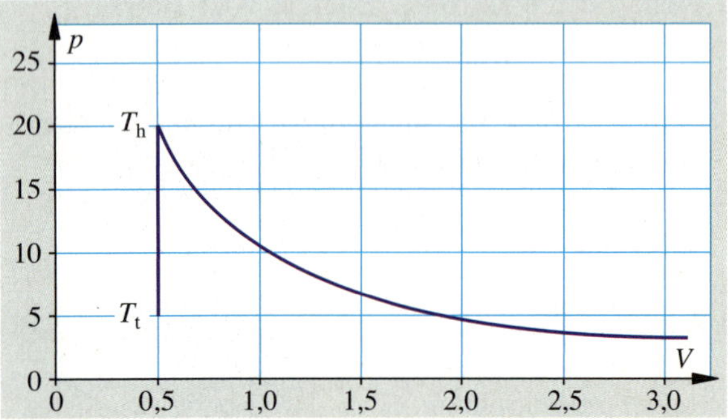

A7: Der von uns im Buch benutzte Modellheißluftmotor wird als Wärmepumpe betrieben. Beschreibe detailliert die ablaufenden Vorgänge.

A8: Eine Wärmepumpe wird als „Kältemaschine" zum Kühlen einer Gefriertruhe eingesetzt. Sie nimmt Wärme bei $\vartheta_t = -20\,°C$ auf und gibt Wärme bei $\vartheta_h = +30\,°C$ an die Umgebung ab. **a)** Zeige, dass bei einer idealen Wärmepumpe für die entzogene Wärme W_t gilt (mit $\eta = 1 - T_t/T_h$):

$$W_t = \left(\frac{1}{\eta} - 1\right) \cdot W_{mech} = \frac{T_t}{T_h - T_t} \cdot W_{mech}.$$

Anmerkung: Das Verhältnis W_t/W_{mech} bezeichnet man als Leistungsziffer der Kältemaschine.

b) Wie viel Wärme kann die (ideal gedachte) Wärmepumpe mit 1 kJ an mechanischer Energie dem Inneren der Gefriertruhe entziehen?

A9: Einem (realen) Heißluftmotor werden 50 kJ Wärme bei 600 °C zugeführt. Er arbeitet mit einem Wirkungsgrad von 18 % und gibt die Abwärme bei Umgebungstemperatur ab. **a)** Wie viel mechanische Energie und wie viel Abwärme liefert er? **b)** Wie viel Energie entwertet der Heißluftmotor?

A10: Turbinenschaufeln aus Stahl halten Wasserdampf von 550 °C und 200 bar aus. Um die CO_2-Emission zu verringern, testet man neuartige Turbinenschaufeln aus Nickel-Legierungen. Welcher Zusammenhang besteht zwischen dem Ziel der Verringerung der CO_2-Emission und der Suche nach hitzebeständigeren Turbinenschaufeln?

A11: Die Luft aus einer Pressluftflasche hebt einen Aufzug hoch. Sie behält dabei ihre Temperatur und entnimmt Energie aus der Umgebungsluft. Ist das nicht ein Widerspruch zum zweiten Hauptsatz der Wärmelehre? Diskutiere.

A12: **a)** Warum sollte man die Wärmepumpen umbenennen in „Entropiepumpen"? Denke dabei an Wasserpumpen. **b)** In Campingwagen kühlen mit Flammen betriebene Kühlschränke. Erkläre das mithilfe der Entropie.

A13: **a)** Zimmer-Klimaanlagen in heißen Ländern sieht man als Kästen an Fenstern schon von der Straße aus. Wollen damit die Bewohner auch die Straße kühlen? **b)** Zeichne den Energie- und Entropiefluss einer Klimaanlage, die dem Grundwasser von 0 °C die Energie 100 kJ entnimmt und damit ein Zimmer von 22 °C heizt. Wie viel elektrische Energie ist nötig?

A14: **a)** Ein Haus wird mit einer ideal arbeitenden Wärmepumpe beheizt. Sie pumpt Entropie von 0 °C auf 25 °C und liefert den Wärmestrom der Stärke $I_W = W_{th}/t = 2$ kW. Welche elektrische Leistung muss man zuführen? Wie groß ist die Entropiestromstärke $I_S = S/t$? Zeichne ein Flussdiagramm. **b)** Dieses Haus wurde früher elektrisch beheizt. Welche Leistung war nötig? Vergleiche die Entropiebilanz mit a).

A15: Das Wasser eines Schwimmbads (25 °C) verliert 15 kW/h Wärme an die Umgebung. Wie viel Entropie fließt in 1 h ab? Welche elektrische Leistung braucht eine ideale Wärmepumpe, um diese Entropie einem Bach mit 10 °C zu entnehmen? Holt sie dort auch 15 kW/h ab? Welche Leistung würde man für konstante Badtemperatur ohne Wärmepumpe brauchen?

A16: Ein nicht ganz idealer Motor arbeitet zwischen 300 °C und 30 °C, hat aber nur den Wirkungsgrad 20 %. Ihm fließt die Wärmeleistung 1 kW bei 300 °C zu. Wie groß ist die Stärke des Abwärmestroms? Wie viel Entropie wird irreversibel erzeugt? Wie groß ist die Stromstärke der vergeudet abfließenden Energie?

A17: Eine Maschine nimmt bei 500 °C die Wärme 1000 J auf und gibt bei 300 °C 800 J Wärme ab. Vergleiche den tatsächlichen mit dem optimalen Wirkungsgrad. Wie viel Energie wird vergeudet? Wie viel Entropie wird irreversibel erzeugt?

A18: Ein Fabrikant verkauft Pressluftflaschen und behauptet, er würde damit Energie verkaufen. Nun hängt die innere Energie einer bestimmten Gasmenge von der Temperatur, nicht vom Druck ab. Was geschieht mit der Energie, die der Fabrikant beim Komprimieren aufwendet? Wie ändert sich dabei die Entropie der Luft? Warum also ist Pressluft wertvoll?

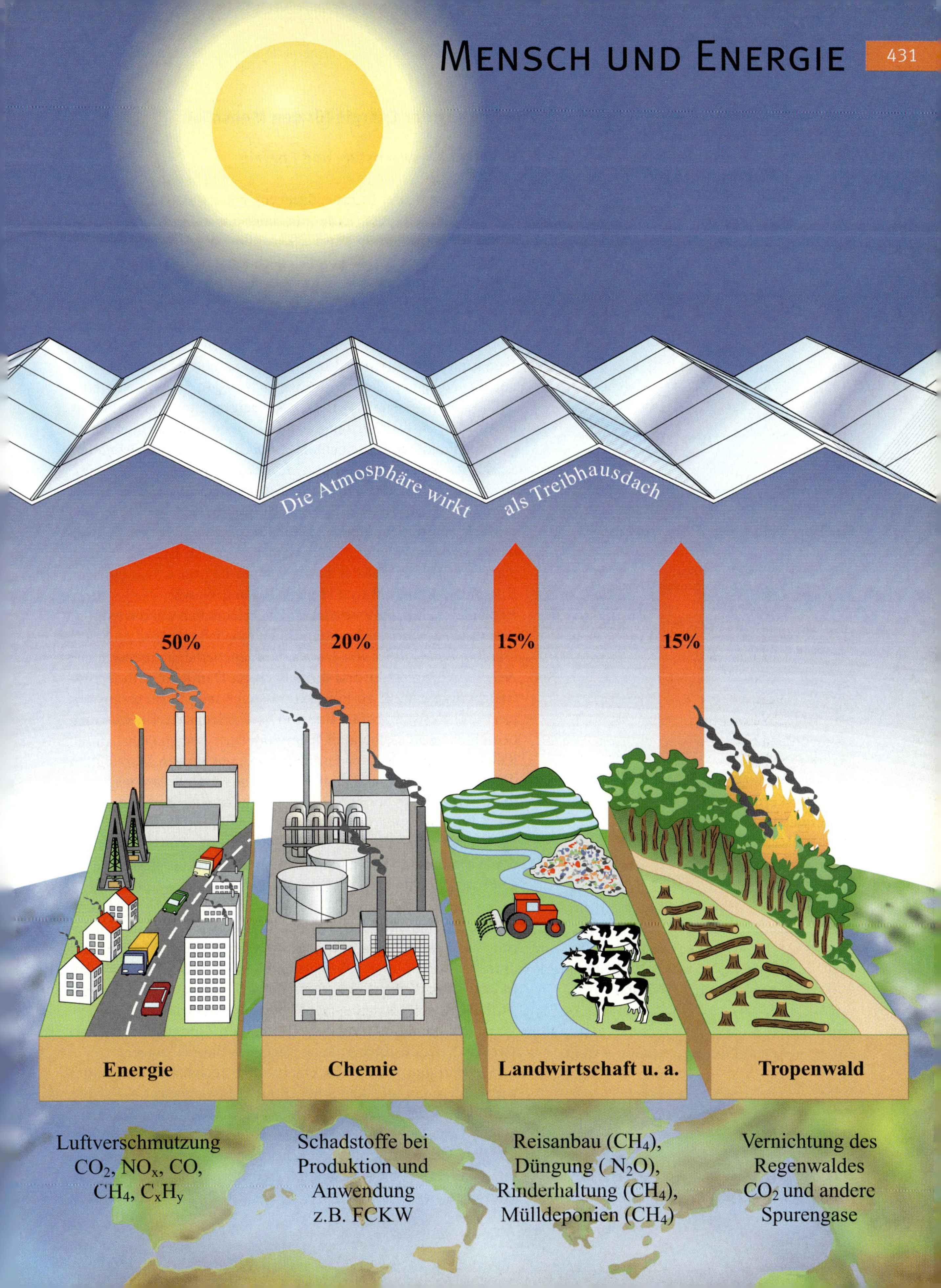
Die Atmosphäre wirkt als Treibhausdach
50%
20%
15%
15%
Energie
Chemie
Landwirtschaft u. a.
Tropenwald
Luftverschmutzung
CO_2, NO_x, CO,
CH_4, C_xH_y
Schadstoffe bei
Produktion und
Anwendung
z.B. FCKW
Reisanbau (CH_4),
Düngung (N_2O),
Rinderhaltung (CH_4),
Mülldeponien (CH_4)
Vernichtung des
Regenwaldes
CO_2 und andere
Spurengase

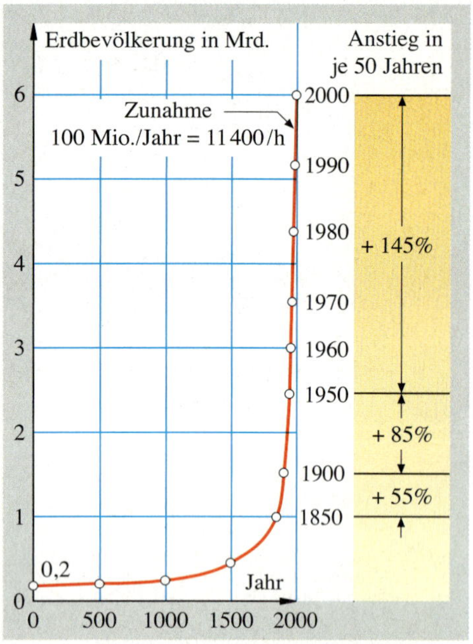

B 1: Entwicklung der Erdbevölkerung

Kulturstufe	Bevölkerungsdichte in Menschen/km²	Energie pro Kopf in kWh/Tag
Jäger und Sammler	2,5	2,5
Agrargesellschaft	25	25
Industriegesellschaft	250	250

T 1: Bevölkerungsentwicklung und Energiebedarf

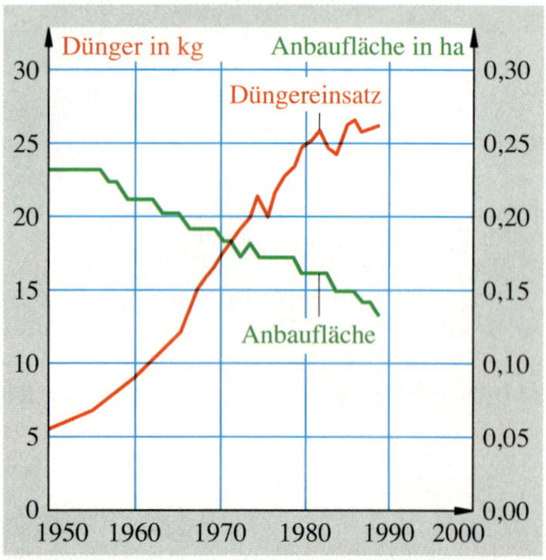

B 2: Düngereinsatz und Anbaufläche pro Kopf der Bevölkerung weltweit

Bedeutung der Energie für den Menschen

1. Bevölkerungswachstum und Energie

Bis zum Beginn der Industrialisierung vor etwa 200 Jahren nahm die Bevölkerung der Erde nur langsam zu (➠ *Bild 1*). Um Christi Geburt lebten etwa 200 Millionen Menschen auf der Erde, um 1900 hatte sich die Menschheit auf 1,6 Milliarden vermehrt, 1999 wurden 6 Milliarden erreicht. Bevölkerungsstatistiker sagen für 2050 10 Milliarden Menschen voraus. Heute lebt knapp die Hälfte aller Menschen in Großstädten, in 50 Jahren werden es vermutlich $\frac{2}{3}$ sein.
Der Energiebedarf des primitiven Menschen beschränkte sich auf die Nahrung, die er sammelte. Als der Mensch vor etwa 20000 Jahren sesshaft wurde, Ackerbau und Viehzucht betrieb, brauchte er zusätzlich Energie zum Bau von Häusern, zum Brennen von Gefäßen, zum Schmelzen und Bearbeiten von Metallen. Sein Energiebedarf verzehnfachte sich (➠ *Tabelle 1*).
Bis zum Beginn der Industrialisierung lieferte die Sonne alle vom Menschen genutzte Energie. Sie ließ die Pflanzen wachsen, die man zum Essen, Heizen, Bauen brauchte; sie sorgte für Niederschläge und Winde. Mit diesem begrenzten Energieangebot war auch die Anzahl der Erdbewohner begrenzt. Die einzigen Energielieferanten waren Holz, Wind und Wasser.
Erst mit der Nutzung zusätzlicher Energiequellen war das explosionsartige Anwachsen der Menschheit möglich (➠ *Bild 1*). Kohle erlaubte den Einsatz von Dampfmaschinen, die die menschliche Arbeitskraft ersetzten und vervielfachten. Damit setzte die Industrialisierung ein, die zu Produktionssteigerung, Verkehrsausweitung und Konsumanstieg führte. Diese stürmische Entwicklung bedingte einen steigenden Energiebedarf, der zunächst durch Kohle, später auch durch Erdöl, Erdgas, seit einigen Jahrzehnten durch Kernenergie und heute beginnend durch Solarenergie gedeckt wird. Trotz besserer Energienutzung stieg der Energiebedarf rasant an, er verzehnfachte sich abermals (➠ *Tabelle 1*).
Ein Beispiel für die bessere Energienutzung: Um 1900 betrug der Wirkungsgrad von Dampfmaschinen und Automotoren einige Prozent, heute bis 40% (physikalisch möglich wären 60%).

Die rasche Zunahme der Bevölkerung wurde durch Intensivierung der Landwirtschaft, durch Fortschritte in der Medizin und durch Schaffung neuer Arbeitsplätze in der sich entwickelnden Industrie ermöglicht. In hoch entwickelten Industrieländern wird der Bevölkerungszuwachs heute jedoch kleiner.
Wie stark die Ernährung der 6 Milliarden Menschen vom Einsatz von Energie abhängt, mag folgendes Beispiel zeigen:
1 ha Ackerland sollen von einem ohne technische Hilfsmittel wirtschaftenden mexikanischen Bauern bzw. einem US-Farmer bearbeitet werden. Der Bauer muss 1150 h, der Farmer 17 h arbeiten. Der Bauer erntet 2000 kg Getreide, der Farmer 5400 kg. Für den Mehrertrag muss eine Energie von 10000 kWh eingesetzt werden (für Maschinen, Treibstoff, Dünger, Pestizide, Transport, ...).

2. Wohlstand und Energie

Jahrtausende hatten die Hochkulturen in Ägypten, Babylon, Mexiko mechanische Hilfsmittel benutzt: Hebel, schiefe Ebenen, Rollen, Winden (➠ *Bild 3*). Die Energie lieferten Rinder, Pferde, nicht zuletzt auch Sklaven. Im Mittelalter kamen Wind- und Wassermühlen hinzu. Ende des 18. Jahrhunderts erfand James Watt die Dampfmaschine, etwa 100 Jahre später folgten Verbrennungs- und Elektromotor. Mit diesen Erfindungen setzte die Industrialisierung ein – und damit ein rasch wachsender Bedarf an Energie. Bis vor 200 Jahren wurden die Güter des Welthandels und die wenigen Fernreisenden durch einige 100 Segelschiffe befördert. Heute ist das Transportaufkommen für Güter und Menschen extrem stark angestiegen – und mit ihm der Bedarf an Treibstoffen, also an Energie.

Wohlhabende Römer lebten gut, weil für sie einige Dutzend Sklaven arbeiteten. Wir leben gut und bequem, weil für uns dauernd „technische Sklaven" zur Verfügung stehen. Die Dauerleistung eines Erwachsenen beträgt 100 W. Rechnet man den Energiestrom, dessen wir rund um die Uhr bedürfen, in menschliche Arbeitskraft um, so stehen uns etwa 50 „Sklaven" rund um die Uhr zur Verfügung, um uns unseren aufwendigen Lebensstil zu ermöglichen.

Unseren Wohlstand verdanken wir dem großzügigen Einsatz von Energie. Zum Bau und Betrieb von Maschinen, Fabriken, Staudämmen, Straßen, Bahnen und Flugplätzen, zum Errichten und Beheizen der Gebäude, in denen wir wohnen und arbeiten; für unsere Reisen sind große Energiemengen erforderlich. In Deutschland hat Treibstoff einen Anteil von 20% an der benötigten Gesamtenergie. Rechnet man die Energie für den Bau und Unterhalt aller Verkehrsmittel dazu, werden es fast 50%.

➠ *Bild 5* zeigt, dass es einen Zusammenhang gibt zwischen dem Bruttosozialprodukt, umgerechnet auf die Einzelperson und dem Energiebedarf pro Einwohner. Die Nordamerikaner fallen durch besonders großen Energieumsatz auf.
24% der Weltbevölkerung leben in Industrieländern. Sie erwirtschaften 85% des Wirtschaftsprodukts der Welt und beanspruchen dabei 75% des globalen Energieumsatzes. Entsprechend wenig Energie bleibt für jeden Bewohner der Entwicklungsländer. Die Folge sind Armut und Hunger (➠ *Bild 4*).

Seit Beginn der Industrialisierung galt, dass ein Wachsen der Wirtschaft ein gleich starkes Anwachsen des Energiebedarfs zur Folge hatte. In den letzten zwei Jahrzehnten stieg der Energiebedarf der Industrieländer trotz kräftigen Wirtschaftswachstums kaum mehr. Dies wird durch Energiesparen und den Strukturwandel der Industrie bewirkt – weg von der Schwerindustrie, hin zur Informationstechnologie. Dabei gewinnt der Energieträger Elektrizität immer größere Bedeutung.
In den Entwicklungsländern hingegen steigt der Energiebedarf seit Jahrzehnten um 6% pro Jahr (alle 12 Jahre Verdoppelung).

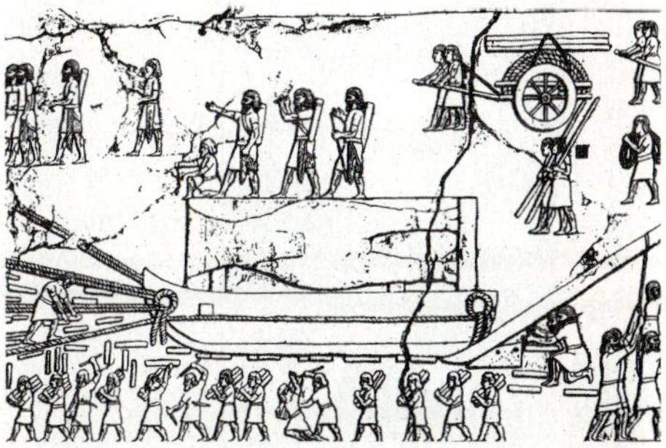

B3: Transport eines Denkmals in Ninive um 660 v. Chr.; in Ägypten wurden riesige Steinquader ähnlich transportiert.

B4: Zweigeteilte Welt

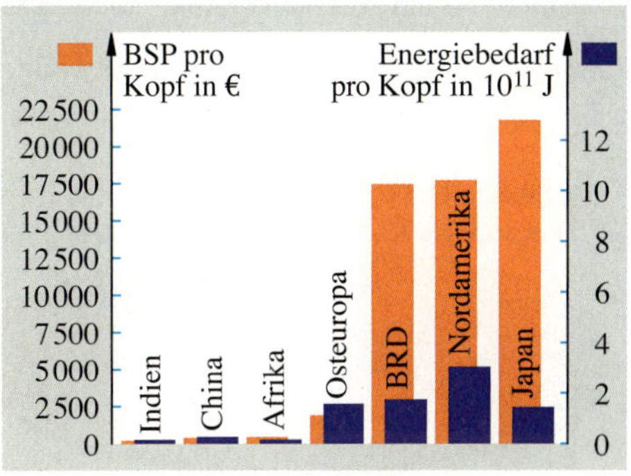

B5: Energiebedarf und Bruttosozialprodukt (BSP) pro Jahr

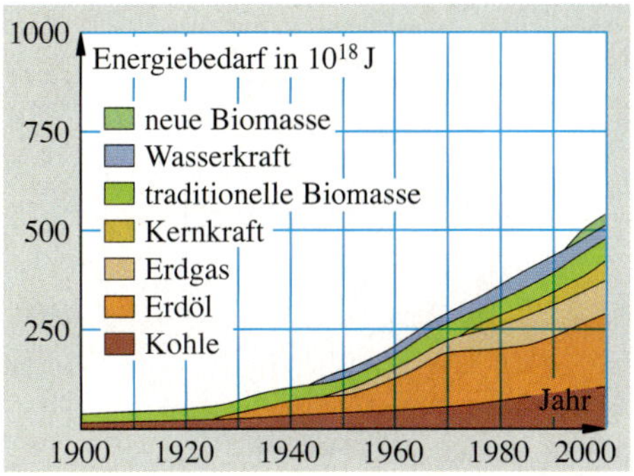

B6: Jährlicher weltweiter Energiebedarf

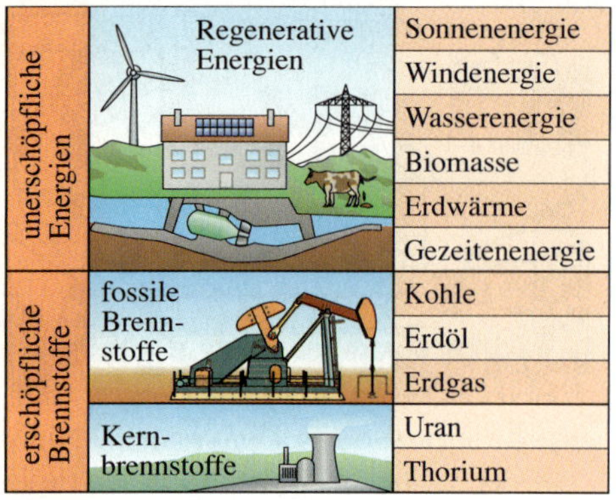

B1: Primärenergieangebot

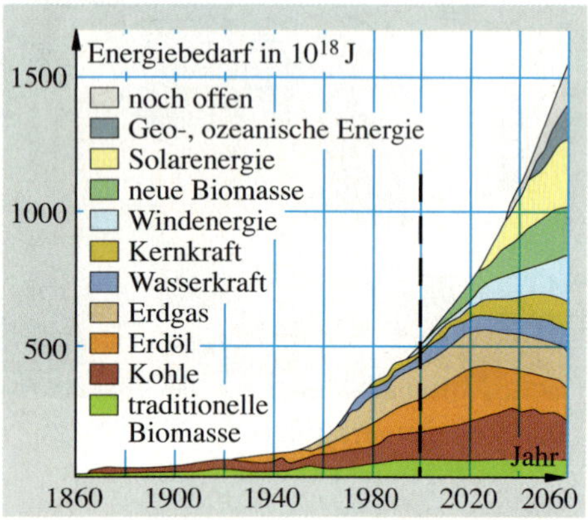

B2: Vermuteter weltweiter Energiebedarf

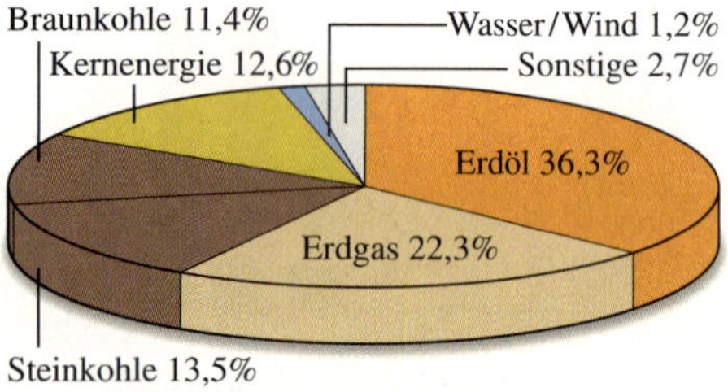

B3: Primärenergiebedarf in Deutschland 2004

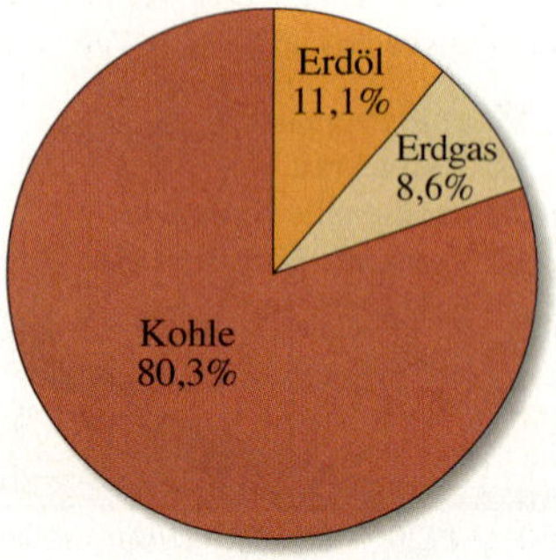

B4: Reserven fossiler Energien (Welt)

3. Deckung des Energiebedarfs

In der Natur finden wir gespeicherte Energie in den sog. Energieträgern Kohle, Erdöl, Erdgas, Uran. Diese **Primärenergieträger** (➠ *Bild 1*) müssen aufbereitet werden, damit der Mensch sie nutzen kann.
Die in Kohle und Uran gespeicherte Primärenergie wird in *elektrische Energie* umgewandelt und weitergeleitet; Erdöl wird zu *Benzin*, *Diesel* oder *Heizöl* verarbeitet. Diese Umwandlung ist mit Verlusten an nutzbarer Energie verbunden. Im Kohlekraftwerk werden nur 40% der Energie, die in der Kohle steckt, in elektrische Energie umgewandelt, der Rest wird entwertet. Man sagt, der Wirkungsgrad ist 40%.

Kohle, Erdöl und Erdgas nennt man **fossile Energieträger**. Sie wurden im Laufe der Erdgeschichte gebildet und sind durch Photosynthese *gespeicherte Sonnenenergie*. Im menschlichen Zeitmaßstab erneuern sie sich nicht mehr, sie sind also **erschöpflich**. Die Menschheit verbraucht in einem Jahr die fossile Energie, die von der Natur in mehreren Millionen Jahren gespeichert wurde.
Der Bedarf an Primärenergie wird weltweit zu etwa 85% durch fossile Energieträger gedeckt. ➠ *Bild 6* auf der vorhergehenden Seite zeigt, dass die wichtigsten Energieträger lange Zeit die Kohle und die traditionelle Biomasse (z.B. Holz) waren. Erst vor wenigen Jahrzehnten kamen Erdöl, später Erdgas und Kernenergie dazu.

Bei der Angabe von Vorräten von Primärenergieträgern unterscheidet man zwischen **Reserven** und **Ressourcen**:

- *Reserven* sind die Vorräte, die nachgewiesen sind und sich mit den derzeitigen technischen Möglichkeiten wirtschaftlich abbauen lassen.
- *Ressourcen* bestehen aus den Reserven, den vermuteten Vorräten und den Vorräten, die beim heutigen Preisniveau nicht wirtschaftlich gewinnbar sind.

➠ *Tabelle 1* zeigt die entsprechenden Daten. Die Reichweite wurde unter der Annahme berechnet, dass sich der Verbrauch auf dem Niveau von 2004 stabilisiert. Es wurden nur die Reserven berücksichtigt. Durch neue Funde und durch Änderung des Verbrauchs kann sich die Reichweite verändern.
Da die Vorräte aller fossilen Energieträger endlich sind, müssen wir Energie möglichst sinnvoll und sparsam einsetzen. Auch künftige Generationen sollten Zugriff auf diese wertvollen Stoffe haben.

Energieträger	Reserven in 10^{18} J	Ressourcen in 10^{18} J	Weltbedarf 2004 in 10^{18} J	Reichweite in Jahren
Kohle	20800	105000	114	ca. 180
Erdöl	6700	34000	158	ca. 40
Erdgas	5600	6600	88	ca. 65
Uran	2300	3300	34	ca. 65

T1: Reichweite der Vorräte an Primärenergieträgern

- **Steinkohle** wird in Elektrizitätswerken und bei der Stahlherstellung eingesetzt. Sie hat einen Heizwert von 36 MJ/kg.
- **Braunkohle** wird heute zur Erzeugung elektrischer Energie eingesetzt. Sie enthält bis zu 60% Wasser. Ihr Heizwert – bezogen auf die Trockensubstanz – ist etwa 25 MJ/kg.
- **Erdöl** wird als erster fossiler Energieträger knapp werden. Die weitaus größten Reserven lagern in der politisch unsicheren Golfregion. Bis 1980 überstiegen neue Funde den Verbrauch, seither nehmen die Reserven deutlich ab (➠ *Bild 5*). Erdöl ist in großen Mengen in Ölsand und Ölschiefer zu finden. Ölsande sind teerhaltige Substanzen, in denen das Öl nicht mehr flüssig vorliegt. Im Ölschiefer ist Bitumen fest mit Tonschiefer gebunden. Die Ausbeutung dieser Lagerformen ist energieaufwendig und daher für die Umwelt problematisch. Die entsprechenden Techniken müssen noch entwickelt werden. Der Heizwert von Erdöl ist 42 MJ/kg.
- **Erdgas** kommt über Erdöl- oder Kohlelagerstätten vor. Es besteht im Wesentlichen aus *Methan*, einem Gas, das zum *Treibhauseffekt* beiträgt. Bei Gewinnung, Transport und Verteilung entweichen häufig größere Mengen dieses umweltschädlichen Gases. Beim Verbrennen entsteht besonders wenig CO_2 (➠ *Bild 6*). Der Heizwert beträgt 32 MJ/kg.
- **Uran** ist in fast allen Gesteinen enthalten (1–5 g/t). Meerwasser enthält 3 mg/m^3. Als wirtschaftlich abbaubar gilt heute eine Konzentration von 3 kg Uran pro 1 t Gestein.
  Der „Heizwert" ist 38 000 MJ/kg.

4. Sonderstellung der Elektrizität

Elektrische Energie kann man gut und meist mit hohem Wirkungsgrad in andere Energieformen wandeln (➠ *Tabelle 2*).

Vorteile:
- Keine Abfallstoffe am Ort der Nutzung („sauber").
- Erlaubt exakte, schnelle Steuerung (Mikroelektronik).
- Voraussetzung für Informationsgesellschaft.
- Lasertechnologie (Ablesen von CD's, Scanner an Kassen, Medizin, …)
- Man kann hohe Temperaturen erreichen, in Lichtbögen mehrere 10 000 °C – dies ist wichtig für die Entsorgung von Sondermüll durch Hochtemperaturverbrennung (maximale Flammentemperatur: 1650 °C).

Nachteile:
- Unzureichende Speichermöglichkeit (Elektrizitätswerke müssen auf Spitzenlast ausgelegt sein).
- Begrenzte Möglichkeit, elektrische Energie über weite Strecken zu transportieren (selbst bei der modernen Hochspannungsgleichstromübertragung 5% Verlust auf 1000 km).
- Akzeptanzprobleme bei der Erzeugung: Sowohl Kernkraftwerke (Strahlenrisiko), als auch Kohlekraftwerke (Luftverschmutzung, CO_2-Bildung) und Wasserkraftwerke (Landschaftsschutz, Risiken bei Talsperren) stoßen auf Ablehnung.

Der Anteil der Elektrizität am Erwirtschaften des Bruttosozialprodukts ist in den letzten Jahren stark gestiegen (➠ *Bild 7*).

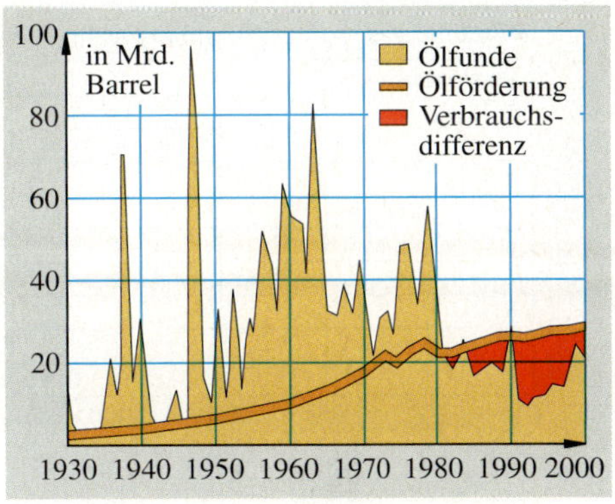

B5: Ölfunde und Ölförderung

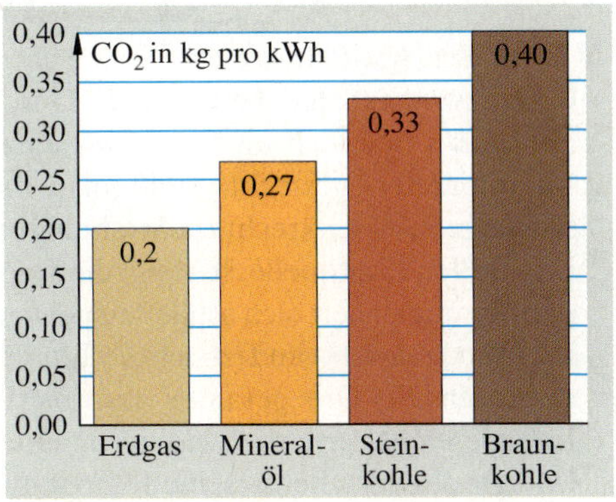

B6: Die CO_2-Emission verschiedener Primärenergieträger in kg pro kWh

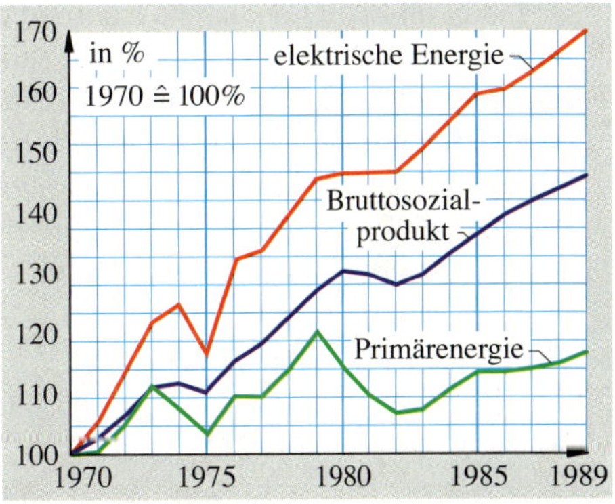

B7: Die Grafik zeigt: Die elektrische Energie wird für die deutsche Wirtschaft immer wichtiger.

	fossile Energieträger	elektrische Energie
Licht	>1%	5–20%
Heizen	50–80%	95%
Motor	20–40%	90%

T2: Wirkungsgrade

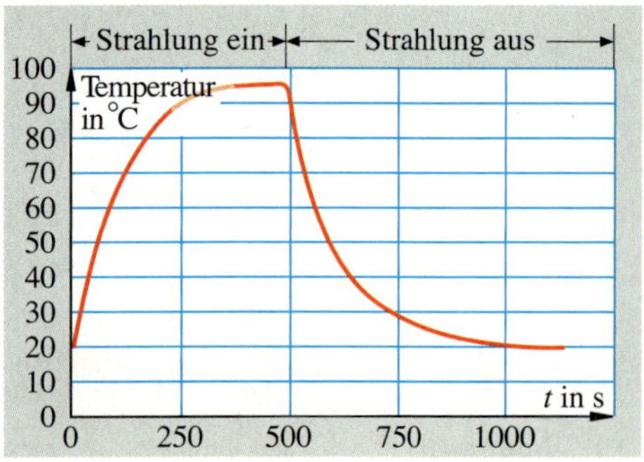

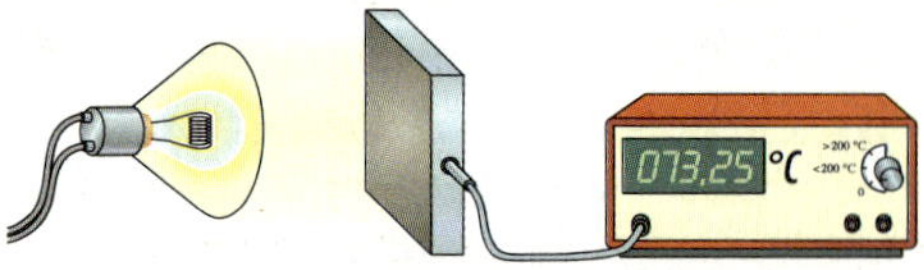

V1: a) Ein Alu-Plättchen (3 cm × 3 cm × 0,3 cm) wird auf einer Seite berußt. Durch ein kleines Bohrloch wird die Sonde eines Thermometers gesteckt. Stellt man die schwarze Seite senkrecht zur Strahlung einer starken Lichtquelle, so steigt die Temperatur und nähert sich schließlich einem Endwert. Zunächst ändert sich die Temperatur schnell. Die gesamte absorbierte Energie dient der Erhöhung der inneren Energie des Plättchens – seine Temperatur steigt. Doch damit wächst die von ihm ausgesandte Temperaturstrahlung, ein immer kleinerer Teil der aufgenommenen Energie bleibt im Plättchen. Ist die Endtemperatur erreicht, sind aufgenommene und abgegebene Energie gleich groß. **b)** Nun benutzen wir zwei Lampen. Die pro Sekunde absorbierte Energie wird dadurch verdoppelt. Es stellt sich ein neues Gleichgewicht ein – bei höherer Temperatur.

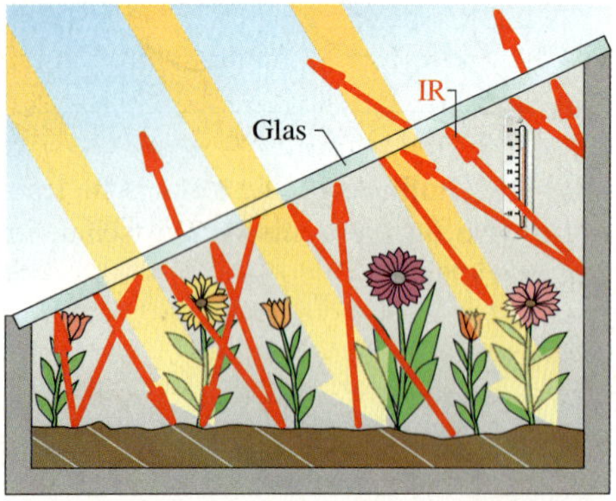

B1: Temperaturerhöhung in einem Treibhaus, da Glas für IR nicht durchlässig ist. Ähnliches kann man in einem Auto mit großen Scheiben beobachten.

Der Treibhauseffekt

1. Der Treibhauseffekt macht die Erde bewohnbar

Legt man ein dunkles Tuch in die Sonne, so steigt seine Temperatur und nähert sich einem Endwert an, der nicht überschritten wird, auch wenn die Sonne noch lange darauf scheint (vergleiche ➠ *Versuch 1 a*). Das Tuch gibt einen wachsenden Teil der absorbierten Energie als Temperaturstrahlung – hier als unsichtbare **Infrarot (IR)-Strahlung** – wieder ab. Bei Erreichen der Endtemperatur sind aufgenommene und ausgesandte Energie gleich groß. Es besteht **Strahlungsgleichgewicht.** ➠ *Versuch 1 b* zeigt, dass die Endtemperatur mit der Stärke der absorbierten Strahlung ansteigt.

Durch die Glasscheiben eines Treibhauses kommt die Sonnenstrahlung ins Innere und erhitzt Boden und Pflanzen. Diese senden dadurch verstärkt IR aus. Glas ist aber für IR nicht durchlässig, die Strahlung wird absorbiert und erhöht die Temperatur der Scheiben. Dies führt zu IR-Strahlung der Scheiben, die etwa zur Hälfte nach unten gesandt wird. Die Pflanzen empfangen dadurch insgesamt eine stärkere Strahlung, die Temperatur steigt (➠ *Bild 1*). Diesen Temperatur erhöhenden Effekt nennt man **Treibhauseffekt**.

Die Sonne strahlt *ständig* Energie zur Erde. Da die Temperatur der Erdoberfläche seit Jahrmillionen nahezu konstant ist, muss Strahlungsgleichgewicht bestehen: Die Erde strahlt im Mittel genau so viel Energie (als IR-Strahlung) in den Weltraum zurück, wie sie von der Sonne empfängt.

Was bewirkt die **Atmosphäre**? Zunächst sieht es so aus, als ob sie für eine Temperaturerniedrigung sorgen würde, denn 30% des einfallenden Sonnenlichts werden an Staubteilchen und Wolken reflektiert, geben also keine Energie ab (wie bei einem Spiegel, der in der Sonne liegt; er wird nicht heiß).

Stellen wir uns vor, die Atmosphäre wäre sowohl für Sonnenlicht als auch für die IR-Strahlung der Erde durchlässig. Aus der Stärke der einfallenden Strahlung (wegen Reflexion nur 70% der ursprünglichen Strahlung) kann man berechnen, dass dann die mittlere Temperatur der Erdoberfläche –18 °C betragen würde. Die Erde wäre nicht bewohnbar.

In unserer Atmosphäre haben die Hauptbestandteile (Stickstoff 78% und Sauerstoff 21%) keinen unmittelbaren Einfluss auf die Temperatur der Erdoberfläche. Sie lassen sowohl das Sonnenlicht, das zum größten Teil aus sichtbarem Licht besteht, als auch die IR-Strahlung der Erde passieren. Anders die winzigen Mengen so genannter **Spurengase**, vor allem **Wasserdampf** (H_2O) und **Kohlenstoffdioxid** (CO_2). Sie lassen das einfallende Sonnenlicht zum großen Teil durch, absorbieren aber weitgehend IR – wie die Glasscheiben beim Gewächshaus. Die erhitzte Luft strahlt IR aus. Die Erdoberfläche empfängt dadurch **zusätzlich** Energie. Es bildet sich ein **neues Strahlungsgleichgewicht bei einer höheren Temperatur** aus (➠ *Versuch 1 b*). Die mittlere Temperatur der Erdoberfläche steigt durch den Treibhauseffekt auf 15 °C – die Erde wird bewohnbar.

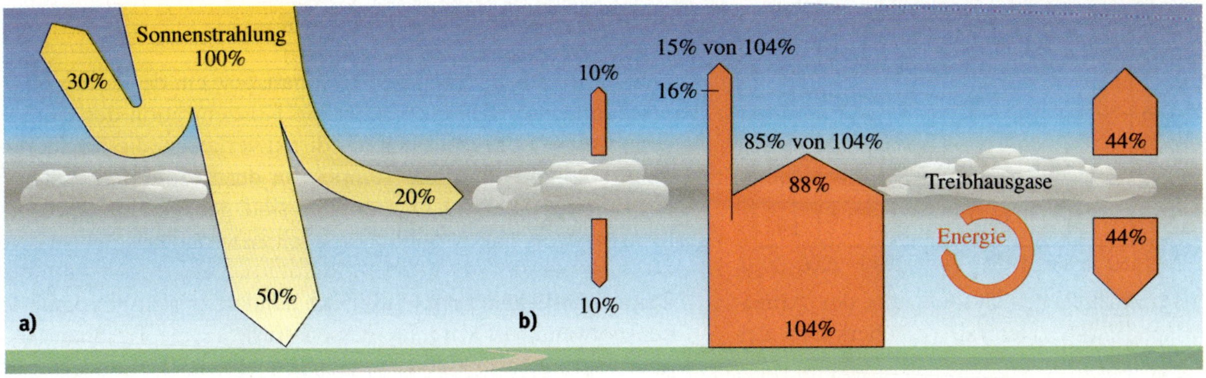

B 2: a) Von der einfallenden Sonnenstrahlung (100%) werden 30% von der Atmosphäre reflektiert, 20% werden von ihr absorbiert und erhöhen ihre Temperatur, 50% erreichen die Erdoberfläche. Im Strahlungsgleichgewicht wird die eingedrungene Strahlung (70%) komplett wieder abgestrahlt. **b)** Die Erde gibt die aufgenommene Energie als Infrarotstrahlung (IR-Strahlung) wieder ab. Für IR ist die Atmosphäre nahezu undurchlässig. Nur ca. 15% können sie durchdringen, der Rest wird absorbiert. Hinzu kommt Energie durch Kondensieren des über den tropischen Meeren aufsteigenden Wasserdampfes. Die insgesamt aufgenommene Energie strahlt die Atmosphäre als IR wieder ab – zur Hälfte ins Weltall, zur Hälfte zurück zur Erde. Durch die so verstärkte IR-Einstrahlung auf die Erdoberfläche, erhöht sich deren Temperatur. Diese Temperaturerhöhung nennt man *Treibhauseffekt.*

2. CO_2 schwächt Infrarotstrahlung

Unsere Vorstellung über das Zustandekommen des Treibhauseffekts überprüfen wir mit ⇛ *Versuch 2.* Aus unserem Experiment lernen wir: *CO_2 und Wasserdampf absorbieren IR-Strahlung.*

Das Gleiche gilt für Gase, die aus Molekülen mit mindestens drei Atomen bestehen. Dagegen sind Stickstoff (N_2) und Sauerstoff (O_2), die Hauptbestandteile der Erdatmosphäre, für IR durchlässig.

Wären unsere Augen nur für IR empfindlich, sähe die Welt für uns anders aus: Auch bei Nacht würde der Himmel leuchten. Über den Industriegebieten wäre die Luft undurchsichtig und besonders hell. Denn dort befindet sich besonders viel Wasserdampf, der die IR-Strahlung der Erde aufnimmt und nach unten zurückstrahlt.

Nun verstehst du, weshalb es in klaren Winternächten so bitter kalt wird: Die Luft enthält dann keinen Wasserdampf, also kann die Infrarotstrahlung der Erde weitgehend in das All entweichen – die Erde verliert Energie, kühlt sich also ab.

Treibhausgas	Beitrag an der Erhöhung	Atmosphärische Konzentration 1984
Wasserdampf H_2O	20,6 K	0%–3%
Kohlenstoffdioxid CO_2	7,2 K	0,035% = 350 ppm
Lachgas N_2O	1,4 K	0,3 ppm
Methan CH_4	0,8 K	1,7 ppm

T 1: Beitrag der wichtigsten Spurengase zum natürlichen Treibhauseffekt von insgesamt 33 K (1 ppm = 0,0001%).

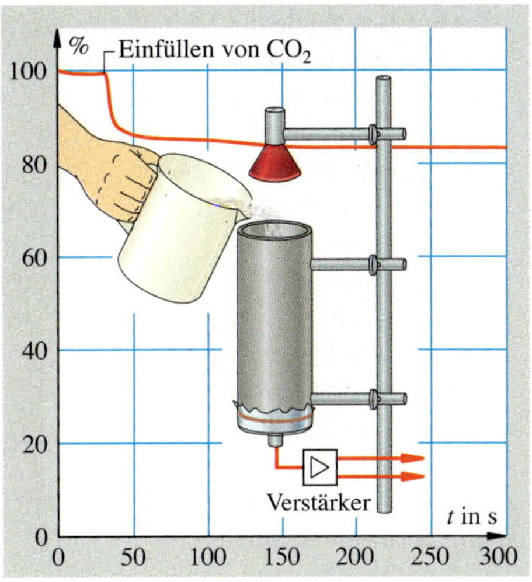

V 2: Absorption von IR durch Kohlenstoffdioxid: Wir verschließen das untere Ende eines Rohres mit dünner Haushaltsfolie. Über dem Rohr bringen wir eine IR-Quelle (IR-Lampe oder Bügeleisen) an, deren Temperatur wir auf etwa 100 °C einregeln. Unter dem Rohr misst ein Strahlungsmessgerät die einfallende IR-Strahlung. Um den Wasserdampf der Raumluft aus dem Rohr zu drängen, füllen wir es zunächst mit trockenem O_2- oder N_2-Gas. Lassen wir von oben CO_2-Gas ins Rohr hineinfließen (CO_2 hat eine größere Dichte als Luft), so geht der Ausschlag des Strahlungsmessers deutlich zurück, wie bei feuchter Luft.

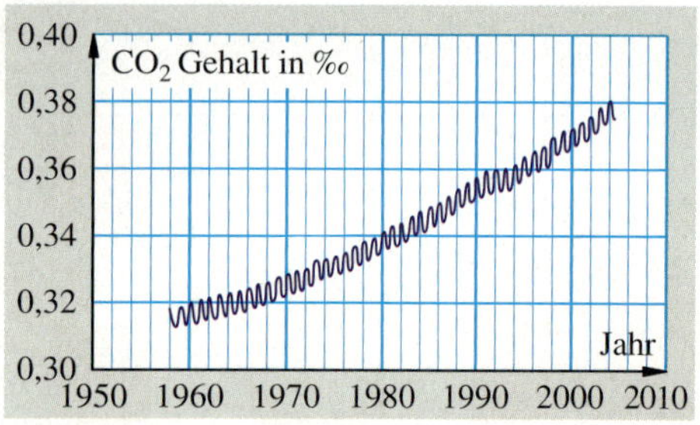

B1: Anstieg des CO_2-Gehalts der Atmosphäre über Hawaii („Fieberkurve der Erde")

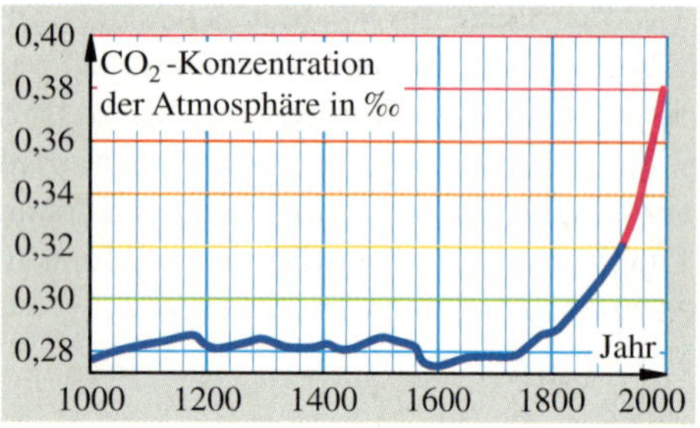

B2: Seit Beginn der Industrialisierung um 1860 nimmt der CO_2-Gehalt stark zu.

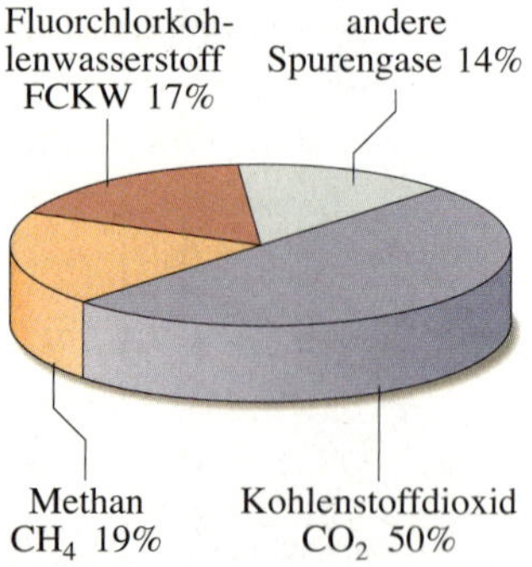

B3: Anteil der Treibhausgase am anthropogenen Treibhauseffekt

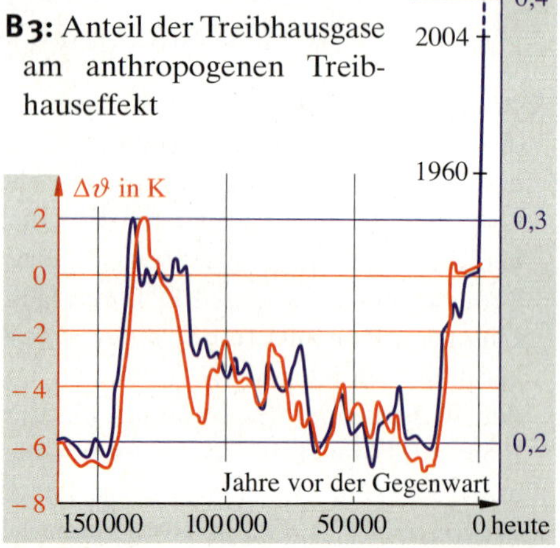

B4: Messungen bestätigen den Zusammenhang zwischen CO_2-Konzentration und Temperaturanstieg Δϑ.

3. Mehr CO_2 durch Industrialisierung

Der Anteil der Spurengase (Treibhausgase) in der Atmosphäre bestimmt unser Klima. Wächst die Konzentration des CO_2, so kann weniger Infrarot die Erde direkt verlassen, die Rückstrahlung steigt und damit die Temperatur der Erdoberfläche. Da in der Luft nur 0,037% CO_2 enthalten sind, genügen kleine zusätzliche Mengen, um das Klima deutlich zu verändern.

Beim **natürlichen Treibhauseffekt** handelt es sich um einen lebensnotwendigen Vorgang, dessen Auslöser, die Treibhausgase, über Jahrhunderte eine feste Größe bildeten. Dies änderte sich mit dem Beginn des Industriezeitalters vor 200 Jahren, als immer mehr fossile Energieträger, vor allem Kohle, verbrannt wurden. Es kam zu einem wachsenden Ausstoß von CO_2, das bei jeder Verbrennung entsteht. So setzte die Menschheit 1880 0,7 Milliarden, 1900 2,5 Milliarden und 2000 über 30 Milliarden Tonnen Kohlenstoffdioxid frei. Seit 1900 wuchs die Weltbevölkerung auf das Dreifache (6 Mrd.), in dieser Zeit hat sich der CO_2-Ausstoß verzwölffacht! Etwa 50% der Kohlenstoffdioxidmengen nimmt der Ozean auf, der Rest verbleibt in der Atmosphäre.

4. Wir verstärken den Treibhauseffekt

Seit 1958 wird an vielen Orten der CO_2-Gehalt der Luft gemessen. ➠ *Bild 1* zeigt seinen Anstieg über Hawaii. Die mittlere CO_2-Konzentration stieg in 46 Jahren von 0,0315% auf 0,0375%, also um 17%. Die jahreszeitlichen Schwankungen zeigen den Einfluss der Vegetation auf den CO_2-Gehalt: Im Frühjahr, wenn das Laub unter Abgabe von CO_2 verrottet ist, hat er ein Maximum, im Herbst, wenn viel Biomasse unter Einbau von atmosphärischem Kohlenstoff gebildet wurde, ein Minimum.
Seit Beginn der Industrialisierung wuchs der CO_2-Gehalt um 34% (➠ *Bild 2*). Dieser Anstieg wird zu 75% durch das Verbrennen von Kohle und Erdöl verursacht, zu 25% durch Waldrodung. Man fürchtet, dass sich der CO_2-Gehalt bis 2050 verdoppeln wird.

Der Mensch ist für die Emission weiterer Treibhausgase verantwortlich (➠ *Bild 3*). Je größer ein Molekül, desto stärker ist seine Treibhauswirksamkeit (bei FCKW 16000-mal so groß wie bei CO_2). Alle zusammen bewirken – trotz geringerer Konzentration – die gleiche Temperaturerhöhung wie das Kohlenstoffdioxid allein. Besonders stark steigen die Konzentrationen von Methan (Reisanbau, Rinderzucht, Förderung von Erdöl und Erdgas) und Lachgas (Düngereinsatz, Biomasseverbrennung und Automotoren mit katalytischer Abgasreinigung).
Wichtig für die Klimafolgen ist die mittlere Verweilzeit der Moleküle in der Atmosphäre. Für FCKW beträgt sie 70–140 Jahre, für NO_2 100–200 Jahre, für Methan 10 Jahre. CO_2 hat in der Atmosphäre eine Verweildauer von 100 Jahren – dies bewirkt langfristige Folgen unserer CO_2-Emissionen. – Man befürchtet, dass der **anthropogene** (vom Menschen verursachte) **Treibhauseffekt** die Erdtemperatur bis 2050 um über 3 K steigen lässt.

5. Kiwis aus Norwegen?

→ *Bild 4* zeigt den Zusammenhang zwischen dem Verlauf der Temperaturänderungen und dem CO_2-Gehalt der Luft in den letzten 175000 Jahren. Den CO_2-Anteil der Luft aus früheren Zeiten erhält man durch Analyse von Luftbläschen, die im Eis alter Gletscher (Grönland, Antarktis) eingeschlossen sind. Wir sehen: Während der Eiszeiten betrug der CO_2-Gehalt der Luft 0,2 ‰, in den Warmzeiten etwa 0,3 ‰. In den letzten 175000 Jahren gab es keine so große CO_2-Konzentration wie heute!

Kann man den anthropogenen Treibhauseffekt schon gegen die natürlichen Klimaschwankungen abgrenzen? Im vergangenen Jahrhundert stieg die bodennahe globale Durchschnittstemperatur um 0,7 K, die Hälfte davon in den letzten 20 Jahren. Man muss bedenken, dass der Temperaturanstieg durch die große Wärmekapazität des Ozeanwassers um 2–3 Jahrzehnte verzögert wird. Im August 2000 war der Nordpol zum ersten Mal seit 50 Mio. Jahren eisfrei. Das Volumen der Alpengletscher ging seit 1900 um 50% zurück, der Meeresspiegel stieg um 15 cm. Dieser Anstieg wird zu $\frac{2}{3}$ durch Temperaturerhöhung des Wassers und zu $\frac{1}{3}$ durch das Abschmelzen von Festlandeis verursacht. Diese Beobachtungen deuten auf einen Klimawandel hin. Welche Auswirkungen entstehen können, zeigt ein Blick in die Vergangenheit:
Während der letzten Eiszeit vor 20000 Jahren war die Temperatur nur um wenige Grad niedriger als heute (→ *Bild 4*). Ganz Nordeuropa lag unter dicken Gletschern, die Sahara erlebte eine Regenzeit – dortige Felsmalereien zeigen Elefanten und Antilopen; ihre riesigen Grundwasservorräte stammen aus jener Zeit. – Allgemein gilt, dass sich die Vegetationszonen in Kaltzeiten in Richtung Äquator verschieben, in Warmzeiten umgekehrt. Bei 1 K Temperaturanstieg wandern die Klimazonen um 200 bis 300 km nach Norden. Durch 3 K Temperaturanstieg könnte sich der nordafrikanische Wüstengürtel in das Mittelmeergebiet verschieben mit großen Problemen für die Wasserversorgung in Mittelmeerländern wie Spanien, Italien und Griechenland.

6. Klimaänderung bei uns

In → *Bild 5* ist die Änderung der globalen Jahresmitteltemperatur angegeben. Wichtig für unser Klima ist auch die Veränderung der Temperatur in den Jahreszeiten. Von 1981 bis 2000 stiegen die Temperaturen in Deutschland im Frühling um 1,3 K, im Sommer um 0,7 K, im Herbst blieben sie gleich, im Winter um 2,3 K, im Jahr um 1,1 K. Gleichzeitig änderte sich die Verteilung der Niederschläge: Frühling + 13%, Sommer + 4%, Herbst + 14%, Winter + 34%, im Jahr + 16%. Das Winterwetter änderte sich also am stärksten. Setzt sich der Trend fort, so haben wir wohl feuchte, milde Winter zu erwarten – ähnlich den heutigen Wetterverhältnissen in Norditalien. Die Natur reagierte bereits auf den Temperaturanstieg: Die Wachstumsperiode verlängerte sich seit 40 Jahren um 2 Tage pro Jahrzehnt, die Blütezeit von Pflanzen, die Ankunft der Zugvögel, die Brutzeit verlagerten sich nach vorne.

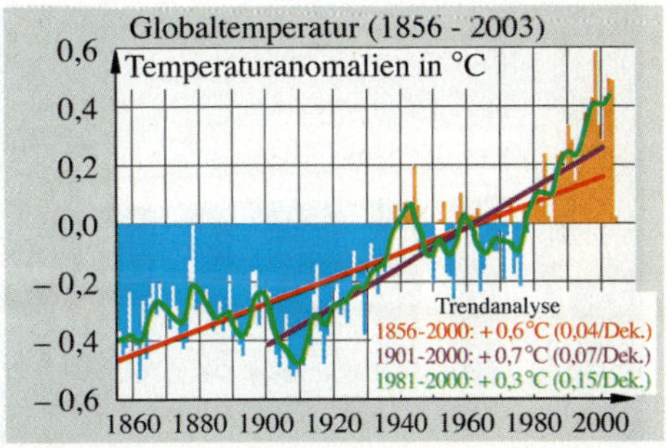

B 5: Änderung der jährlichen globalen Mitteltemperatur während der letzten 140 Jahre, bezogen auf den Schnitt der Jahre 1961–1990. Seit 100 Jahren ist eine deutliche Erwärmung zu erkennen. Diese ist über den Kontinenten fast doppelt so hoch wie über den Ozeanen. Die 2. Hälfte des 20. Jahrhunderts war die wärmste Periode seit 2000 Jahren.

Interessantes

Wetter – Klimadaten

Bei uns betragen die Temperaturunterschiede zwischen Tag und Nacht etwa 10 K, zwischen Sommer und Winter etwa 30 K. Dagegen erscheint eine Erhöhung der globalen Temperatur um 1–2 K durch den Treibhauseffekt unwesentlich zu sein. Dies täuscht, wie Klimadaten der Vergangenheit zeigen:
Vor etwa 2000 Jahren wurden die fruchtbaren Kornkammern Roms in Nordafrika durch eine regionale Temperaturerhöhung um 1 K zu Wüsten. Zwischen 1450 und 1850 führte eine Abkühlung um 0,5 K („kleine Eiszeit") zu Ernteausfällen und Hungersnöten in Europa – ein Grund für die damalige starke Auswanderung nach Amerika.

Temperaturen und Niederschläge, die sich auf Tage oder Wochen beziehen, beschreiben das *Wetter*. Das *Klima* wird durch langjährige (mindestens 30 Jahre) Mittelung der Wetterdaten charakterisiert. Gletscher zeigen Klimaänderungen an: Sie reagieren nicht auf einzelne Wetterlagen, aber auf langjährige Trends.
Ein irgendwo auftretender Wolkenbruch gehört zum Wetter. Die Frage, ob er im Laufe der Jahrzehnte häufiger auftritt, ist eine Frage der Klimaänderung.

B1: Bringt uns eine Temperaturerhöhung um 2–3 K mediterrane Verhältnisse?

B2: Beim Ausbruch des Vulkans Pinatubo 1991 wurden riesige Mengen Staub bis in die Stratosphäre geschleudert. Die Sonneneinstrahlung auf die untere Luftschicht verminderte sich, es kühlte ab.

Interessantes

Natürliche Klimafaktoren

Die Abfolge von Warm- und Kaltzeiten wird durch astronomische Daten der Erdumlaufbahn um die Sonne verursacht. Kurzfristig haben folgende natürliche Faktoren einen Einfluss auf das Klima:

- Große Vulkanausbrüche sorgen für eine Verminderung der Sonneneinstrahlung auf die Erde und damit für wenige Jahre zu einer Abkühlung.
- Die Schwankung der Sonnenaktivität führt zu einer Änderung der Strahlungsleistung der Sonne (aber lediglich im Promillebereich, wie Satellitenmessungen zeigen). Deren Auswirkungen waren in den letzten Jahrhunderten gering.
- Keinen Einfluss auf die globale Temperatur haben die Energiefreisetzung durch den Menschen (z. B. Verbrennen fossiler Energieträger) und die Erdwärme, die aus dem heißen Innern der Erde strömt. Beides liegt unter einem Promille der eingestrahlten Sonnenenergie.

7. Klimawandel – aus der Vergangenheit lernen

Klimaänderungen gibt es, seit die Erde existiert, und das wird auch in Zukunft so bleiben. Seit dem Ende der letzten Eiszeit (der Würmkaltzeit) herrscht auf der Erde eine Warmzeit. Das derzeitige Warmzeitklima ist bisher stabil gewesen, was sich auf die kulturelle Entwicklung der Menschheit günstig auswirkte. Es konnte eine hochentwickelte Landwirtschaft entstehen, die die dramatisch angewachsene Erdbevölkerung ernähren kann. Es bildeten sich extrem dicht besiedelte Regionen, besonders in Küstennähe. Ein Klimawandel bewirkt eine Verschiebung der Vegetationszonen. Als sich diese mit dem Ende der Eiszeit änderten, konnten die wenigen Menschen, die als Jäger auf den Kontinenten umherschweiften, der Verschiebung leicht folgen. Bei der heutigen Bevölkerungsdichte ist eine Völkerwanderung von Hunderten von Millionen Menschen nicht möglich. Wohin sollte die Bevölkerung der Mittelmeerländer gehen, wenn dort der Regen ausbliebe? – Es ist daher wichtig, die Folgen einer Temperaturänderung abzuschätzen. Dazu hilft das Studium der Klimadaten der Vergangenheit.

Bereits erkennbare Folgen:

1. Verschiebung der Klimazonen um 300 km pro K Temperaturanstieg.
2. Veränderung der Niederschlagsverteilung: Stärkere Niederschläge in den Tropen und in nördlichen Breiten, größere Trockenheit in den Subtropen.
3. Gefährdung der Wälder in nördlichen Breiten. Während in den Tropen durch großflächige Rodung Wald als Kohlenstoffspeicher verloren geht, binden die ausgedehnten Wälder in Kanada und Sibirien große Mengen Kohlenstoff. Diese Fähigkeit nimmt seit 1990 aufgrund der Erwärmung stark ab.
4. Mehr Wirbelstürme in den Tropen, häufigere Orkane. Eine erhöhte Verdunstung über den tropischen Meeren führt zu einer Erhöhung des Wasserdampfgehalts und bei dessen Kondensation zu erhöhter Energie der Atmosphäre und damit zu erhöhten Windgeschwindigkeiten.
5. Anstieg des Meeresspiegels um bis zu 30 cm.
6. Ausbreitung von Tropenkrankheiten in die gemäßigten Zonen.

Wissenschaftler befürchten Schlimmeres:

1. Erlahmen des Golfstroms. Der Golfstrom wird durch Absinken des abgekühlten, salzhaltigen, also schweren, Wassers im Polarmeer angetrieben. Wenn der Salzgehalt durch Schmelzwasser unter einen kritischen Wert sinkt, versiegt der Golfstrom; die Temperatur in West-/Nordeuropa würde deutlich sinken.
2. Anstieg des Meeresspiegels um 5 m. Ein Abschmelzen des auf dem Meer schwimmenden Nordpolareises ändert den Meeresspiegel nicht. In der Westantarktis sitzen aber untermeerisch riesige Eismassen auf dem Festlandsockel auf. Diese könnten sich vom Boden lösen und ins Meer gleiten, wie vor 120 000 Jahren, als die Temperatur um 1–2 K höher war als heute. Damals schmolz auch das Festlandeis Grönlands. Viele dicht besiedelte Küstengebiete würden überschwemmt.

8. Wie viel Treibhausgase produzieren wir?

Im Schnitt entfallen auf jeden Bundesbürger 2 t fester Müll pro Jahr. Dies ist viel. Wenn du dir ➠ *Bild 3* ansiehst, wirst du mit Staunen erkennen, dass jeder von uns indirekt 11 t CO_2, also gasförmigen Müll verursacht. Gäbe es keine Luftbewegung, so würde sich dadurch über Deutschland in einem Jahr eine 2 m hohe CO_2-Schicht ansammeln, in der wir ersticken würden.

An einer Familie – Eltern, zwei Kinder – soll gezeigt werden, wie es zu dieser großen CO_2-Menge kommt:
Die Familie Müller lebt in einer 110 m² großen 1975 gebauten Wohnung. Der Vater arbeitet in einer Firma, die Mutter halbtags in einem Büro, die Tochter besucht die Schule, der Sohn studiert. Die Familie besitzt zwei Autos (Fahrleistung pro Jahr 18 000 km und 12 000 km), benutzt Busse (Gesamtstrecke jährlich 9000 km), „verbraucht" jährlich 5000 kWh elektrische Energie, verbrennt in der Heizung 3000 l Heizöl, fliegt in den Urlaub nach Griechenland (5000 km) und benötigt Nahrung und Konsumgüter mit den dazugehörenden Verpackungen. Dafür muss man zusätzlich Energie einsetzen. ➠ *Tabelle 1* zeigt typische Werte der Kohlenstoffdioxid-Produktion.

Verbrauchssektor	**CO_2-Emission** pro Einheit	**CO_2-Emission** in Tonnen pro Jahr
Auto (8 l/100 km) ≈ 30 000 km	2,3 kg/l	5,5
Bus ≈ 9000 km	6,0 kg/100 km	0,5
Elektrizität inkl. Warmwasser ≈ 5000 kWh	0,6 kg/kWh	3,0
Heizung (Heizöl) 3000 l = 30 000 kWh	0,3 kg/kWh	9,0
Flugzeug ≈ 4 l Kerosin pro 100 km und Person	2,5 kg/l	2,0
Nahrungs- und **Konsumgüterproduktion**	5,0 t/Person	20,0
CO_2-Bilanz		**40,0**

Für die vierköpfige Familie Müller werden pro Jahr ca. 40 t CO_2 freigesetzt – 10 t pro Person. Hinzu kommt noch die Energie zum Bau von Schulen, Straßen, Autos, …, die sie mitbenutzt.

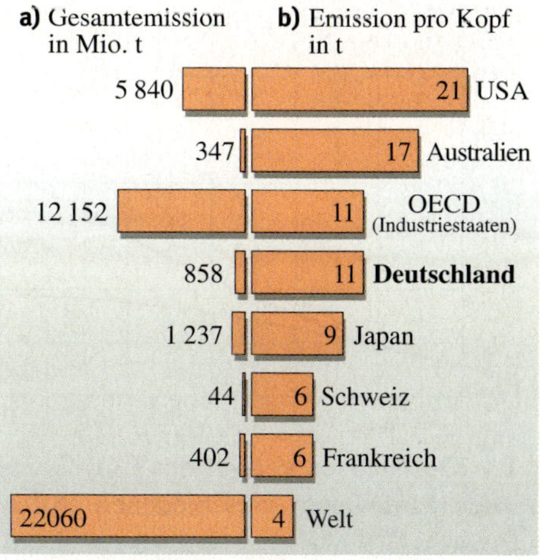

B3: Kohlenstoffdioxidemission 2000
a) absolut und **b)** pro Kopf

Auto:
Pro 100 km entstehen 23 kg CO_2.
Bus:
Pro 100 km und Person fallen 6 kg CO_2 an.
Bahn:
Beim IC fallen pro 100 km und Person 3,7 kg CO_2 an.
Flugzeug:
Ein Langstreckenflug verschlingt pro 100 km und Person 4 l Kerosin. 1 l Kerosin erzeugt 2,5 kg CO_2.
Elektrizität:
Um 1 kWh elektrische Energie zu erzeugen, werden im Kohlekraftwerk 0,6 kg CO_2 freigesetzt.
Heizöl:
Um die Energie 1 kWh bereitzustellen, entstehen 0,3 kg CO_2.
Nahrung- und **Konsumgüter:**
Die CO_2-Emission für die Herstellung beträgt ca. 5 t rp Jahr und Person.

T1: CO_2 Entstehung bei typischen Energieumsetzungen (bei den öffentlichen Verkehrsmitteln bei 75% Auslastung)

Aufgaben

A1: Wodurch entsteht der natürliche Treibhauseffekt? Welche Gase sind daran beteiligt?

A2: Durch welche Aktivitäten des Menschen wird der anthropogene Treibhauseffekt erzeugt? Welche Treibhausgase werden freigesetzt?

A3: Methan ist ein Treibhausgas. Beim Auftauen des sibirischen Dauerfrostbodens werden große Mengen Methan entweichen. Erläutere die Rückwirkung auf den Treibhauseffekt.

A4: Versuche die Unterschiede bei der CO_2-Emission pro Kopf in ➠ *Bild 3* zu erklären. *Hinweis:* In der Schweiz werden 58% der elektrischen Energie aus Wasserkraft, 40% aus Kernenergie gewonnen; in Frankreich sind es 12% bzw. 78%.

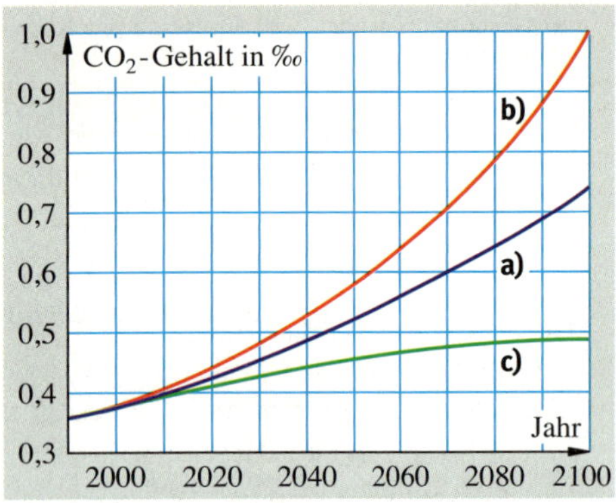

B 1: Geschätzter Verlauf des CO_2-Gehalts der Luft unter verschiedenen Annahmen:

a) Die Menschheit wächst weiter und geht mit Energie so sorglos um wie bisher.
b) Wie a), jedoch Ersatz der Kernenergie überwiegend durch fossile Brennstoffe.
c) Geringeres Bevölkerungswachstum und wesentlicher Rückgang der Nutzung fossiler Energien.

Interessantes

Risikobetrachtung für verschiedene Arten der Energiebereitstellung

Jede Art der Bereitstellung von Energie ist mit Risiken verbunden. Zur Risikoabschätzung sind Eintrittswahrscheinlichkeit und Schadensausmaß wichtig. Dazu drei Beispiele:

- Unfälle beim Steinkohlebergbau ereignen sich global relativ häufig, wobei einige 10 bis einige 100 Bergleute zu Tode kommen.
- Der Bruch eines Staudammes ist sehr viel seltener. Dabei können mehrere 1000 Menschen ertrinken.
- Im Vergleich zum Staudammbruch ist die Eintrittswahrscheinlichkeit des größtmöglichen Unfalls (GAU) eines Druckwasserreaktors viel kleiner. Ein solcher Schadensfall könnte aber mehrere 10 000 Todesfälle zur Folge haben.

Übrigens

In Deutschland deckt die Kernenergie ein Drittel der Stromversorgung ab. Dabei wurde 1999 die Abgabe von 170 Mio. t CO_2 vermieden. Dies entspricht der jährlichen Emission des gesamten deutschen Straßenverkehrs.

CO_2-freie Energiebereitstellung

Auf der 2. Weltenergiekonferenz 1990 wurde aufgrund möglichst wirklichkeitsnaher Annahmen die Zunahme des CO_2-Gehalts der Luft für das 21. Jahrhundert abgeschätzt (➡ *Bild 1*). Die IPCC (Intergovernmental Panel on Climat Change) errechnete, dass die CO_2-Konzentration gegenüber dem vorindustriellen Wert um 80% bzw. 260% steigen wird. Für viele Völker wären die Folgen eines dadurch bedingten Temperaturanstiegs beängstigend:

- Erhöhung des Meeresspiegels (die größten Bevölkerungsdichten findet man in küstennahen Bereichen).
- Verschiebung des Wüstengürtels nach Norden.
- Zunahme der mittleren Windgeschwindigkeit (Orkane).

Es ist daher höchste Zeit, das Verbrennen fossiler Energieträger bald und wirkungsvoll zu reduzieren. Dabei ergeben sich große Probleme, denn man schätzt, dass der Weltenergiebedarf in den nächsten 30 Jahren um mindestens 50% anwachsen wird:

- Die Menschheit wird zunächst weiter wachsen.
- Die Menschen in den Entwicklungsländern werden einen höheren Lebensstandard anstreben.
- Die Bewohner der Industrieländer, die den größten Energiebedarf haben, werden ihren Lebensstandard nicht freiwillig einschränken.

Auf der Suche nach CO_2-freien Formen der Energiebereitstellung kann die Physik Möglichkeiten aufzeigen. Die Politik muss ihre Entscheidung unter dem Gesichtspunkt der **Nachhaltigkeit** treffen. Die Möglichkeiten sind:

1. Kernenergie

In Kernkraftwerken wird Dampf mithilfe der im Reaktor durch Kernspaltung freigesetzten Energie erzeugt. Diese speziellen Wärmekraftwerke geben also kein CO_2 ab; so tragen sie zum Klimaschutz bei. Die abgebrannten Brennstäbe müssen für sehr lange Zeit sicher endgelagert werden. Hierzu sind tiefe Kavernen in Gesteins- oder Salzschichten vorgesehen.
Kernkraftwerke decken weltweit 17% des Strombedarfs, in Deutschland 28% (2004). Hier waren im Jahr 2005 17 Kraftwerksblöcke mit einer installierten Leistung von 20 300 MW in Betrieb. Wegen der niedrigen Stromerzeugungskosten und ihrer hohen Zuverlässigkeit (90% Verfügbarkeit) werden sie nahezu das ganze Jahr mit voller Leistung zur Deckung der Grundlast eingesetzt.
Der meistgenutzte Reaktortyp ist der Leichtwasserreaktor. Die Belastung durch Freisetzung radioaktiver Stoffe liegt selbst in nächster Nähe unter der natürlichen Radioaktivität aus Luft und Boden. Die Nutzung der Kernenergie stößt in Deutschland auf politischen Widerstand. Die Bundesregierung beschloss im Jahr 2000 den Ausstieg aus der Kernenergienutzung bis 2020. Die entstehende Versorgungslücke soll zu $\frac{1}{3}$ durch verstärkte Nutzung erneuerbarer Energien, zu $\frac{2}{3}$ durch Sparen und Einsatz von Gas und Kohle geschlossen werden.

2. Erneuerbare Energien

Von der Sonne gelangt ein riesiger Energiestrom zur Erde ($1{,}76 \cdot 10^{17}$ W). Die Menschheit benötigt $1{,}2 \cdot 10^{13}$ W (1990). Das sind 0,007% der eingestrahlten Leistung. Sollte es nicht möglich sein, unseren Energiebedarf durch die praktisch unerschöpfliche Sonnenenergie zu decken, die noch dazu gratis geliefert wird? Auf den ersten Blick *die* Lösung unserer Energieprobleme. Beim näheren Hinsehen erkennt man Schwierigkeiten:

- Außerhalb der Atmosphäre wird die Fläche $A = 1\ m^2$, die senkrecht zur ungeschwächten Sonnenstrahlung steht, in 1 s von der Energie $W = 1{,}37$ kJ durchsetzt. Dies ergibt eine **Leistungsdichte** $S_E = 1{,}37\ kW/m^2$ (➡ *Bild 2*). S_E nennt man **Solarkonstante**. An der Erdoberfläche ergeben sich bei klarem Himmel Leistungsdichten bis zu $1\ kW/m^2$ (➡ *Versuch 1*). Zur Energiegewinnung ist dies ein kleiner Wert (➡ *Tabelle 1*). Könnte man die Energie zu 100% (!) in elektrische Energie umwandeln, so bräuchte man eine Fläche von $1{,}0\ km^2$, um die Leistung eines 1000 MW-Kraftwerksblocks zu erhalten. Tatsächlich liegt der *Wirkungsgrad* von Solarzellen nur bei 15%, man bräuchte also $7\ km^2$. Dies wäre die *Spitzenleistung* der Anlage. Sie wird nur bei optimalen Bedingungen, also klarem Himmel und hochstehender Sonne erreicht. Wegen der **kleinen Energiedichte** der Sonnenstrahlung braucht man große absorbierende Flächen – dadurch entstehen hohe Kosten.
- Oft scheint die Sonne dann nicht, wenn der Energiebedarf hoch ist (nachts, im Winter). Das Entsprechende gilt für die Windenergie. Da es bislang keine kostengünstige Möglichkeit gibt, elektrische Energie zu speichern, muss ein zweites Kraftwerksystem bereitstehen, das immer dann einspringt, wenn Sonne und Wind keine Energie liefern, denn unsere Gesellschaft ist auf eine konstante Bereitstellung elektrischer Energie angewiesen. Bau und Betrieb dieses Reservesystems verteuern die Nutzung von Sonnen- und Windenergie.

Bei der Nutzung von Sonnen- und Windenergie spart man Brennstoff, jedoch keine Kraftwerke. Es wird weniger CO_2 abgegeben.

a) Wasser

Bei der Nutzung erneuerbarer Energien bildet Wasser eine Ausnahme, da die Wasserführung der großen Flüsse weitgehend konstant und die **Leistungsdichte groß** ist (➡ *Tabelle 1*).

Weltweit werden knapp 20% der elektrischen Energie aus Wasserkraft gewonnen. Geographisch sind die Möglichkeiten der Nutzung sehr unterschiedlich: Das regenreiche Norwegen gewinnt 99% seiner elektrischen Energie aus Wasserkraft, Österreich 72% und die Schweiz 58%.

In Deutschland wird die Wasserkraft seit langem intensiv genutzt. Ein weiterer möglicher Ausbau (noch ca. 15%) wird durch ökologische Probleme (Hebung des Grundwasserspiegels, Überflutung von wertvollem Gelände) erschwert. 2004 lieferten Wasserkraftwerke 3,5% der elektrischen Energie.

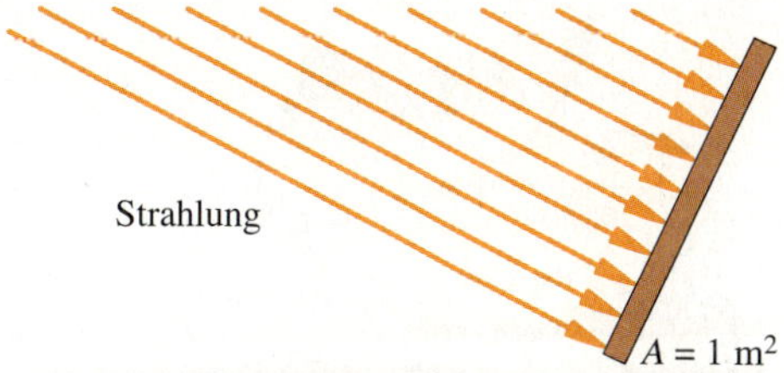

B 2: Auf eine Fläche von $A = 1\ m^2$ trifft die Energie $W = 1{,}37$ kJ je s. Dies gilt außerhalb der Atmosphäre und bei senkrechtem Einfall. Die Leistung der Strahlung ist $P = W/t = 1{,}37$ kW pro m^2. Ihre Leistungsdichte ist $S_E = P/A = 1{,}37\ kW/m^2$.

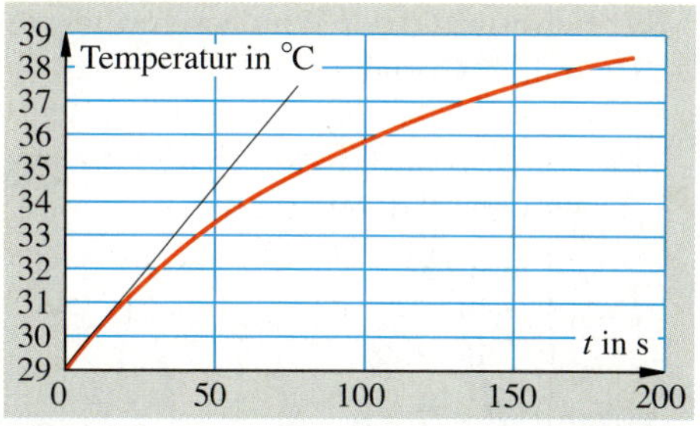

V 1: Wir bestimmen die Strahlungsleistung der Sonne an unserem Schulort: Auf die berußte Seite eines Alu-Plättchens fallen senkrecht die Sonnenstrahlen. Es erhält in der Zeit Δt die Energie ΔW. Der fast lineare Anstieg zu Beginn zeigt, dass praktisch keine Energie an die Umgebung abgegeben wird, es wird nur die innere Energie des Plättchens erhöht: $\Delta W = c_{Al} \cdot m_{Al} \cdot \Delta\vartheta$. Die Strahlungsleistung $P = \Delta W/\Delta t$ ist somit $P = c_{Al} \cdot m_{Al} \cdot \Delta\vartheta/\Delta t$.
c_{Al} und m_{Al} sind bekannt, $\Delta\vartheta/\Delta t$ lesen wir aus dem Zeit-Temperatur-Diagramm ab. P ist die von der Fläche A absorbierte Leistung. Die *Leistungsdichte* $S = P/A$ (in J/m^2s) gibt die pro s auf $1\ m^2$ einfallende Strahlungsenergie an.
Messwerte: Abmessungen des Plättchens 3 cm × 3 cm × 0,3 cm; $\Delta\vartheta/\Delta t = 0{,}11$ K/s.
Daraus folgt:
$P = 0{,}72$ W und $S = 802\ W/m^2$.

Sonnenstrahlung	1,37 kW/m²
Jahresdurchschnitt in BRD	0,13 kW/m²
Wind (6 m/s)	0,13 kW/m²
strömendes Wasser (6 m/s)	108 kW/m²
Kohle- oder KKW (an den Rohren im Kessel)	500 kW/m²

T 1: Leistungsdichten in Natur und Technik

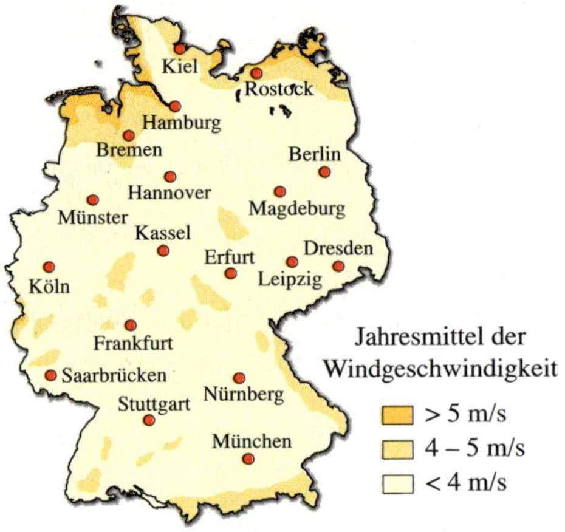

B1: Jahresmittel der Windgeschwindigkeit 10 m über Grund

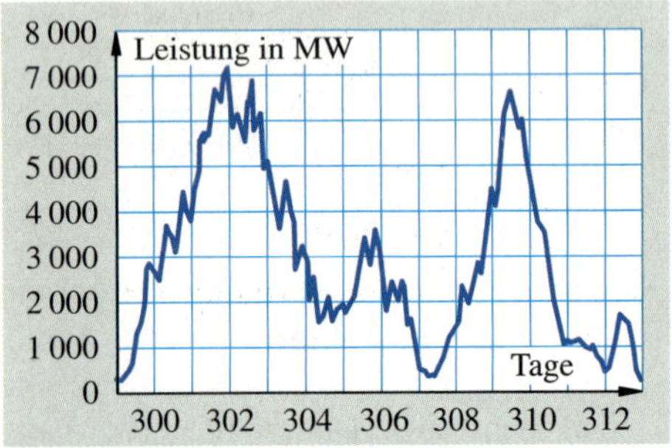

B2: Einspeisung aller Windenergieanlagen in das deutsche Verbundnetz vom 5.–19.12.02. In windarmen Zeiten müssen Reservekraftwerke die Energielücke decken.

B3: Aus Raps ...

B4: ... wird Biodiesel.

b) Wind

Etwa 2% der Sonneneinstrahlung wird in Windenergie umgewandelt. Nutzbar ist diese Energie bei Windgeschwindigkeiten von 4 m/s bis 20 m/s. Mit dieser Stärke bläst der Wind an vielen Küsten in 30–80% der Zeit. In Deutschland ist die Windenergienutzung auf die Küstengebiete und Mittelgebirge beschränkt (➠ *Bild 1*). Bei schwachem Wind (4 m/s) ist die Windleistung pro durchströmter Fläche 42 W/m², bei starkem Wind (8 m/s) sind es 333 W/m². Etwa die Hälfte kann in nutzbare Leistung umgewandelt werden. Anlagen zur Windenergienutzung mit Leistungen bis 2,5 MW werden serienmäßig gebaut. Man fasst sie häufig in „Windenergieparks" zusammen.

Um 1300 MW (ein moderner Kraftwerksblock) *installierte* Leistung zu erreichen, sind 1300 Windräder zu installieren (je 1 MW). Bei einer jährlichen Nutzungsdauer von 1700 Stunden würden sie $2{,}2 \cdot 10^9$ kWh liefern (➠ *Bild 2*). Der Kraftwerksblock liefert im Jahr $10 \cdot 10^9$ kWh.
Die Windenergie ist bei uns die am schnellsten wachsende regenerative Energie. Da an der Küste ein weiterer Ausbau kaum mehr möglich ist und im Binnenland deutlich ungünstigere Windverhältnisse (–50%) herrschen, will man im *off-shore*-Bereich, also im Meer, Windanlagen bauen. Dabei sind noch technische, kostenintensive Probleme wie der Bau sturmsicherer Fundamente in 40 m Wassertiefe für die Rotormasten und die Hochspannungsleitungen zu lösen.

c) Energie aus Biomasse ist CO_2-neutral

Biomasse enthält gespeicherte Sonnenenergie. Die Pflanzen nehmen zum Aufbau von Biomasse CO_2 aus der Luft auf. Beim Verrotten, Verbrennen und über die menschliche bzw. tierische Nahrungskette wird es wieder freigesetzt. Sorgt man für den Wiederanbau der Pflanzen, so besteht ein CO_2-neutraler Kreisprozess.

- Durch Verbrennen von *Restholz, Stroh und Müll* könnten bis 5% des Bedarfs an elektrischer Energie und 5% des Bedarfs an Heizwärme gewonnen werden.
- Da in der EU 25% der landwirtschaftlichen Flächen nicht mehr zur Nahrungsmittelproduktion genutzt werden, könnte man auf *Energieplantagen* schnell wachsende Pflanzen anbauen.
- Aus 1 t Müll entstehen 200–300 m³ *Deponiegas*, das 50% Methan enthält.
- *Klärgas* entsteht beim Ausfaulen von Klärschlamm, *Biogas* bei Zersetzung von Jauche und Mist. Das enthaltene Methan wird in Blockheizkraftwerken verbrannt. Auch wenn die gewonnene Energiemenge nicht groß ist, ist es wichtig, methanhaltige Gase zu verbrennen, da Methan ein wirksames Treibhausgas ist.
- *Bioalkohol* entsteht bei der Vergärung von Zuckerrüben oder Kartoffeln. Die Kosten für 1 l sind etwa dreimal so hoch wie unversteuertes Benzin. Der gleiche Kostennachteil besteht für *Biodiesel,* den man aus Raps gewinnt ($\frac{1}{3}$ der gewonnenen Energie wird zur landwirtschaftlichen Bearbeitung und für Dünger aufgezehrt).

d) Sonne

In einem Jahr strahlt die Sonne in Deutschland im Mittel ca. 1000 kWh pro m^2 ein. Die jahreszeitlichen Schwankungen sind groß (pro Tag: im Sommer 5 kWh/m^2, im Winter 1 kWh/m^2). Leider gibt es noch keine wirtschaftliche Möglichkeit, die Sonnenenergie für den Winter zu speichern. Kann man diese Energie trotzdem nutzen?

Mit dem **Sonnenkollektor** wird Wasser erhitzt.

Flachkollektoren nutzen den Treibhauseffekt: schwarze Rohre absorbieren das Sonnenlicht. Damit sie durch Luftströmung und IR-Abstrahlung weniger Energie verlieren, werden sie mit einer Glasscheibe abgedeckt. Eine frostsichere Flüssigkeit wird durch die erhitzten Kollektorrohre und einen Wärmetauscher im Warmwasserspeicher gepumpt (➡ *Bild 6*). Temperaturfühler sorgen dafür, dass die Pumpe nur läuft, wenn die Temperatur im Kollektor höher ist als im Speicher. Der Wirkungsgrad eines Kollektors kann durch zwei Maßnahmen gesteigert werden:

- Eine *selektive* Beschichtung der Absorberflächen sorgt für sehr gute Absorption (95%) und geringe IR-Abstrahlung.
- In *Vakuumröhren* werden die Verluste durch Konvektion und Wärmeleitung unterbunden. Sie bringen auch im Winter gute Energiesammelergebnisse.

Wegen der Wärmeverluste bei den üblichen kleinen Speichervolumen ist die *Energiespeicherung* auf wenige Tage beschränkt. Für sonnenarme Zeiten benötigt man eine Zusatzheizung.

Mit der **Solarzelle** wird die Strahlungsenergie der Sonne direkt in elektrische Energie umgewandelt.

Du kennst Solarzellen bei Taschenrechnern und Uhren, die sehr kleine Leistungen benötigen. Bei voller Beleuchtung (1000 W je m^2) erzeugt eine Siliciumzelle 0,55 V. Eine 100 cm^2 große Zelle lässt dann bei geeignetem Außenwiderstand etwa 3 A fließen. Ihre elektrische Leistung ist $P \approx 0{,}5\ V \cdot 3\ A = 1{,}5\ W$. Für 1 m^2 werden 100 solcher Zellen benötigt, ihre Spitzenleistung ist 150 W. Der *Wirkungsgrad* der Energieumsetzung beträgt also etwa 15%. Er sinkt mit steigender Temperatur. Theoretisch sind Wirkungsgrade bis 43% möglich, in Laborversuchen erreichte man bisher 25%. Durch Reihen- bzw. Parallelschalten kann man beliebige Spannungen bzw. Stromstärken erreichen.

Übersteigt die von Solarzellen erzeugte elektrische Energie den Bedarf des Hauses, wird sie ins Netz eingespeist. Der Gleichstrom der Zellen muss dabei in Wechselstrom der Spannung 230 V umgewandelt werden. Bei Dunkelheit bezieht man Energie aus dem Netz.

Der Einsatz von Solarzellen zur Energieversorgung (**Fotovoltaik**) wird durch die hohen Kosten des Solarstroms und durch die beschränkte Sonnenscheindauer begrenzt. Die hohen Kosten entstehen durch die energieaufwändige Herstellung der kristallinen Siliciumscheiben. Zur Förderung des Solarstroms müssen die Elektrizitätswerke bei Einspeisung ins Netz 0,57 €/kWh vergüten (Kosten bei Kohlestrom 0,03 €/kWh). Wegen des besseren Wirkungsgrades und der niedrigeren Kosten ist in Deutschland die Nutzung der Sonnenenergie durch Kollektoren sinnvoller als durch Solarzellen (➡ *Bild 5*).

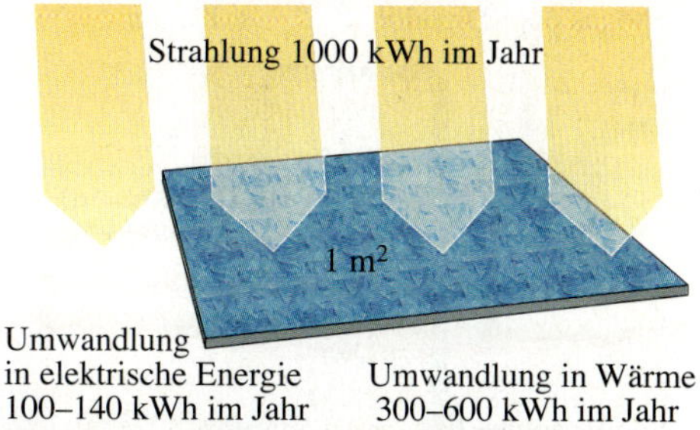

B5: Umwandlung von Sonnenenergie

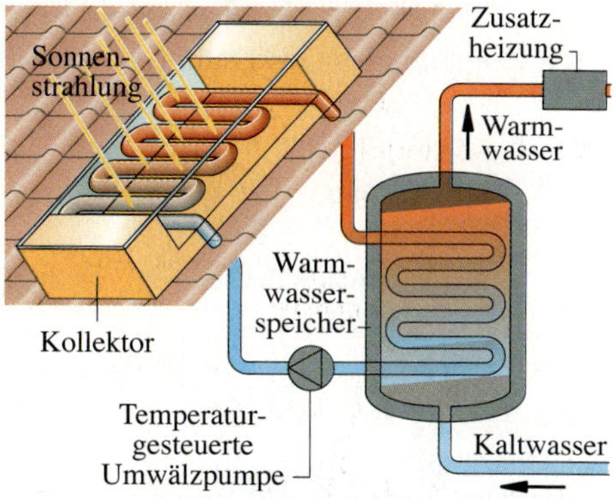

B6: Brauchwassererwärmung durch einen Sonnenkollektor

B7: Den „Rappenecker Hof“ bei Freiburg versorgen Solarmodule mit 4 kW in Verbindung mit einer Windanlage und einem Dieselmotor.

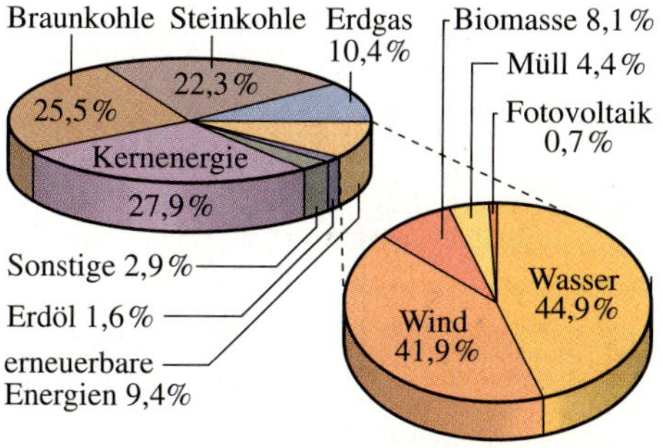

B8: Beitrag erneuerbarer Energien zur Erzeugung el. Energie in Deutschland (2004)

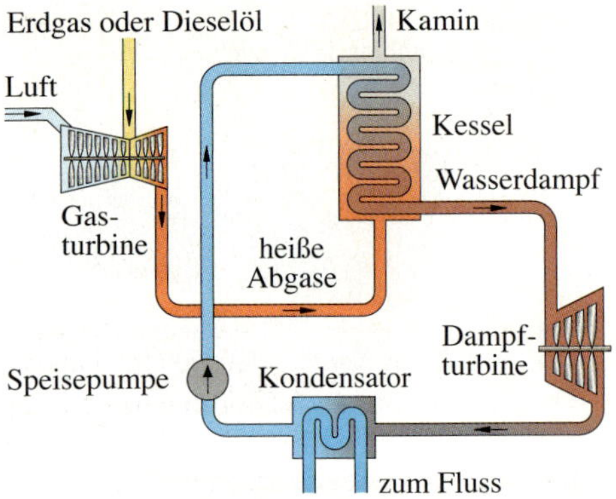

B 1: Kombiniertes Gas-Dampf-Kraftwerk

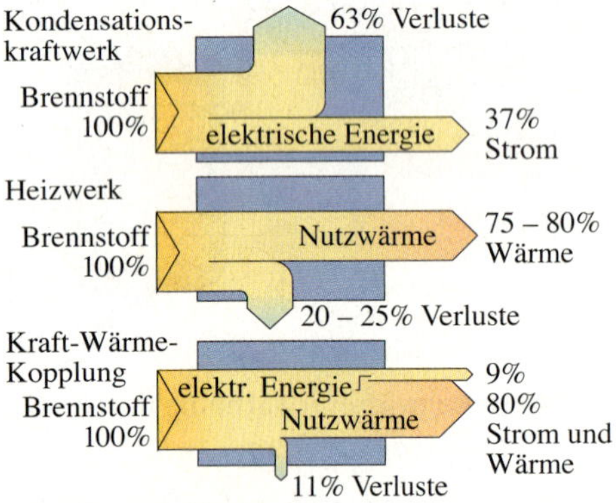

B 2: Bessere Nutzung der Energie bei Kraft-Wärme-Kopplung

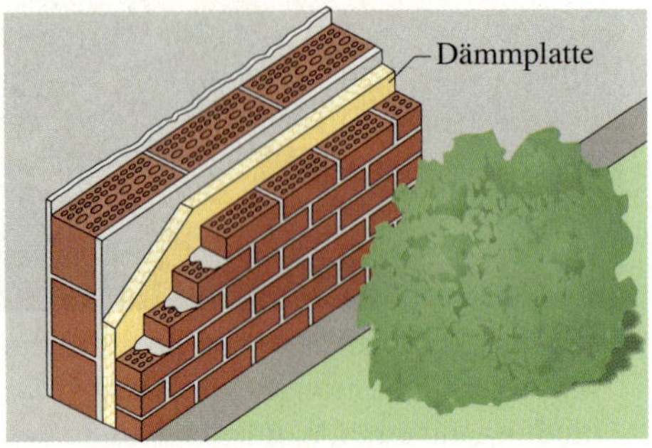

B 3: Gute Wärmedämmung der Außenwände vermindert den Energiebedarf.

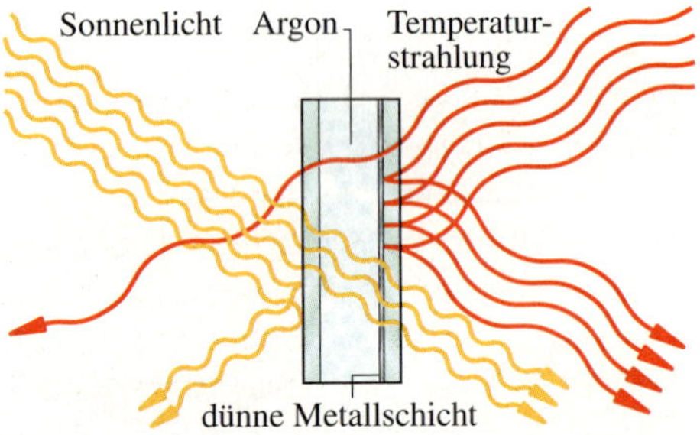

B 4: Wirkungsweise eines Wärmeschutzfensters

3. Energie sinnvoller nutzen

1990 verpflichtete sich die deutsche Bundesregierung, die Emission von CO_2 bis 2020 um 40% im Vergleich zu 1987 zu senken. Der wichtigste Beitrag, dieses Ziel zu erreichen, ist ein sparsamerer Einsatz von Energie.
Einige technische Möglichkeiten zur Verminderung der CO_2-Emission stellen wir nun vor:

- **Erhöhung des Wirkungsgrades** von thermischen Kraftwerken: Moderne Dampfkraftwerke haben einen Wirkungsgrad von 45%. Bei Gasfeuerung erlauben es die hohen Flammentemperaturen, der Dampfturbine eine Gasturbine vorzuschalten (➠ *Bild 1*). Man erzielt in solchen **GuD-**(Gas- und Dampf-)-**Kraftwerken** bis zu 60% Wirkungsgrad. Kohle muss erst vergast werden, wodurch der Wirkungsgrad auf 48% sinkt.
- **Nutzung der „Abwärme“** als Heizwärme (**Kraft-Wärme-Kopplung**): Dabei sinkt zwar der Wirkungsgrad für die Bereitstellung von elektrischer Energie, man kann jedoch die Energie des Brennstoffs bis zu 89% nutzen. Wegen der hohen Verluste bei **Fernwärme**leitungen müssen solche Kraftwerke in unmittelbarer Nähe von dichtbesiedelten Gebieten sein. Ungünstig für den durchschnittlichen Wirkungsgrad ist, dass der Bedarf an Fernwärme jahreszeitlich stark schwankt.
- **Bessere Wärmedämmung** an Gebäuden: Der größte Teil des privaten Bedarfs an Endenergie entfällt auf die Heizung (➠ *Bild 5*). Verbesserung der Wärmedämmung wirkt sich daher besonders stark CO_2-vermindernd aus. Ältere Häuser benötigen im Schnitt jährlich 280 kWh/m^2 für die Heizung. Nach der Wärmeschutzverordnung dürfen Neubauten höchstens 78 kWh/m^2 verbrauchen.
- **Solararchitektur:** Moderne Wärmeschutzfenster wirken wie ein Ventil für Energie. Sie lassen das energiereiche Sonnenlicht ins Innere. Die IR-Strahlung des Innenraums wird durch eine dünne Metallbeschichtung einer Scheibe nicht nach außen durchgelassen. Zwischen den Scheiben befindet sich ein gut isolierendes Gas. Eine solche Verglasung hat die gleiche Wärmedämmung wie eine 24 cm dicke Backsteinwand. Durch geeignete Architektur – große Fenster nach Süden, kleine nach Norden – können 20–40% der Heizenergie gespart werden. Rollläden helfen, nachts die gespeicherte Energie im Inneren zu halten. Nach Süden geneigte Dächer erlauben die Montage von Sonnenkollektoren.
- **Moderne Heizanlagen** sind so konstruiert, dass sie mit niedrigen Temperaturen im Heizkreislauf arbeiten können. Die Abgase haben niedrigere Temperaturen, ihnen wird mehr Energie entzogen als bei alten Anlagen. Besonders gut nutzen **Brennwertkessel** die Energie. Sie nutzen zusätzlich noch die Energie, die bei der Kondensation von Wasserdampf in den Abgasen frei wird.
- **Sparsamere Motoren:** Da wir für das Auto fast $\frac{1}{3}$ der Endenergie einsetzen (➠ *Bild 5*), wirken sich sparsamere Motoren stark auf den Energiebedarf aus. Der Durchschnittsverbrauch von Pkw-Motoren könnte um 50% gesenkt werden. Wir können diese Entwicklung beim Autokauf beeinflussen.

4. Was können *wir* tun?

Im privatem Bereich – zu Hause und beim Autofahren – benötigen wir die Hälfte der Endenergie. Es lohnt sich also, wenn wir Energie sinnvoller nutzen.

Am Beispiel der „Normalfamilie“ Müller soll gezeigt werden, wie wir durch veränderte Verhaltensweisen zur Reduzierung der CO_2-Emission beitragen können:

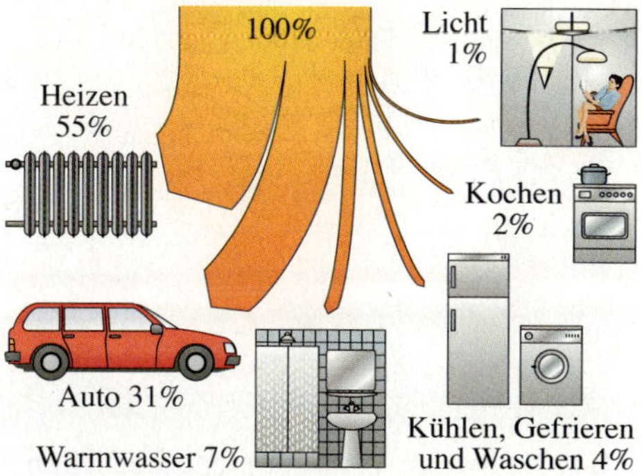

B5: Aufteilung der Endenergie im privaten Bereich

Elektrizität

Warmwasserbereitung: Absenken der Temperatur von 60 °C auf 40 °C (5 K weniger sparen 10% elektrische Energie); *Sparperlatoren* an Wasserhähnen (5 l statt 10 l pro min); *Durchflussbegrenzer* in der Dusche (12 l statt 20 l). Energie- und CO_2-Einsparung: 35%

Waschmaschine: Schonwaschgang (60 °C) statt Kochwaschgang und Verzicht auf Vorwäsche, wenn möglich; Waschen nur bei voller Maschine. Einsparung: 40%

Spülmaschine: Sparprogramm (50 °C statt 65 °C); Spülen nur bei voller Maschine. Einsparung: 25%

Kühl- und Gefrierkombination: Im Kühlschrank 7 °C statt 5 °C; im Gefrierteil – 18 °C; regelmäßiges Abtauen. Einsparung: 22%

Elektroherd: Schnellkochtopf; Restwärme nutzen; Töpfe nicht kleiner als Kochplatte; Kochen nur mit Deckel. Einsparung: 40%

Fernseher: Verzicht auf Stand-by. Einsparung: 24%

Beleuchtung: Statt Glüh- Energiesparlampen. Einsparung: 80%

Heizung

Wohnungstemperatur von 22 °C auf 20 °C (1 K weniger spart 6% Energie); Thermostatregler an Heizkörper. Einsparung: 24%

Auto

Weniger Fahrten mit dem Pkw,
Umsteigen auf Busse (5000 km) Einsparung: 21%

Nahrungs- und Konsumgüter

Kauf von Gütern ohne aufwändige Verpackung. Einsparung: 15%

Pro Jahr könnte Familie Müller ohne schmerzlichen Verzicht etwa 2000 kWh elektrische Energie sparen. Einschließlich Heizung, Verkehr, Nahrung und Konsumgütern könnte sie den durch sie verursachten CO_2-Anteil um 7,6 t vermindern (– 19%).

B6: Hier wird Energie verschwendet.

Aufgaben

A1: Welche der besprochenen Energiequellen sind nicht jederzeit verfügbar? Warum nicht?

A2: Welche Standorte sind für einen Windpark günstig?

A3: Windgeneratoren liefern an kalten Tagen bei gleicher Windgeschwindigkeit mehr Energie als an warmen Tagen. Warum?

A4: **a)** Solarzellen liefern bis 150 W pro m^2. Über das Jahr gemittelt ergeben sich in Deutschland nur 10 W pro m^2. Was ist der Grund? **b)** Welche Fläche müsste man mit Solarzellen belegen, um bei Sonne die Leistung eines 1300 MW-Wärmekraftwerkes zu erreichen? **c)** Warum bräuchte man eine viel größere Fläche, um pro Jahr die gleiche Energie zu erzeugen wie das Wärmekraftwerk?

A5: In einem Steinkohlekraftwerk wird zur Erzeugung von 1 kWh das 1,7-fache an CO_2 produziert wie in einem Gaskraftwerk. Warum ist der Ersatz von Kohle durch Gas langfristig kein Ausweg?

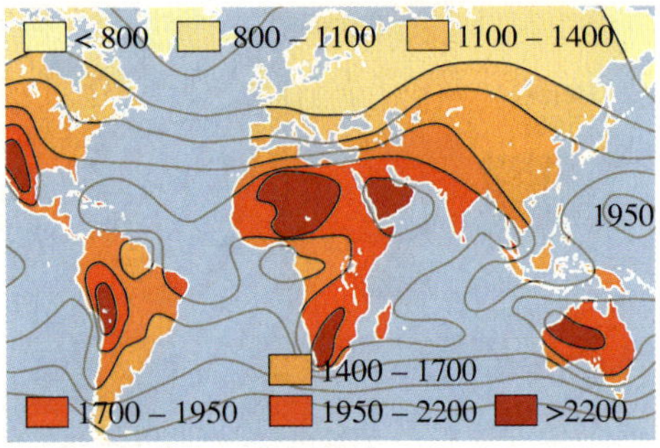

B1: Weltweite Verteilung der jährlichen Sonneneinstrahlung in kWh/m²

B2: Das weltweit größte solarthermische Kraftwerk in der kalifornischen Wüste

B3: Eine der Anlagen aus der Nähe: Durch Hohlspiegel wird das Sonnenlicht auf das 82fache konzentriert. Das Thermoöl im Absorberstrang erhitzt sich dadurch auf 400 °C.

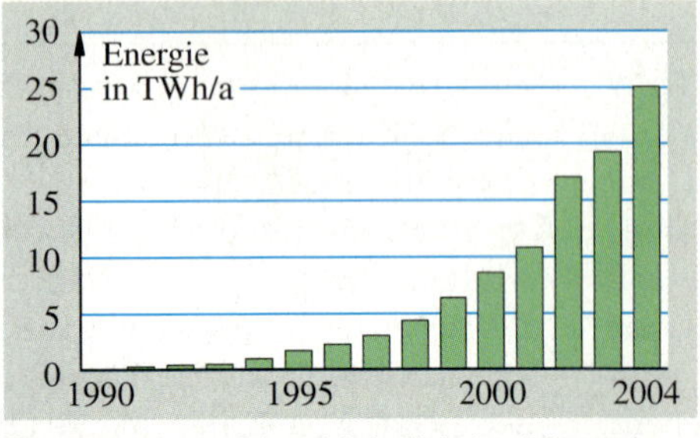

B4: In Deutschland jährlich ins Netz eingespeiste Windenergie

Energiequellen der Zukunft

Wissenschaftler in allen Industrienationen suchen nach neuen Energiequellen. Folgende Gründe können wir nennen:

- Heute deckt die Menschheit 95% ihres Energiebedarfs mit Kohle, Erdöl und Erdgas. Deren Reserven sind begrenzt.
- Durch Verbrennen fossiler Energieträger belasten wir die Atmosphäre mit dem Treibhausgas CO_2 und riskieren eine Klimaänderung, die für große Teile der Erdbevölkerung bedrohlich werden könnte.
- Unsere technische Zivilisation kann ohne Energie nicht existieren, unser Wohlstand würde ohne sie zusammenbrechen.
- Die Ernährung der zurzeit auf 6 Milliarden angewachsenen Erdbevölkerung ist ohne massiven Energieeinsatz unmöglich.

Welche Möglichkeiten der CO_2-freien Energiebereitstellung sind heute erkennbar?

a) Erneuerbare Energien in Deutschland

Fachleute sehen in der *Windenergie* das größte Potential. Schon heute ist Deutschland nach der installierten Spitzenleistung weltweit das Windenergieland Nr. 1 (➠ *Bild 4*).
Auch die Energiegewinnung aus *Biomasse* (vor allem bei der Müllverbrennung) ist noch steigerbar.
In unseren Breiten ist die Nutzung der *Sonnenenergie* zur Brauchwassererwärmung sinnvoll und könnte stärker genutzt werden.
Die *Wasserkraft* ist kaum mehr ausbaubar.
Man schätzt, dass langfristig (bis 2050) die erneuerbaren Energien bis 20% der heutigen Emission von CO_2 vermindern können.

b) Nutzung der Solarenergie weltweit

In den sonnenreichen Subtropen bestehen Möglichkeiten, die Sonnenenergie in großem Maßstab zu nutzen:
In *Solarkraftwerken* mit fokussierenden Spiegeln kann Wasser auf über 400 °C erhitzt und damit eine Turbine betrieben werden. In Kalifornien liefert eine solche Anlage 6 Stunden pro Tag elektrische Energie, die in den Städten zum Betrieb von Klimaanlagen genutzt wird (➠ *Bild 2* und *3*). Wirkungsgrad insgesamt 25 %.
Bei *Solarzellen* wird der verlustreiche Umweg über Wärme vermieden, um elektrische Energie zu erzeugen. In nicht genutzten Wüstengebieten könnte man großflächig Solarzellen aufstellen und mit der gewonnenen Energie durch *Elektrolyse Wasserstoff als Energieträger* gewinnen. Dies wäre der Einstieg in die …

c) … Wasserstoffwirtschaft

Die Idee ist, Wasserstoff zu verflüssigen (–253 °C) und mit Tankschiffen z.B. nach Europa zu bringen und dort als Brennstoff zu verwenden. Als Abgas bekäme man nur reines Wasser. Auch bei guter Isolation ergeben sich Verluste durch Abdampfen von Wasserstoff. Sie sind umso schwerwiegender, je kleiner das Volumen ist. Daher ist flüssiger Wasserstoff als Ersatz für Benzin in Autos problematisch.
Brennstoffzellen wandeln die chemische Energie wasserstoffhaltiger Energieträger direkt in elektrische Energie um, ohne Turbi-

ne und Generator – und das schadstofffrei! Wenn es gelänge, ihren Preis und ihr Gewicht deutlich zu senken, könnte man sie vielseitig einsetzen:
In Blockheizkraftwerken können elektrische Energie *und* anfallende Wärme genutzt werden (Gesamtwirkungsgrad 85%).
In Autos erreichen Brennstoffzellen 60% Wirkungsgrad, während Dieselmotoren im Alltag auf 17% kommen.

d) Kernfusion

Seit Jahrmilliarden erhält die Sonne ihre Energie durch Verschmelzung (Fusion) von Wasserstoff- zu Heliumkernen. Seit 50 Jahren versucht man, diese Art der Energiebereitstellung zu entwickeln. Die technischen Probleme sind außerordentlich groß, denn zur Kernfusion müssen ähnliche Bedingungen erfüllt werden, wie sie im Innern der Sonne bestehen:
Man muss Temperaturen von über 100 Millionen °C erreichen. Bei diesen Temperaturen ist ein Gas vollständig ionisiert, es besteht aus positiven Kernen und Elektronen *(Plasma)*. Die hohe Temperatur ist nötig, damit sich die Kerne trotz ihrer Abstoßung genügend nahe kommen, um zu verschmelzen. Die Dichte des Plasmas muss wenigstens für einige Sekunden genügend groß sein. Ein solch heißes Gas kann man nicht in materielle Wände einsperren, diese würden sofort verdampfen. Die schnellen geladenen Kerne, erfahren in einem Magnetfeld eine Kraft. Durch geeignet geformte und extrem starke Magnetfelder kann man sie auf eine ringförmige Bahn zwingen. Die Felder werden durch *supraleitende* Spulen erzeugt.
Trotz intensiver Forschung kommt man der technischen Realisierung nur in kleinen Schritten näher. Wenn überhaupt, werden Fusionskraftwerke wohl erst nach der Mitte unseres Jahrhunderts Energie liefern. Wegen der ungeheuren Kosten haben sich die führenden Industrienationen zu gemeinsamem Forschen zusammengetan. In der Anlage **ITER** (**I**nternational **T**hermonuclear **E**xperimental **R**eactor) will man ab 2008 die Reaktion $^2_1H + ^3_1H \rightarrow ^4_2He + ^1_0n$ + Energie so in Gang setzen, dass mehr Energie gewonnen wird, als zum Betrieb der Anlage nötig ist.
Vorteile der Kernfusion: Die Brennstoffe sind in fast unbegrenzten Mengen verfügbar. Während des Betriebes enthält der Reaktor nur geringe Mengen radioaktiver Stoffe (Tritium).
Nachteile: Bei Stilllegung fallen wie beim Kernreaktor aktivierte Baumaterialien an (durch die intensive Neutronenstrahlung).

e) Neue Kernreaktortypen

Technisch kann der Anteil der Kernenergie an der Bereitstellung elektrischer Energie gesteigert werden. Die dazu nötige Zustimmung der Gesellschaft könnte durch Verwendung neuer Reaktortypen erreicht werden, bei denen in jedem möglichen Schadensfall

- der Reaktor selbstständig erlischt,
- keine Radioaktivität nach außen freigesetzt werden kann,
- die unvermeidliche Nachwärme nach seinem Erlöschen ohne Eingriffe von außen abgeführt wird.

Es gibt Hinweise, dass sich die Halbwertszeiten radioaktiven Abfalls durch Neutronenbeschuss auf wenige Jahre verkürzen lassen.

B5: Versuchsanlage für die Solar-Wasserstoff-Technologie im bayerischen Neunburg. Die 6000 Module haben eine Spitzenleistung von 280 kW.

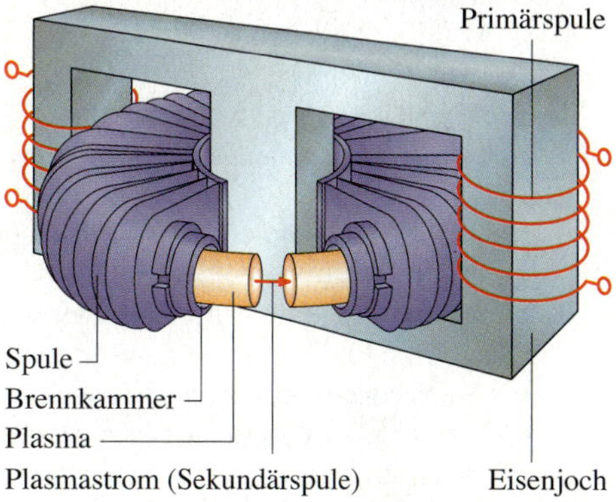

B6: Die ringförmige Plasmasäule in einem Fusionsreaktor ist die Sekundärspule eines Hochstromtransformators. Die Temperatur von 10^8 °C erreicht man durch Einstrahlung von Hochfrequenzenergie.

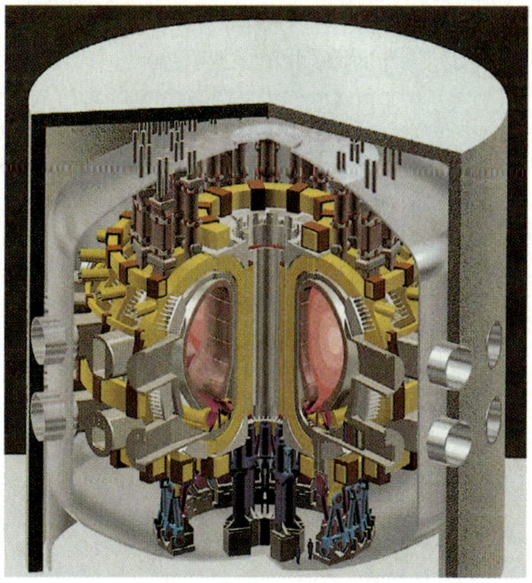

B7: Modell des ITER. Beachte die Menschen unten rechts.

Interessantes

Planarbeit zum Thema „Versorgung mit elektrischer Energie"

B1: a) Stausee **b)** Wärmekraftwerk **c)** Windanlage **d)** Solarzellen **e)** Solarkraftwerk

Zeit: Zwei Schulstunden und Arbeit zu Hause

Ziel: Wie kann man die Versorgung mit elektrischer Energie unter dem Gesichtspunkt der *Nachhaltigkeit* sicherstellen?

Arbeitsaufträge:

1. „Nachhaltigkeit" wird im Brundtland-Report (1987) definiert. Recherchiere im Internet nach diesem Artikel und beschreibe die Bedeutung von Nachhaltigkeit mit eigenen Worten.

2. Nenne alle Möglichkeiten der Erzeugung elektrischer Energie.

3. Suche aus der Liste diejenigen Verfahren, die heute großtechnisch zur Versorgung der Bevölkerung geeignet sind. Charakterisiere jedes Verfahren unter den Gesichtspunkten:
   - Langfristige Versorgungssicherheit (Vorräte an entsprechenden Energieträgern)
   - Zeitliche Verfügbarkeit (Elektrische Energie muss stets abrufbereit vorhanden sein)
   - Umweltbilanz
   - Kosten für die Erzeugung
   - Berücksichtigung von Verlusten bei der Übertragung elektrischer Energie (in Deutschland im Mittel 5%). Was ist daher von den Standorten der Erzeugung und der wichtigsten Verbraucher zu fordern?
   - Geographische Randbedingungen (Vorhandensein von Kühlwasser, Gefälle bei Seen oder Flüssen, Häufigkeit und Stärke von Wind, Sonnenscheindauer)

4. Auf der letzten Seite des Kapitels *Der Transformator* ist der Tagesverlauf des Strombedarfs dargestellt.
   a) Begründe seinen Verlauf.
   b) In der Elektrizitätswirtschaft unterscheidet man zwischen Grund-, Mittel- und Spitzenlast. Welche der unter 2. aufgezählten Verfahren sind jeweils zur Deckung der drei Lastarten geeignet?
   c) Die durch Wind und Sonne erzeugte elektrische Energie fällt unregelmäßig an. Mit welcher Stromerzeugungsart kann man diese Anlagen kombinieren, um stets die gewünschte Energie liefern zu können?

5. Der Bedarf an elektrischer Energie wird weiter steigen.
   a) Welche Möglichkeiten siehst du, ihn unter dem Gesichtspunkt des Klimaschutzes zu befriedigen?
   b) Nenne die Optionen, die deiner Meinung nach in den nächsten 20–30 Jahren zur Verfügung stehen dürften.
   c) Schätze ab, welche Möglichkeiten und Schwierigkeiten (technische, politische, Flächenbedarf, Kosten, Risiken) zu erwarten sind.

6. Zitat: „Nachhaltig ist, was in der Theorie unendlich weiter laufen kann." Nenne Beispiele für nachhaltiges Handeln.

Interessantes

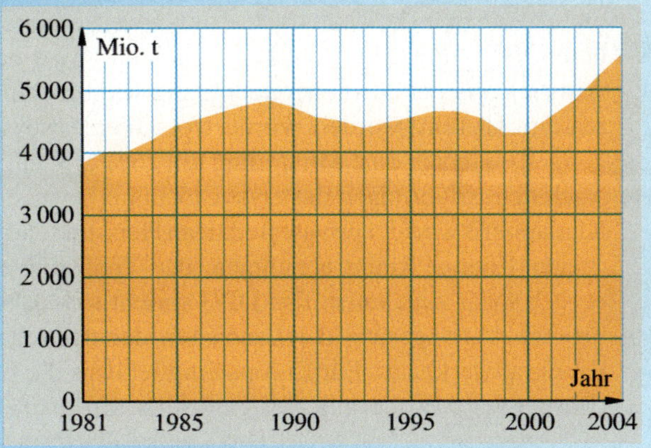

B 1: Weltweite Kohleförderung

Kohle ohne CO_2?

Schwellenländer wie China und Indien haben einen rasant steigenden Energiebedarf. Da sie große Kohlevorkommen haben, wird deren Abbau stark ausgeweitet ➠ *Bild 1*. Ein Umstieg auf nachhaltige Energiequellen lässt sich nicht zeitgerecht realisieren. Aus dieser für das Klima kritischen Lage scheint es einen Ausweg zu geben: Man kann das bei der Verbrennung von Kohle entstehende CO_2 abfangen und in unterirdischen Lagern langfristig speichern. Fachleute sprechen von *CO_2-Sequestrierung.* In vielen Industrieländern werden die technischen Möglichkeiten dieser CO_2-Entsorgung untersucht.

Die Abscheidung von CO_2

Es gibt drei Verfahren zum Abtrennen des CO_2. Alle eignen sich nur für „Großverschmutzer" wie Kraftwerke:

a) In der chemischen Industrie kennt man ein Verfahren, bei dem man nach der Verbrennung das CO_2 aus dem Rauchgas auswäscht. Dabei wird ein Amin von oben in das Rauchgas gesprüht. Die CO_2-Moleküle verbinden sich mit der Waschsubstanz und sinken nach unten, das übrige Rauchgas steigt nach oben. Das Waschmittel wird anschließend thermisch regeneriert. Dabei ist eine Prozesswärme von 3–4 GJ je Tonne CO_2 erforderlich.

b) Bei der zweiten Methode wird das CO_2 *vor* dem Verfeuern aus dem Brenngas geholt. Die Kohle wird zunächst vergast und das gebildete CO mit Wasserdampf zu H_2 und CO_2 reformiert:

$$CO + H_2O \rightarrow CO_2 + H_2 + 41\ \text{kJ/mol}.$$

Da das Brenngas unter hohem Druck steht, ist sein Volumen klein, der CO_2-Gehalt groß. Die Abtrennung des CO_2 ist vergleichsweise einfach. Der Wasserstoff wird einer Turbine zugeführt.

c) Einfacher lässt sich das CO_2 abfangen, wenn man den Stickstoff aus der Verbrennungsluft entfernt, also mit reinem Sauerstoff arbeitet. Die Abgase bestehen dann nur aus zwei Komponenten, Wasserdampf und CO_2, die man durch Kühlen trennen kann. Den Sauerstoff gewinnt man durch Luftverflüssigung (–200 °C), einem energieaufwändigen Prozess (900–972 MJ je Tonne CO_2).

Die technischen Prozesse aller Verfahren sind bekannt, die Umsetzung auf Großanlagen und die Auswirkung auf den Strompreis werden zurzeit untersucht. Denn stets ist zusätzlich Energie aufzuwenden, was den Wirkungsgrad der Kraftwerke verkleinert (man schätzt eine Absenkung um 8–13 Prozentpunkte).

Speicherung des CO_2

Nach der Abscheidung muss das CO_2 zum Transport mit Schiff oder Pipeline verdichtet oder verflüssigt werden – ein zusätzlich Energie fordernder Prozess. Für die Lagerung bieten sich ausgebeutete Erdöl-, Erdgas- oder Kohlelager an. Deren Speicherfähigkeit wäre nach wenigen Jahrzehnten erschöpft. Es bleiben zwei riesige Speicher:

1. Die *Salzwasser-Aquifere*, ausgedehnte, salzwasserhaltige Sandsteinschichten, die das CO_2 wie ein Schwamm in ihren Poren aufsaugen. Man schätzt, dass sie mindestens 100 Jahre das weltweit erzeugte CO_2 aufnehmen könnten.
2. Im Laufe von Jahrhunderten nehmen die Ozeane das von uns freigesetzte CO_2 auf. Man erwägt diesen Prozess zu beschleunigen, indem man gasförmiges CO_2 in mittlere Wasserschichten verbringt, in denen es sich vollständig lösen würde. Dabei entstünde Kohlensäure, die den pH-Wert des Wassers senken würde. Biologen befürchten negative Folgen für das Wachstum von Korallen und Phytoplankton, der Grundlage der Nahrungskette der Fische. Eine andere Studie empfiehlt, flüssiges CO_2 auf den Grund der Tiefsee zu pumpen. Dort würde es unter dem hohen Wasserdruck als „CO_2-See" lagern.

Zum Abtrennen, Transport und Einlagern des CO_2 ist etwa ein Viertel der erzeugten elektrischen Energie notwendig. Trotzdem ist die CO_2-Sequestrierung das einzige Mittel, um fossile Energieträger klimaunschädlich zu nutzen. Im großen Maßstab könnte sie erst nach 2020 zum Einsatz kommen.

Vertiefung

A. Klimaänderung – die Politik wird aktiv

Der durch den Menschen verursachte Beitrag zum Klimawandel ist erwiesen. In den letzten 100 Jahren stieg die Durchschnittstemperatur in Europa um 0,95 K. Pflanzen und Tiere könnten sich der Klimaänderung ohne große Schäden anpassen, wenn der Temperaturanstieg in diesem Jahrhundert auf 2 K begrenzt würde. Die Emission von Treibhausgasen soll bis 2050 im Vergleich zu 1990 auf die Hälfte sinken – so die Forderung internationaler Klimakonferenzen. Die deutsche Bundesregierung beschloss, eine Reduktion um 40% bis 2020 anzustreben.

B. Erreichen wir die gesteckten Ziele?

Unter welchen Bedingungen können diese Ziele erreicht werden? Dazu veröffentlichte die **D**eutsche **P**hysikalische **G**esellschaft, eine Vereinigung unabhängiger Forscher und Professoren der Physik, im Herbst 2005 eine Studie. Die wichtigsten Ergebnisse sind:

- In den ersten 15 Jahren des betrachteten Zeitraums wurden die Zielvorgaben nicht erreicht (die Verminderungsrate hätte mehr als doppelt so hoch sein müssen), trotz starker Förderung der Windenergie und trotz voller Nutzung von Kernkraftwerken, bei denen kein CO_2 anfällt.
- Im Verkehr nahm trotz sparsamerer Motoren durch die wachsende Motorisierung in den letzten 30 Jahren der Treibstoffverbrauch um 65% zu.
- Der private Verbrauch nahm nur schwach ab, trotz staatlicher Förderung der Wärmeisolation von Gebäuden.
- Erfolgreich waren die Bemühungen der Industrie um Energieeinsparung.

Will man also die Einsparziele erreichen, müssen die Anstrengungen *zusätzlich* wesentlich verstärkt werden. Am aussichtsreichsten erscheint eine stärkere Nutzung der Windenergie. Wie aber ➡ *Bild 1* zeigt, geht die Installation neuer Anlagen zurück, da wirtschaftlich günstige Standorte an der Küste (➡ *Tabelle 1*) kaum mehr verfügbar sind. Ein wirksamer Ausbau von Windenergieparks ist nur auf See zu erzielen. Erste Anlagen werden 2010 erwartet. Bis 2020 könnte die Windenergie bis 14% der elektrischen Energie liefern.

Bei verstärkter Erschließung regenerativer Energiequellen, Erneuerung des Kraftwerkparks mit höherem Wirkungsgrad, erhöhtem Einsatz von Gas statt Kohle, Zumischung von 20% Biotreibstoffen zu den fossilen Treibstoffen würden im Jahr 2020 in Deutschland 820 Mio. t CO_2 produziert. Dies entspricht einer Minderung von 35% gegenüber 1990, die allerdings nur erreicht würde, wenn die Kernkraftwerke weiterliefen. Dies muss die Politik entscheiden. Wird der Ausstieg aus der Kernenergienutzung wie beschlossen durchgeführt werden, würde, trotz aller Anstrengungen, lediglich eine Minderung um 26% erreicht. Nach den Erfahrungen der ersten 15 Jahre bewusster Klimapolitik wird der private Bedarf an Heiz- und elektrischer Energie kaum abnehmen, der Treibstoffverbrauch sogar zunehmen. Die DPG spricht sich daher für eine Verlängerung der Laufzeiten der deutschen Kernkraftwerke aus. Für Europa empfiehlt sie die Errichtung von solarthermischen Kraftwerken in Spanien.

C. Nachdenkliches

„Wir schreiben das Jahr 1347. Die abendländische Kultur erlebt im Mittelalter eine Blütezeit. Kirchen und Kathedralen werden gebaut, die deutsche Sprache wird ausgebildet. Doch das Jahr 1347 bringt eine tragische Wende. Zum erstenmal bricht in Europa die Pest aus. Handelsreisende verschleppen den Erreger aus China nach Europa. Durch den ersten Pestzug 1347–1352 sinkt die Bevölkerung von 75 auf 48 Millionen, also um 30%."

Warum steht das im Physikbuch? Nun, die Ausbreitung der Pest wurde durch eine kleine Klimaänderung begünstigt: Der Winter 1347/48 und die folgenden waren außergewöhnlich mild, mit sehr wenigen kalten Tagen. Dies war eine ideale Voraussetzung für die Vermehrung von Ratten. Ratten sind Zwischenwirte des Pesterregers, der von ihnen durch Flöhe auf Menschen übertragen wird.

Diese kleine Notiz aus der Geschichte soll zeigen, wie kompliziert und verflochten die Wechselwirkungen sind, die in der unbelebten und belebten Natur eine Rolle spielen. Das Klima sollte nicht losgelöst von anderen Umweltsystemen betrachtet werden. – Natürlich droht uns durch den Temperaturanstieg keine Pestwelle, aber wir können einfach nicht alle Wirkungen des von uns verursachten Treibhauseffektes vorhersehen.

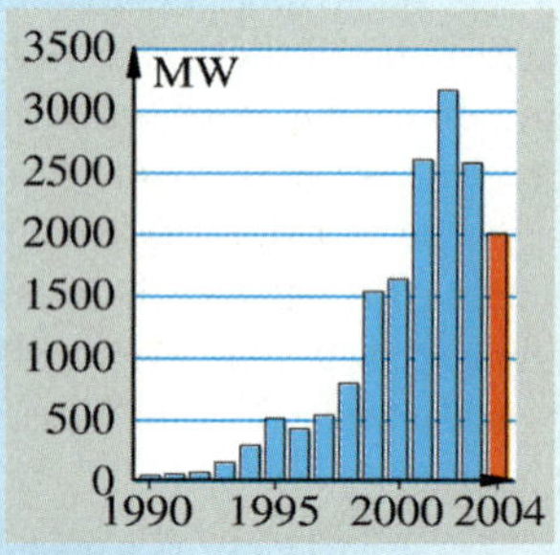

B1: Neu installierte Windenergieanlagen

Jahresmittelwerte	
Küste	171
Mittelgebirge	103
Norddt. Tiefebene	84
Norddt. Tiefebene, bewaldet	65

T1: Windleistung in Watt pro m^2 Rotorfläche

Das ist wichtig

Fakten

Vor den folgenden Tatsachen darf man die Augen nicht mehr verschließen:

- Der **CO_2-Gehalt** der Atmosphäre **steigt**.
- **Ursache** ist das **Verbrennen von Kohle, Erdöl** und **Erdgas**.
- Ursache dafür ist der **hohe Energiebedarf** der modernen Industriegesellschaft und das **Bevölkerungswachstum** in der dritten Welt.
- Um 2050 wird es **10 Milliarden Menschen** geben.
- Die **Industrialisierung der dritten Welt** wird die Nachfrage nach Energie noch gewaltig steigen lassen (z. B. in China und Indien).

Folgerungen

UNO-Beschluss 1995: Um den drohenden Temperaturanstieg auf 2 K zu beschränken, sollte die **CO_2-Freisetzung** bis 2050 **global um** mindestens **50% herabgesetzt** werden.

Dies ist nur zu erreichen, wenn

1. Energie wesentlich **sparsamer** eingesetzt wird – auch durch **Verzicht** auf angenehme, aber energieaufwändige Lebensführung.
2. Alle Möglichkeiten der **CO_2-freien Energiebereitstellung** genutzt und weiterentwickelt werden.

Wegen des steigenden Bedarfs der Entwicklungsländer sollten die Industrieländer ihre CO_2-Emission bis 2050 wesentlich stärker senken (Absenkung um etwa 80%).

Aufgaben

A1: In Diagramm A von *Bild 2* wird die Abgabe elektrischer Energie eines Wasserkraftwerks am Rhein während eines Jahres dargestellt. 100% bedeutet, dass das Kraftwerk die maximal mögliche Leistung, die Nennleistung, abgibt. **a)** In welchen Monaten ist die Energieabgabe besonders groß, in welchen besonders klein? Welche Gründe gibt es jeweils dafür? **b)** In welchen Monaten dürfte der Bedarf an elektrischer Energie besonders groß sein? Deckt sich das Energieangebot mit der vermuteten Nachfrage an elektrischer Energie? **c)** Da die Elektrizitätswerke in jedem Augenblick den Bedarf zu 100% decken müssen, müssen andere Kraftwerke zugeschaltet werden. Welche Kraftwerkstypen eignen sich dazu? Denke dabei auch an die „Brennstoff"-Kosten. **d)** Bei der Stromerzeugung wird zwischen Grund-, Mittel- und Spitzenlast unterschieden. In welchem Bereich kann man dieses Wasserkraftwerk einsetzen? Wie beurteilst du den Regelaufwand für die Reserveleistung bei dieser Anlage?

A2: In Diagramm B von *Bild 2* wird die Abgabe elektrischer Energie einer Fotovoltaikanlage in Freiburg wiedergegeben. Freiburg gilt als die sonnenreichste Stadt Deutschlands. Wende die Teilaufgaben **a), b)** und **c)** aus Aufgabe A 1 an. **d)** Was kann man aus dem Diagramm über den Regelaufwand (Zuschalten der Reserveleistung) herauslesen?

A3: Im oberen Teil von *Bild 3* ist die Leistung eines Windkraftwerks an der Nordseeküste während des Winters, im unteren Teil während des Sommers dargestellt. **a)** In welchem Monat wird die installierte Leistung, die Nennleistung, öfter wenigstens zu 75% erreicht? **b)** Schätze ab, wie viel Prozent der Nennleistung in diesem Monat im Durchschnitt erreicht wird. **c)** Wie beurteilst du den Regelaufwand für die Reserveleistung bei dieser Anlage?

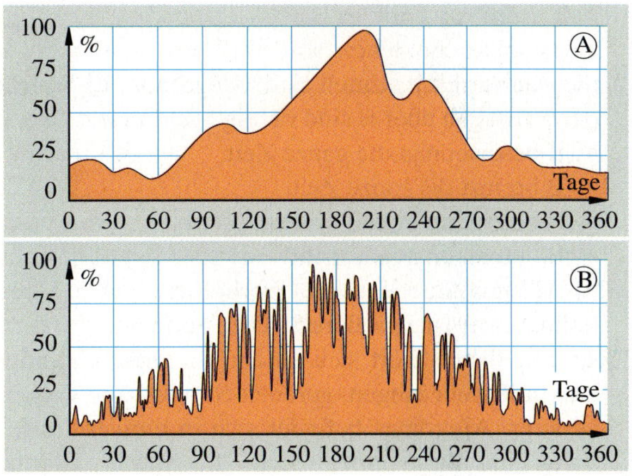

B2: zu Aufgabe 1, 2

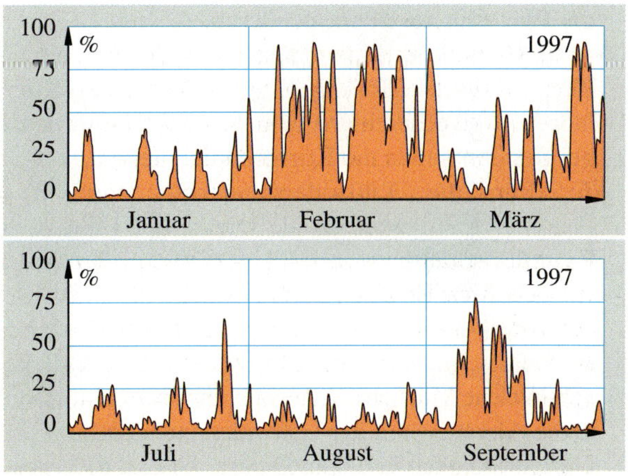

B3: zu Aufgabe 3

Kennst du dich aus?

A1: Stelle Analogien und Unterschiede von magnetischem Feld, elektrischem Feld und Gravitationsfeld dar (z. B. mit einer Mindmap).

A2: Ein Kupferstück (Masse 40 g) wird in einer Flamme erhitzt und dann sofort in Wasser (250 g, 20 °C) gegeben. Dabei ergibt sich eine Mischungstemperatur von 36 °C. **a)** Zeichne das zugehörige Energieflussdiagramm. **b)** Berechne die Temperatur des Kupferstücks. **c)** Hast du damit auch die Temperatur der Flamme ermittelt? Begründe.

A3: Zwei Autos A und B fahren auf der Autobahn in gleicher Richtung. **a)** Gibt es Orte, an denen die Autos nebeneinander fahren? Wenn ja, markiere diese. **b)** Wer überholt wen? **c)** Gibt es Zeitpunkte, in denen die Autos gleich schnell sind? Begründe. **d)** Welche der Aussagen über B sind richtig? Begründe.

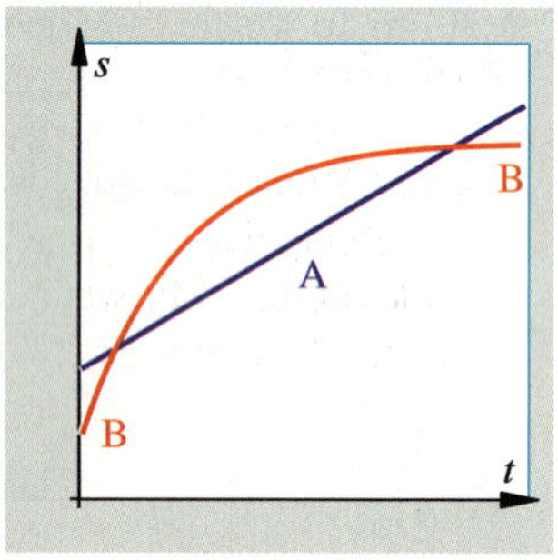

- B beschleunigt die ganze Zeit.
- B bremst die ganze Zeit.
- B beschleunigt und bremst.
- B beschleunigt gar nicht.

e) Welches Auto legt von Überholmanöver zu Überholmanöver eine größere Strecke zurück?

A4: Ein Pkw nähert sich einem vor ihm fahrenden Lkw auf einer langen, geraden Straße ohne Gegenverkehr. Allerdings befindet sich in einiger Entfernung eine Bergkuppe, sodass die Straße dahinter nicht eingesehen werden kann. **a)** Welche Größen muss der Pkw-Fahrer berücksichtigen, um zu entscheiden, ob er risikolos überholen kann? **b)** Untersuche mit den von dir gewählten Beispielwerten, ob der Pkw risikolos überholen kann.

A5: **a)** Mit welcher Maximalgeschwindigkeit kann ein Pkw in einer kreisförmigen, nicht überhöhten Kurve fahren? **b)** Recherchiere, in welcher Größenordnung bei Bundesstraßen die Kurvenradien liegen.

A6: Für die Luftwiderstandskraft gilt: $F_L = \frac{1}{2} c_w \cdot \varrho \cdot A \cdot v^2$, wobei ϱ die Dichte der Luft, A die Frontfläche des bewegten Körpers und c_w der Widerstandsbeiwert ist. **a)** Erläutere, welche Möglichkeiten ein Autokonstrukteur hat, um die Luftwiderstandskraft eines Autos zu verringern (mit Skizze). **b)** Erläutere, welche Möglichkeiten ein Autofahrer hat. **c)** Stelle die Abhängigkeit der Luftwiderstandskraft von der Geschwindigkeit in einem Diagramm dar. **d)** Vergleiche das Diagramm aus c) mit dem t-s-Diagramm für eine Bewegung mit konstanter Beschleunigung aus der Ruhe. Hat in beiden Fällen die Tangentensteigung eine physikalische Bedeutung? **e)** Berechne für 3 verschiedene Autotypen die Luftwiderstandskraft bei 100 km/h (benötigte Daten recherchieren).

A7: Zu welcher Sportart könnte nachfolgendes t-v-Diagramm gehören? Begründe.

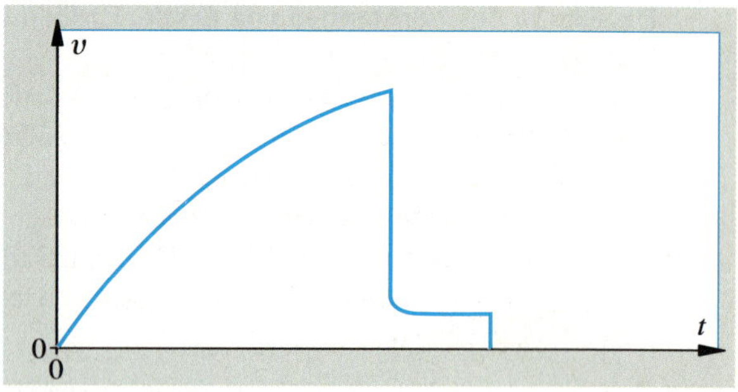

A8: Bei einem Lkw (Masse 20 t) versagen beim Bergabfahren bei einer Geschwindigkeit von 80 km/h die Bremsen. Der Fahrer lenkt den Lkw deshalb in ein ungefähr 80 cm tiefes Kiesbett (Notfallspur), das mit 14° gegen die Horizontale ansteigt. **a)** Wie lang muss die Notfallspur mindestens sein, damit der Lkw zum Stehen kommt? **b)** In der Praxis könnte die Notfallspur kürzer sein. Gib hierfür Gründe an. **c)** Ein Pkw fährt mit der gleichen Geschwindigkeit in diese Notfallspur und ist an ihrem Ende noch nicht zum Stehen gekommen. Erläutere, woran das liegen könnte.

A9: Ein Kugelschreiber, dessen Oberteil abgeschraubt ist, wird senkrecht gehalten und die Mine soweit wie möglich nach unten gedrückt. Die Feder des Kugelschreibers war dabei um 18 mm zusammengepresst. Nun wird die Mine losgelassen. Die Mine (m = 2 g) fliegt etwa 1 m hoch. **a)** Bestimme die Richtgröße der Feder. **b)** Wo hatte die Mine die größte Geschwindigkeit, und wie groß war sie? **c)** Ermittle selbst eigene Messdaten und vergleiche sie mit den angegebenen.

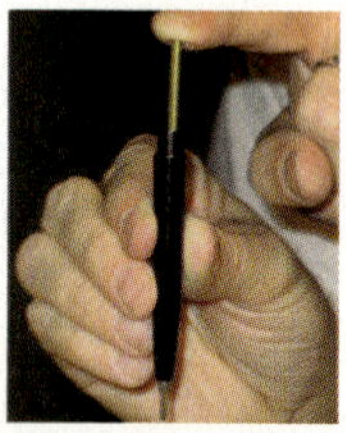

A10: Ein Wagen der Masse 5,0 kg rollt aus dem Stand auf einer um 25° geneigten Ebene reibungsfrei nach unten. Berechne seine Geschwindigkeit, nachdem er einen Höhenunterschied von 1,0 m durchlaufen hat unter Verwendung **a)** der Kenntnisse zur beschleunigten Bewegung, **b)** des Energieerhaltungssatzes. Vergleiche die Ergebnisse. **c)** Kann man mit beiden Löungsstrategien auch die Zeit berechnen, die der Wagen braucht? Begründe die Antwort. **d)** Mit welcher der beiden Lösungsstrategien kann man die Endgeschwindigkeit einfacher berechnen, wenn Reibung mit der Reibungszahl 0,1 vorliegt? Rechne mit Begründung.

A11: Eine Kugel läuft aus gleicher Höhe aus der Ruhe vier verschiedene Abhänge hinunter. Die Reibung ist vernachlässigbar gering. **a)** Vergleiche die Endgeschwindigkeiten der Kugel am Ende der Wege a, b, c, d. **b)** Vergleiche die mittleren Geschwindigkeiten auf den vier Wegen. Begründe jeweils die Aussagen.

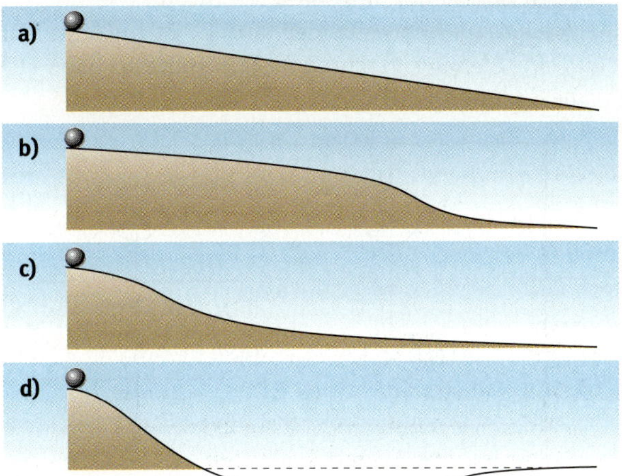

A12: Zwei geneigte Ebenen stehen sich gegenüber. Eine Kugel wird auf eine der beiden Ebenen gelegt und dann freigegeben. **a)** Diskutiere die anschließende Bewegung der Kugel. Berücksichtige dabei möglichst verschiedene physikalische Einflüsse (Randbedingungen). **b)** Wähle Zahlenbeispiele für die berücksichtigten Größen und führe damit entsprechende Rechnungen durch.

A13: Ein Wagen 1 der Masse $m_1 = 0{,}10$ kg stößt geradlinig mit der Geschwindigkeit $v_1 = 1{,}0$ m/s (nach rechts) auf einen ruhenden Wagen 2 der Masse $m_2 = 0{,}10$ kg. Die Reibung beider Wagen auf der Unterlage ist vernachlässigbar. Nach dem Stoß werden folgende Geschwindigkeiten gemessen:

	v_1' in m/s	v_2' in m/s
a)	0,5	0,5
b)	0,0	1,0
c)	– 1,0 (nach links)	2,0

a) Prüfe nach, ob die Fälle a)–c) mit dem Energieerhaltungssatz (Mechanik) und dem Impulserhaltungssatz verträglich sind. **b)** Überlege jeweils eine experimentelle Anordnung, bei der die Messergebnisse auftreten könnten. Erläutere, um welche Art von Stoßvorgängen es sich jeweils handeln könnte.

A14: Ein Sportwagen fährt auf der Autobahn insgesamt eine Strecke von 110 km. Auf den ersten 20 km besteht eine Tempobegrenzung auf 100 km/h. Danach herrscht zunächst freie Fahrt, bis nach weiteren 40 km eine Baustelle mit Begrenzung auf 80 km/h kommt (Länge: 10 km). Vor der Baustelle muss der Wagen eine Vollbremsung vornehmen, da sich plötzlich ein Stau gebildet hat. Hinter der Baustelle herrscht dichter, zeitweise stockender Verkehr bis zum Ziel (Tempolimit 120 km/h). **a)** Zeichne ein mögliches Zeit-Geschwindigkeit-Diagramm für die Fahrt und erläutere die einzelnen Abschnitte. **b)** Zeichne ein dazu passendes Zeit-Beschleunigung-Diagramm.

A15: Die beiden Diagramme zeigen den Kraftverlauf beim Spannen eines konventionellen Bogens und eines Verbundbogens in Abhängigkeit von der Verschiebung des Saitenmittelpunktes, an dem das Pfeilende anliegt. Mit welchem Gerät kann der Pfeil weiter geschossen werden? Begründe deine Antwort.

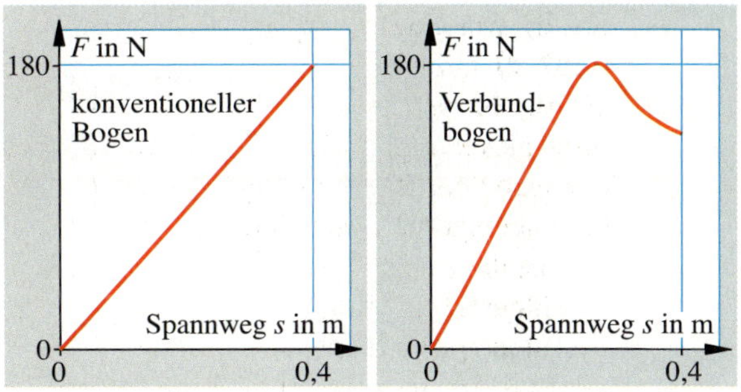

A16: Das Bild zeigt die Bahn eines hüpfenden Tennisballs, der mit der Geschwindigkeit $\vec{v}_0$ waagerecht von einer hohen Mauer abgeworfen wird. Übertrage das Bild möglichst maßstabsgetreu auf ein DIN-A4-Blatt. **a)** Skizziere zusätzlich den Verlauf der Höhen-, Bewegungs- und Spannenergie des Balles, sowie die Summe der drei Energieformen. **b)** Schätze ab, welcher Bruchteil der Bewegungsenergie bei der Reflexion des Balles am Boden in innere Energie übergeht.

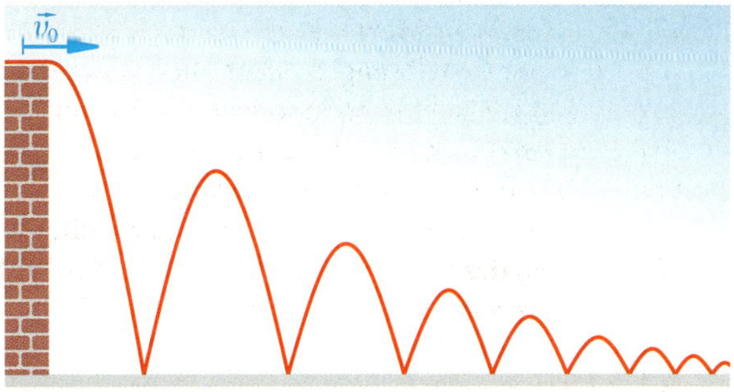

A17: Formuliere in der physikalischen Fachsprache: „Bei der Stromrechnung bezahlt man für den Stromverbrauch", „Beim Bremsen eines Autos geht Energie als Wärme verloren".

Vertiefung

Aufgaben zum Potential

A1: a) Sieh dir die unten stehende Schaltung an. Welche Potentiale haben die Punkte A, B, C? Leuchtet die Lampe? Begründe deine Antwort. **b)** Vervollständige die Schaltung so, dass die Lampe leuchtet. Fertige eine Schaltskizze an. Welche Potentiale haben die Punkte A, B, C nun?

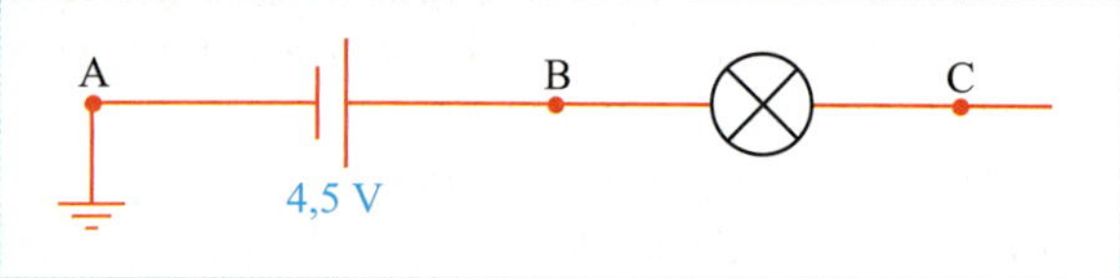

A2: a) Zwei 4,5 V-Batterien sind wie in der Schaltskizze a) geschaltet. Was zeigen die drei Voltmeter an? Welches Potential haben die Punkte A, B und C? **b)** Beantworte die gleichen Fragen für Schaltskizze b).

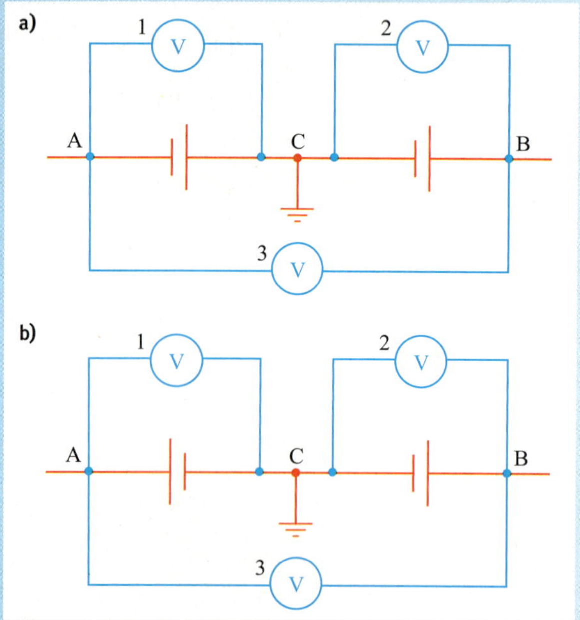

A3: Die drei Lampen in der unten stehenden Schaltskizze seien gleich gebaut.

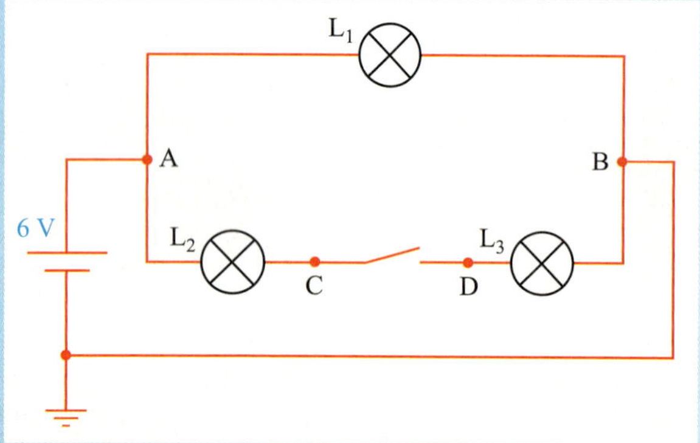

Gib die Potentiale der Punkte A, B, C und D an **a)** bei geöffnetem Schalter **b)** bei geschlossenem Schalter. Leuchten alle Lampen gleich hell? Begründe deine Aussage.

A4: In dem unten abgebildeten Stromkreis sind fünf gleichartige Lampen eingebaut. L_5 ist zunächst nicht in die Fassung geschraubt. Die Batterie habe stets die Spannung 4,5 V.

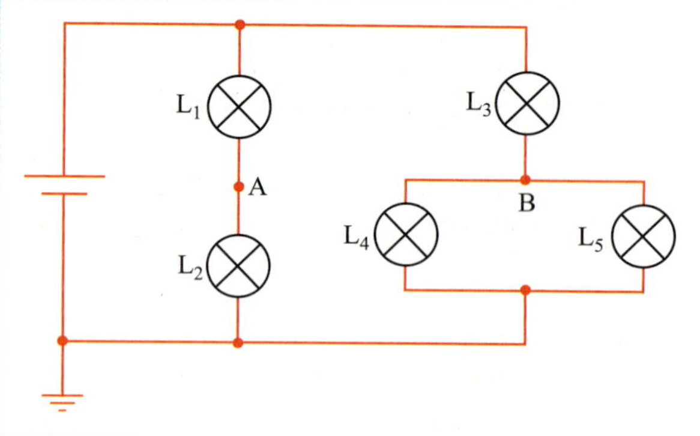

a) Vergleiche die Helligkeit der Lampen und begründe deine Aussagen. **b)** Nun wird L_5 in die Fassung geschraubt. Beschreibe und begründe, mit welcher Helligkeit die Lampen nun leuchten. **c)** Bei wirklichen Batterien wird die Spannung mit wachsender Stromstärke kleiner. Beschreibe und begründe, ob und gegebenenfalls wie sich die Helligkeit der einzelnen Lampen verändert, wenn L_5 in ihre Fassung geschraubt wird.

A5: Begründe, warum folgende Aussagen wenig sinnvoll sind:

„Die Spitze des Ulmer Münsters hat eine Höhe von 161 m."

„Das Potential eines Punktes beträgt 10 V?"

Vervollständige die Angaben zu sinnvollen Aussagen.

A6: Übertrage die unten stehende Schaltskizze in dein Heft. Die vier angegebenen Widerstände haben jeweils den Widerstandswert 2 kΩ. Markiere in der Schaltung Stellen gleichen Potentials mit gleicher Farbe.

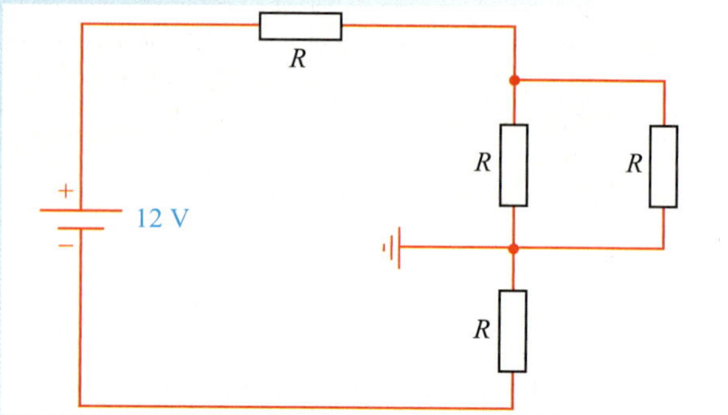

Druckeinheiten

	$Pa = \frac{N}{m^2}$	bar	at*	mm W.S.*	atm*	Torr*
$1\ Pa = 1\ \frac{N}{m^2}$	1	10^{-5}	$1{,}0197 \cdot 10^{-5}$	0,10197	$0{,}9869 \cdot 10^{-5}$	$0{,}75006 \cdot 10^{-2}$
1 bar	10^5	1	1,0197	$1{,}0197 \cdot 10^4$	0,98692	$0{,}75006 \cdot 10^3$
1 at*	$0{,}980665 \cdot 10^5$	0,980665	1	$1{,}00003 \cdot 10^4$	0,96784	$0{,}73556 \cdot 10^3$
1 mm W.S.*	9,8064	$0{,}98064 \cdot 10^{-4}$	$0{,}99997 \cdot 10^{-4}$	1	$0{,}96781 \cdot 10^{-4}$	$0{,}73554 \cdot 10^{-1}$
1 atm*	$1{,}01325 \cdot 10^5$	1,01325	1,03323	$1{,}03326 \cdot 10^4$	1	760
1 Torr*	$1{,}3332 \cdot 10^2$	$1{,}3332 \cdot 10^{-3}$	$1{,}3595 \cdot 10^{-3}$	13,595	$1{,}3158 \cdot 10^{-3}$	1

1 bar = 10 N/cm^2; 1 mbar (Millibar) = 1 cN/cm^2; 1 at* = 1 kp*/cm^2 (technische Atmosphäre).
1 mm W.S.* ist der Druck einer 1 mm hohen Wassersäule von 4 °C beim Ortsfaktor g = 9,80665 N/kg.
1 kp* ist gleich der Gewichtskraft eines 1 kg-Stücks am Normort; 1 kp* = 9,80665 N.
1 atm* (physikalische Atmosphäre) = 760 Torr* = 1,01325 bar ist der sog. Normdruck.
1 Torr* bedeutet den Druck einer 1 mm hohen Quecksilbersäule von 0 °C am Normort.

Energieeinheiten

	J	kWh	cal*	eV
1 J	1	$2{,}7777 \cdot 10^{-7}$	0,23884	$0{,}6242 \cdot 10^{19}$
1 kWh	$3{,}6000 \cdot 10^6$	1	$0{,}8598 \cdot 10^6$	$2{,}247 \cdot 10^{25}$
1 cal*	4,1868	$1{,}1630 \cdot 10^{-6}$	1	$2{,}613 \cdot 10^{19}$
1 eV	$1{,}602 \cdot 10^{-19}$	$4{,}45 \cdot 10^{-26}$	$3{,}826 \cdot 10^{-20}$	1

1 J (Joule) = 1 Nm (Newtonmeter); 1 kWh = 1000 W · 1 h = $3{,}6 \cdot 10^6$ Joule.
1 eV (Elektronvolt) ist die Energie, die ein Teilchen mit der Elementarladung $e = 1{,}6 \cdot 10^{-19}$ C beim Durchlaufen der Spannung 1 Volt aufnimmt.

Massen, Längen und Zeiten

Massen (in kg)		**Längen und Ausdehnungen** (in m)		**Zeiten** (1 a = 1 Jahr)	
Weltall	$\approx 10^{50}$	Weltall (∅)	$\approx 10^{26}$	Weltalter	10^{10} a
Sonne	$1{,}99 \cdot 10^{30}$	1 Lichtjahr	$9{,}46 \cdot 10^{15}$	Erdalter	$5 \cdot 10^9$ a
Erde	$5{,}98 \cdot 10^{24}$	Erde (∅)	$1{,}28 \cdot 10^7$	Halbwertszeit von Uran	$5 \cdot 10^9$ a
Mond	$7{,}3 \cdot 10^{22}$	Berlin (∅)	$\approx 10^5$	Erdkruste	$3 \cdot 10^9$ a
Lufthülle der Erde	$2 \cdot 10^{18}$	Mensch	1,75	Paläozoikum vor	$2 \cdot 10^9$ a
Cheopspyramide	$6 \cdot 10^9$	Bakterien	$\approx 10^{-6}$	Mesozoikum vor	$5 \cdot 10^8$ a
Mensch	$7 \cdot 10^1$	Atome	$\approx 10^{-10}$	Spuren des ersten Menschen vor	$6 \cdot 10^5$ a
1 l Wasser	1	Atomkern	$\approx 10^{-14}$	Neandertaler vor	$2 \cdot 10^5$ a
Fliege	$\approx 10^{-3}$	Elektron	$5{,}6 \cdot 10^{-15}$	Bronzezeit vor	$5 \cdot 10^3$ a
Staubkorn	$\approx 10^{-10}$			Lichtlaufzeit Sonne – Erde	500 s
Uranatom	$4 \cdot 10^{-25}$			Pulsschlag des Menschen	≈ 1 s
Elektron	$9{,}1 \cdot 10^{-31}$				

* veraltete, nicht mehr zugelassene Einheiten

Eigenschaften von Festkörpern, Flüssigkeiten und Gasen

Feste Körper	Dichte in $\frac{g}{cm^3}$	Längenausdehnungszahl in $\frac{mm}{m \cdot K}$	Spezifische Wärme in $\frac{kJ}{kg \cdot K}$	Schmelzpunkt in °C	Spezifische Schmelzwärme in $\frac{kJ}{kg}$
Aluminium	2,70	$2{,}4 \cdot 10^{-2}$	0,9	660	397
Blei	11,34	$3{,}1 \cdot 10^{-2}$	0,13	327	23
Eisen (rein)	7,86	$1{,}2 \cdot 10^{-2}$	0,45	1535	277
Jenaer Glas	2,5	$0{,}8 \cdot 10^{-2}$	0,78	–	–
Gold	19,3	$1{,}4 \cdot 10^{-2}$	0,13	1063	64
Kupfer	8,93	$1{,}7 \cdot 10^{-2}$	0,38	1083	205
Magnesium	1,74	$2{,}6 \cdot 10^{-2}$	1,02	650	370
Natrium	0,97	$7{,}1 \cdot 10^{-2}$	1,22	97,8	113
Platin	21,4	$0{,}9 \cdot 10^{-2}$	0,13	1769	111
Silber	10,51	$2{,}0 \cdot 10^{-2}$	0,24	960,5	105
Wolfram	19,3	$0{,}4 \cdot 10^{-2}$	0,13	3380	191
Zink	7,14	$2{,}6 \cdot 10^{-2}$	0,39	419,5	109

Die Längenausdehnungszahl gibt die Längenzunahme ΔL (in mm) eines 1 m langen Stabes bei 1 K Temperaturzunahme an.

Flüssigkeiten	Dichte bei 18 °C in $\frac{g}{cm^3}$	Raumausdehnungszahl in $\frac{dm^3}{m^3 \cdot K}$	Spezifische Wärme in $\frac{kJ}{kg \cdot K}$	Siedepunkt bei 1,013 bar in °C	Verdampfungswärme in $\frac{kJ}{kg}$
Benzol	0,879	1,2	1,73	80,1	394
Diäthyläther	0,716	1,6	2,31	34,5	384
Ethanol	0,791	1,1	2,43	78,3	840
Glycerin	1,260	0,5	2,39	290,5	–
Petroleum	0,85	1,0	2,1	150–300	–
Quecksilber	13,55	0,2	0,14	357	285
Wasser	0,9986	≈0,2	4,19	100	2256

Die Raumausdehnungszahl gibt die Volumenzunahme ΔV (in dm^3) von 1 m^3 bei 1 K Temperaturzunahme an.

Gase	Dichte bei 0 °C und 1,013 bar in $\frac{g}{dm^3}$	Dichte als Flüssigkeit in $\frac{g}{cm^3}$	Spezifische Wärme in $\frac{kJ}{kg \cdot K}$	Schmelzpunkt in °C	Siedepunkt bei 1,013 bar in °C
Ammoniak	0,771	0,68	2,16	– 77,7	– 33,4
Chlor	3,21	–	0,74	–101	– 34,1
Helium	0,178	0,13	5,23	–272	–269
Kohlenstoffdioxid	1,98	–	0,84	–	– 78,5
Luft	1,293	–	1,01	–213	–191
Sauerstoff	1,43	1,13	0,92	–219	–183
Stickstoff	1,25	0,81	1,04	–210	–196
Wasserdampf 100 °C; 1,013 bar	0,6	0,96	1,95	–	–
Wasserstoff	0,0899	0,07	14,32	–259	–253

Vorsilben für dezimale Vielfache und Teile von Einheiten

Vorsilbe	Exa (E)	Peta (P)	Tera (T)	Giga (G)	Mega (M)	Kilo (k)	Hekto (h)	Deka (da)
bedeutet	10^{18}	10^{15}	10^{12}	10^{9}	10^{6}	10^{3}	10^{2}	10^{1}
Vorsilbe	Dezi (d)	Zenti (c)	Milli (m)	Mikro (μ)	Nano (n)	Piko (p)	Femto (f)	Atto (a)
bedeutet	10^{-1}	10^{-2}	10^{-3}	10^{-6}	10^{-9}	10^{-12}	10^{-15}	10^{-18}

Farbcode auf Schichtwiderständen

	schwarz	braun	rot	orange	gelb	grün	blau	violett	grau	weiß	gold	silber
1. Ring	0	1	2	3	4	5	6	7	8	9		
2. Ring	0	1	2	3	4	5	6	7	8	9		
3. Ring		0	00	000	0000	00000	usw.				:10	:100
4. Ring		±1%	±2%								±5%	±10%

Spezifischer Widerstand bei 18 °C

Stoff	$\frac{\Omega\,mm^2}{m}$	Stoff	$\frac{\Omega\,mm^2}{m}$	Stoff	$\frac{\Omega\,mm^2}{m}$
Silber	0,016	Kohle	50 … 100	Polystrol	$5 \cdot 10^{18}$
Kupfer	0,017	Germanium	900	Glas	$10^{16} \ldots 10^{19}$
Gold	0,023	Silicium	1200	Porzellan	$10^{19} \ldots 10^{20}$
Aluminium	0,028	Meerwasser	200000	Glimmer	$10^{19} \ldots 10^{21}$
Wolfram	0,049	dest. Wasser	10^{10}	Hartgummi	$10^{19} \ldots 10^{21}$
Nickel	0,07	Schiefer	10^{12}	Paraffin	$10^{20} \ldots 10^{22}$
Eisen	0,1 … 0,5	Marmor	$10^{13} \ldots 10^{14}$	Siegellack	10^{22}
Konstantan	0,5	Pressspan	10^{14}	Bernstein	$>10^{22}$

Schwingungsfrequenzen der Tonleiter in Hz

Ton	c′	cis′	d′	dis′	e′	f′	fis′	g′	gis′	a′	ais′	h′	c″
rein	264	278	297	313	330	352	374	396	418	**440**	467	495	528
temperiert*	262	277	294	311	330	349	370	392	415	**440**	466	494	524

* temperierte oder gleichschwebende Stimmung: Halbtonschritte $\sqrt[12]{2} \approx 1{,}059$ fache

Internationale Einheiten

1 inch (in, Zoll)	= 2,54 cm	1 ounce (oz)	= 28,35 g
1 foot (ft) = 12 in	= 30,48 cm	1 pound (lb)	= 16 oz = 453,6 g
1 yard (yd) = 3 ft	= 91,44 cm	1 quarter (qu)	= 28 lbs = 12,70 kg
1 mile = 1760 yd	= 1609 m	1 short ton	= 2000 lbs = 907,2 kg
1 acre	= 4047 m^2	1 long ton	= 2240 lbs = 1016 kg
			englisch amerikanisch
1 geographische Meile	= 7420 m	1 pint (liq. pt.)	= 0,5683 l = 0,4732 l
1 Seemeile (sm)	= 1852 m	1 quart = 2 pints	= 1,1365 l = 0,9464 l
1 Knoten (kn) = 1 sm/h	= 0,5144 m/s	1 gallon = 4 quarts	= 4,5461 l = 3,7854 l
1 Faden	= 1,829 m	1 petroleum barrel	= 159,11 l = 158,99 l
1 Registertonne	= 2,832 m^3	1° Fahrenheit (°F)	$= \frac{5}{9}$ °C
1 internat. Karat	= 0,2051 g	wobei 32 °F der Temperatur 0 °C entspricht.	
1 Feinunze (troy ounce, tr. oc.)	= 31,1035 g		

Stichwortverzeichnis

Das Periodensystem der Elemente

Atommasse in u — 26,98
Eine eingeklammerte Atommasse gibt die Masse eines wichtigen Isotops des Elements an

Al — Elementsymbol

Ordnungszahl (Protonenzahl) — 13

Aluminium — Elementname

schwarz = feste Elemente
rot = gasförmige Elemente
blau = flüssige Elemente
weiß = künstliche Elemente
grün = natürliche radioaktive Elemente

Perioden	Hauptgruppen I	Hauptgruppen II	Nebengruppen III	IV	V	VI	VII	VIII	VIII	VIII	I	II	Hauptgruppen III	IV	V	VI	VII	VIII
1 K-Schale	1,01 **H** 1 Wasserstoff																	4,00 **He** 2 Helium
2 L-Schale	6,94 **Li** 3 Lithium	9,01 **Be** 4 Beryllium											10,81 **B** 5 Bor	12,01 **C** 6 Kohlenstoff	14,01 **N** 7 Stickstoff	16,00 **O** 8 Sauerstoff	19,00 **F** 9 Fluor	20,18 **Ne** 10 Neon
3 M-Schale	22,99 **Na** 11 Natrium	24,31 **Mg** 12 Magnesium											26,98 **Al** 13 Aluminium	28,09 **Si** 14 Silicium	30,97 **P** 15 Phosphor	32,07 **S** 16 Schwefel	35,45 **Cl** 17 Chlor	39,95 **Ar** 18 Argon
4 N-Schale	39,10 **K** 19 Kalium	40,08 **Ca** 20 Calcium	44,96 **Sc** 21 Scandium	47,88 **Ti** 22 Titan	50,94 **V** 23 Vanadium	51,99 **Cr** 24 Chrom	54,94 **Mn** 25 Mangan	55,85 **Fe** 26 Eisen	58,93 **Co** 27 Cobalt	58,69 **Ni** 28 Nickel	63,55 **Cu** 29 Kupfer	65,39 **Zn** 30 Zink	69,72 **Ga** 31 Gallium	72,61 **Ge** 32 Germanium	74,92 **As** 33 Arsen	78,96 **Se** 34 Selen	79,90 **Br** 35 Brom	83,80 **Kr** 36 Krypton
5 O-Schale	85,47 **Rb** 37 Rubidium	87,62 **Sr** 38 Strontium	88,91 **Y** 39 Yttrium	91,22 **Zr** 40 Zirconium	92,91 **Nb** 41 Niob	95,94 **Mo** 42 Molybdän	(99) **Tc** 43 Technetium	101,07 **Ru** 44 Ruthenium	102,91 **Rh** 45 Rhodium	106,42 **Pd** 46 Palladium	107,87 **Ag** 47 Silber	112,41 **Cd** 48 Cadmium	114,82 **In** 49 Indium	118,71 **Sn** 50 Zinn	121,75 **Sb** 51 Antimon	127,60 **Te** 52 Tellur	126,90 **I** 53 Iod	131,29 **Xe** 54 Xenon
6 P-Schale	132,91 **Cs** 55 Caesium	137,33 **Ba** 56 Barium	La-Lu 57–71	178,49 **Hf** 72 Hafnium	180,95 **Ta** 73 Tantal	183,84 **W** 74 Wolfram	186,21 **Re** 75 Rhenium	190,23 **Os** 76 Osmium	192,22 **Ir** 77 Iridium	195,08 **Pt** 78 Platin	196,97 **Au** 79 Gold	200,59 **Hg** 80 Quecksilber	204,38 **Tl** 81 Thallium	207,20 **Pb** 82 Blei	208,98 **Bi** 83 Bismut	(209) **Po** 84 Polonium	(210) **At** 85 Astat	(222) **Rn** 86 Radon
7 Q-Schale	(223) **Fr** 87 Francium	(226) **Ra** 88 Radium	Ac-Lr 89–103	(261) **Rf** 104 Rutherfordium	(262) **Db** 105 Dubnium	(266) **Sg** 106 Seaborgium	(264) **Bh** 107 Bohrium	(269) **Hs** 108 Hassium	(268) **Mt** 109 Meitnerium	(271) **Ds** 110 Darmstadtium	(272) **Rg** 111 Roentgenium	(277) 112						

Elemente der Lanthan-Reihe	138,91 **La** 57 Lanthan	140,12 **Ce** 58 Cer	140,91 **Pr** 59 Praseodym	144,24 **Nd** 60 Neodym	(147) **Pm** 61 Promethium	150,36 **Sm** 62 Samarium	151,96 **Eu** 63 Europium	157,25 **Gd** 64 Gadolinium	158,93 **Tb** 65 Terbium	162,50 **Dy** 66 Dysprosium	164,93 **Ho** 67 Holmium	167,26 **Er** 68 Erbium	168,93 **Tm** 69 Thulium	173,04 **Yb** 70 Ytterbium	174,97 **Lu** 71 Lutetium
Elemente der Actinium-Reihe	(227) **Ac** 89 Actinium	(232) **Th** 90 Thorium	(231) **Pa** 91 Protactinium	(238) **U** 92 Uran	(237) **Np** 93 Neptunium	(239) **Pu** 94 Plutonium	(241) **Am** 95 Americium	(244) **Cm** 96 Curium	(249) **Bk** 97 Berkelium	(252) **Cf** 98 Californium	(253) **Es** 99 Einsteinium	(257) **Fm** 100 Fermium	(258) **Md** 101 Mendelevium	(259) **No** 102 Nobelium	(262) **Lr** 103 Lawrencium

Ausschnitt aus der Nuklidkarte

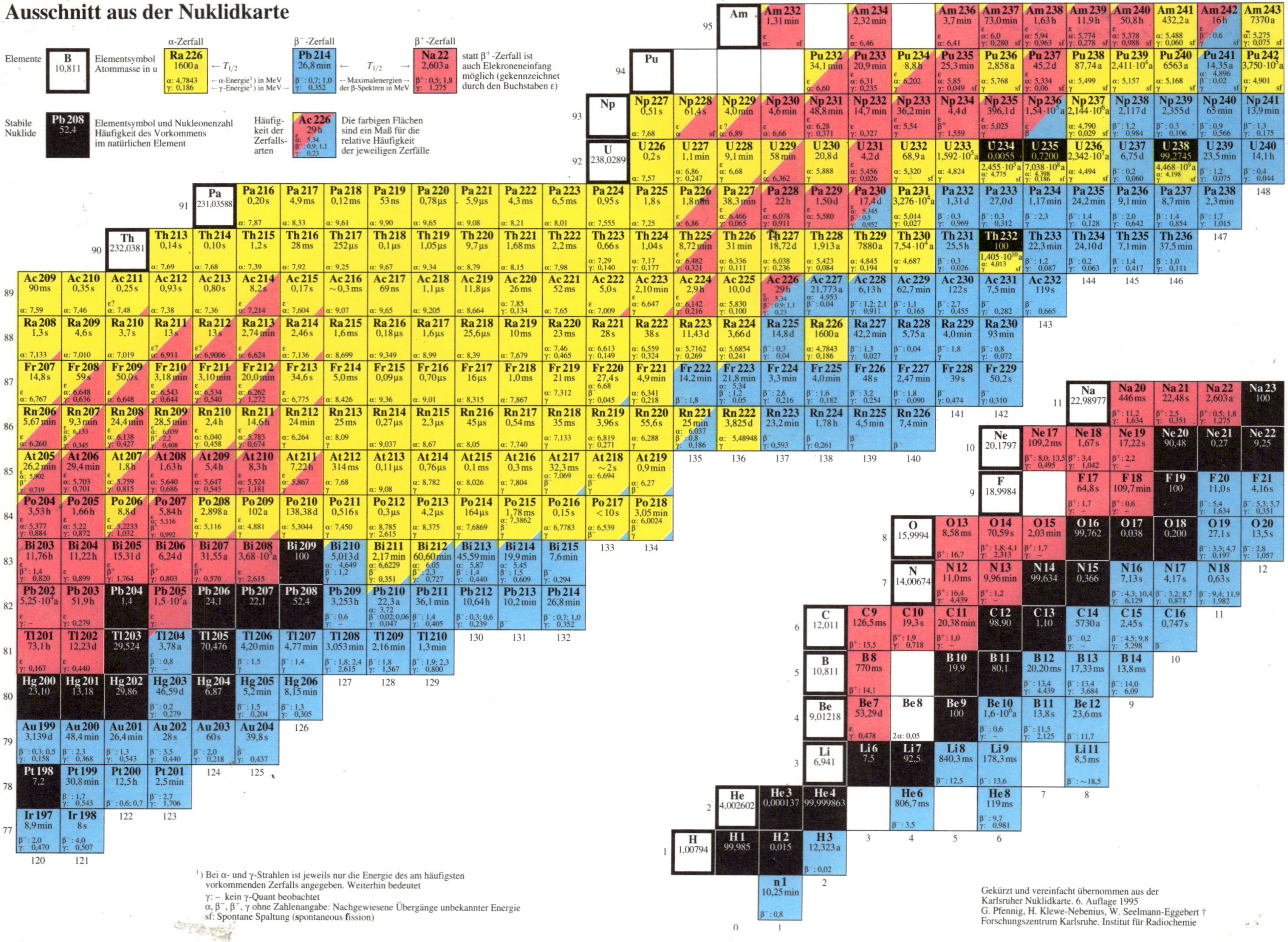

[1]) Bei α- und γ-Strahlen ist jeweils nur die Energie des am häufigsten vorkommenden Zerfalls angegeben. Weiterhin bedeutet
γ: – kein γ-Quant beobachtet
α, β⁻, β⁺, γ ohne Zahlenangabe: Nachgewiesene Übergänge unbekannter Energie
sf: Spontane Spaltung (spontaneous fission)

Gekürzt und vereinfacht übernommen aus der Karlsruher Nuklidkarte. 6. Auflage 1995
G. Pfennig, H. Klewe-Nebenius, W. Seelmann-Eggebert †
Forschungszentrum Karlsruhe. Institut für Radiochemie